MAGBOOK

भारतीय संविधान एवं राजव्यवस्था

UPSC, राज्य PCS एवं अन्य प्रतियोगी परीक्षाओं के लिए अत्यन्त उपयोगी

मनोहर पाण्डेय

सहयोगकर्ता

अजीत कुमार

प्रवीण तिवारी

MAGBOOK

अरिहन्त पब्लिकेशन्स (इण्डिया) लिमिटेड

卐 रजि. कार्यालय

'रामछाया' 4577/15, अग्रवाल रोड, दरिया गंज, नई दिल्ली—110002

फोन: 011-47630600, 43518550

卐 मुख्य कार्यालय

कालिन्दी, टी०पी० नगर, मेरठ (यूपी)— 250002, **फोन:** 0121-7156203, 7156204

卐 शाखा कार्यालय

आगरा, अहमदाबाद, बरेली, बंगलुरु, चेन्नई, दिल्ली, गुवाहाटी, हैदराबाद, जयपुर, झाँसी, कोलकाता, लखनऊ, नागपुर तथा पुणे

卐 मूल्य : ₹ 295.00

Published by Arihant Publications (India) Ltd.

卐 PO No : TXT-29-T070340-4-26

'अरिहन्त' की पुस्तकों के बारे में अधिक जानकारी के लिए हमारी वेबसाइट **www.arihantbooks.com** पर लॉग इन करें या **info@arihantbooks.com** पर सम्पर्क करें।

Follow us on   

MAGBOOK

संशोधित संस्करण का प्राक्कथन

वर्तमान समय में सभी प्रतियोगी परीक्षाओं में सिविल सेवा परीक्षा का स्थान सबसे सर्वश्रेष्ठ एवं प्रतिष्ठित है। इस परीक्षा का उद्देश्य अभ्यर्थी के विश्लेषणात्मक, तार्किक, विषय आधारित एप्रोच, विषयवार समसामयिक मुद्दों पर समझ आदि की जाँच करना है।

भारतीय संविधान एवं राजव्यवस्था की यह पुस्तक उपरोक्त सभी उद्देश्यों को पूर्ण करती है, साथ ही अभ्यर्थी की विषय पर बेहतर समझ एवं मजबूत पकड़ का दावा भी करती है। यह पुस्तक प्रीलिम्स परीक्षा में राजव्यवस्था विषय के लिए ब्रह्मास्त्र की तरह कार्य करती है, क्योंकि इसमें सिलेबस का सम्पूर्ण कवरेज तथा प्रैक्टिस हेतु प्रश्न (प्रारम्भिक एवं मुख्य दोनों परीक्षा हेतु) समाहित हैं।

इस पुस्तक के सम्पूर्ण अवलोकन के पश्चात् अभ्यर्थी निश्चय ही संविधान निर्माण का ऐतिहासिक क्रम संवैधानिक निर्माण, कार्यपालिका, विधायिका, न्यायपालिका, स्थानीय स्वशासन, संवैधानिक एवं गैर-संवैधानिक निकाय, ई-गवर्नेस आदि प्रकरणों को सरलता से समझ सकेंगे।

पुस्तक के अन्तर्गत अवधारणाओं को सरल और आसान तरीके से इस प्रकार प्रस्तुत या समझाने का प्रयास किया गया है कि अभ्यर्थी वस्तुनिष्ठ एवं विषयनिष्ठ सभी प्रकार के प्रश्न हल करने में सक्षम हों।

संशोधित संस्करण की प्रमुख विशेषताएँ

- सम्पूर्ण सिलेबस, NCERT फैक्ट्स एवं अपडेटेड फैक्ट्स का संकलन है।
- प्रीलिम्स फैक्ट्स का अतिरिक्त कवरेज, जिसमें IAS एवं PCS परीक्षाओं में पूछे गए महत्त्वपूर्ण तथ्य दिए गए हैं।
- चैप्टर के अन्त में सेल्फ चैक का कवरेज, जिसके अन्तर्गत प्रश्नों को प्रैक्टिस हेतु संकलित किया गया है।
- इस पुस्तक के अन्त में IAS मुख्य परीक्षा (2024-2015) के प्रश्नों का टॉपिकवाइज संकलन, जिसकी प्रैक्टिस के माध्यम से अभ्यर्थी मुख्य परीक्षा हेतु अपनी समझ और तैयारी का स्तर जाँच सकते हैं।

इस पुस्तक को पूर्ण करने में विशेषज्ञों की एक टीम ने उत्साह के साथ कार्य किया है। इस पुस्तक के संकलन में विशेषज्ञों के साथ-साथ प्रोजेक्ट मैनेजमेण्ट टीम का भी विशेष योगदान रहा, जिसमें मोना यादव (प्रोजेक्ट मैनेजर), मानसी गुप्ता (प्रोजेक्ट कॉर्डिनेटर), पूनम सैनी, पूजा, जितेन्द्र गोयल (प्रूफ रीडर्स), हारून, अनिल कुमार (डीटीपी ऑपरेटर्स) और बिलाल एवं अंकित प्रजापति (कवर एवं इनर डिजाइनर) प्रमुख हैं।

आशा है कि सिविल सेवा तथा अन्य प्रतियोगी परीक्षाओं के अभ्यर्थी इस पुस्तक का अध्ययन कर अपने लक्ष्य को निश्चित ही प्राप्त कर अपने सपने को साकार करेंगे। आपके उपयोगी सुझाव सदैव हमें बेहतर संस्करण बनाने में सहायक सिद्ध हुए हैं। इसलिए आप हमें अपने सुझाव अवश्य भेजें, जिनके आधार पर हम पुस्तक के आगामी संस्करण को और भी बेहतर बना सकें।

लेखकगण

विषय-सूची

"

भारतीय संविधान के निर्माण की एक लम्बी ऐतिहासिक पृष्ठभूमि रही है। भारतीय संविधान सभा द्वारा निर्मित भारतीय संविधान से अभिन्न रूप से जुड़े हुए अनेक ऐसे अधिनियम एवं चार्टर हैं, जिन्हें समय-समय पर ब्रिटिश संसद में पारित किया गया, जो हमारे संविधान की पृष्ठभूमि कहे जा सकते हैं।

अध्याय एक

भारत का संवैधानिक विकास

संविधान एवं संविधान का विकास क्रम

- संविधान उन मूल सिद्धान्तों और नियमों का एक लिखित दस्तावेज होता है, जिसके अनुसार शासन संचालित होता है। इसके अन्तर्गत सरकार तथा नागरिकों के बीच सम्बन्धों, अधिकारों एवं दायित्वों तथा कार्यों का उल्लेख होता है।
- भारत में संवैधानिक विकास की प्रक्रिया ईस्ट इण्डिया कम्पनी की स्थापना के पश्चात् प्रारम्भ हुई।
- 1600 ई. में ब्रिटेन की महारानी एलिजाबेथ प्रथम ने इंग्लैण्ड में स्थापित ईस्ट इण्डिया कम्पनी को एक चार्टर द्वारा भारत के साथ (पूर्वी देशों) व्यापार करने का एकाधिकार प्रदान किया।
- ईस्ट इण्डिया कम्पनी ने अपनी व्यावसायिक प्रतिबद्धताओं के साथ भारत में प्रशासनिक व्यवस्था की नींव रखी।
- राजनीतिक तथा प्रशासनिक सुधारों की प्रक्रिया में जारी चार्टर अधिनियम, रेग्युलेटिंग एक्ट इत्यादि ने भारत में संवैधानिक विकास को प्रभावी स्वरूप प्रदान किया।
- भारत के संवैधानिक विकास को कालक्रमबद्ध रूप में दो भागों में विभाजित करके समझा जा सकता है
  1. कम्पनी के अधीन संवैधानिक विकास (1773-1853)
  2. ब्रिटिश क्राउन के अधीन संवैधानिक विकास (1858-1947)

ईस्ट इण्डिया कम्पनी के अधीन विकास

- भारत में 1773 से 1858 ई. तक के भारत शासन अधिनियम के पारित होने के पूर्व तक ईस्ट इण्डिया कम्पनी का शासन रहा।
- इस अवधि में जितने भी अधिनियम पारित किए गए, वे मुख्यत: भारत में कम्पनी के व्यापार को अपने अनुकूल बनाने के उद्देश्य से पारित किए गए थे।
- भारतीय संविधान के निर्माण की प्रक्रिया को समझने के लिए इसका विस्तृत अध्ययन आवश्यक है। इसका वर्णन निम्नलिखित है

रेग्युलेटिंग एक्ट, 1773

- इस एक्ट के अन्तर्गत भारत में कम्पनी के शासन हेतु पहली बार एक लिखित संविधान प्रस्तुत किया गया। इस एक्ट के द्वारा भारत में कम्पनी के प्रशासन पर ब्रिटिश संसदीय नियन्त्रण का शुभारम्भ हुआ।
- तत्कालीन ब्रिटिश प्रधानमन्त्री लॉर्ड नॉर्थ द्वारा गोपनीय समिति की सिफारिश पर 1773 ई. में पारित एक्ट को रेग्युलेटिंग एक्ट, 1773 की संज्ञा दी गई। इस अधिनियम के प्रावधान निम्न थे
  - इस एक्ट के अनुसार बंगाल के गवर्नर को बंगाल का गवर्नर-जनरल पद नाम दिया गया और बम्बई तथा मद्रास प्रेसीडेन्सी को कलकत्ता प्रेसीडेन्सी के अधीन कर दिया गया। गवर्नर-जनरल को युद्ध, सन्धि व राजस्व सम्बन्धी अधिकार प्रदान किए गए।
  - इस एक्ट के अधीन लॉर्ड वॉरेन हेस्टिंग्स को बंगाल का प्रथम गवर्नर-जनरल बनाया गया।
  - गवर्नर-जनरल को परामर्श देने के लिए चार सदस्यों की एक परिषद् का निर्माण किया गया, जो बहुमत के आधार पर निर्णय लेती थी।
  - बंगाल के गवर्नर-जनरल को तीनों प्रेसीडेन्सियों का गवर्नर-जनरल कहा गया।

सुप्रीम कोर्ट की स्थापना

- रेग्युलेटिंग एक्ट के अनुसार कलकत्ता में एक सुप्रीम कोर्ट की स्थापना (1774 ई. में) की गई, जिसके प्राधिकार में **बंगाल, बिहार** एवं **उड़ीसा** के क्षेत्र शामिल थे।
- इस न्यायालय के **प्रथम मुख्य न्यायाधीश** (सर एलीजा इम्पे) तथा तीन अन्य न्यायाधीश (रॉबर्ट चैम्बर्स, स्टीफन सीजर लिमेस्टर एवं जॉन हाइड) थे।

- इस एक्ट के द्वारा ब्रिटिश सरकार का कोर्ट ऑफ डायरेक्टर्स के माध्यम से कम्पनी पर नियन्त्रण सशक्त हो गया। इसी एक्ट में कम्पनी के लिए भारत से सम्बन्धित राजस्व, नागरिक और सैन्य मामलों की जानकारी ब्रिटिश सरकार को देना आवश्यक कर दिया गया।

- इस एक्ट के द्वारा व्यापार की सभी सूचनाएँ ब्रिटिश क्राउन (British Crown) को देना सुनिश्चित किया गया।
- इस एक्ट के द्वारा कम्पनी के कर्मचारियों पर निजी व्यापार करने व भारतीय लोगों से उपहार लेने पर प्रतिबन्ध लगा दिया गया।

एक्ट ऑफ सेटलमेण्ट, 1781

- 1773 के रेग्युलेटिंग एक्ट में व्याप्त कमियों को दूर करने के लिए 1781 ई. में एक एक्ट (अमेण्डिग एक्ट ऑफ 1781) पारित किया गया, जिसे एक्ट ऑफ सेटलमेण्ट कहा गया।
- एक्ट ऑफ सेटलमेण्ट को संशोधनात्मक अधिनियम अथवा बंगाल जूडीकेचर एक्ट के नाम से भी जाना जाता है।
- इस एक्ट का मुख्य प्रावधान गवर्नर-जनरल की परिषद् तथा सर्वोच्च न्यायालय के बीच के सम्बन्धों को सीमांकित करना था।
- इस एक्ट के द्वारा सर्वोच्च न्यायालय पर रोक लगा दी गई कि वह कम्पनी के कर्मचारियों के ऐसे कार्यों के विरुद्ध कार्रवाई नहीं कर सकता था, जो उन्होंने एक सरकारी कर्मचारी के पद धारण करने के अधिकार से किए थे।
- इस प्रकार कम्पनी के कर्मचारियों द्वारा किए जाने वाले कृत्यों/कार्यों को सर्वोच्च न्यायालय के क्षेत्राधिकार से बाहर कर दिया गया।
- इस एक्ट द्वारा राजस्व से सम्बन्धित मामलों को भी सर्वोच्च न्यायालय के अधिकार क्षेत्र से बाहर कर दिया गया।
- न्यायालय की अपनी आज्ञाएँ और आदेश लागू करते समय सरकार को कानून बनाने तथा उनके क्रियान्वयन के समय भारत के सामाजिक, धार्मिक रीति-रिवाजों का सम्मान करने का निर्देश दिया गया।

पिट्स इण्डिया एक्ट, 1784

- 1784 ई. में ब्रिटिश पार्लियामेण्ट ने कम्पनी के ऊपर अपने प्रभाव को और सुदृढ़ करने के उद्देश्य से पिट्स इण्डिया एक्ट को पास किया।
- यह एक्ट ब्रिटिश संसद में तत्कालीन प्रधानमन्त्री विलियम पिट द्वारा प्रस्तुत किया गया था।
- इसी एक्ट में पहली बार भारत में कम्पनी के अधीन क्षेत्रों को ब्रिटिश आधिपत्य का क्षेत्र कहा गया।
- इस एक्ट के द्वारा ही ब्रिटिश सरकार को भारत में कम्पनी तथा प्रशासन सम्बन्धी कार्यों पर पूर्ण नियन्त्रण प्रदान किया गया।
- इस एक्ट ने कम्पनी के व्यापारिक व राजनैतिक कार्यों को एक-दूसरे से पृथक् कर दिया।
- कम्पनी के व्यापारिक मामलों को छोड़कर सभी राजनैतिक मामलों, सैन्य, असैन्य तथा राजस्व सम्बन्धी मामलों के नियन्त्रण व पर्यवेक्षण के लिए इंग्लैण्ड में एक छः सदस्यीय नियन्त्रण बोर्ड का गठन कर उसके अधीन कर दिया गया।
- इस नियन्त्रण मण्डल (Board of Control) में ब्रिटेन का वित्त मन्त्री अर्थात् चान्सलर ऑफ एक्सचेकर, एक राज्य सचिव तथा चार प्रिवी काउन्सिल के सदस्य होते थे। इसे बोर्ड ऑफ कण्ट्रोल कहा गया। बोर्ड ऑफ कण्ट्रोल के सदस्यों की नियुक्ति ब्रिटिश क्राउन द्वारा की जाती थी।

द्वैध-शासन की शुरुआत

- इस अधिनियम के द्वारा **द्वैध-शासन** (Dyarchy) की शुरुआत हुई, एक कम्पनी के निदेशक बोर्ड द्वारा और दूसरा नियन्त्रक मण्डल के माध्यम से ब्रिटिश सम्राट द्वारा। यह व्यवस्था 1858 ई. तक विद्यमान रही।
- भारत में गवर्नर-जनरल की परिषद् की सदस्य संख्या चार से घटाकर तीन कर दी गई। साथ ही मद्रास तथा बम्बई की सरकारों को पूर्णतः बंगाल सरकार के अधीन कर दिया गया।

1786 का एक्ट

- 1786 ई. में बंगाल का गवर्नर-जनरल लॉर्ड कॉर्नवालिस को नियुक्त किया गया, परन्तु पद की स्वीकृति के बदले उसने दो शर्तें रखीं
  - उसे कुछ विशेष मामलों में परिषद् के निर्णय को निरस्त कर अपने निर्णय लागू करने का अधिकार हो।
  - उसे सेनापति या कमाण्डर-इन-चीफ का पद भी दिया जाए।
- इन दोनों शर्तों को 1786 के अधिनियम में उपबन्धों के रूप में शामिल किया गया। इस प्रकार ये दोनों अधिकार सर्वप्रथम लॉर्ड कॉर्नवालिस को प्राप्त हुए।

चार्टर एक्ट, 1793

- इस एक्ट का मुख्य उद्देश्य कम्पनी के प्रशासनिक कार्यों एवं संगठन में सुधार करना था। इसमें गवर्नर-जनरल और गवर्नरों को अपनी परिषद् के निर्णय बदलने का अधिकार दिया गया। इसके द्वारा कम्पनी के व्यापारिक अधिकारों को 20 वर्षों हेतु बढ़ा दिया गया।
- इस एक्ट के द्वारा नियन्त्रक मण्डल के सदस्यों को वेतन भारतीय राजस्व से देने का प्रावधान किया गया।

चार्टर एक्ट, 1813

- 1813 के चार्टर एक्ट के द्वारा कम्पनी के भारतीय व्यापार पर एकाधिकार को समाप्त कर सभी ब्रिटिश नागरिकों को भारत से व्यापार करने का अधिकार प्रदान कर दिया गया। यद्यपि कम्पनी का चाय और चीन के साथ व्यापार पर एकाधिकार बना रहा।
- इसके द्वारा सर्वप्रथम अंग्रेजों की भारत के सन्दर्भ में संवैधानिक स्थिति स्पष्ट की गई थी।

चार्टर एक्ट, 1813 के प्रमुख प्रावधान

- इस एक्ट में भारतीय शिक्षा व्यवस्था पर खर्च करने हेतु **प्रतिवर्ष** ₹ 1 लाख का प्रावधान किया गया। कम्पनी को ब्रिटिश संसद द्वारा अगले 20 वर्षों के लिए भारतीय प्रदेशों तथा राजस्व पर नियन्त्रण का अधिकार दे दिया गया और भारतीय राजस्व से व्यय हेतु नियम बनाए गए।
- इस चार्टर से कलकत्ता, बम्बई और मद्रास की सरकारों द्वारा बनाई गई विधियों को ब्रिटिश सरकार द्वारा अनुमोदित किया जाना आवश्यक किया गया, किन्तु यह भी स्पष्ट किया गया कि कम्पनी पर **क्राउन** का प्रभुत्व बना रहेगा। इस एक्ट के द्वारा भारत में **ईसाई मिशनरियों** को प्रवेश करने व धर्म प्रचार करने की अनुमति दी गई।

चार्टर एक्ट, 1833

- ब्रिटिश भारत के केन्द्रीकरण की दिशा में यह एक निर्णायक अधिनियम था। इस एक्ट का निर्माण ब्रिटिश सरकार द्वारा 1833 ई. में सरकार के विधि-निर्माण सम्बन्धी कार्यों को स्पष्ट करने हेतु किया गया।
- इसके द्वारा भारतीय संवैधानिक व्यवस्था में कुछ महत्त्वपूर्ण परिवर्तन किए गए, जोकि निम्नलिखित हैं
    - इस अधिनियम के द्वारा बंगाल के गवर्नर-जनरल को भारत का गवर्नर-जनरल बना दिया गया तथा **लॉर्ड विलियम बैण्टिक** भारत के प्रथम गवर्नर-जनरल बने।
    - इस प्रकार इस अधिनियम द्वारा एक ऐसी सरकार का निर्माण हुआ, जिसका ब्रिटिश आधिपत्य वाले सम्पूर्ण भारतीय क्षेत्र पर पूर्ण रूप से नियन्त्रण था।
    - इस एक्ट के द्वारा कम्पनी के व्यापारिक अधिकार समाप्त कर दिए गए और भविष्य में कम्पनी को केवल राजनैतिक कार्य ही करने थे। इस प्रकार यह विशुद्ध रूप से प्रशासनिक निकाय बन गया।
    - इस अधिनियम के द्वारा कानून बनाने के लिए गवर्नर-जनरल की परिषद् में **विधि परामर्श हेतु** एक विधि सदस्य को चौथे सदस्य के रूप में सम्मिलित किया गया। सर्वप्रथम **लॉर्ड मैकाले** को विधि सदस्य के रूप में गवर्नर-जनरल की परिषद् में सम्मिलित किया गया। विधि सदस्य को केवल परिषद् की बैठकों में भाग लेने का अधिकार था, परन्तु मतदान का अधिकार नहीं।
    - भारतीय कानूनों के वर्गीकरण हेतु 1834 ई. में लॉर्ड मैकाले की अध्यक्षता में प्रथम विधि आयोग (First Law Commission) का गठन किया गया। चाय तथा चीन के साथ व्यापार सम्बन्धी कम्पनी के एकाधिकार को भी समाप्त कर दिया गया।
    - मद्रास और बम्बई की परिषदों की कानून बनाने की शक्ति को समाप्त कर दिया गया। अब सपरिषद् गवर्नर-जनरल को ही भारत के लिए कानून बनाने का अधिकार दिया गया।
    - इसके अन्तर्गत पहले बनाए गए कानूनों को **नियामक कानून** कहा गया और नए कानून के अन्तर्गत बने कानूनों को एक्ट या अधिनियम कहा गया।
    - चार्टर एक्ट 1833 के उपबन्धों के आधार पर भारत में **दास प्रथा** को 1843 ई. में गैर-कानूनी घोषित कर दिया गया तथा गवर्नर-जनरल को निर्देश दिया गया कि वह भारत से दास प्रथा को समाप्त करने के लिए आवश्यक कदम उठाए।
    - इस एक्ट के द्वारा सिविल सेवकों के चयन हेतु **खुली प्रतियोगिता** का आयोजन शुरू करने का प्रयास किया गया।
    - इस अधिनियम की **धारा-87** में यह उल्लेख किया गया कि कम्पनी के अन्तर्गत सरकारी पदों के चयन में भारतीयों को रंग, जाति, धर्म, जन्म स्थान के आधार पर वंचित नहीं किया जाएगा, किन्तु कोर्ट ऑफ डायरेक्टर्स के विरोध के कारण इस प्रावधान को समाप्त कर दिया गया।
    - गवर्नर-जनरल की परिषद् को राजस्व सम्बन्धी पूर्ण अधिकार दिए गए। गवर्नर-जनरल को सम्पूर्ण देश हेतु एक ही **बजट** (Budget) तैयार करने का अधिकार दिया गया। भारत में ब्रिटिश शासन के दौरान संविधान निर्माण के प्रथम साक्ष्य इस एक्ट में मिलते हैं।

चार्टर एक्ट, 1853

- इस अधिनियम का निर्माण तत्कालीन विधायिका को सशक्त बनाने हेतु किया गया तथा इसके द्वारा विधायिका का विस्तार किया गया।
- इस अधिनियम के अन्तर्गत गवर्नर-जनरल की परिषद् के विधायी एवं प्रशासनिक कार्यों को पृथक् कर दिया गया और विधि के निर्माण हेतु विधानपरिषद् (केन्द्रीय विधानपरिषद्) का गठन किया गया तथा 6 नए सदस्यों की बढ़ोतरी की गई।
- इस प्रकार इस अधिनियम द्वारा विधानपरिषद् में कुल सदस्यों की संख्या बढ़ाकर 12 कर दी गई।
- इस परिषद् के 6 नए सदस्यों में से 4 नए सदस्यों का चुनाव बंगाल, बम्बई, मद्रास और आगरा प्रान्तों की स्थानीय प्रान्तीय सरकारों द्वारा किया जाता था तथा इसमें एक मुख्य न्यायाधीश (बंगाल) एवं एक कनिष्ठ न्यायाधीश (कलकत्ता) शामिल होता था।
- कार्यकारी परिषद् के विधि सदस्य को पूर्ण सदस्य का दर्जा दिया गया।
- विभिन्न क्षेत्रों के प्रतिनिधियों को इससे जोड़कर सबसे पहले क्षेत्रीय प्रतिनिधित्व का सिद्धान्त लागू किया गया, जिसने लघु संसद की तरह कार्य किया।
- निदेशक मण्डल के सदस्यों की संख्या 24 से घटाकर 18 कर दी गई तथा इनमें से 6 सदस्यों की नियुक्ति सीधे ब्रिटिश सम्राट द्वारा की जानी थी।
- इस एक्ट के माध्यम से सिविल सेवकों की भर्ती एवं चयन हेतु खुली प्रतियोगिता वाली व्यवस्था को आरम्भ किया गया। इस प्रकार **सिविल सेवा परीक्षा** में भर्ती के द्वार भारतीयों के लिए भी खोल दिए गए।
- इस अधिनियम के अन्तर्गत कम्पनी के कर्मचारियों की नियुक्ति के लिए नामजदगी के स्थान पर प्रतियोगी परीक्षाओं को आधार बनाया गया।
- इस एक्ट द्वारा भारतीय प्रशासन पर संसदीय नियन्त्रण बढ़ गया तथा इसने भारतीय शासन को **ब्रिटिश क्राउन** को हस्तान्तरित करने का मार्ग भी प्रशस्त कर दिया।

ब्रिटिश क्राउन के अधीन संवैधानिक विकास

- 1857 की क्रान्ति के बाद **ब्रिटिश सम्राट/साम्राज्ञी** ने भारत की शासन व्यवस्था में महत्त्वपूर्ण परिवर्तन किए। इस क्रम में सर्वप्रथम भारत शासन अधिनियम, 1858 पारित किया गया।
- 1857 ई. के पश्चात् ब्रिटिश शासन के अन्तर्गत किए गए सुधारों का मुख्य उद्देश्य 1857 के विद्रोह जैसी घटना की पुनरावृत्ति को रोकना था।

भारत शासन अधिनियम, 1858

- इस अधिनियम को भारत के शासन को बेहतर बनाने वाले अधिनियम के नाम से भी जाना जाता है। इस अधिनियम द्वारा किए गए प्रमुख संवैधानिक परिवर्तन निम्न हैं
    - इस अधिनियम के अन्तर्गत भारत का शासन **महारानी विक्टोरिया** के अधीन हो गया तथा भारत के गवर्नर-जनरल को वायसराय नाम दिया गया। यह वायसराय ब्रिटिश ताज का प्रत्यक्ष प्रतिनिधि बन गया। **लॉर्ड कैनिंग** भारत के प्रथम वायसराय नियुक्त किए गए।
    - **वायसराय** प्रत्येक वर्ष भारत की नैतिक तथा आर्थिक प्रगति की रिपोर्ट ब्रिटिश संसद के समक्ष प्रस्तुत करता था।
    - भारत में ईस्ट इण्डिया कम्पनी का शासन इस अधिनियम द्वारा समाप्त हो गया। इस अधिनियम को **भारतीय स्वतन्त्रता** का **मैग्नाकार्टा** भी कहा जाता है।

- कोर्ट ऑफ डायरेक्टर्स तथा बोर्ड ऑफ कण्ट्रोल के द्वैध-शासन को समाप्त कर दिया गया और भारत का राज्य सचिव या भारत सचिव नामक एक नया पद सृजित किया गया, जिसमें भारतीय प्रशासन पर सम्पूर्ण नियन्त्रण की शक्ति निहित थी।
- भारत सचिव की सहायतार्थ 15 सदस्यीय परिषद् का गठन किया गया। इसके सदस्यों का वेतन भारतीय राजस्व से दिया जाना था।
- यह परिषद् एक सलाहकार समिति की तरह कार्य करती थी। भारत सचिव इस परिषद् का अध्यक्ष होता था। यह सचिव ब्रिटिश कैबिनेट का सदस्य भी होता था तथा ब्रिटिश संसद के प्रति उत्तरदायी होता था।
- भारत सचिव अर्थव्यवस्था और अखिल भारतीय सेवाओं के विषय में भारत परिषद् की सलाह को मानने हेतु बाध्य था, परन्तु अन्य सभी विषयों पर वह सलाह मानने से मना कर सकता था। उसे अपने कार्यों की वार्षिक रिपोर्ट ब्रिटिश संसद के समक्ष प्रस्तुत करना अनिवार्य था।

- इस अधिनियम के अन्तर्गत भारतीय मामलों पर ब्रिटिश संसद का सीधा नियन्त्रण स्थापित हो गया और मुगल सम्राट के पद को समाप्त कर दिया गया।

भारतीय परिषद् अधिनियम, 1861

- इस अधिनियम के अन्तर्गत ब्रिटिश सरकार द्वारा प्रान्तों के गवर्नर तथा वायसराय के अधिकारों में वृद्धि की गई तथा साथ ही विधानपरिषद् का विस्तार किया गया। इस अधिनियम के मुख्य प्रावधान निम्नलिखित थे
  - इस अधिनियम के द्वारा पहली बार कानून बनाने की प्रक्रिया में भारतीयों को शामिल करने की व्यवस्था का प्रारम्भ हुआ। वायसराय कुछ भारतीयों को विस्तारित परिषद् में गैर-सरकारी सदस्यों के रूप में नामित कर सकता था।
  - इस प्रकार नामित किए गए सदस्यों के विधायी कार्य से सम्बद्ध कार्य करने का अधिकार वायसराय को दे दिया गया।

केन्द्रीय विधानपरिषद् में भारतीय सदस्य

तत्कालीन वायसराय लॉर्ड कैनिंग ने नई गठित केन्द्रीय विधानपरिषद् में तीन भारतीय सदस्यों को, जिसमें बनारस के महाराजा **ईश्वरी प्रसाद नारायण सिंह**, पटियाला के **महाराजा नरिन्दर सिंह** तथा सर **दिनकर राव** को मनोनीत किया।

  - विकेन्द्रीकरण की इसी प्रवृत्ति के कारण वर्ष 1937 में प्रान्तों द्वारा पूर्ण आन्तरिक स्वायत्तता प्राप्त की गई।
  - गवर्नर-जनरल की कार्यकारी परिषद् का विस्तार कर दिया गया और उसमें एक पाँचवाँ सदस्य सम्मिलित किया गया, उसका न्यायविद् होना आवश्यक था तथा इसके साथ ही विधि-निर्माण हेतु गवर्नर-जनरल की परिषद् में 6 से 12 सदस्यों की वृद्धि की गई, जिनका कार्यकाल दो वर्ष निर्धारित किया गया।
  - वायसराय को निषेधाधिकार (वीटो) की शक्ति प्राप्त थी तथा आपात स्थिति में परिषद् की संस्तुति के बिना अध्यादेश जारी करने की शक्ति भी उसे दे दी गई। ऐसे अध्यादेश की अवधि छः माह तक होती थी।
  - ऐसे अनेक विषय निर्धारित किए गए, जिन्हें प्रस्तावित करने के लिए गवर्नर-जनरल की पूर्व अनुमति आवश्यक थी।
  - भारतीय परिषद अधिनियम 1861 में वायसराय को आवश्यक नियम बनाने की शक्ति प्रदान की गई, जिसके अन्तर्गत 1859 ई. में लॉर्ड कैनिंग द्वारा शुरू की गई विभागीय प्रणाली पोर्टफोलियो को कानूनी मान्यता प्रदान की गई।

भारतीय परिषद् अधिनियम, 1892

- इस अधिनियम का निर्माण विधानपरिषदों के विस्तार एवं उन्हें अधिक शक्तिशाली बनाने के उद्देश्य से किया गया। इस अधिनियम की मुख्य विशेषताएँ निम्न थीं
  - भारत सरकार की विधानपरिषद् में अतिरिक्त सदस्यों की संख्या 10 से बढ़ाकर 16 तक कर दी गई, जिसमें कम-से-कम 10 सदस्य गैर-सरकारी होंगे।
  - केन्द्रीय तथा प्रान्तीय विधानपरिषदों में गैर-सरकारी सदस्यों को नियुक्त करने की शक्ति भी वायसराय को दी गई।
  - प्रान्तीय परिषद् के गैर-सरकारी सदस्य, नगरपालिका, जिला बोर्ड, विश्वविद्यालय तथा वाणिज्य मण्डल द्वारा अप्रत्यक्ष रूप से निर्वाचित किए जाते थे।
  - यह अधिनियम भारतीय राष्ट्रीय कांग्रेस के 1889 से 1891 ई. तक के अधिवेशनों में स्वीकार किए गए प्रस्तावों से प्रभावित होकर पारित किया गया था।
  - इस अधिनियम के अन्तर्गत भारतीय विधानपरिषद् को बजट पर बहस करने तथा प्रश्न पूछने का अधिकार प्राप्त हुआ, किन्तु उन्हें मतदान करने अथवा अनुपूरक प्रश्न पूछने का अधिकार नहीं था।

चुनाव पद्धति की शुरुआत

भारतीय परिषद् अधिनियम, 1892 का सबसे महत्त्वपूर्ण प्रावधान चुनाव पद्धति की शुरुआत करना था। यद्यपि चुनाव शब्द का प्रयोग इस अधिनियम में नहीं किया गया था।

भारतीय परिषद् अधिनियम, 1909

- यह अधिनियम मार्ले-मिण्टो सुधार के नाम से प्रसिद्ध है। इस समय लॉर्ड मॉर्ले इंग्लैण्ड में भारत के राज्य सचिव और लॉर्ड मिण्टो भारत के वायसराय थे।
- इस अधिनियम के द्वारा परिषदों तथा उनके कार्य क्षेत्र का और अधिक विस्तार करके उन्हें अधिक प्रतिनिधिक एवं प्रभावी बनाने हेतु उपाय किए गए। इस अधिनियम की प्रमुख विशेषताएँ निम्न थीं
  - इसमें केन्द्रीय एवं प्रान्तीय (Provincial) विधानपरिषदों के विस्तार की व्यवस्था की गई। केन्द्रीय परिषद् में इनकी संख्या 16 से बढ़ाकर 60 कर दी गई, जबकि प्रान्तीय विधानपरिषदों में सदस्य संख्या समान नहीं थी।
  - प्रान्तीय विधानपरिषदों में गैर-सरकारी सदस्यों का बहुमत रखा गया, परन्तु सरकारी एवं मनोनीत गैर-सरकारी सदस्यों की संख्या निर्वाचित सदस्यों की संख्या से अधिक रखी गई।
  - विधानपरिषद् के सदस्यों को बजट को अन्तिम रूप से स्वीकार करने से पूर्व बजट की विवेचना करने तथा प्रस्ताव प्रस्तावित करने का अधिकार प्रदान किया गया।
  - सदस्यों को पूरक प्रश्न पूछने, स्थानीय संस्थाओं को कर्ज देने, अतिरिक्त अनुदान देने तथा नए कर लगाने से सम्बन्धित प्रस्तावों को प्रस्तावित करने का भी अधिकार प्रदान किया गया। इसके साथ-साथ सदस्यों को सार्वजनिक हित से सम्बन्धित विषयों की विवेचना करने,

प्रस्ताव पारित करने तथा उन पर मत-विभाजन की माँग करने का अधिकार प्रदान किया गया।

- इस अधिनियम के अन्तर्गत् पृथक् निर्वाचक मण्डल का गठन किया गया। इसके आधार पर मुस्लिमों के लिए साम्प्रदायिक प्रतिनिधित्व का प्रावधान किया गया, जिसमें मुस्लिम सदस्यों का चुनाव मुस्लिम मतदाता ही कर सकते थे। महात्मा गाँधी ने इस अधिनियम को सर्वनाश करने वाला एक्ट कहा था।
- लॉर्ड मिण्टो को साम्प्रदायिक निर्वाचन (Communal Electorate) का जनक कहा जाता है। परिषद् में निर्वाचित होने वाले प्रतिनिधियों को वर्ग, समुदाय तथा हितों के आधार पर विभिन्न श्रेणियों में रखा गया, उदाहरणस्वरूप प्रान्तीय विधानपरिषदों के निर्वाचन हेतु तीन वर्गों-सामान्य, विशिष्ट एवं वर्ग विशेष (यथा भू-स्वामियों एवं व्यापार मण्डलों) की व्यवस्था की गई।
- केन्द्रीय विधानपरिषद् हेतु एक और वर्ग अर्थात् मुस्लिम वर्ग को सम्मिलित किया गया तथा निर्वाचन मण्डल (Electoral College) की सदस्यता हेतु आय, सम्पत्ति एवं शैक्षणिक योग्यता को आधार बनाकर भेदभावपूर्ण नीति अपनाई गई।
- वायसराय की कार्यकारिणी में एक भारतीय सदस्य को नियुक्त करने की व्यवस्था की गई। पृथक्कतावाद का बीजारोपण वर्ष 1909 के मार्ले-मिण्टो सुधारों की घोषणा से हुआ।
- पहली बार किसी भारतीय को वायसराय एवं गवर्नर की कार्यकारी परिषद् के साथ एसोसिएशन बनाने का प्रावधान किया गया।
- सत्येन्द्र प्रसन्न सिन्हा वायसराय की कार्यपालिका परिषद् के प्रथम भारतीय सदस्य बने। इन्हें विधि सदस्य बनाया गया था।

भारत शासन अधिनियम, 1919

- ब्रिटिश सरकार द्वारा पहली बार 20 अगस्त, 1917 को घोषणा की गई कि उसका उद्देश्य भारत में क्रमिक रूप से उत्तरदायी सरकार की स्थापना करना था, इसलिए भारत सरकार अधिनियम, 1919 बनाया गया, जो वर्ष 1921 से लागू हुआ।
- इस अधिनियम को मॉण्टेग्यू-चेम्सफोर्ड सुधार के नाम से भी जाना जाता है, क्योंकि मॉण्टेग्यू भारत सचिव तथा चेम्सफोर्ड भारत के वायसराय थे।
- इस अधिनियम की निम्नलिखित प्रमुख विशेषताएँ थीं
  - इस अधिनियम द्वारा सरकार का ढाँचा केन्द्रीय एवं एकात्मक बनाए रखते हुए, केन्द्रीय और प्रान्तीय विषयों की सूची बनाकर राज्यों पर केन्द्रीय नियन्त्रण कम करने का प्रयास किया गया।

प्रान्तीय विषय

- भारत शासन अधिनियम की प्रमुख विशेषता प्रान्तों में उत्तरदायी शासन की स्थापना के लिए द्वैध-शासन व्यवस्था का प्रारम्भ करना था। इसके अन्तर्गत **प्रान्तीय विषयों** को भी निम्नलिखित दो भागों में विभाजित किया गया
- **आरक्षित** (Reserved) **विषय** इन विषयों पर शासन गवर्नर द्वारा कार्यकारी परिषद् की सहायता से किया जाता था, जो विधानपरिषद् के प्रति उत्तरदायी नहीं थी। इसमें सभी महत्त्वपूर्ण विषय सम्मिलित थे; जैसे-कानून एवं व्यवस्था, वित्त, भू-राजस्व, पुलिस उद्योग, इत्यादि।
- **हस्तान्तरित** (Transferred) **विषय** इन विषयों पर गवर्नर मन्त्रियों की सहायता से शासन करता था, जो विधानपरिषद् के प्रति उत्तरदायी होते थे। इनमें गैर-महत्त्वपूर्ण विषय सम्मिलित थे; जैसे—स्थानीय स्वशासन, शिक्षा, कृषि, स्वच्छता, स्वास्थ्य इत्यादि।

  - इस अधिनियम द्वारा पहली बार देश में भारतीय विधानपरिषद् के स्थान पर द्विसदनीय व्यवस्था (केन्द्रीय विधानसभा तथा राज्यपरिषद्) का गठन किया गया।
  - पृथक् निर्वाचन के सिद्धान्त को विस्तारित करते हुए इसे सिखों, भारतीय ईसाइयों, आंग्ल-भारतीयों और यूरोपियों पर भी लागू किया गया।
  - वायसराय की 6 सदस्यीय कार्यकारी परिषद् में तीन सदस्यों का भारतीय होना आवश्यक था। इस अधिनियम में एक लोक सेवा आयोग के गठन का प्रावधान किया गया। अतः वर्ष 1926 में केन्द्रीय लोक सेवा आयोग का गठन किया गया।
  - इसके अतिरिक्त पहली बार केन्द्रीय बजट को राज्य बजट से पृथक् करने का प्रावधान भी इसी अधिनियम के अन्तर्गत किया गया।
  - इसके द्वारा एक वैधानिक आयोग का गठन किया गया, जिसका कार्य एक्ट लागू होने के 10 वर्षों के पश्चात् जाँच करके अपनी रिपोर्ट प्रस्तुत करना था। इस एक्ट द्वारा मताधिकार का विस्तार कर लगभग 10% जनसंख्या को मताधिकार दिया गया।
  - वर्ष 1926 एवं 1945 में केन्द्रीय विधानसभा का निर्वाचन भारत शासन अधिनियम, 1919 के अन्तर्गत हुआ।

साइमन आयोग, 1927

- नवम्बर, 1927 में ब्रिटिश सरकार द्वारा सर जॉन साइमन के नेतृत्व में 7 सदस्यीय वैधानिक आयोग का गठन किया। इसकी नियुक्ति भारत सचिव बर्केन हैड ने की थी, जिसका कार्य नए संविधान में भारत की स्थिति का पता लगाना था।
- साइमन कमीशन को श्वेत कमीशन कहकर इसका बहिष्कार किया गया, जहाँ भी आयोग गया, वहाँ साइमन गो बैक का नारा लगाया गया, साथ ही देशव्यापी हड़ताल की गई। इस आयोग में सभी सदस्य अंग्रेज थे। अतः सभी भारतीयों द्वारा इसका विरोध किया गया।
- इस आयोग द्वारा वर्ष 1930 में अपनी रिपोर्ट सरकार को सौंपी गई, जिसकी प्रमुख सिफारिशें निम्नलिखित थीं
  - प्रान्तों में द्वैध-शासन की समाप्ति कर, उन्हें स्वायत्तता प्रदान करना।
  - राज्यों में सरकारों का विस्तार किया जाना।
  - ब्रिटिश भारत के संघ की स्थापना करना।
  - साम्प्रदायिक निर्वाचन व्यवस्था को जारी रखा जाना।
  - वर्ष 1928-29 के मध्य आयोग ने दो बार भारत यात्रा की।
  - इस आयोग ने वर्ष 1930 में अपनी रिपोर्ट प्रस्तुत की और इसके आधार पर ही लन्दन में आयोजित गोलमेज सम्मेलन में संवैधानिक प्रावधानों पर चर्चा की गई।
  - गोलमेज सम्मेलन में हुई चर्चा के आधार पर, संवैधानिक सुधारों पर एक श्वेत-पत्र तैयार किया गया तथा इस पर विचार करने हेतु ब्रिटिश संसद की संयुक्त प्रवर समिति के समक्ष प्रस्तुत किया गया। इस समिति की सिफारिशों में कुछ संशोधन करते हुए इसे भारत परिषद् अधिनियम, 1935 में शामिल किया गया।

नेहरू समिति की रिपोर्ट, 1928

- साइमन कमीशन की नियुक्ति के समय भारत सचिव लॉर्ड बर्केन हैड ने भारतीयों के समक्ष चुनौती रखी कि वे एक ऐसा संविधान बनाकर तैयार करें, जो सामान्यतः भारत के सभी लोगों द्वारा मान्य हो।
- भारतीय नेताओं ने चुनौती स्वीकार करते हुए मोतीलाल नेहरू की अध्यक्षता में एक समिति गठित की, जिसमें 9 सदस्य थे। मोतीलाल नेहरू इस समिति

के अध्यक्ष तथा जवाहरलाल नेहरू सचिव थे, जबकि इस समिति के अन्य सदस्य अली इमाम, तेज बहादुर सप्रू, माधव श्रीहरि अणे, मंगल सिंह, शुएब कुरैशी, सुभाषचन्द्र बोस तथा जी. आर. प्रधान। बाद में एम.आर. जयकर तथा ऐनी बेसेण्ट नेहरू समिति के सदस्य बने।

- इस समिति ने अपनी रिपोर्ट 28 अगस्त, 1928 को प्रस्तुत की, जिसे नेहरू रिपोर्ट के नाम से भी जाना जाता है।
- यह भारतीयों द्वारा अपने देश के लिए एक सर्वांगपूर्ण संविधान के निर्माण का प्रथम प्रयास था।

भारत शासन अधिनियम, 1935

अखिल भारतीय संघ की स्थापना
- केन्द्र एवं राज्य इकाइयों के मध्य तीन सूचियों (संघीय सूची में 59 विषय, राज्य सूची में 54 विषय एवं समवर्ती सूची में 36 विषय) के माध्यम से शक्तियों का बँटवारा। अवशिष्ट विषयों पर विधि बनाने का अधिकार वायसराय को दिया गया।
- भारत के प्रान्तों, चीफ कमिश्नर प्रान्तों एवं देशी रियासतों को मिलाकर एक अखिल भारतीय संघ की स्थापना का प्रावधान किया गया है, परन्तु यह व्यवस्था कभी अस्तित्व में नहीं आ सकी।
- बर्मा (वर्तमान म्यांमार) को भारत से अलग करने का प्रावधान।

मताधिकार का विस्तार
इस अधिनियम के अन्तर्गत मताधिकार का विस्तार किया गया, जिसमें लगभग 10% जनसंख्या को मत देने का अधिकार प्राप्त हुआ।

प्रान्तों में द्वैध-शासन की समाप्ति
- प्रान्तों में उत्तरदायी सरकार की स्थापना।

केन्द्र में द्वैध-शासन प्रणाली प्रारम्भ
- संघीय विषयों का स्थानान्तरित एवं आरक्षित विषयों के रूप में विभाजन।

साम्प्रदायिक प्रतिनिधित्व का विस्तार
- दलित जातियों, महिलाओं और मजदूर वर्ग के लिए प्रथम बार निर्वाचन की व्यवस्था।

11 राज्यों में से 6 में द्विसदनीय व्यवस्था का प्रारम्भ
- बंगाल, बम्बई, मद्रास, बिहार, संयुक्त प्रान्त और असम।

इंग्लैण्ड में भारत परिषद् की समाप्ति
भारत शासन अधिनियम 1858 द्वारा स्थापित भारत परिषद् को समाप्त कर इंग्लैण्ड में भारत सचिव को सलाहकारों की एक टीम प्रदान की गई।

लोक सेवा आयोगों की स्थापना
- केन्द्र में संघ लोक सेवा आयोग
- राज्यों में राज्य लोक सेवा आयोग
- दो या दो से अधिक राज्यों के लिए संयुक्त सेवा आयोग

संघीय न्यायालय का प्रावधान
- इसके अन्तर्गत वर्ष 1937 में संघीय न्यायालय की स्थापना की गई।
- इसके प्रथम मुख्य न्यायाधीश सर मौरिस गियर (Maurice Gwyer) थे।

रिजर्व बैंक की स्थापना
- देश की मुद्रा एवं साख नियन्त्रण के उद्देश्य से की गई।

- भारत शासन अधिनियम, 1935 एक विस्तृत दस्तावेज था, जिसमें 321 धाराएँ (अनुच्छेद), 10 अनुसूचियाँ एवं 14 भाग थे।
- वर्तमान भारतीय संविधान पर भारत शासन अधिनियम, 1935 का सर्वाधिक प्रभाव पड़ा है। पण्डित जवाहरलाल नेहरू ने वर्ष 1935 के अधिनियम के बारे में कहा था कि "यह अनेक ब्रेकों वाली इंजन रहित गाड़ी है।"

क्रिप्स मिशन, 1942

- ब्रिटिश सरकार द्वारा सर स्टैफर्ड क्रिप्स के नेतृत्व में 22 मार्च, 1942 को क्रिप्स मिशन भारत भेजा गया था। इसका उद्देश्य द्वितीय विश्व युद्ध के समय स्वयं के लिए भारत से पूर्ण सहयोग प्राप्त करना था।
- क्रिप्स मिशन के अनुसार, "ब्रिटेन का भारत में लक्ष्य है, भारत में स्वशासन की स्थापना करना अर्थात् युद्ध के बाद भारत को डोमिनियन स्टेट्स (डोमिनियन (Dominian) का अर्थ है—शासित प्रदेश/क्षेत्र। यह स्वदेश तथा विदेश में स्थित उस क्षेत्र को प्रतिबिम्बित करता था, जिस पर ब्रिटेन का शासन था) का दर्जा दिया जाएगा।"
- विश्व युद्ध के बाद ऐसे भारतीय संघ की स्थापना की जाएगी, जिसे पूर्ण औपनिवेशिक स्वराज प्राप्त होगा तथा उसे ब्रिटेन से पृथक् होने की स्वतन्त्रता भी होगी।
- युद्ध के पश्चात् संविधान निर्माण हेतु संविधान सभा का गठन किया जाएगा, जिसमें ब्रिटिश भारतीय प्रान्तों तथा देशी रिसायतों, दोनों से ही प्रतिनिधि शामिल होंगे।
- संविधान सभा द्वारा निर्मित संविधान को ब्रिटिश सरकार द्वारा निम्न शर्तों पर लागू किया जाएगा
  - यदि प्रान्तों को यह संविधान स्वीकृत नहीं है, तो वे अपनी पूर्व स्थिति में रह सकते हैं या पूर्णत: स्वतन्त्र भी रह सकते हैं या अपने लिए स्वतन्त्र संविधान निर्मित कर सकते हैं और उनकी स्थिति भी भारतीय संघ के समान होगी। इससे पाकिस्तान की माँग हेतु आधार प्राप्त हुआ।
  - अल्पसंख्यकों के हितों से जुड़ा एक समझौता ब्रिटिश सरकार तथा संविधान सभा के बीच होगा।
  - कांग्रेस की माँग पूर्ण स्वाधीनता की थी, जबकि क्रिप्स मिशन द्वारा औपनिवेशिक स्वराज की बात कही गई, इसलिए भारतीय नेताओं ने इसके प्रति असहमति व्यक्त की।
  - पाकिस्तान निर्माण हेतु स्पष्ट प्रावधान न होने के कारण मुस्लिम लीग द्वारा भी असहमति व्यक्त की गई।
  - क्रिप्स प्रस्ताव को गाँधीजी ने 'एक टूटते हुए बैंक के नाम उत्तर दिनांकित चेक' (post-dated cheque upon a crashing Bank) कहा था।

कैबिनेट मिशन, 1946

- भारत में चल रहे राजनीतिक गतिरोध को समाप्त करने के लिए तत्कालीन ब्रिटिश प्रधानमन्त्री क्लीमेण्ट एटली ने फरवरी, 1946 में एक तीन सदस्यीय शिष्टमण्डल भेजने की घोषणा की। इसके सदस्य लॉर्ड पैथिक लॉरेन्स (भारत सचिव), सर स्टैफर्ड क्रिप्स (व्यापार बोर्ड के अध्यक्ष) तथा ए.वी. अलेक्जेण्डर (नौसेना मन्त्री) थे।
- कैबिनेट मिशन की प्रमुख सिफारिशें निम्नलिखित थीं
  - ब्रिटिश भारत और देशी रियासतों को सम्मिलित कर एक भारतीय संघ का गठन किया जाएगा। संघ के अधिकार में केवल तीन विभाग (विदेश, रक्षा और संचार) शामिल होंगे। अन्य सभी विषय एवं अवशिष्ट

शक्तियाँ प्रान्तों में निहित होंगी। भारत के सभी दलों के सहयोग एवं प्रयास से एक अन्तरिम सरकार का गठन किया जाएगा, जिसके सभी विभाग भारतीयों के नियन्त्रण में रहेंगे।

- कैबिनेट मिशन प्रस्ताव में निर्णय लिया गया कि भारतीयों द्वारा संविधान निर्माण के लिए एक संविधान सभा (Constituent Assembly) का गठन किया जाएगा, जिसमें 10 लाख की जनसंख्या पर एक प्रतिनिधि का चुनाव अप्रत्यक्ष प्रणाली के आधार पर किया जाएगा।
- संघ की कार्यपालिका और विधायिका होगी, जिसमें ब्रिटिश भारत तथा देशी रियासतों के प्रतिनिधि शामिल होंगे।
- देशी रियासतों का प्रतिनिधित्व भी जनसंख्या के आधार पर चुने गए प्रतिनिधियों की समझौता समिति तथा देशी रियासतों की ओर से नियुक्त की गई समिति के मध्य आपसी बातचीत द्वारा तय होना था।

अन्तरिम सरकार, 1946

- भारत की प्रथम अन्तरिम राष्ट्रीय सरकार का गठन 24 अगस्त, 1946 को जवाहरलाल नेहरू के नेतृत्व में हुआ, जिसमें मुस्लिम लीग की भागीदारी नहीं थी।
- जवाहरलाल नेहरू ने 2 सितम्बर, 1946 को 11 अन्य सदस्यों के साथ (कुल 14 सदस्य) अपने पद की शपथ ग्रहण की। इन अन्य सदस्यों में तीन मुस्लिम सदस्य थे, परन्तु वे मुस्लिम लीग से नहीं थे।
- 26 अक्टूबर, 1946 को मुस्लिम लीग भी सरकार में शामिल हो गई, जिसका उद्देश्य परिषद् में रहकर पाकिस्तान हेतु लड़ना था।
- मुस्लिम लीग ने अनुसूचित जाति के नेता जोगेन्द्रनाथ मण्डल को विधि मन्त्रालय के लिए नामित किया। अन्तरिम सरकार में पहले से शामिल 3 सदस्यों (मुस्लिम लीग से नहीं) के स्थान पर 26 अक्टूबर, 1916 को 5 सदस्य अन्तरिम सरकार में शामिल हुए।

अन्तरिम सरकार के प्रमुख सदस्य एवं सम्बद्ध विभाग

सदस्य	सम्बद्ध विभाग
जवाहरलाल नेहरू	राष्ट्रमण्डल एवं विदेशी मामले
सरदार वल्लभभाई पटेल	गृह, सूचना एवं प्रसारण
डॉ. राजेन्द्र प्रसाद	खाद्य एवं कृषि
जॉन मथाई	उद्योग एवं नागरिक आपूर्ति
जगजीवन राम	श्रम
सरदार बलदेव सिंह	रक्षा
सी. एच. भाभा	कार्य, खान एवं ऊर्जा
आसफ अली	रेलवे एवं परिवहन
सी. राजगोपालाचारी	शिक्षा एवं कला
लियाकत अली खाँ	वित्त (मुस्लिम लीग)
अब्दुल रब नश्तर	संचार, डाक (मुस्लिम लीग)
आई. आई. चुन्दरीगर	वाणिज्य (मुस्लिम लीग)
गजनफर अली खान	स्वास्थ्य (मुस्लिम लीग)
जोगेन्द्रनाथ मण्डल	विधि (मुस्लिम लीग)

माउण्टबेटन योजना, 1947

- 24 मार्च, 1947 को गवर्नर-जनरल बनकर भारत आए माउण्टबेटन ने यहाँ की राजनीतिक स्थिति पर विभिन्न नेताओं से विचार-विमर्श किया तथा वे इस निर्णय पर पहुँचे कि भारत की समस्या का एकमात्र समाधान विभाजन है।
- ब्रिटिश मन्त्रिमण्डल के परामर्श के बाद 3 जून, 1947 को एक योजना प्रस्तावित की गई, जिसे बाल्कन प्लान/माउण्टबेटन योजना कहा गया। इसके प्रावधान निम्न थे इसमें यह प्रावधान था कि ब्रिटिश भारत को दो सम्प्रभु राष्ट्रों-भारत और पाकिस्तान में विभाजित किया जाएगा।
  - नेहरू योजना जनरल सर हेस्टिंग्स इस्मा, सर जॉर्ज एबेल एवं लॉर्ड माउण्टबेटन की एक समिति द्वारा तैयार की गई थी।
  - सत्ता का हस्तान्तरण अलग-अलग प्रान्तों को किया जाए या सत्ता हस्तान्तरण से पहले यदि परिसंघ गठित हो जाए, तो उसके साथ इसमें यह प्रावधान भी था कि बंगाल तथा पंजाब को यह विकल्प दिया जाए कि वे अपने बँटवारे हेतु जनमत संग्रह करा सकते हैं।
  - इसमें उत्तरी-पश्चिमी सीमान्त प्रदेश में जनमत संग्रह द्वारा निर्णय किया जाना था कि वह पाकिस्तान में शामिल होगा या भारत में रहेगा।
  - इस योजना में असम के सिलहट भाग में जनमत द्वारा यह निर्णय किया जाना था कि वह असम में रहेगा या पूर्वी बंगाल (पाकिस्तान का भाग) में शामिल होगा।
  - ब्रिटिश सरकार ने इस योजना के अन्तर्गत यह घोषणा कर दी कि जून, 1948 से पूर्व भारत को सत्ता हस्तान्तरित कर दी जाएगी। माउण्टबेटन योजना को सभी (कांग्रेस व मुस्लिम लीग) दलों ने स्वीकार कर लिया।

भारतीय स्वतन्त्रता अधिनियम, 1947

माउण्टबेटन योजना के अनुसार, ब्रिटिश संसद ने भारतीय विधेयक का प्रारूप बनाया तथा इस विधेयक को भारतीय स्वतन्त्रता अधिनियम, 1947 के नाम से पारित किया गया। 18 जुलाई, 1947 को यह अधिनियम ब्रिटिश सम्राट द्वारा स्वीकृत कर लिया गया।

भारतीय स्वतन्त्रता अधिनियम

- भारत और पाकिस्तान नाम के दो स्वतन्त्र डोमिनियन की स्थापना 15 अगस्त, 1947 को की गई। इसके साथ ही बंगाल तथा पंजाब को विभाजित कर दो-दो प्रान्त बनाने का प्रस्ताव दिया गया और यह निर्णय लिया गया कि पाकिस्तान को मिलने वाले क्षेत्रों के अतिरिक्त शेष प्रान्त ब्रिटिश भारत में सम्मिलित होंगे।
- पंजाब सीमा आयोग और बंगाल सीमा आयोग, दोनों अधिराज्यों की सीमा सुनिश्चित करने हेतु सर रेडक्लिफ की अध्यक्षता में गठित किए गए। 15 अगस्त, 1947 को भारत में ब्रिटिश सम्राट की सरकार का उत्तरदायित्व ब्रिटिश भारत एवं भारतीय रियासतों पर समाप्त हो जाएगा।
- दोनों डोमिनियन राज्यों को शासन चलाने में भारत सरकार अधिनियम, 1935 तब तक सहयोग करेगा, जब तक वे अपने संविधान को अधिग्रहण नहीं कर लेते हैं। प्रत्येक डोमिनियन के लिए ब्रिटिश सम्राट द्वारा नियुक्त पृथक् गवर्नर-जनरल होगा।
- स्वतन्त्र भारत के प्रथम गवर्नर-जनरल लॉर्ड माउण्टबेटन बने। इसके अन्तर्गत सी राजगोपालाचारी को स्वतन्त्र भारत के प्रथम भारतीय गवर्नर-जनरल के रूप में नियुक्त किया गया था।
- भारत सचिव का पद समाप्त कर दिया गया तथा उसके स्थान पर राष्ट्रमण्डल के सचिव की नियुक्ति की गई।
- देशी रियासतों पर ब्रिटेन की सम्प्रभुता समाप्त कर उनको भारत अथवा पाकिस्तान किसी भी अधिराज्य में सम्मिलित होने और अपने भावी सम्बन्धों का निश्चय करने की स्वतन्त्रता दी गई।

"

संविधान का निर्माण संविधान सभा के सदस्यों द्वारा किया गया, जिसमें विभिन्न प्रान्तों तथा तत्कालीन देशी रियासतों के प्रतिनिधि शामिल थे। प्रान्तों की विधानसभाओं द्वारा अपने प्रतिनिधियों का चयन किया गया था, जबकि देशी रियासतों के प्रतिनिधि नामित किए गए थे।

अध्याय दो

संविधान का निर्माण

संविधान सभा की ऐतिहासिक पृष्ठभूमि

- भारत में संविधान निर्माण की संकल्पना राष्ट्रीय आन्दोलन से जुड़ी हुई है। बाल गंगाधर तिलक के निर्देशन में 1895 ई. में निर्मित **स्वराज विधेयक** में सबसे पहले संविधान सभा के सिद्धान्त का वर्णन मिलता है।
- भारत की संविधान सभा की आवश्यकता का उल्लेख भारत शासन अधिनियम, 1919 के लागू होने के बाद वर्ष 1922 में **यंग इण्डिया** पत्रिका में महात्मा गाँधी के द्वारा किया गया।
- 17 मई, 1927 को कांग्रेस के बम्बई अधिवेशन में मोतीलाल नेहरू द्वारा एक प्रस्ताव पेश किया गया, जिसमें कांग्रेस के केन्द्रीय तथा प्रान्तीय विधानमण्डलों के निर्वाचित सदस्य व राजनीतिक दलों के नेताओं के परामर्श से भारत के लिए एक संविधान निर्माण का आह्वान किया गया।
- इसी उद्देश्य हेतु मोतीलाल नेहरू की अध्यक्षता में एक समिति गठित की गई, जिसमें 10 अगस्त, 1928 को एक रिपोर्ट पेश की गई, जो **नेहरू रिपोर्ट** के नाम से प्रसिद्ध हुई।

संविधान सभा के गठन हेतु विचार

- संविधान की रचना हेतु संविधान सभा का विचार सर्वप्रथम वर्ष 1934 में **स्वराज पार्टी** ने दिया था।
- भारत में संविधान सभा के गठन का विचार सर्वप्रथम औपचारिक रूप से वर्ष 1934 में **एम. एन. राय** ने दिया था।

- वर्ष 1931 में कांग्रेस ने कराची में हुए भारतीय राष्ट्रीय कांग्रेस के अधिवेशन में स्वतन्त्र भारत के होने वाले संविधान की रूपरेखा प्रस्तुत की थी।
- वर्ष 1934 में भारतीय राष्ट्रीय कांग्रेस ने संविधान सभा के गठन की माँग को पहली बार अपनी अधिकृत नीति (Official Policy) में शामिल किया।
- वर्ष 1935 में पहली बार भारतीय राष्ट्रीय कांग्रेस ने भारत के संविधान के निर्माण के लिए आधिकारिक रूप से संविधान सभा के गठन की माँग की।
- जून, 1938 में कांग्रेस कार्यकारिणी (Executive) में भारतीय राष्ट्रीय कांग्रेस की ओर से जवाहरलाल नेहरू ने औपचारिक रूप से वयस्क मताधिकार के आधार पर निर्वाचित संविधान सभा के गठन व संविधान सभा द्वारा संविधान तैयार किए जाने की माँग की।
- नेहरू की इस माँग को ब्रिटिश सरकार ने सैद्धान्तिक रूप से मान लिया और इसलिए यही प्रस्ताव वर्ष 1940 के **अगस्त प्रस्ताव** के नाम से जाना जाता है।
- क्रिप्स मिशन द्वारा वर्ष 1942 में संविधान सभा के गठन को स्वीकार किया गया, परन्तु मुस्लिम लीग की अस्वीकृति के बाद यह 1946 के कैबिनेट मिशन प्रस्ताव द्वारा व्यावहारिक रूप में स्वीकृत हुआ।

संविधान सभा का गठन

- संविधान का निर्माण संविधान सभा के सदस्यों द्वारा किया गया, जिसमें विभिन्न प्रान्तों तथा तत्कालीन देशी रियासतों के प्रतिनिधि शामिल थे। प्रान्तों की विधानसभाओं द्वारा अपने प्रतिनिधियों का चयन किया गया था, जबकि देशी रियासतों के प्रतिनिधि नामित किए गए थे।
- भारतीय संविधान का निर्माण एक संविधान सभा द्वारा किया गया था, जिसका गठन कैबिनेट मिशन योजना (1946) के अन्तर्गत हुआ था।
- संविधान सभा में कुल 389 सदस्य थे, जिनमें से 292 सदस्यों का चयन ब्रिटिश भारत के गवर्नरों के अधीन 11 प्रान्तों से, 4 चीफ कमिश्नरों के अधीन चार प्रान्तों (दिल्ली, अंजमेर-मारवाड़, कुर्ग एवं ब्रिटिश बलूचिस्तान) से तथा 93 प्रतिनिधि देशी रियासतों से किया जाना था।

- प्रान्तीय सभाओं (Provincial Assembly) के द्वारा प्रत्येक 10 लाख जनसंख्या में से एक सदस्य के अनुपात में इसके सदस्य निर्वाचित हुए। प्रत्येक प्रान्त की सीटों को तीन प्रमुख समुदायों मुस्लिम, सिख तथा सामान्य में उनकी जनसंख्या के अनुपात में आवण्टित किया गया।
- संविधान सभा आंशिक रूप से चुनी हुई तथा आंशिक रूप से निर्वाचित निकाय थी।
- ब्रिटिश भारत के प्रान्तों को आवण्टित कुल 296 सीटों हेतु जुलाई-अगस्त, 1946 में चुनाव हुए। इसमें कांग्रेस को 208 सीटें तथा मुस्लिम लीग को 73 सीटें और 15 सीटें छोटे समूह एवं स्वतन्त्र सदस्यों को प्राप्त हुईं।
- संविधान सभा के प्रतिनिधियों का चुनाव समानुपातिक प्रतिनिधित्व तथा एकल संक्रमणीय मत पद्धति (Single Transferable Vote) द्वारा किया गया (देशी रियासतों के प्रतिनिधियों हेतु चुनाव पद्धति उनके परामर्श से तय की गई)।
- संविधान सभा प्रत्यक्ष रूप से नहीं चुनी गई, परन्तु सभी धर्मों, जातियों तथा जनजातियों के प्रतिनिधियों को प्रतिनिधित्व का अवसर प्राप्त हुआ। इसमें महिलाएँ भी शामिल थीं। इस प्रकार संविधान सभा एक बहुदलीय निकाय थी।
- संविधान सभा में अनुसूचित जातियों के सदस्यों की संख्या 26, अनुसूचित जनजाति की 33 तथा महिला सदस्यों की संख्या 15 थी।
- 3 जून, 1947 की योजना (माउण्टबेटन योजना) के अनुसार, विभाजन के बाद सदस्यों की वास्तविक संख्या घटकर 299 रह गई। इनमें से 229 सदस्य ब्रिटिश शासित प्रान्तों से तथा 70 सदस्य देशी रियासतों से थे।
- विभाजन के उपरान्त मुस्लिम लीग ने संविधान सभा से अपने सदस्यों को वापस बुला लिया।
- इसके फलस्वरूप पूर्वी बंगाल, पंजाब, सिन्ध, उत्तरी-पश्चिमी सीमा प्रान्त, बलूचिस्तान तथा असम के सिलहट जैसे जिले पाकिस्तान में शामिल किए जाने वाले क्षेत्रों का प्रतिनिधित्व करने वाले भारतीय संविधान सभा के सदस्य नहीं रहे।
- संविधान सभा ने अपनी पूर्ण प्रभुता पर बल देते हुए यह प्रस्ताव पारित किया कि यह तभी भंग हो सकती है, जब सभा स्वयं दो-तिहाई बहुमत से इस आशय का प्रस्ताव पारित करे अन्यथा नहीं।

भारतीय संविधान सभा में शामिल महिला सदस्य

विजय लक्ष्मी पण्डित	दुर्गाबाई देशमुख
सरोजिनी नायडू	दाक्षायनी वेलायुदन
सुचेता कृपलानी	ऐनी मसकैरिनी
पूर्णिमा बनर्जी	मालती चौधरी
लीला राय	बेगम एजाज रसूल
हंसा मेहता	अम्मू स्वामीनाथन
रेणुका राय	राजकुमारी अमृत कौर
कमला चौधरी	

संविधान सभा की कार्यप्रणाली

- संविधान सभा कानून के विद्वान् बुद्धिजीवियों की सभा थी, मुख्यत: इसमें कांग्रेसियों की प्रधानता थी। संविधान सभा की प्रथम बैठक 9 दिसम्बर, 1946 को हुई। मुस्लिम लीग ने संविधान सभा की इस पहली बैठक का बहिष्कार किया तथा अलग पाकिस्तान की माँग पर बल दिया।
- प्रथम अधिवेशन में सर्वसम्मति से डॉ. सच्चिदानन्द सिन्हा को संविधान सभा का अस्थायी अध्यक्ष चुना गया तथा बाद में 11 दिसम्बर, 1946 को डॉ. राजेन्द्र प्रसाद को संविधान सभा का स्थायी अध्यक्ष चुना गया, एच. सी. मुखर्जी (पहले) तथा वी.टी कृष्णमाचारी (दूसरे) को उपाध्यक्ष निर्वाचित किया गया, जबकि बी. एन. राव को संवैधानिक सलाहकार नियुक्त किया गया। महात्मा गाँधी और मोहम्मद अली जिन्ना दो ऐसे प्रमुख राष्ट्रीय नेता थे, जो संविधान सभा के सदस्य नहीं थे।

उद्देश्य प्रस्ताव

क्या है?

- 13 दिसम्बर, 1946 को जवाहरलाल नेहरू द्वारा यह प्रस्ताव संविधान सभा की तीसरी बैठक में पेश किया गया, जिसे अन्तत: 22 जनवरी, 1947 को संविधान सभा द्वारा स्वीकार कर लिया गया।
- राष्ट्रीय आन्दोलन के सिद्धान्तों का सर्वोत्तम सारांश इस उद्देश्य प्रस्ताव (Objective Resolution) में निहित था।
- उद्देश्य प्रस्ताव में भारत को एक स्वतन्त्र सम्प्रभु संघ रूप में पहचाना, जिसकी शक्तियों का अन्तिम स्रोत भारत की जनता रहेगी।
- 26 नवम्बर, 1949 को अपनाए गए संविधान में प्रस्तावना, 22 भाग, 395 अनुच्छेद तथा 8 अनुसूचियाँ थीं।

कौन-से वर्ग शामिल?

इसमें अल्पसंख्यकों, पिछड़े एवं जनजातीय क्षेत्रों तथा दलितों और अन्य पिछड़े वर्गों के लिए पर्याप्त प्रावधान भी शामिल किए गए।

कौन-कौन से अनुच्छेद शामिल?

उद्देश्य प्रस्ताव में 8 अनुच्छेद शामिल किए गए थे। इस प्रस्ताव में सभी नागरिकों को सामाजिक, आर्थिक और राजनीतिक न्याय, प्रतिष्ठा एवं अवसर की समता, कानून के समक्ष समानता के साथ ही विचार, अभिव्यक्ति, विश्वास, आस्था, पूजा, व्यवसाय इत्यादि की स्वतन्त्रता की गारण्टी दी गई।

भारतीय स्वतन्त्रता अधिनियम, 1947 में किए गए परिवर्तन

- संविधान सभा से स्वयं को अलग रखने वाली देशी रियासतों के प्रतिनिधि भी धीरे-धीरे संविधान सभा में शामिल होने लगे, जिसके परिणामस्वरूप 28 अप्रैल, 1947 को छ: राज्यों के प्रतिनिधि सभा के रूप में देशी रियासतों के सदस्य बन चुके थे।
- 3 जून, 1947 को भारत के बँटवारे के लिए पेश की गई माउण्टबेटन योजना को स्वीकार करने के पश्चात् अन्य देशी रियासतों के अधिकतर प्रतिनिधियों ने संविधान सभा में अपनी सीटें ग्रहण कर लीं।
- इसके अतिरिक्त भारतीय क्षेत्र के मुस्लिम लीग के सदस्य भी संविधान सभा में शामिल हो गए।

- भारतीय स्वतन्त्रता अधिनियम, 1947 द्वारा संविधान सभा की संरचना में किए गए परिवर्तनों का वर्णन निम्न प्रकार है
  - संविधान सभा को एक सम्प्रभु निकाय बनाया गया, जो संविधान के निर्माण सम्बन्धी कोई भी निर्णय ले सकती थी। संविधान सभा को ब्रिटेन संसद द्वारा भारत के सम्बन्ध में बनाए गए कानूनों में परिवर्तन तथा समाप्त करने का अधिकार था।
  - संविधान सभा एक विधायिका (Legislature) भी बन गई। इसे अलग-अलग दो कार्य सौंपे गए- प्रथम, संविधान निर्माण तथा द्वितीय, देश के लिए सामान्य विधि निर्माण। इस प्रकार स्वतन्त्र भारत की पहली संसद संविधान सभा बनी।
  - 26 नवम्बर, 1949 तक इन दोनों रूपों में संविधान सभा कार्य करती रही, जब बैठक विधायिका के रूप में होती, तब अध्यक्षता जी. वी. मावलंकर करते तथा जब बैठक संविधान सभा के रूप में होती, तो अध्यक्षता डॉ. राजेन्द्र प्रसाद करते थे।
  - पाकिस्तान से सम्बन्धित क्षेत्रों में शामिल मुस्लिम लीग के सदस्य भारतीय संविधान सभा से अलग हो गए, जिसके कारण वर्ष 1946 में माउण्टबेटन योजना के तहत तय की गई सदस्यों की कुल 389 सीटें घटकर 299 हो गईं।
  - भारतीय प्रान्तों (औपचारिक रूप से ब्रिटिश प्रान्त) की संख्या 296 से 229 तक कर दी गई तथा देसी रियासतों की संख्या 93 से 70 निर्धारित कर दी गई।

संविधान निर्माण से सम्बन्धित कार्य समितियाँ

संविधान सभा ने संविधान निर्माण से सम्बन्धी विभिन्न कार्यों को करने के लिए 8 बड़ी तथा अन्य छोटी समितियों का गठन किया था। इन प्रमुख समितियों और इनके अध्यक्षों का विवरण निम्नलिखित है

बड़ी समितियाँ एवं उनके अध्यक्ष

समिति	अध्यक्ष
संघ शक्ति समिति	जवाहरलाल नेहरू
संघीय संविधान समिति	जवाहरलाल नेहरू
प्रान्तीय संविधान समिति	सरदार पटेल
प्रारूप समिति	डॉ. बी. आर. अम्बेडकर
नियम एवं प्रक्रिया समिति	डॉ. राजेन्द्र प्रसाद
राज्यों के लिए समिति (राज्यों से समझौता करने वाली समिति)	जवाहरलाल नेहरू
संचालन समिति	डॉ. राजेन्द्र प्रसाद
मौलिक अधिकार एवं अल्पसंख्यक सम्बन्धी परामर्श समिति (इसकी उप-समितियाँ)	सरदार पटेल
(i) मौलिक अधिकारों की उप-समिति	– जे. बी. कृपलानी
(ii) अल्पसंख्यकों की उप-समिति	– एच. सी. मुखर्जी
(iii) उत्तर-पूर्व सीमान्त (असम छोड़कर) जनजातीय क्षेत्र तथा आंशिक क्षेत्र की उप-समिति	– गोपीनाथ बारदोलोई
(iv) छोड़े गए आंशिक क्षेत्रों की उप-समिति	– ए. वी. ठक्कर
(v) उत्तर-पश्चिम फ्रण्टियर जनजाति क्षेत्र की उप-समिति	– उपसमिति (सदस्य-खान अब्दुल गफ्फार खाँन, खान अब्दुल समद खाँ तथा मेहर चन्द खन्ना)

छोटी समितियाँ एवं उनके अध्यक्ष

समिति	अध्यक्ष
संविधान के कार्यों से सम्बन्धी समिति	जी. वी. मावलंकर
कार्य संचालन समिति	डॉ. के. एम. मुंशी
सदन समिति	बी. पट्टाभि सीतारमैया
राष्ट्रध्वज सम्बन्धी तदर्थ समिति	डॉ. राजेन्द्र प्रसाद
सर्वोच्च न्यायालय के लिए तदर्थ समिति	एस. वरदाचारी
वित्त एवं कर्मचारी (स्टाफ) समिति	राजेन्द्र प्रसाद
मुख्य आयुक्तों के प्रान्तों के लिए समिति	बी. पट्टाभि सीतारमैय्या
संघीय संविधान के वित्तीय प्रावधानों सम्बन्धी समिति	नलिनी रंजन सरकार
प्रत्यायक (क्रेडेन्सियल) समिति	अल्लादि कृष्णास्वामी अय्यर
भाषाई प्रान्त आयोग	एस. के. डार
प्रारूप संविधान की जाँच के लिए विशेष समिति	जवाहरलाल नेहरू
प्रेस दीर्घा समिति	उषा नाथ सेन
नागरिकता पर तदर्थ समिति	एस. वरदाचारी

प्रारूप समिति

- संविधान सभा की सभी समितियों में सर्वाधिक महत्त्वपूर्ण प्रारूप समिति थी। प्रारूप समिति का गठन 29 अगस्त, 1947 को हुआ। इसकी पहली बैठक 30 अगस्त, 1947 को हुई थी, जिसमें 7 सदस्य थे।
- डॉ. बी. आर अम्बेडकर को प्रारूप समिति का अध्यक्ष चुना गया। प्रारूप समिति सर्वाधिक महत्त्वपूर्ण इसलिए थी, क्योंकि इस समिति को नए संविधान का प्रारूप तैयार करने का उत्तरदायित्व सौंपा गया था।
- संविधान सभा में डॉ. अम्बेडकर का निर्वाचन पूर्वी बंगाल प्रान्त से हुआ था, लेकिन विभाजन के कारण वह क्षेत्र पूर्वी पाकिस्तान में चला गया, इसलिए डॉ. अम्बेडकर का पुन: निर्वाचन बम्बई प्रेसीडेन्सी की पूना सीट से हुआ।
- विभिन्न समितियों के प्रस्तावों पर विचार करने के पश्चात् प्रारूप समिति ने संविधान का प्रथम प्रारूप फरवरी, 1948 में प्रकाशित किया। लोगों की शिकायतों, आलोचनाओं और सुझावों के परिप्रेक्ष्य (Perspective) में प्रारूप समिति ने महत्त्वपूर्ण संशोधन किए।
- प्रारूप समिति के प्रमुख सदस्य निम्नलिखित हैं
  - डॉ. भीमराव अम्बेडकर (अध्यक्ष)
  - एन. गोपालास्वामी आयंगर
  - मोहम्मद सादुल्ला
  - बी. एल. मित्र (बाद में इनकी अस्वस्थता के कारण एन. माधव राव को नियुक्त किया गया)
  - डी. पी. खेतान (इनकी मृत्यु के पश्चात् टी.टी. कृष्णमाचारी को नियुक्त किया गया)
  - अल्लादि कृष्णास्वामी अय्यर
  - के. एम. मुंशी
- 15 नवम्बर, 1948 से 17 अक्टूबर, 1949 के बीच संविधान के प्रारूप के प्रत्येक उपबन्ध पर संविधान सभा में विचार-विमर्श किया गया। संविधान सभा में संविधान के प्रारूप के निम्नलिखित तीन वाचन हुए

- प्रथम वाचन (First Reading) संविधान सभा में 4 नवम्बर, 1948 को डॉ. बी. आर. अम्बेडकर द्वारा किया गया। इस दौरान संविधान पर पाँच दिनों तक सामान्य चर्चा हुई।
- संविधान का द्वितीय वाचन (Second Reading) 15 नवम्बर, 1948 से प्रारम्भ हुआ। इसमें संविधान पर खण्डवार व्यापक विचार-विमर्श किया गया। यह कार्य 17 अक्टूबर, 1949 तक चला।
- संविधान का तृतीय वाचन (Third Reading) 14 नवम्बर, 1949 से डॉ. बी. आर. अम्बेडकर के द कॉन्स्टिट्यूशन ऐज सेटल्ड बाई द असेम्बली बी पास्ड (The Constitution as Settled by the Assembly be Passed) प्रस्ताव के साथ आरम्भ हुआ। इस पर विचार के पश्चात् संविधान को 26 नवम्बर, 1949 को संविधान सभा द्वारा पारित घोषित कर दिया गया तथा इस पर अध्यक्ष सहित सदस्यों ने हस्ताक्षर किए।
- संविधान सभा में कुल 299 सदस्यों में से इस दिन केवल 284 सदस्य ही उपस्थित थे, जिन्होंने संविधान पर हस्ताक्षर किए, जिसमें 8 महिला सदस्य भी शामिल थीं।

- 26 नवम्बर, 1949 को अपनाए गए संविधान में प्रस्तावना, 395 अनुच्छेद तथा 8 अनुसूचियाँ थीं।
- संविधान सभा के संवैधानिक सलाहकार बी. एन. राव ने अक्टूबर, 1947 में भारतीय संविधान का प्रारम्भिक मसौदा (प्रारूप) तैयार किया था।

कांग्रेस की विशेषज्ञ समिति

- जब संविधान सभा का चुनाव हो रहा था, तब 8 जुलाई, 1946 को भारतीय राष्ट्रीय कांग्रेस ने संविधान का मसौदा तैयार करने के लिए एक विशेषज्ञ समिति का गठन किया, जिसके सदस्य पं. जवाहरलाल नेहरू, एम. आसफ अली, के. एम. मुंशी, एन. गोपालस्वामी अय्यंगर, के. टी. सेठ, डी. आर. गाडगिल, हुमायूँ कबीर तथा के. संथानम थे।
- कुछ समय पश्चात् सभापति के प्रस्ताव पर कृष्ण कृपलानी को समिति के सदस्य एवं संयोजक के रूप में शामिल किया गया।
- इस समिति की दो बैठकें हुईं। पहली बैठक 20 से 22, जुलाई को दिल्ली में तथा दूसरी बैठक 15 से 17 अगस्त को बम्बई में सम्पन्न हुई।
- इस विशेषज्ञ समिति के संदस्यों द्वारा संविधान सभा में अपनाई जाने वाली प्रक्रियाओं, विभिन्न समितियों की संविधान सभा द्वारा नियुक्ति के प्रश्नों एवं संविधान सभा के पहले सत्र में संविधान के उद्देश्य के प्रारूपों पर चर्चा की गई।

संविधान सभा के विकास के चरण

संविधान सभा में निम्न तीन चरणों का वर्णन किया गया है

प्रथम चरण यह चरण 6 दिसम्बर, 1946 से 14 अगस्त, 1947 तक चला। इसमें संविधान सभा कैबिनेट मिशन द्वारा सुझाई गई सीमाओं के भीतर कार्य करती रही। इस चरण में पण्डित जवाहरलाल नेहरू ने संविधान का उद्देश्य प्रस्ताव प्रस्तुत किया, जिसके आधार पर संविधान का प्रारूप तैयार करने की प्रक्रिया आरम्भ हुई।

द्वितीय चरण यह चरण 15 अगस्त, 1947 से 26 नवम्बर, 1949 तक चला। इस दौरान संविधान सभा एक प्रभुत्व सम्पन्न एवं अस्थायी संस्था के रूप में कार्य करती रही तथा संविधान के प्रारूप का संविधान सभा में वाचन किया गया एवं उस पर व्यापक विचार-विमर्श हुआ।

तृतीय चरण यह चरण 27 नवम्बर, 1949 से मार्च, 1952 तक चला। इस दौरान संविधान सभा तब तक एक अस्थायी संसद के रूप में कार्य करती रही, जब तक भारत में आम चुनाव के पश्चात् निर्वाचित प्रतिनिधि नहीं चुने गए एवं नई संसद का निर्माण नहीं हुआ। 26 नवम्बर, 1949 को संविधान अंगीकृत (Adopt) होने के साथ ही 16 अनुच्छेद (अनुच्छेद-5, 6, 7, 8, 9, 60, 324, 366, 367, 379, 380, 388, 391, 392, 393, 394) प्रभाव में आए।

- भारतीय संविधान के निर्माण में कुल 2 वर्ष 11 माह 18 दिन लगे, जिसमें संविधान सभा की 11 बैठकें हुईं। संविधान सभा की अन्तिम बैठक (12वीं) 24 जनवरी, 1950 को हुई तथा इसी दिन सदस्यों ने अन्तिम रूप से हस्ताक्षर किए। इसके बाद 26 जनवरी, 1950 को सम्पूर्ण संविधान लागू (Execute) हुआ। इसी दिन को गणतन्त्र दिवस के रूप में मनाया जाता है।
- डॉ. बी. आर. अम्बेडकर को भारत के संविधान के पिता/आधुनिक मनु की संज्ञा दी जाती है। डॉ. भीमराव अम्बेडकर के 125वें जन्म दिवस पर 26 नवम्बर, 2015 से प्रतिवर्ष 26 नवम्बर को संविधान दिवस (Constitution Day) के रूप में मनाया जाता है।
- सविधान सभा द्वारा किए गए कुछ महत्त्वपूर्ण कार्य
  - वर्ष 1949 में राष्ट्रमण्डल में भारत की सदस्यता को स्वीकार किया गया।
  - 22 जुलाई, 1947 को राष्ट्रीय ध्वज अपनाया गया।
  - 24 जनवरी, 1950 को राष्ट्रीय गान अपनाया गया।
  - 24 जनवरी, 1950 को राष्ट्रीय गीत अपनाया गया।
  - 24 जनवरी, 1950 को डॉ. राजेन्द्र प्रसाद को भारत का प्रथम राष्ट्रपति चुना गया।

महत्त्वपूर्ण तथ्य

- संविधान सभा द्वारा मुहर के रूप में **हाथी के प्रतीक** को अपनाया गया था।
- संविधान सभा का **सचिव-एच. वी. आर. अय्यंगर** को नियुक्त किया गया।
- संविधान सभा के लिए संवैधानिक सलाहकार (कानूनी सलाहकार) के रूप में सर.बी.एन. राव को नियुक्त किया गया। **एस. एन. मुखर्जी** को संविधान सभा का मुख्य प्रारूपकार (चीफ ड्राफ्टमैन) नियुक्त किया गया था।
- भारतीय संविधान के प्रमुख सुलेखक (Calligrapher) **प्रेम बिहारी नारायण रायजादा** थे, इनके द्वारा मूल संविधान एक प्रवाहमय (इटैलिक) शैली में हस्तलिखित है।
- शान्ति निकेतन के कलाकारों द्वारा मूल संस्करण का सौन्दर्यीकरण एवं सजावट की गई, जिसमें **नन्दलाल बोस** एवं **बिउहर राममनोहर सिन्हा** शामिल थे।
- वसन्त कृष्ण वैद्य द्वारा मूल संविधान के हिन्दी संस्करण का सुलेखन किया गया, जिसे नन्दलाल बोस ने सुन्दर तरीके से अलंकृत एवं ज्यामितीय रूप प्रदान किया है।

"

भारतीय संविधान मूल भावना की दृष्टि से अद्वितीय है, यद्यपि अनेक संविधानों से विभिन्न विशेषताएँ ग्रहण करके वैविध्य वाले देश हेतु एक समग्र विशेषताओं वाला संविधान निर्मित किया गया है।

अध्याय तीन

भारतीय संविधान की विशेषताएँ

भारतीय संविधान की प्रमुख विशेषताएँ

भारतीय संविधान की अनेक ऐसी विशेषताएँ हैं, जो उसे विश्व के अन्य संविधानों से एक अलग पहचान देती है। इसकी प्रमुख विशेषताएँ निम्नलिखित हैं

लिखित एवं विस्तृत संविधान

- भारतीय संविधान अमेरिकी संविधान की तरह लिखित है, न कि ब्रिटेन के संविधान की तरह अलिखित।
- ब्रिटेन का संविधान परम्पराओं एवं प्रथाओं पर आधारित है। भारतीय संविधान विश्व का सबसे विस्तृत लिखित संविधान है। विश्व का प्रथम लिखित संविधान संयुक्त राज्य अमेरिका का है।
- इसमें भारतीय संघ के सभी महत्त्वपूर्ण अंगों के पृथक् प्रशासनिक स्वरूप और विभिन्न अंगों के बीच परस्पर सम्बन्धों का विस्तृत वर्णन किया गया है। इसमें संकटकालीन उपबन्धों का भी व्यापक (Broad) वर्णन किया गया है।
- संविधान के बड़े आकार के पीछे कुछ अन्य कारण भी हैं; जैसे-भारत का विस्तार और विविधता, सभी राज्यों के लिए एकल संविधान व भारत शासन अधिनियम, 1935 (जिसके अधिकतर उपबन्ध यथावत् अंगीकार कर लिए गए) का प्रभाव आदि।
- संविधान में मूल रूप से (वर्ष 1949 में) एक प्रस्तावना, 395 अनुच्छेद (22 भागों में विभक्त) एवं 8 अनुसूचियाँ थीं।
- वर्तमान में भारतीय संविधान में एक प्रस्तावना, गणना की दृष्टि से 25 भाग, 470 अनुच्छेद तथा 12 अनुसूचियाँ हैं। यद्यपि मूल रूप से 395 अनुच्छेद, 22 भाग एवं 12 अनुसूचियाँ हैं।

सम्प्रभु राज्य

- भारतीय संविधान को भारत की जनता ने अंगीकृत किया है, जिसका तात्पर्य है कि भारतीय जनता में सम्प्रभुता (Sovereignty) निहित है।
- सम्प्रभुता का अन्तर्निहित भाव यह है कि भारतीय जनता किसी भी बाह्य शक्ति के अधीन नहीं है।

कठोरता व लचीलेपन का समन्वय

- संविधान संशोधन की कठिन या सरल प्रक्रिया के आधार पर संविधान को कठोर या लचीला (Rigid or Flexible) कहा जाता है।
- लचीले संविधान में विधि निर्माण की साधारण प्रक्रिया के द्वारा संशोधन किया जा सकता है; जैसे—ब्रिटेन का संविधान। कठोर संविधान में संशोधन के लिए विशेष प्रक्रिया की आवश्यकता होती है; जैसे—अमेरिका का संविधान।
- भारतीय संविधान को कठोरता व लचीलेपन का मिश्रण कहा जा सकता है, क्योंकि संविधान के कुछ उपबन्धों में संशोधन विशेष बहुमत तथा कुल राज्यों के आधे राज्यों के अनुमोदन द्वारा होता है।
- कुछ अन्य उपबन्धों का संशोधन विशेष बहुमत (संसद के प्रत्येक सदन द्वारा उसमें उपस्थित तथा मतदान करने वाले सदस्यों के दो-तिहाई बहुमत एवं कुल सदस्यों के बहुमत) द्वारा किया जा सकता है।

- के. सी. व्हेयर ने (KC Wheare) इस सन्दर्भ में कहा है कि "भारतीय संविधान अधिक कठोर एवं अधिक लचीले के मध्य एक अच्छा सन्तुलन स्थापित करता है।"
- भारतीय संविधान की जटिलता के कारण ही ब्रिटिश संवैधानिक विशेषज्ञ विलियम आइवर जेनिंग्स ने इसे वकीलों का स्वर्ग (Lawyers' Paradise) कहा है।

लोकतन्त्रात्मक गणराज्य

- संविधान ने भारत में एक लोकतन्त्रात्मक गणराज्य की स्थापना की है। लोकतन्त्रात्मक शब्द का अर्थ इस बात से लगाया जाता है कि सरकार की शक्ति का स्रोत जनता में निहित है तथा शक्तियों का पृथक्करण किसी उदार लोकतन्त्र में स्वतन्त्रता की सर्वोत्तम सुरक्षा को नियत करता है।
- गणराज्य से तात्पर्य ऐसे राज्य से है, जहाँ शासनाध्यक्ष वंशानुगत न होकर जनता द्वारा निर्वाचित होता है।

संसदीय शासन प्रणाली

- भारतीय संविधान द्वारा देश में संसदीय लोकतन्त्र की व्यवस्था की गई है। संसदात्मक व्यवस्था में संसद की प्रधानता रहती है तथा यह जनता का प्रतिनिधित्व (Public Representation) करती है।
- भारतीय संविधान द्वारा अमेरिका की अध्यक्षीय प्रणाली के विपरीत ब्रिटेन की संसदीय तन्त्र प्रणाली को अपनाया गया है।
- यद्यपि केन्द्र तथा राज्यों में शासन व्यवस्था क्रमशः राष्ट्रपति एवं राज्यपालों के नाम पर चलाई जाती है, परन्तु वास्तविक रूप से शासन का संचालन मन्त्रिपरिषद् द्वारा किया जाता है, जो विधायिका (लोकसभा या विधानसभा) के प्रति उत्तरदायी होती है।

> **भारत में द्विसदनात्मक केन्द्रीय विधायिका** (संसद) की व्यवस्था की गई है तथा शासन व्यवस्था जनता द्वारा चुने गए प्रतिनिधियों द्वारा संचालित की जाती है।

विधि के शासन

- इसका अभिप्राय कानूनी समानता से है। इसके अन्तर्गत कानून के उल्लंघन हेतु किसी व्यक्ति को दण्डित किया जा सकता है। इसके अतिरिक्त राज्य व सरकार के सभी अंग व प्राधिकारी विधि के द्वारा ही नियमित एवं नियन्त्रित होते हैं।
- इसके अन्तर्गत संविधान की व्यवस्था या अन्य कानूनी विषयों पर न्यायाधीशों का निर्णय ही अन्तिम तथा सर्वमान्य होगा।
- शक्तियों का परिसीमन, विधि के समक्ष समता एवं स्वतन्त्रता तथा नागरिक अधिकार इसके प्रमुख लक्षण हैं।

मौलिक अधिकार एवं मौलिक कर्त्तव्य

- भारतीय संविधान के भाग-III में मौलिक अधिकार शामिल किए गए हैं। ये मौलिक अधिकार व्यक्तियों को राज्य के विरुद्ध प्राप्त ऐसे अधिकार हैं, जिनका अतिक्रमण नहीं किया जा सकता।
- संविधान में मूल अधिकारों के प्रवर्तन का तन्त्र एवं उनकी क्रियाविधि भी निर्धारित की गई है। सामान्यतः मौलिक अधिकार का उद्देश्य राजनीतिक लोकतन्त्र की भावना को प्रोत्साहित करना है।
- यदि किसी व्यक्ति के मौलिक अधिकार का हनन हुआ है, तो वह सीधे सर्वोच्च न्यायालय की शरण में जाकर बन्दी प्रत्यक्षीकरण, परमादेश, प्रतिषेध, अधिकार पृच्छा एवं उत्प्रेषण जैसी रिटों के माध्यम से अपने अधिकारों की रक्षा कर सकता है।
- सरदार स्वर्ण सिंह समिति की सिफारिश के आधार पर 42वें संविधान संशोधन, 1976 द्वारा संविधान के भाग-IV(A) में 10 मौलिक कर्त्तव्यों को शामिल किया गया।
- वर्तमान में 11 मौलिक कर्त्तव्य हैं, इसमें 11वें मौलिक कर्त्तव्य को 86वें संविधान संशोधन अधिनियम, 2002 के अन्तर्गत जोड़ा गया।
- मौलिक कर्त्तव्य को भी राज्य के नीति-निदेशक तत्त्वों की भाँति कानूनी रूप से लागू नहीं किया जा सकता है।
- मौलिक कर्त्तव्य नागरिकों को यह याद दिलाते हैं कि उन्हें अपने समाज, देश व अन्य नागरिकों के प्रति कुछ जिम्मेदारियों का भी निर्वाह करना होता है।

राज्य के नीति-निदेशक तत्त्व

- राज्य के नीति-निदेशक तत्त्वों का उल्लेख संविधान के भाग-VI के अन्तर्गत अनुच्छेद-36 से 51 में किया गया है।
- आयरलैण्ड के संविधान से प्रेरित नीति-निदेशक तत्त्व भारतीय संविधान की अनूठी विशेषता है, जिनका उद्देश्य सामाजिक व आर्थिक लोकतन्त्र को बढ़ावा देना है तथा भारत में कल्याणकारी राज्य की स्थापना करना है।
- अमेरिकी संविधानविद् ग्रेनविल ऑस्टिन ने अपनी पुस्तक द इण्डियन कॉन्स्टिट्यूशन कॉर्नरस्टोन ऑफ ए नेशन में नीति-निदेशक तत्त्व को संविधान की आत्मा कहा है।

सार्वभौम वयस्क मताधिकार

- भारतीय संविधान द्वारा राज्य विधानसभाओं एवं लोकसभा के चुनाव के आधार स्वरूप देश में सार्वभौम वयस्क मताधिकार को अपनाया गया।
- 61वें संविधान संशोधन (वर्ष 1989) के द्वारा मतदान की आयु 21 वर्ष से घटाकर 18 वर्ष कर दी गई, जबकि संविधान लागू होने के समय 21 वर्ष थी।
- संविधान सभी वयस्क नागरिकों को बिना किसी भेदभाव के मतदान का अधिकार प्रदान करता है। यह लोकतन्त्र में कमजोर वर्गों तथा अल्पसंख्यकों को अपने हितों की सुरक्षा हेतु अवसर उपलब्ध कराता है।

एकीकृत एवं स्वतन्त्र न्यायपालिका

- संविधान द्वारा एक एकीकृत एवं स्वतन्त्र न्यायपालिका की व्यवस्था की गई है।
- न्यायपालिका की संरचना में शिखर पर सर्वोच्च न्यायालय स्थित है तथा सर्वोच्च न्यायालय के अधीन राज्य स्तर पर उच्च न्यायालय की व्यवस्था की गई है, जबकि उच्च न्यायालय के अधीन अन्य अधीनस्थ न्यायालय हैं।

> न्यायालय नागरिको के मूल अधिकारों की रक्षा (**अनुच्छेद 32** सर्वोच्च न्यायालय तथा **अनुच्छेद 226** उच्च न्यायालय) के साथ-साथ संविधान के संरक्षक भी हैं। संविधान में इनकी स्वतन्त्रता हेतु विभिन्न प्रावधानों को शामिल किया गया है; जैसे—न्यायाधीशों के कार्यकाल की सुरक्षा, निर्धारित सेवा शर्तें, सेवानिवृत्ति के बाद कार्य पर रोक, वेतन और भत्ते, भारत की संचित निधि पर भारित, अवमानना हेतु दण्ड देने की शक्ति आदि।

संसदीय सम्प्रभुता एवं न्यायिक सर्वोच्चता में समन्वय

- भारतीय संविधान में संसदीय प्रभुता (संसद की सर्वोच्चता) की ब्रिटिश प्रणाली तथा न्यायिक सर्वोच्चता की अमेरिकी प्रणाली के समन्वय का प्रयास करते हुए मध्य मार्ग अपनाया गया है। संसद संवैधानिक शक्तियों के माध्यम से संविधान में संशोधन कर सकती है।
- इसके अन्तर्गत एक ओर संसद को सर्वोच्च बनाया गया है, तो दूसरी ओर संविधान द्वारा न्यायपालिका को संसद द्वारा पारित कानूनों के न्यायिक पुनरीक्षण की शक्तियाँ प्रदान की गई हैं।
- न्यायपालिका न केवल व्यक्तिगत अधिकारों एवं स्वतन्त्रताओं की रक्षा करती है, बल्कि उससे यह अपेक्षा भी की जाती है कि वह समय-समय पर संविधान की व्याख्या करे।

आपातकालीन प्रावधान

- संविधान निर्माताओं का यह अनुमान था कि कभी भी ऐसी असाधारण स्थिति आ सकती है, जब सामान्य परिस्थिति की तरह सरकार चलाना सम्भव न हो, तो ऐसे कठिन समय का सामना करने हेतु संविधान में आपात उपबन्ध (Emergency Provision) की व्यवस्था की गई।
- भारतीय संविधान के भाग-XVIII में राष्ट्रीय आपात (अनुच्छेद-352), राष्ट्रपति शासन (अनुच्छेद-356) व वित्तीय आपात (अनुच्छेद-360) अर्थात् तीन प्रकार के आपात उपबन्धों की व्यवस्था की गई है।
- इन उपबन्धों को संविधान के उद्देश्यों (देश की सम्प्रभुता, एकता, अखण्डता और सुरक्षा, संविधान तथा देश के लोकतान्त्रिक ढाँचे को सुरक्षा हेतु) शामिल किया गया है।

एकल नागरिकता

- भारतीय संविधान एकल व संघीय दोनों लक्षणों का प्रतिनिधित्व करता है, किन्तु भारत में एकल नागरिकता का प्रावधान है।
- इसके विपरीत अमेरिका जैसे देशों में दोहरी नागरिकता का प्रावधान है, एक देश का और दूसरा राज्य का, जिसमें वह निवास करता है।
- भारतीय संविधान के भाग-II के अनुच्छेद 5 से 11 के अन्तर्गत नागरिकता सम्बन्धी उपबन्धों का उल्लेख है।

पन्थनिरपेक्ष या धर्मनिरपेक्ष राज्य

- संविधान, भारत को एक पन्थनिरपेक्ष राज्य (Secular State) घोषित करता है। वर्ष 1976 में 42वें संविधान संशोधन द्वारा संविधान की प्रस्तावना में पन्थनिरपेक्ष (Secularism) शब्द जोड़कर इस परिप्रेक्ष्य में स्थिति स्पष्ट कर दी गई है।
- पन्थनिरपेक्षता से अभिप्राय है कि सरकार द्वारा ऐसी कोई भी नीति नहीं बनाई जाएगी, जो देश में निवास करने वाले विभिन्न धार्मिक सम्प्रदायों के प्रति भेदभावपूर्ण हो।
- भारत का संविधान किसी धर्म विशेष को राज्य के धर्म के रूप में मान्यता नहीं देता है, बल्कि वह सभी धर्मों को एक समान मानता है और समान रूप से संरक्षण प्रदान करता है।

समाजवादी राज्य

- वर्ष 1976 में पारित 42वें संविधान संशोधन के द्वारा संविधान की प्रस्तावना में समाजवादी (Socialist) शब्द जोड़ा गया है, जो संविधान के मूल रूप में नहीं था।
- संविधान का उद्देश्य सम्पूर्ण समाज में राजनीतिक, आर्थिक और आधिकारिक दृष्टि से समानता स्थापित करना है।

अल्पसंख्यकों के लिए विशेष प्रावधान

- अल्पसंख्यक (Minority) समुदायों के हितों के संरक्षण हेतु संविधान के अनुच्छेद-29 में अल्पसंख्यकों की भाषा, लिपि एवं संस्कृति को संरक्षित करने का अधिकार दिया गया है।
- अनुच्छेद-30 में शिक्षण संस्थानों की स्थापना एवं प्रशासन के अधिकार सम्बन्धी प्रावधान किए गए हैं।

त्रिस्तरीय शासन

- मूलत: संविधान में दो स्तरीय (केन्द्र व राज्य) शासन व्यवस्था थी, परन्तु वर्ष 1992 में 73वें और 74वें संविधान संशोधन अधिनियम के अन्तर्गत शासन में तीसरे स्तर (स्थानीय स्वशासन) का प्रावधान किया गया।
- इसके अन्तर्गत पंचायत व नगरपालिका नामक दो स्थानीय शासन व्यवस्थाओं का सृजन किया गया।

स्वतन्त्र अभिकरणों का प्रावधान

- भारतीय संविधान न केवल विधायिका, कार्यपालिका एवं सरकार (केन्द्र और राज्य) तथा न्यायिक अंग भी उपलब्ध कराता है, बल्कि यह कुछ स्वतन्त्र निकायों/अभिकरणों की स्थापना भी करता है।
- भारतीय संविधान में कुछ महत्त्वपूर्ण स्वतन्त्र अभिकरणों की भी व्यवस्था की गई है; जैसे-
  - निर्वाचन आयोग (अनुच्छेद-324)
  - नियन्त्रक तथा महालेखा परीक्षक (अनुच्छेद-148)
  - संघीय एवं राज्य लोक सेवा आयोग (अनुच्छेद-315)

भारतीय संविधान की प्रकृति

- भारतीय संविधान की प्रकृति एकात्मक है या संघात्मक, इसके सन्दर्भ में विद्वानों में मतैक्य नहीं हैं।
- यदि शासन की शक्तियों का एकमात्र केन्द्र उपयोगकर्ता है तथा राज्य उसके अधीन है, तब शासन एकात्मक होगा, इसके विपरीत यदि शक्तियों का केन्द्र तथा राज्यों में विभाजन है, तब शासन संघात्मक होगा।
- डॉ. भीमराव अम्बेडकर के अनुसार, यद्यपि हमारे संविधान में ऐसे उपबन्धों का समावेश है, जो केन्द्र को ऐसी शक्ति प्रदान करते हैं, जिनमें प्रान्तों की स्वतन्त्रता समाप्त हो जाती है, परन्तु फिर भी यह परिसंघात्मक संविधान है।
- एस. आर. बोम्मई बनाम भारत संघ वाद में सर्वोच्च न्यायालय ने भारतीय संविधान को परिसंघीय कहा है।

- संविधानविद् आइवर जेनिंग्स के अनुसार, भारतीय संविधान एक ऐसा संघ है, जिसमें केन्द्रीकरण की सशक्त प्रवृत्ति है।
- प्रोफेसर के. सी. ह्वेयर ने भारतीय संविधान को अर्द्ध-संघीय (Quasi-Federal) कहा है।
- भारतीय संविधान न तो पूर्णत: एकात्मक है और न ही पूर्णत: संघात्मक, बल्कि इसमें दोनों का उचित समन्वय है।
- जी.ऑस्टिन ने भारतीय संघवाद को सहकारी संघवाद (Co-operative federalism) कहा है।
- इस प्रकार यह कहा जा सकता है कि भारतीय संविधान की प्रकृति एकात्मकता की ओर झुकाव के साथ संघीय है।
- इसके अतिरिक्त संविधान के अनुच्छेद-1 के अनुसार, भारत (इण्डिया) राज्यों का संघ (Union of State) होगा। संविधान में संघ राज्य शब्द का प्रयोग नहीं किया गया है।

भारतीय संविधान के एकात्मक तथा संघात्मक लक्षण

एकात्मक लक्षण	संघात्मक लक्षण
शक्तिशाली केन्द्र अर्थात् शक्तियों का बँटवारा केन्द्र के पक्ष में	संघ तथा राज्यों के बीच शक्तियों का विभाजन
राज्यों के लिए अलग संविधानों का अभाव	संविधान की सर्वोच्चता
राष्ट्रपति द्वारा राज्यपालों की नियुक्ति	केन्द्र तथा राज्यों में अलग-अलग सरकारें
आपातकाल में बिना संशोधन के एकात्मक स्वरूप	संविधान संशोधन की जटिल प्रक्रिया
उच्च न्यायालय के न्यायाधीशों की नियुक्ति में केन्द्र की भूमिका	लिखित संविधान
राष्ट्रपति शासन	कठोर संविधान
एकल नागरिकता	द्विसदनीय विधायिका
संघ की राज्यों को निर्देश देने की शक्ति	स्वतन्त्र न्यायपालिका
अखिल भारतीय सेवा	संसद में उच्च सदन (राज्यसभा) की उपस्थिति
एकीकृत न्याय व्यवस्था	भारत में दलीय स्वरूप

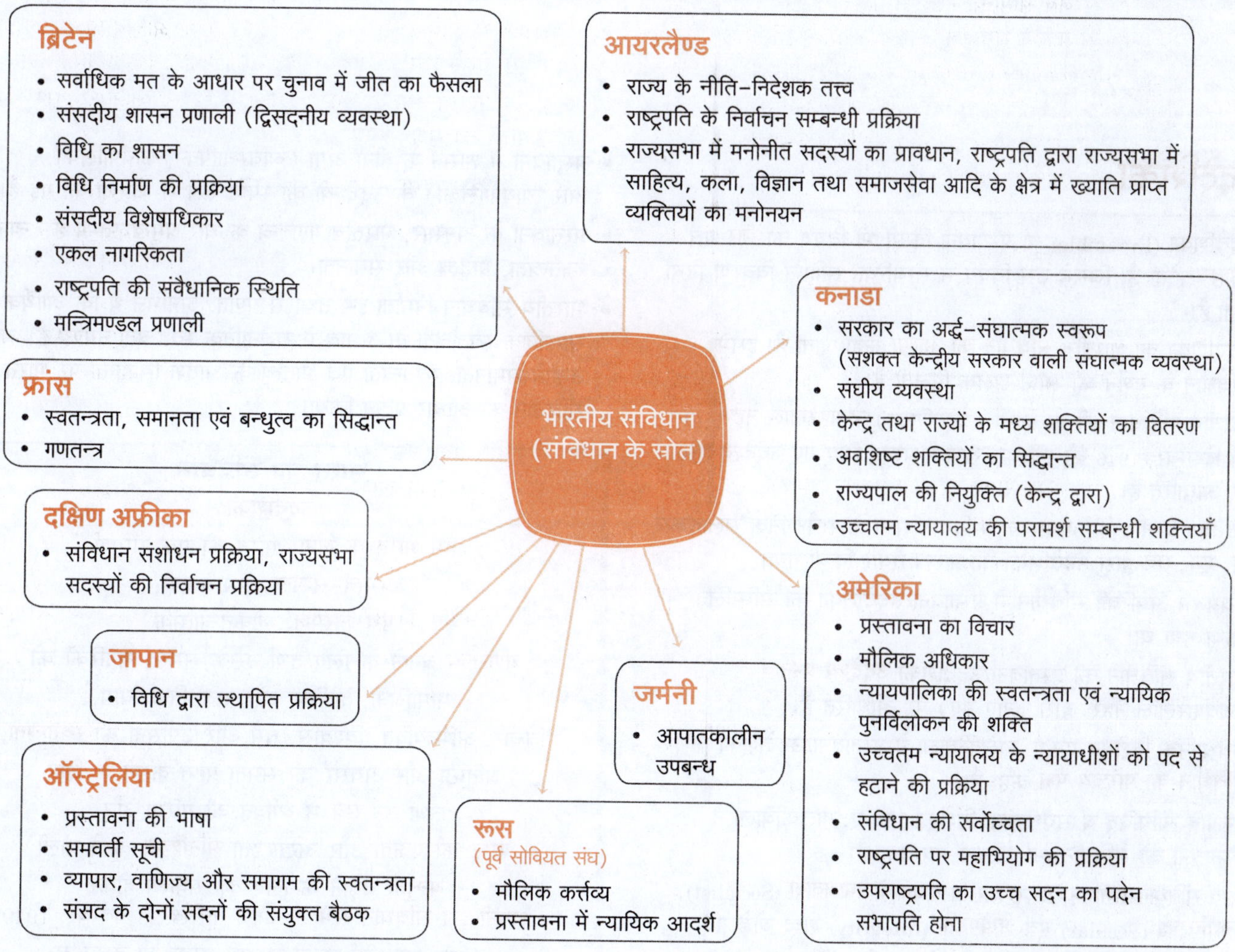

भारतीय संविधान (संविधान के स्रोत)

ब्रिटेन
- सर्वाधिक मत के आधार पर चुनाव में जीत का फैसला
- संसदीय शासन प्रणाली (द्विसदनीय व्यवस्था)
- विधि का शासन
- विधि निर्माण की प्रक्रिया
- संसदीय विशेषाधिकार
- एकल नागरिकता
- राष्ट्रपति की संवैधानिक स्थिति
- मन्त्रिमण्डल प्रणाली

आयरलैण्ड
- राज्य के नीति-निदेशक तत्त्व
- राष्ट्रपति के निर्वाचन सम्बन्धी प्रक्रिया
- राज्यसभा में मनोनीत सदस्यों का प्रावधान, राष्ट्रपति द्वारा राज्यसभा में साहित्य, कला, विज्ञान तथा समाजसेवा आदि के क्षेत्र में ख्याति प्राप्त व्यक्तियों का मनोनयन

फ्रांस
- स्वतन्त्रता, समानता एवं बन्धुत्व का सिद्धान्त
- गणतन्त्र

कनाडा
- सरकार का अर्द्ध-संघात्मक स्वरूप (सशक्त केन्द्रीय सरकार वाली संघात्मक व्यवस्था)
- संघीय व्यवस्था
- केन्द्र तथा राज्यों के मध्य शक्तियों का वितरण
- अवशिष्ट शक्तियों का सिद्धान्त
- राज्यपाल की नियुक्ति (केन्द्र द्वारा)
- उच्चतम न्यायालय की परामर्श सम्बन्धी शक्तियाँ

दक्षिण अफ्रीका
- संविधान संशोधन प्रक्रिया, राज्यसभा सदस्यों की निर्वाचन प्रक्रिया

जापान
- विधि द्वारा स्थापित प्रक्रिया

जर्मनी
- आपातकालीन उपबन्ध

अमेरिका
- प्रस्तावना का विचार
- मौलिक अधिकार
- न्यायपालिका की स्वतन्त्रता एवं न्यायिक पुनर्विलोकन की शक्ति
- उच्चतम न्यायालय के न्यायाधीशों को पद से हटाने की प्रक्रिया
- संविधान की सर्वोच्चता
- राष्ट्रपति पर महाभियोग की प्रक्रिया
- उपराष्ट्रपति का उच्च सदन का पदेन सभापति होना

ऑस्ट्रेलिया
- प्रस्तावना की भाषा
- समवर्ती सूची
- व्यापार, वाणिज्य और समागम की स्वतन्त्रता
- संसद के दोनों सदनों की संयुक्त बैठक

रूस (पूर्व सोवियत संघ)
- मौलिक कर्त्तव्य
- प्रस्तावना में न्यायिक आदर्श

"

किसी भी देश के संविधान की उद्देशिका उस देश की शासन व्यवस्था को निर्धारित करने वाले सिद्धान्तों और लक्ष्यों का मार्गदर्शन करती है। इसमें संविधान का सार होता है।

अध्याय चार

संविधान की उद्देशिका/प्रस्तावना

उद्देशिका

- उद्देशिका (Preamble) या प्रस्तावना किसी भी विषय का **सार** एवं **परिचय** होता है, जिसमें उस विषय से सम्बन्धित संक्षिप्त विवरण दिया होता है।
- उद्देशिका को भारतीय **संविधान की आत्मा** कहा जाता है। इसमें संविधान के दर्शन की स्पष्ट झलक मिलती है।
- भारतीय संविधान की प्रस्तावना (उद्देशिका) **जवाहरलाल नेहरू** द्वारा 13 दिसम्बर, 1946 को संविधान सभा में प्रस्तुत किए गए उद्देश्य प्रस्ताव पर आधारित है।
- उद्देश्य प्रस्ताव के आधार पर संविधान सभा के संवैधानिक सलाहकार **बी. एन. राव** द्वारा उद्देशिका का प्रारूप तैयार किया गया।
- सर्वप्रथम अमेरिकी संविधान में प्रस्तावना/उद्देशिका को सम्मिलित किया गया था।
- भारतीय संविधान की प्रस्तावना/उद्देशिका **उद्देश्य प्रस्ताव** (जवाहरलाल नेहरू द्वारा बनाए गए) पर आधारित है।
- संवैधानिक विशेषज्ञ एन.ए. पालकीवाला ने प्रस्तावना/उद्देशिका को **संविधान का परिचय पक्ष** कहा है।
- प्रख्यात न्यायविद् व संवैधानिक विशेषज्ञ एन. ए. पालकीवाला ने प्रस्तावना को संविधान का परिचय-पत्र कहा है।
- 42वें संविधान संशोधन, 1976 द्वारा प्रस्तावना में **समाजवादी** (Socialist), **पन्थनिरपेक्ष** (Secular) एवं **अखण्डता** (Integrity) शब्द जोड़े गए।
- भारतीय संविधान में प्रस्तावना को **अमेरिका के संविधान** (सर्वप्रथम लिखित संविधान) से लिया गया, किन्तु इसकी भाषा पर **ऑस्ट्रेलिया के संविधान** का प्रभाव है।
- प्रस्तावना में शासन के तीनों अंगों (व्यवस्थापिका, कार्यपालिका और न्यायपालिका) के उद्देश्यों की स्पष्ट रूप से घोषणा की गई है।
- प्रस्तावना के अनुसार, भारतीय गणतन्त्र के चार प्रमुख स्तम्भ हैं- न्याय, स्वतन्त्रता, भ्रातृत्व और समानता।
- भारतीय संविधान निर्माता इस तथ्य से पूर्णत: अनभिज्ञ थे कि आर्थिक एवं सामाजिक स्वतन्त्रता के अभाव में राजनीतिक स्वतन्त्रता नगण्य है। अत: उन्होंने समानता, स्वतन्त्रता एवं भ्रातृत्व के आदर्श सिद्धान्तों पर भारत के संविधान को आधार प्रदान किया।

भारत का संविधान

उद्देशिका

हम भारत के लोग, भारत को एक सम्पूर्ण
प्रभुत्व-सम्पन्न, समाजवादी,
पंथ-निरपेक्ष, लोकतन्त्रात्मक
गणराज्य बनाने के लिए तथा उसके समस्त नागरिकों को
सामाजिक, आर्थिक और राजनैतिक न्याय,
विचार, अभिव्यक्ति, विश्वास, धर्म और उपासना की **स्वतन्त्रता,**
प्रतिष्ठा और अवसर की समता प्राप्त कराने के लिए
तथा उन **सब** में व्यक्ति की गरिमा और
राष्ट्र की एकता और अखण्डता **सुनिश्चित** करने वाली
बन्धुता बढ़ाने के लिए दृढ़ संकल्प होकर
अपनी इस संविधान सभा में आज तारीख 26 नवम्बर, 1949
(मिति मार्गशीर्ष शुक्ल सप्तमी, संवत् दो हजार छ:
विक्रमी) को एतद्द्वारा इस **संविधान को अंगीकृत,**
अधिनियमित और आत्मार्पित करते हैं।

उद्देशिका के मूल तत्त्व

→**संविधान के उद्देश्य**
उद्देशिका में वे उद्देश्य प्रतिष्ठित हैं, जिन्हें संविधान स्थापित करना चाहता है और आगे बढ़ाना चाहता है। इसके अनुसार न्याय, स्वतन्त्रता, समता व बन्धुत्व संविधान के मूल उद्देश्य हैं।

→**संविधान के अधिकार का स्रोत**
प्रस्तावना कहती है कि संविधान की शक्ति का स्रोत भारत के लोग हैं।

→**भारत का स्वरूप**
प्रस्तावना के अनुसार, भारत एक सम्पूर्ण प्रभुत्व सम्पन्न, समाजवादी, पन्थनिरपेक्ष, लोकतान्त्रिक व गणतान्त्रिक राजव्यवस्था वाला देश है।

→**संविधान अंगीकरण की तिथि**
संविधान के लागू होने की तिथि 26 नवम्बर, 1949 का भी उल्लेख करती है।

उद्देशिका का महत्त्व

- प्रस्तावना में उन आधारभूत दर्शन और राजनीतिक, धार्मिक व नैतिक मूल्यों का उल्लेख है, जो हमारे संविधान के आधार हैं। उद्देशिका संवैधानिक जटिलताओं को सरल बनाने का प्रकाश स्तम्भ है।
- संविधान सभा के सदस्य पण्डित ठाकुरदास भार्गव ने संविधान की प्रस्तावना के सम्बन्ध में कहा है कि ''प्रस्तावना संविधान का सबसे सम्मानित भाग है। यह संविधान की आत्मा है। यह संविधान की कुंजी है। यह संविधान का आभूषण है। यह एक उचित स्थान है, जहाँ से कोई भी संविधान का मूल्यांकन कर सकता है।''
- प्रसिद्ध राजनीतिशास्त्री सर अर्नेस्ट बार्कर ने प्रस्तावना को संविधान का कुंजी नोट कहा है, इन्होंने अपनी प्रसिद्ध पुस्तक प्रिंसिपल्स ऑफ सोशल एण्ड पॉलिटिकल थ्योरी (1951) की शुरुआत में प्रस्तावना का उल्लेख किया है।
- उच्चतम न्यायालय ने ऐसे अनेक निर्णय दिए हैं, जो प्रस्तावना के महत्त्व एवं उपयोगिता को प्रदर्शित करते हैं। प्रस्तावना निम्न उद्देश्यों को पूर्ण करती है
  - प्रस्तावना संविधान के विस्तृत विवरण का संक्षिप्त रूप है।
  - यह उस स्रोत की ओर संकेत करती है, जिससे संविधान अपनी शक्ति को प्राप्त करता है।
  - यह संविधान द्वारा निर्धारित उद्देश्यों को अभिव्यक्त करती है।
  - संविधान की स्वीकृति की तिथि संविधान के कुछ प्रावधानों की व्याख्या में उपयोगी है।
- के. एम. मुंशी के अनुसार, ''प्रस्तावना, हमारे सम्प्रभु लोकतान्त्रिक गणराज्य का भविष्यफल (जन्म कुण्डली) है।''
- संविधान निर्माण में महत्त्वपूर्ण भूमिका निभाने वाले संविधान सभा के सदस्य अल्लादि कृष्णस्वामी अय्यर के अनुसार, ''संविधान की प्रस्तावना हमारे दीर्घकालिक सपनों का विचार है।''

उद्देशिका में निहित मूल्य एवं दर्शन

संवैधानिक दर्शन का अभिप्राय उन आदेशों तथा नीतियों से है, जिनसे भारतीय संविधान अभिप्रेरित हुआ और जिन पर हमारी शासन प्रणाली तथा संविधान आधारित है। हमारे देश के संविधान का मूल दर्शन हमें संविधान की प्रस्तावना में मिलता है। प्रस्तावना के अन्तर्गत निम्नलिखित तत्त्वों का समावेश है

हम भारत के लोग

- प्रस्तावना का प्रारम्भ हम भारत के लोग (We the people of India) से हुआ है। इसका आशय यह है कि संविधान भारत के लोगों के नाम से शुरू हुआ है तथा इसकी शक्ति का अन्तिम स्रोत भारत की जनता है।
- भारत के संविधान का निर्माण भारत की जनता द्वारा चुने गए प्रतिनिधियों के द्वारा हुआ है।

सम्पूर्ण प्रभुता सम्पन्न

- सम्प्रभुता (Sovereign) शब्द से आशय ऐसी सर्वोच्च सत्ता से है, जो किसी भी आन्तरिक अथवा बाह्य सत्ता द्वारा नियन्त्रित नहीं होती। भारतीय संविधान द्वारा सम्प्रभुता भारत की जनता में निहित की गई है।
- सम्प्रभु राष्ट्र होने के कारण भारत किसी विदेशी सीमा का अधिग्रहण तथा अपने क्षेत्र को अन्य देश के पक्ष में हस्तान्तरित कर सकता है। साथ ही कुछ अन्तर्राष्ट्रीय संगठनों का सदस्य होने के कारण भारत पर सम्प्रभु के विरुद्ध होने का आरोप लगाया जाता है, किन्तु पूर्व प्रधानमन्त्री जवाहरलाल नेहरू का कथन है ''यह स्वेच्छा से किया गया करार है तथा स्वेच्छा से समाप्त किया जा सकेगा'' ऐसे आरोप को विराम देता है अर्थात् भारत किसी अन्तर्राष्ट्रीय संगठन में स्वेच्छा से शामिल होने तथा सदस्यता त्यागने हेतु स्वतन्त्र है।

समाजवाद

- मूल संविधान की उद्देशिका में समाजवादी (Socialist) शब्द अन्तर्निहित नहीं था, परन्तु संविधान के 42वें संशोधन अधिनियम, 1976 द्वारा इसे उद्देशिका में समाविष्ट किया गया, जो भारतीय गणराज्य की विशेषता समाजवादी गणराज्य को व्यक्त करता है। यहाँ उल्लेखनीय है कि भारतीय समाजवाद लोकतान्त्रिक समाजवाद (Democratic Socialism) है न कि साम्यवादी समाजवाद।
- 42वें संविधान संशोधन से पहले भी संविधान में नीति-निदेशक सिद्धान्तों के रूप में समाजवादी लक्षण उपस्थित थे।

समाजवाद के तत्त्व

- सार्वजनिक क्षेत्र को वरीयता देते हुए सार्वजनिक तथा निजी क्षेत्र में समन्वय बनाए रखना।
- पूँजी (सम्पत्ति) के केन्द्रीकरण को रोकना।
- वंचित तथा पिछड़े वर्गों का कल्याण करना।
- असमानता (आय, जीवन स्तर) को कम करना।

पन्थनिरपेक्षता/धर्मनिरपेक्ष

- पन्थनिरपेक्ष (Secular) शब्द 42वें संविधान संशोधन, 1976 के द्वारा प्रस्तावना में शामिल किया गया है। पन्थनिरपेक्षता (Secularism) संविधान के आधारिक लक्षणों में से एक है। संविधान के द्वारा किसी भी मत या पन्थ को राज्य का पन्थ/धर्म घोषित नहीं किया गया है।
- संविधान में धर्म के आधार पर विभेद (Discrimination) का प्रतिषेध किया गया है। धर्म की स्वतन्त्रता को मूल अधिकार के रूप में संरक्षण दिया गया है। अनुच्छेद 25 से 28 तक धर्मग्रन्थों की तुलना में संविधान को सर्वोच्चता प्रदान की गई है।
- नागरिकों को अपनी इच्छानुसार किसी धर्म को मानने और उसके अनुसार आचरण करने की पूर्ण स्वतन्त्रता प्राप्त है।

लोकतन्त्रात्मक

- लोकतन्त्रात्मक (Democratic) शब्द में निहित मूल अवधारणा है कि सम्प्रभुता जनता में निहित है। लोकतन्त्रात्मक का अभिप्राय ऐसी व्यवस्था से है, जिसमें सभी नागरिकों को समान राजनैतिक अधिकार प्राप्त हैं।
- सरकार जनता द्वारा निर्वाचित होती है तथा वह अपने कार्यों के लिए जनता के प्रति उत्तरदायी होती है। इसका अर्थ यह भी है कि यहाँ विधि का शासन होगा तथा कोई भी स्वेच्छाचारितापूर्वक आचरण नहीं कर सकेगा।
- मुख्य रूप से लोकतन्त्र के दो प्रकार हैं- प्रत्यक्ष लोकतन्त्र तथा अप्रत्यक्ष लोकतन्त्र।
  - प्रत्यक्ष लोकतन्त्र; जैसे—स्विट्जरलैण्ड में जनता विशेष साधनों, जनमत संग्रह तथा प्रतिनिधियों के प्रत्यक्ष चुनाव द्वारा अपनी शक्ति का प्रयोग कर भागीदारी सुनिश्चित करती है।

प्रत्यक्ष लोकतन्त्र के विशेष साधन

- परिपृच्छा (Referendum)
- पहल (Initiative)
- प्रत्यावर्तन अथवा प्रत्याशी को वापस बुलाना (Recall)
- जनमत संग्रह (Plebiscite)

  - अप्रत्यक्ष लोकतन्त्र में लोगों द्वारा चयनित प्रतिनिधि सर्वोच्च शक्ति का प्रयोग करता है। इसलिए अप्रत्यक्ष लोकतन्त्र को प्रतिनिधि लोकतन्त्र भी कहा जाता है।

गणराज्य / गणतन्त्र

- गणराज्य (Republic) की संकल्पना उस राज्य का प्रतीक है, जिसमें जनता सर्वोच्च होती है तथा सर्वोच्च सत्ता किसी व्यक्ति विशेष में निहित न होकर जनसाधारण के हाथों में होती है।
- राज्य में कोई विशेषाधिकार प्राप्त वर्ग नहीं होता तथा सभी सार्वजनिक पद बिना किसी भेदभाव के प्रत्येक नागरिक के लिए खुले होते हैं।
- राज्य का कोई वंशानुगत शासक नहीं होता तथा राज्य का अध्यक्ष/प्रमुख जिसे राष्ट्रपति कहा जाता है, लोगों द्वारा एक निश्चित अवधि के लिए निर्वाचित किया जाता है। राजतन्त्र की भाँति उसे यह पद उत्तराधिकार से प्राप्त नहीं होता; जैसे—ब्रिटेन में राजा/रानी उत्तराधिकारी के माध्यम से पद प्राप्त करता/करती है।

न्याय

- उद्देशिका में देश के सभी नागरिकों को सामाजिक, आर्थिक तथा राजनीतिक न्याय (Social, Economic and Political Justice) का आश्वासन दिया गया है और इनकी सुरक्षा मूल अधिकार व नीति निदेशक सिद्धान्तों के अन्तर्गत की जाती है।
- सामाजिक न्याय का तात्पर्य समाज में सभी व्यक्तियों को शिक्षा, स्वास्थ्य तथा आवास की आधारभूत सुविधाएँ, नस्ल, जन्मस्थान, जाति, धर्म तथा लिंग आदि के आधार पर भेदभाव किए बिना उपलब्ध कराना है।
- आर्थिक न्याय से तात्पर्य अमीरों और गरीबों के साथ समान व्यवहार करना तथा वंचितों को अवसर प्रदान कर उनके जीवन स्तर को बेहतर बनाना है।
- राजनीतिक न्याय से आशय सभी नागरिकों को राजनीतिक प्रणाली में भागीदारी का समान अवसर प्रदान करना है।
- भाग-III के अनुच्छेद-14 से 18 में समता सम्बन्धी प्रावधानों में सामाजिक न्याय की सुनिश्चितता की गई है, साथ ही भाग-IV के अनुच्छेद-36 से 51 के अन्तर्गत सामाजिक तथा आर्थिक न्याय उपलब्ध कराने सम्बन्धी प्रावधान निहित हैं।
- सामाजिक, आर्थिक तथा राजनीतिक न्याय के इन तत्त्वों को वर्ष 1917 की रूसी क्रान्ति से लिया गया है।

स्वतन्त्रता

- भारतीय संविधान की उद्देशिका में उल्लेखित स्वतन्त्रता (Liberty) शब्द का अभिप्राय केवल नियन्त्रण या आधिपत्य का अभाव ही नहीं है, अपितु यह विचार, अभिव्यक्ति, विश्वास, धर्म एवं उपासना की स्वतन्त्रता के अधिकार की सकारात्मक संकल्पना है।
- भारतीय संविधान में अनुच्छेद-19 के अन्तर्गत 6 लोकतान्त्रिक स्वतन्त्रताओं; जैसे–भाषण तथा अभिव्यक्ति की स्वतन्त्रता आदि तथा अनुच्छेद-25 से 28 के अन्तर्गत धार्मिक स्वतन्त्रता के अधिकार को सुनिश्चित किया गया है।
- मूल अधिकारों के माध्यम से इन्हें न्यायपालिका द्वारा संरक्षण प्रदान किया गया है।
- राज्य इन विषयों पर तब तक कोई हस्तक्षेप नहीं करता, जब तक कि दूसरों की स्वतन्त्रता अथवा अधिकार बाधित न हो।

प्रतिष्ठा और अवसर की समता

- प्रतिष्ठा और अवसर की समानता (Equality of Status and Opportunity) यह है कि सभी नागरिकों को अपनी प्रतिभा का पूर्ण उपयोग करने तथा बिना बाधा (हस्तक्षेप) के अपने व्यक्तित्व के विकास का समुचित अवसर प्राप्त हो।
- समानता (Equality) से तात्पर्य यह है कि देश के सभी नागरिक विधि की दृष्टि में समान हैं तथा उन्हें विधियों द्वारा समान संरक्षण प्राप्त है। सभी नागरिकों को बिना किसी भेदभाव के चुनाव प्रक्रिया तथा शासन की प्रक्रिया में भाग लेने हेतु समान राजनीतिक अधिकार प्राप्त हैं।

नागरिक समता

- **अनुच्छेद-14, 15, 16, 17, 18** के अनुसार, लोक नियोजन एवं सार्वजनिक स्थलों में प्रवेश के विषय में जाति, धर्म, लिंग, मूलवंश या जन्मस्थान के आधार पर भेदभाव नहीं किया जा सकता। किसी व्यक्ति अथवा वर्ग विशेष द्वारा किसी अन्य व्यक्ति अथवा वर्ग का शोषण प्रतिबन्धित है।
- **अनुच्छेद-39** के अनुसार, महिला एवं पुरुषों को समान कार्य के लिए समान वेतन का प्रावधान है।

बन्धुत्व

- बन्धुत्व (Faternity) से अभिप्राय यह है कि आपसी भाइचारे की भावना तथा जातीय, भाषाई, धार्मिक एवं अन्य विविधताओं के बाद भी भारतीयता की साझी संस्कृति को बढ़ावा देना है। संविधान एकल नागरिकता के माध्यम से भाईचारे की भावना को बढ़ावा देता है। यह मौलिक कर्त्तव्य (अनुच्छेद 51(क)) में वर्णित है।

- भारतीय संविधान में निहित सार्वभौम नागरिकता से सम्बन्धित उपबन्धों का उद्देश्य भारतीय बन्धुत्व की भावना को मजूबत करना है। बिना किसी भेदभाव के सभी नागरिकों को प्रदत्त मूल अधिकारों की गारण्टी तथा सामाजिक एवं आर्थिक समानता का लक्ष्य प्राप्त करने हेतु बनाए गए निदेशक सिद्धान्तों का भी उद्देश्य बन्धुत्व की भावना को सुदृढ़ करना है।
- प्रस्तावना के अनुसार बन्धुत्व में दो बातों को सुनिश्चित किया गया है, पहला व्यक्ति का सम्मान तथा दूसरा देश की एकता एवं अखण्डता।
- प्रस्तावना में स्वतन्त्रता, समानता तथा बन्धुत्व के आदर्शों को फ्रांस की क्रान्ति (1789-1799 ई.) से लिया गया है।

व्यक्ति की गरिमा

- बन्धुत्व को बढ़ावा देने एवं उसे सुदृढ़ करने हेतु प्रत्येक व्यक्ति की गरिमा को सुरक्षित रखना आवश्यक है। अत: भारतीय संविधान की उद्देशिका में राज्य द्वारा व्यक्ति की गरिमा (Dignity of the Individual) को सुनिश्चित करने का प्रावधान किया गया है।
- इस उद्देश्य की प्राप्ति हेतु संविधान में स्वतन्त्रता, समानता आदि के मूल अधिकारों की गारण्टी दी गई है। अनुच्छेद-21 व्यक्ति की गरिमा की विस्तृत व्याख्या करता है।

राष्ट्र की एकता और अखण्डता

- संविधान निर्माताओं के समक्ष सर्वोच्च चुनौती यह थी कि एकीकृत भारत का निर्माण किस प्रकार किया जाए तथा विभिन्न प्रकार से विखण्डित-विभाजित सामन्ती समाज को मजबूत एवं संगठित राष्ट्र में कैसे परिवर्तित किया जाए।
- बन्धुत्व की भावना एवं व्यक्ति की गरिमा की रक्षा, राष्ट्र की एकता एवं अखण्डता के लिए आवश्यक है।
- राष्ट्र की एकता और अखण्डता का आधार राष्ट्र के विभिन्न घटकों में भिन्न-भिन्न विचारों तथा भिन्न-भिन्न आस्थाओं के बीच परस्पर बन्धुता की भावना का होना है।
- संविधान में अनुच्छेद-51(क) के अन्तर्गत सभी नागरिकों का यह कर्त्तव्य माना गया है कि वे भारत की सम्प्रभुता, एकता एवं अखण्डता की रक्षा करें और उसे अक्षुण्ण बनाए रखें।
- 42वें संविधान संशोधन अधिनियम, 1976 द्वारा उद्देशिका में एकता शब्द को एकता और अखण्डता शब्दों से प्रतिस्थापित किया गया तथा राष्ट्र की एकता और अखण्डता के आदर्श को बल प्रदान किया गया।

उद्देशिका : संविधान के भाग के रूप में प्रमुख मामले/वाद

केशवानन्द भारती बनाम केरल राज्य वाद (वर्ष 1973) में उच्चतम न्यायालय ने अपने निर्णय को बदलते हुए यह कहा कि ''उद्देशिका संविधान का भाग है।'' संविधान में उसका वही स्थान है, जो अन्य उपबन्धों का है। इसके पीछे यह तर्क दिया गया कि जब संविधान के अन्य सभी उपबन्ध अधिनियमित किए जा चुके थे, उसके बाद प्रस्तावना को अलग से पारित किया गया। केशवानन्द भारती वाद में भी यह निर्णय दिया गया कि संसद द्वारा संविधान के अनुच्छेद-368 के अधीन उद्देशिका में भी संशोधन किया जा सकता है, किन्तु उद्देशिका में निहित संविधान के बुनियादी तत्त्वों में संशोधन नहीं किया जा सकता है। न्यायमूर्ति रामास्वामी ने पूर्व निर्णय को खारिज करते हुए कहा कि (एस. आर. बोम्मई वाद, 1993) ''प्रस्तावना संविधान का अभिन्न अंग है।''

42वें संविधान संशोधन अधिनियम (1976) द्वारा केवल एक बार संशोधित किया गया है। इसके तहत उद्देशिका/प्रस्तावना में तीन नए शब्द-समाजवादी, धर्मनिरपेक्ष तथा अखण्डता को जोड़ा गया।

गोलकनाथ वाद (वर्ष 1967) में इस बात से सहमति प्रकट की गई थी कि उद्देशिका संविधान निर्माताओं के मन की कुंजी है, जहाँ संविधान की भाषा अस्पष्ट या संदिग्ध हो, वहाँ उसके अर्थ को स्पष्ट करने के लिए उद्देशिका का सहारा लिया जा सकता है।

न्यायमूर्ति मोहम्मद हिदायतुल्लाह ने गोलकनाथ बनाम पंजाब राज्य के प्रकरण में उद्देशिका को संविधान की मूल आत्मा कहा है।

बेरुबाडी यूनियन वाद के मामले (वर्ष 1960) में उच्चतम न्यायालय ने यह मत व्यक्त किया था कि ''उद्देशिका संविधान का अंग नहीं है।''

रघुनाथ राव वाद (वर्ष 1993) में न्यायालय ने कहा है कि उद्देशिका शक्ति का स्रोत नहीं है।

इसके द्वारा विधानमण्डल पर प्रतिबन्ध नहीं लगाया जा सकता। यह संदिग्ध तथा दो अर्थों वाले उपबन्धों को समझने के लिए उपयोगी है।

एल.आई.सी. ऑफ इण्डिया मामले (1995) में पुन: उच्चतम न्यायालय ने व्यवस्था दी कि प्रस्तावना संविधान का अभिन्न अंग है।

"

भारत राज्यों का संघ (यूनियन ऑफ स्टेट्स) है। राज्य और उनके राज्य क्षेत्रों को भारतीय संविधान में स्पष्ट किया गया है। भारतीय संघ में वे राज्य शामिल हैं, जो संघीय प्रणाली के सदस्य होने के साथ संघ की शक्तियों को भी साझा करते हैं।

अध्याय पाँच

संघ एवं उसका राज्यक्षेत्र

संघ एवं राज्यों के लिए संवैधानिक उपबन्ध

- भारत की एकता और अखण्डता को सुनिश्चित करने के लिए भारत को एक संघ का स्वरूप प्रदान किया गया है। ब्रिटिश भारत शासित क्षेत्रों एवं देशी रियासतों का एकीकरण करने के बाद भारत अपने वर्तमान स्वरूप में अस्तित्व में आया है।
- भारतीय संविधान के भाग-I में अनुच्छेद 1 से 4 के अन्तर्गत भारतीय संघ तथा उसके राज्यक्षेत्रों का वर्णन किया गया है।
- अनुच्छेद 1 के अनुसार "भारत अर्थात् इण्डिया राज्यों का संघ होगा।" इसमें भारत देश का नाम, संघ तथा राजपद्धति की व्यवस्था को स्पष्ट रूप से दर्शाते हैं।
- भारत अर्थात् इण्डिया नाम संविधान सभा द्वारा विवाद के उपरान्त देश के प्राचीन नाम भारत एवं सम्पूर्ण विश्व में प्रचलित इसके आधुनिक नाम इण्डिया के बीच तालमेल स्थापित करने के उद्देश्य से अपनाया गया। संयुक्त राष्ट्र संघ के सदस्य के रूप में इसका नाम इण्डिया था तथा सभी अन्तर्राष्ट्रीय समझौते भी इसी नाम से किए गए थे।
- भारत के राज्यक्षेत्र को अनुच्छेद 1 में निम्न श्रेणियों में बाँटा गया है
  - पहली अनुसूची में निर्दिष्ट संघ राज्यक्षेत्र
  - राज्यों के राज्यक्षेत्र
  - ऐसे अन्य क्षेत्र जो भारत सरकार द्वारा अर्जित किए जा सकते हैं।
- भारत का क्षेत्र, भारत के संघ से अधिक व्यापक अर्थ समाहित करता है, क्योंकि भारत के संघ में केवल राज्य सम्मिलित हैं, जबकि भारत का क्षेत्र एक व्यापक अभिव्यक्ति है, इसमें राज्य के साथ केन्द्रशासित प्रदेश और अन्य क्षेत्र भी शामिल हैं, जिन्हें भविष्य में भारत सरकार द्वारा अधिग्रहित किया जा सकता है।

भारत के राज्यक्षेत्र

- राज्य (State) केन्द्र के साथ शक्तियों का विवरण साझा करते हैं।
- **केन्द्रशासित प्रदेश** (Union Territories) सीधे केन्द्र सरकार द्वारा प्रशासित होते हैं।
- **अधिग्रहित क्षेत्र** (Covered Area) सीधे केन्द्र द्वारा प्रशासित एक सम्प्रभु राज्य होने के कारण अन्तर्राष्ट्रीय कानूनों द्वारा मान्यता प्राप्त प्रक्रिया के अनुसार विदेशी क्षेत्रों का अधिग्रहण कर सकते हैं।
- वर्तमान में भारत संघ में 28 राज्य एवं 8 केन्द्रशासित प्रदेश हैं।

- पाँचवीं एवं छठी अनुसूचियों के राज्यों के अन्दर अनुसूचित क्षेत्रों (Scheduled Area) और जनजातीय क्षेत्रों (Tribal Area) के प्रशासन के सम्बन्ध में अलग-अलग प्रावधान हैं।

संघ एवं राज्यक्षेत्र से सम्बन्धित अनुच्छेद

- **अनुच्छेद 1** भारत अर्थात् इण्डिया राज्यों का संघ होगा।
- **अनुच्छेद 2** संसद विधि द्वारा ऐसे निर्बन्धनों तथा शर्तों पर, जो उसके समाधान में उचित लगे, संघ में नए राज्यों की स्थापना या प्रवेश कर सकती है।
- **अनुच्छेद 3** नए राज्यों का निर्माण तथा वर्तमान राज्यों के क्षेत्रों, सीमाओं या नामों में परिवर्तन।
- **अनुच्छेद 4** इसके अनुसार नए राज्यों की स्थापना या प्रवेश (अनुच्छेद-2) तथा नए राज्यों का निर्माण, सीमाओं और नाम में परिवर्तन (अनुच्छेद-3 के अन्तर्गत) को अनुच्छेद 368 के अन्तर्गत संविधान का संशोधन नहीं माना जाएगा।

भारत : राज्यों का संघ

- भारत राज्यों का एक संघ है। यहाँ संघ के लिए Federation शब्द का प्रयोग नहीं किया गया है।
- डॉ. बी. आर. अम्बेडकर के सुझाव पर Federation शब्द के स्थान पर Union शब्द का प्रयोग किया गया।
- भारतीय संविधान का ढाँचा संघीय है, राज्यों के संघ को संघीय के स्थान पर दो कारणों से महत्त्व दिया गया है
  - पहला, संविधान द्वारा राज्यों के अस्तित्व की गारण्टी नहीं दी गई है और न ही राज्यों को संघ से पृथक् होने की स्वतन्त्रता है, इसलिए भारत को विनाशी राज्यों का अविनाशी संघ (Indestructible Union of destructible States) कहा गया है।
  - दूसरा, अमेरिका में राज्यों के अस्तित्व की गारण्टी दी गई है और अमेरिकी सरकार राज्यों की सहमति के बिना राज्यों की सीमा में परिवर्तन नहीं कर सकती है। अत: भारत, अमेरिका के समान राज्यों के बीच समझौते का परिणाम नहीं है।

नए राज्यों के निर्माण की प्रक्रिया

- अनुच्छेद 2 में संसद को यह शक्ति दी गई है कि संसद, विधि द्वारा ऐसे निर्बन्धनों तथा शर्तों पर, जो उसके समाधान में उचित लगे, संघ में नए राज्यों का प्रवेश या स्थापना कर सकेगी।
- इस प्रकार अनुच्छेद 2 के अन्तर्गत संसद को निम्न दो शक्तियाँ प्राप्त हैं
  - नए राज्य को भारत के संघ में सम्मिलित करें।
  - नए राज्यों को गठित करने की शक्ति अर्थात् पहली शक्ति, राज्यों को सम्मिलित करना तथा दूसरी शक्ति, नए राज्य, जो अस्तित्व में नहीं हैं (भारतीय संघ के भाग नहीं हैं), उनका गठन करके उनको संघ में सम्मिलित करना है।
- सिक्किम एकमात्र ऐसा राज्य है, जिसे 35वें संविधान संशोधन विधेयक, 1974 से भारत के सहायक राज्य का दर्जा दिया गया, बाद में 36वें संविधान संशोधन विधेयक, 1975 को पूर्ण राज्य का दर्जा (Status of full statehood) प्रदान किया गया था।

अनुच्छेद 3 के अन्तर्गत राज्यों के पुनर्गठन में संसद की शक्ति

- अनुच्छेद 3 के अन्तर्गत राज्यों के पुनर्गठन में संसद की शक्तियों का विवरण निम्न प्रकार है
  - संसद को किसी राज्य में से उसका राज्यक्षेत्र पृथक् करके अथवा दो या अधिक राज्यों को या राज्यों के भागों को मिलाकर नए राज्य का निर्माण करने का अधिकार प्राप्त है।
  - संसद को अधिकार है कि वह राज्य के नाम में भी परिवर्तन कर सकती है।
  - संसद, किसी राज्य की सीमाओं में परिवर्तन कर सकती है।
  - संसद, किसी राज्यक्षेत्र को बढ़ा सकती है।
  - संसद, किसी राज्यक्षेत्र को घटा सकती है।
- अनुच्छेद 3 में दो शर्तों का भी उल्लेख किया गया है, जो निम्न हैं
  - उपरोक्त परिवर्तन से सम्बन्धित कोई भी अध्यादेश राष्ट्रपति की पूर्व स्वीकृति के बाद ही संसद में पेश किया जा सकता है।
  - राष्ट्रपति द्वारा उस राज्य के विधानमण्डल को सूचित किया जाएगा, जो राज्य इस विधेयक द्वारा प्रभावित होगा। राष्ट्रपति वह अवधि निश्चित कर सकता है, जिसके अन्दर राज्य को अपना मत व्यक्त करना है।
- ये उपबन्ध मूल संविधान में शामिल नहीं थे। इन्हें 5वें संविधान संशोधन अधिनियम, 1955 द्वारा संविधान में जोड़ा गया।
- राष्ट्रपति (या संसद) राज्य विधानमण्डल के मत को मानने के लिए बाध्य नहीं है, वह इसे स्वीकार या अस्वीकार कर सकता है। यहाँ यह उल्लेखनीय है कि संघ राज्य नहीं है। अत: उनमें परिवर्तन के लिए किसी निर्देश की आवश्यकता नहीं है।
- अनुच्छेद 3 के प्रावधान में केन्द्र को शक्तिशाली तथा राज्य को कमजोर दर्शाया गया है, क्योंकि संविधान निर्माताओं के पास इसके ठोस कारण थे। जिस समय सभी रियासतें भारतीय संघ में प्रवेश कर रही थीं, उनकी सीमाएँ सुनिश्चित नहीं थीं। संविधान निर्माता जानते थे कि राष्ट्र-निर्माण की प्रक्रिया में राज्यों के पुनर्गठन के कारण समस्या होगी, इसलिए राज्य निर्माण की प्रक्रिया में कुछ अतिरिक्त शक्तियाँ केन्द्र को दी गईं।
- अनुच्छेद 2 एवं 3 के अधीन नए राज्यों की स्थापना या उनके प्रवेश तथा विद्यमान राज्यों के नाम, क्षेत्र एवं उनकी सीमाओं आदि में परिवर्तन से सम्बन्धित विधेयक बिना किसी विशेष प्रक्रिया के तथा किसी भी अन्य साधारण विधान की तरह साधारण बहुमत द्वारा पारित किया जा सकता है।

बांग्लादेश के साथ क्षेत्रों का आदान-प्रदान

- **100वें संविधान संशोधन अधिनियम, 2015** के अन्तर्गत भारत के कुछ भू-भाग (पश्चिम बंगाल राज्य) का हस्तान्तरण बांग्लादेश को कर दिया गया, जबकि बांग्लादेश के कुछ भू-भाग का हस्तान्तरण भारत को कर दिया गया।
- यह हस्तान्तरण दोनों सरकारों के मध्य एक समझौते के अन्तर्गत किया गया, इस समझौते के अन्तर्गत भारत ने 111 विदेशी अन्त: क्षेत्रों (Enclaves) को बांग्लादेश को हस्तान्तरित किया, जबकि बांग्लादेश ने 51 अन्त: क्षेत्रों को भारत को हस्तान्तरित किया।
- 16 मई, 1974 को भारत-बांग्लादेश की जमीनी सीमा का सीमांकन तथा सम्बन्धित मामलों के लिए दोनों देशों के साथ एक समझौता हुआ, ताकि भविष्य में जटिल एवं ज्वलन्त मुद्दों का समाधान किया जा सके।

भारतीय राज्यक्षेत्र का अध्यार्पण

- अनुच्छेद 3 के अन्तर्गत संसद विधि बनाकर किसी राज्य के क्षेत्रों में वृद्धि या कमी कर सकती है। किसी राज्य के क्षेत्र में कमी उस राज्य के कुछ क्षेत्र को दूसरे राज्य में मिलाकर की जा सकती है। संसद नए राज्य का निर्माण भी कर सकती है।
- बेरुबाड़ी वाद (1960) में इस विषय पर राष्ट्रपति ने सर्वोच्च न्यायालय से परामर्श माँगा कि क्या अनुच्छेद 3 के अन्तर्गत राज्यों के क्षेत्रों और सीमाओं में परिवर्तन करने की संसद की शक्ति में, किसी राज्य या उसके भू-भाग को विदेशी राज्य को सौंपने की शक्ति अन्तर्निहित है।

- न्यायालय ने अपने निर्णय में कहा कि अनुच्छेद 2 और 3 के अन्तर्गत संसद को भारतीय भू-भाग को विदेशी राज्य को सौंपने का अधिकार नहीं है, लेकिन संविधान संशोधन द्वारा अन्तर्राष्ट्रीय विधि के अनुरूप भारत किसी भू-भाग को विदेशी राज्य को सौंप सकता है।
- इस प्रकार उच्चतम न्यायालय के परामर्श को मानकर भारत और पाकिस्तान की सरकार के बीच हुए समझौते (1950) को लागू करने के लिए संविधान का 9वाँ संशोधन अधिनियम, 1960 पारित किया गया और बेरुबाड़ी संघ क्षेत्र को (पश्चिम बंगाल का एक क्षेत्र) पाकिस्तान को दे दिया गया।

नोट *बेरुबाड़ी 8.57 वर्ग मील में विस्तृत एक शहर था, जो भारत के पश्चिम बंगाल में जलपाईगुड़ी जिले का भाग था। यह भारत और पाकिस्तान के बीच स्वामित्व से सम्बन्धित एक प्रमुख कानूनी विवाद था।*

- उच्चतम न्यायालय की वर्ष 1969 में की गई व्यवस्था के अनुसार भारत तथा अन्य देश के बीच सीमा निर्धारण विवाद के समाधान हेतु संविधान संशोधन की आवश्यकता नहीं है।

सिक्किम का विलय

- वर्ष 1947 तक सिक्किम भारत की एक रियासत थी, जहाँ **चोग्याल वंश** के राजा का शासन था। वर्ष 1947 में ब्रिटिश शासन के अन्त के पश्चात् सिक्किम को भारत द्वारा रक्षित किया गया।
- भारत सरकार ने इसकी रक्षा, विदेश मामले एवं संचार का उत्तरदायित्व लिया। वर्ष 1974 में संविधान के **35वें संविधान संशोधन** के द्वारा सिक्किम को एक **सहयुक्त राज्य** का दर्जा दिया गया।
- वर्ष 1975 में एक जनमत के द्वारा सिक्किम की जनता ने चोग्याल वंश का शासन समाप्त करने हेतु निर्णय दिया, जिसके उपरान्त **36वें संविधान संशोधन** के द्वारा सिक्किम को भारत का **पूर्ण राज्य** बना दिया गया।
- इस संशोधन के द्वारा संविधान की पहली व चौथी अनुसूची को संशोधित कर नया **अनुच्छेद 371 (च)** को जोड़ा गया, जिसमें सिक्किम के प्रशासन के लिए कुछ विशेष प्रावधानों की व्यवस्था की गई।

- अनुच्छेद 4 में यह स्पष्ट है कि अनुच्छेद 2 और 3 के अन्तर्गत नए राज्यों की स्थापना या उनका प्रवेश तथा विद्यमान राज्यों की सीमा, नाम अथवा क्षेत्र आदि में परिवर्तन हेतु संसद द्वारा यदि पहली या चौथी अनुसूची में कोई परिवर्तन किया जाता है, तो इस प्रकार के कानून को एक साधारण बहुमत और साधारण विधायी प्रक्रिया के द्वारा पारित किया जाएगा।

देशी रियासतों का एकीकरण

- स्वतन्त्रता प्राप्ति के पूर्व भारतीय राज्यक्षेत्र दो वर्गों में विभक्त था– ब्रिटिश भारत (British India) एवं देशी रियासतें (Princely States)। ब्रिटिश भारत में 9 प्रान्त थे, जबकि देशी रियासतों की संख्या 600 थी, जिनमें से 542 को छोड़कर शेष 58 पाकिस्तान में शामिल हो गईं। भारत में शामिल होने के लिए देशी रियासतों के शासकों ने विलय के एक सहमति-पत्र (इन्स्ट्रूमेण्ट ऑफ एक्सेशन) पर हस्ताक्षर किए। 542 रियासतों में से तीन रियासतों जूनागढ़, हैदराबाद तथा जम्मू-कश्मीर को भारत में विलय करने में बहुत कठिनाइयों का सामना करना पड़ा।
- जूनागढ़ रियासत को जनमत संग्रह के आधार पर भारत में मिलाया गया। हैदराबाद रियासत को सैन्य कार्यवाही (ऑपरेशन पोलो) द्वारा मिलाया गया तथा जम्मू-कश्मीर रियासत के शासक (हरिसिंह) ने पाकिस्तानी कबायलियों के आक्रमण के कारण भारत के साथ विलय-पत्र पर हस्ताक्षर करके (26 अक्टूबर, 1947) कश्मीर को भारत में सम्मिलित कर दिया।
- देशी रियासतों का भारत में विलय तत्कालीन गृह मन्त्री सरदार वल्लभभाई पटेल की दूरदर्शी नीति और साहसिक कूटनीतिक प्रयासों का परिणाम था।
- स्वतन्त्रता प्राप्ति के उपरान्त ब्रिटिश प्रान्तों एवं देशी रियासतों को एकीकृत करके भारत में राज्यों को (वर्ष 1950 में) चार श्रेणियों क, ख, ग और घ में बाँटा गया था, जिनका विवरण निम्न है

देशी रियासतों का एकीकरण

भाग-क में
ऐसे राज्य, जो भारत शासन अधिनियम, 1935 के अधीन प्रान्त कहे जाते थे, जहाँ ब्रिटिश भारत में गवर्नर का शासन था, ये निम्न थे
असम, बिहार, बम्बई, मध्य प्रान्त, मद्रास, उड़ीसा, पंजाब, संयुक्त प्रान्त, पश्चिम बंगाल।

भाग-ख में
275 देशी रियासतों को नई प्रशासनिक इकाई के रूप में गठित किया गया, ये निम्न थे
हैदराबाद, जम्मू-कश्मीर, मध्य भारत, मैसूर, पटियाला एवं पूर्वी पंजाब के राज्य, राजस्थान, सौराष्ट्र, त्रावणकोर- कोचिन, विन्ध्य प्रदेश।

भाग-ग में
ब्रिटिश भारत की छोटी रियासतें, जो मुख्य आयुक्त के शासन में थीं, ये निम्न थीं
अजमेर, बिलासपुर, भोपाल, कूच बिहार, कुर्ग, दिल्ली, हिमाचल प्रदेश, कच्छ, मणिपुर, त्रिपुरा।

भाग-घ में
विदेशों से अर्जित राज्य, जो निम्न थे
अण्डमान और निकोबार द्वीप समूह

राज्यों का पुनर्गठन

- ब्रिटिश शासनकाल में प्रान्तों का गठन किसी विवेक अथवा लोकतान्त्रिक विचार के आधार पर न होकर, राजनीतिक और प्रशासनिक सुविधाओं के अनुरूप किया गया था।
- राष्ट्रीय आन्दोलन के दौरान राज्यों में गठन हेतु भाषायी सिद्धान्त की माँग को देखते हुए वर्ष 1920 में कांग्रेस के नागपुर अधिवेशन में कांग्रेस द्वारा इस सिद्धान्त को मान लिया गया था कि राज्यों का पुनर्गठन भाषा के आधार पर होगा।
- स्वतन्त्रता प्राप्ति के समय देशी रियासतों का भारतीय राज्यों के रूप में किया गया वर्गीकरण पूर्ण रूप से अस्थायी था।
- स्वतन्त्रता प्राप्ति के उपरान्त देश के विभिन्न भागों, विशेष रूप से दक्षिण भारत से माँग उठने लगी कि राज्यों का पुनर्गठन भाषायी आधार पर हो।
- इस सन्दर्भ में सरकार द्वारा समय-समय पर निम्नलिखित आयोगों का गठन किया गया

धर आयोग

- जून, 1948 में भारत सरकार ने इलाहाबाद उच्च न्यायालय के सेवानिवृत्त न्यायाधीश एस. के. धर की अध्यक्षता में भाषायी प्रान्तीय आयोग (Linguistic Provinces Commission) की नियुक्ति की।
- इस आयोग ने अपनी रिपोर्ट दिसम्बर, 1948 में पेश की तथा इस रिपोर्ट में यह सिफारिश की गई कि नए राज्यों के गठन का आधार भाषा नहीं, अपितु प्रशासनिक कार्यकुशलता होना चाहिए।

जे.वी.पी.समिति

- धर आयोग की सिफारिशों पर विचार करने के लिए वर्ष 1948 के जयपुर अधिवेशन में कांग्रेस कार्यकारिणी समिति द्वारा एक तीन सदस्यीय समिति गठित की गई। इस समिति के तीन सदस्य—जवाहरलाल नेहरू, वल्लभभाई पटेल, बी. पट्टाभि सीतारमैया थे।
- इस समिति ने अपनी रिपोर्ट अप्रैल, 1949 में प्रस्तुत की तथा अपनी रिपोर्ट में भाषायी आधार पर राज्यों के पुनर्गठन की माँग को अस्वीकार कर दिया। इस समिति द्वारा सुझाव दिया गया कि सुरक्षा, एकता तथा राष्ट्र की आर्थिक सम्पन्नता को राज्यों के पुनर्गठन का आधार होना चाहिए।
- इस समिति की रिपोर्ट के बाद मद्रास राज्य के तेलुगू भाषियों द्वारा पोट्टी श्रीरामुलु के नेतृत्व में पृथक् राज्य की माँग को लेकर आन्दोलन आरम्भ किया गया। वर्ष 1952 में श्रीरामुलु की मृत्यु (56 दिनों की भूख हड़ताल के पश्चात्) के बाद आन्दोलन की तीव्रता और बढ़ गई।
- फलस्वरूप तत्कालीन प्रधानमन्त्री जवाहरलाल नेहरू ने तेलुगू भाषियों के लिए एक पृथक् राज्य आन्ध्र प्रदेश राज्य के गठन की घोषणा की तथा 1 अक्टूबर, 1953 को स्वतन्त्र भारत में भाषायी आधार पर प्रथम राज्य आन्ध्र प्रदेश का गठन किया गया।

राज्य पुनर्गठन आयोग (फजल अली आयोग)

- भाषा के आधार पर आन्ध्र प्रदेश राज्य के गठन के बाद देश के दूसरे भागों में भी भाषायी आधार पर राज्यों को गठित करने की माँग एवं आन्दोलन किए जाने लगे। इसे देखते हुए राज्यों की पुनर्गठन सम्बन्धी समस्या पर गम्भीरतापूर्वक विचार करने हेतु जवाहरलाल नेहरू द्वारा दिसम्बर, 1953 में फजल अली की अध्यक्षता में राज्य पुनर्गठन आयोग (The States Reorganisation Commission) का गठन किया गया। हृदयनाथ कुँजरू तथा के. एम. पणिक्कर इस आयोग के अन्य सदस्य थे।
- आयोग द्वारा 30 दिसम्बर, 1955 को केन्द्र सरकार को सौंपे गए प्रतिवेदन या रिपोर्ट में राज्यों के पुनर्गठन सम्बन्धी निम्नलिखित सिफारिशें की गईं
  - राष्ट्र की एकता एवं अखण्डता
  - सांस्कृतिक व भाषायी तत्त्व
  - वित्तीय, आर्थिक एवं प्रशासनिक तत्त्व
  - जनकल्याण
  - क, ख, ग और घ वर्गों में विभाजित राज्यों को समाप्त कर दिया जाए तथा इनके स्थान पर 16 राज्यों और 3 केन्द्रशासित प्रदेशों का निर्माण किया जाए।
  - प्रत्येक राज्य एवं सम्पूर्ण देश में लोगों के कल्याण की योजना और इसका संवर्द्धन किया जाए।

राज्य पुनर्गठन अधिनियम, 1956

सरकार ने राज्य पुनर्गठन आयोग की संस्तुतियों को कुछ परिवर्तनों के साथ स्वीकार कर लिया तथा संसद द्वारा जुलाई, 1956 में राज्य पुनर्गठन अधिनियम पारित किया गया। इस अधिनियम के अन्तर्गत निम्नलिखित 14 राज्य तथा 6 केन्द्रशासित प्रदेशों की स्थापना (1 नवम्बर, 1956) की गई।

14 राज्य

1. असम	2. बिहार	3. बम्बई
4. जम्मू-कश्मीर	5. पंजाब	6. उत्तर प्रदेश
7. मध्य प्रदेश	8. केरल	9. मद्रास
10. मैसूर	11. उड़ीसा	12. पश्चिम बंगाल
13. राजस्थान	14. आन्ध्र प्रदेश	

6 केन्द्रशासित प्रदेश

1. दिल्ली
2. हिमाचल प्रदेश
3. मणिपुर
4. त्रिपुरा
5. अण्डमान-निकोबार द्वीप समूह
6. लक्कादीव (लक्षद्वीप), मिनीकॉय और अमिनीदीव द्वीप समूह

- इस अधिनियम के द्वारा कोचीन राज्य के त्रावणकोर तथा मद्रास राज्य के मालाबार एवं दक्षिण कन्नड़ के कसरगोड़े को मिलाकर एक नए राज्य केरल की स्थापना की गई। हैदराबाद राज्य के तेलुगू भाषी क्षेत्रों को आन्ध्र राज्य में मिलाकर एक नए राज्य आन्ध्र प्रदेश की स्थापना की गई।
- मध्य भारत राज्य, विन्ध्य प्रदेश राज्य एवं भोपाल राज्य को मिलाकर नए मध्य प्रदेश राज्य का निर्माण हुआ।
- इसी प्रकार सौराष्ट्र एवं कच्छ राज्य को मिलाकर बॉम्बे राज्य, कुर्ग राज्य को मिलाकर मैसूर राज्य, पटियाला एवं पूर्वी पंजाब को मिलाकर पंजाब राज्य तथा अजमेर राज्य को राजस्थान में मिलाकर नए राज्य का गठन किया गया।
- वर्ष 1956 में राज्यों के पुनर्गठन के बाद भी भारत के मानचित्र में व्यापक विभेद व राजनीतिक दबाव के चलते परिवर्तन की आवश्यकता अनुभव की गई। भाषा या सांस्कृतिक एकरूपता और अन्य कारणों के कारण अनेक नए राज्यों का गठन किया गया तथा अनेक राज्यों का सीमा परिवर्तन व विभाजन किया गया।

वर्ष 1950 के पश्चात् बनाए गए राज्य/केन्द्रशासित प्रदेश

आन्ध्र प्रदेश 1 अक्टूबर, 1953	यह राज्य भाषायी आधार पर बनने वाला पहला राज्य है। इस राज्य को अधिनियम, 1953 द्वारा चेन्नई राज्य के कुछ क्षेत्रों से पृथक् कर बनाया गया।
केरल 1 नवम्बर, 1956	इस राज्य को पुनर्गठन अधिनियम, 1956 के द्वारा त्रावणकोर-कोचीन के स्थान पर बनाया गया।
कर्नाटक 1 नवम्बर, 1956	इस राज्य को राज्य पुनर्गठन अधिनियम, 1956 द्वारा मैसूर राज्य से पृथक् कर बनाया गया। राज्य अधिनियम, 1973 में इसे कर्नाटक नाम दिया गया।
गुजरात, महाराष्ट्र 1 मई, 1960	वर्ष 1960 में मुम्बई राज्य को दो भागों-महाराष्ट्र तथा गुजरात (15वाँ राज्य) में विभाजित कर दिया गया।
नागालैण्ड 1 दिसम्बर, 1963	यह राज्य अधिनियम, 1962 द्वारा असम राज्य से पृथक् कर 16वाँ राज्य बनाया गया।

वर्ष 1950 के पश्चात् बनाए गए राज्य/केन्द्रशासित प्रदेश

हरियाणा 1 नवम्बर, 1966	यह राज्य पंजाब पुनर्गठन अधिनियम, 1966 द्वारा पंजाब के कुछ क्षेत्रों को निकालकर 17वाँ राज्य बनाया गया।
हिमाचल प्रदेश 25 जनवरी, 1971	हिमाचल संघ राज्यक्षेत्र को हिमाचल प्रदेश राज्य अधिनियम, 1970 द्वारा राज्य का दर्जा (18वाँ राज्य) दिया गया।
मणिपुर, त्रिपुरा 21 जनवरी, 1972	पूर्वोत्तर क्षेत्र पुनर्गठन अधिनियम, 1971 द्वारा मणिपुर 19वाँ व त्रिपुरा को 20वें राज्य के रूप में राज्य का दर्जा दिया गया।
मेघालय 21 जनवरी, 1972	संविधान के 22वें संशोधन अधिनियम, 1969 द्वारा इसे असम राज्य के अन्दर एक उपराज्य बनाया गया, पूर्वोत्तर क्षेत्र पुनर्गठन अधिनियम, 1971 द्वारा इसे 21वें राज्य के रूप में पूर्ण राज्य का दर्जा प्रदान किया गया।
सिक्किम 16 मई, 1975	यह वर्ष 1947 में (35वें संविधान संशोधन द्वारा) भारत का सह-प्रान्त बना तथा 36वें संविधान संशोधन अधिनियम, 1975 द्वारा इसे 22वें राज्य के रूप में पूर्ण राज्य की मान्यता प्रदान की गई।
मिजोरम 20 फरवरी, 1987	मिजोरम राज्य अधिनियम, 1986 द्वारा इसे 23वें राज्य के रूप में पूर्ण राज्य का दर्जा प्रदान किया गया।
अरुणाचल प्रदेश 20 फरवरी, 1987	अरुणाचल प्रदेश अधिनियम, 1986 द्वारा संघ राज्यक्षेत्र से इसे 24वें राज्य के रूप में पूर्ण राज्य का दर्जा प्रदान किया गया।
गोवा 30 मई, 1987	गोवा, दमन और दीव पुनर्गठन अधिनियम, 1987 द्वारा दमन और दीव संघ राज्यक्षेत्र बना रहने दिया गया तथा गोवा को निकालकर 25वें राज्य के रूप में राज्य का दर्जा प्रदान किया।
छत्तीसगढ़ 1 नवम्बर, 2000	मध्य प्रदेश पुनर्गठन अधिनियम, 2000 द्वारा मध्य प्रदेश से पृथक् करके इसे 26वाँ राज्य बनाया गया।
उत्तराखण्ड 9 नवम्बर, 2000	उत्तर प्रदेश पुनर्गठन अधिनियम, 2000 द्वारा उत्तर प्रदेश से पृथक् करके इसे 27वाँ राज्य बनाया गया।
झारखण्ड 15 नवम्बर, 2000	बिहार पुनर्गठन अधिनियम, 2000 द्वारा बिहार राज्य से पृथक् करके इसे 28वाँ राज्य बनाया गया है।
तेलंगाना 2 जून, 2014	यह राज्य 29वें राज्य के रूप में 2 जून, 2014 को आन्ध्र प्रदेश से अलग करके बनाया गया।
जम्मू व कश्मीर एवं लद्दाख 31 अक्टूबर, 2019	जम्मू और कश्मीर पुनर्गठन अधिनियम, 2019 के अन्तर्गत जम्मू और कश्मीर राज्य को दो केन्द्रशासित प्रदेशों विधानसभा के साथ जम्मू और कश्मीर केन्द्रशासित प्रदेश और बिना विधानसभा के लद्दाख केन्द्रशासित के रूप में विभाजित कर दिया गया।
दादरा व नगर हवेली एवं दमन और दीव 26 जनवरी, 2020	दादरा और नगर हवेली तथा दमन एवं दीव को (केन्द्रशासित प्रदेशों का विलय) अधिनियम, 2019 के अन्तर्गत 26 जनवरी, 2020 से संयुक्त रूप से एक केन्द्रशासित प्रदेश बना दिया गया।

नए राज्यों का निर्माण

- स्वतन्त्रता के पश्चात् से भारत में नए राज्यों के निर्माण को लेकर अनेक माँगें हुई हैं; जैसे—उत्तराखण्ड (उत्तर प्रदेश), झारखण्ड (बिहार), छत्तीसगढ़ (मध्य प्रदेश), तेलंगाना (आन्ध्र प्रदेश), विदर्भ (महाराष्ट्र), बोडोलैण्ड (असम), गोरखालैण्ड (पश्चिम बंगाल), कोडगु (कर्नाटक), पॉण्डिचेरी, दिल्ली इत्यादि।
- उपरोक्त में से कुछ राज्यों के निर्माण की माँग को स्वीकार करते हुए नए राज्यों का गठन किया गया है; जैसे—उत्तराखण्ड, झारखण्ड और छत्तीसगढ़ को वर्ष 2000 में क्रमशः उत्तर प्रदेश, बिहार और मध्य प्रदेश से पृथक् कर राज्यों का निर्माण किया गया।
- इन राज्यों के गठन का निर्णय केन्द्र सरकार ने व्यावहारिक समस्याओं को देखते हुए लिया; जैसे—अधिक जनसंख्या व विशाल क्षेत्रफल के कारण प्रशासनिक दृष्टि से उत्तम प्रबन्धन न हो पाना, सामाजिक व आर्थिक दृष्टि से पिछड़ा होना आदि।

आन्ध्र प्रदेश राज्य पुनर्गठन अधिनियम, 2014

- सामान्यतया **तेलंगाना विधेयक** के नाम से विदित इस विधेयक के माध्यम से आन्ध्र प्रदेश को दो भागों-आन्ध्र प्रदेश और तेलंगाना में विभाजित किया गया है।
- इस विधेयक में दोनों राज्यों के मध्य सीमा विभाजन, देयता, संसाधनों का वितरण साथ ही हैदराबाद की स्थिति आदि को स्पष्ट किया गया है। इस सम्बन्ध में **श्रीकृष्ण आयोग** का गठन किया गया था।

राज्यक्षेत्रों के नामों में परिवर्तन

कब	पूर्व में	वर्तमान में
24 जनवरी, 1950	संयुक्त प्रान्त	उत्तर प्रदेश
1 नवम्बर, 1956	त्रावणकोर-कोचिन	केरल
14 जनवरी, 1969	मद्रास	तमिलनाडु
1973	मैसूर	कर्नाटक
1 नवम्बर, 1973	लक्कादीव, मिनीकॉय तथा अमिनीदिवी	लक्षद्वीप
1992	दिल्ली	राष्ट्रीय राजधानी क्षेत्र दिल्ली
1 जनवरी, 2007	उत्तरांचल	उत्तराखण्ड
1 अक्टूबर, 2006	पॉण्डिचेरी	पुदुचेरी
1 नवम्बर, 2011	उड़ीसा	ओडिशा

विभिन्न राज्यों की राजधानियों के नाम में परिवर्तन

वर्ष 1991	केरल की राजधानी—त्रिवेन्द्रम	वर्तमान में तिरुवनन्तपुरम
वर्ष 1996	तमिलनाडु की राजधानी—मद्रास	वर्तमान में चेन्नई
वर्ष 1996	महाराष्ट्र की राजधानी—बम्बई	वर्तमान में मुम्बई
वर्ष 2001	पश्चिम बंगाल की राजधानी—कलकत्ता	वर्तमान में कोलकाता
वर्ष 2006	कर्नाटक की राजधानी—बंगलौर	वर्तमान में बंगलुरु

विशेष दर्जा प्राप्त राज्य

- विशेष श्रेणी दर्जा प्राप्त राज्य (Special category state) भौगोलिक, सामाजिक तथा आर्थिक पिछड़ेपन का सामना कर रहे राज्यों को उनके विकास में सहायता हेतु केन्द्र सरकार द्वारा दिया गया वर्गीकरण है।
- यह वर्गीकरण पाँचवें वित्त आयोग की सिफारिश पर वर्ष 1969 में किया गया। गाडगिल फॉर्मूले के अनुसार विशेष श्रेणी दर्जा देने हेतु मानदण्ड निम्न हैं
  - न्यूनतम जनसंख्या घनत्व/जनजातीय संख्या।
  - आर्थिक तथा आधारभूत संरचना में पिछड़ा हो।

- राज्य की पहाड़ी तथा दुर्गम अवस्थिति।
- सामरिक दृष्टि से राज्य का महत्त्व।
- राज्य के वित्त की अव्यवहार्य प्रकृति।

- विकास के समान अवसर प्रदान करने के लिए पिछड़े तथा गरीब राज्यों हेतु विशेष राज्य दर्जे का प्रावधान है।
- विशेष दर्जा प्राप्त राज्यों को केन्द्र द्वारा विशेष आर्थिक सहायता दी जाती है।

विशेष दर्जा प्राप्त राज्य

राज्य का नाम	वर्ष	राज्य का नाम	वर्ष
असम	1969	त्रिपुरा	1972
नागालैण्ड	1969	सिक्किम	1975-76
जम्मू-कश्मीर	1969	मिजोरम	1986-87
हिमाचल प्रदेश	1971	अरुणाचल प्रदेश	1986-87
मणिपुर	1972	उत्तराखण्ड	2001
मेघालय	1972	—	—

- 14वें वित्त आयोग ने पूर्वोत्तर तथा तीन पहाड़ी राज्यों को छोड़कर अन्य राज्यों हेतु विशेष राज्य दर्जा समाप्त कर दिया है। इसे वर्ष 2015 में स्वीकार कर लिया गया।

केन्द्रशासित प्रदेशों का गठन

- संविधान के अनुच्छेद 1 में भारत का राज्यक्षेत्र निम्न तीन श्रेणियों में बाँटा गया है
  (i) राज्यक्षेत्र
  (ii) केन्द्रशासित प्रदेश
  (iii) ऐसे अन्य राज्यक्षेत्र, जो भारत सरकार द्वारा किसी भी समय अर्जित किए जाएँ।
- वर्तमान में भारत में 28 राज्य (States) और 8 केन्द्रशासित प्रदेश (Union Territories) हैं, किन्तु कोई अर्जित राज्यक्षेत्र नहीं है।
- ब्रिटिश शासनकाल में 1874 ई. में कुछ अनुसूचित जिले बनाए गए, बाद में इन्हें मुख्य आयुक्त क्षेत्र (चीफ कमिश्नरी) के नाम से जाना जाने लगा।
- स्वतन्त्रता के पश्चात् इन्हें भाग-ग तथा घ राज्यों की श्रेणी में रखा गया।
- वर्ष 1956 में 7वें संविधान संशोधन अधिनियम व राज्य पुनर्गठन अधिनियम के अन्तर्गत इन्हें केन्द्रशासित प्रदेशों के रूप में गठित किया गया।
- कुछ केन्द्रशासित प्रदेशों को कुछ समय बाद पूर्ण राज्य का दर्जा मिल गया। हिमाचल प्रदेश, मणिपुर, त्रिपुरा, मिजोरम, अरुणाचल प्रदेश व गोवा आरम्भ में केन्द्रशासित प्रदेश थे, लेकिन वर्तमान में ये सभी पूर्ण राज्य बना दिए गए हैं।
- दूसरी ओर पुर्तगालियों (क्षेत्र-गोवा, दमन-दीव तथा दादरा और नगर हवेली) तथा फ्रांसीसियों से लिए गए क्षेत्र (पॉण्डिचेरी) केन्द्रशासित प्रदेश बन गए।
- वर्तमान में आठ केन्द्रशासित प्रदेश हैं, जोकि निम्न हैं
  - अण्डमान और निकोबार द्वीप समूह, दिल्ली, लक्षद्वीप, दादरा एवं नगर हवेली और दमन एवं दीव, पुदुचेरी, चण्डीगढ़, जम्मू एवं कश्मीर तथा लद्दाख।
- वर्ष 1973 तक लक्षद्वीप को लकादीव, मिनीकॉय एवं अमीनीदीव द्वीप के नाम से जाना जाता था।
- 69वाँ संविधान संशोधन वर्ष 1991 से दिल्ली को राष्ट्रीय राजधानी क्षेत्र दिल्ली के रूप में जाना जाने लगा।
- वर्ष 1947 में यद्यपि भारत में अंग्रेजी शासन समाप्त हो गया था, किन्तु पुर्तगाल ने गोवा, दमन और दीव से अपना शासन हटाने से इनकार कर दिया।
- दिसम्बर, 1961 में भारत सरकार ने दो दिनों की सेना कार्रवाई के माध्यम से इन तीनों क्षेत्रों को मुक्त करा लिया और वर्ष 1961 में गोवा और दमन एवं दीव को केन्द्रशासित प्रदेश बना दिया।
- वर्तमान पुदुचेरी का क्षेत्र, (पुदुचेरी, कराईकल, माहे व यानम) जोकि पूर्व फ्रांसीसी बस्ती के रूप में जाना जाता था, को फ्रांसीसी सरकार द्वारा भारत सरकार को वर्ष 1954 में अध्यर्पित कर दिया गया था, किन्तु वर्ष 1962 तक यह क्षेत्र अर्जित राज्यक्षेत्र के रूप में प्रशासित किया जा रहा था, क्योंकि वर्ष 1962 तक फ्रांसीसी संसद ने अध्यर्पण की सन्धि को अनुमोदित नहीं किया था।
- वर्ष 1962 में इसे केन्द्रशासित प्रदेश बनाया गया। वर्ष 2006 में पॉण्डिचेरी (Pondicherry) का नाम बदलकर पुदुचेरी (Puducherry) कर दिया गया था।
- 69वें संविधान संशोधन के द्वारा राष्ट्रीय राजधानी क्षेत्र अधिनियम, 1991 प्रभाव में आया। इसके फलस्वरूप दिल्ली में विधानसभा का गठन किया गया।
- संविधान के भाग-VIII के अन्तर्गत अनुच्छेद 239 से 241 केन्द्रशासित प्रदेशों के सम्बन्ध में है।
- सभी केन्द्रशासित प्रदेश एक ही श्रेणी के हैं, लेकिन उनकी प्रशासनिक पद्धति में समानता नहीं है।
- राज्यसभा में संघ राज्यक्षेत्रों हेतु कुल 8 स्थान (4 जम्मू-कश्मीर से, 3 दिल्ली से तथा 1 पुदुचेरी से) निर्धारित हैं, जबकि लोकसभा में इनके लिए 20 स्थान निर्धारित हैं, जिनमें सर्वाधिक स्थान 7 दिल्ली में हैं।

जम्मू-कश्मीर राज्य पुनर्गठन अधिनियम, 2019

- 31 अक्टूबर, 2019 को जम्मू और कश्मीर तथा लद्दाख भारत के दो केन्द्रशासित प्रदेशों के रूप में अस्तित्व में आए।
- इस सन्दर्भ में केन्द्रीय गृह मन्त्रालय द्वारा 5 अगस्त, 2019 को संसद में जम्मू और कश्मीर पुनर्गठन अधिनियम, 2019 (Jammu-Kashmir Reorganisation Act, 2019) प्रस्तुत किया था।
- संसद द्वारा पारित होने के पश्चात् इसे 9 अगस्त, 2019 को राष्ट्रपति ने अपनी स्वीकृति प्रदान कर दी।
- इस प्रकार जम्मू और कश्मीर पुनर्गठन अधिनियम, 2019 के अन्तर्गत जम्मू और कश्मीर राज्य को दो केन्द्रशासित प्रदेशों—विधानसभा के साथ जम्मू और कश्मीर केन्द्रशासित प्रदेश तथा बिना विधानसभा के लद्दाख केन्द्रशासित प्रदेश के रूप में विभाजित कर दिया गया।
- लद्दाख केन्द्रशासित प्रदेश में दो जिले (कारगिल और लेह), जबकि जम्मू और कश्मीर केन्द्रशासित प्रदेश में वर्तमान जम्मू और कश्मीर राज्य के शेष क्षेत्र शामिल होंगे।

- दोनों केन्द्रशासित प्रदेशों के लिए राष्ट्रपति द्वारा दो उप-राज्यपाल (लेफ्टिनेण्ट गवर्नर) नियुक्त किए जाएँगे।
- उल्लेखनीय है कि इससे पूर्व 5 अगस्त, 2019 को राष्ट्रपति द्वारा जारी एक आदेश के अन्तर्गत जम्मू-कश्मीर को विशेष दर्जा प्रदान करने वाले संविधान के अनुच्छेद 370 के अधिकांश प्रावधानों [अनुच्छेद 370(1) को छोड़कर] को समाप्त कर दिया गया था, जिसके साथ ही अनुच्छेद 35 (A) भी स्वत: ही समाप्त हो गया था।
- 26 अक्टूबर, 1947 को जम्मू-कश्मीर भारतीय संघ में शामिल हुआ था। संविधान के भाग-XXI के अनुच्छेद 370 के अन्तर्गत जम्मू-कश्मीर को विशेष राज्य का दर्जा प्रदान किया गया तथा वर्ष 1952 में राष्ट्रपति के आदेश पर इसे अस्थायी रूप से लागू किया गया, जिसके पश्चात् राज्य द्वारा निर्मित एक संविधान सभा द्वारा जम्मू-कश्मीर के लिए एक पृथक् संविधान का निर्माण किया गया, जो 26 नवम्बर, 1957 को लागू हुआ।

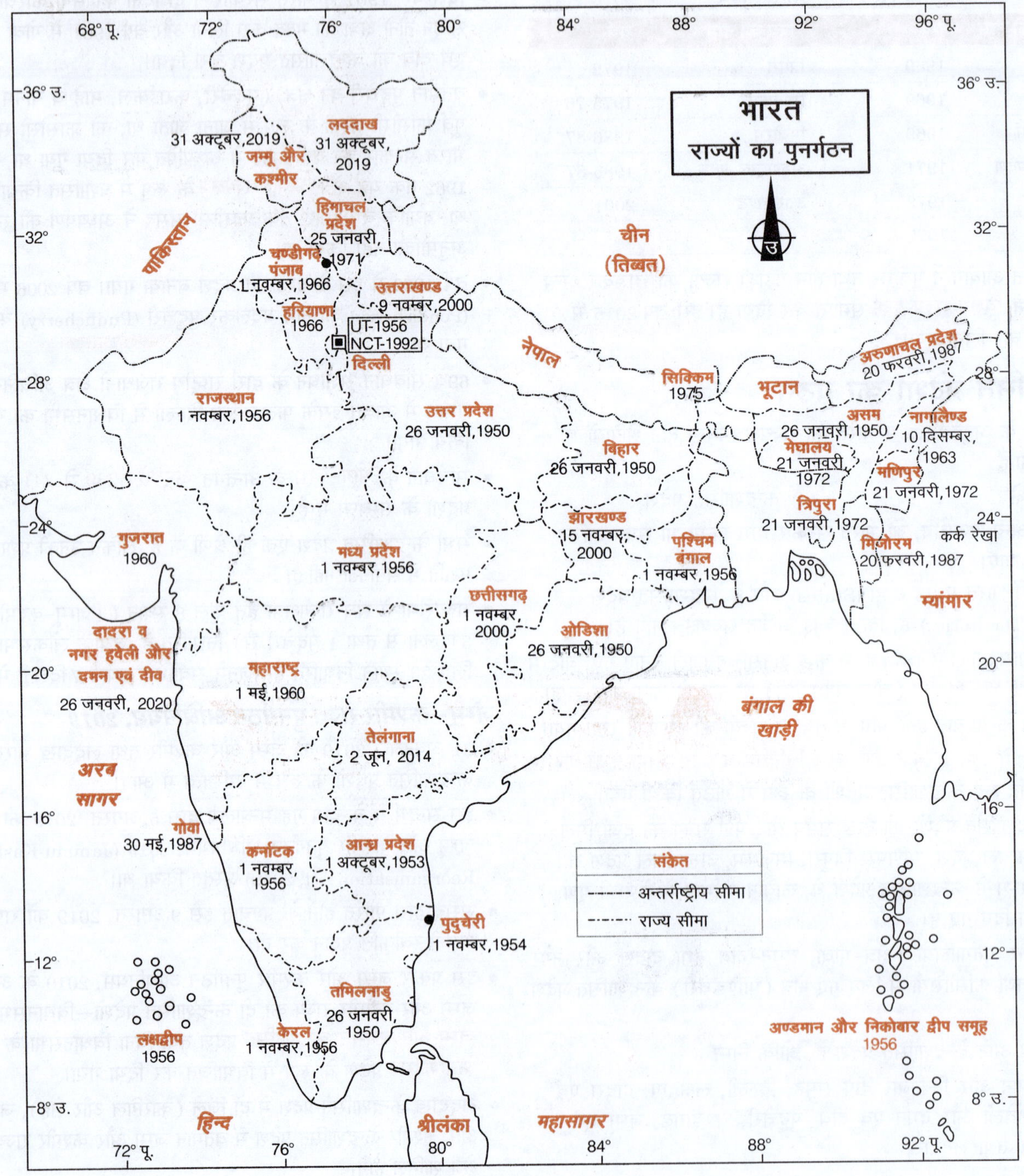

"

नागरिक, किसी सम्प्रभु राष्ट्र का एक निष्ठावान निवासी होता है। राष्ट्र द्वारा नागरिकों को रोजगार, मताधिकार तथा लोक पदों की नियुक्ति जैसे अधिकार प्राप्त होते हैं। नागरिकों को उस राष्ट्र में सभी सिविल एवं राजनीतिक अधिकार प्राप्त होते हैं, किन्तु विदेशियों को जीवन के अधिकार सम्बन्धी कुछ मानवाधिकार ही प्राप्त होते हैं।

अध्याय छः

नागरिकता

नागरिकता

- व्यक्ति तथा राज्य के अन्तर्सम्बन्धों की अधिसूचना ही नागरिकता (Citizenship) है। भारतीय संविधान में नागरिकता की कोई परिभाषा नहीं दी गई है। यद्यपि नागरिकता की परिभाषा किसी राजनीतिक समुदाय की पूर्ण और समान सदस्यता के रूप में दी जाती है।
- सामान्यत: किसी देश में रहने वाले व्यक्तियों को दो श्रेणियों में बाँटा जाता है—नागरिक और विदेशी। नागरिक वे होते हैं, जो भारत के क्षेत्र में ही रहते हैं तथा भारत के ही नागरिक हैं।
- विदेशी वे व्यक्ति होते हैं, जो भारत के क्षेत्र में रहते हैं, किन्तु वे अपने-अपने देश के नागरिक होते हैं। एक विदेशी व्यक्ति की अपेक्षा एक नागरिक को देश के सभी राजनैतिक अधिकार प्राप्त होते हैं।
- नागरिकता में अधिकार तथा कर्त्तव्य सम्मिलित होते हैं। नागरिकों को राष्ट्र द्वारा कुछ अधिकार प्रदान किए जाते हैं, तो कुछ कर्त्तव्य पालन की राष्ट्र द्वारा अपेक्षा भी की जाती है।
- नागरिकता की अवधारणा गणराज्य की अवधारणा से विशेष रूप से जुड़ी है, क्योंकि निर्वाचित राज्याध्यक्ष किसी देश का प्रथम नागरिक होता है।
- भारत में ब्रिटेन के समान एकल नागरिकता का प्रावधान है, जबकि अमेरिका में राज्य तथा संघ की अलग-अलग (दोहरी) नागरिकता का प्रावधान है।
- नागरिकता के सम्बन्ध में अन्य प्रावधान संसद द्वारा पारित कानूनों के अन्तर्गत दिए गए हैं।

नागरिकता सम्बन्धी संवैधानिक प्रावधान

भारतीय संविधान के भाग-II में अनुच्छेद 5 से 11 तक नागरिकता सम्बन्धी प्रावधान दिए गए हैं, जोकि निम्नलिखित हैं

- अनुच्छेद 5 संविधान के लागू होने पर नागरिकता सम्बन्धी अधिकार
- अनुच्छेद 6 पाकिस्तान से भारत आने वाले कुछ व्यक्तियों के नागरिकता सम्बन्धी अधिकार
- अनुच्छेद 7 भारत से पाकिस्तान जाने वाले कुछ व्यक्तियों के नागरिकता सम्बन्धी अधिकार
- अनुच्छेद 8 भारत के बाहर रहने वाले भारतीय उद्‌भव के कुछ व्यक्तियों के नागरिकता सम्बन्धी अधिकार
- अनुच्छेद 9 विदेशी राज्य की नागरिकता स्वेच्छा से अर्जित करने वाले व्यक्तियों का नागरिक न होना
- अनुच्छेद 10 नागरिकता के अधिकारों का बना रहना
- अनुच्छेद 11 संसद द्वारा नागरिकता के अधिकार का विधि द्वारा विनियमन किया जाना

नागरिकता के प्रकार/स्वरूप

एकल नागरिकता

- भारत में एकल नागरिकता (Single Citizenship) का नियम है-जहाँ व्यक्तियों को केवल एक अर्थात् भारत की नागरिकता प्राप्त होती है। राज्यों की अपनी कोई नागरिकता नहीं है।
- भारतीय राज्यों में पृथक् नागरिकता की व्यवस्था नहीं है, जैसा कि अन्य देशों के संविधानों; जैसे-अमेरिका, ऑस्ट्रेलिया, स्विट्ज़रलैण्ड आदि में है। एक देश की और दूसरा राज्य की, जिसमें वे निवास करते हैं।

एकल नागरिकता सम्बन्धी अपवाद

- **अनुच्छेद 15 (क)** विभिन्न व्यक्तियों के बीच धर्म, मूलवंश, जाति, लिंग, जन्म-स्थान या इनमें से किसी आधार पर भेदभाव का निषेध करता है, परन्तु राज्य सरकार चाहे, तो शिक्षा संस्थाओं में अपने राज्यों के निवासियों को प्राथमिकता दे सकती है, क्योंकि आधारों में निवास स्थान सम्मिलित नहीं है।
- **अनुच्छेद 19 (घ)** नागरिकों को भारत में कहीं भी अबाध संचरण एवं निवास के अधिकार का उपबन्ध करता है, किन्तु **अनुच्छेद 19 (ङ)** में युक्तियुक्त निर्बन्धनों की व्यवस्था है, जो अनुसूचित जनजाति क्षेत्र; जैसे-अण्डमान एवं निकोबार द्वीप समूह के कुछ भागों में प्रवेश पर नियन्त्रण किया गया है।

- भारत का संविधान कनाडा के एकल नागरिकता की भाँति देश में एकल नागरिकता का उपबन्ध करता है तथा कुछ मामलों को छोड़कर एकीकृत अधिकार भी प्रदान करता है।

दोहरी नागरिकता

- भारतीय संविधान किसी भी भारतीय नागरिक को एकसाथ दो राज्यों का नागरिक होने का अधिकार नहीं देता है।
- यदि कोई व्यक्ति स्वेच्छा से किसी अन्य राज्य की नागरिकता अर्जित कर लेता है, तो उसकी नागरिकता स्वत: समाप्त हो जाती है।
- भारतीय नागरिकता (संशोधन) अधिनियम, 2005, नागरिकता अधिनियम, 1955 को संशोधित करता है। इस अधिनियम के अन्तर्गत केन्द्र सरकार किसी व्यक्ति को प्रस्तुत आवेदन के आधार पर विदेशी भारतीय नागरिक का दर्जा प्रदान कर सकती है, यदि
  - व्यक्ति किसी विशिष्ट देश का नागरिक है तथा भारतीय मूल का है।
  - यदि वह व्यक्ति नागरिकता (संशोधन) अधिनियम, 2003 पारित होने के पश्चात् किसी विशिष्ट देश की नागरिकता को प्राप्त करता है, परन्तु वह इससे पूर्व भारत का नागरिक था।
  - जिस व्यक्ति का पंजीकरण विदेशी भारतीय नागरिक के रूप में किया गया है, वह पंजीकरण की तारीख से विदेशी भारतीय नागरिक का अधिकार प्राप्त कर सकेगा।
  - केवल भारतीय नागरिक ही कुछ पदों पर नियुक्ति हेतु पात्र है; जैसे-राष्ट्रपति, उपराष्ट्रपति, उच्चतम न्यायालय के न्यायाधीश, उच्च न्यायालय के न्यायाधीश, महान्यायवादी, राज्यपाल, महाधिवक्ता।
  - लोकसभा एवं राज्य विधानसभा के निर्वाचन हेतु मत देने का अधिकार तथा संसद एवं राज्य विधानमण्डल के सदस्य होने का अधिकार केवल नागरिकों को ही प्राप्त है।

नागरिकता की प्राप्ति

- संविधान के अनुच्छेद 5 से 11 में केवल इस सम्बन्ध में विधि निर्धारित की गई है कि संविधान के लागू होने के समय भारतीय नागरिक किसे माना जाएगा।
- संविधान के भाग-II में अनुच्छेद 5 से 11 तक नागरिकता के बारे में चर्चा की गई है, परन्तु इनमें नागरिकता से सम्बन्धित विस्तृत उपबन्ध नहीं है। इनमें न तो नागरिकता के अधिग्रहण और न ही नागरिकता की समाप्ति की चर्चा की गई है।
- अनुच्छेद 5 से 8 के अन्तर्गत प्रत्येक उस व्यक्ति को नागरिकता प्रदान की गई, जो संविधान लागू होने के समय (26 जनवरी, 1950) निम्नलिखित में से किसी एक श्रेणी के अन्तर्गत आता था। इन अनुच्छेदों का वर्णन निम्न है
  - **अनुच्छेद 5** भारत के अधिवासी, जिनका जन्म भारत में हुआ था, अधिवासी, जिनका जन्म भारत में नहीं हुआ था, परन्तु जिनके माता-पिता में से किसी एक का जन्म भारत में हुआ था। अधिवासी, जिनका जन्म भारत में नहीं हुआ था, परन्तु जो पाँच वर्ष से अधिक समय तक भारत का निवासी था।
  - **अनुच्छेद 6** भारत का निवासी, किन्तु जो 1 मार्च, 1947 के बाद पाकिस्तान चला गया था तथा बाद में पुनर्वास अनुज्ञा लेकर भारत लौट आया था।
  - **अनुच्छेद 7** पाकिस्तान का निवासी, किन्तु जो 19 जुलाई, 1948 से पूर्व भारत में प्रवास कर गया था अथवा जो उस तारीख के बाद आया था, परन्तु 6 महीने से अधिक समय से भारत में निवास कर रहा था और जिसने विहित ढंग (Prescribed Manner) से पंजीकरण करा लिया था।
  - **अनुच्छेद 8** भारत के बाहर रहने वाला, किन्तु जिसके माता-पिता में से कोई या दादा-दादी अथवा नाना-नानी में से किसी एक का जन्म भारत में हुआ था।

संविधान के **अनुच्छेद 11** के अन्तर्गत संसद को यह अधिकार है कि वह नागरिकता से सम्बन्धित विधि का विनियमन कर सकती है। इसी के अन्तर्गत संसद ने **नागरिकता अधिनियम, 1955** को लागू किया, जिसे समय-समय पर संशोधित किया गया है।

भारतीय नागरिकता अधिनियम, 1955

संसद द्वारा पारित भारतीय नागरिकता अधिनियम, 1955 में लागू किया गया और इसमें आवश्यकतानुसार 6 बार संशोधन भी किए गए (वर्ष 1986, 1992, 2003, 2005, 2015, 2019)।

भारतीय नागरिकता अधिनियम, 1955 के द्वारा निम्न प्रकार से नागरिकता अर्जित की जा सकती है

नागरिकता प्राप्ति के पाँच माध्यम

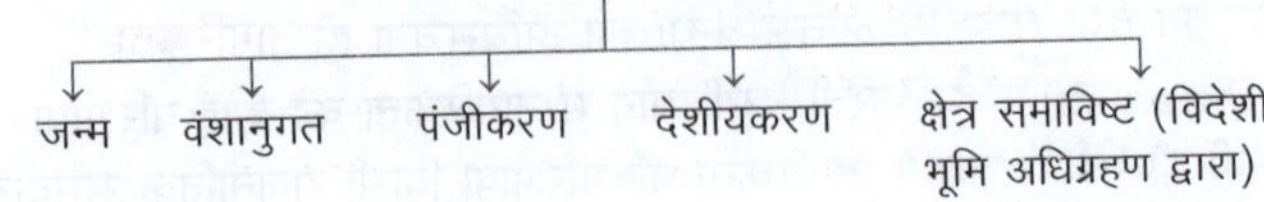

जन्म आधारित

- 26 जनवरी, 1950 या उसके बाद, परन्तु 1 जुलाई, 1987 से पहले भारत में जन्मे सभी व्यक्ति भारत के नागरिक होंगे, भले ही उनके माता-पिता की राष्ट्रीयता भारतीय न हो।
  - 1 जुलाई, 1987 को अथवा उसके बाद भारत में जन्मे व्यक्ति को नागरिक तभी माना जा सकता है, जब उसके माता-पिता में से कोई एक भारतीय नागरिक हो।
  - अपवादस्वरूप विदेशी राजनयिकों एवं शत्रु विदेशियों के बच्चे इसमें सम्मिलित नहीं होंगे।

नागरिकता (संशोधन) एक्ट, 2003 के लागू होने के बाद वह बच्चा, जिसके माता-पिता दोनों भारतीय हों अथवा जन्म के समय दोनों में से कोई एक भारतीय नागरिक हो तथा दूसरा अवैध प्रवासी न हो, भारतीय नागरिक माना जाएगा।

वंशानुगत अथवा रक्त-सम्बन्ध आधारित

- कोई भी व्यक्ति, जिसका जन्म 26 जनवरी, 1950 के बाद भारत के बाहर हुआ हो, भारत का नागरिक होगा, यदि उसके जन्म के समय उसके पिता भारत के नागरिक हों।
- 10 दिसम्बर, 1992 को या उसके बाद यदि किसी व्यक्ति का जन्म देश से बाहर हुआ हो, वह तभी भारतीय नागरिक बन सकता है, जब उसके माता-पिता में से कोई एक भारतीय नागरिक हो।
- माता की नागरिकता के आधार पर विदेश में जन्मे व्यक्ति को नागरिकता प्रदान करने का प्रावधान नागरिकता संशोधन अधिनियम, 1992 द्वारा किया गया।

- 3 दिसम्बर, 2004 के पश्चात् भारत से बाहर जन्म लेने वाला कोई व्यक्ति वंश के आधार पर भारत का नागरिक नहीं हो सकता, यदि उसके जन्म के 1 वर्ष के भीतर भारतीय राजनीतिक कार्यालय में उसके जन्म का पंजीकरण न करा दिया गया हो अथवा केन्द्र सरकार की सहमति से उस अवधि में पंजीकरण न हुआ हो।

पंजीकरण आधारित

- केन्द्र सरकार आवेदन प्राप्त होने पर किसी व्यक्ति को भारत के नागरिक के रूप में पंजीकृत कर सकती है, यदि वह निम्नलिखित शर्तें पूर्ण करता हो
  - जो व्यक्ति अविभाजित भारत के अतिरिक्त किसी भी देश में निवास करता हो तथा भारतीय मूल का हो।
  - भारतीय मूल का व्यक्ति, जो आवेदन से पूर्व भारत में औपचारिक रूप से 7 वर्ष से निवास कर रहा हो।
  - वह व्यक्ति जिसने भारतीय नागरिक से विवाह किया हो तथा पंजीकरण हेतु आवेदन देने से पहले 7 वर्ष से भारत में निवास कर रहा हो।
  - जो महिलाएँ भारतीय नागरिक पुरुषों से विवाह करती हैं।
  - भारतीय नागरिकों के नाबालिग बच्चे।
  - कोई व्यक्ति, जो पूर्ण आयु एवं क्षमता का हो तथा उसके माता-पिता भारत के नागरिक के रूप में पंजीकृत हों।
  - कोई व्यक्ति, जो पूर्ण आयु एवं क्षमता का हो और वह अथवा उसके माता-पिता स्वतन्त्र भारत के नागरिक के रूप में पंजीकृत किए गए हों अथवा पंजीकरण का इस प्रकार का आवेदन देने से बारह महीने से साधारणत: निवास कर रहे हों।
  - कोई व्यक्ति, जो पूर्ण आयु एवं क्षमता का हो तथा वह समुद्रपार किसी देश के नागरिक के रूप में 5 वर्ष से पंजीकृत हो या वह पंजीकरण का इस प्रकार का आवेदन देने से बारह महीने से साधारणत: निवास कर रहा हो।

देशीयकरण द्वारा (प्राकृतिक रूप से)

- कोई भी विदेशी व्यक्ति नागरिकता प्राप्त करने के लिए आवेदन देकर भारतीय नागरिकता अर्जित कर सकता है, यदि वह निम्नलिखित शर्तें पूर्ण करता हो
  - वह किसी ऐसे देश का नागरिक न हो, जहाँ भारत द्वारा देशीयकरण (Naturalisation) प्रतिबन्धित हो।
  - उसके द्वारा अपने देश की नागरिकता से त्याग-पत्र दे दिया गया हो।
  - आवेदन करने के ठीक पूर्व उसने भारत में कम-से-कम कुल एक वर्ष तक निवास किया हो अथवा भारत सरकार की सेवा में रहा हो।
  - वह उपर्युक्त एक वर्ष के ठीक पूर्व 7 वर्ष की अवधि में कम-से-कम कुल 4 वर्ष तक भारत सरकार की नौकरी में रहा हो अथवा भारत में निवास करता हो। वह एक सच्चरित्र व्यक्ति हो।
  - उसे भारतीय संविधान की आठवीं अनुसूची में उल्लेखित भाषाओं में से किसी एक भाषा का पर्याप्त ज्ञान हो।
  - एक विशेष प्रावधान द्वारा यह छूट दी गई है कि यदि कोई व्यक्ति विज्ञान, कला, दर्शन, साहित्य, विश्व शान्ति या मानव उन्नति से सम्बद्ध है, तो इस प्रकार से नागरिक बने व्यक्ति को संविधान की निष्ठा की शपथ लेनी होगी।
- भारतीय संविधान लोकसभा चुनाव लड़ने के प्रश्न पर सामान्य नागरिक तथा देशीयकृत नागरिक में कोई विभेद नहीं करता है।

> भारतीय संविधान का **अनुच्छेद** 14 विधि के समक्ष समता का आश्वासन देता है और **अनुच्छेद 16** प्रत्येक नागरिक को लोक नियोजनों व नियुक्तियों में अवसर की समता प्रदान करता है तथा जन्म आदि के आधार पर किसी भी प्रकार से किए गए भेदभाव का निषेध करता है।
>
> अमेरिकी संविधान अपने देशीयकृत नागरिकों को केवल सीनेट सदस्य (भारत की राज्यसभा के समान) बनने का अधिकार देता है एवं अमेरिका में जन्मा व्यक्ति ही अमेरिकी राष्ट्रपति हो सकता है।

क्षेत्र समाविष्ट (भूमि क्षेत्र अर्जन द्वारा)

यदि कोई राज्यक्षेत्र भारत का अंग बन जाता है, तो भारत सरकार आदेश द्वारा यह निर्दिष्ट कर सकती है कि उसके परिणामस्वरूप कौन-से व्यक्ति भारत के नागरिक बन सकते हैं।

भारतीय नागरिकता अधिनियम में संशोधन

असम सन्धि के अनुरूप नागरिकता का विशेष प्रावधान

- भारतीय मूल के व्यक्तियों की नागरिकता में असम सन्धि के अनुरूप वर्ष 1985 में व्यक्तियों के लिए विशेष प्रावधान किए गए हैं।
- धारा 6A की उपधारा 2 के अन्तर्गत निम्न प्रकार के प्रावधान किए गए हैं
  - भारतीय मूल के व्यक्ति, जो 1 जनवरी, 1966 से पहले अविभाजित भारत (विशेषकर बांग्लादेश) से असम आए तथा अपने प्रवेश के बाद से ही सामान्यत: असम के निवासी हैं, तो इन्हें 1 जनवरी, 1966 से भारत का नागरिक मान लिया जाएगा।
  - भारतीय मूल के प्रत्येक व्यक्ति, जो 1 जनवरी, 1966 को या उसके बाद से लेकर 25 मार्च, 1971 से पहले बांग्लादेश से असम आया हो तथा अपने प्रवेश के समय से ही विदेशी रूप में पहचाना गया हो, तो ऐसे निबन्धित व्यक्ति को भारत का नागरिक मान लिया जाएगा, परन्तु उसे मत देने का अधिकार नहीं होगा।

नागरिकता संशोधन अधिनियम, 1986

इस अधिनियम के अन्तर्गत बांग्लादेश, श्रीलंका तथा कुछ अफ्रीकी देशों से बड़ी संख्या में लोगों के गैर-कानूनी तरीके से भारत में आने के कारण उत्पन्न स्थिति से निपटने के लिए वर्ष 1986 में भारतीय नागरिकता अधिनियम, 1955 में संशोधन किया गया।

नागरिकता संशोधन अधिनियम, 2005

- इस अधिनियम के द्वारा भारतीय मूल के व्यक्तियों हेतु दोहरी नागरिकता प्रदान करने का प्रावधान किया गया है।
- इस अधिनियम के अन्तर्गत पाकिस्तान एवं बांग्लादेश को छोड़कर अन्य देशों के नागरिकों हेतु जो भारतीय मूल के हैं, दोहरी नागरिकता का प्रावधान किया गया है। यदि वे निम्नलिखित शर्तें पूर्ण करते हों

- वे 26 जनवरी, 1950 को संविधान लागू होने के समय अथवा बाद में किसी भी समय भारत के नागरिक थे, परन्तु अब वे किसी अन्य देश के नागरिक हैं।
- संविधान लागू होने के समय वे भारत की नागरिकता प्राप्त करने के पात्र थे।
- वे भारत के किसी ऐसे क्षेत्र से सम्बन्ध रखते हों, जो 15 अगस्त, 1947 के पश्चात् भारत का अंग बना हो।

नागरिकता संशोधन अधिनियम, 2015

- नागरिकता संशोधन अधिनियम, 2015 को मार्च, 2015 में संसद द्वारा पारित किया गया, हालाँकि भारत में दोहरी नागरिकता का प्रावधान नहीं है, लेकिन विदेशों में रहने वाले भारतीय मूल के लोगों को भारतीय नागरिकता जैसी सुविधाएँ देने के उद्देश्य से नागरिकता संशोधन अधिनियम, 2015 लाया गया।
- इस अधिनियम द्वारा भारतीय नागरिकता अधिनियम, 1955 में संशोधन होगा, जिसमें प्रवासी नागरिकों हेतु उपबन्ध है।

नागरिकता संशोधन अधिनियम, 2015 से सम्बन्धित मुख्य तथ्य

- इसके द्वारा **ओवरसीज सिटीजन ऑफ इण्डिया** (OCI) और **पर्सन ऑफ इण्डियन ओरिजिन** (POI) का आपस में विलय कर दिया गया।
- नए ओसीआई (OCI) कार्डधारकों को पूर्ण नागरिकों के अधिकार नहीं होंगे, उन्हें भारत में खेती की जमीन खरीदने, राजनीतिक एवं आधिकारिक पद ग्रहण करने की छूट नहीं होगी।
- **पाकिस्तान** एवं **बांग्लादेश** से अल्पसंख्यक शरणार्थियों के मामले में एक टास्क फोर्स बनाई गई है, उसकी रिपोर्ट के आधार पर ही उनसे सम्बन्धित निर्णय लिया जाएगा।
- यह अधिनियम उन व्यक्तियों को, जिन्होंने भारतीय नागरिकता प्राप्त करने हेतु आवेदन किया है तथा वे कुछ समय के लिए भारत से बाहर जाना चाहते हैं, 30 दिन की समय-सीमा प्रदान करता है।
- इसके अतिरिक्त यह अधिनियम सरकार को यह शक्ति प्रदान करता है कि वह किसी भारतीय नागरिक के विवाहित, जिसका सम्बन्ध-विच्छेद किसी न्यायालय द्वारा कर दिया गया हो अथवा प्रथम विवाह-विच्छेद किए बिना दूसरे विवाह सम्बन्ध में बँध गए हों, का ओसीआई (OCI) कार्ड रद्द कर दे।

नागरिकता (संशोधन) अधिनियम, 2019

- नागरिकता (संशोधन) अधिनियम, 2019 (CAA, Citizenship Amendment Act, 2019) भारतीय नागरिकता अधिनियम, 1955 को संशोधित करता है। 12 दिसम्बर, 2019 को राष्ट्रपति ने इसे स्वीकृति दी।
- यह अधिनियम अफगानिस्तान, बांग्लादेश और पाकिस्तान के छः समुदायों (हिन्दू, सिख, बौद्ध, जैन, पारसी और ईसाई) से सम्बन्धित अवैध प्रवासियों को नागरिकता की पात्रता देने का प्रावधान करता है। यह अधिनियम 10 जनवरी, 2020 से प्रभावी है।
- यह संशोधन अधिनियम यह प्रावधान करता है कि उपरोक्त तीनों देशों के छः समुदायों के साथ अवैध प्रवासियों के रूप में व्यवहार नहीं किया जाएगा, यद्यपि उन्होंने 31 दिसम्बर, 2014 को या उससे पहले भारत में प्रवेश किया हो। इसके अतिरिक्त इन समूह के लोगों के लिए देशीयकरण की अवधि 11 वर्ष से घटाकर 5 वर्ष कर दी गई है।
- इसके अन्तर्गत वे लोग ही नागरिकता पात्रता के योग्य होंगे, जो संविधान की छठी अनुसूची में शामिल असम, मेघालय, मिजोरम या त्रिपुरा के कुछ आदिवासी क्षेत्रों या इनर लाइन परमिट (यह भारत सरकार द्वारा जारी किया गया एक आधिकारिक यात्रा दस्तावेज है, जो किसी भारतीय नागरिक को सीमित अवधि के लिए संरक्षित क्षेत्र में आन्तरिक यात्रा की अनुमति देता है।) के अन्तर्गत आने वाले क्षेत्रों; जैसे—अरुणाचल प्रदेश, मिजोरम और नागालैण्ड में नहीं आते हैं।

नागरिकता की समाप्ति

अनुच्छेद 10 में उल्लिखित है कि किसी नागरिक की नागरिकता का अधिकार संसद द्वारा बनाई गई विधि के अतिरिक्त किसी अन्य प्रकार से समाप्त नहीं किया जा सकता।

भारतीय संविधान एवं नागरिकता अधिनियम, 1955 में उल्लेखित प्रावधानों के अनुसार निम्न प्रकार से भारतीय नागरिकता का लोप हो सकता है

नागरिकता की समाप्ति
- परित्याग
- पर्यवसन
- वंचित किया जाना

- परित्याग (Renunciation) कोई भी व्यक्ति स्वैच्छिक रूप से भारतीय नागरिकता का परित्याग कर सकता है तथा किसी अन्य राष्ट्र की नागरिकता प्राप्त कर सकता है, बशर्ते वह किसी अपराध में लिप्त न हो एवं पूर्णरूपेण निर्दोष हो, तब उस व्यक्ति का कोई भी नाबालिग बच्चा भारतीय नागरिक नहीं रहेगा, यद्यपि बच्चा 18 वर्ष की आयु प्राप्ति पर भारतीय नागरिकता ग्रहण कर सकता है।
- पर्यवसन (Termination) जब कोई भारतीय नागरिक स्वेच्छा से किसी अन्य देश की नागरिकता अर्जित कर लेता है, तो उसकी भारत की नागरिकता स्वयं समाप्त हो जाती है, किन्तु यह व्यवस्था तब लागू नहीं होती, जब देश युद्धरत् हो।
- वंचित किया जाना (Deprivation) भारत सरकार द्वारा निम्न स्थितियों में किसी व्यक्ति को भारतीय नागरिकता से वंचित किया जा सकता है अथवा उसकी नागरिकता समाप्त की जा सकती है; जैसे-
  - किसी व्यक्ति द्वारा कपटपूर्वक भारतीय नागरिकता अर्जित किए जाने पर।
  - किसी व्यक्ति द्वारा देशद्रोह किए जाने अथवा युद्ध के समय शत्रु की सहायता किए जाने पर।
  - किसी व्यक्ति द्वारा संविधान के प्रति अनादर किया गया हो।
  - पंजीकरण अथवा देशीयकरण द्वारा नागरिकता प्राप्त करने के 5 वर्ष के अन्दर व्यक्ति को किसी देश में कम-से-कम 2 वर्ष की सजा होने की स्थिति में।
  - भारत सरकार की अनुमति के बिना किसी व्यक्ति द्वारा क्रमशः 7 वर्ष तक विदेश में रहने एवं वहाँ के भारतीय दूतावास में अपनी भारतीय नागरिकता बनाए रखने के सम्बन्ध में प्रतिवर्ष पंजीकरण नहीं कराने की स्थिति में।
  - इसके अतिरिक्त किसी स्त्री अथवा पुरुष द्वारा किसी अन्य देश की स्त्री अथवा पुरुष से विवाहोपरान्त वहाँ की नागरिकता प्राप्त कर लेने, विदेश में जाकर सरकारी नौकरी करने, पागलपन, फकीरी, संन्यास ग्रहण करने आदि की स्थिति में भारतीय नागरिकता का लोप हो जाता है।

प्रवासी भारतीय दिवस सम्मेलन

- सितम्बर, 2000 में प्रवासी भारतीयों के सम्बन्ध में **डॉ. एल. एम. सिंघवी** की अध्यक्षता में एक उच्च स्तरीय समिति गठित की गई। इस समिति ने 9 जनवरी को प्रवासी भारतीय दिवस मनाने की सिफारिश की।
- भारत के विकास में विदेशी भारतीय समुदाय के योगदान को याद करने के लिए प्रत्येक वर्ष **9 जनवरी को प्रवासी भारतीय दिवस** मनाया जाता है। 9 जनवरी को मनाए जाने का कारण इसी दिन वर्ष 1915 में महात्मा गाँधी के दक्षिण अफ्रीका की यात्रा से भारत लौट कर आना था।
- 9 जनवरी, 2003 को **प्रथम भारतीय प्रवासी दिवस** के अवसर पर भारतीय मूल के लोगों को दोहरी नागरिकता देने की घोषणा के फलस्वरूप संसद द्वारा पारित विधेयक को 7 जनवरी, 2004 को राष्ट्रपति की स्वीकृति प्राप्त हुई। वर्ष 2015 में संशोधन द्वारा इसे प्रत्येक दो वर्ष बाद मनाए जाने का निर्णय लिया गया।

कानूनी आधार पर व्यक्तियों के विभिन्न वर्ग

नागरिक (Citizen)	भारत के पूर्ण सदस्य, राज्य तथा संविधान के प्रति पूर्ण निष्ठा रखने वाले, मूलभूत अधिकार एवं कर्त्तव्यों के प्राप्तकर्ता।
अन्यदेशीय व्यक्ति (Alien Foreigner)	इन्हें वे सभी अधिकार प्राप्त नहीं होते, जो भारत के नागरिकों को प्राप्त होते हैं। इन्हें अनुच्छेद 21 के अन्तर्गत 'जीवन का अधिकार' प्राप्त है, लेकिन अनुच्छेद 19 के अन्तर्गत 'वाक्-स्वतन्त्रता' का अधिकार नहीं। ये शत्रु या मित्र अन्यदेशीय हो सकते हैं।
राज्यविहीन व्यक्ति (Stateless Persons)	इस श्रेणी में अवैध प्रवासियों को सम्मिलित किया जाता है, जिन्हें नागरिकता सम्बन्धी दस्तावेज न होने के कारण अवैध घोषित कर दिया जाता है।
शरणार्थी (Refugee)	अपने मूल देश से वर्ग, नस्ल, भाषा, राष्ट्रीयता, सामाजिक उत्पीड़न के आधार पर विभेद व भय के कारण भारत में शरण लेने वाले व्यक्ति; जैसे-रोहिंग्या

अनिवासी भारतीय, भारतीय मूल का व्यक्ति एवं भारत के समुद्रपारीय नागरिक का तुलनात्मक अध्ययन

तुलना का आधार	अनिवासी भारतीय (NRI)	भारतीय मूल का व्यक्ति (PIO)	भारत के समुद्रपारीय नागरिक (OCI)
परिभाषा	ऐसे भारतीय नागरिक जो सामान्यत: भारत के बाहर निवास करते हों और उनके पास भारतीय पासपोर्ट हो।	कोई व्यक्ति अथवा उसका कोई पूर्वज भारत का नागरिक रहा है और जिसने वर्तमान में अन्य देश की नागरिकता राष्ट्रीयता धारण कर ली हो और वह विदेशी पासपोर्ट धारक हो।	कोई व्यक्ति जो नागरिकता अधिनियम, 1955 के अन्तर्गत विदेशी भारतीय नागरिक (OCI) कार्ड धारक हो।
अर्हता	विदेशों में लम्बे समय तक निवास करने वाले नागरिक।	• ऐसा विदेशी नागरिक, जो कभी भारतीय पासपोर्ट धारणकर्ता रहा हो या जिसके माता-पिता, नाना-नानी/दादा-दादी में से कोई भी भारत शासन अधिनियम, 1935 के अन्तर्गत परिभाषित भारत का नागरिक रहा है। • किसी ऐसे क्षेत्र का निवासी था, जो 15 अगस्त, 1947 के बाद भारत का अंग बन गया हो, तो उस व्यक्ति और उसके वैवाहिक सम्बन्धी (Spouse) को भी भारतीय मूल का व्यक्ति (PIO) माना जाता है। • पाकिस्तान, नेपाल, भूटान, बांग्लादेश, चीन एवं अफगानिस्तान के नागरिक इसमें शामिल नहीं हो सकते। • केन्द्र सरकार भी इस सूची में संशोधन कर कुछ अन्य देशों को भी शामिल कर सकती है।	• वह विदेशी नागरिक, जो 26 जनवरी, 1950 को भारत का नागरिक होने के लिए अर्ह था या इस तिथि या इसके बाद कभी भी भारतीय नागरिक था। • किसी ऐसे क्षेत्र का नागरिक था, जो 15 अगस्त, 1947 के बाद भारत का अंग बन गया हो, वह तथा उसके पुत्र/पुत्री, पोता/पोती, नाती/नातिन इस दर्जे के लिए अर्ह हैं। • वैवाहिक सम्बन्धी अर्ह नहीं 'नागरिकता संशोधन अधिनियम, 2015' के अनुसार, OCI कार्ड उन वैवाहिक सम्बन्धियों (Spouse) का भी बन सकेगा, जिनके विवाह को हुए 2 वर्ष का समय बीत गया हो।) • इसमें पाकिस्तान व बांग्लादेश के नागरिकों तथा उनके परिवार के लोगों को यह दर्जा नहीं।
प्राप्त लाभ	संघ सरकार द्वारा प्रदान सभी नागरिकीय लाभ	• एक यात्रा में 180 दिनों तक पंजीकरण कराने में छूट अवधि बीत जाने पर 30 दिनों के अन्दर पंजीकरण अनिवार्य। • अनिवासी भारतीयों को मिलने वाली आर्थिक, वित्तीय, शैक्षिक सुविधा तो उपलब्ध, किन्तु कृषि सम्पत्ति या बागान खरीदने में छूट नहीं।	• कितनी भी लम्बी यात्रा, पंजीकरण कराने की आवश्यकता नहीं। • अनिवासी भारतीयों को मिलने वाली आर्थिक, वित्तीय, शैक्षिक सुविधा तो उपलब्ध, किन्तु कृषि सम्पत्ति या बागान खरीदने में छूट नहीं।
किन कार्यों की अनुमति	नागरिक द्वारा किए जाने वाले सभी कार्य	पर्वतारोहण, मिशनरी कार्य, अनुसन्धान या प्रतिबन्धित क्षेत्रों की यात्रा के लिए विशेष अनुमति की आवश्यकता	पर्वतारोहण, मिशनरी कार्य, अनुसन्धान या प्रतिबन्धित क्षेत्रों की यात्रा के लिए विशेष अनुमति की आवश्यकता।
भारतीय नागरिकता की अर्हता	ये भारतीय नागरिक हैं	कम-से-कम 7 वर्षों के निरन्तर निवास (भारत में) के बाद आवेदन	पंजीकरण के 5 वर्षों बाद आवेदन कर सकते हैं, लेकिन आवेदन से पूर्व भारत में पूरे 1 वर्ष तक रहना होगा।
मतदान का अधिकार	हाँ	नहीं	नहीं
संवैधानिक पद पर नियुक्ति	हाँ	नहीं	नहीं
वीजा की आवश्यकता	नहीं	हाँ	हाँ (आजीवन वीजा)
भारत में भारतीय मुद्रा में खाता खोलने की सुविधा	हाँ	हाँ	हाँ

नोट *वर्तमान में PIO कार्ड योजना को समाप्त कर दिया गया है और जारी सभी PIO कार्डों को अब OCI कार्डों का दर्जा प्राप्त है।*

"मौलिक अधिकार उन अधिकारों को कहा जाता है, जो नागरिकों के भौतिक तथा नैतिक विकास के लिए आवश्यक हैं। इन अधिकारों में राज्य द्वारा हस्तक्षेप नहीं किया जा सकता। भारतीय संविधान के भाग-III (अनुच्छेद 12 से 35) में मौलिक अधिकारों का विवरण है, जिनकी सुरक्षा का प्रहरी सर्वोच्च न्यायालय है।

अध्याय सात

मौलिक अधिकार

मौलिक/मूल अधिकार

- मौलिक अधिकार देश में लोक व्यवस्था बनाए रखने एवं राज्य के कठोर नियमों के विरुद्ध देश के नागरिकों को सुरक्षा प्रदान करते हैं। मौलिक अधिकार नस्ल, जन्म स्थान, जाति, पन्थ या लिंग के भेद के बिना सभी व्यक्तियों को प्रदान किए गए हैं। इनके द्वारा राजनीतिक लोकतन्त्र के उद्देश्यों की स्थापना होती है।
- मौलिक अधिकारों से तात्पर्य राजनीतिक लोकतन्त्र के आदर्शों की प्राप्ति से है। ये अधिकार प्रायः मूल शब्द से उद्धृत हैं, क्योंकि ये व्यक्ति के चहुँमुखी विकास (सामाजिक, आर्थिक, राजनैतिक एवं आध्यात्मिक) के लिए आवश्यक हैं।
- मौलिक अधिकार नागरिकों को राज्य द्वारा प्रदत्त अधिकार हैं, जिनका सामान्य परिस्थितियों में उल्लंघन नहीं किया जा सकता। ये अधिकार व्यक्ति के जीवन की स्वतन्त्रता एवं अभिवृद्धि के लिए आवश्यक हैं।
- मैग्नाकार्टा, अधिकारों का एक घोषणा-पत्र था, जिसे इंग्लैण्ड के किंग जॉन द्वारा सामन्तों के दबाव में जारी किया गया था।

मौलिक अधिकार हेतु संवैधानिक प्रावधान

- मौलिक अधिकार अमेरिकी संविधान में वर्णित अधिकार पत्र (Bill of Rights), 1791 से प्रभावित हैं।
- संविधान के भाग-III में अनुच्छेद 12 से 35 तक मूल अधिकारों का वर्णन है। ये अधिकार देश में लोक व्यवस्था बनाए रखने एवं राज्य के कठोर नियमों के विरुद्ध नागरिकों को सुरक्षा प्रदान करते हैं।
- संविधान के भाग-III को भारत का मैग्नाकार्टा कहा जाता है।
- मौलिक अधिकारों को सभी नागरिकों के बुनियादी मानव अधिकार के रूप में परिभाषित किया गया है।
- मौलिक अधिकारों को यह नाम इसलिए दिया गया है, क्योंकि इन्हें संविधान द्वारा न्यायिक संरक्षण (Judicial Protection) प्राप्त है।

मौलिक अधिकार
- समता का अधिकार (अनुच्छेद 14-18)
- संवैधानिक उपचारों का अधिकार (अनुच्छेद 32)
- स्वतन्त्रता का अधिकार (अनुच्छेद 19-22)
- संस्कृति और शिक्षा सम्बन्धी अधिकार (अनुच्छेद 29-30)
- शोषण के विरुद्ध अधिकार (अनुच्छेद 23-24)
- धर्म की स्वतन्त्रता का अधिकार (अनुच्छेद 25-28)

मौलिक अधिकार : ऐतिहासिक पहलू

- मौलिक अधिकारों का सर्वप्रथम विकास ब्रिटेन में तब हुआ, जब 1215 ई. में सम्राट जॉन को ब्रिटेन की जनता ने प्राचीन स्वतन्त्रताओं की मान्यता प्रदान करने हेतु मैग्नाकार्टा पर हस्ताक्षर करने के लिए बाध्य कर दिया।
- इसके बाद ब्रिटिश जनता ने 1689 ई. में सम्राट को उन अधिकारों के विधेयक (Bill of Rights) पर हस्ताक्षर करने के लिए बाध्य कर दिया, जो उनके सम्राटों द्वारा समय-समय पर जनता को दिए गए थे।
- सर्वप्रथम फ्रांस की राज्य क्रान्ति ने विश्व को स्वतन्त्रता, समानता और भ्रातृत्व का सन्देश दिया।
- 1789 ई. में फ्रांस के संविधान में मानवीय मौलिक अधिकारों को संवैधानिक मान्यता देने की शुरुआत की गई।
- 1791 ई. में अमेरिका के संविधान में अधिकार पत्र की घोषणा की गई। यह घोषणा संविधान संशोधन के द्वारा बिल ऑफ राइट्स (Bill of Rights) को जोड़कर की गई। उल्लेखनीय है कि ब्रिटेन के संविधान में बिल ऑफ राइट्स को मूल अधिकार कहा जाता है।

- फ्रांस एवं अमेरिका में इन अधिकारों को प्राकृतिक (Natural) और अप्रतिदेय (Inalieanable) अधिकारों के रूप में स्वीकार किया गया है।
- भारत में मौलिक अधिकारों की माँग सर्वप्रथम 1895 ई. में बाल गंगाधर तिलक द्वारा प्रस्तुत स्वराज विधेयक में की गई थी। इसके पश्चात् वर्ष 1925 में श्रीमती ऐनी बेसेण्ट के कॉमनवेल्थ ऑफ इण्डिया बिल तथा वर्ष 1928 की नेहरू रिपोर्ट में भी मौलिक अधिकारों का प्रावधान था।
- वर्ष 1931 के कराची अधिवेशन (अध्यक्ष-वल्लभभाई पटेल)में भारतीय राष्ट्रीय कांग्रेस ने अपने घोषणा-पत्र में मौलिक अधिकारों की माँग की थी। मौलिक अधिकारों का प्रारूप जवाहरलाल नेहरू ने बनाया था।
- इसके अतिरिक्त सप्रू कमेटी (1945) द्वारा प्रस्तुत प्रस्तावों में भी विभिन्न मौलिक अधिकारों का उल्लेख मिलता है।

संयुक्त राष्ट्र की महासभा में मानव अधिकारों की घोषणा

मानव अधिकारों की व्यापक उद्घोषणा का अनुमोदन 10 दिसम्बर, 1948 को संयुक्त राष्ट्र की महासभा के द्वारा किया गया। इसमें कुल 30 अनुच्छेद हैं। शिक्षा का अधिकार अनुच्छेद 26 में, समानता के साथ सार्वजनिक सेवा प्राप्त करने का अधिकार अनुच्छेद 21 में और भोजन का अधिकार अनुच्छेद 25 मे वर्णित है।

मौलिक अधिकारों की विशेषताएँ

- कुछ मौलिक अधिकार केवल नागरिकों के लिए उपलब्ध हैं, जबकि अन्य नागरिकों के साथ-साथ विदेशियों के लिए भी उपलब्ध हैं।
- ये असीमित नहीं हैं, लेकिन वाद योग्य (Justifiable) होते हैं। राज्य इन पर युक्तियुक्त प्रतिबन्ध लगा सकता है, हालाँकि ये प्रतिबन्ध उचित हैं या नहीं इसका निर्णय न्यायालय द्वारा किया जाता है।
- संसद अनुच्छेद 368 के अन्तर्गत संविधान संशोधन के माध्यम से इन अधिकारों को बढ़ा या घटा (मूल ढाँचे को प्रभावित किए बिना) सकती है।
- मौलिक अधिकारों को उच्चतम न्यायालय द्वारा अनुच्छेद 32 के अन्तर्गत गारण्टी व सुरक्षा प्रदान की गई है। राष्ट्रीय आपातकाल के दौरान इन अधिकारों को निलम्बित किया जा सकता है, किन्तु अनुच्छेद 20 तथा 21 को निलम्बित नहीं किया जा सकता।

अनुच्छेद 12 : राज्य की परिभाषा

- मौलिक अधिकार राज्य के विरुद्ध प्राप्त अधिकार हैं। मौलिक अधिकार अध्याय का प्रारम्भ राज्य से होता है।
- राज्य में निम्न निकायों को शामिल किया जाता है, जो संविधान के अनुसार तथा न्यायालय द्वारा सृजित होते हैं:
    - भारतीय सरकार एवं संसद
    - प्रत्येक राज्य की सरकार एवं विधानमण्डल
    - सभी स्थानीय निकाय एवं नगरपालिकाएँ, पंचायतें, जिला बोर्ड सुधार, न्यास इत्यादि।
    - सभी अन्य निकाय एवं वैधानिक अथवा गैर-संवैधानिक प्राधिकरण; जैसे-एलआईसी (LIC), ओएनजीसी (ONGC), सेल (SAIL) आदि।
- उच्चतम न्यायालय के अनुसार, राज्य की संस्था के रूप में कार्य करने वाली निजी इकाई तथा एजेन्सियों को राज्य के अन्तर्गत शामिल किया जाता है।

अनुच्छेद 13 : मौलिक अधिकारों से असंगत विधियाँ

- अनुच्छेद 13 न्यायालय को न्यायिक समीक्षा (Judicial Review) का अधिकार प्रदान करता है। यह अधिकार उच्चतम न्यायालय (अनुच्छेद 32) और उच्च न्यायालयों (अनुच्छेद 226) को प्राप्त है।
- मौलिक अधिकारों की असंगत विधियों के सन्दर्भ में प्रमुख सिद्धान्त प्रचलित हैं, जोकि निम्न प्रकार हैं
    - भावी प्रवर्तन का सिद्धान्त (Doctrine of Prediction) मूलाधिकार का प्रभाव भूतलक्षी नहीं है, बल्कि इसका भावी प्रभाव भविष्यलक्षी है। भारतीय संविधान के प्रवर्तन के पूर्व प्रवृत्त विधियों पर मूलाधिकारों का प्रभाव उस तिथि से होगा, जिस तिथि से मौलिक अधिकार लागू हुए। संविधान के प्रवर्तन के पूर्व किए गए कार्यों के सम्बन्ध में संविधान की पूर्व विधियाँ होंगी, इसलिए संविधान पूर्व प्रवृत्त विधियों के अधीन संविधान के प्रवर्तन के पूर्व उत्पन्न अधिकार एवं दायित्व का प्रवर्तन कराया जा सकता है, भले ही वे मौलिक अधिकारों का उल्लंघन करते हों।
    - पृथक्करण का सिद्धान्त (Doctrine of Seperation) यदि राज्य निर्मित किसी विधि का कोई भाग मौलिक अधिकार से असंगत है या मौलिक अधिकार के विरुद्ध है, तो वह पूर्णतया असंवैधानिक और शून्य घोषित नहीं किया जाएगा, बल्कि उसके उस भाग को शून्य घोषित किया जाएगा, जो मौलिक अधिकारों से असंगत के विरुद्ध है, लेकिन शर्त यह है कि वह भाग पृथक्करणीय हो। यदि मौलिक अधिकार से असंगत के विरुद्ध होने वाला भाग पृथक्करणीय नहीं है, तो पूर्ण विधि को शून्य घोषित किया जाएगा।
    - अधित्यजन का सिद्धान्त (Doctrine of Severability) मूलाधिकार के सम्बन्ध में प्रतिपादित सिद्धान्तों में सबसे महत्त्वपूर्ण अधित्यजन का सिद्धान्त है, जिसके अनुसार कोई व्यक्ति, जिसे मूलाधिकार प्रदान किया है, मूलाधिकारों का त्याग नहीं कर सकता है। न्यायालय के अनुसार, पर्याप्त जागरूकता न होने के कारण इसका दुरुपयोग किया जा सकता है।
    - आच्छादन के सिद्धान्त (Doctrine of Eclipse) के अनुसार, संविधान के प्रवर्तन के पूर्व भारत में प्रवृत्त विधियाँ, जो मूलाधिकारों से असंगत, के विरुद्ध हैं, समाप्त नहीं होतीं, बल्कि निष्क्रिय हो जाती हैं। ऐसी विधियाँ मौलिक अधिकारों द्वारा आच्छादित हो जाती हैं।

अनुच्छेद 13(1) : संविधान पूर्व विधियाँ

इसके अन्तर्गत संविधान लागू होने के पूर्व से भारत के राज्यक्षेत्र में प्रचलित सभी विधियाँ उस मात्रा तक शून्य होंगी, जिस मात्रा तक वे मौलिक अधिकारों के प्रावधानों से असंगत हैं।

अनुच्छेद 13(2) : संविधानेत्तर विधियाँ

यह अनुच्छेद संविधान के अस्तित्व में आने के बाद की विधियों से सम्बन्धित है। इसके अन्तर्गत यदि राज्य कोई ऐसा कानून बनाता है, जो भाग-III में लिखित मौलिक अधिकारों से असंगत है, तो वह विधि (कानून) उस मात्रा तक शून्य होगी, जिस मात्रा तक वह मौलिक अधिकारों का उल्लंघन करती है।

अनुच्छेद 13(3) : विधि कानून

यह अनुच्छेद विधि कानून को परिभाषित करता है। विधि के अन्तर्गत निम्न को सम्मिलित किया जाता है

- संसद एवं राज्य विधानमण्डलों द्वारा पारित विधियाँ।

- राष्ट्रपति तथा राज्यपाल द्वारा जारी अध्यादेश।
- शासकीय आदेश, अधिसूचना, उपविधि, नियम या विनियम।
- सुप्रीम कोर्ट के अनुसार, विधि में रूढ़ियाँ, प्रथाएँ व कार्यपालिका द्वारा जारी प्रशासनिक आदेश को भी शामिल किया गया है।

इसे **24वें संविधान संशोधन** द्वारा जोड़ा गया। इसके अनुसार, अनुच्छेद 13 के प्रावधान **अनुच्छेद 368** के अन्तर्गत किए गए संविधान संशोधन पर लागू नहीं होंगे।

अनुच्छेद 13 तथा अनुच्छेद 368 के सम्बन्ध में न्यायालय के निर्णय

- अनुच्छेद 13 में यह व्यवस्था की गई है कि राज्य ऐसी कोई विधि नहीं बनाएगा, जो किसी मौलिक अधिकार को समाप्त करती हो या उसमें कोई कमी करती हो।
- अनुच्छेद 368 के अन्तर्गत पारित संविधान संशोधन का न्यायालय अनुच्छेद 13 द्वारा प्रदान की गई शक्तियों के आधार पर न्यायिक पुनर्विलोकन/समीक्षा कर सकता है या नहीं, इसके सम्बन्ध में कुछ महत्त्वपूर्ण मामले अग्रवर्णित हैं
  - शंकरी प्रसाद बनाम भारतीय संघ, 1951 मामले में सुप्रीम कोर्ट ने आदेश दिया कि संसद द्वारा किए गए संवैधानिक संशोधन अनुच्छेद 13(2) के अन्तर्गत नहीं आते हैं तथा इस प्रकार के संशोधन में मौलिक अधिकारों का संशोधन भी शामिल है।
  - अनुच्छेद 13 में विधि शब्द के अन्तर्गत मात्र सामान्य विधियाँ (कानून) ही शामिल हैं, संवैधानिक संशोधन अधिनियम नहीं।

17वाँ संविधान संशोधन अधिनियम, 1964 से नौवीं अनुसूची में अनेक कानूनों को सम्मिलित किया गया, ताकि न्यायिक समीक्षा से बच सके। इस संशोधन को सज्जन सिंह मामले में चुनौती दी गई, जहाँ इसने पूर्व के निर्णय की पुष्टि की। संसद, अनुच्छेद 368 के अन्तर्गत संविधान के किसी भी प्रावधान का संशोधन कर सकती है। इसमें मौलिक अधिकार भी सम्मिलित हैं।

- आई. सी. गोलकनाथ बनाम पंजाब राज्य वाद, 1967 में 4वें तथा 17वें संविधान संशोधन की संवैधानिक वैधता पर पुनर्विचार किया गया तथा माना कि अनुच्छेद 13(2) में विधि शब्द में सभी विधियाँ शामिल हैं तथा अनुच्छेद 368 भी इसका अपवाद नहीं है।

न्यायिक पुनर्विलोकन

- जब राज्य, जिसमें संसद, विधानमण्डल, सदनीय प्राधिकारी तथा अन्य प्राधिकारी शामिल हैं, कोई अधिनियम, विनियम, नियम, परिनियम, अध्यादेश आदि पारित या जारी करते हैं और इसमें अन्तर्विष्ट प्रावधान संविधान के **भाग-III** में व्यक्तियों को प्रदान किए गए अधिकारों का उल्लंघन या उन्हें न्यून करते हैं, तब याचिका दाखिल किए जाने पर न्यायालय उनका **न्यायिक पुनर्विलोकन** (Judicial Review) कर सकते हैं।
- न्यायालय, न्यायालयों के ऐसे निर्णयों का भी न्यायिक पुनर्विलोकन कर सकते हैं, जो मूलाधिकारों का उल्लंघन करते हैं। न्यायिक पुनर्विलोकन के सिद्धान्त को **संयुक्त राष्ट्र अमेरिका** से ग्रहण किया

- 24वें संविधान संशोधन अधिनियम, 1971 द्वारा अनुच्छेद 13(4) जोड़ा गया। इसमें बताया गया कि संसद द्वारा अनुच्छेद 368 के अधीन पारित कोई भी विधि अनुच्छेद 13 में शामिल विधि शब्द के अन्तर्गत सम्मिलित नहीं है।
- केशवानन्द भारती वाद, 1973 में 24वें संविधान संशोधन को वैध माना गया तथा संविधान के आधारभूत ढाँचे की घोषणा न्यायालय द्वारा की गई।
- 42वें संविधान संशोधन, 1976 द्वारा अनुच्छेद 368 में खण्ड 4 तथा खण्ड 5 को जोड़ा गया तथा यह प्रावधान किया कि किए गए संशोधन की किसी न्यायालय में समीक्षा नहीं की जाएगी।
- 42वें संविधान संशोधन के द्वारा किए गए प्रावधान को मिनर्वा मिल्स बनाम भारत संघवाद, 1980 के न्यायालय के निर्णय से समाप्त कर दिया गया। इस निर्णय में न्यायालय ने कहा कि संविधान के आधारभूत संरचना के सिद्धान्त की रक्षा न्यायालय द्वारा की जाएगी तथा इसके आधार पर न्यायालय किसी भी संशोधन की समीक्षा कर सकता है।

भारतीय नागरिकों एवं विदेशियों को प्राप्त मूल अधिकार

भारतीय नागरिकों को प्राप्त मौलिक अधिकार

- केवल धर्म, मूल वंश, जाति, लिंग, जन्म स्थान के आधार पर विभेद का प्रतिषेध (अनुच्छेद 15)।
- लोक नियोजन के विषय में अवसर की समता (अनुच्छेद 16)।
- विचार, अभिव्यक्ति, शान्तिपूर्ण सम्मेलन, निर्बाध विचरण एवं निवास तथा संघ बनाने की स्वतन्त्रता (अनुच्छेद 19)।
- अल्पसंख्यकों को शिक्षा एवं संस्कृति सम्बन्धी अधिकार (अनुच्छेद 29)।
- अल्पसंख्यकों को अपने धर्म के प्रसार हेतु शिक्षण संस्थाओं की स्थापना का अधिकार (अनुच्छेद 30)।

भारतीय नागरिकों एवं विदेशियों को प्राप्त मौलिक अधिकार

- विधि के समक्ष समता और विधियों का समान संरक्षण (अनुच्छेद 14)।
- अपराधों के लिए दोषसिद्धि के सम्बन्ध में संरक्षण (अनुच्छेद 20)।
- प्राण एवं दैहिक स्वतन्त्रता का संरक्षण (अनुच्छेद 21)।
- प्रारम्भिक शिक्षा का अधिकार (अनुच्छेद 21 'A')।
- कुछ मामलों में हिरासत एवं नजरबन्दी से संरक्षण (अनुच्छेद 22)।
- बलात् श्रम एवं अवैध मानव व्यापार के विरुद्ध प्रतिषेध (अनुच्छेद 23)।
- कारखानों आदि में बच्चों के नियोजन का प्रतिषेध (अनुच्छेद 24)।
- धर्म की अभिवृद्धि के लिए प्रयास करने की स्वतन्त्रता (अनुच्छेद 25)।
- धार्मिक संस्थाओं के संचालन की स्वतन्त्रता (अनुच्छेद 26)।
- किसी धर्म को प्रोत्साहित करने हेतु कर से छूट (अनुच्छेद 27)।
- कुछ विशिष्ट संस्थाओं में धार्मिक आदेशों को जारी करने की स्वतन्त्रता (अनुच्छेद 28)।

नोट *(केवल शत्रु देश के लोगों को छोड़कर)*

मौलिक अधिकारों का वर्गीकरण

- भारतीय संविधान में कुल 7 मौलिक अधिकार प्रदान किए गए थे, किन्तु वर्तमान समय में संविधान द्वारा नागरिकों को कुल 6 मौलिक अधिकार प्राप्त हैं।
- उल्लेखनीय है कि मूल संविधान में मौलिक अधिकारों की श्रेणी में सम्पत्ति के अधिकार का भी प्रावधान था, किन्तु 44वें संविधान संशोधन अधिनियम, 1978 के द्वारा मौलिक अधिकारों की सूची (अनुच्छेद 19(1)(F) और अनुच्छेद 31) से हटाकर अनुच्छेद 300(A) के अन्तर्गत विधिक अधिकार बना दिया गया है।

समता का अधिकार (अनुच्छेद 14-18)

- सामाजिक और आर्थिक विषमताओं से युक्त हमारे समाज के लिए समता का अधिकार अत्यन्त महत्त्वपूर्ण है।
- जन्म से सभी मनुष्य समान होते हैं, इसलिए उनसे समानता का व्यवहार किया जाना चाहिए। संविधान ने इस सिद्धान्त को स्वीकार किया है।
- समानता के अधिकार से सम्बद्ध 5 अनुच्छेद हैं, जिनका वर्णन इस प्रकार है

अनुच्छेद 14 : विधि के समक्ष समता और विधियों के समान संरक्षण

- अनुच्छेद 14 विधि के समक्ष समता और विधियों के समान संरक्षण का प्रावधान करता है। प्रत्येक व्यक्ति चाहे वह नागरिक हो या विदेशी सभी पर यह लागू होता है।
- व्यक्ति शब्द का व्यापक अर्थ है, जिसमें संवैधानिक निगम, कम्पनियाँ, पंजीकृत समितियाँ आदि सम्मिलित हैं, जहाँ विधि के समक्ष समता को ब्रिटेन (इंग्लैण्ड) के संविधान से लिया गया है, वहीं विधियों के समान संरक्षण को यूएसए (USA) के संविधान से लिया गया है।

विधि के समक्ष समता	विधियों का समान संरक्षण
• नकारात्मक विचार, क्योंकि अमीर और गरीब सभी पर एकसमान विधि लागू करना उचित नहीं	• सकारात्मक विचार
• विधि के समक्ष सभी के साथ समान व्यवहार किसी भी व्यक्ति का विशेषाधिकार नहीं	• बिना भेदभाव के समान स्थिति वाले लोगों के साथ समान व्यवहार

- जॉन लॉक के अनुसार, "जहाँ कोई विधि नहीं है, वहाँ कोई स्वाधीनता नहीं है। इसलिए स्वतन्त्रता के अस्तित्व के लिए विधि का अस्तित्व आवश्यक है। विधि द्वारा ही स्वतन्त्रता की रक्षा की जाती है।"
- डायसी (ब्रिटिश न्यायविद) के अनुसार, "विधि के समक्ष समता के अधिकार को विधि के शासन के सिद्धान्त का मौलिक तत्त्व कहा है। शक्तियों पर युक्तियुक्त निर्बन्धन/परिसीमन तथा स्वतन्त्रता एवं नागरिक अधिकार विधि के शासन के प्रमुख लक्षणों में सम्मिलित हैं।"
- सर्वोच्च न्यायालय का मानना है कि अनुच्छेद 14 के अन्तर्गत उल्लेखित विधि का शासन ही संविधान का मूलभूत तत्त्व है, इसलिए इसे किसी भी प्रकार, यहाँ तक कि संशोधन के द्वारा भी समाप्त नहीं किया जा सकता।

विधि के समक्ष समता के अपवाद

विधि के समक्ष समता नियम के अनेक संवैधानिक निषेध एवं अपवाद हैं, इनका वर्णन निम्न प्रकार है

- अनुच्छेद 361 के अनुसार, भारत के राष्ट्रपति एवं राज्यपालों को निम्न शक्तियाँ या छूटें प्राप्त हैं
  - राष्ट्रपति या राज्यपाल अपने कार्यकाल में किए गए किसी कार्य या लिए गए किसी निर्णय के प्रति देश के किसी भी न्यायालय में जवाबदेह नहीं होंगे।
  - राष्ट्रपति या राज्यपाल के विरुद्ध उसकी पदावधि के दौरान किसी न्यायालय में किसी भी प्रकार की दाण्डिक कार्यवाही (Criminal Procedings) प्रारम्भ या चालू नहीं रखी जाएगी।

नोट *यदि किसी व्यक्ति ने अपराध किया है, तो उसे सिद्ध करने की प्रक्रिया 'दाण्डिक कार्यवाही' (Criminal Procedure) कहलाती है। इसके लिए भारतीय नागरिक सुरक्षा संहिता 2023 लाया गया है, जो 'आपराधिक प्रक्रिया संहिता' का नया रूप है।*

  - राष्ट्रपति या राज्यपाल की पदावधि के दौरान उसकी गिरफ्तारी या कारावास के लिए किसी न्यायालय से कोई प्रक्रिया प्रारम्भ नहीं की जा सकती।
  - राष्ट्रपति या राज्यपाल पर उनके कार्यकाल के दौरान किसी भी न्यायालय में दीवानी का मुकदमा नहीं चलाया जा सकता और यदि ऐसा किया जाता है, तो इसकी सूचना 2 माह पूर्व देनी आवश्यक है।
- अनुच्छेद 361(A) के अनुसार, कोई भी व्यक्ति यदि विधानमण्डलों की राज्य कार्यवाही से सम्बन्धित किसी विषय-वस्तु के सही विवरण का प्रकाशन मीडिया में करता है, तो उस पर किसी भी प्रकार का मुकदमा नहीं चलाया जा सकता।
- अनुच्छेद 105/194 के अनुसार, संसद या राज्य विधानमण्डल या उसकी किसी समिति में किसी सदस्य द्वारा कही गई बात या दिए गए किसी मत के सम्बन्ध में उसके विरुद्ध न्यायालय में कोई कार्यवाही नहीं की जाएगी।
- कानून को लागू करने के मामले में कोई विधान, जो किसी कार्यपालक अथवा प्रशासनिक प्राधिकारी को अनिर्देशित एवं अनियन्त्रित विवेकाधिकार देता है, भारत के संविधान के अनुच्छेद 14 का उल्लंघन करता है। विदेशी सम्प्रभु, राजदूत एवं कूटनीतिक व्यक्ति मुकदमों से मुक्त होंगे। संयुक्त राष्ट्र (UN) एवं इसकी एजेन्सी को भी कूटनीतिक उन्मुक्ति प्राप्त है।

अनुच्छेद 15 : धर्म, मूल वंश, जाति, लिंग, जन्म स्थान के आधार पर विभेद का निषेध

- अनुच्छेद 15 (1) में उपबन्धित है कि राज्य, किसी नागरिक के विरुद्ध केवल धर्म, मूल वंश, जाति, लिंग, जन्म स्थान या इनमें से किसी के आधार पर कोई विभेद नहीं करेगा।
- अनुच्छेद 15 (2) में यह स्पष्ट किया गया है कि नागरिकों के मध्य केवल धर्म, मूल वंश, जाति, लिंग, जन्म स्थान या इनमें से किसी के आधार पर; जैसे
  - सार्वजनिक भोजनालयों, सार्वजनिक मनोरंजन के स्थानों में प्रवेश या
  - राज्य निधि से पूर्णतः पोषित तथा साधारणतः जनता के लिए समर्पित कुओं, तालाबों आदि सार्वजनिक समागम के स्थानों के उपयोग के सम्बन्ध में भेद नहीं किया जा सकता।

- अनुच्छेद 15(3), **अनुच्छेद** 15(1) तथा 15(2) का प्रथम अपवाद है।
  - राज्य द्वारा महिलाओं तथा बच्चों हेतु कुछ विशेष उपबन्ध किया जा सकता है, इसे समानता के अधिकार का उल्लंघन नहीं माना जाएगा।
  - महिलाओं को प्राप्त प्रसूति अवकाश मात्र लिंग आधारित नहीं, बल्कि विशिष्ट शारीरिक स्थिति इसका आधार है।
- **अनुच्छेद** 15(4), **अनुच्छेद** 15(1) तथा 15(2) का द्वितीय अपवाद है। इसके अनुसार राज्य को सामाजिक तथा शैक्षणिक रूप से पिछड़े वर्गों के लोगों तथा अनुसूचित जाति और जनजाति के लिए विशेष उपबन्ध करने की छूट प्राप्त है। वर्ष 1951 में प्रथम संविधान संशोधन द्वारा इसे जोड़ा गया, जिसके लिए **चम्पकम दोराईराजन** का निर्णय आधार बनाया गया।
- राज्य के मेडिकल व इंजीनियरिंग कॉलेजों में विभिन्न समुदायों तथा जातियों के लिए निश्चित अनुपात में सीटों का निर्धारण करने का प्रावधान है।
- **अनुच्छेद** 15(5) में सामाजिक तथा शैक्षणिक रूप से पिछड़े वर्गों या अनुसूचित जाति और जनजातियों के लिए निजी संस्थानों सहित शैक्षणिक संस्थानों में आरक्षण से सम्बन्धी प्रावधान है। संविधान के अनुच्छेद 15(5) को 93वें संविधान संशोधन अधिनियम, 2005 के अन्तर्गत जोड़ा गया।
- **अनुच्छेद** 30(1) में अल्पसंख्यक संस्थानों को छूट प्राप्त (अपवाद) है अर्थात् वे इसके दायरे में नहीं आएँगे।
- **अनुच्छेद** 15(6) के अन्तर्गत आर्थिक रूप से कमजोर वर्गों (EWS) के उत्थान हेतु विशेष प्रावधान है। इसके अनुसार राज्य सरकारी सहायता प्राप्त तथा निजी शैक्षिक संस्थाओं (अल्पसंख्यक शिक्षा संस्थाओं को छोड़कर) में प्रवेश के लिए आर्थिक रूप से कमजोर वर्ग हेतु 10% तक आरक्षण का उपबन्ध कर सकता है। अनुच्छेद 15(6) को 103वें संविधान संशोधन अधिनियम, 2019 के द्वारा जोड़ा गया।

अनुच्छेद 16 : लोक नियोजन के विषय में अवसर की समानता

- संविधान में निहित अनुच्छेद 16 (1) राज्य के अधीन किसी पद या अन्य नियोजन में नियुक्ति के विषय में सभी नागरिकों को समान अवसर प्रदान करता है। यह मौलिक अधिकार केवल भारतीय नागरिकों को प्राप्त है।
- अनुच्छेद 16 (2) के अनुसार, किसी भी नागरिक के साथ धर्म, मूल वंश, जाति, लिंग, जन्म स्थान, निवास के आधार पर राज्य के अधीन नियोजन या पद के सम्बन्ध में विभेद नहीं किया जाएगा।
- अनुच्छेद 16 (3) के अन्तर्गत राज्य नौकरियों में निवास के आधार पर विभेद कर सकता है अर्थात् कुछ रोजगार किसी क्षेत्र के निवासियों के लिए आरक्षित कर सकता है। यह अनुच्छेद 16(2) का अपवाद है।
- अनुच्छेद 16 (4) की कोई बात राज्य को पिछड़े हुए नागरिकों के किसी भी वर्ग के पक्ष में, जिनका प्रतिनिधित्व राज्य की राय/सलाह में राज्य के अधीन सेवाओं में पर्याप्त नहीं है, उन्हें नियुक्तियों या पदों के आरक्षण का प्रावधान करने से नहीं रोकेगी। इसमें स्पष्ट किया गया है कि आरक्षण जैसी नीति को समानता के अधिकार के उल्लंघन के रूप में नहीं देखा जा सकता।
- **अनुच्छेद** 340 के अनुसार, यह पिछड़े वर्गों के लोगों की शैक्षणिक तथा सामाजिक स्थिति की जाँच करते हुए उनकी उन्नति के लिए सुझाव प्रस्तुत करने हेतु एक आयोग के गठन की व्यवस्था करता है। इस सन्दर्भ में **बी. पी. मण्डल** की अध्यक्षता में गठित (1979) आयोग ने वर्ष 1980 में अपनी रिपोर्ट प्रस्तुत की, जिसमें 3,743 जातियों की पहचान की गई और जाति को पिछड़ापन का आधार माना गया।
- इस आयोग ने अन्य पिछड़े वर्गों के लिए जातिगत आधार पर सरकारी नौकरियों में 27% आरक्षण की माँग की सिफारिश की।
- वर्ष 1990 में **वी. पी. सिंह** की सरकार ने सरकारी नौकरियों में अन्य पिछड़े वर्ग के लोगों के लिए 27% आरक्षण की घोषणा की।

द्वितीय पिछड़ा आयोग

वर्ष 1979 में जनता पार्टी की सरकार ने **द्वितीय पिछड़ा वर्ग आयोग** का गठन बी. पी. मण्डल की अध्यक्षता में किया। इसका कार्य सामाजिक तथा शैक्षणिक रूप से पिछड़े वर्ग की पहचान करना था।

- वर्ष 1991 में **पी. वी. नरसिंहराव** सरकार ने 27% पिछड़े वर्ग के गरीब लोगों को प्रमुखता; जैसे–आर्थिक आधार पर आरक्षण तथा 10% का अतिरिक्त आरक्षण गरीबों के लिए आर्थिक रूप से अन्य पिछड़े, विशेष रूप से उच्च जातियों में आर्थिक रूप से कमजोर लोगों के लिए देने की घोषणा की।
- **इन्दिरा साहनी बनाम भारत संघ,** 1992 के वाद में इसमें से 10% आरक्षण को न्यायालय ने अस्वीकार कर दिया तथा पिछड़े वर्ग हेतु कुछ शर्तों के साथ 27% आरक्षण का प्रावधान बनाए रखा, जोकि निम्न हैं
  - प्रोन्नति में कोई आरक्षण नहीं (आरक्षण केवल प्रारम्भिक नियुक्ति में)।
  - आरक्षण का कोटा 50% तक सीमित हो।
  - आरक्षण समानता विरोधी न हो।
  - आरक्षण का आधार जातिगत हो।
  - कैरीफॉरवर्ड का नियम बैकलॉग हेतु नहीं होगा।
  - आरक्षण की समीक्षा की जा सकती है।
  - क्रीमीलेयर के अन्तर्गत आने वाले अन्य पिछड़े वर्ग को आरक्षण का लाभ नहीं मिलेगा।
- नवम्बर, 1992 में **इन्द्रा साहनी वाद** में मण्डल निर्णय में सर्वोच्च न्यायालय की 9 जजों के बेंच ने निर्णय दिया कि संविधान के **अनुच्छेद** 16(4) में पदोन्नति में आरक्षण का प्रावधान नहीं है।

क्रीमीलेयर

- न्यायालय ने क्रीमीलेयर के अन्तर्गत उन पिछड़े वर्गों के व्यक्तियों को रखा है, जो अत्यधिक सम्पन्न हैं। इन्हें आरक्षण का लाभ नहीं दिया जा सकता है।
- इस सम्बन्ध में न्यायाधीश **रामनन्दन प्रसाद** की अध्यक्षता में वर्ष 1992 में एक समिति का गठन किया गया तथा इसे क्रीमीलेयर के अन्तर्गत आने वाले लोगों की पहचान का कार्य सौंपा गया।
- इस समिति ने अपनी रिपोर्ट में पिछड़े वर्ग के विभिन्न वर्गों को सम्मिलित किया, जिन्हें आरक्षण का लाभ नहीं मिलेगा, जोकि निम्नवत् हैं
- संवैधानिक पदाधिकारी, राष्ट्रपति, उपराष्ट्रपति, उच्चतम तथा उच्च न्यायालयों के न्यायाधीश, संघ लोक सेवा आयोग के अध्यक्ष एवं उपाध्यक्ष, महालेखा परीक्षक तथा **वर्ग-ए** और **वर्ग-बी** की सेवा के क्लास II अधिकारी (केन्द्रीय/राज्य सेवा में), सार्वजनिक प्रतिष्ठान; जैसे—विश्वविद्यालय, बीमा कम्पनियों के अधिकारी, सेना में ऊपरी रैंक के अधिकारी, डॉक्टर, अधिवक्ता, इंजीनियर तथा व्यापार वाणिज्य में संलग्न व्यक्ति।
- वर्ष 2017 में क्रीमीलेयर सीमा को ₹ 6 से बढ़ाकर ₹ 8 लाख कर दिया गया।

- 77वें संविधान संशोधन अधिनियम, 1995 के द्वारा अनुसूचित जाति एवं जनजाति हेतु पदोन्नति में आरक्षण का प्रावधान करते हुए अनुच्छेद 16 में 4(A) जोड़ा गया।
- 81वें संविधान संशोधन द्वारा अनुच्छेद 16(4B) जोड़ा गया तथा इसके अन्तर्गत बैकलॉग रिक्तियों (खाली पद) के सम्बन्ध में 50% की सीमा को समाप्त कर दिया गया।
- 85वें संविधान संशोधन अधिनियम, 2001 के द्वारा पदोन्नति में आरक्षण मामले में अनुसूचित जाति तथा अनुसूचित जनजाति हेतु परिणामी ज्येष्ठता (Consequential Seniority) का प्रावधान किया गया।
- 77वें तथा 85वें संविधान संशोधन अधिनियम को सामान्य जाति के कर्मचारियों ने सर्वोच्च न्यायालय (एम. नागराज बनाम भारत संघ, 2006) में चुनौती दी, अपितु न्यायालय ने पदोन्नति के आरक्षण को जारी रखा तथा पदोन्नति आरक्षण से पूर्व निम्न 3 शर्तों को पूर्ण किया जाना बाध्यकारी बना दिया
  - पिछड़ेपन की प्रामाणिकता (Authenticity) आँकड़े।
  - उस वर्ग का अपर्याप्त प्रतिनिधित्व (Inadequate Representation) हो।
  - आरक्षण से प्रशासन की समग्र दक्षता (Holistic Efficiency) प्रभावित न हो।

मण्डल आयोग

- वर्ष 1979 में जनता पार्टी की सरकार ने द्वितीय पिछड़ा वर्ग आयोग का गठन बिन्देश्वरी प्रसाद मण्डल (बीपी मण्डल) मण्डल की अध्यक्षता में किया।
- **अनुच्छेद 340** के अनुसार, यह पिछड़े वर्गों के लोगों की शैक्षणिक एवं सामाजिक स्थिति की जाँच करते हुए उनकी उन्नति के लिए सुझाव प्रस्तुत करने की व्यवस्था करता है। आयोग ने वर्ष 1980 में अपनी रिपोर्ट प्रस्तुत की, जिसमें 3,743 जातियों की पहचान की गई।
- आयोग ने अन्य पिछड़े वर्गों (OBC) के लिए 27% आरक्षण की सिफारिश की। बाद में अन्य पिछड़े वर्गों में क्रीमीलेयर (पिछड़े वर्ग में अगड़ी जाति) की पहचान हेतु **रामनन्दन प्रसाद समिति** का गठन किया। इसने अपनी रिपोर्ट वर्ष 1993 में पेश की, जिसे स्वीकार कर लिया गया। संसद के एक अधिनियम द्वारा वर्ष 1993 में पिछड़े वर्गों के लिए राष्ट्रीय आयोग का गठन किया गया। यह आयोग नौकरी आरक्षण के उद्देश्य से सूची में नए नाम जोड़ने व निकालने पर विचार करता है।
- 102वें संविधान संशोधन अधिनियम, 2018 द्वारा आयोग को संवैधानिक दर्जा प्रदान कर इसके प्रकार्यों का भी विस्तार किया गया।

- 105वें संविधान संशोधन अधिनियम, 2021 के द्वारा राज्य सरकारों को अपने उद्देश्य हेतु सामाजिक व शैक्षणिक रूप से पिछड़े वर्गों की सूची तैयार करने व बनाने की शक्ति को पुन: बहाल कर दिया गया, जिसमें प्रविष्टियाँ केन्द्रीय सूची से अलग हो सकती हैं। इसके अतिरिक्त इस सम्बन्ध में राष्ट्रीय पिछड़ा वर्ग आयोग से परामर्श करने में भी छूट दे दी गई।
- अनुच्छेद 16(5) के अनुसार, राज्य द्वारा निर्मित कोई ऐसी विधि जो किसी धार्मिक अथवा किसी साम्प्रदायिक संस्था के किसी पदाधिकारी या सदस्य के रूप में किसी विशिष्ट धर्म या सम्प्रदाय के लोगों को ही नियुक्त किए जाने का प्रावधान करती है, प्रवर्तनीय होगी।
- अनुच्छेद 16(6) इसके तहत राज्य आर्थिक रूप से कमजोर वर्गों के लिए (SC, ST, OBC) के अतिरिक्त शैक्षणिक संस्थाओं में प्रवेश तथा सरकारी नौकरियों में 10% आरक्षण का प्रावधान किया गया है। इसे 103वें संविधान संशोधन अधिनियम, 2019 के द्वारा जोड़ा गया।

अनुच्छेद 17 : अस्पृश्यता का अन्त

- यह अस्पृश्यता को समाप्त करने की व्यवस्था और किसी भी रूप में आचरण को निषिद्ध करता है। अनुच्छेद 17 तथा अनुच्छेद 35 संसद को यह शक्ति प्रदान करते हैं कि वह अस्पृश्यता के आचरण हेतु दण्ड की विधि का निर्माण करे। इसी सन्दर्भ में संसद ने वर्ष 1955 में अस्पृश्यता (छुआछूत) अपराध अधिनियम पारित किया।
- सितम्बर, 1976 में इस अधिनियम को संशोधित करके इसका नाम सिविल अधिकार संरक्षण अधिनियम, 1955 किया गया है। इस अधिनियम के अन्तर्गत छुआछूत एक दण्डनीय अपराध है। इसके अन्तर्गत छ: माह का कारावास या ₹ 500 का दण्ड अथवा दोनों शामिल हैं। इस अपराध के दोषी व्यक्ति को विधानमण्डलों के चुनाव के लिए अयोग्य करार देने की भी व्यवस्था है।
- उच्चतम न्यायालय ने अनुच्छेद 17 के अन्तर्गत यह व्यवस्था दी है कि यह निजी व्यक्ति और राज्य का संवैधानिक दायित्व है कि इस अधिकार के हनन को रोकने के लिए आवश्यक कदम उठाए।
- संसद ने विधि निर्माण द्वारा इसे लागू किया है, अत: यह एक निरपेक्ष अधिकार है।
- अनुसूचित जाति एवं जनजाति (अत्याचार निवारण) अधिनियम वर्ष 1989 में अस्तित्व में आया। इससे सम्बन्धी अधिसूचना 30 जनवरी, 1990 को जारी की गई। प्रचलित भाषा में इसे एट्रोसिटीज एक्ट (इसका सम्बन्ध अनुसूचित जाति तथा अनुसूचित जनजाति के लोगों पर होने वाले अत्याचार तथा उत्पीड़न को रोकना है। इसे अनुसूचित जाति एवं जनजाति (अत्याचार निवारक) अधिनियम, 1989 के रूप में लागू किया गया था।) भी कहा जाता है।

अनुच्छेद 18 : उपाधियों का अन्त

- अनुच्छेद 18(1) के अनुसार राज्य, सेना या विधा सम्बन्धी सम्मान के अतिरिक्त और कोई उपाधि प्रदान नहीं करेगा, क्योंकि संविधान के अनुच्छेद 18 द्वारा उपाधियों का अन्त कर दिया गया है।
- अनुच्छेद 18 (2) के अनुसार, भारत का कोई नागरिक किसी विदेशी राज्य से कोई उपाधि स्वीकार नहीं करेगा।
- अनुच्छेद 18 (3) के अनुसार, कोई व्यक्ति, जो भारत का नागरिक नहीं है, राज्य के अधीन लाभ या विश्वास के किसी पद को धारण करते हुए किसी विदेशी राज्य से कोई उपाधि राष्ट्रपति की सहमति के बिना स्वीकार नहीं करेगा।
- अनुच्छेद 18 (4) में उपबन्ध है कि राज्य के अधीन लाभ का पद धारण करने वाला कोई व्यक्ति किसी विदेशी राज्य से कोई भेंट, उपलब्धि या पद राष्ट्रपति की सहमति के बिना स्वीकार नहीं करेगा।
- भारत रत्न, पद्मविभूषण, पद्मभूषण, पद्मश्री इत्यादि उपाधियों को प्रदान किया जाना अनुच्छेद 18 का उल्लंघन नहीं है। ये सम्मान क्रियाकलापों के विविध क्षेत्रों में नागरिकों द्वारा किए गए अच्छे कार्यों की राज्य द्वारा मान्यता (Recognition) मात्र के प्रतीक हैं।

- अनुच्छेद 51 (A) प्रत्येक नागरिक के लिए मौलिक कर्त्तव्यों का निर्धारण करता है। यह अत्यावश्यक है कि इन कर्त्तव्यों के निर्वाह में उत्कृष्टता की मान्यता (Recognition) के लिए सम्मानों व अलंकरणों की ऐसी एक व्यवस्था हो। अत: ये सम्मान अनुच्छेद 18 के प्रावधानों का उल्लंघन नहीं है।

नोट *बालाजी राघवन वाद (1996) में उच्चतम न्यायालय ने उपाधि तथा पुरस्कार का अन्तर स्पष्ट करते हुए कहा कि भारत रत्न तथा पद्म पुरस्कार (1954 में स्थापित) उपाधि नहीं पुरस्कार/सम्मान है।*

स्वतन्त्रता का अधिकार (अनुच्छेद 19-22)

किसी भी लोकतन्त्र में समता और स्वतन्त्रता सबसे महत्त्वपूर्ण अधिकार हैं और इनमें से एक के बिना दूसरे की कल्पना नहीं की जा सकती, अत: संविधान में प्रत्येक नागरिक को स्वतन्त्रता का अधिकार दिया गया है। स्वतन्त्रता का अर्थ है—चिन्तन, अभिव्यक्ति और कार्य करने की स्वतन्त्रता। इस अधिकार से सम्बद्ध 4 अनुच्छेद हैं।

अनुच्छेद 19: अभिव्यक्ति एवं अन्य स्वतन्त्रताएँ

भारतीय संविधान नागरिकों को अनुच्छेद 19(1) से 19(6) तक छ: अधिकारों की स्वतन्त्रता की गारण्टी देता है। साथ ही अनुच्छेद 19(2) से 19(6) तक इन अधिकारों पर लगने वाले युक्तियुक्त निर्बन्धनों को बताया गया है

अनुच्छेद 19: अभिव्यक्ति एवं अन्य स्वतन्त्रताएँ

- → अनुच्छेद 19(1)(A) वाक् स्वतन्त्रता एवं अभिव्यक्ति की स्वतन्त्रता।
- → अनुच्छेद 19(1)(B) शान्तिपूर्वक और निरायुध सम्मेलन की स्वतन्त्रता।
- → अनुच्छेद 19(1)(C) संगम या संघ बनाने की स्वतन्त्रता।
- → अनुच्छेद 19(1)(D) भारत के राज्य क्षेत्र में सर्वत्र अबाध संचरण की स्वतन्त्रता।
- → अनुच्छेद 19(1)(E) भारत के राज्य क्षेत्र के किसी भाग में बस जाने या निवास करने की स्वतन्त्रता।
- → अनुच्छेद 19(1)(G) कोई भी वृत्ति, व्यापार या कारोबार करने की स्वतन्त्रता।

- इन छ: अधिकारों की रक्षा केवल राज्य के विरुद्ध मामले में है न कि निजी मामले में अर्थात् ये अधिकार केवल नागरिकों और कम्पनी के शेयर धारकों के लिए हैं न कि विदेशी या कानूनी लोगों जैसे कम्पनियों या परिषदों के लिए।
- उल्लेखनीय है कि अनुच्छेद 19(1) (F) सम्पत्ति के अधिकार को मूल अधिकारों की श्रेणी से हटा दिया गया है।

वाक् एवं अभिव्यक्ति की स्वतन्त्रता

- अनुच्छेद 19 (1) (A) के अन्तर्गत भाषण और अभिव्यक्ति की स्वतन्त्रता प्रदान की गई है। यह लोकतन्त्र की बुनियादी विशेषता है। अभिव्यक्ति की स्वतन्त्रता से बोलने, लिखने (अपने विचारों का परचा छापकर या समाचार-पत्रों, पत्रिकाओं में लेख लिखकर) और कला के विभिन्न रूपों में स्वयं को व्यक्त करना शामिल है। उच्चतम न्यायालय ने वाक् एवं अभिव्यक्ति की स्वतन्त्रता में निम्नलिखित को सम्मिलित किया है
  - अपने या अन्य के विचारों को प्रसारित करने का अधिकार।
  - प्रेस की स्वतन्त्रता।
  - व्यावसायिक विज्ञापन की स्वतन्त्रता।
  - फोन टैपिंग के विरुद्ध अधिकार।
  - प्रसारित करने का अधिकार अर्थात् सरकार का इलेक्ट्रॉनिक मीडिया पर एकाधिकार नहीं है।
  - किसी राजनीतिक दल या संगठन द्वारा आयोजित बन्द के विरुद्ध अधिकार।
  - सरकारी गतिविधियों की जानकारी का अधिकार।
  - शान्ति का अधिकार।
  - किसी अखबार पर पूर्व प्रतिबन्ध के विरुद्ध अधिकार।
  - प्रदर्शन एवं विरोध का अधिकार, लेकिन हड़ताल का अधिकार नहीं।

> अनुच्छेद 19(1) (A) पर युक्तियुक्त निर्बन्धन के आधार पर राज्य वाक् एवं अभिव्यक्ति की स्वतन्त्रता पर उचित प्रतिबन्ध लगा सकता है। ये प्रतिबन्ध लगाने के आधार इस प्रकार हैं; जैसे-भारत की एकता एवं सम्प्रभुता, राज्य की सुरक्षा, विदेशी राज्यों से मित्रवत् सम्बन्ध, सार्वजनिक आदेश, नैतिकता की स्थापना, न्यायालय की अवमानना, किसी अपराध में संलिप्तता आदि।

- 44वें संविधान संशोधन अधिनियम, 1978 द्वारा संविधान में एक नया अनुच्छेद 361 (A) जोड़ा गया, जिसके अन्तर्गत समाचार-पत्रों को संसद व विधानमण्डलों की कार्यवाही प्रकाशित करने की पूर्ण स्वतन्त्रता प्रदान की गई।

शान्तिपूर्वक तथा निरायुध सभा की स्वतन्त्रता

- अनुच्छेद 19 (1) (B) के द्वारा भारत के सभी नागरिकों को बिना हथियारों के शान्तिपूर्वक सम्मेलन करने का अधिकार प्रदान किया गया है। इसके अन्तर्गत नागरिकों को सार्वजनिक सभाएँ तथा प्रदर्शन करने एवं शान्तिपूर्वक जुलूस निकालने का अधिकार प्रदान किया गया है।
- अनुच्छेद 19 (3) के द्वारा भारत की सम्प्रभुता और अखण्डता अथवा लोक व्यवस्था के हितों हेतु इस अधिकार पर विधि द्वारा यथोचित प्रतिबन्ध लगाए जा सकते हैं, जो समय-समय पर आवश्यक समझे जाएँ।
- आपराधिक व्यवस्था (1973) की धारा 144 के अन्तर्गत एक न्यायाधीश किसी संगठित बैठक को किसी खतरे के अन्तर्गत रोक सकता है। इसे रोकने का आधार मानव जीवन के लिए खतरा, स्वास्थ्य एवं सुरक्षा, सार्वजनिक जीवन में व्यवधान या दंगा भड़कने का खतरा भी है।
- भारतीय न्याय संहिता 2023 की धारा 189 के अन्तर्गत पाँच या उससे अधिक लोगों का संगठन गैर-कानूनी हो सकता है।

संगम या संघ या सहकारी समिति बनाने की स्वतन्त्रता

- अनुच्छेद 19 (1)(C) के द्वारा भारत के सभी नागरिकों को समुदाय या संघ बनाने की स्वतन्त्रता प्रदान की गई है। इसमें राजनीतिक दल, कम्पनी, क्लब, व्यापार संगठन इत्यादि बनाने का अधिकार सम्मिलित है। यह इन संगमों या संघों को नियमित रूप से संचालित करने का अधिकार भी प्रदान करता है।
- अनुच्छेद 19 (4) के अन्तर्गत प्रदत्त अधिकार के प्रयोग पर भारत की सम्प्रभुता और अखण्डता या लोक व्यवस्था व सदाचार के हितों में युक्तियुक्त प्रतिबन्ध लगाए जा सकते हैं। नागरिकों को ऐसे समुदाय अथवा संघ बनाने की स्वतन्त्रता नहीं है, जो षड्यन्त्रकारी हों अथवा शान्ति व्यवस्था कायम (स्थापित) करने में बाधक हों।
- उच्चतम न्यायालय के निर्णय के अनुसार, मजदूर संगठनों को मोलभाव करने (सौदेबाजी), हड़ताल या तालाबन्दी करने का कोई अधिकार नहीं है। इसे उपयुक्त औद्योगिक कानून के अन्तर्गत नियन्त्रित किया जा सकता है।

भारत के राज्य क्षेत्र में सर्वत्र अबाध संचरण की स्वतन्त्रता

- अनुच्छेद 19 (1) (D) के अन्तर्गत भारतीय नागरिकों को समस्त भारत में अबाध रूप से संचरण की स्वतन्त्रता प्रदान की गई है।

- इस प्रकार भारत का समस्त क्षेत्र नागरिकों के लिए एक इकाई के समान है, परन्तु संचरण की स्वतन्त्रता पर अनुच्छेद 19 (5) के अन्तर्गत साधारण जनता के हित एवं किसी अनुसूचित जनजाति के हित के संरक्षण के आधार पर उचित प्रतिबन्ध लगाए जा सकते हैं।

भारत के राज्य क्षेत्र के किसी भाग में निवास करने और बस जाने का अधिकार

- अनुच्छेद 19 (1)(E) के अन्तर्गत सभी नागरिकों को सम्पूर्ण भारत में बसने या निवास करने की स्वतन्त्रता प्रदान की गई है। निवास की स्वतन्त्रता और भ्रमण की स्वतन्त्रता एक-दूसरे की पूरक है तथा दोनों का लक्ष्य राष्ट्रीय एकता में वृद्धि करना है।
- अनुच्छेद 19 (5) के अन्तर्गत निवास की स्वतन्त्रता पर साधारण जनता या किसी क्षेत्र की अनुसूचित जनजाति के हितों के संरक्षण के आधार पर उचित निर्बन्धन लगाया जा सकता है।
- यह अधिकार राष्ट्रवाद को प्रोत्साहित करता है और संकीर्ण मानसिकता को महत्त्व प्रदान नहीं करता। उच्चतम न्यायालय ने कुछ क्षेत्रों में लोगों के घूमने पर प्रतिबन्ध लगाया है; जैसे—वेश्या या पेशेवर अपराधी।

वृत्ति, उपजीविका, व्यापार अथवा कारोबार की स्वतन्त्रता

- संविधान के अनुच्छेद 19 (1)(G) के अधीन भारत के प्रत्येक नागरिक को कोई भी वृत्ति, उपजीविका, व्यापार अथवा कारोबार करने की स्वतन्त्रता प्रदान की गई है।
- इस अधिकार के अन्तर्गत कारोबार को इसके स्वामी के द्वारा किसी भी समय बन्द करने का अधिकार भी सन्निहित है। अत: किसी भी नागरिक को उसकी इच्छा के विरुद्ध कारोबार करने के लिए विवश नहीं किया जा सकता।

अनुराधा भसीन बनाम भारत संघ मामला (2020)

इस मामले में सर्वोच्च न्यायालय ने कहा कि इण्टरनेट के द्वारा किसी भी पेशे का अभ्यास करना अथवा किसी भी व्यापार, व्यवसाय को करने की स्वतन्त्रता को अनुच्छेद 19(1) (G) के अन्तर्गत संवैधानिक संरक्षण प्राप्त है तथा इस पर प्रतिबन्ध अनुच्छेद 19(6) के अन्तर्गत आनुपातिकता के परीक्षण सहित जनादेश के अनुरूप होना चाहिए।

- अनुच्छेद 19 (6) के अन्तर्गत स्वतन्त्रता के इस अधिकार के प्रयोग पर जनसाधारण के हितों में विधि द्वारा यथोचित प्रतिबन्ध लगाए जा सकते हैं। उदाहरणस्वरूप, नागरिकों को नशीली दवाओं अथवा शराब, मिलावटी खाद्य पदार्थों; जैसे—अहितकर, जोखिमभरी और खतरनाक वस्तुओं के व्यापार करने या महिलाओं अथवा बच्चों के अवैध व्यापार करने की स्वतन्त्रता प्राप्त नहीं है।
- राज्य को यह भी अधिकार प्राप्त है कि वह किसी वृत्ति, उपजीविका, व्यापार अथवा कारोबार करने हेतु आवश्यक अर्हता, तकनीकी योग्यताएँ निर्धारित कर सके।

अनुच्छेद 20 : अपराधों के लिए दोषसिद्धि के सम्बन्ध में संरक्षण

- संविधान के अनुच्छेद 20 के द्वारा अपराधों के लिए दोषसिद्धि के विषय में संरक्षण की व्यवस्था की गई है। इसके अनुसार कोई भी व्यक्ति किसी अपराध के लिए तब तक दोषी नहीं ठहराया जाएगा, जब तक कि उसके द्वारा किसी प्रचलित विधि का उल्लंघन न किया गया हो तथा उसे उससे अधिक दण्ड नहीं दिया जाएगा, जितने की व्यवस्था अपराध किए जाने के समय प्रचलित विधि के अनुसार थी। यह प्रावधान अनुच्छेद 20 (1) के अन्तर्गत किया गया है।
- भूतलक्षी दाण्डिक विधियों से संरक्षण जब विधि, निर्माण की तिथि से पहले से लागू कर दी जाए, तो उसे भूतलक्षी दाण्डिक विधि कहते हैं। दाण्डिक विधि का भूतकालिक प्रभाव से अधिनियमित करने का प्रतिषेध है। जब विधि निर्माण की तिथि के पश्चात् किसी आने वाली तिथि के प्रभाव में आए उसे भविष्य संक्षिप्त विधि कहते हैं।
- दोहरे दण्ड से संरक्षण एक ही अपराध के लिए एक से अधिक बार न तो किसी पर मुकदमा चलाया जा सकता है और न ही उसे दण्ड दिया जा सकता है, यद्यपि विभागीय तथा प्रशासनिक दण्ड दिए जा सकते हैं, यह मात्र न्यायिक दण्ड के सम्बन्धी उपबन्ध है। यह प्रावधान अनुच्छेद 20 (2) के अन्तर्गत किया गया है।
- आत्म अभिशंसन (Self-incrimination) से संरक्षण किसी अपराध के लिए अभियुक्त किसी व्यक्ति को स्वयं अपने विरुद्ध साक्षी होने के लिए बाध्य नहीं किया जाएगा। यह प्रावधान अनुच्छेद 20 (3) के अन्तर्गत किया गया है।
- संविधान के 44वें संविधान संशोधन द्वारा यह प्रावधान किया गया कि आपात स्थिति के दौरान भी अनुच्छेद 359 के अधीन किसी आदेश द्वारा अनुच्छेद 20 के अन्तर्गत प्रदत्त अधिकार को निलम्बित नहीं किया जा सकता।

अनुच्छेद 21: प्राण एवं दैहिक स्वतन्त्रता का संरक्षण

- यह स्वतन्त्रता के सर्वाधिक महत्त्वपूर्ण अधिकारों में से एक है। संविधान के अनुच्छेद 21 के अनुसार किसी व्यक्ति को विधि द्वारा स्थापित प्रक्रिया के बिना उसके प्राण या दैहिक स्वतन्त्रता से वंचित नहीं किया जा सकता है।
- इस सन्दर्भ में ए.के. गोपालन बनाम मद्रास राज्य मामले (1950) में यह व्याख्या की कि अनुच्छेद 21 केवल मनमानी कार्यकारी प्रक्रिया के विरुद्ध सुरक्षा प्रदान करना है न कि विधानमण्डलीय प्रक्रिया के विरुद्ध।
- मेनका गाँधी बनाम भारत संघ मामले (1978) में उच्चतम न्यायालय ने ए.के. गोपालन के निर्णय को पलटते हुए अनुच्छेद-21 के तहत सुरक्षा केवल मनमानी क्रिया पर ही नहीं, बल्कि विधानमण्डलीय क्रिया के भी विरुद्ध है।
- विधानमण्डल द्वारा पारित किसी विधि के अधीन विहित प्रक्रिया जो किसी व्यक्ति को उसके प्राण और दैहिक स्वतन्त्रता से वंचित करती है, उसे उचित, ऋजु और युक्तियुक्त, (Fair, Just and reasonable) होती है। दूसरे शब्दों में, उसे प्राकृतिक न्याय के सिद्धान्त के अनुरूप होना चाहिए।
- सर्वोच्च न्यायालय ने समय-समय पर अपने निर्णयों द्वारा इस अधिकार का दायरा और भी व्यापक कर दिया है।
- इच्छा मृत्यु और सुप्रीम कोर्ट (अनुच्छेद 21 के सन्दर्भ में) सर्वप्रथम वर्ष 1994 में पी. रथिनम बनाम भारत संघ वाद में सुप्रीम कोर्ट ने व्यक्ति के मरने के अधिकार को स्वीकार किया था। वर्ष 1996 में सुप्रीम कोर्ट ने अपने पूर्ण निर्णय को बदलते हुए कहा कि मरने का अधिकार (Right to Die) संविधान के अनुच्छेद 21 (जीवन का अधिकार) के अन्तर्गत मौलिक अधिकार नहीं है। मार्च, 2011 में सुप्रीम कोर्ट ने अरुणा रामचन्द्र शानबाग (42 वर्षों तक कोमा में रही) वाद में निष्क्रिय इच्छा मृत्यु की अनुमति प्रदान की थी।

- सर्वोच्च न्यायालय ने कॉमन काज नामक स्वयंसेवी संगठन की याचिका पर सुनवाई करते हुए मार्च, 2018 को निष्क्रिय इच्छा मृत्यु (पैसिव यूथेनिशिया) गरिमा के साथ मरने के अधिकार की अनुमति प्रदान कर दी। इस प्रकार न्यायालय ने मृत्यु के अधिकार को संविधान के अनुच्छेद 21 में शामिल कर लिया है।

अनुच्छेद 21 के अन्तर्गत शामिल कुछ प्रमुख अधिकार

- गरिमापूर्ण जीवन जीने का अधिकार
- शिक्षा का अधिकार
- आश्रय का अधिकार
- निष्पक्ष सुनवाई का अधिकार
- विदेशी यात्रा का अधिकार
- सोने का अधिकार
- जीवनसाथी चुनने का अधिकार
- निजता का अधिकार
- नि:शुल्क कानूनी सहायता और त्वरित सुनवाई का अधिकार
- पाशविक दण्ड से संरक्षण का अधिकार
- स्वास्थ्य का अधिकार
- स्वास्थ्यवर्द्धक और जीवन के लिए आवश्यक पर्यावरण का अधिकार
- कर्मचारियों को संरक्षण का अधिकार
- गरिमापूर्ण मृत्यु का अधिकार (निष्क्रिय यूथेनिशिया)
- हथकड़ी लगाने के विरुद्ध अधिकार

- पुलिस द्वारा थर्ड डिग्री का उपयोग करना अनुच्छेद 21 का अतिक्रमण करता है।
- कार्यरत् महिलाओं के साथ कार्य स्थल पर होने वाली अश्लीलता, भेदभाव इत्यादि के सन्दर्भ में संरक्षण का अधिकार भी अनुच्छेद 21 के अन्तर्गत आता है। विशाखा केस में उच्चतम न्यायालय ने इस प्रकार का स्पष्टीकरण दिया था।

विधि द्वारा स्थापित प्रक्रिया एवं विधि की उचित प्रक्रिया में अन्तर

विधि द्वारा स्थापित प्रक्रिया (Established by Law)	विधि की उचित प्रक्रिया/नैसर्गिक न्याय के समतुल्य (Due Process of Law/Natural Justice)
• ब्रिटिश संविधान प्रेरित	• अमेरिकी संविधान प्रेरित
• संसद की सर्वोच्चता को माना गया है।	• न्यायपालिका की सर्वोच्चता तथा उचित विधि को माना जाता है।
• विधियों की तर्कसंगता की व्याख्या करने की शक्ति न्यायपालिका को प्राप्त नहीं है, किन्तु इस सन्दर्भ में मेनका गाँधी वाद में यह व्यवस्था की कि विधि को उचित, ऋजु और युक्तियुक्त होना चाहिए।	• अमेरिका की न्यायपालिका ऐसी विधियों को असंवैधानिक घोषित कर सकती है, जो विधानमण्डल ने बनाई हो, परन्तु प्राकृतिक न्याय सिद्धान्त का उल्लंघन करती हो।

- प्राकृतिक न्याय से तात्पर्य यह है कि किसी व्यक्ति को कानून के उल्लंघन के पश्चात् ही दण्ड दिया जाएगा तथा आरोपी व्यक्ति को उसे स्वयं का पक्ष रखने के पश्चात् ही दण्डित किया जाएगा।

अनुच्छेद 21 (A) : शिक्षा का अधिकार

- संविधान के 86वें संविधान संशोधन अधिनियम, 2002 द्वारा एक नया अनुच्छेद 21 (A) जोड़कर शिक्षा के अधिकार (Right to Education) को मौलिक अधिकार में सम्मिलित किया गया। इसके अन्तर्गत 6 से 14 वर्ष की आयु के सभी बच्चों के लिए नि:शुल्क एवं अनिवार्य शिक्षा का प्रावधान किया गया।
- शिक्षा का अधिकार अधिनियम, 2009 के पारित होने तथा इसके अस्तित्व में आ जाने के कारण अनुच्छेद 21 (A) को व्यावहारिक तौर पर प्रवृत्त करना सम्भव हो सकेगा।
- उच्चतम न्यायालय की संवैधानिक पीठ ने मई, 2014 को दिए गए अपने निर्णय में अनुच्छेद 21 (A) (शिक्षा का अधिकार) और अनुच्छेद 15(v) में आर्थिक रूप से कमजोर वर्गों से सम्बन्धित अधिकार के सन्दर्भ में उस आदेश को वैध ठहराया है, जिसके अन्तर्गत सभी विद्यालयों, जिनमें सभी गैर-सहायता प्राप्त निजी विद्यालय सम्मिलित हैं, को आर्थिक रूप से कमजोर वर्ग के लिए 25% सीटें आरक्षित करने का प्रावधान है, हालाँकि ये प्रावधान सहायता प्राप्त या गैर-सहायता प्राप्त अल्पसंख्यक संस्थानों पर लागू नहीं होंगे।

अनुच्छेद 22 : कुछ दशाओं में गिरफ्तारी और निरोध से संरक्षण

अनुच्छेद 22 में नागरिकों को प्राप्त निम्न अधिकारों का उल्लेख है

- अनुच्छेद 22 (1) के अनुसार, गिरफ्तार किए गए व्यक्ति को उसके गिरफ्तार किए जाने के कारणों को जानने का अधिकार।
- इसके अतिरिक्त गिरफ्तार किए गए व्यक्ति को वकील से सलाह लेने तथा अपने बचाव के लिए प्रबन्ध करने का अधिकार।
- अनुच्छेद 22 (2) के अनुसार, गिरफ्तार व्यक्ति को 24 घण्टों के भीतर निकटस्थ मजिस्ट्रेट के समक्ष प्रस्तुत करना आवश्यक होगा। (गिरफ्तारी के स्थान से मजिस्ट्रेट के न्यायालय तक के यात्रा समय को छोड़कर) मजिस्ट्रेट की अनुमति के बिना किसी को भी 24 घण्टे से अधिक समय के लिए बन्दी नहीं रखा जा सकता।
- अनुच्छेद 22 (3) के अनुसार, उपरोक्त अधिकार अन्यदेशीय शत्रु तथा निवारक निरोध विधि के अधीन निरुद्ध व्यक्ति को प्राप्त नहीं हैं।
- कैदी को पैरोल पर छोड़ने के लिए राज्य सरकारों के अपने नियम हैं।
- न्यायिक हिरासत के दौरान मामले के प्रभारी पुलिस अधिकारी न्यायालय की अनुमति के बिना संदिग्ध व्यक्ति से पूछताछ नहीं कर सकते।

निवारक निरोध

- निवारक निरोध के अन्तर्गत भी अनुच्छेद 22 में कुछ प्रावधान किए गए हैं; जैसे-अनुच्छेद 22 (4) के अनुसार, किसी व्यक्ति को निवारक निरोध के अन्तर्गत तीन माह से अधिक समय के लिए गिरफ्तार नहीं रखा जा सकता (कुछ शर्तों के साथ)। सलाहकारी बोर्ड की सिफारिश पर अवधि बढ़ाई जा सकती है। इस बोर्ड में उच्च न्यायालय के वर्तमान या भूतपूर्व न्यायाधीश उच्च न्यायालय में न्यायाधीश बन सकने की योग्यता रखने वाले व्यक्ति शामिल होंगे।
- अनुच्छेद 22 (5) में प्रावधान है कि गिरफ्तार करने वाला प्राधिकारी शीघ्र उस व्यक्ति को सूचित करेगा कि वह आदेश किन आधारों पर दिया है और उस आदेश के विरुद्ध अभ्यावेदन करने के लिए उसे शीघ्र अवसर देगा।
- अनुच्छेद 22 (6) के अनुसार, यदि प्राधिकारी निरोध के कारण बताना लोकहित के विरुद्ध समझता है, तो वह ऐसा कर सकता है। 44वें संशोधन अधिनियम द्वारा निरोध की अवधि को 3 माह से घटाकर 2 माह की व्यवस्था की गई, लेकिन इसे अब तक प्रभावी नहीं बनाया गया है।

निवारक निरोध एवं दण्डात्मक निरोध में अन्तर

निवारक निरोध	दण्डात्मक निरोध
• सन्देह के आधार पर अपराध करने से पहले ही गिरफ्तार करना • ऐसा कानून व्यवस्था बनाए रखने तथा अपराध रोकने के लिए किया जाता है।	• किसी व्यक्ति द्वारा अपराध करने तथा सिद्ध होने के बाद जेल में रखा जाता है।

संसद द्वारा निवारक निरोध सम्बन्धी बनाए गए कानून

कानून	विवरण
निवारक निरोध अधिनियम (Preventive Detention Act) 1950	यह अधिनियम वर्ष 1969 में समाप्त कर दिया गया।
मीसा (MISA-The Maintenance of Internal Security) 1971	आन्तरिक सुरक्षा अधिनियम, 1971 का वर्ष 1975 में आपातकाल के दौरान दुरुपयोग किया गया तथा वर्ष 1978 में समाप्त कर दिया गया।
कोफेपोसा (COFEPOSA- Conservation of Foreign Exchange and Prevention of Smuggling Activities) 1974	विदेशी मुद्रा संरक्षण एवं तस्करी निवारक अधिनियम, 1974 के अन्तर्गत निरोध की अवधि 2 वर्ष है।
रासुका (NSA-National Security Act) 1980	राष्ट्रीय सुरक्षा कानून, 1980 से सम्बन्धित प्रावधान।
टाडा (TADA-Terrorist and Disruptive Activities Prevention Act 1985	आतंकवाद तथा विध्वंसक गतिविधियाँ (वर्ष 1995 में समाप्त)।
पोटा (POTA-Prevention of Terrorism Act) 2002	आतंकवादी गतिविधि निरोधक कानून से सम्बन्धित प्रावधान।
गैर-कानूनी गतिविधियाँ (रोकथाम) (Unlawful Activities Prevention Act) 1967	वर्ष 2004 में इसे पुनः प्रभावी बनाया गया। इसके पश्चात् इस अधिनियम के माध्यम से संशोधित (निवारण) संशोधन अधिनियम, 2008 का प्रावधान किया गया।

शोषण के विरुद्ध अधिकार (अनुच्छेद 23-24)

अनुच्छेद 23 : मानव के दुर्व्यापार आदि पर प्रतिबन्ध

- अनुच्छेद 23 व 24 के अन्तर्गत व्यक्ति की गरिमा के अनुरूप शोषण के विरुद्ध अधिकारों का प्रावधान है।
- अनुच्छेद 23 मानव के दुर्व्यापार, बेगार और सभी प्रकार के बलात् श्रम को प्रतिबन्धित करता है।
- दुर्व्यापार से तात्पर्य है कि किसी मनुष्य का क्रय-विक्रय तथा बेगार से आशय बिना वेतन के कार्य करवाना है। यह अनुच्छेद अमेरिकी संविधान के 13वें संशोधन के समान है, जिसमें दासता का अन्त किया गया है।
- भारत में भी मानव के दुर्व्यापार, बेगार और बलात् श्रम को रोकने के लिए संसद ने **अनैतिक व्यापार (निवारण) अधिनियम, 1956** और **बंधुआ श्रम उन्मूलन अधिनियम, 1976** अधिनियमित किया है।
- इस अधिकार का एक महत्त्वपूर्ण अपवाद यह भी है कि अनुच्छेद 23(2) राज्य सार्वजनिक उद्देश्य से अनिवार्य श्रम की योजना लागू कर सकता है, लेकिन ऐसा करते समय राज्य नागरिकों के मध्य धर्म, मूल वंश, जाति वर्ण या सामाजिक स्तर के आधार पर कोई भेदभाव नहीं करेगा।
- वस्तुतः शोषण के विरुद्ध अधिकार का उद्देश्य एक सामाजिक लोकतन्त्र की स्थापना करना है। इसके लिए बाल पुनर्वास कोष तथा बाल आयोग का भी गठन किया गया है।

अनुच्छेद 24: बालश्रम पर प्रतिबन्ध

- अनुच्छेद 24 के अनुसार, 14 वर्ष से कम आयु वाले किसी भी बच्चे को कारखानों या अन्य किसी जोखिम भरे कार्य पर नियोजित नहीं किया जाएगा। यह निषेध मानव अधिकारों सम्बन्धी अवधारणाओं तथा संयुक्त राष्ट्र के सिद्धान्तों के अनुसार है।
- केन्द्र सरकार ने वर्ष 2012 में एक प्रस्ताव स्वीकृत कर 14 वर्ष से कम आयु के बच्चों को किसी भी प्रकार के रोजगार के नियोजन पर पूर्ण प्रतिबन्ध लगा दिया है।
- बाल श्रम (निषेध एवं नियमन) अधिनियम, 1986 को संशोधित करके (2016 में) इसका नामकरण बाल एवं किशोर श्रम (निषेध एवं विनियमन) अधिनियम, 1986 कर दिया गया।
- इस अधिनियम में दण्ड को और अधिक कठोर बनाया गया है और इसके अन्तर्गत सजा 1 वर्ष से बढ़ाकर 2 वर्ष और जुमने की राशि ₹ 20000 से बढ़ाकर ₹ 50000 अथवा दोनों कर दी गईं।
- इसके अतिरिक्त खान अधिनियम 1952, बागान श्रम अधिनियम 1951, कानून कारखाना अधिनियम 1948, वाणिज्य पोत परिवहन अधिनियम, 1958 इत्यादि के माध्यम से बालश्रम पर रोक लगाने का प्रावधान किया गया।

व्यक्ति की गरिमा को व्यापक बनाते हुए उच्चतम न्यायालय के फैसले

- **बँधुआ मुक्ति मोर्चा बनाम भारत संघ (1984)** के वाद में उच्चतम न्यायालय ने निर्णय दिया कि बँधुआ मजदूरी उन्मूलन के लिए सरकार आवश्यक कार्य करे।
- **रंजीत राय बनाम राजस्थान राज्य (1995)** के वाद में उच्चतम न्यायालय ने निर्णय दिया कि अकाल के समय न्यूनतम मजदूरी से कम मजदूरी देना बलात् श्रम के समान है।

धार्मिक स्वतन्त्रता का अधिकार (अनुच्छेद 25-28)

संविधान के अनुसार, प्रत्येक व्यक्ति को अपनी पसन्द के धर्म का पालन करने का अधिकार प्राप्त है। धार्मिक स्वतन्त्रता के अधिकार से सम्बद्ध चार अनुच्छेद हैं, जिनका वर्णन इस प्रकार है

अनुच्छेद 25 : अन्तःकरण की स्वतन्त्रता

- अनुच्छेद 25(1) के अनुसार, लोक व्यवस्था, सदाचार और स्वास्थ्य के अधीन रहते हुए सभी व्यक्तियों को अन्तःकरण की स्वतन्त्रता एवं धर्म के अबाध रूप से मानने, आचरण तथा प्रचार करने का समान अधिकार प्रदान किया गया है।
- यह स्वतन्त्रता लोक व्यवस्था, सदाचार एवं स्वास्थ्य के हित में राज्य द्वारा अधिरोपित प्रतिबन्धों के अधीन है, ताकि धार्मिक स्वतन्त्रता का दुरुपयोग, अपराध अथवा असामाजिक कार्यों; जैसे-बालवध आदि प्रथाओं के लिए न किया जा सके।
- यह स्वतन्त्रता राज्य द्वारा निर्मित ऐसे विनियमों के अधीन है, जो किसी आर्थिक, वित्तीय, राजनीतिक या अन्य लौकिक क्रियाकलाप से सम्बन्धित है तथा वे धार्मिक प्रथाओं के अन्तर्गत तो हैं, परन्तु अन्तःकरण की स्वतन्त्रता के अधीन नहीं आते हैं।
- संविधान में न तो धर्म परिवर्तन का उल्लेख है और न ही उस पर किसी भी प्रकार के धार्मिक प्रचार-प्रसार पर प्रतिबन्ध का उल्लेख है, किन्तु अन्तःकरण की स्वतन्त्रता के आधार पर व्यक्ति अपना धर्म परिवर्तन कर सकता है।
- **फादर स्टेनिलॉस बनाम मध्य प्रदेश राज्य वाद** में प्रश्न यह था कि **क्या धर्म प्रसार में धर्मान्तरण निहित है?** सुप्रीम कोर्ट ने निर्णय दिया कि अनुच्छेद 25 के अन्तर्गत धर्मान्तरण कराना मौलिक अधिकार नहीं है, यह व्यक्ति की अपनी इच्छा पर है कि वह स्वयं को धर्मान्तरित करना चाहेगा या नहीं।

अनुच्छेद 25 में दो उल्लिखित व्याख्याएँ निम्नलिखित हैं

- सिख धर्म का अंग माने जाने के कारण कृपाण धारण करने तथा साथ लेकर चलने की अनुमति।
- हिन्दू के अन्तर्गत सिक्ख, जैन तथा बौद्ध धर्म भी शामिल हैं।

अनुच्छेद 26 : धार्मिक मामलों के प्रबन्धन की स्वतन्त्रता

- अनुच्छेद 26 के अन्तर्गत प्रावधान किए गए हैं कि
  - लोक व्यवस्था, सदाचार एवं स्वास्थ्य के अधीन रहते हुए, प्रत्येक धार्मिक सम्प्रदाय को धार्मिक संस्थाओं की स्थापना एवं उनके पोषण का अधिकार प्राप्त हो।
  - अपने धर्म विषयक कार्यों का प्रबन्ध करने का अधिकार प्राप्त हो।
  - जंगम एवं स्थावर सम्पत्ति के अर्जन एवं स्वामित्व का अधिकार तथा ऐसी सम्पत्ति के प्रशासन का अधिकार प्राप्त हो। अनुच्छेद 25 एवं 26 के अन्तर्गत प्रदत्त धार्मिक स्वतन्त्रता के अधिकारों का न्यायालय द्वारा और विस्तार कर दिया गया है। न्यायालय के अनुसार, अनुच्छेद 25 एवं 26 के अन्तर्गत व्यक्ति को श्रद्धा एवं विश्वास को मानने एवं प्रचार करने का अधिकार तो है ही, इसके अतिरिक्त वह सभी कर्मकाण्डों अथवा प्रथाएँ मानने का अधिकारी भी है, जो उस सम्प्रदाय के अनुयायियों द्वारा धर्म का अंग समझी जाती है।
- प्रत्येक धार्मिक सम्प्रदाय अथवा संगठन को यह निर्णय लेने की पूर्ण छूट है कि कौन-से कर्मकाण्ड एवं उत्सव उनके धार्मिक सिद्धान्तों के अनुसार आवश्यक हैं।
- राज्य के विनियम उन विषयों में हस्तक्षेप नहीं कर सकते, जो सारगर्भित रूप से धार्मिक हैं।

> **न्यायालय को अधिकार**
>
> न्यायालय को यह निर्णय करने का अधिकार प्राप्त है कि कोई विशिष्ट कर्मकाण्ड या पूजा-पद्धति उस धर्म की मान्यताओं के अनुसार, आवश्यक है या नहीं तथा यदि कोई विशिष्ट पद्धति लोक स्वास्थ्य या सदाचार के विरुद्ध है या धार्मिक पद्धति का अभिन्न अंग नहीं है और किसी सामाजिक, आर्थिक या राजनीतिक विनियमन करने वाली विधि का उल्लंघन करती है, तो न्यायालय हस्तक्षेप कर सकेगा।

अनुच्छेद 27 : किसी विशिष्ट धर्म की अभिवृद्धि के लिए करों के बारे में स्वतन्त्रता

- अनुच्छेद 27 के द्वारा यह व्यवस्था की गई है कि राज्य द्वारा किसी भी व्यक्ति को ऐसे करों को देने हेतु बाध्य नहीं किया जाएगा, जिसकी जमा राशि से किसी विशिष्ट धर्म का पोषण किया जाता हो।
- इसके द्वारा कर आरोपण का निषेध किया गया है, जबकि शुल्क आरोपित करने का नहीं।

अनुच्छेद 28 : राजकीय शिक्षण संस्थाओं में धार्मिक शिक्षा का निषेध

- अनुच्छेद 28 द्वारा प्रावधान किया गया है कि
  - राज्य निधि से पूर्णत: पोषित किसी शिक्षण संस्थान में कोई धार्मिक शिक्षा नहीं दी जाएगी।
  - राज्य द्वारा मान्यता प्राप्त या राज्य निधि से सहायता प्राप्त शिक्षण संस्थानों में शिक्षा ग्रहण करने वाले किसी व्यक्ति को ऐसी संस्था में दी जाने वाली धार्मिक शिक्षा में भाग लेने अथवा धार्मिक उपासना में उपस्थित होने के लिए बाध्य नहीं किया जाएगा।
- अनुच्छेद 28 के प्रावधानों का मुख्य उद्देश्य देश में एक पन्थनिरपेक्ष राज्य व्यवस्था स्थापित करना है।

संस्कृति और शिक्षा सम्बन्धी अधिकार (अनुच्छेद 29-30)

- भारतीय समाज की विविधता को ध्यान में रखते हुए, भारतीय संविधान में अल्पसंख्यकों को अपनी संस्कृति को बनाए रखने का अधिकार भी एक मौलिक अधिकार के अन्तर्गत प्रदान किया गया है। किसी समुदाय को केवल धर्म के आधार पर ही नहीं, बल्कि भाषा एवं संस्कृति के आधार पर भी अल्पसंख्यक माना जाता है।
- अल्पसंख्यक वह समूह है, जिनकी अपनी एक भाषा अथवा धर्म होता है एवं देश के किसी एक भाग में या सम्पूर्ण देश में संख्या के आधार पर वह किसी अन्य समूह से छोटा है, ऐसे अल्पसंख्यक समूहों को अपनी भाषा, लिपि और संस्कृति को सुरक्षित रखने तथा उसे विकसित करने का अधिकार है।
- भाषायी अथवा धार्मिक अल्पसंख्यक अपने शिक्षण संस्थान खोल सकते हैं तथा अपनी संस्कृति को सुरक्षित एवं विकसित कर सकते हैं।
- सरकार द्वारा शिक्षण संस्थानों के वित्तीय अनुदान दिए जाने के मामले में सरकार द्वारा इस आधार पर भेदभाव नहीं किया जाएगा कि उस शिक्षण संस्थान का प्रबन्ध किसी अल्पसंख्यक समुदाय के हाथ में है।

अनुच्छेद 29 : अल्पसंख्यक वर्गों के हितों का संरक्षण

- अनुच्छेद 29(1) के अनुसार, भारत में रहने वाले किसी भी नागरिक को, जिसकी अपनी कोई विशिष्ट भाषा, लिपि या संस्कृति है, उसे बनाए रखने का अधिकार प्राप्त होगा।
- अनुच्छेद 29(2) के अनुसार, किसी भी नागरिक को धर्म, प्रजाति, जाति, भाषा या इनमें से किसी के भी आधार पर राज्य द्वारा पोषित या राज्य निधि से सहायता प्राप्त किसी भी शिक्षण संस्थान में प्रवेश से वंचित नहीं किया जा सकता।

अनुच्छेद 30 : शिक्षण संस्थानों की स्थापना और प्रशासन करने का अल्पसंख्यक वर्गों का अधिकार

- अनुच्छेद 30(1) के अनुसार, अल्पसंख्यकों को अपनी शिक्षण संस्थाएँ स्थापित करने तथा उनका प्रबन्धन करने की स्वतन्त्रता प्रदान की गई है।
- यदि राज्य द्वारा किसी ऐसे शिक्षण संस्थान की सम्पत्ति का आधिपत्य ग्रहण किया जाता है, जिसकी स्थापना किसी अल्पसंख्यक वर्ग द्वारा की गई हो अथवा जिसका प्रबन्धन किसी अल्पसंख्यक समुदाय द्वारा किया जाता हो, तो उसके द्वारा इतने मुआवजे की व्यवस्था करनी आवश्यक होगी, जिससे अल्पसंख्यकों के अधिकार समाप्त एवं सीमित न हो जाएँ।
- अनुच्छेद 30(2) के अनुसार, राज्य द्वारा शिक्षण संस्थान को अनुदान देने में इस आधार पर भेदभाव नहीं किया जाएगा कि उसका स्वामित्व अथवा प्रबन्धन किसी अल्पसंख्यक वर्ग के हाथों में है।
- अनुच्छेद 30 के द्वारा प्रदत्त अधिकार, अल्पसंख्यकों को अपने बच्चों को अपनी भाषा में शिक्षा का अधिकार भी प्रदान करता है।

मूल अधिकारों के सन्दर्भ में उच्चतम न्यायालय के निर्णय

- शंकरी प्रसाद वाद, 1952 में उच्चतम न्यायालय ने निर्णय दिया कि अनुच्छेद 368 अन्तर्गत संसद मौलिक अधिकारों सहित संविधान के किसी भी भाग में संशोधन कर सकती है।
- गोलकनाथ वाद, 1969 में उच्चतम न्यायालय ने अपने पिछले निर्णय को पलटते हुए निर्णय दिया कि मौलिक अधिकारों में संशोधन नहीं किया जा सकता।
- केशवानन्द भारती वाद, 1973 में उच्चतम न्यायालय ने निर्णय दिया कि संसद मौलिक अधिकारों में संशोधन कर सकती है, किन्तु इससे संविधान के मौलिक ढाँचे में कोई परिवर्तन नहीं होना चाहिए।

सम्पत्ति के अधिकार की वर्तमान स्थिति

- वर्ष 1978 में जनता पार्टी की सरकार ने 44वें संविधान संशोधन के द्वारा सम्पत्ति के अधिकार को मौलिक अधिकारों की सूची से [अनुच्छेद 19(1)(F) तथा अनुच्छेद 31 में वर्णित] हटा दिया तथा अनुच्छेद 300 (A) के अन्तर्गत उसे एक विधिक अधिकार बना दिया गया।
- मौलिक अधिकारों एवं नीति-निदेशक तत्त्वों के मध्य सम्बन्धों पर उठे विवाद का एक महत्त्वपूर्ण कारण मौलिक अधिकार में सम्पत्ति अर्जन, स्वामित्व एवं संरक्षण का अधिकार दिया जाना था।
- यद्यपि संविधान में स्पष्ट कहा गया था कि सरकार लोक कल्याण के लिए सम्पत्ति का अधिग्रहण कर सकती है। इस सन्दर्भ में वर्ष 1950 से ही सरकार ने अनेक ऐसे कानून बनाए, जिनसे सम्पत्ति के अधिकार पर प्रतिबन्ध लगा दिया गया।
- वर्ष 1973 में (केशवानन्द भारती वाद में) सर्वोच्च न्यायालय ने अपने निर्णय में सम्पत्ति के अधिकार को संविधान के मौलिक ढाँचे का तत्त्व नहीं माना एवं कहा कि संसद को संविधान में संशोधन करके इसे प्रतिबन्ध करने का अधिकार प्राप्त है।

संवैधानिक उपचारों का अधिकार (अनुच्छेद 32)

- संवैधानिक उपचारों का अधिकार वह साधन है, जिसके द्वारा मौलिक अधिकारों को व्यवहार में लाया जा सकता है तथा उल्लंघन होने पर अधिकारों की रक्षा की जा सकती है।
- डॉ. बी. आर. अम्बेडकर ने इस अधिकार को (अनुच्छेद 32 को) संविधान का हृदय और आत्मा की संज्ञा दी। इसके अन्तर्गत प्रत्येक नागरिक को यह अधिकार प्राप्त है कि वह अपने मौलिक अधिकारों के उल्लंघन की स्थिति में सीधे उच्चतम न्यायालय अथवा उच्च न्यायालय जा सकता है।
- उच्चतम न्यायालय अथवा उच्च न्यायालयों द्वारा मौलिक अधिकारों को लागू करवाने हेतु सरकार को आदेश एवं निर्देश दिया जा सकता है। संविधान में मौलिक अधिकारों का संरक्षक उच्चतम तथा उच्च न्यायालयों को बनाया गया है।
- मौलिक अधिकारों की अवहेलना होने पर सर्वोच्च न्यायालय (अनुच्छेद 32 के अन्तर्गत) एवं उच्च न्यायालय (अनुच्छेद 226 के अन्तर्गत) रिट जारी कर सकते हैं, जो निम्न हैं

सर्वोच्च न्यायालय एवं उच्च न्यायालय द्वारा जारी रिट

- **बन्दी प्रत्यक्षीकरण** (Habeas Corpus) इसका शाब्दिक अर्थ है-सशरीर व्यक्ति को प्रस्तुत करना। इसमें अनुच्छेद 21 की मूलभावना समाहित है।
  बन्दी प्रत्यक्षीकरण के द्वारा न्यायालय किसी गिरफ्तार व्यक्ति को न्यायालय के सामने 24 घण्टे के अन्दर प्रस्तुत करने का आदेश देता है।
- जब कभी किसी व्यक्ति को विधि की अनुमति के बिना बन्दी बनाकर रखा जाता है, तो जिसने उस व्यक्ति को बन्दी बना रखा है, उस व्यक्ति या अधिकारी को न्यायालय द्वारा यह आदेश जारी किया जा सकता है कि वह बन्दी को न्यायालय के सम्मुख प्रत्यक्ष रूप से प्रस्तुत करे तथा उन कारणों को बताए, जिनके आधार पर उसको बन्दी बनाया गया है।
- यदि जाँच के पश्चात् न्यायालय इस निर्णय पर पहुँचता है कि उस बन्दी को विधि के विरुद्ध बन्द किया गया है, तो वह उसे मुक्त करने का आदेश दे सकता है। इस लेख को वैयक्तिक स्वतन्त्रता का आधार माना जाता है। यह लोक अधिकारी तथा निजी व्यक्ति दोनों के विरुद्ध जारी किया जाता है।

- **परमादेश** (Mandamus) इसका शाब्दिक अर्थ होता है-हम आदेश देते हैं। यह तब जारी किया जाता है, जब न्यायालय को यह लगता है कि कोई सार्वजनिक पदाधिकारी, न्यायालय अथवा निगम अपने कानूनी एवं संवैधानिक दायित्वों का पालन नहीं कर रहा है एवं किसी व्यक्ति का मौलिक अधिकार प्रभावित हो रहा है।
- इस प्रकार का आदेश न केवल व्यक्तियों एवं संस्थाओं वरन् सरकार एवं अधीनस्थ न्यायालयों के विरुद्ध भी जारी किया जा सकता है। यह रिट राष्ट्रपति तथा राज्यपाल के विरुद्ध नहीं लाई जा सकती।

- **उत्प्रेषण** (Certiorari) इसका अर्थ होता है–प्रमाणित होना या सूचना देना। इसे पोस्टमार्टम भी कहा जाता है। इसके अन्तर्गत जब कोई निचली अदालत या सरकारी अधिकारी बिना अधिकार के कोई कार्य करता है, तो न्यायालय उसके समक्ष विचाराधीन मामले को उससे लेकर उत्प्रेषण द्वारा उसे ऊपर की अदालत या अधिकारी को हस्तान्तरित कर देता है।
- प्रतिषेध व उत्प्रेषण केवल न्यायिक और अर्द्ध-न्यायिक प्राधिकरणों के खिलाफ जारी किया जा सकता है।

- **अधिकार पृच्छा** (Quo-Warranto) इसका अर्थ किसी प्राधिकृत या वारण्ट के द्वारा है। यह सर्वोच्च न्यायालय अथवा उच्च न्यायालयों द्वारा तब जारी किया जाता है, जब किसी व्यक्ति द्वारा अवैधानिक रूप से कोई सार्वजनिक पद ग्रहण कर लिया जाता है।
- न्यायालय इस लेख द्वारा सम्बन्धित व्यक्ति को पद छोड़ने का आदेश दे सकता है। रिट जारी करने के लिए दो माध्यम **लोक हितवाद** (वादी स्वयं या अन्य जागरूक व्यक्ति द्वारा) तथा **न्यायिक सक्रियता** (स्वयं न्यायालय द्वारा) है।

- **प्रतिषेध** (Prohibition) इसका अर्थ है-मना करना या रोकना। जब किसी निचली अदालत द्वारा अपने अधिकार क्षेत्र का अतिक्रमण करके किसी मुकदमे की सुनवाई की जाती है, तो सर्वोच्च न्यायालय अथवा उच्च न्यायालयों द्वारा उसे ऐसा करने से रोकने हेतु जारी किया जाता है।
- प्रतिषेध एवं उत्प्रेषण के लेख में मौलिक अन्तर यह है कि प्रतिषेध तब जारी किया जाता है, जब न्यायिक प्रक्रिया चल रही हो। जबकि उत्प्रेषण का लेख उस समय जारी किया जाता है, जब किसी मामले में निर्णय दिया जा चुका हो।

मौलिक अधिकारों के कुछ अन्य महत्त्वपूर्ण पहलू

मौलिक अधिकारों के कुछ महत्त्वपूर्ण पहलू निम्नलिखित हैं

मौलिक अधिकारों का निलम्बन

- जब कभी संविधान के अनुच्छेद 352 के अन्तर्गत (युद्ध अथवा बाह्य आक्रमण के कारण किन्तु सशस्त्र विद्रोह के आधार पर नहीं) आपातकाल की उद्घोषणा की जाती है, तो संविधान के अनुच्छेद 19 में उल्लिखित स्वतन्त्रता सम्बन्धी अधिकार का क्रियान्वयन निलम्बित रहता है।
- अनुच्छेद 358 के अन्तर्गत राज्य की कार्यपालिका एवं विधायी शक्ति अनुच्छेद 19 में अन्तर्निहित स्वतन्त्रता के अधिकारों द्वारा निर्बन्धित होगी, जहाँ मौलिक अधिकारों के निलम्बन हेतु संविधान द्वारा संरक्षण प्रदान किया गया है, वहाँ अनुच्छेद 32 में लागू नहीं किया जा सकता।
- उच्चतम न्यायालय द्वारा निर्णय दिया गया है कि अनुच्छेद 32 के अन्तर्गत प्रदत्त अधिकारों का संविधान द्वारा भी अधिग्रहण नहीं किया जा सकता।
- उपरोक्त आधार पर आपातकाल की उद्घोषणा के पश्चात् राष्ट्रपति संविधान के अनुच्छेद 359 के अन्तर्गत एक दूसरा आदेश जारी कर अन्य मौलिक अधिकारों के क्रियान्वयन को भी स्थगित कर सकता है।
- यद्यपि वह अनुच्छेद 20 और 21 द्वारा प्रदत्त मौलिक अधिकारों (अपराधों के लिए दोष सिद्धि के सम्बन्ध में संरक्षण तथा प्राण और दैहिक स्वतन्त्रता सम्बन्धी संरक्षण) के क्रियान्वयन को स्थगित नहीं कर सकता।

सशस्त्र बल व मूल अधिकार (अनुच्छेद 33)

- संसद को विधि द्वारा यह निधारित करने का अधिकार है कि सैन्य बलों तथा गुप्त विभागों में ये अधिकार किस सीमा तक प्राप्त होंगे।
- इस प्रावधान का उद्देश्य सशस्त्र बलों के समुचित कार्य तथा उनके अनुशासन को बनाए रखना है। अनुच्छेद 33 के अन्तर्गत कानून बनाने का अधिकार केवल संसद को है, न कि राज्य विधानमण्डल को।
- संसद ने सैन्य अधिनियम (1950), नौ सेना अधिनियम (1950), वायु सेना अधिनियम (1950), पुलिस बल (अधिकारों पर निषेध) अधिनियम 1966, सीमा सुरक्षा बल अधिनियम इत्यादि को प्रभावी बनाया, ताकि अभिव्यक्ति की स्वतन्त्रता, संगठन बनाने के अधिकार, श्रमिक संघों या राजनीतिक संगठनों का सदस्य बनने का अधिकार, प्रेस क्रॉन्फ्रेन्स करने का अधिकार, सार्वजनिक बैठकों या प्रदर्शन का अधिकार इत्यादि पर रोक लगाई जा सके।

मार्शल लॉ व मूल अधिकार (अनुच्छेद 33)

- इसके अनुसार, जिन क्षेत्रों में मार्शल लॉ घोषित हो, वहाँ शान्ति और व्यवस्था स्थापित करने के लिए जो राज्याधिकारी कार्य करते हैं, संसद उनकी क्षतिपूर्ति की व्यवस्था विधि द्वारा कर सकती है।
- अनुच्छेद 35 के अनुसार, केवल संसद को यह अधिकार है कि वह कुछ विशेष मौलिक अधिकारों (अनुच्छेद 16, 17, 32, 33, 34 आदि) को प्रभावी बनाने के लिए कानून बना सकती है।
- मार्शल लॉ के क्रियान्वयन के समय सैन्य प्रशासन के पास आवश्यक कदम हेतु स्पेशल अधिकार मिलते हैं तथा वह किसी मामले में नागरिकों को मृत्यु दण्ड तक लागू कर सकता है।
- मार्शल लॉ का संविधान में उल्लेख नहीं है, जिसका शाब्दिक अर्थ है-सैन्य शासन।
- मार्शल लॉ के अनुसार सेना द्वारा सामान्य प्रशासन को अपने नियम कानूनों के अन्तर्गत संचालित किया जाता है।

"नीति-निदेशक तत्त्व लोक कल्याणकारी राज्य के निर्माण और सामाजिक, आर्थिक व राजनीतिक लोकतन्त्र की स्थापना हेतु केन्द्र व राज्य सरकारों का मार्गदर्शन करते हैं। इन्हें भारतीय लोकतन्त्र की निरन्तर यात्रा का लक्षित गन्तव्य भी कहा जा सकता है। राज्य के नीति-निदेशक तत्त्व राज्य के शासन में मूलभूत हैं। कानून बनाते समय राज्य द्वारा इन्हें लागू करने की अपेक्षा की जाती है।

अध्याय आठ

राज्य के नीति–निदेशक तत्त्व

राज्य के नीति-निदेशक तत्त्व हेतु संवैधानिक प्रावधान

- राज्य के नीति-निदेशक तत्त्वों का उल्लेख संविधान के भाग-IV में अनुच्छेद 36 से 51 में किया गया है। नीति-निदेशक तत्त्वों को वर्ष 1937 में निर्मित आयरलैण्ड के संविधान से लिया गया है।
- भारत शासन अधिनियम, 1935 में वर्णित अनुदेश प्रपत्र को भारतीय संविधान में नीति-निदेशक तत्त्वों के रूप में स्थान दिया गया है।
- इस सन्दर्भ में डॉ. भीमराव अम्बेडकर का मत है कि नीति-निदेशक तत्त्व उन अनुदेशों के समान हैं, जो भारत शासन अधिनियम, 1935 के अन्तर्गत ब्रिटिश सरकार द्वारा गवर्नर-जनरल तथा भारत की औपनिवेशिक कॉलोनियों के लिए जारी किए गए थे। इनमें अन्तर केवल यह है कि नीति-निदेशक तत्त्व विधायिका और कार्यपालिका के लिए निर्देश हैं।
- संविधान सभा के संवैधानिक सलाहकार सर बी. एन. राव ने इस बात की संस्तुति की थी कि वैयक्तिक अधिकार को दो श्रेणियों-न्यायोचित (Justiciable) एवं गैर-न्यायोचित (Non-Justiciable) में बाँटा जाना चाहिए, जिसे प्रारूप समिति द्वारा स्वीकार कर लिया गया। इस प्रकार न्यायोचित प्रकृति वाले मूल अधिकारों को भाग-III में और गैर-न्यायोचित प्रकृति वाले निदेशक तत्त्वों को संविधान के भाग-IV में रखा गया।

नीति-निदेशक तत्त्वों के बारे में विभिन्न विद्वानों के विचार

- के. सी. ह्वेयर के अनुसार, "नीति-निदेशक तत्त्व संसद एवं न्यायपालिका में संघर्ष को बढ़ावा देते हैं।"
- आइवर जेनिंग्स के अनुसार, "नीति-निदेशक तत्त्वों को पुण्यात्मा नैतिक आकांक्षा तथा फेबियन समाजवाद आदि से प्रेरित संज्ञाएँ दी गई हैं।"
- डॉ. बी. आर. अम्बेडकर के अनुसार, "नीति-निदेशक तत्त्व आर्थिक लोकतन्त्र की स्थापना करते हैं।"
- ग्रेनविल ऑस्टिन के अनुसार, "नीति-निदेशक तत्त्व एवं मूल अधिकारों को संविधान की मूल आत्मा कहा है।"

नीति-निदेशक तत्त्वों की प्रकृति

- नीति-निदेशक तत्त्वों का अध्याय वाद योग्य नहीं है अर्थात् इसे लागू कराने के लिए न्यायपालिका का सहारा नहीं लिया जा सकता।
- इसके अतिरिक्त देश में व्यापक विविधता एवं पिछड़ापन इसके क्रियान्वयन में बाधक थे, इसलिए संविधान निर्माताओं ने व्यावहारिक दृष्टिकोण अपनाया और इन तत्त्वों में शक्ति निहित नहीं की। इसलिए उनके हनन पर उन्हें न्यायालय द्वारा लागू नहीं कराया जा सकता। अत: कुछ आलोचकों द्वारा इन्हें पवित्र विचार अथवा नूतन वर्ष पर किए गए संकल्प मात्र (Resolution Only) कहा गया है।
- शक्तिहीन होने के बाद भी ये शासन के आधारभूत सिद्धान्त हैं तथा शासन व्यवस्था के तीनों अंगों-कार्यपालिका, विधायिका एवं न्यायपालिका को इनकी महत्ता स्वीकार करनी पड़ती है।
- वस्तुत: न्यायपालिका द्वारा मौलिक अधिकारों एवं नीति-निदेशक तत्त्वों के मध्य अनुरूपता के सिद्धान्त का अवलम्बन किया गया है तथा संविधान के विभिन्न प्रावधानों की व्याख्या करते समय इन निदेशक तत्त्वों का सहारा भी लिया गया है।

मिनर्वा मिल्स प्रकरण

इस प्रकरण में उच्चतम न्यायालय के तत्कालीन मुख्य न्यायाधीश वाई.वी. चन्द्रचूड़ द्वारा कहा गया है कि भारतीय संविधान अपने भाग-III एवं भाग-IV के सन्तुलन पर दृढ़तापूर्वक आधारित है तथा इसमें किसी एक को प्रधानता देने का अर्थ संविधान की समरसता में बाधा डालना है।

राज्य के नीति-निदेशक तत्त्वों से सम्बन्धित प्रमुख अनुच्छेद

अनुच्छेद	विषय
अनुच्छेद 38	राज्य लोक कल्याण को बढ़ाने हेतु सामाजिक व्यवस्था बनाएगा
अनुच्छेद 39	राज्य द्वारा पालन किए जाने वाले कुछ नीति-निदेशक तत्त्व
अनुच्छेद 39 (A)	समान न्याय और नि:शुल्क विधिक सहायता
अनुच्छेद 40	ग्राम पंचायतों का गठन
अनुच्छेद 41	कुछ मामलों में काम, शिक्षा और सार्वजनिक सहायता प्राप्त करने का अधिकार
अनुच्छेद 42	काम की न्यायसंगत और मानवोचित दशाओं तथा प्रसूति सहायता का उपबन्ध
अनुच्छेद 43	श्रमिकों हेतु निर्वाह मजदूरी
अनुच्छेद 43 (A)	उद्योगों के प्रबन्धन में श्रमिकों की भागीदारी
अनुच्छेद 43 (B)	सहकारी समितियों का प्रबन्धन एवं नियन्त्रण
अनुच्छेद 44	सभी नागरिकों हेतु समान नागरिक संहिता
अनुच्छेद 45	प्रारम्भिक बाल्यावस्था की देख-रेख, 6 वर्ष से कम आयु के बालकों हेतु अनिवार्य तथा नि:शुल्क शिक्षा
अनुच्छेद 46	अनुसूचित जातियों व जनजातियों तथा अन्य पिछड़े वर्गों की शिक्षा और आर्थिक हितों को बढ़ावा देना
अनुच्छेद 47	पोषण एवं जीवन स्तर को ऊपर उठाने और सार्वजनिक स्वास्थ्य में सुधार के सन्दर्भ में राज्य के कर्त्तव्य
अनुच्छेद 48	कृषि और पशुपालन का संगठन
अनुच्छेद 48 (A)	पर्यावरण का संरक्षण, सुधार तथा वन्य जीवों की सुरक्षा
अनुच्छेद 49	राष्ट्रीय महत्त्व के स्मारकों, स्थानों तथा वस्तुओं का संरक्षण
अनुच्छेद 50	कार्यपालिका से न्यायपालिका का पृथक्करण
अनुच्छेद 51	अन्तर्राष्ट्रीय शान्ति तथा सुरक्षा को बढ़ावा देना

नीति-निदेशक तत्त्वों के प्रकार

- अनुच्छेद 36 से 51 में 17 नीति-निदेशक तत्त्व हैं। अनुच्छेद 36 के अनुसार, इस भाग में प्रयुक्त राज्य शब्द का वही अर्थ है, जो भाग-III के अनुच्छेद-12 में दिया गया है, जिसके अनुसार राज्य का आशय केन्द्रीय सरकार, संसद, राज्य सरकार, विधानमण्डल और भारत सरकार या राज्य सरकार के अधीन सभी स्थानीय प्राधिकरण तथा अन्य लोक प्राधिकारियों से है।
- अनुच्छेद 37 के अनुसार, इस भाग में दिए गए उपबन्धों को किसी भी न्यायालय द्वारा लागू नहीं कराया जा सकता, फिर भी इसमें दिए हुए तत्त्व देश के शासन के लिए मूलभूत हैं और कानून के निर्माण में इन तत्त्वों का प्रयोग करना राज्य का कर्त्तव्य होगा।
- संविधान में इनका वर्गीकरण नहीं किया गया है, लेकिन इनकी दशा एवं दिशा के आधार पर इन्हें तीन व्यापक श्रेणियों—समाजवादी, गाँधीवादी और उदारवादी में विभक्त किया गया है।

राज्य के नीति-निदेशक तत्त्वों का वर्गीकरण

समाजवादी सिद्धान्त	गाँधीवादी सिद्धान्त	उदार एवं बौद्धिक सिद्धान्त
अनुच्छेद-38(1), 38(2), 39, 39(A), 39(B), 39(C), 39(D), 39(E), 39(F), 41, 42, 43, 43 (A)	अनुच्छेद - 40, 43, 43(B), 46, 47, 48	अनुच्छेद - 44, 45, 48 48(A), 49, 50, 51

समाजवादी सिद्धान्तों पर आधारित निर्देश

- अनुच्छेद 38(1) इसके अन्तर्गत राज्य को यह निर्देश दिया गया है कि वह लोक कल्याण की अभिवृद्धि करके ऐसी सामाजिक व्यवस्था की स्थापना करेगा, जिसमें प्रत्येक व्यक्ति के लिए सामाजिक, आर्थिक तथा राजनीतिक न्याय सुनिश्चित हो सके। ये निर्देश संविधान की प्रस्तावना में अन्तर्निहित हैं।
- अनुच्छेद 38(2) इसके अन्तर्गत यह निर्देश है कि राज्य, विशेष रूप से आय की असमानताओं को कम करने का प्रयास करेगा और न केवल व्यक्तियों के बीच, बल्कि विभिन्न क्षेत्रों में रहने वाले तथा विभिन्न व्यवसायों में लगे हुए लोगों के समूहों के बीच की प्रतिष्ठा, सुविधाओं और अवसरों की असमानताओं को समाप्त करने का प्रयास करेगा।
- अनुच्छेद 39 यह राज्य को विशेषत: अपनी नीति का इस प्रकार संचालन करने का निर्देश देता है
    - अनुच्छेद 39 (A) इसके अन्तर्गत राज्य यह सुनिश्चित करेगा कि वैधानिक व्यवस्था इस प्रकार कार्य करे कि समान अवसर के आधार पर न्याय सुलभ हो और वह विशेषत: यह सुनिश्चित करने के लिए कि आर्थिक या किसी अन्य निर्योग्यता के कारण कोई नागरिक न्याय प्राप्त करने के अवसर से वंचित न रह जाए, उपयुक्त विधि या योजना द्वारा या किसी अन्य रीति से नि:शुल्क वैधानिक सहायता की व्यवस्था करेगा।
    - इसी अनुच्छेद में पुरुषों और स्त्रियों दोनों (सभी को) को समान रूप से जीविका के पर्याप्त साधन उपलब्ध कराने के उपबन्ध को भी शामिल किया गया है।
    - अनुच्छेद 39 (B) इसके अन्तर्गत राज्य यह सुनिश्चित करेगा कि समुदाय के भौतिक संसाधनों का स्वामित्व और नियन्त्रण इस प्रकार वितरित हो, जिससे कि सामूहिक हित सर्वोत्तम रूप से सम्पादित हो।
    - अनुच्छेद 39 (C) इसके अन्तर्गत राज्य यह सुनिश्चित करेगा कि आर्थिक व्यवस्था इस प्रकार संचालित हो, जिससे कि धन तथा उत्पादन साधनों का सर्वसाधारण के लिए अहितकारी केन्द्रीकरण न हो।
    - अनुच्छेद 39 (D) इसके अन्तर्गत राज्य यह सुनिश्चित करेगा कि पुरुषों और स्त्रियों दोनों को समान कार्य करने पर समान वेतन प्राप्त हो।
    - अनुच्छेद 39 (E) इसके अन्तर्गत राज्य यह सुनिश्चित करेगा कि पुरुष और स्त्री श्रमिकों के स्वास्थ्य एवं शक्ति का तथा बालकों की सुकुमार अवस्था का दुरुपयोग न हो और आर्थिक आवश्यकता से विवश होकर नागरिकों को ऐसे रोजगारों में न जाना पड़े, जो उनकी आयु या शक्ति के प्रतिकूल हों तथा जहाँ कार्य करने से उनके स्वास्थ्य पर दुष्प्रभाव पड़ता हो।
    - अनुच्छेद 39 (F) इसके अन्तर्गत राज्य यह सुनिश्चित करेगा कि बच्चों को स्वतन्त्र और गरिमामय वातावरण में स्वस्थ विकास के अवसर और सुविधाएँ दी जाएँ। बच्चों तथा युवकों की शोषण तथा नैतिक और भौतिक परित्याग से रक्षा की जाए।
- अनुच्छेद 41 इसके अन्तर्गत राज्य अपने आर्थिक सामर्थ्य तथा विकास की सीमाओं के अन्दर, कार्य पाने, शिक्षा पाने एवं बेकारी, बुढ़ापा, बीमारी और नि:शक्तता तथा अन्य अभाव की दशाओं में लोगों की सहायता और अधिकार को प्राप्त कराने की प्रभावी व्यवस्था करेगा।
- अनुच्छेद 42 इसके अन्तर्गत राज्य कार्य की न्यायसंगत और मानवोचित दशाओं को सुनिश्चित करने के लिए तथा प्रसूति सहायता की व्यवस्था करेगा।

• **अनुच्छेद 43** राज्य, उपयुक्त विधि या आर्थिक संगठन द्वारा किसी अन्य रीति से कृषि के उद्योग के या अन्य प्रकार के सभी श्रमिकों को कार्य, निर्वाह मजदूरी, शिष्ट जीवन स्तर, अवकाश का सम्पूर्ण उपभोग सुनिश्चित करने वाली कार्य की दशाएँ तथा सामाजिक और सांस्कृतिक अवसर प्राप्त कराने का प्रयास करेगा।

मनरेगा कार्यक्रम

समाजवादी सिद्धान्तों पर आधारित निर्देश के तहत **अनुच्छेद 43** सभी कामगारों को कार्य हेतु केन्द्र सरकार द्वारा **महात्मा गाँधी राष्ट्रीय ग्रामीण रोजगार गारण्टी कार्यक्रम** (मनरेगा कार्यक्रम) की शुरुआत वर्ष 2005-06 (तब नरेगा) में की गई।

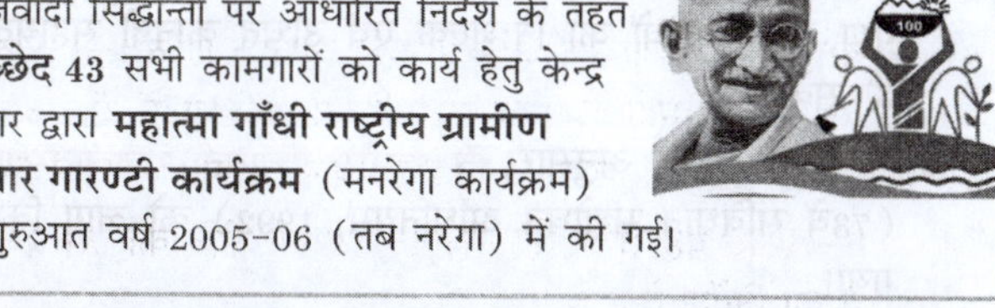

• **अनुच्छेद 43 (A)** इसके अन्तर्गत राज्य किसी उद्योग में लगे हुए उपक्रमों (Undertakings), स्थापनाओं या अन्य संगठनों के प्रबन्ध में श्रमिकों का भाग लेना सुनिश्चित करने के लिए उपयुक्त विधि या किसी अन्य रीति की व्यवस्था करेगा।

गाँधीवादी सिद्धान्त पर आधारित निर्देश

• **अनुच्छेद 40** इसके अन्तर्गत राज्य ग्राम पंचायतों का संगठन करने के लिए कदम उठाएगा और उनको ऐसी शक्तियाँ और प्राधिकार प्रदान करेगा, जो उन्हें स्वायत्त शासन की इकाइयों के रूप में कार्य करने योग्य बनाने के लिए आवश्यक हों।

• **अनुच्छेद 43** इसमें यह प्रावधान किया गया है कि राज्य गाँवों में कुटीर उद्योगों को वैयक्तिक या सहकारी आधार पर बढ़ाने का प्रयास करेगा।

• **अनुच्छेद 43 (B)** इसके अन्तर्गत राज्य सहकारी समितियों के ऐच्छिक गठन, स्वायत्त कार्य सम्पादन, लोकतान्त्रिक नियन्त्रण या वृत्तिक प्रबन्धन में अभिवृद्धि करने का प्रयास करेगा।

• **अनुच्छेद 46** इसके अन्तर्गत राज्य जनता के दुर्बल वर्गों, विशेषत: अनुसूचित जाति एवं अनुसूचित जनजातियों के शिक्षा और अर्थ सम्बन्धी हितों की विशेष सावधानी से अभिवृद्धि करेगा तथा सामाजिक अन्याय और सभी प्रकार के शोषण से उनकी रक्षा करेगा।

• **अनुच्छेद 47** इसके अन्तर्गत राज्य अपने लोगों के पोषाहार स्तर एवं जीवन स्तर को ऊँचा करने और लोक स्वास्थ्य के सुधार को अपने प्राथमिक कर्त्तव्यों में मानेगा तथा विशेषत: मादक पेयों एवं स्वास्थ्य के लिए हानिकारक औषधियों, औषधीय प्रयोजन से भिन्न उपयोग का प्रतिषेध करने का प्रयास करेगा।

• **अनुच्छेद 48** इसके अन्तर्गत राज्य, कृषि और पशुपालन को आधुनिक एवं वैज्ञानिक प्रणालियों से संगठित करने का प्रयास करेगा। विशेषत: गायों, बछड़ों, अन्य दुधारु एवं वाहक पशुओं की नस्लों के परिरक्षण और सुधार के लिए तथा उनके वध का प्रतिषेध करने के लिए कदम उठाएगा।

उदार एवं बौद्धिक सिद्धान्त पर आधारित निर्देश

अनुच्छेद 44 इसके अन्तर्गत राज्य भारत के समूचे राज्यक्षेत्र में नागरिकों के लिए एकसमान व्यवहार संहिता, एकसमान सिविल संहिता प्राप्त कराने का प्रयास करेगा।

समान सिविल संहिता

• संविधान के **भाग-IV** (राज्य के नीति-निदेशक तत्त्व) के अनुच्छेद 44 में राज्य को सभी नागरिकों के लिए समान सिविल संहिता (Uniform Civil Code) के निर्माण का निर्देश दिया गया है।

• भारत सरकार ने इस दिशा में प्रयास के लिए हिन्दू कानूनों में सुधार के लिए **हिन्दू विवाह अधिनियम** (Hindu Marriage Act) और हिन्दू उत्तराधिकार अधिनियम (Hindu Succession Act) को पारित किया, परन्तु सरकार द्वारा इस दिशा में अधिक प्रयास नहीं किए गए।

• **शाहबानो वाद** (1989) में उच्चतम न्यायालय ने भारत सरकार को एकसमान सिविल संहिता लागू करने का निर्देश दिया, परन्तु राजीव गाँधी के नेतृत्व वाली सरकार ने अल्पसंख्यकों के दबाव में इसको लागू नहीं किया।

• **सरला मुद्गल बनाम भारत संघ** (1995) वर्ष 2005 में ईसाई पादरी की रिट पर सुनवाई के पश्चात् सर्वोच्च न्यायालय ने सरकार को एकसमान सिविल संहिता लागू करने का निर्देश दिया, परन्तु सरकार की दृढ़ इच्छा शक्ति में कमी के कारण एकसमान सिविल संहिता लागू नहीं हो पाई।

• उत्तराखण्ड स्वतन्त्र भारत का पहला राज्य है, जहाँ जनवरी, 2025 से समान सिविल संहिता (UCC) को लागू किया गया है।

• **अनुच्छेद 45** इसके अन्तर्गत राज्य सभी बालकों के लिए 6 वर्ष की आयु पूर्ण करने तक, प्रारम्भिक बाल्यावस्था की देख-रेख और शिक्षा देने के लिए उपबन्ध करने का प्रयास करेगा।

• उल्लेखनीय है कि इस सिद्धान्त को 86वें संविधान संशोधन अधिनियम, 2002 द्वारा परिवर्तित किया गया।

• पहले इसमें 14 वर्ष तक के बालकों के लिए नि:शुल्क और अनिवार्य शिक्षा प्रदान करने की व्यवस्था थी, जिसे अनुच्छेद-21(A) के अन्तर्गत एक मूल अधिकार बना दिया गया।

• **अनुच्छेद 48 (A)** इसमें यह निर्देश दिया गया है कि राज्य देश के पर्यावरण के संरक्षण और संवर्द्धन का तथा वन और वन्य जीवों की रक्षा करने का प्रयास करेगा।

• **अनुच्छेद 49** इसमें यह प्रावधान किया गया है कि संसद द्वारा बनाई गई विधि द्वारा उसके अधीन राष्ट्रीय महत्त्व वाले घोषित किए गए कलात्मक या ऐतिहासिक अभिरुचि वाले प्रत्येक स्मारक या स्थान या वस्तु का यथा स्थिति लुंठन (लूटपाट करना), विरूपण (विकृत करना), विनाश, अपसारण (विस्थापित करना), व्ययन (विक्रय) या निर्यात से संरक्षण करना राज्य का दायित्व होगा।

• **अनुच्छेद 50** इसमें यह प्रावधान किया गया है कि राज्य की लोक सेवाओं—न्यायपालिका को कार्यपालिका से पृथक् करने के लिए राज्य कदम उठाएगा।

• **अनुच्छेद 51** इसमें यह निर्देश दिया गया है कि राज्य अन्तर्राष्ट्रीय शान्ति और सुरक्षा की अभिवृद्धि का, राष्ट्रों के बीच न्यायसंगत और सम्मान पूर्ण सम्बन्धों को बनाए रखने का तथा संगठित लोगों के एक-दूसरे से व्यवहारों में अन्तर्राष्ट्रीय विधि और सन्धि बाध्यताओं के प्रति आदर बढ़ाने का प्रयास करेगा तथा अन्तर्राष्ट्रीय विवादों को **मध्यस्थता** (Arbitration) द्वारा निपटाए जाने के लिए प्रोत्साहन देने का प्रयास करेगा।

बाद में जोड़े गए नीति-निदेशक तत्त्व

- 42वें संविधान संशोधन अधिनियम, 1976 के द्वारा चार और नीति निदेशक तत्त्व जोड़े गए
  (i) अनुच्छेद 39 (F) के अनुसार, बच्चों को स्वतन्त्र एवं गरिमामय वातावरण में स्वस्थ विकास के अवसर और सुविधाएँ प्रदान की जाएँ।
  (ii) अनुच्छेद 39 (A) के अनुसार, कानून व्यवस्था इस प्रकार कार्य करे कि न्याय समान अवसर के आधार पर सुलभ हो और राज्य विशिष्टतया आर्थिक या किसी अन्य निर्योग्यता के मामलों में नि:शुल्क कानूनी सहायता की व्यवस्था करे।

भाग-IV से बाहर उल्लेखित नीति-निदेशक तत्त्व

- **सेवाओं के लिए अनुसूचित जातियों और जनजातियों के दावे** भाग-XVI में **अनुच्छेद** 335 के अनुसार, संघ या किसी राज्य के क्रियाकलापों से सम्बन्धित सेवाओं और पदों के लिए नियुक्तियाँ करने में अनुसूचित जातियों तथा जनजातियों के सदस्यों के दावों का, प्रशासन की दक्षता बनाए रखने की संगति के अनुसार ध्यान रखा जाएगा।
- **मातृभाषा में शिक्षा** भाग-XVII में अनुच्छेद 350 (A) के अनुसार, प्रत्येक राज्य और राज्य के अन्दर स्थानीय प्राधिकारी का यह कर्त्तव्य होगा कि भाषाई अल्पसंख्यक वर्गों के बच्चों को शिक्षा के प्राथमिक स्तर पर मातृभाषा में शिक्षा की पर्याप्त सुविधाओं का प्रबन्ध करे।
- **हिन्दी भाषा का विकास** भाग-XVII के अनुच्छेद 351 में उल्लेख है कि संघ सरकार का यह कर्त्तव्य होगा कि हिन्दी भाषा के प्रसार को बढ़ाए तथा इसका विकास करे, जिससे भारतीय सामयिक संस्कृति का माध्यम बन सके।

  (iii) अनुच्छेद 43 (A) के अनुसार, उद्योगों के प्रबन्ध में कर्मकारों की भागीदारी सुनिश्चित की जाए।
  (iv) अनुच्छेद 48 (A) के अनुसार, पर्यावरण का संरक्षण और उसमें सुधार लाया जाए तथा वनों और वन्य जीवों की रक्षा की जाए।
- अनुच्छेद 38 (2) को 44वें संविधान संशोधन अधिनियम, 1978 के द्वारा जोड़ा गया। इसके अनुसार, राज्य विशिष्टतया आय की असमानताओं को कम करने और विभिन्न व्यवसायों में लगे हुए लोगों के समूहों के बीच प्रतिष्ठा, सुविधाओं और अवसरों की असमानता समाप्त करने का प्रयास करेगा।
- 86वें संविधान संशोधन अधिनियम, 2002 के द्वारा अनुच्छेद 21(A) में शिक्षा का अधिकार सम्मिलित किए जाने के बाद अनुच्छेद 45 में 6 वर्ष से कम आयु के बच्चों की देख-रेख और शिक्षा का कर्त्तव्य राज्य पर आरोपित किया गया।
- 97वें संविधान संशोधन अधिनियम, 2011 के द्वारा अनुच्छेद 43(B) में सहकारी समिति के गठन सम्बन्धी निर्देश दिए गए और यह अपेक्षा की गई कि राज्य सहकारी समितियों के स्वैच्छिक गठन, स्वायत्त संचालन, लोकतान्त्रिक निमन्त्रण तथा व्यावसायिक प्रबन्धन को बढ़ावा दें।

नीति-निदेशक तत्त्वों का क्रियान्वयन

- वर्ष 1950 के बाद से केन्द्र और राज्य सरकारों ने नीति-निदेशक तत्त्वों को लागू करने के लिए अनेक कार्यक्रम एवं विधियों को बनाया है; जैसे—
  - कृषि भूमि सुधार के अन्तर्गत मध्यवर्ती कारकों; जैसे—जमींदार, जागीरदार, ईनामदार आदि को समाप्त किया गया। 14 प्रमुख बैंकों का राष्ट्रीयकरण (1969), समान कार्य के लिए समान वेतन देने की गारण्टी देने वाला अधिनियम आदि ये सभी अनुच्छेद 39 में प्रतिष्ठित आदर्शों की प्राप्ति के लिए थे।
  - अनुच्छेद 39 (A) के अनुसार, विधिक सेवा प्राधिकरण अधिनियम (1987) के तहत राष्ट्रीय विधिक सेवा प्राधिकरण का गठन किया गया, ताकि गरीबों को नि:शुल्क एवं उचित कानूनी सहायता प्राप्त हो सके।
  - अनुच्छेद 40 के अनुसार, त्रि-स्तरीय पंचायती राजव्यवस्था (73वें संविधान संशोधन अधिनियम, 1992) को लागू किया गया।
  - श्रमिकों से सम्बन्धित अनेक अधिनियम अनुच्छेद 41, 42, 43 आदि को लागू करने के उद्देश्य से बनाए गए हैं, जिसमें न्यूनतम मजदूरी अधिनियम, प्रसूति प्रसुविधा अधिनियम, कारखाना अधिनियम आदि प्रमुख हैं।
  - एकीकृत ग्रामीण विकास योजना (1978), जवाहर रोजगार योजना (1989), स्वर्ण जयन्ती ग्राम स्वरोजगार योजना (1999), महात्मा गाँधी राष्ट्रीय ग्रामीण रोजगार गारण्टी योजना (2005), मातृत्व हित लाभ (संशोधन अधिनियम, 2017) आदि को मानक जीवन जीने के उद्देश्य से आरम्भ किया गया।
- अनुच्छेद 45 में 6 से 14 वर्ष के बच्चों को नि:शुल्क और अनिवार्य शिक्षा के निदेशक तत्त्व को लागू करने के लिए उसे मौलिक अधिकार में बदल दिया गया है।
- अनुच्छेद 47 के अनुसार, स्कूलों में प्रधानमन्त्री पोषण योजना, 2021 (पूर्व में मिड-डे-मील कार्यक्रम) बच्चों में पर्याप्त पोषाहार स्तर को बढ़ावा देने हेतु चलाई जा रही है।
- शैक्षणिक संस्थानों, सरकारी नौकरियों एवं प्रतिनिधि निकायों में अनुसूचित जाति, जनजाति एवं कमजोर वर्गों हेतु सीटें सुरक्षित की गईं।
- अनुच्छेद 47 एवं सिविल अधिकार संरक्षण अधिनियम, 1955 के अनुसार, अनुसूचित जाति और जनजाति (अत्याचार निवारण) अधिनियम, 1989, 89वें संविधान संशोधन अधिनियम, 2003 ने इस संयुक्त आयोग को दो निकायों—राष्ट्रीय अनुसूचित जाति आयोग तथा राष्ट्रीय अनुसूचित जनजाति आयोग में विभाजित किया।
- अनुच्छेद 48 (A) के अनुसार, वन्यजीव (संरक्षण) अधिनियम, 1972, राष्ट्रीय वन नीति (1988) का उद्देश्य वनों की सुरक्षा, संरक्षण और विकास करना है।
- अनुच्छेद 49 के अनुसार, प्राचीन एवं ऐतिहासिक स्मारक तथा पुरातत्वीय स्थल और अवशेष संविधान संशोधन अधिनियम, 1951 का प्रावधान किया गया।
- अनुच्छेद 51 के अनुसार, अन्तर्राष्ट्रीय शान्ति और सुरक्षा में अभिवृद्धि के लिए सरकार ने गुटनिरपेक्ष नीति, पंचशील सिद्धान्त तथा UNO के समर्थन की अपनी विदेश नीति को आधार स्तम्भ के रूप में स्वीकार किया है।

नीति-निदेशक तत्त्वों की आलोचना

- नीति–निदेशक तत्त्व न्यायालय द्वारा प्रवर्तनीय नहीं हैं। नीति–निदेशक तत्त्व के कारण विधायिका व न्यायपालिका के बीच विवाद के मामले बनते हैं। यह टकराव केन्द्र तथा राज्य दोनों स्तरों पर हो सकता है।
- नीति–निदेशक तत्त्वों को लागू करने में समस्या आती है। प्रवर्तनीयता सुनिश्चित न होने के कारण समान नागरिक संहिता को लागू नहीं किया जा सकता।
- के. टी. शाह ने निदेशक तत्त्वों की तुलना ऐसे चेक से की, जो बैंक की सुविधानुसार अदा किया जाएगा। टी. टी. कृष्णमाचारी ने नीति–निदेशक तत्त्वों को भावनाओं का स्थायी कूड़ाघर कहा।

मौलिक कर्त्तव्य, मूल अधिकार एवं नीति-निदेशक तत्त्वों की तुलना

- मौलिक कर्त्तव्य नागरिकों से सम्बन्धित हैं, जबकि नीति–निदेशक तत्त्व संविधान द्वारा केन्द्र व राज्य सरकारों के लिए बताए गए ध्येय हैं।
- मौलिक कर्त्तव्यों के साथ कोई विधि नहीं जुड़ी है। प्रत्येक नागरिक का कर्त्तव्य होना चाहिए कि वह उन कर्त्तव्यों के निर्वहन (Discharge) का प्रयास करे।
- नीति–निदेशक तत्त्वों की भाँति मूल कर्त्तव्य गैर–न्यायोचित हैं। संविधान में सीधे न्यायालय के द्वारा उनके क्रियान्वयन की व्यवस्था नहीं है अर्थात् उनके हनन के विरुद्ध कोई कानूनी संस्तुति नहीं है। यद्यपि संसद उपयुक्त विधान द्वारा इनके क्रियान्वयन के लिए स्वतन्त्र है।
- कुछ मौलिक कर्त्तव्य तथा नीति–निदेशक तत्त्व समान हैं; जैसे—अनुच्छेद 45 तथा 51 (A) मूल कर्त्तव्य, अनुच्छेद 48 (A) तथा 51(A) (G) मूल कर्त्तव्य, अनुच्छेद 49 तथा 51 (A) (i) मूल कर्त्तव्य।

मौलिक अधिकार एवं नीति-निदेशक तत्त्वों में अन्तर

मौलिक अधिकार	राज्य के नीति–निदेशक तत्त्व
ये राज्य के कुछ कार्यों पर प्रतिबन्ध लगाते हैं अर्थात् ये नकारात्मक हैं।	ये राज्य को कुछ सकारात्मक कार्य करने की प्रेरणा देते हैं अर्थात् ये सकारात्मक हैं।
ये विशेष रूप से व्यक्ति के अधिकारों को संरक्षित करते हैं।	ये सम्पूर्ण समाज के हित की बात करते हैं।
इनका क्रियान्वयन न्यायालयों की सहायता से किया जा सकता है अर्थात् ये वाद योग्य हैं।	इनका क्रियान्वयन न्यायालयों की सहायता से नहीं किया जा सकता अर्थात् ये वाद योग्य नहीं हैं।
इनके अन्तर्गत प्रधानतया नागरिक और राजनैतिक अधिकारों (लोकतन्त्र) का समावेश किया गया है।	इनके अन्तर्गत आर्थिक और सामाजिक अधिकारों (लोकतन्त्र) का प्रावधान है।
ये विधि रूप से मान्य हैं।	इन्हें नैतिक एवं राजनीतिक मान्यता प्राप्त है।
इनका उल्लंघन करने वाली किसी विधि को न्यायालय असंवैधानिक घोषित कर सकता है।	इनका उल्लंघन करने वाली किसी विधि को न्यायालय असंवैधानिक घोषित नहीं कर सकता।
ये स्वतः लागू होते हैं। इन्हें लागू करने के लिए विधान की आवश्यकता नहीं होती है।	ये स्वतः लागू नहीं होते हैं। इन्हें लागू करने के लिए विधान की आवश्यकता होती है।

मूल अधिकार व नीति-निदेशक तत्त्वों में टकराव

अनुच्छेद 32 के अन्तर्गत मूल अधिकार न्यायालय द्वारा प्रवर्तनीय बनाए गए हैं तथा राज्य के नीति-निदेशक तत्त्व अनुच्छेद 37 के अन्तर्गत **अप्रवर्तनीय** हैं। मूल अधिकार व नीति-निदेशक तत्त्वों में लागू किए जाने के सम्बन्ध में टकराव की स्थिति बनती है। इस सम्बन्ध में निम्न टकराव तथा सर्वोच्च न्यायालय के निर्णय निम्नवत् हैं

चम्पकम दोराइराजन वाद

- **चम्पकम दोराइराजन वाद** (1951) में सर्वोच्च न्यायालय ने कहा कि नीति-निदेशक तत्त्वों तथा मूल अधिकारों के मध्य किसी प्रकार के टकराव की स्थिति में मूल अधिकार प्रभावी होंगे।
- इसके बाद **केरल शिक्षा विधेयक, 1959** के विषय में न्यायपालिका ने दोनों के महत्त्व को बनाए रखने हेतु **समन्वयकारी निर्वचन** (Cordinating effort) का सिद्धान्त दिया।
- वर्ष 1967 में सर्वोच्च न्यायालय के निर्णय में गोलकनाथ वाद में एक व्यापक परिवर्तन हुआ तथा न्यायालय ने कहा निदेशक तत्त्वों को लागू करने हेतु मूल अधिकारों में संशोधन नहीं किया जा सकता।

गोलकनाथ वाद

- **गोलकनाथ वाद** (1967) के सर्वोच्च न्यायालय के निर्णय पर संसद ने **24वें तथा 25वें संविधान संशोधन (1971)** में अपना पक्ष रखा। 24वें संविधान संशोधन अधिनियम के अन्तर्गत संसद अधिकृत है कि वह संविधान संशोधन अधिनियम के अनुसार मूल अधिकारों को समाप्त या सीमित कर दे।
- **25वें संविधान संशोधन अधिनियम** के द्वारा अनुच्छेद 31(C) को जोड़ा गया। इसके अन्तर्गत प्रावधान किया गया कि
  (i) **अनुच्छेद** 39(B) तथा (C) में वर्णित समाजवादी नीति-निदेशक तत्त्वों को लागू कराने वाली किसी विधि को इस आधार पर अवैध नहीं माना जा सकता कि वह **अनुच्छेद 14, 19, 31** के मूल अधिकारों का संशोधन करती हो।
  (ii) ऐसी नीति को प्रभावी बनाने हेतु यह भी प्रावधान किया गया कि ऐसी विधि को न्यायालय में चुनौती नहीं दी जा सकती।

केशवानन्द भारती केस

- **केशवानन्द भारती केस, 1973** में सर्वोच्च न्यायालय ने अनुच्छेद-ग के दूसरे प्रावधान को अवैध घोषित करते हुए कहा कि न्यायिक समीक्षा संविधान की मूल विशेषता है।
- **42वें संविधान संशोधन अधिनियम, 1976** के अन्तर्गत **अनुच्छेद 31 (C)** के पहले प्रावधान का विस्तार किया गया और निदेशक तत्त्वों को मूल अधिकारों पर प्राथमिकता प्रदान की गई, परन्तु मिनर्वा मिल्स बनाम भारत संघ (1980) के वाद में 42वें संविधान संशोधन के अन्तर्गत अनुच्छेद 31 (C) में जोड़े गए प्रावधान को असंवैधानिक घोषित कर दिया, क्योंकि उससे संविधान का मूल ढाँचा नष्ट होता था।
- इस वाद में न्यायालय ने **अनुच्छेद 39(B)** एवं **(C)** में वर्णित निदेशक तत्त्वों को **अनुच्छेद 14** व **19** में वर्णित मूल अधिकारों पर प्राथमिकता को संवैधानिक माना। न्यायालय ने यह तर्क दिया कि मूल अधिकार तथा नीति-निदेशक तत्त्व एक-दूसरे के पूरक हैं, क्योंकि नीति-निदेशक तत्त्व वे लक्ष्य हैं, जिन्हें हमें प्राप्त करना है तथा मूल अधिकार वे साधन हैं, जिनके माध्यम से उन लक्ष्यों को प्राप्त किया जाना है।
- वर्तमान में मूल अधिकारों को नीति-निदेशक तत्त्वों से अधिक महत्त्व प्राप्त है। इसका यह अर्थ नहीं है कि निदेशक तत्त्वों को लागू नहीं किया जाएगा, संसद नीति-निदेशक तत्त्वों को लागू करने हेतु मूल ढाँचे को क्षति पहुँचाए बिना मूल अधिकारों में संशोधन कर सकती है।

"

मौलिक कर्त्तव्य नागरिकों हेतु प्रेरणा स्रोत हैं तथा उनमें अनुशासन एवं प्रतिबद्धता बढ़ाते हैं। ये नागरिकों की राष्ट्रीय लक्ष्य प्राप्ति में भूमिका को सक्रिय बनाते हैं।

अध्याय नौ

मौलिक कर्त्तव्य

मौलिक कर्त्तव्य हेतु संवैधानिक प्रावधान

- भारतीय संविधान के भाग-IV (A) में अनुच्छेद 51 (A) के अन्तर्गत नागरिकों हेतु मौलिक कर्त्तव्यों का वर्णन किया गया है। संविधान में मौलिक कर्त्तव्यों से सम्बन्धित उपबन्ध समाविष्ट नहीं थे। इन्हें 42वें संविधान संशोधन अधिनियम, 1976 द्वारा आपातकाल के दौरान जोड़ा गया।
- मौलिक कर्त्तव्यों को वर्ष 1976 में गठित सरदार स्वर्ण सिंह समिति की संस्तुति के आधार पर समाविष्ट किया गया। इस समिति द्वारा 8 मौलिक कर्त्तव्यों की संस्तुति की गई थी, परन्तु 42वें संविधान संशोधन द्वारा 10 मौलिक कर्त्तव्य जोड़े गए।
- 86वें संविधान संशोधन, 2002 के द्वारा एक नया मौलिक कर्त्तव्य जोड़ा गया अर्थात् वर्तमान में भारतीय संविधान में मौलिक कर्त्तव्यों की संख्या 11 है।
- मौलिक कर्त्तव्य का प्रावधान केवल भारतीय नागरिकों के लिए है। भारतीय संविधान के मौलिक कर्त्तव्यों को पूर्व सोवियत संघ (USSR) के संविधान से लिया गया है।
- नागरिकों के कर्त्तव्य तथा अधिकार अन्तर्सम्बन्धित हैं, किन्तु लोकतान्त्रिक देशों के संविधान में (जैसे—कनाडा, फ्रांस, जर्मनी आदि) कर्त्तव्यों का वर्णन नहीं है (केवल जापान को छोड़कर), किन्तु साम्यवादी देशों में अधिकारों के साथ कर्त्तव्यों को भी शामिल किया गया है।

नागरिकों के लिए 11 मौलिक कर्त्तव्य

अनुच्छेद 51 (A) के अन्तर्गत भारत के प्रत्येक भारतीय नागरिक का कर्त्तव्य होगा कि वह

1. संविधान का पालन करे और उसके आदर्शों, संस्थाओं, राष्ट्रध्वज और राष्ट्रगान का आदर करे।
2. स्वतन्त्रता के लिए हमारे राष्ट्रीय आन्दोलन को प्रेरित करने वाले उच्च आदर्शों को हृदय में संजोए रखे और उनका पालन करे।
3. भारत की सम्प्रभुता, एकता और अखण्डता की रक्षा करे और उसे अक्षुण्ण बनाए रखे।
4. देश की रक्षा करे एवं आह्वान किए जाने पर राष्ट्र की सेवा करे।
5. भारत के सभी लोगों में समरसता और समान भ्रातृत्व (Harmony and Common Brotherhood) की भावना का निर्माण करे, जो धर्म, भाषा और प्रदेश या वर्ग पर आधारित सभी भेदभावों से परे हो तथा ऐसी प्रथाओं का त्याग करे, जो स्त्रियों के सम्मान के विरुद्ध हों।
6. हमारी सामासिक/मिश्रित (Composite) संस्कृति की गौरवशाली परम्परा का महत्त्व समझे और उसका परिरक्षण करे।
7. प्राकृतिक पर्यावरण की, जिसके अन्तर्गत वन, झील, नदी और वन्यजीव हैं, रक्षा करे और उनका संवर्द्धन करे तथा प्राणी-मात्र के प्रति दया भाव रखे।
8. वैज्ञानिक दृष्टिकोण, मानववाद और ज्ञानार्जन तथा सुधार की भावना का विकास करे।
9. सार्वजनिक सम्पत्ति को सुरक्षित रखे और हिंसा से दूर रहे।
10. व्यक्तिगत और सामूहिक गतिविधियों के सभी क्षेत्रों में उत्कर्ष की ओर बढ़ने का सतत प्रयास करे, जिससे राष्ट्र निरन्तर आगे बढ़ते हुए प्रगति और उपलब्धि की नई ऊँचाइयों को छू ले।
11. 6 से 14 वर्ष की आयु के बच्चों के माता-पिता का यह कर्त्तव्य होगा कि वे अपने बच्चों को शिक्षा प्राप्त करने हेतु अवसर प्रदान करें।

मौलिक कर्त्तव्यों का क्रियान्वयन एवं प्रवर्तन

- मूल कर्त्तव्य विधि द्वारा लागू किए जाते हैं तथा इनमें से किसी के अनुपालन में विफल होने पर संसद विधि द्वारा दण्ड का प्रावधान कर सकती है।
- इसके अतिरिक्त मौलिक कर्त्तव्यों को परमादेश (Mandamus) [एक प्रकार की रिट] के द्वारा प्रभावी नहीं बनाया जा सकता। संविधान में मौलिक कर्त्तव्यों का न्यायालय द्वारा प्रवर्तन के सम्बन्ध में कोई प्रावधान नहीं किया गया है।
- इसके अतिरिक्त न्यायालय द्वारा कहा गया है कि जिस प्रकार मूल अधिकार संविधान को समझने के लिए मूलभूत महत्त्व के हैं, वैसे ही मूल कर्त्तव्य भी हैं।

मौलिक कर्त्तव्यों की उपयोगिता/महत्त्व

- मौलिक कर्त्तव्यों का भी राज्य के नीति-निदेशक तत्त्वों की भाँति संविधान की व्याख्या हेतु उपयोग किया जा सकता है। न्यायपालिका ने जिस प्रकार राज्य के नीति-निदेशक तत्त्वों की व्याख्या करते समय दो विरोधी सिद्धान्तों के मध्य अनुरूपता स्थापित करने के सिद्धान्त का अवलम्बन किया, उसी प्रकार मौलिक कर्त्तव्यों की व्याख्या करते समय भी वह उसी सिद्धान्त का अनुपालन कर सकती है।
- विधायिका द्वारा विधि निर्माण करते समय इनके क्रियान्वयन को आधार बनाया जा सकता है तथा कार्यों का औचित्य सिद्ध करने के लिए इन कर्त्तव्यों का सहारा लिया जा सकता है।
- मौलिक कर्त्तव्य व्यक्ति में सामाजिक दायित्व की भावना का संचार करते हैं, अन्ततः जिससे राष्ट्रीय भावना में वृद्धि होती है।
- ये कर्त्तव्य भारतीय संस्कृति के अनुकूल हैं और भारतीय जनता में बन्धुता की भावना को बढ़ाते हैं।
- मौलिक कर्त्तव्य केवल नागरिकों के लिए हैं, ये विदेशी नागरिकों पर लागू नहीं होते।
- मौलिक कर्त्तव्यों में कुछ नागरिक कर्त्तव्य हैं, तो कुछ नैतिक कर्त्तव्य; जैसे-राष्ट्रगान तथा राष्ट्रध्वज का आदर करना, नागरिक कर्त्तव्य को दर्शाते हैं, जबकि स्वतन्त्रता संग्राम के आदर्शों का सम्मान करना नैतिक कर्त्तव्य है।

मौलिक कर्त्तव्यों का अनुपालन

- मौलिक कर्त्तव्यों को संविधान में समाविष्ट करने का मुख्य उद्देश्य नागरिकों को उनके सामाजिक और आर्थिक दायित्वों के प्रति सचेत करना तथा उन्हें अपने देश, साथी नागरिकों एवं अपने हित में कुछ करने या न करने की चेतावनी देना है।
- अनुच्छेद 51 A (a) में राष्ट्रीय ध्वज के सम्मान की बात की गई है। इससे सम्बन्धित निर्देश भारतीय ध्वज संहिता, 2002 में शामिल हैं।
- यदि किसी कानून की एक से अधिक व्याख्याएँ सम्भव हैं, तो उसको व्याख्यायित करते समय न्यायालय निश्चित रूप से मौलिक कर्त्तव्यों को ध्यान में रख सकता है। पर्यावरण की सुरक्षा से सम्बन्धित अनुच्छेद 51 (A) (c) का न्यायालयों द्वारा विशेष रूप में संज्ञान लिया गया है।

वर्मा समिति (1999) की रिपोर्ट वर्मा समिति के अनुसार, कुछ मौलिक कर्त्तव्यों का अनुपालन कराने हेतु पहले से ही कुछ वैधानिक प्रावधान (ये उन कानूनों तथा विनियमों से सन्दर्भित हैं, जो संसद द्वारा पारित तथा राष्ट्रपति द्वारा स्वीकृत होने के पश्चात् सरकार द्वारा लागू किए जाते हैं। ये व्यक्तियों तथा संगठनों के लिए बाध्यकारी होते हैं।) विद्यमान हैं। इस समिति के अनुसार निम्नलिखित मामले हैं, जिनके सन्दर्भ में विधियाँ विद्यमान हैं

- **राष्ट्रीय ध्वज, भारतीय संविधान** और **राष्ट्रगान** के प्रति कोई अवमानना न प्रदर्शित की जाए, यह सुनिश्चित करने के लिए राष्ट्रीय सम्मान की अवमानना पर रोक सम्बन्धी विधेयक वर्ष 1971 में पारित किया गया था।
- स्वतन्त्रता प्राप्ति के कुछ समय बाद ही वर्ष 1950 में प्रतीक और नाम (अनुचित उपयोग पर रोक) विधेयक पारित कर दिया गया था।
- **नागरिक अधिकार संरक्षण अधिनियम,** 1955 के अन्तर्गत संरक्षण के प्रावधान।
- इस समिति द्वारा प्रस्तुत रिपोर्ट के अन्तर्गत सर्वोच्च न्यायालय के 138 ऐसे निर्णयों की सूची प्रस्तुत की गई, जिनमें पर्यावरण के संरक्षण को एक मुख्य आधार बनाया गया था।

मौलिक कर्त्तव्यों की आलोचना

मौलिक कर्त्तव्यों की आलोचना निम्न आधारों पर की जाती है

- मौलिक कर्त्तव्य बाध्यकारी नहीं हैं और न ही इनकी उपेक्षा पर दण्ड का प्रावधान है।
- कुछ मौलिक कर्त्तव्यों; जैसे-अनिवार्य मतदान, कर-भुगतान का इनमें स्थान नहीं है। (स्वर्ण सिंह समिति ने मौलिक कर्त्तव्य में कर भुगतान शामिल करने की अनुशंसा की थी, परन्तु सम्मिलित नहीं किया गया।)
- कुछ मौलिक कर्त्तव्यों की भाषा जटिल है; जैसे-समन्वित संस्कृति, वैज्ञानिक दृष्टिकोण आदि। कुछ मौलिक कर्त्तव्य अनावश्यक हैं; जैसे-प्राणी मात्र के प्रति दया भाव रखें।
- कुछ मौलिक कर्त्तव्यों का दोहराव है; जैसे-भारत की सम्प्रभुता, एकता और अखण्डता की रक्षा करें, देश की रक्षा करें (दोनों का अर्थ एक ही है)।

मौलिक अधिकार एवं मौलिक कर्त्तव्य में सम्बन्ध

नागरिकों के मौलिक अधिकार व मौलिक कर्त्तव्य एक ही सिक्के के दो पहलू हैं, इन दोनों में दो प्रकार के सम्बन्ध दिखाई देते हैं

- पहला, कोई भी समाज पारस्परिकता के सिद्धान्तों पर ही क्रियाशील हो सकता है। उदाहरणस्वरूप, हमारे अधिकारों के सन्दर्भ में समाज का यह दायित्व है कि वह उन्हें यथोचित सम्मान दे। इसी प्रकार हमारा भी कर्त्तव्य बनता है कि हम दूसरों के ऐसे ही अधिकारों को सम्मान व मान्यता प्रदान करें।
- दूसरा, अधिकारों व कर्त्तव्यों के तर्क का यह भी निहितार्थ है कि यदि राज्य के विरुद्ध हमारे कोई अधिकार हैं, तो उसकी समृद्धि की दिशा में हमारे उत्तरदायित्व भी हैं।
- पारस्परिकता से जुड़े ये दायित्व व्यक्तियों के अधिकारों पर कोई पाबन्दी नहीं लगाते। वे उन्हें अधिक पूर्णता तथा अधिक वास्तविकता प्रदान करते हैं।

मौलिक कर्त्तव्यों तथा नीति-निदेशक तत्त्वों में समन्वय की भावना

- मौलिक कर्त्तव्यों में प्राकृतिक पर्यावरण की बात कही गई है, जबकि राज्य के नीति-निदेशक तत्त्वों में भी पर्यावरण की बात कही गई है।
- मौलिक कर्त्तव्यों में सार्वजनिक सम्पत्ति (Private property) को सुरक्षित रखने की बात कही गई है, जबकि नीति-निदेशक तत्त्वों में राष्ट्रीय महत्त्व के स्थानों, स्मारकों और वस्तुओं का संरक्षण करने की बात कही गई है।
- मौलिक कर्त्तव्यों में समरसता और समान भ्रातृत्व की भावना देखने को मिलती है, तो दूसरी ओर राज्य के नीति-निदेशक तत्त्वों में समान नागरिक संहिता की बात कही गई है।

“

भारतीय संविधान में संघवाद, धर्मनिरपेक्षता, एकता और सम्प्रभुता, मौलिक अधिकार, सत्ता का पृथक्करण तथा लोकतन्त्र के सन्दर्भों को मूल ढाँचे के रूप में परिभाषित किया गया है। ये बुनियादी संरचनाएँ हैं, जिनसे भारतीय शासन-व्यवस्था के लोकतान्त्रिक तथा गणतन्त्रात्मक स्वरूप का निर्धारण होता है।

अध्याय दस

संविधान की मूल संरचना की संकल्पना

मूल संरचना का उद्‌भव

- भारतीय संविधान की मूल संरचना की संकल्पना संविधान की कुछ ऐसी मूलभूत विशेषताओं से सम्बन्धित है, जोकि अपरिवर्तनीय हैं तथा इन्हें संसद द्वारा परिवर्तित या संशोधित नहीं किया जा सकता।
- भारतीय संविधान में मूल संरचना के सिद्धान्त/संकल्पना का वर्णन स्पष्ट रूप से नहीं है, वास्तव में यह एक न्यायिक सिद्धान्त है, जो संसद की संशोधन शक्ति से सम्बन्धित मामलों पर उच्चतम न्यायालय के कई निर्णयों के माध्यम से विकसित हुआ है।
- अनुच्छेद 368 के तहत संसद द्वारा संविधान में संशोधन करने की शक्ति के दायरे को लेकर वर्ष 1951 में चर्चा शुरू हो गई थी।
- इस मुद्दे ने विधायिका एवं न्यायपालिका के मध्य टकराव की शुरुआत की, जो अन्तत: संविधान की मूल संरचना के सिद्धान्त के विकास के रूप में परिणत हुई।
- विगत दशकों में इस सिद्धान्त के विकास को निम्न प्रकार से देखा जा सकता है

शंकरी प्रसाद मामले (1951)

- प्रथम संविधान संशोधन अधिनियम, 1951 को शंकरी प्रसाद बनाम भारत संघ मामले में चुनौती दी गई थी कि यह संविधान के भाग III का उल्लंघन करता है और इसलिए इसे अमान्य माना जाना चाहिए।
- सर्वोच्च न्यायालय ने माना कि अनुच्छेद 368 के अन्तर्गत संसद को मौलिक अधिकारों सहित संविधान के किसी भी भाग में संशोधन करने का अधिकार है।
- इस मामले में सर्वोच्च/उच्चतम न्यायालय ने फैसला दिया कि अनुच्छेद 13 में विधि/कानून (Law) शब्द में केवल सामान्य विधि/कानून शामिल है, न कि संविधान संशोधन अधिनियम।
- इस प्रकार संसद, संविधान संशोधन अधिनियम बनाकर किसी भी मौलिक अधिकार को समाप्त या कम कर सकती है।
- उच्चतम न्यायालय ने शंकरी प्रसाद मामले (1954) में अपने निर्णय से सहमति व्यक्त की अर्थात् अपने मत की पुन: पुष्टि की और कहा कि अनुच्छेद 368 के अन्तर्गत संसद संविधान के किसी भी भाग में संशोधन कर सकती है अथात् अनुच्छेद 368 के तहत किया गया संविधान संशोधन अधिनियम अनुच्छेद 13 के अर्थ में कानून नहीं है।

सज्जन सिंह बनाम राजस्थान राज्य (1964)

- सज्जन सिंह बनाम राजस्थान राज्य मामले (1964) में सर्वोच्च न्यायालय ने 17वें संविधान संशोधन की संवैधानिक वैधता पर विचार किया।
- सर्वोच्च न्यायालय ने 17वें संविधान संशोधन की वैधता को बरकरार रखते हुए माना कि संसद को संविधान के किसी भी भाग को संशोधित करने का अधिकार है।
- सर्वोच्च न्यायालय ने माना कि अनुच्छेद 13 के अन्तर्गत 'कानून' शब्द संवैधानिक संशोधनों को शामिल नहीं करता है। फलस्वरूप अनुच्छेद 368 के अन्तर्गत संशोधन अनुच्छेद 13 की बाध्यताओं के अधीन नहीं है। इस व्याख्या ने संसद को संशोधनों के अधीन मौलिक अधिकारों सहित संविधान संशोधित करने की अनुमति दी।

गोलकनाथ बनाम पंजाब सरकार मामले (1967)

- वर्ष 1967 में गोलकनाथ बनाम पंजाब राज्य मामले में सर्वोच्च न्यायालय ने अपने दिए गए फैसलों को पलट दिया और इस मामले में 17वें संविधान संशोधन अधिनियम, 1964 की संवैधानिक वैधता को चुनौती दी गई थी, जिसमें 9वीं अनुसूची में राज्य द्वारा की जाने वाली कुछ कार्यवाहियों को जोड़ दिया गया था।
- सर्वोच्च न्यायालय ने माना कि संसद के पास संविधान के भाग-III में संशोधन करने का कोई अधिकार नहीं है, क्योंकि मौलिक अधिकार अपरिवर्तनीय हैं।
- अतएव संसद न तो मौलिक अधिकारों में कटौती कर सकती है और न ही उसे वापस ले सकती है। न्यायालय ने संविधान संशोधन अधिनियम को अनुच्छेद 13 के अन्तर्गत एक कानून माना।
- उच्चतम न्यायालय के फैसले के अनुसार अनुच्छेद 368 केवल संविधान में संशोधन करने की प्रक्रिया निर्धारित करता है और संसद को संविधान के किसी भी भाग में संशोधन का पूर्ण अधिकार नहीं देता है।

24वाँ संविधान संशोधन अधिनियम, 1971

- सर्वोच्च न्यायालय की व्यवस्था (1967 गोलकनाथ मामले के सम्बन्ध में) की प्रतिक्रिया में भारतीय संसद ने वर्ष 1971 में 24वाँ संविधान संशोधन अधिनियम (अनुच्छेद 13 और 368 में संशोधन कर) पारित किया।
- इस अधिनियम ने संसद को मौलिक अधिकारों सहित संविधान में कोई भी परिवर्तन करने का पूर्ण अधिकार दिया तथा इसने राष्ट्रपति के लिए यह भी अनिवार्य कर दिया कि वह उनके पास भेजे गए सभी संविधान संशोधन विधेयकों पर अपनी सहमति दे।

42वाँ संविधान संशोधन अधिनियम, 1976

- न्यायपालिका द्वारा प्रतिपादित मूल संरचना के नए सिद्धान्त की प्रतिक्रिया के रूप में संसद ने वर्ष 1976 में 42वाँ संविधान संशोधन अधिनियम पारित किया।
- इस अधिनियम ने अनुच्छेद 368 में संशोधन किया और यह घोषित किया कि संसद की संविधान संशोधन की शक्ति पर कोई सीमा नहीं है।
- इसके अतिरिक्त मौलिक अधिकारों के उल्लंघन सहित किसी भी आधार पर किसी भी संविधान संशोधन को न्यायालय में चुनौती नहीं दी जा सकती है।

संविधान के मूलभूत ढाँचे के विकास से सम्बन्धित प्रमुख वाद और तत्त्व

	प्रमुख वाद (वर्ष)	मूलभूत ढाँचे के तत्त्व (सर्वोच्च न्यायालय द्वारा पोषित)
1.	केशवानन्द भारती मामला (1973)-मौलिक अधिकार मामले के नाम से विख्यात; सर्वोच्च/उच्चतम न्यायालय ने माना कि संसद को संविधान के किसी भी प्रावधान में संशोधन करने का अधिकार है, लेकिन ऐसा करते समय संविधान के मूल ढाँचे को बनाए रखना होगा।	1. संविधान की सर्वोच्चता, 2. संविधान का धर्मनिरपेक्ष चरित्र, 3. संविधान का संघीय चरित्र, 4. भारत की सम्प्रभुता एवं एकता, 5. व्यक्ति की स्वतन्त्रता एवं गरिमा, 6. विधायिका, कार्यपालिका एवं न्यायपालिका के बीच शक्ति का पृथक्करण, 7. गणराज्यात्मक एवं लोकतान्त्रिक स्वरूप वाली सरकार, 8. संसदीय प्रणाली, 9. एक कल्याणकारी राज्य की स्थापना का जनादेश
2.	इन्दिरा नेहरू गाँधी मामला (1975)-चुनावी मामले के नाम से प्रसिद्ध (इस मामले द्वारा 39वें संविधान संशोधन अधिनियम 1975 के एक प्रावधान को रद्द कर दिया, जिसमें प्रधानमन्त्री एवं लोकसभा अध्यक्ष से सम्बन्धित चुनावी विवादों को सभी न्यायालयों के क्षेत्राधिकार से बाहर कर दिया था।)	1. धर्मनिरपेक्षता तथा आस्था एवं धर्म की स्वतन्त्रता, 2. भारत एक सम्प्रभु लोकतन्त्रात्मक गणराज्य, 3. स्वतन्त्र एवं निष्पक्ष चुनाव जो लोकतन्त्र में अन्तर्निहित है।, 4. कानून का शासन, 5. व्यक्ति की प्रस्थिति एवं अवसर की समानता, 6. न्यायिक समीक्षा
3.	मिनर्वा मिल्स मामला (1980)	1. न्यायिक समीक्षा, 2. मौलिक अधिकारों एवं नीति-निदेशक सिद्धान्तों के बीच सौहार्द्र एवं सन्तुलन, 3. संसद की संविधान संशोधन की सीमित शक्ति
4.	सेण्ट्रल कोलफील्ड लिमिटेड मामला (1980)	न्याय तक प्रभावी पहुँच
5.	भीमसिंह जी मामला (1980)	कल्याणकारी राज्य (सामाजिक-आर्थिक न्याय)
6.	एस.पी. सम्पत कुमार मामला (1986)	1. न्यायिक समीक्षा, 2. कानून का शासन
7.	पी. सम्बामूर्ति मामला (1986)	1. न्यायिक समीक्षा, 2. कानून का शासन
8.	दिल्ली ज्युडीशियल सर्विस एसोसिएशन मामला (1991)	अनुच्छेद 32, 136, 141 एवं 142 के अन्तर्गत सर्वोच्च न्यायालय की शक्ति
9.	इन्द्रा साहनी मामला (1992) मण्डल मामले के रूप में चर्चित	कानून का शासन
10.	कुमार पद्म प्रसाद मामला (1992)	न्यायपालिका की स्वतन्त्रता
11.	किहोतो होलोहोन मामला (1992)-दल-बदल मामले के रूप में चर्चित	1. सम्प्रभु, लोकतन्त्रात्मक, गणराज्यात्मक ढाँचा, 2. स्वतन्त्र निष्पक्ष चुनाव
12.	रघुनाथ राव मामला (1993)	1. भारत की एकता एवं अखण्डता, 2. समानता का सिद्धान्त
13.	एस.आर. बोम्मई मामला (1994)	1. धर्मनिरपेक्षता, 2. संघवाद, 3. राष्ट्र की एकता एवं अखण्डता, 4. लोकतन्त्र, 5. न्यायिक समीक्षा, 6. सामाजिक न्याय
14.	एल. चन्द्रकुमार मामला (1997)	उच्च न्यायालयों की अनुच्छेद 226 तथा 227 के अन्तर्गत शक्तियाँ
15.	इन्द्रा साहनी द्वितीय मामला (1999)	समानता का सिद्धान्त
16.	ऑल इण्डिया जजेस एसोसिएशन मामला (2001)	स्वतन्त्र न्यायिक प्रणाली
17.	कुलदीप नायर मामला (2006)	1. स्वतन्त्र एवं निष्पक्ष चुनाव, 2. लोकतन्त्र
18.	एम. नागराज मामला (2006)	समानता का सिद्धान्त
19.	आई. आर. कोएल्हो मामला (2007)-नौवीं अनुसूची मामले के रूप में चर्चित	1. शक्तियों का बँटवारा, 2. मौलिक अधिकारों के आधारभूत सिद्धान्त 3. समानता का सिद्धान्त, 4. न्यायिक समीक्षा, 5. कानून का शासन
20.	राम जेठमलानी मामला (2011)	अनुच्छेद 32 के अन्तर्गत सर्वोच्च न्यायालय की शक्तियाँ
21.	नमित शर्मा मामला (2012)	व्यक्ति की स्वतन्त्रता एवं गरिमा
22.	मद्रास बार एसोसिएशन मामला (2014)	1. अनुच्छेद 226 एवं 227 के अन्तर्गत उच्च न्यायालय की शक्तियाँ 2. न्यायिक समीक्षा

"संविधान में बदलते सामाजिक परिवेश के अनुरूप परिवर्तन कर संविधान की प्रासंगिकता बनाए रखने हेतु संविधान में संविधान संशोधन के लिए प्रावधान किए गए थे। संविधान में संशोधन प्रायः भारत की संसद द्वारा किए जाते हैं।

अध्याय ग्यारह

संविधान संशोधन

भारतीय संविधान में संशोधन की प्रक्रिया न तो अमेरिका के समान कठोर है और न ही ब्रिटेन के समान लचीली है।

संसद अपनी विधायी शक्ति का उपयोग करते हुए संविधान के किसी भाग, उपबन्ध का परिवर्तन, परिवर्द्धन अथवा निरसन के रूप में संशोधन कर सकती है।

संविधान के भाग-XX के अनुच्छेद 368 में संसद को संविधान तथा इसकी व्यवस्था में संशोधन की शक्ति प्रदान की गई है, जिसके अनुसार संसद अपनी संवैधानिक शक्ति के द्वारा और इस अनुच्छेद में वर्णित प्रक्रिया के अनुसार संविधान में नए उपबन्ध जोड़ सकती है तथा पहले से विद्यमान उपबन्धों में परिवर्तन कर सकती है या हटा सकती है।

संविधान में संशोधन की प्रक्रिया

संविधान संशोधन की प्रक्रिया संसद से शुरू होती है। संविधान में संशोधन की प्रक्रिया निम्न तीन अलग-अलग प्रकार से सम्पन्न हो सकती है

संविधान संशोधन के प्रकार

1. संसद में सामान्य बहुमत द्वारा
2. संसद के दोनों सदनों में अलग-अलग विशेष बहुमत द्वारा
3. संसद के दोनों सदनों में विशेष बहुमत+कुल राज्यों की आधी विधायिकाओं के अनुसमर्थन द्वारा

सामान्य बहुमत प्रक्रिया

- संसद कुछ अनुच्छेदों में अनुच्छेद 368 (1) में वर्णित प्रक्रिया को अपनाए बिना ही संशोधन कर सकती है। संविधान संशोधन विधेयक संसद के किसी भी सदन में प्रस्तुत किया जा सकता है।
- इस प्रक्रिया से संशोधन हेतु दोनों सदनों में उपस्थित तथा मत देने वाले सदस्यों के आधे से अधिक की सहमति आवश्यक होती है।
- सामान्य बहुमत प्रक्रिया से निम्न अनुच्छेदों में संशोधन किया जाता है
  - अनुच्छेद 2 में नए राज्यों को सम्मिलित करने, अनुच्छेद 3 में राज्यों के नाम, सीमा क्षेत्र में परिवर्तन, नए राज्य का निर्माण करने की शक्ति संसद को दी गई है।
  - अनुच्छेद 73(2) जो संसद की किसी अन्य व्यवस्था के होने तक राज्य में कुछ सुनिश्चित शक्तियाँ निहित करता है।
  - अनुच्छेद 75, 97, 125, 148, 165 (5) तथा 221(1) जो द्वितीय अनुसूची (राष्ट्रपति, राज्यपाल, लोकसभा अध्यक्ष, न्यायाधीश आदि के लिए परिलब्धियाँ, भत्ते, विशेषाधिकार इत्यादि) में परिवर्तन की अनुमति देते हैं।
  - अनुच्छेद 105 (3) संसद द्वारा परिभाषित किए जाने पर संसदीय विशेषाधिकारों की व्यवस्था करता है।
  - अनुच्छेद 106 संसद द्वारा परिभाषित किए जाने पर संसद सदस्यों के वेतन एवं भत्तों की व्यवस्था करता है।
  - अनुच्छेद 120 (3) संसदीय भाषा के बारे में उपबन्ध करना, पाँचवीं व छठी अनुसूची में परिवर्तन, केन्द्रशासित प्रदेश, नागरिकता की प्राप्ति व समाप्ति।
  - अनुच्छेद 124 सर्वोच्च न्यायालय में न्यायाधीशों की संख्या से सम्बन्धित।
  - अनुच्छेद 135 सर्वोच्च न्यायालय के अधिकार क्षेत्र में परिवर्तन से सम्बन्धित।
  - अनुच्छेद 169 विधानपरिषद् के गठन व समाप्ति से सम्बन्धित।

संसद के विशेष बहुमत द्वारा संशोधन प्रक्रिया

- संविधान के अधिकांश प्रावधानों को संसद के विशेष बहुमत द्वारा ही संशोधित किया जाता है।
- संघीय ढाँचे के सम्बन्धित उपबन्धों को छोड़कर अनुच्छेद 368 के अन्तर्गत किए जाने वाले संशोधन इसके अन्तर्गत आते हैं।

- इसमें प्रत्येक सदन के कुल सदस्य संख्या का बहुमत (अर्थात् 50% से अधिक) प्राप्त होना चाहिए तथा दोनों सदनों में अलग-अलग उपस्थित तथा मतदान करने वालों के दो-तिहाई सदस्यों का समर्थन भी मिलना चाहिए।

निम्न अनुच्छेदों में विशेष बहुमत प्रक्रिया से संशोधन किया जाता है
- मूल अधिकार (भाग-III)
- राज्य के नीति-निदेशक तत्त्व (भाग-IV)
- वे सभी **उपबन्ध** (Provisions), जो प्रथम तथा तृतीय श्रेणियों से सम्बद्ध नहीं हैं।

संसद के विशेष बहुमत तथा राज्यों द्वारा अनुमोदन

- संविधान के कुछ अनुच्छेदों में संशोधन करने के लिए विशेष बहुमत ही पर्याप्त नहीं होता, अपितु राज्यों और केन्द्र सरकारों के बीच शक्तियों के वितरण से सम्बन्धित या जनप्रतिनिधित्व से सम्बन्धित अनुच्छेदों में संशोधन करने के लिए राज्यों से परामर्श करना और उनकी सहमति प्राप्त करना भी आवश्यक होता है।
- संविधान में यह व्यवस्था राज्यों की शक्तियों को सुनिश्चित करने के लिए की गई है कि जब तक आधे राज्यों की विधानपालिकाएँ किसी संशोधन विधेयक को पारित नहीं कर देतीं, तब तक संशोधन प्रभावी नहीं माना जाता।
- संघीय व्यवस्था में संशोधन हेतु इस प्रक्रिया का प्रयोग किया जाता है।
- संसद के विशेष बहुमत तथा आधे राज्यों के विधानमण्डलों की संस्तुति के पश्चात् संशोधन विधेयक को राष्ट्रपति के पास स्वीकृति हेतु भेजा जाएगा।

उपबन्धों में संशोधित

- अनुच्छेद 54 राष्ट्रपति का निर्वाचन मण्डल
- अनुच्छेद 55 राष्ट्रपति की निर्वाचन प्रणाली
- अनुच्छेद 73 संघ की कार्यपालिका शक्ति का विस्तार
- अनुच्छेद 162 राज्य की कार्यपालिका शक्ति का विस्तार
- अनुच्छेद 241 संघ राज्यक्षेत्रों के लिए
- भाग-V का अध्याय 4, संघ की न्यायपालिका
- भाग-VI का अध्याय 5, राज्यों के उच्च न्यायालय
- भाग-VII के अध्याय 1, संघ राज्य के विधायी सम्बन्ध
- संसद में राज्यों का प्रतिनिधित्व
- सातवीं अनुसूची
- वस्तु एवं सेवा कर परिषद्

संविधान संशोधन के उपबन्ध में संशोधन

संविधान संशोधन की प्रक्रिया से जुड़े अनुच्छेद 368 में अब तक तीन बार संशोधन किया जा चुका है, ये संशोधन निम्नलिखित हैं

7वाँ संविधान संशोधन अधिनियम, 1956

- 7वाँ संविधान संशोधन राज्यों के पुनर्गठन अधिनियम, 1956 के पारित होने के बाद उपबन्धित किया गया।
- इस संशोधन में अनुच्छेद 368 (2) में शब्द प्रथम सूची के भाग क या ब में विनिर्दिष्ट शब्द को विलुप्त किया गया।

24वाँ संविधान संशोधन अधिनियम, 1971

- इस संशोधन द्वारा अनुच्छेद 368 में उपखण्ड (1) और (3) जोड़े गए।
- उपखण्ड (1) में संसद को यह शक्ति प्रदान की गई कि वह संविधान के किसी भी भाग में संशोधन कर सकती है।
- इस संशोधन के उपखण्ड (2) के द्वारा उपबन्ध किया गया कि राष्ट्रपति को संविधान संशोधन विधेयक पर अनुमति देना अनिवार्य है और वह इसे रोक नहीं सकता।
- उपखण्ड (3) के अनुसार, अनुच्छेद 13 की कोई बात इस अनुच्छेद के अधीन किए गए किसी संशोधन पर लागू नहीं होगी।

42वाँ संविधान संशोधन अधिनियम, 1976

- इस संशोधन द्वारा अनुच्छेद 368 में उपखण्ड (4) और (5) जोड़े गए। ये उपखण्ड केशवानन्द भारती के मामले में उच्चतम न्यायालय द्वारा संसद की संविधान संशोधन की शक्ति पर आरोपित संविधान के आधारभूत ढाँचे की सीमा को समाप्त करने के लिए जोड़े गए थे।
- सर्वोच्च न्यायालय ने आधारभूत ढाँचे के सिद्धान्त को मिनर्वा मिल्स बनाम भारत संघ (1980) मामले में संवैधानिक घोषित किया।

विवादास्पद संशोधन

- जून, 1975 में देश में आपातकाल की घोषणा की गई और 38वें, 39वें और 42वें संशोधन इसी पृष्ठभूमि से उत्पन्न हुए। इन संशोधनों का लक्ष्य संविधान के अनेक महत्त्वपूर्ण भागों में बुनियादी परिवर्तन करना था।
- 42वें संशोधन ने संविधान को गहरे स्तर पर प्रभावित किया। यह सर्वोच्च न्यायालय द्वारा केशवानन्द मामले में दिए गए निर्णय को भी चुनौती थी।
- इसके अन्तर्गत लोकसभा की अवधि को 5 वर्ष से बढ़ाकर 6 वर्ष कर दिया गया।
- मूल कर्त्तव्यों को संविधान में इसी संशोधन के द्वारा जोड़ा गया।
- संविधान का 42वाँ संशोधन न्यायपालिका की समीक्षा शक्तियों पर भी प्रतिबन्ध लगाता है।
- इस संशोधन के द्वारा संविधान की प्रस्तावना, सातवीं अनुसूची तथा 53 अनुच्छेदों में परिवर्तन किए गए।
- वर्ष 1977 के चुनाव में सत्ताधारी दल की हार के बाद नई सरकार ने इन विरोधाभासी संशोधनों पर पुन: विचार करना आवश्यक समझा और 38वें, 39वें तथा 42वें संशोधन के माध्यम से जो परिवर्तन किए गए थे, उनमें से अधिकांश को 43वें तथा 44वें संशोधन के द्वारा निरस्त कर दिया और इन संशोधनों के माध्यम से संवैधानिक सन्तुलन को पुन: लागू किया गया।

भारत के संविधान में हुए अब तक के संशोधन

भारत का संविधान लागू होने के पश्चात् से अब तक (सितम्बर, 2023, 106वाँ संशोधन) इसमें 106 बार संशोधन किए जा चुके हैं। इन संशोधनों का संक्षिप्त विवरण इस प्रकार है

प्रमुख संशोधन	विवरण
प्रथम संविधान संशोधन अधिनियम, 1951	इस संशोधन द्वारा संविधान में नौवीं अनुसूची को भूमि विधियों को संवैधानिक संरक्षण प्रदान करने के उद्देश्य से जोड़ा गया। इसके द्वारा मौलिक अधिकारों में समानता, स्वतन्त्रता तथा सम्पत्ति के अधिकार को सीमित किया गया। अनुच्छेद 19 के खण्ड (2) में संशोधन के अन्तर्गत लोक-व्यवस्था, विदेशी राज्य से मैत्री सम्बन्ध और अपराध करने को उत्प्रेरित करने के आधार पर वाक् और अभिव्यक्ति की स्वतन्त्रता पर युक्ति-युक्त प्रतिबन्ध लगाने की व्यवस्था की गई।
द्वितीय संविधान संशोधन अधिनियम, 1952	इसके अन्तर्गत 1951 की जनगणना के आधार पर संसद में राज्यों के प्रतिनिधित्व को पुनः निर्धारित किया गया।
तृतीय संविधान संशोधन अधिनियम, 1954	इसके द्वारा समवर्ती सूची की 33वीं प्रविष्टि में संशोधन कर संसद को खाद्य पदार्थ, पशुचारा, कच्चा कपास, कपास के बीज एवं कच्चे जूट के उत्पादन, आपूर्ति और वितरण पर नियन्त्रण को मजबूत बनाया गया।
चतुर्थ संविधान अधिनियम, 1955	इसके अन्तर्गत अनुच्छेद 31(2) में संशोधन किया गया, जिसमें निजी सम्पत्ति के अनिवार्य अधिग्रहण के स्थान पर दी जाने वाली क्षतिपूर्ति के सम्बन्ध में न्यायालय की जाँच से बाहर कर दिया गया। अनुच्छेद 31 (A) राज्यों द्वारा जनहित में या अपने प्रबन्ध को बेहतर बनाने हेतु सम्पत्ति के अस्थायी अधिग्रहण को मुआवजे की धारा से हटाने के लिए संशोधित किया गया। अनुच्छेद 305 में संशोधन का एकाधिकार प्रदान करने वाले कानून की रक्षा के लिए किया गया तथा किसी व्यापार को राष्ट्रीयकृत बनाने हेतु राज्यों को अधिकार प्रदान किया गया। 9वीं अनुसूची में सात नई प्रविष्टियाँ शामिल की गई हैं।
5वाँ संविधान संशोधन अधिनियम, 1955	इसके अन्तर्गत अनुच्छेद 3 में संशोधन किया गया तथा राज्यों के क्षेत्र, सीमा और नामों को परिवर्तित करने वाले प्रस्तावित केन्द्रीय विधान पर राज्य विधानमण्डलों के अपने मत देने पर समय-सीमा के निर्धारण हेतु राष्ट्रपति को शक्ति प्रदान की गई।
छठाँ संविधान संशोधन अधिनियम, 1956	इसके अन्तर्गत सातवीं अनुसूची के संघ सूची में प्रविष्टि-92 (A) जोड़कर केन्द्र सरकार को अन्तर्राष्ट्रीय व्यापार वाणिज्य के अन्तर्गत वस्तुओं की खरीद-बिक्री पर कर लगाने की शक्ति प्रदान की गई। इसके लिए अनुच्छेद 269 और 286 में परिवर्तन किए गए।
7वाँ संविधान संशोधन अधिनियम, 1956	इसके अन्तर्गत राज्यों के चार वर्गों (भाग-क, भाग-ख, भाग-ग और भाग-घ) में वर्गीकरण को समाप्त कर दिया गया और राज्यों को 14 राज्यों एवं 6 केन्द्रशासित प्रदेशों में पुनर्गठित किया गया। लोकसभा, राज्यसभा एवं राज्य की विधायिकाओं में सीटों का पुनर्वितरण किया गया। संघशासित प्रदेशों में उच्च न्यायालयों के क्षेत्राधिकार का विस्तार किया गया। दो या दो से अधिक राज्यों के लिए एक सामूहिक न्यायालय की स्थापना का प्रावधान किया गया। उच्च न्यायालयों में कार्यकारी तथा अतिरिक्त न्यायाधीशों की नियुक्ति का प्रावधान किया गया।
8वाँ संविधान संशोधन अधिनियम, 1960	इसके अन्तर्गत अनुच्छेद 334 में संशोधन कर अनुसूचित जाति/जनजाति और एंग्लो-इण्डियन की आरक्षण सम्बन्धी व्यवस्था को 10 वर्षों के लिए बढ़ाकर वर्ष 1970 तक कर दिया गया।
9वाँ संविधान संशोधन अधिनियम, 1960	यह संशोधन बेरूबाड़ी मामले में सर्वोच्च न्यायालय द्वारा दिए गए परामर्श को लागू करने के लिए पारित किया गया था, जिसके अनुसार (भारत-पाक समझौता, 1958) पश्चिम बंगाल में स्थित बेरूबाड़ी संघ क्षेत्र को पाकिस्तान को सौंप दिया गया।
10वाँ संविधान संशोधन अधिनियम, 1961	इसके अन्तर्गत पुर्तगाली अधिकृत क्षेत्र-दादरा एवं नगर हवेली को भारतीय संघ में शामिल कर संघशासित प्रदेश का दर्जा प्रदान किया गया।
11वाँ संविधान संशोधन अधिनियम, 1961	इसके अन्तर्गत उपराष्ट्रपति की निर्वाचन प्रणाली में परिवर्तन कर (संसद के दोनों सदनों की संयुक्त बैठक के स्थान पर) एक निर्वाचक मण्डल की व्यवस्था की गई तथा अनुच्छेद 71 में खण्ड (4) को जोड़कर यह प्रावधान किया गया कि निर्वाचक मण्डल में रिक्तता के आधार पर राष्ट्रपति या उपराष्ट्रपति के निर्वाचन की वैधता को चुनौती नहीं दी जा सकती।
12वाँ संविधान संशोधन अधिनियम, 1962	इसके अन्तर्गत गोवा, दमन एवं दीव को भारत का अंग बनाया गया।
13वाँ संविधान संशोधन अधिनियम, 1962	इसके द्वारा कुछ विशेष उपबन्धों के साथ नागालैण्ड को भारत का नया (17वाँ) राज्य घोषित किया गया।
14वाँ संविधान संशोधन अधिनियम, 1962	इसके द्वारा पुदुचेरी को भारतीय संघ में शामिल किया गया। इसके अतिरिक्त मणिपुर, हिमाचल प्रदेश, त्रिपुरा, गोवा, दमन एवं दीव तथा पुदुचेरी के लिए विधानमण्डल एवं मन्त्रिपरिषद् का प्रावधान किया गया।
15वाँ संविधान संशोधन अधिनियम, 1963	उच्चतम एवं उच्च न्यायालय के न्यायाधीशों की आयु के निर्धारण हेतु प्रक्रिया की व्यवस्था। इसके अन्तर्गत उच्च न्यायालय के न्यायाधीशों की सेवानिवृत्ति की आयु 60 वर्ष से बढ़ाकर 62 वर्ष कर दी गई। उच्च न्यायालय को किसी सरकार, प्राधिकारी या व्यक्ति के विरुद्ध राज्य के बाहर भी आदेश/रिट जारी करने की शक्ति प्रदान की गई। इसके अतिरिक्त उच्च न्यायालय के सेवानिवृत्त न्यायाधीश की उसी उच्च न्यायालय में कार्यकारी न्यायाधीश के रूप में तथा उच्चतम न्यायालय में अस्थायी न्यायाधीश के रूप में नियुक्ति का प्रावधान किया गया।
16वाँ संविधान संशोधन अधिनियम, 1963	इसके द्वारा राज्य को अनुच्छेद 19 द्वारा प्रदत्त मौलिक अधिकारों पर राष्ट्र की सम्प्रभुता और अखण्डता के हित में प्रतिबन्ध लगाने की शक्ति प्रदान की गई। इसके अतिरिक्त तीसरी अनुसूची में परिवर्तन कर शपथ प्रतिज्ञान में भारत की प्रभुता एवं अखण्डता को बनाए रखूँगा शब्द को जोड़ा गया।

प्रमुख संशोधन	विवरण
17वाँ संविधान संशोधन अधिनियम, 1964	इसके द्वारा अनुच्छेद 31 (A) तथा 9वीं अनुसूची में संशोधन किया गया। इसके अन्तर्गत यह प्रावधान किया गया कि यदि भूमि का बाजार मूल्य पर मुआवजा न दिया जाए, तो व्यक्तिगत हितों के लिए भूमि अधिग्रहण प्रतिबन्धित होगा।
18वाँ संविधान संशोधन अधिनियम, 1966	इसके अन्तर्गत राज्य शब्द को स्पष्ट करते हुए यह प्रावधान किया गया कि राज्य शब्द के अन्तर्गत संघ राज्यक्षेत्र भी आते हैं। अतएव संसद को राज्य निर्माण के अधिकार के साथ उसमें दो राज्यों के जोड़ने व पृथक् करने का अधिकार भी निहित है। इसके पश्चात् पंजाब को विभाजित कर पंजाबी भाषी क्षेत्र के लिए पंजाब और हिन्दी भाषी क्षेत्र को हरियाणा के रूप में गठित किया गया।
19वाँ संविधान संशोधन अधिनियम, 1966	इसके द्वारा संविधान के अनुच्छेद 324 में संशोधन कर निर्वाचन अधिकरणों की व्यवस्था समाप्त कर संसद तथा राज्य विधानमण्डलों के सदस्यों के चुनाव से सम्बन्धित विवाद को निपटाने की शक्ति उच्च न्यायालय को दे दी गई।
20वाँ संविधान संशोधन अधिनियम, 1966	इसके अन्तर्गत संविधान में अनुच्छेद 233 (A) जोड़कर उत्तर प्रदेश में कुछ जिला न्यायाधीशों की नियुक्ति को वैधता प्रदान की गई, जिसे चन्द्रमोहन बनाम उत्तर प्रदेश सरकार के मामले में उच्चतम न्यायालय द्वारा अवैध घोषित किया गया था।
21वाँ संविधान संशोधन अधिनियम, 1967	इसके अन्तर्गत संविधान की आठवीं अनुसूची में सिन्धी भाषा को 15वीं भाषा के रूप में शामिल किया गया।
22वाँ संविधान संशोधन अधिनियम, 1969	इसके द्वारा असम को विभाजित कर मेघालय के रूप में एक नए राज्य का गठन किया गया।
23वाँ संविधान संशोधन अधिनियम, 1969	इसके अन्तर्गत संसद तथा राज्य विधानमण्डलों में अनुसूचित जाति, अनुसूचित जनजाति तथा एंग्लो-इण्डियन समुदाय के आरक्षण की व्यवस्था को 10 वर्षों के लिए बढ़ाकर वर्ष 1980 तक कर दिया गया।
24वाँ संविधान संशोधन अधिनियम, 1971	इसके अन्तर्गत अनुच्छेद 13 और अनुच्छेद 368 में संशोधन कर यह प्रावधान किया गया कि संसद को यह अधिकार होगा कि वह संविधान के किसी भी भाग में (मूल अधिकार सहित) संशोधन कर सकती है। इसके द्वारा संवैधानिक संशोधन विधेयक पर राष्ट्रपति की स्वीकृति को बाध्य बना दिया गया।
25वाँ संविधान संशोधन अधिनियम, 1971	इसके अन्तर्गत सम्पत्ति के अधिकार में कटौती कर अनुच्छेद 31 (2) में प्रतिकर के स्थान पर धनराशि शब्द रखा गया। इसके अतिरिक्त एक नया अनुच्छेद 31 (c) जोड़कर यह उपबन्ध किया गया कि अनुच्छेद 39 के खण्ड (b) और (c) में उल्लेखित निदेशक तत्त्वों को प्रभावी बनाने वाली विधियों को इस आधार पर न्यायालय में चुनौती नहीं दी जा सकती कि वे अनुच्छेद 14 और 19 में प्रदत्त मूल अधिकारों से असंगत हैं अथवा उन्हें कम करती/छीनती हैं।
26वाँ संविधान संशोधन अधिनियम, 1971	इसके अन्तर्गत राजाओं के प्रिवीपर्स तथा विशेषाधिकार को समाप्त कर दिया गया।
27वाँ संविधान संशोधन अधिनियम, 1971	इसके अन्तर्गत मिजोरम और अरुणाचल प्रदेश को संघशासित प्रदेशों के रूप में स्थापित किया गया। नए राज्य मणिपुर के लिए विधानमण्डल एवं मन्त्रिपरिषद् निर्माण के लिए संसद को अधिकार प्राप्त हुआ। कुछ केन्द्रशासित प्रदेश के प्रशासकों को अध्यादेश जारी करने की शक्ति प्रदान की गई।
28वाँ संविधान संशोधन अधिनियम, 1972	इसके अन्तर्गत भारतीय सिविल सर्विस (आई.सी.एस) अधिकारियों के लिए विशेष विशेषाधिकारों को समाप्त कर दिया गया और उनकी सेवा शर्तों के निर्धारण का अधिकार संसद को दे दिया गया।
29वाँ संविधान संशोधन अधिनियम, 1972	इसके अन्तर्गत केरल के दो भू-सुधार अधिनियम (केरल भू-सुधार संशोधन), 1969 और केरल भू-सुधार (संशोधन) अधिनियम, 1971 को संविधान की नौवीं अनुसूची में सम्मिलित कर दिया गया।
30वाँ संविधान संशोधन अधिनियम, 1972	इसके अन्तर्गत अनुच्छेद 133 में संशोधन कर सर्वोच्च न्यायालय में दीवानी विवादों के मामले में अपील के लिए ₹ 20,000 की अनिवार्यता को समाप्त कर दिया गया तथा यह प्रावधान किया गया कि इस सम्बन्ध में उच्च न्यायालय के किसी भी निर्णय के विरुद्ध उच्चतम न्यायालय में तभी अपील की जा सकती है, जब मामला विधि की वास्तविक व्याख्या से सम्बन्धित हो।
31वाँ संविधान संशोधन अधिनियम, 1973	इसके अन्तर्गत लोकसभा के सदस्यों की संख्या को 525 से बढ़ाकर 545 कर दिया गया और संघशासित प्रदेशों के प्रतिनिधित्व को 25 से घटाकर 20 कर दिया गया।
32वाँ संविधान संशोधन अधिनियम, 1973	इसके अन्तर्गत अनुच्छेद 371 में संशोधन कर अनुच्छेद 371 (D) (आन्ध्र प्रदेश के लिए विशेष प्रावधान) तथा अनुच्छेद 371 (E) (केन्द्रीय विश्वविद्यालयों की स्थापना के लिए नियम बनाने की संसद की शक्ति) को जोड़ा गया।
33वाँ संविधान संशोधन अधिनियम, 1974	इसके अन्तर्गत अनुच्छेद 101 और 190 में संशोधन कर यह प्रावधान किया गया कि संसद या विधानमण्डल के अध्यक्ष/सभापति किसी सदस्य द्वारा दिए गए इस्तीफे को केवल स्वेच्छा से दिए गए एवं उचित त्याग-पत्र को ही स्वीकार करें।
34वाँ संविधान संशोधन अधिनियम, 1974	इसके अन्तर्गत विभिन्न राज्यों द्वारा पारित 20 भूमि-सुधार अधिनियमों को 9वीं अनुसूची में शामिल किया गया।
35वाँ संविधान संशोधन अधिनियम, 1974	इसके अन्तर्गत संविधान में अनुच्छेद 2 (A) को जोड़कर सिक्किम की संरक्षण व्यवस्था को समाप्त कर दिया गया और उसे भारत का सह-राज्य बनाया गया।
36वाँ संविधान संशोधन अधिनियम, 1975	इसके अन्तर्गत अनुच्छेद 2 (A) को निरस्त कर सिक्किम को पूर्ण राज्य का दर्जा दिया गया और उसे संविधान की प्रथम अनुसूची में शामिल किया गया।
37वाँ संविधान संशोधन अधिनियम, 1975	इसके अन्तर्गत अरुणाचल प्रदेश के लिए विधानसभा और मन्त्रिपरिषद् की स्थापना का प्रावधान किया गया।

प्रमुख संशोधन	विवरण
38वाँ संविधान संशोधन अधिनियम, 1975	इसके अन्तर्गत अनुच्छेद 352, 356, 359, 360, 123, 213 और 239 (B) में संशोधन किया गया और राष्ट्रपति द्वारा आपातकाल की घोषणा व राष्ट्रपति, राज्यपाल, केन्द्रशासित प्रदेशों के प्रशासकों द्वारा जारी अध्यादेश को गैर-वाद योग्य बना दिया गया।
39वाँ संविधान संशोधन अधिनियम, 1975	इसके अन्तर्गत राष्ट्रपति, उपराष्ट्रपति, लोकसभा अध्यक्ष और प्रधानमन्त्री के निर्वाचन सम्बन्धी विवादों को न्यायालय के क्षेत्राधिकार से बाहर कर दिया गया तथा ऐसे विवादों के निपटान संसद की विधि द्वारा स्थापित एक जन-समिति द्वारा किए जाने का उपबन्ध किया गया। 9वीं अनुसूची में कुछ केन्द्रीय अधिनियमों का समायोजन।
40वाँ संविधान संशोधन अधिनियम, 1976	इसके अन्तर्गत संसद को समुद्रीय जल, महाद्वीपीय मग्नतट, विशिष्ट आर्थिक क्षेत्र (एस. ई. जेड) और भारत के समुद्रीय जोनों की सीमाओं का समय-समय पर निर्धारण करने की शक्ति प्रदान की गई।
41वाँ संविधान संशोधन अधिनियम, 1976	इसके द्वारा अनुच्छेद 316 में संशोधन करके राज्य लोक सेवा आयोग व संयुक्त लोक सेवा आयोग के सदस्यों की सेवानिवृत्ति की आयु 60 वर्ष से बढ़ाकर 62 वर्ष कर दी गई।
42वाँ संविधान संशोधन अधिनियम, 1976	इसके अन्तर्गत संविधान में व्यापक संशोधन किए गए। इसलिए इसे लघु संविधान (Mini Constitution) भी कहा जाता है, इसके द्वारा निम्न संशोधन किए गए • प्रस्तावना में तीन नए शब्द-समाजवादी, पन्थनिरपेक्ष और अखण्डता को जोड़ा गया। • संविधान में भाग-IV(A) तथा अनुच्छेद 51 (A) जोड़कर 10 मौलिक कर्त्तव्यों को शामिल किया गया। • नीति-निदेशक तत्त्वों का विस्तार कर समान न्याय और निःशुल्क विधिक सहायता (अनुच्छेद 39 A), उद्योगों के प्रबन्धन में कर्मकारों का भाग लेना (अनुच्छेद 43 A), पर्यावरण की रक्षा एवं संवर्द्धन तथा वन एवं वन्यजीवों की सुरक्षा (अनुच्छेद 48 A) को जोड़ा गया। • अनुच्छेद 74 में संशोधन कर राष्ट्रपति को मन्त्रिपरिषद् की सलाह मानने के लिए बाध्य बना दिया गया। • राज्य के नीति-निदेशक तत्त्वों को मौलिक अधिकारों पर प्राथमिकता प्रदान की गई। • संविधान संशोधन को न्यायिक जाँच से बाहर कर दिया गया। आपातकालीन स्थिति में राष्ट्रपति सम्पूर्ण देश के साथ-साथ देश के किसी एक भाग में भी अनुच्छेद 352 के अन्तर्गत आपात की घोषणा कर सकेगा। • राज्यों में आपातकालीन घोषणा 6 माह से बढ़ाकर 1 वर्ष की गई। • समवर्ती सूची में जोड़े गए विषय; जैसे—वन, वन्य प्राणी की सुरक्षा, न्यायिक प्रशासन, शिक्षा, माप-तौल आदि सभी राज्य सूची के विषय थे। • न्यायिक समीक्षा एवं रिट न्यायक्षेत्र में उच्चतम एवं उच्च न्यायालयों की शक्ति में कटौती की गई। • लोकसभा एवं विधानसभा के कार्यकाल को 5 से बढ़ाकर 6 वर्ष कर दिया गया। • 1971 की जनगणना के आधार पर वर्ष 2001 तक लोकसभा एवं राज्य विधानसभाओं की सीटों को निश्चित कर दिया गया। • राष्ट्र विरोधी क्रियाकलापों के सम्बन्ध में संसद को कार्यवाही करने हेतु विधि बनाने की शक्ति प्रदान की गई। • संसद और विधानमण्डल में गणपूर्ति (Quoram) की अनिवार्यता को समाप्त कर दिया गया। • अखिल भारतीय विधिक सेवा के निर्माण की व्यवस्था की गई। • समय-समय पर अपने सदस्यों एवं समिति के अधिकार एवं विशेषाधिकारों की निर्धारण सम्बन्धी शक्ति संसद को प्रदान की गई। • इस संशोधन द्वारा उच्च न्यायालयों एवं सर्वोच्च न्यायालय की अधिकार सीमा फिर से बहाल कर दी गई। अब न्यायालय केन्द्रीय राज्य कानून की संवैधानिक वैधता पर विचार कर सकते हैं, जिसे 42वें संविधान संशोधन के अन्तर्गत हटा दिया गया था।
43वाँ संविधान संशोधन अधिनियम, 1977	इसके अन्तर्गत न्यायिक समीक्षा तथा रिट जारी करने के सन्दर्भ में उच्चतम न्यायालय एवं उच्च न्यायालयों के न्यायक्षेत्र का पुनर्संयोजन किया गया, जिसमें 42वें संशोधन द्वारा कटौती कर दी गई थी। इसके अतिरिक्त राष्ट्र विरोधी क्रियाकलापों के सम्बन्ध में विधि बनाने की संसद की शक्ति को समाप्त कर दिया गया।
44वाँ संविधान संशोधन अधिनियम, 1978	इसके अन्तर्गत सम्पत्ति के मौलिक अधिकार को श्रेणी से हटाकर उसे विधिक अधिकार बना दिया गया [अनुच्छेद 300(A)]। • राष्ट्रपति को यह अधिकार दिया गया कि वह मन्त्रिमण्डल की सलाह पर पुनर्विचार के लिए कह सकता है, किन्तु पुनः दी गई सलाह को राष्ट्रपति को मानने के लिए बाध्यकारी बना दिया गया। • राष्ट्रपति आपात के सन्दर्भ में आन्तरिक अशान्ति शब्द के स्थान पर सशस्त्र विद्रोह शब्द रखा गया। • अनुच्छेद 20 और 21 द्वारा प्रदत्त मौलिक अधिकारों को राष्ट्रीय आपातकाल में निलम्बित नहीं किया जा सकता। • जीवन एवं व्यक्तिगत स्वतन्त्रता तथा प्रेस की स्वतन्त्रता को सुनिश्चित किया गया। • सशस्त्र विद्रोह की स्थिति में आपात घोषणा मन्त्रिमण्डल की लिखित सलाह पर की जाएगी। • लोकसभा एवं राज्य विधानमण्डल के कार्यकाल को पुनः 5 (6 वर्ष से हटाकर) वर्ष कर दिया गया। • संसद एवं राज्य विधानमण्डल में गणपूर्ति की व्यवस्था में पुनः बदलाव किया गया। • संसद एवं राज्य विधानमण्डल की कार्यवाही की रिपोर्ट के समाचार-पत्र में प्रकाशन हेतु संरक्षण प्रदान किया गया। • राष्ट्रपति, राज्यपाल व प्रशासकों द्वारा जारी अध्यादेश के सम्बन्ध में उनकी सन्तुष्टि के प्रावधान को समाप्त कर दिया गया। • संसदीय विशेषाधिकारों के सम्बन्ध से ब्रिटिश हाउस ऑफ कॉमन्स के सन्दर्भ को समाप्त कर दिया गया। • उच्चतम न्यायालय एवं उच्च न्यायालय की कुछ शक्तियों को पुनः प्रदान किया गया। • राष्ट्रपति, उपराष्ट्रपति, प्रधानमन्त्री और लोकसभा अध्यक्ष के निर्वाचन सम्बन्धी विवादों के मामले में निर्णय देने की शक्ति को पुनः न्यायालय को दे दिया गया।
45वाँ संविधान संशोधन अधिनियम, 1980	इसके अन्तर्गत अनुसूचित जाति/जनजाति एवं एंग्लो-इण्डियन समुदाय के लिए व्यवस्थापिकाओं में सीटों का आरक्षण 10 वर्ष के (1990 तक) लिए बढ़ा दिया गया।

प्रमुख संशोधन	विवरण
46वाँ संविधान संशोधन अधिनियम, 1982	इसके अन्तर्गत राज्यों की विधियों में कमियों को समाप्त करने तथा बिक्री कर बकायों को वसूलने हेतु समर्थ बनाया गया। साथ ही कुछ वस्तुओं पर एकसमान कर दर की व्यवस्था की गई।
47वाँ संविधान संशोधन अधिनियम, 1984	इसके अन्तर्गत 9वीं अनुसूची में कुछ राज्यों के 14 भू-सुधार अधिनियमों को शामिल किया गया।
48वाँ संविधान संशोधन अधिनियम, 1984	इसके द्वारा यह प्रावधान किया गया कि पंजाब में राष्ट्रपति शासन को दो विशेष शर्तों को पूर्ण किए बिना एक वर्ष से अधिक अवधि के लिए बढ़ाया जा सकता है।
49वाँ संविधान संशोधन अधिनियम, 1984	इसके द्वारा त्रिपुरा में स्वायत्तशासी जिला परिषद् की स्थापना की व्यवस्था की गई।
50वाँ संविधान संशोधन अधिनियम, 1984	इसके अन्तर्गत सूचना संगठनों और सशस्त्र बलों या सूचना हेतु स्थापित दूरसंचार प्रणालियों में कार्यरत् व्यक्तियों के मूल अधिकारों को प्रतिबन्धित करने की शक्ति संसद को प्रदान की गई।
51वाँ संविधान संशोधन अधिनियम, 1984	इसके अन्तर्गत मेघालय, अरुणाचल प्रदेश, नागालैण्ड और मिजोरम हेतु लोकसभा में सीटों के आरक्षण (अनुसूचित जनजातियों के लिए) तथा मेघालय एवं नागालैण्ड की विधानसभा में आरक्षण की व्यवस्था की गई।
52वाँ संविधान संशोधन अधिनियम, 1985	इसके द्वारा दल-बदल पर रोक लगाई गई तथा इस सम्बन्ध में संविधान में 10वीं अनुसूची बनाई गई।
53वाँ संविधान संशोधन अधिनियम, 1986	इसके अन्तर्गत मिजोरम को भारत संघ के 23वें राज्य का दर्जा दिया गया व विधानसभा के लिए न्यूनतम 40 सदस्यों की व्यवस्था की गई।
54वाँ संविधान संशोधन अधिनियम, 1986	इसके अन्तर्गत उच्चतम न्यायालय एवं उच्च न्यायालय के न्यायाधीशों के वेतन में बढ़ोतरी की गई तथा भविष्य में न्यायाधीशों के वेतन में परिवर्तन करने का अधिकार संसद को प्रदान किया गया।
55वाँ संविधान संशोधन अधिनियम, 1986	इसके अन्तर्गत अरुणाचल प्रदेश को भारत के 24वें राज्य का दर्जा दिया गया। साथ ही विधानसभा सदस्यों की संख्या 30 निर्धारित की गई।
56वाँ संविधान संशोधन अधिनियम, 1987	इसके अन्तर्गत गोवा को दमन व दीव से अलग कर पृथक् राज्य का दर्जा दिया गया। गोवा विधानसभा के सदस्यों की संख्या 30 निर्धारित की गई।
57वाँ संविधान संशोधन अधिनियम, 1987	इसके अन्तर्गत नागालैण्ड, अरुणाचल प्रदेश, मेघालय, मिजोरम की विधानसभाओं में अनुसूचित जनजातियों के लिए सीटों के आरक्षण का प्रावधान किया गया।
58वाँ संविधान संशोधन अधिनियम, 1987	इसके अन्तर्गत भारतीय संविधान का हिन्दी में प्राधिकृत पाठ का प्रावधान किया गया।
59वाँ संविधान संशोधन अधिनियम, 1988	इसके द्वारा पंजाब में अधिकतम 3 वर्ष तक राष्ट्रपति शासन लगाए जाने का प्रावधान किया गया। साथ ही पंजाब में आन्तरिक अशान्ति के आधार पर राष्ट्रीय आपात की घोषणा की व्यवस्था की गई।
60वाँ संविधान संशोधन अधिनियम, 1988	इसके द्वारा व्यवसाय में वृद्धि और रोजगारों पर राज्य/स्थानीय निकायों द्वारा लगाए जाने वाले करों की सीमा को ₹ 250 प्रतिवर्ष से बढ़ाकर ₹ 2500 कर दिया गया।
61वाँ संविधान संशोधन अधिनियम, 1989	इसके अन्तर्गत लोकसभा तथा विधानसभा चुनावों में मतदान की आयु 21 वर्ष से घटाकर 18 वर्ष की गई।
62वाँ संविधान संशोधन अधिनियम, 1989	इसके अन्तर्गत लोकसभा एवं विधानसभा में अनुसूचित जाति/जनजाति एवं आंग्ल-भारतीयों के आरक्षण की व्यवस्था को 10 वर्षों के लिए बढ़ा (वर्ष 2000 तक) दिया गया।
63वाँ संविधान संशोधन अधिनियम, 1989	इसके अन्तर्गत 59वें संविधान संशोधन द्वारा पंजाब के लिए की गई विशेष आपातकालीन व्यवस्था को निरस्त कर दिया गया।
64वाँ संविधान संशोधन अधिनियम, 1990	इसके अन्तर्गत पंजाब में राष्ट्रपति शासन को तीन वर्ष के स्थान पर तीन वर्ष छः माह (3.5 वर्ष) कर दिया गया।
65वाँ संविधान संशोधन अधिनियम, 1990	इसके अन्तर्गत अनुच्छेद 338 में संशोधन कर अनुसूचित जातियों व जनजातियों हेतु एक विशेष अधिकारी के स्थान पर बहुसदस्यीय राष्ट्रीय आयोग के गठन का प्रावधान किया गया।
66वाँ संविधान संशोधन अधिनियम, 1990	इसके द्वारा विभिन्न राज्यों के 55 भू-सुधार अधिनियमों को नौवीं अनुसूची में समाहित किया गया।
67वाँ संविधान संशोधन अधिनियम, 1990	इसके अन्तर्गत पंजाब में राष्ट्रपति शासन की अवधि का विस्तार कर 4 वर्ष कर दिया गया।

प्रमुख संशोधन	विवरण
68वाँ संविधान संशोधन अधिनियम, 1991	इसके द्वारा पुनः पंजाब में राष्ट्रपति शासन की अधिकतम अवधि 5 वर्ष तक कर दी गई।
69वाँ संविधान संशोधन अधिनियम, 1991	इसके अन्तर्गत केन्द्रशासित प्रदेश दिल्ली का नाम राष्ट्रीय राजधानी क्षेत्र किया गया। दिल्ली में 70 सदस्यों वाली विधानसभा बनाई गई। 7 सदस्यीय मन्त्रिपरिषद् की व्यवस्था की गई।
70वाँ संविधान संशोधन अधिनियम, 1992	इसके अन्तर्गत दिल्ली विधानसभा तथा पॉण्डिचेरी (पुदुचेरी) विधानसभा सदस्यों को राष्ट्रपति के निर्वाचन में भाग लेने का अधिकार प्रदान किया गया।
71वाँ संविधान संशोधन अधिनियम, 1992	इसके द्वारा कोंकणी, मणिपुरी और नेपाली भाषा को आठवीं अनुसूची में शामिल किया गया, जिससे आठवीं अनुसूची में शामिल भाषाओं की संख्या 18 हो गई।
72वाँ संविधान संशोधन अधिनियम, 1992	इसके अन्तर्गत त्रिपुरा विधानसभा में अनुसूचित जनजाति के लिए सीटों की आरक्षण की व्यवस्था की गई।
73वाँ संविधान संशोधन अधिनियम, 1992	इसके अन्तर्गत पंचायती राज को संवैधानिक दर्जा दिया गया और इसके लिए संविधान में एक नया भाग-IX (पंचायत) तथा 11वीं अनुसूची (पंचायत की 29 कार्यात्मक मदें) को भी जोड़ा गया।
74वाँ संविधान संशोधन अधिनियम, 1992	इसके अन्तर्गत शहरी स्थानीय निकायों (नगरपालिका) को संवैधानिक दर्जा दिया गया। राज्य और इसके लिए संविधान में एक नए भाग-IX (A) (नगरपालिकाएँ) और 12वीं अनुसूची (नगरपालिकाओं की 18 कार्यात्मक मदें) जोड़ी गईं।
75वाँ संविधान संशोधन अधिनियम, 1994	इसके अन्तर्गत मकान मालिक एवं किरायेदारों सम्बन्धी विवादों के शीघ्र निपटान हेतु न्यायाधिकरणों की स्थापना करने का उपबन्ध किया गया।
76वाँ संविधान संशोधन अधिनियम, 1994	इसके द्वारा तमिलनाडु सरकार द्वारा पारित (तमिलनाडु आरक्षण अधिनियम, 1994) पिछड़े वर्गों के लिए सरकारी नौकरियों में 69% आरक्षण के प्रावधान को नौवीं अनुसूची में शामिल कर दिया गया।
77वाँ संविधान संशोधन अधिनियम, 1995	इसके अन्तर्गत सरकारी नौकरियों में अनुसूचित जाति एवं जनजाति के लोगों की प्रोन्नति के लिए आरक्षण का प्रावधान किया गया। (अनुच्छेद-16 के 4A के तहत)
78वाँ संविधान संशोधन अधिनियम, 1995	इसके द्वारा विभिन्न राज्यों द्वारा पारित 27 भूमि-सुधार अधिनियमों को 9वीं अनुसूची में शामिल किया गया।
79वाँ संविधान संशोधन अधिनियम, 1999	इसके द्वारा लोकसभा और विधानसभाओं में अनुसूचित जाति/जनजाति और एंग्लो-इण्डियन के आरक्षण को 10 वर्षों के लिए (वर्ष 2010 तक) बढ़ा दिया गया।
80वाँ संविधान संशोधन अधिनियम, 2000	इसके द्वारा संघ तथा राज्यों के बीच राजस्व विभाजन सम्बन्धी प्रावधानों (अनुच्छेद 268-272) में परिवर्तन किया गया। उल्लेखनीय है कि यह संशोधन 10वें वित्त आयोग की सिफारिश के आधार पर किया गया था।
81वाँ संविधान संशोधन अधिनियम, 2000	इसके द्वारा अनुसूचित जातियाँ, अनुसूचित जनजातियों तथा अन्य पिछड़े वर्गों के लिए 50% आरक्षण की सीमा को उन रिक्तियों के सम्बन्ध में, जो उक्त वर्गों के लिए आरक्षित थीं और एक वर्ष में भरी नहीं जा सकती हैं, समाप्त कर दिया गया।
82वाँ संविधान संशोधन अधिनियम, 2000	इसके द्वारा अनुसूचित जातियों, जनजातियों के न्यूनतम प्राप्तांकों में छूट प्रदान करने या प्रोन्नति में मूल्यांकनों के मानदण्ड घटाने की व्यवस्था की गई।
83वाँ संविधान संशोधन अधिनियम, 2000	इसके द्वारा अरुणाचल प्रदेश को पंचायती राज संस्थाओं में अनुसूचित जाति के लिए आरक्षण सम्बन्धी प्रावधान न करने की छूट प्रदान की गई।
84वाँ संविधान संशोधन अधिनियम, 2001	इसके द्वारा लोकसभा एवं विधानसभाओं में सीटों की संख्या को वर्ष 2026 तक यथावत् रखने का प्रावधान किया गया। साथ ही यह भी व्यवस्था की गई कि राज्यों में निर्वाचन क्षेत्रों का पुनर्निर्धारण 1991 की जनगणना के आधार पर होगा।
85वाँ संविधान संशोधन अधिनियम, 2001	इसके द्वारा सरकारी नौकरियों में प्रोन्नति के मामले (जिनमें अनुसूचित जाति एवं जनजाति के लिए आरक्षण भी है) के लिए परिमाणिक वरिष्ठता को जून, 1995 से प्रभावी मानने का प्रावधान किया गया।
86वाँ संविधान संशोधन अधिनियम, 2002	इसके द्वारा प्रारम्भिक शिक्षा को मूल अधिकार बनाया गया। इसके लिए संविधान में एक नए अनुच्छेद 21 (A) को जोड़कर राज्यों द्वारा 6-14 वर्ष तक के बच्चों के लिए निःशुल्क अनिवार्य शिक्षा की व्यवस्था किए जाने का प्रावधान किया गया। अनुच्छेद 45 में वर्णित नीति-निदेशक तत्त्व को परिवर्तित कर यह प्रावधान किया गया कि राज्य सभी बालकों की देख-रेख एवं छः वर्ष की आयु तक शिक्षा प्रदान करेगा। अनुच्छेद 51 (A) के अन्तर्गत एक नया (ग्यारहवाँ) मौलिक कर्त्तव्य जोड़ा गया, जिसके अनुसार प्रत्येक भारतीय नागरिक का यह कर्त्तव्य होगा कि वे अपने बच्चों को (उसके माता-पिता या अभिभावक) 6-14 वर्ष की आयु तक शिक्षा की सुविधा उपलब्ध कराएँ।
87वाँ संविधान संशोधन अधिनियम, 2003	इसके अन्तर्गत परिसीमन में जनसंख्या का आधार 1991 की जनगणना के स्थान पर वर्ष 2001 कर दिया गया।
88वाँ संविधान संशोधन अधिनियम, 2003	इसके द्वारा सेवा कर के बारे में प्रावधान किया गया, जिसके अनुसार सेवाओं पर कर का आरोपन केन्द्र द्वारा किया जाएगा, परन्तु इसकी प्राप्ति केन्द्र एवं राज्य द्वारा संगृहीत और विनियोजित संसद द्वारा सुझाए गए फॉर्मूले के आधार पर की जाएगी।
89वाँ संविधान संशोधन अधिनियम, 2003	इसके द्वारा राष्ट्रीय अनुसूचित जाति एवं जनजाति आयोग का दो भागों-राष्ट्रीय अनुसूचित जाति आयोग (अनुच्छेद 338) तथा राष्ट्रीय अनुसूचित जनजाति आयोग (अनुच्छेद 338 A) में विभाजन कर दो पृथक् आयोग के गठन का प्रावधान किया गया।

प्रमुख संशोधन	विवरण
90वाँ संविधान संशोधन अधिनियम, 2003	इसके द्वारा असम में बोडोलैण्ड टेरिटोरियल एरियाज डिस्ट्रिक से असम विधानसभा में अनुसूचित जनजातियों और गैर-अनुसूचित जनजातियों के लिए पूर्व प्रतिनिधित्व को स्थिर रखा गया है।
91वाँ संविधान संशोधन अधिनियम, 2003	इसके द्वारा यह प्रावधान किया गया कि संघ के मन्त्रिपरिषद् में मन्त्रियों की अधिकतम संख्या (प्रधानमन्त्री सहित) लोकसभा की कुल सदस्य संख्या के 15% से अधिक नहीं होगी। राज्य में मन्त्रियों की अधिकतम संख्या (मुख्यमन्त्री सहित) विधानसभा की कुल सदस्य संख्या के 15% (न्यूनतम 12 मन्त्री) से अधिक नहीं होगी। यदि दल-बदल के आधार पर संसद के किसी सदन का सदस्य अयोग्य घोषित किया जाता है, तो ऐसा सदस्य मन्त्री होने पर मन्त्री पद के लिए भी अयोग्य होगा, यह राज्यों के सन्दर्भ में लागू होता है। संसद अथवा राज्य विधानमण्डल के किसी भी सदन का सदस्य, चाहे वह किसी भी राजनीतिक दल से सम्बन्धित हो, यदि दल-बदल के आधार पर सदस्यता से अयोग्य घोषित कर दिया जाता है, तो ऐसा सदस्य किसी भी लाभ के राजनैतिक पद को धारण करने के लिए भी अयोग्य होगा; जैसे— केन्द्र या राज्य सरकार के अधीन कोई पद, जहाँ उस पद के लिए लोक राजस्व से वेतन एवं अन्य सुविधाओं के लिए भुगतान किया जाता है। केन्द्र या राज्य सरकार के प्रत्यक्ष या अप्रत्यक्ष नियन्त्रण के अधीन कोई पद, जहाँ उस पद के लिए लोक राजस्व से वेतन एवं अन्य सुविधाओं के लिए भुगतान किया जाता है (उसे अतिरिक्त, जहाँ वेतन या पारिश्रमिक क्षतिपूरक प्रकृति का हो)।
92वाँ संविधान संशोधन अधिनियम, 2003	इसके द्वारा आठवीं अनुसूची में चार भाषाएँ-बोडो, डोगरी, मैथिली एवं सन्थाली को शामिल किया गया। इससे अनुसूचित भाषाओं की कुल संख्या 22 हो गई है।
93वाँ संविधान संशोधन अधिनियम, 2005	इसके द्वारा राज्यों को सामाजिक और शैक्षिक रूप से पिछड़े वर्गों, अनुसूचित जातियों/जनजातियों के लिए शैक्षणिक संस्थानों में आरक्षण की व्यवस्था करने हेतु विशेष प्रावधान बनाने की शक्ति प्रदान की गई।
94वाँ संविधान संशोधन अधिनियम, 2006	इसके द्वारा बिहार राज्य को एक जनजातीय मन्त्री की नियुक्ति कर बाध्यता से मुक्त कर दिया गया तथा इस प्रावधान को झारखण्ड और छत्तीसगढ़ राज्य के लिए लागू कर दिया गया। इन दो नए गठित राज्यों के साथ यह उपलब्ध मध्य प्रदेश एवं ओडिशा में भी पहले से प्रभावी था।
95वाँ संविधान संशोधन अधिनियम, 2009	इसके अन्तर्गत लोकसभा एवं राज्य विधानसभाओं में अनुसूचित जातियों/जनजातियों एवं एंग्लो-इण्डियन समुदाय के लिए आरक्षण को पुन: 10 वर्षों के लिए बढ़ा (वर्ष 2020 तक) दिया गया।
96वाँ संविधान संशोधन अधिनियम, 2011	इसके अन्तर्गत उड़िया (Oriya) के स्थान पर ओडिया (Odia) किया गया (आठवीं अनुसूची में संशोधन कर)।
97वाँ संविधान संशोधन अधिनियम, 2011	इसके अन्तर्गत संविधान में सहकारी समितियाँ नाम से एक नया भाग-IX (B) जोड़ा गया। सहकारी समिति बनाने के अधिकार को मौलिक अधिकार बना दिया गया। नीति-निदेशक तत्त्वों में सहकारी समितियों को बढ़ावा देने हेतु एक निदेशक तत्त्व जोड़ा गया।
98वाँ संविधान संशोधन अधिनियम, 2012	इसके द्वारा अनुच्छेद 37 (J) को जोड़कर कर्नाटक-आन्ध्र प्रदेश क्षेत्र के लिए विशेष प्रावधान किया गया।
99वाँ संविधान संशोधन अधिनियम, 2014	इसके द्वारा सर्वोच्च न्यायालय व उच्च न्यायालय में न्यायाधीशों की नियुक्ति हेतु कॉलेजियम प्रणाली के स्थान पर एक नए निकाय राष्ट्रीय न्यायिक नियुक्ति आयोग (NJAL) का प्रावधान किया गया, किन्तु वर्ष 2015 में इसे सर्वोच्च न्यायालय द्वारा असंवैधानिक घोषित कर दिया गया। वर्तमान में कॉलेजियम सिस्टम ही मान्य है।
100वाँ संविधान संशोधन अधिनियम, 2015	इसके अन्तर्गत भारत और बांग्लादेश के बीच वर्ष 1974 में हस्ताक्षरित भू-सीमा समझौता और तत्त्व सम्बन्धी प्रोटोकॉल (2011) का अनुमोदन किया गया। इसके द्वारा भारत की 17,160.63 एकड़ भूमि बांग्लादेश को तथा बांग्लादेश की 7110.02 एकड़ भूमि भारत को हस्तान्तरित की गई।
101वाँ संविधान संशोधन अधिनियम, 2016	यह वस्तु एवं सेवा कर (GST) से सम्बन्धित है। इसके द्वारा संविधान के अनुच्छेद 248, 249, 250, 266, 268, 269, 270, 271, 286 तथा छठी व सातवीं अनुसूची में संशोधन किया गया और तीन नए अनुच्छेद 246(A), 269(A) और 279(A) जोड़े गए तथा अनुच्छेद 268(A) को निरस्त कर दिया गया।
102वाँ संविधान संशोधन अधिनियम, 2018	इसके द्वारा राष्ट्रीय पिछड़ा वर्ग आयोग को संवैधानिक दर्जा दिया गया। [अनुच्छेद 342 (A)]
103वाँ संविधान संशोधन अधिनियम, 2019	इसके द्वारा आर्थिक रूप से पिछड़े वर्गों को सरकारी नौकरियों एवं शिक्षण संस्थानों में 10% आरक्षण की व्यवस्था की गई।
104वाँ संविधान संशोधन अधिनियम, 2019	इसके द्वारा अनुच्छेद 334 में संशोधन कर लोकसभा तथा विधानसभाओं में अनुसूचित जनजाति के आरक्षण को 10 वर्षों (25 जनवरी, 2030 तक) के लिए बढ़ा दिया। इसके अतिरिक्त एंग्लो-इण्डियन समुदाय के मनोनयन के प्रावधान को समाप्त कर दिया गया।
105वाँ संविधान संशोधन अधिनियम, 2021	इसके द्वारा राज्यों और केन्द्रशासित प्रदेशों को सामाजिक और शैक्षिक रूप से पिछड़े वर्गों की अपनी सूची बनाने की अनुमति प्रदान की गई। इसके लिए 102वें संशोधन में दी गई सामाजिक और शैक्षणिक रूप से पिछड़े वर्गों की परिभाषा में परिवर्तन किया गया। उल्लेखनीय है कि केन्द्रीय सूची केन्द्र सरकार द्वारा तैयार और अनुरक्षित की जाएगी। राज्य सरकारों को अपने उद्देश्यों के लिए सामाजिक एवं शैक्षणिक रूप से पिछड़े वर्गों की सूची तैयार करने और बनाए रखने के सम्बन्ध में राष्ट्रीय पिछड़ा वर्ग आयोग से परामर्श करने से छूट दी गई।
106वाँ संविधान संशोधन अधिनियम, 2023	इसके द्वारा लोकसभा, राज्य विधानसभाओं और राष्ट्रीय राजधानी क्षेत्र दिल्ली की विधानसभा में महिलाओं के लिए 1/3 स्थान आरक्षित करने का प्रावधान किया गया है। जिनमें अनुसूचित जातियों और अनुसूचित जनजातियों के लिए आरक्षित सीटें भी सम्मिलित हैं। यह आरक्षण कानून के लागू होने के पश्चात् की गई जनगणना के प्रकाशित होने के बाद प्रभावी होगा। यह आरक्षण 15 वर्ष की अवधि के लिए होगा।

हमारे देश में संसदीय शासन व्यवस्था के अन्तर्गत द्विसदनीय व्यवस्था को अपनाया गया है, जिसमें राज्यसभा (उच्च सदन) एवं लोकसभा (निम्न सदन) शामिल हैं। राज्यसभा एक स्थायी सदन है, जबकि लोकसभा एक अस्थायी सदन है।

अध्याय बारह

संसदीय प्रणाली की अवधारणा/व्यवस्था

भारत का संविधान केन्द्र एवं राज्य दोनों में संसदीय शासन प्रणाली प्रदान करता है, जिसमें कार्यपालिका अपनी नीतियों और कार्यों के लिए विधायिका के प्रति उत्तरदायी होती है। भारतीय संविधान के **अनुच्छेद 74 एवं 75** केन्द्र में संसदीय शासन व्यवस्था तथा **अनुच्छेद 163 एवं 164** राज्य में संसदीय शासन व्यवस्था का उपबन्ध करते हैं।

संसदीय शासन प्रणाली को कैबिनेट सरकार/उत्तरदायी सरकार/सरकार के वेस्टमिंस्टर मॉडल के रूप में भी जाना जाता है। यह ब्रिटेन, जापान, कनाडा एवं भारत सहित अन्य देशों में प्रचलित है। संसदीय शासन प्रणाली विधायिका और प्रशासन के बीच मजबूत समीकरण का परिणाम है, जिसकी अवधारणा यूनाइटेड किंगडम में उत्पन्न हुई, जिसके कारण ब्रिटिश संसद का निर्माण हुआ।

संसदीय शासन प्रणाली में संसद के पास पूर्ण अधिकार होते हैं। चुनाव के दौरान संसद में बहुमत प्राप्त करने वाली पार्टी को सरकार बनाने का अवसर दिया जाता है, प्रधानमन्त्री के रूप में संसद से नेता चुना जाता है और वह संसद के सदस्यों को कैबिनेट सदस्य के रूप में चुनता है। **आइवर जेनिंग्स** ने संसदीय व्यवस्था को **कैबिनेट व्यवस्था** कहा है, क्योकि इसमें शक्ति का केन्द्र बिन्दु कैबिनेट होता है।

संसदीय सरकार की विशेषताएँ

भारत में संसदीय शासन प्रणाली यूनाइटेड किंगडम से प्रेरित है, यहाँ संसद की शक्तियाँ भी विधायिका एवं कार्यपालिका के बीच विभाजित हैं। इस सन्दर्भ में भारत में संसदीय सरकार की विशेषताएँ निम्नलिखित हैं

- **वास्तविक एवं नाममात्र की कार्यकारी** प्रधानमन्त्री वास्तविक कार्यकारी होता है, जबकि राष्ट्रपति नाममात्र के कार्यकारी के रूप में कार्य करता है, परिणामस्वरूप प्रधानमन्त्री सरकार के प्रमुख के रूप में कार्य करता है, जबकि राष्ट्रपति राज्य के प्रमुख के रूप में कार्य करता है।
- **अनुच्छेद 74** प्रधानमन्त्री के नेतृत्व में मन्त्रिपरिषद् की व्यवस्था करता है, जो राष्ट्रपति को कार्य सम्पन्न कराने में परामर्श देगी तथा उसके परामर्श को मानने के लिए राष्ट्रपति बाध्य होगा।
- **बहुमत प्राप्त दल का शासन** संसदीय प्रणाली में लोकसभा में बहुमत वाली पार्टी को सरकार बनाने का अधिकार है और राष्ट्रपति द्वारा उस पार्टी के नेता को सरकार बनाने के लिए आमन्त्रित किया जाता है तथा उस दल के नेता को राष्ट्रपति द्वारा प्रधानमन्त्री के रूप में नियुक्त किया जाता है। ऐसी स्थिति में जब किसी भी पार्टी को बहुमत नहीं मिलता है, तो राष्ट्रपति दलों के गठबन्धन को सरकार बनाने के लिए आमन्त्रित करता है।
- **राजनीतिक एकरूपता** सामान्य तौर पर मन्त्रिपरिषद् के सदस्य एक ही राजनीतिक दल से आते हैं, इसलिए मन्त्रिपरिषद् के सदस्य समान राजनीतिक दर्शन साझा करते हैं। गठबन्धन सरकार के मन्त्री समझौते के लिए बाध्य होते हैं।
- **दोहरी सदस्यता** मन्त्री, कार्यपालिका एवं विधायिका दोनों के सदस्य होते हैं। इससे आशय यह है कि किसी व्यक्ति का प्रधानमन्त्री या मन्त्री बनने हेतु संसद के किसी सदन का सदस्य होना आवश्यक है, किन्तु कोई व्यक्ति जो संसद का सदस्य नहीं है और मन्त्री बन जाता है, तो उसे 6 माह के भीतर **संसद** (लोकसभा या राज्यसभा) का सदस्य बनना अनिवार्य होता है, अन्यथा उसे मन्त्री पद त्यागना पड़ता है।
- **प्रधानमन्त्री का नेतृत्व** सरकार में प्रधानमन्त्री नेतृत्वकर्ता की महत्त्वपूर्ण भूमिका निभाता है। वह संसद व मन्त्रिपरिषद् दोनों का नेता होता है तथा अपनी क्षमताओं के साथ सरकार का संचालन करता है।
- **सामूहिक उत्तरदायित्व** संसदीय प्रणाली में मन्त्रिपरिषद् सामूहिक रूप से संसद के प्रति उत्तरदायी होती है। सामूहिक उत्तरदायित्व सरकार की संसदीय प्रणाली की प्रमुख विशिष्टता है। भारत में मन्त्रिपरिषद् का सामूहिक उत्तरदायित्व लोकसभा के प्रति है। संसद का निचला सदन अर्थात् लोकसभा प्रधानमन्त्री के नेतृत्व वाली मन्त्रिपरिषद् को अविश्वास प्रस्ताव पारित कर हटा सकती है। भारत में सरकार तब तक अस्तित्व में रहती है, जब तक उसे लोकसभा में बहुमत प्राप्त होता है।
- **गोपनीयता** इस प्रणाली में कार्यपालिका के सदस्यों को कार्यवाही, कार्यवाही बैठकों, नीति निर्धारण इत्यादि मामलों में गोपनीयता के सिद्धान्त का पालन करना पड़ता है। भारत में मन्त्री, प्रधानमन्त्री को अपना कार्य ग्रहण करने से पूर्व राष्ट्रपति द्वारा गोपनीयता की शपथ दिलवाई जाती है।

- **निचले सदन का विघटन** भारत सहित संसदीय प्रणाली का पालन करने वाले अधिकतर देशों में द्विसदनीय विधानमण्डल है। इन सभी देशों के निचले सदन के सदस्य जनता द्वारा चुने जाते हैं। निचला सदन (भारत में लोकसभा) भंग किया जा सकता है, यदि सरकार का कार्यकाल समाप्त हो गया हो या सदन में बहुमत न होने की वजह से सरकार बनाने की सम्भावना न हो। भारत में राष्ट्रपति, प्रधानमन्त्री की सिफारिश पर लोकसभा को भंग कर सकता है।

संसदीय व्यवस्था के गुण/लाभ

- **विविध समूहों का प्रतिनिधित्व** संसदीय शासन प्रणाली में सभी वर्गों एवं क्षेत्रों को प्रतिनिधित्व का अवसर मिलता है, जिसमें विभिन्न जातीय, नस्लीय भाषाई के लोग, कानून बनाने व नीति निर्धारक इत्यादि में शामिल होते हैं।
- **उत्तरदायी सरकार** कार्यपालिका, संसद के प्रति उत्तरदायी होती है, इसलिए संसद इस पर नियन्त्रण रख सकती है।
- **वैकल्पिक सरकार की उपलब्धता** संसद का निचला सदन अविश्वास प्रस्ताव पेश एवं पारित कर सकता है। यदि सतारूढ़ दल संसद में बहुमत खो देता है, तो राष्ट्रपति विपक्ष के नेता को सरकार बनाने के लिए आमन्त्रित कर सकता है। डॉ. जेनिंग्स के अनुसार, "विपक्ष का नेता वैकल्पिक प्रधानमन्त्री है।"

संसदीय व्यवस्था के दोष

- **अस्थिर सरकार** संसदीय शासन प्रणाली में सरकार स्थायी नहीं होती है। अविश्वास प्रस्ताव, राजनीतिक दल/गठबन्धन टूटने के कारण सरकार अपना बहुमत खो सकती है। उदाहरणस्वरूप मोरारजी देसाई, चौ. चरण सिंह, वी.पी.सिंह, चन्द्रशेखर, देवगौड़ा एवं आई. के. गुजराल के नेतृत्व वाली सरकारें।
- **नीतियों में कोई निरन्तरता नहीं** सरकार बदलने से नीतियों में बदलाव आता है, जो दीर्घकालिक रूप से नीति-निर्माण एवं कार्यान्वयन में बाँधा है।
- **मन्त्रिमण्डल की निरंकुशता** पूर्ण बहुमत वाली सत्तारूढ़ पार्टी मन्त्रिमण्डल में सर्वशक्तिमान होती है। सभी नीतियाँ, मन्त्रिमण्डल द्वारा तय की जाती है। इस प्रकार वह असीमित शक्तियों की तरह कार्य करने लगती है।

राष्ट्रपति शासन व्यवस्था की विशेषताएँ

- राष्ट्रपति शासन प्रणाली (अध्यक्षीय शासन प्रणाली) वह शासन पद्धति है, जिसमें राष्ट्रपति के पास देश के कामकाज एवं प्रशासन पर कार्यकारी शक्ति और पूर्ण अधिकार होता है।
- राष्ट्रपति शासन प्रणाली को एकल कार्यकारी प्रणाली के रूप में जाना जाता है, जिसमें राष्ट्रपति संवैधानिक आधार पर विधायिका से स्वतन्त्र होता है तथा वह संसदीय सरकार के विपरीत राज्य के मुखिया एवं सरकार के मुखिया दोनों की भूमिका निभाता है।
- विश्व के कई देशों में राष्ट्रपति प्रणाली का पालन किया जाता है, इसका सबसे प्रमुख उदाहरण संयुक्त राज्य अमेरिका की सरकार है।
- संयुक्त राज्य अमेरिका में राष्ट्रपति शासन प्रणाली लागू है।
- अमेरिकी राष्ट्रपति शासन प्रणाली वाली सरकार की निम्न विशेषताएँ हैं
  - अमेरिकी राष्ट्रपति, सरकार तथा राज्य दोनों का मुखिया होता है और यह राज्य का प्रमुख होने के कारण राजकीय स्थिति प्राप्त होती है।
  - अमेरिकी राष्ट्रपति सरकार का भी मुखिया होता है, जिस कारण यह सरकार के कार्यकारी अंगों का नेतृत्व करता है।
  - कैबिनेट अथवा छोटी इकाई (किचन कैबिनेट) की सहायता से राष्ट्रपति शासन का संचालन करता है, जो केवल एक सलाहकारी इकाई होती है और इसमें गैर-निर्वाचित विभागीय सचिव होते हैं, जिनकी नियुक्ति व चयन राष्ट्रपति द्वारा होता है तथा ये राष्ट्रपति के प्रति उत्तरदायी होते हैं।
  - अमेरिका का राष्ट्रपति 4 वर्ष के कार्यकाल के लिए निर्वाचन पद्धति के तहत निर्वाचित होता है।
  - इसे कांग्रेस द्वारा गैर-संवैधानिक कार्य में दोषी पाए जाने के कारण के अतिरिक्त और किसी तरीके से नहीं हटाया जा सकता।
  - अमेरिकी राष्ट्रपति एवं इसके सचिव अपने कार्यों के लिए कांग्रेस के प्रति उत्तरदायी नहीं होते और न तो वे कांग्रेस की सदस्यता ग्रहण करते हैं और न ही सत्र में भाग लेते हैं।
  - कांग्रेस का निचला सदन **हाउस ऑफ रिप्रजेण्टेटिव** को राष्ट्रपति कभी भी विघटित नहीं कर सकता।
  - अमेरिकी राष्ट्रपति शासन व्यवस्था शक्तियों के पृथक्करण के मुख्य सिद्धान्त पर कार्य करती है, जिसे तीन स्वतन्त्र इकाइयों-सरकार की विधायी, कार्यकारी एवं न्यायिक शक्तियों में विभाजित एवं विस्तृत किया गया है।

संसदीय प्रणाली को अपनाने के कारण

अधिक उत्तरदायित्व को प्राथमिकता

- संविधान सभा एक ऐसी प्रणाली को अपनाना चाहती थी, जो स्थिर और उत्तरदायी दोनों हो।
- अमेरिकी प्रणाली अधिक स्थिरता देती है, जबकि ब्रिटिश प्रणाली अधिक उत्तरदायित्व, लेकिन कम स्थिरता प्रदान करती है।
- संविधान के मसौदे में ऐसी प्रणाली की सिफारिश की गई, जो अधिक उत्तरदायी हो।

विधायी-कार्यकारी संघर्ष से बचने की आवश्यकता

- संविधान के निर्माता विधायिका एवं कार्यपालिका के मध्य टकराव की स्थिति से बचाव चाहते थे, जो अमेरिकी प्रणाली में सामान्य था।
- संविधान निर्माता एक ऐसी सरकार चाहते थे, जो देश के चहुँमुखी विकास के लिए अनुकूल हो।

भारतीय समाज की प्रकृति

- संसदीय प्रणाली सरकार में विभिन्न वर्गों, हितों और क्षेत्रों को प्रतिनिधित्व देने के लिए अधिक सम्भावना प्रदान करती है।
- यह लोगों के मध्य एक राष्ट्रीय भावना को बढ़ावा देती है एवं एक अखण्ड भारत का निर्माण करती है। इस सन्दर्भ में सरदार स्वर्ण सिंह समिति ने भी व्यवस्था को कार्यरत् रखने के पक्ष में अपना वक्तव्य दिया था।

संसदीय प्रणाली से परिचित

- संविधान निर्माता कुछ सीमा तक संसदीय प्रणाली से परिचित थे, क्योंकि यह ब्रिटिश शासन के दौरान भारत में लागू थी।
- **के. एम. मुंशी** ने तर्क दिया कि "इस देश में पिछले 30 या 40 वर्षों से सरकारी कार्य में कुछ उत्तरदायित्वों को शुरू कराया गया है, इससे हमारी संवैधानिक परम्परा संसदीय बनी है। इस अनुभव के बाद हमें पीछे क्यों जाना चाहिए और क्यों महान अनुभव को खरीदें।"

“

संघवाद सरकार का वह रूप है, जिसमें देश के अन्दर सरकार के कम-से-कम दो स्तर मौजूद हैं-पहला केन्द्रीय स्तर एवं दूसरा स्थानीय स्तर पर।

अध्याय तेरह

संघवाद एवं संघीय व्यवस्था

भारतीय संघवाद

- स्वतन्त्रता से पूर्व ही शक्तियों को प्रान्तीय तथा केन्द्रीय सरकारों के बीच विभाजित करने की परिकल्पना की गई थी, परन्तु भारत के विभाजन के पश्चात् संविधान सभा ने ऐसी सरकार के गठन का निर्णय लिया, जो संघ एवं राज्यों के आपसी सहयोग और एकता तथा राज्यों के लिए अलग अधिकार के सिद्धान्तों पर आधारित हो।
- संवैधानिक विकास के क्रम में भारतीय शासन अधिनियम, 1935 के द्वारा सर्वप्रथम भारत में संघात्मक व्यवस्था (Federal System) की स्थापना की व्यवस्था गई थी, परन्तु देशी रियासतों के असहयोगात्मक व्यवहार के कारण यह व्यवस्था लागू नहीं हो सकी।
- संविधान निर्माताओं द्वारा पुनः भारतीय संविधान में इसकी व्यवस्था की गई। भारतीय संघवाद के स्वरूप का निर्माण देश में एकता स्थापित करने के उद्देश्य से किया गया।

भारतीय संविधान के संघात्मक लक्षण/विशेषताएँ

लिखित संविधान
- सरकार के संगठन एवं कार्यों के कानूनी एवं संवैधानिक अधिकार तथा क्षेत्राधिकार का निर्धारण।
- नवम्बर 1949 में संविधान सभा द्वारा संविधान का निर्माण।
- संघ व राज्यों दोनों की सरकारों की शक्तियों का मूल स्रोत
- मूल रूप से एक प्रस्तावना, 395 अनुच्छेद, 22 भाग तथा 8 अनुसूचियाँ
- वर्तमान में एक प्रस्तावना, 465 अनुच्छेद, 25 भाग एवं 12 अनुसूचियाँ

संविधान की सर्वोच्चता
- संघ एवं राज्यों की समस्त सत्ता विधायिका, कार्यपालिका तथा न्यायपालिका के अधीन
- केन्द्र या राज्य सरकार द्वारा प्रभावी कानून को सर्वोच्च या उच्च न्यायालय द्वारा न्यायिक समीक्षा के अन्तर्गत अवैध घोषित किया जा सकता है।

शक्तियों का विभाजन
- 7 वीं अनुसूची के अन्तर्गत तीन सूचियों-
  (i) संघ सूची
  (ii) राज्य सूची
  (iii) समवर्ती सूची में शक्तियों का विभाजन
- संघ सूची में 98 विषय (मूलत: 97), राज्य सूची में 59 विषय (मूलत: 66) तथा समवर्ती सूची में 52 विषय (मूलत: 47) हैं।

स्वतन्त्र एवं निष्पक्ष न्यायपालिका
- भारतीय संविधान के संरक्षण हेतु एक स्वतन्त्र तथा निष्पक्ष न्यायपालिका की व्यवस्था
- न्यायिक समीक्षा के शक्ति का प्रयोग केन्द्र राज्य सम्बन्ध तथा राज्यों के बीच विवाद निपटान के लिए सर्वोच्च न्यायालय के नेतृत्व में एक स्वतन्त्र न्यायपालिका की स्थापना।

दोहरी शासन प्रणाली
- संघात्मक राज्य में दो सरकारें - केन्द्रीय व राज्य सरकारें
- संविधान द्वारा इन्हें सम्प्रभु शक्तियाँ प्रदान की गईं
- संघ सरकार राष्ट्रीय महत्त्व के मामले; जैसे- रक्षा, विदेशी, मुद्रा व संचार इत्यादि, राज्य सरकारें सार्वजनिक व्यवस्था, कृषि, स्वास्थ्य तथा स्थानीय सरकार क्षेत्रीय जैसे मामलों को देखती हैं।

द्विसदनीय विधायिका
- उच्च सदन (राज्यसभा) निम्न या निचला सदन (लोकसभा) का प्रावधान
- राज्य सभा भारतीय संघ के राज्यों का प्रतिनिधित्व
- लोकसभा पूरे भारत के लोगों का प्रतिनिधित्व
- राज्यसभा कम शक्तिशाली होते हुए भी केन्द्र के अनुचित हस्तक्षेप के विरुद्ध राज्यों के हितों की सुरक्षा का संघीय सन्तुलन बनाए रखती है।

संविधान की कठोरता
- संविधान द्वारा स्थापित शक्तियों का विभाजन व संविधान की सर्वोच्चता तभी बनाई रखी जा सकती है, जब संविधान संशोधन की प्रक्रिया कठोर हो तथा संघीय संरचना से सम्बन्धित विषयों केन्द्र व राज्य सरकारों की सहमति से संशोधन किया जाए।
- ऐसे प्रावधानों को संसद के विशेष बहुमत तथा राज्य विधानसभाओं के आधे हिस्से की मंजूरी की आवश्यकता

भारतीय संविधान के एकात्मक लक्षण / विशेषताएँ

1. एकल नागरिकता

- संघात्मक व्यवस्था होने के बावजूद कनाडा की भाँति एकल नागरिकता का प्रावधान।
- भारत में राज्यों की अपनी नागरिकता नहीं, अपितु केवल भारतीय नागरिकता।
- प्रत्येक भारतीय को सम्पूर्ण देश में समान अधिकार।
- अन्य संघीय व्यवस्था वाले देश—ऑस्ट्रेलिया एवं संयुक्त राज्य अमेरिका इत्यादि में दोहरी नागरिकता का प्रावधान।

2. एकीकृत न्याय व्यवस्था

- संघीय शासन प्रणाली में संघ एवं राज्यों के कानूनों को लागू करने की दोहरी न्याय व्यवस्था; जैसे—अमेरिका में दोहरी न्यायपालिका।
- भारतीय संविधान द्वारा एकीकृत न्याय-व्यवस्था की स्थापना, जिसमें सर्वोच्च स्तर पर उच्चतम न्यायालय, राज्य स्तर पर उच्च न्यायालय तथा जिला स्तर पर जिला व अधीनस्थ न्यायालय की व्यवस्था।
- न्यायालयों की एकल व्यवस्था में केन्द्र एवं राज्य दोनों कानूनों पर लागू।
- भारत के सर्वोच्च न्यायालय को राज्य सूची से सम्बन्धित विषयों पर सुनने का अधिकार ।

3. शक्तियों का विभाजन केन्द्र के पक्ष में

- संघ एवं राज्यों के बीच शक्तियों के विभाजन का झुकाव संघ की ओर अधिक। संघ सूची सर्वाधिक बड़ी सूची तथा समवर्ती सूची में केन्द्र को वरीयता।
- विशेष परिस्थितियों में राज्य सूची में संसद को वरीयता।
- भारत में अवशिष्ट शक्तियाँ संघ (केन्द्र) को प्राप्त हैं, परन्तु अमेरिका जैसी संघीय व्यवस्था में राज्यों को अवशिष्ट विषयों पर अधिकार।

4. राज्यों के राज्यपालों की नियुक्ति

- राज्यों के राज्यपालों की नियुक्ति राष्ट्रपति द्वारा। राष्ट्रपति के प्रसादपर्यन्त राज्यपाल अपने पद पर बना रहता है। राज्यों में केन्द्र के प्रतिनिधि के रूप में कार्यरत।
- राज्यपाल के माध्यम से केन्द्रीय सरकार, राज्यों पर नियन्त्रण रखती है। राज्यपाल अपने स्वविवेक सम्बन्धी शक्तियों व कृत्यों के प्रयोग के लिए राष्ट्रपति के प्रति उत्तरदायी
- भारत में कनाडाई प्रणाली को अपनाया गया, जिसमें राज्यपाल के माध्यम से केन्द्र का राज्यों पर नियन्त्रण, जबकि अमेरिका में निर्वाचित होते हैं।

5. आपातकालीन उपबन्ध

- आपातकाल के दौरान सभी विधायी व कार्यकारी शक्तियाँ केन्द्र सरकार के अधीन होती हैं।
- यह उपबन्ध बिना किसी संविधान संशोधन के संघीय ढाँचे में परिवर्तन कर देता है तथा आपातकाल के दौरान राज्यों पर केन्द्र का पूर्ण नियन्त्रण हो जाता है।
- भारतीय संविधान में तीन प्रकार (राष्ट्रीय आपात, राष्ट्रपति शासन, वित्तीय आपात) के आपातकाल की व्यवस्था है।

6. राज्य सूची पर संसद का प्राधिकार

- संसद, राज्य सूची में राष्ट्रीय महत्त्व को प्रभावित करने वाले विषयों पर राज्य सभा द्वारा पारित ऐसे संकल्प के आधार पर विधान बना सकती है।
- बिना सविधान संशोधन के संसद की विधायिका शक्ति को बढ़ाया जा सकता है, जब किसी प्रकार की आपात व्यवस्था न हो।

7. एकीकृत निर्वाचन मशीनरी

- चुनाव आयोग द्वारा केन्द्रीय एवं राज्य विधानमण्डल का चुनाव।
- राष्ट्रपति द्वारा मुख्य निर्वाचन आयुक्त तथा अन्य दो निर्वाचन आयुक्त की नियुक्ति। अमेरिका में संघ व राज्य दोनों के निर्वाचन के लिए अलग मशीनरी/व्यवस्था

8. राज्यों के विधेयकों पर वीटो

- राज्य विधानमण्डल द्वारा पारित विधेयकों को राज्यपाल द्वारा राष्ट्रपति की संस्तुति के लिए सुरक्षित रखा जाता है।
- राष्ट्रपति, राज्यपाल के माध्यम से विधेयक को पुनर्विचार हेतु राज्य विधायिका को न केवल पहली, बल्कि दूसरी बार भी भेज सकता है। जिससे राज्य की विधायिका राष्ट्रपति के वीटो को समाप्त नहीं कर सकती है।

9. एकीकृत लेखा परीक्षा (जाँच) मशीनरी

- भारत के नियन्त्रक एवं महालेखा परीक्षक केन्द्र सरकार तथा राज्य सरकार के खातों का लेखा-जोखा करता है।
- राष्ट्रपति द्वारा इसकी नियुक्ति व बर्खास्तगी। इसके विपरीत अमेरिका में नियन्त्रक महालेखा परीक्षक राज्यों के खातों का लेखा-जोखा नहीं करता।

10. अखिल भारतीय सेवाएँ

- अमेरिका में संघीय एवं राज्य सरकारों की अपनी अलग-अलग सार्वजनिक सेवा हैं। भारत में केन्द्र एवं राज्यों की अपनी अलग-अलग सार्वजनिक सेवाएँ, परन्तु अखिल भारतीय सेवाएँ (IAS, IPS एवं IFS) केन्द्र एवं राज्यों दोनों के लिए समान हैं।
- इन सेवाओं के सदस्यों की भर्ती, प्रशिक्षण एवं अन्तिम नियन्त्रण केन्द्र सरकार द्वारा किए जाते हैं।

11. एकल संविधान

- भारत का संविधान न केवल केन्द्र के संविधान को, बल्कि राज्यों के संविधान को भी समाहित करता है।
- आमतौर पर संघ में राज्यों को केन्द्र से अलग अपना संविधान बनाने का अधिकार होता है, परन्तु भारत में राज्यों को ऐसी कोई शक्ति प्राप्त नहीं है।

12. राज्य अविनाशी नहीं है

- अन्य संघों के विपरीत, भारत में राज्यों को क्षेत्रीय अखण्डता का कोई अधिकार नहीं है। संसद एकतरफा कार्यवाही करके किसी भी राज्य का क्षेत्र, सीमा या नाम बदल सकती है।
- इसलिए भारतीय संघ विनाशकारी राज्यों का एक अविनाशी संघ है, दूसरी ओर अमेरिकी संघ को 'अविनाशी राज्यों का एक अविनाशी संघ' कहा गया है।

13. राज्य में प्रतिनिधित्व की समानता नहीं

- भारत में राज्यों को जनसंख्या के आधार पर राज्यसभा में प्रतिनिधित्व दिया जाता है, इसलिए सदस्यता 1 से 31 तक भिन्न होती है।
- दूसरी ओर अमेरिका में उच्च सदन में राज्यों के प्रतिनिधित्व की समानता है, इस प्रकार यहाँ सीनेट में 100 सदस्य हैं, जो प्रत्येक राज्य से 2 हैं।

14. संविधान का लचीलापन

- संविधान संशोधन की प्रक्रिया अन्य संघों की तुलना में कम कठोर
- संविधान के अधिकांश भाग को संसद की एकतरफा कार्यवाही या साधारण बहुमत या विशेष बहुमत से संशोधित किया जा सकता है।

"

भारतीय संविधान द्वारा अंगीकृत संघीय व्यवस्था का सर्वाधिक महत्त्वपूर्ण सिद्धान्त है कि केन्द्र और राज्यों के बीच सम्बन्ध सहयोग पर आधारित होंगे।

अध्याय चौदह

केन्द्र-राज्य सम्बन्ध

परिचय

भारतीय संविधान में फेडरेशन शब्द का नहीं, बल्कि यूनियन शब्द का प्रयोग किया गया है। फेडरेशन तथा यूनियन दोनों शब्दों के हिन्दी रूपान्तरण का अर्थ–संघ ही होता है। यूनियन वस्तुत: स्वायत्तता को अधिक दर्शाता है, इसलिए भारतीय संविधान में भारत को राज्यों के संघ (Union of States) के रूप में परिभाषित किया गया है।

भारतीय संविधान के अनुच्छेद-1 में भारत का राज्यों के संघ के रूप में उल्लेख किया गया है। यह स्पष्ट करता है कि भारतीय संघ, राज्यों के मध्य सहमति का प्रतिफल नहीं है, साथ ही राज्यों को संघ से पृथक् होने का अधिकार भी नहीं है। वस्तुत: भारत की संघीय व्यवस्था कनाडाई मॉडल पर आधारित है।

भारतीय संविधान में केन्द्र-राज्य सम्बन्धी प्रावधान निम्नलिखित प्रकार से हैं

I. विधायी सम्बन्ध (अनुच्छेद 245-255)
II. प्रशासनिक सम्बन्ध (अनुच्छेद 256-263)
III. वित्तीय सम्बन्ध (अनुच्छेद 264-293)

I. विधायी सम्बन्ध

- संविधान के भाग-XI में अनुच्छेद 245 से 255 तक केन्द्र-राज्य विधायी सम्बन्धों की चर्चा की गई है।
- अनुच्छेद 245 के अनुसार, संसद भारत के सम्पूर्ण राज्यक्षेत्र या उसके किसी भाग के लिए कानून बना सकती है और किसी राज्य का विधानमण्डल समस्त राज्य या उसके एक भाग के लिए कानून बना सकता है।

विधायी शक्तियों का बँटवारा

विधायी व्यक्तियों को प्रमुख रूप से चार स्थितियों में विभाजित किया जा सकता है

1. राज्य क्षेत्रीय विस्तार के आधार पर विधायी शक्तियाँ
2. विषयों की दृष्टि से विधायी शक्तियाँ
3. राज्य सूची के विषयों पर संसद की विधि-निर्माण की शक्ति
4. राज्य विधानमण्डल पर केन्द्र का नियन्त्रण

1. राज्य क्षेत्रीय विस्तार के आधार पर विधायी शक्तियाँ

- इसका तात्पर्य है कि केन्द्र तथा राज्य विधायिकाओं द्वारा बनाए गए कानून कितने भू-भाग पर लागू अथवा प्रभावी हो सकते हैं।
- अनुच्छेद 245 (1) के अनुसार, संविधान के उपबन्धों के अधीन रहते हुए संसद भारत के सम्पूर्ण राज्यक्षेत्र या उसके किसी भाग के लिए विधि निर्माण कर सकेगी तथा किसी राज्य का विधानमण्डल सम्पूर्ण राज्य या उसके किसी भाग हेतु विधि निर्माण कर सकेगा।
- संविधान की सातवीं अनुसूची में कानून निर्माण के विषयों का केन्द्र तथा राज्य के मध्य बँटवारा किया गया है
    - सूची I संघ सूची से सम्बन्धित विषय
    - सूची II राज्य सूची से सम्बन्धित विषय
    - सूची III समवर्ती सूची से सम्बन्धित विषय
- केन्द्र में संसद संघ तथा समवर्ती एवं अवशिष्ट सूची के विषयों पर कानून-निर्माण कर सकती है। राज्य विधानमण्डल राज्य सूची तथा समवर्ती सूची के ऐसे विषयों पर कानून बना सकती है, जहाँ केन्द्र ने कोई कानून न बनाया हो।
- अनुच्छेद 13(2) के अनुसार, मूल अधिकारों को सीमित करने वाले कानून राज्य द्वारा नहीं बनाए जाएँगे। इसके उल्लंघन में बनाई गई प्रत्येक विधि उल्लंघन की सीमा तक शून्य होगी।
- अनुच्छेद 245(2) में उल्लिखित है कि संसद द्वारा बनाई गई कोई विधि इस आधार पर अधिमान्य नहीं समझी जाएगी कि उसका राज्य-क्षेत्रातीत (Extra-territorial) प्रवर्तन होगा।
- संसद की इस शक्ति को भारतीय दण्ड संहिता की धारा 3 एवं 5वें विभिन्न उपबन्धों में जो भारत के राज्यक्षेत्र के बाहर किए जाने वाले अपराधों से सम्बन्धित हैं, जोड़कर समझ सकते हैं।

संसद के कार्यक्षेत्र पर प्रतिबन्ध

भारतीय संविधान के अन्तर्गत राज्य क्षेत्रीय विस्तार के आधार पर विधायी शक्तियों के कुछ मामलों में संसद पर प्रतिबन्ध लगाया गया है और यहाँ पर केवल राष्ट्रपति को एकाधिकार है अर्थात् संसद के कानून कुछ क्षेत्रों पर लागू नहीं होते हैं, अपितु वहाँ राष्ट्रपति को विशिष्ट शक्तियाँ प्राप्त हैं। ये क्षेत्र हैं-पुदुचेरी (विधानसभा के निलम्बन या भंग होने की स्थिति में) अण्डमान एवं निकोबार द्वीप समूह, दादरा एवं नगर हवेली और दमन एवं दीव, लक्षद्वीप, लद्दाख।

- राष्ट्रपति, केन्द्रशासित प्रदेशों/क्षेत्रों में शान्ति, उन्नति एवं अच्छी सरकार के लिए नियम बना सकता है, जो संसद के किसी अधिनियम के समान ही प्रभावी होंगे। इन संघशासित क्षेत्रों के सम्बन्ध में इसे संसद के किसी अधिनियम को संशोधित या निरसित करने का भी अधिकार है।
- राज्यपाल, संसद के किसी भी विधेयक को सूचीबद्ध क्षेत्रों में लागू न करे या उसमें कुछ संशोधन कर लागू करे।
- राष्ट्रपति संसद के किसी भी विधेयक को जनजातीय क्षेत्रों (स्वायत्त जिलों); जैसे— मेघालय, मिजोरम एवं त्रिपुरा इत्यादि में कुछ विशिष्ट परिवर्तनों के साथ लागू कर सकता है। इसके अतिरिक्त असम के राज्यपाल को भी यह शक्ति प्राप्त है।

2. विषयों की दृष्टि से विधायी शक्तियाँ

- अनुच्छेद 246 तथा 248 में संसद और राज्य विधानमण्डलों की कानून निर्माण की शक्तियों से जुड़े प्रावधान दिए गए हैं।
- अनुच्छेद 246 में तीन सूचियों को बताया गया है, जिन्हें सातवीं अनुसूची में विनिर्दिष्ट किया गया है। ये निम्न हैं- संघ सूची, राज्य सूची तथा समवर्ती सूची।
- संघ सूची (Union List) से सम्बन्धित कानून बनाने का अधिकार केवल संसद के पास है, इस सूची में वर्तमान में 98 विषय (मूलत: 97) हैं। संघ सूची में प्रतिरक्षा, विदेशी मामले, नागरिकता ,परमाणु ऊर्जा, संचार, युद्ध और शान्ति, खनिज, बीमा, प्रत्यर्पण, शेयर बाजार, सन्धि और करार, रेलवे, डाक व तार, बन्दरगाह, समुद्री व हवाई मार्ग, बैंक, जनगणना, विदेश व्यापार, डाकघर बचत बैंक, स्टॉक एक्सचेंज, संयुक्त राष्ट्र संघ, मुद्रा, विदेशी ऋण, रिजर्व बैंक, सीमा शुल्क व निर्यात शुल्क, आयकर (कृषि से भिन्न) सेवा कर, निगम कर, लॉटरी, अवशिष्ट विषय आदि शामिल हैं।
- राज्य सूची (State List) राज्य विधानमण्डल को समान परिस्थितियों में शामिल विषय पर कानून बना सकती है, इस सूची में वर्तमान में 59 (मूलत: 66) विषय हैं। राज्य सूची के विषय लोक व्यवस्था, पुलिस (रेल व ग्राम पुलिस सहित), कारागार, भूमि, स्थानीय स्वशासन, लोक स्वास्थ्य, प्रादेशिक लोक सेवा, बाजार एवं मेले, दाव व जुआ, पशुपालन, गैस, सिंचाई, शराब, मनोरंजन, भू-राजस्व या लगान, विद्युत कर, पथकर, प्रति व्यक्तिकर (Capitation Tax), कृषि आय कर, कृषि भूमि के उत्तराधिकार पर कर, कृषि भूमि पर सम्पदा शुल्क, विलासिता की वस्तुओं पर कर आदि हैं। 42वें संविधान संशोधन अधिनियम, 1976 के तहत 5 विषयों को (शिक्षा, वन, नाप एवं तौल तथा वन्यजीवों व पक्षियों के संरक्षण एवं न्याय का प्रशासन) राज्य सूची से समवर्ती सूची में शामिल किया गया।
- समवर्ती सूची (Concurrent List) के सम्बन्ध में संसद एवं राज्य विधानमण्डल दोनों कानून बना सकते हैं इस सूची में वर्तमान में 52 विषय (मूलत: 47) हैं। इस सूची के किसी विषय को लेकर टकराव की स्थिति में संसद का कानून सर्वोपरि माना जाएगा एवं प्रभावी होगा। समवर्ती सूची में दण्ड विधि, प्रक्रिया विधि, शिक्षा, वन, कारखाने, विवाह व विवाह-विच्छेद, मजदूर संघ, जनसंख्या नियन्त्रण व परिवार नियोजन, न्याय, प्रशासन, वृत्तियाँ, बाट-माप, औद्योगिक विवाद, स्वच्छता व औषधालय, उत्तराधिकार, विद्युत, कीमत नियन्त्रण, खाद्य पदार्थों और अन्य पदार्थों का अपमिश्रण, कारखाने, वन्य जीव-जन्तुओं का संरक्षण, विधि वृत्ति, चिकित्सा वृत्तियाँ, समाचार-पत्र, पुस्तकें और मुद्रणालय, समाचार का अर्जन व अधिग्रहण, आर्थिक व सामाजिक योजनाएँ, जन्म-मरण पंजीकरण आदि विषय शामिल हैं।
- भारत शासन अधिनियम, 1935 में केन्द्र-राज्यों के मध्य विषयों की तीनों सूचियों का प्रयोग किया गया था। अनुच्छेद 248 (1) में कहा गया है कि संसद को उन सभी विषयों पर कानून बनाने का विशिष्ट अधिकार अवशिष्ट शक्तियाँ (इसके अन्तर्गत वे सभी विषय या मामले शामिल होते हैं, जिनका उल्लेख किसी भी सूची में नहीं हुआ है; जैसे—साइबर कानून इत्यादि। इन विषयों पर केवल केन्द्रीय विधायिका ही कानून बना सकती है।) हैं, जिनका उल्लेख राज्य व समवर्ती सूची में नहीं है।

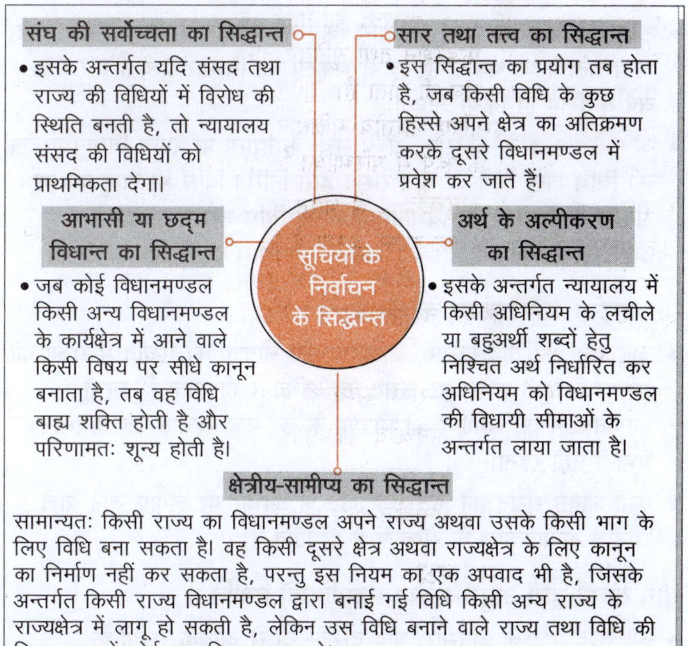

सूचियों के निर्वाचन के सिद्धान्त

संघ की सर्वोच्चता का सिद्धान्त
- इसके अन्तर्गत यदि संसद तथा राज्य की विधियों में विरोध की स्थिति बनती है, तो न्यायालय संसद की विधियों को प्राथमिकता देगा।

सार तथा तत्त्व का सिद्धान्त
- इस सिद्धान्त का प्रयोग तब होता है, जब किसी विधि के कुछ हिस्से अपने क्षेत्र का अतिक्रमण करके दूसरे विधानमण्डल में प्रवेश कर जाते हैं।

आभासी या छद्म विधान्त का सिद्धान्त
- जब कोई विधानमण्डल किसी अन्य विधानमण्डल के कार्यक्षेत्र में आने वाले किसी विषय पर सीधे कानून बनाता है, तब वह विधि बाह्य शक्ति होती है और परिणामतः शून्य होती है।

अर्थ के अल्पीकरण का सिद्धान्त
- इसके अन्तर्गत न्यायालय में किसी अधिनियम के लचीले या बहुअर्थी शब्दों हेतु निश्चित अर्थ निर्धारित कर अधिनियम को विधानमण्डल की विधायी सीमाओं के अन्तर्गत लाया जाता है।

क्षेत्रीय-सामीप्य का सिद्धान्त

सामान्यतः किसी राज्य का विधानमण्डल अपने राज्य अथवा उसके किसी भाग के लिए विधि बना सकता है। वह किसी दूसरे क्षेत्र अथवा राज्यक्षेत्र के लिए कानून का निर्माण नहीं कर सकता है, परन्तु इस नियम का एक अपवाद भी है, जिसके अन्तर्गत किसी राज्य विधानमण्डल द्वारा बनाई गई विधि किसी अन्य राज्य के राज्यक्षेत्र में लागू हो सकती है, लेकिन उस विधि बनाने वाले राज्य तथा विधि की विषय-वस्तु में कोई वास्तविक सम्बन्ध हो।

- अनुच्छेद 248 (2) ऐसी शक्ति के अन्तर्गत ऐसे कर के अधिरोपण के लिए जो उन सूचियों में से किसी में वर्णित नहीं है, विधि बनाने की शक्ति है। सर्वप्रथम वर्ष 1994 में सेवा कर लगाया गया, जिसका पूर्ण अधिकार केन्द्र को मिला। अन्य विभिन्न प्रावधान जिनके अन्तर्गत संसद को विधि निर्माण की शक्ति प्राप्त है, वे निम्न हैं
    - अनुच्छेद 2 और 3 के अन्तर्गत राज्य पुनर्गठन से सम्बन्धित विधि की शक्ति संसद को प्राप्त है।

- अनुच्छेद 11 के द्वारा नागरिकता से सम्बन्धित उपबन्धों को विनियमित करने तथा उसकी समाप्ति और अर्जन के लिए विधि निर्माण की शक्ति संसद को प्राप्त है।
- अनुच्छेद 105 के द्वारा सांसदों के विशेषाधिकारों से सम्बन्धित विधि निर्माण की शक्ति संसद को प्राप्त है।
- अनुच्छेद 169 के द्वारा किसी राज्य में विधानपरिषद् के गठन से सम्बन्धित शक्ति संसद को प्राप्त है।

3. राज्य सूची के विषयों पर संसद की विधि-निर्माण की शक्ति

भारतीय संविधान के अनुसार, कुछ विशेष परिस्थितियों में राष्ट्रीय हित तथा राष्ट्रीय एकता हेतु संसद को राज्य सूची के विषयों पर कानून बनाने का अधिकार प्राप्त है। संसद को यह अधिकार प्रदान करने वाले कुछ प्रमुख प्रावधान निम्नलिखित हैं

(i) राज्यसभा द्वारा प्रस्ताव पारित किए जाने पर

- अनुच्छेद 249 के अनुसार, यदि राज्यसभा द्वारा राज्य सूची के किसी विषय को उपस्थित एवं मत देने वाले सदस्यों के दो-तिहाई बहुमत से राष्ट्रीय महत्त्व का घोषित किया जाता है, तो संसद को उस विषय पर विधि-निर्माण की शक्ति प्राप्त हो जाती है, परन्तु इसकी मान्यता केवल एक वर्ष तक रहती है।
- उपरोक्त विधि को राज्यसभा द्वारा किए गए संकल्प से जितनी बार चाहे आगे बढ़ाया जा सकता है, किन्तु संकल्प का विस्तार प्रत्येक बार एक वर्ष के लिए ही किया जाएगा।
- अनुच्छेद 251 के अनुसार, राज्य सूची के विषय पर राज्य विधानमण्डल की विधि लागू रहने के साथ संसद द्वारा निर्मित विधि भी लागू की जा सकती है, परन्तु राज्य विधानमण्डल की विधि उस मात्रा तक अपरिवर्तनीय हो जाएगी, जहाँ वह संघीय विधि का विरोध करती है।

(ii) राष्ट्रीय आपातकाल के दौरान

- अनुच्छेद 250 के अनुसार, आपातकालीन घोषणा की स्थिति में राज्य की समस्त विधायी शक्ति पर संसद का अधिकार हो जाता है, परन्तु आपातकाल की समाप्ति की घोषणा के छः माह पश्चात् यह प्रावधान प्रभावी नहीं रहता।
- ऐसी शक्ति संसद को अनुच्छेद 352 के आधार पर लगाए जाने वाले राष्ट्रीय आपातकाल के सम्बन्ध में ही प्राप्त है।

(iii) राज्यों द्वारा अनुरोध तथा सहमति की स्थिति में

- अनुच्छेद 252 के अनुसार, यदि दो-या-दो से अधिक राज्यों के विधानमण्डल प्रस्ताव पारित कर यह इच्छा व्यक्त करते हैं कि राज्य सूची के किन्हीं विषयों पर संसद द्वारा कानून बनाया जाए, तो उन राज्यों के लिए उन विषयों पर कानून बनाने का अधिकार संसद को प्राप्त हो जाता है।
- अन्य राज्य भी अपने राज्य विधानमण्डल में संकल्प पारित कर उक्त कानून को स्वीकार कर सकते हैं।
- राज्यों के विधानमण्डल द्वारा न तो इसे संशोधित किया जा सकता है और न ही इन्हें पूर्ण रूप से समाप्त किया जा सकता है।
- निम्न उपबन्धों को आधार बनाकर संसद द्वारा निम्न कानून बनाए गए हैं
  - वन्यजीव (संरक्षण) अधिनियम, 1972
  - जल प्रदूषण/नियन्त्रण एवं निवारण अधिनियम, 1974
  - नगर भूमि (अधिकतम सीमा और विनियमन) अधिनियम 1976
  - मानव अंग प्रतिरोपण अधिनियम, 1994

(iv) अन्तर्राष्ट्रीय समझौतों को लागू करने के सम्बन्ध में

- अनुच्छेद 253 के अनुसार, संसद द्वारा किसी अन्य देश अथवा देशों के अन्तर्राष्ट्रीय सन्धि अथवा समझौते को लागू करने के प्रयोजन से राज्य सूची के किसी विषय पर विधि-निर्माण किया जा सकता है; जैसे-संयुक्त राष्ट्र (सुविधा एवं प्रतिरक्षा) अधिनियम, 1947।
- इन विधियों को किसी भी राज्य की विधायिका इस आधार पर चुनौती नहीं दे सकती कि उसकी शक्तियाँ सीमित की गई हैं तथा ये सम्पूर्ण राज्य या किसी भाग पर लागू की जा सकती हैं।

(v) राष्ट्रपति शासन के दौरान

- अनुच्छेद 356 के अन्तर्गत यदि राज्य में राष्ट्रपति शासन लागू है, तो संसद उस राज्य की राज्य सूची के विषयों पर भी कानून बना सकती है और राष्ट्रपति शासन के बाद भी बनाया गया कानून प्रभाव में रहता है।
- अनुच्छेद 357 में उपबन्धित है कि इस अवधि के दौरान राज्य विधानमण्डल की शक्तियाँ संसद या संसद के प्राधिकार के अधीन होंगी। इन कानूनों को राज्य विधानमण्डल द्वारा निरसित या परिवर्तित किया जाता है, ये स्वयं समाप्त नहीं होते हैं।
- राष्ट्रीय महत्त्व की संस्थाओं के सम्बन्ध में संघ सूची की प्रविष्टि संख्या 62 व 63 से संसद को यह शक्ति प्राप्त होती है कि संसद द्वारा इस विधि में किसी संस्था को यदि राष्ट्रीय महत्त्व का घोषित कर दिया जाता है, तो वह उस संस्था से जुड़े विषयों पर विधि बनाने के लिए अधिकृत हो जाती है।

4. राज्य विधानमण्डल पर केन्द्र का नियन्त्रण

- राज्य सूची के कुछ विषयों पर राज्यों के विधानमण्डल राष्ट्रपति की पूर्वानुमति के बिना कानून नहीं बना सकते।
- अनुच्छेद 200 के अन्तर्गत राज्य विधानमण्डल द्वारा निर्मित विधेयक सम्बन्धित राज्य के राज्यपाल द्वारा राष्ट्रपति की स्वीकृति हेतु भेजे जाते हैं।
- अनुच्छेद 201 के अन्तर्गत राष्ट्रपति ऐसे विधेयक पर निरपेक्ष तथा जेबी वीटो कर सकता है।
- अनुच्छेद 302 के अन्तर्गत संसद विधि द्वारा एक राज्य और दूसरे राज्य के बीच या भारत के किसी राज्य के किसी भाग के अन्दर व्यापार, वाणिज्य या समागम की स्वतन्त्रता पर ऐसे निर्बन्धन आरोपित कर सकेगी, जो लोकहित में अपेक्षित हों।
- अनुच्छेद 304 के अन्तर्गत अन्तर्राज्यीय व्यापार अथवा वाणिज्य की स्वतन्त्रता पर प्रतिबन्ध लगाने वाले किसी भी विधेयक हेतु राष्ट्रपति की पूर्व सहमति अनिवार्य है।
- अनुच्छेद 360 में यह उपबन्ध है कि यदि वित्तीय आपातकाल घोषित किया गया है, तब राष्ट्रपति, राज्यपाल को निर्देश देने हेतु अधिकृत हो जाता है कि राज्य विधानमण्डल द्वारा पारित प्रत्येक वित्त तथा धन विधेयक अनिवार्य रूप से उसके विचार हेतु प्रस्तुत किए जाए।

केन्द्र तथा राज्यों की विधियों में टकराव

केन्द्र तथा राज्यों की विधियों के टकराव सामान्यत: दो प्रकार के होते हैं

(i) **अधिकारातीत** इसके अन्तर्गत दो में से एक विधानमण्डल वह विधि बनाने को अधिकृत नहीं था, जिसे लेकर टकराव की स्थिति उत्पन्न हो। न्यायालय ऐसी विधि को पूर्णत: शून्य घोषित कर सकता है।

(ii) **विरोध** इसमें दोनों विधानमण्डल अपनी-अपनी विधि बनाने को अधिकृत थे, परन्तु दोनों की विधियों के कुछ भाग एक-दूसरे के विरोधी हैं।

- दोनों विधियाँ विरोधी हैं अथवा नहीं, को निश्चित करने के सन्दर्भ में उच्चतम न्यायालय द्वारा **एम. करुणानिधि बनाम भारत संघ (1979) मामले** में कुछ शर्तें निर्धारित की गई हैं, जो निम्नलिखित हैं
- न्यायालय इस मान्यता को लेकर चलेगा कि दोनों विधियाँ विरोधी नहीं हैं, जिससे कि किसी विधि को विधि शून्य घोषित न करना पड़े। किसी विधि का विरोध वास्तविक होने पर ही शून्य घोषित किया जा सकता है।
- दोनों विधियाँ तभी विरोधी समझी जाएँगी, जब निम्न में से कोई स्थिति विद्यमान हो
  – दोनों विधियों की विषय-वस्तु समान हो, किन्तु उनमें ऐसा टकराव हो कि वे साथ-साथ न चल सकती हों।
  – दोनों विधियों में प्रत्यक्ष विरोध/टकराव हो।
- संसद द्वारा समवर्ती सूची के विषय पर ऐसी कोई विधि बनाई गई हो, जो पूर्णत: नि:शेषकारी (Exhaustive) प्रकृति की हो और राज्य द्वारा भी उस पर विधि बनाई गई हो, तो चाहे दोनों विधियों पर कोई

II. प्रशासनिक सम्बन्ध

- संविधान के भाग–XI में अनुच्छेद 256 से 263 के अन्तर्गत केन्द्र एवं राज्यों के बीच प्रशासनिक सम्बन्धों की व्याख्या की गई है, किन्तु प्रशासनिक शक्ति में संघ को अधिक शक्तियाँ प्रदान की गई हैं। राष्ट्रीय हितों को महत्ता देते हुए राज्य प्रशासन पर संघ का नियन्त्रण स्थापित किया गया है।
- संघात्मक शासन प्रणाली में संघ एवं राज्यों के मध्य प्रशासनिक सम्बन्ध प्राय: विवादास्पद रहते हैं। अत: भारतीय संविधान में ऐसे प्रावधान किए गए हैं, जिससे संघ एवं राज्यों के बीच सम्बन्ध सहज बने रहें।

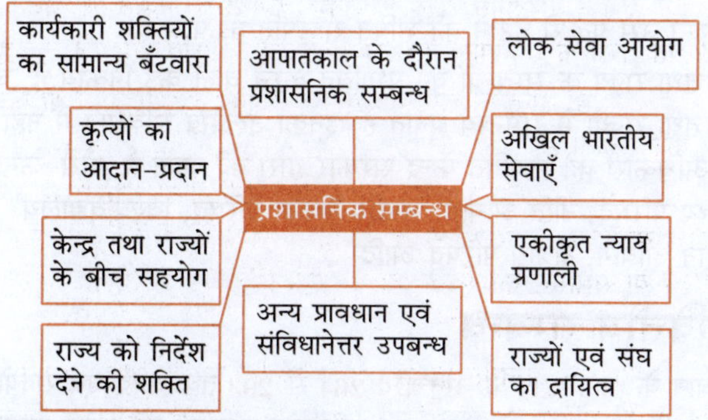

1. कार्यकारी शक्तियों का सामान्य बँटवारा

- कार्यकारी शक्तियाँ केन्द्र तथा राज्य की विधायी शक्तियों से जुड़ी हैं अर्थात् जिन विषयों पर कानून निर्माण सम्बन्धित शक्ति संसद के पास है, उन्हीं विषयों पर प्रशासन करने की शक्ति केन्द्र के पास है। जिन विषयों पर राज्य विधानमण्डल कानून बनाता है, उन पर राज्य सरकारें प्रशासन करती हैं।
- केन्द्र की प्रशासनिक शक्ति सम्पूर्ण देश पर लागू की जा सकती है, वहीं किसी राज्य की प्रशासनिक शक्ति केवल सम्बन्धित राज्य पर ही लागू होगी।

2. राज्यों को निर्देश देने की शक्ति

- संविधान के अनुच्छेद 256 के अनुसार, राज्यों की कार्यपालिका शक्ति का प्रयोग इस प्रकार किया जाना चाहिए, ताकि वह संसद द्वारा निर्मित विधि के अनुरूप हो। संघीय कार्यपालिका को इस सम्बन्ध में राज्य सरकारों को आवश्यक निर्देश देने का अधिकार प्राप्त है।
- अनुच्छेद 257 के अन्तर्गत प्रावधान है कि प्रत्येक राज्य की कार्यपालिका शक्ति का प्रयोग इस प्रकार किया जाना चाहिए कि वह संघ की कार्यपालिका शक्ति के प्रयोग में बाधक न बने।
- संघ द्वारा इस सम्बन्ध में रेलों के संरक्षण एवं राष्ट्रीय या सैनिक महत्त्व के संचार-साधनों को बनाए रखने के बारे में आवश्यक निर्देश जारी किए जा सकते हैं तथा केन्द्रीय निर्देशों के पालन में राज्य द्वारा किए गए अतिरिक्त व्यय की पूर्ति केन्द्र द्वारा की जाएगी।

3. कृत्यों का आदान-प्रदान

- अनुच्छेद 258 (1) के अनुसार, राष्ट्रपति किसी राज्य की सरकार की सहमति से उस सरकार को अथवा उसके अधिकारियों को ऐसे किसी विषय से सम्बन्धित कृत्य, जिन पर संघ की कार्यपालिका शक्ति का विस्तार है, शर्त अथवा बिना शर्त के सौंप सकेगा।
- अनुच्छेद 258 (2) के अनुसार, संसद द्वारा बनाई गई विधि, जो किसी राज्य पर लागू होती है, ऐसे विषय से सम्बन्धित होने पर भी, जिस पर राज्य के विधानमण्डल को विधि बनाने की शक्ति नहीं है, उस राज्य अथवा उसके प्राधिकारियों को शक्ति प्रदान कर सकेगी और उन पर कर्त्तव्य अधिरोपित कर सकेगी।
- अनुच्छेद 258 (3) के अनुसार, किसी राज्य अथवा उसके अधिकारियों या प्राधिकारियों को शक्तियाँ प्रदान की गई हैं अथवा उन पर कर्त्तव्य अधिरोपित किए गए हैं, वहाँ उन शक्तियों व कर्त्तव्यों के प्रयोग के सम्बन्ध में राज्य द्वारा प्रशासन में किए गए व्ययों का संदाय भारत सरकार द्वारा उस राज्य को किया जाएगा।
- अनुच्छेद 258 (A) के अनुसार, किसी राज्य का राज्यपाल, भारत सरकार की सहमति से उस सरकार को अथवा उसके अधिकारियों को ऐसे किसी विषय से सम्बन्धित कृत्य, जिस पर उस राज्य की कार्यपालिका शक्ति का विस्तार है, शर्त अथवा बिना शर्त के सौंप सकेगा।

अनुच्छेद 261 के अन्तर्गत यह प्रावधान किया गया है कि भारतीय राज्य क्षेत्र के सभी भागों में संघ तथा राज्यों के सार्वजनिक कार्यों, अभिलेखों एवं न्यायिक कार्यवाहियों को पूरी मान्यता दी जाएगी तथा इन अभिलेखों एवं कार्यवाहियों को प्रमाणित करने की रीति और शर्तें तथा उनके प्रभाव की अवधारणा संसद द्वारा बनाई गई उपबन्धित रीति के अनुसार किया जाएगा।

4. केन्द्र तथा राज्यों के बीच सहयोग

- अनुच्छेद 262 के अन्तर्गत दो या दो से अधिक राज्यों के बीच प्रवाहित होने वाली नदियों के जल के विभाजन के सम्बन्ध में या उनके सम्बन्ध में किन्हीं अन्य विवादों का निर्णय करने के लिए संसद को कानून बनाने की शक्ति प्रदान की गई है।

- अनुच्छेद 263 के द्वारा राष्ट्रपति को अन्तर्राज्यीय परिषद् की स्थापना का अधिकार प्रदान किया गया है। इन परिषदों का उद्देश्य है कि राज्यों के आपसी विवादों तथा राज्यों के या संघ एवं राज्यों के सामान्य हित के आपसी मामलों के बारे में जाँच करें तथा उन्हें परामर्श दें और नीति एवं कार्यवाही के बेहतर समन्वय के बारे में सिफारिश करें।
- केन्द्र एवं राज्यों में लोक अधिनियमों, रिकॉर्डों एवं न्यायिक प्रक्रिया के संचालन के लिए भारत के भू-क्षेत्र को पूर्ण विश्वास एवं साख प्रदान करनी चाहिए।
- संवैधानिक उद्देश्य हेतु भारतीय संसद अन्तर्राज्यीय व्यापार, वाणिज्य तथा अन्तर्सम्बन्ध की स्वतन्त्रता की व्यवस्था के अन्तर्गत किसी प्राधिकरण का गठन कर सकती है।

5. अखिल भारतीय सेवाएँ

- भारत में केन्द्रीय तथा राज्य सेवा को दो वर्गों राज्य तथा केन्द्र में बाँटा गया है। इसके अतिरिक्त एक अन्य सेवा अखिल भारतीय सेवा है, जिसके अन्तर्गत भारतीय प्रशासनिक सेवा **(आई.ए.एस.), भारतीय पुलिस सेवा (आई.पी.एस.)** तथा भारतीय वन सेवा **(आई.एफ.एस.)** शामिल हैं।
- इस सेवाओं के अधिकारियों का प्रशिक्षण तथा नियुक्ति केन्द्र द्वारा की जाती है, परन्तु अधिकारी केन्द्र तथा राज्य दोनों के अन्तर्गत अपनी सेवाएँ देते हैं। इन सेवाओं पर केन्द्र का पूर्णत: तथा राज्यों का तात्कालिक नियन्त्रण होता है। वर्ष 1966 में तीसरी अखिल भारतीय सेवा के रूप में भारतीय वन सेवा को शामिल किया गया था।
- अनुच्छेद 312 के अन्तर्गत राज्यसभा को यह अधिकार है कि वह नई अखिल भारतीय सेवा के गठन का प्रस्ताव पारित कर सकती है।

6. राज्यों एवं संघ का दायित्व

- संविधान द्वारा राज्यों की कार्यकारी शक्तियों के सम्बन्ध में दो प्रतिबन्ध लगाए गए हैं। पहला-प्रत्येक राज्य की कार्यकारी शक्ति इस प्रकार प्रयोग की जानी चाहिए, जिससे संसद द्वारा निर्मित विधि या राज्यों में लागू अन्य कानून का अनुपालन सुनिश्चित हो तथा दूसरा-केन्द्र की कार्यपालिका शक्ति को बाधित अथवा इसके सम्बन्ध में पूर्वाग्रह न रखना।
- इन दोनों ही मामलों में केन्द्र के निर्देश बाध्यकारी प्रकृति के होते हैं; क्योंकि इन निर्देशों के अनुपालन में राज्यों के असफल होने की स्थिति में अनुच्छेद 365 के तहत सम्बन्धित राज्य में राष्ट्रपति शासन लगाया जा सकता है।

7. लोक सेवा आयोग

- किसी राज्य के लोक सेवा आयोग के सदस्यों एवं अध्यक्ष की नियुक्ति राज्य के राज्यपाल द्वारा की जाती है तथा इन्हें केवल राष्ट्रपति द्वारा हटाया जा सकता है।
- संयुक्त राज्य लोक सेवा आयोग (JSPSC) का गठन सम्बन्धित राज्य विधानसभाओं के अनुरोध पर संसद दो या दो से अधिक राज्यों के लिए संयुक्त राज्य लोक सेवा आयोग की स्थापना कर सकती है तथा इसके अध्यक्ष और सदस्यों की नियुक्ति राष्ट्रपति द्वारा की जाती है।
- संघ लोक सेवा आयोग राज्य के राज्यपाल के अनुरोध पर और राष्ट्रपति के अनुमोदन से राज्य की आवश्यकताओं को पूरा कर सकता है।

8. एकीकृत न्याय प्रणाली

- भारतीय संविधान दोहरी राजनीतिक व्यवस्था होने के बावजूद एकीकृत न्याय व्यवस्था की स्थापना करता है। जिसमें सर्वोच्च स्तर पर उच्चतम न्यायालय, उसके नीचे उच्च न्यायालय (राज्य स्तर पर) है। यह व्यवस्था केन्द्र व राज्य दोनों के कानूनों का अनुपालन सुनिश्चित करती है।
- संसद दो या दो से अधिक राज्यों के लिए एक सामान्य उच्च न्यायालय की स्थापना कर सकती है। उच्च न्यायालयों के न्यायाधीशों की नियुक्ति राष्ट्रपति द्वारा सर्वोच्च न्यायालय के मुख्य न्यायाधीश एवं सम्बन्धित राज्य के राज्यपाल के परामर्श से की जाती है तथा इन्हें राष्ट्रपति द्वारा स्थानान्तरित या हटाया जा सकता है।

9. आपातकाल के दौरान प्रशासनिक सम्बन्ध

- अनुच्छेद 352 के अन्तर्गत, राष्ट्रीय आपातकाल लागू होने पर केन्द्र सरकार किसी भी विषय पर राज्य सरकार को निर्देश दे सकती है। इस स्थिति में केन्द्र का राज्य पर नियन्त्रण हो जाता है तथा राज्य सरकार निर्देश का पालन करने हेतु बाध्य हो जाती है।
- अनुच्छेद 356 के अन्तर्गत यदि राज्य में राष्ट्रपति शासन लागू किया जाता है, तो ऐसी स्थिति में राष्ट्रपति या तो स्वयं निर्देश देकर राज्य का प्रशासन संचालित करता है या किसी प्राधिकारी को राज्य का प्रशासनिक कार्य करने के लिए अधिकृत कर सकता है।
- अनुच्छेद 360 के अन्तर्गत वित्तीय आपातकाल की घोषणा के समय राष्ट्रपति, राज्य सरकार को सभी या कुछ अधिकारियों के वेतन में कटौती का निर्देश दे सकता है, इसे मानने हेतु राज्य सरकार बाध्य होती है।

10. अन्य प्रावधान एवं संविधानेत्तर उपबन्ध

- अनुच्छेद 355 बाह्य आक्रमण एवं आन्तरिक अशान्ति से राज्यों की रक्षा करता है तथा यह सुनिश्चित करता है कि राज्य सरकारें संविधान के प्रावधानों के अनुसार चलें।
- राज्य में राज्यपालों की नियुक्ति राष्ट्रपति द्वारा की जाती है, राज्यपालों का कार्यकाल निश्चित नहीं है, अत: वे राष्ट्रपति के प्रसादपर्यन्त कार्य करते हैं तथा केन्द्र के एजेण्ट के रूप में कार्य करते हैं।
- राज्य के निर्वाचन आयुक्त की नियुक्ति करने की शक्ति राज्यपाल के पास है, परन्तु उसे पद से हटाने की शक्ति राष्ट्रपति के पास है।
- केन्द्र तथा राज्य के सम्बन्धों को प्रभावित करने वाले कई निकाय हैं, जो केन्द्र तथा राज्यों में समन्वय बनाते हैं। इनका उल्लेख संविधान में नहीं है तथा अधिकारी की नियुक्ति केन्द्र सरकार द्वारा की जाती है; जैसे-केन्द्रीय स्वास्थ्य परिषद्, नीति आयोग, राष्ट्रीय एकता परिषद्, विश्वविद्यालय अनुदान आयोग, क्षेत्रीय परिषदें आदि।

III. वित्तीय सम्बन्ध

- संविधान के भाग-XII के अनुच्छेद 264 से 293 तक केन्द्र एवं राज्यों के मध्य वित्तीय सम्बन्धों से सम्बन्धित अधिकांश प्रावधान को भारत शासन अधिनियम, 1935 से लिया गया है।
- यद्यपि इसमें दो प्रमुख अन्तर हैं-पहला, भारतीय संविधान में कराधान का अवशिष्ट अधिकार संसद को प्रदान किया गया है तथा दूसरा, संघ व राज्यों के बीच करों के शुद्ध आगम के वितरण तथा राज्यों के बीच उसके आवण्टन के सम्बन्ध में वित्त आयोग के गठन का प्रावधान किया गया है।

भारत में संघ तथा राज्यों के बीच वित्तीय सम्बन्धों को निम्न शीर्षकों के रूप में देखा जा सकता है

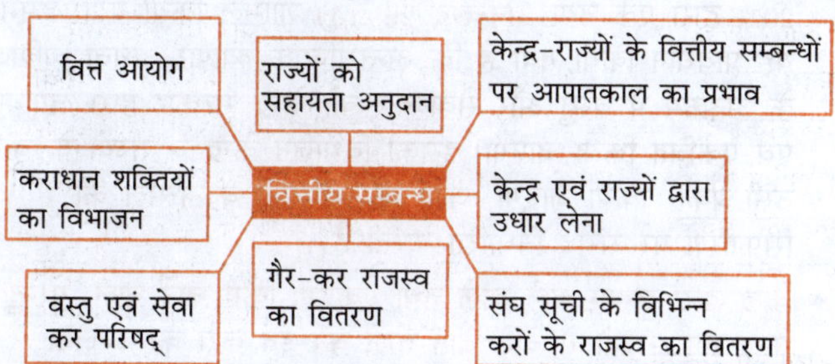

1. कराधान शक्तियों का विभाजन

- संविधान के अनुच्छेद 265 के अन्तर्गत यह उल्लेख किया गया है कि कोई कर विधि के प्राधिकार से ही अधिरोपित (Imposed) या संगृहीत (Collected) किया जाएगा अन्यथा नहीं अर्थात् कोई कर समुचित विधानमण्डल (संसद/राज्य विधानमण्डल) द्वारा ही लगाया जा सकता है। इसे कार्यपालिका अथवा प्रशासकीय आदेश से नहीं लगाया जा सकता।
- अनुच्छेद 265 के अन्तर्गत कर लगाने का प्रतिषेध किया गया है, शुल्क (fees) लगाने का नहीं। भारतीय संविधान में संघ तथा राज्यों के बीच कर लगाने की शक्तियों का पूर्णरूप से विभाजन किया गया है।
- संविधान की सातवीं अनुसूची के संघ सूची में उल्लेखित विषयों पर कर लगाने का अधिकार केन्द्र सरकार को प्राप्त है, इसे संघीय कर कहा जाता है। वहीं राज्य सूची में उल्लेखित विषयों पर कर लगाने का अधिकार राज्यों को प्राप्त है।

राज्यों की कराधान शक्ति पर नियन्त्रण

- भारतीय संविधान के अनुच्छेद 276, 286, 287 तथा 288 में केन्द्र-राज्य सम्बन्धों में तथा विभिन्न राज्यों के बीच तनाव न हो ऐसे नियन्त्रण लगाए गए हैं।
- अनुच्छेद 276 के अनुसार, राज्य वृत्तियों, व्यापारों, आजीविकाओं और नियोजन के सम्बन्ध में किसी नगरपालिका, जिला बोर्ड, स्थानीय बोर्ड अथवा अन्य स्थानीय प्राधिकारी के लाभ के लिए कर लगा सकता है, परन्तु राज्य द्वारा किसी व्यक्ति पर लगाया गया कर ₹ 2500 से अधिक नहीं होगा।
- अनुच्छेद 286 के अन्तर्गत राज्य विधायिका समाचार-पत्रों के अतिरिक्त शेष वस्तुओं के क्रय तथा विक्रय पर कर लगा सकती है, किन्तु कुछ सीमाएँ निम्नवत् हैं
  - वह राज्य के बाहर होने वाले क्रय-विक्रय पर कर आरोपित नहीं कर सकती।
  - यदि किसी वस्तु का भारत पर आयात या निर्यात हो रहा है, तब वह राज्य उस वस्तु पर कर नहीं लगा सकता।
  - यदि संसद ने किसी वस्तु को विधि द्वारा अन्तर्राज्यीय व्यापार अथवा वाणिज्य में विशेष महत्त्व की वस्तु घोषित किया है, तब उससे जुड़े प्रावधान संसद द्वारा निर्धारित शर्तों के अन्तर्गत होंगे।
- ये शर्तें अनुच्छेद 366 में दिए गए विषयों पर भी लागू होती हैं।
- अनुच्छेद 287 के द्वारा राज्यों में बिजली की बिक्री और उसके उपयोग पर राज्य विधानमण्डल द्वारा कर लगाने की शक्ति के विषय में सीमाएँ निश्चित की जाती हैं, जिसके अनुसार भारत सरकार के प्रयोग के लिए दी गई अथवा रेलों के निर्माण, उसे बनाए रखने या चलाने में उपयोग की गई विद्युत पर राज्यों को कर लगाने को प्रतिबन्धित किया गया है।

संघीय सूची के कर (सातवीं अनुसूची)

- कृषि आय के अतिरिक्त अन्य आय पर कर।
- निर्यात शुल्क सहित सीमा कर।
- भारत में निर्मित अथवा उत्पादित वस्तुएँ; जैसे—अपरिष्कृत पेट्रोलियम, उच्च गति डीजल, मोटर स्प्रिट, प्राकृतिक गैस, विमानन टरबाइन ईंधन, तम्बाकू और तम्बाकू उत्पाद, निगम कर।
- व्यक्तियों एवं कम्पनियों की सम्पत्तियों तथा पूँजी पर कर।
- कृषि भूमि से अतिरिक्त सम्पत्ति पर सम्पदा कर।
- कृषि भूमि से अतिरिक्त सम्पत्ति के उत्तराधिकार पर कर।
- रेल, समुद्र या वायुमार्ग द्वारा ले जाए जाने वाली वस्तुओं और यात्रियों पर सीमा कर तथा रेल यात्रा एवं माल पर कर।
- स्टॉक एक्सचेंज तथा वायदा बाजारों के आर्थिक क्रियाकलापों पर स्टाम्प शुल्क से भिन्न कर।
- स्टाम्प शुल्क
- समाचार-पत्रों के क्रय-विक्रय तथा उनमें प्रकाशित विज्ञापनों पर कर।
- समाचार-पत्रों से भिन्न वस्तुओं के क्रय-विक्रय पर कर (अन्तर्राज्यीय व्यापार के समय)
- माल के पारेषण पर कर अन्तर्राज्यीय व्यापार के दौरान
- सेवाओं पर कर।

राज्य सूची के कर (सातवीं अनुसूची)

- भू-राजस्व।
- कृषि आय पर कर।
- कृषि भूमि के उत्तराधिकार पर कर।
- कृषि भूमि के सन्दर्भ में सम्पदा शुल्क।
- भूमि और भवनों पर कर।
- कानून के अन्तर्गत खनिज अधिकारों पर कर।
- राज्यों में उत्पादित मादक पदार्थों, एल्कोहॉल पर उत्पाद कर।
- किसी स्थानीय उपयोग और विक्रय हेतु वस्तुओं के प्रवेश पर कर।
- विद्युत के उपभोग तथा बिक्री पर कर।
- समाचार-पत्रों से भिन्न वस्तुओं के क्रय और विक्रय पर कर।
- दूरदर्शन, रेडियो तथा समाचार-पत्रों में प्रकाशित होने वाले विज्ञापनों पर कर।
- सड़क तथा अन्तर्देशीय जलमार्ग द्वारा ले जाए जाने वाली वस्तुओं तथा यात्रियों पर कर।
- सड़कों पर प्रयोग होने वाले वाहनों पर कर।
- जीव-जन्तुओं तथा नौकाओं पर कर।
- पथ कर।
- व्यापार, व्यवसाय तथा नियोजन पर कर।
- प्रतिव्यक्ति कर (Capitation Taxes)
- विलासिता हेतु प्रयुक्त वस्तुओं पर कर (मनोरंजन, जुआ तथा बोली पर कर)
- स्टाम्प शुल्क (संघ सूची से अतिरिक्त) किसी न्यायालय में लिए जाने वाले शुल्क उपरोक्त विषयों से सम्बन्धित शुल्क से अतिरिक्त होते हैं।

समवर्ती सूची के कर (सातवीं अनुसूची)

- न्यायिक स्टाम्पों से भिन्न स्टाम्प शुल्क
- उपरोक्त विषयों से सम्बन्धित शुल्क, परन्तु इनमें किसी न्यायालय में लिया जाने वाला शुल्क शामिल नहीं है।

नदी घाटी विकास हेतु प्राधिकरण

अनुच्छेद 288 में उल्लिखित है यदि संसद द्वारा किसी अन्तर्राज्यीय नदी या नदी घाटी के विनियमन या विकास हेतु प्राधिकरण की स्थापना की जाती है, तो वह प्राधिकरण जल या विद्युत का संचयन, उत्पादन, उपभोग, वितरण या विक्रय कर सकता है और राज्य विधानमण्डल द्वारा उस पर कर का अधिरोपण किया जा सकता है, ऐसी विधि तभी प्रभाव में आती है, जब राष्ट्रपति उसे अपनी अनुमति देता है।

2. संघ सूची के विभिन्न करों के राजस्व का वितरण

- संघीय सरकार द्वारा लगाए जाने वाले करों से प्राप्त राजस्व का विभाजन संघ तथा राज्यों के बीच किया जाता है। संविधान में यह उपबन्ध संघीय व्यवस्था को मजबूत करने और राज्यों को उनके अनुरूप राजस्व उपलब्ध कराने के उद्देश्य से किया गया है।
- संविधान के अनुच्छेद 268 से 272 तक में राजस्व के विभाजन सम्बन्धी उपबन्ध किए गए हैं।
- पूर्व में दो ही ऐसे कर थे (आय कर (कृषि आय से भिन्न) और केन्द्रीय उत्पाद शुल्क), जिन्हें केन्द्र की अनुमति पर केन्द्र व राज्यों के बीच विभाजित किया जाता था, किन्तु 80वें संविधान संशोधन के पश्चात् अनुच्छेद 268 व 269 के अन्तर्गत निर्दिष्ट करों व अनुच्छेद 271 में वर्णित अधिभारों के अतिरिक्त संघ सूची में वर्णित सभी करों और शुल्कों का केन्द्र तथा राज्यों के बीच विभाजन किया गया।
- 80वें संविधान संशोधन अधिनियम, 2000 के अन्तर्गत राजस्व विभाजन सम्बन्धी प्रावधानों में व्यापक परिवर्तन किया गया है। यह संविधान संशोधन 10वें वित्त आयोग की सिफारिश पर किया गया था, जिसने यह सिफारिश की थी कि केन्द्रीय करों व शुल्कों से प्राप्त आय का 29% भाग राज्यों के बीच बाँटा जाना चाहिए। 80वें संविधान संशोधन के द्वारा अनुच्छेद 270 की भाषा को पूर्ण रूप से परिवर्तित कर दिया गया और अनुच्छेद 272 को समाप्त कर दिया गया।
- उपरोक्त संशोधन को 1 अप्रैल, 1996 से प्रभावी बनाया गया। 88वें संविधान संशोधन अधिनियम, 2003 के तहत अनुच्छेद 268(A) जोड़कर सेवा कर के सम्बन्ध में प्रावधान किया गया। सेवा कर का आरोपण केन्द्र सरकार द्वारा किया जाता था। इसका संग्रहण एवं प्रयोग केन्द्र व राज्य द्वारा किया जाता था। इसे 101वें संविधान संशोधन अधिनियम, 2016 द्वारा समाप्त कर दिया गया। 80वें और 101वें संविधान संशोधन के पश्चात् कर राजस्व के केन्द्र और राज्यों के मध्य वितरण की स्थिति इस प्रकार है
    - केन्द्र द्वारा लगाए जाने वाले व राज्यों द्वारा संगृहीत एवं विनियोजित कर (अनुच्छेद 268) ऐसे कर जिनका आरोपण केन्द्र सरकार करती है, किन्तु उन्हें एकत्र एवं प्रयोग राज्यों के द्वारा किया जाता है। इस सूची में वर्तमान में दो कर हैं-संघ सूची में वर्णित स्टाम्प शुल्क तथा औषधियों एवं प्रसाधन उत्पादों, एल्कोहॉल, नारकोटिक्स आदि पर उत्पाद शुल्क।
    - केन्द्र द्वारा लगाए जाने वाले तथा एकत्रित किए जाने वाले, किन्तु राज्यों को सौंपे जाने वाले कर (अनुच्छेद 269) में ऐसे करों का वर्णन है। इनकी प्राप्तियों को संसद द्वारा निर्धारित रीति से राज्यों में बाँटा जाता है। यह राशि सीधे राज्यों को सौंपी जाती है अर्थात् संचित निधि में जमा नहीं की जाती।
    - वस्तु एवं सेवा कर का आरोपरण और संग्रहण अन्तर-राज्य व्यापार एवं वाणिज्य के सम्बन्ध में 101वें संविधान संशोधन अधिनियम, 2016 द्वारा एक नया अनुच्छेद 269 (A) शामिल किया गया। इसमें यह प्रावधान किया गया है कि अन्तर्राज्यिक व्यापार अथवा वाणिज्य के अनुक्रम में वस्तु और सेवा कर को केन्द्र सरकार द्वारा लगाया एवं एकत्रित किया जाएगा। इसका विभाजन केन्द्र व राज्यों के बीच उसी प्रकार किया जाएगा, जैसा कि जीएसटी काउन्सिल की सिफारिश पर संसद निर्धारित करती है।
    - केन्द्र द्वारा लगाए जाने वाले तथा एकत्रण किए जाने वाले, परन्तु केन्द्र तथा राज्यों में बाँटे जाने वाले कर इन करों का उल्लेख अनुच्छेद 270 में किया गया है। अनुच्छेद 270 में 80वें संविधान संशोधन से नई व्यवस्था की गई, इसके अनुसार अनुच्छेद 268, 268(A) तथा 269 में निर्दिष्ट करों को छोड़कर अन्य सभी कर राज्य तथा केन्द्र में विभाजित होते हैं।
- कुछ शुल्कों और करों पर संघ के प्रयोजन के लिए अधिकार अनुच्छेद 271 में केन्द्र के प्रयोजन हेतु अधिकार की व्यवस्था की गई। इसमें यह प्रावधान है कि संसद अनुच्छेद 269 तथा 270 में निर्दिष्ट करों में से किसी पर केन्द्र सरकार के प्रयोजनों हेतु अधिभार लगा सकेगी। यह अधिभार भारत की संचित निधि का हिस्सा होंगे। राज्यों में इनका विभाजन नहीं किया जाता है। वस्तु एवं सेवा कर इस अधिभार से मुक्त है।

उपकर तथा अधिभार में अन्तर

- **उपकर** (Sess) किसी विशेष उद्देश्य के लिए लगाया जाता है, जबकि **अधिभार** (Surcharge) के लिए विशेष उद्देश्य की आवश्यकता नहीं होती।
- उपकर की राशि एक निश्चित मद से जुड़ जाती है तथा अधिभार भारत की **संचित निधि** का हिस्सा होता है।

3. गैर-कर राजस्व का वितरण

- कर राजस्व तथा गैर-कर राजस्व दोनों का वितरण 7वीं अनुसूची के आधार पर ही होता है।
- केन्द्र तथा राज्य सरकारें संघ तथा राज्य सूची विषयों पर अपनी सेवा देकर बदले में शुल्क प्राप्त करती हैं।
- केन्द्र की गैर-कर राजस्व आय डाक-तार संचार व प्रसारण, बैंकिंग, रेलवे, सिक्के तथा मुद्रा से होती है, जबकि राज्यों की गैर-कर राजस्व आय सिंचाई, वन, मत्स्यपालन एवं राज्य की सार्वजनिक इकाइयों से होती है।

4. राज्यों को सहायता अनुदान

अनुच्छेद 275 तथा 282 में दो प्रकार के अनुदानों की व्यवस्था की गई है, जो निम्न हैं

(i) विधिक अनुदान अनुच्छेद 275 के अनुसार, संघ द्वारा केन्द्र को अनुदान दिए जाते हैं इसका निर्धारण संसद द्वारा राज्यों की आवश्यकताओं के अनुरूप होता है। यह राशि भारत की संचित निधि से प्रदान की जाती है।

(ii) विवेकाधीन अनुदान संविधान के अनुच्छेद 282 के अन्तर्गत ऐसे अनुदान केन्द्र के साथ राज्य द्वारा भी दिए जाते हैं। इनका प्रयोग केवल लोक प्रयोजन हेतु किया जाता है।

अन्य अनुदान

राज्यों को दिए जाने वाले अन्य विशेष अनुदान का प्रावधान किया गया। ये अनुदान संविधान के प्रारम्भ होने से 10 वर्ष की अवधि के लिए किए गए थे, जो भारत की संचित तिथि पर भारित किए गए तथा वित्त आयोग की अनुशंसा पर राज्यों को उपलब्ध कराए गए थे।

5. वस्तु एवं सेवा कर परिषद्

- वस्तु एवं सेवा कर (GST) के कुशल व्यवस्थापन के लिए केन्द्र एवं राज्यों के बीच सहयोग एवं समन्वय हेतु वस्तु एवं सेवा कर परिषद् की स्थापना सितम्बर, 2016 को भारत के संविधान के अनुच्छेद 279 'A' के अनुसार की गई थी।
- भारत में एक राष्ट्र, एक कर और एक बाजार के नीतिगत निर्णय के हिस्से के रूप में माल एवं सेवा कर (GST) प्रणाली माल एवं सेवा कर अधिनियम 2016 द्वारा पेश किया गया था।
- परिषद् अनुच्छेद 279 के अनुसार, GST से सम्बन्धित महत्त्वपूर्ण मुद्दों पर केन्द्र एवं राज्यों को सिफारिशें करने के लिए है; जैसे—वस्तुओं और सेवाओं पर GST मॉडल GST कानूनों के अधीन है या छूट दी जा सकती है।

6. वित्त आयोग

- भारतीय संविधान के अनुच्छेद 280 के अन्तर्गत वित्त आयोग का गठन किए जाने का प्रावधान है। इसके सदस्यों की नियुक्ति हेतु योग्यता एवं कार्यकाल का निर्धारण राष्ट्रपति द्वारा किया जाता है।
- इसका गठन राष्ट्रपति द्वारा प्रत्येक पाँचवें वर्ष या आवश्यकतानुसार उससे पहले किया जाता है। वित्त आयोग के प्रमुख कार्य एवं शक्तियाँ निम्न हैं
  - भारत की संचित निधि में से राज्यों के राजस्वों में सहायता अनुदान को शामिल करने वाले सिद्धान्त के बारे में परामर्श देना।
  - संघ और राज्यों के मध्य करों से प्राप्त शुद्ध आय के विभाजन के बारे में परामर्श देना।
  - राज्य के वित्त आयोग की सिफारिश के आधार पर पंचायतों की सहायता के लिए राशि की सिफारिश करना।
  - राष्ट्रपति द्वारा सौंपे गए वित्त सम्बन्धी कार्यों के बारे में सलाह देना।
  - वित्त आयोग अपनी रिपोर्ट राष्ट्रपति को सौंपता है। राष्ट्रपति इस रिपोर्ट पर की गई कार्यवाही के उल्लेख वाले ज्ञापन सहित इसे संसद के दोनों सदनों के समक्ष रखवाता है।
  - वित्त आयोग की रिपोर्ट सलाहकारी प्रवृत्ति की होती है। इसे मानना सरकार के लिए बाध्यकारी नहीं होता है, लेकिन सरकार सामान्यत: इसे मान लेती है।
  - प्रथम वित्त आयोग की स्थापना वर्ष 1951 में के सी नियोगी की अध्यक्षता में की गई थी।

15वें वित्त आयोग का गठन

- भारत के राष्ट्रपति ने 27 नवम्बर, 2017 को 15वें वित्त आयोग के गठन की घोषणा की। योजना आयोग के पूर्व सदस्य एन के सिंह को 15वें वित्त आयोग का अध्यक्ष नियुक्त किया गया।
- **15वें वित्त आयोग** को अक्टूबर, 2019 में अपनी रिपोर्ट देनी थी, किन्तु इस आयोग ने वर्ष 2020-21 के लिए अपनी रिपोर्ट दी, जबकि शेष अवधि के लिए आयोग ने वर्ष 2020 में अपनी रिपोर्ट सरकार को सौंप दी। उल्लेखनीय है कि इस आयोग ने अपनी रिपोर्ट दो भागों में दी है। इनका कार्यकाल 2021-2026 तक है।
- अब तक कुल 16 वित्त आयोग गठित किए गए हैं। 15वें वित्त आयोग ने सिफारिश की है कि संघ के करों की निवल प्राप्तियों का 41% भाग राज्यों को ही दिया जाए और 1% के बराबर नवगठित संघशासित प्रदेश जम्मू-कश्मीर व लद्दाख के लिए केन्द्र सरकार के पास रखा जाए।

16वें वित्त आयोग का गठन

- 16वें वित्त आयोग का गठन दिसम्बर 2023 में किया गया था।
- नीति आयोग के पूर्व उपाध्यक्ष श्री अरविन्द पनगढ़िया को इसका अध्यक्ष बनाया गया।
- इस वित्त आयोग का कार्यकाल 1 अप्रैल, 2026 से मार्च 2031 तक होगा, आयोग को अपनी सिफारिशें 31 अक्टूबर, 2025 तक उपलब्ध कराने का अनुरोध किया गया है।

7. केन्द्र–राज्यों के वित्तीय सम्बन्धों पर आपातकाल का प्रभाव

जब वित्तीय आपातकाल (अनुच्छेद 360 के अन्तर्गत) लागू होता है, तो केन्द्र राज्यों को निर्देश दे सकता है कि

- वित्तीय औचित्य सम्बन्धी सिद्धान्तों का पालन हो।
- राज्य की सेवा में लगे सभी वर्गों के लोगों के वेतन एवं भत्ते कम करें (उच्च न्यायालय के न्यायाधीशों सहित)।
- सभी धन विधेयकों या अन्य वित्तीय विधेयकों को राष्ट्रपति की स्वीकृति के लिए आरक्षित रखें।

8. केन्द्र एवं राज्यों द्वारा उधार लेना

- अनुच्छेद 292 के अन्तर्गत केन्द्र सरकार भारत की संचित निधि की प्रतिभूति पर संसद द्वारा निधारित सीमा के अन्तर्गत देश के भीतर अथवा विदेशों से ऋण ले सकती है।
- अनुच्छेद 293 के अन्तर्गत राज्य सरकार राज्य की संचित निधि की प्रतिभूति पर राज्य विधानमण्डल द्वारा सीमाओं के अन्तर्गत भारत के राज्यक्षेत्र के भीतर उधार ले सकती है, परन्तु भारत का कोई राज्य भारत के राज्यक्षेत्र के बाहर किसी से ऋण/उधार नहीं ले सकता।

केन्द्र-राज्य सम्बन्धों की समीक्षा के लिए प्रमुख आयोग और समितियाँ

- स्वतन्त्रता के पश्चात् वर्ष 1967 तक केन्द्र एवं राज्यों में एक ही दल के शासन होने के कारण केन्द्र व राज्य के सम्बन्ध व्यापक एवं सामान्य बने रहे, किन्तु वर्ष 1967 में चुनाव के पश्चात् केन्द्र तथा राज्यों में अलग-अलग दलों की सरकार बनने के पश्चात् उनके मध्य सम्बन्ध तनावपूर्ण हो गए।
- इसी को देखते हुए भारत में केन्द्र-राज्य सम्बन्धों की समीक्षा एवं सहकारी संघवाद को क्रियान्वित करने के लिए समय-समय पर विभिन्न आयोगों और समितियों का गठन किया गया, जिन्होंने अपनी रिपोर्टों में सुधार सम्बन्धी अनेक महत्त्वपूर्ण सुझाव दिए। इनमें से महत्त्वपूर्ण आयोग और समितियाँ निम्नलिखित हैं

प्रथम प्रशासनिक सुधार आयोग

प्रशासनिक सुधार आयोग वर्ष 1966 में बनाया गया। इसका अध्यक्ष मोरारजी देसाई को बनाया गया था। बाद में हनुमन्तैया आयोग के द्वारा संस्तुतियाँ की गईं। छह सदस्यीय वाले इस आयोग की मुख्य संस्तुतियों पर विचार करने के लिए एम.सी. सीतलवाड़ की अध्यक्षता में एक समिति का गठन किया गया। इस समिति की प्रमुख सिफारिशें (1969) निम्नलिखित हैं

- राज्यों में अनुच्छेद 356 का प्रयोग एकता व अखण्डता के अनुरूप किया जाए।
- राज्यों के लिए वित्तीय स्वायत्तता प्रदान की जाए।
- समवर्ती सूची पर कानून केन्द्र व राज्य सरकारें परस्पर सहमति से बनाएँगी।
- राज्यपाल पद पर नियुक्ति मुख्यमन्त्री से परामर्श करके की जाए और राज्यपाल पद पर ऐसे व्यक्ति को नियुक्त किया जाए, जो राजनीतिक जीवन से न जुड़ा हुआ हो और जिसे सार्वजनिक जीवन व प्रशासन में अधिक अनुभव हो।
- समन्वयकारी संस्थाओं का विकास किया जाए।
- संविधान के अनुच्छेद 263 के अन्तर्गत एक अन्तर्राज्यीय परिषद् का गठन किया जाए।
- राज्य के अनुरोध पर ही राज्य में केन्द्रीय सशस्त्र बलों की तैनाती हो।
- राज्यों के लिए अधिकतम शक्तियों का प्रत्यायोजन।

राजमन्नार समिति

- केन्द्र एवं राज्य सम्बन्धों के सम्बन्ध में अध्ययन करने एवं सुझाव देने के उद्देश्य से वर्ष 1969 में तमिलनाडु सरकार द्वारा पी. वी. राजमन्नार की अध्यक्षता में एक समिति का गठन किया गया, जिसने वर्ष 1971 में सरकार को अपनी रिपोर्ट सौंप दी।
- समिति द्वारा की गई कुछ प्रमुख संस्तुतियाँ निम्न प्रकार थीं
    - प्रधानमन्त्री की अध्यक्षता में एक अन्तर्राज्यीय परिषद् (अनुच्छेद 263) का गठन किया जाए, जिसके सदस्य सभी राज्यों के मुख्यमन्त्री हों।
    - प्रतिरक्षा एवं विदेशिक मामलों के अतिरिक्त किसी भी अन्य विषय के सम्बन्ध में अन्तर्राज्यीय परिषद् की सहमति के बिना कोई भी निर्णय नहीं लिया जाना चाहिए।
    - योजना आयोग के स्थान पर एक सांविधिक निकाय का गठन किया जाए।
    - अनुच्छेद 356, 357 और 365 को पूर्णतया समाप्त कर दिया जाए।
    - अखिल भारतीय सेवाओं की समाप्ति की जानी चाहिए।
    - अवशिष्ट शक्ति को समाप्त कर देना चाहिए अन्यथा राज्यों को सौंप दिया जाना चाहिए।
    - वित्त आयोग को एक स्थायी निकाय बना दिया जाए।
    - संघ सूची एवं समवर्ती सूची के कुछ विषयों को राज्य सूची में हस्तान्तरित कर दिया जाए।
    - राज्यपाल के प्रसादपर्यन्त राज्य मन्त्रिपरिषद् के पद धारित करने का जो प्रावधान है, उसे समाप्त कर दिया जाए।
- केन्द्र सरकार द्वारा इस समिति की संस्तुतियों को पूर्णतः खारिज कर दिया गया।

आनन्दपुर साहिब प्रस्ताव

- वर्ष 1973 में पंजाब के आनन्दपुर साहिब में अकाली दल की बैठक में राज्यों की धार्मिक व राजनीतिक माँगों के सन्दर्भ में एक प्रस्ताव पारित किया गया।
- इस प्रस्ताव के अनुसार, केन्द्र सरकार को रक्षा, विदेशी सम्बन्ध, संचार व मुद्रा अपने पास रखकर अन्य सभी विषय राज्यों को सौंप देने चाहिए।

पश्चिम बंगाल स्मरण-पत्र

- पश्चिम बंगाल सरकार द्वारा वर्ष 1977 में केन्द्र तथा राज्य के सम्बन्धों के ऊपर एक स्मरण-पत्र (मेमोरेण्डम) प्रकाशित कर केन्द्र सरकार को भेजा गया। इसमें निम्न सुझाव दिए गए थे
    - केन्द्र सरकार का कार्यक्षेत्र रक्षा, संचार, विदेशी मामले तथा आर्थिक समन्वय तक ही रहना चाहिए। अन्य सभी मामलों को राज्यों को सौंप देना चाहिए।
    - राज्यों के निर्माण व पुनर्गठन में राज्यों की सहमति अनिवार्य होनी चाहिए।
    - राज्यसभा को लोकसभा के समान शक्तियाँ प्रदान की जानी चाहिए।
    - केन्द्र सरकार द्वारा प्राप्त समस्त राजस्व का 75% भाग राज्यों को दिया जाना चाहिए।
- संविधान में उल्लिखित शब्द संघ की जगह संघीय शब्द का प्रयोग किया जाए।
- अखिल भारतीय सेवाओं को पूर्णतः समाप्त कर, केवल केन्द्र तथा राज्य सेवाएँ होनी चाहिए।
- केन्द्र सरकार ने इस स्मरण पत्र की माँगों को अस्वीकार कर दिया।

सरकारिया आयोग

- केन्द्र-राज्य सम्बन्धों में सुधार के उद्देश्य से वर्ष 1983 में केन्द्र सरकार द्वारा सेवानिवृत्त न्यायाधीश रणजीत सिंह सरकारिया की अध्यक्षता में तीन सदस्यीय सरकारिया आयोग का गठन किया गया।
- सरकारिया आयोग ने वर्ष 1987 में अपनी रिपोर्ट प्रस्तुत की (वर्ष 1988 में प्रकाशित हुई)। रिपोर्ट में प्रस्तुत संस्तुतियाँ केन्द्र तथा राज्यों के विधायी प्रशासनिक तथा वित्तीय सम्बन्धों से सम्बन्धित थीं।

- इस आयोग द्वारा केन्द्र-राज्य सम्बन्धों में सुधार हेतु की गई प्रमुख संस्तुतियाँ निम्न थीं
  - सरकारिया आयोग केन्द्र के अधिकार कम करने के अधिकतर प्रस्तावों के विरुद्ध है। आयोग ने कहा कि "संविधान के मूल स्वरूप में कोई परिवर्तन न तो उचित है और न ही आवश्यक।"
  - आयोग ने कहा है कि किसी राज्य में संविधान के अनुच्छेद 356 के अन्तर्गत राष्ट्रपति शासन तभी लागू करना चाहिए, जब कोई दूसरा विकल्प नहीं रह गया हो।
  - सरकारिया आयोग का कहना है कि राष्ट्रपति शासन लागू करने से पूर्व केन्द्र को सम्बन्धित राज्य को इस बारे में चेतावनी देकर स्पष्टीकरण माँगना चाहिए।
  - सरकारिया आयोग का सुझाव है कि राष्ट्रपति शासन सम्बन्धी आदेश दो माह के अन्दर संसद के सामने रखना चाहिए। संसद के अनुमोदन के बाद ही विधानसभा भंग की जानी चाहिए। इसका प्रावधान करने के लिए संविधान के अनुच्छेद 356 में संशोधन करने का सुझाव दिया। राष्ट्रपति शासन सम्बन्धी राज्यपाल की रिपोर्ट को संसद में रखना चाहिए।
  - योजना आयोग के साथ वित्त आयोग को भी राज्यों की वित्तीय व्यवस्था को नियन्त्रित करना चाहिए।
  - करों का बँटवारा केन्द्र तथा राज्यों के मध्य वित्त आयोग द्वारा किया जाना चाहिए।
  - आयोग ने सिफारिश की थी कि समवर्ती सूची पर कानून बनाने के लिए केन्द्र तथा राज्य सरकारें मिलकर कार्य करें।
  - राज्यों में केन्द्र प्रत्यायोजित (Delegated) परियोजनाएँ कम होनी चाहिए।
  - राज्यों में केन्द्रीय रक्षा बल के सम्बन्ध में केन्द्र के पास ही अन्तिम शक्ति होनी चाहिए।
  - राष्ट्रपति को चार माह के अन्दर राज्यपाल द्वारा राष्ट्रपति के विचारार्थ रखे गए विधेयक पर निर्णय ले लेना चाहिए।
  - आयोग ने कृषि, सहकारिता और उद्योग के लिए भी अखिल भारतीय सेवा का गठन करने की सिफारिश की है।
  - योजना आयोग पर वर्तमान की भाँति केन्द्र का नियन्त्रण होना चाहिए।
  - राष्ट्रीय विकास परिषद् को और अधिक प्रभावी बनाया जाना चाहिए। आयोग के अनुसार इसका पुनर्गठन कर नाम बदलकर राष्ट्रीय आर्थिक एवं विकास परिषद् कर दिया जाए।
  - अनुच्छेद 263 में उल्लिखित अन्तर्राज्यीय परिषद् की स्थापना पर बल दिया गया।
  - सर्वोच्च मन्त्रिमण्डल आयोग ने यह भी सिफारिश की है कि इसमें प्रधानमन्त्री, केन्द्रीय मन्त्री और राज्यों के मुख्यमन्त्री भी सम्मिलित किए जाएँ। आयोग के अनुसार राज्यपाल पद पर राजनीतिज्ञ को नहीं, अपितु निष्पक्ष व्यक्ति को नियुक्त करना चाहिए।
  - मुख्यमन्त्री पर जाँच आयोग की नियुक्ति संसद के समर्थन पर करनी चाहिए।
  - भाषागत अल्पसंख्यकों हेतु कमिश्नरी शुरू करना चाहिए।
  - क्षेत्रीय परिषदें बनानी चाहिए व इन्हें संघीयता के मामले में प्रोत्साहित करना चाहिए।
- वस्तुतः आयोग ने सहकारी संघवाद और भारतीय लोकतन्त्र के अनुरूप सिफारिशें दी हैं। इन सिफारिशों को क्रियान्वित कर भारतीय लोकतन्त्र व संघवाद को मजबूत बनाया जा सकता है।
- इस आयोग की 19 अध्यायों में 1600 पृष्ठों में 247 सिफारिशें शामिल थीं, जिसमें लगभग 180 सिफारिशों को लागू किया जा चुका है।

द्वितीय प्रशासनिक सुधार आयोग

केन्द्र सरकार द्वारा वीरप्पा मोइली की अध्यक्षता में अगस्त, 2005 में इस आयोग का गठन किया गया, प्रशासनिक सुधार आयोग ने प्रशासन से सम्बन्धित सुझाव दिए। इसकी प्रमुख सिफारिशें इस प्रकार हैं

- लोकपाल को संवैधानिक मान्यता दी जाए और इसका नाम राष्ट्रीय लोकायुक्त रखा जाए। इसका अध्यक्ष सेवानिवृत्त सर्वोच्च न्यायालय के न्यायाधीश को बनाया जाए।
- प्रशासन में पारदर्शिता लाई जाए और भ्रष्टाचार को समाप्त किया जाए।
- सांसद विकास निधि तथा विधानसभा सदस्य विकास निधि को समाप्त किया जाए।
- सिविल सेवा में नैतिक संहिता का निर्माण किया जाए।
- राज्यों में केन्द्रीय बलों की नियुक्ति के बारे में स्पष्ट प्रावधान किया जाए।
- संसद एवं विधानसभाओं में महिलाओं के लिए 33% आरक्षण का प्रावधान किया जाए।
- स्थानीय प्रशासन को अधिक नागरिक केन्द्रित बनाने का सुझाव। इसके लिए केन्द्रीय कानून बनाने का सुझाव।
- राज्य शासन में स्थानीय निकायों का प्रतिनिधित्व सुनिश्चित करने के लिए प्रत्येक राज्य में विधानपरिषद् का गठन किया जाए।
- स्थानीय निर्वाचन क्षेत्र के परिसीमन व आरक्षण प्रावधान का दायित्व राज्य निर्वाचन आयोग पर छोड़ दिया जाए।
- स्थानीय निकायों की वित्तीय सुदृढ़ता के लिए राज्य वित्त आयोग को सुदृढ़ किया जाए।
- महापौर का चुनाव प्रत्यक्षतः किया जाए। केन्द्र सरकार द्वारा दीर्घ अवधि (10 वर्ष) व अल्प अवधि (5 वर्ष) की कार्यकारी योजना संसद बनाए, जिसे राज्य सरकार भी लागू करे।
- केन्द्र राज्य जल विवाद को दूर करने के लिए उपयुक्त कदम उठाया जाए। रिवर-बेसिन ऑर्गेनाइजेशन का गठन प्रत्येक अन्तर्राज्यीय नदी के लिए किया जाए।
- राजनीतिक दलों के लिए आचार-संहिता का निर्माण किया जाए।
- पिछड़े क्षेत्रों के विकास के लिए केन्द्र व राज्य मिलकर कार्य करें। इसके लिए स्थानीय शासन को मजबूत किया जाए।

एमएम पुंछी आयोग

- केन्द्र-राज्य सम्बन्धों की समीक्षा हेतु केन्द्र सरकार द्वारा 27 अप्रैल, 2007 में सर्वोच्च न्यायालय के भूतपूर्व मुख्य न्यायमूर्ति मदन मोहन पुंछी की अध्यक्षता में चार सदस्यीय आयोग का गठन किया गया।
- 1456 पृष्ठों के सात खण्डों में विभाजित अपनी रिपोर्ट को इस आयोग ने 19 अप्रैल, 2010 को केन्द्र सरकार को सौंप दी।

- इस आयोग के अन्य सदस्य थे-धीरेन्द्र सिंह, वी. के. दुग्गल, विजय शंकर तथा एन. आर. माधव मेनन। आयोग को सौंपे गए प्रमुख कार्य निम्न हैं
  - यह सुनिश्चित करना कि साम्प्रदायिक हिंसा, जातीय हिंसा तथा अन्य प्रकार के सामाजिक संघर्ष भड़कने की स्थिति में केन्द्र की भूमिका, उत्तरदायी एवं अधिकार क्षेत्र क्या होने चाहिए।
  - इस बात की सम्भावना तलाश करना कि स्वत: संज्ञान (Suo Motto) के आधार पर केन्द्र सरकार द्वारा केन्द्रीय बलों को राज्यों में तैनात किया जा सके तथा देश की सुरक्षा को प्रभावित करने वाले अपराधों की जाँच की जा सके।
  - इस बात की समीक्षा करना कि राष्ट्रीय सुरक्षा को प्रभावित करने वाले अन्तर्राज्यीय एवं अन्तर्राष्ट्रीय अपराधों पर स्वत: संज्ञान लेकर कोई केन्द्रीय प्रवर्तन एजेन्सी बनाई जा सकती है अथवा नहीं।
  - केन्द्र एवं राज्यों के बीच सम्बन्धों की वर्तमान स्थिति का आकलन करते हुए उनमें सुधार हेतु उचित संस्तुति करना।
  - सामाजिक एवं आर्थिक विकास की वर्तमान स्थिति की समीक्षा के साथ उनमें तीव्रता लाने हेतु संस्तुति करना।
  - राष्ट्र की एकता एवं अखण्डता को अक्षुण्ण रखते हुए सुशासन सुनिश्चित करने हेतु नई चुनौतियों से सामना करने हेतु उपायों के बारे में संस्तुति करना।
- केन्द्र एवं राज्यों के मध्य विधायी सम्बन्ध, प्रशासनिक सम्बन्ध, राज्यपाल की भूमिका, आपातकालीन उपबन्ध, वित्तीय सम्बन्ध, पंचायती राजव्यवस्था तथा संसाधनों का विभाजन आदि के सम्बन्ध में केन्द्र सरकार को उचित संस्तुतियाँ प्रदान करना। आयोग के मुख्य सुझाव निम्नलिखित थे
  (i) समवर्ती सूची के अन्तर्गत आने वाले विषयों पर संसद में विधेयक प्रस्तुत करने से पूर्व केन्द्र व राज्यों के बीच व्यापक सहमति बने।
  (ii) राज्यपाल के लिए पाँच वर्ष का कार्यकाल निर्धारित होना चाहिए तथा उनकी पदच्युति केन्द्र सरकार की अनुमति से नहीं होनी चाहिए।
  (iii) राज्यपाल की विवेकाधीन शक्तियाँ सीमित एवं स्पष्ट होनी चाहिए।
  (iv) राज्य की विधानसभा द्वारा पारित विधेयक के सम्बन्ध में राज्यपाल को इस बारे में 6 माह के अन्दर निर्णय लेना चाहिए कि वह इस पर सहमति दे अथवा राष्ट्रपति के विचार के लिए सुरक्षित रखे।
  (v) क्षेत्रीय परिषदों की बैठक वर्ष में कम-से-कम दो बार होनी चाहिए।
  (vi) शिक्षा, स्वास्थ्य, इंजीनियरिंग तथा न्यायपालिका आदि क्षेत्रों में नई अखिल भारतीय सेवाओं को सृजित करना चाहिए।
  (vii) राज्यपाल के लिए विश्वविद्यालयों के कुलपति के रूप में कार्य करने अथवा अन्य वैधानिक पद-धारण करने की परम्परा समाप्त होनी चाहिए।
- अन्तर्राज्यीय परिषद् को अन्तर्राज्यीय एवं केन्द्र-राज्य मतभेदों को दूर करने का एक विश्वसनीय शक्तिशाली तथा निष्पक्ष प्रणाली बनाने के लिए अनुच्छेद 263 में समुचित संशोधनों की आवश्यकता है।
- केन्द्र सरकार के सभी वर्तमान उपकरों तथा सरचार्जों की समीक्षा करनी चाहिए, ताकि सकल कर राजस्व में उनकी हिस्सेदारी को कम किया जा सके।
- वित्त आयोग तथा योजना आयोग के बीच उचित समन्वय होना चाहिए। वित्त आयोग एवं पंचवर्षीय योजना के द्वारा आवरित अवधियों के तालमेल से ऐसे समन्वय की स्थिति में सुधार किया जा सके।

केन्द्र-राज्य सम्बन्धों में मतभेद के प्रमुख कारण

- वर्ष 1967 तक केन्द्र-राज्य सम्बन्ध व्यापक एवं सामान्य बने रहे, क्योंकि केन्द्र एवं अधिकतर राज्यों में एक ही पार्टी का शासन था।
- वर्ष 1967 के चुनाव में कांग्रेस पार्टी 9 राज्यों में हार गई, जिससे केन्द्र में उसकी स्थिति कमजोर हुई, परिणामस्वरूप केन्द्र-राज्य सम्बन्ध के राजनीतिक परिदृश्य में नया परिवर्तन आया।
- राज्यों में कई मुद्दों पर गैर-कांग्रेसी सरकारों द्वारा केन्द्रीकरण का विरोध किया गया। इन्होंने राज्यों की स्वायत्तता का मुद्दा उठाया और अधिक शक्तियों एवं वित्तीय स्रोतों की माँग की।
- केन्द्र-राज्यों के बीच मतभेद के प्रमुख कारण निम्नलिखित हैं
  - राज्यपाल की नियुक्ति एवं बर्खास्तगी।
  - राष्ट्रपति शासन लगाना।
  - राज्यपाल का पक्षपातपूर्ण व्यवहार।
  - राज्य में केन्द्रीय बलों की तैनाती।
  - राज्य विधेयकों को राष्ट्रपति की स्वीकृति के लिए आरक्षित रखना।
  - अखिल भारतीय सेवाओं (IAS, IPS, IFS) का प्रबन्धन।
  - केन्द्र एवं राज्यों के मध्य वित्तीय हिस्सेदारी।
  - राज्य के लिए वित्तीय आवण्टन में भेदभाव।
  - राज्य नीतियों के अनुपालन में योजना आयोग की भूमिका।
  - मुख्यमन्त्री के विरुद्ध जाँच आयोग की नियुक्ति।
  - राजनीतिक उद्देश्यों के लिए इलेक्ट्रॉनिक मीडिया का प्रयोग।
  - राज्यों द्वारा केन्द्र प्रायोजित योजनाओं का कार्यान्वयन।
  - राज्य सूची में केन्द्र द्वारा अतिक्रमण।
  - ED, CBI जैसी केन्द्रीय एजेन्सियों के काम करने का ढंग।
- कुछ संवैधानिक व्यवस्थाओं; जैसे-अनुच्छेद 263 के अधीन अन्तर्राज्यीय परिषद् के गठन को जान-बूझकर सुस्त और शिथिल रखा गया, जिसका परिणाम यह हुआ कि केन्द्र और राज्यों के बीच उठने वाले जिन विवादों की निष्पक्ष और स्वतन्त्र रूप से जाँच होनी चाहिए थी, उन पर केन्द्र ने अपना फैसला सुना दिया।
- कुछ व्यवस्थाओं का उदार प्रयोग होना चाहिए था; जैसे-अनुच्छेद 258 के अधीन राष्ट्रपति द्वारा संघीय कार्यों को सौंपना, किन्तु राज्य सरकारों पर विशेषकर विपक्ष की राज्य सरकारों पर अविश्वास के कारण ऐसा नहीं किया गया। अत: राज्यों को साझे कार्य में बराबर साझेदार नहीं समझा जाता, बल्कि उन्हें प्रार्थी या याचक बनाए रखने का प्रयास किया जाता है।

> केन्द्र-राज्य सम्बन्ध पर गठित आयोग के अध्यक्ष न्यायमूर्ति रणजीत सिंह सरकारिया ने भी कहा है कि अफसोस यह है कि स्वतन्त्रता के बाद क्षेत्रीय या कार्य विशेष से सम्बद्ध विकेन्द्रीकरण अधूरा रहा। यही नहीं समय गुजरने से सत्ता के केन्द्रीकरण की प्रवृत्ति भी बलवती होती गई।

भाग-XI : संघ और राज्यों के बीच सम्बन्ध

अध्याय 1 : विधायी सम्बन्ध (विधायी शक्तियों का वितरण)

अनुच्छेद 245	संसद और राज्यों के विधानमण्डलों द्वारा बनाई गई विधियों का विस्तार
अनुच्छेद 246	संसद और राज्यों के विधानमण्डलों द्वारा बनाई गई विधियों की विषय-वस्तु
अनुच्छेद 246(A)	वस्तु व सेवा कर के सम्बन्ध में विशेष प्रावधान
अनुच्छेद 247	कुछ अतिरिक्त न्यायालयों की स्थापना का उपबन्ध करने की संसद की शक्ति
अनुच्छेद 248	अवशिष्ट विधायी शक्तियाँ
अनुच्छेद 249	राज्य सूची के विषय के सम्बन्ध में राष्ट्रीय हित में विधि बनाने की संसद की शक्ति
अनुच्छेद 250	यदि आपात की उद्घोषणा प्रवर्तन में हो, तो राज्य सूची के विषय के सम्बन्ध में विधि बनाने की संसद की शक्ति
अनुच्छेद 251	संसद द्वारा अनुच्छेद 249 और अनुच्छेद 250 के अधीन बनाई गई विधियों और राज्यों के विधानमण्डलों द्वारा बनाई गई विधियों में असंगति
अनुच्छेद 252	दो या दो से अधिक राज्यों के लिए उनकी सहमति से विधि बनाने की संसद की शक्ति और ऐसी विधि का किसी अन्य राज्य द्वारा अंगीकार किया जाना
अनुच्छेद 253	अन्तर्राष्ट्रीय करारों को प्रभावी करने के लिए विधान
अनुच्छेद 254	संसद द्वारा बनाई गई विधियों और राज्यों के विधानमण्डलों द्वारा बनाई गई विधियों में असंगति
अनुच्छेद 255	सिफारिशों और पूर्व मंजूरी के बारे में अपेक्षाओं को केवल प्रक्रिया के विषय मानना

अध्याय 2 : प्रशासनिक सम्बन्ध

अनुच्छेद 256	राज्यों की और संघ की जिम्मेदारियाँ
अनुच्छेद 257	कुछ दशाओं में राज्यों पर संघ का नियन्त्रण
अनुच्छेद 257(A)	44वें संविधान संशोधन अधिनियम, 1978 की धारा-33 द्वारा निरसित (संघ के सशस्त्र बलों या अन्य बलों के अभिनियोजन द्वारा राज्यों की सहायता)
अनुच्छेद 258	कुछ दशाओं में राज्यों को शक्ति प्रदान करने आदि की संघ की शक्ति
अनुच्छेद 258(A)	संघ को कृत्य सौंपने की राज्यों की शक्ति का प्रावधान
अनुच्छेद 259	सातवें संविधान संशोधन अधिनियम, 1956 की धारा-29 और अनुसूची द्वारा निरसित (पहली अनुसूची के भाग-बी के राज्यों के सशस्त्र बल)
अनुच्छेद 260	भारत के बाहर के राज्यक्षेत्रों के सम्बन्ध में संघ की अधिकारिता
अनुच्छेद 261	सार्वजनिक कार्य, अभिलेख और न्यायिक कार्यवाहियाँ

जल सम्बन्धी विवाद

अनुच्छेद 262	अन्तर्राज्यीय नदियों या नदी-दूनों के जल सम्बन्धी विवादों का न्यायनिर्णयन

राज्यों के बीच समन्वय

अनुच्छेद 263	अन्तर्राज्यीय परिषद् के सम्बन्ध में उपबन्ध

भाग-XII : वित्त, सम्पत्ति, संविदाएँ और वाद

अध्याय 1 : वित्तीय सम्बन्ध

अनुच्छेद 264	निर्वाचन
अनुच्छेद 265	विधि के प्राधिकार के बिना करों का अधिरोपण न किया जाना
अनुच्छेद 266	भारत और राज्यों की संचित निधियाँ और लोक लेखे
अनुच्छेद 267	आकस्मिक निधि

संघ और राज्यों के बीच राजस्वों का वितरण

अनुच्छेद 268	संघ द्वारा उद्गृहीत किए जाने वाले, किन्तु राज्यों द्वारा संगृहीत और विनियोजित किए जाने वाले शुल्क
अनुच्छेद 268 (A)	संघ द्वारा उद्गृहीत और संघ व राज्यों द्वारा संगृहीत एवं विनियोजित किया जाने वाला सेवा कर (निरस्त)
अनुच्छेद 269	संघ द्वारा उद्गृहीत और संगृहीत, किन्तु राज्यों को सौंपे जाने वाले कर
अनुच्छेद 269 (A)	अन्तर्राज्यीय-राज्यीय व्यापार अथवा वाणिज्य के दौरान वस्तु और सेवा कर की उगाही व संग्रह
अनुच्छेद 270	संघ द्वारा उद्गृहीत और संगृहीत तथा संघ और राज्यों के बीच वितरित किए जाने वाले कर
अनुच्छेद 271	कुछ शुल्कों और करों पर संघ के प्रयोजनों के लिए अधिभार
अनुच्छेद 272	निरस्त
अनुच्छेद 273	जूट और जूट उत्पादों पर निर्यात शुल्क के स्थान पर अनुदान
अनुच्छेद 274	ऐसे कराधान पर जिसमें राज्य हितबद्ध है, प्रभाव डालने वाले विधेयकों के लिए राष्ट्रपति की पूर्व सिफारिश की अपेक्षा
अनुच्छेद 275	कुछ राज्यों को संघ से अनुदान
अनुच्छेद 276	वृत्तियों, व्यापारों, आजीविकाओं और नियोजन पर कर
अनुच्छेद 277	व्यावृत्ति
अनुच्छेद 278	कुछ वित्तीय विषयों के सम्बन्ध में पहली अनुसूची के भाग-बी के सम्बन्ध में राज्यों से करार
अनुच्छेद 279	'शुद्ध आगम' आदि की गणना
अनुच्छेद 279 (A)	वस्तु और सेवाकर परिषद्
अनुच्छेद 280	वित्त आयोग
अनुच्छेद 281	वित्त आयोग की सिफारिशें

प्रकीर्ण वित्तीय उपबन्ध

अनुच्छेद 282	संघ या राज्य द्वारा अपने राजस्व से किए जाने वाले व्यय
अनुच्छेद 283	संचित निधियों, आकस्मिक निधियों और लोक लेखाओं में जमा धनराशियों की अभिरक्षा आदि।
अनुच्छेद 284	लोक सेवकों और न्यायालयों द्वारा प्राप्त वादकर्ताओं की जमा राशियों और अन्य धनराशियों की अभिरक्षा
अनुच्छेद 285	संघ की सम्पत्ति को राज्य के कराधान से छूट
अनुच्छेद 286	माल के क्रय या विक्रय पर कर के अधिरोपण के बारे में प्रतिबन्ध
अनुच्छेद 287	विद्युत पर करों से छूट
अनुच्छेद 288	जल या विद्युत के सम्बन्ध में राज्यों द्वारा कराधान से कुछ दशाओं में छूट
अनुच्छेद 289	राज्यों की सम्पत्ति और आय को संघ के कराधान से छूट
अनुच्छेद 290	कुछ व्ययों और पेंशनों के सम्बन्ध में समायोजन
अनुच्छेद 290(A)	देवसेवम् कोषों को वार्षिक भुगतान
अनुच्छेद 291	शासकों की निजी थैली की राशि (प्रिवीपर्स) 26वें संविधान संशोधन अधिनियम, 1971 की धारा-2 द्वारा निरसित

अध्याय 2 : उधार लेना

अनुच्छेद 292	भारत सरकार द्वारा उधार लेना
अनुच्छेद 293	राज्यों द्वारा उधार लेना

"

भारत में अन्तर्राज्यीय सम्बन्ध भारत की संघीय इकाइयों अर्थात् राज्यों और केन्द्रशासित प्रदेशों के बीच सम्बन्धों एवं अन्तःक्रियाओं को प्रदर्शित करता है।

अध्याय पन्द्रह

अन्तर्राज्यीय सम्बन्ध

भारतीय संघीय व्यवस्था की सफलता केन्द्र और राज्यों के मध्य सौहार्द्रपूर्ण सम्बन्धों और घनिष्ठ सहभागिता पर तथा राज्यों के अन्तर्सम्बन्धों पर भी निर्भर करती है। भारत में राज्यों के मध्य सम्बन्ध सहयोगात्मक है तथा राज्य, नीतियों एवं कार्यक्रमों को क्रियान्वित करने एवं साझा चिन्ता के मुद्दों का समाधान करने के लिए मिलकर काम करते हैं, हालाँकि कुछ मुद्दों/विवादों पर राज्यों के बीच तनाव भी हो सकता है।

भारतीय संविधान में अन्तर्राज्यीय सौहार्द्र के लिए निम्न प्रमुख प्रावधान किए गए हैं

- अन्तर्राज्यीय जल विवादों का न्याय-निर्णयन
- अन्तर्राज्यीय परिषद्
- सार्वजनिक कानूनों, दस्तावेजों व न्यायिक प्रक्रियाओं को पारस्परिक मान्यता
- अन्तर्राज्यीय व्यापार, वाणिज्य व समागम की स्वतन्त्रता

अन्तर्राज्यीय नदी जल विवाद

संविधान के अनुच्छेद 262 के अन्तर्गत जल सम्बन्धी विवादों में दो प्रावधान किए गए हैं

(i) संसद विधि द्वारा किसी अन्तर्राज्यीय नदी या नदी घाटी के जल के उपयोग, वितरण व नियन्त्रण के सम्बन्ध में किसी भी विवाद या शिकायत के न्यायनिर्णयन के लिए प्रावधान कर सकती है।

(ii) संसद विधि द्वारा यह प्रावधान कर सकती है कि न तो सर्वोच्च न्यायालय और न ही कोई अन्य न्यायालय उपरोक्त वर्णित किसी भी विवाद या शिकायत के सम्बन्ध में क्षेत्राधिकार का प्रयोग करेगा।

जल विवाद समाधान के लिए संसद द्वारा पारित एक्ट

संसद द्वारा इस सन्दर्भ में वर्ष 1956 में दो एक्ट पारित किए गए

- **नदी बोर्ड अधिनियम,** 1956 अन्तर्राज्यीय नदी या नदी घाटी के विनियमन या विकास के सम्बन्ध में सरकार को हितबद्ध परामर्श देने के लिए नदी बोर्ड की स्थापना का उपबन्ध करता है।
- **अन्तर्राज्यीय जल विवाद अधिनियम,** 1956 किसी अन्तर्राज्य नदी विवाद को जल विवाद अधिकरण द्वारा मध्यस्थ के लिए निर्देश करने का उपबन्ध करता है। इस अधिकरण का अधिनिर्णय अनुच्छेद 262(2) के अनुसार अन्तिम होता है।

अन्तर्राज्यीय नदी जल विवाद (संशोधन) विधेयक, 2017

- इस विधेयक में अन्तर्राज्यीय जल विवाद निपटारों के लिए अलग-अलग अधिकरणों के स्थान पर एक स्थायी अधिकरण (विभिन्न पीठों के साथ) की व्यवस्था करने का प्रस्ताव है, जिसमें एक अध्यक्ष, एक उपाध्यक्ष और अधिकतम छह सदस्य तक होंगे।
- अध्यक्ष के कार्यकाल की अवधि पाँच वर्ष अथवा उनके 70 वर्ष की आयु होने तक होगी तथा अधिकरण के उपाध्यक्ष के कार्यकाल की अवधि एवं अन्य सदस्यों का कार्यकाल जल विवादों के निर्णय के साथ सह-समाप्ति आधार पर होगा।
- जल विवादों के निर्णय के लिए कुल समयावधि अधिकतम साढ़े चार वर्ष तय की गई है। साथ ही अधिकरण की पीठ का निर्णय अन्तिम होगा और सम्बन्धित राज्यों पर बाध्यकारी होगा। इसके निर्णयों को सरकारी राजपत्र में प्रकाशित करने की आवश्यकता नहीं होगी।
- संसद संवैधानिक उद्देश्य से **अन्तर्राज्यीय व्यापार**, **वाणिज्य** एवं **अन्तर्सम्बन्ध की स्वतन्त्रता व्यवस्था** के अन्तर्गत किसी प्राधिकरण का गठन कर सकती है।

अब तक गठित अन्तर्राज्यीय जल विवाद न्यायाधिकरण

न्यायाधिकरण	स्थापना वर्ष	सम्बन्धित राज्य
कृष्णा जल विवाद न्यायाधिकरण	1969	महाराष्ट्र, कर्नाटक तथा आन्ध्र प्रदेश।
गोदावरी जल विवाद न्यायाधिकरण	1969	महाराष्ट्र, कर्नाटक, आन्ध्र प्रदेश, मध्य प्रदेश तथा ओडिशा
नर्मदा जल विवाद न्यायाधिकरण	1969	राजस्थान, गुजरात, मध्य प्रदेश तथा महाराष्ट्र
रावी तथा व्यास जल विवाद न्यायाधिकरण	1986	पंजाब, हरियाणा तथा राजस्थान
कावेरी जल विवाद न्यायाधिकरण	1990	कर्नाटक, केरल, तमिलनाडु तथा पुदुचेरी
द्वितीय कृष्णा जल विवाद न्यायाधिकरण	2004	महाराष्ट्र, कर्नाटक तथा आन्ध्र प्रदेश
वंशधारा जल विवाद न्यायाधिकरण	2010	ओडिशा एवं आन्ध्र प्रदेश
महादयी जल विवाद न्यायाधिकरण	2010	गोवा, कर्नाटक तथा महाराष्ट्र
महानदी जल विवाद न्यायाधिकरण	2018	ओडिशा एवं छत्तीसगढ़

अन्तर्राज्यीय परिषद्

- अनुच्छेद 263 में यह प्रावधान है कि यदि राष्ट्रपति को प्रतीत हो कि अन्तर्राज्यीय परिषद् की स्थापना से लोकहित सिद्ध होगा, तब वह आदेश द्वारा ऐसी परिषद् की स्थापना कर सकता है। साथ ही राष्ट्रपति ऐसी परिषद् के कर्त्तव्यों और प्रक्रिया को निर्धारित करता है।
- इस परिषद् का प्रमुख कार्य केन्द्र तथा राज्यों के आपसी विवादों का समाधान करना है तथा राज्यों के समान हित के विवादों/मुद्दों पर समुचित कार्य योजना बनाना और उनके प्रति सहमति बनाए रखना है।
- अनुच्छेद 263 के अन्तर्गत अन्तर्राज्यीय परिषद् के निम्न कर्त्तव्यों को उल्लिखित किया गया है

(i) राज्यों के मध्य उत्पन्न विवादों की जाँच करना तथा विवादों पर परामर्श देना।

(ii) ऐसे विषयों पर, जिसमें केन्द्र और एक से अधिक राज्यों के सामान्य हितों से जुड़े मामलों का अन्वेषण तथा विचार-विमर्श करना।

(iii) इस प्रकार के विषयों पर तथा प्रमुखत: नीतियों और इसके क्रियान्वयन में अधिक समन्वय के लिए अनुशंसा करना।

अन्तर्राज्यीय परिषद् की स्थापना

- सरकारिया आयोग (1983-87) ने भारत के संविधान के अनुच्छेद 263 के अनुसार परिभाषित अधिदेश के अनुसरण में परामर्श करने के लिए एक स्वतन्त्र राष्ट्रीय फोरम के रूप में अन्तर्राज्यीय परिषद् स्थापित किए जाने की महत्त्वपूर्ण सिफारिश की।
- वर्ष 1990 में सरकारिया आयोग की अनुशंसा के अनुसार, वी.पी.सिंह के नेतृत्व वाली जनता दल की सरकार ने अध्यादेश के द्वारा अन्तर्राज्यीय परिषद् का गठन किया।
- इसके अन्तर्गत निम्नलिखित सदस्य शामिल होते हैं
  - प्रधानमन्त्री (अध्यक्ष)
  - सभी राज्यों के मुख्यमन्त्री
  - विधानसभा वाले केन्द्रशासित प्रदेशों के मुख्यमन्त्री
  - ऐसे केन्द्रशासित प्रदेशों के प्रशासक जहाँ विधानसभा नहीं है
  - राष्ट्रपति शासन वाले राज्यों के राज्यपाल
  - प्रधानमन्त्री द्वारा नाम निर्देशित छह कैबिनेट मन्त्री (गृहमन्त्री सहित)
- यह परिषद् अन्तर्राज्यीय, केन्द्र-राज्य और केन्द्रशासित प्रदेशों से सम्बन्धित विषयों पर सिफारिश करती है।
- उल्लेखनीय है कि अन्तर्राज्यीय परिषद् की बैठक एक वर्ष में कम-से-कम तीन बार होनी चाहिए।
- परिषद् की एक स्थायी समिति भी होती है, जिसकी स्थापना वर्ष 1996 में परिषद् के विचारार्थ मामलों के निरन्तर परामर्श और प्रसंस्करण के लिए की गई थी।

अन्तर्राज्यीय परिषद् का पुनर्गठन

- केन्द्र सरकार द्वारा सहकारी संघवाद को बढ़ावा देने और सहयोग करने हेतु कार्य करने वाली अन्तर्राज्यीय परिषद् का 19 मई, 2022 को पुनर्गठन किया गया। इसके अध्यक्ष प्रधानमन्त्री हैं।
- भारत सरकार ने केन्द्रीय गृहमन्त्री अमित शाह की अध्यक्षता वाली 13 सदस्यीय अन्तर्राज्यीय परिषद् की स्थायी समिति का भी पुनर्गठन किया है।
- परिषद् की स्थायी समिति के सदस्य निम्न हैं

(i) केन्द्रीय गृह मन्त्री अध्यक्ष

(ii) पाँच केन्द्रीय कैबिनेट मन्त्री

(iii) अन्तर्राज्यीय परिषद् सचिवालय हेतु नौ मुख्यमन्त्रियों की एक परिषद्

- परिषद् के सहयोग हेतु एक सचिवालय को वर्ष 1991 में स्थापित किया गया था, जिसका नेतृत्व भारत सरकार के एक सचिव द्वारा किया जाता है।
- वर्ष 2011 से यह सचिवालय, क्षेत्रीय परिषदों के सचिवालय के रूप में भी कार्य कर रहा है।

अन्तर्राज्यीय व्यापार एवं वाणिज्य सम्बन्ध

भारतीय संविधान के भाग-XIII में अनुच्छेद 301 से अनुच्छेद 307 में भारतीय क्षेत्र में व्यापार, वाणिज्य और समागम का वर्णन है, जो अग्र लिखित है

- अनुच्छेद 301 घोषणा करता है कि भारत के राज्य क्षेत्र में सर्वत्र व्यापार, वाणिज्य तथा समागम स्वतन्त्र होगा। इस प्रावधान का उद्देश्य राज्यों के मध्य सीमा अवरोधों को हटाना तथा देश में व्यापार, वाणिज्य को प्रोत्साहित करना है।
- अनुच्छेद 301 द्वारा दी गई स्वतन्त्रता अनुच्छेद 302 से अनुच्छेद 305 के बीच लगाए गए प्रतिबन्धों के प्रावधानों के अतिरिक्त सभी प्रतिबन्धों से स्वतन्त्र है।
- अनुच्छेद 302 व्यापार, वाणिज्य तथा समागम पर निर्बन्धन अधिरोपित करने की संसद की शक्ति का उल्लेख करता है।
- अनुच्छेद 303 में संघ और राज्यों की विधायी शक्तियों के निर्बन्धन की चर्चा है।
- अनुच्छेद 307 के अनुसार, संसद व्यापार, वाणिज्य तथा समागम की स्वतन्त्रता को आगे बढ़ाने के उद्देश्य से उचित प्राधिकरण की नियुक्ति कर सकती है (अनुच्छेद 301 से 304 के प्रयोजनों के कार्यान्वयन हेतु)। संसद इस प्राधिकरण को आवश्यक शक्ति तथा कार्य दे सकती है।

क्षेत्रीय परिषद्

- इसका गठन संसद द्वारा अधिनियम बनाकर किया गया है, जोकि राज्य पुनर्गठन एक्ट, 1956 के अन्तर्गत किया गया है।
- इसके अन्तर्गत सम्पूर्ण देश के क्षेत्र को पाँच भागों में बाँटा गया था, प्रत्येक क्षेत्र हेतु एक क्षेत्रीय परिषद् का गठन किया गया।
- इन परिषदों का उद्देश्य विभिन्न राज्यों के मध्य पारस्परिक संवाद बनाकर तथा राज्यों के आपसी विवादों को सुलझाना है।
- ऐसे क्षेत्रों के निर्माण हेतु निम्न को ध्यान में रखकर परिषद् का क्षेत्र सुनिश्चित किया जाता है—देश का प्राकृतिक विभाजन, नदी तन्त्र एवं संचार के साधन, सांस्कृतिक एवं भाषाई सम्बन्ध, सुरक्षा एवं कानून और व्यवस्था इत्यादि।

क्षेत्रीय परिषद् की संरचना

- क्षेत्रीय परिषद् की संरचना में निम्नलिखित सदस्य शामिल होते हैं
- केन्द्र सरकार का गृहमन्त्री (अध्यक्ष)
- क्षेत्र के सभी राज्यों के मुख्यमन्त्री
- क्षेत्र के प्रत्येक राज्यों से दो अन्य मन्त्री
- क्षेत्र में स्थित प्रत्येक केन्द्रशासित प्रदेश के प्रशासक
- इनके अतिरिक्त कुछ अन्य भी क्षेत्रीय परिषद् के सलाहकार के रूप में जुड़े हो सकते हैं।
  - नीति आयोग द्वारा मनोनीत सदस्य
  - क्षेत्र में स्थित प्रत्येक राज्य सरकार के मुख्य सचिव
  - क्षेत्र के प्रत्येक राज्य के विकास आयुक्त
- केन्द्र सरकार का गृहमन्त्री पाँचों परिषदों का अध्यक्ष होता है तथा यह क्षेत्रीय परिषद् की अध्यक्षता करता है।
- प्रत्येक मुख्यमन्त्री क्रमानुरूप एक वर्ष के लिए परिषद् के उपाध्यक्ष का कार्यभार सम्भालता है।

क्षेत्रीय परिषद्, मुख्यालय एवं राज्यक्षेत्र

क्षेत्रीय परिषद्	मुख्यालय	राज्य व संघ राज्यक्षेत्र
उत्तरी क्षेत्रीय परिषद्	नई दिल्ली	जम्मू-कश्मीर, लद्दाख, हिमाचल प्रदेश, पंजाब, हरियाणा, राजस्थान, दिल्ली तथा चण्डीगढ़
मध्य क्षेत्रीय परिषद्	प्रयागराज	उत्तराखण्ड, उत्तर प्रदेश, मध्य प्रदेश तथा छत्तीसगढ़
पूर्वी क्षेत्रीय परिषद्	कोलकाता	बिहार, झारखण्ड, ओडिशा तथा पश्चिम बंगाल
पश्चिमी क्षेत्रीय परिषद्	मुम्बई	गुजरात, महाराष्ट्र, गोवा, दादरा एवं नगर हवेली तथा दमन व दीव
दक्षिणी क्षेत्रीय परिषद्	चेन्नई	कर्नाटक, आन्ध्र प्रदेश, तेलंगाना, तमिलनाडु, केरल तथा पुदुचेरी

क्षेत्रीय परिषद् के कार्य/उद्देश्य

- देश का एकीकरण प्राप्त करना।
- क्षेत्रवाद, भाषायी तथा विशेषतावाद को उत्पन्न होने से रोकने में सहायता करना।
- केन्द्र व राज्यों को सामाजिक-आर्थिक विषयों पर एक-दूसरे की सहायता करना तथा एक-समान नीति के निर्माण हेतु विचारों एवं अनुभवों को परस्पर आदान-प्रदान में सक्षम बनाना।
- विकास योजनाओं को सफल बनाने हेतु एक-दूसरे का सहयोग करना।
- देश के विभिन्न क्षेत्रों के बीच राजनीतिक साम्य को सुनिश्चित करना।

पूर्वोत्तर परिषद्

- क्षेत्रीय परिषदों के अतिरिक्त पूर्वोत्तर परिषद् अधिनियम, 1971 के अन्तर्गत एक पूर्वोत्तर परिषद् का गठन 8 अगस्त, 1972 को किया गया। इसके कार्य अन्य क्षेत्रीय परिषदों के समान ही होते हैं।
- प्रारम्भ में इसमें सात सदस्य थे-असम, मेघालय, त्रिपुरा, अरुणाचल प्रदेश, नागालैण्ड, मणिपुर, मिजोरम। 8वें सदस्य के रूप में सिक्किम को वर्ष 2002 में इस अधिनियम में संशोधन कर शामिल किया गया।
- भारत के राष्ट्रपति द्वारा मनोनीत एक अध्यक्ष तथा तीन अन्य सदस्यों के साथ इस परिषद् में आठ राज्यों के मुख्यमन्त्रियों के साथ राज्यपाल भी शामिल होते हैं।
- यह परिषद् एक एकीकृत तथा समन्वित क्षेत्रीय योजना बनाती है, जिसमें साझे महत्त्व के विषय शामिल होते हैं।

सार्वजनिक कानून, दस्तावेज एवं न्यायिक प्रक्रिया

एक राज्य के कानून व दस्तावेजों का दूसरे राज्यों में अमान्य होने सम्बन्धी समस्याओं के समाधान हेतु संविधान में पूर्ण विश्वास व साख के लिए निम्न प्रावधान किए गए हैं

- संघ तथा राज्यों के सार्वजनिक कानूनों, दस्तावेजों व न्यायिक प्रक्रियाओं को पूरे भारत में विश्वास और साख प्रदान की गई है। सार्वजनिक दस्तावेजों के अन्तर्गत आधिकारिक पुस्तक, रजिस्टर, लोक सेवकों द्वारा बनाए गए दस्तावेज सम्मिलित होते हैं।
- सामान्य नियम के प्रमाण को प्रस्तुत करने व ऐसे अधिनियम, रिकॉर्ड एवं कार्यवाही का, एक राज्य का दूसरे राज्य पर प्रभाव संसद के विशेषाधिकार का मामला है।
- भारत के किसी भी भाग में दीवानी न्यायालय की आज्ञा और अन्तिम निर्णय को प्रभावी बनाया गया है।

"

आपात उपबन्धों से आशय उन क्रियाओं व व्यवस्थाओं से है, जो केन्द्र सरकार को किसी भी असामान्य स्थिति से प्रभावी रूप से निपटने में सक्षम बनाती हैं। आपातकालीन स्थिति में केन्द्र सरकार सर्वशक्तिमान हो जाती है तथा सभी राज्य केन्द्र के पूर्ण नियन्त्रण में आ जाते हैं।

अध्याय सोलह

आपात उपबन्ध

संविधान में आपात उपबन्ध

- भारतीय संविधान में राष्ट्र की स्वतन्त्रता, सुरक्षा तथा लोकतान्त्रिक प्रणाली के संरक्षण के लिए आपातकालीन स्थितियों से निपटने हेतु संविधान के भाग-XVIII में अनुच्छेद 352 से 360 तक आपातकालीन उपबन्ध का उल्लेख किया गया है।
- भारत का संविधान राष्ट्रपति को देश में असाधारण अथवा असामान्य परिस्थितियों का सामना करने हेतु आपातकाल की घोषणा का अधिकार देता है।
- आपात उपबन्ध जर्मनी के संविधान से लिए गए हैं। हमारे संविधान में आपात उपबन्ध (Emergency Provisions) के अन्तर्गत तीन प्रकार के आपातकाल की चर्चा की गई है, जिनका विवरण निम्न प्रकार है

आपातकाल के प्रकार

अनुच्छेद 352
राष्ट्रीय आपात जब भारत या उसके किसी भाग की सुरक्षा को युद्ध या बाहरी आक्रमण या सशस्त्र विद्रोह से खतरा हो, तब राष्ट्रपति **राष्ट्रीय आपातकाल** (National Emergency) की घोषणा कर सकता है।

अनुच्छेद 356
राज्यों में संवैधानिक तन्त्र की विफलता अथवा राष्ट्रपति शासन राज्यों में संवैधानिक तन्त्र की विफलता के कारण लगाए जाने वाले आपातकाल को **राष्ट्रपति शासन** (President's Rule) या **संवैधानिक आपातकाल** कहते हैं। यद्यपि संविधान में इसके लिए आपातकाल शब्द का प्रयोग नहीं किया गया है।

अनुच्छेद 360
वित्तीय आपात जब भारत या उसके किसी एक भाग में वित्तीय स्थिरता तथा उसकी वित्तीय साख खतरे में पड़ जाए, तो **वित्तीय आपातकाल** (Financial Emergency) लगाया जा सकता है।

राष्ट्रीय आपातकाल (अनुच्छेद 352)

राष्ट्रीय आपातकाल से सम्बन्धित घोषणा का आधार, प्रक्रिया, अवधि, समाप्ति एवं प्रभाव का विवरण निम्न प्रकार है

घोषणा के आधार

- अनुच्छेद 352 के अन्तर्गत, यदि भारत की या इसके किसी भाग की सुरक्षा को युद्ध या बाह्य आक्रमण या सशस्त्र विद्रोह के कारण खतरा उत्पन्न हो गया हो, तो राष्ट्रपति राष्ट्रीय आपातकाल की घोषणा वास्तविक युद्ध तथा बाह्य आक्रमण या सशस्त्र विद्रोह से पूर्व भी कर सकता है।
- राष्ट्रपति राष्ट्रीय आपात की उद्घोषणा सम्पूर्ण देश अथवा केवल इसके किसी एक भाग के लिए कर सकता है। वर्ष 1976 के 42वें संविधान संशोधन अधिनियम, राष्ट्रपति को भारत के किसी विशेष भाग पर राष्ट्रीय आपातकाल लागू करने का अधिकार प्रदान करता है।
- राष्ट्रपति युद्ध, बाह्य आक्रमण, सशस्त्र विद्रोह अथवा आसन्न खतरे के आधार पर विभिन्न उद्घोषणा कर सकता है, ऐसी स्थिति या प्रावधान को वर्ष 1975 में 38वें संविधान संशोधन अधिनियम द्वारा जोड़ा गया।
- जब राष्ट्रीय आपातकाल की घोषणा युद्ध या बाह्य आक्रमण के आधार पर की जाती है, तब इसे बाह्य आपातकाल कहते हैं तथा जब घोषणा सशस्त्र विद्रोह के आधार पर की जाती है, तब इसे आन्तरिक आपातकाल कहते हैं।

नोट *मूल संविधान में सशस्त्र विद्रोह के स्थान पर आन्तरिक अशान्ति शब्द (Internal Disturbance) उल्लिखित था। 44वें संविधान (संशोधन) अधिनियम, 1978 द्वारा आन्तरिक अशान्ति शब्द के स्थान पर सशस्त्र विद्रोह को प्रतिस्थापित किया गया।*

आपात उद्घोषणा की प्रक्रिया एवं अवधि

- अनुच्छेद 352 के अन्तर्गत राष्ट्रपति, राष्ट्रीय आपातकाल की घोषणा तभी कर सकता है, जब संघ का मन्त्रिमण्डल उसे ऐसा लिखित प्रस्ताव (Written Proposal) भेज देता है।
- राष्ट्रपति को मन्त्रिमण्डल (Ministers of Cabinet Rank) द्वारा लिखित में सिफारिश देने के प्रावधान को 44वें संविधान संशोधन अधिनियम, 1978 के द्वारा शामिल किया गया। इससे आशय यह है कि अब राष्ट्रीय आपात की घोषणा केवल मन्त्रिमण्डल की सलाह से ही की जा सकती है, न कि प्रधानमन्त्री की सलाह पर।

- उल्लेखनीय है कि वर्ष 1975 में तत्कालीन प्रधानमन्त्री इन्दिरा गाँधी ने मन्त्रिमण्डल की सलाह लिए बिना राष्ट्रपति को आपातकाल की घोषणा करने की सलाह दी तथा आपातकाल लागू करने के पश्चात् मन्त्रिमण्डल को इस उद्घोषणा के बारे में सूचित किया।
- आपात की उद्घोषणा अथवा उसे जारी रखने का अनुमोदन करने वाले संकल्पों को संसद के प्रत्येक सदन द्वारा उस सदन की कुल सदस्य संख्या के बहुमत द्वारा तथा उस सदन के उपस्थित एवं मत देने वाले सदस्यों के कम-से-कम दो-तिहाई बहुमत द्वारा पारित करना होता है।
- आपात की घोषणा को संसद के प्रत्येक सदन के समक्ष रखा जाता है तथा उद्घोषणा की तिथि से एक माह के अन्दर (शुरू में संसद द्वारा अनुमोदन हेतु दी गई समय सीमा दो माह थी), परन्तु 44वें संविधान संशोधन अधिनियम, 1978 द्वारा इसे एक माह कर दिया गया। इसका अनुमोदन संसद द्वारा नहीं किया जाता तथा इसके बाद यह प्रवर्तन (Enforcement) में नहीं रह सकती।
- एक बार संसद द्वारा अनुमोदित कर दिए जाने के बाद उद्घोषणा एक बार में 6 माह के लिए प्रवर्तन में बनी रह सकती है। प्रत्येक 6 माह में संसद के अनुमोदन से इसे अन्तकाल तक बढ़ाया जा सकता है। यह प्रावधान 44वें संविधान संशोधन, 1978 द्वारा जोड़ा गया।
- यदि आपात की उद्घोषणा उस समय की जाती है, जब लोकसभा का विघटन हो गया हो या लोकसभा का विघटन एक माह के अन्दर बिना उद्घोषणा के अनुमोदन के हो गया हो और राज्यसभा द्वारा उद्घोषणा का अनुमोदन कर दिया हो, तो लोकसभा के पुनर्गठन के पश्चात् होने वाली प्रथम बैठक से 30 दिनों के अन्दर लोकसभा द्वारा अनुमोदित किया जाना होता है अन्यथा यह 30 दिनों की समाप्ति पर प्रवर्तन में नहीं रहेगी।

घोषणा की समाप्ति

- राष्ट्रीय आपातकाल की घोषणा राष्ट्रपति द्वारा दूसरी घोषणा से समाप्त की जा सकती है। इसके लिए संसदीय अनुमोदन की आवश्यकता नहीं है।
- संसद द्वारा अनुमोदन न किए जाने पर, राष्ट्रपति द्वारा इसे समाप्त किया जाना आवश्यक है।
- 44वें संविधान संशोधन द्वारा एक नया उपबन्ध जोड़ा गया कि यदि लोकसभा मूल घोषणा या अवधि बढ़ाने वाली घोषणा के विरोध में कुल सदस्य संख्या के 1/10 सदस्यों द्वारा लोकसभा अध्यक्ष (लोकसभा सत्र में नहीं है, तो राष्ट्रपति) को लिखित रूप में सूचना दी जाती है, तो ऐसी स्थिति में 14 दिनों के अन्दर लोकसभा की विशेष बैठक बुलाए जाने की अनिवार्यता है। लोकसभा साधारण बहुमत से प्रस्ताव पारित कर घोषणा को वापस ले सकती है।

राष्ट्रीय आपात की न्यायिक समीक्षा

- 38वें संविधान संशोधन अधिनियम, 1975 के द्वारा राष्ट्रीय आपात की घोषणा को 'न्यायिक समीक्षा' से बाहर कर दिया गया था, किन्तु 44वें संविधान संशोधन अधिनियम, 1978 द्वारा इस प्रावधान को समाप्त कर दिया गया।
- मिनर्वा मिल्स बनाम भारत संघ (1980) में उच्चतम न्यायालय ने यह कहा है कि राष्ट्रीय आपात की उद्घोषणा की, जो पूर्ण रूप से बाह्य प्रभाव व असम्बद्ध तथ्यों पर या अविवेकपूर्ण या मनमाने (हठधर्मिता) तरीके से की गई हो, तो उसे न्यायालय में चुनौती दी जा सकती है।

उद्घोषणा के प्रभाव

राष्ट्रीय आपात की उद्घोषणा के प्रभाव निम्नलिखित हैं

मौलिक अधिकारों पर प्रभाव

- अनुच्छेद 352 के अन्तर्गत आपात की उद्घोषणा का 44वें संशोधन अधिनियम के पश्चात् मौलिक अधिकारों पर प्रभाव निम्न प्रकार है
  - अनुच्छेद 358 के अनुसार, राष्ट्रीय आपात की उद्घोषणा के साथ अनुच्छेद 19 में दिए गए 6 मौलिक अधिकार निलम्बित हो जाते हैं। ये निलम्बन केवल युद्ध व बाह्य आक्रमण की स्थिति में ही हो सकते हैं। सशस्त्र विद्रोह की स्थिति में अनुच्छेद 19 में दिए गए मौलिक अधिकार निलम्बित नहीं होते हैं।
  - आपात घोषणा की समाप्ति के पश्चात् अनुच्छेद 19 पुनर्जीवित हो जाता है, परन्तु आपातकाल के दौरान की गई कार्रवाई को इस आधार पर चुनौती नहीं दी जा सकती कि उसके द्वारा अनुच्छेद 19 का हनन हुआ था।
  - अनुच्छेद 359 के अनुसार, राष्ट्रपति अधिकृत है कि वह 44वाँ सविधान संशोधन अधिनियम में दिए गए उपबन्धों के तहत आपातकाल की उद्घोषणा के दौरान आदेश जारी कर मूल अधिकारों को लागू करने के लिए न्यायालय जाने के अधिकारों को निलम्बित कर सकता है। (इसमें मूल अधिकार नहीं उनका लागू होना निलम्बित किया जाता है) यह घोषणा अनुच्छेद 20 तथा 21 द्वारा प्रदत्त अधिकारों के अतिरिक्त अन्य मूल अधिकारों के सम्बन्ध में की जाती है।

अनुच्छेद 358 और अनुच्छेद 359 में भिन्नताएँ

- **अनुच्छेद 358** आपात की उद्घोषणा के साथ स्वत: प्रभावी हो जाता है, जबकि **अनुच्छेद 359** राष्ट्रपति के आदेश द्वारा प्रभावी होता है।
- अनुच्छेद 358 तब तक प्रभावी रहता है, जब तक आपात उद्घोषणा लागू है, जबकि अनुच्छेद 359 सीमित समय के लिए भी लागू हो सकता है।
- अनुच्छेद 358 पूरे देश में जबकि अनुच्छेद 359 सम्पूर्ण देश या देश के किसी भाग में भी लागू हो सकता है।
- अनुच्छेद 358 द्वारा **अनुच्छेद 19** का पूर्ण निलम्बन (Suspension) हो जाता है, जबकि अनुच्छेद 359 के अनुसार जारी राष्ट्रपति की घोषणा से **अनुच्छेद 20** तथा **अनुच्छेद 21** के अतिरिक्त अन्य सभी मूल अधिकार निलम्बित होते हैं।
- अनुच्छेद 358 केवल अनुच्छेद 19 के अन्तर्गत मूल अधिकारों से सम्बन्धित है, जबकि अनुच्छेद 359 उन सभी मूल अधिकारों से सम्बन्धित है, जिनका राष्ट्रपति के आदेश द्वारा निलम्बन हो जाता है।
- अनुच्छेद 358 बाहरी युद्ध या आक्रमण के आधार पर आपातकाल की घोषणा करता है, जो बाह्य आपातकाल होता है, जबकि अनुच्छेद 359 बाहरी एवं आन्तरिक आपातकाल में लागू होता है।
- अनुच्छेद 358, पूर्णरूप से अनुच्छेद 19 को निलम्बित करता है, जबकि अनुच्छेद 359, अनुच्छेद 20 व 21 को निलम्बित नहीं करता है।

केन्द्र-राज्य सम्बन्धों पर प्रभाव

जब आपातकाल की उद्घोषणा लागू होती है, तब केन्द्र-राज्य के सामान्य सम्बन्धों में कुछ मूलभूत परिवर्तन होते हैं। इनको तीन शीर्षकों के अन्तर्गत बाँटा जा सकता है

कार्यपालिका प्रभाव

- अनुच्छेद 353 (a) के अनुसार, आपात उद्घोषणा के समय संघ की कार्यपालिका शक्ति राज्यों को इस बात का निर्देश देने तक विस्तृत हो जाती है कि वह अपनी कार्यपालिका शक्ति का किस रीति से प्रयोग करे।
- आपात की स्थिति में राज्यों की कार्यपालिका शक्ति केन्द्रीय कार्यपालिका शक्ति के अधीन कार्य करती है।

विधायी प्रभाव

- अनुच्छेद 250 के अन्तर्गत उपबन्ध है कि आपात उद्घोषणा के समय संसद राज्य सूची पर कानून बना सकती है। ऐसा कानून आपातकाल की समाप्ति के 6 माह तक प्रभावी रहता है।
- अनुच्छेद 353 (b) के अन्तर्गत आपात उद्घोषणा के साथ ही संसद को राज्य सूची के विषयों पर कानून निर्माण सम्बन्धित शक्ति प्राप्त हो जाती है।
- आपातकाल के दौरान राज्यों के विधानमण्डलों को निलम्बित नहीं किया जाता, किन्तु केन्द्र राज्यों के मध्य विधायी शक्तियों का बँटवारा निलंबित हो जाता है अर्थात् राज्य विधानमण्डल के विधि बनाने की शक्ति समाप्त नहीं होती, बल्कि केवल निलम्बित हो जाती है।
- यह परिवर्तन अध्यादेश जारी करने की शक्ति को लेकर भी होता है। राष्ट्रपति को राज्य सूची विषयों पर भी अध्यादेश जारी करने की शक्ति प्राप्त हो जाती है। ऐसी स्थिति में संविधान संघीय से एकात्मक हो जाता है।
- उल्लेखनीय है कि यदि आपात की घोषणा भारत के राज्यक्षेत्र के किसी भाग में प्रवर्तन में है, तो संघ के राज्यों को निर्देश देने की शक्ति अथवा संसद की राज्य सूची पर विधि बनाने की शक्ति का विस्तार उन राज्यों के सम्बन्ध में भी होगा, जिन पर उद्घोषणा प्रवर्तन में नहीं है।
- 42वें संशोधन अधिनियम 1976 द्वारा यह व्यवस्था की गई कि उपरोक्त वर्णित दो परिणामों (कार्यकारी तथा विधायी) का केवल आपातकाल लागू होने वाले राज्य तक ही नहीं, बल्कि किसी अन्य राज्य में भी विस्तार होता है।

वित्तीय प्रभाव

- अनुच्छेद 354 में यह उल्लिखित है कि जब राष्ट्रीय आपातकाल की घोषणा लागू हो, तब राष्ट्रपति केन्द्र तथा राज्यों के मध्य राजस्व वितरण सम्बन्धी उपबन्धों (अनुच्छेद 268-279) को संशोधित (परिवर्तन) कर सकता है।
- ऐसे संशोधन उस वित्त वर्ष की समाप्ति तक जारी रहते हैं, जिसमें आपातकाल समाप्त होता है।
- इसमें यह उपबन्ध है कि यदि राष्ट्रपति राजस्व वितरण से सम्बन्धित कोई आदेश जारी करता है, तो उसे यथा शीघ्र संसद के दोनों सदनों में रखा जाएगा।

लोकसभा एवं राज्य विधानसभा के कार्यकाल पर प्रभाव

- अनुच्छेद 83 (2) के अन्तर्गत उल्लिखित है कि जब राष्ट्रीय आपातकाल की उद्घोषणा लागू हो, तब लोकसभा का कार्यकाल इसके सामान्य कार्यकाल (5 वर्ष) से आगे संसद द्वारा विधि बनाकर एक बार में 1 वर्ष के लिए (कितने भी बार तक) बढ़ाया जा सकता है, किन्तु यह विस्तार आपातकाल की समाप्ति के बाद छः माह से अधिक नहीं हो सकता। उदाहरण के तौर पर 5वीं लोकसभा (1971-77) का कार्यकाल दो बार एक समय में एक वर्ष के लिए बढ़ाया गया था।
- अनुच्छेद 172 (1) के अन्तर्गत राष्ट्रीय आपात के समय संसद किसी राज्य विधानसभा का कार्यकाल (पाँच वर्ष) प्रत्येक बार एक वर्ष के लिए (कितने भी समय तक) बढ़ा सकती है, परन्तु यह व्यवस्था आपातकाल की समाप्ति के बाद अधिकतम छः माह तक ही रहती है।

राष्ट्रीय आपात उद्घोषणा का प्रयोग

भारत में अभी तक तीन बार (वर्ष 1962, 1971 और 1975 में) आपात उद्घोषणा का प्रयोग किया गया है

- **प्रथम राष्ट्रीय आपात की उद्घोषणा** चीनी आक्रमण [अरुणाचल प्रदेश (पूर्व में नेफा, North Eastern frontier Agency) क्षेत्र पर हमला करने के कारण] के समय 26 अक्टूबर, 1962 को की गई और इसे 10 जनवरी, 1968 को वापस लिया गया। इस दौरान भारत के प्रधानमन्त्री जवाहरलाल नेहरू थे, जबकि राष्ट्रपति डॉ. एस. राधाकृष्णन थे।
- **द्वितीय राष्ट्रीय आपात उद्घोषणा** पाकिस्तान आक्रमण के समय 3 दिसम्बर, 1971 में की गई और इसे 21 मार्च, 1977 को वापस लिया गया। इस दौरान भारत की प्रधानमन्त्री इन्दिरा गाँधी थीं, जबकि राष्ट्रपति वी.वी गिरि थे।
- **तृतीय राष्ट्रीय आपात उद्घोषणा** 25 जून, 1975 (मध्य रात्रि) को आन्तरिक अशान्ति के आधार पर की गई और इसे 21 मार्च, 1977 को वापस लिया गया, तृतीय आपात उद्घोषणा के समय की गई कठोर कार्यवाही की आलोचना की गई। इस दौरान भारत की प्रधानमन्त्री इन्दिरा गाँधी थीं, जबकि राष्ट्रपति फखरुद्दीन अली अहमद थे।

राष्ट्रपति शासन (अनुच्छेद 356)

- यह दूसरे प्रकार का आपात उपबन्ध है, यद्यपि संविधान में इसके लिए 'आपात' शब्द का प्रयोग नहीं किया गया है। संविधान के अनुच्छेद 356 में राज्यों में संवैधानिक तन्त्र की विफलता पर राष्ट्रपति द्वारा उद्घोषणा जारी किए जाने की बात कही गई है, जिसे सामान्य बोल-चाल की भाषा में राष्ट्रपति शासन कहा जाता है।
- अनुच्छेद 355 के अन्तर्गत संघ द्वारा बाह्य आक्रमण और आन्तरिक अशान्ति से राज्यों की सुरक्षा की बात कही गई है। जिसके अनुसार, संघ का यह कर्त्तव्य होगा कि वह बाह्य आक्रमण तथा आन्तरिक अशान्ति से प्रत्येक राज्य की संरक्षा करे और प्रत्येक राज्य की सरकार का इस संविधान के उपबन्धों के अनुसार चलाया जाना सुनिश्चित करे।
- अनुच्छेद 356 के अन्तर्गत, यदि राज्य संविधान के निर्देशों का उल्लंघन करे या ऐसी स्थिति हो, जब राज्य शासन संवैधानिक प्रावधानों के अनुरूप न हो तब इन दो आधारों पर राष्ट्रपति शासन लगाया जाता है।
- अनुच्छेद 356 के अनुसार, यदि राष्ट्रपति को राज्यपाल रिपोर्ट दे या उसे स्वयं अनुमान हो जाता है कि राज्य की सरकार संविधान के उपबन्धों के अनुरूप कार्य नहीं कर रही है, तो वह राज्य सरकार की समाप्ति कर राष्ट्रपति शासन लगा सकता है।

- अनुच्छेद 365 के अनुसार, यदि कोई राज्य केन्द्र के द्वारा जारी निर्देशों का पालन करने या उसे प्रभावी बनाने में असफल हो जाता है, तो वहाँ राष्ट्रपति के लिए यह मानना विधिपूर्ण होगा कि राज्य में ऐसी स्थिति उत्पन्न हो गई, जिसमें उस राज्य का शासन संविधान के उपबन्धों के अनुसार नहीं चलाया जा सकता, तब राष्ट्रपति शासन लगाया जा सकता है।

उद्घोषणा की प्रक्रिया एवं अवधि

- राष्ट्रपति शासन की उद्घोषणा दो माह की समाप्ति पर समाप्त हो जाएगी, उस अवधि के भीतर यदि संसद के दोनों सदनों द्वारा इसका अनुमोदन न किया जाए।
- उल्लेखनीय है कि यदि राष्ट्रपति शासन की उद्घोषणा उस समय की जाती है, जब लोकसभा का विघटन हो गया हो अथवा उद्घोषणा का अनुमोदन किए बिना लोकसभा का विघटन दो माह के अन्दर हो जाता है तथा राज्यसभा ने उसे अनुमोदित कर दिया हो, तो ऐसी उद्घोषणा को लोकसभा के पुनर्गठन के बाद उसकी प्रथम बैठक से 30 दिन के अन्दर अनुमोदित करना होता है, अन्यथा वह 30 दिन की समाप्ति पर लागू नहीं रहेगी।
- संसद के अनुमोदन के बाद भी कोई उद्घोषणा एक बार में छ: माह से अधिक समय तक तथा कुल मिलाकर तीन वर्षों से अधिक समय तक जारी नहीं रह सकती, लेकिन उद्घोषणा को यदि एक वर्ष के बाद भी जारी रखना है, तो यह तभी हो सकता है, जब
    - राष्ट्रीय आपात लागू हो (सम्पूर्ण देश या किसी क्षेत्र में)
    - निर्वाचन आयोग यह प्रमाणित कर दे कि राज्य में चुनाव कराना सम्भव नहीं है। अनुच्छेद 356(5)
- उल्लेखनीय है कि उक्त दोनों प्रावधान 44वें संविधान संशोधन अधिनियम, 1978 के द्वारा किए गए हैं।
- इस संशोधन के अन्तर्गत संसद द्वारा राष्ट्रपति शासन को एक वर्ष के बाद भी जारी रखने की शक्ति पर प्रतिबन्ध लगाने के लिए प्रावधान जोड़ा गया।

घोषणा की समाप्ति

संसद के अनुमोदन के बिना भी राष्ट्रपति स्वयं अपने द्वारा परवर्ती घोषणा कर इसे वापस ले सकता है। इसके लिए संसद की अनुमति की आवश्यकता नहीं होती।

राष्ट्रपति शासन की न्यायिक समीक्षा

- 38वें संविधान संशोधन अधिनियम, 1975 में यह प्रावधान किया गया कि अनुच्छेद 356 के प्रयोग में राष्ट्रपति की सन्तुष्टि न्यायिक पुनरावलोकन के अन्तर्गत नहीं आती है।
- राजस्थान राज्य बनाम भारत संघ 1977 के मामले में, न्यायपालिका ने माना कि यदि राष्ट्रपति का समाधान अतार्किक हो, तब न्यायिक समीक्षा की जा सकती है।
- 44वें संविधान संशोधन अधिनियम, 1978 में यह माना गया कि राष्ट्रपति की सन्तुष्टि न्यायिक पुनरावलोकन के अन्तर्गत आती है।
- एस. आर. बोम्मई मामले, 1994 में उच्चतम न्यायालय ने यह निर्णय दिया कि राष्ट्रपति शासन लागू करने की राष्ट्रपति की घोषणा न्यायिक समीक्षा से अलग नहीं है।
- राष्ट्रपति के इस कार्य पर न्यायालय रोक लगा सकता है, यदि उसकी सन्तुष्टि तर्कसंगत संसाधनों पर आधारित नहीं है अथवा यह दुर्भावना से प्रेरित है।
- इस सन्दर्भ में राष्ट्रपति शासन को न्यायोचित सिद्ध करने का उत्तरदायित्व केन्द्र सरकार पर होगा और न्यायालय संसाधनों की तर्कसंगतता की जाँच न करके कार्य की तर्कसंगत परिस्थितियों की जाँच करेगा।
- न्यायालय ने एक अन्य महत्त्वपूर्ण सिद्धान्त प्रतिपादित किया है कि राष्ट्रपति किसी राज्य विधानसभा को विघटित करने की शक्ति का प्रयोग तभी करेगा, जब संसद के दोनों सदन उस घोषणा पर अपनी सहमति दें।
- संसद की मंजूरी न मिलने की स्थिति में राष्ट्रपति केवल विधानसभा को निलम्बित कर सकता है।
- अनुच्छेद 356 के उपयोग सम्बन्धित विवादों के समाधान हेतु दो आयोग गठित किए गए।

राजमन्नार समिति

- इसके द्वारा दिए गए सुझाव निम्नवत् हैं
    - इस समिति में अनुच्छेद 356 तथा 357 को समाप्त करने का सुझाव दिया।
    - साथ ही यह प्रावधान जोड़ा जाए कि राज्यपाल राष्ट्रपति की उद्घोषणा से पहले राज्य विधानसभा के विचार जानने हेतु एक दल भेजे, जो राष्ट्रपति को सम्बन्धित परिस्थितियों की सही जानकारी प्रदान करे।

सरकारिया आयोग की रिपोर्ट

- अनुच्छेद 356 के सन्दर्भ में सरकारिया आयोग ने निम्नलिखित सुझाव प्रस्तुत किए हैं
    - किसी राज्य में संविधान के अनुच्छेद 356 के अन्तर्गत, राष्ट्रपति शासन तभी लागू करना चाहिए, जब कोई दूसरा विकल्प न हो।
    - राष्ट्रपति शासन सम्बन्धी आदेश दो माह के अन्दर संसद के सामने रखना चाहिए तथा संसद के अनुमोदन के बाद ही विधानसभा भंग की जानी चाहिए, इसका प्रावधान करने के लिए संविधान के अनुच्छेद 356 में संशोधन करने का भी सुझाव है।
    - राष्ट्रपति शासन लागू करने के पहले केन्द्र को सम्बन्धित राज्य को इस बारे में चेतावनी देकर स्पष्टीकरण माँगना चाहिए।
    - राष्ट्रपति शासन सम्बन्धी राज्यपाल की रिपोर्ट को संसद में रखना चाहिए।

राष्ट्रपति शासन का प्रयोग

- भारत में सर्वप्रथम राष्ट्रपति शासन का प्रयोग वर्ष 1951 में पंजाब राज्य में किया गया था।
- पंजाब राज्य में राष्ट्रपति शासन की अवधि भारत के सभी राज्यों में सर्वाधिक रही है। वर्ष 1987 में पंजाब राज्य में लागू राष्ट्रपति शासन **68वें संविधान संशोधन अधिनियम, 1991** के अन्तर्गत पाँच वर्षों तक जारी रहा।

वित्तीय आपात (अनुच्छेद 360)

- भारतीय संविधान के अनुच्छेद 360 के अनुसार, राष्ट्रपति को यह आभास हो जाता है कि भारत या उसके राज्यक्षेत्र के किसी भाग में वित्तीय संकट है, तो वह वित्तीय आपात की उद्घोषणा कर सकता है।
- 38वें संविधान संशोधन अधिनियम, 1975 के अन्तर्गत राष्ट्रपति वित्तीय आपातकाल की घोषणा की सन्तुष्टि का अन्तिम निर्णायक है तथा किसी भी आधार पर किसी भी न्यायालय में प्रश्न योग्य नहीं है, किन्तु 44वें संविधान संशोधन अधिनियम, 1978 में इस उपबन्ध को समाप्त कर न्यायिक समीक्षा के दायरे के अधीन रखा गया है।

वित्तीय आपात उद्घोषणा की प्रक्रिया एवं अवधि

राष्ट्रपति द्वारा ऐसी उद्घोषणा कभी भी जारी की जा सकती है

- वित्तीय आपात की उद्घोषणा को संसद के दोनों सदनों में साधारण बहुमत के संकल्प से दो माह के अन्दर पारित करना आवश्यक है। यदि घोषणा के दौरान लोकसभा विघटित होती है, तो राज्यसभा ही इसे साधारण बहुमत से पारित कर सकती है, परन्तु लोकसभा के पुनर्गठित होने पर प्रथम बैठक से 30 दिनों के अन्दर लोकसभा को साधारण बहुमत के संकल्प से पारित करना आवश्यक है।
- वित्तीय आपात की उद्घोषणा 2 माह की समाप्ति पर प्रवर्तन में नहीं रहेगी, यदि इस बीच दोनों सदनों के संकल्पों द्वारा उसका अनुमोदन न कर दिया जाए। एक बार यदि संसद उसका अनुमोदन कर दे, तो उसे अनिश्चित काल तक जारी रखा जा सकता है।
- वित्तीय आपात को मंजूरी देने वाला प्रस्ताव संसद के किसी भी सदन द्वारा सामान्य बहुमत के द्वारा पारित किया जा सकता है।
- माखन सिंह बनाम पंजाब राज्य (वर्ष 1964) मामले में न्यायालय ने कहा कि आपात उद्घोषणा का न्यायिक पुनरावलोकन किया जा सकता है।
- 44वें संविधान संशोधन अधिनियम 1978 द्वारा पुन: व्यवस्था की गई कि आपात उद्घोषणा का न्यायिक पुनरावलोकन (Judicial Review) किया जा सकता है।

घोषणा की समाप्ति

राष्ट्रपति द्वारा किसी भी समय परवर्ती घोषणा लागू कर, वित्तीय आपात घोषणा वापस ली जा सकती है और ऐसी घोषणा को संसद के किसी भी सदन के स्वीकृति की आवश्यकता नहीं होती है।

वित्तीय आपात की उद्घोषणा के प्रभाव

- वित्तीय आपात के दौरान राष्ट्रपति राज्य सरकार को निम्न निर्देश दे सकता है
  - राज्य के क्रियाकलाप व सेवा करने वाले व्यक्तियों (कर्मचारियों) के वेतन एवं भत्तों में कमी करने का।
  - धन विधेयक या अनुच्छेद 207 से सम्बन्धित विधेयक को विधानमण्डल में पारित करने के पश्चात् राष्ट्रपति के विचार के लिए आरक्षित करने का।
  - वित्तीय आपात की उद्घोषणा के समय राष्ट्रपति संघ के कार्यकलाप के सम्बन्ध में सेवा करने वाले सभी या किसी वर्ग के व्यक्तियों के (जिनके अन्तर्गत उच्चतम न्यायालयों व उच्च न्यायालय के न्यायाधीश भी सम्मिलित हैं) वेतन और भत्तों में कमी करने का निर्देश देने के लिए सक्षम होगा।
  - वित्तीय आपातकाल के दौरान राज्य के सभी वित्तीय मामलों में केन्द्र का नियन्त्रण हो जाता है।
- संविधान सभा के सदस्य एच.एन. कुंजरू ने कहा है कि वित्तीय आपात राज्य की वित्तीय सम्प्रभुता के लिए एक गम्भीर खतरा है।

नोट *अभी तक भारत में एक बार भी वित्तीय आपात की उद्घोषणा नहीं की गई है।*

आपातकालीन उपबन्धों की आलोचना

- संविधान सभा के कुछ सदस्यों ने संविधान में वर्णित आपातकालीन प्रावधान की आलोचना की है, जो निम्न प्रकार है
  - संविधान का संघीय प्रभाव नष्ट हो जाएगा तथा केन्द्र सर्व शक्तिमान बन जाएगा।
  - राज्यों की शक्तियाँ (संघीय एवं एकल दोनों) पूर्णरूप से केन्द्रीय सत्ता के हाथों में चली जाएँगी।
  - राष्ट्रपति तानाशाह हो जाएगा।
  - राज्यों की वित्तीय स्वायत्तता निरर्थक हो जाएगी।
  - मौलिक अधिकार अर्थहीन हो जाएँगे, जिसके परिणामस्वरूप संविधान की प्रजातन्त्रात्मक आधारशिला नष्ट हो जाएगी।
- टी. टी. कृष्णमाचारी ने कहा, "मूल अधिकार अर्थहीन हो जाएँगे और इसके परिणामस्वरूप संविधान की लोकतान्त्रिक आधारशिला नष्ट हो जाएगी।"
- डॉ. बी. आर. अम्बेडकर ने भी संविधान सभा में आपातकालीन प्रावधानों के बचाव में उनके उपयोग की सम्भावनाओं को व्यक्त करते हुए कहा कि "मैं पूर्ण रूप से इनकार नहीं करता कि इन अनुच्छेदों का दुरुपयोग या राजनीतिक उद्देश्य के लिए इनके प्रयोग की सम्भावना है।"
- डॉ. भीमराव अम्बेडकर ने राष्ट्रपति शासन को मृत-पत्र (Dead letter) कहा था तथा के. एम. नाम्बियार ने कहा, "राष्ट्रपति का आपातकालीन अधिकार संविधान के साथ धोखा है।"

भारतीय संविधान में वर्णित आपात उपबन्ध से सम्बन्धित अनुच्छेद

अनुच्छेद 352	आपात की उद्घोषणा
अनुच्छेद 353	आपात की उद्घोषणा का प्रभाव
अनुच्छेद 354	जब आपात की उद्घोषणा प्रवर्तन में है, तब राजस्वों के वितरण सम्बन्धी उपबन्धों का लागू होना
अनुच्छेद 355	बाह्य आक्रमण और आन्तरिक अशान्ति से राज्य की सुरक्षा करने का संघ का कर्त्तव्य
अनुच्छेद 356	राज्यों में संवैधानिक तन्त्र के विफल हो जाने की दशा में उपबन्ध
अनुच्छेद 357	अनुच्छेद 356 के अधीन की गई उद्घोषणा के अधीन विधायी शक्तियों का प्रयोग
अनुच्छेद 358	आपात के दौरान **अनुच्छेद 19** के उपबन्धों का निलम्बन
अनुच्छेद 359	आपात के दौरान **भाग III** द्वारा प्रदत्त अधिकारों के प्रवर्तन का निलम्बन
अनुच्छेद 359 (A)	इस भाग को पंजाब राज्य पर भी लागू करना (निरस्त निलम्बन)
अनुच्छेद 360	वित्तीय आपात के बारे में उपबन्ध

> भारत में संसदीय सरकार की व्यवस्था की गई है। भारत का राष्ट्रपति भारत का प्रथम नागरिक होता है तथा राष्ट्र की एकता, अखण्डता और सुदृढ़ता का प्रतीक है। राष्ट्रपति मुख्यत: एक औपचारिक शक्ति वाला पद है और वह राष्ट्र का आलंकारिक प्रधान है।

अध्याय सत्रह

राष्ट्रपति

भारतीय संविधान के **भाग-V** के **अध्याय-I** (**अनुच्छेद 52** से **78** तक) के अन्तर्गत संघीय कार्यपालिका का उल्लेख किया गया है। भारत संघ की कार्यपालिका **राष्ट्रपति, उपराष्ट्रपति, प्रधानमन्त्री, मन्त्रिपरिषद्** तथा **महान्यायवादी** से मिलकर बनती है।

राष्ट्रपति से सम्बन्धित संवैधानिक प्रावधान

- भारतीय संविधान के **अनुच्छेद 52** के अन्तर्गत राष्ट्रपति पद की व्यवस्था की गई है। **अनुच्छेद 53** के अनुसार, राष्ट्रपति अपनी कार्यपालिका सम्बन्धी समस्त शक्तियों का प्रयोग प्रत्यक्ष अथवा अपने अधीनस्थ अधिकारियों के माध्यम से करता है।
- भारत में **संसदीय कार्यपालिका** की व्यवस्था की गई है। संविधान में संघ की कार्यपालिका सम्बन्धित शक्तियाँ राष्ट्रपति को प्रदान की गई हैं, परन्तु वास्तविक शक्तियाँ प्रधानमन्त्री के नेतृत्व में बनी मन्त्रिपरिषद् में निहित होती हैं।
- भारत में राष्ट्रपति **राष्ट्राध्यक्ष** (राष्ट्र का प्रमुख) तथा प्रधानमन्त्री **शासनाध्यक्ष** (शासन/सरकार का प्रमुख) होता है। भारत सरकार की समस्त कार्यपालिका कार्यवाही राष्ट्रपति के नाम से ही संचालित होती है।
- भारतीय संसदीय प्रणाली में ब्रिटेन की साम्राज्ञी की भाँति भारत का राष्ट्रपति कार्यपालिका का औपचारिक प्रधान होता है, किन्तु ब्रिटेन की साम्राज्ञी का पद वंशानुगत होता है और भारत के राष्ट्रपति का निर्वाचन एक निर्वाचक मण्डल द्वारा होता है।

राष्ट्रपति का निर्वाचन

- भारतीय संविधान के **अनुच्छेद 54** के अनुसार, भारत का राष्ट्रपति विशेष रूप से गठित एक **निर्वाचक मण्डल** (Electoral College) द्वारा निर्वाचित होता है।
- निर्वाचक मण्डल की संरचना निम्न सदस्यों से मिलकर होती है
  - संसद के दोनों सदनों के निर्वाचित सदस्य
  - राज्यों की विधानसभाओं के निर्वाचित सदस्य
  - दिल्ली और पुदुचेरी संघ राज्यक्षेत्र की विधानसभाओं के निर्वाचित सदस्य (**70वें संविधान संशोधन, 1992** के द्वारा शामिल)
  - जम्मू-कश्मीर (केन्द्रशासित प्रदेश) के नवगठित विधानसभा के सदस्य वर्तमान में राष्ट्रपति चुनाव के 'निर्वाचक मण्डल' में शामिल नहीं हैं। (अनुच्छेद 54 के अनुसार)
  - जम्मू-कश्मीर के विधायकों को राष्ट्रपति चुनाव के 'निर्वाचक मण्डल' में शामिल करने के लिए संविधान संशोधन करना होगा।
- **अनुच्छेद 55** के अनुसार, जहाँ तक सम्भव हो निर्वाचन में भिन्न-भिन्न राज्यों के प्रतिनिधित्व में प्रत्येक राज्य की जनसंख्या और विधानसभा के लिए निर्वाचित सदस्यों की कुल संख्या के अनुसार एकरूपता होगी। संघ और समस्त राज्यों के बीच समतुल्यता रखी जाएगी।
- राष्ट्रपति के निर्वाचक मण्डल में समस्त राज्यों के मत इस देश की जनता के मत के बराबर होंगे। अत: राष्ट्रपति राष्ट्र का और विभिन्न राज्यों के लोगों का प्रतिनिधि होगा।
- राष्ट्रपति के चुनाव को इस आधार पर न्यायालय में चुनौती नहीं दी जा सकती कि निर्वाचक मण्डल में किसी व्यक्ति का पद रिक्त है।

निर्वाचक मण्डल में शामिल न होने वाले सदस्य

- लोकसभा तथा राज्यसभा के मनोनीत सदस्य
- राज्य विधानसभा के मनोनीत सदस्य
- राज्यों की विधानपरिषदों के निर्वाचित तथा मनोनीत सदस्य (दिल्ली एवं पुदुचेरी विधानसभाओं के मनोनीत सदस्यों सहित)

राष्ट्रपति के निर्वाचन की रीति

- राष्ट्रपति के चुनाव से सम्बन्धित मामलों को विधि द्वारा विनियमित करने का अधिकार संसद को प्राप्त है।
- भारत में राष्ट्रपति का चुनाव **अप्रत्यक्ष निर्वाचन प्रणाली** द्वारा किया जाता है। संविधान के **अनुच्छेद 55** में यह निर्धारित किया गया है कि राष्ट्रपति का चुनाव आनुपातिक प्रतिनिधित्व (Proportional Representation) से **एकल संक्रमणीय मत पद्धति** (Single Transferable Vote System)

द्वारा होगा और ऐसे निर्वाचन में मतदान गुप्त होगा तथा यथासम्भव विभिन्न राज्यों के प्रतिनिधित्व के मापन में एकरूपता रखी जाएगी।

- उल्लेखनीय है कि राष्ट्रपति व उपराष्ट्रपति के निर्वाचन से सम्बन्धित अन्य बातें राष्ट्रपति तथा उपराष्ट्रपति निर्वाचन अधिनियम, 1952 में दी गई हैं।

विधायक के मतों की संख्या/मूल्य

- प्रत्येक राज्य की विधानसभा के किसी निर्वाचित सदस्य के मत का मूल्य इस प्रकार निर्धारित किया जाता है कि उस राज्य की कुल जनसंख्या को उस राज्य की विधानसभा के कुल निर्वाचित सदस्यों की संख्या से भाग देकर जो भागफल आता है, उसमें पुनः 1000 से भाग दिया जाता है। इस प्रकार जो भागफल प्राप्त होता है, वह उस विधानसभा के प्रत्येक निर्वाचित सदस्य का मत मूल्य होता है।
- इसे निम्न सूत्र द्वारा भी व्यक्त किया जा सकता है

एक विधायक का मत मूल्य

$$= \frac{\text{राज्य की कुल जनसंख्या}}{\text{राज्य की विधानसभा के कुल निर्वाचित सदस्यों की संख्या}} \times \frac{1}{1000}$$

- इस प्रकार राज्यों की विधायिका के सदस्यों के मतों की संख्या/मूल्य विभिन्न राज्यों में अलग-अलग होती है।
- विभाजन के पश्चात् यदि निर्वाचित सदस्यों की संख्या 500 (शेषफल) से कम नहीं है, तो प्रत्येक सदस्य के मतों में एक और मत जोड़ दिया जाता है।

सांसद के मतों की संख्या/मूल्य

- संसद के प्रत्येक सदन के प्रत्येक निर्वाचित सदस्य के मतों की संख्या वह होगी, जो राज्यों की विधायिकाओं के सदस्यों हेतु नियत मत संख्या को संसद के दोनों सदनों के निर्वाचित सदस्यों की कुल संख्या द्वारा विभाजित करके प्राप्त की जाती है।
- इसे निम्न सूत्र के द्वारा भी व्यक्त किया जा सकता है

एक संसद सदस्य का मत मूल्य/संख्या

$$= \frac{\text{राज्यों के समस्त निर्वाचित विधायकों के मतों की कुल संख्या}}{\text{संसद के निर्वाचित सदस्यों की कुल संख्या}}$$

- इस प्रक्रिया में आधे से अधिक भिन्न को एक मान लिया जाता है और अन्य की उपेक्षा कर दी जाती है।

मतगणना

- राष्ट्रपति चुनाव में प्रत्येक मतदाता (निर्वाचक मण्डल के सदस्य) को एक मत देने का अधिकार होता है। वे राष्ट्रपति के प्रत्याशियों के लिए अपनी पसन्द के अनुसार, वरीयता क्रम में मत पत्र पर विभिन्न प्रत्याशियों के नाम के आगे 1, 2, 3 ...... लिखकर अपना मत देते हैं।
- मतदान के पश्चात् मतों की गणना की जाती है। चुनाव में विजयी होने के लिए प्रत्याशी को एक निश्चित संख्या में मत (कोटा अर्थात् डाले गए समस्त वैध मतों के कम-से-कम आधे से अधिक मत) प्राप्त करना आवश्यक होता है। इसे निम्नलिखित सूत्र द्वारा ज्ञात किया जाता है

$$\text{न्यूनतम कोटा} = \frac{\text{कुल डाले गए वैध मत}}{1 + 1 = 2} + 1$$

- सर्वप्रथम, प्रत्येक प्रत्याशी की पहली पसन्द/वरीयता के मतों की गणना की जाती है, यदि किसी प्रत्याशी को मिली पहली पसन्द की वोट में ही निर्धारित कोटा प्राप्त हो जाता है, तो उसे निर्वाचित घोषित कर दिया जाता है।
- यदि किसी भी प्रत्याशी की पहली पसन्द की मतों के आधार पर स्पष्ट बहुमत नहीं मिल पाता, तो जिस प्रत्याशी को पहली पसंद में सबसे कम मत मिले होते हैं, तब उसे निर्वाचन से बाहर कर दिया जाता है तथा उसके मत पत्रों पर द्वितीय पसन्द के मत अन्य प्रत्याशियों में हस्तान्तरित कर दिए जाते हैं। इसे एकल संक्रमणीय मत प्रणाली सिद्धान्त (Single Transferable Vote System) कहते हैं।

राष्ट्रपति के निर्वाचन से सम्बन्धित सभी विवाद

- भारतीय संविधान के **अनुच्छेद 71** के अनुसार, राष्ट्रपति अथवा उपराष्ट्रपति के निर्वाचन से सम्बन्धित सभी शंकाओं एवं विवादों की जाँच तथा निपटारा उच्चतम न्यायालय द्वारा किया जाता है एवं उसका निर्णय अन्तिम होता है।
- यदि सर्वोच्च न्यायालय किसी व्यक्ति के राष्ट्रपति/उपराष्ट्रपति के रूप में निर्वाचन को अवैध घोषित कर देता है, तो ऐसी घोषणा से पहले उक्त व्यक्ति द्वारा (राष्ट्रपति या उपराष्ट्रपति के रूप में) किए गए कार्य अवैध नहीं माने जाएँगे।
- **11वें संविधान संशोधन** द्वारा अनुच्छेद 71 में उपखण्ड-4 को वर्ष 1961 में जोड़ा गया तथा इसमें यह स्पष्ट किया गया है कि यदि राष्ट्रपति तथा उपराष्ट्रपति के चुनाव के समय उनके निर्वाचक मण्डल में कुछ स्थान रिक्त हैं, तो इस आधार पर चुनाव की वैधता पर **कोई प्रश्न** नहीं किया जा सकता।

राष्ट्रपति की योग्यताएँ/पात्रता

- अनुच्छेद 58 के अनुसार, कोई भी व्यक्ति, जो भारत का नागरिक हो।
- कम-से-कम 35 वर्ष की आयु पूर्ण कर चुका हो।
- लोकसभा का सदस्य निर्वाचित होने की योग्यता रखता हो।
- भारत सरकार या किसी राज्य की सरकार के अधीन अथवा सार्वजनिक प्राधिकरण में लाभ के पद पर न हो, तो वह राष्ट्रपति के चुनाव हेतु योग्य होगा।
- वर्तमान राष्ट्रपति या उपराष्ट्रपति किसी राज्य का राज्यपाल और संघ अथवा राज्य का मन्त्री लाभ के पद के अन्तर्गत नहीं आते।
- राष्ट्रपति के उम्मीदवार के लिए निर्वाचक मण्डल के 50 सदस्य प्रस्तावक व 50 सदस्य अनुमोदक के रूप में आवश्यक होते हैं। वर्ष 1997 से पहले राष्ट्रपति के प्रस्तावकों व अनुमोदकों की न्यूनतम संख्या 10-10 थी।
- अनुच्छेद 57 के अनुसार, भारत में राष्ट्रपति का एक से अधिक बार पुनर्निर्वाचन हो सकता है, क्योंकि संविधान में ऐसा कोई प्रावधान नहीं है कि राष्ट्रपति का पुनर्निर्वाचन नहीं हो सकता।
- अमेरिका में राष्ट्रपति पद हेतु एक सदस्य अधिकतम 2 बार निर्वाचित किया जा सकता है।
- अनुच्छेद 59(1) के अनुसार, यदि कोई व्यक्ति जो संसद के किसी सदन का अथवा राज्य के विधानमण्डल के किसी सदन का सदस्य है और राष्ट्रपति के रूप में निर्वाचित हो जाता है, तो उसे राष्ट्रपति के रूप में अपने पद ग्रहण की तिथि से उक्त सदन का सदस्य नहीं माना जाएगा।

- राष्ट्रपति पद हेतु प्रत्येक उम्मीदवार भारतीय रिजर्व बैंक या सरकारी खजाने में ₹ 15,000 की जमानत राशि जमा करेगा। यदि कोई उम्मीदवार वैध मतों का 1/6 मत प्राप्त नहीं करता है, तब उसकी जमानत राशि जब्त हो जाएगी।

राष्ट्रपति की पदावधि अथवा कार्यकाल

- अनुच्छेद 56 के अनुसार, राष्ट्रपति का कार्यकाल पद धारण की तिथि से 5 वर्ष तक होता है।
- राष्ट्रपति अपनी पदावधि के दौरान अपना त्याग-पत्र उपराष्ट्रपति को दे सकता है। राष्ट्रपति को कार्यकाल समाप्ति से पूर्व महाभियोग प्रक्रिया द्वारा पदच्युत किया जा सकता है।
- राष्ट्रपति अपनी पदावधि (पाँच वर्ष का कार्यकाल) के समाप्त हो जाने के पश्चात् भी तब तक पद धारण करता रहेगा, जब तक कि उसका उत्तराधिकारी अपना पद ग्रहण नहीं कर लेता है।

राष्ट्रपति के पद की रिक्तता की पूर्ति

- भारतीय संविधान के अनुच्छेद 62 के अन्तर्गत राष्ट्रपति पद की रिक्ति को भरने हेतु निर्वाचन करने का समय व आकस्मिक रिक्ति को भरने हेतु निर्वाचन व उसकी पदावधि सम्बन्धी प्रावधानों का उल्लेख किया गया है।
- इसमें यह उल्लेख किया गया है कि राष्ट्रपति की पदावधि की समाप्ति से हुई रिक्ति को भरने के लिए, राष्ट्रपति की पदावधि के समाप्त होने से पहले ही नए राष्ट्रपति के लिए निर्वाचन पूर्ण कर लिया जाएगा।
- यदि राष्ट्रपति का पद मृत्यु, पद-त्याग, पद से हटाए जाने अथवा अन्य कारणों से रिक्त होता है, तो ऐसी रिक्ति को भरने के लिए यथाशीघ्र व प्रत्येक दशा में छ: (6) माह के पहले की अवधि के भीतर चुनाव करा लिया जाएगा।
- ऐसी स्थिति में राष्ट्रपति के रूप में निर्वाचित व्यक्ति अपने पद ग्रहण की तिथि से 5 वर्षों के लिए पद धारण करेगा।
- उल्लेखनीय है कि जब राष्ट्रपति का पद आकस्मिक रूप से (मृत्यु, पद-त्याग, पद से हटाए जाने अथवा किसी अन्य कारण से) रिक्त होता है, तो उपराष्ट्रपति, राष्ट्रपति के रूप में (कार्यवाहक) कार्य करता है।.
- यदि उपराष्ट्रपति का पद रिक्त हो, तो भारत का मुख्य न्यायाधीश तथा मुख्य न्यायाधीश की अनुपस्थिति में सर्वोच्च न्यायालय का वरिष्ठतम न्यायाधीश कार्यवाहक राष्ट्रपति के रूप में कार्य करता है।

राष्ट्रपति पद हेतु शपथ

- अनुच्छेद 60 के अनुसार, पद धारण करने से पूर्व राष्ट्रपति को एक निर्धारित प्रारूप में भारत के मुख्य न्यायाधीश अथवा उसकी अनुपस्थिति में उच्चतम न्यायालय के वरिष्ठतम न्यायाधीश के सम्मुख पद एवं गोपनीयता की शपथ ग्रहण करनी पड़ती है।
- राष्ट्रपति शपथ लेता है मैं, अमुक ....,
  - श्रद्धापूर्वक राष्ट्रपति पद का कार्यपालन करूँगा।
  - संविधान और विधि का संरक्षण, प्रतिरक्षण और परिरक्षण करूँगा।
  - भारतीय जनता की सेवा तथा कल्याण में निरन्तर रहूँगा।

राष्ट्रपति के वेतन एवं भत्ते

- अनुच्छेद 59 (3) के अनुसार, राष्ट्रपति बिना किराया दिए, अपने शासकीय निवास के उपयोग का अधिकारी होगा तथा ऐसी उपलब्धियाँ, भत्तों एवं विशेषाधिकारों का भी जो संसद, विधि द्वारा अवधारित करे और जब तक इस बारे में इस प्रकार उपबन्ध नहीं किया जाता है, तब तक ऐसी उपलब्धियों, भत्तों एवं विशेषाधिकारों का, जो दूसरी अनुसूची में विनिर्दिष्ट हैं, अधिकारी होगा।
- अनुच्छेद 59 (4) के अनुसार, राष्ट्रपति अन्य कोई लाभ का पद धारण नहीं कर सकता। राष्ट्रपति की उपलब्धियाँ एवं भत्ते उसकी पदावधि के दौरान कम नहीं किए जा सकते।
- राष्ट्रपति का वेतन, भत्ते एवं पेंशन संशोधन अधिनियम, 2018 के अनुसार, राष्ट्रपति का वेतन ₹ 5 लाख प्रतिमाह है।

महाभियोग की प्रक्रिया

- भारतीय संविधान के अनुच्छेद 61 के अन्तर्गत संविधान के उल्लंघन के आधार पर महाभियोग की प्रक्रिया द्वारा राष्ट्रपति को उसके पद से हटाया जा सकता है। इसके लिए राष्ट्रपति को 14 दिनों की अग्रिम सूचना देना आवश्यक है।
- महाभियोग का आरोप संसद के किसी भी सदन में लगाया जा सकता है, परन्तु उसके लिए संकल्प प्रस्तुत करना होगा, जिस पर उस सदन की कुल सदस्य संख्या के कम-से-कम एक-चौथाई सदस्यों के हस्ताक्षर हों तथा उसे सदन की कुल सदस्य संख्या के कम-से-कम दो-तिहाई बहुमत द्वारा पारित किया जाए।
- संसद के एक सदन द्वारा आरोप लगाया जाता है तथा दूसरे सदन द्वारा उस आरोप की जाँच की जाती है। यदि दूसरे सदन द्वारा भी उसके कुल सदस्य संख्या के दो-तिहाई बहुमत द्वारा संकल्प को पारित कर दिया जाए, तो संकल्प के पारित होने की तिथि से राष्ट्रपति को अपने पद से पदच्युत माना जाएगा।
- राष्ट्रपति को इस प्रक्रिया में शामिल होने तथा अपना पक्ष (प्रतिनिधि के माध्यम से) रखने का अधिकार है।

अर्द्ध-न्यायिक प्रक्रिया

अनुच्छेद 56 और 62 के उपबन्धों के अनुसार, राष्ट्रपति को महाभियोग के अतिरिक्त किसी और तरीके से नहीं हटाया जा सकता। इस प्रकार संसद द्वारा चलाई जाने वाली महाभियोग की प्रक्रिया एक अर्द्ध-न्यायिक प्रक्रिया है।

- इस सन्दर्भ में दो बातें ध्यान देने योग्य हैं
  - संसद के दोनों सदनों के नामांकित सदस्य, जिन्होंने राष्ट्रपति के चुनाव में भाग नहीं लिया था, इस महाभियोग में भाग ले सकते हैं।
  - राज्य विधानसभाओं के निर्वाचित सदस्य एवं दिल्ली, जम्मू-कश्मीर तथा पुदुचेरी केन्द्रशासित प्रदेश व राज्य विधानसभाओं के निर्वाचित सदस्य इस महाभियोग प्रस्ताव में भाग नहीं लेते हैं, जिन्होंने राष्ट्रपति के चुनाव में भाग लिया था।

राष्ट्रपति की शक्तियाँ

- भारत के राष्ट्रपति को अनेक कार्य निष्पादित करने होते हैं। राष्ट्रपति की शक्तियाँ दो प्रकार की परिस्थितियों से सम्बन्धित होती हैं— सामान्यकालीन एवं आपातकालीन।
- राष्ट्रपति के कार्य एवं शक्तियों को निम्न प्रकार से विभाजित किया जा सकता है

1. कार्यकारी शक्तियाँ
   (i) वीटो शक्तियाँ (ii) अध्यादेश जारी करने की शक्तियाँ
2. विधायी शक्तियाँ
3. सैन्य शक्तियाँ
4. न्यायिक शक्तियाँ
5. आपातकालीन शक्तियाँ
6. वित्तीय शक्तियाँ
7. कूटनीतिक/राजनयिक शक्तियाँ

1. कार्यकारी शक्तियाँ

- अनुच्छेद 53 (1) के अनुसार, संघ की कार्यपालिका शक्ति राष्ट्रपति में निहित होगी और वह इसका प्रयोग स्वयं या अपने अधीनस्थ अधिकारियों (मन्त्रिपरिषद्) के माध्यम से करेगा। संविधान के अनुच्छेद 77(1) के अनुसार, भारत सरकार के समस्त कार्यपालिका सम्बन्धी कार्य राष्ट्रपति के नाम से किए हुए माने जाएँगे।

राष्ट्रपति द्वारा नियुक्त प्राधिकारी

- प्रधानमन्त्री एवं अन्य मन्त्री
- राज्यों के राज्यपाल, उपराज्यपाल तथा प्रशासक
- उच्चतम न्यायालय तथा उच्च न्यायालयों के न्यायाधीश
- भारत के महान्यायवादी
- नियन्त्रक एवं महालेखा परीक्षक
- संघ लोक सेवा आयोग के अध्यक्ष एवं सदस्य
- राष्ट्रीय मानवाधिकार आयोग के अध्यक्ष एवं सदस्य
- मुख्य चुनाव आयुक्त एवं अन्य चुनाव आयुक्त
- वित्त आयोग
- राजभाषा आयोग
- अनुसूचित जाति तथा अनुसूचित जनजाति आयोग के अध्यक्ष तथा सदस्य
- राष्ट्रीय अल्पसंख्यक आयोग के अध्यक्ष व सदस्य
- पिछड़ा वर्ग आयोग के अध्यक्ष व सदस्य
- राष्ट्रीय महिला आयोग के अध्यक्ष व सदस्य

राष्ट्रपति के प्रसादपर्यन्त पद धारण करने वाले प्रमुख अधिकारी

- भारत का महान्यायवादी
- संघ के मन्त्री
- राज्यों के राज्यपाल

नोट *देश का सम्पूर्ण राजनीतिक कार्य राष्ट्रपति के नाम से संचालित किया जाता है तथा राष्ट्रपति विदेशों में देश का प्रतिनिधित्व करता है।*

- राष्ट्रपति अनुसूचित क्षेत्रों के प्रशासन के सम्बन्ध में रिपोर्ट देने वाले आयोग, अनुसूचित जातियों एवं जनजातियों के आयुक्त, पिछड़ा वर्ग आयोग तथा अल्पसंख्यक आयोग की नियुक्ति करता है।
- वह किसी भी क्षेत्र को अनुसूचित क्षेत्र घोषित कर सकता है। उसे अनुसूचित क्षेत्रों तथा जनजातीय क्षेत्रों के प्रशासन की शक्तियाँ प्राप्त हैं।
- अनुच्छेद 78 के अन्तर्गत प्रधानमन्त्री का यह कर्त्तव्य होगा कि वह राष्ट्रपति को मन्त्रिपरिषद् के सभी निर्णयों और प्रशासन सम्बन्धी सभी मामलों में सूचना दे, जो राष्ट्रपति द्वारा माँगी जाएँ।
- वह केन्द्रशासित प्रदेशों का प्रशासन अपने द्वारा नियुक्त प्रशासकों के माध्यम से सँभालता है।
- राष्ट्रपति, प्रधानमन्त्री से किसी ऐसे निर्णय का प्रतिवेदन भेजने के लिए कह सकता है, जो किसी मन्त्री द्वारा लिया गया हो, परन्तु पूरी मन्त्रिपरिषद् ने इसका अनुमोदन नहीं किया हो।

2. विधायी शक्तियाँ

- भारतीय संविधान के अनुच्छेद 79 के अनुसार, राष्ट्रपति भारतीय संसद का अभिन्न अंग है। अत: इस रूप में उसे विधायी शक्तियाँ प्राप्त हैं, जो निम्नवत् हैं
  - अनुच्छेद 85 के अनुसार, वह संसद के दोनों सदनों के सत्रों का आह्वान कर सकता है, उसका सत्रावसान कर सकता है तथा लोकसभा को भंग कर सकता है।
  - अनुच्छेद 108 के अनुसार, संसद के दोनों सदनों में गतिरोध उत्पन्न होने की स्थिति में वह दोनों सदनों की संयुक्त बैठक बुला सकता है। इस संयुक्त बैठक की अध्यक्षता लोकसभा के अध्यक्ष द्वारा की जाती है।
  - अनुच्छेद 87 के अनुसार, लोकसभा के प्रत्येक निर्वाचन के पश्चात् होने वाले प्रथम अधिवेशन के प्रारम्भ में तथा प्रत्येक वर्ष संसद के प्रथम सत्र के प्रारम्भ में राष्ट्रपति संसद के दोनों सदनों के संयुक्त अधिवेशन में अभिभाषण देता है।
  - राष्ट्रपति, महानियन्त्रक एवं लेखा परीक्षक, संघ लोक सेवा आयोग, वित्त आयोग एवं अन्य रिपोर्ट संसद के समक्ष रखता है।
  - राष्ट्रपति की स्वीकृति के बिना कोई भी विधेयक कानून नहीं बन सकता। अत: प्रत्येक विधेयक पर उसके हस्ताक्षर आवश्यक हैं।
- कुछ विशेष प्रकार के विधेयक राष्ट्रपति की पूर्व अनुमति के बिना संसद में प्रस्तुत नहीं किए जा सकते, जो निम्नलिखित हैं
  - **अनुच्छेद 3** के अन्तर्गत नए राज्यों के निर्माण अथवा वर्तमान राज्यों की सीमाओं में या नाम में परिवर्तन से सम्बन्धित विधेयक।
  - **अनुच्छेद 110** के अन्तर्गत धन विधेयक।
  - **अनुच्छेद 266** के अन्तर्गत भारत की संचित निधि में से व्यय करने से सम्बन्धित विधेयक।
  - **अनुच्छेद 304** के अन्तर्गत व्यापार की स्वतन्त्रता पर निर्बन्धन अधिरोपित करने वाले राज्य विधेयक।
- राष्ट्रपति को राज्यसभा में 12 सदस्यों को मनोनीत करने का अधिकार प्राप्त है (साहित्य, विज्ञान, कला व समाज सेवा से जुड़े व्यक्ति)। वह लोकसभा में 2 आंग्ल-भारतीय सदस्यों को मनोनीत करता था, लेकिन 104वें संविधान संशोधन अधिनियम, 2019 के द्वारा एंग्लो-इण्डियन को नामित करने का प्रावधान समाप्त कर दिया गया है।
- राष्ट्रपति वित्त आयोग, संघ लोक सेवा आयोग, पिछड़ा वर्ग आयोग, अनुसूचित जाति आयोग, जनजाति आयोग की रिपोर्ट संसद के समक्ष प्रस्तुत करवाता है।
- केन्द्रशासित प्रदेशों; जैसे—अण्डमान व निकोबार द्वीप समूह, लक्षद्वीप, दादरा एवं नगर हवेली और दमन व दीव में शान्ति तथा सुशासन हेतु नियम बना सकता है।

(i) वीटो (निषेधाधिकार) शक्तियाँ

- संसद द्वारा पारित कोई भी विधेयक राष्ट्रपति की सहमति के (हस्ताक्षर) बिना अधिनियम नहीं बन सकता।
- प्रत्येक देश में कार्यपालिका प्रमुख (भारत में राष्ट्रपति) को वीटो शक्ति प्राप्त है कि वह विधायिका द्वारा पारित किसी विधेयक को अधिनियम बनने से पूर्व निम्न आधारों पर रोक सकता है
  - संविधान की मूल भावना के विरुद्ध यदि विधायिका कोई कानून बना दे, तो ऐसी स्थिति में उसे रोका जा सकता है।
  - यदि विधेयक में शामिल कानूनों पर पर्याप्त विचार न करके जल्दबाजी (शीघ्रता) में उसे पारित कर दिया गया है, तो ऐसी स्थिति में उसमें सुधार करने हेतु अनुच्छेद 111 के अन्तर्गत विधेयक के सन्दर्भ में राष्ट्रपति के पास तीन विकल्प हैं
    (i) विधेयक पर अपनी सहमति दे।
    (ii) या सहमति को सुरक्षित रख ले। विधेयक को सुरक्षित रखने की शक्ति इसलिए प्रदान की गई, ताकि राष्ट्रपति किसी असंवैधानिक कानून को रोक सके या जल्दबाजी में पारित विधेयक को देश के हित में रोक सके।
    (iii) या विधेयक (धन विधेयक के अतिरिक्त) को पुनर्विचार हेतु संसद को लौटा दे, किन्तु उस विधेयक को पुन: उसी रूप में अथवा संशोधित रूप में संसद पारित कर दे और राष्ट्रपति के पास भेज दे, तो राष्ट्रपति को उस पर अपनी स्वीकृति देनी पड़ती है।

> वीटो एक लैटिन शब्द है, जिसका अर्थ होता है—रोकना। इसके अन्तर्गत राष्ट्रपति संसद द्वारा पारित विधेयक को अपनी स्वीकृति के लिए सुरक्षित रख लेता है।

राष्ट्रपति की राज्य के विधेयकों पर शक्ति

- अनुच्छेद 201 के अन्तर्गत राष्ट्रपति विधेयक को स्वीकृति दे सकता है।
- वह विधेयक पर अपनी स्वीकृति सुरक्षित रख सकता है।
- वह राज्यपाल को निर्देश देता है कि विधेयक को राज्य विधायिका को पुनर्विचार हेतु लौटा दे (यदि धन विधेयक नहीं है)।
- राज्य विधायिका विधेयक को पुनर्विचार के पश्चात् यदि विधेयक पुन: पारित कर राष्ट्रपति की सहमति हेतु भेजती है, तब भी राष्ट्रपति स्वीकृति प्रदान करने हेतु बाध्य नहीं है।
- यह शक्ति भारतीय संविधान द्वारा नहीं, अपितु संवैधानिक परम्परा के अनुसार राष्ट्रपति को प्राप्त है।

भारत के राष्ट्रपति को तीन प्रकार की वीटो शक्तियाँ प्राप्त हैं

- आत्यन्तिक वीटो (Absolute Veto) इस वीटो शक्ति के अन्तर्गत राष्ट्रपति किसी विधेयक पर अपनी अनुमति नहीं देता है अर्थात् वह अपनी अनुमति को सुरक्षित रख सकता है, तब विधेयक का अस्तित्व समाप्त हो जाता है। इस वीटो का प्रयोग दो स्थितियों में किया जा सकता है
  (i) सामान्यत: इसका प्रयोग गैर-सरकारी सदस्यों के विधेयक के सम्बन्ध में होता है।
  (ii) सरकारी विधेयकों के सन्दर्भ में भी प्रयोग किया जा सकता है, जब मन्त्रिमण्डल त्याग-पत्र दे दे तथा नए मन्त्रिमण्डल ने शपथ ली हो, तो नई सरकार इस पर राष्ट्रपति से अनुमति नहीं देने की सिफारिश कर सकती है। इसका प्रयोग अन्य देशों में भी होता है।
- वर्ष 1954 में राष्ट्रपति राजेन्द्र प्रसाद ने PEPSU विनियोग विधेयक पर अपना निर्णय रोककर रखा, PEPSU विनियोग विधेयक को संसद द्वारा उस समय पारित किया गया था जब राज्य में राष्ट्रपति शासन लागू था।
- पुन: वर्ष 1991 में राष्ट्रपति डॉ. आर. वेंकटरमण द्वारा संसद सदस्य वेतन, भत्ता एवं पेंशन (संशोधन) विधेयक को रोक रखा था, इस विधेयक को लोकसभा विघटित होने से एक दिन पहले संसद द्वारा राष्ट्रपति की पूर्व सिफारिशों को प्राप्त किए बिना पारित किया गया।
- निलम्बनकारी वीटो (Suspensory Veto) इस वीटो शक्ति के अन्तर्गत राष्ट्रपति किसी विधेयक को संसद के पास पुनर्विचार हेतु भेज सकता है।
  (i) यदि संसद विधेयक पर पुनर्विचार करने के पश्चात् संशोधन करके अथवा संशोधन किए बिना राष्ट्रपति के पास पुन: भेजती है, तब राष्ट्रपति इस पर अपनी सहमति देने हेतु बाध्य होता है।
  (ii) राष्ट्रपति धन विधेयक पर या तो स्वीकृति दे सकता है या रोककर रख सकता है, परन्तु पुनर्विचार हेतु नहीं भेज सकता है, क्योंकि संसद में उसकी पूर्व अनुमति के बाद ही धन विधेयक प्रस्तुत किए जाते हैं।
- जेबी वीटो (Pocket Veto) भारतीय संविधान में राष्ट्रपति द्वारा किसी विधेयक पर अनुमति देने हेतु कोई समय-सीमा निर्धारित नहीं है। अत: इस समय-सीमा के अभाव में राष्ट्रपति जेबी वीटो का प्रयोग कर सकता है।
  (i) इस वीटो शक्ति के प्रयोग द्वारा राष्ट्रपति किसी विधेयक पर न तो अनुमति देता है, न ही अनुमति देने से मना करता है और न ही पुनर्विचार हेतु संसद के पास भेजता है। इसमें भारतीय राष्ट्रपति को अमेरिकी राष्ट्रपति से अधिक शक्ति प्राप्त है। अमेरिकी राष्ट्रपति इसको केवल 10 दिन तक ही रोक सकता है, जबकि भारत में ऐसा कोई प्रावधान नहीं है।
  (ii) पॉकेट/जेबी वीटो का प्रयोग सर्वप्रथम राष्ट्रपति ज्ञानी जैल सिंह ने वर्ष 1986 में भारतीय पोस्ट ऑफिस (संशोधन) विधेयक के सम्बन्ध में किया था, राजीव गाँधी कार्यकाल में पारित यह विधेयक प्रेस की स्वतन्त्रता पर प्रतिबन्ध लगाता है, जिसकी आलोचना भी हुई थी। तीन वर्ष के बाद वर्ष 1989 में नवनियुक्त राष्ट्रपति आर. वेंकटरमण द्वारा इस विधेयक को नई राष्ट्रीय मोर्चा सरकार के पास पुनर्विचार हेतु भेजा गया, परन्तु इस सरकार ने विधेयक को रद्द कर दिया। 24वें संविधान संशोधन अधिनियम, 1971 में संविधान संशोधन विधेयकों पर राष्ट्रपति को अपनी स्वीकृति देने हेतु बाध्यकारी बना दिया गया है।

विशेषित वीटो

- कोई भी वीटो विशेषित तब होता है, जब विधायिका के साधारण बहुमत से उसका **अध्यारोहण** (Over Sides) किया जा सकता है और कार्यपालिका के वीटो को उपेक्षित करके इस विधेयक को अधिनियम बनाया जा सकता हो।
- इस वीटो का प्रयोग अमेरिकी राष्ट्रपति द्वारा किया जाता है, भारतीय राष्ट्रपति को यह शक्ति प्राप्त नहीं है।

(ii) अध्यादेश जारी करने की शक्तियाँ

- भारतीय संविधान के अनुच्छेद 123 (1) के अनुसार, जब संसद का अधिवेशन नहीं चल रहा हो, तो राष्ट्रपति द्वारा अध्यादेश जारी किया जा सकता है।
- यह अध्यादेश उतना ही प्रभावपूर्ण एवं शक्तिशाली होता है, जितना कि संसद द्वारा पारित किया गया कानून, परन्तु ये अध्यादेश संसद का अगला सत्र आरम्भ होने के 6 सप्ताह पश्चात् ही समाप्त समझे जाएँगे, यदि 6 सप्ताह के भीतर दोनों सदनों द्वारा इसका अनुमोदन नहीं कर दिया जाता। विदित है कि अध्यादेश की अधिकतम अवधि 6 माह है।
- भारत शासन अधिनियम, 1935 द्वारा भारतीय संविधान में अध्यादेश का उपबन्ध जोड़ा गया।
- अध्यादेश जारी करने हेतु निम्न स्थितियाँ आवश्यक हैं
  - ऐसी स्थिति बन जाए कि तत्काल विधि निर्माण की आवश्यकता प्रतीत हो।
  - अध्यादेश संसद के दोनों या एक सदन सत्र में न हो।
  - अध्यादेश द्वारा बने कानून से मौलिक अधिकार का लघुकरण न हो और न ही समाप्ति हो।
  - राष्ट्रपति द्वारा उन्हीं विषयों पर अध्यादेश जारी किया जा सकता है, जिन विषयों पर संसद को विधि बनाने की शक्ति प्राप्त है।
  - राष्ट्रपति किसी भी समय अध्यादेश को वापस ले सकता है।

राष्ट्रपति के अध्यादेश जारी करने सम्बन्धी शक्तियों पर सर्वोच्च न्यायालय के निर्णय

- **आर सी कूपर बनाम यूनियन ऑफ इण्डियन वाद, 1970** में राष्ट्रपति के अध्यादेश जारी करने की शक्ति को इस आधार पर चुनौती दी जा सकती है कि तत्काल कार्रवाई की आवश्यकता नहीं थी एवं सदन में चर्चा को बायपास करने हेतु अध्यादेश लाया गया था।
- **डी सी वाधवा वाद,** 1987 में बिहार में वर्ष 1967 से 1981 के मध्य 256 अध्यादेशों की घोषणा के कारण सर्वोच्च न्यायालय में एक रिट लाई गई, इसमें 11 अध्यादेशों को 10 वर्षों से प्रयोग किया जा रहा था। सर्वोच्च न्यायालय ने कहा कि अध्यादेश असाधारण परिस्थितियों में लाना चाहिए।
- **44वें संविधान संशोधन अधिनियम, 1978** में यह और अधिक स्पष्ट करते हुए उपबन्ध किया गया कि राष्ट्रपति की सन्तुष्टि को असद्भाव के आधार पर चुनौती दी जा सकती है।
- **कृष्ण कुमार सिंह वाद, 2017** में सर्वोच्च न्यायालय ने कहा कि अध्यादेश जारी करने का अधिकार पूर्ण नहीं, अपितु सशर्त है।

3. सैन्य शक्तियाँ

- अनुच्छेद 53 (2) के अनुसार, राष्ट्रपति भारत के रक्षा बलों का सुप्रीम कमाण्डर होता है।
- इसे युद्ध तथा शान्ति की घोषणा करने का अधिकार प्राप्त है, यद्यपि इसका प्रयोग विधि द्वारा नियमित होता है।
- संसद जल, थल, नभ, तीनों सैन्य बलों तथा संघ राज्य के अन्य सशस्त्र बलों के सम्बन्ध में कोई भी विधि बना सकती है।
- संसद युद्ध और शान्ति के सम्बन्ध में विधि बना सकती है।
- राष्ट्रपति संसद की सहमति के बिना अथवा संसद की सहमति की सम्भावना के आधार पर न तो किसी देश के विरुद्ध युद्ध की घोषणा कर सकता है तथा न ही और कहीं सैन्य बलों को तैनात कर सकता है।

4. न्यायिक शक्तियाँ

- राष्ट्रपति, सर्वोच्च न्यायालय (अनुच्छेद 124) तथा उच्च न्यायालयों (अनुच्छेद 217) के न्यायाधीशों की नियुक्ति करता है। वह उच्च न्यायालय के न्यायाधीशों का स्थानान्तरण तथा अनुच्छेद 145 के अन्तर्गत सर्वोच्च न्यायालय द्वारा निर्मित किए जाने वाले न्यायालय की पद्धति व प्रक्रिया से सम्बन्धित नियमों को अनुमोदित करता है।
- संविधान के अनुच्छेद 72 के अन्तर्गत राष्ट्रपति को क्षमादान का अधिकार प्राप्त है। वह दण्ड को पूर्ण रूप से क्षमा अथवा स्थगित कर सकता है अथवा दण्ड में परिवर्तन कर सकता है।
- राष्ट्रपति द्वारा इस अधिकार का प्रयोग केवल तीन प्रकार के दण्डों के सम्बन्ध में किया जा सकता है
  - यदि दण्ड किसी सैन्य न्यायालय द्वारा दिया गया हो।
  - यदि दण्ड केन्द्रीय कार्यपालिका के क्षेत्राधिकार के अन्तर्गत आने वाले मामलों के सम्बन्ध में दिया गया हो।
  - यदि अपराधी को मृत्युदण्ड दिया गया हो।
- राष्ट्रपति द्वारा इन अधिकारों का प्रयोग मन्त्रिमण्डल की सलाह के अनुसार ही किया जाता है।
- अनुच्छेद 143 के द्वारा राष्ट्रपति को उच्चतम न्यायालय से कानून सम्बन्धी जटिल समस्याओं तथा सार्वजनिक महत्त्व के प्रश्नों पर परामर्श माँगने का अधिकार दिया गया है, जिसे वह स्वीकार करने के लिए बाध्य नहीं है।

5. आपातकालीन शक्तियाँ

भारतीय संविधान तीन प्रकार की स्थितियों में राष्ट्रपति को आपातकाल की घोषणा करने का अधिकार देता है

राष्ट्रीय आपात : युद्ध, बाह्य आक्रमण अथवा सशस्त्र विद्रोह से सम्बद्ध आपात स्थिति

- जब राष्ट्रपति को यह विश्वास हो जाए कि युद्ध अथवा बाह्य आक्रमण और सशस्त्र विद्रोह से भारत अथवा उसके किसी भाग की सुरक्षा खतरे में है, तो वह संविधान के अनुच्छेद 352 के अन्तर्गत आपातकाल की घोषणा कर सकता है।
- यह सुनिश्चित करने के लिए कि ऐसी घोषणा समुचित विचार के उपरान्त की गई है, संविधान में यह व्यवस्था की गई है कि संघीय मन्त्रिमण्डल राष्ट्रपति की ऐसी घोषणा की संस्तुति लिखित रूप में करेगा।

राष्ट्रपति शासन : राज्यों में संवैधानिक तन्त्र की विफलता से उत्पन्न आपात स्थिति

- यदि किसी राज्य का कोई राज्यपाल राष्ट्रपति को सूचित करे कि राज्य की सरकार संविधान के प्रावधानों के अनुसार नहीं चल पा रही है अथवा राज्यपाल ऐसा कोई प्रतिवेदन न दे, तब भी राष्ट्रपति को इस बात का विश्वास हो जाए कि उस राज्य में संविधान की व्यवस्था के अनुसार शासन संचालन सम्भव नहीं है, तो राष्ट्रपति अनुच्छेद 356 के अन्तर्गत उस राज्य में आपातकाल की उद्घोषणा कर सकता है।

- इस उद्घोषणा के परिणामस्वरूप राष्ट्रपति राज्य की समस्त अथवा कुछ कार्यपालिका सम्बन्धी शक्तियों को अपने हाथ में ले लेता है।
- ऐसी स्थिति में राज्य के लिए कानून बनाने का कार्य संसद करती है तथा राष्ट्रपति के नाम पर राज्यपाल अपने राज्य का प्रशासन संचालित करता है।
- सामान्यतः यह शासन, जिसे राष्ट्रपति शासन कहते हैं, छः महीने तक रह सकता है।
- यदि संसद उचित समझे, तो इसकी अवधि एक बार में 6 महीने तक के लिए आगे बढ़ा सकती है, किन्तु कुल मिलाकर 3 वर्ष से अधिक समय तक यह उद्घोषणा प्रभावी नहीं रह सकती।

वित्तीय आपात

- संविधान के अनुच्छेद 360 के अन्तर्गत राष्ट्रपति को इस बात का विश्वास हो जाए कि ऐसी स्थिति उत्पन्न हो गई है, जब भारत और उसके किसी भाग में वित्तीय स्थिति और उसकी वित्तीय साख खतरे में पड़ गई है, तो वह वित्तीय आपात की घोषणा कर सकता है।
- ऐसी किसी भी घोषणा को 2 महीनों के अन्दर संसद के दोनों सदनों के सम्मुख रखना तथा उनकी स्वीकृति प्राप्त करना आवश्यक होता है।

  नोट *वित्तीय आपातकाल (अनुच्छेद 360 के अनुसार) अब तक एक बार भी नहीं लगाया गया है।*

6. वित्तीय शक्तियाँ

- अनुच्छेद 110 के अनुसार, धन विधेयक राष्ट्रपति की पूर्वानुमति से ही संसद में प्रस्तुत किया जाएगा।
- अनुच्छेद 112 के अन्तर्गत प्रत्येक वित्तीय वर्ष में वित्त मन्त्री द्वारा संसद के दोनों सदनों के सम्मुख वार्षिक वित्तीय विवरण (सामान्य भाषा में बजट) राष्ट्रपति के नाम से ही प्रस्तुत किया जाता है।
- अनुच्छेद 117 के अनुसार, इसके अतिरिक्त राष्ट्रपति की अनुमति के बिना कोई भी वित्त विधेयक लोकसभा में प्रस्तुत नहीं किया जा सकता।
- भारत की आकस्मिक निधि पर उसका पूर्ण नियन्त्रण होता है। वह संसद की स्वीकृति के बिना, इसमें से आकस्मिक खर्चों के लिए कुछ धन सरकार को दे सकता है।
- राष्ट्रपति की संस्तुति के बिना, किसी अनुदान की माँग सदन में नहीं रखी जा सकती। उसके द्वारा प्रतिवर्ष नियन्त्रक एवं महालेखा परीक्षक का प्रतिवेदन, वित्त आयोग की संस्तुतियाँ आदि को संसद के समक्ष प्रस्तुत करवाया जाता है।
- केन्द्र तथा राज्यों के मध्य करों के विभाजन के सम्बन्ध में सलाह देने के लिए राष्ट्रपति द्वारा अनुच्छेद 280 के अन्तर्गत वित्त आयोग की नियुक्ति की जाती है।

7. कूटनीतिक/राजनयिक शक्तियाँ

- देश का सम्पूर्ण राजनयिक कार्य राष्ट्रपति के नाम से संचालित किया जाता है। वह विदेशों में भारत का प्रतिनिधित्व करने वाले राजदूतों तथा अन्य राजनयिक प्रतिनिधियों को नियुक्त करता है। राष्ट्रपति भारतीय संघ का प्रमुख होने के कारण वैदेशिक क्षेत्र में भारत का प्रतिनिधित्व करता है।
- इसके अतिरिक्त विदेशों के, जो राजनयिक प्रतिनिधि भारत में भेजे जाते हैं, वे अपना परिचय-पत्र राष्ट्रपति के सम्मुख प्रस्तुत करते हैं।
- सभी अन्तर्राष्ट्रीय सन्धियाँ और समझौते राष्ट्रपति के नाम पर किए जाते हैं, किन्तु बाद में संसद द्वारा उनकी पुष्टि आवश्यक है।

राष्ट्रपति की क्षमादान करने की शक्ति (अनुच्छेद-72)

क्षमा (Pardon)

इसके अन्तर्गत दोषी को दिया गया दण्ड पूर्ण रूप से समाप्त हो जाता है तथा व्यक्ति सभी आरोपों एवं दण्ड से मुक्त हो जाता है।

विराम (Respite)

विराम से अभिप्राय दण्ड के क्रियान्वयन को भविष्य के लिए विलम्बित करना है। इसके अन्तर्गत किसी विशेष परिस्थिति को देखते हुए दिए गए दण्ड के स्थान पर कोई छोटा दण्डादेश दे दिया जाता है; उदाहरणस्वरूप-किसी गर्भवती महिला के मृत्यु दण्ड को साधारण कारावास में बदलना।

प्रविलम्बन (Reprieve)

प्रविलम्बन से अभिप्राय विधि द्वारा निर्धारित दण्ड को अस्थायी रूप से टालना है। इसका प्रयोग दण्ड के अनुपालन में विलम्ब हेतु किया जाता है।

परिहार (Remission)

परिहार से अभिप्राय दण्ड के स्वरूप में परिवर्तन किए बिना उसकी मात्रा में परिवर्तन करना है; उदाहरणस्वरूप-आजीवन कारावास को 10 वर्ष की जेल।

लघुकरण (Commute)

लघुकरण से अभिप्राय दण्ड के स्वरूप में परिवर्तन कर उसकी मात्रा में कमी करना है; उदाहरणस्वरूप-मृत्युदण्ड को आजीवन कारावास में परिवर्तित करना।

न्यायालय का राष्ट्रपति की शक्ति प्रयोग सम्बन्धी निर्णय

- मूलतः संविधान में प्रधानमन्त्री तथा उसके मन्त्रिमण्डल की सलाह को राष्ट्रपति द्वारा मानना बाध्य है, यह प्रावधान नहीं था।
- सर्वोच्च न्यायालय ने यू. एन. राव. वाद में कहा कि राष्ट्रपति को प्रधानमन्त्री तथा मन्त्रिमण्डल की सलाह के अनुरूप कार्य करना होगा।
- 42वें संविधान संशोधन के द्वारा स्पष्ट करते हुए अनुच्छेद 74 (1) में प्रधानमन्त्री तथा मन्त्रिमण्डल की सलाह मानने हेतु बाध्य कर दिया गया है।
- 44वें संविधान संशोधन के अन्तर्गत अनुच्छेद 74(1) में उपबन्ध किया गया कि राष्ट्रपति उस सलाह को मन्त्रिपरिषद् के पास पुनर्विचार हेतु भेज सकता है, परन्तु मन्त्रिपरिषद् संशोधन करे या न करे यह बाध्यता नहीं है तथा वह बिना संशोधन के पुनः राष्ट्रपति को भेजती है, तो राष्ट्रपति को सलाह मानने के लिए बाध्यता होगी।

राष्ट्रपति की उन्मुक्तियाँ एवं विशेषाधिकार

अनुच्छेद 361 के अन्तर्गत राष्ट्रपति तथा राज्यपाल को कुछ उन्मुक्तियाँ (Immunities) तथा विशेषाधिकार (Privileges) प्राप्त हैं

उन्मुक्तियाँ

- अपने पदीय कर्त्तव्यों के सन्दर्भ में किए गए कार्य के लिए किसी न्यायालय में राष्ट्रपति को उत्तरदायी नहीं ठहराया जा सकता।
- कार्यकाल के दौरान उसके विरुद्ध कोई भी दण्डनीय कारवाई नहीं की जा सकती है और न ही उसे आगे बढ़ाया जा सकता है। गिरफ्तारी तथा कारावास पर कोई आदेश जारी नहीं किया जा सकता।
- दो माह की पूर्व सूचना पर ही राष्ट्रपति तथा राज्यपाल के विरुद्ध कोई सिविल कार्रवाई आरम्भ की जा सकती है, किन्तु उस पर कोई भी दाण्डिक कार्यवाही नहीं की जा सकती।

विशेषाधिकार

- राष्ट्रपति अपने सभी कार्य, मन्त्रिपरिषद् की सलाह से करता है, इसलिए वह किसी कार्य के प्रति उत्तरदायी नहीं होता है।
- लोकसभा चुनाव में खण्डित जनादेश की स्थिति में राष्ट्रपति विवेक के आधार पर प्रधानमन्त्री की नियुक्ति करता है।

राष्ट्रपति की विवेकाधीन शक्तियाँ

- **डॉ. अम्बेडकर** के अनुसार, ''राष्ट्रपति राज्य का मुखिया है, पर कार्यपालिका का नहीं। वह राष्ट्र का प्रतिनिधित्व करता है, परन्तु राष्ट्र का शासन नहीं चलाता है।'' **अनुच्छेद 74** के अनुसार, राष्ट्रपति मन्त्रिपरिषद् से केवल यह कह सकता है कि वह अपने निर्णय पर पुनर्विचार करे।
- पुनर्विचार के पश्चात् मन्त्रिमण्डल द्वारा दी गई मन्त्रणा के अनुसार ही राष्ट्रपति कार्य करने हेतु बाध्य है, किन्तु कुछ विशेष परिस्थितियों में राष्ट्रपति अपने विवेक से कार्य कर सकता है (बिना मन्त्रिमण्डल की सलाह पर), यद्यपि उसके पास संवैधानिक विवेक की स्वतन्त्रता नहीं है।
- जब किसी एक दल को लोकसभा में स्पष्ट बहुमत प्राप्त न हो अथवा जब प्रधानमन्त्री की अचानक मृत्यु हो जाए तथा उसका कोई स्पष्ट उत्तराधिकारी न हो, तो वह प्रधानमन्त्री की नियुक्ति कर सकता है।
- वह मन्त्रिमण्डल (Cabinet) को विघटित कर सकता है, यदि सत्तारूढ़ मन्त्रिपरिषद् के विरुद्ध सदन में अविश्वास प्रस्ताव पारित हो गया हो। वह लोकसभा को विघटित कर सकता है, यदि मन्त्रिमण्डल ने अपना बहुमत खो दिया हो।

राष्ट्रपति की संवैधानिक स्थिति

- राष्ट्रपति की उपर्युक्त शक्तियों का अध्ययन करने पर ऐसा प्रतीत होता है कि यह एक अत्यन्त शक्तिशाली पद है, किन्तु वास्तविक स्थिति इससे सर्वथा भिन्न है।
- देश में संसदीय शासन प्रणाली को अपनाया गया है, जिसमें मन्त्रिपरिषद् संसद के प्रति उत्तरदायी है। अत: वास्तविक शक्तियाँ मन्त्रिपरिषद् को प्राप्त हैं न कि राष्ट्रपति को। राष्ट्रपति मुख्यत: एक औपचारिक शक्ति वाला पद है और वह राष्ट्र का **आलंकारिक प्रधान** (Decorative Chief) है।
- अमेरिका में प्रशासनिक एवं कार्यकारी शक्तियाँ राष्ट्रपति में निहित हैं, जबकि भारत में राष्ट्रपति की स्थिति, ब्रिटिश के राजा के समान हैं वह राष्ट्र का प्रमुख होता है, परन्तु कार्यकारी का प्रमुख नहीं होता है।
- राष्ट्रपति, राष्ट्र का प्रतिनिधित्व करता है, परन्तु राष्ट्र पर शासन नहीं कर सकता, वह राष्ट्र के प्रतीक के रूप में प्रशासन/शासन में औपचारिक रूप से शामिल होता है अर्थात् एक मुहर के रूप में होता है, जिसके नाम पर राष्ट्र के निर्णय लिए जाते हैं।

राष्ट्रपति से सम्बन्धित महत्त्वपूर्ण अनुच्छेद

अनुच्छेद 52	भारत का राष्ट्रपति
अनुच्छेद 53	संघ की कार्यपालिका शक्ति
अनुच्छेद 54	राष्ट्रपति का निर्वाचक मण्डल
अनुच्छेद 55	राष्ट्रपति के निर्वाचन की रीति
अनुच्छेद 56	राष्ट्रपति की पदावधि
अनुच्छेद 57	पुनर्निर्वाचन के लिए पात्रता
अनुच्छेद 58	राष्ट्रपति निर्वाचित होने के लिए अर्हताएँ
अनुच्छेद 59	राष्ट्रपति के पद के लिए शर्तें
अनुच्छेद 60	राष्ट्रपति के पद के लिए शपथ या प्रतिज्ञान
अनुच्छेद 61	राष्ट्रपति पर महाभियोग चलाने की प्रक्रिया
अनुच्छेद 62	राष्ट्रपति का पद रिक्त होने की स्थिति में उसे भरने के लिए निर्वाचन करने का समय और आकस्मिक रिक्ति भरने के लिए निर्वाचित व्यक्ति की पदावधि
अनुच्छेद 65	उपराष्ट्रपति का राष्ट्रपति के रूप में कार्य करना
अनुच्छेद 72	क्षमा आदि की और कुछ मामलों में दण्डादेश का निलम्बन, परिहार या लघुकरण की शक्तियाँ
अनुच्छेद 73	संघ की कार्यपालिका शक्ति का विस्तार
अनुच्छेद 74	मन्त्रिपरिषद् का राष्ट्रपति को परामर्श व सहयोग करना
अनुच्छेद 75	मन्त्रियों से सम्बन्धित अन्य प्रावधान-नियुक्ति, कार्यकाल, वेतन इत्यादि
अनुच्छेद 76	भारत के महान्यायवादी
अनुच्छेद 77	भारत सरकार द्वारा कार्यवाही का संचालन
अनुच्छेद 78	राष्ट्रपति को सूचना प्रदान करने से सम्बन्धित प्रधानमन्त्री के दायित्व इत्यादि
अनुच्छेद 85	संसद के सत्र, सत्रावसान एवं भंग करना
अनुच्छेद 111	संसद द्वारा पारित विधेयकों पर सहमति प्रदान करना
अनुच्छेद 112	संघीय बजट (वार्षिक वित्तीय विवरण)
अनुच्छेद 123	राष्ट्रपति की अध्यादेश जारी करने की शक्ति
अनुच्छेद 143	राष्ट्रपति की सर्वोच्च न्यायालय से सलाह लेने की शक्ति

भारत के राष्ट्रपति

नाम	कार्यकाल	प्रमुख तथ्य
डॉ. राजेन्द्र प्रसाद	26 जनवरी, 1950-13 मई, 1962	प्रथम राष्ट्रपति, सर्वाधिक अवधि (12 वर्ष) तक
डॉ. राधाकृष्णन	13 मई, 1962-13 मई, 1967	—
डॉ. जाकिर हुसैन	13 मई, 1967-3 मई, 1969	प्रथम मुस्लिम राष्ट्रपति, सबसे कम अवधि, कार्यकाल के दौरान निधन
वी वी गिरि (वराहगिरि वेंकटगिरि)	3 मई, 1969-20 जुलाई, 1969	प्रथम कार्यवाहक राष्ट्रपति
एम हिदायतुल्लाह	20 जुलाई, 1969-24 अगस्त, 1969	राष्ट्रपति पद की शपथ लेने वाले सर्वोच्च न्यायालय के एकमात्र मुख्य न्यायाधीश
वी वी गिरि	24 अगस्त, 1969-24 अगस्त, 1974	एकमात्र राष्ट्रपति, जिनके निर्वाचन में द्वितीय मतगणना करानी पड़ी।
फखरुद्दीन अली अहमद	24 अगस्त, 1974-11 फरवरी, 1977	कार्यकाल के दौरान निधन
बी डी जत्ती	11 फरवरी, 1977-24 जुलाई, 1977	कार्यवाहक राष्ट्रपति
नीलम संजीव रेड्डी	25 जुलाई, 1977-25 जुलाई, 1982	एकमात्र निर्विरोध निर्वाचित राष्ट्रपति
ज्ञानी जैल सिंह	25 जुलाई, 1982-25 जुलाई, 1987	प्रथम सिख राष्ट्रपति, जेबी वीटो का प्रयोग किया, गुटनिरपेक्ष आन्दोलन के महासचिव भी रहे।
आर वेंकट रमन	25 जुलाई, 1987-25 जुलाई, 1992	
डॉ. शंकर दयाल शर्मा	25 जुलाई, 1992-25 जुलाई, 1997	—
के आर नारायणन	25 जुलाई, 1997-25 जुलाई, 2002	प्रथम ऐसे राष्ट्रपति, जो दलित वर्ग के थे।
डॉ. ए पी जे अब्दुल कलाम	25 जुलाई, 2002-25 जुलाई, 2007	राष्ट्रपति बनने वाले प्रथम वैज्ञानिक
प्रतिभा देवी सिंह पाटिल	25 जुलाई, 2007-25 जुलाई, 2012	प्रथम महिला राष्ट्रपति।
प्रणब मुखर्जी	25 जुलाई, 2012-25 जुलाई, 2017	—
रामनाथ कोविन्द	25 जुलाई, 2017-25 जुलाई, 2022	द्वितीय दलित राष्ट्रपति
द्रौपदी मुर्मू	25 जुलाई, 2022 से वर्तमान	पहली आदिवासी व दूसरी महिला राष्ट्रपति (व्यतिक्रम के अनुसार, 15वीं राष्ट्रपति)

मार्च, 2025 के अनुसार

“

भारतीय कार्यपालिका व्यवस्था में उपराष्ट्रपति का पद अमेरिका के संविधान से प्रेरित है। उपराष्ट्रपति का पद वरीयता क्रम में राष्ट्रपति के बाद देश का दूसरा बड़ा पद होता है।

अध्याय अट्ठारह

उपराष्ट्रपति

उपराष्ट्रपति पद हेतु संवैधानिक प्रावधान

- भारतीय संविधान के अनुच्छेद 63 के अन्तर्गत एक उपराष्ट्रपति पद की व्यवस्था की गई है। भारत के DeefOeke=âle De«elee-DeefOehe$e (Official Warrant of Precedence) में राष्ट्रपति के बाद सर्वोच्च स्थान उपराष्ट्रपति को दिया गया है। अतः उसका पद उच्च गरिमा एवं प्रतिष्ठा वाला है।
- अनुच्छेद 64 के अनुसार, उपराष्ट्रपति राज्यसभा का पदेन सभापति (Ex-officio Chairman) होता है।

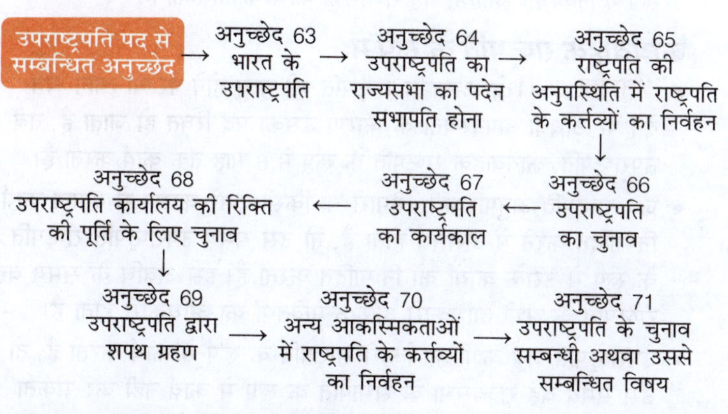

उपराष्ट्रपति पद हेतु योग्यताएँ

अनुच्छेद 66 (3) के अनुसार, उपराष्ट्रपति पद हेतु प्रमुख योग्यताओं का विवरण निम्नलिखित है

- कोई भी व्यक्ति जो भारत का नागरिक हो।
- 35 वर्ष की आयु पूर्ण कर चुका हो।
- राज्यसभा का सदस्य निर्वाचित होने की योग्यता रखता हो।
- अनुच्छेद 63 (4) के अनुसार, भारत सरकार या राज्य सरकार अथवा किसी स्थानीय प्राधिकरण या सार्वजनिक प्राधिकरण के अधीन किसी भी लाभ के पद पर न हो (यद्यपि वर्तमान राष्ट्रपति, उपराष्ट्रपति, किसी राज्य का राज्यपाल तथा संघ या राज्य का मन्त्री किसी लाभ के पद पर नहीं माने जाते, अतः ये उपराष्ट्रपति पद के योग्य होते हैं)

नामांकन हेतु प्रस्तावक

- उपराष्ट्रपति पद के **नामांकन** हेतु कम-से-कम **20 प्रस्तावकों** (Proposers) तथा **20 अनुमोदकों** (Approval) की आवश्यकता होती है।
- प्रत्येक उम्मीदवार को भारतीय रिजर्व बैंक (आरबीआई) में ₹ 15000 **जमानत राशि** के रूप में जमा करना अनिवार्य है।

- संविधान के अनुच्छेद 66 (2) के अनुसार, उपराष्ट्रपति संसद अथवा राज्य के विधानमण्डल के किसी सदन का सदस्य नहीं होगा। यदि कोई व्यक्ति, जो संसद अथवा किसी राज्य विधानमण्डल के किसी सदन का सदस्य है और उपराष्ट्रपति के रूप में निर्वाचित हो जाता है, तो यह समझा जाएगा कि उसने उस सदन में अपना स्थान उपराष्ट्रपति के रूप में अपने पद ग्रहण की तिथि से रिक्त कर दिया है।

उपराष्ट्रपति का निर्वाचन

- अनुच्छेद 66 (1) के अनुसार, उपराष्ट्रपति का निर्वाचन एक निर्वाचक मण्डल द्वारा किया जाता है, जिसका निर्माण संसद के दोनों सदनों के सदस्यों द्वारा होता है।
- उपराष्ट्रपति का निर्वाचक मण्डल, राष्ट्रपति के निर्वाचक मण्डल से दो बातों में भिन्न है
  - इसमें संसद के निर्वाचित और मनोनीत दोनों सदस्य शामिल होते हैं, जबकि राष्ट्रपति के चुनाव में केवल निर्वाचित सदस्य होते हैं।
  - इसमें राज्य के विधानसभाओं के सदस्य शामिल नहीं होते हैं, जबकि राष्ट्रपति के चुनाव में राज्य विधानसभाओं के निर्वाचित सदस्य भी शामिल होते हैं।

- उल्लेखनीय है कि मूल संविधान में यह व्यवस्था थी कि उपराष्ट्रपति का निर्वाचन संसद के दोनों सदनों के संयुक्त अधिवेशन में होगा, किन्तु इस प्रावधान को 11वें संविधान संशोधन अधिनियम, 1961 के द्वारा समाप्त कर दिया गया।
- अनुच्छेद 71 (1) के अनुसार, उपराष्ट्रपति के चुनाव से सम्बन्धित विवादों का निपटारा भारत के सर्वोच्च न्यायालय द्वारा किया जाता है एवं न्यायालय का निर्णय अन्तिम होता है।
- उपराष्ट्रपति का निर्वाचन भी राष्ट्रपति की तरह आनुपातिक प्रतिनिधित्व पद्धति के अनुसार एकल संक्रमणीय मत (गुप्त मतदान) के द्वारा होता है।
- अनुच्छेद 71 (4) के अनुसार, राष्ट्रपति पद के समान उपराष्ट्रपति के चुनाव को भी इस आधार पर चुनौती नहीं दी जा सकती है कि निर्वाचक मण्डल अपूर्ण है।
- किसी कारण से यदि उपराष्ट्रपति का निर्वाचन न्यायालय द्वारा अवैध माना जाता है, तो इससे पहले उपराष्ट्रपति के द्वारा किए गए कार्य अवैध नहीं माने जाएँगे, अपितु प्रभावी बने रहेंगे।

उपराष्ट्रपति की पदावधि

- अनुच्छेद 67 के अनुसार, उपराष्ट्रपति की पदावधि पदग्रहण करने की तारीख से 5 वर्षों तक होती है, पदावधि पूर्ण होने के पूर्व राष्ट्रपति को सम्बोधित कर उपराष्ट्रपति अपना त्याग-पत्र दे सकता है।
- इसके अतिरिक्त कार्यकाल की समाप्ति के बाद भी उपराष्ट्रपति अपने पद पर तब तक कार्यरत् रहता है, जब तक कि उसका उत्तराधिकारी (नव-निर्वाचित उपराष्ट्रपति) पदग्रहण न कर ले।
- इसके अतिरिक्त उपराष्ट्रपति को उसे अपने पद से पदावधि पूर्ण होने से पूर्व भी राज्यसभा ऐसे संकल्प द्वारा, जिसे राज्यसभा के तत्कालीन समस्त सदस्यों के बहुमत ने पारित किया हो और लोकसभा ने अपनी सहमति दे दी हो, हटा सकती है, किन्तु ऐसा संकल्प प्रस्तावित करने के 14 दिन पूर्व उपराष्ट्रपति को सूचना देना अनिवार्य है।
- उल्लेखनीय है कि संविधान में उपराष्ट्रपति को उसके पद से हटाने के लिए किसी आधार (मूल कारण) का उल्लेखन नहीं है, जैसा कि राष्ट्रपति के लिए संविधान के उल्लंघन का उल्लेख है। उपराष्ट्रपति पुनर्निर्वाचन के योग्य होता है अर्थात् वह इस पद पर कितनी भी बार निर्वाचित हो सकता है।

उपराष्ट्रपति पद की रिक्तता

- अनुच्छेद 68 के अन्तर्गत उपराष्ट्रपति के पद की रिक्ति को भरने हेतु निर्वाचन व आकस्मिक रिक्ति को भरने हेतु निर्वाचित व्यक्ति की पदावधि के बारे में उल्लेख किया गया है।
- इसके अनुसार, उपराष्ट्रपति की पदावधि की समाप्ति से होने वाली रिक्ति को भरने हेतु पदावधि की समाप्ति से पूर्व ही निर्वाचन करा लिया जाएगा, किन्तु यदि रिक्ति मृत्यु, पदत्याग या पद से हटाए जाने अथवा अन्य कारण से हुई हो, तो रिक्ति को भरने हेतु निर्वाचन रिक्त होने के पश्चात् यथाशीघ्र करवाया जाएगा तथा इस प्रकार से निर्वाचित व्यक्ति भी अपने पद धारण की तिथि से 5 वर्ष की अवधि तक पद धारण करेगा।

उपराष्ट्रपति पद की शपथ

- अनुच्छेद 69 के अनुसार, पद ग्रहण करने से पूर्व उपराष्ट्रपति को राष्ट्रपति अथवा उसके द्वारा नियुक्त किसी व्यक्ति के सम्मुख पद एवं गोपनीयता की शपथ ग्रहण करनी पड़ती है; जैसे—
  - भारत के संविधान के प्रति सच्ची श्रद्धा तथा निष्ठा रखूँगा।
  - मैं अपने पद और कर्त्तव्यों का श्रद्धापूर्वक निर्वाह करूँगा।

उपराष्ट्रपति के वेतन-भत्ते

- अनुच्छेद 97 के अनुसार संविधान में उपराष्ट्रपति हेतु परिलब्धियों अथवा वेतन-भत्तों की व्यवस्था नहीं है, उसे वेतन राज्यसभा का पदेन सभापति होने के कारण मिलता है
- वर्तमान में उपराष्ट्रपति को वेतन राज्यसभा के सभापति के रूप में ₹ 4 लाख प्रतिमाह मिलता है।
- वर्ष 1997 के बाद उसके लिए पेंशन का प्रावधान भी किया गया है।

उपराष्ट्रपति के कार्य एवं शक्तियाँ

उपराष्ट्रपति के कार्यों एवं शक्तियों का वर्गीकरण निम्न प्रकार है

राज्यसभा के पदेन सभापति के रूप में

- उपराष्ट्रपति राज्यसभा के सभापति के रूप में दोहरी भूमिका निभाता है। राज्यसभा के सभापति के रूप में वह राज्यसभा के अधिवेशनों की अध्यक्षता करता है तथा राज्यसभा में अनुशासन बनाए रखता है।
- अनुच्छेद 65 के अन्तर्गत उपराष्ट्रपति भारत के राष्ट्रपति के पद पर स्थानापन्न होकर उस पद के कार्यों को निष्पादित करता है, तब वह राज्यसभा के सत्र का संचालन नहीं करता है।

  नोट *राज्य सभा से आशय है कि जो कोई भी व्यक्ति भारत के उपराष्ट्रपति के रूप में निर्वाचित होता है, वह राज्यसभा का सभापति होता है।*

कार्यवाहक राष्ट्रपति के रूप में

- अनुच्छेद 65 (1) के अन्तर्गत राष्ट्रपति की मृत्यु होने पर या त्याग-पत्र देने पर अथवा अपदस्थता के कारण उसका पद रिक्त हो जाता है, तब उपराष्ट्रपति, कार्यवाहक राष्ट्रपति के रूप में 6 माह तक कार्य करता है।
- जब राष्ट्रपति अनुपस्थिति, बीमारी या किसी दूसरे कारण से अपना कार्य निष्पादित करने में असमर्थ होता है, तो उस समय उपराष्ट्रपति राष्ट्रपति के रूप में उसके कार्यों को निष्पादित करता है। इस अवधि के समय वह राष्ट्रपति के सभी अधिकारों और उन्मुक्तियों का अधिकारी होता है।
- उपराष्ट्रपति जब कभी कार्यकारी राष्ट्रपति के रूप में कार्य करता है, तो उस समय वह राज्यसभा के सभापति के रूप में कार्य नहीं कर सकता और उस समय उसे वे सभी शक्तियाँ, भत्ते तथा विशेषाधिकार उपलब्ध होते हैं, जो राष्ट्रपति को प्राप्त होते हैं।

कार्यवाहक राष्ट्रपति के रूप में कार्य करने वाले उपराष्ट्रपति

- वी. वी. गिरि (वराहगिरि वेंकट गिरि) ने वर्ष 1969 में राष्ट्रपति जाकिर हुसैन के निधन के पश्चात् रिक्त स्थान पर कार्यवाहक राष्ट्रपति के रूप में कार्य किया था।
- बी. डी. जत्ती ने वर्ष 1977 में राष्ट्रपति फखरुद्दीन अली अहमद की मृत्यु के पश्चात् कार्यवाहक राष्ट्रपति के रूप में कार्य किया था।

- संविधान में इस बात का उल्लेख नहीं है कि किन परिस्थितियों में राष्ट्रपति अपने कार्य करने में समर्थ नहीं होगा, क्योंकि उपराष्ट्रपति डॉ. एस. राधाकृष्णन ने जून, 1960 में राष्ट्रपति के रूप में कार्य किया था, जब तत्कालीन राष्ट्रपति डॉ. राजेन्द्र प्रसाद पूर्व सोवियत संघ (वर्तमान रूस) की 15 दिन की यात्रा पर गए थे और पुन: जुलाई, 1961 में जब डॉ. राजेन्द्र प्रसाद अस्वस्थ थे।

भारत के उपराष्ट्रपति

नाम	कार्यकाल	प्रमुख तथ्य
डॉ. एस. राधाकृष्णन	वर्ष 1952 से 1962 तक	प्रथम उपराष्ट्रपति, दो कार्यकाल
डॉ. जाकिर हुसैन	वर्ष 1962 से 1967 तक	जामिया मिलिया इस्लामिया के संस्थापक सदस्यों में से एक
वी. वी. गिरि	वर्ष 1967 से 1969 तक	सबसे कम पदावधि (2 वर्ष), त्याग-पत्र देने वाले पहले उपराष्ट्रपति
जी. एस. पाठक	वर्ष 1969 से 1974 तक	—
बी. डी. जत्ती	वर्ष 1974 से 1979 तक	—
मुहम्मद हिदायतुल्ला	वर्ष 1979 से 1984 तक	प्रथम उपराष्ट्रपति, जो सर्वोच्च न्यायालय के न्यायाधीश थे
आर. वेंकट रमन	वर्ष 1984 से 1987 तक	—
डॉ. एस. डी. शर्मा	वर्ष 1987 से 1992 तक	मुख्यमन्त्री, कैबिनेट मन्त्री तथा कांग्रेस अध्यक्ष रहे एकमात्र उपराष्ट्रपति
के. आर. नारायणन	वर्ष 1992 से 1997 तक	—
कृष्णकान्त	वर्ष 1997 से 2002 तक	कार्यकाल के दौरान मृत्यु
भैरो सिंह शेखावत	वर्ष 2002 से 2007 तक	—
मुहम्मद हामिद अंसारी	वर्ष 2007 से अगस्त, 2017 तक	दो कार्यकाल
एम. वेंकैया नायडू	अगस्त, 2017 से जुलाई, 2022 तक	—
जगदीप धनखड़	जुलाई, 2022 से अब (वर्तमान) तक	व्यतिक्रम के अनुसार 14 वें उपराष्ट्रपति

मार्च, 2025 के अनुसार

- भारत के संविधान में उपराष्ट्रपति को पुनर्निर्वाचन के लिए पात्र बनाने के लिए (अनुच्छेद 57 के समान) कोई उपबन्ध नहीं है।
- संविधान के अनुच्छेद 66 यह बताता है कि एक ही व्यक्ति उपराष्ट्रपति के रूप में पुनर्निर्वाचित (Re-elected) हो सकता है। इस प्रकार डॉ. राधाकृष्णन वर्ष 1957 में इस पद पर निर्वाचित किए गए थे।
- **उपराष्ट्रपति राज्यसभा का पदेन सभापति** होता है, इसका पद पूर्ण होने पर राष्ट्रपति द्वारा राज्यसभा के किसी सक्षम सदस्य को राज्यसभा अध्यक्ष के रूप में नियुक्त किया जा सकता है।
- **डॉ. एस. राधाकृष्णन** और **वी. वी. गिरि** ऐसे व्यक्ति थे, जो उपराष्ट्रपति बनने से पहले राजदूत तथा उच्चायुक्त पद पर रहे।

राष्ट्रपति एवं उपराष्ट्रपति : एक तुलना

राष्ट्रपति

- राष्ट्रपति के निर्वाचन हेतु निर्वाचक मण्डल का निर्माण संसद के दोनों सदनों तथा राज्य विधानसभाओं। दिल्ली व पुदुचेरी संघ शासित प्रदेश सहित विधानसभा के निर्वाचित सदस्यों द्वारा होता है।
- लोकसभा का सदस्य निर्वाचित होने की योग्यता होनी चाहिए।
- त्याग-पत्र उपराष्ट्रपति के नाम से सम्बोधित होता है।
- महाभियोग की प्रक्रिया द्वारा पद्च्युत किया जा सकता है।
- संघ की कार्यपालिका शक्ति उसमें निहित है तथा उसका प्रयोग वह केन्द्रीय मन्त्रिपरिषद् के परामर्श एवं सहायता से करता है।

उपराष्ट्रपति

- निर्वाचन हेतु निर्वाचक मण्डल का निर्माण संसद के दोनों सदनों के सभी सदस्यों (निर्वाचित + मनोनीत) द्वारा होता है (निर्वाचक मण्डल में विधानसभाओं के सदस्य शामिल नहीं होते हैं)।
- राज्यसभा का सदस्य निर्वाचित होने की योग्यता होनी चाहिए।
- त्याग-पत्र राष्ट्रपति के नाम से सम्बोधित होता है।
- राज्यसभा द्वारा बहुमत से पारित ऐसे संकल्प द्वारा पद्च्युत किया जा सकता है, जिससे लोकसभा सहमत हो।
- उपराष्ट्रपति के रूप में संविधान में कोई कार्य वर्णित नहीं है। वह राज्यसभा के पदेन सभापति के रूप में कार्य करता है। राष्ट्रपति की अनुपस्थिति अथवा पद रिक्ति की स्थिति में वह राष्ट्रपति के रूप में कार्य करता है।

“

संसदीय व्यवस्था में राष्ट्रपति केवल नाममात्र का कार्यकारी प्रमुख होता है, क्योंकि वास्तविक कार्यकारी शक्तियाँ प्रधानमन्त्री में निहित होती हैं। मन्त्रिपरिषद् राजनैतिक तथा प्रशासनिक व्यवस्था की कार्यकारी अधिकारी होती है। इसका नेतृत्व प्रधानमन्त्री के द्वारा किया जाता है।

अध्याय उन्नीस

प्रधानमन्त्री

प्रधानमन्त्री पद हेतु संवैधानिक प्रावधान

- संविधान द्वारा भारत में **संसदीय शासन प्रणाली** की स्थापना की गई तथा कार्यपालिका की सर्वोच्च शक्ति राष्ट्रपति में निहित की गई, परन्तु व्यावहारिक तौर पर उसकी समस्त शक्तियों का प्रयोग प्रधानमन्त्री द्वारा किया जाता है।
- प्रधानमन्त्री **लोकसभा में बहुमत प्राप्त** (Leader of Party in Majority in Lok Sabha) होता है तथा **सरकार का प्रमुख** (The Head of Government) होता है।
- संविधान के अनुच्छेद 74 में मन्त्रिपरिषद् के प्रधान के रूप में प्रधानमन्त्री का उल्लेख किया गया है अर्थात् प्रधानमन्त्री मन्त्रिपरिषद् एवं प्रशासनिक व्यवस्था का नेतृत्व करता है।

प्रधानमन्त्री पद हेतु योग्यताएँ

- प्रधानमन्त्री विधायिका तथा कार्यपालिका दोनों का वास्तविक प्रधान होता है।
- संविधान में प्रधानमन्त्री पद के लिए योग्यताओं का वर्णन नहीं किया गया है, चूँकि प्रधानमन्त्री के लिए संसद का सदस्य होना अनिवार्य है, इसलिए उसके लिए वही योग्यताएँ निर्धारित हैं, जो संसद के सदस्य के लिए होनी चाहिए।
- इसके अतिरिक्त उसे सदन में बहुमत प्राप्त दल का नेता होना चाहिए।

प्रधानमन्त्री की नियुक्ति

- संविधान के **अनुच्छेद 75 (1)** के अन्तर्गत प्रधानमन्त्री की नियुक्ति राष्ट्रपति के द्वारा की जाती है।
- सामान्य परिस्थितियों में राष्ट्रपति द्वारा लोकसभा में बहुमत दल के नेता को प्रधानमन्त्री के रूप में नियुक्त किया जाता है, परन्तु लोकसभा में किसी भी दल को बहुमत प्राप्त न होने की स्थिति में प्रधानमन्त्री की नियुक्ति में राष्ट्रपति द्वारा स्वविवेक से सबसे बड़े दल के किसी नेता को प्रधानमन्त्री नियुक्त किया जा सकता है, किन्तु उसे एक माह में सदन में बहुमत प्राप्त करना अनिवार्य होता है।

राष्ट्रपति द्वारा स्वविवेक का प्रयोग

- वर्ष 1979 में सर्वप्रथम राष्ट्रपति द्वारा इस विवेकाधीन शक्ति का प्रयोग किया गया, तत्कालीन राष्ट्रपति ने मोरारजी देसाई वाली जनता पार्टी की सरकार की समाप्ति के पश्चात् गठबन्धन के नेता **चौधरी चरण सिंह** को प्रधानमन्त्री पद पर नियुक्त किया था।
- वर्ष 1984 में एक ऐसी स्थिति उत्पन्न हो गई, जब इन्दिरा गाँधी की हत्या हो गई, तब तत्कालीन राष्ट्रपति **ज्ञानी जैल सिंह** ने राजीव गाँधी को प्रधानमन्त्री नियुक्त किया तथा कार्यवाहक प्रधानमन्त्री नियुक्त करने की प्रथा को अनदेखा किया।
- बाद में कांग्रेस संसदीय दल ने राजीव गाँधी को सर्व सम्मति से अपना नेता चुना।
- यदि किसी निवर्तमान प्रधानमन्त्री की मृत्यु हो जाने पर, सत्ताधारी दल एक नेता चुनता है, तो राष्ट्रपति के पास उसे प्रधानमन्त्री नियुक्त करने के अतिरिक्त अन्य कोई विकल्प नहीं होता है।
- प्रधानमन्त्री के पद पर नियुक्त होने वाला व्यक्ति संसद के किसी भी सदन का सदस्य हो सकता है, यद्यपि भारत में सामान्यत: प्रधानमन्त्री लोकसभा (निम्न सदन) का सदस्य होता है।
- भारत में तीन ऐसे व्यक्ति हुए, जो प्रधानमन्त्री नियुक्त होते समय (**इन्दिरा गाँधी** पहली बार वर्ष 1966 में, **एच. डी. देवगौड़ा** वर्ष 1996 में तथा **डॉ. मनमोहन सिंह** वर्ष 2004 में) राज्यसभा के सदस्य थे।

- वर्ष 1997 में उच्चतम न्यायालय के दिए हुए निर्णय के अनुसार कोई भी व्यक्ति, जो संसद के किसी भी सदन का सदस्य नहीं है, प्रधानमन्त्री के पद पर नियुक्त किया जा सकता है, किन्तु उसे 6 माह के अन्दर संसद के किसी भी सदन का सदस्य होना अनिवार्य है, अन्यथा उसे प्रधानमन्त्री का पद त्यागना पड़ सकता है।

शपथ

- प्रधानमन्त्री के पद ग्रहण करने से पूर्व राष्ट्रपति उसे पद व गोपनीयता की शपथ दिलाता है।
  - मैं (अमुक) ····· भारत के संविधान के प्रति सच्ची श्रद्धा तथा निष्ठा रखूँगा।
  - मैं भारत की प्रभुता (Sovereignty) एवं अखण्डता (Integrity) को अक्षुण्ण (Uphold) रखूँगा।
  - मैं श्रद्धापूर्वक एवं शुद्ध अन्तःकरण से अपने पद के दायित्वों का निर्वहन करूँगा।
  - मैं भय या पक्षपात, अनुराग या द्वेष के बिना सभी प्रकार के लोगों के प्रति संविधान और विधि के अनुसार न्याय करूँगा।

पदावधि, कार्यकाल एवं वेतन

- प्रधानमन्त्री का **कार्यकाल निश्चित** नहीं है तथा वह राष्ट्रपति के प्रसादपर्यन्त अपने पद पर बना रहता है, परन्तु इसका यह अर्थ नहीं कि राष्ट्रपति कभी भी उसे बर्खास्त कर दे अर्थात् प्रधानमन्त्री को जब तक लोकसभा में बहुमत प्राप्त है, राष्ट्रपति उसे बर्खास्त नहीं कर सकता।
- सामान्यतः प्रधानमन्त्री का कार्यकाल 5 वर्षों का होता है। यदि प्रधानमन्त्री चाहे तो त्याग-पत्र देकर (राष्ट्रपति को) पद छोड़ सकता है या इससे पूर्व उसकी मृत्यु हो जाए, दोनों ही स्थितियों में सम्पूर्ण मन्त्रिपरिषद् बर्खास्त हो जाती है। (किसी मन्त्री की मृत्यु तथा त्याग-पत्र देने पर ऐसा नहीं होता है)
- लोकसभा में बहुमत खो देने तथा **अविश्वास प्रस्ताव** (No-Confidence Motion) के पास हो जाने पर प्रधानमन्त्री को त्याग-पत्र देना पड़ता है, क्योंकि त्याग-पत्र न देने की स्थिति में राष्ट्रपति उसे बर्खास्त कर सकता है।
- लोकसभा को भंग कर दिए जाने की स्थिति में राष्ट्रपति, प्रधानमन्त्री से यह बोल सकता है कि नई लोकसभा के चुने जाने तक वह पद पर कार्य करता रहे।
- प्रधानमन्त्री के वेतन व भत्ते संसद द्वारा समय-समय पर निर्धारित किए जाते हैं। वह संसद सदस्य को प्राप्त होने वाले वेतन एवं भत्ते प्राप्त करता है। इसके अतिरिक्त वह व्यय विषयक भत्ते, मुफ्त आवास, यात्रा भत्ते, स्वास्थ्य सुविधाएँ आदि प्राप्त करता है।

प्रधानमन्त्री के कार्य एवं शक्तियाँ

प्रधानमन्त्री, केन्द्र सरकार का प्रधान होता है। केन्द्रीय प्रशासन के प्रत्येक क्षेत्र पर प्रधानमन्त्री का नियन्त्रण होता है। प्रधानमन्त्री के प्रमुख कार्य तथा शक्तियाँ निम्न प्रकार हैं

राष्ट्रपति के सम्बन्ध में

अनुच्छेद 78 के तहत, प्रधानमन्त्री, राष्ट्रपति एवं मन्त्रिपरिषद् के बीच संवाद की भूमिका निभाता है। इसके अनुसार प्रधानमन्त्री का यह कर्त्तव्य होगा कि वह

- संघ के कार्यकलाप के प्रशासन व विधान विषयक सम्बन्धी मन्त्रिपरिषद् के सभी विनिश्चय के बारे में राष्ट्रपति को सूचित करे।
- संघ के कार्यकलाप के प्रशासन व विधान विषयक के सम्बन्ध में जो जानकारी राष्ट्रपति माँगे उसे दे तथा
- किसी विषय को जिस पर किसी मन्त्री ने विनिश्चय कर दिया है, किन्तु मन्त्रिपरिषद् ने विचार नहीं किया है, राष्ट्रपति द्वारा अपेक्षा किए जाने पर उसे मन्त्रिपरिषद् के समक्ष विचार के लिए रखे।

- महत्त्वपूर्ण पदाधिकारियों यथा भारत का महान्यायवादी, भारत का नियन्त्रक एवं महालेखा परीक्षक, निर्वाचन आयुक्त, संघ लोक सेवा आयोग के अध्यक्ष तथा अन्य सदस्य गण, वित्त आयोग के अध्यक्ष व अन्य सदस्य गण आदि की नियुक्ति के सम्बन्ध में **राष्ट्रपति को परामर्श** देता है।

संसद के सम्बन्ध में

- संसद में प्रधानमन्त्री **लोकसभा का नेता** और **सरकार का मुख्य प्रवक्ता** होता है।
- महत्त्वपूर्ण निर्णय और नीतिगत मामलों से जुड़े सभी कानूनों के बनने की प्रक्रिया को संचालित करने का दायित्व प्रधानमन्त्री पर ही होता है।
- प्रधानमन्त्री, राष्ट्रपति को संसद का सत्र आहूत करने तथा सत्रावसान करने सम्बन्धी परामर्श देता है।
- प्रधानमन्त्री परामर्श करके लोकसभा के अध्यक्ष तथा सदन की कार्यसूची तय करता है।
- वह किसी भी समय लोकसभा विघटित करने की सिफारिश राष्ट्रपति से कर सकता है।
- प्रधानमन्त्री सरकार के सभी महत्त्वपूर्ण निर्णयों में सम्मिलित होता है और सरकार की नीतियों के विषय में निर्णय लेता है।
- प्रधानमन्त्री की शक्तियों के अनेक स्रोत हैं; जैसे-मन्त्रिपरिषद् पर नियन्त्रण, लोकसभा का नेतृत्व, अधिकारियों पर आधिपत्य, मीडिया तक पहुँच तथा अन्तर्राष्ट्रीय सम्मेलनों और विदेशी यात्राओं के दौरान राष्ट्रीय नेता की छवि आदि।

मन्त्रिपरिषद् के सम्बन्ध में

- प्रधानमन्त्री, मन्त्रियों के चयन और उनमें **विभागों के वितरण** के विषय में राष्ट्रपति को परामर्श देता है। मन्त्रियों की नियुक्ति के विषय में प्रधानमन्त्री की सलाह अनिवार्य रूप से स्वीकृत होती है, इसलिए वास्तव में, मन्त्रियों की नियुक्ति प्रधानमन्त्री पर ही निर्भर करती है।
- यदि संघ सरकार के सभी कार्यपालक अधिकार राष्ट्रपति में निहित होते हैं, किन्तु प्रधानमन्त्री तथा उसकी मन्त्रिपरिषद् द्वारा ही उनका प्रयोग किया जाता है।
- प्रधानमन्त्री विभिन्न मन्त्रियों के लिए कार्य निर्धारित करके सौंपता है। वह मन्त्रिपरिषद् की बैठकों की अध्यक्षता करता है।
- मन्त्रिपरिषद् के निर्णयों को प्रधानमन्त्री, राष्ट्रपति तक पहुँचाता है। वह मन्त्रिपरिषद् पर नियन्त्रण एवं विभिन्न मन्त्रालयों के कार्यों का संयोजन करता है तथा पारस्परिक मतभेदों को दूर करता है।
- प्रधानमन्त्री मन्त्रियों को विभिन्न मन्त्रालय आवण्टित करता है एवं उनमें परिवर्तन करता है।

- जब कभी प्रधानमन्त्री तथा अन्य मन्त्री में किसी विषय पर मतभेद होता है, तो ऐसी स्थिति में उस मन्त्री को प्रधानमन्त्री की बात माननी पड़ती है।
- प्रधानमन्त्री किसी भी मन्त्री से त्याग-पत्र माँग सकता है। यदि वह त्याग-पत्र नहीं देता है, तो प्रधानमन्त्री के परामर्श पर राष्ट्रपति उसे मन्त्रिपरिषद् से हटा सकता है।
- भारत में प्रधानमन्त्री का सरकार में स्थान सर्वोपरि है। प्रधानमन्त्री के बिना मन्त्रिपरिषद् का कोई अस्तित्व नहीं है।
- प्रधानमन्त्री की मृत्यु या त्याग-पत्र से पूरी मन्त्रिपरिषद् भंग हो जाती है, जबकि किसी मन्त्री की मृत्यु, हटाए जाने या त्याग-पत्र के कारण मन्त्रिपरिषद् में केवल एक स्थान रिक्त होता है।

अन्य कार्य

- प्रधानमन्त्री नीति आयोग, राष्ट्रीय विकास परिषद्, राष्ट्रीय एकता परिषद् और राष्ट्रीय जल संसाधन परिषद् का अध्यक्ष होता है।
- भारत रत्न, पद्मविभूषण, पद्मभूषण एवं पद्मश्री आदि उपाधियों की स्वीकृति से सम्बन्धित निर्णय भी वास्तविक रूप से प्रधानमन्त्री के द्वारा ही किए जाते हैं।
- वह सेनाओं का राजनैतिक प्रमुख होता है।
- वह देश की विदेश नीति को सुदृढ़ बनाने में विशेष भूमिका निभाता है।
- राष्ट्रीय आपदा प्रबन्धन प्राधिकरण (आपदा प्रबन्धन के लिए उच्च वैधानिक निकाय) की अध्यक्षता प्रधानमन्त्री द्वारा ही की जाती है।
- आपातकाल के दौरान राजनीतिक स्तर पर प्रधानमन्त्री आपदा प्रबन्धन का प्रमुख होता है।

प्रधानमन्त्री का कार्यकाल

क्र.सं.	नाम	कार्यकाल	विशेषता
1.	जवाहरलाल नेहरू	15 अगस्त, 1947–27 मई, 1964	सबसे लम्बा कार्यकाल, तीन बार प्रधानमन्त्री चौथी पदावधि में निधन
2.	गुलजारी लाल नन्दा (कार्यवाहक)	27 मई, 1964–9 जून, 1964	सबसे वृद्ध प्रधानमन्त्री, प्रथम कार्यवाहक प्रधानमन्त्री
3.	लाल बहादुर शास्त्री	9 जून, 1964–11 जनवरी, 1966	प्रधानमन्त्री बनने से पूर्व गृहमन्त्री, विदेशमन्त्री भी रह चुके थे, विदेश में आधिकारिक यात्रा के दौरान निधन
4.	गुलजारी लाल नन्दा (कार्यवाहक)	11 जनवरी, 1966–24 जनवरी, 1966	दो बार कार्यवाहक प्रधानमन्त्री रहे।
5.	इन्दिरा गाँधी	24 जनवरी, 1966–24 मार्च, 1977	ऐसी प्रथम प्रधानमन्त्री, जो पद ग्रहण के समय राज्यसभा की सदस्य थीं, प्रथम महिला प्रधानमन्त्री तथा तीन बार प्रधानमन्त्री
6.	मोरारजी देसाई	24 मार्च, 1977–28 जुलाई, 1979	प्रथम गैर-कांग्रेसी प्रधानमन्त्री
7.	चौधरी चरण सिंह	28 जुलाई, 1979–14 जनवरी, 1980	एकमात्र प्रधानमन्त्री, जिन्होंने संसद का सामना नहीं किया
8.	इन्दिरा गाँधी	14 जनवरी, 1980–31 अक्टूबर, 1984	पद पर रहते हुए निधन
9.	राजीव गाँधी	31 अक्टूबर, 1984–1 दिसम्बर, 1989	सबसे कम आयु के प्रधानमन्त्री
10.	वी. पी. सिंह	2 दिसम्बर, 1989–10 नवम्बर, 1990	अविश्वास प्रस्ताव से हटने वाले पहले प्रधानमन्त्री
11.	चन्द्रशेखर	10 नवम्बर, 1990–21 जून, 1991	—
12.	पी. वी. नरसिम्हाराव	21 जून, 1991–16 मई, 1996	एकमात्र प्रधानमन्त्री जो पद ग्रहण करते समय किसी भी सदन के सदस्य नहीं थे, प्रथम दक्षिण भारतीय प्रधानमन्त्री
13.	अटल बिहारी वाजपेयी	16 मई, 1996–1 जून, 1996	पहली बार मात्र 13 दिन प्रधानमन्त्री
14.	एच. डी. देवगौड़ा	1 जून, 1996–21 अप्रैल, 1997	एकमात्र प्रधानमन्त्री जो पद ग्रहण के समय विधानसभा के सदस्य थे, दक्षिण भारतीय द्वितीय प्रधानमन्त्री
15.	इन्द्र कुमार गुजराल	21 अप्रैल, 1997–18 मार्च, 1998	पूर्व सोवियत संघ में भारतीय राजदूत भी रहे
16.	अटल बिहारी वाजपेयी	19 मार्च, 1998–22 मई, 2004	पाँच वर्ष का कार्यकाल पूर्ण करने वाले पहले गैर-कांग्रेसी प्रधानमन्त्री
17.	डॉ. मनमोहन सिंह	22 मई, 2004–17 मई, 2014	प्रथम सिख प्रधानमन्त्री, दो बार प्रधानमन्त्री
18.	नरेन्द्र मोदी	26 मई, 2014 से वर्तमान तक	प्रथम गैर-कांग्रेसी प्रधानमन्त्री, जो पहले व दूसरे कार्यकाल को पूर्ण कर तीसरे कार्यकाल के लिए निर्वाचित हुए

- ऐसे प्रधानमन्त्री जो पद धारण करने से पूर्व किसी राज्य के मुख्यमन्त्री रह चुके हैं— मोरारजी देसाई (बम्बई राज्य), चौधरी चरण सिंह (अविभाजित उत्तर प्रदेश में दो बार), वी. पी. सिंह (उत्तर प्रदेश), एच. डी. देवगौड़ा (कर्नाटक), नरेन्द्र मोदी (गुजरात)।
- पूर्व प्रधानमन्त्री डॉ. मनमोहन सिंह ने भारत के वित्त मन्त्री, भारतीय रिज़र्व बैंक के गवर्नर, यू.जी.सी. के अध्यक्ष, योजना आयोग के उपाध्यक्ष तथा अन्तर्राष्ट्रीय मुद्रा कोष में भारत के प्रतिनिधि के रूप में कार्य किया था।
- सर्वप्रथम अविश्वास प्रस्ताव, जवाहरलाल नेहरू के लिए लाया गया था।
- जवाहरलाल नेहरू, लाल बहादुर शास्त्री, श्रीमती इन्दिरा गाँधी तीनों प्रधानमन्त्रियों की मृत्यु पदावधि के दौरान तथा राजीव गाँधी की मृत्यु लोकसभा चुनाव के दौरान हुई थी।
- मूल संविधान में कैबिनेट शब्द प्रयोग नहीं हुआ था। 44वें संविधान संशोधन, 1978 से इसे अनुच्छेद 352 में जोड़ा गया। राष्ट्रपति द्वारा आपातकाल लागू करने हेतु भेजी जाने वाली लिखित अनुशंसा पर कैबिनेट मन्त्रियों के हस्ताक्षर अनिवार्यतः होने चाहिए।

प्रधानमन्त्री से सम्बन्धित अनुच्छेद

अनुच्छेद	विषयवस्तु
अनुच्छेद 74	मन्त्रिपरिषद् का राष्ट्रपति को सहयोग एवं परामर्श देना
अनुच्छेद 75	मन्त्रियों से सम्बन्धित अन्य प्रावधान
अनुच्छेद 77	भारत सरकार द्वारा कार्यवाहियों का संचालन
अनुच्छेद 78	प्रधानमन्त्री का राष्ट्रपति को सूचनाएँ प्रदान करने सम्बन्धी कर्त्तव्य
अनुच्छेद 88	सदनों के आदरणीय मन्त्रियों के अधिकार

उप-प्रधानमन्त्री

- उप-प्रधानमन्त्री का पद कोई संवैधानिक पद नहीं है, लेकिन भारतीय संसदीय राजनीति में परम्परानुसार अनेक बार उप-प्रधानमन्त्री की नियुक्ति की गई है।
- इस प्रकार उप-प्रधानमन्त्री का पद विशुद्ध रूप से एक राजनीतिक पद है।
- उप-प्रधानमन्त्री कैबिनेट मन्त्री के रूप में शपथ लेता है और कैबिनेट मन्त्री के समान ही उसकी शक्तियाँ व कार्य होते हैं।
- प्रधानमन्त्री की अनुपस्थिति में उप-प्रधानमन्त्री ही मन्त्रिपरिषद् की अध्यक्षता करता है। वरीयता क्रम में यह प्रधानमन्त्री के बाद दूसरे स्थान पर आता है, किन्तु यह प्रधानमन्त्री की मृत्यु या त्याग-पत्र के पश्चात् उसका पद ग्रहण नहीं करता।
- अब तक भारतीय राजनीति के इतिहास में कुल 8 व्यक्ति उप-प्रधानमन्त्री रहे हैं।
- नेहरू काल में (1947) वल्लभभाई पटेल (पहले उप-प्रधानमन्त्री), इन्दिरा काल में (1966) गुलजारी लाल नन्दा एवं मोरारजी देसाई, मोरारजी देसाई के काल में (1977) बाबू जगजीवन राम एवं चौधरी चरण सिंह, चौधरी चरण सिंह के काल में (1979) वाई. बी. चह्वाण, चन्द्रशेखर के काल में (1989-91) चौधरी देवी लाल, अटल बिहारी वाजपेयी के काल में (2002) लालकृष्ण आडवाणी।

केन्द्रीय मन्त्रिपरिषद्

भारत में संसदीय शासन प्रणाली की व्यवस्था की गई है। यद्यपि सैद्धान्तिक रूप से समस्त कार्यपालिका शक्ति राष्ट्रपति में निहित है, किन्तु यथार्थ रूप में कार्यपालिका की वास्तविक सत्ता प्रधानमन्त्री सहित मन्त्रिपरिषद् में निहित होती है।

मन्त्रिपरिषद् का गठन एवं मन्त्रियों की नियुक्ति

- भारतीय संविधान के अनुच्छेद 74 के अनुसार, राष्ट्रपति को उसके कर्त्तव्यों के सम्पादन में सहायता एवं परामर्श देने हेतु एक मन्त्रिपरिषद् होगी, जिसका प्रमुख प्रधानमन्त्री होगा।
- अनुच्छेद 75 के अनुसार, राष्ट्रपति सर्वप्रथम मन्त्रिपरिषद् के प्रमुख के रूप में प्रधानमन्त्री की नियुक्ति करता है। तत्पश्चात् वह प्रधानमन्त्री की सलाह पर दूसरे (अन्य) मन्त्रियों को नियुक्त करता है। अधिकतर मन्त्री उसी पार्टी या गठबन्धन के होते हैं, जिन्हें लोकसभा में बहुमत प्राप्त होता है। राष्ट्रपति को ऐसे व्यक्तियों को जिनकी संस्तुति प्रधानमन्त्री ने की है, मन्त्री पद पर नियुक्त करना होता है।
- संविधान के 91वें संशोधन के पूर्व मन्त्रिपरिषद् का आकार निश्चित नहीं था तथा वह समय की माँग और परिस्थितियों के अनुरूप तय किया जाता था, क्योंकि मन्त्रिपरिषद् की सदस्य संख्या पर कोई प्रतिबन्ध नहीं था, किन्तु 91वें संविधान संशोधन अधिनियम, 2003 के द्वारा यह व्यवस्था की गई कि मन्त्रिपरिषद् के सदस्यों की संख्या लोकसभा (अथवा राज्यों की विधानसभा) की कुल सदस्य संख्या के 15% से अधिक नहीं होगी, किन्तु राज्यों में मन्त्रियों की न्यूनतम संख्या 12 से कम नहीं होगी।

शपथ व वेतन-भत्ते

मन्त्रियों को पद तथा गोपनीयता की दो अलग-अलग शपथ दिलाई जाती हैं। मन्त्रियों के वेतन व भत्ते समय-समय पर संसद द्वारा निर्धारित किए जाते हैं।

मन्त्रियों की योग्यताएँ

- अनुच्छेद 75 (5) के अनुसार, मन्त्रिपरिषद् के प्रत्येक सदस्य को लोकसभा अथवा राज्यसभा का सदस्य होना चाहिए अथवा मन्त्री के पद पर नियुक्ति के बाद छः माह के अन्दर किसी भी एक सदन के सदस्य के रूप में निर्वाचित होना चाहिए अन्यथा उसे मन्त्रिपरिषद् से त्याग-पत्र देना पड़ता है।
- दल-बदल के आधार पर संसद सदस्य की अयोग्यता की स्थिति में मन्त्री पद हेतु वह अयोग्य हो जाता है।

मन्त्रिपरिषद् की संरचना

- मन्त्रिपरिषद् उस निकाय का सरकारी नाम है, जिसमें सभी मन्त्री शामिल होते हैं। मन्त्रिपरिषद् में तीन प्रकार के मन्त्री होते हैं- कैबिनेट मन्त्री, राज्य मन्त्री तथा उपमन्त्री।

केन्द्रीय मन्त्रिपरिषद् की संरचना

कैबिनेट मन्त्री | राज्य मन्त्री | उपमन्त्री

- **कैबिनेट मन्त्री** कैबिनेट मन्त्री मन्त्रिपरिषद् (Council of Ministers) का शीर्ष समूह होता है। इसमें वे मन्त्री शामिल होते हैं, जिनका सरकार में महत्त्वपूर्ण स्थान होता है तथा जो महत्त्वपूर्ण विभागों के मन्त्री होते हैं। इसकी बैठकें प्रायः होती रहती हैं तथा शासन के महत्त्वपूर्ण निर्णय इसी बैठक के द्वारा लिए जाते हैं। कैबिनेट मन्त्री एक अथवा अधिक विभागों का अध्यक्ष होता है; जैसे—विदेश, गृह रक्षा मन्त्रालय इत्यादि। कैबिनेट मन्त्री की सहायता हेतु राज्य मन्त्री तथा उपमन्त्री की नियुक्ति की जाती है।
- **राज्य मन्त्री** ये दो प्रकार के होते हैं। कुछ राज्य मन्त्रियों को उनके मन्त्रालय का स्वतन्त्र प्रभार दिया जाता है। कुछ कैबिनेट मन्त्री के अधीन कार्य करते हैं। सामान्यतः राज्य मन्त्री कैबिनेट की बैठकों में भाग नहीं लेते हैं। राज्य मन्त्री को जब कभी उसके मन्त्रालय से सम्बद्ध किसी विषय पर चर्चा (मन्त्रणा) करनी होती है, तो उसे कैबिनेट की बैठक में आमन्त्रित किया जाता है। आमन्त्रण के बाद ये बैठक में भागीदारी लेते हैं।
- **उपमन्त्री** ये किसी कैबिनेट मन्त्री अथवा किसी राज्य मन्त्री की देख-रेख में कार्य करते हैं। उनका प्रमुख कार्य कैबिनेट मन्त्री अथवा राज्य मन्त्री को उनके कार्यों के निष्पादन में सहायता करना होता है।

- इसके अतिरिक्त मन्त्रियों की एक अन्य श्रेणी भी है, जिन्हें संसदीय सचिव (Parliamentary Secretary) भी कहा जाता है। मन्त्रिपरिषद् के आकार की सीमा का उल्लंघन न हो, इसलिए इन्हें मन्त्रिपरिषद् के अन्तर्गत शामिल नहीं किया जाता है, किन्तु इनका दर्जा भी मन्त्रियों के समान होता है। इनके पास कोई विभाग नहीं होता है, ये अन्य मन्त्रियों की सहायता करते हैं।

आन्तरिक (किचन) कैबिनेट

- यह औपचारिक रूप से निर्णय लेने वाली सत्ता का केन्द्र-बिन्दु है। यह संख्या में 15-20 के मध्य होती है, जिसका प्रमुख प्रधानमन्त्री होता है।
- भारत में इन्दिरा गाँधी के कार्यकाल में किचन कैबिनेट शक्तिशाली अवस्था में था।
- इसमें कैबिनेट मन्त्री के अतिरिक्त प्रधानमन्त्री के विश्वसनीय सदस्य, पारिवारिक सदस्य तथा निकट सम्बन्धी होते हैं। यह प्रधानमन्त्री को महत्त्वपूर्ण राजनैतिक तथा प्रशासनिक मामलों पर सलाह देती है तथा महत्त्वपूर्ण निर्णय लेने में सहायता करती है। भारत के साथ-साथ अन्य देशों; जैसे-अमेरिका और ब्रिटेन में भी यह प्रचलित है।

मन्त्रियों के समूह की अवधारणा

मन्त्रियों के समूह की अवधारणा का उदय वर्ष 1990 में भारत में हुआ। इसके अन्तर्गत किसी विषय पर अनेक मन्त्रियों को निर्णय लेने की शक्ति प्रदान की जाती है। इससे निर्णय प्रक्रिया में गठबन्धन दलों को शामिल करने का प्रयास किया जाता है तथा विशेषज्ञों को भी सम्मिलित किया जाता है।

मन्त्रिमण्डल एवं मन्त्रिपरिषद् में अन्तर

मन्त्रिमण्डल	मन्त्रिपरिषद्
इसमें केवल कैबिनेट स्तर के मन्त्री (15-20) शामिल होते हैं। इसका आकार छोटा एवं रचना सुविधा की दृष्टि से की जाती है। 44वें संशोधन अधिनियम ने अनुच्छेद 352 (3) के द्वारा इसे सर्वाधिक मान्यता प्रदान की गई।	इसमें 60-70 मन्त्री शामिल होते हैं। इसमें कैबिनेट मन्त्री, राज्यमन्त्री तथा उपमन्त्री शामिल होते हैं। यह एक सांविधानिक संस्था है। अनुच्छेद 74, 75 में वर्णन है, अत: यह संवैधानिक निकाय है।
इसमें सरकार के प्रमुख विभागों के मन्त्री होते हैं।	मन्त्रिमण्डल का प्रत्येक सदस्य मन्त्रिपरिषद् का सदस्य होता है।
आकार छोटा होने के कारण अधिक बैठकों का आयोजन (सामान्यत: सप्ताह में एक बार) होता रहता है।	आकार बड़ा होने के कारण इसकी बैठक यदा-कदा ही सम्भव है।
मन्त्रिमण्डल प्रधानमन्त्री के साथ मिलकर राष्ट्रीय नीति का निर्धारण एवं निर्देशन करता है।	नीति-निर्धारण से सम्बन्धित कार्य मन्त्रिपरिषद् द्वारा नहीं किया जाता है।
राष्ट्रपति के परामर्श का कार्य मन्त्रिमण्डल द्वारा सम्पादित होता है।	राष्ट्रपति, मन्त्रिपरिषद् से परामर्श माँग सकता है, किन्तु व्यवहार में यह कार्य इसके द्वारा नहीं किया जाता है।
यह वास्तविक रूप में मन्त्रिपरिषद् की शक्तियों का प्रयोग करता है और उसके लिए कार्य करता है।	इसे सभी शक्तियाँ प्राप्त होती हैं, परन्तु कागजों में होती हैं।
यह मन्त्रिपरिषद् की लोकसभा के प्रति सामूहिक जिम्मेदारी को लागू करता है।	यह सामूहिक रूप से लोकसभा के प्रति उत्तरदायी है।

मन्त्रिपरिषद् का कार्यकाल

- मन्त्रिपरिषद् का कार्यकाल कभी निश्चित नहीं होता है, क्योंकि मन्त्रिपरिषद् तभी तक अस्तित्व में रहती है, जब तक कि उसे लोकसभा में विश्वास (बहुमत) प्राप्त हो। सामान्यत: मन्त्रिपरिषद् लोकसभा के कार्यकाल तक (पाँच वर्ष तक) अपने पद पर बनी रहती है।
- मन्त्रीगण राष्ट्रपति के प्रसादपर्यन्त अपना पद धारण करते हैं, किन्तु व्यक्तिगत रूप में किसी मन्त्री का कार्यकाल प्रधानमन्त्री के विश्वास पर निर्भर करता है, क्योंकि उसकी नियुक्ति अथवा पद-मुक्ति प्रधानमन्त्री की सिफारिश पर होती है।
- यदि प्रधानमन्त्री किसी मन्त्री से अप्रसन्न या असन्तुष्ट हो जाता है, तो वह उसे पद-त्याग करने की सलाह अथवा राष्ट्रपति को उसे बर्खास्त करने की सलाह दे सकता है अथवा अपनी मन्त्रिपरिषद् का त्याग-पत्र देकर एवं सम्बन्धित मन्त्री को चुनकर उसका पुनर्गठन कर सकता है।
- मन्त्रिपरिषद् एक समूह के रूप में कार्य करती है तथा यदि लोकसभा एक भी मन्त्री में अविश्वास व्यक्त कर देती है, तो सम्पूर्ण मन्त्रिपरिषद् को त्याग-पत्र देना पड़ जाता है। संविधान में अविश्वास प्रस्ताव (No-Confidence Motion) का कहीं उल्लेख नहीं है।

मन्त्रियों का उत्तरदायित्व

प्रत्येक मन्त्री अपने मन्त्रालयों एवं विभागों से सम्बन्धित कार्यों के लिए निम्न रूप से उत्तरदायी होता है

- विधिक उत्तरदायित्व संविधान में मन्त्रियों को उनके कार्यों हेतु कोई विधिक उत्तरदायित्व (Legal Responsibility) का उपबन्ध नहीं किया गया है। भारत में राष्ट्रपति द्वारा जन कल्याण में जारी आदेश पर मन्त्री के हस्ताक्षर आवश्यक नहीं हैं। मन्त्री द्वारा राष्ट्रपति को दी गई परामर्श को भी न्यायालय के क्षेत्र से बाहर माना जाता है। ब्रिटेन में सार्वजनिक कार्यों हेतु प्रत्येक आदेश मन्त्री द्वारा हस्ताक्षरित होता है। यदि आदेश द्वारा किसी कानून का उल्लंघन किया जाता है, तो उत्तरदायित्व मन्त्री का होता है। भारत में ऐसी व्यवस्था नहीं की गई है।
- व्यक्तिगत उत्तरदायित्व मन्त्रियों का व्यक्तिगत उत्तरदायित्व (Individual Responsibility) राष्ट्रपति के प्रति है। संविधान के अनुच्छेद 75(2) के अनुसार, मन्त्री राष्ट्रपति के प्रसादपर्यन्त पद धारण करते हैं अर्थात् इस अनुच्छेद के अनुसार, प्रत्येक मन्त्री व्यक्तिगत रूप से राष्ट्रपति के प्रति उत्तरदायी होता है।
- सामूहिक उत्तरदायित्व मन्त्रिपरिषद् का कार्यकाल लोकसभा के विश्वास पर निर्भर करता है, क्योंकि संविधान के अनुच्छेद 75(3) के अन्तर्गत सामूहिक उत्तरदायित्व का प्रावधान किया गया है अर्थात् मन्त्रिपरिषद् सामूहिक रूप से लोकसभा के प्रति उत्तरदायी होती है तथा लोकसभा में विश्वास खो देने पर मन्त्रिपरिषद् को त्याग-पत्र देना पड़ता है।

मन्त्रिपरिषद् के कार्य एवं शक्तियाँ

केन्द्र के शासन में समस्त संचालन व्यवस्था मन्त्रिपरिषद् द्वारा ही सम्पादित की जाती है। मन्त्रिपरिषद् के कार्य एवं शक्तियाँ निम्न प्रकार हैं

- राष्ट्रीय नीति का निर्धारण करना मन्त्रिमण्डल का सर्वाधिक महत्त्वपूर्ण कार्य है। इसके द्वारा आन्तरिक प्रशासन एवं वैदेशिक क्षेत्रों से सम्बन्धित विषयों के सन्दर्भ में यथोचित नीतियों का निर्धारण किया जाता है।

- कार्यपालिका पर नियन्त्रण केन्द्रीय सरकार की समस्त कार्यपालिका शक्ति का प्रयोग वास्तविक तौर पर मन्त्रिमण्डल द्वारा किया जाता है। मन्त्रिमण्डल में विभिन्न विभागों के अध्यक्ष होते हैं, जिनके द्वारा अपने विभागों के कार्यों का संचालन किया जाता है।
- व्यावहारिक रूप में राष्ट्रपति के अधिकारों का प्रयोग मन्त्रिमण्डल द्वारा किया जाता है। अत: युद्ध, शान्ति अथवा वैदेशिक नीतियों से सम्बन्धित प्रश्नों का निर्णय उसी के द्वारा लिया जाता है।
- राष्ट्रपति द्वारा विभिन्न पदाधिकारियों की नियुक्ति व्यावहारिक तौर पर मन्त्रिमण्डल के परामर्श से की जाती है। मन्त्रिमण्डल के परामर्श से ही राष्ट्रपति द्वारा संसद के दोनों सदनों के सदस्यों को मनोनीत किया जाता है।
- संसद में अधिकांश विधेयक मन्त्रियों द्वारा ही पेश किए जाते हैं तथा जब तक उसे संसद का विश्वास प्राप्त रहता है, तब तक उसके द्वारा प्रस्तावित विधेयक अवश्य ही पारित हो जाते हैं। राष्ट्रपति द्वारा अध्यादेश भी मन्त्रिमण्डल के परामर्श से ही जारी किया जाता है।
- मन्त्रिमण्डल द्वारा ही देश की आर्थिक नीतियों का निर्धारण किया जाता है, उसके द्वारा प्रत्येक वर्ष संसद के सामने बजट पेश किया जाता है।
- बजट का निर्माण, करों का आरोपण तथा सरकार के सभी विभागों के लिए अनुमान तैयार करना भी मन्त्रिमण्डल का ही कार्य है।
- वैदेशिक सम्बन्धों पर नियन्त्रण विदेशी राज्यों के अध्यक्षों अथवा सरकारों की समस्त वार्ताओं का संचालन प्रधानमन्त्री अथवा मन्त्रिमण्डल के किसी अन्य सदस्य द्वारा किया जाता है तथा वार्ता के परिणामस्वरूप हुए सन्धि या समझौतों के सम्बन्ध में संसद को सूचित कर दिया जाता है एवं आवश्यकतानुसार संसद से स्वीकृति ले ली जाती है।
- वैदेशिक सम्बन्धों के संचालन में संसद की भूमिका काफी गौण होती है तथा कई बार सरकार द्वारा की गई गुप्त सन्धियों एवं समझौतों के सम्बन्ध में संसद को सूचना नहीं दी जाती है।

मन्त्रिमण्डलीय सचिवालय

- मन्त्रिमण्डलीय सचिवालय, प्रधानमन्त्री के प्रत्यक्ष प्रभार के अन्तर्गत कार्य करता है। इस सचिवालय के प्रशासनिक प्रमुख मन्त्रिमण्डलीय सचिव होते हैं। मन्त्रिमण्डलीय सचिवालय भारत सरकार के प्रशासन के लिए उत्तरदायी हैं।
- मन्त्रिमण्डल सचिवालय, मन्त्रिमण्डल से सम्बन्धित बैठकों की कार्यसूची तैयार करने के साथ-साथ सभी मन्त्रिमण्डलीय समितियों के लिए सचिवालयी सहायता उपलब्ध कराता है। इसके अतिरिक्त मन्त्रिमण्डल सचिवालय अन्तर मन्त्रिमण्डलीय एवं अन्य सभी विभागों के मध्य सामंजस्य स्थापित कर भारत सरकार के निर्णय लेने की प्रक्रिया में सहयोग करता है।
- मन्त्रिमण्डलीय सचिवालय सभी मन्त्रालयों एवं विभागों से सम्बन्धित मासिक एवं जरूरत योग्य सूचनाओं को राष्ट्रपति, उपराष्ट्रपति तक पहुँचाने में सहयोग करता है।

महान्यायवादी

- भारत के महान्यायवादी (Attorney-General) के पद की व्यवस्था संविधान के अनुच्छेद 76 के अन्तर्गत की गई है। यह देश का सर्वोच्च विधिक अधिकारी होता है।
- राष्ट्रपति द्वारा महान्यायवादी की नियुक्ति होती है तथा यह राष्ट्रपति के प्रसादपर्यन्त पद धारण करता है।
- उच्चतम न्यायालय के न्यायाधीश की योग्यता रखने वाले व्यक्ति को महान्यायवादी के पद पर नियुक्त किया जा सकता है।
- संविधान द्वारा महान्यायवादी का कार्यकाल निश्चित नहीं किया गया है। इसके अतिरिक्त संविधान में उसको हटाने को लेकर भी कोई मूल व्यवस्था नहीं दी गई है।
- वह अपने पद पर राष्ट्रपति के प्रसादपर्यन्त तक बने रह सकता है अर्थात् उसे राष्ट्रपति द्वारा कभी भी हटाया जा सकता है। उसे राष्ट्रपति द्वारा निर्धारित पारिश्रमिक मिलता है।

महान्यायवादी के कार्य एवं शक्तियाँ

- महान्यायवादी के मुख्य कार्य एवं शक्तियाँ निम्नलिखित हैं
  - विधिक रूप से ऐसे अन्य कर्त्तव्यों का पालन करे, जो राष्ट्रपति द्वारा सौंपे गए हैं।
  - भारत सरकार को विधि सम्बन्धी ऐसे विषयों पर सलाह दे, जो राष्ट्रपति द्वारा सौंपे गए हैं।
  - संविधान या किसी अन्य विधि द्वारा प्रदान किए गए कृत्यों का निर्वहन करना।
- भारत के महान्यायवादी को संसद के दोनों सदनों में बोलने, दोनों सदनों की कार्यवाही में भाग लेने तथा किसी भी संसदीय समिति का हिस्सा बनने का अधिकार है, किन्तु वह मत देने हेतु अधिकृत नहीं है।
- अपने कर्त्तव्यों का पालन करते समय महान्यायवादी को भारत के सभी न्यायालयों में सुनवाई का अधिकार है।
- वह सर्वोच्च न्यायालय तथा उच्च न्यायालय में भारत सरकार के विरुद्ध प्रस्तावित सभी मामलों में भारत सरकार की ओर से उपस्थित हो सकता है।

महान्यायवादी से सम्बन्धित अनुच्छेद : एक दृष्टि में

अनुच्छेद	प्रावधान
अनुच्छेद 76	भारत के महान्यायवादी
अनुच्छेद 88	संसद के दोनों सदनों तथा इसकी समितियों के सम्बन्ध में अधिकार
अनुच्छेद 105	शक्तियाँ, विशेषाधिकार तथा प्रतिरक्षा

भारत का सॉलिसिटर जनरल

- महान्यायवादी से अलग भारत सरकार के अन्य कानूनी अधिकारी होते हैं। भारत सरकार के महाधिवक्ता एवं अपर महाधिवक्ता।
- भारत सरकार का महाधिवक्ता (Solicitor General) तथा अपर महाधिवक्ता, महान्यायवादी को उसके कार्यों का निर्वहन करने में मदद करते हैं। ये पद महान्यायवादी के समान संवैधानिक नहीं, बल्कि वैधानिक होते हैं।

मन्त्रिमण्डलीय समितियाँ

- मन्त्रिमण्डल जिन विभिन्न प्रकार की समितियों द्वारा कार्य करता है, उन्हें मन्त्रिमण्डलीय समितियाँ कहा जाता है।
- एक बार जब केन्द्रीय मन्त्रिमण्डल शपथ ले लेता है और मन्त्रिस्तरीय विभागों का आवण्टन हो जाता है, तो अगला कदम उच्च स्तरीय मन्त्रिमण्डलीय समितियों का गठन करना होता है।
- प्रधानमन्त्री मन्त्रिमण्डल के चयनित सदस्यों को मिलाकर इन समितियों का गठन करते हैं तथा इन समितियों को विशिष्ट कार्य सौंपते हैं।
- मन्त्रिमण्डलीय समितियाँ न केवल मुद्दों को हल करती हैं और मन्त्रिमण्डल के विचार के लिए प्रस्ताव तैयार करती हैं, बल्कि महत्त्वपूर्ण निर्णय भी लेती हैं, हालाँकि मन्त्रिमण्डल इनके फैसलों की समीक्षा कर सकता है।

मन्त्रिमण्डलीय समितियों की विशेषताएँ

- मन्त्रिमण्डलीय समितियाँ संविधानेत्तर हैं। इसकी भारतीय संविधान में चर्चा नहीं है। इनका उल्लेख भारत सरकार कार्य आवंटन नियम, 1961 में किया गया है।
- ये समितियाँ मुख्य रूप से दो प्रकार-स्थायी एवं तदर्थ रूप में होती हैं, जहाँ स्थायी समितियाँ, स्थायी प्रकृति की होती हैं, तो वहीं तदर्थ समितियाँ अस्थायी प्रकृति की होती हैं।
- इन्हें समय की माँग एवं परिस्थिति के अनुसार, प्रधानमन्त्री द्वारा गठित किया जाता है, इसलिए इनकी संख्या, नामकरण एवं संरचना समय-समय पर बदलते रहते हैं।
- मन्त्रिमण्डलीय समितियों की सदस्यता एक समिति की दूसरे समिति से अलग होती है तथा कभी-कभी कैबिनेट मन्त्रियों के अतिरिक्त गैर-कैबिनेट मन्त्रियों की नियुक्ति की जाती है। इन समितियों में मामले से जुड़े मन्त्री ही नहीं, बल्कि वरिष्ठ मन्त्री भी हो सकते हैं।
- समिति का अध्यक्ष प्रायः प्रधानमन्त्री होता है। कभी-कभी अन्य कैबिनेट मन्त्री उनके अध्यक्ष के रूप में कार्य करता है। हालाँकि यदि प्रधानमन्त्री किसी समिति का सदस्य है, तो वही उसकी अध्यक्षता करता है।
- ये समितियाँ न केवल मुद्दों का निपटारा करती हैं और मन्त्रिमण्डल के विचारार्थ प्रस्ताव तैयार करती हैं, बल्कि निर्णय भी लेती हैं।
- इन समितियों का प्रयोग मन्त्रिमण्डल के अत्यधिक कार्यभार को कम करने के लिए एक संगठनात्मक उपकरण के रूप में किया जाता है।
- ये नीतिगत मुद्दों की गहन जाँच और प्रभावी समन्वय की सुविधा प्रदान करती हैं तथा ये श्रम विभाजन एवं प्रभावी प्रतिनिधित्व के सिद्धान्तों पर आधारित होती हैं।

मन्त्रिमण्डलीय समितियों की सूची

- वर्तमान में 8 मन्त्रिमण्डलीय समितियाँ कार्यरत् हैं, जिनका विवरण निम्न प्रकार से है
  1. राजनीतिक मामलों की मन्त्रिमण्डलीय समिति
  2. मन्त्रिमण्डल की नियुक्ति समिति
  3. आवास सम्बन्धी मन्त्रिमण्डलीय समिति
  4. आर्थिक मामलों की मन्त्रिमण्डलीय समिति
  5. निवेश एवं विकास पर मन्त्रिमण्डलीय समिति
  6. केन्द्रीय मन्त्रिमण्डल की सुरक्षा सम्बन्धी समिति
  7. रोजगार एवं कौशल विकास पर मन्त्रिमण्डलीय समिति
  8. संसदीय मामलों की मन्त्रिमण्डलीय समिति
- आवास सम्बन्धी मन्त्रिमण्डलीय समिति और संसदीय मामलों की मन्त्रिमण्डलीय समिति को छोड़कर सभी समितियों का नेतृत्व प्रधानमन्त्री द्वारा किया जाता है।
- राजनीतिक मामलों की मन्त्रिमण्डलीय समिति सबसे सशक्त समिति है।

मन्त्रिमण्डलीय समितियों के महत्त्वपूर्ण कार्य

- राजनीतिक मामलों की समिति घरेलू, विदेशी और नीतिगत मामलों में से सम्बन्धित होती है।
- आर्थिक मामलों की समिति आर्थिक क्षेत्र में सरकारी गतिविधियों का निर्देशन एवं समन्वय करती है।
- नियुक्ति समिति केन्द्रीय सचिवालय, सार्वजनिक उपक्रमों, बैंकों और वित्तीय संस्थानों में सभी उच्च स्तरीय नियुक्तियों का निर्णय लेती है।
- सुरक्षा सम्बन्धी कैबिनेट समिति भारत की कानून-व्यवस्था और राष्ट्रीय सुरक्षा से सम्बन्धित सभी मुद्दों से सम्बन्धित होती है।
- संसदीय मामलों की समिति संसद में सरकारी कामकाज की प्रगति पर दृष्टि रखती है। आवास सम्बन्धी समिति संसद सदस्यों, केन्द्र सरकार के कर्मचारियों, अन्य व्यक्तियों और विभिन्न संगठनों को सरकारी आवास के आवण्टन सम्बन्धी मुद्दों को देखती है।
- पूँजी प्रवाह में तेजी लाने, निर्यात प्रोत्साहन, आयात प्रतिस्थापना एवं व्यापार करने के मुद्दों में सुधार लाने के उद्देश्य से सभी नीतिगत मुद्दों को निवेश और विकास सम्बन्धी समिति देखती है।
- रोजगार एवं कौशल विकास सम्बन्धी मन्त्रिमण्डलीय समिति कौशल विकास, कार्यबल की रोजगार क्षमता बढ़ाने और महिला कार्यबल की भागीदारी बढ़ाने से सम्बन्धित सभी मुद्दों को देखती है।
- इन सभी मन्त्रिमण्डल समितियों को राजनीतिक मामलों की सर्वशक्तिशाली समिति माना जाता है, इसलिए इसे **सुपर कैबिनेट** भी कहा जाता है।

मन्त्री समूह

- मन्त्रिमण्डलीय समितियों के अतिरिक्त विभिन्न मुद्दों/विषयों को देखने के लिए **मन्त्री समूहों** (GoM) का गठन किया जाता है, जिन्हें मन्त्रिमण्डल की ओर से निर्णय लेने का अधिकार प्राप्त है।
- ये कुछ आकस्मिक मुद्दों और महत्त्वपूर्ण समस्याओं पर मन्त्रिमण्डल को सिफारिशें देने के लिए गठित तदर्थ निकाय हैं।
- इनमें से कुछ मन्त्री समूहों को मन्त्रिमण्डल की ओर से निर्णय लेने का अधिकार है, जबकि अन्य केवल मन्त्रिमण्डल को सिफारिशें देते हैं।
- ये विभिन्न मन्त्रालयों के बीच समन्वय का एक व्यवहार्य और प्रभावी साधन बन गए हैं।
- सम्बन्धित मन्त्रालयों का नेतृत्व करने वाले मन्त्रियों को सम्बन्धित मन्त्री समूह में शामिल किया जाता है और उद्देश्य की पूर्ति के पश्चात् उन्हें भंग कर दिया जाता है।

"

हमारे देश में संसदीय शासन व्यवस्था के अन्तर्गत द्विसदनीय व्यवस्था को अपनाया गया है, जिसमें राज्यसभा (उच्च सदन) एवं लोकसभा (निम्न सदन) शामिल हैं। राज्यसभा एक स्थायी सदन है, जबकि लोकसभा एक अस्थायी सदन है।

अध्याय बीस

संसद

विधायिका सरकार के तीन प्रमुख अंगों में से एक है। यह देश में कानून बनाने वाली सर्वोच्च संस्था है, इसे व्यवस्थापिका के नाम से भी जाना जाता है। विभिन्न राजनीतिक व्यवस्थाओं में विधायिका के नामों के विषय में एकरूपता नहीं है।

विभिन्न देशों में इसे भिन्न नामों से जाना जाता है; यथा-संयुक्त राज्य अमेरिका में कांग्रेस, जापान में डायट आदि। भारत में केन्द्रीय स्तर की विधायिका को संसद कहा जाता है।

- भारतीय लोकतान्त्रिक राजनीतिक व्यवस्था का संसदीय स्वरूप अपनाए जाने के कारण यह एक केन्द्रीय संस्था है। इसे सरकार का वेस्टमिंस्टर मॉडल (Westminster Model) भी कहा जाता है।
- संविधान के भाग-V के अन्तर्गत अनुच्छेद 79 से अनुच्छेद 122 में संसद के गठन, संरचना, अवधि, अधिकार, अधिकारियों, प्रक्रिया, विशेषाधिकार व शक्ति आदि के बारे में वर्णन किया गया है।
- संविधान के अनुच्छेद 79 के अनुसार, भारतीय संसद के तीन अंग हैं- राष्ट्रपति, राज्यसभा एवं लोकसभा अर्थात् भारतीय संसद राष्ट्रपति, लोकसभा तथा राज्यसभा से मिलकर बनती है।
- भारत का राष्ट्रपति संसद का अभिन्न अंग है। इसकी स्वीकृति (हस्ताक्षर) के बिना दोनों सदनों द्वारा पारित कोई भी विधेयक अधिनियम नहीं बन सकता है। भारतीय संघ राज्य की विधायी शक्तियाँ भारत की संसद में निहित हैं।
- संविधान के अनुच्छेद 87(1) के अनुसार, राष्ट्रपति लोकसभा के लिए प्रत्येक साधारण निर्वाचन के पश्चात् प्रथम सत्र के प्रारम्भ में एक साथ (समवेत) संसद के दोनों सदनों में अभिभाषण करेगा तथा संसद को उसके आह्वान के कारण बताएगा।'
- राज्यसभा (उच्च सदन) में राज्य एवं संघ राज्य क्षेत्रों के प्रतिनिधि होते हैं। लोकसभा (निम्न सदन) में प्रत्यक्ष रूप से जनता द्वारा निर्वाचित लोगों का प्रतिनिधित्व होता है।

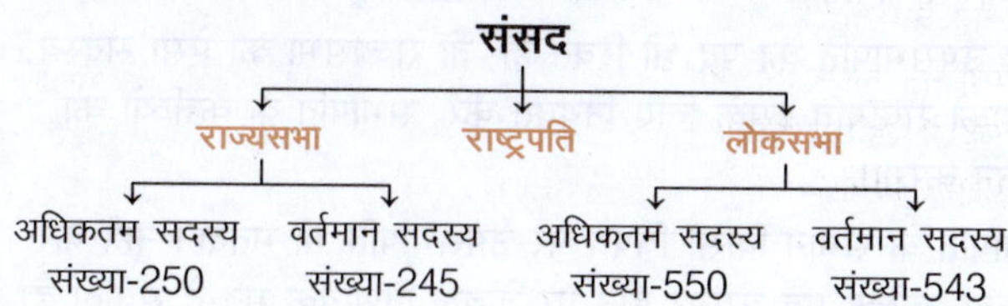

राज्यसभा

- राज्यसभा (Council of States) भारतीय संसद का दूसरा (उच्च सदन) सदन है। यह संसद का स्थायी सदन है अर्थात् राज्यसभा का विघटन नहीं हो सकता।
- राज्यसभा राज्यों तथा संघशासित प्रदेशों (विधानसभा युक्त) के प्रतिनिधित्व की व्यवस्था करती है, लेकिन भारत में अमेरिका के समान संसद की राज्यसभा में राज्यों का समान प्रतिनिधित्व नहीं है। राज्यसभा में राज्यों का प्रतिनिधित्व उनकी जनसंख्या के आधार पर दिया गया है।
- भारत ने संघात्मक सरकार की व्यवस्था स्वीकार की है, इसलिए आवश्यक है कि केन्द्र की विधि-निर्माण प्रक्रिया में राज्यों की भी भागीदारी हो, उनकी भागीदारी राज्यसभा के माध्यम से सुनिश्चित की जाती है।

राज्यसभा की संरचना

- अनुच्छेद 80 में राज्यसभा के गठन एवं निर्वाचन सम्बन्धी प्रावधान हैं। राज्यसभा में अधिकतम कुल 250 सदस्य हो सकते हैं, जिसमें से 12 सदस्यों को, जिन्हें साहित्य, विज्ञान, कला और समाज सेवा के क्षेत्र में विशिष्ट ज्ञान अथवा व्यावहारिक ज्ञान प्राप्त हो, राष्ट्रपति द्वारा मनोनीत किया जाता है।
- अनुच्छेद 80 (1) के अनुसार शेष 238 सदस्य निर्वाचित हो सकते हैं, जो राज्यों एवं संघीय क्षेत्रों के प्रतिनिधि होते हैं।
- वर्तमान में राज्यसभा में कुल 245 सदस्य हैं। इनमें से 233 सदस्य निर्वाचित होते हैं और 12 सदस्य राष्ट्रपति द्वारा मनोनीत किए जाते हैं। 233 सदस्यों का निर्वाचन 28 राज्यों तथा 3 केन्द्रशासित प्रदेशों; जैसे—जम्मू-कश्मीर (4), दिल्ली (3) व पुदुचेरी (1) के विधानमण्डल द्वारा किया जाता है।

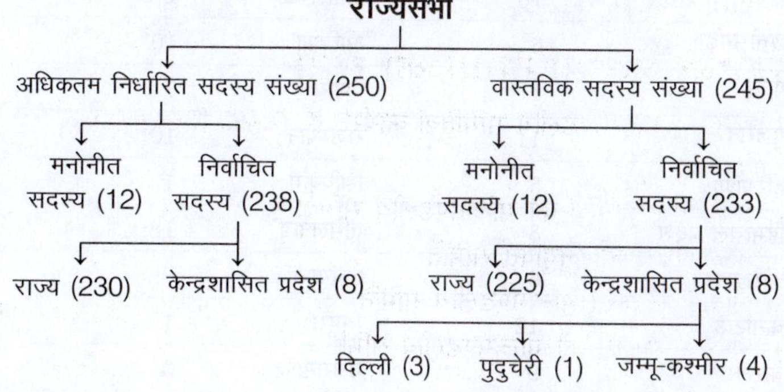

- संविधान की चौथी अनुसूची में राज्यसभा में, राज्यों तथा संघ शासित प्रदेशों से निर्वाचित होने वाले सदस्यों की संख्या निर्धारित की गई है।

सदस्यों का निर्वाचन

अनुच्छेद 80 (4) के अनुसार, राज्यसभा में प्रत्येक राज्य के प्रतिनिधियों का निर्वाचन उस राज्य की विधानसभा के निर्वाचित सदस्यों द्वारा आनुपातिक प्रतिनिधित्व पद्धति के अनुसार एकल संक्रमणीय मत द्वारा किया जाता है (राज्य विधानमण्डल के मनोनीत सदस्य इसमें शामिल नहीं होते)

योग्यताएँ

- अनुच्छेद 84 के अनुसार, वह व्यक्ति राज्यसभा के सदस्य के रूप में निर्वाचन के योग्य होगा, जो
  - भारत का नागरिक हो।
  - वह 30 वर्ष की आयु पूरी कर चुका हो।
  - उसके पास ऐसी अन्य अर्हताएँ हों, जो संसद द्वारा बनाई गई किसी विधि द्वारा अथवा उसके अधीन इसके लिए विहित की जाएँ।

सदस्यों के वेतन एवं भत्ते

भारतीय संविधान के अनुच्छेद 106 के अनुसार, संसद के प्रत्येक सदन के सदस्य को संसद के कानून द्वारा निर्धारित समय-समय पर नियत वेतन और भत्ते मिलते हैं। भारतीय संसद द्वारा इस सन्दर्भ में संसद सदस्य वेतन, भत्ता व पेंशन अधिनियम, 1954 पारित किया गया है।

कार्यकाल

- अनुच्छेद 83(1) के अनुसार, राज्यसभा एक स्थायी सदन है अर्थात् यह कभी भी विघटित नहीं होता और यह निरन्तर कार्य करता रहता है।
- राज्यसभा के सदस्यों का कार्यकाल अमेरिकी सीनेट की भाँति 6 वर्ष का होता है और प्रत्येक 2 वर्ष पश्चात् 1/3 सदस्य सेवा मुक्त हो जाते हैं। भारत में अमेरिकी सीनेट की भाँति राज्यसभा के सदस्य पुनर्निर्वाचित हो सकते हैं।

राज्यसभा में राज्यों का प्रतिनिधित्व

राज्य/केन्द्रशासित प्रदेश	राज्यसभा में सीटों की संख्या	राज्य/केन्द्रशासित प्रदेश	राज्यसभा में सीटों की संख्या
		राज्य	
आन्ध्र प्रदेश	11	मणिपुर	1
अरुणाचल प्रदेश	1	मेघालय	1
असम	7	मिजोरम	1
बिहार	16	नागालैण्ड	1
छत्तीसगढ़	5	ओडिशा	10
गोवा	1	पंजाब	7
गुजरात	11	राजस्थान	10
हरियाणा	5	सिक्किम	1
हिमाचल प्रदेश	3	तमिलनाडु	18
झारखण्ड	6	तेलंगाना	7
कर्नाटक	12	त्रिपुरा	1
केरल	9	उत्तराखण्ड	3
मध्य प्रदेश	11	उत्तर प्रदेश	31
महाराष्ट्र	19	पश्चिम बंगाल	16
अण्डमान और निकोबार द्वीप समूह	–	पुदुचेरी	1
चण्डीगढ़	–	जम्मू एवं कश्मीर	4
दादरा एवं नगर हवेली और दमन एवं दीव	–	लद्दाख	–
दिल्ली (राष्ट्रीय राजधानी क्षेत्र दिल्ली	3	नामित सदस्य	12
लक्षद्वीप	–	कुल	245

राज्यसभा के पदाधिकारी

राज्यसभा के पदाधिकारी सभापति तथा उपसभापति होते हैं

राज्यसभा के पदाधिकारी

सभापति | उपसभापति | राज्यसभा महासचिव

सभापति

- अनुच्छेद 89 के अनुसार, भारत का उपराष्ट्रपति राज्यसभा का पदेन सभापति होता है।
- पदेन सभापति से तात्पर्य है कि उपराष्ट्रपति पद के कारण राज्यसभा का सभापति पद प्राप्त करता है और सदन का पीठासीन अधिकारी होता है।
- सभापति, राज्यसभा की बैठकों की अध्यक्षता तथा उसका कार्य संचालन करता है।
- अनुच्छेद 92 के अनुसार, जब उपराष्ट्रपति को पद से हटाने की प्रक्रिया चल रही हो, तब वह सभापति के रूप में कार्य नहीं कर सकता है।
- राज्यसभा का सभापति राज्यसभा का सदस्य नहीं होता है, परन्तु मत बराबर होने की स्थिति में ही वह मत दे सकता है।
- उपराष्ट्रपति जब राष्ट्रपति के रूप में कार्य करता है, तो वह राज्यसभा के सभापति का कार्य नहीं कर सकता।
- राज्यसभा के सभापति हटाए जाने का अलग से कोई प्रावधान नहीं है, उसे केवल उस पद से तभी हटाया जा सकता है, जब उसे उपराष्ट्रपति के पद से हटा दिया जाए।

उपसभापति

- अनुच्छेद 89(2) के अन्तर्गत राज्यसभा का उपसभापति राज्यसभा द्वारा अपने सदस्यों में से ही चुना जाता है।
- अनुच्छेद 91(1) के अनुसार, जब सभापति (उपराष्ट्रपति) राष्ट्रपति के रूप में कार्य करता है, तब राज्यसभा के सभापति का पद रिक्त हो जाता है और सभापति के कर्त्तव्य उपसभापति द्वारा पूर्ण किए जाते हैं।
- यदि उपसभापति का पद भी रिक्त हो, तो राज्यसभा का ऐसा सदस्य, जिसको राष्ट्रपति इसके लिए नियुक्त करे, सभापति के कर्त्तव्यों का पालन करेगा।
- सभापति के समान किसी विषय पर उपसभापति भी मतदान नहीं कर सकता, बल्कि मत बराबर होने पर केवल निर्णायक मत दे सकता है।

- उपसभापति भी सभापति के समान जब उसे पद से हटाने की प्रक्रिया सदन में चल रही है, तब सदन में उपस्थित हो सकता है, बोल सकता है, मतदान कर सकता है, किन्तु वह पीठासीन नहीं हो सकता।

राज्यसभा सभापति और उपसभापति के कार्यकाल एवं पदच्युति

- राज्यसभा के सभापति का कार्यकाल 5 वर्ष का तथा उपसभापति का कार्यकाल 6 वर्ष का होता है।
- सभापति अपना कार्यकाल पूर्ण होने से पूर्व भी राष्ट्रपति को त्याग-पत्र देकर तथा उपसभापति, सभापति को त्याग-पत्र देकर पद त्याग सकता है।
- राज्यसभा के सभापति को हटाने के लिए 14 दिन पहले सूचना के साथ प्रस्ताव को राज्यसभा में पारित किया जाता है।
- उल्लेखनीय है कि राज्यसभा के सभापति को तब ही पद से हटाया जा सकता है जब उसे उपराष्ट्रपति पद से हटा दिया जाए।
- **अनुच्छेद 90** के अनुसार उपसभापति को निम्न आधारों पर पदमुक्त किया जाता है (अर्थात् वह जब राज्यसभा का सदस्य नहीं रहता)
  - यदि राज्यसभा में उसकी अवधि पूर्ण हो गई हो।
  - सभापति को लिखित त्याग-पत्र सौंपकर।
  - यदि राज्यसभा में पद से हटाने का प्रस्ताव बहुमत से पारित हो जाए, (राज्यसभा के तत्कालीन समस्त सदस्यों के बहुमत से) तो इस प्रकार का प्रस्ताव राज्यसभा में लाने से पहले उपसभापति को 14 दिन पूर्व सूचना जारी करना आवश्यक है।

राज्यसभा महासचिव

अनुच्छेद 98 में वर्णित है कि संसद के दोनों सदनों में अलग-अलग सचिवालयी कर्मचारी होंगे, इनकी नियुक्ति तथा सेवा शर्तों का निर्धारण संसद द्वारा किया जाएगा।

राज्यसभा की गणपूर्ति (कोरम)

- अनुच्छेद 100(3) के अनुसार, राज्यसभा की किसी भी सामान्य बैठक के लिए कुल सदस्यों का दसवाँ भाग गणपूर्ति माना जाएगा। दूसरे शब्दों में, गणपूर्ति, सदस्यों की न्यूनतम संख्या है, जिनकी उपस्थिति से सदन का कार्य सम्पादित होता है।
- राज्यसभा में गणपूर्ति में **न्यूनतम 25 सदस्य** हैं। यदि सदन के संचालन के समय गणपूर्ति पूरी नहीं होती है, तो सभापति का यह दायित्व है कि वह या तो सदन को स्थगित कर दे या गणपूर्ति तक कोई कार्य सम्पन्न न करे।

राज्यसभा की शक्तियाँ एवं कार्य

- **विधायी शक्तियाँ** लोकसभा के साथ मिलकर विधि निर्माण में भूमिका का निर्वहन
- **वित्तीय शक्तियाँ** लोकसभा की अपेक्षा कम शक्ति प्राप्त, धन विधेयक लोकसभा में पारित होने के पश्चात् राज्यसभा को प्राप्त
- **कार्यकारी शक्तियाँ** मन्त्रियों से उनके विभाग से सम्बन्धित सूचना प्राप्त करने का अधिकार
- **संविधान संशोधन की शक्ति** संविधान संशोधन को पारित कर सकने की शक्ति प्राप्त
- **विशिष्ट शक्तियाँ** संघात्मक व्यवस्था बनाए रखने हेतु अनुच्छेद 249 व अनुच्छेद 312 के अन्तर्गत शक्ति प्राप्त

लोकसभा

- लोकसभा (House of the People) भारतीय संसद का निम्न सदन है। लोकसभा संसद का लोकप्रिय सदन है, क्योंकि इसके सदस्यों का चुनाव आम जनता द्वारा किया जाता है।
- लोकसभा संसद का अस्थायी सदन है अर्थात् यह विघटित हो सकती है। लोकसभा का विघटन प्रधानमन्त्री की सिफारिश पर राष्ट्रपति करता है।
- लोकसभा का विघटन होने का तत्त्व संसदीय शासन प्रणाली से जुड़ा है, क्योंकि संसदीय प्रणाली में कार्यपालिका लोकसभा के प्रति उत्तरदायी होती है। अत: कार्यपालिका (मन्त्रिपरिषद्) तब तक बनी रहती है, जब तक उसे लोकसभा में विश्वास (बहुमत) प्राप्त है।

लोकसभा की संरचना

- संविधान के अनुच्छेद 81 में लोकसभा के गठन का प्रावधान है। भारतीय संविधान द्वारा लोकसभा की अधिकतम संख्या 550 निर्धारित की गई है।
- अनुच्छेद 81(1) (a) के अन्तर्गत 530 राज्यों के निर्वाचन क्षेत्रों से वयस्क मताधिकार के आधार पर सीधे जनता द्वारा निर्वाचित किए जाएँगे।
- अनुच्छेद 81(1) (b) के अन्तर्गत 20 सदस्य संघ शासित क्षेत्रों से संसद द्वारा निर्धारित विधि के अनुसार निर्वाचित किए जाएँगे।

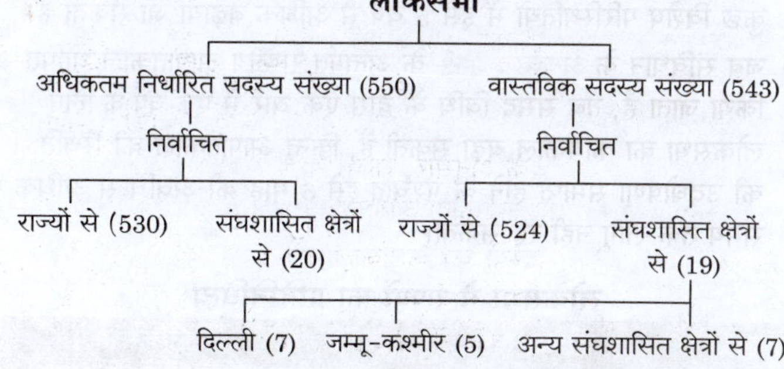

- अनुच्छेद 331 के अनुसार, राष्ट्रपति आंग्ल-भारतीय समुदाय को लोकसभा में समुचित प्रतिनिधित्व प्राप्त न होने की स्थिति में इस समुदाय के 2 सदस्यों को लोकसभा में मनोनीत कर सकता था, किन्तु एंग्लो-इण्डियन के लिए नामांकन (नामित) पर आधारित आरक्षित सीटों को 104वें संविधान संशोधन अधिनियम, 2019 द्वारा समाप्त कर दिया गया है।
- उल्लेखनीय है कि लोकसभा के 543 निर्वाचन क्षेत्र हैं, यह संख्या 1971 की जनगणना के आधार पर निर्धारित की गई है। यह निर्धारण वर्ष 2026 तक यथावत् रहेगा

राज्यों के स्थानों का आवण्टन

- प्रत्येक राज्य के सदस्यों की संख्या प्राय: इसकी जनसंख्या के अनुपात में निर्धारित की जाती है।
- अनुच्छेद 81 (2) के अन्तर्गत प्रत्येक राज्य में लोकसभा के लिए स्थानों का आवण्टन ऐसी प्रणाली से किया जाता है कि स्थानों की संख्या से उस राज्य की जनसंख्या का अनुपात सभी राज्यों के लिए यथासम्भव समान हो। उल्लेखनीय है कि यह प्रावधान तभी लागू होता है, जब राज्य की जनसंख्या 60 लाख से अधिक होगी।

- अनुच्छेद 330 के अनुसार, लोकसभा में अनुसूचित जातियों तथा जनजातियों के लिए स्थान उनकी संख्या के अनुपात में सुरक्षित है। वर्तमान में लोकसभा में अनुसूचित जातियों के 84 तथा अनुसूचित जनजातियों के लिए 47 स्थान सुरक्षित हैं।

लोकसभा सदस्यों का निर्वाचन

- लोकसभा सदस्यों का निर्वाचन सार्वभौमिक वयस्क मताधिकार के आधार पर प्रत्यक्ष रूप से किया जाता है।
- प्रत्येक व्यक्ति जो 18 वर्ष की आयु पूर्ण कर चुका हो तथा जिसका नाम मतदाता सूची में सम्मिलित हो वह लोकसभा के निर्वाचन में मतदान कर सकता है।

योग्यताएँ

- वह भारत का नागरिक हो।
- उसकी आयु कम-से-कम 25 वर्ष हो।
- उसमें वे सभी योग्यताएँ हों, जो संसद विधि द्वारा निर्धारित करे।

कार्यकाल

- अनुच्छेद 83 के अनुसार, लोकसभा का कार्यकाल 5 वर्ष होता है (उसकी पहली बैठक से), किन्तु इसे प्रधानमन्त्री या मन्त्रिपरिषद् की सलाह पर पहले भी विघटित किया जा सकता है।
- कुछ विशेष परिस्थितियों में इसे 5 वर्ष से अधिक बढ़ाया जा सकता है।
- जब संविधान के अनुच्छेद 352 के अन्तर्गत राष्ट्रीय आपातकाल घोषित किया जाता है, तब संसद विधि के द्वारा एक बार में एक वर्ष के लिए लोकसभा का कार्यकाल बढ़ा सकती है, किन्तु आपातकाल की स्थिति की उद्घोषणा समाप्त होने के पश्चात् इसे 6 माह की अवधि से अधिक समय तक लागू नहीं रह सकता।

लोकसभा में राज्यों का प्रतिनिधित्व

राज्य/केन्द्रशासित प्रदेश	लोकसभा में सीटों की संख्या	राज्य/केन्द्रशासित प्रदेश	लोकसभा में सीटों की संख्या
		राज्य	
आन्ध्र प्रदेश	25 (SC-4, ST-1)	मणिपुर	2 (ST-1)
अरुणाचल प्रदेश	2	मेघालय	2 (ST-2)
असम	14 (SC-1, ST-2)	मिजोरम	1 (ST-1)
बिहार	40 (SC-6)	नागालैण्ड	1
छतीसगढ़	11 (SC-1, ST-4)	ओडिशा	21 (SC-3, ST-5)
गोवा	2	पंजाब	13 (SC-4)
गुजरात	26 (SC-2, ST-4)	राजस्थान	25 (SC-4, ST-3)
हरियाणा	10 (SC-2)	सिक्किम	1
हिमाचल प्रदेश	4 (SC-1)	तमिलनाडु	39 (SC-7)
झारखण्ड	14 (SC-1, ST-5)	तेलंगाना	17 (SC-3, ST-2)
कर्नाटक	28 (SC-5, ST-2)	त्रिपुरा	2 (ST-1)
केरल	20 (SC-2)	उत्तराखण्ड	5 (SC-1)
मध्य प्रदेश	29 (SC-4, ST-6)	उत्तर प्रदेश	80 (SC-17)
महाराष्ट्र	48 (SC-5, ST-4)	पश्चिम बंगाल	42 (SC-10, ST-2)
केन्द्रशासित प्रदेश			
अण्डमान और निकोबार द्वीप समूह	1	पुदुचेरी	1
चण्डीगढ़	1	जम्मू एवं कश्मीर	5
दादरा एवं नगर हवेली तथा दमन एवं दीव	2 (ST-1)	लद्दाख	1
दिल्ली (राष्ट्रीय राजधानी क्षेत्र दिल्ली)	7 (SC-1)	नामित सदस्य	0
लक्षद्वीप	1 (ST-1)	कुल	543

लोकसभा के प्रमुख पदाधिकारी

अनुच्छेद 93 से 97 तक लोकसभा पदाधिकारी सम्बन्धी उपबन्ध किए गए हैं।

लोकसभा के प्रमुख पदाधिकारी

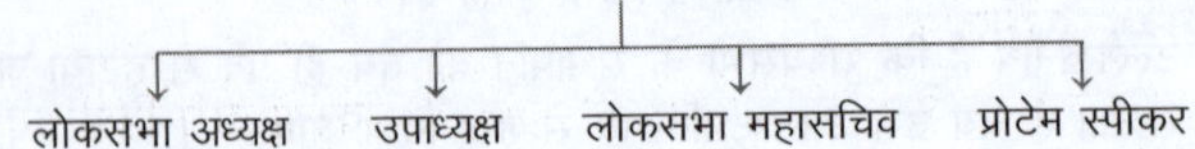

लोकसभा अध्यक्ष/स्पीकर

- भारत में संसदीय प्रणाली अपनाने के कारण निम्न सदन लोकसभा को राजनीतिक व्यवस्था में महत्त्वपूर्ण स्थान प्राप्त है। इसी कारण लोकसभा अध्यक्ष को, पद सूची के वरीयता क्रम में छठा स्थान प्राप्त है।
- हमारे यहाँ लोकसभा स्पीकर को लगभग वही शक्तियाँ प्राप्त हैं, जो ब्रिटेन के हाउस ऑफ कॉमन्स के स्पीकर को, परन्तु जहाँ ब्रिटिश हाउस ऑफ कॉमन्स का स्पीकर किसी दल का सदस्य नहीं होता है, (अध्यक्ष को अपने दल से त्याग-पत्र देना होता है) वहीं भारत में स्पीकर अपनी दलीय सदस्यता का त्याग नहीं करता है।
- संविधान के अनुच्छेद 93 में यह उपबन्ध किया गया है कि लोकसभा यथाशीघ्र अपने सदस्यों में से एक अध्यक्ष और एक उपाध्यक्ष चुनेगी तथा जब अध्यक्ष या उपाध्यक्ष का पद रिक्त होता है, तो वह किसी अन्य सदस्य को अध्यक्ष और उपाध्यक्ष चुनेगी।
- लोकसभा के प्रथम अध्यक्ष (स्पीकर) गणेश वासुदेव मावलंकर थे।

लोकसभा अध्यक्ष के कार्य

- वह लोकसभा की बैठकों की अध्यक्षता करता है तथा इसकी समस्त कार्यवाहियों का संचालन करता है।
- वह सदन के कार्यक्रम के क्रम निर्धारण के साथ सदस्यों के भाषण की भी समय-सीमा निर्धारित करता है।
- प्रत्येक सदस्य अपना भाषण उसे ही सम्बोधित करके प्रारम्भ करता है। वह सदन में अनुशासन बनाए रखता है तथा सदन में असंसदीय भाषा के प्रयोग पर अंकुश लगाता है।
- यदि कोई सदस्य उसके निर्णयों का उल्लंघन करता है, तो वह उसकी सदस्यता को स्थगित कर सकता है अथवा उसे सदन छोड़ने के लिए कह सकता है अथवा उसको सदन के मार्शल द्वारा सदन की बैठक से हटाने की आज्ञा दे सकता है।
- यदि कभी सदन में अव्यवस्था उत्पन्न हो जाए अथवा सदस्य अनुशासन का उल्लंघन करे, तो वह सदन की बैठक को स्थगित कर सकता है।
- वह सदन के सदस्यों से आचरण के नियमों का पालन करवाता है तथा सदस्यों के विशेषाधिकारों के हनन से उनकी रक्षा करता है।
- यदि कभी किसी प्रस्ताव अथवा प्रश्न को विचारार्थ स्वीकार करने या न करने पर विवाद की स्थिति उत्पन्न हो जाए, तो वह इस पर अपना निर्णय

देता है। जब कभी किसी विषय पर सदन में पक्ष और विपक्ष को समान मत प्राप्त हों, तो वह **निर्णायक मत** देता है।

- जब कभी कोई सदस्य कार्य-स्थगन प्रस्ताव रखता है, तो इसे स्वीकार किया जाए अथवा नहीं, इसका निर्णय भी अध्यक्ष ही करता है। इसके अतिरिक्त कोई विधेयक, धन विधेयक है अथवा नहीं, इसका निर्णय अध्यक्ष ही करता है तथा जब कभी संसद के दोनों सदनों का संयुक्त अधिवेशन होता है, तो लोकसभा अध्यक्ष इसकी अध्यक्षता करता है।
- सदन के नेता के आग्रह/निवेदन पर लोकसभा अध्यक्ष गुप्त बैठक बुला सकता है और जब गुप्त बैठक की जाती है, तो अन्य किसी व्यक्ति (जो बैठक से सम्बन्धित नहीं है) को चैम्बर या गैलरी में जाने की अनुमति नहीं होती है।

लोकसभा उपाध्यक्ष

- लोकसभा का उपाध्यक्ष भी अध्यक्ष की भाँति ही सदस्यों द्वारा निर्वाचित होता है। **अनुच्छेद 95** के अनुसार, उपाध्यक्ष अध्यक्ष की अनुपस्थिति में सदन की अध्यक्षता करता है।
- यदि अध्यक्ष या उपाध्यक्ष भी अनुपस्थित है, तो ऐसा व्यक्ति जो लोकसभा की प्रक्रिया के नियमों द्वारा अवधारित किया जाए, अध्यक्ष के रूप में कार्य करेगा। उपाध्यक्ष सचिवालय बजट समिति का अध्यक्ष होता है। लोकसभा के प्रथम उपाध्यक्ष अनन्तशयनम आयंगर थे।
- जब अध्यक्ष सदन में पीठासीन होता है, तो उपाध्यक्ष सदन के अन्य दूसरे सदस्यों की तरह होता है। उसे सदन में बोलने, कार्यवाही में भाग लेने एवं किसी प्रश्न पर मत देने का अधिकार होता है।
- लोकसभा अध्यक्ष या उपाध्यक्ष पद पर होने के लिए अलग शपथ की व्यवस्था नहीं है। वे दोनों लोकसभा सदस्य के रूप में शपथ लेते हैं।

प्रोटेम स्पीकर

- आम चुनावों के बाद राष्ट्रपति लोकसभा के सबसे वरिष्ठ सदस्य को प्रोटेम स्पीकर के रूप में नियुक्त करता है। स्पीकर का चुनाव और नव निर्वाचित सदस्यों को शपथ ग्रहण कराना **प्रोटेम स्पीकर** का कार्य है।
- प्रोटेम स्पीकर सर्वप्रथम बहुमत दल के उम्मीदवार का स्पीकर के रूप में प्रस्ताव रखता है।
- यदि इस प्रस्ताव को लोकसभा बहुमत से स्वीकार कर लेती है, तो लोकसभा स्पीकर का चुनाव हो जाता है अन्यथा प्रोटेम स्पीकर दूसरे सदस्य का प्रस्ताव रखता है।

- 10वीं लोकसभा (मई, 1996 तक) अध्यक्ष तथा उपाध्यक्ष सामान्यतः सत्ताधारी दल का होता था। वर्ष 2019 से लोकसभा के उपाध्यक्ष का पद रिक्त है।

लोकसभा महासचिव

यह कार्यपालिका का **स्थायी पदाधिकारी** होता है, जो 60 वर्ष तक इस पद पर कार्य कर सकता है। वह संसद या लोकसभा के प्रति नहीं, अपितु लोकसभा अध्यक्ष के प्रति उत्तरदायी होता है।

लोकसभा की गणपूर्ति (कोरम)

- लोकसभा/सदन की कुल सदस्य संख्या के दसवें भाग (1/10) की उपस्थिति को गणपूर्ति या कोरम कहा जाता है। **[अनुच्छेद 100(3)]**
- यदि किसी बैठक के दौरान कोरम पूरी नहीं होती है, तो सदन को स्थगित या निलम्बन कर दिया जाता है।

लोकसभा अध्यक्ष और उपाध्यक्ष के कार्यकाल एवं पदच्युति

- लोकसभा का अध्यक्ष अथवा उपाध्यक्ष सदन में जीवनपर्यन्त (लोकसभा के कार्यकाल तक सामान्यतः 5 वर्ष) अपने पद पर बना रहता है, परन्तु निम्न दशाओं में इसके पूर्व भी उनके पद की समाप्ति हो सकती है
  - लोकसभा का सदस्य न रहने पर अपना पद रिक्त कर देता है।
  - अध्यक्ष, उपाध्यक्ष को तथा उपाध्यक्ष, अध्यक्ष को सम्बोधित कर अपना त्याग-पत्र दे सकता है।
  - **अनुच्छेद 94** के अन्तर्गत लोकसभा के संकल्प द्वारा उसे पद से हटाया जा सकता है, परन्तु इसके लिए कम-से-कम 14 दिन की सूचना देनी होगी तथा लोकसभा के तत्कालीन समस्त सदस्यों के बहुमत से पारित करना होगा।
  - लोकसभा अध्यक्ष के कार्यों व आचरण के विषय पर न चर्चा की जा सकती है और न ही आलोचना।
- **अनुच्छेद 96** के अनुसार जब लोकसभा के अध्यक्ष को उसके पद से हटाने का संकल्प विचाराधीन है, तब अध्यक्ष या जब उपाध्यक्ष को उसके पद से हटाने का कोई संकल्प विचाराधीन है, तब उपाध्यक्ष लोकसभा का पीठासीन नहीं होगा।
- जब लोकसभा अध्यक्ष को उसके पद से हटाने का संकल्प लोकसभा में विचाराधीन है, तब उसको लोकसभा में बोलने, कार्यवाहियों में भाग लेने तथा किसी विषय पर प्रथमतः मत देने का अधिकार होगा, किन्तु उसे निर्णायक मत देने का अधिकार नहीं होगा।
- संविधान के **अनुच्छेद 94** के अधीन लोकसभा भंग (Dissolve) हो जाने पर तत्कालीन लोकसभा अध्यक्ष अपने पद का त्याग नहीं करता है, बल्कि वह नई लोकसभा की प्रथम बैठक होने तक अपने पद पर बना रहता है।

लाभ का पद

- **ऑफिस ऑफ प्रोफिट** (Office of Profit) अर्थात् लाभ के पद शब्द का उल्लेख भारतीय संविधान के **अनुच्छेद 102(1)(a)** तथा **अनुच्छेद 191(1)(a)** में किया गया है। इन अनुच्छेदों में लाभ का पद परिभाषित नहीं है।
- अनुच्छेद 102(1)(a) के अन्तर्गत संसद सदस्यों तथा अनुच्छेद 191(1)(a) के अन्तर्गत राज्य विधानसभा सदस्यों के लिए किसी अन्य पद पर बने रहने की अनुमति नहीं है।
- किसी जन-प्रतिनिधि द्वारा सरकार में ऐसे लाभ के पद को प्राप्त नहीं किया जा सकता, जिसमें उसे सरकारी भत्ते अथवा सुविधाएँ प्राप्त होती हों।
- संसद द्वारा **संसद** (अयोग्यता निवारण) **अधिनियम, 1959** अधिनियमित किया गया, जिसमें उन पदों की सूची दी गई है, जो लाभ के पद से बाहर रखे गए हैं।
- संसद द्वारा अब तक पाँच बार (वर्ष 1993, 1999, 2000, 2006 व 2013) इस अधिनियम में संशोधन किया गया है। लाभ के पद का संविधान में उल्लेख है, किन्तु इसे परिभाषित नहीं किया गया है।

लोकसभा का कार्यकाल और उसके अध्यक्ष

क्रम	अध्यक्ष	अध्यक्ष का कार्यकाल
पहली लोकसभा	गणेश वासुदेव मावलंकर (उपाध्यक्ष)	15 मई, 1952 से 27 फरवरी, 1956
दूसरी लोकसभा	एम. अनन्तशयनम आयंगर	8 मार्च, 1956 से 31 मार्च, 1962
तीसरी लोकसभा	हुकुम सिंह	17 अप्रैल, 1962 से 16 मार्च, 1967
चौथी लोकसभा	नीलम संजीव रेड्डी गुरदयाल सिंह ढिल्लो	17 मार्च, 1967 से 19 जुलाई 1969 8 अगस्त, 1969 से 19 मार्च, 1971
पाँचवीं लोकसभा	गुरदयाल सिंह ढिल्लो बलिराम भगत	22 मार्च, 1971 से 1 दिसम्बर, 1975 15 जनवरी, 1976 से 25 मार्च, 1977
छठी लोकसभा	नीलम संजीव रेड्डी के. एस. हेगड़े	26 मार्च, 1977 से 13 जुलाई, 1977 21 जुलाई, 1977 से 21 जनवरी, 1980
सातवीं लोकसभा	बलराम जाखड़	22 जनवरी, 1980 से 27 अक्टूबर, 1984
आठवीं लोकसभा	बलराम जाखड़	16 जनवरी, 1985 से 18 दिसम्बर, 1989
नौवीं लोकसभा	रवि राय	19 दिसम्बर, 1989 से 9 जुलाई, 1991
दसवीं लोकसभा	शिवराज. वी. पाटिल	10 जुलाई, 1991 से 22 मई, 1996
ग्यारहवीं लोकसभा	पी. ए. संगमा	23 मई, 1996 से 23 मार्च, 1998
बारहवीं लोकसभा	जी.एम.सी बालयोगी	24 मार्च, 1998 से 19 अक्टूबर, 1999
तेरहवीं लोकसभा	जी.एम.सी बालयोगी मनोहर गजानन जोशी	22 अक्टूबर, 1999 से 3 मार्च, 2002 10 मई, 2002 से 2 जून, 2004
चौदहवीं लोकसभा	सोमनाथ चटर्जी	4 अगस्त, 2004 से 4 जून, 2009
पन्द्रहवीं लोकसभा	मीराकुमार (प्रथम महिला)	4 जून, 2009 से 11 जून, 2014
सोलहवीं लोकसभा	सुमित्रा महाजन	15 जून, 2014 से 17 जून, 2019
सत्रहवीं लोकसभा	ओम बिरला	19 जून, 2019 से 24 जून, 2024
अठारहवां लोकसभा	ओम बिरला	26 जून, 2024 से अब तक

लोकसभा की शक्तियाँ एवं कार्य

- **विधायी शक्तियाँ** कोई भी विधेयक लोकसभा की स्वीकृति के बिना कानून का रूप धारण नहीं कर सकता
- **वित्तीय शक्तियाँ** वित्तीय क्षेत्र में महत्त्वपूर्ण शक्तियाँ प्राप्त; (वित्त विधेयक लोकसभा में ही प्रस्तावित किए जाते हैं)
- **कार्यकारी शक्तियाँ** मन्त्रिमण्डल केवल उसी समय तक अपने पद पर रहता है, जब तक कि उसे लोकसभा का विश्वास प्राप्त हो
- **संविधान शक्तियाँ की शक्ति** संविधान में **संशोधन-परिवर्तन** करने का अधिकार भी प्राप्त
- **अन्य शक्तियाँ** निर्वाचक मण्डल के रूप में भी कार्यरत् सार्वजनिक विवाद का मंच (जहाँ जनता की शिकायतों को सरकार के समक्ष प्रस्तुत किया जाता है)

संविधान संशोधन की शक्ति

लोकसभा, राज्यसभा के साथ मिलकर संविधान में संशोधन कर पुराने प्रावधानों को हटा सकती है तथा उसमें परिवर्तन कर सकती है अथवा नए प्रावधानों को जोड़ सकती है।

न्यायिक शक्ति

- लोकसभा सर्वोच्च न्यायालय तथा उच्च न्यायालय के न्यायाधीशों को हटाने सम्बन्धी प्रस्ताव पारित कर सकती है।
- इसके अतिरिक्त लोकसभा उस व्यक्ति अथवा संस्था को भी दण्ड दे सकती है, जो इसके विशेषाधिकार का उल्लंघन करते हैं।

अन्य शक्तियाँ

- लोकसभा, राष्ट्रपति और उपराष्ट्रपति के निर्वाचन में भाग लेती है। इसके अतिरिक्त लोकसभा अपने अध्यक्ष तथा उपाध्यक्ष का चुनाव भी करती है।
- लोकसभा आपातकाल (Emergency) की घोषणा को स्वीकृति देती है।
- यह समिति और आयोगों का गठन करती है और उनके प्रतिवेदनों पर विचार करती है।

लोकसभा की विशिष्ट शक्तियाँ

- लोकसभा को कुछ मामलों में विशिष्ट शक्तियाँ भी प्राप्त हैं। कुछ ऐसी शक्तियाँ हैं, जिनका प्रयोग केवल लोकसभा ही कर सकती है यथा धन विधेयक केवल लोकसभा में ही प्रस्तुत किए जा सकते हैं और लोकसभा ही उसे संशोधित या अस्वीकृत कर सकती है।
- इस प्रकार लोकसभा कर प्रस्तावों, बजट और वार्षिक वित्तीय वक्तव्यों को स्वीकृति देती है।
- मन्त्रिपरिषद् केवल लोकसभा के प्रति उत्तरदायी है, राज्यसभा के प्रति नहीं। अत: राज्यसभा सरकार की आलोचना तो कर सकती है, परन्तु उसे हटा नहीं सकती।

लोकसभा एवं राज्यसभा की समान शक्तियाँ

कुछ मामलों में लोकसभा एवं राज्यसभा को समान शक्तियाँ प्राप्त हैं; जैसे-

- सामान्य और **संविधान संशोधन विधेयकों** को पारित करना।
- राष्ट्रपति एवं उपराष्ट्रपति के निर्वाचन में भाग लेना।
- **राष्ट्रपति पर महाभियोग** लगाने तथा उपराष्ट्रपति को हटाने के सम्बन्ध में। यद्यपि उपराष्ट्रपति को हटाने सम्बन्धी प्रस्ताव केवल राज्यसभा में लाया जाता है, लोकसभा में नहीं। लोकसभा केवल उस प्रस्ताव का अनुमोदन करती है।
- राष्ट्रपति द्वारा जारी अध्यादेश की स्वीकृति
- सर्वोच्च न्यायालय तथा उच्च न्यायालय के न्यायाधीशों को हटाने के सम्बन्ध में।

संसद सदस्यों की निरर्हताएँ/अयोग्यताएँ

संसद की सदस्यता से निरर्हित (Disqualified) होने के लिए निम्न स्थितियाँ निर्धारित की गई हैं

निरर्हताएँ

- अनुच्छेद 102 के अनुसार (लाभ के पद)
- दल-बदल अधिनियम अनुसार (दसवीं अनुसूची)
- जनप्रतिनिधित्व अधिनियम, 1951 के अनुसार
- संसद सदस्यों की रिक्ति

अनुच्छेद 102 के अनुसार

- अनुच्छेद 102 के अन्तर्गत संसद सदस्यों की निरर्हताओं (Disqualification) से सम्बन्धित प्रावधानों का उल्लेख किया गया है, जिसके अनुसार कोई व्यक्ति संसद सदस्य होने के लिए निरर्हित होगा।
  - यदि वह संघ या राज्य सरकार के अधीन किसी लाभ के पद पर कार्य करता हो। यदि व्यक्ति विकृत चित्त है तथा किसी सक्षम न्यायालय ने यह घोषणा कर दी है।
  - यदि वह अनुमोचित दिवालिया घोषित हो गया हो।
  - यदि वह भारत का नागरिक नहीं है या किसी विदेशी राज्य की नागरिकता स्वैच्छिक रूप से स्वीकृत कर ले।
  - यदि संसद द्वारा बनाई गई विधि से निरर्ह घोषित हो गया हो।
- अनुच्छेद 102(2) कोई व्यक्ति संसद के किसी भी सदन का सदस्य होने के लिए अयोग्य हो जाएगा, यदि वह दसवीं अनुसूची के अन्तर्गत अयोग्य घोषित हो गया हो।

दल-बदल के आधार पर निरर्हता

- दल परिवर्तन के आधार पर निरर्हता 52वें संविधान संशोधन अधिनियम, 1985 में 10वीं अनुसूची को जोड़ा गया, जिसके द्वारा सांसदों तथा विधायकों द्वारा एक राजनीतिक दल से दूसरे राजनीतिक दल में दल-परिवर्तन आधार पर निरर्हता सम्बन्धी निम्न उपबन्ध किए गए हैं
  - यदि सांसद स्वेच्छा से उस राजनीतिक दल की सदस्यता छोड़ दे।
  - यदि वह उस सदन में अपने राजनीतिक दल के निर्देशों के मत के विपरीत मत देता है या मतदान में अनुपस्थित रहता है तथा सम्बन्धित राजनीतिक दल उसे 15 दिनों के अन्दर क्षमादान न दें।
  - यदि कोई निर्दलीय सदस्य चुनाव जीतने के बाद किसी राजनीतिक दल की सदस्यता ग्रहण कर ले।
  - किसी सदन का मनोनीत (Nominated) सदस्य यदि उस सदन में स्थान ग्रहण करने के 6 माह बाद किसी दल की सदस्यता ग्रहण कर ले।
- इस सम्बन्ध में निर्णय लेने का अधिकार लोकसभा में अध्यक्ष तथा राज्यसभा में सभापति के अधीन है। न्यायालय का इस विषय पर अधिकार नहीं था, किन्तु किहोतो-होलोहान मामले, 1993 से इस उपबन्ध को न्यायालय ने असंवैधानिक घोषित कर दिया तथा न्यायालय इस सम्बन्ध में निर्णय की मात्र समीक्षा कर सकता है।

जन-प्रतिनिधित्व अधिनियम, 1951

इस अधिनियम के अनुसार, निरर्हताओं के आधार निम्नवत् हैं

- यदि चुनाव में कुछ चुनावी अपराधों/भ्रष्ट आचरणों का दोषी पाया गया हो।
- किसी भी अपराध के लिए दोषी ठहराया गया, जिसके परिणामस्वरूप दो या दो से अधिक वर्षों के लिए कारावास हो। (निवारक निरोध कानून के अन्तर्गत निरोध अयोग्यता नहीं है)।
- भ्रष्टाचार या राज्य के प्रति वफादारी न करने के लिए सरकारी सेवा से बर्खास्त कर दिया गया हो। वह निर्धारित अवधि के अन्दर चुनावी खर्च का विवरण देने में असफल रहा हो।
- विभिन्न समूहों के बीच शत्रुता को बढ़ावा देने या रिश्वतखोरी के अपराध के लिए दोषी ठहराया गया हो।
- अस्पृश्यता, दहेज और सती जैसे सामाजिक अपराधों के प्रचार और अभ्यास के लिए दण्डित किया गया हो।

संसद के सदस्यों की रिक्ति

- संविधान के अनुच्छेद 101 के अन्तर्गत संसद सदस्यों के स्थानों के रिक्ति सम्बन्धी प्रावधानों का उल्लेख किया गया है।
- यदि कोई व्यक्ति दोनों सदनों के लिए निर्वाचित हो जाता है, तो उसे परिणाम घोषित किए जाने के 10 दिन के अन्दर यह संसूचित करना होगा कि वह किस सदन में कार्य करना चाहता है, ऐसा न करने की स्थिति में राज्यसभा में उसकी सीट रिक्त मानी जाएगी।
- यदि किसी सदन का सदस्य, दूसरे सदन का भी सदस्य चुन लिया जाता है, तो पहले से जिस सदन का सदस्य है, उसमें उसका पद रिक्त हो जाता है।
- इसी प्रकार कोई व्यक्ति संसद व राज्य के विधानमण्डल के किसी सदन का सदस्य निर्वाचित हो जाता है और राज्य विधानमण्डल से त्याग-पत्र नहीं देता है, तो 14 दिनों के पश्चात् संसद में उसका स्थान रिक्त हो जाएगा।
- यदि कोई संसद सदस्य 60 दिन की अवधि तक सदन की अनुज्ञा के बिना उसकी सभी बैठकों में अनुपस्थित रहता है, तो उससे सम्बन्धित सदन उसके स्थान को रिक्त घोषित कर सकता है।
- संसद के किसी सदन का कोई भी सदस्य, स्पीकर या सभापति (यथास्थिति) को सम्बोधित कर अपने हस्ताक्षर सहित लेख द्वारा अपने स्थान का त्याग कर सकता है।

अयोग्यता सम्बन्धी विवादों का निर्णय

- अनुच्छेद 103 के अन्तर्गत यह उल्लेख है कि संसद के किसी सदन का सदस्य अनुच्छेद 102 में वर्जित निरर्हता के मामलों में राष्ट्रपति निर्वाचन आयोग से परामर्श करने के बाद निर्णय लेगा और उसका (राष्ट्रपति) निर्णय अन्तिम होगा।
- दल-बदल के आधार पर संसद सदस्यों की अयोग्यता का निर्णय लोकसभा में अध्यक्ष तथा राज्यसभा में सभापति के द्वारा किया जाता है।

निर्वाचन सम्बन्धी विवाद

- संसद सदस्य के निर्वाचन सम्बन्धी विवाद के मामले में अन्तिम निर्णय सम्बन्धित राज्य के उच्च न्यायालय के द्वारा किया जाता है।
- उच्च न्यायालय किसी भी निर्वाचन को शून्य घोषित कर सकता है।

संसद में नेता

- सदन का नेता लोकसभा के नियमों के अन्तर्गत सदन के नेता का अभिप्राय है- प्रधानमन्त्री।
- संविधान में यह पद उल्लिखित नहीं है। प्रधानमन्त्री किसी भी अन्य लोकसभा सदस्य को सदन का नेता मनोनीत कर सकता है। इसी प्रकार राज्यसभा में भी एक सदन का नेता होता है, जिसे प्रधानमन्त्री द्वारा ही मनोनीत किया जाता है।
- विपक्ष का नेता संसद के दोनों सदनों में एक-एक विपक्ष का नेता होता है। विपक्ष का नेता प्रतिपक्ष का पद संविधान में कोई प्रावधान नहीं है। यह पद वर्ष 1977 में संसद द्वारा पारित अधिनियम के अन्तर्गत स्थापित किया गया।

- इसमें यह उपबन्ध किया गया कि शासक दल के अतिरिक्त किसी भी दल के नेता को, जिसके संसद में सबसे अधिक सदस्य हैं, को विरोधी दल के नेता के रूप में मान्यता प्रदान की जाएगी।
- विपक्ष के नेता को कैबिनेट मन्त्री के स्तर की मान्यता प्राप्त होती है तथा उसे वे सभी सुविधाएँ प्राप्त होती हैं, जो एक कैबिनेट स्तर के मन्त्री को प्राप्त होती हैं।
- वर्ष 1965 में पहली बार विपक्ष के नेता को मान्यता मिली थी।
  - संसद के नियम तथा संविधि में इस पद का उल्लेख है
  - विभिन्न पदों पर नियुक्ति/समिति की संरचना में विपक्ष का नेता सम्मिलित होता है; जैसे-लोकपाल, मानवाधिकार आयोग, केन्द्रीय सतर्कता आयोग एवं मुख्य सूचना आयुक्त का पद आदि।
- उल्लेखनीय है कि वर्ष 1969 में विपक्ष के पहले नेता के रूप में लोकसभा में रामसुभग सिंह तथा राज्यसभा में श्याम नन्दन मिश्रा को बनाया गया था।

ह्विप (सचेतक)

- यह पद न तो संविधान में और न ही सदन के नियमों में वर्णित है। इसकी नियुक्ति सदन में सहायक नेता के रूप में की जाती है। यह संसद में अपने दल के सदस्यों के **व्यवहार का निरीक्षण** करता है। यदि इसकी पार्टी के सदस्य इसके निर्देश के अनुसार कार्य नहीं करते हैं, तो तब उनके विरुद्ध अनुशासनात्मक कार्रवाही हो सकती है।
- लोकसभा में सत्ताधारी दल का मुख्य सचेतक संसदीय कार्य मन्त्री होता है, जबकि राज्यसभा में संसदीय कार्य राज्यमन्त्री इस पद पर आसीन होता है।
- मुख्य सचेतक सीधे सदन के नेता के प्रति उत्तरदायी होता है तथा उसे संसदीय कार्य पर सरकार को सलाह देना होता है।

संसदीय सत्र

- संसद का सत्र/अधिवेशन दोनों सदनों की संयुक्त बैठक से प्रारम्भ होता है, जिसे राष्ट्रपति सम्बोधित करता है।
- संसदीय सत्र वह समयावधि है, जिसमें सदन बैठक करके संसदीय कार्यों का संचालन एवं उन्हें सम्पन्न करता है। अत: संसद के प्रथम अधिवेशन और उसके सत्रावसान अथवा विघटन के बीच की अवधि को सत्र कहा जाता है।
- सामान्यत: प्रतिवर्ष संसद के तीन सत्र या अधिवेशन होते हैं; जैसे-बजट अधिवेशन ग्रीष्मकालीन (फरवरी-मई), वर्षाकालीन अधिवेशन मानसून सत्र (जुलाई-सितम्बर) एवं शीतकालीन अधिवेशन (नवम्बर-दिसम्बर)।
- बजट सत्र सबसे लम्बा तथा शीतकालीन सत्र सर्वाधिक छोटा होता है।

सत्रों का आयोजन

- बजट सत्र (फरवरी-मई)
- मानसून सत्र (जुलाई-सितम्बर)
- शीतकालीन सत्र (नवम्बर-दिसम्बर)

सत्र आहूत करना

- अनुच्छेद 85(1) के अन्तर्गत राष्ट्रपति दोनों सदनों को ऐसे अन्तराल पर आहूत करेगा कि एक सत्र की अन्तिम बैठक और उसके पश्चात् सत्र की प्रथम बैठक के लिए नियत तारीख के बीच छ: माह से अधिक का अन्तराल न हो।
- सदन की बैठक तीन (विघटन (Dissolution), सत्रावसान (Prorogation), स्थगन (Adjourned) प्रकार से समाप्त की जा सकती है।

विघटन

विघटन केवल लोकसभा का ही हो सकता है। यह दो प्रकार से हो सकता है

- पाँच वर्षों के कार्यकाल की समाप्ति पर अथवा आपातकाल के दौरान विस्तारित अवधि की समाप्ति पर।
- अनुच्छेद 85 के अन्तर्गत राष्ट्रपति द्वारा विघटित किए जाने पर।

विघटन का विधेयकों पर प्रभाव

- लोकसभा के विघटित होने पर प्रस्ताव, संकल्प तथा नोटिस आदि समाप्त हो जाते हैं।
- अनुच्छेद 107 के अन्तर्गत उन परिस्थितियों का वर्णन है, जिनके द्वारा कोई विधेयक व्यपगत हो जाता है।
- यदि कोई विधेयक लोकसभा में लम्बित है या पारित हो गया है, किन्तु राज्यसभा लम्बित है, ऐसे सभी विधेयक लोकसभा की समाप्ति से समाप्त हो जाते हैं।
- यदि कोई विधेयक राज्यसभा ले जाया गया है या राज्यसभा में ही लम्बित है, किन्तु लोकसभा द्वारा पारित नहीं किया गया है, तो ऐसा विधेयक लोकसभा के विघटन से समाप्त नहीं होगा।
- राष्ट्रपति के समक्ष गया कोई विधेयक यदि राष्ट्रपति द्वारा पुनर्विचार के लिए वापस लौटाया गया है, तब ऐसा विधेयक लोकसभा विघटन पर भी समाप्त नहीं होता।
- किसी विधेयक पर संसद के दोनों सदनों में यदि सहमति नहीं बनती, तब अनुच्छेद 108 के अन्तर्गत संयुक्त बैठक बुलाई जाए (राष्ट्रपति द्वारा) ऐसा विधेयक भी समाप्त नहीं होता है।

सत्रावसान

- संसद के किसी सत्र विशेष का समापन हो जाता है। सत्रावसान मन्त्रिपरिषद् की सलाह पर राष्ट्रपति द्वारा किया जाता है।
- यदि सदन को स्थगित कर दिया गया हो, तो भी सत्रावसान किया जा सकता है।
- सत्रावसान की स्थिति में लोकसभा में लम्बित विधेयक व्यपगत नहीं होते, किन्तु विघटन की स्थिति में हो जाते हैं।

स्थगन

- सदन के पीठासीन अधिकारी द्वारा घोषित सदन के किसी सत्र के अन्दर ही होने वाला लघु विराम है। इसका काल कुछ घण्टे, दिन या सप्ताह का हो सकता है।

- यदि स्थगन के बाद पीठासीन अधिकारी ने पुन: एकत्रित होने के विषय में घोषणा नहीं की, तो यह स्थगन-अनिश्चित काल का स्थगन कहलाता है।
- यह केवल एक बैठक को समाप्त करता है, न कि सत्र को।

साइन-डाई (Sine Die)

सदन की अध्यक्षता करने वाले सदन की अगली बैठक की तिथि घोषित किए बिना सदन को अनिश्चित काल के लिए स्थगित कर देता है, तो इसे **साइन-डाई** कहते हैं।

लेम-डक (Lame Duck)

वर्तमान लोकसभा के वे सदस्य जो नई लोकसभा हेतु निर्वाचित नहीं हो पाते, वे **लेम-डक** कहलाते हैं। लेम-डक (Lame Duck) का अवधारणा अमेरिकी कांग्रेस से ली गई है।

राष्ट्रपति का विशेष अभिभाषण

- आम चुनावों के पश्चात् राष्ट्रपति प्रत्येक वर्ष के एक अधिवेशन में एक साथ समवेत दोनों सदनों के समक्ष अभिभाषण करता है (अनुच्छेद 87)। इस अभिभाषण में सामान्यत: सरकार की नीतियों का वर्णन रहता है।
- राष्ट्रपति के अभिभाषण पर नियम 17 तथा 18 के अन्तर्गत संसद के दोनों सदनों में व्यापक चर्चा होती है, परन्तु इस चर्चा में राष्ट्रपति की प्रत्यक्ष आलोचना नहीं की जाती है।

संसदीय कार्य प्रणाली के साधन

- संविधान के अनुच्छेद 118 के अन्तर्गत संसद का प्रत्येक सदन अपनी प्रक्रिया और कार्य संचालन के लिए नियम बना सकता है।
- इसके अन्तर्गत प्रश्न पूछने की विधि, विविध प्रस्ताव व चर्चाएँ आदि आते हैं।

प्रश्न काल

- दोनों सदनों की प्रत्येक बैठक के प्रारम्भ में एक घण्टे (11 से 12 बजे) तक प्रश्न किए जाते हैं तथा कार्यपालिका द्वारा उनके उत्तर दिए जाते हैं। इसे प्रश्न काल (Question Hour) कहा जाता है।

नोट *प्रश्न काल की प्रक्रिया की शुरुआत सबसे पहले 1721 ई. में इंगलैण्ड में हुई थी। भारत में इस प्रक्रिया की शुरुआत सर्वप्रथम 1892 ई. में भारतीय परिषद् अधिनियम से हुई।*

- इस काल में भारत सरकार से सम्बन्धित मामले उठाए जाते हैं और समस्याएँ सरकार के संज्ञान में लाई जाती हैं, ताकि सरकार उन मामलों पर कार्यवाही करे। संसद में निम्नलिखित प्रकार के प्रश्न पूछे जाते हैं

तारांकित प्रश्न

- इन प्रश्नों का उत्तर सदन में मौखिक रूप से दिया जाता है। इनके अनुपूरक प्रश्न (Supplementary Questions) भी पूछे जाते हैं।
- इन पर तारा (Star) चिह्न लगाकर इनका विभेद किया जाता है।

अतारांकित प्रश्न

- इन पर तारा (Star) चिह्न नहीं लगा होता है। इन प्रश्नों का उत्तर लिखित रूप में दिया जाता है। इनके अनुपूरक प्रश्न नहीं पूछे जाते।
- लोकसभा का कोई सदस्य तारांकित और अतारांकित श्रेणी के एक दिन में 5 से अधिक प्रश्न नहीं पूछ सकता। इसके अतिरिक्त एक ही दिन में एक ही सदस्य राज्यसभा में 3 तथा लोकसभा में 1 तारांकित प्रश्न पूछ सकता है।
- लोकसभा में किसी एक दिन की तारांकित प्रश्न सूची में 20 तथा अतारांकित प्रश्न सूची में 230 प्रश्न होते हैं। राज्यसभा में ऐसी कोई सीमा नहीं है।

अल्पसूचना प्रश्न

- अल्पसूचना के प्रश्न 10 दिन पूर्व की सूचना पर पूछे जाते हैं।
- ऐसे प्रश्नों की सूचना देने वाले सदस्य को अल्पसूचना पर प्रश्न (Short Notice Question) पूछने का कारण संक्षेप में बताना होता है।

शून्यकाल

- संसद के दोनों सदनों में प्रश्न काल के ठीक बाद का समय (12 से 1 बजे) आमतौर पर शून्यकाल अथवा जीरो आवर के नाम से जाना जाता है। यह नाम वर्ष 1960 और 1970 की शताब्दी के आरम्भिक वर्षों में किसी समय समाचार-पत्रों द्वारा तब दिया गया, जब बिना पूर्व सूचना के अविलम्बनीय लोक महत्त्व के विषय उठाने की प्रथा विकसित हुई।
- इस काल का उल्लेख संसदीय नियमावली में नहीं है। अविलम्बनीय लोक महत्त्व के प्रश्न बिना अनुमति या बिना पूर्व सूचना के उठाए जाते हैं।
- संसदीय व्यवस्था में शून्यकाल भारत की देन है, जो वर्ष 1962 से चली आ रही है।

गैर-सरकारी सदस्यों से पूछे जाने वाले प्रश्न

ये प्रश्न कभी-कभी लोकसभा में पूछे जाते हैं। इन पर अनुपूरक प्रश्न नहीं पूछा जा सकता। **अल्प सूचना प्रश्न** किसी गैर-सरकारी सदस्य से नहीं पूछा जा सकता।

आधे घण्टे की चर्चा

किसी ऐसे प्रश्न से उत्पन्न होने वाले मामलों पर जिसका उत्तर सदन में दिया जा चुका हो, आधे घण्टे की चर्चा सप्ताह में तीन दिन-**सोमवार, बुधवार** व **शुक्रवार** को बैठक के अन्तिम आधे घण्टे में की जा सकती है।

संसद में प्रयोग की जाने वाली भाषा

अनुच्छेद 120 के अनुसार, अनुच्छेद 348 के उपबन्धों के अधीन रहते हुए, संसद में कार्य हिन्दी या अंग्रेजी भाषा में किया जाएगा। यद्यपि राज्यसभा का सभापति अथवा लोकसभा का अध्यक्ष किसी सदस्य को, जो हिन्दी अथवा अंग्रेजी भाषा में अपनी अभिव्यक्ति नहीं कर सकता है, तो उसे अपनी मातृभाषा में सदन को सम्बोधित करने की अनुमति दे सकता है।

संसद के विभिन्न प्रस्ताव

किसी विषय पर सदन की राय जानने वाले मसौदे को (Motion) प्रस्ताव कहते हैं। ये प्रस्ताव निम्न प्रकार के होते हैं

मूल प्रस्ताव

नियम 352 के अन्तर्गत मूल प्रस्ताव (Substantive Motion) स्वयं में पूर्ण स्वतन्त्र होते हैं तथा ये किसी दूसरे पर निर्भर नहीं करते; जैसे—स्थगन प्रस्ताव, धन्यवाद प्रस्ताव आदि।

स्थानापन्न प्रस्ताव

नियम 342 के अन्तर्गत मूल प्रस्ताव के विकल्प के रूप में जो, प्रस्ताव पेश किए जाते हैं, उन्हें स्थानापन्न प्रस्ताव (Substitute Motion) कहा जाता है। मूल प्रस्ताव की भाँति इन पर मतदान होता है।

पूरक प्रस्ताव

- पूरक प्रस्ताव तब तक पारित नहीं किया जा सकता, जब तक इसके मूल प्रस्ताव का सन्दर्भ न हो।
- इसकी तीन श्रेणियाँ हैं
  - **सहायक प्रस्ताव** इस प्रस्ताव को नियमित प्रक्रिया के रूप में विभिन्न कार्यों के सम्पादन में उपयोग किया जाता है।
  - **स्थान लेने वाला प्रस्ताव** यह प्रस्ताव वाद-विवाद के दौरान किसी अन्य मामले के सम्बन्ध में लाया जाता है और यह उस मामले का स्थान लेने के लिए लाया जाता है।
  - **संशोधन** इस प्रस्ताव का सम्बन्ध किसी अनुबन्ध, समझौते, कानून या विनियमन में बदलाव या उसमें कुछ जोड़ना है।

अविश्वास प्रस्ताव

- मन्त्रिपरिषद् तब तक पदासीन रहती है, जब तक उसे लोकसभा का विश्वास प्राप्त हो। लोकसभा के अविश्वास व्यक्त करते ही सरकार संवैधानिक रूप से पद-त्याग करने को बाध्य हो जाती है, चाहे प्रधानमन्त्री सभा के विघटन की सिफारिश करे या न करे।
- इस विश्वास का पता लगाने के लिए नियमों में इस आशय का एक प्रस्ताव पेश करने का उपबन्ध है, जिसे **अविश्वास प्रस्ताव** (No-Confidence Motion) कहा जाता है।
- लोकसभा प्रक्रिया तथा कार्य संचालन नियमों में इसका उपबन्ध है। इसे केवल लोकसभा में रखा जा सकता है। इस प्रस्ताव को लोकसभा में कम-से-कम 50 सदस्यों के समर्थन की आवश्यकता होती है।
- यह प्रस्ताव सरकार में अविश्वास व्यक्त करने हेतु किसी सदस्य द्वारा लाया जाता है। इस प्रस्ताव के पारित होने पर सरकार को त्याग-पत्र देना पड़ता है, क्योंकि सरकार लोकसभा में अपना बहुमत खो देती है।
- इस प्रस्ताव को लाने हेतु कारण बताने की आवश्यकता नहीं होती है।
- भारतीय संसदीय परम्परा में पहला अविश्वास प्रस्ताव अगस्त, 1963 में आचार्य जे. बी. कृपलानी के द्वारा पण्डित जवाहर लाल नेहरू की सरकार के विरुद्ध प्रस्तुत किया गया था, परन्तु यह पारित नहीं हो सका।
- अब तक लोकसभा में कुल 27 अविश्वास प्रस्ताव प्रस्तुत किए जा चुके हैं, जिसमें सर्वाधिक (15) अविश्वास प्रस्ताव **इन्दिरा गाँधी** की सरकार के विरुद्ध लाए गए।
- **मोरारजी देसाई** ने 15 जुलाई, 1979 को अविश्वास प्रस्ताव पर मतदान से पहले ही त्याग-पत्र दे दिया था।
- 26वें और **27**वें अविश्वास प्रस्ताव के मध्य 15 वर्षों का अन्तर रहा।

विश्वास प्रस्ताव

- यह प्रस्ताव सत्ता पक्ष द्वारा लाया जाता है। वस्तुत: ऐसा प्रस्ताव सरकार/सत्ता पक्ष राष्ट्रपति के निर्देश पर प्रस्तुत करता है।
- आम चुनावों के पश्चात् प्रत्येक सरकार को राष्ट्रपति द्वारा दी गई अवधि के अन्तर्गत लोकसभा में अपना बहुमत सिद्ध करने के लिए **विश्वास प्रस्ताव** (Confidence Motion) लाना पड़ता है। अगस्त, 2023 तक 11 विश्वास प्रस्ताव लोकसभा में प्रस्तुत किए जा चुके हैं।
- यदि विश्वास प्रस्ताव गिर जाता है, तो सरकार भी गिर जाती है।

निन्दा प्रस्ताव

- यह प्रस्ताव नियम 184 तथा 185 के अन्तर्गत लाया जाता है।
- यह एक सामान्य प्रक्रिया है अर्थात् इसमें सदन की अनुमति लेना आवश्यक नहीं, लेकिन **निन्दा प्रस्ताव** (Censure Motion) के कारणों का उल्लेख करना आवश्यक है।

> **अविश्वास प्रस्ताव** अनुच्छेद 118 के अन्तर्गत संसद के दोनों सदनों को अपनी प्रक्रिया और कार्य संचालन के लिए विनियमन हेतु नियम बनाने का अधिकार है। इस सन्दर्भ में लोकसभा ने अपने नियम-198 के अन्तर्गत मन्त्रिपरिषद् के विरुद्ध अविश्वास प्रस्ताव की प्रक्रिया के लिए नियम बनाया है।

- यह एक मन्त्री के विरुद्ध या सम्पूर्ण मन्त्रिपरिषद् के विरुद्ध लाया जा सकता है। इसमें सरकार को त्याग-पत्र नहीं देना पड़ता है।

विशेषाधिकार प्रस्ताव

- यह किसी मन्त्री द्वारा संसदीय विशेषाधिकारों (Privileges) के उल्लंघन से सम्बन्धित है।
- जब सदस्य यह आभास करे कि सही तथ्यों को प्रकट नहीं किया गया है या गलत सूचना से सदन के सदस्य/सदस्यों का विशेषाधिकार हनन हुआ है।

धन्यवाद प्रस्ताव

- पहले आम चुनाव के पहले सत्र एवं वित्तीय वर्ष के पहले सत्र में राष्ट्रपति सदन को सम्बोधित करता है। राष्ट्रपति के इस भाषण पर दोनों सदनों में चर्चा और मतदान होता है।
- इस अभिभाषण में राष्ट्रपति पहले की तथा आने वाली सरकार की नीतियों व कार्यक्रमों को बताता है। यह भाषण मन्त्रिपरिषद् द्वारा तैयार किया जाता है।
- राष्ट्रपति के अभिभाषण के पश्चात् राष्ट्रपति को **धन्यवाद ज्ञापित** करने के लिए सरकार द्वारा संसद के प्रत्येक सदन में धन्यवाद प्रस्ताव लाया जाता है, इस प्रस्ताव को पारित हो जाने के पश्चात् यह समझा जाता है कि सरकार की नीतियों को सदन का विश्वास प्राप्त है। यदि लोकसभा में यह प्रस्ताव पारित नहीं होता है, तो सरकार को त्याग-पत्र देना पड़ता है।

स्थगन प्रस्ताव

- **स्थगन का अर्थ** है-सामान्य कार्य आगे के लिए टाल देना। इस प्रस्ताव को पेश करने का मूल उद्देश्य हाल के किसी अविलम्बनीय लोक महत्त्व के ऐसे मामले की ओर, जिसके गम्भीर परिणाम हो सकते हैं और उचित सूचना देने में देर हो सकती है, सदन का ध्यान आकर्षित करना होता है।
- इसे **कार्य स्थगन प्रस्ताव** या **काम रोको प्रस्ताव** भी कहा जाता है। यह प्रस्ताव कम-से-कम 50 सदस्यों द्वारा समर्थित होना आवश्यक होता है।
- इस प्रस्ताव पर चर्चा प्रारम्भ हो जाने के पश्चात् अध्यक्ष द्वारा सभा को उस समय तक स्थगित नहीं किया जा सकता जब तक कि प्रस्ताव का निपटारा न हो जाए।

- कार्य स्थगन प्रस्ताव के पारित होने पर सरकार को त्याग-पत्र देना आवश्यक नहीं होता है, बल्कि यह सरकार के लिए अपमानजनक होता है।

प्रस्ताव तथा संकल्प में अन्तर

- **प्रस्ताव** (Motion) एक व्यापक वर्ग है, जिसके अन्तर्गत एक उपवर्ग/भाग के रूप में **संकल्प** (Resolution) आता है। प्रत्येक प्रस्ताव पर मत विभाजन कराना आवश्यक नहीं है, जबकि प्रत्येक संकल्प पर मत विभाजन आवश्यक होता है।
- प्रस्ताव पूरक तथा महत्त्वपूर्ण भी हो सकता है, जबकि संकल्प सदैव महत्त्वपूर्ण प्रस्ताव के रूप में होता है। प्रस्तावों तथा संकल्पों के माध्यम से संसद की कार्यवाही का संचालन किया जाता है।

ध्यानाकर्षण प्रस्ताव

- ध्यानाकर्षण प्रस्ताव की संकल्पना भारत की देन (वर्ष 1954 में) है। इसने स्थगन प्रस्ताव के क्षेत्र को सीमित किया है।
- जब कोई संसद सदस्य अध्यक्ष की अनुमति से किसी मन्त्री का ध्यान सार्वजनिक मामलों के अत्यन्त महत्त्वपूर्ण विषय की ओर आकर्षित करता है अथवा उससे सम्बन्धित प्रश्न पूछता है, तो उसे ध्यानाकर्षण प्रस्ताव कहा जाता है।

बैठ जाना

जब अध्यक्ष द्वारा किसी सदस्य को बोलने से रोक दिया जाता है तथा किसी अन्य सदस्यों को बोलने की सहमति देता है, तो वह बैठ जाना कहलाता है।

आधे घण्टे की बहस

आधे घण्टे की बहस लोक महत्त्व के मामलों इत्यादि पर चर्चा के लिए होती है। अध्यक्ष ऐसी बहस के लिए सप्ताह में तीन दिन निर्धारित कर सकता है, इसके लिए सदन में प्रस्ताव या मतदान नहीं होता है।

औचित्य प्रश्न

- यह सरकार पर दबाव बनाने हेतु विपक्षी सदस्यों द्वारा लाया जाता है।
- सदन में कार्यवाही के सामान्य नियमों का पालन न करने पर इसके द्वारा सदन का ध्यान आकर्षित किया जाता है।

अल्पकालीन चर्चाएँ

- यह गैर-सरकारी सदस्य के लिए अविलम्बनीय लोक महत्त्व के विषय को सदन के ध्यान में लाने का एक उपाय है।
- ऐसी चर्चा उठाने के लिए मामले का संक्षेप में उल्लेख करते हुए उसके कारणों की स्पष्ट व्याख्या करते हुए सदस्य द्वारा महासचिव को सूचना देनी होती है। यह चर्चा मंगलवार व बृहस्पतिवार को होती है।

नियम 377

जो मामले व्यवस्था के प्रश्न नहीं होते हैं, जो प्रश्नों, अल्प सूचना प्रश्नों, ध्यानाकर्षण प्रस्तावों आदि से सम्बन्धित नियमों के अधीन नहीं उठाए जा सकते, वे नियम 377 के अधीन उठाए जाते हैं। इस नियम के अधीन सभी सूचनाएँ उसी सप्ताह के लिए वैध होती हैं।

संसदीय विशेषाधिकार

- संविधान के अनुच्छेद 105 में संसद के दोनों सदनों तथा उनके सदस्यों व समितियों को कुछ अधिकार प्रदान किए गए हैं।
- इन विशेषाधिकारों को संसद कानून और अधिक परिभाषित कर व्यापक बना सकती है। ये विशेषाधिकार कुछ ऐसे अधिकार हैं, जो सदस्यों को विभिन्न कार्यों के समुचित निष्पादन के लिए दिए जाते हैं।
- वस्तुतः संसदीय विशेषाधिकार संसद के विशेषाधिकार नहीं हैं, क्योंकि संसद में राष्ट्रपति भी शामिल होता है।
- संसदीय विशेषाधिकार सदन, समितियों सांसदों के विशेषाधिकार हैं, जो दो प्रकार के हैं

1. व्यक्तिगत विशेषाधिकार

- बोलने की छूट, वाक् स्वतन्त्रता, जो अनुच्छेद 19(1)(A) से भिन्न तथा व्यापक है, क्योंकि 19(1)(A) पर तो प्रतिबन्ध लगाए गए हैं, लेकिन सांसदों के बोलने पर प्रतिबन्ध नहीं लगाया जा सकता। बोलने का अधिकार दो प्रकार के निर्बन्धनों के अन्तर्गत है
  - संविधान के प्रावधानों के अधीन
  - संसद की प्रक्रिया का विनियमन करने वाले नियमों और आदेशों के अधीन न्यायालय में चुनौती नहीं दी जा सकती। जब संसद का अधिवेशन चल रहा हो, तो उन्हें न्यायिक गवाही आदि में जारी किए गए समन से छूट है।
- संसद के अधिवेशन प्रारम्भ होने के 40 दिन के पूर्व और समाप्त होने के 40 दिन के पश्चात् किसी भी सांसद को दीवानी मामलों में गिरफ्तार नहीं किया जा सकता है, किन्तु आपराधिक मामले या निवारक निरोध की विधि के अधीन गिरफ्तारी हो सकती है।
- न्यायाधीशों के पद से उन्हें हटाने के संकल्प के अतिरिक्त सर्वोच्च न्यायालय और उच्च न्यायालय के न्यायाधीशों के आवरण के विषय में संसद के सदस्यों द्वारा विवेचना नहीं की जा सकती है।

2. सामूहिक विशेषाधिकार

- सदन की बहसों तथा कार्यवाहियों को प्रकाशित करने और अन्य व्यक्तियों द्वारा इनके प्रकाशन पर प्रतिबन्ध लगाने का अधिकार।
- सदन के सदस्य सदन की अनुमति के बिना सदन की कार्यवाही के सम्बन्ध में न तो किसी न्यायालय में साक्ष्य देंगे, न ही कोई दस्तावेज पेश करेंगे।
- इसके अतिरिक्त न्यायपालिका, संसद की कार्यवाहियों की कोई जाँच नहीं कर सकती।
- अध्यक्ष की अनुमति के बिना सदन के परिसर में किसी भी प्रकार की गिरफ्तारी पर रोक है। अपने कार्य और प्रक्रिया के लिए कानून बनाने की शक्ति सदन में ही निहित है।
- सदन के सदस्य व अधिकारी सदन की अनुमति के बिना दूसरे सदन में या उस सदन की समिति में भी उपस्थित नहीं होंगे। इसके अतिरिक्त बाहरी व्यक्तियों के आगमन पर रोक लगाने की शक्ति सदन के पास है।

- संसदीय समितियाँ किसी व्यक्ति को साक्ष्य के लिए बुला सकती हैं व उसे शपथ दिला सकती हैं। सदन की अवमानना करने वाले व्यक्ति को दण्ड देने का अन्तिम निर्णय सदन ही करेगा।

संसद में विधायी प्रक्रिया

- संविधान के अनुच्छेद 107 से 111 के अन्तर्गत इसका उल्लेख किया गया है।
- संसद का प्रमुख कार्य अपनी जनता के लिए कानून बनाना है। कानून बनाने के लिए एक निश्चित प्रक्रिया अपनाई जाती है। कानून बनाने की विधियों में से कुछ का उल्लेख संविधान में किया गया है, परन्तु कानून बनाने की कुछ विधियाँ कालक्रम में निरन्तर पालन किए जाने के कारण स्वीकार कर ली गई हैं।
- कानून बनने की प्रक्रिया में किसी विधेयक को अनेक अवस्थाओं से गुजरना पड़ता है। प्रस्तावित कानून के रूप को विधेयक (Bill) कहते हैं।

विधेयक के प्रकार

प्रस्तुत किए जाने की प्रक्रिया के आधार पर विधेयक दो प्रकार के हैं- सरकारी तथा निजी।

- विधेयक को प्रस्तुत करने वाले व्यक्तियों के आधार पर विधेयकों को सरकारी अथवा निजी (गैर-सरकारी) विधेयक कहा जाता है।
- मन्त्री के द्वारा प्रस्तुत विधेयक को सरकारी विधेयक (Government Bill) कहा जाता है, जबकि मन्त्री के अतिरिक्त कोई और सदस्य विधेयक पेश करे, तो ऐसे विधेयक को निजी सदस्यों का विधेयक अथवा गैर-सरकारी विधेयक (Private Bill) कहा जाता है।

सरकारी विधेयक	गैर-सरकारी/निजी विधेयक
इसे संसद में किसी मन्त्री के द्वारा प्रस्तुत किया जाता है।	इसे संसद में मन्त्री के अतिरिक्त संसद के किसी भी सदस्य द्वारा प्रस्तुत किया जाता है।
यह सरकार की नीतियों को प्रदर्शित करता है।	यह सार्वजनिक मामलों पर विपक्षी दल के मन्तव्य को प्रतिदर्शित करता है।
इसके पारित होने की पूरी सम्भावना होती है।	इसके पारित होने की कम सम्भावना होती है।
इसे सदन में पेश करने हेतु सात दिनों की सूचना देनी होती है।	इसे सदन में पेश करने हेतु एक माह की सूचना देनी होती है।
इसे सम्बन्धित विभाग द्वारा विधि विभाग के परामर्श से प्रस्तुत किया जाता है।	इसके निर्माण की जिम्मेदारी सम्बन्धित सदस्य की होती है।
इसका सदन द्वारा अस्वीकृत किए जाने पर सरकार को त्याग-पत्र देना पड़ सकता है।	इसके अस्वीकृत किए जाने पर सरकार के ऊपर कोई प्रभाव नहीं पड़ता है।

विधेयकों के अन्य प्रकार

विधेयकों को पारित करने के लिए संसद द्वारा अपनाई जाने वाली प्रक्रिया के आधार पर निम्नलिखित चार वर्गों (साधारण विधेयक, धन विधेयक, वित्त विधेयक, संविधान संशोधन विधेयक) में विभाजित किया जाता है

1. साधारण विधेयक

- संविधान के अनुच्छेद 107 के अनुसार, साधारण विधेयकों को किसी भी सदन में प्रस्तुत किया जा सकता है। प्रस्तावित विधेयक का प्रारूप सदन के सचिवालय में भेजा जाता है।
- लोकसभा का अध्यक्ष अथवा राज्यसभा का सभापति, जैसी स्थिति हो, सदन के कार्य परामर्शदात्री समिति से परामर्श करने के लिए कोई एक दिन तथा समय निर्धारित करता है, तब सदन में विधेयक प्रस्तुत किया जाता है।
- उल्लेखनीय है कि कम-से-कम प्रस्तुत करने की तारीख से 7 दिन पहले लोकसभा महासचिव को सूचना देनी आवश्यक है तथा विधेयक की दो प्रतियाँ भी महासचिव को प्रेषित की जाती हैं।
- निर्धारित दिवस तथा समय पर प्रस्तावक सदन की अध्यक्षता करने वाले अधिकारी से विधेयक को प्रस्तुत करने की अनुमति माँगता है। उसकी स्वीकृति मिलने के उपरान्त प्रस्तावक विधेयक का शीर्षक पढ़ता है तथा एक संक्षिप्त विवरण देता है।
- विधेयक पर विचार करने की प्रक्रिया को वाचन (Reading) कहते हैं। प्रत्येक विधेयक दोनों सदनों में तीन वाचनों से गुजरता है, जो इस प्रकार हैं

प्रथम वाचन

- विधि निर्माण प्रक्रिया का प्रथम चरण विधेयक द्वारा प्रस्तुत किया जाता है। इस चरण में विधेयक को प्रस्तुत करने की अनुमति माँगी जाती है। प्रस्तुत विधेयक के साथ उद्देश्यों और औचित्य का विवरण संलग्न रहता है। यह सदन के सभी सदस्यों को वितरित किया जाता है।
- इस चरण में विधेयक पर कोई बहस नहीं होती। मन्त्री या निजी सदस्य जो इसे प्रस्तुत करता है, विधेयक के विषय में एक सामान्य भाषण देता है और इसके उद्देश्यों पर प्रकाश डालता है।
- यदि कोई सदस्य विधेयक का विरोध नहीं करता है, तो यह मान लिया जाता है कि विधेयक का प्रथम वाचन सम्पन्न हो गया।
- साधारणतः इस स्तर पर विरोध नहीं होता, क्योंकि प्रथम वाचन में विधेयक के पारित होने का केवल इतना ही अर्थ है कि सदन ने विधेयक पर विस्तार से विचार करना स्वीकार कर लिया। सामान्यतः विधेयक की प्रस्तुति को प्रथम वाचन कहा जाता है।
- उल्लेखनीय है कि जब सदस्य बहुमत से विधेयक का समर्थन कर देते हैं, तो विधेयक सरकारी गजट में प्रकाशित किया जाता है। यदि विधेयक प्रस्तुत करने से पहले ही सदन का अध्यक्ष सरकारी गजट में प्रकाशित करने की अनुमति देता है, तो इससे प्रथम वाचन पूरा हुआ मान लिया जाता है।

द्वितीय वाचन

- प्रथम वाचन के कुछ अन्तराल के पश्चात् (साधारणतः दो दिनों के बाद) प्रस्तावक फिर से विधेयक को प्रस्तुत करता है। इस स्तर को द्वितीय वाचन के नाम से सम्बोधित किया जाता है।
- इस चरण में विधेयक पर विस्तृत चर्चा होती है। इसमें पहले सामान्य वाद-विवाद होता है, तत्पश्चात् सदन तीन विकल्पों अथवा अवस्था में से एक का चुनाव करता है
  (i) प्रथम अवस्था इस अवस्था में विधेयक पर सामान्य चर्चा होती है और विधेयक को विस्तृत चर्चा के लिए प्रवर समिति को सौंप दिया जाता है या लोगों के मत जानने के लिए परिचालित किया जाता है।
  (ii) समिति अवस्था/दूसरी अवस्था इसमें सदन विधेयक को एक प्रवर या संयुक्त समिति के पास भेज देता है। इसमें सदन के वे सदस्य होते हैं, जो इस विषय में विशेष रुचि रखते हैं।

(iii) विचार-विमर्श/प्रतिवेदन अवस्था सदन प्रवर समिति की रिपोर्ट की पृष्ठभूमि में विधेयक पर विस्तार से प्रत्येक धारा एवं उपधारा पर चर्चा कर मतदान करता है। यदि सदन विधेयक को स्वीकार कर लेता है, तो यह मान लिया जाता है कि द्वितीय वाचन में विधेयक पारित हो गया है।

प्रवर समिति/संयुक्त समिति

प्रवर समिति में उस सदन के सदस्य होते हैं, जहाँ विधेयक प्रस्तुत किया जाता है, जबकि संयुक्त समिति में दोनों सदनों के सदस्य होते हैं। यह समिति विधेयक की गहनता से जाँच पड़ताल करती है तथा उसमें यदि आवश्यक हो, तो संशोधनों की संस्तुति कर अपनी रिपोर्ट पेश करती है।

तृतीय वाचन

- द्वितीय वाचन के पश्चात् विधेयक अन्तिम अथवा तृतीय वाचन के लिए सदन के सम्मुख प्रस्तुत किया जाता है।
- इस स्तर पर विधेयक पर सामान्य चर्चा होती है तथा कुछ शाब्दिक परिवर्तन के अतिरिक्त कोई संशोधन स्वीकार नहीं किया जाता अर्थात् इस चरण की प्रक्रिया सरल होती है।
- सम्पूर्ण विधेयक अन्तिम रूप से सदन की स्वीकृति के लिए प्रस्तुत किया जाता है। सदन द्वारा पारित होने के लिए साधारण बहुमत का समर्थन आवश्यक होता है।

दूसरे सदन में विधेयक

- एक सदन से पारित होने के पश्चात् विधेयकों को दूसरे सदन में भेज दिया जाता है। वहाँ भी इस प्रक्रिया की पुनरावृत्ति होती है। यदि दूसरा सदन भी साधारण बहुमत से विधेयक को स्वीकार कर लेता है, तो उसे राष्ट्रपति के समक्ष उसकी अनुमति के लिए भेज दिया जाता है।
- यदि राष्ट्रपति अपनी अनुमति नहीं देना चाहता है, तो वह उस विधेयक को संसद में पुनर्विचार के लिए वापस लौटा सकता है। राष्ट्रपति विधेयक को वापस करने के साथ ही अपने सुझाव भी भेजता है, किन्तु यदि दोनों सदन उसके सुझाव को स्वीकार नहीं करते तथा बिना किसी परिवर्तन के दूसरी बार भी पारित करते हैं, तो उसे अपनी अनुमति देनी पड़ती है। राष्ट्रपति के हस्ताक्षर होने पर विधेयक कानून अथवा अधिनियम बन जाता है।

दोनों सदनों की संयुक्त बैठक

- संविधान के अनुच्छेद 108 के प्रावधान के अन्तर्गत संयुक्त बैठक (Joint Sitting) की व्यवस्था की गई है। इसके अन्तर्गत किसी विधेयक पर गतिरोध की स्थिति में संयुक्त बैठक का आह्वान किया जा सकता है। कोई विधेयक अधिनियम तभी बनता है, जब दोनों सदन उसे पारित करें तथा राष्ट्रपति उस पर अपनी सहमति दे दें।
- राष्ट्रपति निम्न परिस्थितियों में संयुक्त बैठक बुलाता है
  - यदि विधेयक एक सदन से पारित हो जाए और दूसरे सदन में अस्वीकृत है।
  - एक सदन विधेयक पारित कर दे और दूसरा सदन उसमें कुछ परिवर्तन करे, जो पहले सदन को मान्य न हो।
  - दूसरा सदन विधेयक को 6 माह तक अपने पास रोककर रखता है।
- यहाँ उल्लेखनीय है कि धन विधेयक और संविधान संशोधन विधेयक में गतिरोध होने की स्थिति में किसी संयुक्त बैठक का प्रावधान नहीं है।
- दोनों सदनों की संयुक्त बैठक की अध्यक्षता लोकसभा का अध्यक्ष करता है तथा उसकी अनुपस्थिति में उपाध्यक्ष यह दायित्व निभाता है। यदि उपाध्यक्ष भी अनुपस्थित हो, तो राज्यसभा का उपसभापति इस संयुक्त बैठक की अध्यक्षता करता है।
- यहाँ यह स्पष्ट है कि साधारण स्थिति में इस संयुक्त बैठक की अध्यक्षता राज्यसभा का सभापति (उपराष्ट्रपति) नहीं करता है, क्योंकि वह किसी भी सदन का सदस्य नहीं होता है। वर्ष 1950 से अब तक दोनों सदनों की संयुक्त बैठक को तीन बार बुलाया गया
  (i) दहेज प्रतिबन्ध विधेयक, 1961
  (ii) बैंकिंग सेवा आयोग (निरसन) विधेयक, 1978
  (iii) आतंकवाद निवारण विधेयक, 2002

2. धन विधेयक

- संविधान के अनुच्छेद 110 में धन विधेयक से सम्बन्धित शर्तें निम्नलिखित हैं
  - किसी कर को लगाना, समाप्त करना, उसमें परिवर्तन करना अथवा करों का विनियमन करना।
  - भारत सरकार द्वारा धन उधार लेना या इससे सम्बन्धित कानूनों में संशोधन करना।
  - भारत की संचित निधि, आकस्मिकता निधि में धन जमा करना या निकालना।
  - भारत की संचित निधि से धन का विनियोग।
  - किसी व्यय को भारत की संचित निधि पर भारित व्यय घोषित करना या ऐसे किसी व्यय की राशि को बढ़ाना।
  - संघ एवं राज्यों (दोनों) का लेखापरीक्षण।
- धन विधेयक केवल लोकसभा में तथा केवल राष्ट्रपति की संस्तुति पर ही प्रस्तावित किया जा सकता है।
- संविधान के अनुच्छेद 109 के अन्तर्गत धन विधेयक के सम्बन्ध में विशेष प्रक्रिया का उल्लेख किया गया है, जिसके अनुसार धन विधेयक को राज्यसभा में प्रस्तावित/पेश नहीं किया जाएगा।
- इसके अतिरिक्त किसी विधेयक के बारे में विवाद उठने पर कि वह धन विधेयक है अथवा नहीं इस सम्बन्ध में लोकसभा के अध्यक्ष का निर्णय अन्तिम होता है।
- किसी विधेयक को धन विधेयक के रूप में अध्यक्ष द्वारा प्रमाण-पत्र दिए जाने के बाद उसकी प्रकृति के प्रश्न पर न्यायालय में अथवा किसी सदन में अथवा राष्ट्रपति द्वारा विचार नहीं किया जा सकता।

धन विधेयक का राज्यसभा में प्रेषण

राज्यसभा का प्रेषित (लोकसभा से पारित) धन विधेयक की प्राप्ति की तारीख से **14 दिन की अवधि** के अन्दर राज्यसभा द्वारा सिफारिशों के साथ अथवा बिना किसी सिफारिश के लोकसभा में लौटाना अनिवार्य है। यदि वह इस विधेयक को वापस नहीं करती है, तो मान लिया जाता है कि विधेयक दोनों सदनों द्वारा उसी रूप में पारित हो गया, जिस रूप में उसे लोकसभा द्वारा पारित किया गया था।

- लोकसभा, राज्यसभा की सिफारिशों को या तो स्वीकार कर सकती है अथवा उनमें से सभी या किन्हीं संस्तुतियों को अस्वीकार कर सकती है।
- तत्पश्चात् विधेयक को राष्ट्रपति के पास उसकी सहमति के लिए भेजा जाता है, जिस पर राष्ट्रपति को अपनी सहमति देनी पड़ती है।

3. वित्त विधेयक

- साधारणतया वित्त विधेयक उस विधेयक को कहते हैं, जो वित्तीय मामले जैसे राजस्व या व्यय से सम्बन्धित होता है।
- ये निम्न तीन प्रकार के होते हैं
  - धन विधेयक : अनुच्छेद 110
  - वित्त विधेयक (I) : अनुच्छेद 117(1)
  - वित्त विधेयक (II) : अनुच्छेद 117(3)
- इस प्रकार सभी धन विधेयक, वित्त विधेयक होते हैं, परन्तु सभी वित्त विधेयक, धन विधेयक नहीं होते हैं। इन दोनों में दो समानताएँ होती हैं-दोनों लोकसभा में ही आरम्भ हो सकते हैं और इसके अतिरिक्त सभी प्रावधान साधारण/सामान्य विधेयक के समान ही होते हैं।

विधेयकों पर राष्ट्रपति की अनुमति (अनुच्छेद 111)

- संविधान के **अनुच्छेद 111** के अनुसार, जब संसद के दोनों सदनों द्वारा पारित विधेयक को राष्ट्रपति के पास उसकी अनुमति हेतु भेजा जाता है, तो राष्ट्रपति अपनी अनुमति दे सकता है अथवा अनुमति रोक सकता है।
- वह विधेयक को संसद के पास पुनर्विचार हेतु भेज सकता है। विधेयक को अपने पास सुरक्षित रख सकता है। (पॉकेट वीटो)
- राष्ट्रपति द्वारा संसद के पास पुनर्विचार हेतु भेजे गए विधेयक को यदि संशोधनों सहित अथवा उसके बिना पुन: पारित कर दिया जाता है तथा राष्ट्रपति के पास उसकी अनुमति हेतु भेजा जाता है, तो वह उस पर अपनी अनुमति नहीं रोक सकता।
- राष्ट्रपति विधेयक के सम्बन्ध में संसद से कुछ सूचना अथवा स्पष्टीकरण माँग सकता है अथवा विधेयक को मन्त्रिपरिषद् को वापस कर सकता है, ताकि वह अपने इस परामर्श पर विधेयक को अनुमति दी जाए, पुनर्विचार कर सके।

4. संविधान संशोधन विधेयक

- संविधान के अनुच्छेद 368 में संविधान संशोधन की प्रक्रिया तथा इससे सम्बन्धित संसदीय शक्ति का वर्णन किया गया है।
- संविधान संशोधन विधेयक हेतु राष्ट्रपति की अनुशंसा की कोई आवश्यकता नहीं होती तथा इसे किसी भी सदन में प्रस्तावित किया जा सकता है।
- संविधान में संशोधन करने के आशय वाले विधेयक तीन प्रकार के होते हैं।
  (i) ऐसे विधेयक, जो संसद द्वारा साधारण बहुमत से पारित किए जाते हैं;
  (ii) ऐसे विधेयक, जो संसद द्वारा संविधान के अनुच्छेद 368 (2) में विहित विशेष बहुमत से पारित किए जाते हैं;
  (iii) ऐसे विधेयक, जो संसद द्वारा उपर्युक्त विशेष बहुमत द्वारा पारित किए जाते हैं तथा जिनका कम-से-कम आधे राज्य विधानमण्डलों के द्वारा अनुसमर्थन भी आवश्यक होता है।
- संविधान संशोधन विधेयक के लिए संसद की संयुक्त बैठक आयोजित नहीं की जाती है, क्योंकि संविधान के अनुच्छेद 368 के तहत किसी विधेयक का प्रत्येक सदन में विशेष रूप से बहुमत के साथ पारित किया जाता है।
- संविधान संशोधन विधेयकों पर राष्ट्रपति स्वीकृति देने हेतु बाध्य (24वें संविधान संशोधन अधिनियम, 1971 के तहत) है।

बजट

- संसद की दोनों सभाओं के समक्ष रखा जाने वाला 'वार्षिक वित्तीय वितरण केन्द्र सरकार का बजट' कहलाता है। इस विवरण में एक वित्तीय वर्ष की अवधि शामिल होती है। भारत में वित्तीय वर्ष प्रत्येक वर्ष 1 अप्रैल को आरम्भ होता है। इस बजट विवरण में वित्तीय वर्ष हेतु भारत सरकार की अनुमानित प्राप्तियों तथा व्यय का ब्यौरा होता है।

संसद में बजट व अन्य वित्तीय प्रक्रिया

- संविधान के अनुच्छेद 112 के अन्तर्गत प्रत्येक वित्तीय वर्ष के सम्बन्ध में राष्ट्रपति द्वारा वित मंत्री के माध्यम से भारत सरकार की अनुमानित प्राप्तियों एवं व्यय का विवरण संसद के समक्ष प्रस्तुत करवाया जाता है, जिसे वार्षिक वित्तीय विवरण (बजट) कहा जाता है। उल्लेखनीय है कि संविधान में बजट शब्द का उल्लेख नहीं है। इसमें वार्षिक वित्तीय विवरण का उल्लेख है।
- बजट में निम्नलिखित को सम्मिलित किया जाता है
  - राजस्व वृद्धि करने के साधन
  - खर्च/व्यय अनुमान
  - राजस्व एवं पूँजी अनुमानित प्राप्तियाँ
  - वास्तविक प्राप्तियाँ एवं खर्च का वितरण
  - आर्थिक तथा वित्तीय नीति

बजट में व्यय का वर्गीकरण

बजट में दो प्रकार के व्यय शामिल हैं

- भारत की संचित निधि से किए जाने वाले व्यय इन पर सदन में चर्चा की जा सकती है, लोकसभा में मतदान द्वारा पारित होना आवश्यक है।
- भारत की संचित निधि पर 'भारित व्यय' इन पर सदन में चर्चा हो सकती है, परन्तु लोकसभा में मतदान नहीं होता है। सरकार की साख को प्रभावित करने वाले संवैधानिक पदों पर आसीन व्यक्तियों के वेतन तथा भत्ते को भारित व्यय कहा जाता है। निम्न पदाधिकारियों के वेतन या भत्ते इसी से दिए जाते हैं
  - राष्ट्रपति की परिलब्धियाँ (Emoluments), वेतन एवं भत्ते से सम्बन्धित व्यय।
  - राज्यसभा के सभापति व उपसभापति, लोकसभा अध्यक्ष एवं उपाध्यक्ष के वेतन एवं भत्ते।
  - उच्चतम न्यायालय के न्यायाधीश के वेतन एवं भत्ते।
  - भारत के नियन्त्रक एवं महालेखा परीक्षक के वेतन एवं भत्ते।
  - संघ लोक सेवा आयोग (यूपीएससी) के अध्यक्ष तथा सदस्यों के वेतन एवं भत्ते।

- सर्वोच्च न्यायालय, यूपीएससी के कार्यालयों आदि के सभी प्रशासनिक खर्चे।
- भारत सरकार के दायित्व से सम्बन्धित ऋण-भार
- उच्च न्यायालय के सेवानिवृत्त न्यायाधीशों की पेंशन।
- भारत के नियन्त्रक एवं महालेखा परीक्षक के कार्यालय एवं संघ लोक सेवा आयोग के कार्यालय के प्रशासनिक व्यय तथा इन्हीं कार्यालयों में काम करने वाले कर्मचारियों के वेतन, भत्ते तथा पेंशन।
- संसद द्वारा निर्धारित कोई अन्य व्यय।

बजट पारित होने की प्रक्रिया

संसद में बजट प्रक्रिया निम्नलिखित 6 चरणों से होकर गुजरती है

1. बजट का प्रस्तुतीकरण
2. आम चर्चा/बहस
3. विभागीय समितियों द्वारा जाँच
4. अनुदान की माँग पर मतदान
5. विनियोग विधेयक पारित होना
6. वित्तीय विधेयक का पारित होना

1. बजट का प्रस्तुतीकरण

- वित्तमन्त्री द्वारा लोकसभा में एक निश्चित दिन (2017 से 1 फरवरी को) आगामी वित्तीय वर्ष के बजट को प्रस्तुत किया जाता है। राज्यसभा में इसे बाद में पेश किया जाता है।
- बजट प्रस्तुत करते समय वह अपने विस्तृत और व्याख्यापरक भाषण में बजट प्रस्तावों से जुड़े महत्त्वपूर्ण विषयों का स्पष्टीकरण करता है।
- वित्त मन्त्री के भाषण की प्रतिलिपियों सहित बजट की प्रतियाँ सभी सदस्यों के बीच वितरित की जाती हैं। जिस दिन बजट सदन में प्रस्तुत होता है, उस दिन उस पर चर्चा नहीं की जाती है।
- साधारणत: बजट में तीन प्रकार की सूचना रहती है
  - विगत वित्त वर्ष की वास्तविक प्राप्तियाँ और व्यय का ब्यौरा तथा उस अवधि के दौरान वित्तीय स्थिति की समीक्षा,
  - आगामी वित्त वर्ष की प्राप्तियों तथा व्यय का आकलन,
  - आगामी वित्त वर्ष के व्यय को पूरा करने के लिए कराधान प्रस्ताव तथा अन्य पद्धतियाँ
- वित्तीय वर्ष 1 अप्रैल से अगले वर्ष के 31 मार्च तक होता है।

2. आम बहस/चर्चा

- इस चरण में (बजट की प्रस्तुति के पश्चात्) बजट में रखे प्रस्तावों पर आम चर्चा होती है। इस चर्चा/बहस के लिए कुछ दिन निर्धारित कर दिए जाते हैं।
- इस चरण में न तो कोई प्रस्ताव प्रस्तुत किया जाता है और न ही किसी मद पर मतदान किया जाता है।
- इस आम बहस से किसी भी व्यय मद को छूट नहीं दी जाती और संचित निधि के नाम डाले गए व्यय भी सांसदों की आलोचना के क्षेत्र में आ सकते हैं।

3. विभागीय समितियों द्वारा जाँच

- इस चरण में विभिन्न विभागों से सम्बन्धित स्थायी समितियों द्वारा माँगों की जाँच की जाती है।
- वर्ष 1994-95 के पश्चात् प्रत्येक वर्ष माँगें संसद के समक्ष पेश किए जाने के पश्चात् दोनों सदनों को लगभग एक माह के लिए स्थगित कर दिया जाता है, ताकि सम्बन्धित स्थायी समितियाँ उनका निरीक्षण या चर्चा कर सकें।

4. अनुदान की माँग पर मतदान

- अनुदान की माँग पर मतदान।
- आम बहस के समाप्त होने पर आकलनों (Estimates) को लोकसभा के समक्ष विशेष शीर्षकों के अन्तर्गत अनुदान माँगों के रूप में प्रस्तुत किया जाता है।
- मन्त्रिगण अपने-अपने विभागों की अनुदान माँगें रखते हुए व्याख्यापरक भाषण देते हैं, जिसमें माँगों की धनराशि समुचित होने का विवरण होता है।
- सदन इन माँगों को स्वीकृत या अस्वीकृत कर सकता है अथवा माँगी गई धनराशि में कटौती कर सकता है।
- माँगों की अस्वीकृति या धनराशि में कटौती होने की स्थिति में संशोधन रखे जाते हैं।
- सदन को यह अधिकार नहीं होता कि वह माँगी गई धनराशि में किसी प्रकार की बढ़ोतरी करे।
- सदन के नेता से परामर्श करके अध्यक्ष अनुदान की माँगों पर बहस के लिए 26 दिनों की संख्या निश्चित करता है और उसके पश्चात् मतदान करवाता है।

> **गिलोटिन**
>
> अनुदानों पर मतदान के लिए आवण्टित अन्तिम दिन शाम को पाँच बजे अध्यक्ष चर्चा समाप्त कराके सभी शेष माँगों पर सदन में मतदान करता है, चाहे सदस्यों द्वारा इन पर चर्चा की गई हो या नहीं। इसे **गिलोटिन** (Guillotine) के नाम से जाना जाता है।

- सदस्यों द्वारा माँग पर कटौती प्रस्ताव भी लाए जाते हैं। ये मुख्यत: तीन प्रकार के होते हैं
  - (i) नीतिगत कटौती प्रस्ताव (Policy Cut Motion) इस प्रस्ताव के अन्तर्गत माँग की नीति के प्रति असहमति को व्यक्त किया जाता है तथा माँग की राशि को घटाकर ₹ 1 कर दिया जाए।
  - (ii) आर्थिक कटौती प्रस्ताव (Economy Cut Motion) इस प्रस्ताव के अन्तर्गत माँग की गई राशि से असहमति व्यक्त की जाती है, जिसके द्वारा एक निश्चित सीमा तक माँग को कम करने का प्रयास किया जाता है।
  - (iii) सांकेतिक कटौती प्रस्ताव (Token Cut Motion) इसमें अनुदान की माँग को ₹ 100 तक कम करने की बात कही जाती है।

5. विनियोग विधेयक पारित होना

- जब लोकसभा में सभी माँगों को लेकर मतदान पूर्ण हो जाता है अर्थात् जब मन्त्रियों द्वारा रखी सभी माँगें लोकसभा स्वीकृत कर देती है, तो विनियोग विधेयक (Appropriation Bill) के नाम से एक विधेयक सदन में प्रस्तुत किया जाता है।
- संविधान की व्यवस्था (अनुच्छेद 114) के अनुसार विनियोग अधिनियम द्वारा किए गए विनियोजन के अन्तर्गत ही भारत की संचित निधि से धन निकाला जा सकता है, अन्यथा नहीं।

- विनियोग विधेयक, निम्नलिखित व्यय को पूरा करने के लिए भारत की संचित निधि से सभी धनराशियों के विनियोजन को उपलब्ध कराता है; जैसे–
  - लोकसभा द्वारा स्वीकृत अनुदान और
  - भारत की संचित निधि के नाम डाले गए व्यय, जो बजट में दर्शाई गई धनराशि से अधिक न हो।
- ऐसे विधेयक पर संसद के किसी भी सदन में ऐसा कोई संशोधन नहीं रखा जा सकता, जो समेकित निधि के नाम डाले किसी खर्च की राशि या उसके प्रयोजन में परिवर्तन करता हो।
- अन्य किसी विधेयक की भाँति इस विधेयक के लिए भी कानून का रूप लेने से पहले दोनों सदनों की स्वीकृति आवश्यक होती है।

6. वित्तीय विधेयक का पारित होना

- भारत में प्रत्येक वर्ष वित्त विधेयक प्रस्तुत किए जाने की प्रथा है, जिसके अन्तर्गत नए कर प्रस्ताव तथा पारित स्थायी अधिनियमों के अनुसार पहले से ही लागू कर या शुल्क दरों में परिवर्तन के प्रस्ताव सम्मिलित होते हैं।
- **भारतीय शुल्क दर अधिनियम** के अन्तर्गत पहले से लागू आयकर दरों में परिवर्तन या भारतीय डाकघर के अधिनियम के अन्तर्गत पहले से लागू **डाक-शुल्क दरों में परिवर्तन** का उल्लेख उदाहरण के रूप में किया जा सकता है।
- अन्य विधेयकों की भाँति इस विधेयक को भी इसके कानून का रूप लेने से पहले दोनों सदनों द्वारा पारित किया जाना आवश्यक होता है।
- यह ध्यान देने योग्य बात है कि विनियोग अधिनियम में खर्च (व्यय) सम्बन्धी प्रस्ताव ही सम्मिलित होते हैं, जबकि **वार्षिक वित्त अधिनियम** में वित्तीय वर्ष कराधान तथा राजस्व के सभी प्रस्ताव शामिल होते हैं।
- **अन्तिम कर संग्रहण अधिनियम,** 1931 के अनुसार वित्त विधेयक को 75 दिनों के अन्दर प्रभावी हो जाना चाहिए।
- वित्त अधिनियम बजट के आय पक्ष को विधिक मान्यता प्रदान करता है और बजट को प्रभावी स्वरूप देता है।

अन्य अनुदान

- बजट के अतिरिक्त संसद द्वारा असाधारण या विशेष अथवा अपवादात्मक परिस्थितियों का सामना करने के लिए अन्य अनुदानों को दिए जाने का भी प्रावधान है।
- संविधान के **अनुच्छेद 115** के अन्तर्गत, **अनुपूरक, अतिरिक्त** या **अधिक अनुदान** (Supplementary, additional or excess grant) का उल्लेख किया गया है।

अनुपूरक व अतिरिक्त अनुदान

- **अनुपूरक अनुदान** संसद द्वारा तब स्वीकृत किया जाता है, जब चालू वित्तीय वर्ष के दौरान सेवा विशेष पर व्यय किए जाने के लिए **विनियोग अधिनियम** द्वारा प्राधिकृत धनराशि अपर्याप्त ज्ञात हो।
- **अतिरिक्त अनुदान** वर्ष के दौरान पूरक या अतिरिक्त व्यय के लिए कोई ऐसी आवश्यकता उत्पन्न हो जाए, जिसके विषय में बजट तैयार करके प्रस्तुत करते समय विचार भी न किया गया हो, तब भी ऐसी माँगों पर विचार किया जाता है।

अधिक अनुदान

- इस प्रकार की माँग उस समय रखी जाती है, जब किसी सेवा पर वित्तीय वर्ष के दौरान उस धनराशि से अधिक धन व्यय हो जाए, जिसके लिए उस वर्ष उस सेवा के विषय में स्वीकृति ली गई थी।

अनुदानों की स्वीकृति

सदन द्वारा अनुदानों पर स्वीकृति के पश्चात् उन्हें स्वयं में सम्मिलित करने वाला **विनियोजन विधेयक** संसद के दोनों सदनों में प्रस्तुत किया जाता है और संसद द्वारा स्वीकृति के पश्चात् विधेयक, **अधिनियम** (Act) का रूप ले लेता है।

- उल्लेखनीय है कि उपयुक्त धनराशि को पूरा किए जाने के लिए राष्ट्रपति अनुदानों की माँगें लोकसभा में प्रस्तुत करवाता है।

सांकेतिक अनुदान

- जब पहले से प्रस्तावित किसी सेवा के अतिरिक्त सेवा के लिए धन की आवश्यकता होती है, तब इस अनुदान का प्रयोग किया जाता है।
- इस अनुदान के लिए लोकसभा में प्रस्ताव रखा जाता है तथा उस पर मतदान होता है, तत्पश्चात् धन की व्यवस्था की जाती है।
- यह अनुदान किसी अतिरिक्त व्यय से सम्बन्धित नहीं होता है।

लेखानुदान, प्रत्ययानुदान और अपवादानुदान

संविधान के अनुच्छेद 116 के अन्तर्गत लेखानुदान, प्रत्ययानुदान और अपवादानुदान का उल्लेख किया गया है।

- **लेखानुदान** (Votes on Account) यह एक अग्रिम व्यवस्था है, जब सरकार को संसद में बजट पारित करवाने में समय लगता है, तो लेखानुदान के अन्तर्गत लोकसभा को शक्ति दी गई है कि वह बजट की प्रक्रिया पूरी होने तक वित्त वर्ष के एक भाग के लिए अग्रिम राशि दे सकती है। लेखानुदान सामान्यत: पूरे वर्ष के लिए अनुमानित व्यय के 1/6वें भाग (दो माह के व्यय) के बराबर होता है।
- **प्रत्ययानुदान** (Votes of Credit) जब किसी सेवा के महत्तम आकार में बड़ा होने या अनिश्चित होने के कारण, बजट बनाते समय उस विषय में ऐसा सोचा नहीं जा सकता था, तो ऐसी माँग के लिए लोकसभा प्रत्ययानुदान देती है।
- **अपवादानुदान** (Exceptional Credits) यह किसी विशेष प्रयोजन के लिए दिया जाता है, जो वित्तीय वर्ष की चालू सेवा का भाग नहीं है। ऐसी स्थिति में सदन उस विशेष प्रयोजन के लिए अलग धनराशि दे सकता है।

विभिन्न प्रकार की निधियाँ

विभिन्न प्रकार की निधियाँ निम्न हैं

संचित निधि

- संविधान के **अनुच्छेद 266 (1)** के अन्तर्गत संचित निधि का प्रावधान किया गया है।
- इसके अन्तर्गत सरकार को प्राप्त होने वाले सभी राजस्व तथा सरकार द्वारा लिए जाने वाले ऋणों और उसके द्वारा दिए गए ऋणों की वसूली से प्राप्त धनराशियों का वर्णन किया जाता है।

- सरकार का पूर्ण खर्च संचित निधि (Consolidated Fund) से किया जाता है तथा संसद की स्वीकृति के बिना इस निधि से कोई भी रकम नहीं निकाली जा सकती है।

लोक लेखा निधि

- संविधान के अनुच्छेद 266(2) के अन्तर्गत लोक लेखा निधि में सम्बन्धित प्रावधान किए गए हैं।
- सरकार की सामान्य प्राप्तियों एवं व्यय के अतिरिक्त, सरकारी लेखों में कुछ अन्य लेन-देन; जैसे—भविष्य निधियों के सम्बन्ध में लेन-देन, अल्प बचत संग्रह, अन्य जमा आदि का हिसाब भी रखा जाता है, जिनके सम्बन्ध में सरकार लगभग एक बैंकर के रूप में कार्य करती है।
- इस प्रकार से प्राप्त रकम एवं उसके संवितरण को लोक लेखा निधि में दिखाया जाता है। सामान्यतया लोक सेवा निधियाँ सरकारी नहीं होती हैं। अतः इस निधि से अदायगी करने हेतु संसद की स्वीकृति लेना आवश्यक नहीं होता है।

आकस्मिकता निधि

- सविधान के अनुच्छेद 267 के अन्तर्गत आकस्मिकता निधि से सम्बन्धित प्रावधान किए गए हैं।
- यह निधि भारत की आकस्मिकता निधि अधिनियम, 1950 द्वारा गठित की गई है। इस निधि से धन देने के लिए राष्ट्रपति को समर्थ बनाया गया है।
- जब कभी सरकार को संसद की स्वीकृति मिलने के पहले ही अत्यावश्यक अप्रत्याशित खर्च करना पड़ता है, तब इस प्रकार के खर्च हेतु आकस्मिकता निधि अग्रदाय के रूप में राष्ट्रपति के पास रहती है। वह किसी अप्रत्याशित व्यय के लिए इसमें से अग्रिम दे सकता है, जिसे बाद में संसद द्वारा प्राधिकृत करवाया जा सकता है।

संसदीय समितियाँ

संविधान में संसदीय समितियों के बारे में विशेष रूप से कोई उपबन्ध नहीं किया गया है, परन्तु अनुच्छेद 118 (1) के अन्तर्गत राज्यसभा तथा लोकसभा दोनों सदनों द्वारा निर्मित नियमों के अधीन इन समितियों का गठन किया जाता है।

- भारत में मॉण्टेग्यू सुधारों के आधार पर वर्ष 1921 से संसदीय समितियाँ अस्तित्व में आई थीं, जिन्हें कालान्तर में स्वतन्त्रता प्राप्ति के पश्चात् विस्तृत रूप से प्रतिष्ठित किया गया।
- आधुनिक युग में संसद को न केवल विभिन्न और जटिल प्रकार का, बल्कि मात्रा में भी अत्यधिक कार्य करना पड़ता है। संसद के पास इस कार्य को निपटाने के लिए सीमित समय होता है, इसलिए संसद उन सभी विधायी तथा अन्य मामलों पर, जो उसके समक्ष आते हैं, गहराई के साथ विचार नहीं कर सकती है।
- संसद का बहुत-सा कार्य सभा की समितियों द्वारा निपटाया जाता है, इसलिए इन्हें संसदीय समितियाँ कहते हैं।
- संसदीय समिति से तात्पर्य उस समिति से है, जो सभा द्वारा नियुक्त या निर्वाचित की जाती है अथवा अध्यक्ष द्वारा नाम-निर्देशित की जाती है और अध्यक्ष के निर्देशानुसार कार्य करती है तथा अपना प्रतिवेदन सभा को या अध्यक्ष को प्रस्तुत करती है और समिति का सचिवालय लोकसभा सचिवालय द्वारा उपलब्ध कराया जाता है।

संसदीय समितियों का वर्गीकरण

अपनी प्रकृति के अनुसार संसदीय समितियाँ दो प्रकार की होती हैं

(i) स्थाई समितियाँ (ii) तदर्थ/अस्थाई समितियाँ

स्थाई समितियाँ

- ये स्थाई एवं नियमित समितियाँ हैं, जिनका गठन समय-समय पर संसद के अधिनियम के उपबन्धों अथवा लोकसभा की प्रक्रिया तथा कार्य, संचालन नियम के अनुसरण में किया जाता है। इन समितियों का कार्य अनवरत् प्रकृति का होता है।
- वित्तीय समितियाँ, विभागों से सम्बद्ध स्थायी समितियाँ (DRSC) तथा कुछ अन्य समितियाँ स्थायी समितियों की श्रेणी के अन्तर्गत आती हैं।

विभिन्न स्थाई समितियाँ

1. वित्तीय समितियाँ
   (a) लोक लेखा समिति (b) प्राक्कलन समिति
   (c) सार्वजनिक उपक्रम समिति
2. विभागों से सम्बन्धित स्थाई समितियाँ
3. जाँच हेतु समितियाँ
   (a) याचिका समिति (b) विशेषाधिकार समिति
   (c) आचार समिति
4. परीक्षण (जाँच) एवं नियन्त्रण हेतु समितियाँ
   (a) सरकारी आश्वासन समिति
   (b) अधीनस्थ विधायन समिति
   (c) विचारार्थ प्रस्तुत विषयों के लिए गठित समिति
   (d) अनुसूचित जाति एवं जनजाति कल्याण समिति
   (e) महिला सशक्तीकरण समिति
   (f) लाभ के पदों के लिए गठित संयुक्त समिति
5. सदन के प्रतिदिन के कार्यों से सम्बन्धित समितियाँ
   (a) कार्य सलाहकार समिति
   (b) सदस्यों के निजी विधेयकों तथा संकल्पों के लिए गठित समिति
   (c) नियम समिति
   (d) सदन की बैठकों से सदस्यों की अनुपस्थिति के लिए गठित समिति
6. सदन समितियाँ अथवा सेवा समितियाँ (रख-रखाव से सम्बन्धित)
   (a) सामान्य प्रयोजन समिति (b) आवास समिति
   (c) पुस्तकालय समिति
   (d) संसद के सदस्यों के वेतन-भत्तों के लिए संयुक्त समिति

1. वित्तीय समितियाँ

वित्तीय समितियों के अन्तर्गत निम्न तीन समितियाँ सम्मिलित की जाती हैं

लोक लेखा समिति

- यह सबसे प्राचीन समिति है, जिसका गठन भारत सरकार अधिनियम, 1919 के अन्तर्गत सर्वप्रथम वर्ष 1921 में किया गया था। इसमें (कुल 22 सदस्य) लोकसभा के 15 तथा राज्यसभा के 7 सदस्य आनुपातिक प्रतिनिधित्व प्रणाली से चुने जाते हैं।

- वर्ष 1967 से स्थापित परम्परा के अनुसार, इसका अध्यक्ष विपक्ष का नेता होगा।
- यह केन्द्र सरकार के विभागों व मन्त्रालयों के लेखाओं की जाँच कर, उन्हें संसद के प्रति उत्तरदायी बनाती है।
- यह समिति सरकार के सभी वित्तीय लेन-देन सम्बन्धी विषयों की जाँच करती है।
- इसका प्रमुख उद्देश्य सार्वजनिक व्यय के दुरुपयोग एवं अनियमितता को संसद के समक्ष लाना होता है।
- यह समिति नियन्त्रक एवं महालेखा परीक्षक (CAG) की रिपोर्ट को आधार बनाकर लोक व्ययों का परीक्षण करती है।
- इसलिए CAG को लोकलेखा समिति का मित्र व पथप्रदर्शक भी कहा जाता है। इसके प्रमुख कार्य इस प्रकार हैं
    - भारत के नियन्त्रक तथा महालेखा परीक्षक के प्रतिवेदनों की जाँच करना।
    - भारत सरकार के विनियोग तथा वित्त सम्बन्धी लेखाओं की जाँच करना।
    - किसी वित्तीय वर्ष के दौरान किसी सेवा पर अतिरिक्त धनराशि व्यय किए जाने पर उसके कारणों की जाँच करना तथा उसके सम्बन्ध में उचित सिफारिश करना।
    - किसी वित्तीय मामले में अपव्यय, अकुशलता या भ्रष्टाचार की जाँच करना।
    - लोक प्राधिकारियों द्वारा सार्वजनिक व्यय का दुरुपयोग किए जाने पर उनके विरुद्ध कार्यवाही के लिए सिफारिश करना।
- इस प्रकार यह समिति सामान्य व्यय पर निगरानी रखती है तथा प्राक्कलन समिति के साथ मिलकर सार्वजनिक व्यय पर संसदीय नियन्त्रण सुनिश्चित करती है।
- इसी कारण इसे प्राक्कलन समिति की जुड़वाँ बहन कहा जाता है। लोक लेखा समिति अपनी रिपोर्ट लोकसभा अध्यक्ष को सौंपती है।

प्राक्कलन समिति

- स्वतन्त्रता के पश्चात् पहली बार जॉन मथाई की सिफारिश पर वर्ष 1950 में प्रथम प्राक्कलन समिति का गठन किया गया था।
- इस समिति में 30 सदस्य होते हैं। यह सबसे बड़ी संसदीय समिति है। सभी सदस्य लोकसभा द्वारा प्रतिवर्ष आनुपातिक प्रतिनिधित्व की एकल संक्रमणीय पद्धति द्वारा इसके सदस्यों में से ही निर्वाचित होते हैं।
- समिति का अध्यक्ष इन चुने हुए सदस्यों में से लोकसभा अध्यक्ष द्वारा नियुक्त किया जाता है, परन्तु यदि लोकसभा का उपाध्यक्ष प्राक्कलन समिति का सदस्य है, तो वह स्वत: ही समिति का अध्यक्ष नियुक्त हो जाता है।
- यह समिति प्रतिवर्ष गठित होती है। इसे स्थाई मितव्ययिता समिति (Standing Economy Committee) भी कहा जाता है।
- प्राक्कलन समिति के प्रमुख कार्य निम्न है
    - वार्षिक अनुदानों की जाँच करना।
    - अतिरिक्त अनुदान व अनुपूरक अनुदानों पर चर्चा करना।
    - खर्च कम करने के लिए व प्रशासन में सुधार लाने की, वैकल्पिक नीतियाँ तैयार करने की एवं संसद में अनुदान माँगें रखने के सुझाव आदि की सिफारिश करना।

सार्वजनिक उपक्रम समिति

- प्रारम्भ में इस समिति में कुल 15 सदस्य, (10 लोकसभा एवं 5 राज्यसभा सदस्य) थे, परन्तु वर्ष 1974 से इसमें 22 सदस्य (15 लोकसभा एवं 7 राज्यसभा) हैं, जो आनुपातिक प्रतिनिधित्व की एकल संक्रमणीय पद्धति द्वारा निर्वाचित होते हैं।
- प्रतिवर्ष समिति के 1/5 सदस्य अवकाश ग्रहण कर लेते हैं तथा उनके स्थान पर नए सदस्य निर्वाचित हो जाते हैं। इस समिति का अध्यक्ष लोकसभा द्वारा निर्वाचित सदस्यों में से मनोनीत किया जाता है। यह समिति सरकारी उपक्रमों के लेखों का परीक्षण करती है।
- सार्वजनिक उपक्रम समिति के प्रमुख कार्य निम्न हैं
    - लोक उपक्रमों के सन्दर्भ में नियन्त्रक एवं महालेखा परीक्षक की रिपोर्ट की जाँच करना।
    - सार्वजनिक कम्पनियों के लेखों की जाँच करना। नियन्त्रक एवं महालेखा परीक्षक की लोक उपक्रमों सम्बन्धी रिपोर्ट की जाँच करना।
    - इस समिति का पहली बार गठन वर्ष 1964 में कृष्ण मेनन समिति के सुझाव पर किया गया था।

2. विभागों से सम्बन्धित स्थाई समितियाँ

- विभागों से सम्बन्धित स्थाई समितियों की संख्या 24 है, जिनके क्षेत्राधिकार में भारत सरकार के सभी मन्त्रालय/विभाग आते हैं।
- भारत में इनका प्रारम्भ वर्ष 1993 में 17 विभाग-सम्बन्धी स्थाई समितियों के गठन के साथ हुआ। वर्ष 2004 में 7 और समितियों का गठन किया गया।
- इनमें से प्रत्येक समिति में 31 सदस्य (21 लोकसभा तथा 10 राज्यसभा) होते हैं, जिन्हें क्रमश: लोकसभा अध्यक्ष तथा राज्यसभा के सभापति द्वारा नाम निर्दिष्ट किया जाता है।
- इन समितियों का कार्यकाल एक वर्ष से अधिक नहीं होता है
- इन 24 समितियों में से 8 राज्यसभा के अधीन हैं, जबकि 16 समितियाँ लोकसभा के अधीन हैं।
- यह सदन के समक्ष प्रस्तुत किए गए सभी दस्तावेजों की यह जाँच करती है कि यह संविधान के प्रावधानों के अनुकूल है अथवा नहीं।

3. जाँच हेतु समितियाँ

जाँच समिति के अन्तर्गत तीन समितियाँ आती हैं

याचिका/आवेदन समिति (Petition Committee)

- दोनों सदन की एक-एक याचिका समिति होती है। यह विधेयकों पर अलग-अलग सार्वजनिक महत्त्व के मामलों पर दायर याचिकाओं एवं आवेदनों पर विचार करती है।
- यह ऐसी सभी याचिकाओं की जाँच करती है, जो सदन में पेश किए जाने के बाद समिति को निर्दिष्ट हो जाती है। लोकसभा के अन्तर्गत जाँच समिति में 15 सदस्य, जबकि राज्यसभा के 10 सदस्य होते हैं।

विशेषाधिकार समिति (Committee of Privileges)

- संसद सदस्यों को प्राप्त विशेषाधिकार उन्मुक्तियों के हनन का मामला विशेषाधिकार समिति को सौंपा जाता है। विशेषाधिकार समिति का गठन लोकसभा के प्रारम्भ में अथवा समय-समय पर लोकसभा अध्यक्ष द्वारा किया जाता है।

- इस समिति में लोकसभा के 5 सदस्य, जबकि राज्यसभा के 10 सदस्य होते हैं।
- विशेषाधिकार समिति सौंपे गए प्रत्येक प्रश्न की जाँच करेगी तथा इन तथ्यों के आधार पर यह निर्णय करेगी कि किसी विशेषाधिकार का उल्लंघन हुआ है अथवा नहीं और यदि हुआ है, तो इसका स्वरूप क्या है और किन परिस्थितियों में हुआ है।

आचरण समिति (Ethics Committee)

- संसद के सदस्यों में अनुशासन तथा मर्यादा बनाने हेतु लोकसभा में वर्ष 2000 तथा राज्यसभा में वर्ष 1997 में आचरण समिति का गठन कर लिया गया। यह समिति संसद सदस्यों के लिए आचरण संहिता लागू कराती है तथा दुर्व्यवहार की जाँच कराती हैं।
- लोकसभा में इस समिति में 15 सदस्य होते हैं, जबकि राज्यसभा में इस समिति में 10 सदस्य होते हैं।

4. परीक्षण (जाँच) एवं नियन्त्रण हेतु समितियाँ

- **सरकारी आश्वासन समिति** इस समिति के द्वारा जाँच की जाती है कि मन्त्रियों द्वारा समय-समय पर सदन में जो आश्वासन दिए गए उनका क्रियान्वयन कितना हुआ है।
- **अधीनस्थ/प्रदत्त विधायन समिति** इस समिति का गठन वर्ष 1953 में हुआ था। यह समिति जाँच करती है कि संसद द्वारा प्रदत्त वैधानिक सत्ता के अनुसार, अधीनस्थ पदाधिकारियों तथा निकायों द्वारा छोटी-छोटी विधायी शक्तियों का क्रियान्वयन सही प्रकार से हुआ है या नहीं। दोनों सदनों में इस समिति की सदस्य संख्या 15 होती है।
- **विचारार्थ प्रस्तुत विषयों हेतु गठित समिति** इस समिति में 15 सदस्य लोकसभा से होते हैं, जबकि राज्यसभा से इस समिति में 10 सदस्य होते हैं। इस समिति का गठन वर्ष 1975 में किया गया।
- यह सदन के समक्ष प्रस्तुत किए गए सभी दस्तावेजों की जाँच करती है कि यह संविधान के प्रावधानों के अनुकूल है अथवा नहीं।
- यह समिति उन वैधानिक अधिसूचनाओं और आदेशों की जाँच नहीं करती, जो अधीनस्थ विधायन समिति के अधिकार क्षेत्र में आते हैं।
- **अनुसूचित जाति तथा अनुसूचित जनजाति कल्याण समिति** यह समिति लोकसभा के 20 तथा राज्यसभा में 10 सदस्यों से मिलकर बनती है। इसमें कुल 30 सदस्य होते हैं। समिति के सदस्यों को एकल संक्रमणीय मत पद्धति द्वारा सम्मिलित किया जाता है तथा इनका कार्यकाल 1 वर्ष का होता है।
- यह समिति अनुसूचित जाति तथा अनुसूचित जनजाति आयोग की रिपोर्ट की जाँच करती है कि वैधानिक तथा कल्याणकारी कार्यों का संचालन कैसे हो रहा है?
- **महिला सशक्तीकरण समिति** इस समिति में 30 सदस्य (20 लोकसभा तथा 10 राज्यसभा से) होते हैं। यह समिति राष्ट्रीय महिला आयोग की रिपोर्ट की जाँच करती है। पहली बार इस समिति का गठन वर्ष 1997 में हुआ था।
- **लाभ के पदों पर संयुक्त समिति** इस समिति का गठन केन्द्र, राज्य या केन्द्रशासित प्रदेशों की सरकारों द्वारा किया जाता है, जो विभिन्न समितियों एवं निकायों के गठन तथा चरित्र की जाँच करती है।
- इस समिति में 15 सदस्य (लोकसभा से 10 एवं राज्यसभा से 5) होते हैं।

5. सदन के प्रतिदिन के कार्यों से सम्बन्धित समितियाँ

- **कार्य सलाहकार समिति** समिति का अध्यक्ष लोकसभा अध्यक्ष होता है तथा इसमें 15 सदस्य होते हैं। राज्यसभा समिति का अध्यक्ष राज्यसभा का सभापति होता है तथा इसमें 11 सदस्य होते हैं।
- यह समिति सदन के कार्यों हेतु कार्यक्रम की नियमितता बनाए रखती है। यह सरकार द्वारा सदन के समक्ष लाए गए विधायी तथा अन्य कार्यों पर चर्चा हेतु सदन में समय निर्धारित करती है।
- **सदस्यों के निजी विधेयको तथा संकल्पों के लिए गठित समिति** लोकसभा के लिए गठित इस विशेष समिति के अध्यक्ष लोकसभा के उपाध्यक्ष होते हैं, इसमें 15 सदस्य होते हैं। राज्यसभा में ऐसी समिति नहीं है, बल्कि कार्य सलाहकार समिति राज्यसभा में इस समिति का कार्य करती है।
- यह समिति विधेयकों का वर्गीकरण करती है तथा निजी/वैयक्तिक सदस्यों द्वारा प्रस्तुत विधेयकों एवं संकल्पों पर चर्चा के लिए समय निर्धारित करती है।
- **नियम समिति** लोकसभा अध्यक्ष इस समिति का पदेन अध्यक्ष होता है। अध्यक्ष सहित समिति में 15 सदस्य होते हैं साथ ही राज्यसभा में सभापति और उपसभापति सहित इस समिति में 16 सदस्य होते हैं।
- यह समिति सदन में कार्य प्रणाली तथा संचालन से सम्बन्धी मामलों पर विचार करती है।
- **सदन की बैठकों से सदस्यों की अनुपस्थिति के लिए गठित समिति** यह समिति लोकसभा की **विशेष समिति** है, जिसमें 15 सदस्य होते हैं।
- यह समिति सदन की बैठकों से सदस्यों की अनुपस्थिति के अवकाश सम्बन्धी सभी आवेदन पर विचार करती है तथा ऐसे सदस्यों की जाँच करती है, जो बिना अनुमति के 60 दिन या उससे अधिक दिन तक सदन में उपस्थित नहीं हुए।
- इसके अतिरिक्त यह समिति सदन में कार्य पद्धति एवं संचालन से सम्बन्धित मामलों पर विचार करती है।

6. सदन समितियाँ अथवा रख-रखाव सम्बन्धी समितियाँ

- सामान्य प्रयोजन/उद्देश्य समिति यह समिति ऐसे कार्यों का निरीक्षण करती है, जो अन्य समितियों के क्षेत्राधिकार में नहीं आते हैं। लोकसभा अध्यक्ष इसका पदेन सभापति होता है। राज्यसभा में यह समिति लोकसभा के समान ही होती है।
- **आवास समिति** लोकसभा से इस समिति में 12 सदस्य तथा राज्यसभा से 10 सदस्य शामिल होते है।
- यह समिति सदस्यों के आवास, खान-पान तथा चिकित्सा सुविधाएँ इत्यादि को देखती है।
- **पुस्तकालय समिति** यह समिति पुस्तकालय सम्बन्धी मामले देखती है। यह लोकसभा के अध्यक्ष द्वारा मनोनीत 6 सदस्यों तथा राज्यसभा के 3 सदस्यों सहित बनी दोनों सदनों की संयुक्त समिति है।
- **संसद के सदस्यों के वेतन एवं भत्तों के लिए संयुक्त समिति** इस संयुक्त समिति का गठन संसद सदस्यों के वेतन भत्ते तथा पेंशन एक्ट, 1954 के अन्तर्गत हुआ है। इसका कार्य दोनों सदनों के सदस्यों के वेतन तथा भत्तों सम्बन्धी कानून बनाना है। इस समिति में 15 सदस्य (लोकसभा से 10 तथा राज्यसभा से 5) होते हैं।

अन्य प्रमुख समितियाँ

- विभागीय समितियाँ लोकसभा की नियम समिति ने वर्ष 1989 में तीन विभागीय समितियों के गठन सम्बन्धी उपबन्ध किया। वर्ष 1993 में इनका पुनर्गठन कर संख्या बढ़ा दी गई। वर्तमान में 24 विभागीय समितियाँ हैं।
- प्रत्येक विभागीय समिति में अधिकतम 31 सदस्य होते हैं, जिसमें 21 सदस्य लोकसभा द्वारा मनोनीत तथा 10 सदस्यों का मनोनयन राज्यसभा सभापति के द्वारा किया जाता है।
- इसका कार्यकाल 1 वर्ष का होता है। यह समिति मन्त्रालयों तथा विभागों की अनुदान सम्बन्धी माँगों पर विचार करने तथा निश्चित समय में माँगों पर रिपोर्ट देने सम्बन्धी कार्य करती है।
- सलाहकार परामर्शदात्री समिति सलाहकार समिति में 15 सदस्य होते हैं, जिनकी नियुक्ति लोकसभा अध्यक्ष द्वारा की जाती है। लोकसभा अध्यक्ष इस समिति का पदेन सभापति होता है।
- इस समिति द्वारा, सदन को सुचारु रूप से चलाने की व्यवस्था की जाती है तथा विभिन्न विषयों पर चर्चा हेतु समय निर्धारित किया जाता है। इसके द्वारा संसद का सत्र बुलाने के सम्बन्ध में निर्णय लिया जाता है।

तदर्थ/अस्थाई समितियाँ

- एक ऐसी समिति जो किसी विशिष्ट उद्देश्य या किसी विशेष परियोजना के लिए सीमित अवधि के लिए स्थापित की जाती है, एक बार कार्य पूरा हो जाने के बाद समिति स्वत: ही भंग हो जाती है।
- ये समितियाँ आवश्यकतानुसार समय-समय पर लोकसभा या इसके अध्यक्ष के द्वारा बनाई जाती हैं।
- ये किसी विशिष्ट विषय की जाँच-पड़ताल करती हैं तथा उस पर अपनी रिपोर्ट देती हैं और कार्य के पूरा होने पर इनका अन्त हो जाता है।
- इस समिति की कोई संख्या निर्धारित नहीं होती है। इनकी संख्या आवश्यकतानुसार घटती-बढ़ती रहती है, फिर भी प्राथमिक रूप से यह समिति दो प्रकार की होती है

जाँच समितियाँ

- समय-समय पर कुछ स्थितियों की जाँच करने के लिए इस समिति का गठन किया जाता है अर्थात् इसका गठन लोकसभा अध्यक्ष/सभापति द्वारा विनिर्दिष्ट विषयों पर जाँच करने तथा प्रतिवेदन तैयार करने के लिए किया जाता है। उदाहरण के तौर पर, इस समिति का गठन निम्न कार्यों/जाँचों के लिए किया जाता है
  - संसद सदस्य स्थानीय क्षेत्र विकास योजना के गठन हेतु समिति
  - रेल सभा हेतु समिति
  - संसद सदस्यों, राजनीतिक दलों के कार्यालयों एवं लोकसभा सचिवालय के अधिकारियों को कम्प्यूटर के प्रावधान हेतु समिति
  - संसदीय संकुल की सुरक्षा के लिए संयुक्त समिति
  - संसद भवन परिसर में राष्ट्रीय नेताओं एवं सांसदों के चित्र, मूर्तियाँ स्थापित करने हेतु समिति।
  - संसद भवन संकुल में खाद्य प्रबन्धन के लिए समिति
  - संसद भवन संकुल के विकास एवं विरासत चिह्नों के अनुरक्षण (रख-रखाव) हेतु समिति।
  - अन्य पिछड़े वर्गों के कल्याण सम्बन्ध हेतु समिति
  - किसी सदस्य के अनुचित आचरण की जाँच करने वाली समिति
  - संसद सदस्यों के साथ सरकारी अधिकारियों द्वारा प्रोटोकॉल परम्पराओं के उल्लंघन तथा अवमाननापूर्ण व्यवहार की जाँच हेतु समिति।

सलाहकार समिति

- सलाहकार समितियों का गठन विशिष्ट प्रस्तावों पर प्रतिक्रिया देने के लिए किया जाता है।
- इन समितियों के अन्तर्गत विधेयकों के लिए गठित प्रवर एवं संयुक्त समितियाँ शामिल होती हैं, जिनका गठन किसी विशेष विधेयक के बारे में विचार करने एवं प्रतिवेदन देने के लिए किया जाता है।

प्रवर या संयुक्त प्रवर समिति

- प्रवर या संयुक्त प्रवर समिति (Select or Joint Select Committee) अस्थायी समितियों में सबसे महत्त्वपूर्ण समिति है।
- इस समिति के सदस्यों की नियुक्ति संसद के दोनों सदनों (लोकसभा या राज्यसभा) के द्वारा अलग-अलग या संयुक्त रूप से की जाती है।
- जब दोनों सदन इसे अलग-अलग गठित करते हैं, तो इसे प्रवर समिति कहते हैं। इस स्थिति में सदस्यों की संख्या 30 होती है, लेकिन जब दोनों सदन इसे एक साथ गठित करते हैं, तो इसे संयुक्त प्रवर समिति कहा जाता है। इस स्थिति में सदस्यों की संख्या 45 होती है, जिसमें 30 लोकसभा तथा 15 राज्यसभा के सदस्य होते हैं।
- प्रवर समिति प्रत्येक विधेयक की गहनता से जाँच करती है, उससे सम्बद्ध समस्त आँकड़े एकत्र करती है तथा गवाहों के बयान लेती है। इसके उपरान्त यह अपनी रिपोर्ट सदन को देती है तथा कार्य सम्पूर्ण हो जाने के पश्चात् इसका विघटन हो जाता है।

राज्य स्तर पर कार्यपालिका की संरचना संघीय कार्यपालिका के अनुरूप है, जो भूमिका केन्द्र में राष्ट्रपति की होती है, वहीं राज्य में राज्यपाल की होती है। साथ ही, राज्यों में मुख्यमन्त्री का पद केन्द्र में प्रधानमन्त्री के समान ही है।

अध्याय इक्कीस

राज्यपाल (राज्य की कार्यपालिका का प्रमुख)

संवैधानिक प्रावधान

- भारतीय संविधान में **परिसंघीय शासन** (Federal Administration) की व्यवस्था है, जिसमें संघ और उसकी इकाइयों के अतिरिक्त राज्यों के प्रशासन के लिए पृथक् प्रणालियाँ हैं। संविधान में दोनों के शासन के लिए उपबन्ध हैं।
- संविधान के **भाग-VI** में **अनुच्छेद-153-167** तक राज्य कार्यपालिका के बारे में उल्लेख है। राज्य कार्यपालिका में **राज्यपाल, मुख्यमन्त्री, मन्त्रिपरिषद्** और **राज्य के महाधिवक्ता** (Advocate General of the State) शामिल होते हैं।

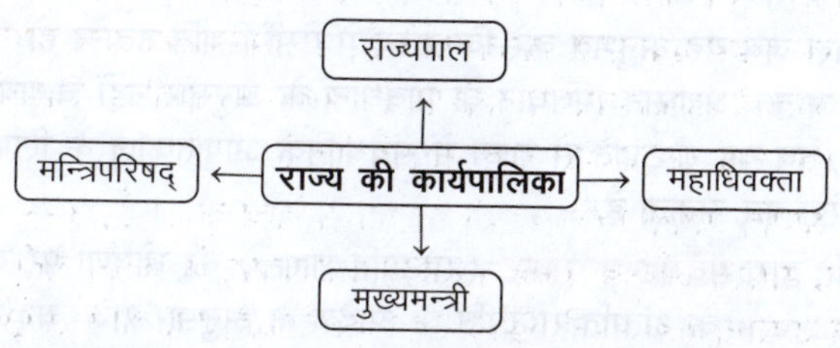

- भारत में केन्द्र की भाँति राज्यों में भी **संसदीय शासन प्रणाली** को अपनाया गया है, जिस प्रकार संघ की कार्यपालिका शक्ति राष्ट्रपति में निहित होती है, उसी प्रकार राज्य की कार्यपालिका शक्ति राज्यपाल में निहित होती है।
- राज्यपाल राज्य का **संवैधानिक मुखिया** होता है तथा यह केन्द्र सरकार के प्रतिनिधि के रूप में भी कार्य करता है। इस प्रकार यह दोहरी भूमिका निभाता है।
- संविधान के अनुच्छेद 153 के अनुसार प्रत्येक राज्य के लिए एक राज्यपाल की व्यवस्था का प्रावधान किया गया है। सभी राज्यों में कार्यपालिका का अध्यक्ष राज्यपाल होता है।
- राज्यपाल राज्य की सरकार का नाममात्र का प्रधान होता है तथा मन्त्रिपरिषद् के नेतृत्व में वास्तविक प्रमुख मुख्यमन्त्री होता है। राज्यपाल की सहायता और परामर्श के लिए मन्त्रिपरिषद् होती है, जिसका अध्यक्ष मुख्यमन्त्री होता है।
- सामान्यतया प्रत्येक राज्य के लिए एक राज्यपाल होता है, परन्तु 7वें संविधान संशोधन अधिनियम, 1956 के अनुसार, एक ही व्यक्ति को दो अथवा दो से अधिक राज्यों का राज्यपाल नियुक्त किया जा सकता है।
- सामान्यत: राज्यपाल उस राज्य का रहने वाला व्यक्ति नहीं होता है, जिस राज्य में उसे राज्यपाल नियुक्त किया जाता है।
- सरोजिनी नायडू, स्वतन्त्र भारत के उत्तर प्रदेश राज्य की सर्वप्रथम महिला राज्यपाल थीं।

राज्यपाल की नियुक्ति एवं पदावधि

- राष्ट्रपति की भाँति, राज्यपाल न तो अप्रत्यक्ष चुनाव प्रक्रिया द्वारा चुना जाता है और न ही जनता द्वारा सीधे चुना जाता है। राज्य का राज्यपाल निर्वाचित नहीं होता है।
- **अनुच्छेद-155** के अनुसार, राज्यपाल की नियुक्ति राष्ट्रपति द्वारा की जाती है, जो राज्य की कार्यपालिका का प्रमुख तथा विधायिका का अंग होने साथ केन्द्र सरकार के प्रतिनिधि के रूप में भी कार्य करता है।
- राज्यपाल की नियुक्ति राष्ट्रपति की मुहर लगे आज्ञा-पत्र के माध्यम से होती है। इस प्रकार वह केन्द्र सरकार द्वारा मनोनीत होता है, किन्तु यह केन्द्र सरकार के अधीनस्थ नहीं होता है।
- अनुच्छेद-156 के अनुसार, राज्यपाल राष्ट्रपति के प्रसादपर्यन्त पद धारण करेगा। उसकी नियुक्ति सामान्यत: 5 वर्ष के लिए की जाती है, इससे पूर्व वह राष्ट्रपति को त्याग-पत्र देकर पद रिक्त कर सकता है।
- एक राज्यपाल 5 वर्ष के अपने कार्यकाल के बाद भी तब तक पद पर बना रहता है, जब तक कि उसका उत्तराधिकारी कार्य ग्रहण न कर ले।
- राज्यपाल को किस आधार पर राष्ट्रपति हटा सकता है, इस विषय पर संविधान मौन है।
- एक से अधिक बार राज्यपाल नियुक्त किए जाने के विषय में भी कोई प्रतिबन्ध नहीं है।
- एक राज्यपाल जिसका कार्यकाल पूर्ण हो चुका है, उसे उसी राज्य या अन्य राज्यों में पुन: नियुक्त किया जा सकता है।

- राष्ट्रपति न केवल उसे पद से हटा सकता है, बल्कि उसे एक राज्य से दूसरे राज्य में स्थानान्तरित भी कर सकता है।
- राष्ट्रपति को सम्बोधित त्याग-पत्र के द्वारा राज्यपाल अपने पद का त्याग कर सकता है।

राज्यपाल पद हेतु योग्यताएँ एवं शर्तें

- अनुच्छेद-157 व 158 के अन्तर्गत राज्यपाल पद के लिए क्रमश: योग्यताएँ एवं शर्तों का उल्लेख किया गया है, जो निम्न प्रकार हैं
  - योग्यताएँ वह व्यक्ति भारत का नागरिक हो।
  - वह 35 वर्ष की आयु पूरी कर चुका हो।
  - शर्तें वह कोई लाभ का पद धारण न करता हो।
- वह संसद अथवा राज्य विधानमण्डल के किसी भी सदन का सदस्य न हो। यदि संसद के किसी सदन का अथवा राज्य विधानमण्डल के किसी सदन का कोई सदस्य राज्यपाल नियुक्त हो जाता है, तो यह समझा जाएगा कि उसने उस सदन से अपना स्थान राज्यपाल के रूप में अपने पद ग्रहण की तिथि से रिक्त कर दिया है।

राज्यपाल हेतु शपथ

संविधान के अनुच्छेद 159 के अनुसार पद ग्रहण करने से पूर्व राज्यपाल सम्बन्धित राज्य के उच्च न्यायालय के मुख्य न्यायाधीश अथवा उसकी अनुपस्थिति में वरिष्ठतम न्यायाधीश के सम्मुख पद की शपथ ग्रहण करता है। वह संविधान की रक्षा एवं परिरक्षा की शपथ लेता है।

राज्यपाल के वेतन व भत्ते

- अनुच्छेद 158(3) के अनुसार, राज्यपाल ऐसी उपलब्धियों, भत्तों व विशेषाधिकारों का अधिकारी होगा, जो संसद विधि द्वारा अवधारित हैं। राज्यपाल को ₹ 3.5 लाख प्रतिमाह वेतन प्राप्त होता है।
- राज्यपाल के वेतन और भत्तों को उसके कार्यकाल के दौरान कम नहीं किया जा सकता है।
- राज्यपाल के वेतन और भत्ते राज्य की संचित निधि (Consolidated Fund of State) पर भारित होते हैं।
- अनुच्छेद-158 (3) (A) के तहत जब एक ही व्यक्ति को दो या दो से अथवा अधिक राज्यों के राज्यपाल पद पर नियुक्त किया जाता है, तो ऐसी स्थिति में उसे वेतन एवं भत्ता उन राज्यों के बीच ऐसे अनुपात में आवण्टित किए जाएँगे, जो राष्ट्रपति द्वारा निश्चित किया जाए।
- राज्यपाल के स्थानान्तरण के सम्बन्ध में संविधान में कोई प्रावधान नहीं है।

राज्यपाल की शक्तियाँ एवं कार्य

राज्यपाल की शक्तियाँ राज्य में भारत के राष्ट्रपति के समान होती हैं, परन्तु राज्यपाल को राष्ट्रपति के समान कूटनीतिक सैन्य या आपातकालीन शक्तियाँ प्राप्त नहीं होती हैं। राज्यपाल की शक्तियों एवं कार्यों को निम्न रूपों में व्यक्त किया जा सकता है

कार्यपालिका शक्तियाँ

- राज्य की कार्यपालिका सम्बन्धी समस्त शक्तियाँ राज्यपाल में सन्निहित होती हैं। अनुच्छेद 154 के अंतर्गत राज्यपाल इन समस्त शक्तियों का प्रयोग प्रत्यक्ष रूप से अथवा अधीनस्थ अधिकारियों (मन्त्रिपरिषद्) के माध्यम से करता है।
- राज्य के समस्त कार्यपालिका के कार्य राज्यपाल के नाम से किए जाते हैं, परन्तु वास्तविक कार्य मुख्यमन्त्री तथा उसकी मन्त्रिपरिषद् द्वारा किया जाता है।
- संविधान की व्यवस्था के अनुसार, राज्यपाल मुख्यमन्त्री व मन्त्रियों की नियुक्ति करता है, परन्तु वास्तविकता यह है कि विधानसभा में स्पष्ट बहुमत प्राप्त दल के नेता को अथवा अनेक दलों के संयोजन से बने संयुक्त/गठबन्धन दल के नेता को ही मुख्यमन्त्री के पद पर नियुक्त करता है। अन्य मंत्रियों की नियुक्ति राज्यपाल, मुख्यमन्त्री की सलाह से करता है तथा उनमें पद वितरण करता है। राज्यपाल के प्रसादपर्यंत मन्त्री पद पर बना रहता है।
- राज्यपाल को कुछ अन्य महत्त्वपूर्ण शीर्षस्थ पदों पर नियुक्तियाँ करने की शक्तियाँ प्राप्त हैं
  - राज्य के महाधिवक्ता
  - राज्य लोक सेवा आयोग के अध्यक्ष व सदस्य
  - राज्य निर्वाचन आयोग
  - विश्वविद्यालयों के उप-कुलपति
  - अधीनस्थ न्यायालयों के न्यायाधीशों की नियुक्ति
- इसके अतिरिक्त राज्य में उच्च न्यायालय के मुख्य न्यायाधीशों की नियुक्तियों के सम्बन्ध में राष्ट्रपति राज्यपाल की सलाह लेता है।
- राज्यपाल मन्त्रियों/मुख्यमन्त्री से प्रशासन तथा विधि निर्माण सम्बन्धी जानकारी प्राप्त (माँग) कर सकता है।
- राज्यपाल जब यह अनुभव करे कि राज्य में ऐसी स्थिति उत्पन्न हो गई है कि राज्य का प्रशासन संविधान के प्रावधानों के अनुसार नहीं चलाया जा रहा है, तब वह राष्ट्रपति से राज्य में संवैधानिक आपातकाल के लिए सिफारिश कर सकता है।
- राष्ट्रपति द्वारा संवैधानिक संकट (राष्ट्रपति शासन) की घोषणा पर वह अनुच्छेद 356 के अंतर्गत राष्ट्रपति के आदेश के अनुसार राज्य का शासन चलाता है। यद्यपि सामान्य समय में राज्यपाल राज्य का संवैधानिक अध्यक्ष होता है।
- राज्य आपात की स्थिति की अवधि के दौरान यह केंद्र सरकार के अभिकर्ता (एजेंट) के रूप में कार्य करता है।

विधायी शक्तियाँ

- अनुच्छेद 174 के अनुसार, राज्यपाल राज्य विधानमण्डल का अभिन्न अंग है, अत: उसे कुछ विधायी शक्तियाँ भी प्राप्त हैं तथा राज्यपाल विधानमण्डल का सत्रावसान करता है और विधानसभा को विघटित कर सकता है। यद्यपि किसी अधिवेशन की अन्तिम बैठक तथा आगामी अधिवेशन की प्रथम बैठक के बीच 6 माह से अधिक का अंतराल नहीं होगा।

- वह विधानसभा के अधिवेशन, यदि राज्य की विधायिका में दो सदन हों तो दोनों को संबोधित करता है। वह किसी भी सदन अथवा दोनों सदनों को संदेश भेज सकता है।
- आम चुनावों के पश्चात् विधानसभा का प्रथम सत्र प्रत्येक वर्ष राज्यपाल के अभिभाषण से प्रारंभ होता है। यदि राज्य की विधायिका में दो सदन हैं, तो वह दोनों सदनों की संयुक्त बैठक को संबोधित करता है।
- वह अपने अभिभाषण द्वारा तत्कालीन सरकार की सामान्य नीतियों की रूपरेखा प्रस्तुत करता है।
- राज्य विधायिका द्वारा पारित सभी विधेयक स्वीकृति के लिए राज्यपाल के पास भेजे जाते हैं। कोई भी विधेयक राज्यपाल की स्वीकृति के बिना कानून नहीं बन सकता।
- राज्यपाल राज्य विधायिका द्वारा पारित किसी विधेयक को अपने सुझावों सहित विधानमण्डल को वापस भी भेज सकता है।
- ऐसी दशा में विधानमण्डल विधेयक पर पुनर्विचार करेगा, किन्तु यदि विचारोपरांत विधानमण्डल विधेयक को पुनः राज्यपाल के पास भेज देता है, तब राज्यपाल को उस पर अपनी अनुमति देनी पड़ती है। इसके अतिरिक्त वह विधेयक को राष्ट्रपति द्वारा विचार किए जाने के लिए आरक्षित कर सकता है।
- **अनुच्छेद 171(3)** के अनुसार, राज्यपाल विज्ञान, कला, साहित्य सहकारी आंदोलन तथा समाजसेवा के क्षेत्रों में प्रसिद्धि प्राप्त व्यक्तियों में से विधानपरिषद् की कुल सदस्य संख्या का छठा भाग (1/6) मनोनीत करता है।

> - 104वें संविधान संशोधन अधिनियम, 2019 के साथ अनुच्छेद 333 को स्थगित किया गया है, जिसके आधार पर राज्यपाल को विधानसभा में एंग्लो-इंडियन सदस्यों के मनोनयन का अधिकार था।
> - इस अधिनियम के तहत संसद और राज्य विधान सभाओं में एंग्लो-इंडियन आरक्षित सीटों को समाप्त कर दिया गया है।

अध्यादेश जारी करने की शक्तियाँ

- **अनुच्छेद 213** के अन्तर्गत राज्य विधानमण्डल सत्र नहीं चल रहा हो और किसी विषय पर कानून बनाने की तत्काल आवश्यकता पड़ जाए, तब राष्ट्रपति की भाँति राज्यपाल भी अध्यादेश जारी कर सकता है।
- यह अध्यादेश विधायिका के पुनः सम्मिलित होने के पश्चात् छः सप्ताह की अवधि पूर्ण होने पर प्रभावी नहीं रह जाता, बशर्ते पहले ही सदन में स्वीकृति न दे दी हो।

वित्तीय शक्तियाँ

- **अनुच्छेद 202** के अनुसार, राज्यपाल प्रत्येक वित्तीय वर्ष में वित्तमन्त्री को विधानमण्डल के सम्मुख **वार्षिक वित्तीय विवरण** (बजट) प्रस्तुत करवाता है।
- राज्यपाल की संस्तुति के बिना कोई धन विधेयक विधानसभा में प्रस्तुत नहीं किया जा सकता। धन विधेयक पर राज्यपाल निषेधाधिकार का प्रयोग नहीं कर सकता।
- ऐसा कोई विधेयक जो राज्य की संचित निधि से खर्च की व्यवस्था करता हो, उस समय तक विधानमण्डल द्वारा पारित नहीं किया जा सकता जब तक राज्यपाल इसकी संस्तुति न कर दे।
- राज्यपाल की संस्तुति के बिना अनुदान की किसी भी माँग को विधानमंडल के सम्मुख नहीं रखा जा सकता।

न्यायिक शक्तियाँ

- राज्यपाल को उस विषय पर जिस पर राज्य की कार्यपालिका शक्ति का विस्तार है, किसी विधि के विरुद्ध, सम्बन्धी, जिस विषय पर किसी अपराध के लिए दोष-सिद्ध ठहराए गए किसी व्यक्ति के दण्ड में क्षमा, उसका प्रविलम्बन विराम या परिहार करने की अथवा दण्डादेश के विलंबन या लघुकरण करने की शक्ति प्राप्त है।
- **अनुच्छेद 161** के अनुसार, राज्यपाल को मृत्यु दण्ड मिले हुए मामले में क्षमादान (पूर्ण क्षमादान) करने का अधिकार नहीं है और न ही संघ सूची के विषयों से सम्बन्धित विधि के विरुद्ध किए गए अपराध को या सेना न्यायालय द्वारा दिए गए किसी दंडादेश को क्षमादान करने का अधिकार है।

विवेकाधीन शक्तियाँ

- हमारे संविधान में राज्यपाल की स्थिति केंद्र में राष्ट्रपति की स्थिति के समान नहीं है, दोनों की स्थिति में महत्त्वपूर्ण अंतर है।
- संविधान के **अनुच्छेद 163(1)** के अंतर्गत राज्यपाल को कुछ विवेकीय शक्तियाँ प्राप्त हैं अर्थात् इन शक्तियों का प्रयोग राज्यपाल स्वतन्त्रतापूर्वक कर सकता है, ये अधिकार विवेकाधिकार कहलाते हैं।
- इन अधिकारों का प्रयोग राज्यपाल मन्त्रिपरिषद् की सलाह से नहीं, बल्कि अपने स्वतन्त्र निर्णय के आधार पर करता है।
- राज्यपाल की विवेकाधीन शक्तियों को निम्न रूपों में व्यक्त किया जा सकता है
  - जनजातीय क्षेत्रों के संरक्षण और ऐसे क्षेत्र के निवासियों की आदिम जीवन पद्धति की रक्षा करने के लिए सिक्किम, नागालैंड, असम, मेघालय तथा त्रिपुरा से संबद्ध राज्यपालों को विवेकाधिकार प्राप्त हैं।
  - जब कभी राज्य विधानसभा में किसी भी दल को स्पष्ट बहुमत प्राप्त नहीं हो, तो राज्यपाल मुख्यमंत्री की नियुक्ति में अपने विवेक का प्रयोग करता है।
  - राज्यपाल राज्य विधायिका द्वारा पारित विधेयकों को राष्ट्रपति के विचारार्थ आरक्षित कर सकता है।
  - यदि राज्यपाल को यह आभास हो जाए कि शासन राज्य सरकार के अनुसार नहीं चलाया जा रहा है, तो वह इसकी सूचना राष्ट्रपति को दे सकता है।
  - राज्यपाल की रिपोर्ट के आधार पर ही राष्ट्रपति, राष्ट्रपति शासन लागू कर सकता है।

राज्यपाल की वीटो शक्ति

जब कोई सामान्य विधेयक, अधिनियम बनाने के लिए राज्यपाल के सम्मुख प्रस्तुत किया जाता है, तो उसके पास निम्न विकल्प होते हैं; जैसे—

- विधेयक को स्वीकृति प्रदान करें।
- विधेयक पर अपनी स्वीकृति सुरक्षित कर ले।
- विधेयक को पुनर्विचार के लिए विधानमंडल के पास भेज दे।
- विधानमंडल द्वारा संशोधन के बिना अथवा संशोधन के साथ पुनः राज्यपाल के सामने लाया जाए तो उसे स्वीकृति प्रदान करना बाध्यकारी होता है।
- राज्यपाल, राष्ट्रपति की राय के लिए विधेयक को संरक्षित रख सकता है।

राज्यपाल को प्राप्त विशेषाधिकार

- अनुच्छेद-361 के अन्तर्गत राष्ट्रपति तथा राज्यपाल को विभिन्न विशेषाधिकार प्रदान किए गए हैं। वह पदासीन रहते हुए अपने द्वारा किए गए कार्यों के लिए किसी न्यायिक अभियोग प्रक्रिया हेतु उत्तरदायी नहीं होगा।
- राज्यपाल को अपने कार्यकाल के दौरान अपने किसी भी कृत्य के लिए गिरफ्तारी और सजा से छूट रहती है, यद्यपि इन कृत्यों के लिए 2 **माह का अग्रिम नोटिस** देकर उसके विरुद्ध सिविल प्रक्रिया के अन्तर्गत कार्यवाही की जा सकती है।
- न्यायपालिका ने यह कहा है कि यह विशेषाधिकार संविधान के उपबन्धों के उल्लघन हेतु नहीं है।

राज्यपाल की संवैधानिक स्थिति

राज्यपाल की संवैधानिक शक्तियों को हम अनुच्छेद-154, 163 एवं 164 के उपबन्धों से समझ सकते हैं

- राज्यपाल की संवैधानिक शक्तियों को हम अनुच्छेद-154, 163 एवं 164 के उपबन्धों से समझ सकते हैं
- अनुच्छेद-154 में निहित है कि राज्य की कार्यकारी शक्तियाँ राज्यपाल में निहित होंगी। ये संवैधानिक कार्य सीधे उसके द्वारा या उसके अधीनस्थ अधिकारियों द्वारा सम्पन्न होंगे।
- अनुच्छेद-163 में निहित है कि राज्यपाल को अपने विवेकाधिकार वाले कार्यों के अतिरिक्त अपने कार्यों को करने के लिए मुख्यमन्त्री के नेतृत्व वाली मन्त्रिपरिषद् से सलाह लेनी होगी।
- अनुच्छेद-164 में निहित है कि राज्य मन्त्रिपरिषद् की विधानमण्डल के प्रति सामूहिक जिम्मेदारी होगी।

राज्यपाल से सम्बन्धित अनुच्छेद

अनुच्छेद	प्रावधान	अनुच्छेद	प्रावधान
अनुच्छेद 153	राज्यों के राज्यपाल	अनुच्छेद 161	क्षमा तथा दण्डादेश के निलम्बन, परिहार या लघुकरण की राज्यपाल की शक्ति
अनुच्छेद 154	राज्य की कार्यपालिका शक्ति का राज्यपाल में निहित होना	अनुच्छेद 175	राज्यपाल को राज्य विधायिका को सम्बोधित करने अथवा सन्देश देने का अधिकार
अनुच्छेद 155	राज्यपाल की नियुक्ति	अनुच्छेद 176	राज्यपाल द्वारा विशेष सम्बोधन
अनुच्छेद 156	राज्यपाल का कार्यकाल	अनुच्छेद 200	राज्य विधानसभा द्वारा पारित विधेयकों पर राज्यपाल की अनुमति
अनुच्छेद 157	राज्यपाल की नियुक्ति हेतु अर्हता	अनुच्छेद 201	राज्य विधानसभा द्वारा पारित विधेयक को राष्ट्रपति के विचारार्थ सुरक्षित करना
अनुच्छेद 158	राज्यपाल कार्यालय के लिए दशाएँ	अनुच्छेद 213	राज्यपाल की अध्यादेश जारी करने की शक्ति
अनुच्छेद 159	राज्यपाल द्वारा शपथ	अनुच्छेद 233	राज्यपाल द्वारा जिला न्यायाधीशों की नियुक्ति
अनुच्छेद 160	आकस्मिक परिस्थितियों में राज्यपाल के कार्य	अनुच्छेद 234	राज्यपाल द्वारा न्यायिक सेवा के लिए नियुक्ति

"

राज्य की कार्यपालिका में मुख्यमन्त्री के नेतृत्व में मन्त्रिपरिषद् की व्यवस्था होती है। राज्य मन्त्रिपरिषद् के सदस्यों की नियुक्ति पाँच वर्ष की अवधि के लिए राज्यपाल द्वारा की जाती है। मन्त्रिपरिषद् का सदस्य व्यक्तिगत रूप से राज्यपाल के प्रति तथा सामूहिक रूप से विधानसभा के प्रति उत्तरदायी होता है।

अध्याय बाईस

मुख्यमन्त्री एवं मन्त्रिपरिषद्

मुख्यमन्त्री

- संसदीय व्यवस्था में राज्यपाल राज्य का संवैधानिक प्रमुख होता है, जबकि मुख्यमन्त्री वास्तविक प्रमुख होता है। राज्यपाल राज्य का मुखिया होता है, जबकि मुख्यमन्त्री सरकार का प्रमुख होता है।
- मुख्यमन्त्री राज्य मन्त्रिपरिषद् का प्रधान होता है तथा राज्य की प्रशासनिक संरचना में उसकी वही स्थिति होती है, जो केन्द्र में प्रधानमन्त्री की होती है।
- वास्तविक रूप से राज्य की कार्यपालिका की सर्वोच्च शक्ति का प्रयोग मुख्यमन्त्री द्वारा किया जाता है।

मुख्यमन्त्रीः समकक्षों में प्रथम

मन्त्रिपरिषद् में मुख्यमन्त्री को अद्वितीय स्थान प्राप्त है तथा उसे **समकक्षों में प्रथम** (First Among Equals) कहा जाता है अर्थात् सभी मन्त्री समान हैं, परन्तु मुख्यमन्त्री को उनमें प्रथम स्थान प्राप्त है।

मुख्यमन्त्री की नियुक्ति

- मुख्यमन्त्री की नियुक्ति संविधान के अनुच्छेद-164 (1) के अनुसार, राज्यपाल द्वारा की जाती है, यद्यपि राज्यपाल किसी भी व्यक्ति को मुख्यमन्त्री नियुक्त करने के लिए स्वतन्त्र नहीं है।
- राज्यपाल राज्य विधानसभा में बहुमत प्राप्त दल के नेता को ही मुख्यमन्त्री नियुक्त करता है, किन्तु यदि किसी दल को बहुमत प्राप्त न हो, तो राज्यपाल, मुख्यमन्त्री की नियुक्ति में अपने विवेकाधिकार का उपयोग कर सकता है। ऐसी परिस्थिति में राज्यपाल सबसे बड़े दल या दलों के समूह के नेता को मुख्यमन्त्री नियुक्त करता है और उसे एक माह के अन्दर विश्वास मत प्राप्त करना होता है।
- मुख्यमन्त्री की नियुक्ति में राज्यपाल अपने विवेक का प्रयोग तब कर सकता है, जब कार्यकाल के दौरान मुख्यमन्त्री की मृत्यु हो जाए और कोई उत्तराधिकारी निश्चित न हो।
- संविधान में कोई ऐसा प्रावधान नहीं है कि मुख्यमन्त्री नियुक्त होने से पूर्व कोई व्यक्ति बहुमत सिद्ध करे।
- राज्यपाल उसे मुख्यमन्त्री नियुक्त कर सकता है, तत्पश्चात् उसे एक समय-सीमा के अन्दर बहुमत सिद्ध करने को कह सकता है।
- कोई भी व्यक्ति, जो राज्य विधानमण्डल का सदस्य नहीं है, उसे अधिकतम 6 माह के लिए मुख्यमन्त्री नियुक्त किया जा सकता है, किन्तु इस समयावधि में उसे राज्य विधानमण्डल के किसी-न-किसी सदन की सदस्यता प्राप्त करनी होगी। ऐसा न होने पर उसे मुख्यमन्त्री के पद से हटाया जा सकता है।
- सामान्यतः मुख्यमन्त्री निम्न सदन (विधानसभा) से चुना जाता है, किन्तु अनेक अवसरों पर उच्च सदन (विधानपरिषद्) के सदस्य को भी मुख्यमन्त्री नियुक्त किया जा सकता है।
- भारत के किसी राज्य की पहली महिला मुख्यमन्त्री सुचेता कृपलानी थीं। वह उत्तर प्रदेश की 2 अक्टूबर, 1963 से 14 मार्च, 1967 तक मुख्यमन्त्री रही थीं।

मुख्यमन्त्री के चयन एवं नियुक्ति के सम्बन्ध में सरकारिया आयोग की सिफारिशें

- मुख्यमन्त्री के चयन में राज्यपाल को निम्न सिद्धान्तों द्वारा निर्देशित किया जाना चाहिए
- जिस दल या दलों के समूह को विधानसभा में व्यापक समर्थन प्राप्त हो, उसे सरकार बनाने के लिए आमन्त्रित करना चाहिए।
- राज्यपाल को परिस्थिति के अनुसार उपयुक्त सिद्धान्त का अनुसरण करना चाहिए।
- यदि विधानसभा में किसी दल के पास पूर्ण बहुमत हो, तो उस दल के नेता को स्वतः ही मुख्यमन्त्री बनने के लिए कहा जाना चाहिए।
- किसी भी मुख्यमन्त्री, जब तक कि वह विधानसभा में पूर्ण बहुमत वाली पार्टी का नेता न हो, को कार्यभार ग्रहण करने के 30 दिनों के अन्दर विधानसभा में विश्वास मत प्राप्त करना चाहिए।
- जब विधानसभा के कई सदस्य राज्यपाल के पास जाएँ और विधानसभा में बहुमत के समर्थन को जारी रखने के लिए मौजूदा मुख्यमन्त्री के दावों का विरोध करें, तो राज्यपाल के लिए विवेकपूर्ण तरीका यह होगा कि वह प्रतिद्वन्द्वी के दावों को सदन के पटल पर रखे।

मुख्यमन्त्री पद हेतु शपथ

- राज्यपाल द्वारा मुख्यमन्त्री को उसके पद एवं गोपनीयता की शपथ दिलाई जाती है। पद और गोपनीयता की शपथ लेने के पश्चात् मुख्यमन्त्री एक संवैधानिक परिपत्र पर हस्ताक्षर करता है।
- मुख्यमन्त्री शपथ में कहता है कि
  - मैं भारत के संविधान के प्रति सच्ची श्रद्धा और सत्यनिष्ठा रखूँगा।
  - भारत की प्रभुता और अखण्डता बनाए रखूँगा।
  - मैं अपने दायित्वों का श्रद्धापूर्वक और शुद्ध अन्त:करण से निर्वहन करूँगा।
  - मैं भय या पक्षपात, अनुराग या द्वेष के बिना, सभी प्रकार के लोगों के प्रति संविधान और कानून के अनुरूप न्याय करूँगा।

मुख्यमन्त्री का कार्यकाल

- मुख्यमन्त्री का कार्यकाल निश्चित नहीं है, वह **राज्यपाल के प्रसादपर्यन्त** पद पर रहता है, यद्यपि इसका आशय यह नहीं है कि राज्यपाल उसे किसी भी समय बर्खास्त कर सकता है। मुख्यमन्त्री को विधानसभा में बहुमत होने तक राज्यपाल द्वारा बर्खास्त नहीं किया जा सकता।
- यदि विधानसभा में वह विश्वास खो देता है, तो उसे अपना त्याग-पत्र राज्यपाल को देना होगा अथवा उसे राज्यपाल द्वारा बर्खास्त कर दिया जाएगा।

मुख्यमन्त्री के वेतन एवं भत्ते

- मुख्यमन्त्री के वेतन एवं भत्तों का निर्धारण राज्य विधानमण्डल द्वारा किया जाता है।
- विधानमण्डल के प्रत्येक सदस्य को मिलने वाले वेतन एवं भत्तों के अतिरिक्त व्यय विषयक् भत्ते, नि:शुल्क आवास, यात्रा भत्ता और चिकित्सा सुविधाएँ आदि प्राप्त होती हैं।

मुख्यमन्त्री के कार्य एवं शक्तियाँ

मुख्यमन्त्री राज्य सरकार (मन्त्रिपरिषद्) का प्रधान होता है। राज्य प्रशासन के प्रत्येक क्षेत्र पर मुख्यमन्त्री का नियन्त्रण होता है।

मुख्यमन्त्री की शक्तियाँ
- मन्त्रिपरिषद् के सम्बन्ध में
- राज्यपाल के सम्बन्ध में
- राज्य विधानमण्डल के सम्बन्ध में

मन्त्रिपरिषद् के सम्बन्ध में

- मुख्यमन्त्री राज्य में **मन्त्रिपरिषद् का निर्माता** होता है।
- मुख्यमन्त्री मन्त्रियों के विभाग का बँटवारा करता है, वह इच्छानुसार उनके विभागों को परिवर्तित भी कर सकता है।
- अनुच्छेद-163 के अनुसार, राज्यपाल, मुख्यमन्त्री के परामर्श से ही मन्त्रियों की नियुक्ति करता है।
- मतभेद की स्थिति में वह किसी भी मन्त्री से त्याग-पत्र देने के लिए कह सकता है या राज्यपाल को उसे बर्खास्त करने की सलाह दे सकता है।
- मुख्यमन्त्री **मन्त्रिपरिषद् की अध्यक्षता** करता है। मन्त्रिपरिषद् की बैठकें मुख्यमन्त्री ही बुलाता है।
- मुख्यमन्त्री ही निर्णय करता है कि मन्त्रिपरिषद् की बैठक कब और कहाँ होगी और किस विषय पर विचार किया जाएगा।
- राज्य के विकास से सम्बन्धित नीतियों का निर्माता मुख्यमन्त्री होता है तथा वही विकास व निवेश सम्बन्धी समितियों की अध्यक्षता भी कर सकता है।
- यदि मुख्यमन्त्री त्याग-पत्र दे दे, तो सम्पूर्ण मन्त्रिपरिषद् बर्खास्त हो जाती है। चूँकि मुख्यमन्त्री, मन्त्रिपरिषद् का मुखिया होता है, उसके इस्तीफे या मृत्यु के कारण मन्त्रिपरिषद् स्वत: विघटित हो जाती है। दूसरी ओर यदि किसी मन्त्री का पद रिक्त होता है, तो वह मुख्यमन्त्री की इच्छा पर निर्भर है कि वह उसे भरे अथवा नहीं।

राज्यपाल के सम्बन्ध में

- संविधान के अनुच्छेद-167 के अन्तर्गत राज्यपाल को राज्य शासन अथवा व्यवस्थापन से सम्बन्धित मन्त्रिमण्डल के निर्णयों से अवगत कराना मुख्यमन्त्री का संवैधानिक कर्त्तव्य है।
- मुख्यमन्त्री, राज्यपाल और मन्त्रिपरिषद् के मध्य संवाद का कार्य करता है। मुख्यमन्त्री राज्यपाल और मन्त्रिपरिषद् के बीच सेतु के रूप में कार्य करता है।
- कोई ऐसा विषय जिस पर किसी मन्त्री ने निर्णय ले लिया है, किन्तु उस पर मन्त्रिपरिषद् ने विचार नहीं किया है, तो उसे मन्त्रिपरिषद् के समक्ष विचार के लिए रखे।
- मुख्यमन्त्री महाधिवक्ता, राज्य लोक सेवा आयोग के अध्यक्ष तथा सदस्यों और राज्य निर्वाचन आयुक्त आदि की नियुक्ति के सम्बन्ध में राज्यपाल को परामर्श देता है।

राज्य विधानमण्डल के सम्बन्ध में

- मुख्यमन्त्री, राज्यपाल को **विधानमण्डल का सत्र आहूत** करने तथा सत्रावसान से सम्बन्धी सलाह देता है।
- किसी भी समय विधानसभा का विघटन करने हेतु राज्यपाल से सिफारिश कर सकता है। राज्य की विधानसभा के समक्ष सरकार की नीतियों की घोषणा मुख्यमन्त्री द्वारा की जाती है।
- मुख्यमन्त्री बहुमत दल को नेता होने के साथ-साथ विधानसभा का नेता भी होता है।

मुख्यमन्त्री के अन्य कार्य एवं शक्तियाँ

- मुख्यमन्त्री **अन्तर्राज्यीय परिषद्** (Interstate Council) तथा राष्ट्रीय विकास परिषद् का सदस्य होता है, जिसकी अध्यक्षता प्रधानमन्त्री द्वारा की जाती है।
- मुख्यमन्त्री **क्षेत्रीय परिषद्** (Regional Council) के क्रमवार उपाध्यक्ष के रूप में कार्य करता है। इसमें कार्यकाल एक वर्ष का होता है।
- वह आपातकाल के दौरान राजनीतिक स्तर पर **प्रमुख प्रबन्धक** होता है।
- वह **राज्य योजना बोर्ड** का अध्यक्ष होता है।
- वह राज्य सरकार का **मुख्य प्रवक्ता** होता है।

राज्य की मन्त्रिपरिषद्

- संघ की तरह राज्यों में भी संसदीय शासन प्रणाली की स्थापना की गई है, जिस प्रकार केन्द्र में प्रधानमन्त्री वास्तविक कार्यपालिका का प्रधान होता है, उसी प्रकार राज्य में मुख्यमन्त्री वास्तविक कार्यपालिका का प्रधान होता है।
- संविधान के अनुच्छेद-163 के अन्तर्गत राज्यपाल को उनके कार्यों में परामर्श एवं सहायता देने के लिए एक राज्य मन्त्रिपरिषद् की व्यवस्था की गई है, जिसका प्रधान मुख्यमन्त्री होता है।

मन्त्रियों की नियुक्ति एवं गठन

- संविधान के अनुच्छेद-164 के अन्तर्गत मन्त्रियों के बारे में उपबन्ध किया गया है, जिसके अनुसार मुख्यमन्त्री की नियुक्ति राज्यपाल करेगा और अन्य मन्त्रियों की नियुक्ति राज्यपाल, मुख्यमन्त्री की सलाह पर करेगा।
- कुछ राज्यों; जैसे-छत्तीसगढ़, झारखण्ड, मध्य प्रदेश, ओडिशा में जहाँ पर अन्य कार्यों के अतिरिक्त जनजातियों के कल्याण हेतु एक पृथक् विभाग होगा।
- 94वें संविधान संशोधन अधिनियम, 2006 द्वारा बिहार राज्य को इस प्रावधान से अलग कर दिया गया।
- 91वें संविधान संशोधन अधिनियम, 2003 के अनुसार, राज्य मन्त्रिपरिषद् में मन्त्रियों की अधिकतम संख्या मुख्यमन्त्री सहित विधानसभा की कुल सदस्य संख्या के 15% से अधिक नहीं हो सकती। यद्यपि छोटे राज्यों में मन्त्रियों की कुल संख्या (मुख्यमन्त्री सहित) 12 से कम नहीं होगी।
- इस संशोधन के अन्तर्गत राज्य विधानमण्डल के किसी भी सदन का सदस्य यदि दल-बदल के आधार पर निरर्ह घोषित होता है, तो ऐसा व्यक्ति मन्त्री होने पर मन्त्री पद के लिए निरर्ह होगा।
- संविधान में मन्त्रिपरिषद् के आकार एवं मन्त्री के पद को अलग से विवेचित नहीं किया गया है। मुख्यमन्त्री समय और परिस्थिति के अनुसार इसका निर्धारण करता है।

मन्त्रियों की श्रेणियाँ

केन्द्रीय मन्त्रिपरिषद् के अनुरूप ही राज्य मन्त्रिपरिषद् में भी मन्त्रियों की तीन श्रेणियाँ होती हैं

- कैबिनेट मन्त्रियों के लिए राज्य सरकार के महत्त्वपूर्ण विभाग; जैसे—गृह, शिक्षा, वित्त एवं कृषि होते हैं। ये सभी कैबिनेट के सदस्य होते हैं और ये इसकी बैठक में भाग लेकर नीति-निर्धारण में महत्त्वपूर्ण भूमिका निभाते हैं।
- राज्यमन्त्रियों को या तो स्वतन्त्र प्रभार दिया जा सकता है या उन्हें कैबिनेट के साथ सम्बद्ध किया जा सकता है। यद्यपि वे कैबिनेट के सदस्य नहीं होते हैं और न ही कैबिनेट की बैठकों में भाग लेते हैं, जब तक कि उन्हें विशेष रूप से उनके विभाग से सम्बन्धित किसी मामले में कैबिनेट में न बुलाया जाए।
- पद के अनुरूप उपमन्त्री, राज्यमन्त्री के बाद आते हैं, इन्हें स्वतन्त्र प्रभार नहीं दिया जाता है, बल्कि इन्हें कैबिनेट मन्त्रियों के साथ इनके प्रशासनिक, राजनीतिक एवं संसदीय कर्त्तव्यों में सहयोग के लिए सम्बद्ध किया जाता है।

मन्त्रियों की योग्यताएँ

- अनुच्छेद-164 (4) के अनुसार, यदि कोई व्यक्ति मन्त्री पद पर नियुक्ति के समय विधानमण्डल का सदस्य नहीं है, तो उसके लिए 6 माह के अन्दर विधानमण्डल की सदस्यता प्राप्त करना आवश्यक होता है। ऐसा करने में असफल रहने पर उसे मन्त्री पद छोड़ना होता है।
- मन्त्रिपरिषद् के सभी सदस्यों के लिए आवश्यक है कि वे विधानमण्डल के किसी सदन के सदस्य हों।

मन्त्रियों की शपथ, कार्यकाल, वेतन एवं भत्ते

- प्रत्येक मन्त्री को पद ग्रहण करने से पूर्व राज्यपाल द्वारा (तीसरी अनुसूची के प्रारूप के अनुरूप) पद एवं गोपनीयता की शपथ दिलाई जाती है।
- मन्त्री शपथ में कहता है कि
  - मैं भारत में संविधान के प्रति सच्ची श्रद्धा और निष्ठा रखूँगा।
  - मैं भारत की सम्प्रभुता और अखण्डता बनाए रखूँगा।
  - मैं अपने दायित्वों का श्रद्धापूर्वक और शुद्ध अन्त:करण से निर्वहन करूँगा।
  - मैं भय या पक्षपात, अनुराग या द्वेष के बिना, सभी प्रकार के लोगों के प्रति संविधान और विधि के अनुसार न्याय करूँगा।
- संविधान के अनुच्छेद-164 के अनुसार, सभी मन्त्री राज्यपाल के प्रसादपर्यन्त पद धारण करते हैं, परन्तु व्यावहारिक रूप से मुख्यमन्त्री के परामर्श से ही राज्यपाल किसी मन्त्री को पदच्युत कर सकता है।
- सामान्यत: मन्त्रिपरिषद् का कार्यकाल 5 वर्षों का होता है, परन्तु मन्त्रिपरिषद् का कार्यकाल विधानसभा में उसके बहुमत पर निर्भर करता है।
- मन्त्रियों के वेतन एवं भत्ते राज्य विधानमण्डल द्वारा समय-समय पर निर्धारित किए जाते हैं।

सदनों के सम्बन्ध में मन्त्रियों के अधिकार

- अनुच्छेद-177 के अनुसार प्रत्येक मन्त्री तथा राज्य के महाधिवक्ता को विधानसभा (या विधानपरिषद्, जहाँ भी हो) की कार्यवाही में भाग लेने और बोलने का अधिकार होगा।
- इसी प्रकार यह अधिकार राज्य विधायिका की समिति के लिए भी लागू होगा, जिसका उसे सदस्य बनाया गया है, किन्तु उसे मत देने का अधिकार नहीं होगा।

मन्त्रिपरिषद् के कार्य एवं शक्तियाँ

राज्य में समस्त शासन का संचालन मन्त्रिपरिषद् ही करती है। मन्त्रिपरिषद् के कार्य एवं शक्तियाँ निम्न प्रकार हैं

- राज्य की कार्यपालिका की वास्तविक शक्ति मन्त्रिपरिषद् में ही निहित होती है, यद्यपि अनुच्छेद-164 के अनुसार, मन्त्रिपरिषद् का गठन राज्यपाल को परामर्श देने एवं सहायता करने हेतु किया जाता है, परन्तु व्यावहारिक रूप से राज्यपाल में निहित संवैधानिक शक्तियों का प्रयोग मन्त्रिपरिषद् द्वारा किया जाता है। शासन सम्बन्धी सभी महत्त्वपूर्ण निर्णय मन्त्रिपरिषद् द्वारा लिए जाते हैं।

- विधानमण्डल (Legislature) के सदस्य होने के कारण मन्त्रिपरिषद् के सभी सदस्य इसकी बैठकों में शामिल होते हैं।
- विधानमण्डल के सदस्यों द्वारा पूछे गए प्रश्नों के उत्तर देते हैं तथा विधि निर्माण की प्रक्रिया में सक्रिय भूमिका निभाते हैं।
- राज्य का वार्षिक वित्तीय विवरण (वार्षिक बजट) मन्त्रिपरिषद् के द्वारा तय की गई नीतियों के आधार पर ही तैयार किया जाता है। महत्त्वपूर्ण कानूनों के निर्माण करने में तथा उन्हें विधानमण्डल में पारित करने में भी मन्त्रिपरिषद् प्रमुख भूमिका निभाती है।
- विधि निर्माण के क्षेत्र में मन्त्रिपरिषद् विधानमण्डल का नेतृत्व करती है। विधानमण्डल में कौन-कौन से विधेयक किस क्रम में प्रस्तुत किए जाएँगे, इसका निर्णय मन्त्रिपरिषद् द्वारा ही लिया जाता है।
- यह विधेयकों को तैयार करती है तथा विधानमण्डल में उन्हें पारित करने में महत्त्वपूर्ण भूमिका निभाती है, ताकि वे अधिनियम बन सकें।

मन्त्रियों के उत्तरदायित्व

सामूहिक उत्तरदायित्व

- मन्त्रिपरिषद् सामूहिक रूप से राज्य विधानमण्डल के निम्न सदन (विधानसभा) के प्रति उत्तरदायी होती है।
- अनुच्छेद-164 (2) का अभिप्राय है कि यदि किसी एक मन्त्री के विरुद्ध अविश्वास व्यक्त किया जाए, तो वह समूची मन्त्रिपरिषद् के विरुद्ध अविश्वास माना जाएगा तथा ऐसी स्थिति में सभी मन्त्रियों (विधानपरिषद् से आए मन्त्रियों को भी) को अपदस्थ होना पड़ता है।
- यद्यपि सभी महत्त्वपूर्ण निर्णय कैबिनेट की बैठकों में लिए जाते हैं, परन्तु उन सभी निर्णयों का उत्तरदायित्व मन्त्रिपरिषद् ले लेती है।
- यदि कोई मन्त्री कैबिनेट के निर्णय से सहमत न हो, लेकिन वह इसे सार्वजनिक रूप से तब तक प्रकट नहीं कर सकता, जब तक कि वह मन्त्रिपरिषद् से त्याग-पत्र न दे दे।
- विधानमण्डल के सदस्य मन्त्रिपरिषद् पर प्रश्न पूछकर, पूरक प्रश्न पूछकर, कार्य स्थगन प्रस्ताव लाकर, ध्यानाकर्षण की सूचना देकर तथा विभिन्न संसदीय समितियों; जैसे—लोक सेवा समिति, प्राक्कलन समिति, शासकीय आश्वासन समिति, लोक उद्यम समिति, विशेषाधिकार समिति, प्रदत्त-विधान समिति आदि के द्वारा नियन्त्रण रखते हैं।

व्यक्तिगत उत्तरदायित्व

- मुख्यमन्त्री की सलाह पर राज्यपाल द्वारा मन्त्रियों की नियुक्ति की जाती है, अत: मन्त्री राज्यपाल के प्रसादपर्यन्त कार्य करते हैं।
- मुख्यमन्त्री से मतभेद की स्थिति में मुख्यमन्त्री के परामर्श पर राज्यपाल द्वारा सम्बन्धित मन्त्री को बर्खास्त किया जा सकता है।

विधिक उत्तरदायित्व

- मन्त्रियों का कोई निश्चित विधिक उत्तरदायित्व नहीं होता।
- राज्यपाल द्वारा लोक अधिनियम के किसी आदेश पर मन्त्री के प्रति हस्ताक्षर की आवश्यकता नहीं होती है।
- इसके अतिरिक्त न्यायालय, मन्त्रियों द्वारा राज्यपाल को दी गई सलाह की समीक्षा नहीं कर सकता है।

महाधिवक्ता

- जिस प्रकार केन्द्र में विधि का सर्वोच्च अधिकारी महान्यायवादी (Attorney General) होता है, उसी प्रकार राज्य का सर्वोच्च विधि अधिकारी महाधिवक्ता (Advocate General) होता है।
- महाधिवक्ता, राज्यपाल के प्रसादपर्यन्त पद धारण करता है तथा ऐसा पारिश्रमिक प्राप्त करता है, जो राज्यपाल द्वारा अवधारित किया जाए।
- संविधान के अनुच्छेद 165 के अनुसार, राज्यपाल द्वारा किसी ऐसे व्यक्ति को जो उच्च न्यायालय का न्यायाधीश नियुक्त होने की अर्हता धारण करता हो, राज्य का महाधिवक्ता नियुक्त किया जाता है।
- महाधिवक्ता का यह उत्तरदायित्व होगा कि वह उस राज्य की सरकार को विधि सम्बन्धी ऐसे विषयों पर सलाह दे और विधिक स्वरूप के ऐसे अन्य कर्त्तव्यों का पालन करे।
- राज्यपाल समय-समय पर निर्देशित करे या सौंपे और उन कर्त्तव्यों का निर्वहन करे, जो उसको इस संविधान अथवा तत्समय प्रवृत्त किसी अन्य विधि द्वारा या उसके अधीन प्रदान किए गए हों।

राज्य के महाधिवक्ता को यह अधिकार होगा कि वह उस राज्य की विधानसभा में या विधानपरिषद् (यदि सदन द्वि-सदनीय है) की कार्यवाहियों में भाग ले सकता है।

- बिना राज्य सरकार की अनुमति के वह किसी भी आपराधिक मामले के अभियुक्तों की प्रतिरक्षा नहीं कर सकता है और वह किसी कम्पनी के निदेशक पद पर नियुक्ति स्वीकृत नहीं कर सकता।

मुख्यमन्त्री एवं मन्त्रिपरिषद् से सम्बन्धित अनुच्छेद: एक दृष्टि में

अनुच्छेद	प्रावधान
अनुच्छेद 163	मन्त्रिपरिषद् द्वारा राज्यपाल को सहायता व सलाह देना
अनुच्छेद 164	मन्त्रियों से सम्बन्धित अन्य प्रावधान
अनुच्छेद 166	राज्य सरकार द्वारा कार्यवाही संचालन
अनुच्छेद 167	राज्यपाल को सूचना देने सम्बन्धी मुख्यमन्त्री के दायित्व
अनुच्छेद 177	मन्त्रियों के अधिकार सदनों के सम्मान के लिए आवश्यक

"

प्रत्येक राज्य के लिए विधायिका की व्यवस्था की गई है, जिसमें राज्यपाल और एक सदन अथवा दो सदन की व्यवस्था होती है। भारत के 6 राज्यों में द्विसदनात्मक विधायिका है, जबकि अन्य राज्यों में एक सदनात्मक विधायिका का प्रावधान है।

अध्याय तेईस

राज्य की विधायिका (विधानमण्डल)

राज्य का विधानमण्डल

- संविधान के भाग- VI में अनुच्छेद-168 से अनुच्छेद-212 तक राज्य विधानमण्डल का प्रावधान है।
- संविधान के अनुच्छेद 168 में प्रत्येक राज्य के लिए एक विधानमण्डल का प्रावधान किया गया है, जिसमें राज्यपाल के अतिरिक्त विधानमण्डल के एक या दो सदन शामिल होते हैं। जिन राज्यों में एक ही सदन है, वहाँ विधानसभा तथा जिन राज्यों में द्वि-सदनीय व्यवस्था (Bicameral System) है, वहाँ विधानपरिषद् व विधानसभा दोनों होती हैं।

राज्य विधानमण्डल

राज्यपाल | विधानसभा | विधानपरिषद् (द्वि-सदनात्मक विधायिका में)

- वर्तमान में भारत में केवल 6 राज्यों-कर्नाटक, महाराष्ट्र, आन्ध्र प्रदेश, तेलंगाना, उत्तर प्रदेश तथा बिहार में विधानपरिषद् के साथ द्विसदनीय व्यवस्था है।

विधानपरिषद्

- विधानपरिषद् राज्य विधानमण्डल का दूसरा और उच्च सदन होता है।
- अनुच्छेद 169 के अन्तर्गत विधानपरिषद् के निर्माण व समाप्ति की प्रक्रिया निम्न प्रकार है
  - सम्बन्धित राज्य की विधानसभा दो-तिहाई बहुमत से विधानपरिषद् के गठन व समाप्ति का संकल्प पारित करे, तत्पश्चात् संसद सामान्य बहुमत से उसे पारित करे।
  - संसद का यह अधिनियम अनुच्छेद 368 के प्रयोजनों हेतु संविधान का संशोधन नहीं माना जाएगा और सामान्य विधान की भाँति (अर्थात् साधारण बहुमत से) पारित किया जाएगा।
  - वर्ष 1956 के 7वें संविधान संशोधन में मध्य प्रदेश के लिए विधानपरिषद् की स्थापना का उपबन्ध किया गया था तथा इस सम्बन्ध में राष्ट्रपति द्वारा एक अधिसूचना जारी की जानी थी, जो अभी तक जारी नहीं की गई। इसलिए मध्य प्रदेश में एक सदनीय विधानमण्डल ही है।
  - आन्ध्र प्रदेश में विधानपरिषद् की स्थापना वर्ष 1958 में की गई, जिसे वर्ष 1985 में समाप्त कर दिया गया। वर्ष 2007 में इसे पुनः स्थापित किया गया तथा वर्तमान में इसकी पुनः समाप्ति की माँग की जा रही है।

कुछ राज्यों में विधानपरिषद् की समाप्ति

कुछ अन्य राज्यों में भी स्थापित विधानपरिषद् की समाप्ति की गई; जैसे—पंजाब (1969), पश्चिम बंगाल (1969), तमिलनाडु (1986) तथा जम्मू एवं कश्मीर (2019)। उल्लेखनीय है कि जम्मू-कश्मीर राज्य पुनर्गठन अधिनियम, 2019 के अन्तर्गत जम्मू-कश्मीर विधानपरिषद् को समाप्त कर दिया गया।

- वर्ष 2010 में तमिलनाडु विधानपरिषद् को पुनर्जीवित करने का प्रस्ताव पारित किया गया था, किन्तु वर्ष 2011 में इस प्रस्ताव को खारिज कर दिया गया।

विधानपरिषद् की संरचना

अनुच्छेद 171(1) के अनुसार, राज्य की विधानपरिषद् के सदस्यों की कुल संख्या उस राज्य की विधानसभा के सदस्यों की कुल संख्या के एक-तिहाई से अधिक नहीं होगी, परन्तु किसी राज्य की विधानपरिषद् के सदस्यों की कुल संख्या किसी भी दशा में 40 से कम नहीं होगी।

विधानपरिषद् के सदस्यों का निर्वाचन

- विधानपरिषद् के 1/3 सदस्य राज्य की स्थानीय संस्थाओं, नगरपालिकाओं, जिला बोर्ड आदि के सदस्यों से मिलकर बने निर्वाचक मण्डल द्वारा होता है।
- 1/3 सदस्य राज्य की विधानसभा में निर्वाचित सदस्यों द्वारा चुने जाएँगे।

- 1/12 सदस्य राज्य में निवास करने वाले विश्वविद्यालय स्नातकों से निर्वाचित होंगे, जो कम-से-कम 3 वर्ष पहले स्नातक कर चुके हों।
- 1/12 सदस्य उन अध्यापकों द्वारा चुने जाएँगे, जो राज्य के हायर सेकण्डरी स्कूलों या उच्च शिक्षा संस्थाओं में कम-से-कम 3 वर्ष से शिक्षण कार्य कर रहे हों।
- 1/6 सदस्य राज्यपाल द्वारा मनोनीत होंगे, जो राज्य की कला, साहित्य, विज्ञान, समाजसेवा तथा सहकारिता से जुड़े हों।
- ये समस्त निर्वाचन आनुपातिक प्रतिनिधित्व की **एकल संक्रमणीय मत पद्धति** (Single Transferable Vote System for Proportional Representation) द्वारा किए जाते हैं।

राज्यपाल द्वारा मनोनीत 1/6 सदस्यों तथा विधानपरिषद् द्वारा निर्वाचित 1/3 सदस्यों के अतिरिक्त विधानपरिषद् के सभी सदस्य संसद की विधि अनुरूप निर्धारित प्रादेशिक क्षेत्रों से चुने जाते हैं।

विधानपरिषद् के सदस्यों की योग्यताएँ

अनुच्छेद 173 के अन्तर्गत विधानपरिषद् का सदस्य बनने की योग्यताएँ निम्न हैं

- वह भारत का नागरिक हो।
- 30 वर्ष की आयु पूर्ण कर चुका हो।
- ऐसी योग्यताएँ, जो इस निमित्त संसद द्वारा बनाई गई किसी विधि द्वारा उसके अधीन विहित की जाएँ।

जनप्रतिनिधित्व अधिनियम, 1961 के अन्तर्गत संसद द्वारा निर्धारित योग्यता/अर्हता

- विधानपरिषद् में निर्वाचित होने वाला व्यक्ति विधानसभा का निर्वाचक होने की अर्हता रखता हो और वह राज्यपाल द्वारा नामित होने के लिए सम्बन्धित राज्य का निवासी होना चाहिए।

विधानपरिषद् के सदस्यों का कार्यकाल

- विधानपरिषद् एक स्थायी सदन है। इसे कभी भंग नहीं किया जा सकता।
- इसके सदस्य 6 वर्ष के लिए चुने जाते हैं। प्रत्येक 2 वर्ष के पश्चात् 1/3 सदस्य सेवानिवृत्त हो जाते हैं और उनके स्थान पर नए सदस्य चुने जाते हैं।
- यदि कोई व्यक्ति मृत्यु या त्याग-पत्र द्वारा हुई **आकस्मिक रिक्ति** को भरने के लिए निर्वाचित होता है, तो वह उस व्यक्ति या सदस्य की शेष अवधि के लिए ही सदस्य होगा।
- सेवानिवृत्त सदस्य भी पुनर्निर्वाचन और दोबारा नामांकन हेतु योग्य होते हैं।
- उल्लेखनीय है कि विधानपरिषद् को भंग नहीं किया जा सकता, किन्तु सम्बन्धित राज्य की विधानसभा द्वारा इस आशय का संकल्प पारित करने पर संसद द्वारा समाप्त किया जा सकता है।

विधानपरिषद् के सदस्यों का शपथ या प्रतिज्ञान

- विधानपरिषद् का प्रत्येक सदस्य सदन में सीट ग्रहण करने से पूर्व राज्यपाल या उसके द्वारा इस कार्य हेतु नियुक्त व्यक्ति के समक्ष यह शपथ या प्रतिज्ञान करता है कि वह
  - भारत के संविधान के प्रति सच्ची श्रद्धा और निष्ठा रखेगा।
  - भारत की सम्प्रभुता व अखण्डता को अक्षुण्ण रखेगा
  - प्रदत्त कर्त्तव्यों का श्रद्धापूर्वक निर्वहन करेगा।
- बिना शपथ ग्रहण के कोई भी सदस्य न तो सदन की कार्यवाही में भाग ले सकता है और न ही मतदान कर सकता है।

विधानपरिषद् के सदस्यों के वेतन एवं भत्ते

- संविधान के **अनुच्छेद** 195 के अनुसार, राज्य की विधानपरिषद् के सदस्य को ऐसे वेतन और भत्ते, जिन्हें उस राज्य का विधानमण्डल समय-समय पर विधि द्वारा अवधारित करे, प्रदान किए जाएँगे।
- सदस्यों के वेतन एवं भत्ते राज्य की संचित निधि पर भारित होते हैं।

विधानपरिषद् अस्तित्व वाले राज्य

वर्तमान में 6 राज्यों में विधानपरिषद् अस्तित्व में है। राज्य तथा विधानपरिषद् सदस्यों की संख्या निम्न है

राज्य	विधानपरिषद् सदस्य
1. उत्तर प्रदेश	100
2. महाराष्ट्र	78
3. कर्नाटक	75
4. बिहार	75
5. आन्ध्र प्रदेश	58
6. तेलंगाना	40

विधानपरिषद् के अधिकारी

विधानपरिषद् के अधिकारी निम्नलिखित हैं

सभापति/उपसभापति

- **अनुच्छेद** 182 के अनुसार, विधानपरिषद् अपने सदस्यों में से किन्हीं दो सदस्यों को क्रमश: सभापति एवं उपसभापति चुनती है।
- सभापति विधानपरिषद् की बैठकों की अध्यक्षता करता है तथा उसकी कार्यवाहियों का संचालन करता है।
- **अनुच्छेद** 184 के अनुसार, सभापति की अनुपस्थिति में उपसभापति सभापति के रूप में कार्य करता है। यदि उपसभापति भी अनुपस्थित है, तो ऐसा व्यक्ति, जो विधानपरिषद् द्वारा अवधारित किया जाता है, वह सभापति के रूप में कार्य करेगा।
- जब कभी सभापति अथवा उपसभापति सदन का सदस्य नहीं रहता, तो वह अपने पद से मुक्त हो जाता है।
- वह अपने पद से त्याग-पत्र दे सकता है अथवा विधानपरिषद् के सदस्यों के द्वारा बहुमत से पारित प्रस्ताव द्वारा उसे अपदस्थ भी किया जा सकता है, किन्तु ऐसे किसी प्रस्ताव को लाने के लिए 14 दिनों की पूर्व सूचना देना आवश्यक होता है।
- सभापति तथा उपसभापति द्वारा सदन में अनुशासन तथा शान्ति व्यवस्था स्थापित की जाती है।
- विधानपरिषद् के सभापति एवं उपसभापति को विधानमण्डल द्वारा निर्धारित वेतन एवं भत्ते प्राप्त होते हैं।

विधानपरिषद् के कार्य एवं शक्तियाँ

- केन्द्र में जो स्थिति राज्यसभा की होती है, उसी के समकक्ष (कुछ अपवादों को छोड़कर) स्थिति राज्य में विधानपरिषद् की होती है।
- कोई भी विधेयक, विधानमण्डल के दोनों सदनों विधानसभा और विधानपरिषद् से पास होने के पश्चात् राज्यपाल द्वारा हस्ताक्षर से ही राज्य के कानून का रूप लेता है।
- साधारण विधेयक (Ordinary Bills) को विधानसभा तथा विधानपरिषद् दोनों में से किसी में भी पेश किया जा सकता है, परन्तु साधारण विधेयक पर अन्तिम शक्ति विधानसभा के पास होती है।
- विधानसभा द्वारा पारित विधेयक को विधानपरिषद् पहली बार में तीन माह तक रोक सकती है। यदि तीन माह बाद विधानसभा पुन: विधेयक को पारित कर दे, तो सामान्य विधेयक को विधानपरिषद् एक माह तक और रोक सकती है।
- इस प्रकार विधानपरिषद् किसी विधेयक को अधिकतम चार माह तक ही रोक सकती है तथा धन विधेयक के सम्बन्ध में विधानपरिषद् अधिकतम 14 दिनों तक ही उसे रोक सकती है।
- ऐसे संविधान संशोधन, जिनमें केन्द्रीय विधायिका के साथ राज्य के विधानमण्डल का समर्थन भी आवश्यक होता है, वहाँ पर विधानपरिषद् भी इस प्रक्रिया में भाग लेती है।

विधानसभा

यह राज्य विधानमण्डल का निम्न सदन अथवा प्रथम सदन है। राज्य विधानसभा की सदस्य संख्या राज्य की जनसंख्या के आधार पर निर्धारित की जाती है। इस सदन के सदस्यों का चुनाव जनता द्वारा प्रत्यक्ष रूप से किया जाता है।

विधानसभा की संरचना

- अनुच्छेद 170 के अनुसार, उपबन्धों के अधीन रहते हुए किसी राज्य की विधानसभा में अधिकतम 500 और न्यूनतम 60 सदस्य हो सकते हैं।
- यद्यपि इस व्यवस्था के कुछ अपवाद भी हैं; जैसे-सिक्किम व गोवा की विधानसभा में सदस्यों की संख्या 60 से कम क्रमश: 32 तथा 40 है।
- अनुच्छेद 239 में संघ राज्य क्षेत्रों में स्थापित विधानसभा के सम्बन्ध में निम्न प्रावधान किए गए है
  - तीन केन्द्रशासित प्रदेशों जम्मू एवं कश्मीर, दिल्ली तथा पुदुचेरी में विधानसभा की व्यवस्था है। दिल्ली में विधानसभा की 70 सीटें तथा पुदुचेरी में 30 सीटें हैं।
  - परिसीमन (Delimitation) के उपरान्त जम्मू एवं कश्मीर विधानसभा के लिए 114 सीटों का प्रावधान किया गया है, जिसमें 43 सीटें जम्मू डिविजन, 47 सीटें कश्मीर डिविजन तथा 24 सीटें पाक अधिकृत कश्मीर के लिए निर्धारित की गई हैं।
- वर्ष 2020 से पूर्व राज्यपाल द्वारा आवश्यक होने पर विधानसभा में एक एंग्लो-इण्डियन की नियुक्ति का प्रावधान था, जिसे 104 वें संविधान संशोधन अधिनियम, 2019 द्वारा समाप्त कर दिया गया।
- वर्ष 2001 में किए गए 84वें संविधान संशोधन के द्वारा वर्ष 2026 तक लोकसभा तथा विधानसभाओं की सीटों की संख्या में कोई परिवर्तन न करने का प्रावधान किया गया है।

सर्वाधिक एवं न्यूनतम विधानसभा सदस्य संख्या वाले राज्य

सर्वाधिक संख्या वाले राज्य	न्यूनतम संख्या वाले राज्य
उत्तर प्रदेश (403)	सिक्किम (32)
पश्चिम बंगाल (294)	गोवा (40)
महाराष्ट्र (288)	मिजोरम (40), मणिपुर (60)
बिहार (243)	मेघालय (60), नागालैण्ड (60)
तमिलनाडु (234)	त्रिपुरा (60), अरुणाचल प्रदेश (60)

नोट हिमाचल प्रदेश के काँगड़ा जिले का पालमपुर विधानसभा क्षेत्र देश का पहला ई-विधानसभा क्षेत्र बन गया है।

विधानसभा के सदस्यों की योग्यताएँ

अनुच्छेद 173 के अन्तर्गत विधानसभा सदस्य बनने की योग्यताए निम्न हैं

- वह भारत का नागरिक हो।
- 25 वर्ष की आयु पूर्ण कर चुका हो।
- ऐसी योग्यताएँ, जो इस निमित्त संसद द्वारा बनाई गई किसी विधि द्वारा या उसके अधीन विहित की जाएँ।

आरक्षण सम्बन्धी प्रावधान

- अनुच्छेद 332 के अनुसार, प्रत्येक राज्य की विधानसभा की सदस्यता के लिए अनुसूचित जातियों और अनुसूचित जनजातियों को राज्य की जनसंख्या के अनुपात के अनुसार आरक्षण दिया जाएगा।
- अनुच्छेद 333 राज्यपाल को यह शक्ति देता था जिससे राज्य विधानसभा में आंग्ल-भारतीय समुदाय के प्रतिनिधि की आवश्यकता पर राज्यपाल एक सदस्य मनोनीत करता था।
- 104वें संविधान संशोधन अधिनियम, 2019 द्वारा लोकसभा तथा राज्य विधानसभाओं में आंग्ल-भारतीय समुदाय के व्यक्तियों हेतु स्थानों के आरक्षण का उपबन्ध निष्प्रभावी कर दिया गया।

विधानसभा के सदस्यों का निर्वाचन

विधानसभा के सदस्यों का निर्वाचन वयस्क मताधिकार के आधार पर प्रत्यक्ष निर्वाचन प्रणाली द्वारा होता है।

विधानसभा की अवधि अथवा कार्यकाल

- संविधान के अनुच्छेद 172 के अन्तर्गत राज्य विधानसभा का कार्यकाल 5 वर्ष निर्धारित किया गया है। इस निश्चित समय से पूर्व भी राज्यपाल विधानसभा को भंग कर सकता है।
- आपातकालीन स्थिति में संघीय संसद कानून बनाकर किसी राज्य विधानसभा की अवधि एक समय में अधिकतम एक वर्ष तक बढ़ा सकती है। आपात स्थिति की समाप्ति के पश्चात् यह बढ़ाई हुई अवधि केवल 6 माह तक लागू रह सकती है।

विधानसभा सदस्यों की सदस्यता की समाप्ति

- राज्य विधानमण्डल के किसी भी सदन के सदस्यों की सदस्यता का अन्त निम्न में से किसी भी परिस्थिति में हो सकता है
- यदि कोई सदस्य राज्य विधानमण्डल के दोनों सदनों के सदस्य के रूप में निर्वाचित हो जाता है, तो इसे किसी एक सदन से त्याग-पत्र देना होता है अर्थात् कोई भी व्यक्ति राज्य विधानमण्डल एवं संसद दोनों का सदस्य एक साथ नहीं रह सकता।
- किसी सदन का सदस्य निर्वाचित होने के बाद यदि सदस्य में उस सदन की सदस्यता हेतु निर्धारित योग्यता नहीं रह जाती है, तो उसे सदन की सदस्यता का त्याग करना पड़ता है।
- इसके अतिरिक्त यदि सदन का कोई भी सदस्य राज्य विधानमण्डल से सम्बन्धित सदन की बैठक से सदन की आज्ञा के बिना लगातार 60 दिनों तक अनुपस्थित रहता है, तो उसकी सदस्यता समाप्त की जा सकती है।

विधानसभा व विधानपरिषद् दोनों के लिए सदस्यों की निरर्हताएँ

- संविधान के अनुच्छेद 191 के अनुसार, कोई व्यक्ति किसी राज्य की विधानसभा या विधानपरिषद् का सदस्य चुने जाने के लिए और सदस्य होने के लिए निरर्हत होगा।
- यदि कोई व्यक्ति, जो भारत सरकार, राज्य सरकार अथवा किसी स्थानीय स्वशासी संस्था के अन्तर्गत लाभ के पद को धारण करता हो।
- यदि वह विकृत मस्तिष्क का हो।
- यदि वह अनुमोचित दिवालिया हो।
- यदि वह भारत का नागरिक न हो या उसने विदेश में कहीं नागरिकता स्वेच्छा से अर्जित कर ली हो या वह किसी विदेशी राज्य के प्रति निष्ठा स्वीकार कर चुका हो।
- यदि संसद द्वारा निर्मित किसी विधि द्वारा या इसके अधीन निरर्हित कर दिया जाता है।

संसद द्वारा जनप्रतिनिधित्व अधिनियम, 1951 के अन्तर्गत निर्धारित कुछ अन्य निरर्हताएँ

- वह चुनाव में किसी प्रकार के भ्रष्ट आचरण अथवा चुनावी अपराध का दोषी न हो।
- उसे किसी ऐसे अपराध के लिए दोषी न ठहराया गया हो, जिसके लिए उसे दो या अधिक वर्षों की कैद की सजा मिली हो।
- वह भ्रष्टाचार अथवा सरकार के प्रति विश्वासघात के कारण सरकारी सेवा से हटाया न गया हो।

सदस्यों की निरर्हताओं से सम्बन्धित प्रश्नों पर विनिश्चय

- अनुच्छेद 192 के अनुसार, यदि यह प्रश्न उठता है कि किसी राज्य के विधानमण्डल के किसी सदन का कोई सदस्य अनुच्छेद 191 (1) में वर्णित किसी निरर्हता से ग्रस्त हो गया है अथवा नहीं हुआ है, इस सन्दर्भ में निर्णय राज्यपाल करता है और उसका निर्णय अन्तिम होता है।
- यद्यपि राज्यपाल ऐसे किसी प्रश्न पर विनिश्चित करने से पूर्व निर्वाचन आयोग से परामर्श लेता है।

विधानसभा के अध्यक्ष एवं उपाध्यक्ष

- प्रत्येक विधानसभा के दो मुख्य अधिकारी अध्यक्ष तथा उपाध्यक्ष होते हैं।
- संविधान के अनुच्छेद 178 के अनुसार, प्रत्येक राज्य की विधानसभा अपने सदस्यों में से अध्यक्ष तथा उपाध्यक्ष चुनेगी और जब किसी अध्यक्ष तथा उपाध्यक्ष का पद रिक्त होता है, तब विधानसभा किसी अन्य सदस्य को यथास्थिति अध्यक्ष और उपाध्यक्ष चुनेगी।

अध्यक्ष एवं उपाध्यक्ष की पद रिक्ति

अध्यक्ष एव उपाध्यक्ष की पद रिक्ति के सम्बन्ध में निम्न प्रावधान हैं

- अनुच्छेद 179 के अनुसार, विधानसभा के अध्यक्ष अथवा उपाध्यक्ष के रूप में पद धारण करने वाला सदस्य यदि विधानसभा का सदस्य नहीं रहता है, तो अपना पद रिक्त कर देगा।
- किसी भी समय अध्यक्ष, उपाध्यक्ष को तथा उपाध्यक्ष, अध्यक्ष को सम्बोधित कर अपना लिखित त्याग-पत्र दे सकता है।
- इसके अतिरिक्त विधानसभा के तत्कालीन समस्त सदस्यों के बहुमत से पारित संकल्प द्वारा उसे पद से हटाया जा सकता है, परन्तु इस प्रकार के प्रस्ताव की सूचना 14 दिन पूर्व अध्यक्ष अथवा उपाध्यक्ष को देनी आवश्यक है।
- अनुच्छेद 180 के अनुसार, जब अध्यक्ष और उपाध्यक्ष का पद रिक्त होता है, तो विधानसभा का ऐसा सदस्य, जिसको राज्यपाल इस प्रयोजन हेतु नियुक्त करे, तो वह उस पद के कर्त्तव्यों का पालन करता है। इस स्थिति में उसे प्राप्त अधिकार अध्यक्ष को प्राप्त अधिकारों के समान ही होते हैं।

अध्यक्ष की शक्तियाँ एवं कार्य

- वह सदन की व्यवस्था एवं शिष्टाचार बनाए रखता है। इस सम्बन्ध में उसका निर्णय अन्तिम होता है। कोरम की अनुपस्थिति में वह विधानसभा की बैठक को स्थगित या निलम्बित कर सकता है।
- प्रथम मामले में वह मताधिकार का प्रयोग नहीं करता, किन्तु मत बराबर होने की दशा में वह निर्णायक मत दे सकता है।
- वह इस बात का निर्णय करता है कि कोई विधेयक धन विधेयक है या नहीं। इस प्रश्न पर उसका निर्णय अन्तिम होता है।
- दसवीं सूची के उपबन्धों के आधार पर किसी सदस्य की निरर्हता को लेकर उठे किसी विवाद पर फैसला देता है।

उपाध्यक्ष की शक्तियाँ एवं कार्य

- यदि विधानसभा सत्र के दौरान अध्यक्ष अनुपस्थित हो तो उपाध्यक्ष अध्यक्ष की तरह कार्य करता है। वह अध्यक्ष की अनुपस्थिति में दूसरे सभी कार्य करता है।
- जब वह पीठासीन होता है, तो उस समय उसे अध्यक्ष के समान अधिकार प्राप्त होते हैं।

विधानसभा के कार्य एवं शक्तियाँ

विधानसभा के कार्य एवं शक्तियाँ निम्नलिखित हैं

विधायी शक्ति

- विधानसभा को राज्य सूची तथा समवर्ती सूची के सभी विषयों पर कानून बनाने का अधिकार प्राप्त है। मूल रूप से राज्य सूची में 66 (वर्तमान में 59) विषय तथा समवर्ती सूची में 47 (वर्तमान में 52) विषय हैं। यदि विधानमण्डल द्विसदनीय है, तो विधेयक विधानसभा से पारित होकर विधानपरिषद् के पास जाता है।
- विधानपरिषद् यदि किसी विधेयक को अस्वीकार कर दे या तीन माह तक उस पर कोई कार्यवाही न करे या उसमें ऐसे संशोधन कर दे, जो विधानसभा को स्वीकृत न हों, तो विधानसभा उस विधेयक को पुन: पारित कर सकती है और उसे पुन: विधानपरिषद् के पास भेजा जाता है।
- यदि विधानपरिषद् उस विधेयक पर एक माह तक कोई कार्यवाही न करे या उसे अस्वीकार कर दे या उसमें ऐसे संशोधन कर दे, जो विधानसभा को स्वीकृत न हों, तो तीनों अवस्थाओं में यह विधेयक दोनों सदनों द्वारा पारित समझा जाएगा।
- दोनों सदनों या एक सदनीय विधानमण्डल की स्थिति में विधानसभा में पारित होने के बाद विधेयक राज्यपाल के पास जाता है। राज्यपाल विधेयक पर अपनी स्वीकृति भी दे सकता है, उसे राष्ट्रपति की स्वीकृति के लिए भी भेज सकता है तथा उसे पुनर्विचार के लिए निर्देशों या बिना निर्देशों के सदन को वापस भी कर सकता है। यदि विधानसभा या विधानमण्डल इस विधेयक को पुन: पारित करके भेजे, तो राज्यपाल को अपनी स्वीकृति देनी आवश्यक है।

वित्तीय शक्ति

- विधानसभा का राज्य के वित्त पर नियन्त्रण होता है। धन विधेयक केवल विधानसभा में ही पेश हो सकते हैं। वित्तीय वर्ष के प्रारम्भ में राज्य का वार्षिक वित्तीय विवरण (बजट) भी विधानसभा में ही प्रस्तुत किया जा सकता है। विधानसभा की स्वीकृति के बिना राज्य सरकार न कोई कर लगा सकती है और न ही कोई पैसा खर्च कर सकती है।
- विधानसभा में पारित होने के पश्चात् धन विधेयक विधानपरिषद् के पास भेजा जाता है, (यदि विधानमण्डल द्विसदनीय है), जो उसे अधिकतम 14 दिन तक अपने पास रोक कर रख सकती है।
- दोनों सदनों से पारित होने के बाद जब कोई धन विधेयक राज्यपाल के समक्ष पेश किया जाता है, तो वह धन विधेयक पर अपनी स्वीकृति दे सकता है, इसे रोक सकता है या राष्ट्रपति की स्वीकृति के लिए सुरक्षित रख सकता है, लेकिन राज्य विधानमण्डल के पास पुनर्विचार के लिए नहीं भेज सकता।

राष्ट्रपति के विचारार्थ आरक्षित रखे जा सकने वाले विधेयक

- ऐसे विधेयक, जो उच्च न्यायालय की शक्तियों का हनन करते हों।
- जो पानी या बिजली पर कर लगाने से सम्बन्धित हों।
- जो वित्तीय आपात के दौरान अनुच्छेद 360 के अन्तर्गत आते हों।
- सम्पदा आदि के अधिग्रहण (अनुच्छेद 31A) से सम्बन्धित विधेयक।
- राज्य के नीति-निदेशक सिद्धान्तों को प्रभावी बनाने वाले विधेयक।
- समवर्ती सूची में शामिल किसी विषय से सम्बन्धित विधेयक।
- व्यापार एवं वाणिज्य पर प्रतिबन्ध लगाने वाला विधेयक।

कार्यकारी शक्ति

- विधानसभा को कार्यकारी शक्तियाँ मिली हुई हैं। विधानसभा का मन्त्रिपरिषद् पर पूर्ण नियन्त्रण है।
- मन्त्रिपरिषद् अपने समस्त कार्यों व नीतियों के लिए विधानसभा के प्रति उत्तरदायी है। विधानसभा के सदस्य मन्त्रियों की आलोचना कर सकते हैं तथा प्रश्न और पूरक प्रश्न पूछ सकते हैं।

संविधान संशोधन की शक्ति

यदि संघीय स्वरूप को प्रभावित करने वाला कोई संविधान संशोधन विधेयक संसद के दोनों सदनों द्वारा पारित हो जाता है, तो कम-से-कम आधे राज्यों के विधानमण्डल से उसकी सहमति आवश्यक होती है। इस प्रकार के संविधान संशोधनों में विधानसभा भी भाग लेती है।

निर्वाचन सम्बन्धी कार्य

- राज्य विधानसभा के निर्वाचित सदस्य राष्ट्रपति के निर्वाचक मण्डल में सम्मिलित होते हैं।
- इसके अतिरिक्त राज्ससभा के सदस्य और विधानपरिषद् के 1/3 सदस्य राज्य विधानसभा के सदस्यों द्वारा निर्वाचित किए जाते हैं।

राज्य विधानमण्डल के सत्र

- सत्र आहूत करना (Summoning) अनुच्छेद 174(1) के अन्तर्गत, राज्यपाल समय-समय पर राज्य विधानमण्डल के प्रत्येक सदन को ऐसे स्थान या समय पर बैठक हेतु बुला सकता है, जिसे वह उचित समझे।
- राज्य विधानमण्डल के दो सत्रों के बीच 6 माह से अधिक का समय नहीं होना चाहिए। एक सत्र में विधानमण्डल की कई बैठकें हो सकती हैं।
- स्थगन (Adjournment) सदन को किसी समय विशेष (घण्टों, दिनों या सप्ताह) हेतु स्थगित करने की शक्ति पीठासीन अधिकारी के पास होती है। यदि स्थगन के बाद एकत्रित होने के विषय में समय या तिथि नहीं बताई जाती है, तो इसे 'अनिश्चित काल हेतु स्थगन' माना जाता है।
- सत्रावसान (Prorogation) राज्यपाल द्वारा सत्रावसान की घोषणा की जाती है। स्थगन के विपरीत सत्रावसान सदन के सत्र को समाप्त करता है।
- विघटन (Dissolution) केवल विधानसभा का ही किया जा सकता है। स्थायी सदन होने के कारण विधानपरिषद् का विघटन नहीं किया जा सकता। सत्रावसान से मात्र सदन का एक सत्र समाप्त होता है, जबकि विघटन से वर्तमान विधानसभा का कार्यकाल समाप्त हो जाता है तथा आम चुनाव के बाद नए सदन का गठन होता है। अनुच्छेद 174(2) के अन्तर्गत यह शक्ति राज्यपाल को दी गई है। विघटन के निम्न कारण हो सकते हैं
  - संवैधानिक तन्त्र की विफलता के कारण राष्ट्रपति द्वारा अनुच्छेद 356 के अन्तर्गत राष्ट्रपति शासन लागू किए जाने पर
  - विधानसभा का कार्यकाल पूरा होने पर
  - यदि विधानसभा में सरकार बहुमत सिद्ध न कर पाए।

विधानसभा के विघटन का विधेयकों पर प्रभाव

- यदि कोई विधेयक **विधानसभा में लम्बित** है, तो वह समाप्त हो जाता है (चाहे मूलतः इसकी शुरुआत विधानसभा से हो या विधानपरिषद् से)।
- यदि कोई विधेयक **विधानसभा ने पारित** कर दिया हो, परन्तु विधानपरिषद् में लम्बित हो।
- ऐसा विधेयक जो विधानसभा द्वारा पारित हो, (एक सदनीय या द्वि-सदनीय व्यवस्था वाले राज्य में), लेकिन राज्यपाल या राष्ट्रपति की स्वीकृत हेतु रुका हुआ हो, खारिज नहीं किया जा सकता।
- ऐसा विधेयक, जो विधानपरिषद् में लम्बित हो, लेकिन विधानसभा द्वारा पारित न हो, समाप्त नहीं होता है।

कोरम (गणपूर्ति)

- यह सदन में 10 सदस्य या कुल सदस्यों का 10वाँ हिस्सा (पीठासीन अधिकारी सहित), जो भी अधिक हो, होता है।
- यदि सदन की बैठक के दौरान कोरम न हो, तो पीठासीन अधिकारी सदन को स्थगित कर सकता है या कोरम पूरा होने तक सदन को स्थगित कर सकता है।

विधानमण्डल की भाषा

- संविधान में विधानमण्डल के कामकाज हेतु कार्यालयी भाषा या उस राज्य के लिए हिन्दी अथवा अंग्रेजी भाषा का प्रावधान मिलता है।
- यद्यपि पीठासीन अधिकारी किसी सदस्य को अपनी मातृभाषा में सदन में बोलने की अनुमति दे सकता है।
- सदन में अंग्रेजी भाषा को जारी रखा जाए या नहीं राज्य विधानमण्डल यह निर्णय लेने हेतु स्वतन्त्र है, ऐसा वह संविधान के प्रारम्भ होने के 15 वर्ष बाद (1965 से) तक के लिए कर सकता है।

राज्य की निधियाँ

राज्य की संचित निधि

अनुच्छेद 266 (1) के अनुसार, सरकार को मिलने वाले सभी राजस्वों और सरकार द्वारा दिए गए ऋणों की वसूली से जो धन प्राप्त होता है, वे संचित निधि (Consolidated Fund) में जमा किए जाते हैं। राज्य विधानमण्डल की स्वीकृति के पश्चात् सरकार अपने सभी खर्चों का वहन इसी निधि से करती है।

राज्य की लोक लेखा

अनुच्छेद 266 (2) के अनुसार, राज्य सरकार द्वारा या उसकी ओर से प्राप्त सभी अन्य लोक धनराशियाँ राज्य के लोकलेखों (Public Accounts) में जमा की जाती हैं।

राज्य की आकस्मिकता निधि

अनुच्छेद 267 के अन्तर्गत यह आकस्मिक खर्च हेतु स्थापित निधि है। आकस्मिकता निधि (Contingency Fund) राज्यपाल के नियन्त्रण में होती है तथा इस निधि से धन निकालने के लिए राज्यपाल की अनुमति अनिवार्य है।

राज्य विधानमण्डलों की शक्तियों पर प्रतिबन्ध

राज्य के विधानमण्डलों पर निम्नांकित प्रतिबन्ध संविधान ने आरोपित किए हैं

- **राज्यसूची** के कुछ विषयों पर राज्यों के विधानमण्डल राष्ट्रपति की पूर्वानुमति के बिना कानून नहीं बना सकते हैं।
- कुछ विषयों से जुड़े हुए कानून राज्य विधानमण्डल द्वारा निर्मित कानून सम्बन्धित राज्य के राज्यपाल द्वारा राष्ट्रपति की स्वीकृति हेतु भेजे जाते हैं। राष्ट्रपति की स्वीकृति के पश्चात् ही वह कानून प्रवर्तनीय होगा।
- **आपातकालीन परिस्थितियों** में संसद राज्यसूची के विषयों पर भी कानून बनाने के लिए स्वतन्त्र है। राज्यसभा दो-तिहाई बहुमत से एक प्रस्ताव पारित करके राज्यसूची के किसी भी विषय पर संसद को कानून निर्माण हेतु अधिकृत कर सकती है।
- ऐसे विषय पर संसद एक वर्ष हेतु कानूनों का निर्माण कर सकती है और इस अवधि में वृद्धि भी की जा सकती है। कुछ कारणों से राज्य में संवैधानिक तन्त्र विफल होने की स्थिति में राष्ट्रपति उक्त राज्य की विधानसभा को भंग कर सकता है, ताकि वहाँ नए चुनाव कराए जा सकें।

राज्य विधानमण्डल को प्राप्त विशेषाधिकार

संविधान के **अनुच्छेद 194** के अन्तर्गत राज्य विधानमण्डलों के सदनों की तथा उनके सदस्यों की एवं समितियों की शक्तियाँ व विशेषाधिकार आदि का उल्लेख किया गया है।

सामूहिक अधिकार

- अपनी कार्यवाहियों को प्रकाशित करने या प्रतिबन्धित करने सम्बन्धी अधिकार
- गुप्त बैठक करने का विशेषाधिकार
- प्रक्रिया तथा कार्य संचालन के नियमों को विनियमित करने हेतु ऐसे मामलों में निर्णय ले सकती है। अवमानना के लिए सदन के सदस्य तथा बाहरी सदस्य को भी दण्ड दे सकती है।
- साधारण वारण्ट द्वारा गिरफ्तारी का विशेषाधिकार
- न्यायालय सभा या इसकी समितियों की जाँच नहीं कर सकता।
- पीठासीन अधिकारी की अनुमति के बिना न तो किसी सदस्य को गिरफ्तार किया जा सकता है और न ही किसी विधिक प्रक्रिया (सिविल या आपराधिक) को सभा परिसर में किया जा सकता है।

व्यक्तिगत विशेषाधिकार

- गवाह के रूप में उपस्थित होने की स्वतन्त्रता
- उन्हें सदन आरम्भ होने के 40 दिन पूर्व और 40 दिन पश्चात् तक गिरफ्तार नहीं किया जा सकता, किन्तु यह छूट केवल सिविल मामलों में है, आपराधिक मामलों में नहीं।
- उन्हें राज्य विधानमण्डल में बोलने की स्वतन्त्रता है। उनके द्वारा किसी कार्यवाही या समिति में दिए गए मत या विचारों को किसी न्यायालय में चुनौती नहीं दी जा सकती है।

विधानसभाओं और विधानपरिषदों की सदस्य संख्या

राज्य/केन्द्रशासित प्रदेश	विधानसभा में सदस्य संख्या	विधानपरिषद् में सदस्य संख्या
असम	126	
अरुणाचल प्रदेश	60	
आन्ध्र प्रदेश	175	58
छत्तीसगढ़	90	
बिहार	243	75
हरियाणा	90	
हिमाचल प्रदेश	68	
गुजरात	182	
गोवा	40	
पंजाब	117	
ओडिशा	147	
नागालैण्ड	60	
मेघालय	60	
मिजोरम	40	
मणिपुर	60	
महाराष्ट्र	288	78
मध्य प्रदेश	230	
कर्नाटक	224	75
केरल	140	
झारखण्ड	81	
उत्तर प्रदेश	403	100
राजस्थान	200	
तमिलनाडु	234	
सिक्किम	32	
तेलंगाना	119	40
त्रिपुरा	60	
उत्तराखण्ड	70	
पश्चिम बंगाल	294	
केन्द्रशासित प्रदेश		
दिल्ली एनसीआर	70	
पुदुचेरी	30	
जम्मू-कश्मीर	90	

राज्य विधानमण्डल से सम्बन्धित प्रमुख अनुच्छेद

अनुच्छेद	प्रमुख प्रावधान
168	राज्यों में विधायिकाओं का गठन
169	राज्यों में विधानपरिषदों का गठन अथवा उन्मूलन
170	विधानसभाओं का गठन
171	विधानपरिषदों का गठन
172	राज्य विधायिकाओं का कार्यकाल
173	राज्य विधायिका की सदस्यता के लिए योग्यता
174	राज्य विधायिका के सत्र, सत्रावसान एवं उनका भंग होना
175	राज्यपाल का सदन अथवा सदनों को सम्बोधित करने तथा उन्हें सन्देश देने का अधिकार
176	राज्यपाल द्वारा विशेष सम्बोधन
177	सदनों से सम्बन्धित मन्त्रियों तथा महाधिवक्ता के अधिकार
178	विधानसभा के अध्यक्ष तथा उपाध्यक्ष
179	विधानसभा अध्यक्ष तथा उपाध्यक्ष के पदों से पदत्याग
180	उपाध्यक्ष अथवा अध्यक्ष का पदभार सम्भाल रहे व्यक्ति की शक्तियाँ
181	अध्यक्ष अथवा उपाध्यक्ष द्वारा उस समय सदन की अध्यक्षता से अलग रहना, जब उन्हें हटाए जाने सम्बन्धी प्रस्ताव सदन में विचाराधीन हों।
182	विधानपरिषद् के सभापति एवं उप-सभापति
183	सभापति तथा उप-सभापति के पदों से पदत्याग, त्यागपत्र तथा पद से हटाया जाना
184	उप-सभापति को सभापति के रूप में कार्य करने की शक्ति
185	सभापति एवं उप-सभापति द्वारा उस समय सदन की अध्यक्षता से अलग रहना, जब उन्हें हटाए जाने सम्बन्धी प्रस्ताव सदन के विचाराधीन हो।
186	विधानसभा अध्यक्ष तथा उपाध्यक्ष और विधानपरिषद् सभापति और उप-सभापति के वेतन एवं भत्ते
187	राज्य विधायिका का सचिवालय
188	सदस्यों द्वारा शपथ ग्रहण
189	सदन में मतदान, सदनों की रिक्तियों एवं कोरम का विचार किए बिना कार्य करने की शक्ति
190	सीटों का रिक्त होना
191	सदस्यता के लिए अयोग्यता
192	सदस्यों की अयोग्यता सम्बन्धी प्रश्नों का निर्णय
193	अनुच्छेद 188 के अन्तर्गत शपथ ग्रहण के पहले स्थान ग्रहण और मतदान के लिए दण्ड जबकि अर्हता नहीं हो
194	विधायी सदनों तथा इनके सदस्यों एवं समितियों की शक्तियाँ
195	सदस्यों के वेतन-भत्ते
196	विधेयकों की प्रस्तुति एवं उन्हें पारित करने सम्बन्धी प्रावधान
197	विधानपरिषद् के वित्त विधेयकों के अतिरिक्त अन्य विधेयकों के सम्बन्ध में शक्तियों पर प्रतिबन्ध
198	वित्त विधेयकों सम्बन्धी विशेष प्रक्रिया
199	वित्त विधेयक की परिभाषा
200	विधेयकों की स्वीकृति
201	बिल विचारार्थ सुरक्षित
वित्तीय मामलों सम्बन्धी प्रक्रिया	
202	वार्षिक वित्तीय विवरण
203	विधायिका में प्राक्कलनों से सम्बन्धित प्रक्रिया
204	विनियोग विधेयक
205	पूरक, अतिरिक्त अथवा अतिरेक अनुदान
206	लेखा, ऋण एवं असाधारण अनुदानों पर मतदान
207	वित्त विधेयकों सम्बन्धी विशेष प्रावधान
208	प्रक्रिया सम्बन्धी नियम
209	राज्य विधायिका में वित्तीय कार्यवाहियों से सम्बन्धित प्रक्रियागत नियम
210	विधायिका में प्रयोग की जाने वाली भाषा
211	विधायिका में चर्चा पर प्रतिबन्ध
212	न्यायालय द्वारा विधायिका की कार्यवाहियों के सम्बन्ध में पूछताछ नहीं
213	विधायिका की अवकाश अवधि में राज्यपाल की अध्यादेश जारी करने की शक्ति

सर्वोच्च न्यायालय भारत की सर्वोच्च अपीलीय न्यायालय है, जिसे भारत के शीर्ष न्यायालय और न्यायिक क्षेत्र में अन्तिम सम्भावना के रूप में देखा जाता है, जहाँ भारतीय नागरिक न्याय की माँग कर सकते हैं, यदि वे उच्च न्यायालय के फैसले से सन्तुष्ट नहीं होते। यह भारतीय लोकतान्त्रिक गणराज्य का संवैधानिक संरक्षक भी है।

अध्याय चौबीस

सर्वोच्च न्यायालय

भारतीय संविधान ने अमेरिकी संविधान के विपरीत एकीकृत न्याय प्रणाली की व्यवस्था की है, जबकि अमेरिका में केन्द्र तथा राज्य के लिए अलग-अलग दोहरी न्यायिक व्यवस्था है।

एकीकृत न्यायिक व्यवस्था से आशय है कि सम्पूर्ण देश के लिए एक ही सर्वोच्च न्यायालय है। न्यायालय की यह एकीकृत व्यवस्था भारत सरकार अधिनियम, 1935 से ग्रहण की गई है।

यह केन्द्रीय तथा राज्यों की विधियों को लागू करती है। हालाँकि वर्तमान उच्चतम न्यायालय का क्षेत्र ब्रिटेन के प्रिवी काउंसिल से व्यापक है।

- भारत में तीन स्तरीय न्यायपालिका है। भारतीय न्यायिक प्रणाली में शीर्ष पर भारत का सर्वोच्च (उच्चतम) न्यायालय, राज्य स्तर पर उच्च न्यायालय तथा जिला स्तर पर अधीनस्थ न्यायालय (Subordinate Courts) है।

भारत में न्यायपालिका

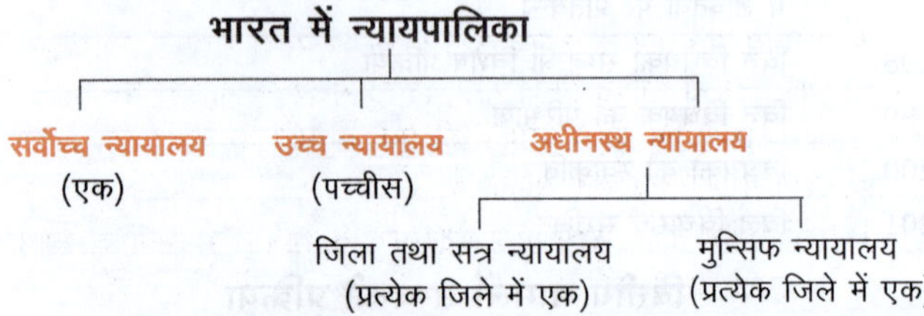

- उच्च न्यायालय, प्रशासन की निगरानी के साथ अपील सुनने का भी कार्य करता है। कुछ विशेष अधिनियम से जुड़े मामलों के समाधान हेतु न्यायपालिका के अतिरिक्त कुछ अधिकरण भी स्थापित किए गए हैं। इनका प्रावधान 42वें संविधान संशोधन अधिनियम, 1976 के माध्यम से भाग-XIV (A) को जोड़कर अनुच्छेद 323 (A) और 323 (B) में किया गया।
- अधीनस्थ या निम्नतर न्यायपालिका में जिला तथा सत्र न्यायालय उप-स्तर पर पाए जाते हैं।

सर्वोच्च न्यायालय

- भारतीय संविधान के भाग-V में अनुच्छेद 124 से 147 तक सर्वोच्च न्यायालय के गठन, स्वतन्त्रता, न्यायक्षेत्र, शक्तियाँ, कार्य प्रणाली इत्यादि का उल्लेख है।

गठन

- संविधान के अनुच्छेद 124 में उच्चतम न्यायालय की स्थापना और गठन का उल्लेख है। मूलत: सर्वोच्च न्यायालय के न्यायाधीशों की संख्या 8 थी, जिसमें 1 मुख्य न्यायाधीश एवं 7 अन्य न्यायाधीश थे।
- वर्तमान में सर्वोच्च न्यायालय में मुख्य न्यायाधीश सहित अन्य न्यायाधीशों की कुल संख्या 34 (1 + 33) है। उच्चतम न्यायालय में न्यायाधीशों की संख्या के निर्धारण की शक्ति संसद को प्राप्त है।

न्यायाधीशों की संख्याओं में निरन्तर वृद्धि

संसद ने अपनी शक्तियों का प्रयोग कर वर्ष 1956 में अन्य **न्यायाधीशों की संख्या** मुख्य न्यायाधीश के अतिरिक्त 10, वर्ष 1960 में 13, वर्ष 1977 में 17 और वर्ष 1986 में 25 थी, जिसे वर्ष 2008 में बढ़ाकर 30 कर दिया गया, लेकिन वर्ष 2019 में न्यायाधीशों की संख्या 33 निर्धारित कर दी गई, जोकि मुख्य न्यायाधीश सहित 34 है। वर्तमान में एक मुख्य न्यायाधीश तथा 33 अन्य न्यायाधीशों को मिलाकर सर्वोच्च न्यायालय में कुल 34 **न्यायाधीश** हैं।

नियुक्ति

- उच्चतम न्यायालय के मुख्य न्यायाधीश तथा अन्य न्यायाधीशों की नियुक्ति राष्ट्रपति द्वारा की जाती है।
- संविधान के अनुच्छेद 124 (2) के अनुसार, सर्वोच्च न्यायालय के प्रत्येक न्यायाधीश की नियुक्ति राष्ट्रपति द्वारा, उच्चतम न्यायालय तथा उच्च न्यायालय के उन न्यायाधीशों, जिन्हें वह उचित समझता है, के परामर्श से की जाती है, परन्तु अन्य न्यायाधीशों की नियुक्ति करते समय राष्ट्रपति के लिए मुख्य न्यायाधीश से परामर्श लेना आवश्यक है।
- उल्लेखनीय है कि संविधान में मुख्य न्यायाधीश की नियुक्ति के सन्दर्भ में अलग प्रावधान का उल्लेख नहीं है, बल्कि प्रत्येक न्यायाधीश की नियुक्ति के लिए एक ही प्रक्रिया दी गई है।
- प्रारम्भ में उच्चतम न्यायालय के मुख्य न्यायाधीश की नियुक्ति के सम्बन्ध में सर्वोच्च न्यायालय के वरिष्ठ न्यायाधीश को ही मुख्य न्यायाधीश के पद पर नियुक्त की जाने की परम्परा विकसित हुई। यद्यपि इस परम्परा का दो बार उल्लंघन हुआ।

- वर्ष 1973 में तीन वरिष्ठ न्यायाधीशों को छोड़कर न्यायमूर्ति **ए एन राय** को भारत का मुख्य न्यायाधीश नियुक्त किया गया। इसी प्रकार पुन: वर्ष 1977 में न्यायमूर्ति **एच आर खन्ना** को वरीयता न देते हुए न्यायमूर्ति **एम एच बेग** को नियुक्त किया गया।
- वर्ष 1993 में सर्वोच्च न्यायालय ने यह निर्णय दिया कि सर्वोच्च न्यायालय के वरिष्ठतम न्यायाधीश को ही भारत का मुख्य न्यायाधीश नियुक्त किया जाएगा (सुप्रीम कोर्ट एडवोकेट्स ऑन रिकॉर्ड एसोसिएशन बनाम भारत संघ, 1993)।
- अन्य न्यायाधीशों की नियुक्ति के सम्बन्ध में परामर्श की बाध्यता है अथवा नहीं, इस सन्दर्भ में उठे विवाद के निराकरण हेतु सर्वोच्च न्यायालय द्वारा यह निर्णय दिया गया है कि अन्य न्यायाधीशों की नियुक्ति के सम्बन्ध में उच्चतम न्यायालय के मुख्य न्यायाधीश द्वारा दी गई सलाह को मानना राष्ट्रपति के लिए बाध्यकारी होगा।
- सर्वोच्च न्यायालय का मुख्य न्यायाधीश इस सन्दर्भ में राष्ट्रपति को परामर्श देने के पूर्व **चार वरिष्ठतम न्यायाधीशों के समूह** (A Collegium of four Seniormost Judges) से परामर्श करेगा तथा उसके आधार पर राष्ट्रपति को परामर्श देगा।
- सर्वोच्च न्यायालय द्वारा यह स्पष्ट किया गया है कि यदि भारत के मुख्य न्यायाधीश द्वारा परामर्श की प्रक्रिया पूर्ण किए बिना ही राष्ट्रपति को न्यायाधीशों की नियुक्ति एवं उच्च न्यायालय के न्यायाधीशों के स्थानान्तरण के सम्बन्ध में संस्तुतियाँ की जाती हैं, तो राष्ट्रपति ऐसी संस्तुतियों को मानने हेतु बाध्य नहीं है।
- सर्वोच्च न्यायालय द्वारा यह भी कहा गया है कि उच्च न्यायालय में न्यायाधीशों की नियुक्ति के सम्बन्ध में उच्चतम न्यायालय के केवल दो वरिष्ठतम न्यायाधीशों से परामर्श लेना आवश्यक है, लेकिन स्थानान्तरण के मामले में उच्चतम न्यायालय के चार वरिष्ठतम न्यायाधीशों के अतिरिक्त, जिन उच्च न्यायालयों के न्यायाधीश स्थानान्तरित एवं पदारूढ़ होंगे, उनके मुख्य न्यायाधीशों से परामर्श करना होगा।
- कॉलेजियम व्यवस्था (Collegium System) के द्वारा न्यायाधीशों की नियुक्ति की जाती है, जिसके अन्तर्गत भारत के मुख्य न्यायाधीश तथा उच्चतम न्यायालय के चार अन्य न्यायाधीश सम्मिलित होते हैं। इस व्यवस्था की समाप्ति हेतु केन्द्र सरकार द्वारा **राष्ट्रीय न्यायिक नियुक्ति आयोग** बनाया गया था, जिसे सर्वोच्च न्यायालय ने असंवैधानिक घोषित कर दिया।

कॉलेजियम के **सदस्यों की संख्या** 5 होती है, जिसमें एक सर्वोच्च न्यायालय का मुख्य न्यायाधीश तथा चार अन्य न्यायाधीश होते हैं। यदि कॉलेजियम के दो न्यायाधीश किसी न्यायाधीश के निर्णय के विरुद्ध हैं, तो राष्ट्रपति के समक्ष नियुक्ति की सलाह नहीं दी जाएगी। कॉलेजियम द्वारा दिए गए निर्णय में उच्चतम न्यायालय के मुख्य न्यायाधीश का निर्णय सम्मिलित होना चाहिए।

योग्यताएँ

- **अनुच्छेद 124(3)** के अनुसार, सर्वोच्च न्यायालय का न्यायाधीश नियुक्त होने के लिए कोई न्यूनतम आयु निर्धारित नहीं है, लेकिन किसी भी व्यक्ति को निम्नलिखित योग्यताएँ धारण करनी चाहिए
  - वह भारत का नागरिक हो।
  - किसी एक या एक से अधिक उच्च न्यायालय में लगातार 5 वर्ष तक न्यायाधीश के पद पर रहा हो।
  - वह लगातार 10 वर्ष से एक या एक से अधिक उच्च न्यायालय में वकालत करता रहा हो।
  - वह राष्ट्रपति की दृष्टि में प्रसिद्ध न्यायविद् हो।

शपथ

पद ग्रहण करने के पूर्व प्रत्येक न्यायाधीश को **अनुच्छेद 124 (6)** के अनुसार, राष्ट्रपति अथवा इसके निमित्त नियुक्त किसी व्यक्ति के समक्ष अपने पद की शपथ लेनी पड़ती है; जैसे-

- भारत के संविधान के प्रति सच्ची निष्ठा रखूँगा।
- भारत की प्रभुता एवं अखण्डता को अक्षुण्ण रखूँगा।
- अपनी पूरी योग्यता, ज्ञान एवं विवेक द्वारा अपने पद के कर्त्तव्यों का भय या पक्षपात, अनुराग या द्वेष का पालन करूँगा।
- संविधान तथा कानूनों की मर्यादा बनाए रखूँगा।

वेतन एवं भत्ते

- **अनुच्छेद 125** के अनुसार, भारत के मुख्य न्यायाधीश तथा अन्य न्यायाधीशों के वेतन एवं भत्ते संसद द्वारा निर्धारित किए जाते हैं, जोकि भारत की संचित निधि पर भारित हैं।
- उच्च न्यायालय एवं उच्चतम न्यायालय के न्यायाधीश (वेतन एवं सेवा शर्त) संशोधन अधिनियम, 2018 के अनुसार, भारत के मुख्य न्यायाधीश को **₹ 2.8 लाख** व अन्य न्यायाधीशों को **₹ 2.5 लाख प्रतिमाह** दिए जाते हैं। यह 1 जनवरी, 2016 से लागू है।
- सेवानिवृत्त मुख्य न्यायाधीश एवं अन्य न्यायाधीशों की पेंशन उनके अन्तिम माह के वेतन का 50% निर्धारित है।
- **अनुच्छेद 360** के अनुसार यदि वित्तीय आपातकाल की घोषणा लागू हो, तब इनके वेतन एवं भत्तों में अलाभकारी परिवर्तन राष्ट्रपति के निर्देशानुसार किए जा सकते हैं अन्यथा नहीं। न्यायाधीशों की आय आयकर से मुक्त नहीं है।

सर्वोच्च न्यायालय का स्थान एवं भाषा

- भारतीय संविधान के अनुच्छेद 130 के अनुसार, सर्वोच्च न्यायालय का स्थान दिल्ली घोषित किया गया, किन्तु मुख्य न्यायाधीश को यह अधिकार है कि वह राष्ट्रपति की पूर्व अनुमति के बाद अन्य किसी भी स्थान पर सुनवाई कर सकता है।
- उल्लेखनीय है कि अभी तक हैदराबाद व श्रीनगर में सर्वोच्च न्यायालय ने अपनी बैठकें की हैं।
- भारत के संविधान के अनुच्छेद 348 में यह वर्णित है कि भारत के उच्चतम न्यायालय की समस्त कार्यवाही अंग्रेजी भाषा में होगी।

कार्यकाल

- अनुच्छेद 124 (2) के अनुसार, सर्वोच्च न्यायालय के मुख्य न्यायाधीश सहित अन्य सभी न्यायाधीश **65 वर्ष** की आयु पर्यन्त अपने पद पर बने रहते हैं। उच्चतम न्यायालय के न्यायाधीश के रूप में नियुक्ति हेतु कोई निश्चित पदावधि तय नहीं की गई है।
- कार्यकाल पूर्ण होने के पूर्व कोई भी न्यायाधीश राष्ट्रपति को सम्बोधित कर अपना त्याग-पत्र दे सकता है अथवा संसद की सिफारिश पर राष्ट्रपति उसे सिद्ध कदाचार व असमर्थता के आधार पर पद से हटा सकता है।

15वें संविधान संशोधन अधिनियम, 1963 के द्वारा **अनुच्छेद 124 (2) (A)** को शामिल कर यह प्रावधान किया गया कि सर्वोच्च न्यायालय के न्यायाधीश की आयु प्राधिकारी द्वारा और ऐसी रीति से निर्धारित की जाएगी, जिसका संसद कानून द्वारा निर्धारित कर प्रावधान करें।

तदर्थ न्यायाधीशों की नियुक्ति

- संविधान के अनुच्छेद 127 के अनुसार यदि किसी समय उच्चतम न्यायालय के सत्र को आयोजित करने अथवा चालू रखने या कर्त्तव्यों के निर्वहन हेतु उस न्यायालय के न्यायाधीशों की गणपूर्ति प्राप्त न हो, तो भारत का मुख्य न्यायाधीश राष्ट्रपति की पूर्व सहमति से तथा सम्बन्धित उच्च न्यायालय के मुख्य न्यायाधीश से परामर्श करने के पश्चात् किसी उच्च न्यायालय के किसी ऐसे न्यायाधीश को, जो उच्चतम न्यायालय का न्यायाधीश नियुक्त होने की योग्यता धारण करता हो, उच्चतम न्यायालय के न्यायाधीश के रूप में कार्य करने के लिए अनुरोध कर सकता है।
- इस दौरान तदर्थ न्यायाधीश को उच्चतम न्यायालय के न्यायाधीश की शक्तियाँ एवं विशेषाधिकार प्राप्त होंगे।

नोट *तदर्थ न्यायाधीश का प्रावधान फ्रांस से प्रेरित है। उच्च न्यायालय में तदर्थ न्यायाधीशों की नियुक्ति नहीं की जाती।*

कार्यकारी मुख्य न्यायाधीश की नियुक्ति

- संविधान के अनुच्छेद 126 के अनुसार, जब कभी भारत के मुख्य न्यायाधीश का पद रिक्त हो अथवा अनुपस्थिति या किसी अन्य कारण से वह अपने कर्त्तव्यों का पालन करने में असमर्थ हो, तो न्यायालय के अन्य न्यायाधीशों में से ऐसा एक न्यायाधीश, जिसे राष्ट्रपति इस प्रयोजन हेतु नियुक्त करे, वह उस पद के कर्त्तव्यों का पालन करेगा।
- राष्ट्रपति को कार्यकारी मुख्य न्यायाधीश की नियुक्ति के सम्बन्ध में किसी से परामर्श की आवश्यकता नहीं होती है।

सेवानिवृत्त न्यायाधीशों की नियुक्ति

- अनुच्छेद 128 के अन्तर्गत भारत का मुख्य न्यायाधीश भारत के राष्ट्रपति की पूर्व सहमति से किसी ऐसे न्यायाधीश को, जो सर्वोच्च न्यायालय या उच्च न्यायालय का न्यायाधीश रह चुका हो (अवकाश प्राप्त) और जो उच्चतम न्यायालय के न्यायाधीश नियुक्त होने की अर्हता रखता हो, वह उच्चतम न्यायालय की बैठकों में शामिल होने का अनुरोध कर सकता है।
- उस समय वे ऐसे भत्तों के अधिकारी होंगे, जो राष्ट्रपति द्वारा निर्धारित हो तथा कार्य करने के दौरान वे उच्चतम न्यायालय की अधिकारिता, शक्तियों व विशेषाधिकारों का प्रयोग कर सकते हैं।
- उल्लेखनीय है कि ऐसा न्यायाधीश इस सन्दर्भ में अपनी सहमति अथवा असहमति भी प्रकट कर सकता है।

न्यायाधीशों को हटाए जाने की प्रक्रिया

- भारतीय संविधान के अनुच्छेद 124 (4) के अन्तर्गत उच्चतम न्यायालय के न्यायाधीशों को उनके पद से हटाने की प्रक्रिया का उल्लेख किया गया है, जिसके अनुसार सिद्ध कदाचार या असमर्थता के आधार पर ही इन्हें हटाया जा सकता है। इसमें महाभियोग (Impeachment) शब्द का प्रयोग नहीं किया गया है।
- इसके अतिरिक्त अनुच्छेद 124 (5) में न्यायाधीशों के कदाचार व असमर्थता की जाँच करने हेतु प्रक्रिया बनाने की शक्ति संसद को दी गई है। इस सन्दर्भ में संसद द्वारा न्यायाधीश (जाँच) अधिनियम, 1968 बनाया गया है। इसके अन्तर्गत किसी न्यायाधीश को हटाने के लिए एक प्रस्ताव राष्ट्रपति को सम्बोधित करके लाया जाता है।
- ऐसा प्रस्ताव यदि लोकसभा में (100 सदस्यों) या राज्यसभा में लाया जाता है, तो 50 सदस्यों के हस्ताक्षर सहित लोकसभा अध्यक्ष/राज्यसभा के सभापति को यथास्थिति दिया जाएगा, जिसे उसके द्वारा स्वीकार या अस्वीकार भी किया जा सकता है।
- यदि प्रस्ताव स्वीकार कर लिया जाता है, तो एक तीन सदस्यीय समिति का गठन किया जाएगा, जिसमें एक सदस्य मुख्य न्यायमूर्ति या उच्चतम न्यायालय का कोई अन्य न्यायाधीश होगा, एक सदस्य उच्च न्यायालय का मुख्य न्यायमूर्ति होगा तथा एक सदस्य विधिवेत्ता होगा।
- समिति जाँच के बाद यदि न्यायाधीश को दोषी पाती है या असमर्थता से ग्रस्त पाती है, तो हटाने के प्रस्ताव का दोनों सदनों द्वारा अपनी कुल सदस्यों की संख्या का बहुमत तथा उपस्थित और मत देने वाले सदस्यों के दो-तिहाई बहुमत से पास होना अनिवार्य है और प्राप्त प्रतिवेदन के आधार पर राष्ट्रपति न्यायाधीश को पद से हटा सकता है।
- उल्लेखनीय है कि ऐसा प्रस्ताव दोनों सदनों द्वारा पारित होने के पश्चात् उसी सत्र में राष्ट्रपति के समक्ष प्रस्तुत किया जाना होता है।
- अन्तत: राष्ट्रपति न्यायाधीश को हटाने का आदेश जारी कर देता है।

न्यायाधीश रामास्वामी मामला

- भारतीय संविधान के निर्माण के बाद वर्ष 1992-93 में उच्चतम न्यायालय के न्यायाधीश **वी. रामास्वामी** के विरुद्ध उसे पद से हटाए जाने हेतु संसद में प्रक्रिया प्रारम्भ हुई। यद्यपि समिति ने न्यायाधीश को दोषी पाया, परन्तु यह प्रस्ताव सत्ताधारी दल कांग्रेस के मतदान में भाग नहीं लेने के कारण पारित नहीं हो सका।
- कलकत्ता उच्च न्यायालय के न्यायाधीश **सौमित्र सेन** के विरुद्ध राज्यसभा के सदस्यों द्वारा संसद में उसे पद से हटाए जाने हेतु प्रस्ताव प्रस्तुत किया गया। भारत के संवैधानिक इतिहास में दूसरी बार किसी न्यायाधीश को उसके पद से हटाने हेतु संसद में प्रक्रिया प्रारम्भ की गई।
- राज्यसभा ने अगस्त, 2011 में उन्हें दोषी ठहराया, किन्तु इससे पूर्व कि कार्यवाही आगे बढ़ाई जाती, उन्होंने अपना इस्तीफा राष्ट्रपति को सौंप दिया। अत: भारत के संवैधानिक इतिहास में अब तक किसी न्यायाधीश को उपरोक्त प्रक्रिया द्वारा हटाया नहीं गया है।

सर्वोच्च न्यायालय की शक्तियाँ एवं क्षेत्राधिकार

- भारतीय संविधान ने उच्चतम न्यायालय को व्यापक शक्तियाँ और क्षेत्राधिकार प्रदान किए हैं। भारत का उच्चतम न्यायालय न केवल अमेरिकी उच्चतम न्यायालय की भाँति संघीय न्यायालय है, बल्कि ब्रिटिश हाउस ऑफ लॉर्ड्स (ब्रिटिश संसद के उच्च सदन) की भाँति अपील का अन्तिम न्यायालय भी है। यह संविधान की व्याख्या एवं नागरिकों के अधिकारों का रक्षक (Custodian) भी है।
- उच्चतम न्यायालय की शक्तियाँ और क्षेत्राधिकारों को निम्नलिखित रूपों में वर्गीकृत किया जा सकता है

मूल/आरम्भिक क्षेत्राधिकार

- आरम्भिक क्षेत्राधिकार का अर्थ है कि कुछ मुकदमों की सुनवाई पूर्णतः सर्वोच्च न्यायालय कर सकता है तथा ऐसे मामलों में निचली अदालत को सुनवाई का अधिकार प्राप्त नहीं है।
- सर्वोच्च न्यायालय का मौलिक क्षेत्राधिकार उसे संघीय मामलों से सम्बन्धित सभी विवादों में निर्णायक की भूमिका प्रदान करता है।
- संविधान के **अनुच्छेद 131** के अन्तर्गत सर्वोच्च न्यायालय के मौलिक क्षेत्राधिकार का वर्णन किया गया है।
- यह मौलिक क्षेत्राधिकार ऐसे विवाद से सम्बन्धित है, जिसमें विधि का या तथ्य का कोई भी प्रश्न अन्तर्निहित है, जिस पर किसी विधिक अधिकार का अस्तित्व अथवा विस्तार निर्भर करता है।
- किसी भी विवाद पर जो केन्द्र व एक या अधिक राज्यों के बीच हों या केन्द्र और कोई राज्य या दो से अधिक राज्यों का एक तरफ होना एवं एक या अधिक राज्यों का दूसरी तरफ होना या दो या अधिक राज्यों के बीच संघीय विवाद पर उच्चतम न्यायालय में **विशेष मूल** न्यायक्षेत्र निहित हैं।

उच्चतम न्यायालय के **आरम्भिक क्षेत्राधिकार** में निम्न को सम्मिलित नहीं किया गया है

- केन्द्र के विरुद्ध राज्य के किसी नुकसान की पूर्ति
- केन्द्र तथा राज्यों के मध्य वाणिज्यिक प्रकृति वाला सामान्य विवाद
- केन्द्र एवं राज्यों के मध्य कुछ खर्चों तथा पेंशन का समझौता
- वित्त आयोग से सम्बन्धी मामले
- अन्तर्राज्यीय जल विवाद
- कोई विवाद जो सन्धि, समझौते आदि के बाहर उत्पन्न हुआ हो, जिसमें विशेषतः यह व्यवस्था हो कि सम्बन्धित न्यायक्षेत्र उस विवाद से सम्बन्धित नहीं है।
- कोई विवाद जो किसी पूर्व संवैधानिक सन्धि, समझौता, प्रसंविदा सनद एवं अन्य समान संस्थाओं को लेकर उत्पन्न हुआ हो।

अपीलीय क्षेत्राधिकार

- सर्वोच्च न्यायालय अपील का उच्चतम (अन्तिम) न्यायालय है तथा उसे उच्च न्यायालयों के निर्णयों के विरुद्ध अपील सुनने का अधिकार प्राप्त है।
- किसी भी व्यक्ति द्वारा उच्च न्यायालय के निर्णय के विरुद्ध सर्वोच्च न्यायालय में अपील की जा सकती है, परन्तु उच्च न्यायालय को यह प्रमाण-पत्र देना पड़ता है कि वह मुकदमा सर्वोच्च न्यायालय में अपील करने योग्य है।
- ये अपीलें चार प्रकार के मामलों में की जा सकती हैं
  (i) **संवैधानिक मामले (अनुच्छेद 132)** संवैधानिक मामलों में, उच्च न्यायालय के किसी निर्णय पर, चाहे वह दीवानी (Civil) अथवा फौजदारी (Criminal) में से किसी भी कार्यवाही से सम्बन्धित हो, सर्वोच्च न्यायालय में अपील की जा सकती है, बशर्ते उच्च न्यायालय यह प्रमाणित (अनुच्छेद 134-A) कर दे कि उस मामले का सम्बन्ध संविधान की व्याख्या से जुड़े किसी वास्तविक कानूनी प्रश्न से है अथवा संविधान की व्याख्या की आवश्यकता है। अनुचित फैसले के आधार पर भी उच्चतम न्यायालय में अपील की जा सकती है।
  (ii) **दीवानी मामले (अनुच्छेद 133)** दीवानी मामलों में उच्च न्यायालयों के निर्णयों के विरुद्ध उच्चतम न्यायालय में उस समय अपील की जा सकती है, जब उच्च न्यायालय यह प्रमाणित कर दे कि विधि का सारवान प्रश्न समक्ष हो।

विधि का सारवान प्रश्न (Substantial Question of Low) यदि सर्वोच्च न्यायालय द्वारा स्पष्ट निर्णय न दिया जाए, किसी मामले पर विभिन्न उच्च न्यायालयों में मतभेद हो, संविधान के किसी प्रावधान की स्पष्ट व्याख्या की आवश्यकता हो तथा सर्वोच्च न्यायालय द्वारा किसी उच्च न्यायालय के निर्णय के विरुद्ध निर्णय दिया हो, परन्तु उच्च न्यायालय के निर्णय को पूर्णतः बदला न हो।

  - उस मामले का सम्बन्ध सार्वजनिक महत्त्व के किसी सारगर्भित कानूनी प्रश्न से है।
  - उस मामले का निर्णय उच्चतम न्यायालय में होना आवश्यक है।

  (iii) **फौजदारी मामले (अनुच्छेद 134)** फौजदारी (Criminal) अथवा दाण्डिक मामलों में उच्च न्यायालयों के निर्णयों के विरुद्ध उच्चतम न्यायालय में उस समय अपील की जा सकती है, जब
  - किसी अपराधी को अधीनस्थ न्यायालय ने छोड़ दिया हो तथा अपील में उच्च न्यायालय ने उसे मृत्युदण्ड दे दिया हो।
  - किसी मामले को उच्च न्यायालय ने अधीनस्थ न्यायालय से अपने पास हस्तान्तरित कर लिया हो तथा अपराधी को मृत्युदण्ड दे दिया हो।
  - उच्च न्यायालय द्वारा प्रमाणित कर दिया जाए कि यह मामला सर्वोच्च न्यायालय में सुनने योग्य है।
  - प्रथम दो मामलों में उच्चतम न्यायालय में अपील अधिकार स्वरूप आती है अर्थात् इसके लिए उच्च न्यायालय के किसी प्रमाणपत्र की आवश्यकता नहीं होती है।
  - यदि उच्च न्यायालय ने बन्दीकरण के आदेश को उलट कर आरोपी को दोषमुक्त करार दिया हो, तो उच्चतम न्यायालय में अपील नहीं की जा सकती है।

उच्चतम न्यायालय के आपराधिक अपीलीय न्यायक्षेत्र में विस्तार

वर्ष 1970 में संसद ने उच्चतम न्यायालय के न्यायक्षेत्र में विस्तार करते हुए यह स्पष्ट किया है कि उच्च न्यायालय के किसी निर्णय के विरुद्ध उच्चतम न्यायालय में तब अपील हो सकती है, जब उच्च न्यायालय ने किसी अपील में आरोपी व्यक्ति को दोषमुक्त कर दिया हो, जिसमें उसे उम्र कैद या 10 वर्ष की सजा सुनाई गई हो या किसी मामले को किसी अधीनस्थ न्यायालय से लेकर आरोपी व्यक्ति को उम्र कैद या 10 वर्ष की सजा सुनाई हो।

सूचना प्रौद्योगिकी अधिनियम, 2000 के भाग 66(A)

- इसे उच्चतम न्यायालय ने मूल अधिकार के अन्तर्गत विचार अभिव्यक्ति की स्वतन्त्रता का उल्लंघन मानते हुए निरस्त कर दिया। इसके अन्तर्गत सोशल मीडिया पर आपत्तिजनक सामग्री डालने पर पुलिस किसी व्यक्ति को गिरफ्तार कर सकती थी।

(iv) **विशिष्ट मामले (अनुच्छेद 136)** विशिष्ट मामलों के अन्तर्गत उच्चतम न्यायालय को उपरोक्त मामलों के अतिरिक्त कुछ अन्य मामलों में भी हस्तक्षेप करने हेतु अवशिष्ट शक्तियाँ प्राप्त हैं। इसके अन्तर्गत सर्वोच्च न्यायालय अपने विवेकानुसार भारत के राज्यक्षेत्र में किसी न्यायालय अथवा अधिकरण द्वारा किसी वाद या मामले में पारित किए गए या दिए गए किसी निर्णय, डिक्री, अवधारणा, दण्डादेश या आदेश की विशेष अनुमति दे सकता है, परन्तु सशस्त्र बलों से सम्बन्धित किसी विधि द्वारा या उसके अधीन गठित किसी न्यायालय या अधिकरण द्वारा पारित किए गए किसी निर्णय अवधारणा, दण्डादेश या आदेश के सन्दर्भ में उच्चतम न्यायालय को यह अवशिष्ट शक्ति प्राप्त नहीं होगी।

परामर्शी क्षेत्राधिकार/सलाहकार

- संविधान के अनुच्छेद 143 के अनुसार राष्ट्रपति को उच्चतम न्यायालय से सलाह लेने का अधिकार है। राष्ट्रपति यह सलाह दो श्रेणियों के मामलों में ले सकता है
  (i) सार्वजनिक महत्त्व के किसी मामले पर विधिक प्रश्न उठाने पर।
  (ii) पूर्व में की गई किसी संवैधानिक सन्धि, समझौते, प्रसंविदा आदि मामलों पर किसी विवाद के उत्पन्न होने पर।
- प्रथम मामले में सर्वोच्च न्यायालय अपना मत दे भी सकता है और देने से इनकार भी कर सकता है, किन्तु दूसरे मामले में सर्वोच्च न्यायालय द्वारा राष्ट्रपति को अपना मत देना अनिवार्य है। दोनों ही मामलों में उच्चतम न्यायालय का मत केवल सलाह होती है, राष्ट्रपति इसे मानने के लिए बाध्य नहीं है। **केरल शिक्षा विधेयक, 1958** के मामले में सर्वोच्च न्यायालय ने कहा "राष्ट्रपति को दी गई सलाह सम्मान योग्य है, किन्तु बाध्यकारी नहीं।"

अभिलेख न्यायालय

- संविधान के **अनुच्छेद 129** के अनुसार, सर्वोच्च न्यायालय एक अभिलेख न्यायालय (Court of Record) के रूप में भी कार्य करता है अर्थात् इसके निर्णय आधिकारिक रूप से प्रकाशित किए जाते हैं तथा उन्हें दृष्टान्त स्वरूप मानकर उनके आधार पर निर्णय दिए जाते हैं।
- सर्वोच्च न्यायालय द्वारा दिए गए निर्णयों को किसी भी न्यायालय में चुनौती नहीं दी जा सकती। इसके अतिरिक्त उच्चतम न्यायालय को यह अधिकार भी है कि वह अपने अवमानना (Contempt) के लिए दण्डित कर सके।

न्यायालय की अवमानना

- संविधान का **अनुच्छेद 129** उच्चतम न्यायालय को तथा **अनुच्छेद 215** उच्च न्यायालय को अभिलेख न्यायालय की स्थिति प्रदान करता है और अभिलेख न्यायालय की प्रकृति में यह अन्तर्निहित होता है कि वह अपने अवमानना हेतु किसी व्यक्ति को दण्ड दे सकता है।
- न्यायालय अवमानना के सन्दर्भ में न्यायालय **अवमानना अधिनियम, 1971** पारित किया गया है।
- न्यायालय की अवमानना सिविल या आपराधिक दोनों प्रकार की हो सकती है। सिविल अवमानना का तात्पर्य स्वेच्छा से किसी फैसले, आदेश अथवा न्यायादेश की अवहेलना से है।
- इसके अतिरिक्त आपराधिक अवमानना का तात्पर्य किसी ऐसी सामग्री का प्रकाशन और ऐसा कार्य करना, जिसमें न्यायालय की स्थिति को निम्नतर आँकना या उनको बदनाम करना या न्यायिक प्रक्रिया में बाधा पहुँचाना तथा न्याय प्रशासन को किसी भी तरीके से रोकना सम्मिलित हो।
- न्यायालय अवमानना के लिए 6 माह सामान्य कारावास एवं ₹ 2000 तक अर्थदण्ड या दोनों दिए जा सकते हैं।
- वर्ष 1991 में उच्चतम न्यायालय ने व्यवस्था की है कि दण्ड देने की यह शक्ति न केवल उच्चतम न्यायालय में निहित है, बल्कि ऐसा ही अधिकार उच्च न्यायालयों, अधीनस्थ न्यायालयों को भी प्राप्त है।
- न्यायालय की अवमानना अधिनियम, 1971 में यह भी प्रावधान है कि कोई भी अदालत उस तारीख से 1 वर्ष की समाप्ति के बाद अवमानना की कोई कार्यवाही शुरू नहीं करेगी, जिस पर अवमानना का आरोप लगा है।

न्यायाधीशों की जवाबदेही हेतु न्यायिक मानदण्ड एवं उत्तरदायित्व विधेयक, 2010

- सर्वोच्च न्यायालय व उच्च न्यायालयों के विरुद्ध शिकायतों का निवारण राष्ट्रीय स्तर पर एक **पर्यवेक्षण समिति** (Supervisory Committee) गठित करने सम्बन्धी प्रावधान इस विधेयक में किया गया।
- इसकी अध्यक्षता सर्वोच्च न्यायालय का पूर्व न्यायाधीश करेगा। इस विधेयक में न्यायाधीशों को अपनी सम्पत्ति की घोषणा करने का प्रावधान किया गया है। 29 मार्च, 2012 को यह विधेयक संसद द्वारा पारित किया गया।

न्यायिक पुनर्विलोकन की शक्ति

- संविधान के **अनुच्छेद 137** के अन्तर्गत उच्चतम न्यायालय को अपने निर्णयों का पुनर्विलोकन करने का अधिकार प्राप्त है। यदि उच्चतम न्यायालय को यह प्रतीत हो कि उसके द्वारा दिए गए निर्णय में किसी पक्ष के प्रति न्याय नहीं हुआ है, तो वह अपने निर्णय पर पुनर्विचार कर सकता है तथा उसमें आवश्यक परिवर्तन कर सकता है।
- उल्लेखनीय है कि उच्चतम न्यायालय का यह अधिकार संसद द्वारा बनाई गई किसी विधि के अथवा अनुच्छेद 145 के अधीन है।
- **अनुच्छेद 13, 32, 132** तथा **133** से भी यह शक्ति निगमित होती है।
- नौवीं अनुसूची भी न्यायिक समीक्षा के दायरे में पूर्व मुख्य न्यायाधीश **वाई. के. सभरवाल** की अध्यक्षता में नौ सदस्यीय खण्ड पीठ ने 11 जनवरी, 2007 को निर्णय दिया कि 24 अप्रैल, 1975 के पश्चात् नौवीं अनुसूची में शामिल की गई कानून की न्यायिक समीक्षा की जा सकती है।
- कुछ ऐसे मामलों में, जिनमें न्यायिक पुनर्विलोकन की शक्ति प्रयोग की गई, वे निम्न हैं
  - सर्वोच्च न्यायालय ने **गोलकनाथ मामले (1967)** में यह निर्णय दिया कि संसद मूल अधिकारों को कम नहीं कर सकती। इसे आधार बनाकर बैंकों के राष्ट्रीयकरण अध्यादेश को समाप्त कर दिया गया।
  - **केशवानन्द भारती वाद (1973)** ने अपने निर्णय को परिवर्तित कर कहा कि "संसद मूल अधिकारों में संशोधन कर सकती है, किन्तु इससे संविधान का मूल ढाँचा प्रभावित नहीं होना चाहिए।"

मूल ढाँचे से सम्बन्धित कोएलो मामला

- सर्वोच्च न्यायालय के आई. आर. कोएलो फैसले का सम्बन्ध संविधान के मूलभूत ढाँचे से है।
- कोएलो मामले में 9 न्यायाधीशों की पीठ ने यह निर्णय दिया था कि नौवीं अनुसूची के तहत आने वाले कानूनों को न्यायिक समीक्षा से कोई व्यापक छूट नहीं मिल सकती।
- सर्वोच्च न्यायालय ने स्पष्ट किया कि न्यायिक समीक्षा संविधान की एक मूल विशेषता है और इसे नौवीं अनुसूची के आधार पर समाप्त नहीं किया जा सकता।
- इस मामले में विधायिका ने मौलिक अधिकारों का उल्लंघन करने वाले उपायों की रक्षा करने का प्रयास किया।
- मुख्य न्यायाधीश वाई.के. सभरवाल की अगुवाई वाली पीठ द्वारा दिए गए फैसले ने केशवानन्द भारती मामले में प्रतिपादित मूल संरचना में सिद्धान्त की वैधता को जारी रखा।
- मिनर्वा मिल्स मामले (1980) में सर्वोच्च न्यायालय ने न्यायिक पुनर्विलोकन को मूल ढाँचे का एक भाग बताया।

रिट अधिकारिता/मौलिक अधिकारों का रक्षक

- सर्वोच्च न्यायालय नागरिकों के मौलिक अधिकारों एवं स्वतन्त्रता का रक्षक व गारण्टर है।
- संविधान के अनुच्छेद 32 के अन्तर्गत नागरिकों के मौलिक अधिकारों की रक्षा हेतु उच्चतम न्यायालय द्वारा बन्दी प्रत्यक्षीकरण (Habeas Corpus), परमादेश (Mandamus), प्रतिषेध (Prohibition), अधिकार पृच्छा (Quo-warranto) एवं उत्प्रेषण (Certiorari) के लेख अथवा रिट जारी किए जा सकते हैं।
- अनुच्छेद 139 के द्वारा संसद अधिकृत है कि जब वह उचित समझे, तब रिट क्षेत्र का विस्तार कर सकती है।

अन्य शक्तियाँ

- अनुच्छेद 139 (A) के अन्तर्गत सर्वोच्च न्यायालय, उच्च न्यायालयों में लम्बित पड़े मामलों को अपने पास मँगवाकर निपटारा कर सकता है। उच्चतम न्यायालय मामलों को एक न्यायालय से दूसरे न्यायालय में स्थानान्तरित कर सकता है और सभी अधीनस्थ न्यायालयों की जाँच कर सकता है तथा उसके लिए नियम-विनियम बना सकता है।
- अनुच्छेद 141 में यह उपबन्ध है कि सर्वोच्च न्यायालय द्वारा घोषित विधि सभी न्यायालयों पर (भारत के राज्य-क्षेत्र के अन्दर) बाध्य होगी।
- अनुच्छेद 142 के अनुसार, सर्वोच्च न्यायालय ऐसी डिक्री या आदेश पारित कर सकता है, जो उसके समक्ष किसी मामले या विषय पर पूर्ण निर्णय न्याय (Complete Justice) देने के लिए अनिवार्य है।
- अनुच्छेद 145 के अनुसार, सर्वोच्च न्यायालय अधिकृत है कि वह अपनी कार्य प्रक्रिया आदि से जुड़े नियम बना सकता है। इसमें दो शर्तों का पालन करना अनिवार्य है। पहली, नियम राष्ट्रपति अनुमोदन से ही बनाए जा सकते हैं तथा दूसरी, ये नियम संसद द्वारा निर्मित विधियों के विरुद्ध नहीं होने चाहिए।

पुनर्विचार याचिका/उपचारात्मक या दोषाहारी याचिका

- पुनर्विचार याचिका (Review petition) से तात्पर्य उस याचिका से है, जिसके अन्तर्गत सर्वोच्च न्यायालय अपने निर्णयों का पुनर्विलोकन करता है, ऐसी याचिका निर्णय के 30 दिनों के अन्तर्गत ही दायर की जा सकती है।
- उपचारात्मक या दोषाहारी याचिका (Curative petition) इस याचिका का प्रयोग तब किया जाता है, जब पुनर्विचार याचिका खारिज कर दी गई हो और पीड़ित व्यक्ति या पक्ष किसी विशेष अथवा अति-गम्भीर आधार पर उपचार का निवेदन करना चाहता हो।
- अनुच्छेद 145 (4) में वर्णित है कि सर्वोच्च न्यायालय द्वारा निर्णय खुले न्यायालय में सुनाया जाएगा अन्यथा नहीं अर्थात् मामले की सुनवाई बन्द कमरे में नहीं हो सकती।
- अनुच्छेद 13, 132, 133 उच्चतम न्यायालय की अन्तिम व्याख्या करने हेतु अधिकृत है।
- संघ लोक सेवा आयोग के अध्यक्ष तथा सदस्यों के आचरण की जाँच राष्ट्रपति के निवेदन के पश्चात् सर्वोच्च न्यायालय करता है।

सर्वोच्च न्यायालय की शक्तियों में वृद्धि

- अनुच्छेद 138 के अन्तर्गत उच्चतम न्यायालय को संघ सूची के विषयों में से किसी एक में ऐसी अतिरिक्त अधिकारिता और शक्तियाँ प्राप्त होंगी, जो संसद विधि द्वारा प्रदान की गई हों।
- अनुच्छेद 140 के अनुसार, संसद विधि द्वारा सुप्रीम कोर्ट को ऐसी शक्तियाँ प्रदान करने के लिए अधिरोपित करने का आश्वासन देता है, जो इस संविधान के शीर्ष में किसी से असंगत न हो। इन्हें आनुषंगिक शक्तियाँ कहते हैं।
- अनुच्छेद 134 (2) के अनुसार, संसद आपराधिक अपीलों के मामले में सर्वोच्च न्यायालय की अधिकारिता बढ़ा सकती है।

संवैधानिक पीठ

- जब किसी संवैधानिक मामले अथवा जिन मामलों में विधि की मौलिक व्याख्या देनी होती है, तो इसकी सुनवाई पाँच (न्यूनतम) या इससे अधिक न्यायाधीशों के द्वारा की जाती है। उस पीठ को ही संवैधानिक पीठ कहा जाता है।
- उल्लेखनीय है कि संविधान के अनुच्छेद 145 (3) में संविधान पीठ का उल्लेख किया गया है।

सामाजिक न्यायपीठ की स्थापना

- सर्वोच्च न्यायालय ने सामाजिक मुद्दों से जुड़े मामलों को शीघ्रता से निपटाने के लिए 3 दिसम्बर, 2014 को सामाजिक न्यायपीठ का गठन किया। सर्वोच्च न्यायालय के तत्कालीन मुख्य न्यायाधीश एच. एल. दत्तू ने नई सामाजिक न्यायपीठ का गठन किया।
- सामाजिक न्यायपीठ को दो न्यायाधीशों की बैंच बनाया गया है। यह पीठ प्रत्येक शुक्रवार को सुनवाई करेगी।
- सर्वोच्च न्यायालय द्वारा सामाजिक मामलों के लिए पृथक् बैंच का निर्माण करना न्यायपालिका के उत्तरदायित्व से जुड़ा है, क्योंकि सर्वोच्च न्यायालय को मूल अधिकारों का संरक्षक माना जाता है।

सर्वोच्च न्यायालय की स्वतन्त्रता

संविधान में सर्वोच्च न्यायालय की स्वतन्त्रता को निम्न प्रकार से सुनिश्चित किया जाता है

- नियुक्ति की प्रक्रिया उच्चतम न्यायालय के न्यायाधीशों की नियुक्ति राष्ट्रपति, उच्चतम एवं उच्च न्यायालयों के न्यायाधीशों की सलाह से करता है।
- यह व्यवस्था कार्यकारिणी के पक्षपात को कम करती है और यह सुनिश्चित करती है कि न्यायिक नियुक्ति राजनीति पर आधारित नहीं है।
- कार्यकाल सम्बन्धी सुरक्षा उच्चतम न्यायालय के न्यायाधीश को कार्यकाल सम्बन्धी सुरक्षा प्रदान की गई है। उन्हें संविधान में उल्लिखित प्रावधानों के तहत केवल राष्ट्रपति ही हटा सकता है। न्यायाधीशों का कार्यकाल राष्ट्रपति की दया पर निर्भर नहीं है। वह 65 वर्षों तक अपने पद पर कार्य कर सकता है।
- वेतन एवं भत्ते की सुरक्षा सर्वोच्च न्यायालय के न्यायाधीशों के वेतन भत्ते, अवकाश एवं पेंशन संसद व विधि द्वारा निर्धारित किए जाते हैं तथा उनमें उनकी पदावधि के दौरान कोई अलाभकारी परिवर्तन नहीं किया जा सकता। सर्वोच्च न्यायालय के प्रशासनिक व्यय तथा न्यायालय के न्यायाधीशों एवं अन्य कर्मचारियों के वेतन, भत्ते आदि भारत की संचित निधि पर भारित होते हैं। अत: संसद द्वारा उन पर मतदान नहीं किया जा सकता।
- न्यायाधीशों के आचरण पर कोई बहस नहीं सर्वोच्च न्यायालय अथवा किसी उच्च न्यायालय के किसी न्यायाधीश के आचरण के सम्बन्ध में संसद अथवा किसी राज्य विधानमण्डल में कोई बहस नहीं की जा सकती, केवल उन्हें उनके पद से हटाए जाने की प्रक्रिया के क्रम में राष्ट्रपति के समक्ष आवेदन प्रस्तुत करने के प्रस्ताव के समय उस पर चर्चा की जा सकती है।

- **कोर्ट स्टेटस** यह एक वेबसाइट है। इसके द्वारा अभियोजन पक्षों, अधिवक्ताओं अथवा अन्य किसी के द्वारा भी उच्चतम न्यायालय में लम्बित एवं निर्णीत केसों के बारे में जानकारी प्राप्त की जा सकती है।
- **ज्यूडिस** यह एक न्यायिक सूचना पद्धति है, जो NIC द्वारा प्रचलित है। इसके द्वारा सी डी रोम पर उच्चतम न्यायालय के वर्ष 1950 से 2000 तक के सभी निर्णयों का विवरण प्राप्त किया जा सकता है।
- **कोर्टनिक** इस सूचना पद्धति के माध्यम से सम्पूर्ण देश में कोई भी व्यक्ति सर्वोच्च न्यायालय के किसी भी वाद की स्थिति के बारे में जानकारी प्राप्त कर सकता है। देश के लगभग सभी उच्च न्यायालयों में यह पद्धति अपनाई जा रही है।

- सेवानिवृत्ति के पश्चात् वकालत पर प्रतिबन्ध सेवानिवृत्ति के पश्चात् उच्चतम न्यायालय का न्यायाधीश भारत में किसी भी न्यायालय में अथवा किसी अन्य प्राधिकारी के समक्ष वकालत नहीं कर सकता।
- अवमानना पर दण्डित करने की शक्ति यदि कोई व्यक्ति उच्चतम न्यायालय की अवमानना करता है, तो वह उसे दण्डित कर सकता है। इसके कार्यों एवं निर्णयों की किसी भी संस्था द्वारा आलोचना नहीं की जा सकती।
- न्याय क्षेत्र में कटौती नहीं अनुच्छेद 142 के अनुसार, न्यायालय के कार्यक्षेत्र में कोई कटौती नहीं की जा सकेगी।

सर्वोच्च न्यायालय में न्यायाधीश नियुक्त होने वाली महिलाएँ

- जस्टिस फातिमा बीवी (6-10-1989 से 29-4-1992)
- जस्टिस सुजाता मनोहर (8-11-1994 से 27-8-1999)
- जस्टिस रूमा पाल (28-1-2000 से 3-6-2006)
- जस्टिस रंजना प्रकाश देसाई (सितम्बर, 2011 से 29 अक्टूबर, 2014)
- जस्टिस ज्ञान सुधा मिश्रा (30-4-2010 से 27-4-2014)
- आर भानुमति (13-8-2014 से 19-7-2020)
- इन्दु मलहोत्रा (27-4-2018 से 13-3-2021)
- इन्दिरा बनर्जी (7-08-2018 से 23-09-2022)
- जस्टिस हिमा कोहली, जस्टिस बेला एम. त्रिवेदी, जस्टिस बीवी नागरत्न (1 सितम्बर, 2021 से अब तक)
- (इन्दु मल्होत्रा, देश की ऐसी पहली महिला न्यायाधीश थीं, जो अधिवक्ता से सीधे उच्चतम न्यायालय की न्यायाधीश बनीं।)

भारत के मुख्य न्यायाधीश एवं कार्यकाल

	मुख्य न्यायाधीश	कार्यकाल
1.	हरिलाल जे कानिया	26 जनवरी, 1950 से 6 नवम्बर, 1951
2.	एम. पतंजलि शास्त्री	7 नवम्बर, 1951 से 3 जनवरी, 1954
3.	मेहर चन्द्र महाजन	4 जनवरी, 1954 से 22 दिसम्बर, 1954
4.	बी के मुखर्जी	23 दिसम्बर, 1954 से 31 जनवरी, 1956
5.	एस आर दास	1 फरवरी, 1956 से 30 सितम्बर, 1959
6.	बी पी सिन्हा	1 अक्टूबर, 1959 से 31 जनवरी, 1964
7.	पी बी गजेन्द्रगडकर	1 फरवरी, 1964 से 15 मार्च, 1966
8.	ए के सरकार	16 मार्च, 1966 से 29 जून, 1966
9.	के सुब्बाराव	30 जून, 1966 से 11 अप्रैल, 1967
10.	के एन वांचू	12 अप्रैल, 1967 से 24 फरवरी, 1968
11.	एम हिदायतुल्ला	25 फरवरी, 1968 से 16 दिसम्बर, 1970
12.	जे सी शाह	17 दिसम्बर, 1970 से 21 जनवरी, 1971
13.	एस एम सीकरी	22 जनवरी, 1971 से 25 अप्रैल, 1973
14.	ए एन रे	26 अप्रैल, 1973 से 28 जनवरी, 1977
15.	एम एच बेग	29 जनवरी, 1977 से 21 फरवरी, 1978
16.	वाई वी चन्द्रचूड़	22 फरवरी, 1978 से 11 जुलाई, 1985
17.	पी एन भगवती	12 जुलाई, 1985 से 20 दिसम्बर, 1986
18.	आर एस पाठक	21 दिसम्बर, 1986 से 18 जून, 1989
19.	ई एस वेंकटरमैया	19 जून, 1989 से 17 दिसम्बर, 1989
20.	सव्यसाची मुखर्जी	18 दिसम्बर, 1989 से 25 सितम्बर, 1990
21.	रंगनाथ मिश्र	26 सितम्बर, 1990 से 24 नवम्बर, 1991
22.	के एन सिंह	25 नवम्बर, 1991 से 12 दिसम्बर, 1991
23.	एम एच कानिया	13 दिसम्बर, 1991 से 17 नवम्बर, 1992
24.	ललित मोहन शर्मा	18 नवम्बर, 1992 से 11 फरवरी, 1993
25.	एम एन वेंकटचलैया	12 फरवरी, 1993 से 24 अक्टूबर, 1994
26.	ए एम अहमदी	25 अक्टूबर, 1994 से 24 मार्च, 1997
27.	जे एस वर्मा	25 मार्च, 1997 से 17 जनवरी, 1998

मुख्य न्यायाधीश	कार्यकाल
28. एम एम पुंछी	18 जनवरी, 1998 से 9 अक्टूबर, 1998
29. आदर्श सेन आनन्द	10 अक्टूबर, 1998 से 31 अक्टूबर, 2001
30. एस पी भरूचा	1 नवम्बर, 2001 से 5 मई, 2002
31. बी एन किरपाल	6 मई, 2002 से 7 नवम्बर, 2002
32. जी बी पटनायक	8 नवम्बर, 2002 से 18 दिसम्बर, 2002
33. वी एन खरे	19 दिसम्बर, 2002 से 1 मई, 2004
34. एस राजेन्द्रबाबू	2 मई, 2004 से 31 मई, 2004
35. रमेश चन्द्र लाहोटी	1 जून, 2004 से 31 अक्टूबर, 2005
36. योगेश कुमार सभरवाल	1 नवम्बर, 2005 से 13 जनवरी, 2007
37. के जी बालकृष्णन	13 जनवरी, 2007 से 11 मई, 2010
38. एस एच कपाड़िया	12 मई, 2010 से 28 सितम्बर, 2012
39. अल्तमस कबीर	29 सितम्बर, 2012 से 18 जुलाई, 2013
40. पी सदाशिवम	19 जुलाई, 2013 से 26 अप्रैल, 2014

मुख्य न्यायाधीश	कार्यकाल
41. राजेन्द्रमल लोढ़ा	26 अप्रैल, 2014 से 27 सितम्बर, 2014
42. एच एल दत्तू	28 सितम्बर, 2014 से 2 दिसम्बर, 2015
43. टी एस ठाकुर	3 दिसम्बर, 2015 से 3 जनवरी, 2017
44. जगदीश सिंह खेहर	4 जनवरी, 2017 से 27 अगस्त, 2017
45. दीपक मिश्रा	28 अगस्त, 2017 से 2 अक्टूबर, 2018
46. रंजन गोगोई	3 अक्टूबर, 2018 से 17 नवम्बर, 2019
47. शरद अरविन्द बोबड़े	18 नवम्बर, 2019 से 23 अप्रैल, 2021
48. नुथलापति वेंकटरमण	24 अप्रैल, 2021 से 26 अगस्त, 2022
49. उदय उमेश ललित	27 अगस्त, 2022 से 8 नवम्बर, 2022
50. धनंजय यशवन्त चन्द्रचूड़	9 नवम्बर, 2022 से 10 नवम्बर, 2024
51. संजीव खन्ना	11 नवम्बर, 2024 से अब तक

मार्च, 2025 के अनुसार

सर्वोच्च न्यायालय के प्रमुख वाद

वाद	चुनौती का आधार	उच्चतम न्यायालय का निर्णय
ए. के. गोपालन बनाम मद्रास राज्य (1950)	अबाध स्वतन्त्रता के हनन के (19) आधार पर तथा विधि द्वारा निर्धारित प्रक्रिया के विरुद्ध बन्दी बनाए जाने की चुनौती दी	• अनुच्छेद 19 और 21 एक-दूसरे से अलग हैं। • अनुच्छेद 21 को चुनौती इस आधार पर नहीं दी जा सकती है कि वह 19 (5) के अन्तर्गत निर्बन्धन लगाती है।
शंकरी प्रसाद बनाम भारत संघ (1951)	प्रथम संविधान संशोधन को चुनौती दी और कहा कि यह मूल अधिकारों का हनन करता है	• संविधान संशोधन की शक्ति जिसमें मूल अधिकार भी शामिल हैं। (अनुच्छेद 368) में है। • विधि का अर्थ सामान्य विधायी प्रक्रिया से पारित कानून है न कि अनुच्छेद 368 के माध्यम से।
सज्जन सिंह बनाम राजस्थान राज्य (1965)	17वें संविधान संशोधन को चुनौती दी	• शंकरी प्रसाद बनाम भारत संघ के निर्णय की पुनरावृत्ति हुई।
गोलकनाथ बनाम पंजाब राज्य (1967)	अनुच्छेद 19 (1) व 14 के विरुद्ध होने को चुनौती दी साथ ही प्रथम, चतुर्थ व 17वें संविधान संशोधन को भी चुनौती दी	• निर्णय 5-6 के बहुमत से (यह न्यायालय की दूसरी सबसे बड़ी पीठ 11 न्यायाधीश की थी) • वर्ष 1952 व 1965 के निर्णयों को बदल दिया। • संसद भाग-III में ऐसा कोई संशोधन नहीं कर सकती है, जिससे मूल अधिकारों का हनन होता हो। • अनुच्छेद 368 केवल संविधान संशोधन की प्रक्रिया है।
केशवानन्द भारती बनाम केरल राज्य (1973)	भूमि सुधार अधिनियम, 1969 को चुनौती दी तथा कहा कि इस अधिनियम से अनुच्छेद 14, 19 (1), 25, 26, 31 का उल्लंघन हुआ है	• 13 न्यायाधीशों की सबसे बड़ी खण्डपीठ • गोलकनाथ वाद के निर्णय को बदल दिया गया। • अनुच्छेद 368 के अन्तर्गत मूल अधिकारों में संशोधन किया जा सकता है। • संसद संविधान के किसी भी अनुच्छेद में संशोधन कर सकती है या समाप्त कर सकती है, परन्तु ऐसा कोई संशोधन नहीं कर सकती, जिससे मूल ढाँचे में परिवर्तन होता हो। • उच्चतम न्यायालय का निर्णय का अधिकार मूल ढाँचे का ही भाग है।
मेनका गाँधी वाद (1978)	लोकहित में पासपोर्ट निरस्त का मामला तथा अनुच्छेद 14, 19 (1) (A) और 19 (1)(A)(H) तथा 21 के हनन के आरोप में चुनौती	• लोकहित की भाषा व्यापक है तथा यह अनुच्छेद 14, 19(1)(A), 19(1) (A)(H) तथा 21 का हनन नहीं करती है।
मिनर्वा मिल बनाम भारत संघ (1980)	मौलिक अधिकार व राज्य के नीति-निदेशक तत्त्व से सम्बन्धित मामला	• निर्णय 4/1 के बहुमत से। • मूल अधिकार व नीति-निदेशक तत्त्व एक-दूसरे के पूरक हैं। • अनुच्छेद 31(C), अनुच्छेद 14, 19 का हनन करता है। संशोधन किया जा सकता है।
थर्ड जेण्डर से सम्बन्धित वाद (2014)	थर्ड जेण्डर से सम्बन्धित	• सुप्रीम कोर्ट ने अपने फैसले में ट्रांसजेण्डर या हिजरा को थर्ड जेण्डर का दर्जा दिया।
अरुणा शानबाग वाद (2015)	इच्छामृत्यु से सम्बन्धित	• अनुच्छेद 21 के अन्तर्गत गरिमापूर्ण जीवन जीने के अधिकार के अन्तर्गत गरिमापूर्ण मृत्यु (निष्क्रिय यूथेनेशिया) के अधिकार को स्वीकार किया।

वाद	चुनौती का आधार	उच्चतम न्यायालय का निर्णय
अधीनस्थ अदालतों के क्षेत्राधिकार से सम्बन्धित वाद (2015)	अधीनस्थ अदालतों के क्षेत्राधिकार से सम्बन्धित	• सुप्रीम कोर्ट ने निर्णय दिया कि रिट क्षेत्राधिकार का उपयोग करते हुए हाईकोर्ट अधीनस्थ अदालतों के न्यायिक आदेश में किसी भी प्रकार का दखल नहीं दे सकते और न ही उसे खारिज कर सकते हैं।
निजता का अधिकार सम्बन्धी वाद (2017)	निजता के अधिकार से सम्बन्धित	• अनुच्छेद 21 के अन्तर्गत निजता का अधिकार, मूल अधिकार है।
शायरा बानो वाद (2017)	तीन तलाक से सम्बन्धित	• उच्चतम न्यायालय ने तीन तलाक को अनुच्छेद 14 के अन्तर्गत समानता के अधिकार के विरुद्ध मानते हुए इसे असंवैधानिक घोषित कर दिया।
यंग लॉयर एसोसिएशन वाद (2018) (सबरीमाला केस) बनाम केरल राज्य	महिलाओं से सम्बन्धित	• सर्वोच्च न्यायालय ने 28 सितम्बर, 2018 की यंग लॉयर एसोसिएशन बनाम केरल राज्य मामले में यह निर्णय दिया कि सबरीमाला मन्दिर (भगवान अय्यपा) में 10-50 वर्ष के आयु समूह के महिलाओं को मासिक धर्म की अवधि में सोहिर में प्रवेश से रोकना (सार्वजनिक पूजा नियम केरल 3 (बी) के अन्तर्गत) असंवैधानिक है।
नवतेज जौहर बनाम भारत संघ (2018)	वयस्कों के बीच समान-सेक्स सम्बन्धों के डिक्रिमलाइज से सम्बन्धित	• सर्वोच्च न्यायालय के पाँच न्यायाधीशों की संविधान पीठ ने 6 सितम्बर, 2018 को आंशिक रूप से सहमति देने वाले वयस्कों के बीच समान-सेक्स सम्बन्धों को डिक्रिमलाइज करते हुए भारतीय दण्ड संहिता की धारा 377 को रद्द कर दिया।
डी ए वी कॉलेज ट्रस्ट एण्ड मैनेजमेण्ट सोसायटी बनाम वाद सार्वजनिक निर्देश मामले के निदेशक वाद (2019)	सूचना का अधिकार अधिनियम से सम्बन्धित	• इस वाद में सर्वोच्च न्यायालय ने 17 सितम्बर, 2019 को यह निर्णय दिया कि ऐसे सरकारी प्राधिकरण के दायरे में गैर-सरकारी संगठन जिन्हें उचित सरकार द्वारा पर्याप्त रूप में वित्तपोषित किया जाता है, वह सूचना का अधिकार अधिनियम के अन्तर्गत माना जाएगा। • इस प्रकार प्रत्येक नागरिक ऐसे संस्थानों/संगठनों से सूचना प्राप्त कर सकता है।
सर्वोच्च न्यायालय बनाम सुभाष चन्द्र अग्रवाल वाद (2019)	—	• इस वाद में सर्वोच्च न्यायालय ने अपने ऐतिहासिक फैसले में मुख्य न्यायाधीश के कार्यालय को सार्वजनिक प्राधिकरण माना और इसे सूचना का अधिकार अधिनियम के दायरे में बताया।
रामबाबू सिंह ठाकुर बनाम सुनील अरोड़ा वाद (2020)		• इसमें सर्वोच्च न्यायालय ने यह निर्णय दिया कि केन्द्रीय और राज्य स्तर पर चुनाव में उन निर्वाचित उम्मीदवारों के विषय में राजनीतिक दलों को विस्तृत जानकारी अपनी वेबसाइट पर अपलोड करनी होगी, जिन पर आपराधिक मामले लम्बित हैं।

न्यायिक समीक्षा

- न्यायिक समीक्षा (Judicial Review) के सिद्धान्त की उत्पत्ति एवं विकास संयुक्त राज्य अमेरिका में हुआ था।
- इस सिद्धान्त का प्रतिपादन सर्वप्रथम मारबरी बनाम मैडिसन मामले (1803 ई.) के जटिल मुद्दों पर जॉन मार्शल द्वारा किया गया, जो अमेरिकी सर्वोच्च न्यायालय के तत्कालीन मुख्य न्यायाधीश थे।
- भारतीय संविधान स्वयं न्यायपालिका को न्यायिक समीक्षा की शक्ति देता है (सर्वोच्च तथा उच्च न्यायालयों को)।
- सर्वोच्च न्यायालय ने यह भी घोषित कर दिया है कि न्यायिक समीक्षा की न्यायपालिका की शक्ति संविधान के मूल ढाँचे का भाग है, इसलिए न्यायिक समीक्षा की शक्ति में संविधान संशोधन के द्वारा न तो कटौती ही की जा सकती है और न ही इसे समाप्त किया जा सकता है।
- केन्द्र और राज्यों के विधायी नियमों तथा कार्यपालिका के आदेशों की संवैधानिकता की जाँच न्यायपालिका की न्यायिक समीक्षा की शक्ति है।
- यदि जाँच के पश्चात् न्यायालय को यह समाधान हो जाता है कि इन नियमों तथा आदेशों से संविधान का उल्लंघन होता है, तो उन्हें अवैध असंवैधानिक तथा अमान्य घोषित किया जा सकता है, परन्तु सरकार उन्हें लागू नहीं कर सकती।
- न्यायिक समीक्षा को निम्न तीन वर्गों में वर्गीकृत किया जाता है
  - संविधान में संशोधन की न्यायिक समीक्षा।
  - संघ तथा राज्य एवं राज्य के अधीन प्राधिकारियों द्वारा प्रशासनिक कार्यवाही की न्यायिक समीक्षा।
  - संसद और एक विधायिका द्वारा पारित कानूनों तथा अधीनस्थ कानूनों की समीक्षा।
- सर्वोच्च न्यायालय द्वारा विभिन्न मुकदमों में न्यायिक समीक्षा की शक्ति का उपयोग किया गया, उदाहरणस्वरूप-गोलकनाथ मामला (1967), बैंकों का राष्ट्रीयकरण मामला (1970), प्रिवी पर्स उन्मूलन मामला (1971), केशवानन्द भारती मामला (1973), मिनर्वा मिल्स मामला (1980) आदि।
- वर्ष 2015 में सर्वोच्च न्यायालय ने 99वें संविधान संशोधन, 2014 तथा राष्ट्रीय न्यायिक नियुक्ति आयोग (NJAC) अधिनियम, 2014 दोनों को असंवैधानिक बताया।

न्यायिक समीक्षा का विषय-क्षेत्र

किसी विधायी अधिनियम या कार्यपालिकीय आदेश की संवैधानिक वैधता को सर्वोच्च न्यायालय में निम्न आधारों पर चुनौती दी जा सकती है

- यह मौलिक अधिकारों का उल्लंघन करता है।
- यह उस प्राधिकारी की सक्षमता से बाहर का है, जिसने इसे बनाया है, यह संवैधानिक उपबन्धों के प्रतिकूल है।

न्यायिक समीक्षा हेतु संवैधानिक प्रावधान

सामान्यत: स्पष्ट रूप से संविधान में कहीं भी न्यायिक समीक्षा शब्द का प्रयोग नहीं हुआ है, अप्रत्यक्ष रूप से कुछ प्रावधान सर्वोच्च न्यायालय तथा उच्च न्यायालय को न्यायिक समीक्षा की शक्ति प्रदान करते हैं, जोकि निम्नलिखित हैं

- अनुच्छेद 13 में मूल अधिकारों से असंगत विधियों का उत्पत्तिकरण
- अनुच्छेद 32 मौलिक अधिकारों को लागू करने हेतु सर्वोच्च न्यायालय में जाने के लिए नागरिकों के अधिकारों की गारण्टी देता है।
- अनुच्छेद 131 के अन्तर्गत केन्द्र राज्य तथा अन्तर्राज्यीय विवादों हेतु सर्वोच्च न्यायालय का मूल क्षेत्राधिकार निश्चित है।
- अनुच्छेद 132 संवैधानिक मामलों में सर्वोच्च न्यायालय का अपीलीय क्षेत्राधिकार सुनिश्चित करता है।
- अनुच्छेद 133 सिविल मामलों में सर्वोच्च न्यायालय का क्षेत्राधिकार सुनिश्चित करता है।
- अनुच्छेद 135 सर्वोच्च न्यायालय को किसी संविधान के कानून के अन्तर्गत संघीय न्यायालय के क्षेत्राधिकार एवं शक्ति का प्रयोग करने की शक्ति प्रदान करता है।
- अनुच्छेद 143 राष्ट्रपति को कानून सम्बन्धी किसी प्रश्न के तथ्य पर एवं किसी संविधान पूर्व के कानूनी मामलों में सर्वोच्च न्यायालय की राय माँगने के लिए अधिकृत करता है।
- अनुच्छेद 226 उच्च न्यायालयों के मौलिक अधिकारों को लागू करने या किसी अन्य प्रयोजन से निर्देश, आदेश या रिट जारी करने की शक्ति प्रदान करता है।
- उपरोक्त अनुच्छेद के अतिरिक्त अनुच्छेद 134, 134 (A), 136, 227, 245, 246, 251, 254 तथा अनुच्छेद 372 न्यायिक समीक्षा के संवैधानिक प्रावधान से सम्बन्धित हैं।

न्यायिक सक्रियता

- न्यायिक सक्रियता (Judicial Activism) की अवधारणा संयुक्त राज्य अमेरिका में विकसित हुई।
- इस शब्दावली का प्रयोग सर्वप्रथम वर्ष 1947 में आर्थर एम शेल्जिगर जूनियर अमेरिकी विद्वान् द्वारा किया गया।
- भारत में 1970 के दशक के मध्य में न्यायिक सक्रियता का प्रयोग शुरू हुआ। न्यायमूर्ति वी. आर. कृष्णा, न्यायमूर्ति पी. एन. भगवती, न्यायमूर्ति ओ. चिन्नपा रेड्डी तथा न्यायमूर्ति डी ए देसाई ने देश में न्यायिक सक्रियता की नींव रखी।
- न्यायिक सक्रियता से तात्पर्य नागरिकों के अधिकारों के संरक्षण हेतु तथा समाज में न्याय को बढ़ावा देने हेतु न्यायपालिका द्वारा आगे बढ़कर भूमिका निभाने से है।
- दूसरे शब्दों में, न्यायपालिका द्वारा सरकार के अन्य दो भागों (विधायिका तथा कार्यपालिका) को अपने संवैधानिक दायित्वों के पालन हेतु बाध्य करना है।
- न्यायिक सक्रियता को न्यायिक गतिशीलता भी कहते हैं।

न्यायिक सक्रियता के कुछ मामले

- वर्ष 1967 में गोलकनाथ एवं बनाम पंजाब राज्य और अन्य में सर्वोच्च न्यायालय ने घोषणा की कि भाग-III में निहित मौलिक अधिकारों को संशोधित नहीं किया जा सकता।
- वर्ष 1973 में केशवानन्द भारती मामले में भारत के सर्वोच्च न्यायालय ने यह घोषणा की कि संसद संविधान के मूल ढाँचे में संशोधन नहीं कर सकती।
- 1980 के दशक में भारत की न्यायिक प्रणाली में एक महत्त्वपूर्ण सकारात्मक परिवर्तन देखा गया।
- वादी-प्रतिवादी न्यायिक प्रणाली में न्यायपालिका में जाने का अधिकार विस्तृत किया गया।
- इसी समय जनहित याचिका भारत में अस्तित्व में आई, जिसमें कोई तीसरा व्यक्ति जो मामले से प्रभावित नहीं है, वह भी किसी व्यक्ति या समूह के अधिकारों हेतु न्यायालय जा सकता है।
- जनहित याचिका सर्वोच्च न्यायालय की न्यायिक सक्रियता का ही परिणाम है।

जनहित याचिका

- जनहित याचिका (Public Interest Litigation, PIL) की अवधारणा की उत्पत्ति एवं विकास संयुक्त राज्य अमेरिका में 1960 के दशक में हुआ।
- अमेरिका में इसे प्रतिनिधित्वविहीन समूहों एवं हितों को कानूनी या विधायी प्रतिनिधित्व प्रदान करने हेतु प्रतिपादित किया गया था।
- भारत में जनहित याचिका सर्वोच्च न्यायालय की न्यायिक सक्रियता का एक सह-उत्पाद है। 1980 के दशक में न्यायमूर्ति वी. आर. कृष्णा तथा पी. एन. भगवती ने इसका प्रारम्भ किया।

नोट *भारत में जनहित याचिका की शुरुआत भागलपुर (बिहार) के जेल में बन्दी रखे गए विचारधीन कैदियों के मामले से हुई थी, जब पुलिस आयोग के सदस्य के.एफ. रूस्तम जी ने इस सम्बन्ध में एक लेख लिखा था तथा एडवोकेट हिंगोरानी ने इसे अनुच्छेद 32 के अन्तर्गत उच्चतम न्यायालय में उठाया था।*

- जनहित याचिका के अन्तर्गत जिन मामलों पर विचार किया जाता है, उनमें उपेक्षित बच्चे बँधुआ मजदूरी के मामले, महिलाओं पर अत्याचार, श्रमिकों को न्यूनतम मजदूरी के मामले, महिलाओं पर अत्याचार, खाद्य अपमिश्रण, पर्यावरण प्रदूषण और पारिस्थितिकी सन्तुलन में गड़बड़ी का रख-रखाव शामिल है।
- जनहित याचिका को सामाजिक क्रिया याचिका, सामाजिक हित/लोक हितवाद याचिका तथा वर्गीय क्रिया याचिका के रूप में भी जाना जाता है।
- भारत में पी. आई. एल. की शुरुआत पारस्परिक अधिकारिता के शासन एवं नियमों में कुछ छूट से हुई। इसके अन्तर्गत केवल वही व्यक्ति न्यायालय जा सकते हैं, जिनके अधिकारों का हनन हुआ है और वही पी. आई. एल. के पारम्परिक कानून के अपवाद रूप में हैं।
- पी. आई. एल. के अन्तर्गत कोई भी जनभावना वाला व्यक्ति या सामाजिक संगठन किसी भी व्यक्ति या व्यक्तियों के समूहों को अधिकार दिलाने के लिए न्यायालय जा सकता है।

जनहित याचिका दायर करने के प्रावधान

- जनहित याचिका को **अनुच्छेद** 32 व 226 के अन्तर्गत क्रमश: सर्वोच्च न्यायालय और उच्च न्यायालय में दायर किया जा सकता है।
- जनहित याचिका को किसी भी व्यक्ति अथवा संस्था द्वारा दायर किया जा सकता है।
- जनहित याचिका एक पत्र और एक पोस्ट कार्ड के द्वारा भी दायर की जा सकती है।
- उच्च न्यायालय में जनहित याचिका दायर करने के लिए याचिका की दो प्रतियाँ दाखिल करनी होती हैं।
- सर्वोच्च न्यायालय में जनहित याचिका दायर करने हेतु याचिका की पाँच प्रतियाँ दाखिल करनी होती हैं।

जनहित याचिका का विषय-क्षेत्र

- वर्ष 1998 में सर्वोच्च न्यायालय ने **जनहित याचिका** के रूप में प्राप्त याचिकाओं पर कार्यवाही हेतु कुछ दिशा-निर्देश दिए हैं। इन दिशा-निर्देशों को वर्ष 2003 में संशोधित भी किया गया।
- निम्न श्रेणियों में आने वाली याचिकाएँ ही सामान्यतया जनहित याचिका के रूप में स्वीकृत की जाएँगी
  - बँधुआ श्रमिक
  - उपेक्षित बच्चे
  - श्रमिकों को **न्यूनतम मजदूरी** नहीं मिलना, आकस्मिक श्रमिकों का शोषण, श्रम कानूनों का उल्लंघन (अपवाद), वैयक्तिक मामले आदि।
  - जेलों से दाखिल उत्पीड़न की शिकायत, समय से पूर्व मुक्ति तथा 14 वर्ष पूर्ण करने के पश्चात् मुक्ति के लिए आवेदन, जेल में मृत्यु, स्थानान्तरण, व्यक्तिगत मुकदमे से मुक्ति या रिहाई, मूल अधिकार के रूप में त्वरित मुकदमा।
  - पुलिस द्वारा मामला दाखिल न किए जाने सम्बन्धी याचिका, पुलिस उत्पीड़न तथा पुलिस हिरासत में मृत्यु।

किनके विरुद्ध दायर की जाती है जनहित याचिका?

- जनहित याचिका केन्द्र सरकार, राज्य सरकार, किसी न्यायपालिका परिषद् या किसी सरकारी विभाग के आदेश के विरुद्ध दायर की जा सकती है।
- सामान्य प्रक्रिया के अन्तर्गत किसी व्यक्ति के विरुद्ध जनहित याचिका दायर नहीं की जा सकती, लेकिन यदि उक्त व्यक्ति या किसी संस्था की गतिविधियों के कारण जनहित पर प्रतिकूल प्रभाव पड़ता है, तो उक्त व्यक्ति या संस्था को सरकार के साथ प्रतिवादी बनाया जा सकता है।

  - महिलाओं पर अत्याचार के विरुद्ध याचिकाएँ विशेषकर वधू-उत्पीड़न, दहेज-दहन, बलात्कार, हत्या, अपहरण इत्यादि।
  - अनुसूचित जाति तथा जनजाति एवं आर्थिक रूप से कमजोर वर्गों का पुलिस द्वारा उत्पीड़न की शिकायत सम्बन्धी याचिकाएँ।
  - पर्यावरणीय प्रदूषण सम्बन्धी याचिकाएँ, पारिस्थितिकी सन्तुलन में बाधा, औषधि, खाद्य पदार्थ में मिलावट, विरासत एवं संस्कृति, प्राचीन कलाकृति, वन एवं वन्य जीवों का संरक्षण तथा सार्वजनिक महत्त्व के अन्य मामलों से सम्बन्धित याचिकाएँ।
  - दंगा पीड़ितों की याचिकाएँ तथा पारिवारिक पेंशन आदि।

निम्नलिखित कोटियों के अन्तर्गत आने वाले मामले जनहित याचिका के रूप में शामिल नहीं होंगे

- मकान मालिक-किरायदारों के मामले
- सेवा सम्बन्धी तथा वे मामले जो पेंशन तथा ग्रैच्युटी से सम्बन्धित हैं।
- केन्द्र/राज्य सरकार के विभागों तथा स्थानीय निकायों के विरुद्ध शिकायतें उन मामलों को छोड़कर, जो उपरोक्त श्रेणियों से सम्बन्धित हैं।
- मेडिकल तथा अन्य शैक्षिक संस्थाओं में नामांकन।
- शीघ्र सुनवाई के लिए उच्च न्यायालयों एवं अधीनस्थ न्यायालयों में दाखिल याचिकाएँ

सर्वोच्च न्यायालय से सम्बन्धित अनुच्छेदः एक दृष्टि में

अनुच्छेद 124	सर्वोच्च न्यायालय की स्थापना एवं गठन
अनुच्छेद 125	न्यायाधीशों के वेतन एवं भत्ते
अनुच्छेद 126	कार्यकारी मुख्य न्यायमूर्ति की नियुक्ति
अनुच्छेद 127	तदर्थ न्यायाधीशों की नियुक्ति
अनुच्छेद 128	सर्वोच्च न्यायालय की बैठकों में सेवानिवृत्त न्यायाधीशों की उपस्थिति
अनुच्छेद 129	सर्वोच्च न्यायालय का अभिलेख न्यायालय होना
अनुच्छेद 130	सर्वोच्च न्यायालय का स्थान
अनुच्छेद 131	सर्वोच्च न्यायालय की आरम्भिक अधिकारिता
अनुच्छेद 131A	केन्द्रीय कानूनों की संवैधानिक वैधता से सम्बन्धित प्रश्नों के बारे में उच्चतम न्यायालय का विशेष क्षेत्राधिकार (निरस्त)
अनुच्छेद 132	कुछ मामलों में उच्च न्यायालयों से अपीलों में सर्वोच्च न्यायालय से की गई अपीलीय अधिकारिता
अनुच्छेद 133	उच्च न्यायालयों से सिविल विषयों से सम्बन्धित अपीलों में सर्वोच्च न्यायालय की अपीलीय अधिकारिता
अनुच्छेद 134	दाण्डिक/आपराधिक विषयों में सर्वोच्च न्यायालय की अपीलीय अधिकारिता
अनुच्छेद 134A	सर्वोच्च न्यायालय में अपील हेतु प्रमाण पत्र
अनुच्छेद 135	विद्यमान विधि के अधीन फेडरल न्यायालय की अधिकारिता और शक्तियों का सर्वोच्च न्यायालयों द्वारा उपयोग होना
अनुच्छेद 136	अपील के लिए सर्वोच्च न्यायालय की विशेष अनुमति
अनुच्छेद 137	निर्णयों या आदेशों का सर्वोच्च न्यायालय द्वारा पुनर्विलोकन
अनुच्छेद 138	सर्वोच्च न्यायालय के क्षेत्राधिकार को विस्तारित करना।
अनुच्छेद 139	कुछ रिट निकालने की शक्तियाँ सर्वोच्च न्यायालय को प्रदत्त करना
अनुच्छेद 139A	कुछ मामलों (जिनमें विधि के समान या सारत: समान प्रश्न अन्तर्निहित है) का सर्वोच्च न्यायालय में स्थानान्तरण।
अनुच्छेद 140	सर्वोच्च न्यायालय की आनुषंगिक शक्तियाँ।
अनुच्छेद 141	सर्वोच्च न्यायालय द्वारा घोषित विधि का सभी न्यायालयों पर आबद्धकर होना।
अनुच्छेद 142	सर्वोच्च न्यायालय के आदेशों तथा साथ ही अन्वेषण आदि से सम्बन्धित आदेशों का प्रवर्तन कराना।
अनुच्छेद 143	सर्वोच्च न्यायालय से परामर्श करने की राष्ट्रपति की शक्ति
अनुच्छेद 144	सिविल तथा न्यायिक अधिकारियों का सर्वोच्च न्यायालय का सहायक होना।
अनुच्छेद 144A	कानूनों की संवैधानिक वैधता से जुड़े प्रश्नों के निस्तारण हेतु विशेष प्रावधान (निरस्त)
अनुच्छेद 145	न्यायालय नियम इत्यादि।
अनुच्छेद 146	सर्वोच्च न्यायालय के पदाधिकारी तथा सेवक व व्यय।
अनुच्छेद 147	संविधान का निर्वचन

"

उच्च न्यायालय एक अभिलेख न्यायालय है। यह अपनी अवमानना के लिए दण्डित कर सकता है। उच्च न्यायालय किसी भी न्यायालय या प्राधिकरण के प्रशासनिक अधीक्षण में नहीं होते, हालाँकि इसके निर्णयों की अपील उच्चतम न्यायालय में की जा सकती है।

अध्याय पच्चीस

उच्च न्यायालय एवं अधीनस्थ न्यायालय

उच्च न्यायालय

- भारत की एकल न्यायिक व्यवस्था में उच्च न्यायालय, उच्चतम न्यायालय से नीचे, किन्तु अधीनस्थ न्यायालय से ऊपर कार्य करता है। राज्य की न्यायिक व्यवस्था में उच्च न्यायालय की स्थिति शीर्ष पर होती है।
- भारत में सर्वप्रथम उच्च न्यायालय अधिनियम, 1861 के अन्तर्गत 1862 ई. में एकसाथ बम्बई, मद्रास व कलकत्ता उच्च न्यायालयों की स्थापना की गई। इसके पश्चात् इलाहाबाद (1866 ई.) में एक उच्च न्यायालय की स्थापना हुई।
- संविधान के भाग-VI में अनुच्छेद 214 से 232 तक उच्च न्यायालय के गठन, स्वतन्त्रता, न्यायिक क्षेत्र, शक्तियाँ, प्रक्रिया आदि के बारे में उपबन्ध हैं।

> - वर्तमान में (11 नवम्बर, 2024 की स्थिति के अनुसार) देश में उच्च न्यायालयों की संख्या 25 है।
> - देश में 7 ऐसे उच्च न्यायालय हैं, जिनके क्षेत्राधिकार एक से अधिक राज्यों/संघ शासित क्षेत्रों में है।
> - दिल्ली (वर्ष 1966) व जम्मू-कश्मीर (वर्ष 1928) ऐसे केन्द्रशासित प्रदेश हैं, जिनके अपने उच्च न्यायालय हैं।

उच्च न्यायालय का गठन

- अनुच्छेद 214 में यह उपबन्ध किया गया है कि प्रत्येक राज्य के लिए एक उच्च न्यायालय होगा, किन्तु अनुच्छेद 231 के अन्तर्गत संसद विधि द्वारा दो या दो से अधिक राज्यों और किसी संघ राज्यक्षेत्र के लिए एक ही उच्च न्यायालय स्थापित कर सकेगी।
- अनुच्छेद 216 के अनुसार, प्रत्येक उच्च न्यायालय एक मुख्य न्यायमूर्ति और ऐसे अन्य न्यायमूर्तियों से मिलकर बनेगा, जिन्हें भारत के राष्ट्रपति निर्धारित करता है।
- उच्च न्यायालय के न्यायाधीशों की संख्या के विषय में संविधान मौन है।
- अनुच्छेद 224 के अनुसार, यदि किसी उच्च न्यायालय के कार्यभार में अस्थायी वृद्धि एवं बकाया कार्यों को निपटाने के लिए राष्ट्रपति को प्रतीत होता है, तो वह दो वर्षों से कम, ऐसे समय के लिए निर्धारित कार्यकारी तथा अपर न्यायाधीशों की नियुक्ति कर सकता है।
- सेवानिवृत्त न्यायाधीश से सम्बन्धित मामले में राज्य के उच्च न्यायालय के मुख्य न्यायमूर्ति, राष्ट्रपति की पूर्व सहमति से किसी ऐसे व्यक्ति को, जो किसी राज्य के उच्च न्यायालय का न्यायाधीश रह चुका है, की नियुक्ति कर सकते हैं।

न्यायाधीशों की नियुक्ति

- अनुच्छेद 217 के अनुसार, उच्च न्यायालय के मुख्य न्यायाधीशों की नियुक्ति राष्ट्रपति द्वारा निम्न से परामर्श के बाद की जाएगी
  - भारत के मुख्य न्यायाधीश से।
  - सम्बन्धित राज्य के राज्यपाल से।
  - उच्च न्यायालय के मुख्य न्यायाधीश के अतिरिक्त अन्य न्यायाधीशों की नियुक्ति के मामले में उच्च न्यायालय के मुख्य न्यायाधीश से भी सलाह ली जाती है।
- वर्ष 1993 (द्वितीय न्यायाधीश मामले में) में उच्चतम न्यायालय के द्वारा व्यवस्था की गई कि उच्च न्यायालय के किसी भी न्यायाधीश की नियुक्ति भारत के मुख्य न्यायमूर्ति की सहमति से ही हो सकती है और वर्ष 1998 (तृतीय न्यायाधीश मामले में) में एक व्यवस्था की गई, जिसमें उच्च न्यायालय के न्यायाधीशों की नियुक्ति एक तीन सदस्यीय परामर्श मण्डल (जिसमें भारत के मुख्य न्यायमूर्ति के अतिरिक्त, दो वरिष्ठ न्यायाधीश होंगे) की सहमति से होगी।
- उल्लेखनीय है कि भारत का मुख्य न्यायाधीश यदि अन्य न्यायाधीशों से परामर्श किए बिना ही राष्ट्रपति को अपना परामर्श देता है, तो राष्ट्रपति ऐसे परामर्श को अस्वीकार कर सकता है।

न्यायाधीशों की योग्यताएँ

- अनुच्छेद 217(2) के अनुसार, कोई व्यक्ति किसी उच्च न्यायालय के न्यायाधीश के रूप में नियुक्त होने के लिए तब अर्हित होगा, जब
  - वह भारत का नागरिक हो।
  - भारतीय राज्यक्षेत्र में कम-से-कम 10 वर्ष तक न्यायिक पद पर कार्य करने अथवा कम-से-कम 10 वर्ष तक उच्च न्यायालय में वकील के रूप में कार्य करने का अनुभव रखता हो।
  - उच्च न्यायालय का न्यायाधीश नियुक्त किए जाने के योग्य हो।
  - उच्च न्यायालय के न्यायाधीश के रूप में नियुक्ति हेतु कोई न्यूनतम आयु अथवा निश्चित पदावधि तय नहीं की गई है।

न्यायाधीशों को शपथ

अनुच्छेद 219 के अनुसार, जिस व्यक्ति को उच्च न्यायालय का न्यायाधीश नियुक्त किया जाता है, वह सम्बन्धित राज्य के राज्यपाल द्वारा नियुक्त किसी व्यक्ति के समक्ष पद ग्रहण करने से पूर्व संविधान की तीसरी अनुसूची में वर्णित न्यायाधीश की शपथ के प्रारूप के अनुसार शपथ ग्रहण करता है।

संयुक्त उच्च न्यायालय के न्यायाधीशों की शपथ

जब कोई उच्च न्यायालय दो या दो से अधिक राज्यों के लिए गठित किया जाता है, तो ऐसे उच्च न्यायालय के न्यायाधीशों को शपथ उस राज्य के राज्यपाल द्वारा दिलाई जाती है, जहाँ उच्च न्यायालय का मुख्य स्थान होता है।

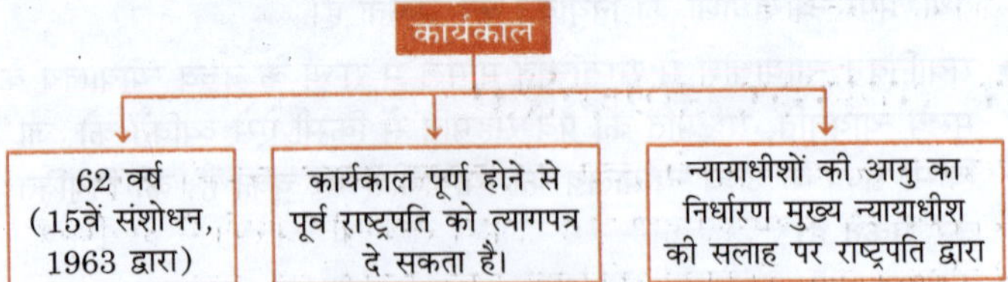

न्यायाधीशों को हटाना (प्रक्रिया)

- उच्च न्यायालय के न्यायाधीश को संसद की सिफारिश पर राष्ट्रपति हटा सकता है। उसे केवल सिद्ध कदाचार और असमर्थता के आधार पर हटाया जा सकता है।
- राष्ट्रपति न्यायाधीश को हटाने का आदेश संसद द्वारा उसी सत्र में पारित प्रस्ताव के आधार पर ही जारी कर सकता है।
- प्रस्ताव को विशेष बहुमत के साथ संसद के प्रत्येक सदन का समर्थन मिलना आवश्यक है।
- उच्च न्यायालय के न्यायाधीशों को उसी प्रक्रिया और आधारों पर हटाया जा सकता है, जिस प्रक्रिया और आधारों पर उच्चतम न्यायालय के न्यायाधीशों को हटाया जाता है।

उच्च न्यायालय के न्यायाधीश की नियुक्ति उच्चतम न्यायालय में न्यायाधीश के रूप में हो जाने अथवा किसी दूसरे उच्च न्यायालय में स्थानान्तरण हो जाने पर वह पद छोड़ देता है।

न्यायाधीशों के वेतन एवं भत्ते

- अनुच्छेद 221 के अन्तर्गत प्रत्येक उच्च न्यायालय के न्यायाधीशों को ऐसा वेतन प्रदान किया जाएगा, जो संसद विधि द्वारा निर्धारित हो।
- उच्च न्यायालय के मुख्य न्यायाधीश को उच्च न्यायालय एवं उच्चतम न्यायालय (वेतन एवं सेवा शर्तें) संशोधन अधिनियम, 2018 के अनुसार ₹ 2.5 लाख प्रतिमाह तथा अन्य न्यायाधीश को ₹ 2.25 लाख प्रतिमाह वेतन दिया जाता है।
- उच्च न्यायालय के न्यायाधीशों का वेतन राज्य की संचित निधि से दिया जाता है, जबकि पेंशन भारत की संचित निधि पर भारित होती है।
- उनकी नियुक्ति के पश्चात् संसद द्वारा कोई अलाभकारी परिवर्तन नहीं किया जा सकता, केवल वित्तीय आपात की उद्घोषणा के समय राष्ट्रपति के निर्देशानुसार ऐसा किया जा सकता है।

न्यायाधीशों का स्थानान्तरण

- अनुच्छेद 222 के अन्तर्गत भारत के मुख्य न्यायाधीश से परामर्श के पश्चात् राष्ट्रपति एक न्यायाधीश को एक उच्च न्यायालय से दूसरे उच्च न्यायालय में स्थानान्तरित कर सकता है।
- वर्ष 1997 में उच्च न्यायालय ने कहा कि न्यायाधीशों का स्थानान्तरण मात्र अपवादस्वरूप तथा जन कल्याण को ध्यान में रखकर किया जाएगा न कि दण्डस्वरूप।
- वर्ष 1994 में पुन: सर्वोच्च न्यायालय ने कहा कि न्यायाधीशों के स्थानान्तरण में मनमानी रोकने हेतु न्यायिक समीक्षा आवश्यक है, लेकिन इसे चुनौती मात्र वही न्यायाधीश दे सकता है, जिसे स्थानान्तरित किया गया हो।

- **थर्ड जजेज मामला** (Third Judges case) (1998) में सर्वोच्च न्यायालय द्वारा व्यवस्था की गई कि
  - उच्चतम न्यायालय के मुख्य न्यायाधीश तथा चार वरिष्ठतम न्यायाधीशों के मण्डल से परामर्श करना होगा।
  - जिस उच्च न्यायालय से न्यायाधीश का स्थानान्तरण करना है, उस न्यायालय के मुख्य न्यायाधीश से परामर्श करना होगा।
  - न्यायाधीश को जिस उच्च न्यायालय में स्थानान्तरित किया जाता है, उसके न्यायाधीश से परामर्श करना होगा।

कार्यकारी मुख्य न्यायाधीश

- अनुच्छेद 223 के अन्तर्गत राष्ट्रपति किसी उच्च न्यायालय के अन्य न्यायाधीशों में से किसी को मुख्य न्यायाधीश के कार्यों का निर्वहन करने हेतु उस उच्च न्यायालय का कार्यकारी/कार्यवाहक मुख्य न्यायाधीश (Acting Chief Justice) तब नियुक्त कर सकता है, जब
  - उच्च न्यायालय के मुख्य न्यायाधीश का पद रिक्त हो।
  - उच्च न्यायालय का मुख्य न्यायाधीश अस्थायी रूप से अनुपस्थित हो।
  - किसी कारण से मुख्य न्यायाधीश अपने कार्य के निर्वहन में सक्षम न हो।

अतिरिक्त/अपर और कार्यकारी न्यायाधीश

- अनुच्छेद 224 के अन्तर्गत अपर और कार्यकारी न्यायाधीशों की नियुक्ति की परिस्थितियों का प्रावधान किया गया है। यह निम्न परिस्थितियों में सम्भव होता है
  - किसी उच्च न्यायालय में अस्थायी रूप से कार्य की वृद्धि हो गई हो।
  - बकाया कार्य (Pending Work) अधिक हो गया हो।
  - राष्ट्रपति को यह प्रतीत होता है कि उस न्यायालय के न्यायाधीशों की संख्या को बढ़ा देना चाहिए।

- ऐसी नियुक्तियाँ अधिकतम 2 वर्ष के लिए की जा सकती है। किसी भी स्थिति में 62 वर्ष की आयु के पश्चात् कोई भी व्यक्ति किसी नियुक्ति पर उपस्थित नहीं रह सकता।

अपर एवं तदर्थ न्यायाधीश की नियुक्ति

- अतिरिक्त (अपर) न्यायाधीशों की नियुक्ति केवल उच्च न्यायालय में की जाती है, इनकी नियुक्ति सर्वोच्च न्यायालय में नहीं की जाती है।
- इसी प्रकार तदर्थ (Adhoc) न्यायाधीशों की नियुक्ति केवल उच्चतम न्यायालय में की जाती है, इनकी नियुक्ति उच्च न्यायालय में नहीं की जाती है। (अनुच्छेद 127)

- अनुच्छेद 224 (2) के अन्तर्गत जब किसी उच्च न्यायालय का कोई न्यायाधीश (मुख्य न्यायाधीश से अलग) अनुपस्थिति या अन्य कारणों से अपने कर्त्तव्यों का निर्वहन करने में असमर्थ होता है अथवा मुख्य न्यायमूर्ति के रूप में अस्थायी रूप से कार्य करने हेतु नियुक्त किया जाता है, तो राष्ट्रपति किसी अर्हित व्यक्ति को कुछ समय के लिए अस्थायी न्यायाधीश के रूप में नियुक्त कर सकता है।

सेवानिवृत्त न्यायाधीशों की नियुक्ति

- भारतीय संविधान के अनुच्छेद 224(A) में यह उपबन्धित है कि उच्च न्यायालय के मुख्य न्यायाधीश किसी भी समय उस उच्च न्यायालय अथवा किसी अन्य उच्च न्यायालय के सेवानिवृत्त न्यायाधीश को अस्थायी अवधि हेतु कार्यकारी न्यायाधीश के रूप में कार्य करने हेतु कह सकता है।
- ऐसा राष्ट्रपति की पूर्व संस्तुति तथा सम्बन्धित न्यायाधीश की मंजूरी के बाद ही किया जा सकता है।
- उसे वही वेतन तथा भत्ते दिए जाएँगे, जो राष्ट्रपति द्वारा निर्धारित हैं, परन्तु तकनीकी रूप में उसे उच्च न्यायालय का न्यायाधीश नहीं माना जाएगा।

न्यायाधीशों की स्वतन्त्रता

सर्वोच्च न्यायालय के न्यायाधीशों के समान ही उच्च न्यायालय के न्यायाधीशों को स्वतन्त्र बनाए रखने हेतु संविधान में अनेक प्रावधान किए गए हैं, जो निम्न प्रकार हैं

- सेवानिवृत्ति के पश्चात् वकालत पर प्रतिबन्ध अनुच्छेद 220 के अनुसार, उच्च न्यायालय का स्थायी न्यायाधीश सेवानिवृत्ति के पश्चात् उच्चतम न्यायालय और अन्य उच्च न्यायालयों के अतिरिक्त भारत में किसी भी न्यायालय अथवा किसी भी प्राधिकारी के समक्ष वकालत नहीं कर सकता।
- न्यायाधीशों की नियुक्ति कॉलेजियम व्यवस्था से नियुक्ति के द्वारा कार्यपालिका विवेकाधीन शक्तियों में कमी के कारण राजनैतिक पक्षपात नहीं होता है।
- कार्यकाल की सुरक्षा इन्हें संविधान में उल्लिखित विधि द्वारा ही हटाया जा सकता है। इनकी नियुक्ति राष्ट्रपति द्वारा की जाती है, परन्तु वे कार्य राष्ट्रपति के प्रसादपर्यन्त नहीं करते हैं। वे 62 वर्ष की आयु तक अपने पद पर कार्य करते हैं।
- अवमानना पर दण्ड देने की शक्ति अनुच्छेद 215 के अनुसार, अभिलेख न्यायालय घोषित, साथ ही अपनी अवमानना पर दण्ड भी दे सकते हैं।
- आचरण पर बहस नहीं अनुच्छेद 121 के अन्तर्गत उच्च न्यायालय के किसी न्यायाधीश पर अपने कार्य के निर्वहन सम्बन्ध पर संसद में बहस नहीं की जा सकती। केवल महाभियोग प्रस्ताव के विचाराधीन होने पर ऐसा किया जा सकता है।
- अपने कर्मचारियों की नियुक्ति हेतु स्वतन्त्रता अनुच्छेद 229 के अन्तर्गत उच्च न्यायालय का मुख्य न्यायाधीश अपने अधिकारियों एवं कर्मचारियों की उच्च न्यायालय में बिना कार्यपालिका के हस्तक्षेप के नियुक्ति कर सकता है।
- वेतन की सुरक्षा उच्च न्यायालय के न्यायाधीशों के वेतन एवं भत्ते राज्य की संचित निधि से दिए जाते हैं। अतएव राज्य विधानमण्डल में इस पर कोई मतदान नहीं होता है।

उच्च न्यायालय की शक्तियाँ एवं क्षेत्राधिकार

- संविधान ने उच्च न्यायालय को विभिन्न शक्तियाँ व क्षेत्राधिकार दिए हैं। यह राज्य में अपील करने का सर्वोच्च न्यायालय है।
- यह नागरिकों के मूल अधिकारों की रक्षा करता है, संविधान की व्याख्या करता है तथा राज्य में अपनी भूमिका अधीक्षणकर्ता के रूप में निभाता है।
- उच्च न्यायालयों का गठन स्वतन्त्रता से पूर्व हुआ था। अत: इनके क्षेत्राधिकार यथावत् बने हुए हैं। वहीं संविधान ने अनुच्छेद 225 के अन्तर्गत विद्यमान उच्च न्यायालय क्षेत्राधिकार वही रहने का उपबन्ध कर दिया है, जो स्वतन्त्रता से पहले थे। वर्तमान में उच्च न्यायालयों की निम्न न्यायिक शक्तियाँ हैं

मूल / आरम्भिक अधिकारिता

- प्रत्येक उच्च न्यायालय को इच्छा-पत्र, विवाह, तलाक, कम्पनी कानून, न्यायालय की अवमानना तथा कुछ राजस्व सम्बन्धी प्रकरणों में आरम्भिक क्षेत्राधिकार प्राप्त हैं। इसके अतिरिक्त संसद सदस्यों एवं राज्य विधानमण्डल सदस्यों के निर्वाचन सम्बन्धी विवाद।
- मौलिक अधिकारों के प्रवर्तन।
- संविधान की व्याख्या के सम्बन्ध में अधीनस्थ न्यायालय से स्थानान्तरित मामलों में उच्च न्यायालयों को प्रारम्भिक क्षेत्राधिकार प्राप्त हैं।
- राजस्व सम्बन्धी किसी मामले में।

न्यायादेश (रिट जारी करने) की अधिकारिता

- संविधान के अनुच्छेद 226 के अनुसार, उच्च न्यायालय नागरिकों के मौलिक अधिकारों के हनन से सम्बन्धित मामलों में रिट जारी कर सकता है; जैसे-बन्दी प्रत्यक्षीकरण, परमादेश, उत्प्रेषण, प्रतिषेध, अधिकार-पृच्छा।
- इनसे सम्बन्धित मामले में कोई भी व्यक्ति सीधा उच्च न्यायालय में जाकर मामला दर्ज करा सकता है। यहाँ पर उच्च न्यायालय की अधिकारिता उच्चतम न्यायालय से अधिक है, क्योंकि उच्च न्यायालय मूल अधिकारों के साथ-साथ सामान्य, कानूनी अधिकारों से सम्बन्धित मामलों में भी रिट जारी कर सकता है, जबकि उच्चतम न्यायालय केवल मूल अधिकारों से सम्बन्धित मामलों में ही रिट जारी कर सकता है।

> **चन्द्र कुमार मामले (1997)**
>
> इस मामले में उच्चतम न्यायालय ने निर्णय दिया कि रिट का क्षेत्राधिकार उच्चतम न्यायालय या उच्च न्यायालय के लिए संविधान के मूल ढाँचे की भाँति है। इनमें परिवर्तन नहीं किया जा सकता।

उच्च न्यायालय की रिट अधिकारिता की सर्वोच्च न्यायालय से तुलना

- सर्वोच्च न्यायालय (अनुच्छेद 32) और उच्च न्यायालय (अनुच्छेद 226) जो रिटें जारी करते हैं, वे एक ही प्रकृति की होती हैं।
- सर्वोच्च न्यायालय की रिटें सम्पूर्ण भारत में मान्य हैं, जबकि उच्च न्यायालय की रिटें राज्यक्षेत्रीय सीमाओं तक ही मान्य हैं।
- उच्चतम न्यायालय की रिट अधिकारिता स्वयं एक मूल अधिकार है, जबकि उच्च न्यायालय की अधिकारिता संवैधानिक अधिकार है।
- अनुच्छेद 226 के अन्तर्गत उच्च न्यायालय मूल अधिकारों और किसी अन्य प्रयोजन के लिए रिट जारी कर सकता है। इस अर्थ में उच्च न्यायालय की रिट अधिकारिता सर्वोच्च न्यायालय से अधिक विस्तृत है।
- सर्वोच्च न्यायालय केवल मूल अधिकारों के हनन की स्थिति में प्रवृत्त करा सकता है, जबकि उच्च न्यायालय इसके साथ-साथ किसी भी अन्य विधिक अधिकार को भी प्रवृत्त कराने के लिए रिट जारी कर सकता है।

अपीलीय अधिकारिता

- उच्च न्यायालय मूलत: एक अपीलीय न्यायालय है। यहाँ इसके राज्य क्षेत्र के अन्तर्गत आने वाले अधीनस्थ न्यायालयों के आदेशों के विरुद्ध अपीलों की सुनवाई होती है।
- उच्च न्यायालय की अपीलीय अधिकारिता दीवानी (सिविल) एवं फौजदारी (दाण्डिक) दोनों मामलों में है।
- उच्च न्यायालय में दीवानी मामलों में से उन सभी मामलों की अपील हो सकती है, जो ₹ 5 लाख या उससे अधिक सम्पत्ति से सम्बद्ध हों।
- यह पेटेण्ट और डिजाइन, उत्तराधिकार, भूमि-प्राप्ति, दिवालियापन और संरक्षकता आदि मामलों में भी अपील सुनता है।
- फौजदारी मामलों में यदि सत्र न्यायाधीश ने मृत्युदण्ड दिया हो, तो उच्च न्यायालय में उसके विरुद्ध अपील हो सकती है।

अधीक्षण सम्बन्धी अधिकारिता

- अनुच्छेद 227 के अन्तर्गत उच्च न्यायालय को यह अधिकार है कि वह अपने न्यायिक क्षेत्र के सभी अधीनस्थ न्यायालयों (सैन्य न्यायालय के अतिरिक्त) का पर्यवेक्षण कर सकता है।
- पर्यवेक्षण के सम्बन्ध में उच्च न्यायालय की शक्ति अत्यधिक व्यापक है। इसके अतिरिक्त निम्न कार्यों पर भी उच्च न्यायालय दृष्टि रखता है
  - मामलों को अपने पास मँगवा सकता है।
  - अनुच्छेद 228 के अन्तर्गत विधि के सारवान प्रश्न (Substantial Question of Law) के अन्तर्निहित होने की दशा में मामले अधीनस्थ न्यायालयों से अपने सम्मुख मँगवा सकता है।
  - वकीलों, लिपिकों तथा कानूनी कार्य करने वालों का शुल्क निर्धारित कर सकता है।
  - न्यायालय की कार्य प्रणाली और कार्रवाइयों के नियमन हेतु साधारण नियम एवं प्रारूप निर्धारित कर सकता है।

अभिलेखीय अधिकारिता

- अनुच्छेद 215 उच्च न्यायालय को अभिलेखीय न्यायालय का दर्जा देता है, जिसके कारण इनकी कार्यवाही व निर्णय एक साक्ष्य के रूप में रहते हैं तथा न्यायालयों में इनकी कार्यवाही व निर्णय पर कोई प्रश्न नहीं उठाया जाता और इन्हें एक कानून की भाँति माना जाता है।
- उच्च न्यायालय को अपनी अवमानना पर दण्ड देने का अधिकार है।
- यह अवमानना दीवानी या फौजदारी दोनों ही हो सकती है। सामान्य मामले में निर्णय, निर्देश तथा किसी भी प्रकार की न्यायालय की कार्यवाही की अवहेलना और आपराधिक मामलों में न्यायालय की कार्यवाही में बाधा पहुँचाना, न्यायिक प्रशासन के किसी अन्य मामले में हस्तक्षेप करना तथा न्यायालय की गरिमा को ठेस पहुँचाना आदि शामिल हैं।
- अभिलेखीय न्यायालय के रूप में एक उच्च न्यायालय किसी मामले के सम्बन्ध में दिए गए अपने स्वयं के आदेश अथवा निर्णय की समीक्षा और उसमें सुधार की शक्ति भी उसे प्राप्त है।

अधीनस्थ न्यायालयों पर नियन्त्रण की अधिकारिता

- उच्च न्यायालय राज्य में न्याय के लिए सर्वोच्च संस्था होती है। यह राज्य के अन्य न्यायालयों के शीर्ष पर होता है।
- अनुच्छेद 235 के अन्तर्गत उच्च न्यायालय निम्न मामलों में अधीनस्थ न्यायालयों पर अपना नियन्त्रण रखता है, जो इस प्रकार हैं
  - यह अधीनस्थ न्यायालय से किसी भी मामले को अपने पास मँगवा सकता है और उस पर अपना निर्णय देकर सम्बन्धित न्यायालय को वापस भेज सकता है या मामले को समाप्त कर सकता है तथा अधीनस्थ न्यायालय इस निर्णय के अनुसार आगे की कार्यवाही कर सकता है और यह अधीनस्थ न्यायालयों के न्यायाधीशों को पद से हटाने को छोड़कर अन्य दण्ड दे सकता है। उच्च न्यायालय द्वारा बनाए गए नियम-कानून राज्य के सभी अधीनस्थ न्यायालयों पर बाध्यकारी होते हैं।
  - जिला न्यायाधीश या अपर न्यायाधीशों की नियुक्ति राज्यपाल उच्च न्यायालय से परामर्श करने के बाद करता है तथा नियुक्ति के पश्चात् पदस्थापना, पदोन्नति उच्च न्यायालय से परामर्श करने के पश्चात् राज्यपाल द्वारा की जाती है।
  - अनुच्छेद 229 के अन्तर्गत उच्च न्यायालयों के अधिकारियों और सेवकों की नियुक्ति के सन्दर्भ में सम्बन्धित उच्च न्यायालय के मुख्य न्यायमूर्ति द्वारा अथवा उसके द्वारा निर्दिष्ट किसी व्यक्ति द्वारा किए जाने का प्रावधान है।

न्यायिक समीक्षा की अधिकारिता

- अनुच्छेद 13, 32, 226 के अन्तर्गत यह शक्ति न्यायालय को प्राप्त है। उच्चतम न्यायालय की तरह ही राज्यों के उच्च न्यायालयों को भी कानून से सम्बन्धित मामलों में न्यायिक समीक्षा करने का अधिकार है।
- यह संसद व राज्य विधानसभा द्वारा बनाए गए किसी ऐसे कानून को, जो मूलभूत अधिकारों का हनन करते हों, असंवैधानिक घोषित कर सकता है तथा इनके निर्णयों की अपील उच्चतम न्यायालय में की जा सकती है।

दिल्ली उच्च न्यायालय वाणिज्यिक अदालतों की स्थापना करने वाला पहला न्यायालय

- दिल्ली उच्च न्यायालय ने 25 मार्च, 2015 को मामलों के शीघ्र निपटारे के लिए वाणिज्यिक अदालतों की स्थापना करने का निर्णय किया। ऐसा करने वाला यह देश का पहला न्यायालय बन गया है।
- दिल्ली उच्च न्यायालय के मुख्य न्यायाधीश ने वाणिज्यिक मामलों पर कार्य करने के लिए चार पीठ का निर्माण किया। इन चार पीठों में से दो पीठ उन वाणिज्यिक विवादों की सुनवाई करेंगी, जिनका सम्बन्ध बौद्धिक सम्पदा अधिकारों, मध्यस्थता बीमा, बैंकिंग, कराधान, कम्पनी आदि मामलों से हो, जबकि अन्य दो पीठ अन्य वाणिज्यिक विवादों के मामलों के विरुद्ध अपील की सुनवाई करेंगी।

उच्च न्यायालयों के अधिकार क्षेत्र और स्थान

नाम	वर्ष	प्रादेशिक-कार्यक्षेत्र	स्थान
बम्बई	1862	महाराष्ट्र, गोवा, दादरा एवं नगर हवेली तथा दमन एवं दीव	मुम्बई (पीठ-नागपुर, पणजी और औरंगाबाद)
कलकत्ता	1862	पश्चिम बंगाल और अण्डमान-निकोबार द्वीपसमूह	कोलकाता (पीठ-जलपाईगुड़ी पोर्ट ब्लेयर)
मद्रास	1862	तमिलनाडु और पुदुचेरी	चेन्नई (पीठ-मदुरै)
इलाहाबाद	1866	उत्तर प्रदेश	प्रयागराज (लखनऊ में न्यायपीठ)
कर्नाटक	1884	कर्नाटक	बंगलुरु, (डुब्ली-धारवाड़ और कलबुर्गी में सर्किट बैंच)
पटना	1916	बिहार	पटना
जम्मू-कश्मीर एवं लद्दाख	1928	जम्मू-कश्मीर, लद्दाख	श्रीनगर/जम्मू
मध्य प्रदेश	1936	मध्य प्रदेश	जबलपुर (पीठ-ग्वालियर और इन्दौर)
गौहाटी	1948	असम, अरुणाचल प्रदेश, मिजोरम, नागालैण्ड	गुवाहाटी (पीठ-ईटानगर, आइजॉल और कोहिमा)
उड़ीसा	1948	ओडिशा	कटक
राजस्थान	1949	राजस्थान	जोधपुर (पीठ-जयपुर)
केरल	1956	केरल, लक्षद्वीप	कोच्चि
गुजरात	1960	गुजरात	अहमदाबाद
दिल्ली	1966	दिल्ली	दिल्ली
पंजाब और हरियाणा	1966	पंजाब, हरियाणा और चण्डीगढ़	चण्डीगढ़
हिमाचल प्रदेश	1971	हिमाचल प्रदेश	शिमला
सिक्किम	1975	सिक्किम	गंगटोक
झारखण्ड	2000	झारखण्ड	राँची
छत्तीसगढ़	2000	छत्तीसगढ़	बिलासपुर
उत्तराखण्ड	2000	उत्तराखण्ड	नैनीताल
मणिपुर	2013	मणिपुर	इम्फाल
मेघालय	2013	मेघालय	शिलांग
त्रिपुरा	2013	त्रिपुरा	अगरतला
आन्ध्र प्रदेश	2019	आन्ध्र प्रदेश	अमरावती
तेलंगाना	2019	तेलंगाना	हैदराबाद

उच्च न्यायालय से सम्बन्धित प्रमुख अनुच्छेदः एक दृष्टि में

अनुच्छेद	प्रावधान
अनुच्छेद 214	राज्यों के लिए उच्च न्यायालय
अनुच्छेद 215	उच्च न्यायालय का अभिलेख न्यायालय होना
अनुच्छेद 216	उच्च न्यायालयों का गठन
अनुच्छेद 217	उच्च न्यायालय के न्यायाधीश की नियुक्ति और इसके पद की शर्तें
अनुच्छेद 218	उच्चतम न्यायालय से सम्बन्धित कुछ उपबन्धों का उच्च न्यायालयों में लागू होना।
अनुच्छेद 219	उच्च न्यायालयों के न्यायाधीशों द्वारा शपथ या प्रतिज्ञान।
अनुच्छेद 220	स्थायी न्यायाधीश रहने के पश्चात् विधि-व्यवसाय पर निर्बन्धन।
अनुच्छेद 221	न्यायाधीशों के वेतन आदि।
अनुच्छेद 222	किसी न्यायाधीश का उच्च न्यायालय से दूसरे उच्च न्यायालय में अन्तरण/स्थानान्तरण।
अनुच्छेद 223	कार्यकारी मुख्य न्यायाधीश की नियुक्ति।
अनुच्छेद 224	अपर/अतिरिक्त और कार्यकारी न्यायाधीशों की नियुक्ति।
अनुच्छेद 224(A)	उच्च न्यायालयों की बैठकों में सेवानिवृत्त न्यायाधीशों की नियुक्ति।
अनुच्छेद 225	विद्यमान उच्च न्यायालयों की अधिकारिता।
अनुच्छेद 226	कुछ रिट निकालने की उच्च न्यायालय की अधिकारिता
अनुच्छेद 227	उच्च न्यायालय की सभी न्यायालयों पर अधीक्षण की शक्ति।
अनुच्छेद 228	उच्च न्यायालयों में कुछ मामलों का अन्तरण।
अनुच्छेद 229	उच्च न्यायालयों के अधिकारी और सेवक तथा व्यय।
अनुच्छेद 230	उच्च न्यायालयों की अधिकारिता का संघ राज्यक्षेत्रों पर विस्तार।
अनुच्छेद 231	दो या दो से अधिक राज्यों के लिए एक ही उच्च न्यायालय की स्थापना।

अधीनस्थ न्यायालय

- भारतीय संविधान के भाग-VI में अनुच्छेद 233 से 237 तक अधीनस्थ न्यायालयों से सम्बन्धित उपबन्ध हैं, जो उच्च न्यायालय के अधीन होते हैं, जिनका गठन **राज्य अधिनियम कानून** के द्वारा होता है।
- **सिविल प्रक्रिया संहिता**, 1908 तथा **आपराधिक प्रक्रिया संहिता**, 1973 से भी इन न्यायालयों की अधिकारिताएँ, शक्तियाँ तथा कार्य निर्धारित होते हैं।
- भारत के विभिन्न राज्यों में यद्यपि अधीनस्थ न्यायालयों के अलग-अलग नाम एवं स्तर हैं, किन्तु इनका गठन एवं कार्य प्रणाली सम्पूर्ण देश में लगभग एक समान है।
- अधीनस्थ न्यायालय जिला स्तर पर होता है, अतएव इसे जिला न्यायालय भी कहा जाता है, जो जिले का सबसे बड़ा न्यायालय होता है। जिला न्यायालय तथा उसके अधीनस्थ सभी न्यायालय उच्च न्यायालय की देख-रेख और उसके नियन्त्रण में कार्य करते हैं।
- जिले में इन अधीनस्थ न्यायालयों को जिला न्यायालय एवं इनके प्रमुख को जिला न्यायाधीश कहते हैं।
- जिला न्यायाधीश जिले का सर्वोच्च न्यायिक अधिकारी होता है।

जिला एवं सत्र न्यायाधीश न्यायालय

सिविल (दीवानी पक्ष)	आपराधिक पक्ष
वरिष्ठ सिविल न्यायाधीश का न्यायालय	मुख्य न्यायिक दण्डाधिकारी का न्यायालय
प्रथम श्रेणी सिविल न्यायाधीश का न्यायालय	प्रथम श्रेणी सिविल न्यायाधीश का न्यायालय
मुन्सिफ अथवा कनिष्ठ सिविल जज का न्यायालय	द्वितीय श्रेणी दण्डाधिकारी का न्यायालय

जिला एवं सत्र न्यायाधीश की नियुक्ति

- संविधान के अनुच्छेद 233 के अन्तर्गत जिला न्यायाधीशों की नियुक्ति का प्रावधान किया गया है, जिसके अनुसार किसी राज्य में जिला न्यायाधीश नियुक्त होने वाले व्यक्तियों की नियुक्ति, पदस्थापना और प्रोन्नति उस राज्य का राज्यपाल उच्च न्यायालय से परामर्श करके करेगा।
- यह सिविल तथा आपराधिक दोनों मामलों में निर्णय देने हेतु अधिकृत है। जब यह सिविल मामले देखता है, तब इसे **जिला न्यायाधीश** (District Judge) तथा जब आपराधिक मामले देखता है, तब इसे **सत्र न्यायाधीश** (Session Judge) कहते हैं।
- जिला न्यायाधीश की नियुक्ति के लिए निम्न अर्हताओं का होना आवश्यक है
  - वह कम-से-कम 7 वर्ष तक किसी न्यायालय में अधिवक्ता रहा हो।
  - केन्द्र या राज्य के अधीन सरकारी सेवा में न हो।
  - उच्च न्यायालय ने उसकी नियुक्ति की सिफारिश की हो।
  - अन्य न्यायाधीशों की नियुक्ति के सम्बन्ध में राज्यपाल, राज्य लोक सेवा आयोग और राज्य के उच्च न्यायालय के परामर्श के पश्चात् जिला न्यायाधीश को छोड़कर किसी भी व्यक्ति को न्यायिक सेवा में नियुक्त कर सकता है।

जिला न्यायाधीश के अन्तर्गत न्यायाधीश (अनुच्छेद 236)

- सिविल न्यायालय का न्यायाधीश
- मुख्य प्रेसीडेन्सी मजिस्ट्रेट
- अपर सेशन न्यायाधीश
- सेशन न्यायाधीश
- सहायक जिला न्यायाधीश
- अपर मुख्य प्रेसीडेन्सी मजिस्ट्रेट
- अपर जिला न्यायाधीश
- सहायक सेशन न्यायाधीश
- लघु वाद (Small Causes) न्यायालय का मुख्य न्यायाधीश

न्यायालयों का संगठन एवं अधिकारिता

राज्य कानून अधिनियम द्वारा अधीनस्थ न्यायालयों की अधिकारिता एवं शर्तों का निर्धारण किया जाता है, जो निम्न स्तरों तक होते हैं

- जिले में जिला न्यायाधीश **सर्वोच्च न्यायिक अधिकारी** होता है, जिसे दीवानी और फौजदारी में आरम्भिक अपीली अधिकारिता प्राप्त होती है।
- जिला न्यायाधीश जब दीवानी मामलों की सुनवाई करता है, तो उसे जिला न्यायाधीश तथा जब फौजदारी मामलों की सुनवाई करता है, तो उसे **सत्र न्यायाधीश** (Session Judge) कहते हैं।
- जिला न्यायाधीश को **न्यायिक** और **प्रशासनिक** दोनों शक्तियाँ प्राप्त होती हैं। यह अपने अधीनस्थ न्यायालयों का निरीक्षण भी करता है तथा इसे किसी भी दोषी को उम्र कैद व मृत्युदण्ड देने की अधिकारिता प्राप्त होती है, परन्तु मृत्युदण्ड के मामलों में उच्च न्यायालय का अनुमोदन आवश्यक है और इसके निर्णय की अपील उच्च न्यायालय में की जा सकती है।
- जिला न्यायालय के बाद **दीवानी मामलों के न्यायालय** होते हैं, जिन्हें इस मामले में अधिक शक्तियाँ प्राप्त होती हैं तथा इनके बाद मुन्सिफ न्यायालय, जिन्हें सीमित शक्तियाँ प्राप्त होती हैं।
- वहीं दूसरी ओर फौजदारी मामलों से सम्बन्धित मुख्य दण्डाधिकारी का न्यायालय होता है, जो अपराधी को सात वर्ष तक के कारावास की सजा दे सकता है और न्यायिक दण्डाधिकारी का न्यायालय केवल तीन वर्ष तक के कारावास की सजा दे सकता है।

राजस्व सम्बन्धी न्यायालय

- भू-राजस्व सरकार की आय का एक प्रमुख स्रोत है। इस प्रकार के न्यायालयों के शीर्ष पर राजस्व बोर्ड होता है। राजस्व बोर्ड के अधीन आयुक्त न्यायालय, कलेक्टर का न्यायालय उसके अधीन तहसीलदार तथा नायब तहसीलदार का न्यायालय है।
- भू-राजस्व के सम्बन्ध में सबसे ऊपरी स्तर पर **राजस्व मण्डल** (Board of Revenue) तथा सबसे नीचे के स्तर पर तहसीलदार का न्यायालय होता है।
- प्रत्येक जिले में भू-राजस्व सम्बन्धी पृथक् न्यायालय व्यवस्था होती है। प्रत्येक भू-राजस्व सम्बन्धी मामला सबसे पहले तहसीलदार के न्यायालय में पेश किया जाता है। इस न्यायालय के विरुद्ध जिलाधीश के न्यायालय अथवा डिप्टी कमीश्नर के न्यायालय में अपील की जा सकती है।
- डिप्टी कमीश्नर के कोर्ट के निर्णय के विरुद्ध अपील कमीश्नर के न्यायालय में की जा सकती है।
- भू-राजस्व सम्बन्धी न्यायालयों के शीर्ष पर बोर्ड ऑफ रेवेन्यू है, जो अधीनस्थ न्यायालयों के विरुद्ध अपील सुनता है।

"

लोक अदालत, विवादों को सुलझाने का एक वैकल्पिक मंच है, जहाँ विवादों को आपसी सहमति से निपटाया जाता है। लोक अदालतों का गठन भारतीय संविधान की प्रस्तावना में दिए गए सामाजिक, आर्थिक तथा राजनीति न्यायालय की भावना को संरक्षित रखना है। यह न्याय के गाँधीवादी सिद्धान्त पर आधारित है।

अध्याय छब्बीस

लोक अदालत एवं अन्य न्यायालय

राष्ट्रीय विधिक सेवा प्राधिकरण

- राष्ट्रीय विधिक सेवा प्राधिकरण (NALSA) का गठन कानूनी सेवा प्राधिकरण अधिनियम,1987 के अन्तर्गत समाज के कमजोर वर्गों को मुफ्त कानूनी सेवाएँ प्रदान करने और विवादों के सौहार्द्रपूर्ण समाधान के लिए लोक अदालतों का आयोजन करने के लिए किया गया है।
- 1994 के संशोधन अधिनियम द्वारा इसमें कुछ संशोधन किए जाने के पश्चात् 5 दिसम्बर, 1995 को राष्ट्रीय विधिक सेवा प्राधिकरण का गठन किया गया। यह अधिनियम 9 दिसम्बर, 1995 को लागू किया गया।
- भारतीय संविधान का अनुच्छेद-39 (A) समाज के कमजोर वर्गों के लिए नि:शुल्क कानूनी सहायता का प्रावधान करता है और सबके लिए न्याय सुनिश्चित करता है।
- अनुच्छेद-14 और 22 (1) भी राज्य के लिए कानून और एक कानूनी प्रणाली के समक्ष समानता सुनिश्चित करने के लिए अनिवार्य बनाते हैं, जो सभी के लिए कानूनी सेवा प्राधिकरण एक आवेदक की पात्रता मानदण्ड और उसके पक्ष में एक प्रथम दृष्टया मामले की मौजूदगी की जाँच करने के बाद उसे राज्य के खर्च पर वकील प्रदान करते हैं।
- नालसा (NALSA) की नीतियों एवं निर्देशों को लागू करने और लोगों को कानूनी सेवाएँ देने तथा राज्य में लोक अदालतों का संचालन करने के लिए प्रत्येक राज्य में एक राज्य कानूनी सेवा प्राधिकरण का गठन किया जाता है।
- राज्य विधिक सेवा प्राधिकरण के प्रमुख राज्य के उच्च न्यायालय के मुख्य न्यायाधीश होते हैं, जो इसके संरक्षक इन-चीफ होते हैं। उच्च न्यायालय के एक सेवारत् या सेवानिवृत्त न्यायाधीश को इसके कार्यकारी अध्यक्ष के रूप में नामित किया जाता है।
- जिले में कानूनी सहायता कार्यक्रमों और योजनाओं को लागू करने के लिए जिला विधिक सेवा प्राधिकरण का गठन प्रत्येक जिले में किया जाता है। जिले के जिला न्यायाधीश इसके पदेन अध्यक्ष होते हैं।
- तालुको में कानूनी सेवाओं की गतिविधियों का समन्वय करने और लोक अदालतों का आयोजन करने के लिए प्रत्येक तालुक या मण्डल के समूह के लिए तालुका कानूनी सेवा समितियाँ भी गठित की जाती हैं।
- प्रत्येक तालुका विधिक सेवा समिति का नेतृत्व एक वरिष्ठ सिविल न्यायाधीश करता है, जो समिति के अधिकार क्षेत्र में कार्य करता है, वह उसका पदेन अध्यक्ष होता है।
- मुफ्त कानूनी सहायता हेतु अर्ह/लाभार्थी व्यक्तियों में निम्न व्यक्ति शामिल होते हैं
  - महिलाएँ एवं बच्चे
  - दिव्यांग व्यक्ति
  - हिरासत में रखे गए व्यक्ति
  - औद्योगिक मजदूर
  - मानव तस्करी के शिकार व्यक्ति तथा भिखारी।
  - अनुसूचित जाति/जनजाति के सदस्य
- सामूहिक विपदा, हिंसा, बाढ़, सूखा, भूकम्प, औद्योगिक आपदा आदि के शिकार व्यक्ति।
- वे व्यक्ति, जिनकी वार्षिक आय ₹ 1,00,000 है, भारत के सर्वोच्च न्यायालय के समक्ष तथा जिनकी आय ₹ 5,00,000 प्रतिवर्ष है, वे उच्च न्यायालय के समक्ष कानूनी सहायता प्राप्त कर सकते हैं।

लोक अदालत

- लोक अदालत एक ऐसा मंच है, जहाँ वे मामले, जो न्यायालय में लम्बित हैं या अभी मुकदमे के रूप में न्यायालय के समक्ष नहीं लाए गए हैं, सौहार्द्रपूर्वक तरीके से निपटाए जाते हैं।
- यह व्यवस्था गाँधीवादी दर्शन पर आधारित है। यह वैकल्पिक विवाद समाधान (Alternative Dispute Resolution) का एक अंग है।
- लोक अदालत का आयोजन दिल्ली में 6 अक्टूबर, 1985 को सर्वोच्च न्यायालय में तत्कालीन मुख्य न्यायमूर्ति पी एन भगवती की अध्यक्षता में हुआ था। उस दिन लगभग 116 मामलों का निपटारा किया गया था।
- गुजरात में वर्ष 1982 में लोक अदालतों की स्थापना न्याय तक सामान्य व्यक्ति की पहुँच हेतु पहली बार की गई।
- लोक अदालतों को वैधानिक दर्जा प्रदान करने हेतु विधिक सेवाएँ प्राधिकरण अधिनियम, 1987 (Legal Services Authority) पारित किया गया।
- लोक अदालतों के आयोजन में तीन लोगों ने महत्त्वपूर्ण भूमिका निभाई है। उच्चतम न्यायालय के कुछ न्यायाधीश, गैर-सरकारी संगठन तथा

कुछ कानून का अध्ययन करने वाले युवा छात्र। इन्हीं के प्रयास से शीघ्र तथा कम खर्चे की न्याय प्रणाली में लोक अदालतों का आयोजन होना शुरू हुआ है।

नोट *तालुका विधिक सेवा समिति जिला प्राधिकारी और उच्च न्यायालय तथा विधिक सेवा समिति लोक अदालतों का आयोजन कर सकती है, जबकि पंचायत समिति लोक अदालतों का आयोजन नहीं कर सकती है।*

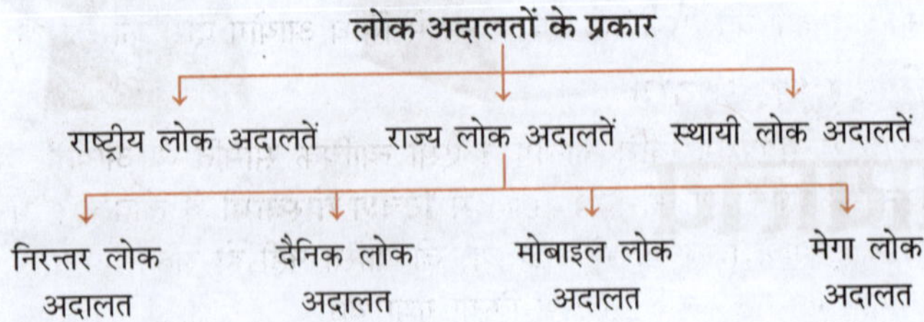

राष्ट्रीय लोक अदालतें

- राष्ट्रीय स्तर की लोक अदालतें नियमित अन्तराल पर आयोजित।
- वर्ष 2015 से प्रत्येक माह एक विशिष्ट विषय पर राष्ट्रीय लोक अदालत का आयोजन।

राज्य लोक अदालतें (नियमित लोक अदालतें)

इन्हें निम्नलिखित प्रकारों में वर्गीकृत किया जा सकता है

- **निरन्तर लोक अदालत** अनसुलझे मामलों को अगली तारीख के लिए स्थगित करके निपटान की सुविधा के लिए निर्धारित दिनों तक लगातार बैठती है।
- **दैनिक लोक अदालत** इस प्रकार की लोक अदालत दैनिक आधार पर आयोजित की जाती है।
- **मोबाइल लोक अदालत** छोटे मामलों को सुलझाने के लिए मल्टी-यूटिलिटी वैन में स्थापित
- **मेगा लोक अदालतः** राज्य में एक ही दिन राज्य की सभी अदालतों में आयोजित

स्थायी लोक अदालतें

- स्थायी लोक अदालतों का प्रावधान वर्ष 2012 में विधिक सेवा प्राधिकरण अधिनियम, 1987 से संशोधित करके सार्वजनिक उपयोगी सेवाओं से जुड़े मामलों के लिए किया गया।
- स्थायी लोक अदालत में एक अध्यक्ष या सभापति होगा, जो जिला न्यायाधीश या अतिरिक्त जिला न्यायाधीश रहा हो अथवा जो जिला न्यायाधीश से भी ऊँचे पद पर रहा हो। इसके अतिरिक्त दो अन्य व्यक्ति होंगे, जिन्हें सार्वजनिक सेवा का पर्याप्त अनुभव हो।
- स्थायी लोक अदालतों का वित्तीय क्षेत्राधिकार पहले ₹ दस लाख था जिसे वर्ष 2015 में केन्द्र सरकार ने बढ़ाकर ₹ एक करोड़ कर दिया है।
- स्थायी लोक अदालत का उन मामलों में कोई क्षेत्राधिकार नहीं होगा, जो ऐसे अपराधों से जुड़े हैं, जो कानून के अन्तर्गत समाधेय नहीं हैं।
- स्थायी लोक अदालत को आवेदन प्रस्तुत करने के बाद उस आवेदन का कोई भी पक्ष उसी वाद में किसी न्यायालय में समाधान हेतु नहीं जाएगा।
- स्थायी लोक अदालत द्वारा दिया गया प्रत्येक न्याय निर्णय अन्तिम होगा और वादियों एवं समस्त पक्षों पर बाध्यकारी होगा।

स्थायी लोक अदालतों के अन्तर्गत सम्मिलित सेवाएँ

- यात्री या वस्तु परिवहन (जल, थल, वायु) सेवाएँ
- डाक, टेलीग्राफ या टेलीफोन सेवाएँ
- बीमा सेवाएँ
- किसी संस्थान द्वारा जनता को बिजली, प्रकाश अथवा जलापूर्ति, स्वच्छता, अस्पतालों में सेवाएँ आदि।

ई-लोक अदालत

- वैश्विक महामारी कोविड-19 के संक्रमण के कारण लम्बे समय तक लोक अदालतों का आयोजन नहीं हो पाया।
- इस समस्या के समाधान हेतु भारत सरकार द्वारा 11 जुलाई, 2020 को **प्रथम राज्य स्तरीय** ई-लोक अदालत का आयोजन बिलासपुर (छत्तीसगढ़) में किया गया।
- उल्लेखनीय है कि नीति आयोग द्वारा 6 जून, 2020 को आगामी और **ओमिदयार नेटवर्क** इण्डिया के सहयोग से पहली बार वर्चुअल बैठक के माध्यम से भारत में ऑनलाइन विवाद समाधान को आगे बढ़ाने के लिए प्रमुख हितधारकों को एकसाथ लाया गया था।
- इस बैठक का सामान्य विषय भारत में ऑनलाइन विवाद समाधान को आगे बढ़ाने के प्रयास सुनिश्चित करने के लिए सहयोगपूर्ण रूप से कार्य करने की दिशा में बहु-हितधारक सहमति को बनाए रखना था।
- इसके उपरान्त भारत में ऑनलाइन विवाद समाधान प्रणाली पर कार्य किया गया।
- न्यायिक सेवा प्राधिकार अधिनियम, 1987 इसके अनुसार, समय-समय पर केन्द्र सरकार, राज्य सरकार या जिला प्रशासन लोक अदालतों का आयोजन कर सकती है।
- इस अधिनियम में वर्ष 2002 में संशोधन कर **स्थायी लोक अदालतों** के गठन का प्रावधान किया गया है।
- लोक अदालत की अध्यक्षता एक न्यायाधीश (वर्तमान या सेवानिवृत्त) करता है तथा इसके दो अन्य सदस्य होते हैं, जिनमें से एक वकील और दूसरा कोई सामाजिक कार्यकर्ता होता है।
- यह प्रक्रिया निःशुल्क होती है। यदि न्यायालय में लम्बित मुकदमे में कोर्ट में फीस जमा की गई हो, तो वह भी लोक अदालत के मामले के निपटान के समय वापस प्राप्त हो जाती है।
- इनके निर्णय दीवानी अदालत के निर्णय माने जाते हैं, जिनके निर्णय सभी को मानने होते हैं और इनके निर्णयों के विरुद्ध अपील नहीं की जा सकती।

लोक अदालत निम्नलिखित मामलों में आयोजित की जा सकती है

- वैवाहिक मामले
- श्रमिक विवाद
- पेंशन मामले
- टेलीफोन बिल के विवाद
- शर्मनाक आपराधिक मामले
- भूमि अधिग्रहण मामले
- बिजली के मामले
- दीवानी मामले
- मोबाइल कम्पनियों के विवाद
- उपभोक्ता मामले
- वाहन दुर्घटना मुआवजा मामले
- बैंक रिकवरी के मामले
- कर्मचारी क्षतिपूर्ति के मामले
- गृहकर मामले

अन्य न्यायालय

अन्य प्रमुख न्यायालयों में ग्राम न्यायालय, परिवार न्यायालय, फास्ट ट्रैक कोर्ट, मोबाइल अदालत, आभासी न्यायालय, विशेष उद्देश्य न्यायालय आदि शामिल हैं।

ग्राम न्यायालय

- न्याय को विकेन्द्रीकृत करने के उद्देश्य से, जिससे गाँव तक न्याय व्यवस्था आसानी से पहुँच सके, केन्द्र सरकार ने ग्राम न्यायालय अधिनियम, 2008 को अनुमति प्रदान करके न्याय के विकेन्द्रीकरण की ओर सकारात्मक प्रयास किया है। 2 अक्टूबर, 2009 से कुछ राज्यों में ग्राम न्यायालय स्थापित किए गए थे।
- राज्य सरकारें सम्बन्धित उच्च न्यायालय से परामर्श के पश्चात् अपने यहाँ ग्राम न्यायालय का गठन कर सकती हैं। इस योजना का प्रमुख उद्देश्य ग्रामीण क्षेत्रों के छोटे विवादों को ग्राम-स्तर पर ही सुलझाना है।
- इस अधिनियम में स्थानीय सामाजिक सक्रियतावादियों को मध्यस्थ/सुलहकर्ता के रूप में स्वीकार किया गया है।
- राज्य सरकारें/उच्च न्यायालयों द्वारा उपलब्ध कराई गई सूचना के अनुसार (वर्ष 2024 के अनुसार) अब तक 15 राज्यों द्वारा 481 ग्राम न्यायालयों को अधिसूचित किया गया है।

क्र.सं.	राज्य/केन्द्रशासित प्रदेश	ग्राम न्यायालय (नामित)	ग्राम न्यायालय (कार्यकारी)
1.	मध्य प्रदेश	89	89
2.	राजस्थान	45	45
3.	केरल	30	30
4.	महाराष्ट्र	39	26
5.	ओडिशा	24	21
6.	उत्तर प्रदेश	113	93
7.	कर्नाटक	2	2
8.	हरियाणा	3	2
9.	पंजाब	9	2
10.	झारखण्ड	6	1
11.	गोवा	2	2
12.	आन्ध्र प्रदेश	42	0
13.	तेलंगाना	55	0
14.	जम्मू-कश्मीर	20	0
15.	लद्दाख	2	0
	कुल	481	313

- ग्राम न्यायालय प्रथम श्रेणी के दण्डाधिकारी की अदालत होती है तथा इसके न्यायिक अधिकारी की नियुक्ति उच्च न्यायालय की सहमति से राज्य सरकार द्वारा की जाती है।
- ग्राम न्यायालय एक चलित न्यायालय (Mobile Court) होगा और यह दीवानी तथा फौजदारी दोनों न्यायालयों की शक्ति का उपयोग करेगा।
- ग्राम न्यायालय पक्षकारों के बीच समझौते का हर सम्भव प्रयास करेगा, ताकि विवाद का समाधान सौहार्द्रपूर्वक तरीके से हो जाए तथा साथ ही यह इस उद्देश्य के लिए मध्यस्थों की भी नियुक्ति करेगा।
- ग्राम न्यायालयों को ऐसे मुकदमों की सुनवाई करने की अधिकारिता होगी, जो दीवानी, आपराधिक, दावों और विवादों से सम्बन्धित हों तथा जिनमें उम्र कैद, मृत्युदण्ड या दो वर्ष से अधिक सजा का प्रावधान न हो। इन न्यायालयों की सिफारिश वर्ष 1986 में विधि आयोग द्वारा की गई थी।

न्यायिक सुधार आयोग

वर्ष 1987 में सर्वप्रथम विधि आयोग ने ऐसी न्यायिक समिति या आयोग के गठन की सिफारिश की। वर्ष 1990 में **दिनेश गोस्वामी** ने लोकसभा में इससे सम्बद्ध एक विधेयक भी रखा था, जो पारित नहीं हो सका। अन्ततः इस आयोग का गठन वर्ष 2007 में किया गया था।

परिवार न्यायालय

- परिवार न्यायालय अधिनियम, 1984 के अन्तर्गत पारिवारिक मामलों तथा विवाह सम्बन्धी विवादों में मध्यस्थ एवं त्वरित समाधान हेतु राज्यों में पारिवारिक न्यायालयों का गठन किया गया।
- राज्य सरकार द्वारा उच्च न्यायालयों की सहमति से परिवार न्यायालय की स्थापना, प्रत्येक शहर में जहाँ जनसंख्या 1 लाख से अधिक थी, की गई।
- परिवार न्यायालय में विवाह सम्बन्धी राहत, विवाह की अमान्यता, न्यायिक विलगाव, वैवाहिक अधिकारों की बहाली, गुजारे भत्ते, नाबालिग बच्चों के संरक्षण इत्यादि के मामले सुने जाते हैं।
- परिवार न्यायालय के निर्णय के विरुद्ध अपील उच्च न्यायालय (उसी राज्य में) में की जा सकती है। यह समझौते वाले चरण में समाज कल्याण एजेन्सियों तथा सलाहकारों के साथ ही चिकित्सकीय एवं कल्याण विशेषज्ञों के सहयोग का भी प्रावधान करता है।

फास्ट ट्रैक कोर्ट

- फास्ट ट्रैक कोर्ट जिला अदालतों के समान ही है। इनका गठन लम्बित मामलों, मुख्य रूप से आपराधिक प्रकृति के लम्बित मामलों के तीव्र निपटान हेतु किया जाता है।
- वर्ष 2000 में 11वें वित्त आयोग ने इनकी स्थापना की सिफारिश की थी। शुरुआत में इनका गठन 5 वर्षों के लिए किया गया था, उसके पश्चात् इस कार्यकाल को बढ़ा दिया गया था।
- इनमें विशेषतः 2 वर्ष अथवा उससे अधिक पुराने ऐसे मुकदमों को निपटाने हेतु चुना जाता था, जो अपराधी जमानत पर हैं।
- इन अदालतों की स्थापना से जेल में बन्द बहुत-से निर्दोष अभियुक्त एवं मामूली अपराधों में दोषी व्यक्तियों के साथ उचित न्याय हो सका है।
- फास्ट ट्रैक कोर्ट्स (FTCs) की स्थापना और इसका कार्य सम्बन्धित उच्च न्यायालयों के परामर्श से राज्य सरकारों के अधिकार क्षेत्र में आता है।
- 14वें वित्त आयोग ने वर्ष 2015-20 के दौरान जघन्य अपराधों के मामलों से निपटने के लिए 1800 FTCS स्थापित करने की सिफारिश की थी, जिनमें महिलाओं, बच्चों, वरिष्ठ नागरिकों, एचआईवी/एड्स आदि से सम्बन्धित दीवानी मामले और 5 वर्ष से अधिक समय से लम्बित सम्पत्ति सम्बन्धी मामले शामिल हैं।

- आयोग ने राज्य सरकारों से इस उद्देश्य के लिए कर अन्तरण (32% से 42%) के माध्यम से उपलब्ध बढ़े हुए राजकोषीय स्थान का उपयोग करने का भी आग्रह किया। सम्पूर्ण देश में (दिसम्बर, 2022) 848 फास्ट ट्रैक कोर्ट्स कार्य कर रही हैं।

फास्ट ट्रैक स्पेशल कोर्ट्स (FTSCs)

- महिलाओं और बालिकाओं की सुरक्षा के लिए सरकार ने आपराधिक कानून (संशोधन) अधिनियम, 2018 पारित करके बलात्कार के अपराधियों के लिए मृत्यु की सजा सहित कठोर सजा का प्रावधान किया।
- अक्टूबर, 2019 से न्याय विभाग यौन अपराधों से सम्बन्धित शीघ्र सुनवाई के लिए सम्पूर्ण देश में 389 अनन्य POCSO न्यायालयों सहित 1023 फास्ट ट्रैक विशेष न्यायालयों (FTSCs) की स्थापना के लिए केन्द्र एक प्रायोजित योजना लागू कर रहा है।
- प्रत्येक अदालत में 1 न्यायिक अधिकारी और 7 कर्मचारी सदस्य होते हैं। पात्र/मात्र 31 राज्यों और केन्द्रशासित प्रदेशों में से 28 राज्य इस योजना में शामिल हो गए हैं, यद्यपि अरुणाचल प्रदेश, पश्चिम बंगाल व अण्डमान और निकोबार द्वीपसमूह शामिल होने वाले हैं।

सांसद/विधायक के लिए विशेष न्यायालय

- केन्द्र सरकार ने उन राज्यों में 12 विशेष न्यायालयों की स्थापना की सुविधा प्रदान की, जिनमें 65 और उससे अधिक लम्बित मामले थे, इनके आपराधिक मामलों के शीघ्र परीक्षण के लिए सांसद/विधायक शामिल थी।
- तदानुसार 12 विशेष न्यायालयों (दिल्ली के एनसीटी में 2 और उत्तर प्रदेश, बिहार, वेस्ट बंगाल, मध्य प्रदेश, महाराष्ट्र, कर्नाटक, आन्ध्र प्रदेश, तेलंगाना, तमिलनाडु और केरल राज्य में 1) का गठन किया गया था।
  - वर्तमान में 9 राज्यों में 10 विशेष न्यायालय कार्यरत् हैं (बिहार और केरल की विशेष अदालतों को शीर्ष अदालत के दिनांक 4 दिसम्बर, 2018 के निर्देश के अनुसार बन्द कर दिया गया था)।
- इन विशेष अदालतों के प्रदर्शन की निगरानी भारत के मानवीय सर्वोच्च न्यायालय द्वारा की जा रही है।

मोबाइल अदालत

मोबाइल कोर्ट (चलित न्यायालय) ऐसी अदालत है, जो स्वयं जनता तक पहुँच कर न्याय प्रदान करें, ताकि जनता को धन तथा समय खर्च किए बिना उचित न्याय मिल सके।

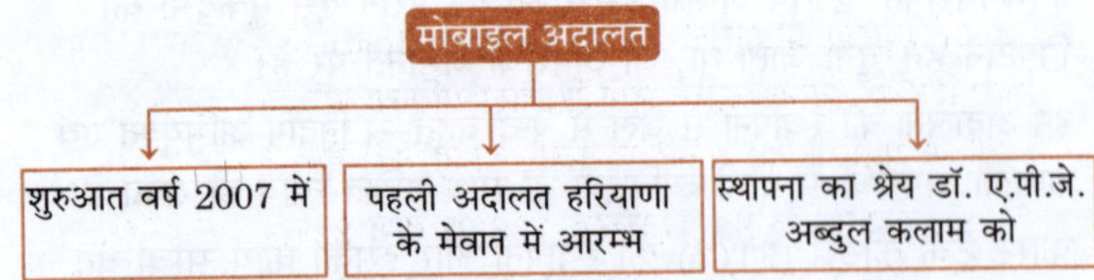

आभासी न्यायालय

- आभासी न्यायालय, एक ऐसी अवधारणा है, जिसका उद्देश्य न्यायालय में वादकारी या अधिवक्ता की उपस्थिति को समाप्त करना तथा आभासी मंच पर मामलों का न्यायनिर्णयन करना है।
- इस अवधारणा का विकास न्यायालय के संसाधनों का कुशलतापूर्वक उपयोग करने और छोटे-छोटे विवादों को निपटाने के लिए वादकारियों को प्रभावी मंच प्रदान करने के लिए किया गया है।
- आभासी न्यायालय एक आभासी इलेक्ट्रॉनिक प्लेटफार्म से एक न्यायाधीश द्वारा प्रशासित हो सकता है, जिसकी अधिकारिता सम्पूर्ण राज्य तक हो सकती है और जो 24 × 7 कार्य कर सकता है।
- प्रभावी न्यायनिर्णयन एवं समाधान के लिए न तो वादकारियों को और न ही न्यायाधीश को शारीरिक रूप से न्यायालय जाना होगा, क्योंकि संसूचना केवल इलेक्ट्रॉनिक माध्यम से होगी तथा सजा और जुर्माना या अनुतोष का भुगतान भी ऑनलाइन होगा।
- इन न्यायालयों का उपयोग उन मामलों के निस्तारण के लिए किया जा सकता है, जिनमें अभियुक्तों द्वारा अपराध का स्वत: स्वीकारोक्ति हो सके या प्रतिवादी द्वारा इलेक्ट्रॉनिक रूप में समन प्राप्त होने पर कारण का सक्रिय अनुपालन किया जा सके। इस प्रकार के मामलों को जुर्माने के भुगतान के बाद निस्तारित माना जा सकता है।
- सर्वप्रथम ऐसे मामलों की पहचान करना अनिवार्य है, जिन्हें वर्तमान में प्रायोगिक परियोजना के अन्तर्गत आभासी न्यायालयों द्वारा प्रभावी रूप से निपटाया जा सके। निम्नलिखित श्रेणियों के मामलों का आभासी अदालतों में विचारण हो सकता है
  - मोटर वाहन अधिनियम (यातायात चालान मामले) के अन्तर्गत ऐसे अपराध शामिल हैं, जहाँ धारा 206 के अधीन समन जारी किया जा सकता है।
  - सर्वोच्च न्यायालय द्वारा वर्ष 2003 में यह निर्धारित किया गया कि यदि किसी गवाह को समय के भीतर अथवा अधिक खर्च के बिना बुलाना सम्भव न हो, तो उसके साक्ष्य का अभिलेखन (Recording) वीडियो कॉन्फ्रेन्सिंग के माध्यम से भी किया जा सकता है। उल्लेखनीय है कि इसके अन्तर्गत न्याय देने की प्रक्रिया को दूरस्थ न्याय (Tele Justice) कहा जाता है।

विशेष उद्देश्य न्यायालय

- किसी विषय विशेष के सम्बन्ध में विचार हेतु गठित अर्द्ध-न्यायिक निकाय विशेष उद्देश्य न्यायालय कहलाते हैं।
- इन न्यायालयों के गठन का उद्देश्य न्याय उपलब्धता को बढ़ाना, न्याय की प्रक्रिया में निजता बनाए रखना तथा सम्बन्धित क्षेत्रों के विशेषज्ञों को इससे जोड़ना है।

विशेष उद्देश्य न्यायालय

उपभोक्ता अदालत | राष्ट्रीय हरित न्यायाधिकरण | बाल व किशोर न्यायालय | सेना न्यायालय /कोर्ट मार्शल

उपभोक्ता अदालत

- उपभोक्ता अदालत उपभोक्ता मामलों के समाधान हेतु विवाद समाधान तन्त्र के रूप में स्थापित की गई है।
- उपभोक्ता अदालत में खर्च कम होता है, क्योंकि अपराधी बिना वकील के ही अपना प्रतिनिधित्व स्वयं कर सकता है तथा उन्हें मामूली शुल्क देना होता है।

- इसके लिए उपभोक्ता संरक्षण अधिनियम, 2019 में राष्ट्रीय, राज्य और जिला स्तरों पर **उपभोक्ता विवाद निवारण आयोगों** (CDRCs) की स्थापना का प्रावधान है।
- उपभोक्ता विवाद निवारण आयोग निम्न प्रकार की शिकायतों का निपटारा करेगा
- अधिक मूल्य वसूलना या अस्पष्ट कीमत वसूलना।
- अनुचित या प्रतिबन्धात्मक व्यापार व्यवहार।
- जीवन के लिए खतरनाक वस्तुओं और सेवाओं की बिक्री।
- दोषपूर्ण वस्तुओं या सेवाओं की बिक्री।
- **उपभोक्ता संरक्षण अधिनियम,** 2019 में उपभोक्ता विवाद निवारण आयोग (CDRCs) ने राष्ट्रीय, राज्य और जिला विवाद निवारण आयोग के अधिकार क्षेत्र को तय कर दिया।

राष्ट्रीय विवाद निवारण आयोग

- यह ₹ 10 करोड़ से अधिक की शिकायतों को सुनेगा, जबकि राज्य विवाद निवारण आयोग उन शिकायतों की सुनवाई करेगा, जोकि ₹ 1 करोड़ से अधिक है, लेकिन ₹ 10 करोड़ से कम है।
- जिला विवाद निवारण आयोग उन शिकायतों को सुनेगा, जिन मामलों में ₹ 1 करोड़ तक की धोखाधड़ी की शिकायत है।

राष्ट्रीय हरित न्यायाधिकरण

- राष्ट्रीय हरित अधिकरण की स्थापना **राष्ट्रीय हरित अधिकरण अधिनियम,** 2010 के अन्तर्गत 18 अक्टूबर, 2010 को की गई थी।
- इसकी स्थापना वन संरक्षण और अन्य प्राकृतिक संसाधनों सहित पर्यावरण से सम्बन्धित किसी भी कानूनी अधिकार के प्रवर्तन एवं क्षतिग्रस्त व्यक्ति अथवा सम्पत्ति के लिए अनुतोष एवं क्षतिपूर्ति प्रदान करने तथा इससे जुड़े हुए मामलों का प्रभावशाली और तीव्रगति से निपटारा करने के लिए की गई है।
- यह एक **विशिष्ट निकाय** है, जोकि पर्यावरणीय विवादों, बहु-अनुशासनिक मामलों सहित सुविज्ञता से संचालित करने के लिए सभी आवश्यक तन्त्रों से सुसज्जित है।
- यह अधिकरण वर्ष 1908 की नागरिक कार्यविधि के द्वारा दी गई कार्यविधि से प्रतिबद्ध नहीं है, लेकिन प्राकृतिक न्याय सिंद्धान्तों से निर्देशित होगा।
- अधिकरण के लिए समर्पित अधिकारिता पर्यावरण के मामलों में द्रुत गति से पर्यावरणीय न्याय देने और उच्च न्यायालयों के मुकदमों के भार को कम करने में सहायता करता है।
- अधिकरण आवेदनों और याचिकाओं को उसके मिसिलबन्दी से 6 माह के अन्दर, उसके निपटारे हेतु प्रयत्न के लिए आदेशाधीन है।
- न्यूजीलैण्ड और ऑस्ट्रेलिया के बाद भारत इसकी स्थापना करने वाला तीसरा देश है। इसमें अध्यक्ष न्यायिक सदस्य तथा विशेषज्ञ सदस्य शामिल होते हैं, जिनकी कालावधि तीन वर्ष अथवा 65 वर्ष (जो पहले हो) की होती है। इसे पूरे देश के किसी भी विषय को स्वत: संज्ञान से उठाने की शक्ति प्राप्त है।
- **वैधानिक निकाय** होने के कारण इसके पास अपीलीय क्षेत्राधिकार हैं, जिनके अन्तर्गत पर्यावरण से जुड़ी समस्याओं पर विचार किया जा सकता है।

बाल व किशोर न्यायालय

- बालकों तथा किशोरों की विशेष मनोवैज्ञानिक आवश्यकताओं तथा स्थितियों के लिए बाल व किशोर न्यायालय का गठन किया गया।
- इसके सही संचालन हेतु उच्च न्यायालय में किशोर न्याय समितियाँ बनाई गई हैं। इन समितियों की अध्यक्षता उच्च न्यायालय के वर्तमान न्यायाधीश द्वारा की जाती है।
- राज्य सरकार द्वारा 3 **सदस्यीय किशोर न्याय बोर्ड** एक जिले या अधिक जिलों के लिए गठित किया जाएगा, जिनमें **एक सदस्य मनोविज्ञान या बाल कल्याण विशेषज्ञ** होगा।
- **दो सदस्य सामाजिक कार्यकर्ता** होंगे (कम-से -कम 7 वर्षों से बच्चों की शिक्षा, चिकित्सा या कल्याण सम्बन्धित कार्यों से जुड़े हो)। साथ ही इन दोनों में से किसी एक का महिला होना अनिवार्य है।
- किशोरों को सामान्यत: दण्ड नहीं दिया जाता है, बल्कि सामुदायिक सेवा का आदेश जारी कर या गम्भीर अपराध करने पर विशेष गृह में रखा जाता है।
- **किशोर न्याय बोर्ड** के निर्णयों के विरुद्ध उच्च न्यायालय में भी अपील की जा सकती है।

बाल व किशोरों से जुड़े किशोर न्याय (बच्चों की देखभाल तथा संरक्षण अधिनियम, 2015) के कुछ उपबन्ध अग्रवर्णित हैं

- इसमें किशोर शब्द को बच्चे शब्द से परिवर्तित किया गया है।
- जघन्य अपराध स्थिति में 16-18 वर्ष की आयु के किशोरों पर वयस्कों की तरह ही मुकदमा तथा सजा।
- गम्भीर अपराध हेतु 3-7 साल की कैद। प्रत्येक जिले में किशोर न्याय बोर्ड, बाल कल्याण तथा संरक्षण केन्द्रों का पंजीकरण अनिवार्य।

सेना न्यायालय/कोर्ट मार्शल

- कोर्ट मार्शल के अन्तर्गत सैनिक अपराधों से जुड़ी कार्रवाई की जाती है। इन न्यायालयों में न्यायाधीश सेना के ही सर्वोच्च आधकारी होते हैं, ताकि बाह्य हस्तक्षेप न हो सके।
- अनुच्छेद-136 (2) तथा 227 के अन्तर्गत थल सेना अधिनियम, 1950, वायु सेना अधिनियम, 1950 तथा नौसेना अधिनियम, 1957 के अन्तर्गत आने वाले अपराधों पर भारतीय न्यायपालिका/सर्वोच्च तथा उच्च न्यायालय में कार्रवाई प्रतिबन्धित है।
- **भारतीय दण्ड संहिता** तथा **दण्ड प्रक्रिया संहिता** के प्रावधान भी सैन्य कर्मियों पर लागू नहीं होते।
- यह अधिकरण प्राकृतिक न्याय (Natural Justice) के सिद्धान्त पर आधारित है, किन्तु अधिकरण सिविल प्रक्रिया संहिता वर्ष 1908 में निर्धारण प्रक्रिया को मानने के लिए बाध्य नहीं है।
- कोर्ट मार्शल के विरुद्ध अनुच्छेद 136(2) तथा 227(4) के अनुसार, अपील अधिकारिता नहीं है (सर्वोच्च न्यायालय तथा उच्च न्यायालय में)।
- इनके विरुद्ध केवल रिट अधिकारिता के अन्तर्गत अनुच्छेद-32 तथा 226 के अन्तर्गत अपील की जा सकती है।
- सशस्त्र सेना अधिकरण की स्थापना सेना न्यायालयों के निर्णयों पर अपील हेतु दिल्ली में की गई है।

❝

अधिकरण के सम्बन्ध में मूल संविधान में कोई प्रावधान नहीं था। इसे 42वें संविधान संशोधन अधिनियम, 1976 द्वारा एक नए भाग XIV (क) के तहत संविधान में जोड़ा गया।

अध्याय सत्ताईस

विभिन्न अधिकरण एवं प्राधिकरण

प्रशासनिक अधिकरण

अनुच्छेद 323 (क) के अनुसार संसद को अधिकार है कि वह संघ व राज्य की लोक सेवाओं, स्थानीय निकायों, सार्वजनिक निगमों तथा अन्य सार्वजनिक प्राधिकरणों में नियुक्त व्यक्तियों की भर्ती व सेवा शर्तों से सम्बन्धित मसलों को सुलझाने हेतु एक प्रशासनिक अधिकरण की स्थापना कर सकती है।

प्रशासनिक अधिकरण अधिनियम, 1985 के प्रावधान

- यह केन्द्र सरकार को एक केन्द्रीय प्रशासनिक अधिकरण और राज्य सरकार को एक राज्य प्रशासनिक अधिकरण के गठन का अधिकार देता है।
- यह अधिनियम किसी पीड़ित लोक सेवक को शीघ्र व कम खर्चीला न्याय प्रदान करने के सम्बन्ध में एक नया अध्याय जोड़ता है।

केन्द्रीय प्रशासनिक अधिकरण (कैट)

- केन्द्रीय प्रशासनिक अधिकरण (कैट) की स्थापना 1 नवम्बर, 1985 को की गई थी।
- कैट (CAT) एक बहुसदस्यीय निकाय है जिसमें एक अध्यक्ष तथा सदस्य होते हैं। पहले इसमें एक उपाध्यक्ष के पद का भी प्रावधान होता था, जिसे प्रशासनिक न्यायाधिकरण (संशोधन) अधिनियम, 2006 द्वारा हटा दिया गया।
- इस अधिनियम, के द्वारा कैट के सदस्यों का स्तर उच्च न्यायालय के न्यायाधीशों के समकक्ष रखा गया।
- कैट में वर्तमान में 1 अध्यक्ष तथा 69 सदस्य हैं, ये न्यायिक एवं प्रशासनिक दोनों क्षेत्रों से लिए जाते हैं और इनकी नियुक्ति राष्ट्रपति द्वारा की जाती है।
- कैट के अध्यक्ष या सदस्य के रूप में नियुक्ति हेतु आयु सीमा 50 वर्ष पूरी होनी चाहिए। इनका कार्यकाल चार वर्ष अथवा 70 वर्ष की आयु तक (अध्यक्ष हेतु) तथा 67 वर्ष (सदस्यों हेतु), जो भी पहले हो, होता है।
- कैट अध्यक्ष और सदस्यों की नियुक्ति केन्द्र सरकार द्वारा भारत के मुख्य न्यायाधीश के द्वारा नामित तथा उच्चतम न्यायालय के न्यायाधीश की अध्यक्षता की खोज-सह-चयन समिति की सिफारिशों के आधार पर की जाती है।
- कैट प्राकृतिक न्याय के सिद्धान्तों के आधार पर कार्य करता है। ये सिद्धान्त कैट के व्यवहार को लचीला बनाते हैं। अभ्यर्थी मात्र ₹ 50 शुल्क देकर स्वयं या अपने अधिवक्ता के माध्यम से कैट के सामने उपस्थित हो सकता है।
- मूलत: किसी अधिकरण के आदेश के विरुद्ध कोई याचिका केवल उच्चतम न्यायालय में ही दायर की जा सकती है, न कि उच्च न्यायालय में, जबकि चन्द्रकुमार मामले (1997) में उच्चतम न्यायालय ने निर्णय दिया कि उच्च न्यायालय के न्यायक्षेत्र पर यह प्रतिबन्ध संविधान के प्रतिकूल है।
- अत: अब कैट के आदेशों के विरुद्ध सम्बन्धित उच्च न्यायालय की खण्डपीठ में भी याचिका दायर की जा सकती है, जबकि कोई पीड़ित लोक सेवक सम्बन्धित उच्च न्यायालय में गए बिना सीधे उच्चतम न्यायालय में याचिका दायर नहीं कर सकता।

कैट की खण्डपीठ

कैट की कुल 19 खण्डपीठों में से प्रधान खण्डपीठ नई दिल्ली में तथा 18 पूरक खण्डपीठ विभिन्न राज्यों में स्थित हैं। इनमें से 17 मुख्य न्यायालयों की प्रधान पीठों में और दो अन्य जयपुर व लखनऊ से संचालित हैं।

- कैट अपने अधिकार क्षेत्र के अन्तर्गत आने वाले लोक सेवकों की भर्ती व सेवा सम्बन्धी मामलों को देखता है। इसके अधिकार क्षेत्र में अखिल भारतीय सेवाओं, केन्द्रीय लोक सेवाओं, केन्द्र के अधीन नागरिक पदों और सैन्य सेवाओं के सिविल कर्मचारियों को सम्मिलित किया गया है।
- सैन्य सेवाओं के सदस्यों व अधिकारियों, उच्चतम न्यायालय के कर्मचारियों तथा संसद के सचिवालय कर्मचारियों को इसमें सम्मिलित नहीं किया गया है।

राज्य प्रशासनिक अधिकरण

- केन्द्रीय प्रशासनिक अधिकरण (कैट) के समान ही राज्य प्रशासनिक अधिकरण भी अपने अधिकार क्षेत्र में आने वाली राज्य सरकार के कर्मचारियों की भर्ती व सेवा सम्बन्धी मामलों को देखता है।
- इसके अध्यक्ष व सदस्यों की नियुक्ति केन्द्र सरकार द्वारा सम्बन्धित राज्य के उच्च न्यायालय के मुख्य न्यायाधीश द्वारा तथा खोज-सह-चयन समिति की सिफारिशों पर की जाती है।
- प्रशासनिक अधिकरण अधिनियम, 1985 में दो या दो से अधिक राज्यों के लिए संयुक्त प्रशासनिक अधिकरण की स्थापना का प्रावधान है।
- संयुक्त अधिकरण उन राज्यों के प्रशासनिक अधिकरण के समान ही अधिकार क्षेत्र तथा शक्तियों का उपयोग करता है।

अन्य मामलों से सम्बन्धित अधिकरण

- अनुच्छेद 323 (ख) संसद तथा राज्य विधानमण्डलों को यह अधिकार प्राप्त है कि वे अग्रलिखित विषयों से जुड़े विवादों के न्याय निर्णयन हेतु अधिकरणों की स्थापना कर सकती है।
- ऐसे कुछ विषय निम्न हैं
    - किसी कर का उद्ग्रहण, निर्धारण, संग्रहण और प्रवर्तन।
    - औद्योगिक तथा श्रम विवाद।
    - भूमि सुधार सम्बन्धित विवाद।
    - विदेशी मुद्रा, सीमा शुल्क, सीमा पार आयात-निर्यात।
    - नगर सम्पत्ति की अधिकतम सीमा।
    - संसद व राज्य विधायिका के लिए निर्वाचन।
    - खाद्य वस्तुएँ तथा किराया व किरायेदारी अधिकार

राष्ट्रीय हरित न्यायाधिकरण

- राष्ट्रीय हरित न्यायाधिकरण (National Green Tribunal, NGT) अधिनियम, 2010 द्वारा भारत में एक राष्ट्रीय हरित न्यायाधिकरण (नेशनल ग्रीन ट्रिब्यूनल) की स्थापना की गई है।
- 18 अक्टूबर, 2010 को इस अधिनियम के तहत पर्यावरण से सम्बन्धित कानूनी अधिकारों के प्रवर्तन एवं व्यक्तियों और सम्पत्ति के नुकसान के लिए सहायता और क्षतिपूर्ति देने या उससे जुड़े मामलों सहित, पर्यावरण संरक्षण एवं वनों तथा अन्य प्राकृतिक संसाधनों के संरक्षण से सम्बन्धित मामलों के प्रभावी और त्वरित निपटारे के लिए राष्ट्रीय हरित न्यायाधिकरण की स्थापना की गई।
- यह एक विशिष्ट निकाय है, जो बहु-अनुशासनात्मक समस्याओं वाले पर्यावरणीय विवादों को सम्भालने के लिए आवश्यक विशेषज्ञता द्वारा सुसज्जित है।
- यह न्यायाधिकरण, सिविल प्रक्रिया संहिता (CPC), 1908 के अन्तर्गत निर्धारित प्रक्रिया द्वारा बाध्य नहीं होगा, बल्कि नैसर्गिक न्याय के सिद्धान्तों द्वारा निर्देशित किया जाएगा।
- पर्यावरण सम्बन्धी मामलों में अधिकरण का समर्पित क्षेत्राधिकार तीव्र पर्यावरणीय न्याय प्रदान करेगा तथा उच्च न्यायालयों में मुकदमेबाजी के भार को कम करने में सहायता करेगा।
- अधिकरण को आवेदनों या अपीलों के प्राप्त होने के 6 महीने के अन्दर उनके निपटान का प्रयास करने का कार्य सौंपा गया है।
- न्यायाधिकरण की बैठक का मुख्य स्थान नई दिल्ली है और साथ ही भोपाल, पुणे, कोलकाता तथा चेन्नई न्यायाधिकरण (Tribunal) की बैठकों के अन्य चार स्थल हैं।
- न्यायाधिकरण में सदस्यों की वर्तमान स्वीकृत संख्या 10 विशेषज्ञों तथा 10 न्यायिक सदस्यों की है।
- न्यायाधिकरण का अध्यक्ष जो इस निकाय का प्रशासनिक प्रमुख होता है, एक न्यायिक सदस्य के रूप में कार्य करता है। न्यायाधिकरण के प्रत्येक बेंच में कम-से-कम एक विशेषज्ञ और एक न्यायिक सदस्य का होना आवश्यक है।
- न्यायाधिकरण के अध्यक्ष के लिए किसी व्यक्ति को किसी उच्च न्यायालय का सेवारत् या सेवानिवृत्त मुख्य न्यायाधीश या उच्चतम न्यायालय का न्यायाधीश होना जरूरी है। इसके पहले अध्यक्ष न्यायमूर्ति लोकेश्वर सिंह पंटा थे।

"स्थानीय स्वशासन का तात्पर्य ऐसे शासन से है, जिसमें राज्य को छोटे-छोटे प्रशासकीय खण्डों एवं उप-खण्डों में विभाजित किया जाता है। इसके अन्तर्गत जनता अपनी समस्याओं का स्वयं समाधान करती है, जिससे उनमें राजनीतिक चेतना का विकास होता है।

अध्याय अट्ठाईस

भारत में स्थानीय स्वशासन

स्थानीय स्वशासन का विकास

- ब्रिटिश काल में लॉर्ड रिपन ने आधुनिक समय में स्थानीय स्वशासन के लिए उल्लेखनीय प्रयास किया। इन्होंने 1882 ई. में भारत में स्थानीय नगरीय प्रशासनिक निकायों की स्थापना की तथा इन्हें नगरीय प्रशासन से सम्बन्धित कुछ विषय सौंपे गए।
- इस प्रयास के कारण ही लॉर्ड रिपन को भारत में स्थानीय स्वशासन का जनक कहा जाता है।
- लॉर्ड रिपन द्वारा 1882 ई. में स्थानीय स्वशासन से सम्बन्धित प्रस्तुत प्रस्ताव को स्थानीय स्वशासन का मैग्नाकार्टा कहा जाता है।
- वर्ष 1907 में विकेन्द्रीकरण के सम्बन्ध में सी.ई.एच. हॉबहाउस की अध्यक्षता में राजकीय विकेन्द्रीकरण आयोग (शाही आयोग) की नियुक्ति की गई। जिसका कार्य स्थानीय स्वशासी संस्थाओं की स्थिति की जाँच करना था।
- इस आयोग ने अपनी रिपोर्ट में अधिकाधिक नियन्त्रण, अत्यधिक सीमित मताधिकार, दुर्बल संसाधन, शिक्षा का अभाव तथा प्रतिबद्ध व्यक्तियों की कमी को असफलता का मुख्य कारण बताया।
- वर्ष 1919 के भारत शासन अधिनियम के द्वारा स्थानीय स्वशासन को एक हस्तान्तरित विषय के रूप में परिवर्तित कर दिया गया और इन संस्थाओं को अपने विकास कार्य करने की अनुमति दे दी गई; जैसे-स्थानीय संस्थाओं के करारोपण में वृद्धि की, मनोनीत सदस्यों की संख्या में कमी की तथा साम्प्रदायिक निर्वाचक मण्डल के सदस्यों की संख्या में भी वृद्धि आदि की।
- वर्ष 1920 से 1930 के मध्य मद्रास, बिहार, बंगाल, असम तथा पंजाब राज्यों से पंचायतों के गठन के सन्दर्भ में कानूनों का निर्माण किया गया।

सामुदायिक विकास कार्यक्रम एवं राष्ट्रीय प्रसार सेवा कार्यक्रम

- पहली बार 2 अक्टूबर, 1952 को सामुदायिक विकास कार्यक्रम में जनता की सहभागिता सुनिश्चित करने के उद्देश्य से प्रारम्भ किया गया, लेकिन यह असफल रहा।
- इसके एक वर्ष बाद 2 अक्टूबर, 1953 को फोर्ड फाउण्डेशन के सहयोग से राष्ट्रीय प्रसार सेवा कार्यक्रम प्रारम्भ किया गया।
- राष्ट्रीय प्रसार सेवा कार्यक्रम का मुख्य उद्देश्य देश के आर्थिक विकास एवं सामाजिक पुनरुद्धार कार्यक्रमों के प्रति लोगों को जागरूक करना और उसकी भागीदारी को बढ़ाना था। हालाँकि यह भी अपेक्षानुरूप परिणाम न दे सका।

पंचायती राज से सम्बन्धित महत्त्वपूर्ण समितियाँ

भारत में पंचायती राज से सम्बन्धित महत्त्वपूर्ण समितियाँ निम्न हैं

बलवन्त राय मेहता समिति (1957)

- जनवरी, 1957 में भारत सरकार ने सामुदायिक विकास कार्यक्रम (1952) तथा राष्ट्रीय विस्तार सेवा (1953) द्वारा किए गए कार्यों की जाँच और उनके बेहतर क्रियान्वयन के लिए उपाय सुझाने के लिए एक समिति का गठन किया, जिसके अध्यक्ष बलवन्त राय मेहता थे।
- इस समिति ने नवम्बर, 1957 में अपना प्रतिवेदन सरकार को सौंप दिया।
- इस समिति ने अपने प्रतिवेदन में लोकतान्त्रिक विकेन्द्रीकरण की योजना की सिफारिश की, जोकि अन्ततः पंचायती राज के रूप में जानी जाती है। इस समिति के द्वारा की गई प्रमुख सिफारिशें निम्न प्रकार हैं
  - त्रिस्तरीय पंचायती राज की स्थापना जो इस प्रकार होगी; जैसे-ग्राम स्तर पर ग्राम पंचायत, ब्लॉक स्तर पर पंचायत समिति, जिला स्तर पर जिला परिषद्।

- ग्राम पंचायत की स्थापना प्रत्यक्ष रूप से चुने गए प्रतिनिधियों के माध्यम से होनी चाहिए, जबकि पंचायत समिति और जिला परिषद् का गठन अप्रत्यक्ष रूप से चुने गए सदस्यों द्वारा होना चाहिए।
- साथ ही इन निकायों को पर्याप्त वित्तीय स्रोत मिलने चाहिए, ताकि ये अपनी जिम्मेदारियों का निष्पादन बेहतर तरीके से कर पाएँ।
- विकास व नियोजन से जुड़े सभी कार्यों को इन संस्थाओं को हस्तान्तरित किया जाए।
- पंचायत समिति को कार्यकारी निकाय तथा जिला पंचायत को पर्यवेक्षी, समन्वयात्मक तथा सलाहकारी निकाय बनाया जाए।
- प्रतिवेदन में समिति ने अन्य समितियों के विपरीत जिला परिषद् का अध्यक्ष जिलाधिकारी को बनाने की सिफारिश की।

- बलवन्त राय मेहता समिति को राष्ट्रीय विकास परिषद् द्वारा वर्ष 1958 में स्वीकार कर लिया गया और राज्यों से इसे लागू करने के लिए कहा गया। इसी कारण बलवन्त राय मेहता को पंचायती राजव्यवस्था का शिल्पी (वास्तुकार) कहा जाता है।
- राजस्थान पहला ऐसा राज्य था, जहाँ सर्वप्रथम पंचायती राजव्यवस्था की शुरुआत हुई। देश के पहले प्रधानमन्त्री पण्डित जवाहरलाल नेहरू द्वारा राजस्थान के नागौर जिले से 2 अक्टूबर, 1959 को इस योजना की शुरुआत की गई।
- इसके पश्चात् आन्ध्र प्रदेश में वर्ष 1959 में ही, असम वर्ष 1960 में, तमिलनाडु व कर्नाटक में वर्ष 1962 में पंचायती राजव्यवस्था का शुभारम्भ किया गया।

अशोक मेहता समिति (1977-78)

- पंचायती राज संस्थाओं की कार्यप्रणाली का अध्ययन करने एवं उसके वर्तमान ढाँचे में आवश्यक परिवर्तन हेतु सुझाव देने के लिए तत्कालीन जनता पार्टी की सरकार ने दिसम्बर, 1977 में पंचायती राज्य संस्थाओं के सम्बन्ध में अध्ययन हेतु अशोक मेहता समिति (13 सदस्यीय समिति) का गठन किया।
- इस समिति ने अगस्त, 1978 में अपनी रिपोर्ट सौंप दी तथा देश में पंचायती राजव्यवस्था को सुदृढ़ बनाने हेतु 132 सिफारिशें की थीं, जिनमें से कुछ महत्त्वपूर्ण सिफारिशें निम्नलिखित हैं
  - त्रि-स्तरीय प्रणाली को समाप्त करके द्वि-स्तरीय प्रणाली अपनाई जाए। जिला स्तर पर जिला परिषद् तथा उससे नीचे मण्डल पंचायत होनी चाहिए।
  - मण्डल पंचायत का गठन 15000-20000 की जनसंख्या पर किया जाए तथा ग्राम पंचायत को समाप्त किया जाए।
  - जिले को विकेन्द्रीकरण का प्रथम स्तर माना जाए।
  - जिला स्तर के नियोजन के लिए जिले को ही जवाबदेही बनाया जाए तथा जिला परिषद् एक कार्यकारी निकाय हो।
  - पंचायती राज संस्थाओं को संवैधानिक मान्यता दी जानी चाहिए।
  - न्याय पंचायत को विकास पंचायत से भिन्न संस्था बनाया जाए, जिसका अध्यक्ष एक न्यायाधीश हो।
  - पंचायत चुनाव दलगत आधार पर होने चाहिए।
  - राज्य पंचायतों का अतिक्रमण न करे। यदि करे, तो छः माह के अन्दर चुनाव आयोजित कराए, इसके लिए राज्य निर्वाचन आयुक्त की नियुक्ति की जाए।
  - राज्य के मुख्य चुनाव अधिकारी द्वारा मुख्य चुनाव आयुक्त के परामर्श से पंचायती राज चुनाव कराए जाने चाहिए।
  - पंचायत के विघटन के पश्चात् छः माह के अन्दर चुनाव कराए जाने चाहिए।
  - आर्थिक रूप से पंचायती राज संस्थाओं को सशक्त बनाने हेतु कराधान सम्बन्धी अधिकार तथा संस्था के प्रभावी मूल्यांकन हेतु सामाजिक अंकेक्षण भी कराया जाए।
  - अनुसूचित जाति तथा अनुसूचित जनजाति के लिए जनसंख्या के आधार पर सीटों का आरक्षण हो।
  - पंचायतों को वित्तीय स्वायत्तता हेतु कुछ कर लगाने हेतु अधिकृत करना चाहिए।
  - देश की राजनीतिक अस्थिरता के कारण इस समिति की सिफारिशों को लागू नहीं किया जा सका।

इस समिति का कार्यकाल पूरा होने से पूर्व ही जनता पार्टी की सरकार गिर गई और अशोक मेहता समिति की सिफारिशों पर कोई कार्यवाही नहीं की जा सकी।

जी.वी.के.राव समिति (1985)

- गरीबी उन्मूलन एवं ग्रामीण विकास की समीक्षा करने हेतु योजना आयोग द्वारा वर्ष 1985 में जी. वी. के. राव की अध्यक्षता में यह समिति गठित की गई। इस समिति की प्रमुख संस्तुतियाँ निम्न हैं
  - विकेन्द्रीकरण की प्रक्रिया में जिला परिषद् की सशक्त भूमिका हो।
  - जिला विकास आयुक्त के पद का सृजन हो।
  - जिला एवं स्थानीय स्तर पर पंचायती राज संस्थाओं को विकास कार्यों में महत्त्वपूर्ण भूमिका दी जानी चाहिए
  - प्रभावी जिला नियोजन विकेन्द्रीकरण के लिए राज्य स्तर के कुछ नियोजन कार्यों को जिला स्तर पर हस्तान्तरित किया जाना चाहिए।
  - वित्त आयोग का गठन किया जाना चाहिए।
  - पंचायतों का कार्यकाल पाँच वर्ष का होना चाहिए तथा इसके नियमित चुनाव होने चाहिए।

एल.एम.सिंघवी समिति (1986)

- लोकतन्त्र व विकास के लिए पंचायती राज संस्थाओं के पुनरुद्धार हेतु वर्ष 1986 में राजीव गाँधी की सरकार द्वारा एल. एम. सिंघवी की अध्यक्षता में यह समिति गठित की गई। इस समिति की मुख्य संस्तुतियाँ निम्न हैं
  - पंचायती राज संस्थाओं को संवैधानिक मान्यता देने व उसके संरक्षण की आवश्यकता पर बल देना।
  - गाँवों के समूह के लिए न्याय पंचायतों की स्थापना की जाए
  - ग्राम पंचायतों को व्यावहारिक रूप प्रदान करने हेतु गाँवों का पुनर्गठन किया जाए।
  - ग्राम सभा के महत्त्व को भी उद्घाटित किया जाए।
  - गाँव की पंचायतों को अत्यधिक आर्थिक संसाधनों को उपलब्ध कराया जाना चाहिए।
  - पंचायतों के नियमित स्वतन्त्र एवं निष्पक्ष चुनाव कराने हेतु संवैधानिक प्रावधान किए जाने चाहिए।
  - पंचायतों से जुड़े मामलों को हल करने के लिए न्यायिक अधिकरण की स्थापना की जाए।

पी.के.थुंगन समिति (1988)

- यह समिति वर्ष 1988 में पी. के. थुंगन की अध्यक्षता में राजनीतिक और प्रशासनिक ढाँचे की जाँच करने के उद्देश्य से गठित की गई।
- समिति ने वर्ष 1989 में अपनी सिफारिशें सौंपी। इस समिति की मुख्य संस्तुतियाँ निम्न हैं
  - पंचायती राज संस्थाओं को मजबूती प्रदान करने हेतु इस समिति ने स्थानीय स्वशासी निकायों को संवैधानिक दर्जा प्रदान करने की सिफारिश की।
  - स्थानीय स्वशासी संस्थाओं के चुनाव नियत समय पर सम्पन्न कराए जाएँ।
  - पंचायती राज संस्थाओं का 5 वर्ष का निश्चित कार्यकाल होना चाहिए।
  - पंचायती राज संस्थाओं के कार्यों की सूची निश्चित करने तथा ऐसी संस्थाओं को वित्तीय सहायता प्रदान करने हेतु संविधान में संशोधन किया जाए।
  - प्रत्येक राज्य में एक वित्त आयोग का गठन किया जाना चाहिए।
  - पंचायती राजव्यवस्था के तीनों स्तरों पर आबादी के अनुसार आरक्षण होना चाहिए, इसके अतिरिक्त महिलाओं के लिए भी आरक्षण होना चाहिए।

वी.एन.गाडगिल समिति

- वी. एन. गाडगिल की अध्यक्षता में वर्ष 1988 में इस समिति का गठन किया गया।
- "पंचायती राज संस्थाओं को प्रभावकारी कैसे बनाया जा सकता है", इस सम्बन्ध में विचार करने हेतु कांग्रेस पार्टी द्वारा यह समिति गठित की गई। इस समिति की मुख्य संस्तुतियाँ निम्न हैं
  - पंचायती राज संस्थाओं को संवैधानिक दर्जा प्रदान किया जाए।
  - ग्राम, प्रखण्ड तथा जिला स्तर पर त्रि-स्तरीय पंचायती राज संस्थाएँ होनी चाहिए।
  - पंचायती राज संस्थाओं का कार्यकाल 5 वर्ष हो।
  - पंचायत के तीन स्तरों पर सदस्यों का सीधा निर्वाचन हो।
  - एक राज्य वित्त आयोग हो, जो पंचायतों को वित्त का आवण्टन करे।
  - एस.सी., एस.टी. महिलाओं के लिए आरक्षण का प्रावधान होना चाहिए।
  - एक राज्य चुनाव आयोग की स्थापना की जाँच जो पंचायतों का चुनाव सम्पन्न करवाए।
  - गाडगिल समिति की अनुशंसा एक **संशोधन विधेयक** का आधार बनी। इसका प्रमुख लक्ष्य पंचायती राज संस्थाओं को संवैधानिक दर्जा तथा सुरक्षा देना था।

विभिन्न अध्ययन दल और समितियाँ

समिति का नाम	वर्ष	सम्बन्ध
वी के राव	1960	कमेटी ऑन रेशनलाइजेशन ऑफ पंचायत स्टेटिस्टिक्स
एस डी मिश्रा	1961	वर्किंग ग्रुप ऑन पंचायत एण्ड कोऑपरेटिव्स
वी ईश्वरन	1961	स्टडी टीम ऑन पंचायती राज एडमिनिस्ट्रेशन
जी आर राजगोपाल	1962	स्टडी टीम ऑन न्याय पंचायत
आर आर दिवाकर	1963	स्टडी टीम ऑन पोजिशन ऑफ ग्रामसभा इन पंचायती राज मूवमेण्ट
एम रामा कृष्णैया	1963	स्टडी टीम ऑन बजटिंग एण्ड एकाउण्टिंग प्रोसिजर ऑफ पंचायती राज इंस्टीट्यूशन
के सन्थानम	1963	स्टडी टीम ऑन पंचायती राज फाइनेन्सेज
के सन्थानम	1965	पंचायती राज चुनाव सम्बन्धी समिति
आर के खन्ना	1965	स्टडी टीम ऑन पंचायती ऑडिट एण्ड एकाउण्ट्स ऑफ पंचायती राज बॉडीज
जी रामचन्द्रन	1966	कमेटी ऑन पंचायती राज ट्रेनिंग सेण्टर्स
वी रामनाथन	1969	स्टडी टीम ऑन इन्वॉल्वमेण्ट ऑफ डेवलपमेण्ट एजेन्सी एण्ड पंचायती राज इंस्टीट्यूशन इन द इम्प्लिमेण्टेशन ऑफ बेसिक लैण्ड रिफॉर्म मेजर्स
एन रामा कृष्णैया	1972	वर्किंग ग्रुप फॉर फॉर्मूलेशन ऑफ फिफ्थ फाइव ईयर प्लान ऑन कम्युनिटी डेवलपमेण्ट एण्ड पंचायती राज
श्रीमती दया चौबे	1976	कमेटी ऑन कम्युनिटी डेवलपमेण्ट एण्ड पंचायती राज

73वाँ संविधान संशोधन अधिनियम, 1992

- 73वें संविधान संशोधन अधिनियम के द्वारा संविधान में भाग-IX का उपबन्ध किया गया है, जिसका शीर्षक पंचायत रखा गया। इस पंचायत के लिए अनुच्छेद 243 से अनुच्छेद 243 (O) तक कई प्रावधान किए गए हैं।
- इस अधिनियम के प्रावधानों को अधिनियम के प्रावधानों को सुदृढ़ता प्रदान करने के लिए संविधान में ग्यारहवीं अनुसूची को जोड़ा गया है, जिसमें पंचायतों से सम्बन्धित 29 विषयों का वर्णन किया गया है।
- 73वें संविधान संशोधन अधिनियम के प्रभावी होने से संविधान में वर्णित राज्य के नीति-निदेशक तत्त्वों के अनुच्छेद 40 को व्यावहारिक रूप मिला है।
- इस अधिनियम के प्रावधानों के अनुसार, नई पंचायती राज पद्धति को अपनाने के लिए राज्य सरकारें संवैधानिक रूप से बाध्य हैं अर्थात् पंचायतों के गठन और नियमित अन्तराल पर चुनाव राज्य सरकार की इच्छा पर निर्भर नहीं है।
- अत: यह अधिनियम देश में जमीनी स्तर पर प्रजातान्त्रिक संस्थाओं के विकास में महत्त्वपूर्ण तथा लोकतन्त्र के स्थान पर भागीदारी लोकतन्त्र की व्यवस्था करता है।
- 73वाँ संविधान संशोधन अधिनियम पंचायती राज संस्थाओं की स्थापना, अधिकारों तथा कार्यों के सम्बन्ध में वैधानिक प्रावधान करता है। इस अधिनियम के प्रावधानों को मुख्यत: दो वर्गों में वर्गीकृत किया जा सकता है

(i) अनिवार्य कार्यों से सम्बद्ध प्रावधान

अनिवार्य कार्यों से सम्बद्ध कुछ प्रावधान निम्नानुसार हैं

- जिला, खण्ड तथा ग्राम स्तर पर त्रिस्तरीय पंचायती राज संस्थाओं का गठन (त्रि-स्तरीय प्रणाली) करना।
- सभी स्तरों पर, सभी पदों का निर्वाचन प्रत्यक्ष प्रणाली द्वारा किया जाए।
- पंचायती राज संस्थाओं के निर्वाचन में निर्वाचित होने के लिए न्यूनतम आयु 21 वर्ष होनी चाहिए।
- जिला और खण्ड (प्रखण्ड) इन दोनों स्तरों पर सभापति (अध्यक्ष) का निर्वाचन अप्रत्यक्ष रूप से किया जाए।
- पंचायतों में सभी स्तरों पर सदस्य एवं प्रमुख दोनों के लिए अनुसूचित जाति तथा अनुसूचित जनजातियों के लिए उनकी जनसंख्या के अनुपात में स्थान सुरक्षित रखे जाएँ।
- पंचायतों में सभी स्तरों पर सदस्य एवं प्रमुख दोनों के लिए महिलाओं के लिए एक-तिहाई स्थान आरक्षित किए जाएँ।

- पंचायती राज संस्थाओं का कार्यकाल 5 वर्ष का होता है, किन्तु इससे पूर्व यदि इन्हें विघटित कर दिया जाए, तो 6 महीनों के अन्दर नए निर्वाचन कराए जाएँगे।
- पंचायती राज संस्थाओं के निर्वाचन के संचालन के लिए प्रत्येक राज्य में एक राज्य निर्वाचन आयोग की व्यवस्था की जानी चाहिए। प्रत्येक राज्य में प्रति 5 वर्षों पर एक राज्य वित्त आयोग स्थापित किया जाए।

पंचायती राज संस्थाओं को संवैधानिक मान्यता

- वर्ष 1989 में राजीव गाँधी सरकार ने पंचायतों को संवैधानिक दर्जा प्रदान करने हेतु 64वाँ संविधान संशोधन विधेयक (Constitutional Amendment Bill) लोकसभा में प्रस्तुत किया, जिसे लोकसभा ने पारित कर दिया, किन्तु राज्यसभा द्वारा यह पारित न हो सका, क्योंकि लोकसभा को कुछ समय बाद भंग कर दिया गया।
- वर्ष 1989 में सत्ता परिवर्तन के बाद वी.पी. सिंह सरकार ने पंचायतों को सुदृढ़ बनाने के लिए प्रयास किया, जिसके तहत वर्ष 1990 में मुख्यमन्त्रियों के सम्मेलन में पंचायतों के लिए नए सिरे से संविधान संशोधन करने पर सहमति बनी तथा वर्ष 1990 में ही पंचायती राज से सम्बन्धित संविधान संशोधन विधेयक लोकसभा में प्रस्तुत किया गया, लेकिन सरकार गिरने से यह विधेयक एक बार फिर संवैधानिक रूप न ले सका।
- वर्ष 1991 में नई सरकार के गठन के बाद इन संस्थाओं को पीवी नरसिम्हा राव सरकार द्वारा संवैधानिक दर्जा दिए जाने का प्रयास किया गया और वर्ष 1991 में इस विधेयक को लोकसभा में प्रस्तुत किया गया, जिसे लोकसभा द्वारा 22 दिसम्बर, 1991 को तथा राज्यसभा द्वारा 23 दिसम्बर, 1991 को मंजूरी मिली।
- बाद में 17 राज्यों के अनुमोदन के साथ राष्ट्रपति द्वारा 20 अप्रैल, 1993 को अपनी सहमति दे दी गई तथा इस अधिनियम ने 73वाँ संविधान संशोधन अधिनियम, 1992 का रूप लिया और 24 अप्रैल, 1993 से यह देश में प्रभावी हो गया। इस प्रकार भारतीय संघात्मक व्यवस्था में तृतीय तल को वर्ष 1993 में जोड़ा गया।
- इसलिए 24 अप्रैल को **राष्ट्रीय पंचायती राज दिवस** मनाया जाता है। पहला राष्ट्रीय पंचायती राज दिवस वर्ष 2010 में मनाया गया था।
- उल्लेखनीय है कि 73वें संविधान संशोधन अधिनियम, 1992 को लागू करने वाला भारत का पहला राज्य मध्य प्रदेश है।

(ii) ऐच्छिक कार्यों से सम्बद्ध प्रावधान

ऐच्छिक कार्यों से सम्बद्ध कुछ प्रावधान निम्नलिखित हैं

- पंचायती राज संस्थाओं में संसद तथा राज्य विधानमण्डलों के सदस्यों को मताधिकार प्रदान करना।
- पिछड़े वर्गों के लिए किसी भी स्तर पर (सदस्य एवं प्रमुख/अध्यक्ष दोनों के लिए) आरक्षण की व्यवस्था करना।
- पंचायती राज संस्थाओं को कर शुल्क, पथ कर और फीस इत्यादि लगाने से सम्बन्धित वित्तीय अधिकार प्रदान करना।
- पंचायतों को स्वशासी संस्थाओं के निर्माण हेतु प्रयत्न करने का अधिकार देना।
- पंचायतों को राज्य सरकार द्वारा संगृहीत कर, शुल्क, पथकर, फीस आदि के लिए अधिकृत करना।
- सामाजिक न्याय एवं आर्थिक विकास हेतु पंचायतों को योजनाएँ बनाने की शक्ति देना।
- राज्य की निधि से पंचायतों को अनुदान सहायता देना
- पंचायतों के धन एकत्रित करने हेतु पंचायतों में निधि का गठन करना।

73वें संविधान संशोधन के मुख्य प्रावधान

इस अधिनियम में अनुच्छेद 243 से 243 (O) तक पंचायती राज से सम्बन्धित निम्न प्रावधान किए गए हैं

ग्राम सभा

- अनुच्छेद 243 (A) में ग्राम सभा को परिभाषित किया गया है, जिसमें ग्राम की मतदाता सूची में पंजीकृत सभी व्यक्तियों का समूह शामिल है। यह कोई निर्वाचित निकाय नहीं है अर्थात् किसी ग्राम की निर्वाचक नामावली में शामिल नामों वाले व्यक्तियों को सामूहिक रूप से ग्राम सभा कहा जाता है।
- इसके अतिरिक्त ग्राम सभा, ग्राम, ग्राम स्तर पर ऐसी शक्तियों का प्रयोग कर सकेगी और ऐसे कृत्यों का पालन कर सकेगी, जो किसी राज्य के विधानमण्डल द्वारा तथा विधि द्वारा प्रावधान किए जाएँ।

सदस्य

- विभिन्न राज्यों में ग्राम सभा बैठक का स्वरूप भिन्न-भिन्न होता है। इसकी बैठक वर्ष में कम-से-कम दो बार बुलाई जाती है और विशेष परिस्थिति में भी यह बैठक संचालित की जा सकती है।
- कोई भी व्यक्ति, जिसकी आयु 18 वर्ष या उससे अधिक हो, जिसे मताधिकार प्राप्त हो, जिसका नाम मतदाता सूची में दर्ज हो, वह ग्राम सभा का सदस्य बन सकता है।

कार्य

- ग्राम सभा, ग्रामीण विकास से सम्बन्धित कार्य (जो गाँव के हित में निष्पक्ष रूप से किए जा सकें) करती है।
- ग्राम पंचायत द्वारा गाँव के लोगों के लिए तैयार की गई योजनाओं का सही प्रकार से क्रियान्वयन करना। ग्राम पंचायत के कार्यों पर नजर रखना तथा इसे मनमाने ढंग से कार्य करने से रोकना।
- वित्तीय दुरुपयोग न हो, इसकी निगरानी भी ग्राम सभा रखती है।
- ग्राम सभा चुने हुए प्रतिनिधियों पर नजर रखती है और साथ ही उन्हें गाँव के लोगों के प्रति जिम्मेदार और जवाबदेह बनाने का कार्य करती है।

पंचायतों का गठन एवं संरचना

- अनुच्छेद 243 (B) और 243 (C) के अन्तर्गत क्रमश: पंचायतों का गठन और पंचायतों की संरचना का उल्लेख किया गया है।
- अनुच्छेद 243 प्रत्येक राज्य में ग्राम, मध्यवर्ती तथा जिला स्तर पर इस भाग के प्रावधानों के अनुसार पंचायतों का गठन किया जाएगा।
  - मध्यवर्ती स्तर पर पंचायत का गठन उस राज्य में नहीं किया जा सकेगा, यदि जनसंख्या 20 लाख से अधिक न हो।
  - राज्य के नीति-निदेशक सिद्धान्तों के अन्तर्गत ग्राम पंचायतों का स्वशासन की इकाइयों के रूप में उल्लेख है।
  - वर्ष 1978 में पश्चिम बंगाल में दलीय आधार पर पंचायत चुनाव आरम्भ किए गए।

संरचना सम्बन्धी विस्तृत उपबन्ध संविधान के अनुच्छेद 243 (C) में दिए गए हैं, जिसके अनुसार पंचायतों की संरचना के सम्बन्ध में उपबन्ध करने की शक्ति राज्य विधानमण्डल को प्रदान की गई है, किन्तु किसी भी स्तर पर पंचायत के प्रादेशिक क्षेत्र की जनसंख्या का ऐसी पंचायत में निर्वाचन द्वारा भरे जाने वाले स्थानों की संख्या से अनुपात सभी राज्य में यथासम्भव एक समान ही हो।

- किसी पंचायत के सभी स्थान, पंचायत क्षेत्र में प्रादेशिक निर्वाचन- क्षेत्रों से प्रत्यक्ष निर्वाचन द्वारा चुने हुए व्यक्तियों से भरे जाएँगे।
- ग्राम स्तर पर पंचायत के अध्यक्ष का चुनाव प्रत्यक्ष रूप से तथा मध्यवर्ती/प्रखण्ड स्तर या जिला स्तर पर पंचायत के अध्यक्षों का चुनाव अप्रत्यक्ष रूप से पंचायतों द्वारा चुने गए सदस्यों द्वारा किया जाता है।
- सम्बन्धित क्षेत्र का प्रतिनिधित्व करने वाले राज्यसभा, लोकसभा तथा विधानसभा व परिषद् के सदस्य भी मध्यवर्ती तथा जिला पंचायत के सदस्य होते हैं।
- पंचायतों के अध्यक्ष, सांसद और विधायकों को पंचायतों के अधिवेशन में मत देने का अधिकार होता है।

पंचायत की त्रि-स्तरीय संरचना

स्तर	संरचना	प्रमुख अधिकारी	निर्वाचन
ग्राम स्तर	ग्राम पंचायत	प्रधान/मुखिया/ सरपंच	प्रत्यक्ष
खण्ड स्तर	पंचायत समिति	प्रमुख	अप्रत्यक्ष
जिला स्तर	जिला परिषद्/जनपद पंचायत	अध्यक्ष/चेयरपर्सन	अप्रत्यक्ष

विभिन्न राज्यों में पंचायती स्तर

स्तर	सम्बन्धित राज्य
एक-स्तरीय (केवल ग्राम पंचायतें)	केरल, त्रिपुरा, सिक्किम, मणिपुर तथा जम्मू-कश्मीर
द्वि-स्तरीय (ग्राम पंचायत व पंचायत समिति)	असम, कर्नाटक, ओडिशा, हरियाणा, मध्य प्रदेश, दिल्ली व पुदुचेरी
त्रि-स्तरीय (ग्राम पंचायत, पंचायत समिति व जिला पंचायत/परिषद्)	उत्तर प्रदेश, बिहार, झारखण्ड, राजस्थान, छत्तीसगढ़, महाराष्ट्र, आन्ध्र प्रदेश, पंजाब, तमिलनाडु, उत्तराखण्ड, हिमाचल प्रदेश, गुजरात, गोवा और तेलंगाना
चार-स्तरीय (ग्राम पंचायत, अंचल पंचायत, आंचलिक परिषद्, जिला परिषद्)	पश्चिम बंगाल

दिल्ली और अरुणाचल प्रदेश ने इस अधिनियम को नहीं अपनाया है। नागालैण्ड, मेघालय तथा मिजोरम में जनजातीय परिषद् जैसी संस्था होने के कारण यह कानून प्रभावी नहीं हो पाया।

स्थानों का आरक्षण

- अनुच्छेद 243 (D) प्रत्येक पंचायत में अनुसूचित जाति तथा जनजाति व महिलाओं के लिए स्थान आरक्षित करने का प्रावधान करता है।
- पंचायतों में अनुसूचित जातियों और अनुसूचित जनजातियों के लिए स्थानों का आरक्षण उनकी जनसंख्या के अनुपात में होगा।
- अनुसूचित जातियों एवं जनजातियों के आरक्षित स्थानों की कुल संख्या का कम-से-कम एक-तिहाई स्थान, इन वर्गों की महिलाओं के लिए आरक्षित होगा।
- ग्राम या किसी अन्य स्तर पर पंचायतों में अध्यक्षों के पद अनुसूचित जातियों, अनुसूचित जनजातियों और स्त्रियों के लिए ऐसी रीति से आरक्षित रहेंगे, जो राज्य के विधानमण्डल विधि द्वारा उपबन्धित करें।
- 83वें संविधान संशोधन अधिनियम, 2000 के द्वारा अरुणाचल प्रदेश को पंचायती राज संस्थाओं में आरक्षण का प्रावधान न करने की छूट प्रदान की गई है। अरुणाचल प्रदेश को यह छूट राज्य में कोई अनुसूचित जाति नहीं होने के कारण दी गई है।
- प्रत्येक स्तर पर पंचायतों में अध्यक्षों के पदों की कुल संख्या के कम-से-कम एक-तिहाई पद महिलाओं के लिए आरक्षित रहेंगे, परन्तु यह भी कि इस खण्ड के अधीन आरक्षित पदों की संख्या प्रत्येक स्तर पर भिन्न-भिन्न पंचायतों को चक्रानुक्रम से आवण्टित की जाएगी।
- पिछड़े वर्गों के आरक्षण का फैसला राज्य विधानमण्डल के स्वविवेक पर निर्भर है।

पंचायत में महिलाओं को आरक्षण

- अगस्त, 2009 में केन्द्र सरकार ने पंचायतों में महिलाओं को 50% आरक्षण देने की अनुमति प्रदान की है।
- 25 फरवरी, 2023 की स्थिति के अनुसार, भारत के 21 राज्यों में पंचायतों में महिलाओं को 50% आरक्षण की व्यवस्था की गई है। ये राज्य हैं—बिहार (सर्वप्रथम), मध्य प्रदेश, आन्ध्र प्रदेश, असम, छत्तीसगढ़, गुजरात, हरियाणा, हिमाचल प्रदेश झारखण्ड, कर्नाटक, केरल, महाराष्ट्र, ओडिशा, पंजाब, राजस्थान, सिक्किम, तमिलनाडु, तेलंगाना, त्रिपुरा, उत्तराखण्ड व पश्चिम बंगाल आदि।

सदस्यता के लिए अर्हताएँ/निरर्हताएँ

- कोई भी व्यक्ति पंचायत सदस्य के रूप में चुना जा सकता है। यदि वह राज्य विधानमण्डल के सदस्य के रूप में चुने जाने के लिए योग्य है।
- अनुच्छेद 243 (F) के अन्तर्गत सदस्यता के लिए निम्न निरर्हताओं का उल्लेख किया गया है
- यदि वह राज्य के विधानमण्डल के निर्वाचनों के प्रयोजनों के लिए प्रवृत्त किसी विधि द्वारा निरर्हित कर दिया जाता है।
- उसने 21 वर्ष की आयु पूरी कर ली हो।
- यदि उसे राज्य के विधानमण्डल द्वारा बनाई गई विधि द्वारा अथवा उसके अधीन निरर्हित कर दिया जाता है।
- किसी पंचायत के किसी सदस्य के निरर्हता से सम्बन्धित प्रश्न की वह निरर्हता से ग्रस्त है अथवा नहीं का विनिश्चिय ऐसे प्राधिकारी द्वारा किया जाएगा जिसे राज्य का विधानमण्डल विधि द्वारा निर्देशित करे।

पंचायतों का कार्यकाल

- अनुच्छेद 243 (E) के अनुसार, प्रत्येक स्तर पर पंचायत अपनी प्रथम बैठक से पाँच वर्ष तक अस्तित्व में बनी रहेगी तथा पंचायतों की यह अवधि पूर्ण होने से पहले (उसके विघटन की तिथि से छः माह की अवधि की समाप्ति के पूर्व) चुनाव कराए जाएँगे।
- यदि राज्य विधानमण्डलों ने सम्बन्धित पंचायत की अवधि सम्बन्धी कोई प्रणाली निश्चित की हुई है, तो उसके अन्तर्गत किसी पंचायत को पाँच वर्ष की अवधि से पूर्व भी विघटित किया जा सकता है।

- यदि किसी पंचायत का विघटन उसकी पाँच वर्ष की अवधि के पूर्व किया गया है, तब छ: माह की अवधि में चुनाव कराना अनिवार्य होगा, किन्तु **विघटन** (Dissolution) के समय पंचायत का कार्यकाल मात्र छ: माह शेष है, तो चुनाव कराना आवश्यक नहीं होता है।
- यदि विघटन के पश्चात् शेष अवधि हेतु चुनाव कराया जाता है, तो वह शेष अवधि हेतु ही होगा, न कि अगले 5 वर्ष की अवधि हेतु।

ग्राम पंचायत प्रमुख को पदच्युत करना

- ग्राम पंचायत के प्रमुख को उसका कार्यकाल पूर्ण होने से पूर्व भी पद से हटाया जा सकता है, लेकिन ऐसा करने के लिए अविश्वास प्रस्ताव को ग्राम सभा के आधे सदस्यों द्वारा तथा पद से हटाने सम्बन्धी कारणों का उल्लेख सहित आवेदन-पत्र को पंचायत अधिकारी के समक्ष प्रस्तुत करना होता है।
- इस सम्बन्ध में सूचना प्राप्त होते ही जिला पंचायत अधिकारी 30 दिनों के अन्दर ग्राम सभा की बैठक बुलाने की घोषणा करता है, जिसकी अग्रिम सूचना कम-से-कम 15 दिन पहले दी जाती है।
- यदि पद से हटाने सम्बन्धी प्रस्ताव को बैठक में उपस्थित और मत देने वाले सदस्यों द्वारा दो-तिहाई बहुमत से पारित कर दिया जाता है, तो ग्राम पंचायत प्रमुख को पद से हटना पड़ता है।
- यदि यह प्रस्ताव **गणपूर्ति** के अभाव में पारित नहीं हो पाता है, तो एक वर्ष तक अविश्वास प्रस्ताव पुन: नहीं लाया जा सकता।
- यदि वर्तमान पंचायत का कार्यकाल मात्र 1 वर्ष रह गया है, तो उस स्थिति में भी अविश्वास प्रस्ताव नहीं लाया जाएगा।

पंचायतों की शक्तियाँ तथा उत्तरदायित्व

- **अनुच्छेद 243 (G)** के अनुसार, राज्य का विधानमण्डल विधि द्वारा पंचायतों को ऐसी शक्तियाँ प्रदान करने हेतु प्राधिकृत है, जो उन्हें स्वशासन के रूप में कार्य करने के लिए सक्षम बना सके अर्थात् पंचायतें अपनी शक्तियों के लिए विधानमण्डलों पर ही आश्रित हैं।
- निम्नलिखित के सम्बन्ध में शक्तियाँ और उत्तरदायित्व न्यायगत करने के लिए उपबन्ध किए जा सकेंगे; जैसे-
  - आर्थिक विकास और सामाजिक न्याय के लिए योजनाएँ तैयार करना।
  - आर्थिक विकास और सामाजिक न्याय की ऐसी स्कीमों को, जो उन्हें सौंपी जाएँ, कार्यान्वित करना।
- उल्लेखनीय है कि इसके अन्तर्गत वे स्कीमें भी सम्मिलित हैं, जो 11वीं अनुसूची में सूचीबद्ध हैं।

पंचायतों के वित्त सम्बन्धित उपबन्ध

- **अनुच्छेद 243 (H)** के अनुसार, राज्य विधायिका विधि द्वारा पंचायतों को निम्न कार्यों के लिए अधिकृत कर सकती है; जैसे-
  - पंचायत द्वारा कर शुल्क, पथकर और फीस उद्ग्रहीत, संगृहीत और विनियोजित करने के लिए।
  - राज्य सरकार द्वारा उद्गृहीत और संगृहीत कर, शुल्क, पथकर और फीसों के प्रयोजनों के लिए।
  - राज्य की संचित निधि से पंचायतों के लिए तथा सहायता-अनुदान देने के लिए।
  - पंचायतों को प्राप्त होने वाले सभी धन को जमा करने के लिए तथा पंचायत निधि का गठन करने और उन निधियों में से ऐसे धन को निकालने हेतु उपबन्ध किया जाता है।

राज्य वित्त आयोग

- **अनुच्छेद 243 (I)** के अनुसार, राज्य में राज्य वित्त आयोग के गठन को अनिवार्य बनाया गया है। इसकी संरचना के सन्दर्भ में राज्य विधानमण्डल को स्वायत्तता प्रदान की गई है।
- राज्य का राज्यपाल प्रत्येक पाँच वर्ष की समाप्ति पर राज्य में पंचायतों के वित्त व्यवस्था के पुनर्विलोकन हेतु राज्य वित्त आयोग का गठन करेगा।
- राज्य वित्त आयोग निम्नलिखित के सम्बन्ध में राज्यपाल को सिफारिश करेगा
  - राज्य द्वारा लगाए जाने वाले करों, शुल्कों, पथकरों और फीसों के ऐसे आगमों के राज्य और पंचायतों के बीच वितरण के सम्बन्ध में,
  - पंचायतों द्वारा विनियोजित की जा सकने वाले, करों, शुल्कों, पथकरों और फीसों के अवधारण के सम्बन्ध में,
  - राज्य की संचित निधि में से पंचायतों के लिए सहायता अनुदान को, शासित करने वाले सिद्धान्तों के बारे में,
  - पंचायतों की वित्तीय स्थिति को सुधारने के लिए आवश्यक उपायों के बारे में,
  - पंचायतों के सुदृढ़ वित्त के हित में राज्यपाल द्वारा निर्दिष्ट किसी अन्य विषय के बारे में।
- राज्यपाल आयोग द्वारा की गई प्रत्येक सिफारिश को राज्य विधानमण्डल के समक्ष रखवाएगा।

पंचायती राज के वित्तीय स्रोत

भारत के द्वितीय प्रशासनिक सुधार आयोग (2005-2009) के अनुसार पंचायती राज के वित्तीय स्रोत निम्न हैं

- संविधान के अनुच्छेद 280 के आधार पर केन्द्रीय वित्त आयोग की अनुशंसाओं के अनुसार केन्द्र सरकार से प्राप्त अनुदान।
- संविधान की धारा 243-1 के अनुसार, राज्य वित्त आयोग की अनुशंसाओं के आधार पर राज्य सरकार से प्राप्त अनुदान।
- राज्य सरकार से प्राप्त कर्ज/अनुदान।
- पंचायती राज संस्थाओं द्वारा स्वयं संगृहीत संसाधन उनके वित्तीय आधार पर मूल है।

पंचायतों का लेखा परीक्षण

- **अनुच्छेद 243 (J)** के अनुसार, राज्य का विधानमण्डल विधि द्वारा, पंचायतों द्वारा लेखे रखे जाने और ऐसे लेखाओं की सम्परीक्षा करने के बारे में उपबन्ध कर सकेगा।
- **अनुच्छेद 243 (M)** के अनुसार, इस भाग का कोई उपबन्ध निम्नलिखित राज्यों एवं क्षेत्रों में लागू नहीं होगा
  - नागालैण्ड, मेघालय और मिजोरम
  - मणिपुर राज्य में ऐसे पर्वतीय क्षेत्र, जहाँ प्रचलित किसी विधि के अधीन जिला परिषदें विद्यमान हैं।
- पश्चिम बंगाल राज्य के दार्जिलिंग जिले के ऐसे पर्वतीय क्षेत्र, जहाँ किसी विधि के अधीन दार्जिलिंग गोरखा पर्वतीय परिषद् विद्यमान हैं।

राज्य निर्वाचन आयोग

अनुच्छेद 243 (K) के अनुसार, इस सम्बन्ध में निम्न उपबन्ध किए गए हैं

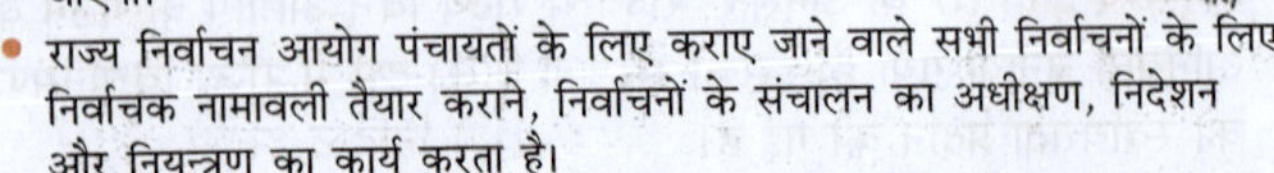

- प्रत्येक राज्य में एक राज्य निर्वाचन आयोग होगा, जिसमें एक निर्वाचन आयुक्त होगा, जिसकी नियुक्ति राज्यपाल द्वारा की जाएगी।
- राज्य निर्वाचन आयोग पंचायतों के लिए कराए जाने वाले सभी निर्वाचनों के लिए निर्वाचक नामावली तैयार कराने, निर्वाचनों के संचालन का अधीक्षण, निदेशन और नियन्त्रण का कार्य करता है।
- राज्य निर्वाचन आयुक्त को उसके पद से उसी रीति से और उन्हीं आधारों पर ही हटाया जा सकता है। जिस रीति से और जिन आधारों पर उच्च न्यायालय के न्यायाधीश को हटाया जाता है।
- अनुच्छेद 243 (O) के अन्तर्गत निर्वाचन सम्बन्धी मामलों में न्यायालयों के हस्तक्षेप पर रोक लगाई गई है। किसी पंचायत निर्वाचनों को चुनौती, राज्य के विधानमण्डल द्वारा बनाई गई विधि के अन्तर्गत ही ऐसे प्राधिकारी को प्रस्तुत की जा सकती है।

न्याय पंचायत

- पंचायती राज व्यवस्था में ग्रामवासियों के लिए न्याय तक पहुँच बढ़ाने के उद्देश्य से एक न्याय पंचायत की व्यवस्था की गई है। यद्यपि न्याय पंचायतें सभी राज्यों में नहीं हैं, तथापि ये अधिकांश राज्यों में कार्यरत हैं।
- न्याय पंचायतों का संगठन विभिन्न राज्यों में भिन्न-भिन्न होता है, इसके कुछ सदस्य निर्वाचित होते हैं, तो कुछ सदस्य मनोनीत होते हैं।
- यह पंचायत दीवानी और फौजदारी के छोटे-मोटे मामलों का निपटारा करती है।
- न्याय पंचायत को कुछ रूपों में दण्ड देने का भी अधिकार है, हालाँकि मुख्य रूप से यह अपराधियों पर जुर्माना लगा सकती है। अपराधियों पर लगने वाले जुर्माने की धनराशि ₹ 50 से ₹ 1000 तक हो सकती है।

क्षेत्र पंचायत समिति (ब्लॉक)

- पंचायती राज व्यवस्था के अन्तर्गत ग्राम और जिला स्तर के मध्य क्षेत्र पंचायत समितियों के गठन का प्रावधान किया गया है, जो ग्राम व जिला पंचायत के बीच समन्वय बना सके।

क्षेत्र पंचायत सदस्यों का निर्वाचन क्षेत्र पंचायत सदस्यों के द्वारा प्रत्यक्ष रूप से होता है। ये सदस्य अपने में से ही किसी सदस्य को अध्यक्ष के रूप में चुनते हैं।

- इन समितियों का कार्यकाल भी 5 वर्ष होता है तथा समय से पूर्व भंग होने की स्थिति में चुनाव छः माह के अन्दर कराना अनिवार्य है।
- क्षेत्र पंचायत समिति की आय के स्रोत निम्न हैं
    - राज्य सरकार से प्राप्त अनुदान।
    - स्थानीय कर।
    - मण्डियों से प्राप्त फीस।
    - दान व चन्दे।
    - जिला पंचायत द्वारा दिया गया तदर्थ अनुदान।
    - क्षेत्र पंचायत द्वारा लगाए गए कर।
    - घाटों तथा मेलों से प्राप्त आय।
    - सरकार द्वारा योजनाओं के क्रियान्वयन के लिए दी गई धनराशि।

जिला पंचायत/परिषद्

- जिला पंचायत पंचायती राज संस्थाओं में सबसे बड़ा निकाय है, जो अपने अधीन कार्य करने वाली पंचायती राज संस्थाओं तथा राज्य सरकार के मध्य एक कड़ी है।
- जिला पचायत के सदस्य प्रत्यक्ष रूप से निर्वाचित होते हैं तथा अध्यक्ष का चुनाव इन सदस्यों द्वारा अप्रत्यक्ष पद्धति से किया जाता है। लोकसभा सांसद तथा राज्य विधानसभा के सदस्य इसके सदस्य होते हैं।
- जिला परिषद् का कार्यकाल 5 वर्ष का होता है तथा इसे समय से पहले भंग करने पर चुनाव छः माह के अन्दर कराना आवश्यक है, जोकि शेष कार्यकाल के लिए होता है। यदि कार्यकाल छः माह से कम शेष हो, तो निर्वाचन नहीं कराए जा सकते।

ई-पंचायत

परिचय

भारत सरकार द्वारा सभी पंचायतों को सक्षम बनाने हेतु **ई-पंचायत मिशन मोड परियोजना का** प्रारम्भ किया गया, जिससे पंचायतों में पारदर्शिता, सूचनाओं का आदान-प्रदान, सेवाओं का कुशल वितरण तथा पंचायतों के प्रबन्धन में गुणवत्ता तथा पारदर्शिता को सुनिश्चित किया जा सके।

उद्देश्य

- पंचायतों की कार्यप्रणाली में पारदर्शिता लाना।
- निर्णयन प्रक्रिया में सुधार करना।
- अच्छी सेवा को प्रदान करने हेतु पंचायतों को सक्षम बनाना है।

ई-पंचायत मिशन मोड प्रोजेक्ट

इसका क्रियान्वयन राष्ट्रीय पंचायती राज मन्त्रालय द्वारा किया जा रहा है। इससे कार्यक्रमों की योजनाओं का निर्माण निरीक्षण, क्रियान्वयन, बजटिंग, लेख तथा सामाजिक लेखांकन किया जाता है।

11वीं अनुसूची के अन्तर्गत पंचायतों को हस्तान्तरित विषय

11वीं अनुसूची के अन्तर्गत पंचायतों को हस्तान्तरित किए गए 29 विषयों का विवरण निम्न है

- कृषि जिसके अन्तर्गत कृषि विस्तार शामिल है।
- भूमि विकास, भूमि सुधार का कार्यान्वयन, चकबन्दी और भूमि संरक्षण।
- लघु सिंचाई, जल प्रबन्धन और जल विभाजक क्षेत्र का विकास।
- पशुपालन—डेयरी उद्योग और कुक्कुट-पालन।
- मत्स्य उद्योग।
- सामाजिक वानिकी और फार्म वानिकी।
- लघु वन उपज।
- लघु उद्योग, जिसके अन्तर्गत खाद्य प्रसंस्करण उद्योग।
- खादी ग्रामोद्योग और कुटीर उद्योग सम्मिलित।
- ग्रामीण विकास।
- पेयजल (पीने योग्य जल)।
- ईंधन और चारा।
- सड़कें, पुलिया, पुल, फेरी, जलमार्ग और अन्य संचार के साधन।।
- ग्रामीण विद्युतीकरण, जिसके अन्तर्गत विद्युत का वितरण।

- अपारम्परिक ऊर्जा स्रोत।
- गरीबी उन्मूलन कार्यक्रम।
- प्रौढ़ और अनौपचारिक शिक्षा।
- पुस्तकालय
- सांस्कृतिक क्रिया-कलाप।
- बाजार और मेले।
- प्राथमिक और माध्यमिक शिक्षा सम्बन्धी विद्यालय।
- तकनीकी प्रशिक्षण, व्यावसायिक शिक्षा।
- स्वास्थ्य और स्वच्छता सम्बन्धी संस्थाएँ, जिनमें अस्पताल, प्राथमिक स्वास्थ्य केन्द्र औषधालय शामिल हैं।
- परिवार कल्याण,
- महिला और बाल विकास।
- सामाजिक समृद्धि (विकलांग और मानसिक रोगियों सहित)।
- दुर्बल वर्गों का और विशिष्टतया अनुसूचित जातियों और जनजातियों का कल्याण।
- सार्वजनिक वितरण प्रणाली।
- सामुदायिक आस्तियों का अनुरक्षण आदि।

पंचायत से सम्बन्धित अनुच्छेद

अनुच्छेद 243	परिभाषाएँ
अनुच्छेद 243 (A)	ग्रामसभा
अनुच्छेद 243 (B)	पंचायतों का गठन
अनुच्छेद 243 (C)	पंचायतों की संरचना
अनुच्छेद 243 (D)	स्थानों का आरक्षण
अनुच्छेद 243 (E)	पंचायतों की अवधि
अनुच्छेद 243 (F)	सदस्यता के लिए निरर्हताएँ
अनुच्छेद 243 (G)	पंचायतों की शक्तियाँ, प्राधिकार और उत्तरदायित्व
अनुच्छेद 243 (H)	पंचायतों द्वारा कर अधिरोपित करने की शक्तियाँ और उनकी निधियाँ
अनुच्छेद 243 (I)	वित्तीय स्थिति के पुनर्विलोकन के लिए वित्त आयोग का गठन
अनुच्छेद 243 (J)	पंचायतों के लेखाओं की संपरीक्षा। (विधानमण्डल द्वारा)
अनुच्छेद 243 (K)	पंचायतों के लिए निर्वाचन
अनुच्छेद 243 (L)	संघ राज्यक्षेत्रों को लागू होना
अनुच्छेद 243 (M)	इस भाग का कतिपय क्षेत्रों को लागू न होना
अनुच्छेद 243 (N)	विद्यमान विधियों और पंचायतों का बना रहना
अनुच्छेद 243 (O)	निर्वाचन सम्बन्धी मामलों में न्यायालयों के हस्तक्षेप का वर्जन

अनुसूचित क्षेत्रों में पंचायत विस्तार अधिनियम, 1996

- पंचायतों के प्रावधान (अनुसूचित क्षेत्रों तक विस्तार) (पेसा) अधिनियम, 1996 [The provisions of the Panchayats (Extension to the scheduled Areas (PESA) Act, 1996] अथवा पेसा अधिनियम, 1996 पंचायतों से सम्बन्धित संविधान का भाग-IX पाँचवीं अनुसूची में वर्णित क्षेत्रों पर लागू नहीं होता, यद्यपि संसद इन प्रावधानों को कुछ अपवादों तथा संशोधनों सहित उक्त क्षेत्रों पर लागू कर सकती है।
- इसी सन्दर्भ में, पाँचवीं अनुसूची के क्षेत्रों में रहने वाले लोगों को मुख्यधारा में लाने के लिए संसद ने संविधान के अनुच्छेद 243M(4)(b) के सन्दर्भ में पंचायतों के प्रावधान (अनुसूचित क्षेत्रों तक विस्तार) अधिनियम, 1996 को अधिनियमित किया है।
- कुछ संशोधनों और अपवादों के साथ, पंचायतों से सम्बन्धित संविधान के भाग-IX को पाँचवीं अनुसूची क्षेत्रों तक विस्तारित करने के लिए है। पाँचवीं अनुसूची के क्षेत्रों वाले राज्यों को इन क्षेत्रों के लिए पंचायत कानून बनाने का अधिकार दिया गया है।
- इस अधिनियम की धारा 2 के सन्दर्भ में, अनुसूचित क्षेत्रों का अर्थ संविधान के अनुच्छेद 244 खण्ड (1) में निर्दिष्ट अनुसूचित क्षेत्रों से है।

1996 का पेसा अधिनियम

- वर्ष 1996 में भूरिया समिति की सिफारिशों के आधार पर यह अधिनियम लाया गया, जिसका उद्देश्य अनुसूचित क्षेत्रों में केन्द्रीय कानूनों के द्वारा जनजातीय स्वायत्त क्षेत्रों को संचालित करना था।
- 24 दिसम्बर, 1996 को पेसा एक्ट राष्ट्रपति की सहमति के बाद अस्तित्व में आया।
- वर्तमान में 10 राज्यों में पाँचवीं अनुसूची के अन्तर्गत-आन्ध्र प्रदेश, तेलंगाना, छत्तीसगढ़, गुजरात, हिमाचल प्रदेश, महाराष्ट्र, ओडिशा, राजस्थान, मध्य प्रदेश तथा झारखण्ड क्षेत्र आते हैं।
- पेसा अधिनियम का उद्देश्य संविधान के भाग-IX में पंचायतों के सम्बन्ध में जुड़े उपबन्धों को आवश्यक संशोधन कर अनुसूचित क्षेत्रों तक विस्तारित करना।
- जनजातीय संख्या को देश से समग्रता की भावना से जोड़ने हेतु स्वशासन प्रदान करना।
- ग्राम सभाओं को विकास योजनाओं की स्वीकृति प्रदान करने तथा सभी सामाजिक क्षेत्रों को नियन्त्रित करने में महत्त्वपूर्ण भूमिका निभाने का अधिकार देना है।
- जनजातीय समुदायों की परम्पराओं तथा रीति-रिवाजों का संरक्षण करना।
- उच्च स्तर पर पंचायतों को निचले स्तर की ग्राम सभा की शक्तियों एवं अधिकारों को छिनने से रोकना।

अनुसूचित जनजाति और अन्य पारम्परिक वन निवासी अधिनियम, 2006

- अनुसूचित जनजाति और अन्य पारम्परिक वन निवासी (वन अधिकारों की मान्यता) अधिनियम, 2006 [Scheduled Tribes and other Traditional Forest Dwellers (Recognition of Forest Rights) Act, 2006) को सामान्यत: वन अधिकार अधिनियम (फॉरेस्ट राइट्स एक्ट-एफ आर ए) के रूप में भी जाना जाता है।
- वन भूमि पर किसी स्थानीय प्राधिकरण या किसी राज्य सरकार द्वारा जारी पट्टों, ठेकों तथा अनुदानों के रूपान्तरण का अधिकार। वनों के सभी वनग्रामों, पुराने आवासों, असर्वेक्षित ग्रामों और अन्य ग्रामों के बसने और सम्परिवर्तन के अधिकार चाहे वे राजस्व ग्राम हों अथवा न हों।
- ऐसे किसी सामुदायिक वन संसाधन का संरक्षण या प्रबन्ध करने का अधिकार, जिसका वे पारम्परिक रूप से संरक्षण कर रहे हैं।
- ऐसे अधिकार जिनको किसी राज्य की विधि या किसी स्वशासी जिला परिषद् या स्वशासी क्षेत्रीय परिषदों के अधीन मान्यता दी गई है।

- जैव-विविधता (Bio-Diversity) तथा सांस्कृतिक विविधता (Cultural Diversity) से सम्बन्धित बौद्धिक सम्पदा और पारम्परिक ज्ञान के सन्दर्भ में सामुदायिक अधिकार।
- 13 दिसम्बर, 2005 से पहले किसी भी वन भूमि क्षेत्र में अवैध रूप से पुनर्वास करने वाले अनुसूचित जनजाति व अन्य परम्परागत वन निवासियों को यथावत पुनर्वास का अधिकार होगा, उन्हें वहाँ से हटाया नहीं जाएगा।

भारतीय वन (संशोधन) अधिनियम 2018 में बाँस (Bamboo) को वन-सम्पदा से बाहर कर दिया गया है। ऐसा कदम 'मेक इन इण्डिया' को प्रभावी बनाने तथा इसके आयात को कम करने के उद्देश्य से किया गया है।

नगरीय निकायों का विकास क्रम

- नगरीय स्थानीय निकाय को नगरपालिकाएँ कहा जाता है। भारत में नगरीय स्थानीय स्वशासन की स्थापना के अन्तर्गत इनका गठन किया गया है।
- ब्रिटिश शासन के दौरान 1882 ई. में लॉर्ड रिपन के द्वारा स्थानीय स्वशासन पर एक घोषणा-पत्र प्रस्तुत किया गया, विकेन्द्रीकरण पर हॉबहाउस की अध्यक्षता में वर्ष 1907 में एक रॉयल आयोग का गठन किया गया।
- बाद में भारत सरकार अधिनियम, 1919 के द्वारा स्थानीय स्वशासन को एक हस्तान्तरित विषय बना दिया गया। वर्ष 1924 में सरकार द्वारा कैण्टोनमेण्ट एक्ट पारित किया गया तथा वर्ष 1935 के भारत सरकार अधिनियम द्वारा स्थानीय शासन को राज्यों का विषय बना दिया गया।

नगर निगम	स्थापना
मद्रास नगर निगम हेतु चार्टर जारी	30 दिसम्बर, 1687
मद्रास नगर निगम अस्तित्व में आया	29 सितम्बर, 1688
बम्बई तथा कलकत्ता में नगर निगम की स्थापना	1726

नगरीय निकायों को संवैधानिक स्वरूप प्रदान किए जाने हेतु प्रयास

- नगरपालिकाओं की स्थिति को मजबूत करने तथा इन्हें संवैधानिक दर्जा देने के लिए राजीव गाँधी की सरकार द्वारा वर्ष 1989 में 65वाँ संविधान संशोधन विधेयक लोकसभा में लाया गया, जो लोकसभा में पारित हो गया, किन्तु यह विधेयक राज्यसभा में पारित न हो सका।
- वर्ष 1990 में वी. पी. सिंह सरकार द्वारा इस विधेयक को पारित कराने का प्रयास किया गया, किन्तु लोकसभा के भंग होने के कारण यह विधेयक रद्द हो गया।
- एक बार पुन: वर्ष 1991 में पी. वी. नरसिम्हा राव सरकार द्वारा विधेयक को पास कराने का प्रयास किया गया, जिसे लोकसभा और राज्यसभा द्वारा दिसम्बर, 1992 में पारित किया गया।
- राष्ट्रपति की स्वीकृति इस विधेयक को 20 अप्रैल, 1993 को मिली और यह विधेयक 74वाँ संविधान संशोधन अधिनियम, 1992 के नाम से जाना गया, जो देश में 1 जून, 1993 से प्रभावी हुआ।

74वाँ संविधान संशोधन अधिनियम, 1992

- इस अधिनियम के द्वारा संविधान में एक नया भाग **भाग-IX (A)** (जिसका नाम नगरपालिकाएँ रखा गया) तथा अनुच्छेद 243 (P) से 243 (ZG) व एक नई अनुसूची 12वीं अनुसूची को जोड़ा गया।
- नगरों में स्थानीय स्वशासी संस्थाओं की स्थापना, उनकी शक्तियों तथा कार्यों के सम्बन्ध में संवैधानिक प्रावधान किए गए। इस अधिनियम के प्रावधानों को दो वर्गों में विभाजित किया जा सकता है- **अनिवार्य प्रावधान** और **ऐच्छिक प्रावधान**।

अनिवार्य प्रावधान

- 74वें संविधान संशोधन अधिनियम, 1992 के अनिवार्य प्रावधानों में निम्नलिखित शामिल हैं
  - **नगर पंचायत, नगरपालिकाओं** और **नगर महापालिकाओं** का गठन करना।
  - स्थानीय संस्थाओं में अनुसूचित जातियों और अनुसूचित जनजातियों के लिए उनकी जनसंख्या के अनुपात में स्थानों का आरक्षण।
  - महिलाओं के लिए एक-तिहाई स्थानों का आरक्षण।
  - पंचायती राज संस्थाओं के निर्वाचनों की व्यवस्था करने हेतु गठित राज्य निर्वाचन आयोग द्वारा नगरों की स्थानीय स्वशासी संस्थाओं के निर्वाचन की व्यवस्था करना।
  - पंचायती राज संस्थाओं के वित्तीय कार्यों के सन्दर्भ में गठित वित्त आयोग द्वारा नगरों की स्थानीय स्वशासी संस्थाओं की वित्तीय व्यवस्था की भी देख-रेख करना।
  - नगरों की स्थानीय स्वशासी संस्थाओं का कार्यकाल 5 वर्ष निर्धारित करना और इसके पूर्व विघटित किए जाने पर 6 महीने के अन्दर निर्वाचन कराने की व्यवस्था करना आदि।

ऐच्छिक प्रावधान

- 74वें संविधान संशोधन अधिनियम, 1992 के ऐच्छिक प्रावधान को निम्न रूपों में समझा जा सकता है
  - संघीय संसद और राज्य के विधानमण्डलों के सदस्यों को नगरीय स्वशासी संस्थाओं में मताधिकार प्रदान करना।
  - पिछड़े वर्गों के लिए आरक्षण की व्यवस्था करना।
  - नगरीय स्वशासी संस्थाओं को कर, शुल्क, पथ कर और फीस लगाने से सम्बन्धित वित्तीय शक्तियाँ प्रदान करना।
  - नगरीय स्वशासी संस्थाओं को संविधान के 74वें संविधान संशोधन द्वारा संविधान में जोड़ी गई 12वीं अनुसूची में वर्णित कुछ अथवा समस्त कार्यों को सम्पन्न करने के लिए ऐसी शक्तियाँ और प्राधिकार प्रदान करना, जो उन्हें प्रदत्त उत्तरदायित्वों का निर्वाह करने में समर्थ बनाने के लिए आवश्यक हों।
  - आर्थिक विकास हेतु योजनाओं का निर्माण करना।

नगरपालिका का गठन

अनुच्छेद 243(Q) के अन्तर्गत तीन प्रकार की नगर निकायों के गठन का उपबन्ध किया गया है, जिसके अनुसार परिवर्तनोन्मुखी क्षेत्र (अर्थात् ग्रामीण क्षेत्र से नगरीय क्षेत्र में परिवर्तन के इच्छुक क्षेत्र) के लिए नगर पंचायत (जनसंख्या 10,000 से 20,000), छोटे नगरीय क्षेत्र के लिए नगरपालिका

परिषद् (जनसंख्या 20, 000 से 3 लाख) तथा वृहत्तर नगरीय क्षेत्र के लिए नगर निगमों (जनसंख्या 3 लाख से अधिक) की स्थापना का प्रावधान करता है।

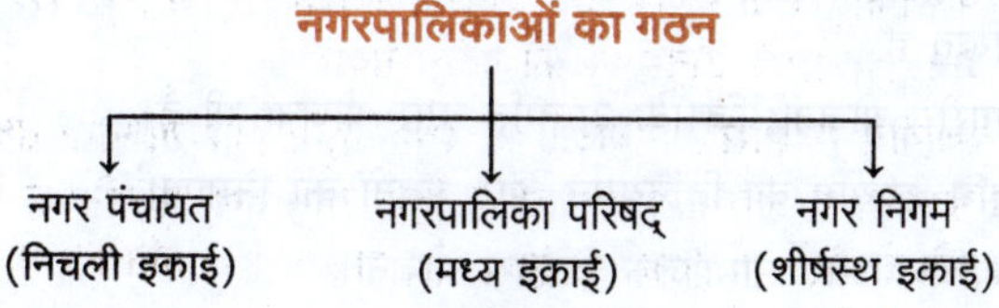

अपवाद

- यदि कोई शहरी क्षेत्र है, जहाँ की शहरी सुविधाएँ किसी औद्योगिक प्रतिष्ठान द्वारा उपलब्ध करवाई जा रही हैं, तब राज्यपाल उस क्षेत्र को औद्योगिक क्षेत्र के रूप में विनिर्दिष्ट कर सकते हैं। इस स्थिति में नगरपालिका का गठन नहीं किया जा सकता।
- राज्यपाल द्वारा किसी क्षेत्र को संक्रमण क्षेत्र, लघु शहरी क्षेत्र अथवा वृहत शहरी क्षेत्र विनिर्दिष्ट करना
  - क्षेत्र की जनसंख्या – जनसंख्या घनत्व – आर्थिक महत्त्व
  - स्थानीय प्रशासन हेतु उपार्जित राजस्व
  - गैर-कृषि क्षेत्र में रोजगार का प्रतिशत
  - अन्य कारण, जिसे राज्यपाल विचार योग्य समझे

नगरपालिका की संरचना

- अनुच्छेद 243(R) के अन्तर्गत नगरपालिकाओं की संरचना के विषय में उल्लेख किया गया है, जिसके अन्तर्गत प्रत्येक नगरपालिका क्षेत्र को वार्डों में विभाजित किया जाता है और इनका चुनाव उस क्षेत्र की जनता द्वारा प्रत्यक्ष मतदान से किया जाता है तथा नगरपालिकाओं के अध्यक्षों का चुनाव सम्बन्धित राज्य के विधान के अनुसार, प्रत्यक्ष या अप्रत्यक्ष रूप से होता है। इसका निर्धारण राज्य के विधानमण्डल द्वारा किया जाता है।
- राज्य का विधानमण्डल विधि बनाकर निम्न लोगों को नगरपालिकाओं में प्रतिनिधित्व प्रदान कर सकता है; जैसे
  - नगरपालिका प्रशासन का विशेष ज्ञान और अनुभव रखने वाले व्यक्ति, परन्तु इनको नगरपालिका के अधिवेशन में मत देने का अधिकार प्राप्त नहीं होता।
  - लोकसभा और राज्य विधानसभा के सदस्य, जो ऐसे निर्वाचन क्षेत्रों का प्रतिनिधित्व करते हों।
  - राज्यसभा और राज्य विधानपरिषद् के ऐसे सदस्य, जो उन क्षेत्रों की मतदाता सूची में पंजीकृत हों।
  - वार्ड समितियों के अतिरिक्त अन्य समितियों के अध्यक्ष हों।

वार्ड समितियों का गठन

अनुच्छेद 243 (S) में वार्ड समितियों आदि के गठन और संरचना का उल्लेख किया गया है। इसके अनुसार 3 लाख या इससे अधिक जनसंख्या वाले क्षेत्रों के लिए वार्ड समितियों गठन किया जा सकता है, जो एक या एक से अधिक वार्डों से मिलकर बनती है और राज्य का विधानमण्डल उन वार्ड समितियों से सम्बन्धित (जैसे-गठन, प्रादेशिक, क्षेत्र, स्थानों को भरने की प्रक्रिया आदि) विधि बना सकता है तथा अन्य समितियों के गठन का प्रावधान कर सकता है।

नगरपालिकाओं का कार्यकाल

- अनुच्छेद 243(U) के अनुसार, नगरपालिका अपनी प्रथम बैठक की तारीख से 5 वर्ष के लिए अस्तित्व में रहती है, परन्तु इसे समय पूर्व भी भंग किया जा सकता है।
- ऐसी परिस्थिति में चुनाव छ: माह के अन्दर कराने अनिवार्य होंगे, इस प्रकार गठित नगरपालिका शेष अवधि तक कार्य करेगी।
- किन्तु यदि विघटित नगरपालिका का शेष कार्यकाल 6 माह से कम हो तो उसके लिए 6 माह के अन्दर निर्वाचन आवश्यक नहीं है।

सदस्यता के लिए निरर्हताएँ/अयोग्यताएँ

- अनुच्छेद 243(V) के अनुसार कोई व्यक्ति किसी नगरपालिका का सदस्य चुने जाने के लिए या सदस्य बने रहने के लिए अयोग्य होगा, यदि
  - वह राज्य विधानमण्डल द्वारा बनाई गई किसी विधि के अधीन अयोग्य है, किन्तु कोई व्यक्ति इस आधार पर अयोग्य नहीं होगा कि वह 25 वर्ष से कम आयु का है, यदि उसने 21 वर्ष की आयु पूरी कर ली हो।
  - वह सम्बन्धित राज्य विधानमण्डल के निर्वाचन के प्रयोजन हेतु बनाई गई किसी विधि द्वारा या उसके अधीन अयोग्य है।
  - उल्लेखनीय है कि नगरपालिका के किसी सदस्य की अयोग्यता सम्बन्धी प्रश्न का विनिश्चय विधानसभा द्वारा विहित पदाधिकारी द्वारा किया जाता है।

नगरपालिकाओं में स्थानों का आरक्षण

- अनुच्छेद 243(T) में नगरपालिकाओं में स्थानों के आरक्षण का प्रावधान किया गया है।
- नगरपालिकाओं में आरक्षण का प्रावधान पंचायतों के समान ही है -यथा अनुसूचित जनजातियों के लिए उनकी जनसंख्या के अनुपात में प्रत्येक नगरपालिका में स्थान आरक्षित होगा। इन आरक्षित स्थानों का 1/3 भाग इन वर्गों की महिलाओं के लिए आरक्षित होगा।
- नगरपालिका में प्रत्यक्ष निर्वाचन द्वारा भरे जाने वाले कुल स्थानों का 1/3 भाग महिलाओं (सभी वर्गों की) के लिए आरक्षित होगा। इसमें अनुसूचित जातियों और जनजातियों की महिलाओं के लिए स्थान आरक्षित होंगे।
- नगरपालिका में अध्यक्ष पद के आरक्षण सम्बन्धी प्रावधान करने का अधिकार राज्य विधानमण्डल को है।
- पिछड़े वर्गों के लिए नगरपालिका में आरक्षण का प्रावधान नहीं है, किन्तु राज्य विधानमण्डल नगरपालिका सदस्यों या अध्यक्षों के पद हेतु पिछड़े वर्गों के लिए भी आरक्षण का प्रावधान कर सकता है।

नोट *नगरपालिका में पिछड़े वर्ग के लिए आरक्षण उत्तर प्रदेश विधानमण्डल द्वारा वर्ष 2000 में अपने नगरपालिका अधिनियम में संशोधन कर अन्य पिछड़े वर्गों के लिए आरक्षण का प्रावधान किया गया है।*

नगरपालिकाओं की शक्तियाँ, प्राधिकार, उत्तरदायित्व

- अनुच्छेद 243(W) के अन्तर्गत नगरपालिकाओं आदि की शक्तियाँ, प्राधिकार और उत्तरदायित्व के बारे में प्रावधान किया गया है।
- राज्य का विधानमण्डल इन संस्थाओं को कार्य करने के लिए ऐसी शक्तियाँ और प्राधिकार सौंप सकता है, जो इन संस्थाओं के लिए स्वायत्त रूप में कार्य करने में समर्थ बनाने के लिए आवश्यक हों।

- इस सन्दर्भ में निम्न उपबन्ध किए जा सकते हैं
  - आर्थिक विकास और सामाजिक न्याय के लिए योजनाएँ तैयार करना।
  - ऐसे कृत्यों का पालन करना और ऐसी स्कीमों को कार्यान्वित करना, जो उन्हें सौंपी जाएँ।
  - इन स्कीमों के अन्तर्गत 12वीं अनुसूची में सूचीबद्ध विषय भी हैं।

अनुच्छेद 243(X) के अनुसार, राज्य का विधानमण्डल विधि द्वारा नगरपालिकाओं को निम्न कार्य सौंप सकता है
- कर, शुल्क, पथकर, लगान वसूल करने तथा उनका उपयोग करने की शक्ति दे सकता है।
- राज्य सरकार द्वारा अधिरोपित और संगृहीत कर, पथकर, शुल्क और फीसें समानुदेशित कर सकता है।
- राज्य की संचित निधि से अनुदान और सभी धनराशियों के एकत्रीकरण के लिए एक कोष का गठन कर सकता है।

नगरपालिकाओं के वित्त से सम्बन्धित उपबन्ध

संविधान के अनुच्छेद 243 (X), अनुच्छेद 243 (Y) तथा अनुच्छेद 243 (Z) में नगरपालिकाओं की वित्तीय स्थिति से जुड़े प्रावधान उल्लिखित हैं

करारोपण की शक्ति तथा निधियाँ	वित्त आयोग	लेखाओं का आंकलन
अनुच्छेद 243 (X) के अन्तर्गत राज्य विधानमण्डल द्वारा नगरपालिकाओं को कर, शुल्क, पथकर, लगान वसूलने तथा उनके प्रयोग सम्बन्धी शक्ति दी गई है।	अनुच्छेद 243 (Y) के अन्तर्गत, अनुच्छेद 243(I) के अधीन गठित वित्त आयोग नगरपालिकाओं की वित्तीय स्थिति का भी पुनरावलोकन करेगा।	अनुच्छेद 243 (Z) में राज्य विधानमण्डल को शक्ति प्राप्त है कि वह नगरपालिकाओं द्वारा लेखे रखे जाने तथा ऐसे लेखों की सम्परीक्षा का उपबन्ध करे।
—	राज्य एवं नगरपालिकाओं के मध्य करों के वितरण सम्बन्धी कार्य।	—
—	नगरपालिकाओं को राज्य की संचित निधि से प्राप्त सहायता अनुदान।	—

नगरपालिकाओं हेतु चुनाव

- नगरपालिकाओं के लिए निर्वाचक नामावली तैयार करने का और उसके सभी निर्वाचनों के संचालन का अधीक्षण, निर्देशन और नियन्त्रण अनुच्छेद 243 K के तहत पंचायतों के लिए गठित राज्य निर्वाचन आयोग में निहित होगा।
- अनुच्छेद 243 (ZA) में चुनाव से सम्बन्धित उपबन्ध दिए गए हैं। राज्य निर्वाचन आयोग को नगरपालिकाओं के चुनाव की जिम्मेदारी भी दी गई है। इसके सम्बन्ध में निम्नलिखित प्रावधान हैं
  - राज्य विधानमण्डल को चुनाव के विषय में कानून बनाने का अधिकार प्राप्त है।
  - निर्वाचन से जुड़े मामलो में न्यायालयों का हस्तक्षेप वर्जित है। अनुच्छेद 243 (ZG)

12वीं अनुसूची के अन्तर्गत नगरपालिकाओं के हस्तान्तरित विषय

12वीं अनुसूची के अन्तर्गत नगरपालिकाओं के हस्तान्तरित विषय (18) निम्नलिखित हैं

(i) नगरीय योजना, जिसके अन्तर्गत नगर योजना भी है।
(ii) भूमि उपयोग का विनियमन और भवनों का निर्माण।
(iii) आर्थिक और सामाजिक विकास योजना।
(iv) सड़कें और पुल।
(v) घरेलू, औद्योगिक और वाणिज्यिक प्रयोजनों के लिए जलप्रदाय।
(vi) लोक स्वास्थ्य, स्वच्छता, सफाई और कूड़ा-करकट प्रबन्धन।
(vii) अग्निशमन सेवाएँ।
(viii) नगरीय वानिकी, पर्यावरण का संरक्षण और पारिस्थितिकी आयामों की अभिवृद्धि।
(ix) समाज के दुर्बल वर्गों के जिनके अन्तर्गत विकलांग और मानसिक रूप से मन्द व्यक्ति भी हैं, हितों की रक्षा।
(x) गन्दी बस्ती सुधार और प्रोन्नयन।
(xi) नगरीय निर्धनता उन्मूलन।
(xii) नगरीय सुख-सुविधाओं; जैसे-पार्क, उद्यान, खेल के मैदानों की व्यवस्था।
(xiii) सांस्कृतिक-शैक्षणिक और सौन्दर्यपरक आयामों की अभिवृद्धि।
(xiv) शव गाड़ना, कब्रिस्तान, शवदाह, श्मशान और विद्युत शवदाह गृह।
(xv) काँजीहाउस, पशुओं के प्रति क्रूरता का निवारण।
(xvi) जन्म-मरण सांख्यिकी जिसके अन्तर्गत जन्म-मृत्यु रजिस्ट्रीकरण भी है।
(xvii) सार्वजनिक सुख-सुविधाओं, जिसके अन्तर्गत सड़कों पर प्रकाश, पार्किंग स्थल, बस स्टॉप और जन सुविधाएँ भी हैं।
(xviii) वेधशालाओं और चर्मशोधन शालाओं का विनियमन।

जिला योजना समिति अनुच्छेद 243 (ZD)

प्रत्येक राज्य जिला स्तर पर एक जिला योजना समिति का गठन करेगा, जो जिले की पंचायतों एवं नगरपालिकाओं द्वारा तैयार योजना को संगठित करेगी और जिला स्तर पर एक विकास योजना का प्रारूप तैयार करेगी।

- राज्य विधानमण्डल इस सम्बन्ध में निम्न उपबन्ध बना सकता है
  - इस प्रकार की समितियों की संरचना,
  - इन समितियों के सदस्यों के निर्वाचन का तरीका,
  - इन समितियों के जिला योजना के सम्बन्ध में कार्य,
  - इन समितियों के अध्यक्ष के निर्वाचन का ढंग,
  - इस अधिनियम के अन्तर्गत जिला योजना समिति में कम-से-कम 4/5 सदस्य जिला स्तर की पंचायत और नगरपालिकाओं के निर्वाचित सदस्यों में से होंगे।
  - समिति के इन सदस्यों की संख्या जिले की ग्रामीण एवं शहरी जनसंख्या के अनुपात में होनी चाहिए।
  - जिला योजना समिति का अध्यक्ष ऐसी विकास योजना का प्रारूप तैयार करके राज्य सरकार को भेजेगा।

हनुमन्त राव समिति

- 1984 में सी. एच. हनुमन्त राव की अध्यक्षता में जिला योजना के सम्बन्ध में एक कार्यकारी समूह की स्थापना की गई, इस समूह ने निम्न संस्तुतियाँ दीं
  - किसी मन्त्री अथवा कलेक्टर के अन्तर्गत अलग से एक जिला योजना संस्था का निर्माण किया जाए।
  - विकेन्द्रित योजना में कलेक्टर की भूमिका महत्त्वपूर्ण बनाई जाए।
  - इस प्रक्रिया में पंचायती राज संस्थाओं का भी सहयोग लिया जाए।

महानगरीय योजना समिति अनुच्छेद 243 (ZE)

- प्रत्येक महानगर क्षेत्र में विकास योजना के प्रारूप को तैयार करने हेतु एक महानगरीय योजना समिति होगी।
- राज्य विधानमण्डल इस सम्बन्ध में निम्न उपबन्ध बना सकता है
  - इस प्रकार की समितियों की संरचना
  - इन समिति के सदस्यों के निर्वाचन का तरीका
  - केन्द्र सरकार, राज्य सरकार तथा अन्य संस्थाओं का इन समितियों में प्रतिनिधित्व।
  - महानगरीय क्षेत्रों के लिए योजनाओं तथा समन्वयता के सम्बन्ध में इन समितियों के कार्य।
  - इन समितियों में अध्यक्ष के चुनाव का ढंग।
  - इस अधिनियम के अन्तर्गत महानगरीय योजना समिति के 2/3 सदस्य महानगर क्षेत्र में नगरपालिका के निर्वाचित सदस्यों एवं पंचायतों के अध्यक्षों द्वारा स्वयं में से चुने जाएँगे।
  - समिति के इन सदस्यों की संख्या उस महानगरीय क्षेत्र में नगरपालिकाओं एवं पंचायतों की जनसंख्या के अनुपात में समानुपाती होनी चाहिए।
  - प्रत्येक महानगर योजना समिति का अध्यक्ष विकास योजना के प्रारूप को राज्य सरकार को भेजेगा।

नगरपालिकाओं से सम्बन्धित अनुच्छेद

अनुच्छेद	विषय	अनुच्छेद	विषय
243 P	परिभाषाएँ	243 Y	वित्त आयोग
243 Q	नगरपालिकाओं का गठन	243 Z	नगरपालिकाओं के लेखाओं की संपरीक्षा
243 R	नगरपालिकाओं की संरचना	243 Z A	नगरपालिकाओं के लिए निर्वाचन
243 S	वार्ड समितियों आदि का गठन और संरचना	243 Z B	संघ राज्य क्षेत्रों को लागू होना
243 T	स्थानों का आरक्षण	243 Z C	इस भाग का कतिपय क्षेत्रों को लागू न होना
243 U	नगरपालिकाओं की अवधि आदि	243 Z D	जिला योजना के लिए समिति
243 V	सदस्यता के लिए निरर्हताएँ	243 Z E	महानगर योजना के लिए समिति
243 W	नगरपालिकाओं आदि की शक्तियाँ, प्राधिकार और उत्तरदायित्व	243 Z F	विद्यमान विधियों और नगरपालिकाओं का बना रहना
243 X	नगरपालिकाओं द्वारा कर अधिरोपित करने की शक्ति और उनकी निधियाँ	243 Z G	निर्वाचन सम्बन्धी मामलों में न्यायालयों के हस्तक्षेप पर रोक

प्रमुख नगरीय निकाय

भारत में आठ प्रकार के नगरीय निकाय अस्तित्व में हैं, जिनका विवरण संक्षेप में निम्न प्रकार है

नगर निगम

- नगर निगम का निर्माण बड़े नगरों; जैसे-कोलकाता, मुम्बई, दिल्ली, चेन्नई, हैदराबाद बंगलुरु तथा अन्य नगरों के लिए है।
- संघ-राज्य क्षेत्रों में नगर निगमों का गठन संसद के अधिनियम तथा राज्यों में नगर निगमों का गठन राज्य विधानमण्डल के अधिनियम के द्वारा होता है।

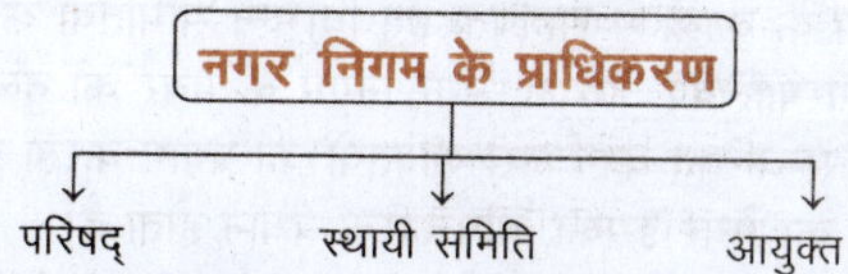

- परिषद् में जनता द्वारा प्रत्यक्ष रूप से निर्वाचित पार्षद तथा कुछ नामित व्यक्ति शामिल होते हैं। परिषद् का प्रमुख महापौर (मेयर, कार्यकाल 5 वर्ष) तथा उसकी सहायता के लिए उपमहापौर (डिप्टी मेयर) होता है।
- स्थायी समिति परिषद् के कार्य को सुगम बनाती है।
- नगर निगम आयुक्त परिषद् और स्थायी समिति द्वारा लिए गए निर्णयों को लागू करने के लिए जिम्मेदार है।

दिल्ली नगर निगम (संशोधन) अधिनियम, 2022

- इस संशोधन अधिनियम के तहत दिल्ली के तीन नगर निगमों-उत्तरी नगर निगम, पूर्वी नगर निगम व दक्षिणी नगर का एक इकाई में (दिल्ली नगर निगम) विलय।
- यह अधिनियम दिल्ली नगर निगम अधिनियम, 1957 व 2011 के संशोधन अधिनियम को संशोधित करता है। इस संशोधन अधिनियम में निम्नलिखित प्रावधान किए गए हैं
  - प्रशासन से सम्बन्धित सभी अधिकार व शक्तियाँ दिल्ली सरकार से हस्तान्तरित कर केन्द्र सरकार को देना।
  - दिल्ली नगर निगम से सीटों की अधिकतम संख्या 250 होगी (पूर्व के तीनों नगर निगमों की कुल संयुक्त सीटें 272)।
  - जनगणना के आधार पर वार्डों का परिसीमन।
  - नगर निगम सम्बन्धी सभी कार्य महापौर के स्थान पर केन्द्र सरकार द्वारा नियुक्त विशेष अधिकारी द्वारा सम्पादित।

नगरपालिका

- नगरपालिकाएँ कस्बों और छोटे शहरों के प्रशासन के लिए स्थापित की जाती हैं।
- नगरपालिका का सीमा क्षेत्र अधिसूचित करने का अधिकार सम्बन्धित राज्य के राज्यपाल का है।
- अन्य नाम नगर समिति, नगर परिषद्, सिटी म्युनिसिपल्टी, म्युनिसिपल बोर्ड, बॉरो म्युनिसिपल्टी ये भी राज्य विधानमण्डल से सम्बन्धित अधिनियम द्वारा गठित की गई हैं।
- नगर निगम की भाँति नगरपालिका के पास भी परिषद्, स्थायी समिति तथा मुख्य कार्यकारी अधिकारी नामक अधिकार क्षेत्र आते हैं।

- परिषद निगम की वैचारिक एवं विधायी शाखा है। इसमें लोगों द्वारा सीधे निर्वाचित (काउंसलर) शामिल हैं।
- परिषद् का प्रधान अध्यक्ष होता है। उपाध्यक्ष उसका सलाहकार है।
- स्थायी समिति लोक कार्य, शिक्षा स्वास्थ्य, कर निर्धारण तथा वित्त आदि को देखती है।
- मुख्य कार्यकारी अधिकारी नगरपालिका के दैनिक प्रशासन के लिए उत्तरदायी होता है। वह राज्य सरकार द्वारा नियुक्त होता है।
- नगरपालिका का अध्यक्ष इसका प्रमुख होता है, जिसे कार्यकारी शक्तियाँ भी प्राप्त होती हैं।
- नगरपालिका के कार्यों में सहायता हेतु विभिन्न समितियों का गठन किया जाता है; नगरपालिका अध्यक्ष, नगर निगम के मेयर की तुलना में नगरीय प्रशासन से सम्बन्धित कार्यकारी शक्तियों का प्रयोग करता है, जबकि नगर निगम का मेयर इसका औपचारिक प्रधान होता है।

न्यास पत्तन (पोर्ट ट्रस्ट)

- न्यास पत्तन का गठन संसद के एक अधिनियम द्वारा किया जाता है। इसमें निर्वाचित और गैर-निर्वाचित दोनों प्रकार के सदस्य शामिल होते हैं। इसका एक आधिकारिक अध्यक्ष होता है।
- बन्दरगाह क्षेत्रों; जैसे-मुम्बई, कोलकाता, चेन्नई और अन्य में न्यास पत्तन की स्थापना मुख्य रूप से निम्न दो उद्देश्यों के लिए की जाती है
  - बन्दरगाहों की सुरक्षा व व्यवस्था।
  - नागरिक सुविधाएँ प्रदान करना।

अधिसूचित क्षेत्र परिषद्

- अधिसूचित क्षेत्र परिषद् (नोटीफाइड एरिया कमेटी) का गठन दो प्रकार के क्षेत्र के प्रशासन के लिए किया जाता है-औद्योगीकरण के कारण विकासशील कस्बा और वह कस्बा जिसने अभी तक नगरपालिका के गठन की आवश्यक शर्तें पूर्ण नहीं की हों, लेकिन राज्य सरकार द्वारा वह महत्त्वपूर्ण माना जाए।
- इसे सरकारी राज-पत्र में प्रकाशित कर अधिसूचित किया जाता है, इसलिए इसे अधिसूचित क्षेत्र समिति कहा जाता है। यह राज्य नगरपालिका अधिनियम के ढाँचे के अन्तर्गत कार्य करता है। अधिनियम के केवल वही प्रावधान इसमें लागू होते हैं, जिन्हें सरकारी राज-पत्र (Official Gazette) में अधिसूचित किया गया है।
- शक्तियाँ नगरपालिका की शक्तियों के समान हैं।
- पूर्ण रूप से नामित इकाई है, जिसमें राज्य सरकार द्वारा मनोनीत अध्यक्ष के साथ अधिसूचित क्षेत्र समिति के सदस्य होते हैं। अत: न तो यह निर्वाचित इकाई है और न ही सांविधिक निकाय है।

टाउनशिप/नगरीय क्षेत्र

- टाउनशिप की व्यवस्था सार्वजनिक उपक्रमों द्वारा उद्योगों के निकट की जाती है। यह एक आवासीय कालोनी होती है, जो कर्मचारियों की सुविधा के लिए बनाई जाती है।
- यह उपनाम नगर प्रशासन के लिए एक प्रशासन नियुक्त करता है।

विशेष प्रयोजन एजेन्सी

- यह कार्यक्रम पर आधारित एजेन्सी है न कि क्षेत्र पर आधारित निकाय। इसे राज्य द्वारा विशेष कार्यों के नियन्त्रण के लिए गठित किया जाता है।
- इसमें एक उद्देश्य या व्यापक उद्देश्य के लिए एजेंसी गठित की जाती है। इसमें निम्न इकाइयाँ गठित होती हैं
  - नगरीय सुधार ट्रस्ट
  - शहरी सुधार प्राधिकरण
  - जलापूर्ति एवं मल निकासी बोर्ड
  - आवासीय बोर्ड
  - प्रदूषण नियन्त्रण बोर्ड
  - विद्युत आपूर्ति बोर्ड
  - शहरी यातायात बोर्ड
- विशेष प्रयोजन एजेन्सियाँ स्वायत्त इकाई (Autonomous Unit) के रूप में कार्य करती हैं।

नगर क्षेत्रीय समिति

- छोटे, विकासशील कस्बों में प्रशासन के लिए नगर क्षेत्रीय समिति गठित की जाती है।
- इसे सीमित नागरिक सेवाएँ; जैसे—जल निकासी, सड़कें, मार्गों में प्रकाश व्यवस्था और संरक्षणता की जिम्मेदारी दी जाती है।
- राज्य विधानमण्डल के एक अलग अधिनियम द्वारा गठित, इसे पूर्ण या आंशिक रूप से राज्य सरकार द्वारा निर्वाचित या नामित किया जाता है।

छावनी परिषद् (कैण्टोनमेण्ट बोर्ड)

- सिविल जनसंख्या के प्रशासन के लिए छावनी परिषद् की स्थापना की जाती है। यह केन्द्रीय सरकार के रक्षा मन्त्रालय के प्रशासनिक निक्षेपण के अधीन कार्य करती है
- आंशिक रूप से निर्वाचित या नामित सदस्य शामिल होते हैं।
- निर्वाचित सदस्य 3 वर्ष की अवधि के लिए नामित सदस्य (पदेन सदस्य) उस स्थान पर लम्बे समय तक रहते हैं।
- सेना अधिकारी (प्राय: ब्रिगेडियर) जिसके प्रभाव में वह स्टेशन कमाण्डर हो, परिषद् का अध्यक्ष होता है और सभा की अध्यक्षता करता है। परिषद् के उपाध्यक्ष का चुनाव उन्हीं में से निर्वाचित सदस्यों द्वारा 3 वर्ष की अवधि के लिए होता है।

छावनी बोर्डों का विभाजन

श्रेणी	नागरिक जनसंख्या
श्रेणी-I	50,000 से अधिक
श्रेणी-II	10,000 से 50,000
श्रेणी-III	2500 से 10000
श्रेणी-IV	2500 से कम

- छावनी परिषद् के कार्यकारी अधिकारी की नियुक्ति भारत के राष्ट्रपति द्वारा
- यह परिषद् और इसकी समिति के सभी प्रस्तावों एवं निर्णयों को लागू करता है और इस प्रयोजन हेतु गठित केन्द्रीय कैडर से सम्बद्ध होता है।
- यदि पंचायत और छावनी बोर्ड के मध्य विवाद हो, तो राज्य सरकार केन्द्र सरकार के अनुमोदन के अधीन अन्तिम निर्णय लेगी।

“

केन्द्रशासित प्रदेश भारत के संघीय प्रशासनिक ढाँचे की एक प्रशासनिक इकाई है। इन प्रदेशों का प्रशासन राष्ट्रपति के नियन्त्रण में होता है। भारत में वर्तमान में 8 केन्द्रशासित प्रदेश हैं। इन केन्द्रशासित प्रदेशों में से तीन-दिल्ली, पुदुचेरी तथा जम्मू एवं कश्मीर में विधानसभा की व्यवस्था है।

अध्याय उनतीस

केन्द्रशासित प्रदेश और उसका प्रशासन

संवैधानिक प्रावधान

- संघ-राज्य क्षेत्र भारत में संघीय प्रशासनिक संरचना की एक इकाई है, जिसका प्रशासन सीधे केन्द्रीय शासन द्वारा चलाया जाता है। केन्द्र सरकार उप-राज्यपाल तथा प्रशासकों की नियुक्ति कर इन क्षेत्रों में प्रशासनिक सुव्यवस्था सुनिश्चित करती है।
- संघ-राज्य क्षेत्रों को भारत के संविधान के **भाग-1** में निर्दिष्ट किया गया है तथा सम्पूर्ण राज्य क्षेत्र को तीन भागों में वर्गीकृत किया गया है
  (i) राज्य क्षेत्र (ii) संघ-राज्य क्षेत्र (iii) अर्जित राज्य क्षेत्र
- संघ शासित प्रदेशों के विपरीत, राज्य भारत में संघीय प्रणाली के सदस्य हैं और केन्द्र के साथ शक्ति का वितरण साझा करते हैं। संघ शासित प्रदेश केन्द्र के सीधे/प्रत्यक्ष नियन्त्रण में होते हैं।
- ब्रिटिश शासनकाल में 1874 ई. में कुछ अनुसूचित जिले बनाए गए, बाद में इन्हें मुख्य आयुक्त क्षेत्र (चीफ कमिश्नरी) के नाम से जाना जाने लगा। स्वतन्त्रता के पश्चात् इन्हें **भाग (ग)** तथा **(घ)** राज्यों की श्रेणी में रखा गया।
- प्रारम्भ में राज्य क्षेत्रों को चार अलग-अलग श्रेणियों **(भाग-A)** पूर्व ब्रिटिश भारत प्रान्त, **(भाग-B)** रियासतें, **(भाग-C)** मुख्य आयुक्त के अधीन प्रान्तों तथा **(भाग-D)** अण्डमान एवं निकोबार द्वीप समूह में बाँटा गया था।
- **7वें संविधान संशोधन, 1956** द्वारा इन श्रेणियों के **(भाग-C)** तथा **(भाग-D)** के राज्यों को संघ-राज्य क्षेत्र के रूप में शामिल किया गया था। राज्य पुनर्गठन आयोग 1956 द्वारा **14 राज्य** तथा **6 संघ शासित प्रदेशों** की स्थापना की गई।
- कुछ संघ-राज्य क्षेत्रों को पूर्ण राज्य बना दिया गया तथा कुछ अन्य क्षेत्रों में शामिल किए गए; जैसे-अर्जित क्षेत्र पुदुचेरी, दादरा एवं नगर हवेली तथा दमन एवं दीव तथा चण्डीगढ़ को संघ-राज्य बनाया गया।
- केन्द्रशासित प्रदेशों के विषय में प्रमुख प्रावधान किए गए हैं
  - वर्तमान में भारत में 28 राज्य तथा 8 संघ-राज्य क्षेत्र हैं, किन्तु यहाँ कोई अर्जित क्षेत्र नहीं है।
  - **जम्मू-कश्मीर पुनर्गठन अधिनियम,** 2019 के द्वारा जम्मू-कश्मीर को दो संघ शासित प्रदेश जम्मू-कश्मीर एवं लद्दाख में पुनर्गठित किया गया।
  - दादरा एवं नगर हवेली और दमन एवं दीव (केन्द्रशासित प्रदेश का विलय) अधिनियम, 2019 से इन दोनों का विलय कर (26 जनवरी, 2020 से) एक संघ शासित प्रदेश बनाया गया।

संघ-राज्य क्षेत्र की स्थापना

संघ-राज्य क्षेत्र	स्थापना (वर्ष)	संघ-राज्य क्षेत्र	स्थापना (वर्ष)
पुदुचेरी	1954	चण्डीगढ़	1966
अण्डमान एवं निकोबार द्वीप समूह	1956	जम्मू-कश्मीर	2019
दिल्ली	1956	लद्दाख	2019
लक्षद्वीप	1956	दादरा एवं नगर हवेली तथा दमन एवं दीव	2020

- वर्ष 1973 तक लक्षद्वीप को लकादीव-मिनीकॉय एवं अमिनदिवी द्वीप के नाम से जाना जाता था। वर्ष 1992 से दिल्ली को राष्ट्रीय राजधानी क्षेत्र दिल्ली के रूप में जाना जाने लगा।
- वर्तमान पुदुचेरी का क्षेत्र जोकि पूर्व फ्रांसीसी बस्ती के रूप में जाना जाता था। इसको फ्रांसीसी सरकार ने भारत सरकार को वर्ष 1954 में अध्यर्पित कर दिया था, किन्तु वर्ष 1962 तक यह क्षेत्र **अर्जित राज्य क्षेत्र** के रूप में प्रशासित किया जा रहा था, क्योंकि वर्ष 1962 तक फ्रांसीसी संसद ने अध्यर्पण की सन्धि को अनुमोदित नहीं किया था। वर्ष 2006 में **पॉण्डिचेरी** का नाम बदलकर **पुदुचेरी** कर दिया गया था।

केन्द्रशासित प्रदेशों की शासन व्यवस्था

- भारतीय संविधान के **भाग VIII** के अन्तर्गत **अनुच्छेद 239** से **241** तक केन्द्रशासित प्रदेशों के सम्बन्ध में प्रावधान किए गए हैं।
- केन्द्रशासित प्रदेशों का प्रशासन राष्ट्रपति द्वारा किया जाता है।

- राष्ट्रपति यह कार्य प्रशासक के माध्यम से कराता है, इनकी नियुक्ति राष्ट्रपति स्वयं करता है तथा इनके कर्त्तव्यों एवं प्राधिकारों का निर्धारण भी राष्ट्रपति द्वारा ही किया जाता है।
- राष्ट्रपति को यह भी अधिकार है कि वह केन्द्रशासित प्रदेश के प्रशासक को अपनी इच्छानुसार कोई पद नाम निर्दिष्ट कर सकता है।

केन्द्रशासित प्रदेशों के शासन प्रमुख

संघ-राज्य क्षेत्र	प्रशासक	उच्च न्यायालय की अधिकारिता
अण्डमान एवं निकोबार द्वीप समूह	लेफ्टिनेण्ट-गवर्नर	कलकत्ता उच्च न्यायालय
चण्डीगढ़	मुख्य आयुक्त	पंजाब एवं हरियाणा उच्च न्यायालय
दादरा एवं नगर हवेली और दमन एवं दीव	प्रशासक	बम्बई उच्च न्यायालय
दिल्ली	उप-राज्यपाल/मुख्यमन्त्री	दिल्ली उच्च न्यायालय
लक्षद्वीप	प्रशासक	केरल उच्च न्यायालय
पुदुचेरी	उप-राज्यपाल/मुख्यमन्त्री	मद्रास उच्च न्यायालय
जम्मू-कश्मीर	उप-राज्यपाल/मुख्यमन्त्री	जम्मू-कश्मीर एवं लद्दाख उच्च न्यायालय
लद्दाख	उप-राज्यपाल	जम्मू-कश्मीर एवं लद्दाख उच्च न्यायालय

- संविधान के अनुच्छेद 239 (1) के अन्तर्गत प्रत्येक केन्द्रशासित प्रदेश का प्रशासन राष्ट्रपति द्वारा संचालित होगा, जब तक संसद इस सम्बन्ध में कोई विधि न बनाए। राष्ट्रपति के पास शक्ति है कि वह संघ-राज्य क्षेत्र के लिए किसी व्यक्ति को प्रशासक नियुक्त कर सके तथा जितने समय तक उसे उचित लगे, उसके माध्यम से उस क्षेत्र का प्रशासन करे।
- अनुच्छेद 239 (2) के अन्तर्गत राष्ट्रपति किसी राज्य के राज्यपाल को किसी निकटवर्ती केन्द्रशासित प्रदेश का प्रशासक नियुक्त कर सकता है।
- प्रशासक द्वारा अपने दायित्व और कार्यों का निर्वहन मन्त्रिपरिषद् से स्वतन्त्र रूप से किया जाता है।

पुदुचेरी, दिल्ली तथा जम्मू-कश्मीर के सम्बन्ध में संसद की विशेष शक्ति

- संसद संघ-राज्य क्षेत्र हेतु तीनों सूचियों के विषयों पर विधि बना सकती है। संसद की यह शक्ति दिल्ली, जम्मू-कश्मीर तथा पुदुचेरी पर भी लागू होती है, जबकि इन प्रदेशों में स्वयं की राज्य विधानमण्डल है।
- पुदुचेरी, दिल्ली तथा जम्मू-कश्मीर की विधानसभा राज्य सूची और समवर्ती सूची के विषयों पर विधि बना सकती है।

केन्द्रशासित प्रदेशों में विधानमण्डल

- 14वें संविधान संशोधन अधिनियम, 1962 के द्वारा संविधान में अनुच्छेद 239 (A) को जोड़कर प्रावधान किया कि संसद अधिकृत है कि वह संघ-राज्य क्षेत्रों हेतु विधानमण्डल या मन्त्रिपरिषद् या दोनों का सृजन कर सकेगी।
- उल्लेखनीय है कि अनुच्छेद 239A(2) के अनुसार संसद द्वारा इस अनुच्छेद के अन्तर्गत विधानमण्डल अथवा मन्त्रिपरिषद् के सृजन हेतु बनाई गई विधि, अनुच्छेद 368 के अन्तर्गत संविधान संशोधन नहीं समझा जाएगा, चाहे उससे संविधान में संशोधन ही क्यों न होता हो, इसलिए पुदुचेरी में विधानसभा का प्रावधान संविधान संशोधन के अन्तर्गत नहीं, बल्कि संसदीय विधि द्वारा किया गया है।
- इसके अतिरिक्त दिल्ली में विधानसभा का प्रावधान 69वें संविधान संशोधन अधिनियम, 1991 के अन्तर्गत किया गया है, तो वहीं जम्मू-कश्मीर पुनर्गठन अधिनियम, 2019 के द्वारा जम्मू-कश्मीर को विधानसभा के साथ केन्द्रशासित प्रदेश बनाया गया है
- संघ-राज्य क्षेत्र शासन अधिनियम, 1963 के द्वारा संसद ने पुदुचेरी सहित कुछ संघ-राज्य क्षेत्रों में विधानमण्डल तथा मन्त्रिपरिषद् का उपबन्ध किया गया।
- दिल्ली के लिए, 69वें संविधान संशोधन अधिनियम, 1991 के द्वारा अनुच्छेद 239 (A A) तथा अनुच्छेद 239 (A B) जोड़े गए। दिल्ली, पुदुचेरी तथा जम्मू-कश्मीर में विधानमण्डल और सरकार (मन्त्रिपरिषद्) की व्यवस्था है।

केन्द्रशासित प्रदेश के सम्बन्ध में राष्ट्रपति की विनियम बनाने की शक्ति

- संविधान के अनुच्छेद 240 के अन्तर्गत राष्ट्रपति को संघ-राज्य क्षेत्रों के सम्बन्ध में विनियम बनाने की शक्ति प्रदान की गई है।
- संघ शासित प्रदेशों के सम्बन्धों में राष्ट्रपति द्वारा बनाई गई विधियों पर शक्ति व प्रभाव, संसद के अधिनियमों की तरह ही प्रभावी होता है।
- राष्ट्रपति को यह शक्ति प्रदान करने का मूल उद्देश्य है कि जहाँ सांस्कृतिक विशिष्टताओं के कारण अलग प्रकार के विनियमों की आवश्यकता है, वहाँ प्रशासन का बेहतर तरीके से संचालन किया जा सके।
- राष्ट्रपति को अनुच्छेद 240(1) से यह शक्ति प्राप्त है कि वह संघ-राज्य क्षेत्रों पर विनियम बना सके। इसके लिए निर्धारित अनुच्छेद हैं—240(1) (क) अण्डमान एवं निकोबार द्वीप समूह 240(1) (ख) लक्षद्वीप, 240(1) (ग) दादरा एवं नगर हवेली, 240(1) (घ) दमन और द्वीप, 240(1) (ङ) पुदुचेरी पर विनियम बना सकता है।

केन्द्रशासित प्रदेशों में अध्यादेश

- अनुच्छेद 239 (B) संघ-राज्य क्षेत्रों के प्रशासकों को अध्यादेश जारी करने के सम्बन्ध में शक्ति प्रदान करता है। वर्तमान में इसमें केवल पुदुचेरी का नाम ही शामिल है।
- अध्यादेश के सन्दर्भ में महत्त्वपूर्ण नियम निम्नलिखित हैं
  - विधानमण्डल के विघटित या निलम्बित होने पर प्रशासक अध्यादेश जारी नहीं कर सकता।
  - राष्ट्रपति द्वारा निर्देशित किए जाने पर ही प्रशासक अध्यादेश जारी कर सकता है।
  - विधानमण्डल पुनः समवेत (Reassembly) के बाद यदि छः सप्ताह में अध्यादेश को अनुमोदन प्रदान नहीं करती है, तो अध्यादेश स्वतः ही समाप्त हो जाएगा। यदि विधानमण्डल छः सप्ताह से पूर्व अध्यादेश को खारिज करने का संकल्प पारित कर देता है, तब अध्यादेश तत्काल प्रभाव से समाप्त हो जाएगा।
  - राष्ट्रपति द्वारा निर्देश दिए जाने पर ही प्रशासक अध्यादेश वापस ले सकता है।

केन्द्रशासित प्रदेशों हेतु उच्च न्यायालय

संविधान के **अनुच्छेद 241** में केन्द्रशासित प्रदेशों हेतु उच्च न्यायालयों का उपबन्ध है। संसद विधि द्वारा, किसी संघ-राज्य क्षेत्र हेतु उच्च न्यायालय गठित कर सकेगी या ऐसे संघ-राज्य क्षेत्रों में किसी न्यायालय को इस संविधान के सभी या किन्हीं प्रयोजनों हेतु उच्च न्यायालय घोषित कर सकेगी; जैसे

- **चण्डीगढ़ पर पंजाब** एवं **हरियाणा** उच्च न्यायालय की अधिकारिता।
- **अण्डमान** एवं **निकोबार** द्वीप समूह पर कलकत्ता उच्च न्यायालय की अधिकारिता।
- **पुदुचेरी** पर मद्रास उच्च न्यायालय की अधिकारिता।
- **लक्षद्वीप** पर केरल उच्च न्यायालय की अधिकारिता।
- **दादरा एवं नगर हवेली** और **दमन एवं दीव** पर बम्बई उच्च न्यायालय की अधिकारिता।

दिल्ली हेतु विशेष प्रावधान

- वर्ष 1952 में पहली बार दिल्ली में विधानसभा का गठन किया गया। वर्ष 1956 में राज्य पुनर्गठन अधिनियम, 1956 से राज्यों के पुनर्गठन के दौरान विधानसभा समाप्त कर दी गई।
- वर्ष 1966 में संसद द्वारा दिल्ली प्रशासन विधेयक पारित कर दिल्ली में एक अन्तरिम महानगर परिषद् की स्थापना की गई। इसके पश्चात् वर्ष 1967 में अन्तरिम महानगर परिषद् को भी समाप्त कर दिया गया और नवीन महानगर परिषद् की स्थापना की गई तथा कार्यपालिका के सर्वोच्च अधिकारी के रूप में उप राज्यपाल (लेफ्टिनेण्ट-गवर्नर) का प्रावधान किया गया।
- दिल्ली की जनता वर्ष 1967 की प्रशासनिक व्यवस्था से भी सन्तुष्ट नहीं थी और वह दिल्ली में लोकप्रिय शासन व्यवस्था की माँग करने लगी।
- जनता की माँग के कारण वर्ष 1987 में आर एस (रंजीत सिंह) सरकारिया की अध्यक्षता में दिल्ली प्रशासन पुनर्गठन समिति का गठन किया गया, तत्पश्चात् बालकृष्णन समिति का गठन किया गया।
- इस समिति की रिपोर्ट (1989) के आधार पर 69वें संविधान संशोधन अधिनियम (1991) के अन्तर्गत संविधान के अनुच्छेद 239AA और अनुच्छेद 239AB को जोड़कर दिल्ली संघ शासित प्रदेश के लिए विशेष प्रावधान किया गया।
- अनुच्छेद 239AB के अन्तर्गत दिल्ली को राष्ट्रीय राजधानी राज्य क्षेत्र (National Capital Territory of Delhi) घोषित किया गया।
- दिल्ली भारत का सबसे बड़ा संघ राज्य है।

वर्तमान में दिल्ली का प्रशासन

- दिल्ली के प्रशासक को उप-राज्यपाल (राष्ट्रपति द्वारा निर्धारित) कहा जाएगा। उप-राज्यपाल की नियुक्ति राष्ट्रपति द्वारा की जाती है और वह उसके प्रति ही उत्तरदायी होता है।
- उप-राज्यपाल राष्ट्रीय राजधानी क्षेत्र दिल्ली का संवैधानिक प्रमुख के साथ कार्यपालिका का भी प्रमुख होता है।
- दिल्ली हेतु विधानसभा तथा मन्त्रिपरिषद् का गठन किया गया, जिसका प्रमुख मुख्यमन्त्री होगा और मन्त्रिपरिषद् की सदस्य संख्या विधानसभा की सदस्य संख्या (70) के 10% अर्थात् 7 से अधिक नहीं होगी। विधानसभा के सदस्यों का चुनाव प्रादेशिक निर्वाचन क्षेत्रों से प्रत्यक्ष निर्वाचन द्वारा होगा।
- राष्ट्रपति, मुख्यमन्त्री की नियुक्ति करता है, न कि उप-राज्यपाल। अन्य मन्त्रियों की नियुक्ति राष्ट्रपति, मुख्यमन्त्री की सलाह से करता है।
- सभी मन्त्री राष्ट्रपति के ही प्रसादपर्यन्त पद धारण करेंगे। मन्त्रिपरिषद् विधानसभा के प्रति सामूहिक रूप से उत्तरदायी होगी। दिल्ली विधानसभा में अनुसूचित जातियों के लिए सीटों का आरक्षण संसद द्वारा बनाई गई विधि के अनुरूप किया जाएगा। दिल्ली में अनुसूचित जनजाति की जनसंख्या न होने के कारण इनके लिए सीटों का आवण्टन नहीं किया गया है।
- उप-राज्यपाल को विधानसभा का सत्र बुलाने, सत्रावसान करने तथा विधानसभा को विघटित करने का अधिकार है।
- उपराज्यपाल को विधानसभा के सत्र में नहीं रहने के दौरान अध्यादेश जारी करने का अधिकार होता है। किसी अध्यादेश का प्रभाव विधानसभा द्वारा पारित अधिनियम के समान ही होता है। प्रत्येक अध्यादेश को विधानसभा के पुनः समवेत होने के 6 सप्ताह के भीतर अनुमोदन आवश्यक होता है। उपराज्यपाल किसी भी समय आध्यादेश को वापस भी ले सकता है।
- दिल्ली विधानसभा को राज्य सूची या समवर्ती सूची में दिए गए विषयों पर पूरे दिल्ली संघीय राज्यक्षेत्र अथवा उसके किसी भाग के लिए कानून बनाने का अधिकार प्राप्त है, किन्तु दिल्ली विधानसभा को लोक व्यवस्था, पुलिस तथा भूमि के सम्बन्ध में कानून बनाने का अधिकार नहीं है।
- इसके अतिरिक्त दिल्ली विधानसभा को केन्द्र सरकार की सम्पत्ति पर भी किसी प्रकार के कर लगाने का अधिकार नहीं है। यद्यपि वह अनुच्छेद 286, 287 तथा 288 के तहत बिक्री कर, क्रय कर तथा पानी व बिजली पर कर लगा सकती है।
- यदि संसद द्वारा बनाई गई विधि तथा विधानसभा द्वारा बनाई गई विधि में विरोधाभास होता है, तो संसद द्वारा बनाई गई विधि प्रभावी रहेगी, किन्तु यदि विधानमण्डल द्वारा पारित विधि राष्ट्रपति के विचार हेतु आरक्षित है और उस पर राष्ट्रपति की अनुमति मिल जाती है, तो यह विधि दिल्ली में प्रभावी होगी।

दिल्ली राष्ट्रीय राजधानी क्षेत्र शासन (संशोधन) अधिनियम, 2021

- दिल्ली राष्ट्रीय राजधानी क्षेत्र शासन (संशोधन) अधिनियम, 2021, 1991 के अधिनियम में संशोधन करता है। इस अधिनियम द्वारा विधानसभा तथा उप-राज्यपाल की शक्तियों में संशोधन किया गया।
- इसके द्वारा दिल्ली राष्ट्रीय राजधानी क्षेत्र शासन अधिनियम, 1991 की धारा 21,24,33 तथा 44वें में संशोधन किया गया। इसके अन्तर्गत यह प्रावधान किया गया कि दिल्ली सरकार शब्द से आशय उप-राज्यपाल होगा।
- यह अधिनियम ऐसे मामलों में भी उप-राज्यपाल को विवेकाधीन अधिकार देता है, जिन मामलों में दिल्ली की विधानसभा को कानून बनाने का अधिकार प्राप्त है।
- इसमें यह प्रावधान है कि मन्त्रिपरिषद् (अथवा दिल्ली मन्त्रिमण्डल) द्वारा लिए गए किसी भी निर्णय को लागू करने से पहले उप-राज्यपाल को अपनी सलाह देने हेतु उपयुक्त अवसर प्रदान किया जाए।

पुदुचेरी का प्रशासन

- पुदुचेरी के प्रशासनिक अधिकारी को उप-राज्यपाल (लेफ्टिनेण्ट गवर्नर) कहा जाता है। वह कार्यपालिका का सर्वोच्च अधिकारी होता है। इसकी नियुक्ति राष्ट्रपति के द्वारा की जाती है।
- पुदुचेरी में भी दिल्ली की भाँति 30 सदस्यीय विधानसभा व मन्त्रिपरिषद् का प्रावधान किया गया है। मन्त्रिपरिषद् का प्रधान मुख्यमन्त्री होता है। मुख्यमन्त्री की नियुक्ति राष्ट्रपति द्वारा की जाती है। मन्त्रिपरिषद् उप-राज्यपाल को प्रशासनिक कार्यों में सहायता एवं परामर्श प्रदान करती है।

> भारतीय संविधान में क्षेत्र विशेष के प्रशासन और नियन्त्रण के लिए विशेष उपबन्ध हैं, जिन्हें अनुसूचित क्षेत्र कहा जाता है। इस प्रकार अनुसूचित जनजातियों के लिए संरक्षित क्षेत्रों को जनजातीय क्षेत्र कहा जाता है।

अध्याय तीस

अनुसूचित क्षेत्र एवं जनजातीय क्षेत्र

संवैधानिक उपबन्ध

- भारतीय संविधान के भाग-X में अनुच्छेद 244 के अन्तर्गत दो प्रकार के विशिष्ट क्षेत्रों एवं उनके प्रशासन से सम्बन्धित प्रावधानों का उल्लेख है
  (i) अनुच्छेद 244 (1) अनुसूचित क्षेत्र
  (ii) अनुच्छेद 244 (2) जनजातीय क्षेत्र
- भारतीय संविधान के अनुच्छेद 244(1) के अन्तर्गत **पाँचवीं अनुसूची** अनुसूचित क्षेत्रों को परिभाषित करती है, जबकि अनुच्छेद 244(2) के अन्तर्गत **छठी अनुसूची** जनजातीय क्षेत्रों को परिभाषित करती है।
- पाँचवीं अनुसूची असम, मेघालय, त्रिपुरा और मिजोरम राज्यों को छोड़कर सभी राज्यों के अनुसूचित क्षेत्रों और अनुसूचित जनजातियों पर लागू होती है। छठी अनुसूची असम, मेघालय, त्रिपुरा और मिजोरम राज्यों के जनजातीय क्षेत्रों के प्रशासन पर लागू होती है।
- राज्यपाल को यह निर्देश देने का अधिकार है कि संसद अथवा उस राज्य की विधायिका का कोई विशिष्ट कानून उस राज्य के अनुसूचित क्षेत्र के लिए लागू नहीं होगा अथवा परिवर्तनों के साथ लागू होगा।
- किसी जाति तथा जनजाति को अनुसूचित जाति तथा अनुसूचित जनजाति घोषित करने हेतु शक्ति सम्पन्न प्राधिकारी भारत का राष्ट्रपति है।

> **22वाँ संविधान संशोधन अधिनियम, 1969**
>
> इसके माध्यम से संविधान में **अनुच्छेद 244 (A)** जोड़ा गया, जो संसद को शक्ति प्रदान करता है कि वह विधि के द्वारा असम के कुछ जनजातीय क्षेत्रों को मिलाकर एक स्वायत्त (स्वशासी) राज्य की स्थापना और उसके लिए स्थानीय विधानमण्डल या मन्त्रिपरिषद् या दोनों का सृजन कर सकती है।

अनुसूचित क्षेत्रों का प्रशासन

- भारतीय संविधान की धारा 244(1) की 5वीं अनुसूची के अनुसार, अनुसूचित क्षेत्र अभिव्यक्ति का अर्थ ऐसे क्षेत्रों से है, जिन्हें राष्ट्रपति अपने आदेश से अनुसूचित क्षेत्र घोषित करता है।
- अन्य राज्यों की तुलना में अनुसूचित क्षेत्रों के साथ भिन्न प्रकार का व्यवहार किया जाता है, क्योंकि वहाँ अनेक प्रकार की जनजातियाँ निवास करती हैं और जनजातियों के सामाजिक व आर्थिक पिछड़ेपन को दूर करके उनके उत्थान के लिए विशेष प्रयास की आवश्यकता होती है।
- इसके अतिरिक्त राज्यों में चलने वाली सामान्य प्रशासनिक व्यवस्था अनुसूचित क्षेत्रों में लागू नहीं होती। केन्द्र सरकार कुछ विशेष प्रकार के प्रावधानों के माध्यम से इन क्षेत्रों का प्रशासन संचालित करती है।

अनुसूचित क्षेत्र की घोषणा

- भारत के राष्ट्रपति सम्बन्धित राज्य के राज्यपाल से परामर्श करने के बाद किसी भी क्षेत्र को अनुसूचित क्षेत्र घोषित कर सकते हैं तथा क्षेत्र को कम या अधिक करने, सीमाओं और नामों को बदलने का निर्देश भी दे सकते हैं, लेकिन ऐसा वह **संसद द्वारा पारित विधि** के अधीन ही कर सकते हैं।
- अनुसूचित क्षेत्रों को परिनिश्चित करते हुए समय-समय पर नए आदेश निकाले जा सकते हैं।
- पाँचवीं अनुसूची के अन्तर्गत किसी भी क्षेत्र को अनुसूचित क्षेत्र के रूप में घोषित करने के लिए निम्न मानदण्डों का पालन किया जाता है
  - जनजातीय आबादी की प्रधानता
  - क्षेत्र की सघनता और उचित आकार
  - एक व्यवहार्य प्रशासनिक इकाई
  - पड़ोसी क्षेत्रों की तुलना में क्षेत्र का आर्थिक पिछड़ापन।
- केन्द्र व राज्य की कार्यकारी शक्तियाँ ऐसे क्षेत्रों की जिम्मेदारी सम्बन्धित राज्य के **राज्यपाल** की होती है तथा राज्य की कार्यकारी शक्ति का विस्तार अनुसूचित क्षेत्रों पर होता है। राज्यपाल इन क्षेत्रों के प्रशासन के बारे में अपनी वार्षिक रिपोर्ट **राष्ट्रपति** को सौंपते हैं और राज्य को इन क्षेत्रों के बारे में निर्देश देना संघ की कार्यकारी शक्ति के अन्तर्गत आता है।
- संसद सामान्य विधान बनाकर पाँचवीं अनुसूची का संशोधन कर सकती है। ऐसा संशोधन संविधान का संशोधन नहीं समझा जाता है, इसलिए इसमें विशेष बहुमत की आवश्यकता नहीं होती है, क्योंकि इस प्रकार किया गया संशोधन इस सूची के प्रति निर्देशित होता है।

यदि किसी विशिष्ट क्षेत्र को भारत के संविधान की 5वीं अनुसूची के अधीन लाया जाता है, तो उसका परिणाम यह होता है कि बाहरी लोगों को भूमि के हस्तान्तरण पर रोक लगा दी जाती है।

अनुसूचित क्षेत्रों में विधि लागू करना

- राज्यपाल को यह अधिकार है कि वह संसद या राज्य विधानमण्डल के किसी विशेष अधिनियम को अनुसूचित क्षेत्रों में लागू न करें या कुछ परिवर्तन कर लागू करे।
- जनजाति सलाहकार परिषद् (Tribal Advisory Council) से विचार-विमर्श के बाद राज्यपाल ऐसे नियम बना सकता है, जिनके अन्तर्गत अनुसूचित जनजातियों के सदस्य के बीच भूमि के हस्तान्तरण को निषेध या सीमित किया जा सकता है।
- संविधान की पाँचवीं अनुसूची के अधीन जनजातीय भूमि के खनन के लिए निजी पक्षकारों का अन्तरण शून्य घोषित किया जा सकता है और अनुसूचित जनजातियों के ही सन्दर्भ में साहूकारों के व्यवसाय को भी नियन्त्रित किया जा सकता है।
- इसके अतिरिक्त, इस नियमन से संसद या राज्य विधानमण्डल के अधिनियम जो अनुसूचित क्षेत्रों में लागू हैं, को समाप्त या संशोधित किया जा सकता है, परन्तु इस तरह की कार्यवाही के लिए राष्ट्रपति की स्वीकृति आवश्यक है।
- संविधान, राष्ट्रपति से राज्य में अनुसूचित जनजातियों के कल्याण हेतु एवं अनुसूचित क्षेत्रों के प्रबन्धन हेतु एक आयोग गठित करने की अपेक्षा करता है।
- अनुच्छेद 339 (1) ऐसे आयोग का गठन संविधान की शुरुआत के कम-से-कम 10 वर्षों की समाप्ति पर किया जाएगा।
- ऐसा आयोग वर्ष 1960 में यू. एन. ढेबर की अध्यक्षता में गठित किया गया था और दूसरा आयोग वर्ष 2002 में दिलीप सिंह भूरिया की अध्यक्षता में गठित किया गया।

जनजातीय सलाहकार परिषद्

- भारतीय संविधान के **अनुच्छेद** 4 के प्रावधानों के अनुसार, पाँचवीं अनुसूची के **अनुच्छेद 244 (1)** के अन्तर्गत अनुसूचित क्षेत्रों वाले प्रत्येक राज्य में जनजाति सलाहकार परिषद् की स्थापना की जाएगी और यदि राष्ट्रपति निर्देश देते हैं, तो उन राज्यों में भी जहाँ अनुसूचित जनजातियाँ निवास करती हैं, किन्तु अनुसूचित क्षेत्र नहीं है।
- **जनजाति सलाहकार परिषद्** में 20 से अधिक सदस्य नहीं होंगे। इसमें तीन-चौथाई सदस्य ऐसे होंगे, जो राज्य विधानसभा में अनुसूचित जनजातियों के प्रतिनिधि होंगे, बशर्ते कि राज्य विधानसभा में अनुसूचित जनजातियों के प्रतिनिधियों की संख्या सीटों की संख्या से कम हो। ऐसे प्रतिनिधियों द्वारा भरी जाने वाली शेष सीटें उन जनजातियों के अन्य सदस्यों द्वारा भरी जाएँगी।
- **आन्ध्र प्रदेश, तेलंगाना, छत्तीसगढ़, गुजरात, हिमाचल प्रदेश, झारखण्ड, मध्य प्रदेश, महाराष्ट्र, ओडिशा** और **राजस्थान** जैसे अनुसूचित क्षेत्रों वाले 10 राज्यों में जनजाति सलाहकार परिषद् का गठन किया गया है। इसके अतिरिक्त पश्चिम बंगाल, तमिलनाडु, उत्तराखण्ड में अनुसूचित क्षेत्र न होने पर भी जनजाति सलाहकार परिषद् का गठन किया गया है।

पाँचवीं अनुसूची के राज्य व सम्मिलित क्षेत्र

क्रम	राज्य	पूर्णत: आच्छादित जिले	आंशिक आच्छादित जिले
1.	आन्ध्र प्रदेश		पूर्वी गोदावरी, पश्चिमी गोदावरी, विशाखापत्तनम, श्रीकाकुलम, विजयनगरम्
2.	छत्तीसगढ़	सरगुजा, कोरिया, बस्तर, दन्तेवाड़ा, कोरबा, जशपुर कांकेर, बलरामपुर, सूरजपुर, नारायणपुर, बीजापुर, सुकमा कोण्डागाँव	बालोद, धमतरी, रायगढ़, राजनान्दगाँव गरियाबन्द, बिलासपुर
3.	गुजरात	डांग, दाहोद, नर्मदा, तापी	सूरत, भरुच, वलसाड, वडोदरा, पंचमहल, सांबर काण्ठा, नवसारी
4.	हिमाचल प्रदेश	लाहौल-स्पीति, किन्नौर	चम्बा
5.	झारखण्ड	राँची, खूँटी, लोहरदगा गुमला, सिमडेगा, लातेहार, पूर्वी सिंहभूम, पश्चिमी सिंहभूम, दुमका, सरायकेला-खरसावां, जामताड़ा, साहिबगंज, पाकुड़	पलामू, गढ़वा, गोड्डा
6.	मध्य प्रदेश	झाबुआ, मण्डला डिण्डोरी, बड़वानी, अलिराजपुर	धार, बैतुल, सिवनी, बालाघाट, नर्मदापुरम, शहडोल, उमरिया, श्योपुर, छिन्दवाड़ा, सीधी, अनूपपुर, बुरहानपुर
7.	महाराष्ट्र		थाणे, पुणे, नासिक, धुले, नदुरबार, जलगाँव, अहमदनगर, नान्देड़, अमरावती, यवतमाल, गढ़चिरोली, चन्द्रपुर
8.	ओडिशा	मलकानगिरि, नवरंगपुर, रायगड़ा, मयूरभंज, सुन्दरगढ़, कोरापुट	सम्बलपुर, क्योंझर, कन्धमाल, कालाहाण्डी, बालासोर, गजपति, गंजाम
9.	राजस्थान	बाँसवाड़ा, डुँगरपुर	उदयपुर, सिरोही, चित्तौड़गढ़
10.	तेलंगाना		आदिलाबाद, खम्मम, महबूब नगर, वारंगल

जनजातीय क्षेत्रों में प्रशासन

- भारतीय संविधान की छठी अनुसूची के अनुच्छेद 244(2) और अनुच्छेद 275(1) में दिए गए विशेष प्रावधानों के अनुरूप निर्वाचित प्रतिनिधियों द्वारा प्रशासित स्वायत्त परिषदों के माध्यम से पूर्वोत्तर क्षेत्र के कुछ जनजातीय क्षेत्रों में विकेन्द्रीकृत शासन और अधिक-से-अधिक राजनीतिक स्वायत्तता की अनुमति प्रदान करता है।
- संविधान की छठी अनुसूची में असम, मेघालय, त्रिपुरा एवं मिजोरम के जनजातीय क्षेत्रों एवं उनके प्रशासन से सम्बन्धित प्रावधानों का वर्णन है।
- अनुसूचित जनजाति का दर्जा धर्मनिष्ठा से तटस्थ है।

- मूलरूप में इन जनजातीय क्षेत्रों को दो भागों में विभाजित किया गया था-भाग (A) एवं भाग (B), परन्तु नागालैण्ड राज्य के निर्माण के बाद वर्तमान में जनजातीय क्षेत्रों को चार भागों में विभाजित किया गया है
  1. असम बोडोलैण्ड, उत्तरी कछार, कर्बी आँगलाँग
  2. मेघालय खासी पहाड़ी, गारो पहाड़ी, जयन्तिया पहाड़ी
  3. त्रिपुरा त्रिपुरा जनजातीय क्षेत्र
  4. मिजोरम चकमा जिला, लाई जिला, मारा जिला
- 22वें संविधान संशोधन, 1969 द्वारा अनुच्छेद 244(1) जोड़कर संसद को शक्ति दी गई कि वह असम के कुछ जनजातीय क्षेत्रों को आपस में मिलाकर एक स्वायत्त राज्य की स्थापना कर सकती है।

जनजातीय क्षेत्रों के प्रशासन से सम्बन्धित प्रावधान

- असम, मेघालय त्रिपुरा व मिजोरम के जनजातीय क्षेत्रों में स्वशासी जिलों का गठन किया गया है। यद्यपि ये क्षेत्र राज्य कार्यपालिका के अधिकार क्षेत्र के बाहर नहीं हैं।
- राज्यपाल को स्वशासी जिले की स्थापना व पुनर्स्थापना का अधिकार है। राज्यपाल इसके क्षेत्रों को घटा या बढ़ा भी सकता है, नाम परिवर्तित कर सकता है या सीमाएँ भी निर्धारित कर सकता है।
- स्वशासी क्षेत्रों के लिए जिला परिषद् में 30 सदस्य (26 वयस्क मताधिकार द्वारा निर्वाचित + 4 राज्यपाल द्वारा नामित) होते हैं। निर्वाचित सदस्यों का कार्यकाल 5 वर्ष का होता है, जबकि मनोनीत सदस्य राज्यपाल के प्रसादपर्यन्त पद धारण करते हैं।
- ये परिषदें प्राथमिक रूप से पृथक् निकाय हैं, उन्हें कुछ चिह्नित क्षेत्रों में विधि निर्माण की शक्ति प्राप्त है; जैसे-आरक्षित वनों से भिन्न वनों का प्रबन्ध, सम्पत्ति का उत्तराधिकारी, विवाह एवं सामाजिक रीति-रिवाज।
- राज्यपाल द्वारा इन परिषदों को कुछ वादों अथवा अपराधों के विचारण की शक्ति भी प्रदान की जा सकती है।
- इन परिषदों को भू-राजस्व के निर्धारण एवं संग्रहण की तथा कुछ निश्चित कर लगाने की शक्ति प्राप्त है।
- इन परिषदों द्वारा बनाई गई विधि तब तक प्रभावी नहीं होगी, जब तक उसे राज्यपाल द्वारा अनुमति प्रदान नहीं कर दी जाती।
- जिन विषयों के सम्बन्ध में जिला परिषद् एवं प्रादेशिक परिषद् को विधि निर्माण की शक्ति प्रदान की गई है, उन विषयों के सम्बन्ध में राज्य विधानमण्डल द्वारा बनाए गए अधिनियम, ऐसे क्षेत्रों पर विस्तारित नहीं होंगे, जब तक सम्बन्धित जिला परिषद् लोक अधिसूचना द्वारा इस प्रकार का निर्देश न करे।
- केन्द्रीय अधिनियम के सम्बन्ध में राष्ट्रपति एवं राज्य विधानमण्डल के किसी अधिनियम के सम्बन्ध में राज्यपाल द्वारा यह निर्देश दिया जा सकता है कि वह अधिनियम इन स्वशासी जिलों में लागू होगा अथवा नहीं या किस सीमा तक लागू होगा।
- इन परिषदों को न्यायिक, दीवानी (सिविल) एवं फौजदारी (दाण्डिक) शक्तियाँ प्राप्त होंगी तथा वे उच्च न्यायालय की अधिकारिता के उस प्रकार अधीन होंगे, जो राज्यपाल द्वारा समय-समय पर निर्दिष्ट किए जाएँ।
- राज्यपाल स्वशासी जिलों के प्रशासन की जाँच और रिपोर्ट देने के लिए आयोग गठित कर सकता है, जिसकी सिफारिश पर स्वशासी जिलों की जिला परिषद् को राज्यपाल भंग कर सकता है।

अनुसूचित और जनजाति क्षेत्रों के सन्दर्भ में अनुच्छेद 19(1)

भारतीय संविधान के **अनुच्छेद 19 (1) (5)** के अन्तर्गत प्रत्येक नागरिक को भारत के राज्य क्षेत्र में निर्बाध संचरण करने और देश के किसी भाग में निवास करने और बस जाने का अधिकार है, परन्तु इस अधिकार पर अनुसूचित और जनजाति क्षेत्रों के निवासियों के हित में युक्तियुक्त प्रतिबन्ध लगाया गया है।

- भारत सरकार के गृह मन्त्रालय द्वारा जनजातीय समूहों को विशेषत: कमजोर जनजातीय समूहों (Particularly Vulnerable Tribal Groups) के रूप में वर्गीकृत किया जाता है।
- चौथी पंचवर्षीय योजना के दौरान विकास के निचले स्तर पर मौजूद समूहों की पहचान हेतु अनुसूचित जनजातियों के अन्तर्गत एक उप-श्रेणी बनाई गई। इस उप-श्रेणी को आदिम जनजाति समूह कहा जाता था, जिसका नाम परिवर्तित करके बाद में विशेष रूप से कमजोर जनजातीय समूह कर दिया गया।
- ढेबर आयोग की रिपोर्ट के आधार पर विशेष रूप से कमजोर जनजातीय समूहों की पहचान हेतु मानदण्ड स्थापित किए गए
  - आर्थिक पिछड़ापन
  - घटती या स्थिर जनसंख्या
  - साक्षरता का निम्न स्तर
  - प्रौद्योगिकी के पूर्व-कृषि स्तर
- 2011 की जनगणना के अनुसार, 705 अनुसूचित जनजातियों में से कुल 75 हैं, जो 18 राज्यों तथा एक संघ शासित प्रदेश (अण्डमान तथा निकोबार द्वीप समूह) में रहते हैं।

विशेष रूप से कमजोर जनजातीय समूह

- जनजातीय कार्य मन्त्रालय द्वारा जो योजनाएँ विशेष रूप से पीवीटीजी हेतु होती हैं, उन्हें लागू किया जाता है।
- इस योजना के अन्तर्गत राज्य संघ, संघ राज्यक्षेत्र द्वारा उनकी आवश्यकता के आकलन के आधार पर अपने पीवीटीजी के लिए संरक्षण सह-विकास वार्षिक योजना तैयार की जाती है।
- जनजातीय कार्य मन्त्रालय की परियोजना आकलन समिति द्वारा इसका आकलन तथा अनुमोदन किया जाता है।

संवैधानिक निकायों को प्रत्यक्ष रूप से संविधान से शक्ति प्राप्त होती है। इन निकायों की व्यवस्था में बदलाव हेतु संविधान संशोधन की आवश्यकता होती है। इसके अन्तर्गत प्रायः निर्वाचन आयोग, वित्त आयोग, नियन्त्रक एवं महालेखा परीक्षक, राष्ट्रीय अनुसूचित जनजाति आयोग, राष्ट्रीय अनुसूचित जाति आयोग, पिछड़ा वर्ग आयोग आदि सम्मिलित हैं।

अध्याय इकत्तीस

प्रमुख संवैधानिक निकाय

संवैधानिक निकाय

- संवैधानिक निकाय से आशय ऐसे निकायों से है, जिनकी स्थापना का उल्लेख संविधान में किया गया है। दूसरे शब्दों में, भारतीय संविधान में विभिन्न अनुच्छेदों के अन्तर्गत जिन निकायों का उल्लेख है, उन्हें संवैधानिक निकाय कहते हैं।
- संवैधानिक निकायों ने लोकतान्त्रिक प्रणाली को सुदृढ़ करने में महत्त्वपूर्ण भूमिका निभाई है। कुछ प्रमुख संवैधानिक संस्थाएँ/निकाय निम्नलिखित हैं

प्रमुख संवैधानिक निकाय

1. निर्वाचन आयोग
2. वित्त आयोग
3. नियन्त्रक एवं महालेखा परीक्षक
4. राष्ट्रीय अनुसूचित जनजाति आयोग
5. राष्ट्रीय अनुसूचित जाति आयोग
6. राष्ट्रीय पिछड़ा वर्ग आयोग
7. भाषायी अल्पसंख्यक आयोग

1. निर्वाचन आयोग

- निर्वाचन आयोग (Election Commission) का गठन भारत के संविधान द्वारा देश में स्वतन्त्र और निष्पक्ष चुनाव सम्पन्न कराने के उद्देश्य से किया गया था। यह एक स्थायी एवं स्वतन्त्र निकाय है।
- भारतीय संविधान के भाग-XV में अनुच्छेद 324 से अनुच्छेद 329 (A) तक निर्वाचन सम्बन्धी उपबन्धों का वर्णन किया गया है।

नोट *भारत में निर्वाचन आयोग का गठन 25 जनवरी, 1950 को किया गया था।*

- निर्वाचन आयोग एक अखिल भारतीय निर्वाचन संस्था है, इसका प्रमुख कार्य संसद, राज्य विधानमण्डल, राष्ट्रपति व उपराष्ट्रपति के पदों के निर्वाचन का संचालन, निर्देशन व नियन्त्रण करना है। उल्लेखनीय है कि राज्यों में होने वाले पंचायतों व निगम चुनावों के लिए, भारत के संविधान में अलग राज्य निर्वाचन आयोगों की व्यवस्था की गई है।

संरचना

- संविधान के अनुच्छेद 324 के अन्तर्गत एक स्वतन्त्र निर्वाचन आयोग की व्यवस्था की गई है। इस आयोग में एक मुख्य निर्वाचन आयुक्त तथा अन्य निर्वाचन आयुक्त होते हैं, जिनकी संख्या समय-समय पर राष्ट्रपति द्वारा निर्धारित की जाती है।
- इन सभी निर्वाचन आयुक्त की नियुक्ति राष्ट्रपति द्वारा संसद के बनाए गए कानूनों के आधार पर होती है।
- निर्वाचन आयुक्तों की सेवा शर्तों तथा उनकी कार्यविधि को निश्चित करने का अधिकार संसद को प्राप्त है।
- राष्ट्रपति निर्वाचन आयोग की सलाह पर प्रादेशिक आयुक्तों की नियुक्ति कर सकता है, जिसे वह निर्वाचन आयोग के लिए आवश्यक समझे।
- मुख्य चुनाव आयुक्त और अन्य चुनाव आयुक्त (नियुक्ति, सेवा की शर्तें और पदावधि) अधिनियम, 2023 के अनुसार मुख्य चुनाव आयुक्त और चुनाव आयुक्तों की नियुक्ति राष्ट्रपति द्वारा चयन समिति की सिफारिश पर की जाती है।
- इस समिति में प्रधानमन्त्री, एक केन्द्रीय कैबिनेट मन्त्री और विपक्ष के नेता/लोकसभा में सबसे बड़ी विपक्षी पार्टी के नेता शामिल होते हैं।
- वर्ष 1950 में चुनाव आयोग के गठन के पश्चात् अक्टूबर, 1989 तक आयोग एक सदस्यीय निकाय के रूप में कार्यरत् रहा, परन्तु मत देने की न्यूनतम आयु 21 वर्ष से घटाकर 18 वर्ष (61वें संविधान संशोधन) करने के पश्चात् 16 अक्टूबर, 1989 को राष्ट्रपति ने आयोग के कार्य भार को कम करने के लिए दो अन्य निर्वाचन आयुक्तों को नियुक्त किया।
- वर्ष 1990 में दो निर्वाचन आयुक्तों के पद को समाप्त कर दिया गया, लेकिन अक्टूबर, 1993 में पुनः दो निर्वाचन आयुक्तों को नियुक्त किया गया। इसके बाद से अब तक आयोग बहुसदस्यीय संस्था के रूप में काम कर रहा है, जिसमें तीन निर्वाचन आयुक्त हैं।

मुख्य निर्वाचन आयुक्त व अन्य आयुक्तों की शक्तियाँ

- मुख्य निर्वाचन आयुक्त व दो अन्य निर्वाचन आयुक्तों के पास समान शक्तियाँ होती हैं तथा उनके वेतन, भत्ते व दूसरे अनुलाभ भी एक-समान होते हैं, जो सर्वोच्च न्यायालय के न्यायाधीश के समान होते हैं।
- जब मुख्य निर्वाचन आयुक्त व दो अन्य निर्वाचन आयुक्तों के बीच विचार में मतभेद होता है, तो आयोग बहुमत के आधार पर निर्णय करता है।

पदच्युत करने की विधि

- अनुच्छेद 324(5) के द्वारा चुनाव आयोग की स्वतन्त्रता सुनिश्चित की गई है। इसके अनुसार, मुख्य निर्वाचन आयुक्त को उसी विशेष प्रक्रिया से पदच्युत (Dismissed) किया जा सकता है, जिसके द्वारा सर्वोच्च न्यायालय के न्यायाधीशों को हटाया जाता है अर्थात् उन्हें दुर्व्यवहार या अक्षमता के आधार पर संसद के दोनों सदनों द्वारा पारित विशेष बहुमत के बाद राष्ट्रपति द्वारा हटाया जा सकता है।
- मुख्य निर्वाचन आयुक्त की सेवा शर्तें एवं उसकी कार्यावधि के दौरान कोई अलाभकारी परिवर्तन नहीं किया जा सकता।
- मुख्य चुनाव आयुक्त एवं अन्य चुनाव आयुक्त उसी वेतन एवं सुविधाओं के योग्य हैं, जो सर्वोच्च न्यायालय के न्यायाधीशों के लिए हैं।
- मुख्य चुनाव आयुक्त के अतिरिक्त अन्य निर्वाचन आयुक्त व प्रादेशिक आयुक्त को मुख्य निर्वाचन आयुक्त की सिफारिश पर ही हटाया जा सकता है अन्यथा नहीं।

कार्यकाल

- चुनाव आयोग में मुख्य निर्वाचन आयुक्त व अन्य निर्वाचन आयुक्तों का कार्यकाल 6 वर्ष या 65 वर्ष की आयु, जो पहले हो, तक होता है।
- वे किसी भी समय अपना त्याग-पत्र राष्ट्रपति को दे सकते हैं या उन्हें कार्यकाल समाप्त होने से पूर्व भी हटाया जा सकता है।

निर्वाचन आयोग के कार्य

- संसद, राज्य विधानमण्डल, राष्ट्रपति एवं उपराष्ट्रपति के पदों के निर्वाचन के सम्बन्ध में निर्वाचन आयोग के कार्यों को तीन भागों में विभक्त किया जा सकता है
  (i) प्रशासनिक (ii) सलाहकारी (iii) अर्द्ध-न्यायिक

आयोग द्वारा योग्यता/अयोग्यता का निर्धारण

आयोग संसद और राज्य विधानमण्डलों के सदस्यों के निर्वाचन के बाद इनके सम्बन्ध में योग्यता/अयोग्यता का निर्धारण करता है। इस सम्बन्ध में आयोग **सलाहकारी अधिकारिता** (Advisory Jurisdiction) की भूमिका निभाता है।

- चुनाव के दौरान, भ्रष्टाचार का दोषी पाए जाने पर कोई प्रत्याशी जब उच्चतम न्यायालय या उच्च न्यायालय में प्रस्तुत होता है, तो न्यायालय इस सम्बन्ध में निर्वाचन आयोग से उसका परामर्श माँगता है कि क्या इस प्रत्याशी को सुयोग्य घोषित किया जाए, यदि हाँ तो कितने समय के लिए तथा आयोग द्वारा दिया गया निर्णय बाध्यकारी होता है।
- यदि कोई प्रत्याशी अपने चुनावी खर्च का ब्यौरा एक निश्चित समय-सीमा के भीतर आयोग को नहीं देता है, तो आयोग उसे अयोग्य घोषित कर सकता है। चुनाव आयोग ने 4 सितम्बर, 2013 को नागालैण्ड राज्य में नोकसेन विधानसभा के उपचुनाव में सर्वप्रथम इसका प्रयोग किया।
- भारतीय निर्वाचन आयोग से सम्बन्धित प्रावधान संविधान में उपबन्धित हैं, साथ ही जनप्रतिनिधित्व अधिनियम, 1950 एवं जनप्रतिनिधित्व अधिनियम, 1951 के द्वारा निर्वाचन आयोग की शक्तियों का विस्तार किया गया है।
- निर्वाचन आयोग के अन्य कार्य निम्न प्रकार हैं
  - संसद, राज्य विधानमण्डल, राष्ट्रपति एवं उपराष्ट्रपति के चुनावों का संचालन, नियन्त्रण एवं निर्देशन करना।
  - मतदाता सूचियाँ तैयार करना।
  - विभिन्न राजनैतिक दलों को मान्यता प्रदान करना।
  - राजनीतिक दलों को आरक्षित चुनाव चिह्न प्रदान करना।
  - चुनाव क्षेत्रों के परिसीमन या सीमांकन में परिसीमन आयोग की सहायता करना।
  - राजनीतिक दलों व उम्मीदवारों के लिए आचार संहिता तैयार करना।
  - राजनीतिक दलों को आकाशवाणी पर चुनाव प्रचार की सुविधाएँ दिलवाना।
  - उम्मीदवारों द्वारा की जाने वाली व्यय की राशि का पर्यवेक्षकों के माध्यम से जाँच करना।
  - जनप्रतिनिधित्व अधिनियम, 1951 (संशोधन 1996) के अन्तर्गत पर्यवेक्षक सीधे भारत के निर्वाचन आयोग को रिपोर्ट देते हैं।
  - मतदाताओं को राजनीतिक प्रशिक्षण देना।
  - राष्ट्रपति को प्रादेशिक चुनाव आयुक्तों की नियुक्ति के लिए परामर्श देना।
  - सरकार को अपने कार्यों के सम्बन्ध में प्रतिवेदन देना।
  - चुनाव प्रक्रिया में सुधार के लिए सुझाव देना।
  - राष्ट्रपति द्वारा चुनाव अधिसूचना के बाद चुनाव आयोग मतदान की तिथियों की घोषणा करता है। इस घोषणा में नामजदगी, पत्रों की जाँच तिथि, चुनाव, नामांकन-पत्र वापस लेने की तिथि का उल्लेख होता है।
  - चुनाव आयोग, हिंसा, बूथ कैप्चरिंग आदि की स्थिति में चुनाव रद्द कर सकता है।
  - निर्वाचन आयोग की सहायता उपनिर्वाचन आयुक्त करते हैं, जो सिविल सेवा से चयनित किए जाते हैं। राज्य स्तर पर मुख्य निर्वाचन अधिकारी राष्ट्रीय निर्वाचन आयोग की सहायता करते हैं, जिनकी नियुक्ति मुख्य निर्वाचन आयुक्त राज्य सरकारों की सलाह पर करते हैं।
  - जिला स्तर पर कलेक्टर जिला निर्वाचन अधिकारी होता है। वह जिले में प्रत्येक निर्वाचन क्षेत्र के लिए निर्वाचन अधिकारी व प्रत्येक मतदान केन्द्र के लिए पीठासीन अधिकारी नियुक्त करता है।

निर्वाचन आयोग की शक्तियाँ

- निर्वाचन आयोग एक संवैधानिक निकाय है। यह सिविल न्यायालय की शक्तियाँ (अर्द्ध-न्यायिक कार्य) धारण करता है।
- निर्वाचन आयोग किसी भी व्यक्ति को समन जारी कर सकता है तथा किसी सरकारी विभाग के दस्तावेजों की जाँच कर सकता है।
- निर्वाचन आयोग, निर्वाचन सम्बन्धी विवादों का निपटारा करता है। यह उम्मीदवारों तथा दलों पर कार्रवाई करने के लिए राष्ट्रपति अथवा राज्यपाल से सिफारिश करता है।
- भारतीय संविधान के अनुच्छेद 103 के अन्तर्गत सांसदों की अयोग्यता एवं निरर्हता से जुड़े विवादों का निपटारा निर्वाचन आयोग द्वारा स्थापित प्रक्रियाओं के आधार पर किया जाता है।
- अनुच्छेद 192 के अन्तर्गत राज्यपाल राज्य विधानमण्डलों के सदस्यों की अयोग्यताओं के सम्बन्ध में चुनाव आयोग से परामर्श करता है।

- निर्वाचन के दौरान आचार संहिता लागू होने के उपरान्त सरकार की मशीनरी पर निर्वाचन आयोग का नियन्त्रण होता है।
- इस दौरान अधिकारियों की पदस्थापना तथा स्थानान्तरण की प्रक्रिया निर्वाचन आयोग के अधीन होती है।

2. वित्त आयोग

- संविधान के अनुच्छेद 280 के अन्तर्गत **वित्त आयोग** (Finance Commission) का गठन किया गया है। इसके सदस्यों की नियुक्ति हेतु योग्यता एवं कार्यकाल का निर्धारण राष्ट्रपति द्वारा किया जाता है।
- इसका गठन राष्ट्रपति द्वारा प्रत्येक **पाँचवें वर्ष** या आवश्यकतानुसार उससे पहले किया जाता है।
- वित्त आयोग एक संवैधानिक निकाय है, जो **अर्द्ध-न्यायिक** (Semi-Judicial) कार्य करता है।

सत्यमेव जयते

संरचना एवं पदावधि अनुच्छेद 280(1)

- वित्त आयोग में **एक अध्यक्ष** और **चार अन्य सदस्य** होते हैं, जिनकी नियुक्ति राष्ट्रपति द्वारा की जाती है। उनका कार्यकाल राष्ट्रपति के आदेश के अन्तर्गत निर्धारित होता है। उनकी पुनर्नियुक्ति भी हो सकती है।
- सदस्यों के वेतन, भत्ते एवं अन्य सेवा शर्तें राष्ट्रपति द्वारा निर्धारित की जाती है, लेकिन इसे संसद की अनुमति प्राप्त होनी चाहिए।
- संसद को शक्ति प्राप्त है कि वह आयोग के सदस्यों की अर्हताएँ निर्धारित करें। वित्त आयोग अधिनियम, 1951 में सदस्यों की योग्यता का निर्धारण संसद द्वारा किया गया है।
- आयोग का अध्यक्ष वह व्यक्ति होगा, जिसे सार्वजनिक कार्यों का अनुभव प्राप्त हो तथा आयोग के अन्य चार सदस्य वे व्यक्ति होंगे
  - जो किसी उच्च न्यायालय के न्यायाधीश या इस पद के योग्य हों।
  - जिसे सरकार के वित्त एवं लेखा का ज्ञान हो।
  - जो वित्तीय एवं प्रशासनिक मामलों का अनुभवी हो।
  - जो अर्थशास्त्र का विशेष ज्ञान रखता हो।

वित्त आयोग के कार्य एवं शक्तियाँ

वित्त आयोग राष्ट्रपति को निम्न मामलों पर सिफारिशें करता है

- अनुच्छेद 275 के अनुसार, भारत की संचित निधि में से राज्यों के राजस्वों में सहायता अनुदान को शामिल करने वाले सिद्धान्त के बारे में परामर्श देना।
- संघ एवं राज्यों के मध्य करों के शुद्ध आगमों का वितरण और राज्यों के मध्य ऐसे आगमों के आवण्टन के बारे में परामर्श देना।
- राज्य के वित्त आयोग की सिफारिशों के आधार पर राज्य में नगरपालिकाओं और पंचायतों के संसाधनों की अनुपूर्ति हेतु राज्य की संचित निधि के संवर्द्धन के लिए आवश्यक उपाय के बारे में सलाह देना।
- राष्ट्रपति द्वारा सौंपे गए वित्त सम्बन्धी कार्यों के बारे में सलाह देना।
- जिन राज्यों को अनुदान की जरूरत होती है, उनके लिए सिद्धान्तों एवं अनुदान की मात्रा का निर्धारण करना।
- वित्त आयोग अपनी रिपोर्ट राष्ट्रपति को सौंपता है। राष्ट्रपति इस रिपोर्ट पर की गई कार्यवाही के उल्लेख वाले ज्ञापन सहित इसे संसद के दोनों सदनों के समक्ष रखवाता है।
- वित्त आयोग की रिपोर्ट सलाहकारी प्रवृत्ति की होती है। इसे मानना सरकार के लिए जरूरी नहीं होता है, लेकिन सरकार सामान्यतः इसे मान लेती है।

वित्त आयोग

वित्त आयोग	अध्यक्ष	नियुक्ति वर्ष	रिपोर्ट जमा करने का वर्ष	रिपोर्ट के क्रियान्वयन का वर्ष
पहला	के. सी. नियोगी	1951	1952	1952-57
दूसरा	के. सन्थानम	1956	1957	1957-62
तीसरा	ए. के. चन्दा	1960	1961	1962-66
चौथा	डॉ. पी. वी. राजमन्नार	1964	1965	1966-69
पाँचवाँ	महावीर त्यागी	1968	1969	1969-74
छठा	के. ब्रह्मानन्द रेड्डी	1972	1973	1974-79
सातवाँ	जे. एम. सेलात	1977	1978	1979-84
आठवाँ	वाई. बी. चह्वाण	1982	1983	1984-89
नौवाँ	एन. के. पी. साल्वे	1987	1988	1989-95
दसवाँ	के. सी. पन्त	1992	1994	1995-2000
ग्यारहवाँ	ए. एम. खुसरो	1998	2000	2000-05
बारहवाँ	डॉ. सी. रंगराजन	2002	2004	2005-10
तेरहवाँ	डॉ. विजय केलकर	2007	2009	2010-15
चौदहवाँ	डॉ. वाई. वी. रेड्डी	2013	2014	2015-20
पन्द्रहवाँ	एन. के. सिंह	2017	2019-2020	2020-21, 2021-26
सोलहवाँ	अरविन्द पनगढ़िया	2023	2025	2026-31

मार्च, 2025 के अनुसार

3. नियन्त्रक एवं महालेखा परीक्षक

- भारत के संविधान के भाग-V के अनुच्छेद 148 में **नियन्त्रक एवं महालेखा परीक्षक** (Comptroller and Auditor General of India, CAG) के स्वतन्त्र पद की व्यवस्था की गई है।
- यह भारतीय लेखा परीक्षण और लेखा विभाग का मुखिया होता है। यह देश के लोक वित्त का संरक्षक होने के साथ-साथ देश की सम्पूर्ण वित्तीय व्यवस्था का नियन्त्रक होता है। इसका नियन्त्रण राज्य एवं केन्द्र दोनों स्तरों पर होता है।

नियुक्ति एवं कार्यकाल

- नियन्त्रक एवं महालेखा परीक्षक की नियुक्ति राष्ट्रपति द्वारा की जाती है।
- इसका कार्यकाल 6 वर्ष या 65 वर्ष की आयु (जो भी पहले हो) तक होता है। इससे पूर्व वह राष्ट्रपति को अपना त्यागपत्र दे सकता है।
- नियन्त्रक एवं महालेखा परीक्षक को राष्ट्रपति के आदेश से उसी विधि से हटाया जा सकता है, जैसे सर्वोच्च न्यायालय के न्यायाधीश को (सिद्ध कदाचार या असमर्थता के आधार पर)। दूसरे शब्दों में, संसद के दोनों सदनों द्वारा विशेष बहुमत के साथ उसके दुर्व्यवहार या अयोग्यता पर प्रस्ताव पास कर उसे हटाया जा सकता है।
- उसके वेतन तथा भत्तों में उसकी नियुक्ति के बाद कोई भी अलाभकारी परिवर्तन नहीं किया जाएगा। CAG के वेतन एवं सेवा शर्तें भारतीय संविधान की द्वितीय अनुसूची में विनिर्दिष्ट हैं।
- नियन्त्रक एवं महालेखा परीक्षक का मुख्यालय नई दिल्ली में है। मुख्यालय के अतिरिक्त भी नियन्त्रक एवं महालेखा परीक्षक के राज्यों में अनेक कार्यालय कार्यरत् हैं।
- नियन्त्रक एवं महालेखा परीक्षक की सहायतार्थ दो उप-कैग तथा अन्य कर्मचारी कार्य करते हैं।

नियन्त्रक एवं महालेखा परीक्षक के कार्य/शक्तियाँ

संविधान के अनुच्छेद 149 में नियन्त्रक एवं महालेखा परीक्षक के कार्य एवं शक्तियों का वर्णन है। नियन्त्रक एवं महालेखा परीक्षक का एक मुख्य कार्य अंकेक्षण अथवा लेखा परीक्षण है। उल्लेखनीय है कि वर्ष 1976 में एकाउण्टिंग को ऑडिटिंग (लेखा परीक्षा) से अलग कर दिया गया। अत: नियन्त्रक एवं महालेखा परीक्षक का कार्य केवल सरकारी लेखों तक सीमित रह गया है। वह लेखा परीक्षण से सम्बन्धित निम्नलिखित कार्य करता है

- संसद द्वारा प्रदत्त शक्तियों के अन्तर्गत संघ राज्यों के लेखाओं का परीक्षण अर्थात् अंकेक्षण करना।
- राष्ट्रपति की सहमति से यह निर्धारित करना कि संघ तथा राज्यों में लेखा करने की विधि, प्रारूप तथा प्रक्रियाएँ क्या होंगी।
- संघ तथा राज्यों की संसद निधि में आय-व्यय के लेखे नियन्त्रित करना।
- लोक निगमों तथा सरकारी कम्पनियों से सम्बन्धित अंकेक्षण करना तथा राजकीय संगठनों में भण्डार एवं सामग्री के लेखे नियन्त्रित करना।
- आकस्मिक निधि (Contingency Fund) तथा लोक लेखा के क्रम में सभी लेन-देन का लेखापरीक्षा करता है। राष्ट्रपति अथवा राज्यपाल के अनुरोध पर किसी अन्य प्राधिकरण अथवा अन्य निकायों के लेखाओं का परीक्षण करता है।
- नियन्त्रक एवं महालेखा परीक्षक संघ तथा राज्यों के वार्षिक लेखों का प्रमाणीकरण भी करता है, जिसमें विश्व बैंक द्वारा प्रायोजित परियोजनाओं का आय-व्यय भी सम्मिलित है, क्योंकि विश्व बैंक ने भारत के नियन्त्रक एवं महालेखा परीक्षक को इस कार्य हेतु अधिकृत किया हुआ है।
- संविधान के अनुच्छेद 151 के अनुपालन में CAG अपने द्वारा सम्पादित लेखा तथा अंकेक्षण से सम्बन्धित कार्यों की विस्तृत रिपोर्ट संघ सरकार के मामले में राष्ट्रपति को तथा राज्य सरकार के मामलों में सम्बन्धित राज्य के राज्यपाल को सौंपता है।
- नियन्त्रक एवं महालेखा परीक्षक की इस रिपोर्ट को राष्ट्रपति और राज्यपाल क्रमश: संसद एवं राज्य विधानमण्डल के समक्ष रखवाते हैं। वह संसद की लोकलेखा समिति में गाइड, मित्र और मार्गदर्शक के रूप में कार्य करता है।

नियन्त्रक एवं महालेखा परीक्षक से सम्बन्धित अनुच्छेद : एक दृष्टि में

अनुच्छेद	प्रावधान
अनुच्छेद 148	भारत के नियन्त्रक एवं महालेखा परीक्षक (कैग)
अनुच्छेद 151	कैग की शक्तियाँ एवं कार्य
अनुच्छेद 150	संघ एवं राज्यों के लेखा के प्रकार
अनुच्छेद 151	अंकेक्षण प्रतिवेदन

वस्तु एवं सेवा कर परिषद्

- 101वें संविधान संशोधन अधिनियम, 2016 से नई कर प्रणाली वस्तु एवं सेवा कर की शुरुआत हुई। इसके द्वारा संविधान में अनुच्छेद 279 (A) जोड़ा गया। यह अनुच्छेद राष्ट्रपति को एक आदेश के तहत जी एस टी परिषद् की स्थापना करने की शक्ति प्रदान करता है।
- यह जीएसटी से सम्बन्धित महत्त्वपूर्ण मुद्दों पर केन्द्र और राज्यों के लिए सिफारिशें करेगा। राष्ट्रपति ने वर्ष 2016 में आदेश द्वारा जीएसटी परिषद् की स्थापना की।

संरचना

- केन्द्रीय वित्त मन्त्री (अध्यक्ष)
- राजस्व अथवा वित्त के प्रभारी केन्द्रीय राज्य मन्त्री
- प्रत्येक राज्य के वित्त अथवा करारोपण के अथवा राज्य सरकार द्वारा नामित अन्य विभाग के मन्त्री

- राज्यों से नामित सदस्य अपने में से किसी को परिषद् का उपाध्यक्ष चुनते हैं।
- केन्द्रीय मन्त्रिमण्डल ने अप्रत्यक्ष कर और सीमा शुल्क बोर्ड (CBIC) के अध्यक्ष को परिषद् की प्रत्येक बैठक में आमन्त्रित सदस्य के रूप में आमन्त्रित करने का निर्णय लिया है, किन्तु उसे मतदान का अधिकार नहीं होगा।

कार्य

- इसके अन्तर्गत परिषद् केन्द्र एवं राज्यों को अपनी अनुशंसाएँ भेजने के लिए अधिकृत है।
- उन वस्तुओं और सेवाओं के विषय में जिन पर GST लगना या मुक्त किया जाना है।
- कारोबार की सीमा जिनके नीचे वस्तुओं और सेवाओं को GST से मुक्त किया जा सकता है।
- GST बैण्ड सहित दरें, न्यूनतम नियत दरों (Floor Rates) सहित।
- GST से सम्बन्धित अन्य मामला, जिसे परिषद् तय करे।

4. राष्ट्रीय अनुसूचित जनजाति आयोग

- राष्ट्रीय अनुसूचित जनजाति आयोग एक संवैधानिक संस्था है। 65वें संविधान संशोधन अधिनियम, 1990 द्वारा (अनुसूचित जाति व जनजाति आयोग) की स्थापना अनुच्छेद 338 के अन्तर्गत की गई थी, परन्तु जनजातियों के हितों की पर्याप्त सुरक्षा करने के लिए पृथक् जनजातीय मन्त्रालय का गठन के बाद पृथक् जनजाति आयोग का गठन किया गया।
- 89वें संविधान संशोधन अधिनियम, 2003 के द्वारा अनुच्छेद 338(A) के अन्तर्गत पृथक् राष्ट्रीय अनुसूचित जनजाति आयोग (National Commission for Scheduled Tribes) का गठन किया गया। यह वर्ष 2004 में अस्तित्व में आया। जनजाति आयोग अन्तर्गत एक अध्यक्ष, एक उपाध्यक्ष एवं तीन अन्य सदस्य होते हैं।
- राष्ट्रपति द्वारा बनाए गए नियम के तहत वे 3 वर्ष की अवधि हेतु पद धारण करते हैं। वे अधिकतम दो कार्यकाल हेतु ही पात्र होते हैं।

5. राष्ट्रीय अनुसूचित जाति आयोग

- राष्ट्रीय अनुसूचित जाति आयोग (National Commission for Scheduled Castes) एक संवैधानिक संस्था है। 65वें संविधान संशोधन अधिनियम (1990) द्वारा अनुच्छेद 338 के अन्तर्गत अनुसूचित जाति एवं जनजाति के लिए संयुक्त आयोग की स्थापना की गई।
- इसमें संयुक्त अध्यक्ष, उपाध्यक्ष व 5 अन्य सदस्य थे। यह अनुसूचित जाति एवं जनजाति दोनों के संरक्षण व उनके अन्याय के विरुद्ध जाँच का कार्य करता था।
- 89वें संविधान संशोधन अधिनियम (2003) द्वारा अनुच्छेद 338 के अन्तर्गत पृथक् रूप से राष्ट्रीय अनुसूचित जाति आयोग की स्थापना की गई।
- राष्ट्रीय अनुसूचित जाति आयोग में एक अध्यक्ष, एक उपाध्यक्ष व तीन सदस्य होते हैं। इनकी नियुक्ति राष्ट्रपति द्वारा की जाती है तथा इनकी पदावधि व कार्यकाल (3 वर्ष) भी राष्ट्रपति निर्धारित करता है। ये दो कार्यकाल से अधिक के लिए नियुक्ति के पात्र होते हैं।

प्रमुख कार्य

1. अनुसूचित जातियों के संवैधानिक संरक्षण से सम्बन्धित सभी मामलों का निरीक्षण एवं अधीक्षण करना तथा उनके क्रियान्वयन की समीक्षा करना।
2. अनुसूचित जातियों के हितों का उल्लंघन करने वाले किसी मामले की जाँच-पड़ताल एवं सुनवाई करना।
3. इनके संरक्षण के सम्बन्ध में उठाए गए कदमों एवं किए जा रहे कार्यों के विषय में राष्ट्रपति को प्रतिवर्ष या जब भी आवश्यक हो, प्रतिवेदन प्रस्तुत करना।

शक्तियाँ

जब आयोग किसी मामले की जाँच-पड़ताल कर रहा हो, तो उसे दीवानी न्यायालय की शक्तियाँ प्राप्त होंगी। जहाँ विशेषत: निम्न मामलों में याचिका दायर की जा सकती है

- भारत के किसी भाग से किसी व्यक्ति को समन भेजना और हाजिर कराना तथा शपथ पर उसकी परीक्षा कराना।
- किसी डॉक्यूमेण्ट्स को प्रकट और पेश करने की अपेक्षा करना।
- शपथ-पत्रों पर साक्ष्य ग्रहण करना।
- साक्षियों और दस्तावेजों की परीक्षा हेतु समन जारी करना।

नोट *वर्ष 1990 में अनुसूचित जाति एवं जनजाति राष्ट्रीय आयोग की रिपोर्ट के अनुसार, भूमि निर्वसन, बँधुआ मजदूरी ऋणग्रस्तता और धार्मिक कारणों में से धार्मिक कारण अनुसूचित जाति एवं जनजाति के अत्याचार का कारण नहीं है।*

6. राष्ट्रीय पिछड़ा वर्ग आयोग

102वें संविधान संशोधन अधिनियम, 2018 द्वारा राष्ट्रीय पिछड़ा वर्ग आयोग (NCBC- National Commission For Backward Classes) को संवैधानिक दर्जा प्रदान किया गया है। इस संविधान संशोधन के साथ अनुच्छेद 333(B) तथा 342(A) जोड़ा गया।

संरचना

इस आयोग में पाँच सदस्य होते हैं, जिनमें एक अध्यक्ष, एक उपाध्यक्ष तथा तीन अन्य सदस्य शामिल होते हैं। इनकी नियुक्ति राष्ट्रपति द्वारा की जाती है। अध्यक्ष, उपाध्यक्ष तथा सदस्यों के पद की सेवा-शर्तों तथा कार्यकाल का निर्धारण राष्ट्रपति द्वारा किया जाता है।

कार्य

- यह सामाजिक तथा शैक्षणिक रूप से पिछड़े वर्गों को संविधान तथा विधि द्वारा प्रदत्त संरक्षण एवं सुरक्षा उपायों के कार्यान्वयन का मूल्यांकन करने हेतु मामलों की जाँच तथा निगरानी करता है।
- सामाजिक तथा शैक्षणिक रूप से पिछड़े वर्गों के सामाजिक-आर्थिक विकास में भाग लेना तथा सलाह देना और विकास की प्रगति का मूल्यांकन करना राष्ट्रीय पिछड़ा वर्ग आयोग के महत्त्वपूर्ण कार्य हैं।

आयोग का प्रतिवेदन

- यह आयोग प्रतिवर्ष प्रतिवेदन राष्ट्रपति को सौंपता है, जिसमें पहले वर्ष का पूर्ण कार्यों का विवरण रहता है।
- यह रिपोर्ट संघ सरकार हेतु बाध्यकारी नहीं होती है।

शक्तियाँ

राष्ट्रीय पिछड़ा वर्ग आयोग की शक्तियाँ सिविल कोर्ट के ही समान हैं, जो निम्न हैं

- भारत के किसी भू-भाग से किसी भी व्यक्ति को आयोग के समक्ष बुलाने एवं उसकी उपस्थिति सुनिश्चित कराने एवं शपथ कराकर उससे पूछताछ करना।
- किसी भी दस्तावेज की खोज और प्रस्तुतीकरण की माँग करना।
- शपथ-पत्रों पर साक्ष्य प्राप्त करना। किसी भी न्यायालय या कार्यालय से किसी भी सार्वजनिक अभिलेख की माँग करना।
- गवाहों और दस्तावेजों के परीक्षण के लिए सम्मन जारी करना
- कोई अन्य मामला, जिसका विनिश्चय राष्ट्रपति करे।

7. भाषायी अल्पसंख्यक आयुक्त

- भारतीय संविधान में अनुच्छेद 30 के अन्तर्गत धार्मिक अल्पसंख्यकों के साथ-साथ भाषायी अल्पसंख्यकों को अपने शिक्षण संस्थानों की स्थापना और संस्कृति को बनाए रखने का विशेषाधिकार दिया गया है।
- अनुच्छेद 350(B) के अन्तर्गत यह उपबन्ध किया गया है कि भाषायी अल्पसंख्यक वर्गों के लिए एक विशेष अधिकारी होगा, जिसे राष्ट्रपति नियुक्त करेगा।
- मूल संविधान में भाषायी अल्पसंख्यक वर्गों के लिए विशेष अधिकारी के सम्बन्ध में कोई प्रावधान नहीं था।
- यह प्रावधान 7वें संविधान संशोधन अधिनियम, 1956 के अन्तर्गत भाग XVII में अनुच्छेद 350 (B) जोड़ा गया।
- इसके अन्तर्गत वर्ष 1957 में भाषायी अल्पसंख्यकों के लिए विशेष अधिकारी के कार्यालय की स्थापना प्रयागराज (इलाहाबाद मुख्यालय) उत्तर प्रदेश में की गई तथा इस अधिकारी को भाषायी अल्पसंख्यकों के लिए आयुक्त (सी एल एम) (कमिश्नर) का पदनाम दिया गया।
- इसके तीन क्षेत्रीय कार्यालय-बेलगाम (कर्नाटक), चेन्नई (तमिलनाडु) तथा कोलकाता (पश्चिम बंगाल) हैं।
- आयुक्त को उसके कार्यों में सहायता देने हेतु एक उपायुक्त और एक सहायक आयुक्त होते हैं।
- यह आयुक्त केन्द्रीय अल्पसंख्यक मामलों के मन्त्रालय के अधीन कार्य करता है तथा अपना वार्षिक प्रतिवेदन राष्ट्रपति को सौंपता है।
- यह आयुक्त भाषायी अल्पसंख्यकों की सुरक्षा हेतु संवैधानिक एवं राष्ट्रीय स्तर पर स्वीकृत योजनाओं के क्रियान्वयन नहीं होने से उत्पन्न शिकायत सम्बन्धी मामलों को देखता है और ऐसे मामलों में निदानात्मक कार्यवाहियों की सिफारिश करता है।

कार्य

भाषाई अल्संख्यकों को प्रदान की गई सुरक्षा से सम्बन्धित सभी मामलों की जाँच। भाषाई अल्पसंख्यकों को प्रदान की गई संवैधानिक तथा राष्ट्रीय सहमति प्राप्त सुरक्षा कार्यान्वयन की स्थिति पर भारत के राष्ट्रपति को प्रतिवेदन देना।

उद्देश्य

- भाषायी अल्पसंख्यकों के बीच उनको उपलब्ध सुरक्षा के सम्बन्ध में जागरूकता पैदा करना।
- भाषायी अल्पसंख्यकों की सुरक्षा से सम्बन्धित शिकायतों का निवारण करना।
- भाषायी अल्पसंख्यकों को समान अवसर उपलब्ध कराना।

"

गैर-संवैधानिक निकाय के पास संविधान द्वारा प्रदत्त शक्तियाँ नहीं होती हैं। इसकी शक्तियाँ संसद द्वारा पारित कानून या केन्द्र सरकार द्वारा जारी आदेशों से प्राप्त होती हैं। इसके अन्तर्गत राष्ट्रीय मानवाधिकार आयोग, राज्य मानवाधिकार आयोग, केन्द्रीय सूचना आयोग, योजना आयोग आदि सम्मिलित हैं।

अध्याय बत्तीस

गैर-संवैधानिक निकाय

गैर-संवैधानिक निकाय

संसद के अधिनियम अथवा राज्य विधान द्वारा गठित निकायों को सांविधिक निकाय या गैर-संवैधानिक निकाय कहते हैं। इनकी व्यवस्था संविधान में नहीं की गई है, बल्कि संसद के अधिनियम तथा कार्यपालिका आदेश द्वारा आवश्यकतानुरूप **गैर-संवैधानिक निकायों/संस्थाओं** (Non-Constitutional Bodies) की स्थापना की गई है।

1. राष्ट्रीय मानवाधिकार आयोग

- राष्ट्रीय मानवाधिकार आयोग, एक सांविधिक (न कि संवैधानिक) निकाय है। इसका गठन संसद में पारित मानवाधिकार संरक्षण अधिनियम, 1993 के तहत हुआ था।
- यद्यपि मानवाधिकार आयोग की स्थापना 12 अक्टूबर, 1993 को हुई थी, तथापि यह 28 सितम्बर, 1993 से प्रभावी हुआ।
- यह आयोग देश में मानवाधिकारों का प्रहरी है। इसके अतिरिक्त इसे संविधान द्वारा अभिनिश्चित तथा अन्तर्राष्ट्रीय सन्धियों से निर्मित व्यक्तिगत अधिकारों का भी संरक्षक कहा जाता है।

नोट *इस आयोग के प्रथम अध्यक्ष श्री रंगनाथ मिश्र थे, जिनका कार्यकाल वर्ष 1993-1996 तक था। आयोग का मुख्यालय **नई दिल्ली** में स्थित है।*

- मानवाधिकार आयोग के गठन का उद्देश्य ऐसी संस्थागत व्यवस्थाओं को विकसित करना है, जो सरकार से स्वतन्त्र होकर मानवाधिकारों की रक्षा करे, उसके विषय में जागरूकता का प्रसार करे तथा इससे सम्बन्धित मुद्दों का समाधान करने का प्रयास करे।

मानवाधिकार आयोग का गठन

आयोग की संरचना

- राष्ट्रीय मानवाधिकार आयोग का गठन पेरिस सिद्धान्तों के अनुरूप किया गया है, जिन्हें अक्टूबर, 1991 में पेरिस में मानव अधिकार संरक्षण व संवर्द्धन के लिए राष्ट्रीय संस्थानों पर आयोजित पहली अन्तर्राष्ट्रीय कार्यशाला में अंगीकृत किया गया था।
- आयोग एक बहुसदस्यीय संस्था है, जिसमें 1 अध्यक्ष व 5 सदस्य होते हैं।
- आयोग का **अध्यक्ष** भारत का कोई सेवानिवृत्त मुख्य न्यायाधीश या एक उच्चतम न्यायालय का न्यायाधीश होना चाहिए।
- एक सदस्य उच्चतम न्यायालय में कार्यरत् अथवा सेवानिवृत्त न्यायाधीश, एक उच्च न्यायालय का कार्यरत् या सेवानिवृत्त मुख्य न्यायाधीश होना चाहिए।
- तीन अन्य व्यक्तियों को मानवाधिकार से सम्बन्धित जानकारी अथवा कार्यानुभव होना चाहिए।
- इन पूर्णकालिक सदस्यों के अतिरिक्त आयोग में 7 अन्य पदेन सदस्य (जिसमें कम-से-कम 1 महिला) भी होते हैं, जिनमें राष्ट्रीय अनुसूचित जाति आयोग व राष्ट्रीय अनुसूचित जनजाति आयोग, राष्ट्रीय अल्पसंख्यक आयोग, राष्ट्रीय महिला आयोग के अध्यक्ष, राष्ट्रीय अन्य पिछड़ा वर्ग आयोग, राष्ट्रीय बाल अधिकार सुरक्षा आयोग, विकलांग व्यक्तियों के लिए मुख्य आयुक्त आदि शामिल होते हैं।

आयोग के सदस्यों की नियुक्ति व कार्यकाल

- मानवाधिकार आयोग के सदस्यों की नियुक्ति प्रधानमन्त्री की अध्यक्षता वाली 6 सदस्यीय समिति की सिफारिश के आधार पर राष्ट्रपति द्वारा की जाती है। आयोग में एक महासचिव भी होता है।
- प्रधानमन्त्री की अध्यक्षता वाली इस समिति में लोकसभा के अध्यक्ष, राज्यसभा के उपसभापति, केन्द्रीय गृह मन्त्री, लोकसभा में विपक्ष का नेता तथा राज्यसभा में विपक्ष का नेता सदस्य होते हैं।
- आयोग के अध्यक्ष व सदस्यों का कार्यकाल 3 वर्ष अथवा 70 वर्ष, जो भी पहले हो, तक होता है। इनकी पुनर्नियुक्ति की जा सकती है।
- अपने कार्यकाल के उपरान्त आयोग के अध्यक्ष या सदस्य, केन्द्र अथवा राज्य सरकारों के अधीन कोई पद धारण नहीं कर सकते हैं।
- राष्ट्रपति अध्यक्ष व उनके सदस्यों को निम्न परिस्थितियों में उनके पद से हटा सकता है
    - यदि वह दिवालिया हो जाए।
    - यदि वह मानसिक एवं शारीरिक कारणों से कार्य करने में असमर्थ है।
    - यदि वह न्यायालय द्वारा किसी अपराध का दोषी है।
    - यदि वह मानसिक रूप से अस्वस्थ हो तथा सक्षम न्यायालय ऐसी घोषणा करे।

- इसके अतिरिक्त राष्ट्रपति अध्यक्ष तथा किसी भी सदस्य को उसके दुराचरण या अक्षमता के कारण कभी भी पद से हटा सकता है।

वेतन एवं भत्ते

आयोग के अध्यक्ष तथा सदस्यों के वेतन-भत्ते व अन्य सेवा शर्तों का निर्धारण केन्द्रीय सरकार द्वारा किया जाता है, किन्तु नियुक्ति के पश्चात् उसमें कोई अलाभकारी परिवर्तन नहीं किया जा सकता।

मानवाधिकार आयोग के कार्य व शक्तियाँ

राष्ट्रीय मानवाधिकार आयोग के प्रमुख कार्य निम्न हैं

- मानवाधिकारों के प्रभावी क्रियान्वयन के लिए सरकार को परामर्श देना।
- मानवाधिकार के क्षेत्र में अनुसन्धान तथा विश्लेषण करना।
- मानवाधिकार प्रशिक्षण कार्यक्रम तथा बाल अधिकार प्रशिक्षण का संचालन करना।
- मानवाधिकार संरक्षण के क्षेत्र में गैर-सरकारी संगठनों तथा अन्य संस्थानों को प्रोत्साहित करना।
- राज्य सरकार को सूचना देकर राज्य की जेलों में कैदियों की दशा का निरीक्षण करना।
- जनमानस में जनसंचार उपकरणों, संगोष्ठी आदि के माध्यम से मानवीय अधिकारों के प्रति जागरूकता उत्पन्न करना।
- मानवीय अधिकारों के प्रभावी संरक्षण के लिए सरकार से सिफारिशें करना।
- यदि मानवीय अधिकारों के उल्लंघन से सम्बन्धित कोई मामला न्यायालय में लम्बित हो, तो मानवाधिकार आयोग न्यायालय की अनुमति से उक्त मामले में हस्तक्षेप कर सकता है।
- किसी पीड़ित व्यक्ति द्वारा या पीड़ित व्यक्ति की ओर से अन्य व्यक्ति या संस्था द्वारा दायर याचिका, जिसमें मानवाधिकारों के उल्लंघन की बात की गई हो, उनकी सुनवाई कर सकता है।

> - राष्ट्रीय मानवाधिकार आयोग द्वारा दी गई रिपोर्ट या संस्तुतियों पर केन्द्र या राज्य सरकार को अपनी टिप्पणी या कार्यवाही की सूचना **1 माह के** अन्दर देनी होती है।
> - यूनिवर्सल डिक्लेरेशन ऑफ ह्यूमन राइट्स में कुल 30 अनुच्छेद हैं।
> - **संयुक्त राष्ट्र महासभा** (UNGA) द्वारा मानव अधिकार की सार्वभौमिक घोषणा को 10 दिसम्बर, 1948 को अंगीकृत किया गया।

- राष्ट्रीय मानवाधिकार आयोग अपने कार्यों सम्बन्धी वार्षिक रिपोर्ट केन्द्र सरकार के समक्ष प्रस्तुत करता है।
- राष्ट्रीय मानवाधिकार आयोग की वित्तीय स्वायत्तता का वर्णन मानव अधिकार संरक्षण अधिनियम की धारा 32 में किया गया है।
- मानवाधिकार संरक्षण अधिनियम, 1993 की धारा 2(m) में लोक सेवक की परिभाषा दी गई है।

2. राज्य मानवाधिकार आयोग

- राज्य मानवाधिकार आयोग (State Human Rights Commission) की स्थापना मानव अधिकार संरक्षण अधिनियम, 1993 के द्वारा की गई है।
- वर्तमान में देश के 26 राज्यों में आधिकारिक राजपत्र अधिसूचना के माध्यम से मानव अधिकार आयोगों की स्थापना की गई है।
- यह ऐसे मामलों के उल्लंघन की जाँच कर सकता है, जो संविधान की राज्य तथा समवर्ती सूची के अन्तर्गत आते हैं।

संरचना एवं योग्यताएँ

- राज्य मानवाधिकार आयोग एक बहुसदस्यीय निकाय है, जिसमें एक अध्यक्ष तथा दो अन्य सदस्य होते हैं।
- आयोग का अध्यक्ष उच्च न्यायालय का सेवानिवृत्त मुख्य न्यायाधीश या एक उच्च न्यायालय का न्यायाधीश होता है।
- आयोग के अन्य सदस्यों में शामिल हैं
  - उच्च न्यायालय का सेवानिवृत्त (Retired) या कार्यरत् न्यायाधीश
  - राज्य के जिला न्यायालय का कोई न्यायाधीश, जिसे 7 वर्षों का अनुभव हो या
  - ऐसा व्यक्ति, जिसे मानवाधिकारों के विषय में विशेष अनुभव हो।

नियुक्ति एवं कार्यकाल

- आयोग के अध्यक्ष एवं अन्य सदस्यों की नियुक्ति राज्यपाल द्वारा एक समिति की अनुशंसा पर की जाती है, जिसमें राज्य के मुख्यमन्त्री (अध्यक्ष) विधानसभा के अध्यक्ष, राज्य का गृहमन्त्री तथा राज्य विधानसभा में विपक्ष का नेता शामिल होते हैं, लेकिन जब राज्य में विधानपरिषद् भी होती है, तो विधानपरिषद् का सभापति व विपक्ष का नेता भी इस समिति में शामिल होता है।
- इसके अतिरिक्त एक सदस्य के रूप में राज्य उच्च न्यायालय के मुख्य न्यायाधीश से परामर्श के पश्चात् राज्य के उच्च न्यायालय में कार्यरत् एक न्यायाधीश या जिला न्यायालय में कार्यरत् एक न्यायाधीश को राज्य मानवाधिकार आयोग में नियुक्त किया जाता है।
- आयोग के अध्यक्ष एवं अन्य सदस्यों का कार्यकाल तीन वर्ष या 70 आयु, जो भी पहले हो, तक होता है। ये पुनर्नियुक्ति के पात्र होते हैं।
- अपने कार्यकाल के पश्चात् आयोग के अध्यक्ष या अन्य सदस्य केन्द्र एवं राज्य सरकार के अधीन कोई भी पद ग्रहण नहीं कर सकते हैं।

वेतन एवं भत्ते

राज्य मानवाधिकार आयोग के अध्यक्ष व अन्य सदस्यों के वेतन-भत्ते व सेवा-शर्तों का निर्धारण राज्य सरकार द्वारा किया जाता है, लेकिन उनके कार्यकाल के दौरान इनमें किसी प्रकार का अलाभकारी परिवर्तन नहीं किया जा सकता।

पद से हटाया जाना/पदमुक्ति

- राज्य मानवाधिकार आयोग के अध्यक्ष व अन्य सदस्यों को राष्ट्रपति द्वारा हटाया जा सकता है, इसमें राज्यपाल की कोई भूमिका नहीं होती है।
- इसके अतिरिक्त राज्य मानव अधिकार आयोग के अध्यक्ष व सदस्य राज्यपाल को सम्बोधित कर अपने पद का त्याग कर सकते हैं।
- पदमुक्ति से सम्बन्धित अन्य प्रावधान राष्ट्रीय मानवाधिकार आयोग के अध्यक्ष व सदस्यों के अनुसार ही होंगे।

कार्य

- मानवाधिकारों के उल्लंघन की जाँच करना अथवा किसी लोक सेवक के समक्ष प्रस्तुत मानवाधिकार उल्लंघन की प्रार्थना, जिसकी वह अवहेलना करता हो, की जाँच स्व-प्रेरणा या न्यायालय के आदेश से करना।

- न्यायालय में लम्बित किसी मानवाधिकार से सम्बन्धित कार्यवाही में हस्तक्षेप करना।
- कारागार व बन्दीगृहों की स्थिति का अध्ययन करने के पश्चात् इस विषय में सिफारिशें करना।
- मानवाधिकार की रक्षा हेतु बनाए गए संवैधानिक व विधिक उपबन्धों की समीक्षा करना तथा इनके प्रभावी क्रियान्वयन हेतु उपायों की सिफारिशें करना।
- आतंकवाद सहित उन सभी कारणों की समीक्षा करना, जिनसे मानवाधिकारों का उल्लंघन होता है तथा इनसे बचाव के उपायों की सिफारिश करना।
- मानव अधिकारों के क्षेत्र में शोध कार्य करना एवं इसे प्रोत्साहित करना।
- मानव अधिकारों के प्रति लोगों में चेतना जागृत करना तथा लोगों को इन अधिकारों के संरक्षण हेतु प्रोत्साहित करना।
- मानव अधिकारों के क्षेत्र में कार्य करने वाले **गैर-सरकारी संगठनों (एनजीओ)** को सहयोग एवं प्रोत्साहित करने हेतु यदि कोई अन्य कार्य आवश्यक हो, तो उसे सम्पन्न करना।
- राज्य मानवाधिकार आयोग अपना वार्षिक प्रतिवेदन राज्यपाल के समक्ष रखता है।

3. केन्द्रीय सूचना आयोग

- केन्द्रीय सूचना आयोग (Central Information Commission) की स्थापना **सूचना का अधिकार अधिनियम,** 2005 के अन्तर्गत की गई है। इस प्रकार सूचना आयोग एक संवैधानिक संस्था नहीं, बल्कि सांविधिक संस्था है।
- सूचना का अधिकार अधिनियम, 2005 (The RTI Act, 2005) को राष्ट्रपति ने 15 जून, 2005 को स्वीकृति प्रदान की। उस समय भारत के राष्ट्रपति **डॉ. ए.पी.जे. अब्दुल कलाम** थे।
- सूचना का अधिकार अधिनियम दो भागों में लागू हुआ। इसका पहला भाग 15 जून, 2005 को (यथा धारा- 4(1), 5(5), 5(2), 12, 13, 15, 16, 24, 27, 28) लागू हो गया था। जबकि दूसरा भाग पहले भाग के बाद 120वें दिन अर्थात् 12 अक्टूबर, 2005 को लागू हुआ।

संरचना

- केन्द्रीय सूचना आयोग में **एक मुख्य सूचना आयुक्त** तथा **अधिकतम** 10 सूचना आयुक्त हो सकते हैं।
- मुख्य सूचना आयुक्त एवं सूचना आयुक्तों की नियुक्ति राष्ट्रपति द्वारा एक समिति की सिफारिश पर की जाती है। इस समिति का अध्यक्ष प्रधानमन्त्री होता है। सदस्य के रूप में **लोकसभा में विपक्ष का नेता** तथा प्रधानमन्त्री द्वारा नाम निर्दिष्ट एक **कैबिनेट मन्त्री** शामिल होता है।

योग्यता

- इस आयोग का अध्यक्ष एवं सदस्य बनने वाले सदस्यों में सार्वजनिक जीवन का पर्याप्त अनुभव होना चाहिए।
- उन्हें **विधि, विज्ञान एवं तकनीकी, सामाजिक सेवा, प्रबन्धन, पत्रकारिता, जनसंचार** या **प्रशासन** आदि का विशिष्ट अनुभव होना चाहिए।
- उन्हें संसद या किसी राज्य विधानमण्डल का सदस्य नहीं होना चाहिए।
- वे किसी राजनीतिक दल से सम्बन्धित कोई लाभ का पद न धारण करते हों तथा कोई लाभ का व्यापार या उद्यम न करते हों।

कार्यकाल

- मुख्य सूचना आयुक्त व अन्य आयुक्तों कार्यकाल ऐसी अवधि जिसे केन्द्र सरकार निर्धारित करे अथवा 65 वर्ष की आयु दोनों में से जो पहले हो तक होता है।
- सूचना आयुक्त पुनः सूचना आयुक्त के रूप में नियुक्ति के लिए पात्र नहीं होगा, किन्तु मुख्य सूचना आयुक्त की नियुक्ति के लिए पात्र होगा।

सूचना का अधिकार (संशोधन) अधिनियम, 2019

- सूचना का अधिकार (संशोधन) अधिनियम, 2019 के अन्तर्गत मुख्य सूचना आयुक्त एवं अन्य सूचना आयुक्तों के 5 वर्ष के कार्यकाल को समाप्त करके यह प्रावधान किया गया है कि इन आयुक्तों के कार्यकाल का निर्धारण केन्द्र सरकार करेगी।
- मुख्य सूचना आयुक्त तथा अन्य आयुक्तों को निम्न आधारों पर राष्ट्रपति द्वारा उनके पद से हटाया जा सकता है
  - यदि वह दिवालिया हो गया हो।
  - यदि वह नैतिक चरित्रहीनता के किसी अपराध में दोषी पाया गया हो।
  - यदि वह कार्यकाल के दौरान किसी अन्य लाभ के पद पर कार्य कर रहा हो।
  - यदि वह राष्ट्रपति की दृष्टि में शारीरिक या मानसिक रूप से अपने दायित्वों का निर्वहन करने में अक्षम हो
- इसके अतिरिक्त मुख्य सूचना आयुक्त तथा सूचना आयुक्त को सिद्ध कदाचार या असमर्थता के आधार पर सर्वोच्च न्यायालय की जाँच रिपोर्ट के आधार पर राष्ट्रपति उनके पद से हटा सकता है।

वेतन एवं भत्ते

- मुख्य सूचना आयुक्त के वेतन-भत्ते एवं अन्य सेवा शर्तें मुख्य निर्वाचन आयुक्त के समान होती हैं। इसी प्रकार अन्य सूचना आयुक्तों के वेतन, भत्ते एवं अन्य सेवा शर्तें निर्वाचन आयुक्त के समान होती हैं। उनके सेवाकाल में उनके वेतन-भत्तों एवं अन्य सेवा शर्तों में कोई अलाभकारी परिवर्तन नहीं किया जा सकता।
- **सूचना अधिकार (संशोधन) अधिनियम,** 2019 के अन्तर्गत यह प्रावधान किया गया है कि अब केन्द्र और राज्य स्तर पर मुख्य सूचना आयुक्त एवं अन्य सूचना आयुक्तों के वेतन, भत्ते तथा अन्य रोजगार की शर्तें केन्द्र सरकार द्वारा निर्धारित की जाएँगी।

नोट *नमिता शर्मा बनाम भारत संघ का मामला सूचना का अधिकार अधिनियम, 2005 से सम्बन्धित है।*

राज्य सूचना आयोग

- केन्द्रीय सूचना आयोग की भाँति राज्य सूचना आयोग (State Information Commission) की स्थापना भी सूचना का अधिकार अधिनियम, 2005 के द्वारा की गई है।
- धारा 15 के अनुसार, प्रत्येक राज्य सरकार राज्य सूचना आयोग का गठन करेगी, जो निम्नलिखित से मिलकर बनेगा
  - राज्य मुख्य सूचना आयुक्त और
  - अधिकतम 10 राज्य सूचना आयुक्त (जितने आवश्यक समझे जाएँ)

- राज्य मुख्य सूचना आयुक्त और राज्य सूचना आयुक्तों की नियुक्ति राज्यपाल द्वारा निम्नलिखित से मिलकर बनी समिति की सिफारिश पर की जाएगी
    - मुख्यमन्त्री - अध्यक्ष
    - विधानसभा में विपक्ष का नेता,
    - मुख्यमन्त्री द्वारा नामित मन्त्रिमण्डल का सदस्य
- राज्य सूचना आयोग के कार्यों का साधारण अधीक्षण, निदेशन और प्रबन्ध राज्य मुख्य सूचना आयुक्त में निहित होगा।
- राज्य सूचना आयोग का मुख्यालय राज्य में ऐसे स्थान पर होगा, जिसे राज्य सरकार द्वारा विनिर्दिष्ट किया जाए।

सूचना आयोगों की शक्तियाँ और कृत्य

- इस अधिनियम के उपबन्धों के अधीन केन्द्रीय सूचना आयोग या राज्य सूचना आयोग का यह कर्त्तव्य होगा कि वह निम्नलिखित ऐसे व्यक्ति से शिकायत प्राप्त करे और जाँच करे
    - केन्द्रीय अथवा राज्य लोक सूचना अधिकारी को इस कारण अनुरोध प्रस्तुत करने में असमर्थ रहा है कि ऐसे अधिकारी की नियुक्ति नहीं की गई।
    - उपयुक्त लोक सूचना अधिकारी, केन्द्रीय अथवा राज्य सूचना आयोग के आवेदनकर्ता के आवेदन को भेजने के लिए स्वीकार करने से इनकार कर दिया गया है।
    - इस अधिनियम के अधीन माँगी गई जानकारी तक पहुँच के लिए इनकार कर दिया गया है।
    - इस अधिनियम के अधीन विनिर्दिष्ट समय-सीमा के भीतर सूचना के लिए या सूचना तक पहुँच के लिए अनुरोध का उत्तर नहीं दिया गया है।
    - ऐसी फीस (शुल्क) की रकम भुगतान करने की अपेक्षा की गई है, जो वह अनुचित समझता/समझती है।
    - इस अधिनियम के अधीन अपूर्ण, भ्रम में डालने वाली या झूठा/मिथ्या सूचना दी गई है।

नोट *केन्द्रीय सूचना आयोग या राज्य सूचना आयोग सूचना का अधिकार अधिनियम की धारा 20 के अन्तर्गत जुर्माना लगा सकता है।*

- केन्द्रीय सूचना आयोग/राज्य सूचना आयोग को मामलों में जाँच करते समय वही शक्तियाँ प्राप्त हैं, जो (सिविल प्रक्रिया संहिता, 1908 के अधीन) सिविल न्यायालय को प्राप्त हैं; जैसे—
    - किसी व्यक्ति को समन जारी करना, उन्हें उपस्थित कराना और शपथ-पत्र पर मौखिक या लिखित साक्ष्य दिलाना।
    - दस्तावेजों के प्रकटीकरण और निरीक्षण की अपेक्षा करना।
    - शपथ-पत्र पर साक्ष्य को अभिग्रहण करना।
    - किसी न्यायालय या कार्यालय में किसी लोक अभिलेख या उसकी प्रतियाँ मँगाना।
    - साक्षियों या दस्तावेजों की परीक्षा के लिए समन जारी करना आदि।
    - राज्य आयोग अपना वार्षिक प्रतिवेदन राज्य सरकार को प्रस्तुत करता है। राज्य सरकार इस प्रतिवेदन को विधानमण्डल के पटल पर रखती है।

4. योजना आयोग

योजना आयोग

- योजना आयोग (Planning Commission) का गठन एक परामर्शदात्री सलाहकारी संस्था के रूप में केन्द्र सरकार के एक प्रस्ताव द्वारा 15 मार्च, 1950 को किया गया था।

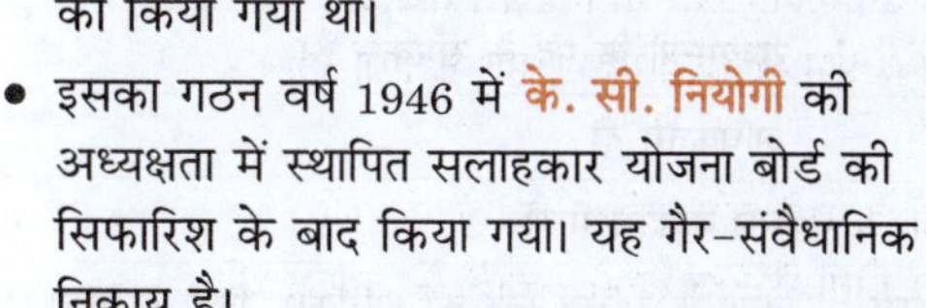

- इसका गठन वर्ष 1946 में के. सी. नियोगी की अध्यक्षता में स्थापित सलाहकार योजना बोर्ड की सिफारिश के बाद किया गया। यह गैर-संवैधानिक निकाय है।
- छः दशकों से भी अधिक के अपने कार्यकाल में योजना आयोग ने 12 पंचवर्षीय योजनाएँ तैयार कीं। वर्ष 2015 में योजना आयोग के स्थान पर नीति आयोग का गठन किया गया।

नीति आयोग

- नीति आयोग भारत सरकार द्वारा गठित एक नया संस्थान है, जिसे योजना आयोग के स्थान पर गठित किया गया है।
- इसका गठन संघीय मन्त्रिपरिषद् द्वारा पारित एक विशिष्ट प्रस्ताव द्वारा किया गया था।

> नीति (NITI) आयोग का पूरा नाम नेशनल **इन्स्टीट्यूशन फॉर ट्रांसफॉर्मिंग इण्डिया** अर्थात् **राष्ट्रीय भारत परिवर्तन संस्थान** है। इसकी स्थापना 1 जनवरी, 2015 को की गई। इसका मुख्यालय नई दिल्ली में स्थित है। यह एक गैर-संवैधानिक संस्था है।

- नीति आयोग सरकार के थिंक टैंक के रूप में कार्य करता है तथा उसे निदेशात्मक एवं नीतिगत गतिशीलता प्रदान करता है।
- इसके अतिरिक्त नीति आयोग केन्द्र व राज्य स्तरों पर सरकारों की नीति से सम्बन्धित प्रमुख कारकों के विषय में प्रासंगिक तथा तकनीकी परामर्श भी उपलब्ध कराता है।
- नीति आयोग में आर्थिक मोर्चे पर राष्ट्रीय व अन्तर्राष्ट्रीय आयात, अन्य देशों की सर्वोत्तम पद्धतियों का प्रसार, नए नीतिगत विचारों का समावेश और विशिष्ट विषयों पर आधारित समर्थन से सम्बन्धित मामले शामिल होते हैं।
- नीति आयोग के प्रथम उपाध्यक्ष अरविन्द पनगढ़िया (वर्ष 2015 से 2017) थे।

आयोग की संरचना

- नीति आयोग का अध्यक्ष भारत का प्रधानमन्त्री होता है। इसके अतिरिक्त गवर्निंग काउन्सिल में राज्यों के मुख्यमन्त्री व केन्द्रशासित प्रदेशों के उपराज्यपाल शामिल होते हैं।
- इस आयोग में सम्बन्धित कार्य क्षेत्र की जानकारी रखने वाले विशेषज्ञ तथा कार्यरत् लोगों को अधिक महत्त्वपूर्ण भूमिका दी गई है, जो प्रधानमन्त्री के विशेष आमन्त्रण पर नामित किए जाते हैं।
- विशिष्ट मुद्दों व आकस्मिक मामलों के लिए क्षेत्रीय परिषदें गठित की गई हैं, जिनका कार्यकाल निश्चित होता है।
- इन परिषदों में सम्बन्धित राज्य या क्षेत्र के मुख्यमन्त्री व केन्द्रशासित प्रदेशों के उपराज्यपाल शामिल होते हैं। इनकी अध्यक्षता नीति आयोग का उपाध्यक्ष करते हैं।

नीति आयोग की पूर्णकालिक सांगठनिक संरचना

पद	नाम
अध्यक्ष	भारत के प्रधानमन्त्री।
उपाध्यक्ष	प्रधानमन्त्री द्वारा नियुक्त।
पूर्णकालिक सदस्य	राज्यमन्त्री के पद के समकक्ष हैं।
अंशकालिन सदस्य	अधिकतम दो
पदेन सदस्य	चार केन्द्रीय मन्त्री।
मुख्य कार्यकारी अधिकारी (CEO)	केन्द्र के सचिव स्तर का अधिकार, जिसे निश्चित कार्यकाल के लिए नियुक्त किया जाएगा।
सचिवालय	जैसा उचित समझा जाए

5. राष्ट्रीय बाल अधिकार संरक्षण आयोग

- राष्ट्रीय बाल अधिकार संरक्षण आयोग (एन.सी.पी.सी.आर) की स्थापना 5 मार्च, 2007 को हुई थी। इसकी स्थापना राष्ट्रीय बाल अधिकार संरक्षण आयोग अधिनियम, 2005 तहत की गई थी।
- यह आयोग देश में बाल अधिकारों का संरक्षण, संवर्द्धन और प्रतिरक्षण करता है।
- अधिनियम के अन्तर्गत बाल अधिकारों में बाल अधिकारों पर संयुक्त राष्ट्र समझौता (20 नवम्बर, 1989) द्वारा अंगीकृत बच्चों के अधिकारों को शामिल किया गया है।
- इस अधिनियम के अन्तर्गत 0-18 वर्ष तक के बच्चों को सम्मिलित किया गया है। 5 मार्च को राष्ट्रीय बाल संरक्षण आयोग स्थापना दिवस के रूप में मनाया जाता है। आयोग का मुख्यालय नई दिल्ली में स्थित है।
- राष्ट्रीय बाल अधिकार संरक्षण आयोग की प्रथम अध्यक्षा शान्ता सिन्हा थीं।

संरचना

केन्द्र सरकार द्वारा आयोग में निम्न सदस्यों को नियुक्त किया जाता है

- आयोग में एक अध्यक्ष तथा छः अन्य सदस्य (जिनमें कम-से-कम दो महिलाएँ होंगी) होते हैं।
- अध्यक्ष, जिसने बाल कल्याण को बढ़ावा देने में उत्कृष्ट कार्य किया हो।
- छः अन्य सदस्य, जिन्हें शिक्षा, बाल स्वास्थ्य, बाल न्याय, हाशिये पर पड़े उपेक्षित, अपंग व परित्यक्त बच्चों की देखभाल या बाल श्रम उन्मूलन, बाल मनोविज्ञान और कानून के क्षेत्र में विशेषज्ञता प्राप्त हो।
- सदस्य सचिव, जो संयुक्त सचिव स्तर के समकक्ष होगा।

नियुक्ति एवं कार्यकाल

- आयोग के अध्यक्ष व अन्य सदस्यों की नियुक्ति केन्द्र सरकार द्वारा की जाती है।
- अध्यक्ष की नियुक्ति केन्द्र सरकार द्वारा गठित एक 3 सदस्यीय समिति की सिफारिश पर की जाती है। इस समिति की अध्यक्षता महिला एवं बाल विकास के मन्त्री द्वारा की जाती है।
- आयोग के अध्यक्ष तथा अन्य सदस्यों का कार्यकाल तीन वर्ष का होता है। अध्यक्ष के सम्बन्ध में आयु सीमा 65 वर्ष तथा सदस्यों के सम्बन्ध में 60 वर्ष है।
- राज्य बाल आयोग का गठन भी राज्य के लिए अनिवार्य कर दिया गया है।

वेतन एवं भत्ते

अध्यक्ष एवं सदस्यों के वेतन, भत्ते व अन्य सेवा शर्तों का निर्धारण केन्द्र सरकार करती है और नियुक्ति के पश्चात् इसमें कोई अलाभकारी परिवर्त नहीं किया जा सकता।

कार्य एवं शक्तियाँ

आयोग के कार्य एवं शक्तियाँ निम्न प्रकार हैं

- बच्चों से जुड़े कार्यक्रमों, अन्तर्राष्ट्रीय सन्धियों और मौजूदा नीतियों की समीक्षा कर बच्चों के हित में उन्हें लागू करना।
- बाल अधिकारों के क्षेत्र में अनुसन्धान करना।
- बाल अधिकारों के प्रति जागरूकता बढ़ाना।
- गरीब बच्चों के अधिकारों से सम्बन्धित मामलों पर ध्यान देना।
- बच्चों से जुड़ी शिकायतों की जाँच करना।
- बच्चों को आतंकवाद, साम्प्रदायिक हिंसा, घरेलू हिंसा, एड्स, वेश्यावृत्ति आदि से बचाने हेतु कदम उठाना।
- केन्द्र या राज्य सरकारों के अन्तर्गत आने वाले किशोर सुधारगृहों का निरीक्षण।
- इस प्रकार यह आयोग बच्चों की सुरक्षा के लिए महत्त्वपूर्ण भूमिका निभ रहा है।
- सरकार ने देश में बढ़ती बलात्कार की घटनाओं को देखते हुए वर्ष 201 में यौन अपराधों एवं उत्पीड़न से संरक्षण के लिए एक संरक्षण अधिनियम Protection of Children from Sexual Offences (POCSO), 2012 पारित किया।
- इस अधिनियम के अन्तर्गत ऐसी सभी यौन गतिविधियों को अपराध की श्रेणी में रखा गया, जो 18 वर्ष से कम आयु के बालक तथा बालिकाओं के साथ किए जाएँगे।

नोट *सरकार ने इसे और सख्त बनाते हुए अप्रैल, 2018 में एक अध्यादेश अन्तर्गत आयु सीमा को 18 वर्ष से घटाकर 12 वर्ष तक कर दिया गया अ सजा के प्रावधान को आजीवन कारावास से मृत्युदण्ड तक कर दिया है।*

6. केन्द्रीय सतर्कता आयोग

- केन्द्रीय सतर्कता आयोग भ्रष्टाचार नियन्त्रण हेतु (Central Vigilance Commission) एक प्रमुख संस्था है। इसकी स्थापना के. सन्थानम समिति (वर्ष 1962-64) की सिफारिश पर केन्द्र सरकार द्वारा पारित ए प्रस्ताव द्वारा वर्ष 1964 में की गई थी।
- सितम्बर, 2003 में संसद द्वारा पारित एक विधि द्वारा इसे सांविधिक द प्रदान किया गया था।
- वर्ष 2004 में भारत सरकार ने केन्द्रीय सतर्कता आयोग को नामित एजेन्सी (Designated Agency) के रूप में अधिकृत किया।

संरचना

- यह एक बहुसदस्यीय आयोग है, जिसमें एक अध्यक्ष तथा दो या दो से कम अन्य आयुक्त होते हैं।
- इनकी नियुक्ति राष्ट्रपति द्वारा एक तीन सदस्यीय समिति की सिफारिश पर की जाती है। समिति के प्रमुख प्रधानमन्त्री व अन्य सदस्य लोकसभ में विपक्ष का नेता व केन्द्रीय गृहमन्त्री होते हैं।

कार्यकाल एवं वेतन-भत्ते

- **केन्द्रीय सतर्कता आयोग** के आयुक्त तथा अन्य सदस्यों का कार्यकाल 4 वर्ष अथवा 65 वर्ष तक, जो भी पहले हो, होता है। अपने कार्यकाल के पश्चात् यह केन्द्र या राज्य सरकार के अधीन कोई भी पद धारण नहीं कर सकता है। आयोग के **अध्यक्ष** (आयुक्त) व **अन्य सदस्यों** को राष्ट्रपति के द्वारा पद से हटाया जा सकता है।
- आयुक्त के वेतन, भत्ते व अन्य सेवा शर्तें संघ लोक सेवा आयोग के अध्यक्ष के समान होती हैं तथा अन्य सदस्यों के वेतन-भत्ते संघ लोक सेवा आयोग के अन्य सदस्यों के समान होते हैं। आयोग का प्रमुख कार्य केन्द्र सरकार के निर्देश पर भ्रष्टाचार से सम्बन्धित अपराधों की जाँच करना है।
- यह किसी मन्त्रालय के अधीन नहीं है अर्थात् यह एक **स्वतन्त्र निकाय** है, जो केवल संसद के प्रति उत्तरदायी है।

पदच्युति

राष्ट्रपति केन्द्रीय सतर्कता आयुक्त अथवा अन्य किसी भी सतर्कता आयुक्त को उनके पद से किसी भी समय निम्नलिखित परिस्थितियों में हटा सकता है

- यदि वह **दिवालिया** (Bankrupt) घोषित हो।
- केन्द्र सरकार की दृष्टि में वह नैतिक चरित्रहीनता हेतु किसी अपराध का दोषी पाया गया हो।
- राष्ट्रपति के समाधान में यदि वह मानसिक अथवा शारीरिक कारणों से कार्य करने में असमर्थ हो।
- कार्यकाल के दौरान, अपने कार्यक्षेत्र के बाहर किसी लाभ के पद को ग्रहण करता हो।

कार्य एवं शक्तियाँ

केन्द्रीय सतर्कता आयोग के कार्य एवं शक्तियाँ निम्न प्रकार हैं

- सतर्कता आयोग, राजपत्रित अधिकारियों (Gazetted Officers) तथा उसके समानान्तर कर्मिकों के भ्रष्टाचार से सम्बन्धित मामलों की जाँच करता है। संसद सदस्य तथा मन्त्री इसके क्षेत्राधिकार से बाहर हैं।
- ऐसी समस्त लेनदारियों के सम्बन्ध में जाँच करना, जिनके सम्बन्ध में किसी शासकीय अधिकारी पर अनुचित उद्देश्य या भ्रष्ट आचरण का आरोप लगाया गया है।
- अपने नियन्त्रण में सीधे जन-शिकायतों पर विचार कर सकता है।
- आयोग अपना प्रतिवेदन राष्ट्रपति को सौंपता है, जिसे राष्ट्रपति संसद के पटल पर रखवाता है।

विगाई (Vigilance Eye) पोर्टल

आयोग ने भ्रष्टाचार रोकने हेतु विगाई (VIGEYE) नामक पोर्टल की शुरुआत की है। इस पोर्टल के माध्यम से भ्रष्टाचार सम्बन्धी शिकायतों का निवारण किया जाएगा।

- आयोग के पास दीवानी न्यायालय की शक्तियाँ होती हैं। यह केन्द्र सरकार और इसके प्राधिकरणों से किसी भी जानकारी अथवा रिपोर्ट की माँग कर सकता है।

7. राष्ट्रीय महिला आयोग

- **राष्ट्रीय महिला आयोग अधिनियम,** 1990 के अन्तर्गत अधिसूचना के माध्यम से जनवरी, 1992 को **राष्ट्रीय महिला आयोग** (National Commission for Women) का गठन किया गया।
- इसका गठन महिलाओं के संवैधानिक व विधिक रक्षोपायों के पुनरावलोकन हेतु एक वैधानिक निकाय के रूप में की गई।

- यह सुधारवादी विधायी उपायों के बारे में अनुशंसा करता है, शिकायती मामलों के निपटारे की व्यवस्था करता है तथा सरकार को महिलाओ से सम्बन्धित नीतिगत मामलों में सुझाव देता है।
- भारत सरकार का महिला एवं बाल विकास मन्त्रालय आयोग का नोडल मन्त्रालय है।

संरचना

- राष्ट्रीय महिला आयोग में 1 अध्यक्ष, 5 सदस्य तथा 1 सदस्य सचिव होता है (जिनमें से एक सदस्य अनुसूचित जाति अथवा अनुसूचित जनजाति से अवश्य हो), जिसकी नियुक्ति केन्द्र सरकार द्वारा की जाती है।
- महिला तथा बाल विकास मन्त्रालय द्वारा अध्यक्ष, सदस्य और सदस्य सचिव का नामांकन किया जाता है।

राष्ट्रीय महिला आयोग का मुख्यालय नई दिल्ली में स्थित है। इस आयोग की प्रथम अध्यक्ष **जयन्ती पटनायक** थीं।

कार्यकाल तथा वेतन

- अध्यक्ष तथा सदस्यों का कार्यकाल 3 वर्ष का होता है, किन्तु सदस्य स्वेच्छा से भी केन्द्र सरकार को अपना त्याग-पत्र दे सकते हैं।
- वेतन तथा भत्तों का निर्धारण केन्द्र सरकार द्वारा किया जाता है।

पदच्युति

- केन्द्र सरकार अध्यक्ष तथा अन्य किसी सदस्य को उसके पद से हटा सकती है। यदि वह व्यक्ति दिवालिया, मानसिक रूप से अस्वस्थ, कार्य करने में असक्षम, किसी अपराध हेतु दोषसिद्ध हो गया या केन्द्र सरकार की निगाह में अनैतिक हो तथा आयोग की लगातार तीन बैठकों में अनुपस्थित हो।
- अध्यक्ष अथवा सदस्य को तब तक पद से नहीं हटाया जा सकता, जब तक सुनवाई हेतु पर्याप्त अवसर न दिया गया हो।

कार्य एवं शक्तियाँ

राष्ट्रीय महिला आयोग के कार्य एवं शक्तियाँ निम्नलिखित हैं

- महिलाओं के लिए उपलब्ध कराए गए संवैधानिक सुरक्षा उपायों का अध्ययन करना। इनके भली-भाँति लाभ से महिलाओं को उपलब्ध कराने सम्बन्धी आवश्यक सुझाव सरकार को देना।
- महिलाओं सम्बन्धी वर्तमान कानूनों की समीक्षा करना और जहाँ आवश्यक हो, संशोधन के लिए सुझाव देना।
- महिला उत्पीड़न कार्यस्थल पर यौन-शोषण जैसी व्यक्तिगत शिकायतों की जाँच करना और इस मामले में सक्षम अधिकारी को उपयुक्त सुझाव देना।
- महिलाओं को शीघ्र न्याय प्राप्ति के लिए आयोग पारिवारिक **महिला लोक अदालतें** प्रायोजित करता है।
- आयोग ने राज्य प्राधिकारियों से अनुरोध किया है कि उन महिला कैदियों को रिहा कर दिया जाए, जिन्होंने 10 वर्ष की सजा पूर्ण कर ली है और जिनका आचरण सन्तोषजनक रहा है।
- वर्ष 1992-93 में महिलाओं के लिए **राष्ट्रीय ऋण कोष नामक** एक राष्ट्रीय महिला कोष का गठन किया गया।

- समय-समय पर संविधान में विद्यमान प्रावधानों की व अन्य विधियों की समीक्षा करना, जो महिलाओं से सम्बन्धित हों तथा ऐसे संशोधनों के लिए अनुशंसा करना, जिनसे उन विधायी कमियों, अपर्याप्तता और कमजोरियों को दूर किया जा सके।
- विकासात्मक व शैक्षणिक शोध की व्यवस्था करना, ताकि प्रत्येक क्षेत्र में महिलाओं की भागीदारी सुनिश्चित की जा सके।
- केन्द्र व राज्यों में महिलाओं के विकास की गति का आकलन करना।
- किसी भी जेल, रिमाण्ड होम, महिलाओं की संस्था या किसी भी ऐसे स्थल का निरीक्षण करना, जहाँ महिलाएँ कैदी के रूप में निरुद्ध की जाती हों या किसी अन्य रूप में। यदि जरूरत हो, तो सम्बन्धित प्राधिकारी के पास दशा सुधार हेतु मामला ले जाना।
- आयोग को सिविल कोर्ट की शक्तियाँ प्राप्त हैं तथा यह केन्द्र तथा राज्यों के भिन्न विभागों से रिपोर्ट माँग सकता है।
- आयोग किसी भी व्यक्ति को समन जारी कर सकता है। साथ ही आयोग जाँच कार्यों के सन्दर्भ में शामिल कार्यों में गवाहों को समन भेजकर परीक्षण करना, दस्तावेज अपने समक्ष मँगवाना, न्यायालय रिकॉर्ड मँगवाना, गवाही इत्यादि सम्मिलित हैं।
- आयोग मौखिक या लिखित रूप में प्राप्त शिकायतों पर कार्यवाही करता है। यह महिलाओं से जुड़े मुद्दों में स्वयं की पहल पर भी कार्यवाही करता है।

राष्ट्रीय अल्पसंख्यक आयोग

- भारत के सभी नागरिकों को धर्म और उपासना की स्वतन्त्रता उपलब्ध कराने का संवैधानिक लक्ष्य हमारी उद्देशिका (Preamble) में सम्मिलित किया गया है, इन्हीं लक्ष्यों को ध्यान में रखते हुए मौलिक अधिकारों में अल्पसंख्यकों के हितों की रक्षा के लिए विभिन्न प्रावधान किए गए हैं।
- इसी दिशा में अल्पसंख्यकों के हितों की सुरक्षा और धर्मनिरपेक्ष (Secular) परम्पराओं को बनाए रखने के लिए भारत सरकार द्वारा वर्ष 1978 में एक संकल्प द्वारा अल्पसंख्यक आयोग की स्थापना की गई।

अल्पसंख्यक आयोग अधिनियम, 1992

- अल्पसंख्यक आयोग को वैधानिक दर्जा देने के लिए अल्पसंख्यक आयोग अधिनियम पारित किया गया।
- अल्पसंख्यक आयोग का मुख्यालय नई दिल्ली में स्थित है।

संरचना

- आयोग एक बहुसदस्यीय निकाय है, जिसमें 1 अध्यक्ष, 1 उपाध्यक्ष और 5 सदस्य शामिल होते हैं।
- सदस्यों का नामांकन केन्द्र सरकार द्वारा गुण, योग्यता एवं सत्यनिष्ठा के आधार पर किया जाता था, फिर भी अध्यक्ष सहित 5 सदस्यों का अल्पसंख्यक समुदाय से होना आवश्यक है।

वेतन एवं भत्ते

अध्यक्ष एवं सदस्यों के वेतन-भत्ते एवं सेवा शर्तें अल्पसंख्यक मामलों के मन्त्रालय (केन्द्र सरकार) द्वारा निर्धारित किए जाते थे।

कार्यकाल

- आयोग के अध्यक्ष एवं सदस्यों का कार्यकाल 3 वर्ष का होता है, किन्तु इससे पूर्व वे किसी भी समय केन्द्र सरकार को त्याग-पत्र देकर पद छोड़ सकते हैं।
- इसके अतिरिक्त केन्द्र सरकार निम्न स्थितियों में अध्यक्ष या सदस्य को उनका कार्यकाल पूर्ण होने से पूर्व ही पद से हटा सकती है
  - यदि वह दिवालिया हो।
  - किसी अपराध हेतु दोषसिद्ध या दण्डित हो।
  - यदि वह मानसिक रूप से अस्वस्थ हो।
  - यदि वह कार्य करने में अक्षम हो।
  - यदि वह आयोग की लगातार तीन बैठकों में अनुपस्थित हो।

कार्य एवं शक्तियाँ

अल्पसंख्यक आयोग के कार्य एवं शक्तियाँ निम्नलिखित हैं

- सरकार द्वारा अल्पसंख्यकों की स्थिति सुधारने के लिए किए जा रहे कार्यों की समीक्षा करना।
- अल्पसंख्यकों के हितों की सुरक्षा और अभिवृद्धि के लिए सरकार को विशेष सलाह देना।
- संविधान में उपबन्धित प्रावधान तथा संसद, राज्य विधानमण्डलों द्वारा हितों की सुरक्षा और अभिवृद्धि के लिए पारित अधिनियम का भली-भाँति पालन हो रहा या नहीं, इसकी जाँच करना।
- आयोग अल्पसंख्यकों के अधिकार हनन जैसे मामले की जाँच तथा सुनवाई करता है।
- अल्पसंख्यकों में जागरूकता उत्पन्न करना व उनमें शिक्षा की अभिवृद्धि का प्रयास करना।
- अल्पसंख्यकों के साथ हो रहे विभिन्न भेदभावों की जाँच करना तथा इसके निवारण के लिए परामर्श देना।
- सरकार को परामर्श देना कि किसी समुदाय (Community) को अल्पसंख्यक का दर्जा दिया जाए या नहीं।
- कोई भी अन्य मुद्दे जिसे केन्द्र सरकार भेजे, उस पर परामर्श देना।
- वार्षिक रिपोर्ट प्रतिवर्ष सरकार को प्रस्तुत करना, जिसे संसद में प्रस्तुत किया जाता है।
- अल्पसंख्यकों के सामाजिक, आर्थिक और शैक्षणिक विकास (Social, Economic and Educational Development) हेतु शोध व विश्लेषण करना।
- किसी भी मामले की जाँच-पड़ताल करते समय आयोग के पास दीवानी न्यायालय की सभी शक्तियाँ होती हैं।
- आयोग देश के किसी भी भाग से किसी भी व्यक्ति को अपने समक्ष उपस्थित होने के लिए समन जारी कर सकता है तथा उसका शपथ परीक्षण करा सकता है।

अल्पसंख्यक आयोग ने मुख्यत: धार्मिक अल्पसंख्यकों (Religious Minorities) की समस्याओं के अध्ययन के लिए जून, 1997 में उच्चाधिकार प्राप्त अध्ययन समिति गठित की।

राष्ट्रीय ज्ञान आयोग

- राष्ट्रीय ज्ञान आयोग (National Knowledge Commission, NKC) 13 जून, 2005 को सैम पित्रोदा की अध्यक्षता में गठित किया गया।
- इसने अपनी पहली रिपोर्ट प्रधानमन्त्री को 12 जनवरी, 2007 को सौंपी तथा द्वितीय रिपोर्ट 19 जनवरी, 2008 को सौंपी।
- राष्ट्रीय ज्ञान आयोग ने अपनी रिपोर्ट में निम्नलिखित सिफारिशें कीं
    - युवा जनसंख्या की बौद्धिक व कौशल क्षमता में सुधार किया जाए।
    - जनता की ज्ञान तक पहुँच सुनिश्चित की जाए।
    - ज्ञान का प्रयोग कृषि व उद्योग में बढ़ाया जाए।
    - विज्ञान एवं तकनीक में सृजनात्मक ज्ञान को बढ़ावा दिया जाए।
    - उच्च बैण्डविथ क्षमता वाला नेशनल नॉलेज नेटवर्क स्थापित करना।
    - शिक्षा व्यवस्था रोजगारपरक बनाई जाए।
    - कॉलेज, विश्वविद्यालय को नेटवर्क द्वारा जोड़ा जाए।
    - चिकित्सा, कानून और प्रबन्धन शिक्षा में स्वायत्तता लाई जाए।
    - अंग्रेजी भाषा को पहली कक्षा से अनिवार्य किया जाए।
    - एक ग्लोबल टेक्नोलॉजी एजुकेशन फण्ड स्थापित किया जाए।
    - जल, ऊर्जा, पर्यावरण, शिक्षा, स्वास्थ्य, कृषि, रोजगार आदि की जानकारी जनसामान्य तक सुलभ बनाने के लिए पोर्टल बनाए जाने की आवश्यकता है।

8. विधि आयोग

- विधि आयोग (Law Commission) एक कार्यकारी निकाय है। यह न तो संवैधानिक निकाय है और न ही वैधानिक है। इसका गठन सरकार के आदेश द्वारा एक निश्चित कार्यकाल के लिए किया गया है।
- इसका प्रमुख कार्य कानूनों के समेकन एवं संहिताकरण हेतु विधायी उपायों की अनुशंसा करना है, किन्तु इसकी सिफारिश मानने के लिए सरकार बाध्य नहीं है।

स्वतन्त्रता से पूर्व गठित विधि आयोग

नाम	अध्यक्ष
पहला विधि आयोग (1834)	लॉर्ड मैकाले
द्वितीय विधि आयोग (1853)	सर जॉन रोमिली
तीसरा विधि आयोग (1861)	सर जॉन रोमिली
चौथा विधि आयोग (1879)	डॉ. व्हिटनी स्टोक्स

- आजादी के पश्चात् प्रथम विधि आयोग वर्ष 1955 में तत्कालीन अटॉर्नी जनरल एम. सी. सीतल वाड की अध्यक्षता में गठित किया। अब तक 23 विधि आयोग गठित किए जा चुके हैं।
- 23वें विधि आयोग के अध्यक्ष सर्वोच्च न्यायालय के पूर्व न्यायाधीश दिनेश माहेश्वरी है।

9. केन्द्रीय अन्वेषण ब्यूरो

- केन्द्रीय अन्वेषण ब्यूरो (Central Bureau of Investigation, CBT) का गठन वर्ष 1963 में गृह मन्त्रालय के एक संकल्प के द्वारा किया गया था। यह केन्द्र सरकार की मुख्य अनुसन्धान एजेन्सी है।
- इसकी स्थापना की अनुशंसा भ्रष्टाचार की रोकथाम के लिए गठित के. सन्थानम आयोग (1962-64) ने की थी। दिल्ली विशेष पुलिस अधिष्ठान अधिनियम, 1946 द्वारा यह शक्ति प्राप्त करता है। आदर्श वाक्य-उद्यम निष्पक्षता तथा सत्यनिष्ठा है।
- केन्द्रीय अन्वेषण ब्यूरो का उद्देश्य संविधान तथा देश के कानून की रक्षा करना और इसके लिए गहराई से अनुसन्धान करना तथा अपराधों के सफल अभियोग दायर करना एवं पुलिस बल को नेतृत्व तथा दिशा-निर्देश देना।
- केन्द्रीय अन्वेषण ब्यूरो का प्रमुख एक निदेशक होता है। इसके सहयोग के लिए विशेष निदेशक अथवा अतिरिक्त निदेशक होते हैं। इसके अतिरिक्त इनमें कई संयुक्त निदेशक, उप-महानिरीक्षक, पुलिस अधीक्षक के साथ-साथ फोरेन्सिक वैज्ञानिक एवं कानून के अधिकारी भी होते हैं।
- केन्द्रीय अन्वेषण ब्यूरो निदेशक की नियुक्ति केन्द्र सरकार द्वारा गठित एक समिति की अनुशंसाओं पर होती है।
- इस समिति का अध्यक्ष प्रधानमन्त्री होता है, जबकि अन्य सदस्यों में लोकसभा में विपक्ष का नेता और भारत का मुख्य न्यायाधीश अथवा उसके द्वारा नामित सर्वोच्च न्यायालय का कोई न्यायाधीश होता है।
- सी.बी.आई. कार्मिक मन्त्रालय के कार्मिक एवं प्रशिक्षण विभाग (Dept) के प्रशासनिक नियन्त्रण में कार्य करती है।

कार्य एवं शक्तियाँ

- भ्रष्टाचार निरोधक एजेन्सियों तथा विभिन्न राज्य पुलिस बलों के बीच समन्वय स्थापित करना।
- केन्द्र सरकार के कर्मचारियों के भ्रष्टाचार, घूसखोरी तथा दुराचार आदि मामलों का अनुसन्धान करना।
- अपराध से सम्बन्धित आँकड़ों का अनुरक्षण तथा आपराधिक सूचनाओं का प्रसार।
- पेशेवर अपराधियों के संगठित गिरोहों द्वारा किए गए ऐसे अपराधों का अनुसन्धान करना, जिसका देश या वैश्विक स्तर पर प्रभाव हुआ हो।
- राजकोषीय तथा आर्थिक कानूनों के उल्लंघन के मामलों का अनुसन्धान करना।
- राज्य सरकार के अनुरोध पर किसी सार्वजनिक महत्त्व के मामले को अनुसन्धान के लिए अपने अधीन लेना। CBI भारत में इण्टरपोल के नेशनल सेण्ट्रल ब्यूरो के रूप में भी कार्य करती है।

नोट *इण्टरपोल (Interpol) का पूरा नाम अन्तर्राष्ट्रीय अपराध पुलिस संगठन है। इसकी स्थापना वर्ष 1923 में हुई थी तथा इसका मुख्यालय लियोन (फ्रांस) में अवस्थित है। इसका उद्देश्य विभिन्न देशों के बीच सहयोग को बढ़ावा देना है, जिससे कि वे संगठित अपराध, आतंकवाद, मानव तस्करी आदि से निपट सकें।*

- CBI **अकादमी गाजियाबाद** (उत्तर प्रदेश) में अवस्थित है। इसने वर्ष 1996 से अपना कार्य प्रारम्भ किया। इसके पूर्व CBI प्रशिक्षण केन्द्र नई दिल्ली में प्रशिक्षण कार्यक्रम संचालित होते थे।
- गाजियाबाद की CBI अकादमी के अतिरिक्त कोलकाता, मुम्बई तथा चेन्नई में तीन क्षेत्रीय प्रशिक्षण केन्द्र भी कार्यरत् हैं।

लोकपाल एवं लोकायुक्त

- इन संस्थाओं को वैधानिक दर्जा प्राप्त है। लोकपाल एवं लोकायुक्त अधिनियम, 2013 के अन्तर्गत केन्द्र के लिए लोकपाल तथा राज्यों के लिए लोकायुक्त की व्यवस्था की गई है।
- ये केन्द्र तथा राज्य स्तर पर भ्रष्टाचार की निगरानी करते हैं। प्रधानमन्त्री सहित मन्त्री, संसद सदस्य तथा ए, बी, सी और डी वर्ग के अधिकारी लोकपाल क्षेत्राधिकार के अन्तर्गत आते हैं।
- लोकपाल एवं लोकायुक्त अधिनियम, 2013 के अनुसार, लोकपाल का 1 अध्यक्ष तथा अधिकतम 8 सदस्य होंगे, जिसमें सदस्य न्यायिक सेवा से होंगे।
- भारत के प्रथम लोकपाल पिनाकी चन्द्र घोष थे, उन्हें वर्ष 2019 में नियुक्त किया गया था।
- लोकपाल के सदस्य एससी, एसटी, ओबीसी, अल्पसंख्यक तथा महिलाओं के बीच से होंगे।
- लोकायुक्त की नियुक्ति सम्बन्धित राज्य के राज्यपाल द्वारा की जाती है। अधिकांश राज्यों में लोकायुक्तों का कार्यकाल 5 वर्ष अथवा 65 वर्ष की आयु तक, जो भी पहले हो, होता है।
- सर्वप्रथम लोकायुक्त का गठन वर्ष 1971 में महाराष्ट्र में हुआ था। यद्यपि ओडिशा में यह अधिनियम, 1970 में गठित हुआ था।

10. परिसीमन आयोग

- **परिसीमन** (Delimitation) का अर्थ चुनावों से पहले सीमा का निर्धारण करने से है।
- परिसीमन जनसंख्या में परिवर्तन का प्रतिनिधित्व करने के लिए लोकसभा और राज्य विधानसभा सीटों की सीमाओं के पुन: निर्धारण की प्रक्रिया है।
- परिसीमन आयोग को सीमा आयोग (Delimitation Commission/Boundary) भी कहा जाता है, जिसका मुख्य उद्देश्य जनसंख्या के आधार पर निर्वाचन क्षेत्रों का सही विभाजन करना है, ताकि सभी नागरिकों को प्रतिनिधित्व में समान अधिकार प्राप्त हो सकें।
- संविधान के **अनुच्छेद** 82 के अनुसार, जब भी जनगणना होती है, तो एक परिसीमन अधिनियम लागू किया जाता है, जो स्वतन्त्र रूप से कार्य करता है।
- परिसीमन आयोग एक वैधानिक निकाय है। इसकी स्थापना संसद द्वारा बनाए गए कानून के उपबन्धों के अधीन केन्द्र सरकार द्वारा की जाती है।

कार्य

- मुख्य चुनाव आयुक्त परिसीमन आयोग का अध्यक्ष होता है।
- यह राज्य में चुनाव के लिए सीटों की सीमा निश्चित करता है, हालाँकि परिसीमन आयोग चुनाव क्षेत्र की सीटों की संख्या में कोई बदलाव नहीं कर सकता है।
- केवल जनगणना के आधार पर अनुसूचित जाति और अनुसूचित जनजाति की सीटों की संख्या आरक्षित होती है।

आयोग का निर्णय

- परिसीमन के सम्बन्ध में आयोग का निर्णय अन्तिम होता है तथा इसके निर्णय के विरुद्ध किसी भी न्यायालय में अपील नहीं की जा सकती।
- इसके अतिरिक्त आयोग के आदेश को लोकसभा अथवा किसी राज्य विधानसभा द्वारा संशोधित भी नहीं किया जा सकता।

परिसीमन आयोग का गठन

- भारत में **परिसीमन आयोग** का गठन वर्ष 1952 में किया गया।
- प्रथम आम चुनाव (1951-52) के समय निर्वाचन क्षेत्रों का परिसीमन, जन-प्रतिनिधित्व अधिनियम, 1950 के अन्तर्गत राष्ट्रपति द्वारा जारी एक अध्यादेश के द्वारा किया गया था। इसके पश्चात् संसद द्वारा परिसीमन आयोग अधिनियम, 1952 पारित किया गया।
- इसमें यह प्रावधान किया गया है कि 10 वर्ष के पश्चात् होने वाली प्रत्येक जनगणना के बाद निर्वाचन क्षेत्रों का परिसीमन किया जाएगा।
- भारतीय संविधान के **अनुच्छेद 81, अनुच्छेद 82, अनुच्छेद 170, अनुच्छेद 330** और **अनुच्छेद** 332 में इस आयोग से सम्बन्धित प्रावधान किए गए हैं।
- भारत में वर्ष 1952 से लेकर वर्ष 2002 तक 4 बार (वर्ष 1952, 1962, 1972 तथा 2002) परिसीमन आयोग गठित किया गया है। इसके गठन का मुख्य उद्देश्य निर्वाचन क्षेत्रों की सीमाओं को निर्धारित किया जाना था। इसका गठन राष्ट्रपति द्वारा किया जाता है।

परिसीमन आयोग, 2002

- उच्चतम न्यायालय के अवकाश प्राप्त न्यायाधीश **कुलदीप सिंह** की अध्यक्षता में 12 जुलाई, 2002 को परिसीमन आयोग गठित किया गया।
- इस आयोग द्वारा वर्ष 2001 की जनगणना के आधार पर निर्वाचन क्षेत्रों का परिसीमन किया गया और वर्ष 2007 में अपनी संस्तुतियों को आयोग द्वारा सरकार को सौंप दिया गया।
- 19 फरवरी, 2008 को तत्कालीन राष्ट्रपति प्रतिभा देवी सिंह पाटिल द्वारा इस परिसीमन आयोग को लागू करने की स्वीकृति प्रदान की गई।

11. राष्ट्रीय हरित अधिकरण

- **राष्ट्रीय हरित अधिकरण** (National Green Tribunal) का गठन 18 अक्टूबर, 2010 को राष्ट्रीय हरित अधिकरण अधिनियम, 2010 के अन्तर्गत किया गया था।
- यह एक **गैर-संविधानिक निकाय** है। इसका उद्देश्य पर्यावरण संरक्षण तथा प्राकृतिक संसाधनों से जुड़े मामले का प्रभावी समाधान करना है।
- इसका **मुख्यालय दिल्ली** में है तथा इसके 4 क्षेत्रीय कार्यालय भोपाल, कोलकाता, पुणे तथा चेन्नई में हैं।

संरचना तथा कार्यकाल

- इसमें अधिकतम 20 पूर्णकालिक सदस्य होंगे, जिसमें से 10 सदस्य न्यायिक क्षेत्र तथा 10 सदस्य पर्यावरण के भिन्न-भिन्न क्षेत्रों में विशेषज्ञता रखने वाले होंगे।

- अध्यक्ष की नियुक्ति भारत के मुख्य न्यायाधीश की सलाह से केन्द्र सरकार द्वारा की जाती है।
- इनका कार्यकाल 3 वर्ष की अवधि या 65 वर्ष की आयु (जो भी पहले हो) तक होता है। ये पुनर्नियुक्ति के पात्र नहीं होंगे।

कार्य एवं शक्तियाँ

- पर्यावरण सम्बन्धी सभी मामलों की सुनवाई की जा सकती है।
- पर्यावरण क्षति से पीड़ित पक्ष को क्षतिपूर्ति प्रदान कर सकता है।
- सिविल कोर्ट का दर्जा प्राप्त होने के कारण अधिकरण को किसी व्यक्ति को समन जारी करना, शपथ-पत्र परीक्षण, दस्तावेजों की खोज, हलफनामे पर साक्ष्य प्राप्त करना, अपने निर्णयों की समीक्षा, गवाहों तथा दस्तावेजों का परीक्षण आदि शक्तियाँ प्राप्त हैं।
- सर्वोच्च न्यायालय ने वर्ष 2021 में राष्ट्रीय हरित अधिकरण को एक विशेष मंच के रूप में घोषित करते हुए यह घोषणा की है कि वह सम्पूर्ण देश में पर्यावरण से जुड़े मुद्दों को उठाने हेतु स्वतः संज्ञान लेने हेतु सक्षम है।

राष्ट्रीय हरित अधिकरण पर्यावरण से जुड़े कुछ अधिनियमों के कानूनों के अन्तर्गत नागरिक मामलों की सुनवाई कर सकता है, जो निम्न हैं

- जल प्रदूषण निवारण तथा नियन्त्रण अधिनियम, 1974
- जल (प्रदूषण निवारण तथा नियन्त्रण) उपकर अधिनियम, 1977
- वायु (प्रदूषण निवारण तथा नियन्त्रण) अधिनियम, 1981
- पर्यावरण (संरक्षण) अधिनियम, 1986
- जैव-विविधता अधिनियम, 2002

- राष्ट्रीय हरित अधिकरण हेतु अनिवार्य है कि उसके अन्तर्गत जो भी मुकदमे शामिल किए गए हैं, उनका समाधान 6 माह के अन्दर हो जाना चाहिए। पर्यावरण की क्षतिपूर्ति में दिए गए आर्थिक दण्ड से प्राप्त धनराशि को पर्यावरण राहत निधि में जमा किया जाता है।

2. राष्ट्रीय अन्वेषण अभिकरण

- राष्ट्रीय जाँच अभिकरण (National Investigation Agency) का गठन राष्ट्रीय जाँच अभिकरण अधिनियम, 2008 के उपबन्धों के अनुरूप वर्ष 2009 में किया गया था।
- इसकी स्थापना वर्ष 2008 के मुम्बई आतंकवादी हमले (26/11) की पृष्ठभूमि में की गई थी।
- यह अपराधों की जाँच एवं मुकदमा चलाने के लिए केन्द्रीय अभिकरण है।
- यह केन्द्रीय आतंकवाद विरोधी कानून प्रवर्तन एजेन्सी के रूप में कार्य करती है।
- इसका मुख्यालय नई दिल्ली में है तथा देश के विभिन्न राज्यों में इसके शाखा कार्यालय हैं।
- इसका प्रमुख एक महानिदेशक होता है, जिसकी नियुक्ति केन्द्र सरकार द्वारा की जाती है।
- यह गृह मन्त्रालय (भारत सरकार) के प्रशासनिक नियन्त्रण में कार्य करता है।
- एनआईए आतंकवादरोधी अन्वेषण हेतु तथ्यों का संग्रहण, मिलान एवं विश्लेषण करता है।
- यह केन्द्र एवं राज्यों के स्तर पर खुफिया एजेंसियों के साथ इनपुट भी साझा करता है।
- यह कानून की अनुसूची में वर्णित कृत्यों की जाँच और अभियोग दायर करता है।
- यह केन्द्र और राज्य सरकारों की सूचना एवं जाँच एजेन्सियों की सहायता करना एवं उनसे सहयोग प्राप्त करना।
- कानून के त्वरित एवं प्रभावी कार्यान्वयन हेतु अन्य आवश्यक उपाय करना।

उपभोक्ता आयोग *(उपभोक्ता विवाद निवारण आयोग)*

- उपभोक्ता संरक्षण अधिनियम, 2019 जिला, राज्य और राष्ट्रीय स्तर पर त्रिस्तरीय उपभोक्ता विवाद निवारण तन्त्र की स्थापना का प्रावधान करता है।
- उपभोक्ता आयोग एक अर्द्ध-न्यायिक निकाय है। इसे उपभोक्ता फोरम या उपभोक्ता अदालत के नाम से भी जाना जाता है।

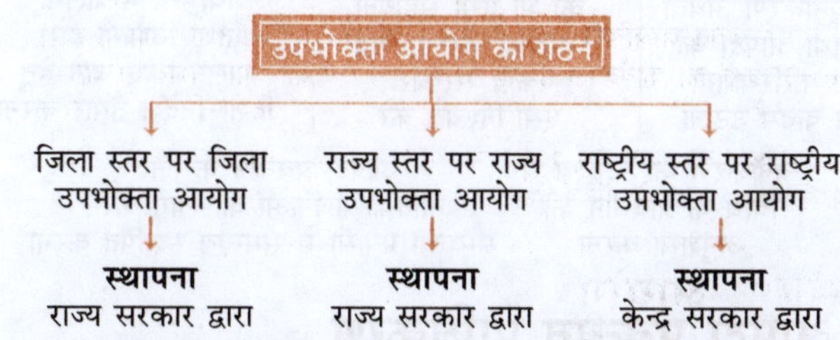

- वर्तमान में राष्ट्रीय आयोग के साथ 678 जिला आयोग तथा 35 राज्य आयोग हैं। राष्ट्रीय आयोग का गठन वर्ष 1988 में हुआ था।

राष्ट्रीय उपभोक्ता विवाद निवारण आयोग के क्षेत्राधिकार

आर्थिक क्षेत्राधिकार

- राष्ट्रीय आयोग के पास उन शिकायतों पर विचार करने का अधिकार होगा, जहाँ भुगतान की गई वस्तुओं एवं सेवाओं का मूल्य ₹10 करोड़ से अधिक है।
- वर्ष 2021 में केन्द्र सरकार द्वारा इस सीमा को घटाकर ₹2 करोड़ से अधिक कर दिया गया है।

अपीलीय क्षेत्राधिकार

- राष्ट्रीय आयोग के पास किसी भी राज्य आयोग के आदेशों के विरुद्ध अपील सुनने का अधिकार है। अपील राज्य आयोग के आदेश की तारीख से 30 दिनों के अन्दर की जा सकती है।
- इसके अतिरिक्त, राष्ट्रीय आयोग के पास केन्द्रीय उपभोक्ता संरक्षण प्राधिकरण (CCPA) के आदेशों के विरुद्ध अपील सुनने का भी अधिकार होगा।

पुनरीक्षण का क्षेत्राधिकार

- राष्ट्रीय आयोग के पास किसी भी उपभोक्ता विवाद में रिकॉर्ड माँग में और उचित आदेश पारित करने का अधिकार होगा।
- यदि आयोग ने कानून द्वारा निहित क्षेत्राधिकार का प्रयोग नहीं किया है या राज्य आयोग इस प्रकार निहित क्षेत्राधिकार का प्रयोग करने में विफल रहा है।

राष्ट्रीय आपदा प्रबन्धन प्राधिकरण

- राष्ट्रीय आपदा प्रबन्धन प्राधिकरण भारत में आपदा प्रबन्धन के लिए सर्वोच्च वैधानिक निकाय है।
- इसका गठन 27 सितम्बर, 2006 को आपदा प्रबन्धन अधिनियम, 2005 के अन्तर्गत किया गया है।
- एनडीएमए का 1 अध्यक्ष तथा अधिकतम 9 सदस्य होते हैं। प्रधानमन्त्री इसके पदेन अध्यक्ष होते हैं। सदस्य अध्यक्ष द्वारा नामित होते हैं। अध्यक्ष के द्वारा इन्हीं सदस्यों में से एक को उपाध्यक्ष नामित किया जाता है।
- उपाध्यक्ष का दर्जा कैबिनेट मन्त्री के तथा अन्य सदस्यों का राज्यमन्त्री के समकक्ष होता है।

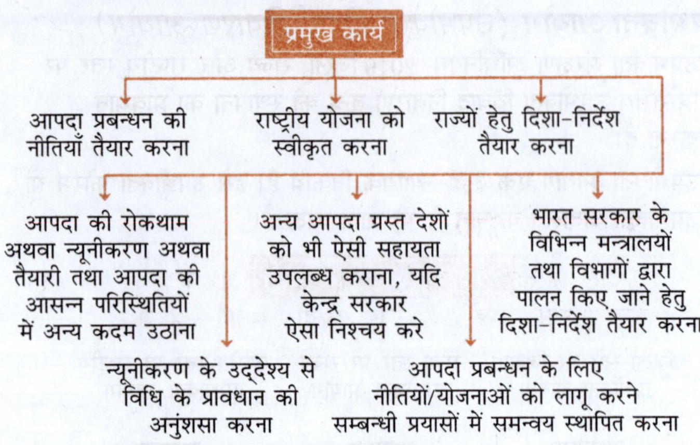

राज्य आपदा प्रबन्धन प्राधिकरण

- राज्य आपदा प्रबन्धन अधिनियम, 2005 के अन्तर्गत प्रत्येक राज्य में एक राज्य आपदा प्रबन्धन प्राधिकरण (SDMA) का गठन किया गया है।
- एसडीएमए (SDMA) में एक अध्यक्ष सहित कुल 9 सदस्य होते हैं। मुख्यमन्त्री इसका पदेन अध्यक्ष होता है।
- राज्य कार्यकारिणी समिति का उपाध्यक्ष एसडीएमए का पदेन सदस्य होता है।

जिला आपदा प्रबन्धन प्राधिकरण (DDMA)

आपदा प्रबन्धन अधिनियम, 2005 के अन्तर्गत प्रत्येक राज्य सरकार द्वारा अपने प्रत्येक जिले में जिला प्रबन्धन प्राधिकरण के गठन का प्रावधान किया गया है।

भारतीय विधिज्ञ परिषद

- बीसीआई (BCI) एक स्वायत्त निकाय है। इसका गठन संसद द्वारा एक अधिनियमित कानून अर्थात् अधिवक्ता अधिनियम, 1961 के तहत किया गया है।
- यह एक वैधानिक संस्था है, जो केन्द्रीय विधि एवं न्याय मन्त्रालय के विधि-कार्य विभाग के अन्तर्गत काम करती है।

राज्य विधिज्ञ परिषद

अधिवक्ता अधिनियम, 1961 के तहत प्रत्येक राज्य हेतु एक एसबीसी (SBC) या दो या दो से अधिक राज्यों के लिए एक राज्य या एक राज्य और केन्द्रशासित प्रदेश के लिए एक सामान्य एसबीसी के गठन का प्रावधान है। वर्तमान समय में देश में 24 एसबीसी हैं।

राष्ट्रीय अल्पसंख्यक आयोग

- राष्ट्रीय अल्पसंख्यक आयोग का गठन एक वैधानिक निकाय के रूप में वर्ष 1993 में अल्पसंख्यक आयोग अधिनियम, 1992 के तहत केन्द्र सरकार द्वारा किया गया था।
- उल्लेखनीय है कि वर्ष 1978 में अल्पसंख्यकों के हितों की रक्षा हेतु भारत सरकार के एक कार्यकारी प्रस्ताव के माध्यम से एक अल्पसंख्यक आयोग का गठन किया गया था।
- वर्ष 1993 में, प्रथम वैधानिक राष्ट्रीय आयोग का गठन किया गया और पाँच धार्मिक (मुस्लिम, बौद्ध, पारसी, सिख तथा ईसाई) अल्पसंख्यक समुदायों के रूप में अधिसूचित किया गया।
- वर्ष 2014 में इसके अन्तर्गत जैन समुदाय को भी इस श्रेणी में शामिल किया गया।

भारतीय संविधान में एक स्वतन्त्र संवैधानिक निकाय की स्थापना की गई है, जिसे संघ लोक सेवा आयोग कहा गया। भारत गणराज्य की सरकार लोक सेवा के पदाधिकारियों की नियुक्ति के लिए परीक्षाओं का संचालन करती है।

अध्याय तैंतीस

भारत में लोक सेवाएँ

लोक सेवा

भारतीय लोक सेवा को अखिल भारतीय सेवाओं, केन्द्रीय सेवाओं तथा राज्य सेवाओं में वर्गीकृत किया गया है।

अखिल भारतीय सेवाएँ

- अखिल भारतीय सेवाएँ राज्य व केन्द्र सरकारों में समान होती हैं। इन सेवाओं के सदस्य राज्य व केन्द्र के अधीन शीर्ष पदों पर होते हैं और बारी-बारी से अपनी सेवाएँ देते हैं।
- अखिल भारतीय सेवा के सदस्यों की भर्ती एवं सेवा शर्तों को विनियमित करने का अधिकार केन्द्र सरकार को है।
- इन सेवाओं के सदस्यों को प्रशिक्षित करने का कार्य भी केन्द्र सरकार करती है, किन्तु उनकी तैनाती विभिन्न राज्यों में की जाती है।

अखिल भारतीय सेवाओं का वर्गीकरण

- भारतीय प्रशासनिक सेवा (IAS)
- भारतीय पुलिस सेवा (IPS)
- भारतीय वन सेवा (IFS)

- भारतीय संविधान के अनुच्छेद 312 के अन्तर्गत राज्य सभा उपस्थित और मत देने वाले 2/3 सदस्यों के संकल्प द्वारा अखिल भारतीय सेवाओं का सृजन कर सकती है।
- अखिल भारतीय सेवाओं पर केन्द्र एवं राज्य सरकारों का संयुक्त रूप से नियन्त्रण है। प्राथमिक नियन्त्रण केन्द्र सरकार का जबकि तात्कालिक नियन्त्रण राज्य सरकारों के पास है।
- अखिल भारतीय सेवाओं के सदस्यों के वेतन-भत्तों और पेंशनों का भुगतान राज्यों द्वारा किया जाता है।

नोट *वर्ष 1947 में भारतीय सिविल सेवा (ICS) का स्थान IAS ने और भारतीय पुलिस (IP) का स्थान IPS ने लिया और संविधान में इनको अखिल भारतीय सेवा के रूप में मान्यता दी गई। वर्ष 1966 में भारतीय वन सेवा को भी अखिल भारतीय सेवा घोषित किया गया।*

केन्द्रीय सेवाएँ

अखिल भारतीय सेवाओं के अतिरिक्त भी विभिन्न प्रकार की सेवाएँ केन्द्रीय स्तर पर होती हैं, जिन्हें केन्द्रीय सेवाएँ कहा जाता है। वर्तमान में ग्रुप A की 66 केन्द्रीय सेवाएँ हैं, जिसमें से कुछ प्रमुख निम्न हैं

- केन्द्रीय सेवाओं में चार प्रकार के कर्मचारी (ग्रुप A, ग्रुप B, ग्रुप C तथा ग्रुप D) नियुक्त किए जाते हैं।
- इनमें ग्रुप A व ग्रुप B के कर्मचारी को **राज-पत्रित अधिकारी** (Gazetted Officer) कहा जाता है, जबकि ग्रुप C, में क्लर्क (लिपिक) व ग्रुप D में चपरासी आदि आते हैं।
- ये सभी कर्मचारी अपनी सेवाएँ केवल केन्द्र सरकार को देते हैं; जैसे-
  - भारतीय कस्टम तथा एक्साइज सेवा
  - आयकर सेवा
  - भारतीय ऑडिट एवं एकाउण्ट सेवा
  - भारतीय डाक सेवा
  - भारतीय प्रतिरक्षा सेवा
  - भारतीय विदेश सेवा (केन्द्रीय सेवाओं में सर्वोपरि स्थान)

राज्य सेवाएँ

- राज्य सरकार के अधीन कार्य करने वाले अधिकारी तथा कर्मचारी राज्य सेवाओं के अन्तर्गत आते हैं।
- राज्य के अधिकारियों की नियुक्ति राज्य लोक सेवा आयोग के द्वारा की जाती है, इनमें मुख्य रूप से सम्मिलित सेवाएँ हैं—**राज्य सिविल सेवा, राज्य न्यायिक सेवा, राज्य चि**कित्सा सेवा, राज्य पुलिस सेवा, राज्य शिक्षा सेवा आदि।
- केन्द्रीय सेवाओं की भाँति राज्य सेवाओं को भी ग्रुप-A, B , C तथा D में बाँटा गया है। ग्रुप A तथा ग्रुप B सेवाएँ राजपत्रित श्रेणी में आती हैं, जबकि ग्रुप C तथा ग्रुप D सेवाएँ अराजपत्रित श्रेणी में आती हैं।
- राज्य सेवाओं के अन्य कर्मचारियों के अन्य राज्य स्तरीय एजेंसियों द्वारा चयन प्रक्रिया को प्रभावी रूप प्रदान किया जाता है।

लोक सेवकों की नियुक्ति

- भारतीय संविधान के अनुसार, केन्द्र और राज्यों के लिए अलग-अलग लोक सेवा आयोगों की स्थापना की गई है। अनुच्छेद 315 (1) अखिल भारतीय सेवाओं और केन्द्रीय सेवाओं के लिए नियुक्ति संघ लोक सेवा आयोग करता है।
- अनुच्छेद 315 (2) के अन्तर्गत दो या दो से अधिक राज्य मिलकर संयुक्त लोक सेवा आयोग का गठन कर सकते हैं। संघ लोक सेवा आयोग की सिफारिश पर राष्ट्रपति संघ लोक सेवा के अधिकारियों की नियुक्ति करता है। इसी प्रकार राज्यपाल राज्य लोक सेवा आयोग की सिफारिश पर राज्य सेवा के अधिकारियों की नियुक्ति करता है।

लोक सेवकों की पदावधि

- अनुच्छेद 310 में उपबन्ध है कि प्रत्येक व्यक्ति जो रक्षा सेवा का या संघ की सिविल सेवा या अखिल भारतीय सेवा का सदस्य है, राष्ट्रपति के प्रसादपर्यन्त (Pleasure) पद धारण करता है और प्रत्येक व्यक्ति जो किसी राज्य की सिविल सेवा का सदस्य है या राज्य के अधीन कोई सिविल सेवा का पद धारण करता है, राज्यपाल के प्रसादपर्यन्त पद धारण कर सकता है।
- किसी भी सिविल सेवक को राष्ट्रपति या राज्यपाल पदच्युत कर सकते हैं। सिविल सेवक को भी अपने पद से स्वेच्छापूर्वक तीन माह की सूचना देकर त्याग-पत्र देने का अधिकार प्राप्त है, चाहे उसे सरकार स्वीकार करे या नहीं (दिनेश चन्द्र बनाम, असम राज्य 1978)।

लोक सेवकों को संवैधानिक संरक्षण

- अनुच्छेद 311(1) के अनुसार, कोई भी लोक सेवक अपने नियुक्त करने वाले प्राधिकारी से निचले किसी अधिकारी द्वारा न तो पदच्युत/बर्खास्त (Removal) किया जा सकता है और न ही पद से हटाया जा सकता है।
- नियुक्त करने वाले अधिकारी के समान या ज्येष्ठ अधिकारी द्वारा ही लोक सेवक को हटाया जा सकता है (महेश बनाम उत्तर प्रदेश वाद 1955)।
- अनुच्छेद 311(2) के अनुसार, किसी सिविल सेवक को ऐसी जाँच के पश्चात् ही, जिसमें उसे अपने विरुद्ध आरोपों की सूचना दे दी गई है और उन आरोपों के सम्बन्ध में सुनवाई का युक्तियुक्त अवसर दे दिया गया, बर्खास्त किया जाएगा या पद से हटाया जाएगा या पद से अवनत (Demotion) किया जाएगा (भारत संघ बनाम मोहम्मद रमजान वाद 1991)।
- उपरोक्त उपाय केवल केन्द्र सेवा सदस्यों, अखिल भारतीय सेवा, राज्य की सिविल सेवा अथवा केन्द्र व राज्य के अधीन सिविल सेवा पद पर आसीन व्यक्तियों को ही उपलब्ध होंगे। ये सैन्य सेवाओं व सैन्य पद पर आसीन व्यक्तियों पर लागू नहीं होंगे।

लोक सेवकों को संवैधानिक संरक्षण के अपवाद

- अनुच्छेद 311(2) के अनुसार, निम्न परिस्थितियों में किसी सरकारी सेवक को युक्तियुक्त अवसर प्रदान किए जाने का अधिकार प्राप्त नहीं है
  - जहाँ किसी व्यक्ति को बर्खास्त करने या पद से हटाने या पद से अवनत करने के लिए सशक्त प्राधिकारी को यह समाधान हो जाता है कि यह युक्तियुक्त रूप से साध्य नहीं है कि ऐसी जाँच की जाए।
  - जहाँ किसी व्यक्ति को ऐसे आचरण के आधार पर पदच्युत किया जाता है या पद से हटाया जाता है या पद से अवनत किया जाता है, जिसके लिए आपराधिक आरोप पर उसे सिद्धदोष ठहराया गया है।
  - जहाँ राष्ट्रपति या राज्यपाल को यह समाधान हो जाता है कि राज्य की सुरक्षा के हित में यह उचित नहीं है कि ऐसी जाँच की जाए।

संवैधानिक प्रावधान

- सिविल सेवा सम्बन्धी संवैधानिक प्रावधान भाग-XIV में अनुच्छेद 308-323 तक में दिए गए हैं।
- अनुच्छेद 309 के अनुसार, संसद व राज्य विधानमण्डल संघ और राज्य की सेवा करने वाले व्यक्तियों की भर्ती और सेवा की शर्तों के बारे में नियम बनाएँगे, परन्तु जब तक संसद व राज्य विधानमण्डल कानून नहीं बनाते, तब तक राष्ट्रपति व राज्यपाल कानून बनाएँगे।
- संघ लोक सेवा आयोग एवं राज्य लोक सेवा आयोग के अधिकारियों की नियुक्ति क्रमशः राष्ट्रपति तथा राज्यपाल करते हैं। इन्हीं की इच्छापर्यन्त इन अधिकारियों की कार्य अवधि निश्चित होती है।

संघ लोक सेवा आयोग

भारत में केन्द्र तथा राज्य दोनों ही स्तरों पर लोक सेवा आयोग कार्यरत् हैं। केन्द्र स्तर पर लोकसेवा आयोग को संघ लोक सेवा आयोग तथा राज्य स्तर पर लोकसेवा आयोग को राज्य लोक सेवा आयोग के नाम से जाना जाता है। लोक सेवा आयोग में एक अध्यक्ष तथा कुछ अन्य सदस्य होते हैं, जिन्हें राष्ट्रपति द्वारा नियुक्त किया जाता है।

संघ लोक सेवा आयोग एवं राज्यों से सम्बन्धित अनुच्छेद

- अनुच्छेद 308 निर्वचन (राज्य की परिभाषा)
- अनुच्छेद 309 संघ या राज्य की सेवा करने वाले व्यक्तियों की भर्ती और सेवा की शर्तें
- अनुच्छेद 310 संघ या राज्य की सेवा करने वाले व्यक्तियों की पदावधि
- अनुच्छेद 311 संघ या राज्य के अधीन सिविल हैसियत में नियोजित व्यक्तियों का पदच्युत किया जाना, पद से हटाया जाना या पंक्ति में अवनत किया जाना
- अनुच्छेद 312 अखिल भारतीय सेवाएँ
- अनुच्छेद 312 (A) कुछ सेवाओं के अधिकारियों की सेवा की शर्तों में परिवर्तन करने या उन्हें प्रतिसंहत करने की संसद की शक्ति
- अनुच्छेद 313 संक्रमणकालीन उपबन्ध
- अनुच्छेद 314 कुछ सेवाओं के विद्यमान अधिकारियों के संरक्षण के लिए उपबन्ध।

राज्य लोक सेवा आयोग से सम्बन्धित अनुच्छेद

- अनुच्छेद 315 संघ और राज्यों के लिए लोक सेवा आयोग
- अनुच्छेद 316 सदस्यों की नियुक्ति और पदावधि
- अनुच्छेद 317 लोक सेवा आयोग के किसी सदस्य का हटाया जाना और निलम्बित किया जाना
- अनुच्छेद 318 आयोग के सदस्यों और कर्मचारी वृन्द की सेवा की शर्तों के विषय में विनियम बनाने की शक्ति
- अनुच्छेद 319 आयोग के सदस्यों द्वारा ऐसे सदस्य न रहने पर पद धारण करने के सम्बन्ध में प्रतिषेध
- अनुच्छेद 320 लोक सेवा आयोगों के कृत्य
- अनुच्छेद 321 लोक सेवा आयोगों के कृत्यों का विस्तार करने की शक्ति
- अनुच्छेद 322 लोक सेवा आयोगों के व्यय
- अनुच्छेद 323 लोक सेवा आयोगों के प्रतिवेदन।

अध्यक्ष एवं सदस्यों की योग्यता

- राष्ट्रपति को (जैसी भी स्थिति हो) आयोग के सदस्यों की संख्या तथा अन्य सेवा शर्तें विनियमों द्वारा निर्धारित करने का अधिकार होता है।
- आयोग के लगभग आधे सदस्य ऐसे व्यक्ति होते हैं, जो अपनी नियुक्ति के समय भारत सरकार/राज्य सरकार के अधीन न्यूनतम 10 वर्षों तक पद धारण कर चुके हों। अन्य सदस्यों में से आधे अन्य क्षेत्रों से होने आवश्यक हैं।

पदावधि, वेतन एवं भत्ते

- संघ लोक सेवा आयोग का अध्यक्ष तथा सदस्य अपने पद ग्रहण की तारीख से 6 वर्ष या 65 वर्ष की आयु तक, जो भी पहले हो, अपने पद पर बना रह सकता है।
- इससे पूर्व संघ लोक सेवा आयोग का सदस्य कभी भी राष्ट्रपति को सम्बोधित कर अपना त्यागपत्र दे सकता है।
- **अनुच्छेद 316** के अनुसार, संघ लोक सेवा आयोग के सदस्यों या कर्मचारियों को देय वेतन, भत्तों और पेंशन सहित आयोग के सभी खर्च भारत की **समेकित निधि** (Consolidated Fund) पर भारित होते हैं।

संघ लोक सेवा आयोग के अध्यक्ष तथा सदस्यों को प्रधानमन्त्री की सलाह पर राष्ट्रपति नियुक्त करता है। संघ लोक सेवा आयोग में सदस्यों की संख्या अध्यक्ष सहित 9 से 11 होती है, जो राष्ट्रपति के विवेक पर निर्भर करती है।

पदच्युत या निलम्बन

- **अनुच्छेद 317** के अन्तर्गत लोक सेवा आयोग के सदस्यों का हटाए जाने और निलम्बित किए जाने के प्रावधानों का उल्लेख किया गया है।
- संघ लोक सेवा आयोग के सदस्य या अध्यक्ष को केवल राष्ट्रपति के आदेश द्वारा ही पद से हटाया जा सकता है।
- संघ लोक सेवा आयोग के सदस्य और अध्यक्ष को राष्ट्रपति निलम्बित कर सकता है।
- राष्ट्रपति, संघ लोक सेवा आयोग के सदस्य तथा अध्यक्ष को निम्न स्थिति में पद से हटा सकता है
  - यदि वह दिवालियापन का शिकार हो जाए,
  - यदि वह अपने पद की अवधि के दौरान अपने पद के कर्त्तव्यों की सीमा के बाहर किसी सवेतन रोजगार में लगा हो,
  - यदि वह राष्ट्रपति की राय में मानसिक अथवा शारीरिक रूप से अशक्त होने के कारण पद पर बने रहने के योग्य न हो,
  - इसके अतिरिक्त राष्ट्रपति इन्हें कदाचार में संलिप्त होने की अवस्था में भी पद से हटा सकता है, किन्तु ऐसे मामलों में राष्ट्रपति को यह मामला जाँच के लिए **उच्चतम न्यायालय** के समक्ष भेजना होता है। यदि उच्चतम न्यायालय जाँच के बाद बर्खास्त करने के परामर्श का समर्थन करता है, तो राष्ट्रपति इन्हें पद से हटा सकता है। हालाँकि उच्चतम न्यायालय द्वारा इस मामले में दी गई सलाह राष्ट्रपति के लिए बाध्यकारी नहीं होती है,
  - **कदाचार** में संलिप्तता दो प्रकार से परिभाषित की जा सकती है
- भारत सरकार या किसी राज्य सरकार के अन्तर्गत अनुबन्ध या करार में रुचि रखना तथा सरकारों द्वारा सम्बन्धित करार में लाभ अर्जित करने हेतु भागीदार बनना।

कार्यवाहक अध्यक्ष की नियुक्ति

राष्ट्रपति निम्न दो परिस्थितियों में संघ लोक सेवा आयोग के किसी भी सदस्य को कार्यवाहक अध्यक्ष नियुक्त कर सकता है

- जब अध्यक्ष का पद रिक्त हो या
- जब अध्यक्ष अपना कार्य अनुपस्थिति या अन्य दूसरे कारणों से नहीं कर पा रहा हो।

आयोग की स्वतन्त्रता

लोक सेवा आयोग की स्वतन्त्रता व निष्पक्षता को सुनिश्चित करने हेतु निम्न प्रावधान किए गए हैं

- आयोग के अध्यक्ष एवं सदस्यों का एक निश्चित कार्यकाल है और उन्हें संविधान में दिए आधार व प्रक्रिया के अनुसार, राष्ट्रपति द्वारा ही हटाया जा सकता है।
- आयोग के सदस्यों की नियुक्ति के पश्चात् उनकी सेवा शर्तों में कोई अलाभकारी परिवर्तन नहीं किया जा सकता।
- आयोग के व्यय भारत की संचित निधि पर भारित होते हैं।
- भारतीय संविधान, लोक सेवा आयोग की स्वतन्त्रता सुनिश्चित करने के लिए इसके अध्यक्ष को सेवानिवृत्ति के पश्चात् भारत सरकार या किसी राज्य सरकार के अधीन किसी भी पद पर नियुक्ति की अनुमति प्रदान नहीं करता है।
- आयोग के अध्यक्ष के अतिरिक्त कोई भी सदस्य इस आयोग या किसी राज्य के लोक सेवा आयोग के अध्यक्ष पद पर नियुक्ति हेतु पात्रता रखता है, लेकिन अन्य किसी पद पर उसकी नियुक्ति नहीं की जा सकती।
- इस आयोग से सरकार के सम्बन्धों को केन्द्रीय **गृह मन्त्रालय** समन्वित करता है। आयोग अपने प्रतिदिन के कार्य और अपने सांविधिक उत्तरदायित्वों के निष्पादन के सम्बन्ध में भारत सरकार के विभिन्न मन्त्रालयों तथा विभागों से सीधे सम्पर्क करता है।

आयोग के अधिकार क्षेत्र एवं कर्त्तव्य

- संघ लोक सेवा आयोग का अधिकार क्षेत्र संघ सरकार तथा संघ शासित प्रदेशों की सार्वजनिक सेवाओं तक विस्तारित है।
- संघ लोक सेवा आयोग का यह कार्य भी है कि वह दो या अधिक राज्यों के अनुरोध पर किसी ऐसी सेवा के लिए संयुक्त भर्ती योजनाएँ और उसे परिचालित करने में उनकी सहायता करे, जिसके लिए विशेष योग्यताधारी उम्मीदवारों की आवश्यकता हो।
- लोक सेवा आयोग का यह कर्त्तव्य है कि वह अपने कार्य के विषय में प्रत्येक वर्ष राष्ट्रपति को रिपोर्ट प्रस्तुत करे।

नोट *राष्ट्रपति के लिए आवश्यक है कि रिपोर्ट की एक प्रति **विधायिका** के दोनों सदनों के सामने प्रस्तुत करवाए। साथ ही, ऐसा कारण-पत्र भी विधायिका के सामने प्रस्तुत किया जाए, जिसमें उन मामलों के विषय में ज्ञापन हो, जिनमें आयोग का परामर्श स्वीकृत नहीं किया गया हो।*

आयोग के कार्य

भारतीय संविधान में संघ लोक सेवा आयोग के कार्यों का निर्धारण किया गया है, जो निम्नलिखित हैं

- संघ लोक सेवा आयोग संघ की सेवाओं में नियुक्ति के लिए परीक्षाएँ संचालित करता है और सीधी भर्ती के लिए साक्षात्कार व्यवस्था को संचालित करता है। यदि दो या दो से अधिक राज्य संघ लोक सेवा आयोग में यह अनुरोध करें कि वह किसी विशेष सेवा के लिए संयुक्त भर्ती की योजना बनाने और लागू करने में उन राज्यों की सहायता करें, तो संघ लोक सेवा आयोग ऐसी सहायता देने के लिए प्रतिबद्ध होगा।
- इसके अतिरिक्त निम्नांकित कार्यों में आयोग से परामर्श भी लिया जाता है
  - लोक सेवाओं तथा पदों पर नियुक्तियों की पद्धति से सम्बन्धित सभी मामलों पर।
  - लोक सेवाओं और पदों पर नियुक्ति करने में तथा एक सेवा से दूसरी सेवा में पदोन्नति और स्थानान्तरण करने में अनुसरण किए जाने वाले सिद्धान्तों पर तथा ऐसी नियुक्तियों, पदोन्नतियों या स्थानान्तरणों के लिए उम्मीदवारों की उपयुक्तता पर भारत सरकार के अन्तर्गत सम्बन्धित सिविल पद पर सेवारत् किसी व्यक्ति को प्रभावित करने वाले सभी मामलों पर तथा ऐसे मामलों से सम्बन्धित स्मरण-पत्रों या प्रार्थना-पत्रों पर।
  - भारत सरकार के अन्तर्गत या भारत में क्राउन के अन्तर्गत सिविल पद पर सेवारत् रहते हुए किसी व्यक्ति के घायल होने से सम्बन्धित पेंशन को प्राप्त करने के लिए किसी दावे पर तथा ऐसी पेंशन के धनराशि सम्बन्धी किसी प्रश्न पर।
  - जब मन्त्रालय अन्तिम रूप से कोई नियुक्ति करते हैं, तब भी आयोग से सलाह/परामर्श ली जाती है।
  - सेवानिवृत्त हो रहे या हो चुके अधिकारियों की पुन: नियुक्ति के प्रकरणों में भी आयोग से परामर्श लिया जाता है।
  - आयोग स्थायी और अर्द्धस्थायी नौकरियों के मामलों पर भी विचार करता है।
  - जब कभी विवादास्पद पद पर सीधी नियुक्ति आयोग के अधिकार-क्षेत्र के अन्तर्गत होती है, तो सरकार आयोग से परामर्श करके ऐसे प्रकरणों पर निर्णय लेती है।
  - राष्ट्रपति द्वारा आयोग के पास भेजे गए किसी भी मामले पर परामर्श देना आयोग का कर्त्तव्य है।
  - एक सेवा से दूसरी सेवा में स्थानान्तरण सम्बन्धी मामलों पर भी आयोग सरकार को सलाह देता है।

राज्य लोक सेवा आयोग

- संविधान के भाग XIV में अनुच्छेद 315-323 तक राज्य लोक सेवा आयोग सम्बन्धी प्रावधान हैं।
- राज्य लोक सेवा आयोग एक संवैधानिक संस्था है, जो राज्य में भर्ती का कार्य करती है।
- राज्यों की सेवाओं में नियुक्ति, पदोन्नति एवं अनुशासन स्थापित करने के लिए राज्य सरकार के द्वारा एक राज्य लोक सेवा आयोग (State Public Service Commission) का गठन किया जाता है।

संरचना, सदस्यों की नियुक्ति एवं योग्यता

- राज्य लोक सेवा आयोग में अध्यक्ष तथा अन्य सदस्य होते हैं, जिन्हें राज्य लोक सेवा आयोग के सन्दर्भ में उस राज्य के राज्यपाल द्वारा नियुक्त किया जाता है।
- राज्यपाल को (जैसी भी स्थिति हो) आयोग के सदस्यों की संख्या तथा अन्य सेवा शर्तें विनियमों द्वारा निर्धारित करने का अधिकार होता है।
- आयोग के लगभग आधे सदस्य ऐसे व्यक्ति होते हैं, जो अपनी नियुक्ति के समय भारत सरकार/राज्य सरकार के अधीन न्यूनतम 10 वर्षों तक पद धारण कर चुके हों।

पदावधि, वेतन एवं भत्ते

- राज्य लोक सेवा आयोग का सदस्य 6 वर्ष की अवधि या 62 वर्ष की आयु तक, जो भी पहले हो अपने पद पर बना रहता है। हालाँकि वह कभी भी राज्यपाल को अपना त्याग-पत्र सौंप सकता है।
- राज्य लोक सेवा आयोग के सदस्यों या कर्मचारियों को देय वेतन, भत्तों और पेंशन सहित आयोग के सभी खर्च राज्य की समेकित निधि पर भारित होते हैं।

पदच्युत या निलम्बन

- राज्य लोक सेवा आयोग के सदस्य तथा अध्यक्ष का निलम्बन सम्बन्धी अधिकार राज्यपाल को प्राप्त है, जबकि राज्य लोक सेवा आयोग के सदस्य या अध्यक्ष को केवल राष्ट्रपति के आदेश द्वारा पद से हटाया जा सकता है।
- राष्ट्रपति, राज्य लोक सेवा आयोग के सदस्य तथा अध्यक्ष को निम्न परिस्थितियों में पद से हटा सकता है
  - यदि वह दिवालिया घोषित कर दिया जाता है,
  - यदि वह अपने पद की अवधि के दौरान अपने पद के कर्त्तव्यों के बाहर किसी सवेतन रोजगार में लगा हो,
  - यदि वह राष्ट्रपति की राय में मानसिक अथवा शारीरिक रूप से अशक्त होने के कारण पद पर बने रहने के योग्य न हो,
  - राष्ट्रपति इन्हें कदाचार में संलिप्त होने की अवस्था में भी पद से हटा सकता है, किन्तु ऐसे मामलों में राष्ट्रपति को यह मामला जाँच के लिए उच्चतम न्यायालय के समक्ष भेजना होता है। यदि उच्चतम न्यायालय जाँच के बाद इसे बर्खास्त करने के परामर्श का समर्थन करता है, तो राष्ट्रपति इन्हें पद से हटा सकता है।
  - हालाँकि उच्चतम न्यायालय द्वारा इस मामले में दी गई सलाह राष्ट्रपति के लिए बाध्यकारी होती है।

कदाचार में संलिप्तता दो प्रकार से परिभाषित की जा सकती है

- भारत सरकार या किसी राज्य सरकार के अन्तर्गत अनुबन्ध या करार में रुचि रखना।
- सरकारों द्वारा सम्बन्धित करार में लाभ अर्जित करने हेतु भागीदार बनना।

कार्यवाहक अध्यक्ष की नियुक्ति

- राज्यपाल निम्न दो परिस्थितियों में राज्य लोक सेवा आयोग के किसी भी सदस्य को कार्यवाहक अध्यक्ष नियुक्त कर सकता है
  - जब अध्यक्ष का पद रिक्त हो या
  - जब अध्यक्ष अपना कार्य अनुपस्थिति या अन्य दूसरे कारणों से नहीं कर पा रहा हो।

आयोग की स्वतन्त्रता

- भारतीय संविधान, लोक सेवा आयोग की स्वतन्त्रता सुनिश्चित करने के लिए इसके अध्यक्ष को सेवानिवृत्ति के पश्चात् भारत सरकार या किसी राज्य सरकार के अधीन किसी भी पद पर नियुक्ति की अनुमति प्रदान नहीं करता है।
- राज्य लोक सेवा आयोग का अध्यक्ष अपने पद से मुक्त होने के उपरान्त संघ लोक सेवा आयोग के अध्यक्ष, अन्य सदस्य के रूप में अथवा किसी अन्य राज्य के लोक सेवा आयोग के अध्यक्ष के रूप में नियुक्त किया जा सकता है।
- राज्य लोक सेवा आयोग के अध्यक्ष अथवा सदस्य की सेवा शर्तें राज्यपाल निर्धारित करता है, इस प्रकार नियुक्ति के पश्चात् उनमें गैर-लाभकारी परिवर्तन नहीं किया जा सकता है।
- आयोग के अध्यक्ष या सदस्य कार्यकाल की समाप्ति के पश्चात् दूसरे कार्यकाल के लिए नियुक्ति के पात्र नहीं होते हैं।

आयोग के अधिकार क्षेत्र एवं कर्त्तव्य

- राज्य सरकार की सार्वजनिक सेवाएँ राज्य लोक सेवा आयोग के अधिकार क्षेत्र के अन्तर्गत आती हैं।
- राज्य लोक सेवा आयोग का यह कर्त्तव्य है कि वह अपने कार्यों के सम्बन्ध में राज्यपाल के सम्मुख वार्षिक प्रतिवेदन रखे।
- राज्यपाल के लिए यह आवश्यक है कि वह उस प्रतिवेदन को विधानमण्डल के सम्मुख अपने स्मरण-पत्र के साथ रखे, जिसमें उन प्रकरणों का उल्लेख हो, जिनमें आयोग की संस्तुति न स्वीकार की गई हो।

आयोग के कार्य

राज्य लोक सेवा आयोग का यह प्राथमिक कर्त्तव्य है कि वह राज्य की सेवाओं में नियुक्ति हेतु परीक्षाएँ संचालित करे तथा भर्ती हेतु साक्षात्कार की व्यवस्था का भी संचालन करे। निम्न विषयों पर आयोग से परामर्श लिया जाता है

- लोक सेवाओं के पदों पर नियुक्तियों की पद्धति से सम्बन्धित सभी मामलों पर।
- लोक सेवाओं के पदों पर नियुक्ति करने में तथा एक सेवा से दूसरी सेवा में पदोन्नति तथा स्थानान्तरण करने में अनुसरण किए जाने वाले सिद्धान्तों पर एवं ऐसी नियुक्तियों, पदोन्नतियों या स्थानान्तरणों के लिए उम्मीदवारों की उपयुक्तता पर।
- राज्य सरकार के अन्तर्गत सिविल पद पर सेवारत् रहते हुए किसी व्यक्ति के घायल होने से सम्बन्धित पेंशन को प्राप्त करने के लिए किसी दावे पर तथा ऐसी पेंशन की धनराशि से सम्बन्धित किसी प्रश्न पर।
- आयोग स्थायी और अर्द्धस्थायी नौकरियों के मामलों पर भी विचार करता है। जब कभी विवादास्पद पद पर सीधी नियुक्ति आयोग के अधिकार क्षेत्र के अन्तर्गत होती है, तो सरकार, आयोग से परामर्श करके ऐसे प्रकरणों पर निर्णय लेती है।

संयुक्त राज्य लोक सेवा आयोग

- संविधान के अनुच्छेद 315 में यह व्यवस्था की गई है कि यदि दो या अधिक राज्य अपने विधानमण्डलों में राज्यों के समूह हेतु एक लोक सेवा आयोग के आशय का प्रस्ताव पारित करें तो संसद, संयुक्त लोक सेवा आयोग (Joint Public Service Commission) के लिए प्रावधान कर सकती है। इस प्रकार यह एक सांविधिक संस्था है।
- संयुक्त राज्य लोक सेवा आयोग वार्षिक प्रगति रिपोर्ट (Annual Progress) सम्बन्धित राज्यपालों को सौंपता है और प्रत्येक राज्यपाल राज्य के विधानमण्डल के समक्ष इस प्रतिवेदन को प्रस्तुत करता है।

संरचना, नियुक्ति एवं योग्यता

- संयुक्त राज्य लोक सेवा आयोग में एक अध्यक्ष तथा कुछ अन्य सदस्य होते हैं, जिन्हें राष्ट्रपति द्वारा नियुक्त किया जाता है।
- संयुक्त राज्य लोक सेवा आयोग के सदस्यों की संख्या तथा अन्य सेवा शर्तें विनियमों को निर्धारित करने का अधिकार राष्ट्रपति को है।

पदावधि एवं पदमुक्ति

- संयुक्त राज्य लोक सेवा आयोग के अध्यक्ष तथा सदस्य 6 वर्ष या 62 वर्ष की आयु, जो भी पहले हो, तक अपने पद पर बने रहते हैं।
- इसके सदस्य किसी भी समय राष्ट्रपति को अपना त्याग-पत्र देकर पदमुक्त हो सकते हैं। राष्ट्रपति द्वारा आयोग के सदस्य या अध्यक्ष को आदेश जारी कर पद से हटाया जा सकता है।
- संयुक्त राज्य लोक सेवा आयोग के सदस्य व अध्यक्ष के निलम्बन का अधिकार राष्ट्रपति को प्राप्त है। 21 अप्रैल को प्रतिवर्ष लोक सेवा दिवस के रूप में मनाया जाता है।

प्रशासनिक सुधार से सम्बन्धित प्रमुख समितियाँ

प्रशासनिक सुधार से सम्बन्धित प्रमुख समितियाँ निम्न प्रकार हैं

ए.डी.गोरवाला समिति

वर्ष 1951 में गोरवाला समिति ने अपना प्रतिवेदन दिया, इसकी मुख्य सिफारिशें निम्नलिखित हैं

- इस समिति ने भारतीय लोक प्रशासनिक संस्थान हेतु सिफारिश की।
- पदोन्नतियों को अच्छे कार्यों से जोड़ने पर बल दिया।
- लोक व्यय (Public Expenditure) पर संसदीय नियन्त्रण को प्रभावी बनाया जाए।
- वित्त मन्त्रालय और प्रशासनिक मन्त्रालयों के सम्बन्ध उपयुक्त होने चाहिए। वित्त मन्त्रालय का वित्तीय नियन्त्रण हो, लेकिन वित्तीय हस्तक्षेप (Intervention) नहीं होना चाहिए।
- श्रमिकों तथा प्रबन्धन के सम्बन्ध उपयुक्त होने चाहिए और श्रमिकों की शिकायतों के निवारण हेतु उपयुक्त व्यवस्था लाई जाए।
- मन्त्री नीति निर्धारण पर अधिक केन्द्रित रहें और अन्य जुड़े कार्य सचिव को प्रदान किए जाएँ।

एन. गोपालस्वामी आयंगर रिपोर्ट

इस समिति द्वारा सिविल सेवा में सुधार हेतु निम्न सुझाव दिए गए

- इसने नियुक्ति समिति को लाने की संस्तुति की व इसकी सिफारिश पर **नियुक्ति समिति** को वर्ष 1950 में लाया गया, जिसने निम्न सिफारिशें कीं
  - इसने कैबिनेट मन्त्री, राज्यमन्त्री व उपमन्त्री के स्तरों को बनाए रखने की संस्तुति की।
  - उपमन्त्रियों का प्रयोग मन्त्रियों द्वारा अपने संसदीय दायित्वों के निर्वाह हेतु किया।
  - इसने स्वतन्त्र प्रभार के राज्यमन्त्रियों की भी संस्तुति (Recommendation) की।

पी. सी. होता समिति की सिफारिशें

नौकरशाही में सुधार की शुरुआत **पी. सी. होता समिति** की सिफारिशों से मानी जाती है। इस समिति का गठन वर्ष 2004 में किया गया था। समिति की प्रमुख सिफारिशें निम्न प्रकार हैं

- सिविल सेवाओं में प्रवेश हेतु सामान्य श्रेणी के उम्मीदवार की आयु सीमा 21-24 वर्ष तक होनी चाहिए।
- सभी प्रशासनिक अधिकारियों को अपनी वार्षिक चल-अचल सम्पत्ति की वेबसाइट पर घोषणा करना अनिवार्य हो।
- संविधान में यथावश्यक संशोधन कर राष्ट्रपति और राज्यपाल को भ्रष्ट अधिकारियों के निलम्बन और सेवामुक्ति का अधिकार दिया जाना चाहिए।
- प्रशासनिक अधिकारियों को सेवानिवृत्ति अथवा त्याग-पत्र सौंपे जाने के कम-से-कम दो वर्ष बाद तक किसी भी राजनीतिक दल में शामिल होने अथवा चुनाव लड़ने की अनुमति नहीं दी जानी चाहिए।
- प्रशासनिक सेवाओं में ई-गवर्नेन्स को प्रोत्साहित किया जाना चाहिए।
- प्रशासनिक सेवाओं में महिला अधिकारियों का प्रतिनिधित्व 25% तक बढ़ाया जाना चाहिए।

सुरेन्द्रनाथ चतुर्वेदी समिति की रिपोर्ट

संघ लोक सेवा आयोग के पूर्व अध्यक्ष **लेफ्टिनेण्ट सुरेन्द्रनाथ चतुर्वेदी** ने अपनी रिपोर्ट में सिविल सेवा में सुधार हेतु निम्न सिफारिशें कीं

- सिविल सेवा परीक्षा की वर्तमान प्रणाली में आमूल-चूल परिवर्तन करते हुए इन्जीनियरिंग, मेडिकल तथा एन डी ए आदि परीक्षाओं की प्रणाली अपनाने की अनुशंसा की।
- इस प्रणाली में सीनियर सेकण्डरी 12वीं परीक्षा उत्तीर्ण विद्यार्थियों को एक संयुक्त प्रवेश परीक्षा के माध्यम से सिविल सेवा पाठ्यक्रम में प्रवेश देकर तीन वर्ष तक राष्ट्रीय अकादमी में पेशेवर प्रशिक्षण दिया जाना चाहिए।
- तीन वर्ष की पढ़ाई पूरी करने के बाद साधारण रूप से परीक्षा उत्तीर्ण करने वाले विद्यार्थियों को स्नातक की उपाधि प्रदान की जाए।
- इस **तीन वर्षीय पाठ्यक्रम** में सर्वश्रेष्ठ विद्यार्थियों को दो वर्ष का विशेष प्रशिक्षण देकर विभिन्न प्रशासनिक सेवाओं के लिए चयनित किया जाए, जो इन सेवाओं के लिए उपयुक्त नहीं होंगे, उन्हें एम बी ए की डिग्री देकर राष्ट्रीय अकादमी के बाहर कर दिया जाए।

द्वितीय प्रशासनिक सुधार आयोग

- इस **आयोग का गठन** 31 अगस्त, 2005 को किया गया तथा इसका उद्देश्य लोक प्रशासनिक व्यवस्था के सुधार के लिए उपाय खोजना था।
- **आयोग के गठन में निम्नलिखित व्यक्ति शामिल थे**
  - एम. वीरप्पा मोइली (अध्यक्ष)
  - डॉ. ए. पी. मुखर्जी (सदस्य)
  - डॉ. जयप्रकाश नारायण (सदस्य)
  - वी. रामचन्द्रन (सदस्य)
  - ए. एच. कालरा (सदस्य)
  - विनीता राय (सदस्य सचिव)
- **आयोग को निम्न बातों पर विचार करने के लिए गठित किया गया था**
  - भारत सरकार का संगठनात्मक ढाँचा
  - संकट/आपदा प्रबन्धन
  - ई. प्रशासन को उन्नत करना
  - वित्त व्यवस्था को मजबूत करना
  - स्थानीय प्रशासन पंचायती राजव्यवस्था
  - जिला प्रशासनिक व्यवस्था को क्षमतावान बनाना
  - सामाजिक पूँजी, ट्रस्ट तथा भागीदारीपूर्ण जन सेवाएँ
  - शासन में नैतिकता
  - नागरिकोन्मुख प्रशासन
  - संघीय राजनीति के मामले
  - कार्मिक प्रशासन का उन्नतिकरण
  - पब्लिक ऑर्डर

राष्ट्र के विकास में नौकरशाही की भूमिका

- किसी भी राष्ट्र, विशेष रूप से विकासशील राष्ट्र, के आर्थिक विकास में नौकरशाही की एक प्रमुख भूमिका होती है।
- स्वतन्त्रता के तुरन्त बाद, हमारी योजनाओं का मुख्य उद्देश्य सकल राष्ट्रीय उत्पाद को बढ़ाना था। इसी कारण भारी उद्योगों और **दीर्घकालिक परियोजनाओं** (Long Term Project) पर विशेष बल दिया गया।
- प्रारम्भ में विकास से सम्बन्धित इन कार्यक्रमों के क्रियान्वयन के लिए भारतीय नौकरशाही अनुपयुक्त रही, क्योंकि इसके **सदस्य न्यूनाधिक** (More or Less) रूप से उच्च या उच्चमध्यम वर्ग से सम्बन्धित हैं। इसका दृष्टिकोण अभिजनवादी रहा है।
- कुछ आयोगों एवं समितियों द्वारा दिए गए सुझावों के आधार पर नौकरशाही को परिणाम **निष्पादक** (Executor) सेवा के रूप में परिवर्तित करने का प्रयास किया जा रहा है।
- वर्तमान में सरकार एवं नौकरशाही का एकमात्र दृष्टिकोण समाज के गरीब एवं कमजोर वर्गों को विकास की मुख्यधारा से जोड़ना है
- भारतीय सन्दर्भ में नौकरशाही लोक नीति को कार्यान्वित करने वाला अभिकरण है।

"

राजभाषा का सामान्य अर्थ राजकाज की भाषा है, जिसमें शासन का संचालन होता है। संघ की राजभाषा हिन्दी और लिपि देवनागरी है। संघ के शासकीय प्रयोजनों के लिए हिन्दी के अतिरिक्त अंग्रेजी भाषा का प्रयोग भी सरकारी कामकाज में किया जाता है।

अध्याय चौंतीस

राजभाषा

राजभाषा के संवैधानिक विकास की प्रक्रिया

- वर्ष 1955 में नियुक्त राजभाषा आयोग ने अंग्रेजी के स्थान पर हिन्दी भाषा को प्राथमिकता दी, जिसके फलस्वरूप दक्षिण भारत के राजनीतिज्ञों ने इसका विरोध किया।
- फलस्वरूप वर्ष 1963 में ही राजभाषा अधिनियम को संसद के समक्ष प्रस्तुत किया गया और दक्षिण भारत तथा पश्चिम बंगाल के सांसदों ने अंग्रेजी को भाषा के रूप में बनाए रखने के पक्ष में बहस की, जिसके परिणामस्वरूप अंग्रेजी को बिना किसी समय सीमा के जारी रखने की अनुमति दी गई तथा हिन्दी को राजभाषा के रूप में वर्ष 1949 में स्वीकार किया गया।
- इस दौरान शिक्षा के **त्रिभाषी फॉर्मूले** को लाया गया, जिसके अनुसार, देश के सभी विश्वविद्यालय अपनी क्षेत्रीय भाषा तथा अंग्रेजी को पढ़ाएँगे। इसके अतिरिक्त एक तीसरी भाषा की भी व्यवस्था की गई। यदि अहिन्दी क्षेत्रों में हिन्दी अथवा हिन्दी क्षेत्रों में भी हिन्दी के अतिरिक्त कोई अन्य भाषा हो, तो उसे अपनाया जा सकता है।

वर्ष 1967 में संसद ने **राजभाषा विधेयक** (Official Language Bill) को संशोधित किया।

इसमें यह प्रावधान किया गया कि अंग्रेजी का प्रयोग उन सभी राजकीय कार्यों के लिए जिनके लिए यह अब तक प्रयोग होती रही है, तब तक जारी रहेगा, जब तक सभी अहिन्दी भाषी राज्य अपने विधानमण्डल में पारित प्रस्ताव द्वारा हिन्दी को अपनाने के लिए तैयार नहीं हो जाते।

वर्ष 1977 में जनता पार्टी की सरकार ने देश की सांस्कृतिक एकता को सुदृढ़ करने हेतु एक सम्पर्क भाषा और समान लिपि विकसित करने की आवश्यकता पर बल दिया।

हालाँकि उन्होंने यह भी स्पष्ट किया कि अहिन्दी भाषी क्षेत्रों पर हिन्दी नहीं थोपी जाएगी।

वर्ष 1986 में **राजीव गाँधी** ने अपने प्रधानमन्त्रित्व काल में सभी कर्मचारियों को एक परिपत्र जारी कर सरकारी पत्र व्यवहार और प्रलेखों में हिन्दी का प्रयोग करने पर बल दिया, किन्तु तमिलनाडु और अन्य राज्यों में इसका प्रबल विरोध हुआ। अत: संविधान में किसी एक भाषा को **राष्ट्रभाषा** का दर्जा नहीं दिया गया।

- हिन्दी को राजभाषा का दर्जा अवश्य प्राप्त हुआ, परन्तु हिन्दी केवल 44% भारतीयों की मातृभाषा है, इसलिए अन्य भाषाओं के संरक्षण के अनेक दूसरे उपाय किए गए।

भारत की भाषायी विविधता

- 2011 की जनगणना में लोगों ने 1300 से अधिक अलग-अलग भाषाओं को अपनी मातृभाषा के रूप में दर्ज कराया।
- इन भाषाओं को कुछ प्रमुख भाषाओं के साथ समूहबद्ध कर दिया जाता है; जैसे-भोजपुरी, मगही, बुन्देलखण्डी, छत्तीसगढ़ी, राजस्थानी और ऐसी ही दूसरी भाषाओं को हिन्दी के अन्दर जोड़ लिया जाता है।
- ऐसी समूहबद्धता के बाद भी जनगणना में 121 प्रमुख भाषाएँ पाई गईं। इनमें से 22 भाषाओं को भारतीय संविधान की आठवीं अनुसूची में रखा गया है और इसी कारण इन्हें **अनुसूचित भाषाएँ** तथा अन्य को **गैर-अनुसूचित भाषाएँ** कहा जाता है।

महत्त्वपूर्ण बिन्दु

- सबसे बड़ी भाषा **हिन्दी** भी केवल 44% लोगों की ही **मातृभाषा** है। यदि दूसरी या तीसरी भाषा के रूप में हिन्दी जानने वालों की संख्या भी जोड़ ली जाए, तब भी जनगणना 2011 में यह संख्या 50% से कम ही थी।
- अंग्रेजी को केवल 0.02% लोगों ने अपनी मातृभाषा बताया था। वहीं दूसरी या तीसरी भाषा के रूप में केवल 11% लोग इसे जानते थे।

भारतीय संविधान की आठवीं अनुसूची में दर्ज भाषाएँ

भाषा	बोलने वालों का अनुपात (%)	भाषा	बोलने वालों का अनुपात (%)
असमिया	1.26	मणिपुरी	0.15
बांग्ला	8.03	मराठी	6.86
बोडो	0.12	नेपाली	0.24
डोगरी	0.21	ओड़िया	3.10
गुजराती	4.58	पंजाबी	2.74
हिन्दी	43.63	संस्कृत	नगण्य
कन्नड़	3.61	सन्थाली	0.61
कश्मीरी	0.56	सिन्धी	0.23
कोंकणी	0.19	तमिल	5.70
मैथिली	1.12	तेलुगू	6.70
मलयालम	2.88	उर्दू	4.19

राजभाषा से सम्बन्धित संवैधानिक प्रावधान

- भारतीय संविधान में राजभाषा से सम्बन्धित प्रावधानों का वर्णन संविधान के भाग-XVII के अनुच्छेद 343-351 के अन्तर्गत किया गया है, परन्तु भाषा सम्बन्धित कुछ अन्य प्रावधान संविधान के विभिन्न भागों एवं अध्यायों में निहित हैं।
- राजभाषा से सम्बन्धित प्रावधानों को चार भागों में बाँटा गया है

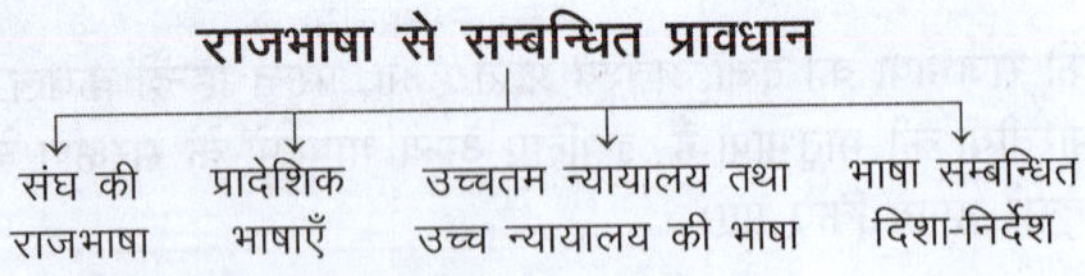

राजभाषा से सम्बन्धित प्रावधान

- संघ की राजभाषा
- प्रादेशिक भाषाएँ
- उच्चतम न्यायालय तथा उच्च न्यायालय की भाषा
- भाषा सम्बन्धित दिशा-निर्देश

संघ की राजभाषा

- अनुच्छेद 343 (1) में प्रावधान है कि संघ की राजभाषा हिन्दी तथा लिपि देवनागरी होगी।
- संघ के शासकीय प्रयोजनों हेतु प्रयोग होने वाले अंकों का रूप भारतीय अंकों के अन्तर्राष्ट्रीय रूप में होगा।
- अनुच्छेद 343 (2) में प्रावधान है कि किसी बात के होते हुए भी इस संविधान के प्रारम्भ से 15 वर्ष (1950 से 1965) की अवधि तक संघ के उन सभी शासकीय प्रयोजनों हेतु अंग्रेजी भाषा का प्रयोग किया जाता रहेगा, जिनके लिए उसका ऐसे प्रारम्भ से ठीक पहले प्रयोग किया जा रहा था।
- 15 वर्षों के बाद भी संघ प्रयोजन हेतु अंग्रेजी भाषा का प्रयोग कर सकता है।
- राष्ट्रपति उक्त अवधि के दौरान, आदेश द्वारा संघ के सभी शासकीय प्रयोजनों हेतु किसी के लिए अंग्रेजी भाषा के अतिरिक्त हिन्दी भाषा का तथा भारतीय अंकों के अन्तर्राष्ट्रीय रूप के अतिरिक्त देवनागरी रूप का उपयोग प्राधिकृत कर सकेगा।

प्रादेशिक / क्षेत्रीय भाषाएँ

- अनुच्छेद 345, 346 तथा 347 में प्रादेशिक भाषाओं के सम्बन्ध में उपबन्ध किया गया है।
- अनुच्छेद 345 के अन्तर्गत प्रावधान है कि अनुच्छेद 346 तथा अनुच्छेद 347 के प्रावधानों के अधीन रहते हुए किसी राज्य का विधानमण्डल, विधि द्वारा उस राज्य में उपयोग होने वाली भाषाओं में से किसी एक या अधिक भाषाओं का या हिन्दी को उस राज्य के सभी या किन्हीं शासकीय प्रयोजनों हेतु प्रयोग की जाने वाली भाषा या भाषाओं के रूप में अंगीकृत कर सकेगा।
- किन्तु जब तक राज्य का विधानमण्डल विधि द्वारा, अन्यथा उपबन्ध न करे, तब तक राज्य के अन्दर उन शासकीय कार्यों हेतु अंग्रेजी भाषा का प्रयोग किया जाता रहेगा, जिनके लिए उसका इस संविधान के शुरू में ठीक पहले प्रयोग किया जा रहा था।
- इस प्रावधान के अनुरूप कुछ राज्यों ने अपनी प्रादेशिक भाषा हेतु उपबन्ध किए गए; जैसे-**केरल में मलयालम भाषा** हेतु तथा **ओडिशा में ओडिया** भाषा हेतु, साथ ही भारत के कई राज्यों ने तथा केन्द्र शासित प्रदेशों ने **हिन्दी को राजभाषा** के रूप में स्वीकृति दी; जैसे-उत्तर प्रदेश, उत्तराखण्ड, मध्य प्रदेश, छत्तीसगढ़, बिहार, झारखण्ड, राजस्थान, हरियाणा, हिमाचल प्रदेश तथा दिल्ली।
- **उत्तराखण्ड** ने **संस्कृत** को द्वितीय राजभाषा के रूप में स्वीकृति दी है।
- मेघालय, मिजोरम, अरुणाचल प्रदेश तथा नागालैण्ड में अंग्रेजी को राजभाषा के रूप में अपनाया गया है।

किसी राज्य और संघ के बीच पत्राचार की भाषा

संविधान के अनुच्छेद 346 के अन्तर्गत एक राज्य और दूसरे राज्य के बीच या किसी राज्य और संघ के बीच पत्राचार की भाषा के बारे में उल्लेख किया गया है।

- इसके अनुसार संघ में शासकीय प्रयोजनों के लिए प्रयोग किए जाने के लिए प्राधिकृत भाषा, एक राज्य और दूसरे राज्य के बीच तथा किसी राज्य और संघ के बीच पत्राचार की राजभाषा होगी।
- यद्यपि दो या अधिक राज्य इस बात पर सहमत हो जाते हैं कि उनके राज्यों के बीच पत्राचार की राजभाषा हिन्दी भाषा होगी, तो ऐसे पत्राचार के लिए उस भाषा का प्रयोग किया जा सकेगा।
- राज्यों द्वारा भाषा का चयन मात्र संविधान की आठवीं अनुसूची तक सीमित नहीं है।

जनसंख्या के किसी अनुभाग द्वारा बोली जाने वाली भाषा के सम्बन्ध में प्रावधान

- अनुच्छेद 347 के अन्तर्गत किसी राज्य की जनसंख्या के किसी भाग द्वारा बोली जाने वाली भाषा के विषय में विशेष उपबन्ध किए गए हैं।
- यदि निमित्त माँग किए जाने पर राष्ट्रपति को यह समाधान हो जाए कि किसी राज्य की जनसंख्या का पर्याप्त भाग यह चाहता है कि उसके द्वारा बोली जाने वाली भाषा को राज्य द्वारा मान्यता दी जाए, तो वह निर्देश दे सकेगा कि ऐसी भाषा को भी उस राज्य में सर्वत्र या किसी भाग में ऐसे प्रयोजन हेतु, जो वह निश्चित करे, शासकीय मान्यता प्रदान की जाए।
- इस उपबन्ध के द्वारा संविधान में अल्पसंख्यक समुदाय के लिए उनके भाषायी हितों को संरक्षण की सुनिश्चितता दी गई है।

सर्वोच्च न्यायालय तथा उच्च न्यायालय की भाषा

संविधान में न्यायपालिका तथा विधायिका की भाषा के सम्बन्ध में किए गए प्रावधान निम्न हैं

- अनुच्छेद 348 (1) के अनुसार, जब तक संसद ऐसे प्रावधान न बनाए, तब तक
    - सर्वोच्च न्यायालय व प्रत्येक उच्च न्यायालय की कार्यवाही अंग्रेजी भाषा में होगी।
    - केन्द्र तथा राज्य स्तर पर सभी विधेयक, अधिनियम, अध्यादेश नियमों तथा उपनियमों के पाठ अंग्रेजी भाषा में होंगे।

अनुच्छेद 348 (2) के अनुसार

किसी राज्य का राज्यपाल, राष्ट्रपति की पूर्व अनुमति से हिन्दी या किसी राज्य की किसी अन्य राजभाषा को उच्च न्यायालय की कार्यवाही की भाषा का दर्जा दे सकता है, परन्तु यह न्यायालय द्वारा दिए गए निर्णयों, आज्ञाओं तथा इसके द्वारा पारित आदेशों पर लागू नहीं होगा। (जब तक संसद अन्य व्यवस्था न करे, तब तक न्यायालय के निर्णय तथा आदेश अंग्रेजी में ही जारी होंगे।)

अनुच्छेद 348 (3) के अनुसार

राज्य विधानसभा भी विधेयकों, अधिनियमों, अध्यादेशों, नियमों तथा उपनियमों के विषय में किसी भी भाषा का प्रयोग (अंग्रेजी के अतिरिक्त) कर सकती है, परन्तु सभी का अंग्रेजी अनुवाद भी प्रकाशित करना होगा।

भाषा सम्बन्धी विशेष निर्देश

अनुच्छेद 350 के अनुसार, प्रत्येक नागरिक अपनी समस्याओं के निवारण हेतु संघ अथवा राज्य के किसी अधिकारी को ऐसी किसी भी भाषा में आवेदन दे सकता है, जो भाषा संघ या राज्य में प्रयोग की जाती हो।

प्राथमिक स्तर पर मातृभाषा में शिक्षा

- अनुच्छेद 350 A के अन्तर्गत यह उपबन्ध किया गया है कि प्रत्येक राज्य और राज्य के भीतर प्रत्येक स्थानीय प्राधिकारी भाषाई अल्पसंख्यक-वर्गों के बच्चों को शिक्षा के प्राथमिक स्तर पर मातृभाषा में शिक्षा की पर्याप्त सुविधाओं की व्यवस्था करने का प्रयास करेगा तथा राष्ट्रपति राज्य को ऐसे निर्देश दे सकता है, जो वह ऐसी सुविधाओं का प्रावधान सुनिश्चित करने हेतु उचित समझता है। इसे 7वें संविधान संशोधन अधिनियम, 1956 के द्वारा जोड़ा गया था।
- मई, 2014 को पाँच सदस्यीय संविधान पीठ ने अपने निर्णय में कहा कि सरकार को भाषायी अल्पसंख्यकों को प्राथमिक शिक्षा देने के लिए अनिवार्य रूप से क्षेत्रीय भाषा लागू करने के लिए बाध्य करने का अधिकार नहीं है।
- इस निर्णय में कहा गया कि संविधान के अनुच्छेद 19 (A) में अभिव्यक्ति की स्वतन्त्रता का अधिकार दिया गया है और इसी में यह अधिकार भी निहित है कि बच्चा प्राथमिक शिक्षा ग्रहण करने के लिए भाषा का चयन करने हेतु स्वतन्त्र है।
- संविधान पीठ के समक्ष यह विवाद कर्नाटक सरकार के वर्ष 1994 के दो आदेशों के कारण पहुँचा था। इन आदेशों में कक्षा एक से चार तक मातृभाषा या क्षेत्रीय भाषा में शिक्षा प्रदान करना अनिवार्य किया गया था।

अनुच्छेद 350 (B) के अन्तर्गत राष्ट्रपति द्वारा भाषाई अल्पसंख्यक-वर्गों के लिए एक विशेष अधिकारी के नियुक्त किए जाने का प्रावधान है।

हिन्दी भाषा के विकास के लिए निर्देश

- अनुच्छेद 351 के अन्तर्गत, संघ का यह कर्त्तव्य निर्धारित किया गया है कि वह हिन्दी भाषा का प्रसार और उसका विकास करे, जिससे हिन्दी भारत की मिली-जुली संस्कृति के सभी तत्त्वों की अभिव्यक्ति का माध्यम बन सके।
- इसके अतिरिक्त उसकी प्रकृति में बिना हस्तक्षेप किए बिना हिन्दुस्तानी में और 8वीं अनुसूची में निर्दिष्ट भारत की अन्य भाषाओं में प्रयुक्त रूप, शैली और पदों को आत्मसात करते हुए उसकी समृद्धि सुनिश्चित करेगा।

राजभाषा आयोग

- अनुच्छेद 344 (1) राजभाषा के लिए आयोग गठित करने का उपबन्ध करता है।
- राष्ट्रपति संविधान के प्रारम्भ से 5 वर्ष की समाप्ति पर तथा उसके बाद प्रत्येक 10 वर्षों की समाप्ति पर आदेश द्वारा एक आयोग गठित करेगा।
- यह आयोग एक सभापति और भिन्न-भिन्न भाषाओं का प्रतिनिधित्व करने वाले अन्य सदस्यों से मिलकर बनेगा। राजभाषा आयोग, गृह मन्त्रालय के अन्तर्गत कार्य करता है।
- अनुच्छेद 344 (2) के अनुसार आयोग निम्नलिखित मामलों पर राष्ट्रपति को अपनी सिफारिशें देगा
    - शासकीय प्रयोजनों हेतु हिन्दी का अधिक-से-अधिक प्रयोग
    - शासकीय प्रयोजनों हेतु अंग्रेजी के प्रयोग पर निर्बन्धन
    - उच्चतम न्यायालय एवं उच्च न्यायालयों में प्रयोग की जाने वाली भाषा
    - प्रयोग किए जाने वाले अंकों का रूप
    - संघ की राजभाषा तथा संघ एवं किसी राज्य के बीच अथवा एक राज्य और दूसरे राज्य के बीच पत्राचार की भाषा

- राजभाषा आयोग का गठन एक अध्यक्ष तथा आठवीं अनुसूची में विनिर्दिष्ट विभिन्न भाषाओं का प्रतिनिधित्व करने वाले ऐसे सदस्यों से मिलकर होगा, जिसे राष्ट्रपति नियुक्त करेगा।
- एक अध्यक्ष और 22 अन्य सदस्य।

- अनुच्छेद (344) (3) आयोग से यह अपेक्षा की गई कि अपनी सिफारिश करने में उनके द्वारा भारत की औद्योगिक, सांस्कृतिक एवं वैज्ञानिक उन्नति का और लोक सेवाओं के सम्बन्ध में अहिन्दी भाषी क्षेत्रों के लोगों के न्यायसंगत दावों और हितों का समुचित ध्यान रखा जाएगा।

संसदीय समिति

- संविधान के अनुच्छेद 344 (4) में संसद के दोनों सदनों की 30 सदस्यों (20 लोकसभा के सदस्य तथा 10 राज्यसभा के सदस्य) वाली एक समिति के गठन हेतु व्यवस्था की गई।
- इस समिति के सदस्यों का निर्वाचन क्रमशः लोकसभा एवं राज्यसभा के सदस्यों द्वारा आनुपातिक प्रतिनिधित्व पद्धति के अनुसार, एकल-संक्रमणीय पद्धति द्वारा किया जाना था।

- अनुच्छेद 344 (5) में इस समिति के निम्नलिखित कर्तव्य निर्धारित किए गए हैं।
    - वह राजभाषा आयोग की संस्तुतियों की परीक्षा करे तथा
    - राष्ट्रपति को उन पर अपनी राय के बारे में प्रतिवेदन दे।
- अनुच्छेद 344 (6) में वर्णित है कि राष्ट्रपति द्वारा उस प्रतिवेदन पर आवश्यक निर्देश जारी किए जा सकते हैं।
- अनुच्छेद 349 के अनुसार, भाषा सम्बन्धी किसी विधेयक या संशोधन की अनुमति तभी दी जाएगी, जब इस समिति की रिपोर्ट पर राष्ट्रपति द्वारा विचार कर लिया जाए।
- राजभाषा पर प्रथम संयुक्त संसदीय समिति का गठन नवम्बर, 1957 में जी. बी. पन्त की अध्यक्षता में किया गया। समिति ने अपना प्रतिवेदन फरवरी, 1959 में राष्ट्रपति को प्रस्तुत किया।

प्रथम राजभाषा आयोग

- प्रथम राजभाषा आयोग (First Official Language Commission) का गठन वर्ष 1955 में बी जी खेर की अध्यक्षता में किया गया, जिसने वर्ष 1956 में अपनी रिपोर्ट प्रस्तुत की, जिसमें निम्न प्रमुख सिफारिशें थीं
    - विभिन्न प्रादेशिक भाषाएँ राज्यों में प्रशासकीय कार्यों के माध्यम के रूप में शीघ्रता से अंग्रेजी का स्थान ले रही हैं।
    - संविधान के अन्तर्गत राजभाषा के सम्बन्ध में एक समेकित योजना प्रारूप तैयार किया गया है, जिसके भीतर राजभाषा में आवश्यकतानुसार समायोजन किया जा सकता है।
- वर्ष 1965 तक अंग्रेजी को मुख्य राजभाषा के रूप में और हिन्दी को उप-राजभाषा के रूप में चलाना चाहिए। वर्ष 1965 के पश्चात् हिन्दी संघ की प्रमुख राजभाषा हो जाएगी और अंग्रेजी केन्द्रीय राजभाषा के रूप में चलती रहेगी।
- संघ के किसी प्रयोजन हेतु अंग्रेजी के प्रयोग पर कोई निर्बन्धन नहीं लगाया जाना चाहिए और अनुच्छेद 343 के खण्ड (3) के निर्बन्धनों के अनुसार वर्ष 1965 के पश्चात् संसद द्वारा विनिर्दिष्ट प्रयोजनों हेतु जब तक आवश्यक हो, तब तक अंग्रेजी के प्रयोग का उपबन्ध किया जाना चाहिए।
- इस रिपोर्ट पर संसद के दोनों सदनों के सदस्यों की समिति द्वारा विचार किया गया एवं उसकी सलाह राष्ट्रपति के पास भेजी गई।
- 27 अप्रैल, 1960 को राष्ट्रपति द्वारा एक आदेश जारी किया गया, जिसमें कहा गया कि वैज्ञानिक, प्रशासनिक एवं कानूनी साहित्य सम्बन्धी शब्दावली तैयार करने हेतु तथा **अंग्रेजी कृतियों** का हिन्दी में अनुवाद करने के लिए एक स्थायी आयोग का गठन किया जाए। इस आदेश के अनुसार दो आयोगों का गठन किया गया
    - एक आयोग का गठन तत्कालीन शिक्षा मन्त्रालय के अधीन हिन्दी पर्याय तैयार करने हेतु एवं
    - दूसरे का गठन विधि मन्त्रालय के अधीन किया गया।
- इस आदेश में यह व्यवस्था की गई कि संघ लोक सेवा आयोग की परीक्षाओं के माध्यम के रूप में अंग्रेजी का प्रयोग चलता रहे तथा बाद में वैकल्पिक माध्यम के रूप में हिन्दी का प्रचलन शुरू किया जाए। संसदीय विधान कार्य अंग्रेजी में किया जाता रहेगा, परन्तु उसके अधिकृत हिन्दी अनुवाद की व्यवस्था की जाएगी।

राजभाषा अधिनियम, 1963

- प्रथम राजभाषा आयोग की रिपोर्ट के आधार पर **अनुच्छेद 343** के अन्तर्गत संसद द्वारा **राजभाषा अधिनियम, 1963** पारित किया गया।
- इस अधिनियम के प्रमुख उपबन्ध निम्न हैं
    - संघ के राजकीय प्रयोजनों तथा संसद में प्रयोग के लिए अंग्रेजी 15 वर्ष के बाद भी जारी रहेगी।
    - केन्द्रीय अधिनियमों, राष्ट्रपति के प्राधिकार से प्रकाशित राजपत्रों आदि का हिन्दी अनुवाद उसका हिन्दी में प्राधिकृत पाठ समझा जाएगा।
    - राज्य सरकार के अधिनियमों तथा उस राज्य के राज्यपाल द्वारा जारी **अध्यादेशों** (Ordinance) का हिन्दी में अनुवाद, हिन्दी भाषा में उसका प्राधिकृत पाठ समझा जाएगा।
    - नियत दिन से ही या तत्पश्चात् किसी भी दिन से किसी राज्य का राज्यपाल, राष्ट्रपति की पूर्व सम्मति से, अंग्रेजी भाषा के अतिरिक्त हिन्दी या उस राज्य की राजभाषा का प्रयोग, उस राज्य के उच्च न्यायालय द्वारा पारित या दिए गए किसी निर्णय, डिक्री या आदेश के प्रयोजनों के लिए प्राधिकृत कर सकेगा।
    - **संघ** तथा **अहिन्दी भाषी राज्यों** के बीच पत्रादि के प्रयोजनों के लिए अंग्रेजी का ही प्रयोग होगा और यदि हिन्दी तथा अहिन्दी भाषी राज्यों के बीच पत्राचार के लिए हिन्दी का प्रयोग किया जाए, तो ऐसे पत्राचार के साथ उसका अंग्रेजी अनुवाद भी होना चाहिए।
    - इसके साथ इस अधिनियम में यह व्यवस्था भी की गई कि कुछ विशेष **कार्यों** तथा **प्रस्ताव, सामान्य आदेश, अधिसूचना, नियम, प्रेस, विज्ञप्ति, लाइसेन्स, परमिट** इत्यादि में हिन्दी और अंग्रेजी दोनों भाषाओं का प्रयोग अनिवार्य होगा।

स्थायी राजभाषा आयोग

- संसदीय समिति की सिफारिशों के अनुसरण में राष्ट्रपति ने 27 अप्रैल, 1960 को एक आदेश जारी किया, जिसमें उपर्युक्त सिफारिशों को क्रियान्वित करने के लिए निर्देश था।
- इसमें वैज्ञानिक, प्रशासनिक और विधिक साहित्य के लिए हिन्दी शब्दावली के विकास और प्रशासनिक तथा प्रक्रिया सम्बन्धी अंग्रेजी में उपलब्ध साहित्य के हिन्दी अनुवाद के बारे में मुख्य निर्देश थे।
- राजभाषा आयोग ने शब्दावली के विकास के लिए दो स्थायी आयोगों की नियुक्ति की सिफारिश की। वर्ष 1961 में दो स्थायी आयोगों की स्थापना की गई और समय-समय पर इनका पुनर्गठन भी किया जाता रहा है।
- विधि शब्दावली के विकास और केन्द्रीय अधिनियमों के हिन्दी और अन्य भाषाओं में प्राधिकृत पाठ के प्रकाशन के लिए गठित आयोग को राजभाषा (विधायी) आयोग नाम दिया गया था। वर्ष 1976 में राजभाषा (विधायी) आयोग को समाप्त कर दिया गया और इसके कृत्य भारत सरकार के विधायी विभाग को सौंप दिए गए। दूसरा आयोग, वैज्ञानिक और तकनीकी शब्दावली आयोग शिक्षा मन्त्रालय के अधीन कार्य कर रहा है।

राजभाषा विभाग

राजभाषा से जुड़े कानूनी और संवैधानिक उपबन्धों के क्रियान्वयन के लिए गृह मन्त्रालय के अन्तर्गत वर्ष 1975 में राजभाषा विभाग की स्थापना की गई।

संविधान की आठवीं अनुसूची में शामिल भाषा

- भारतीय संविधान की **8वीं अनुसूची** में भाषा सम्बन्धी प्रावधान किया गया है। प्रारम्भ में 8वीं अनुसूची के अन्तर्गत **14 भाषाओं** को सम्मिलित किया गया था, परन्तु विभिन्न संशोधनों के द्वारा इस अनुसूची के अन्तर्गत समय-समय पर अन्य भाषाओं को शामिल किया गया।
- विभिन्न संशोधनों के अन्तर्गत 8वीं अनुसूची में सम्मिलित की गई भाषाएँ निम्न हैं
  - **21वाँ संविधान संशोधन अधिनियम**, 1967 के अन्तर्गत सिन्धी को जोड़ा गया।
  - **71वाँ संविधान संशोधन अधिनियम**, 1992 के अन्तर्गत कोंकणी, मणिपुरी एवं नेपाली को जोड़ा गया।
  - **92वाँ संविधान संशोधन अधिनियम**, 2003 के अन्तर्गत डोगरी, बोडो, मैथिली एवं सन्थाली को जोड़ा गया।
- वर्तमान में 8वीं अनुसूची में **22 भाषाएँ** वर्णित हैं। इन क्षेत्रीय भाषाओं को वर्णित करने के पीछे दो उद्देश्य हैं
  - इन भाषाओं के सदस्यों को राजभाषा आयोग में प्रतिनिधित्व दिया जाए।
  - इन भाषाओं के रूप, शैली व भावों का प्रयोग हिन्दी को समृद्ध बनाने के लिए किया जाए।

संविधान की 8वीं अनुसूची में सम्मिलित भाषाएँ

संविधान की 8वीं अनुसूची में निम्नलिखित भाषाएँ शामिल हैं

1. असमिया	2. बांग्ला	3. गुजराती	4. हिन्दी
5. कन्नड़	6. कश्मीरी	7. कोंकणी	8. मलयालम
9. मणिपुरी	10. मराठी	11. नेपाली	12. ओड़िया
13. पंजाबी	14. संस्कृत	15. सिन्धी	16. तमिल
17. तेलुगू	18. उर्दू	19. डोगरी	20. बोडो
21. मैथिली	22. सन्थाली		

भाषा सम्बन्धी अन्य प्रावधान

संविधान में भाषा सम्बन्धी अन्य प्रावधान (भाग-XVII व 8वीं अनुसूची के अतिरिक्त) अनुच्छेद 29, 30, 120 और 210 में किए गए हैं, जोकि निम्न प्रकार हैं

- **भाषा, लिपि व संस्कृति का संरक्षण** अनुच्छेद 29 के अनुसार भारत में निवास करने वाले नागरिकों के प्रत्येक वर्ग को अपनी भाषा, लिपि अथवा संस्कृति, को बनाए रखने का अधिकार है। किसी भी नागरिक को किसी संस्था में धर्म, मूलवंश, जाति अथवा भाषा के आधार पर प्रवेश से वंचित नहीं किया जा सकता है।
- **शिक्षण संस्थाओं की स्थापना** अनुच्छेद 30 के अनुसार, धर्म अथवा भाषा पर आधारित सभी अल्पसंख्यक वर्गों को अपनी रुचि की शिक्षा संस्थाओं की स्थापना और प्रशासन करने का अधिकार प्राप्त है। राज्य आर्थिक सहायता देने में ऐसी संस्थाओं के साथ किसी प्रकार का भेदभाव नहीं करेगा।
- संसद में प्रयोग की जाने वाली भाषा अनुच्छेद 120 के अनुसार भाग-XVII में किसी बात के होते हुए भी तथा अनुच्छेद 348 के अधीन रहते हुए संसद की कार्यवाही हिन्दी या अंग्रेजी में किया जाएगा, किन्तु लोकसभा का अध्यक्ष या राज्यसभा का सभापति किसी सदस्य, जो हिन्दी में अथवा अंग्रेजी में पर्याप्त अभिव्यक्ति नहीं कर सकता है, को अपनी मातृभाषा में सदन को सम्बोधित करने की अनुमति दे सकता है।

संविधान में वर्णित भाषा सम्बन्धी उपबन्ध (भाग-XVII) : राजभाषा

अनुच्छेद 343	संघ की राजभाषा
अनुच्छेद 344	राजभाषा के सम्बन्ध में आयोग और संसद की समिति
अनुच्छेद 345	राज्य की राजभाषा या राजभाषाएँ
अनुच्छेद 346	एक राज्य और दूसरे राज्य के बीच या किसी राज्य और संघ के बीच पत्रादि की राजभाषा
अनुच्छेद 347	किसी राज्य की जनसंख्या के किसी अनुभाग द्वारा बोली जाने वाली भाषा के सम्बन्ध में विशेष उपबन्ध
अनुच्छेद 348	उच्चतम न्यायालय और उच्च न्यायालयों में और अधिनियमों, विधेयकों आदि के लिए प्रयोग की जाने वाली भाषा
अनुच्छेद 349	भाषा से सम्बन्धित कुछ विधियाँ अधिनियमित करने के लिए विशेष प्रक्रिया
अनुच्छेद 350	व्यथा के निवारण के लिए अभ्यावेदन में प्रयोग की जाने वाली भाषा
अनुच्छेद 350 (A)	प्राथमिक स्तर पर मातृभाषा में शिक्षा की सुविधाएँ
अनुच्छेद 350 (B)	भाषायी अल्पसंख्यक-वर्गों के लिए विशेष अधिकारी
अनुच्छेद 351	हिन्दी भाषा के विकास के लिए निर्देश

शास्त्रीय भाषाएँ

- साहित्य अकादमी द्वारा गठित एक विशेषज्ञ समिति की सिफारिशों के परिप्रेक्ष्य में वर्ष 2004 में भारत सरकार ने शास्त्रीय भाषा (Classical Language) के नाम से एक अलग वर्ग बनाने का निर्णय किया।
- इसके अन्तर्गत वर्ष 2006 में किसी भाषा को शास्त्रीय भाषा का दर्जा देने हेतु कुछ मानक तय किए गए जोकि निम्न हैं
  - भाषा का इतिहास कम-से-कम 1500 से 2000 वर्ष पुराना होना चाहिए।
  - भाषा के प्राचीन ग्रन्थ एवं साहित्य हों, जिन्हें पीढ़ी-दर-पीढ़ी अमूल्य माना जाता रहा हो।
  - भाषा की मौलिक साहित्य परम्परा हो, जो दूसरे भाषा समुदाय से उधार न ली गई हो।

अब तक 11 भाषाओं को शास्त्रीय भाषा का दर्जा प्राप्त हो चुका है

क्र.सं.	भाषा	घोषणा वर्ष
1.	तमिल	2004
2.	संस्कृत	2005
3.	तेलुगू	2008
4.	कन्नड़	2008
5.	मलयालम	2013
6.	ओड़िया	2014
7.	मराठी	2024
8.	पाली	2024
9.	प्राकृत	2024
10.	असमिया	2024
11.	बंगाली	2024

"

सहकारी समिति का तात्पर्य ऐसे समूह से है, जो पारस्परिक लाभ के लिए स्वेच्छापूर्वक कार्य करता है। भारत सरकार ने ऐसी समितियों को प्रोत्साहित करने के लिए उन्हें संवैधानिक दर्जा तथा संरक्षण प्रदान किया है।

अध्याय पैंतीस

सहकारी समितियाँ

सहकारी समितियों को संवैधानिक दर्जा

- वर्ष 2011 का 97वाँ संविधान संशोधन अधिनियम के द्वारा सहकारी समितियों को संवैधानिक दर्जा प्रदान किया गया है। इसके द्वारा संविधान में एक नया भाग-IX (B) तथा अनुच्छेद 243 (ZH) से 243 (ZT) जोड़ कर सहकारी समितियों के बारे में प्रावधान किया गया है और इसको सहकारी समितियाँ कहा गया।
- इसके अन्तर्गत प्राधिकृत व्यक्ति, बोर्ड, सहकारी समिति, बहुराज्यीय समिति, रजिस्ट्रार राज्य अधिनियम, राज्य स्तरीय सहकारी समिति आदि को परिभाषित किया गया है।
- इस संशोधन के द्वारा संविधान में निम्नलिखित परिवर्तन किए गए
  - अनुच्छेद 19(C) के अन्तर्गत सहकारी समितियों के निर्माण को मौलिक अधिकार बना दिया गया।
  - भाग-IV नीति-निदेशक तत्त्वों के अनुच्छेद 43 (B) को जोड़ा गया, ताकि सहकारी समितियों को बढ़ावा मिले।
- अनुच्छेद 243 (ZI) के अनुसार, स्वैच्छिक गठन, सदस्यों के लोकतान्त्रिक नियन्त्रण, सदस्यों की आर्थिक सहभागिता तथा स्वायत्त कार्य प्रणाली के सिद्धान्तों के आधार पर राज्य विधानमण्डल सहकारी समितियों के संस्थापन, नियमन तथा बन्द करने सम्बन्धी नियम बनाएगा।

संवैधानिक उपबन्ध

संविधान के भाग-IX(B) में सहकारी समितियों से सम्बन्धित निम्न उपबन्ध किए गए है

अनुच्छेद	विषय
243 ZH	परिभाषाएँ
243 ZI	सहकारी समितियों का संस्थापन
243 ZJ	बोर्ड के सदस्यों की संख्या व पदावधि
243 ZK	बोर्ड के सदस्यों का निर्वाचन
243 ZL	बोर्ड का विघटन (Supression) और निलम्बन तथा अन्तरिम प्रबन्धन
243 ZM	सहकारी समिति का लेखा परीक्षण
243 ZN	सहकारी समिति की सामान्य सभा की बैठक
243 ZO	सदस्यों को सूचना प्राप्त करने का अधिकार
243 ZP	विवरणी (Returns)
243 ZQ	अपराध और दण्ड (Penalties)
243 ZR	इस भाग के प्रावधान का बहुराज्यिक सहकारी समितियों पर लागू होना
243 ZS	संघ-राज्य क्षेत्रों में लागू होना
243 ZT	विद्यमान विधि का जारी रहना

बोर्ड के सदस्यों तथा इसके पदाधिकारियों की संख्या एवं शर्तें

- अनुच्छेद 243(ZJ) के अनुसार, सहकारी समिति में निदेशकों की अधिकतम संख्या 21 हो सकती है, जिसमें से एक स्थान एससी या एसटी के लिए तथा दो स्थान महिला सदस्यों हेतु आरक्षित होते हैं।
- निदेशक बोर्ड में 21 सदस्यों के अतिरिक्त दो अन्य सदस्यों को सहयोजित सदस्य (co-opted members) के रूप में शामिल किया जा सकता है, किन्तु इन्हें निर्वाचन में मतदान का अधिकार नहीं होता है।
- सहकारी समिति का कार्यकारी निदेशक (Functional Directors) भी बोर्ड का सदस्य होता है, किन्तु वह निदेशक बोर्ड की अधिकतम संख्या 21 में शामिल नहीं होता है।
- बोर्ड के सदस्यों एवं पदाधिकारियों का कार्यकाल निर्वाचन की तिथि से 5 वर्ष के लिए होगा।
- राज्य विधानमण्डल बोर्ड के सदस्य के रूप में बैंकिंग, प्रबन्धन, वित्त या किसी भी अन्य सम्बन्धित क्षेत्र में विशेषज्ञता रखने वाले व्यक्ति के सहयोजन का नियम बना सकता है।

बोर्ड के सदस्यों का चुनाव

- अनुच्छेद 243 (ZK) के अनुसार, यह सुनिश्चित करने के लिए कि बहिर्गामी बोर्ड के सदस्यों का कार्यकाल समाप्त होने के तुरन्त बाद

नव-निर्वाचित सदस्य पदभार ग्रहण कर लें, बोर्ड का चुनाव कार्यावधि पूरा होने के पहले कराया जाएगा।

- मतदाता सूची बनाने के काम की देखभाल, निर्देशन एवं नियन्त्रण तथा सहकारी समिति का चुनाव कराने का अधिकार विधानमण्डल द्वारा तय किए गए निकाय को होगा।

बोर्ड का विघटन एवं निलम्बन तथा अन्तरिम प्रबन्धन

- अनुच्छेद 243 (ZL) के अनुसार, किसी भी बोर्ड को छ: माह से अधिक समय तक विघटित या निलम्बित नहीं रखा जाएगा। बोर्ड को निम्नलिखित स्थितियों में विघटित या निलम्बित रखा जा सकता है
  - लगातार काम पूरा नहीं करने पर या
  - काम करने में लापरवाही बरते जाने पर या
  - बोर्ड द्वारा सहकारी समिति या इसके सदस्यों के हित के विरुद्ध कोई काम करने पर या
  - बोर्ड के गठन या कामकाज में गतिरोध की स्थिति बनने पर या
  - राज्य के कानून के अनुसार, चुनाव कराने में निर्वाचन निकाय के विफल होने पर।

सहकारी समितियों के खातों का अंकेक्षण

- अनुच्छेद 243 (ZM) के अनुसार, राज्य विधानमण्डल सहकारी समितियों के खातों के अनुरक्षण तथा प्रत्येक वित्तीय वर्ष में कम-से-कम एक बार खाते के अंकेक्षण का नियम बनाएगा। इसमें सहकारी समिति के खातों के अंकेक्षण के लिए अंकेक्षकों एवं अंकेक्षण फर्मों की न्यूनतम योग्यता निर्धारित की जाएगी।
- प्रत्येक सहकारी समिति को सहकारी समिति की आम सभा द्वारा नियुक्त अंकेक्षक या अंकेक्षण फर्म से अपने खातों का अंकेक्षण कराना होगा, लेकिन ऐसे अंकेक्षकों या अंकेक्षण फर्मों की नियुक्ति राज्य सरकार या राज्य सरकार द्वारा अधिकृत अधिकारी स्वीकृत पैनल से करनी होगी।
- प्रत्येक सहकारी समिति के खातों का अंकेक्षण वित्तीय वर्ष की समाप्ति के छ: माह के अन्दर कराना होगा।
- शीर्ष सहकारी समिति की अंकेक्षण रिपोर्ट राज्य विधानमण्डल के पटल पर रखनी होगी।

आम सभा की बैठक बुलाना

अनुच्छेद 243 (ZN) के अनुसार, राज्य विधानमण्डल प्रत्येक सहकारी समिति की आम सभा की बैठक वित्तीय वर्ष की समाप्ति के छ: माह के अन्दर बुलाने का प्रावधान बना सकता है।

सूचना पाने का सदस्यों का अधिकार

- अनुच्छेद 243 (ZO) के अनुसार, राज्य विधानमण्डल सहकारी समिति के प्रत्येक सदस्य को सहकारी समिति की सूचनाओं एवं खाता उपलब्ध कराने का प्रावधान कर सकता है।
- यह सहकारी समिति के प्रबन्धन में सदस्यों की भागीदारी का प्रावधान भी कर सकता है।
- इसके अतिरिक्त यह सहकारी समिति के सदस्यों के शिक्षण एवं प्रशिक्षण का भी प्रावधान कर सकता है।

विवरणी

- अनुच्छेद 243 (ZP) प्रत्येक सहकारी समिति को वित्तीय वर्ष की समाप्ति के छ: माह के अन्दर सरकार द्वारा नामित अधिकारी के पास रिटर्न दाखिल करना होगा। इसके साथ ही निम्नलिखित जानकारी देनी होगी
  - कार्य-कलापों की वार्षिक रिपोर्ट,
  - खाते की अंकेक्षण रिपोर्ट,
  - बचा हुआ पैसा किस प्रकार खर्च करना है। इस सम्बन्ध में आम सभा का निर्णय
  - सहकारी समिति की नियमावली में किए गए संशोधनों की सूची
- आम सभा की बैठक की तिथि एवं चुनाव कराने की तिथि के विषय में घोषणा।

अपराध एवं दण्ड

- अनुच्छेद 243 (ZQ) के अनुसार, राज्य विधानमण्डल सहकारी समितियों के अपराधों के लिए कानून बना सकता है और ऐसे अपराधो के लिए सजा तय कर सकता है। ऐसे कानूनों में निम्नलिखित प्रकार के कार्यों को अपराध माना जाएगा
  - सहकारी समिति द्वारा गलत रिटर्न दाखिल करना या गलत सूचना उपलब्ध कराना।
  - किसी व्यक्ति द्वारा जानबूझकर राज्य के कानून के अन्तर्गत जारी किए गए किसी सम्मन, माँगी गई जानकारी या जारी किए गए आदेश की अवज्ञा करना।
  - कोई भी नियोजन, जो बिना किसी पर्याप्त कारण के अपने कर्मचारियों से ली गई रकम को 14 दिनों के अन्दर सहकारी समिति में जमा नहीं करेगा।
  - कोई भी अधिकारी, जो सहकारी समिति के दस्तावेजों, लेखा, अभिलेखों, नकदी, गिरवी रखे गए सामानों को जानबूझकर अधिकृत अधिकारी को नहीं सौंपेगा।
  - कोई भी व्यक्ति, जो बोर्ड के सदस्यों या पदाधिकारियों के चुनाव के दौरान या चुनाव के बाद गलत तरीकों का इस्तेमाल करेगा।

बहुराजकीय सहकारी समितियों में कानूनों का कार्यान्वयन

- अनुच्छेद 243 (ZR) के अनुसार, इस खण्ड के प्रावधान बहुराजकीय सहकारी समितियों में लागू होंगे।
- यह कार्यान्वयन राज्य विधानमण्डल, राज्य के कानून, या राज्य सरकार द्वारा क्रमश: संसद केन्द्रीय कानून या केन्द्र सरकार के हवाले से किए गए बदलावों के अनुसार होगा।

केन्द्रशासित क्षेत्रों में कानूनों का कार्यान्वयन

अनुच्छेद 243 (ZS) के अनुसार, इस खण्ड के कानून केन्द्र शासित क्षेत्रों में लागू होंगे, लेकिन राष्ट्रपति निर्देश दे सकते हैं कि उनके द्वारा निर्देशित कानून का कोई विशेष प्रावधान या अंश वहाँ लागू नहीं होगा।

विद्यमान विधि का जारी रहना

अनुच्छेद 243 (ZT) के अनुसार, वर्ष 2011 के 97वें संविधान संशोधन अधिनियम के ठीक पहले राज्यों में लागू सहकारी समितियों से जुड़े कानून, जो इस खण्ड से मेल नहीं खाते हैं। संशोधन किए जाने या निरस्त किए जाने या लागू होने के बाद एक साल की अवधि बीत जाने में से जो सबसे कम होगा, तक लागू रहेंगे।

भारत में सहकारी आन्दोलन का विकास क्रम

- भारतीय अकाल आयोग ने वर्ष 1901 में सरकार को भारत में सहकारी समितियों की शुरुआत को लेकर रिपोर्ट हेतु एडवर्ड लॉ की अध्यक्षता में एक समिति गठित की।
- वर्ष 1903 में इस समिति ने रिपोर्ट प्रस्तुत की तथा वर्ष 1904 में पहला सहकारी साख समिति अधिनियम पारित किया गया।
- इस प्रकार भारत में सहकारी आन्दोलन की शुरुआत वर्ष 1904 में सहकारी साख समिति अधिनियम से हुई।
- एफ. निकोलसन को भारत में सहकारी आन्दोलन का जनक माना जाता है।
- वर्ष 1904 के सहकारी अधिनियम के दोषों को दूर करने हेतु वर्ष 1912 में सहकारी समिति अधिनियम लाया गया।
- वर्ष 1912 के सहकारी अधिनियम में केन्द्रीय सहकारी समिति के निर्माण हेतु भी प्रावधान किया गया था।
- वर्ष 1914 में सरकार ने सर एडवर्ड मैक्लेगन की अध्यक्षता में एक समिति गठित की इस समिति ने निम्न सुझाव दिए
  - सहकारिता के सिद्धान्त की उचित शिक्षा प्रदान की जाए।
  - प्राथमिक सहकारी समितियों के सहायतार्थ सहकारी बैंक की स्थापना की जाए
  - प्रत्येक राज्य में प्रादेशिक सहकारी समिति का गठन होना चाहिए।
  - ऋण प्रदान करने से पूर्व सदस्यों की उचित जाँच पड़ताल होनी चाहिए।
- विभिन्न राज्यों ने; जैसे-मद्रास, बॉम्बे, त्रावणकोर, मैसूर तथा पंजाब ने सहकारी समिति के पुनर्गठन की सम्भावना जाँचने हेतु विभिन्न समितियों का गठन किया।
- वर्ष 1937 में कांग्रेस के कई राज्यों के सत्ता में आने से सहकारियों का आन्दोलन पुनर्जीवित हो गया।
- सरकार द्वारा प्रो. डी.आर. गाडगिल के नेतृत्व में 1944 में एक कृषि उप-कमेटी का गठन किया गया। इसका कार्य सहकारी आन्दोलन के अध्ययन एवं इसकी सफलता हेतु सुझाव देना था।
- वर्ष 1945 में अखिल भारतीय सहकारी योजना समिति ने सहकारिता आन्दोलन के विकास की तीव्रता में योगदान दिया।

नोट *मॉण्टेग्यू-चेम्सफोर्ड सुधारों में वर्ष 1919 में सहकारिता प्रान्तीय विषय बन गई, जिससे आन्दोलन में तीव्रता आई, वहीं वर्ष 1929 में आर्थिक मन्दी के कारण ऋण प्राप्तकर्ता द्वारा ऋण न चुका पाने के कारण सहकारी समितियों की स्थिति खराब हो गई।*

भारत में स्थापित सहकारी समितियाँ

- **कृषि तथा सम्बद्ध क्षेत्र** राष्ट्रीय सहकारी विकास निगम, भारतीय राष्ट्रीय कृषि सहकारी विपणन संघ, भारतीय किसान उर्वरक सहकारी लिमिटेड, अमूल तथा सहकारी ग्रामीण विकास ट्रस्ट इत्यादि।
- **बैंकिंग क्षेत्र** पंजाब और महाराष्ट्र सहकारी बैंक, भारत सहकारी बैंक इत्यादि। राष्ट्र में मिश्रित अर्थव्यवस्था अपनाए जाने के कारण नियोजित आर्थिक विकास के दृष्टिकोण को अपनाया गया, जिसमें तीन क्षेत्र निर्वहन करने (सार्वजनिक, निजी तथा सहकारी) थे।
- सहकारी समितियों को सार्वजनिक तथा निजी क्षेत्रों के बीच सन्तुलन में भूमिका निभाने की कल्पना की गई थी।
- **वर्ष** 1958 में राष्ट्रीय विकास परिषद् ने सहकारी समितियों हेतु एक राष्ट्र नीति की सिफारिश की तथा वर्ष 2002 में सहकारिता पर राष्ट्रीय नीति की घोषणा की गई।

- वर्ष 1951 में अखिल भारतीय ग्रामीण सर्वेक्षण कमेटी का प्रतिवेदन प्रकाशित हुआ। इस कमेटी के अध्यक्ष ए.डी. गोरवाला थे।
- तीसरी भारतीय सहकारी कांग्रेस का आयोजन अप्रैल, 1958 में नई दिल्ली में हुआ, जिसमें सहकारी सेक्टर की महत्ता को स्वीकार किया गया।
- बहुउद्देशीय सहकारी समिति की स्थापना सर्वप्रथम ओडिशा में वर्ष 1939 में हुई।

नोट *सहकारिता की उत्पत्ति यूरोप में हुई थी। ब्रिटेन को सहकारी स्टोर आन्दोलन की मातृभूमि माना जाता है।*

97 वें संविधान संशोधन की वैधता

- गुजरात उच्च न्यायालय ने राजेन्द्र एन.शाह बनाम भारत संघ (2013) मामले में 97वें संविधान संशोधन को अनुच्छेद 368 के तहत राज्यों द्वारा अपेक्षित अनुसमर्थन न मिलने के कारण संविधान के विरुद्ध माना, क्योंकि 'सहकारी समिति' राज्य सूची (प्रविष्टि 32 के अन्तर्गत) का विषय है तथा इसके लिए संविधान में संशोधन हेतु कम-से-कम आधे राज्यों की विधानसभाओं द्वारा अनुसमर्थन आवश्यक होता है।
- यद्यपि न्यायालय ने अपने निर्णय में अनुच्छेद 19(1)(C) (सहकारी समितियों के गठन का मौलिक अधिकार) और अनुच्छेद 43 (B) (सहकारी समितियों के प्रचार पर निर्देशक सिद्धान्त) में किए गए प्रावधान को बनाए रखा।
- इसके पश्चात् भारत संघ बनाम राजेन्द्र एन. शाह (2021) वाद में सर्वोच्च न्यायालय ने गुजरात उच्च न्यायालय के निर्णय बरकरार रखते भाग-IX ख के तहत अनुच्छेद 243 (ZH) (परिभाषा), अनुच्छेद 243 (ZR) (बहुराज्यीय सहकारी समितियों के आवेदन) और अनुच्छेद 243 (ZS) को छोड़ कर अन्य सभी प्रावधानों को निरस्त कर दिया।

"

राजनीतिक लोकतन्त्र के आदर्श हेतु सामाजिक और आर्थिक लोकतन्त्र भी आवश्यक है, इसलिए समाज के कमजोर वर्गों के हितों और अधिकारों की रक्षा के लिए न केवल एक शक्तिशाली सांविधानिक तन्त्र हो, बल्कि उनके कल्याण, विकास और सशक्तीकरण के लिए विशेष योजनाएँ और कार्यक्रम भी संचालित हों।

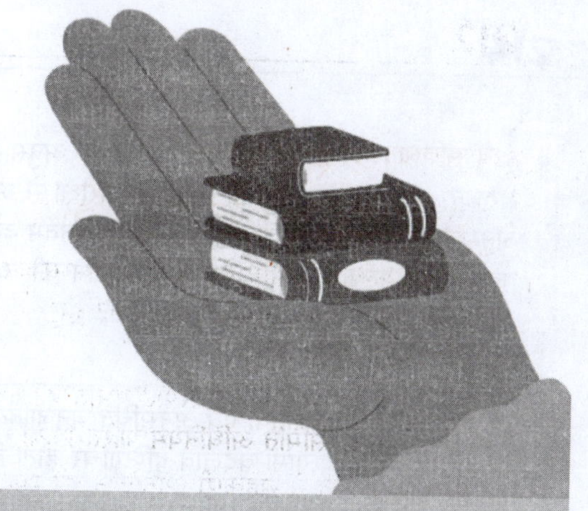

अध्याय छत्तीस

कुछ वर्गों के सम्बन्ध में विशेष प्रावधान

अनुसूचित जातियाँ एवं जनजातियाँ

अनुसूचित जातियों (Scheduled Caste) के अन्तर्गत वे लोग आते हैं, जो सम्बन्धित जाति और नस्ल के होते हैं, जिनके सम्बन्ध में चर्चा संविधान के अनुच्छेद 341 के अनुसार, बनाई गई सूची में है या भविष्य में हो सकती है। पारम्परिक शब्दों में, ये ऐसे लोग हैं, जिन्हें बहिष्कृत और अछूतों की श्रेणी में रखा जाता था।

अनुसूचित जनजातियाँ

सामाजिक, आर्थिक और राजनैतिक दृष्टि से पिछड़े वर्ग की श्रेणी में दूसरा वर्ग अनुसूचित जनजातियों का है। कानूनी रूप से अनुसूचित जातियों की भाँति **अनुसूचित जनजातियों** (Scheduled Tribes) के अन्तर्गत वे जनजातियाँ शामिल हैं, जिनका उल्लेख संविधान के अनुच्छेद 342 के अन्तर्गत निर्मित सूची में किया गया है या भविष्य में किया जा सकता है।

अनुसूचित जातियों और अनुसूचित जनजातियों से सम्बन्धित संवैधानिक प्रावधान

- भारतीय संविधान के भाग-XVI में अनुच्छेद 330 से 342 (A) तक में कुछ वर्गों; जैसे-अनुसूचित जाति, अनुसूचित जनजाति, पिछड़े वर्गों व आंग्ल भारतीयों के लिए विशेष प्रावधान किए गए हैं।
- भारतीय संविधान में अनुसूचित जातियों व जनजातियों तथा अन्य कमजोर वर्गों के लिए सुरक्षा और संरक्षण के कुछ प्रावधान दिए गए हैं, जो नागरिक के रूप में उनके ऐसे **सामान्य अधिकारों** पर बल देते हैं, जिनका लक्ष्य उनके **शैक्षिक** एवं **आर्थिक हितों** को बढ़ावा देना और **सामाजिक अक्षमता** को दूर करना है।
- वर्ष 1989 में इससे सम्बन्धित एक अन्य अधिनियम **अनुसूचित जाति और अनुसूचित जनजाति** (यातनाओं की रोकथाम) **अधिनियम** के नाम से पारित किया गया।
- भारतीय संविधान में वर्णित मौलिक अधिकारों का अनुच्छेद 17 जहाँ एक ओर छुआछूत को समाप्त करता है, वहीं अनुच्छेद 14, 15 और 16 समता एवं सामाजिक न्याय के सिद्धान्तों की स्थापना करते हैं।
- धारा 14 सभी के लिए कानून के समक्ष समानता और संरक्षण की व्यवस्था करती है।
- अनुच्छेद 15 (1) नस्ल, जाति, धर्म, लिंग या जन्म स्थान के आधार पर किसी भी प्रकार के भेदभाव पर रोक लगाता है।
- अनुच्छेद 16(1) सभी को अवसर की समानता प्रदान करता है। ये दोनों अनुच्छेद सभी को समान घोषित करने के साथ-साथ राज्य को यह अधिकार भी प्रदान करते हैं कि वे अनुसूचित जातियों और जनजातियों हेतु विशेष व्यवस्था कर सके।
- संविधान का अनुच्छेद 17 अस्पृश्यता के अन्त की घोषणा करता है और किसी भी रूप में अस्पृश्यता सम्बन्धी व्यवहार पर प्रतिबन्ध लगाता है।
- छुआछूत (अपराध) अधिनियम, 1955 के क्षेत्र को व्यापक करने तथा दण्ड को कठोर करने के दृष्टिकोण से वर्ष 1976 में इस अधिनियम में विस्तृत संशोधन किए गए और इसका नाम बदलकर **नागरिक अधिकार सुरक्षा अधिनियम** रखा गया, जिससे छुआछूत पर रोक लगाई जा सके।
- संविधान में संरक्षणात्मक भेदभाव से सम्बन्धित प्रावधानों के अतिरिक्त राज्य के नीति-निदेशक तत्त्वों को **सामाजिक न्याय** और **न्यायपूर्ण समाज** की स्थापना की दिशा में सामाजिक परिवर्तन के लक्ष्य को प्राप्त करने का साधन माना जा सकता है। अन्य अनुच्छेदों के साथ-साथ अनुच्छेद 38 और अनुच्छेद 46 विशेष रूप से जनसंख्या के अभावग्रस्त वर्गों को सामाजिक न्याय दिलाने का लक्ष्य रखते हैं।

  नोट *अनुसूचित जनजातियों की सर्वाधिक जनसंख्या मध्य प्रदेश में विद्यमान है।*
- इन अनुच्छेदों के अतिरिक्त लोकसभा (अनुच्छेद 330), राज्य विधानसभाओं (अनुच्छेद 332) के अन्तर्गत अनुसूचित जाति एवं जनजाति के लिए सीटों को आरक्षित किया गया है, जबकि अनुच्छेद 15(4) के तहत सार्वजनिक शिक्षण संस्थाओं में प्रवेश, अनुच्छेद 15(5) के तहत निजी शैक्षणिक संस्थानों में प्रवेश, अनुच्छेद 16(4) के तहत सरकारी नौकरियों और अनुच्छेद 16(4A) में पदोन्नति में आरक्षण का प्रावधान रखा गया है। साथ ही उनके कल्याण को बढ़ावा देने और उनके हितों की रक्षा के लिए एक **जनजातीय सलाहकार समिति** का गठन किया गया और राज्यों में अलग विभागों तथा केन्द्र में एक विशेष अधिकारी की नियुक्ति की व्यवस्था की गई है।

- 82वें संविधान संशोधन अधिनियम, 2000 के अनुसार, केन्द्र या राज्यों के सरकारी पदों पर नियुक्ति हेतु किसी भी परीक्षा में अनुसूचित जाति या अनुसूचित जनजाति के व्यक्तियों के लिए न्यूनतम अंक कम करने या पदोन्नति में मूल्यांकन के मापदण्ड को घटाने की व्यवस्था की गई है।

अन्य पिछड़ा वर्ग

- भारत में अनुसूचित जातियों एवं अनुसूचित जनजातियों के अतिरिक्त 1980 के दशक में एक दूरगामी बदलाव दृष्टिगोचर होता है; जैसे—अन्य पिछड़ा वर्ग का उदय।
- इस वर्ग के अन्तर्गत कमजोर वर्ग के वे लोग शामिल हैं, जो सामाजिक, शैक्षिक तथा आर्थिक दृष्टिकोण से पिछड़े होते हैं।
- भारतीय संविधान का अनुच्छेद 340 सरकार को यह अधिकार देता है कि वह एक ऐसे आयोग का गठन करे, जो अन्य पिछड़े वर्गों की स्थिति का आकलन कर उसके बारे में उचित सुझाव प्रस्तुत करे। इस सन्दर्भ में सरकार ने दो पिछड़े वर्ग आयोगों की नियुक्ति की थी।
- इन आयोगों ने पिछड़े वर्गों को समुदायों और जातियों के आधार पर पहचानने का मापदण्ड प्रस्तुत किया। अन्य पिछड़ा वर्ग हेतु निम्नलिखित आयोगों का गठन किया गया

प्रथम पिछड़ा वर्ग आयोग

- इस आयोग की नियुक्ति वर्ष 1953 में काका साहेब कालेलकर की अध्यक्षता में की गई। इसने अपनी रिपोर्ट वर्ष 1955 में दी थी। इस आयोग ने पिछड़े वर्ग को पहचानने हेतु चार मापदण्ड प्रस्तुत किए
  - हिन्दू समाज की परम्परागत जाति व्यवस्था में निम्न स्थिति
  - किसी जाति या समुदाय में सामान्य शैक्षिक प्रगति का अभाव
  - सरकारी सेवा में अपर्याप्त प्रतिनिधित्व
  - व्यापार, वाणिज्य और उद्योग में व्यापक अनुपस्थिति।
- कालेलकर आयोग ने इस आधार पर 2,399 जातियों और समुदायों को पिछड़े वर्ग में रखने की अनुशंसा की थी, किन्तु इसकी अनुशंसाओं पर कोई कार्यवाही नहीं हुई, क्योंकि आयोग की अनुशंसाओं को बहुत ही अस्पष्ट और अव्यावहारिक माना गया। इसके साथ ही पिछड़ेपन की अर्हताओं को लेकर सदस्यों की राय भी भिन्न-भिन्न थी।

द्वितीय पिछड़ा वर्ग आयोग

- इस आयोग की नियुक्ति वर्ष 1978 में बी. पी. मण्डल की अध्यक्षता में की गई थी, इसलिए इसे मण्डल आयोग कहा गया। इसने अपनी रिपोर्ट वर्ष 1980 में सौंपी।
- इस आयोग ने पिछड़ेपन के 11 सूचक बनाए, जिसमें चार जातिगत सामाजिक पिछड़ेपन से, तीन शैक्षिक पिछड़ेपन और चार आर्थिक पिछड़ेपन से सम्बन्धित थे। इस आयोग ने पिछड़ेपन को जाति से जोड़ा।
- आयोग ने 3,743 जातियों को अपने दिए गए सूचकों के आधार पर पिछड़े वर्ग में रखा और तभी से इन जातियों को अन्य पिछड़े वर्ग (OBC-Other Backward Class) के नाम से जाना जाता है। ये अनुसूचित जातियों से भिन्न होती हैं।
- आयोग ने सरकारी नौकरियों, सार्वजनिक प्रतिष्ठानों, राष्ट्रीयकृत बैंकों, विश्वविद्यालयों और इससे सम्बद्ध महाविद्यालयों तथा सरकारी सहायता प्राप्त निजी क्षेत्र की कम्पनियों में 27% नौकरियाँ अन्य पिछड़े वर्गों के लिए आरक्षित करने का सुझाव दिया।
- केन्द्र तथा राज्य सरकारों द्वारा संचालित वैज्ञानिक, तकनीकी और व्यावसायिक शिक्षा संस्थानों में इस वर्ग के छात्रों के लिए कुछ स्थानों के आरक्षण की भी सिफारिश की गई।
- साथ ही आयोग ने अन्य पिछड़े वर्गों के आर्थिक और व्यावसायिक विकास के भी सुझाव दिए।
- अगस्त, 1990 में भारत सरकार ने मण्डल आयोग की सिफारिशों को स्वीकार करने की घोषणा की। तब से केन्द्र सरकार द्वारा की जाने वाली नियुक्तियों में 27% आरक्षण और राज्य सरकारों की नौकरियों में आरक्षण का प्रतिशत प्रत्येक राज्य में अलग-अलग लागू किया गया है।
- सर्वोच्च न्यायालय ने 16 नवम्बर, 1992 के अपने फैसले में (इन्द्रा साहनी बनाम भारत संघ मामले में) आरक्षण के लिए जातीय मापदण्ड को महत्त्वपूर्ण माना।
- साथ ही न्यायालय ने पिछड़े वर्ग के अन्तर्गत शामिल ऐसे व्यक्तियों की आरक्षण सम्बन्धी सुविधाओं को समाप्त करने की बात की, जो आर्थिक रूप से सम्पन्न हैं, सामाजिक रूप से भी आगे हैं और उच्च सामाजिक प्रतिष्ठा पद वाले हैं। इसे क्रीमीलेयर के सिद्धान्त पर आधारित निष्कासन का नियम (Rule of Elimination) बनाया गया है।

नोट *क्रीमीलेयर की श्रेणी में पिछड़े वर्ग की विभिन्न श्रेणी के वे छात्र आते हैं, जिनके परिवार की वार्षिक आय ₹ 8 लाख से अधिक है। इस श्रेणी के छात्रों को पिछड़े वर्ग के तहत आरक्षण का लाभ नहीं मिलता।*

93वाँ संविधान संशोधन अधिनियम, 2006

- इस अधिनियम के द्वारा सामाजिक एवं शैक्षणिक रूप से पिछड़े वर्गों के लिए निजी एवं बिना सरकारी अनुदान प्राप्त की हुई शिक्षण संस्थाओं में प्रवेश हेतु आरक्षण का प्रावधान किया गया।
- वंचित वर्गों के विकास की दिशा में निश्चित रूप से यह कदम उल्लेखनीय है।

102वाँ संविधान संशोधन अधिनियम, 2018

- इस अधिनियम द्वारा राष्ट्रीय पिछड़ा वर्ग आयोग को संवैधानिक दर्जा दिया गया, जोकि वर्ष 1993 में संसद के एक अधिनियम द्वारा पारित किया गया था।
- इस अधिनियम द्वारा पिछड़े वर्गों के सम्बन्ध में अपने कार्यों से राष्ट्रीय अनुसूचित जाति आयोग को राहत प्रदान की गई।
- राज्य या संघ-राज्य क्षेत्र के सम्बन्ध में सामाजिक और शैक्षणिक रूप से पिछड़े वर्गों को निर्दिष्ट करने के लिए राष्ट्रपति को अधिकार दिया गया।

105वाँ संविधान संशोधन अधिनियम, 2021

- इस अधिनियम के द्वारा अनुच्छेद-338 B, 342 A और 366 (26C) में संशोधन कर सामाजिक एवं शैक्षणिक रूप से पिछड़े वर्गों की पहचान करने और उन्हें अधिसूचित करने की राज्यों एवं केन्द्रशासित प्रदेशों की

किन्नरों को प्राप्त OBC का दर्जा

- स्वतन्त्रता के 67 वर्षों के उपरान्त भारत के उच्चतम न्यायालय ने अपने एक ऐतिहासिक निर्णय के द्वारा देश के किन्नर नागरिकों की पहचान स्थापित की है। अप्रैल, 2014 को उच्चतम न्यायालय ने एक जनहित याचिका पर निर्णय देते हुए किन्नरों को महिला, पुरुष के अतिरिक्त तीसरे लिंग के रूप में मान्यता प्रदान कर उन्हें अन्य पिछड़ा वर्ग OBC (ओबीसी) में शामिल करने का निर्देश सरकार को दिया।

आर्थिक रूप से कमजोर वर्गों के लिए प्रावधान

- 103वाँ संविधान संशोधन अधिनियम, 2019 के द्वारा आर्थिक रूप से कमजोर वर्गों (Economically Weaker Section–EWS) के लिए सरकारी शिक्षण संस्थाओं में प्रवेश और नौकरियों में (अनुसूचित जाति, अनुसूचित जनजाति और अन्य पिछड़ावर्ग श्रेणी से अलग) 10% आरक्षण का प्रावधान किया गया है।
- इस संशोधन के माध्यम से भारतीय संविधान के अनुच्छेद 15 और 16 में क्लॉज 6 शामिल किया गया है, जो सरकार को आर्थिक रूप से कमजोर वर्ग के लोगों के विकास के लिए विशेष प्रावधान करने की अनुमति देता है।
- अनुच्छेद 15(6) राज्य के किसी भी आर्थिक रूप से कमजोर वर्ग की उन्नति के लिए तथा शिक्षण संस्थाओं में उनके प्रवेश के लिए खण्ड (4) व (5) में वर्णित उपबन्धों तथा अनुच्छेद 30 के खण्ड (1) में सन्दर्भित अल्पसंख्यक शिक्षण संस्थाओं में प्रवेश से सम्बन्धित प्रावधानों के अतिरिक्त विशेष प्रावधान करने का अधिकार देता है।
- अनुच्छेद 16(6) के अन्तर्गत राज्य आर्थिक रूप से कमजोर वर्गों के लिए सरकारी नौकरियों में (प्रत्येक श्रेणी के पदों में) अधिकतम 10% आरक्षण का प्रावधान कर सकता है।
- उपरोक्त वर्ग के लिए रिजर्वेशन की ऊपरी सीमा 10% होगी, जो पहले से मौजूद आरक्षण के अतिरिक्त होगी।
- भारतीय संविधान के अनुच्छेद 15 और 16 में पूर्व से ही अनुसूचित जाति, अनुसूचित जनजाति और अन्य पिछड़े वर्गों के लिए 7.5%, 15% और 27% अर्थात् कुल 49.5% आरक्षण का प्रावधान किया गया है।

> **आर्थिक आधार पर आरक्षण**
>
> भारतीय संविधान में आर्थिक आधार पर आरक्षण का कोई भी प्रावधान नहीं था, लेकिन इसे संशोधन कर जोड़ा गया। इस संविधान संशोधन के बाद हिन्दू, मुस्लिम, सिख, ईसाई सहित सभी समुदायों में सामान्य वर्ग के आर्थिक रूप से कमजोर लोगों को आरक्षण मिलेगा।

आर्थिक रूप से कमजोर वर्गों के आरक्षण हेतु निर्धारित मापदण्ड

आरक्षण के इच्छुक व्यक्ति की परिवार की वार्षिक आय आठ (8) लाख से अधिक नहीं होनी चाहिए। इच्छुक व्यक्ति के पास 5 एकड़ से अधिक कृषि भूमि नहीं होनी चाहिए। इच्छुक व्यक्ति के पास 1000 वर्ग फीट से बड़ा फ्लैट, नगरपालिका क्षेत्र में 100 गज से बड़ा और गैर-अधिसूचित नगरपालिका में 200 गज से बड़ा घर नहीं होना चाहिए।

आंग्ल-भारतीय समुदाय सम्बन्धी प्रावधान

- लोकसभा और राज्य विधानसभाओं में आंग्ल-भारतीय समुदाय के प्रतिनिधित्व का प्रावधान क्रमश: अनुच्छेद 331 और 333 में किया गया है।
- अनुच्छेद 331 के अनुसार, संसद में आंग्ल-भारतीय समुदाय का समुचित प्रतिनिधित्व नहीं होने पर राष्ट्रपति इस समुदाय के दो सदस्यों को लोकसभा के लिए मनोनीत कर सकता था।
- अनुच्छेद 333 के अन्तर्गत, राज्य विधानसभाओं के सम्बन्ध में राज्यपाल को इसी प्रकार के अधिकार प्राप्त हैं। इसके अनुसार विधानसभा में राज्यपाल अधिक-से-अधिक एक व्यक्ति का नाम निर्दिष्ट कर सकता था।
- संविधान के अनुच्छेद 336(1) एवं (2) के अन्तर्गत आंग्ल-भारतीयों को नौकरियों में आरक्षण प्राप्त है, जबकि अनुच्छेद 337 के अन्तर्गत आंग्ल-भारतीय समुदाय के लिए शैक्षिक अनुदान के लिए विशेष उपबन्ध है।
- **104वें संविधान संशोधन अधिनियम, 2019** के अन्तर्गत लोकसभा तथा राज्य विधानसभाओं में आंग्ल-भारतीय समुदाय के सदस्यों को मनोनीत करने के प्रावधान को समाप्त कर दिया गया है। अत: यह प्रावधान 25 जनवरी, 2020 से प्रभावी नहीं रह गया।

अल्पसंख्यकों से सम्बन्धित उपबन्ध

- संविधान के अनुसार, विविधता हमारे समाज की मजबूती है, अत: अल्पसंख्यकों को अपनी संस्कृति को बनाए रखने का अधिकार है।
- किसी समुदाय को केवल धर्म के आधार पर नहीं, बल्कि भाषा और संस्कृति के आधार पर भी अल्पसंख्यक माना जाता है। अल्पसंख्यक वे समूह हैं, जिनकी अपनी एक भाषा या धर्म होता है और ये देश के किसी एक भाग या सम्पूर्ण देश में संख्या के आधार पर किसी अन्य समूह से छोटे होते हैं।

> - भारतीय संविधान में अल्पसंख्यकों की परिभाषा नहीं दी गई है, लेकिन वर्तमान में केन्द्र सरकार ने **छह सम्प्रदायों** (मुसलमान, ईसाई, सिख, बौद्ध, पारसी, जैन) को अल्पसंख्यक का दर्जा दिया गया है। जैन समुदाय को 27 जनवरी, 2014 को अल्पसंख्यक समुदाय के रूप में अधिसूचित किया गया। इसके अतिरिक्त भारतीय संविधान में अल्पसंख्यकों की पहचान हेतु दो आधारों को चुना गया है- भाषायी अल्पसंख्यक तथा धार्मिक अल्पसंख्यक।
> - **राष्ट्रीय अल्पसंख्यक आयोग अधिनियम** 1992 के तहत राष्ट्रीय अल्पसंख्यक आयोग की स्थापना की गई।

धार्मिक अल्पसंख्यक हेतु संवैधानिक प्रावधान

- अनुच्छेद 29 एवं 30 के अन्तर्गत अल्पसंख्यकों के हितों की रक्षा हेतु विशेष प्रावधान किए गए हैं। संविधान द्वारा अल्पसंख्यक वर्ग को सांस्कृतिक व शैक्षिक स्वतन्त्रता प्रदान की गई है।
- अनुच्छेद 29 (1) द्वारा धार्मिक एवं भाषायी अल्पसंख्यकों को संरक्षण प्रदान किया गया है। इसके अन्तर्गत उन्हें अपनी विशेष भाषा, लिपि अथवा संस्कृति को अक्षुण्ण बनाए रखने के अधिकार प्राप्त हैं।
- इसके अतिरिक्त अनुच्छेद 29(2) में यह प्रावधान किया गया है कि राज्य द्वारा पोषित अथवा राज्य निधि से सहायता प्राप्त किसी शिक्षा संस्था में प्रवेश से किसी भी नागरिक को केवल धर्म, मूलवंश, जाति, भाषा अथवा इनमें से किसी एक के आधार पर वंचित नहीं किया जा सकता।
- अनुच्छेद 30 (1) के अनुसार, सभी अल्पसंख्यकों को, चाहे वे धार्मिक रूप से अल्पसंख्यक हों अथवा भाषायी रूप से, अपनी इच्छानुसार शिक्षा संस्थाएँ स्थापित करने का और उनके प्रशासन का अधिकार प्रदान किया गया है, वहीं दूसरी ओर अनुच्छेद 30 (2) के अनुसार, शिक्षा संस्थाओं को सहायता देने में राज्य द्वारा किसी शिक्षा संस्था के विरुद्ध धार्मिक अथवा भाषायी आधार पर विभेद नहीं किया जा सकता।
- अनुच्छेद 350 (A) में उल्लेखित प्रावधानों के अनुसार, प्रत्येक राज्य भाषायी अल्पसंख्यक वर्गों के बालकों को शिक्षा के प्राथमिक स्तर पर मातृभाषा में शिक्षा की पर्याप्त सुविधाओं की व्यवस्था करने का प्रयास करेगा तथा राष्ट्रपति को यह शक्ति प्रदान की गई है कि वह इस निमित्त राज्य को उचित निर्देश देगा।

संविधान में कुछ राज्यों के लिए उनकी विशिष्ट सामाजिक और ऐतिहासिक परिस्थितियों को देखते हुए कुछ विशेष प्रावधान किए गए हैं। इनमें से अधिकांश राज्य एक विशिष्ट इतिहास और संस्कृति वाले उत्तर-पूर्वी राज्यों से सम्बन्धित हैं।

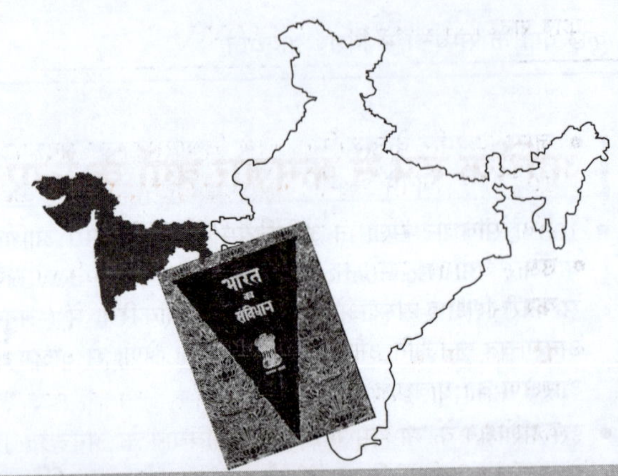

अध्याय सैंतीस

कुछ राज्यों से सम्बन्धित विशेष प्रावधान

राज्यों से सम्बन्धित विशेष प्रावधान

- **भारतीय संघवाद** (Indian Federalism) की महत्त्वपूर्ण विशेषता यह है कि इसमें कुछ राज्यों के लिए विशेष प्रावधान दिए गए हैं, साथ ही उन राज्यों को कुछ विशेष अधिकार भी प्रदान किए गए हैं।
- शक्ति के विभाजन की योजना के अन्तर्गत संविधान प्रदत्त शक्तियाँ सभी राज्यों को समान रूप से प्राप्त हैं तथापि कुछ राज्यों के लिए उनकी विशिष्ट सामाजिक और ऐतिहासिक परिस्थितियों के अनुरूप संविधान कुछ विशेष अधिकारों की व्यवस्था करता है। भाग XXI में अनुच्छेद 370 से 371 (J) तक कुछ राज्यों के विशेष दर्जा देने हेतु उपबन्ध किए गए हैं, जिसमें अनुच्छेद 370 के कुछ प्रावधानों को समाप्त कर दिया।
- इन अनुच्छेदों के अन्तर्गत शामिल राज्यों के लिए उनकी विशिष्ट सामाजिक और ऐतिहासिक परिस्थितियों को देखते हुए कुछ विशेष प्रावधान किए गए हैं।
- संविधान में इस प्रकार के अधिकांश प्रावधान पूर्वोत्तर के राज्यों; जैसे—असम, नागालैण्ड, अरुणाचल प्रदेश, मिजोरम आदि के लिए किए गए हैं, जहाँ विशिष्ट इतिहास और संस्कृति वाली जनजातीय बहुल जनसंख्या निवास करती है। इसके अतिरिक्त जम्मू-कश्मीर के लिए भी अस्थायी उपबन्ध किए गए थे।
- संविधान के इस भाग का उल्लेख अस्थायी, संक्रमणकालीन और विशेष उपबन्ध शीर्षक के रूप में किया गया है।

संवैधानिक उपबन्ध

अनुच्छेद 370 (समाप्त)
जम्मू-कश्मीर हेतु (वर्ष 2019 में संघ सरकार ने जम्मू कश्मीर का अनुच्छेद 370 के अन्तर्गत विशेष दर्जा समाप्त करते हुए उसे दो भागों में विभक्त कर केन्द्रशासित प्रदेश जम्मू-कश्मीर तथा लद्दाख की स्थापना की)

अनुच्छेद 371
उत्तर-पूर्वी तथा कुछ अन्य राज्यों हेतु

- महाराष्ट्र एवं गुजरात → अनुच्छेद 371
- नागालैण्ड → अनुच्छेद 371 A
- असम → अनुच्छेद 371 B
- मणिपुर → अनुच्छेद 371 C
- आन्ध्र प्रदेश एवं तेलंगाना → अनुच्छेद 371 D/371 E
- सिक्किम → अनुच्छेद 371 F
- मिजोरम → अनुच्छेद 371 G
- अरुणाचल प्रदेश → अनुच्छेद 371 H
- गोवा → अनुच्छेद 371 I
- हैदराबाद (कल्याण कर्नाटक) कर्नाटक → अनुच्छेद 371 J

जम्मू और कश्मीर

- **अनुच्छेद 370** के अन्तर्गत अस्थायी प्रावधानों के द्वारा जम्मू-कश्मीर को विशेष दर्जा दिया गया था।
- 5 अगस्त, 2019 को भारत के तत्कालीन राष्ट्रपति **रामनाथ कोविन्द** द्वारा जारी (संविधान आदेश) आदेश के अन्तर्गत जम्मू-कश्मीर को विशेष राज्य का दर्जा प्रदान करने वाले संविधान के अनुच्छेद 370 के प्रावधानों को (**अनुच्छेद 370 (1) को छोड़कर**) समाप्त कर दिया गया, जिसके साथ ही **अनुच्छेद 35(A)** भी स्वत: समाप्त हो गया।
- उल्लेखनीय है कि उक्त अनुच्छेद के निरसन सम्बन्धी प्रावधान अनुच्छेद 370 के खण्ड 3 में दिए गए थे, जिनके अन्तर्गत उक्त आदेश राष्ट्रपति ने जारी किए थे।

> - 5 अगस्त, 2019 को ही केन्द्रीय गृह मन्त्रालय द्वारा संसद में **जम्मू एवं कश्मीर पुनर्गठन विधेयक, 2019** प्रस्तुत किया गया था।
> - संसद द्वारा पारित होने के पश्चात् 9 अगस्त, 2019 को इसे राष्ट्रपति ने अपनी मंजूरी प्रदान कर दी, जो 31 अक्टूबर, 2019 से लागू हो गया। इसमें जम्मू-कश्मीर तथा लद्दाख भारत के दो केन्द्रशासित प्रदेशों के रूप में अस्तित्व में आए।

जम्मू-कश्मीर की वर्तमान में स्थिति

- **जम्मू-कश्मीर पुनर्गठन अधिनियम**, 2019 के अन्तर्गत जम्मू-कश्मीर राज्य को दो केन्द्रशासित प्रदेशों-विधानसभा के साथ जम्मू-कश्मीर केन्द्रशासित प्रदेश और बिना विधानसभा के लद्दाख केन्द्रशासित प्रदेश के रूप में विभाजित कर दिया गया।
- **अनुच्छेद 239(A)** के अन्तर्गत जम्मू-कश्मीर को पुदुचेरी के समान विधानसभा के साथ केन्द्रशासित प्रदेश बनाया गया है।
- लद्दाख केन्द्रशासित प्रदेश में दो जिले (कारगिल और लेह) तथा जम्मू-कश्मीर केन्द्रशासित प्रदेश में मौजूदा जम्मू और राज्य के शेष क्षेत्रों को शामिल किया गया है।
- दोनों केन्द्रशासित प्रदेशों के लिए राष्ट्रपति द्वारा दो उप-राज्यपाल (लेफ्टिनेण्ट गवर्नर) नियुक्त किए जाने का प्रावधान है।

- जम्मू-कश्मीर केन्द्रशासित प्रदेश विधानसभा के सदस्यों की संख्या कुल 107 होगी, जिनमें 24 सीटें **पाक अधिकृत कश्मीर** (Pakistan Occupied Kashmir-PoK) के लिए रिक्त रखी जाएँगी।
- उप-राज्यपाल जम्मू-कश्मीर विधानसभा में 2 महिला सदस्यों को मनोनीत कर सकता है।
- **नई व्यवस्था के अन्तर्गत** जम्मू-कश्मीर विधानसभा का कार्यकाल पाँच वर्ष का होगा, इससे पूर्व जम्मू-कश्मीर राज्य की विधानसभा का कार्यकाल 6 वर्ष का होता था।
- इस अधिनियम के अन्तर्गत जम्मू-कश्मीर विधानपरिषद् की व्यवस्था को समाप्त कर दिया गया।
- दोनों केन्द्रशासित प्रदेशों के लिए एक संयुक्त उच्च न्यायालय जम्मू-कश्मीर एवं लद्दाख उच्च न्यायालय का प्रावधान किया गया है।

महाराष्ट्र एवं गुजरात

- **अनुच्छेद 371** राष्ट्रपति को प्राधिकृत करता है कि वह महाराष्ट्र एवं गुजरात के राज्यपालों को विदर्भ, मराठवाड़ा एवं शेष महाराष्ट्र तथा सौराष्ट्र, कच्छ एवं शेष गुजरात के लिए पृथक् विकास बोर्डों की स्थापना हेतु विशेष शक्तियाँ प्रदान करें।
- साथ ही यह उपबन्ध करे कि इन बोर्डों के कार्यों का **वार्षिक प्रतिवेदन** (Annual Report), राज्य विधानसभा में पेश किया जाए।
- इन क्षेत्रों के विकास सम्बन्धी खर्चे हेतु धन का वितरण न्याय तथा समतापूर्ण तरीके से आवण्टित हो।
- इन क्षेत्रों में तकनीकी शिक्षा एवं व्यावसायिक प्रशिक्षण हेतु पर्याप्त सुविधाएँ उपलब्ध कराने के सम्बन्ध में उचित व्यवस्था करना और युवाओं हेतु राज्य की सेवाओं में पर्याप्त प्रतिनिधित्व सुनिश्चित करने की व्यवस्था करना।

नागालैण्ड

- **अनुच्छे**द 371(A) के अन्तर्गत संसद द्वारा निम्न विषयों के सम्बन्ध में बनाया गया अधिनियम तब तक नागालैण्ड पर लागू नहीं होगा, जब तक राज्य विधानसभा इसका अनुमोदन न कर दे; जैसे-
  - नागाओं की धार्मिक अथवा सामाजिक प्रथाएँ
  - नागा परम्परागत कानून (रूढ़ियाँ) तथा प्रक्रिया
  - सिविल और आपराधिक न्याय प्रशासन के ऐसे विषय, जिनमें नागाओं की परम्परागत विधियों के अन्तर्गत निर्णय किया जाता है।
  - भूमि तथा उसकी सम्पत्ति स्रोतों के स्वामित्व तथा स्थानान्तरण से जुड़े विषय।
- राज्यपाल द्वारा त्वेनसांग जिले हेतु 35 सदस्यीय क्षेत्रीय परिषद् का गठन किया जाएगा तथा इससे सम्बन्धित नियमों का निर्धारण भी राज्यपाल स्वविवेक से करेगा।
- नागालैण्ड के निर्माण से 10 वर्षों की अवधि या इससे अधिक अवधि के लिए राज्यपाल स्वविवेक के अनुसार, क्षेत्रीय परिषद् के गठन के सम्बन्ध में त्वेनसांग जिले के शासन के विषय में निम्न उपबन्ध होंगे
  - **त्वेनसांग** जिले के प्रशासन का संचालन राज्यपाल द्वारा किया जाएगा।
  - राज्यपाल त्वेनसांग जिले की शान्ति, विकास तथा सुशासन के लिए उचित विनियम बना सकता है।
  - केन्द्र से प्राप्त निधि से राज्यपाल त्वेनसांग जिले तथा शेष नागालैण्ड राज्य के विकास हेतु समुचित धन आवण्टन करेगा।
  - राज्य मन्त्रिपरिषद् में (त्वेनसांग) जिले हेतु एक मन्त्री होगा। वह नागालैण्ड विधानसभा में (त्वेनसांग) जिले का प्रतिनिधित्व करने वाले विधायकों में से चुना जाएगा।
  - त्वेनसांग जिले के सम्बन्ध में अन्तिम निर्णय राज्यपाल द्वारा ही अपने विवेक अनुसार लिया जाएगा।
  - नागालैण्ड विधानसभा द्वारा बनाया गया कोई भी अधिनियम त्वेनसांग जिले पर तब तक लागू नहीं होगा, जब तक कि इस जिले की क्षेत्रीय परिषद् राज्यपाल को इस बारे में अनुशंसा न करे।
  - **नागालैण्ड विधानसभा** में त्वेनसांग जिले के विधायकों का निर्वाचन जनता द्वारा प्रत्यक्ष तरीके से न होकर, क्षेत्रीय परिषद् द्वारा किया जाएगा।
- संविधान के अनुच्छेद 54,55 और 80 के (4) में विधानसभा के निर्वाचित सदस्यों को राष्ट्रपति तथा राज्यसभा सदस्यों के चुनाव में मतदान की जो शक्ति दी गई है, वह शक्ति त्वेनसांग की क्षेत्रीय परिषद् द्वारा निर्वाचित होने वाले नागालैण्ड की विधानसभा के सदस्यों को भी प्राप्त है।

अलगाववादी आन्दोलन

- पूर्वोत्तर राज्यों में नागालैण्ड ने अलग देश की माँग हेतु अलगाववादी आन्दोलन किया। **अंगमी जापू फिजो** के नेतृत्व में नागा जनजाति के एक गुट ने वर्ष 1951 में ही स्वयं को भारत से स्वतन्त्र घोषित कर दिया था।
- नागालैण्ड में जब तक स्थानीय नागाओं (त्वेनसांग जिले) द्वारा किए गए उपद्रव समाप्त नहीं हो जाते, तब तक राज्य में कानून एवं व्यवस्था बनाए रखने का विशेष दायित्व राज्यपाल का होता है।

असम

- **अनुच्छेद 371(B)** के अन्तर्गत असम का राज्यपाल राज्य विधानसभा के जनजातीय क्षेत्रों से चुने गए सदस्यों से या ऐसे सदस्यों से, जिन्हें वह उचित समझता है, एक समिति का गठन कर सकता है।
- असम के जनजातीय क्षेत्रों का संविधान की छठी अनुसूची में उल्लेख किया गया है। ये उत्तरी कछार पहाड़ी जिले कार्बो आंगलोंग और बोडोलैण्ड टेरिटोरियल एरिया जिले हैं।

पूर्वोत्तर भारत में अप्रवासियों का विरोध क्षेत्रीय आकांक्षाएँ

- असम आन्दोलन वर्ष 1979 से 1985 तक चला। यह आन्दोलन मुख्य रूप से बांग्लादेश से आए मुस्लिम लोगों के विरुद्ध था। साथ ही यहाँ की आबादी आर्थिक वस्तुओं के निर्यात से भी त्रस्त थी।
- **वर्ष** 1979 में ऑल असम स्टूडेन्ट्स यूनियन (All Assam Students Union, AASU) ने विदेशियों के विरोध में एक आन्दोलन चलाया। आसू एक छात्र संगठन था और इसका सम्बन्ध किसी भी राजनीतिक दल से नहीं था।
- यह आन्दोलन अवैध अप्रवासी, बंगाली और अन्य लोगों के प्रभाव तथा मतदाता सूची में लाखों **अप्रवासियों** के नाम दर्ज कर लेने के विरुद्ध था।
- इस आन्दोलन की यह माँग थी कि वर्ष 1951 के बाद जितने भी लोग असम में आकर बसे हैं, उन्हें असम से बाहर किया जाए। इस आन्दोलन को जन समर्थन भी प्राप्त हुआ और इस आन्दोलन के दौरान हिंसक घटनाएँ भी घटीं।

असम समझौता

- छह वर्ष की सतत अस्थिरता के पश्चात् **राजीव गाँधी** के नेतृत्व वाली सरकार ने आसू के नेताओं से बातचीत की और इसके परिणामस्वरूप वर्ष 1985 में एक समझौता हुआ।
- इस समझौते में यह निर्णय लिया गया कि जो लोग बांग्लादेश युद्ध के दौरान अथवा उसके बाद के वर्षों में असम आए हैं, उनकी पहचान की जाएगी और उन्हें वापस भेजा जाएगा।

मणिपुर

अनुच्छेद 371 (C) के अन्तर्गत मणिपुर से सम्बन्धित निम्न प्रकार के उपबन्ध किए गए हैं

- राष्ट्रपति को यह अधिकार है कि यदि वह चाहे, तो राज्य के पहाड़ी क्षेत्रों से मणिपुर विधानसभा के लिए चुने गए सदस्यों में से एक समिति का गठन कर सकता है। राष्ट्रपति, इस समिति का उचित कार्य संचालन सुनिश्चित करने हेतु राज्यपाल को विशेष उत्तरदायित्व भी सौंप सकता है।
- राज्यपाल, राज्य के पहाड़ी क्षेत्रों के प्रशासन के सम्बन्ध में प्रतिवर्ष राष्ट्रपति को प्रतिवेदन भेज सकता है।
- राज्य सरकार को केन्द्र सरकार द्वारा पहाड़ी क्षेत्रों के सम्बन्ध में दिशा-निर्देश दिए जा सकते हैं।

आन्ध्र प्रदेश और तेलंगाना

अनुच्छेद 371 (D) एवं 371 (E) में आन्ध्र प्रदेश तथा तेलंगाना के सम्बन्ध में निम्न प्रकार के उपबन्ध किए गए हैं

- आन्ध्र प्रदेश पुनर्गठन अधिनियम, 2014 द्वारा अनुच्छेद 371(D) को विस्तृत करके तेलंगाना राज्य की स्थापना की गई।
- अनुच्छेद 371 (D) में यह उल्लेख किया गया है कि राष्ट्रपति राज्य के विभिन्न क्षेत्रों में निवास करने वाले लोगों के लिए शिक्षा एवं रोजगार के समान अवसर उपलब्ध कराने के लिए उचित व्यवस्था कर सकता है।
- उद्देश्य की पूर्ति हेतु राष्ट्रपति को राज्य सरकार के सहयोग की आवश्यकता होती है, जिससे कि राज्य के विभिन्न भागों में स्थानीय कैडर हेतु लोक सेवाओं का गठन कर सकता है तथा किसी भी स्थानीय कैडर में आवश्यकता के अनुसार सीधी भर्ती की जा सकती है।
- राष्ट्रपति द्वारा यह भी निर्धारित किया जा सकता है कि किसी भी शैक्षिक संस्थान में राज्य के किस भाग के छात्रों को प्रवेश में वरीयता दी जाएगी। वे इस प्रकार के किसी कैडर या किसी शैक्षिक संस्थान में राज्य के किसी विशेष क्षेत्र के लोगों के लिए विशेष आरक्षण की व्यवस्था भी कर सकते हैं।
- राष्ट्रपति राज्य में सिविल सेवा के पदों पर कार्यरत् अधिकारियों की शिकायतों एवं विवादों के समाधान हेतु विशेष प्रशासनिक अधिकरण की स्थापना कर सकता है।
- इस अधिकरण के द्वारा लोक सेवाओं में भर्ती, आवण्टन, पदोन्नति आदि से सम्बन्धित शिकायतों और विवादों की सुनवाई की जा सकती है।
- यह अधिकरण राज्य उच्च न्यायालय के क्षेत्राधिकार से बाहर कार्य करेगा। केवल उच्चतम न्यायालय के अतिरिक्त किसी अन्य न्यायालय के प्रति यह अधिकरण अपने कार्य एवं निर्णयों के प्रति जवाबदेह नहीं होगा। राष्ट्रपति, अधिकरण की आवश्यकता न होने पर इसे समाप्त भी कर सकता है।

सिक्किम

36वें संविधान संशोधन अधिनियम, 1975 के द्वारा सिक्किम को पूर्ण राज्य का दर्जा प्राप्त हुआ। इस संशोधन के माध्यम से संविधान में एक नया अनुच्छेद 371 (F) जोड़ा गया, जिसमें उल्लिखित है कि

- सिक्किम विधानसभा का गठन कम-से-कम 30 सदस्यों से होगा।
- लोकसभा में सिक्किम को एक सीट दी जाएगी तथा सम्पूर्ण सिक्किम को एक संसदीय क्षेत्र माना जाएगा।
- राज्य के राज्यपाल का यह विशेष दायित्व है कि वह सिक्किम में शान्ति स्थापित करने की व्यवस्था करे तथा राज्य की जनसंख्या के समान सामाजिक एवं आर्थिक विकास के लिए संसाधनों एवं अवसरों का उचित आवण्टन सुनिश्चित करे। अपने इस दायित्व के निर्वहन में राज्यपाल, राष्ट्रपति द्वारा प्रदान की गई विशेष शक्तियों के अन्तर्गत स्वविवेक से निर्णय ले सकता है।
- यदि राष्ट्रपति सही समझता है, तब भारत के संघ के राज्यों के लिए बनाए गए किसी भी नियम को सिक्किम में परिवर्तनों या निर्बन्धनों सहित लागू कर सकता है।

स्वतन्त्रता प्राप्ति के पश्चात् सिक्किम की स्थिति

- स्वतन्त्रता प्राप्ति के पश्चात् वर्ष 1974 में संविधान के 35वें संशोधन अधिनियम द्वारा सिक्किम भारत में सहायक राज्य के रूप में शामिल हुआ।
- सिक्किम की रक्षा और विदेशी मामलों का उत्तरदायित्व भारत सरकार पर था, जबकि सिक्किम के आन्तरिक प्रशासन का संचालन वहाँ के राजा चोंग्याल के द्वारा किया जाता था। सिक्किम की जनसंख्या में एक बड़ा हिस्सा नेपालियों का था, नेपाली मूल की जनता ने चोंग्याल के द्वारा अल्पसंख्यक अभिजन समूह लेपचा-भूटिया के शासन के प्रति उपजे विद्वेष के प्रति चोंग्याल के विरोधस्वरूप भारत सरकार से सहायता माँगी और भारत सरकार का समर्थन प्राप्त किया।
- इसके तत्पश्चात् वर्ष 1974 में पहला लोकतान्त्रिक चुनाव सिक्किम विधानसभा के लिए हुआ और सिक्किम में कांग्रेस को सफलता मिली। इसके पश्चात् जनमत संग्रह द्वारा वर्ष 1975 में एक प्रस्ताव पारित किया गया और इसमें सिक्किम के पूर्ण विलय की बात की गई।

मिजोरम

अनुच्छेद 371 (G) मिजोरम के लिए निम्न विशेष उपबन्ध करता है

- संसद द्वारा बनाया गया कोई नियम मिजोरम राज्य पर तब तक लागू नहीं होगा, जब तक कि राज्य विधानसभा ऐसा निर्णय नहीं लेती है
  - मिजोरम के लोगों की धार्मिक या सामाजिक प्रथाएँ
  - मिजोरम के प्रथागत कानून और प्रक्रिया
  - दीवानी और फौजदारी न्याय प्रशासन, जिसमें मिजोरम के प्रथागत कानून के अनुसार निर्णय शामिल हैं
  - भूमि और उसके अधिकार का स्वामित्व और हस्तान्तरण
- मिजोरम विधानसभा में कम-से-कम 40 सदस्य होंगे।

स्वतन्त्रता के पश्चात् मिजोरम की स्थिति

- स्वतन्त्रता के पश्चात् मिजोरम पर्वतीय क्षेत्र को असम के अन्दर ही एक स्वायत्त जिला बना दिया गया था। वर्ष 1959 में इस क्षेत्र में भारी अकाल

पड़ा और असम की सरकार इस अकाल से निपटने में असफल रही, परिणामस्वरूप अलगाववादी आन्दोलन को जनसमर्थन मिलना प्रारम्भ हुआ तथा लोगों के द्वारा लालडेंगा के नेतृत्व में मिजो नेशनल फ्रण्ट (Mizo National Front MNF) दल का निर्माण किया गया। वर्ष 1966 में इस दल ने स्वतन्त्रता की माँग करते हुए सशस्त्र अभियान प्रारम्भ कर दिया। इस प्रकार भारतीय सेना और मिजोरम विद्रोहियों के बीच लगभग दो दशक तक युद्ध चलता रहा।

- उत्तर-पूर्व क्षेत्र (पुनर्गठन) अधिनियम, 1971 के अन्तर्गत वर्ष 1972 में मिजोरम को असम से पृथक् करके संघ राज्य क्षेत्र का दर्जा दिया गया था।
- मिजोरम नेशनल फ्रण्ट ने गुरिल्ला युद्ध किया। मिजोरम दल को पाकिस्तान का समर्थन प्राप्त था। मिजोरम दल ने पूर्वी पाकिस्तान में अपना निवास बना रखा था।
- वर्ष 1986 में राजीव गाँधी और लालडेंगा के बीच एक शान्ति समझौता हुआ और इस समझौते के द्वारा मिजोरम को पूर्ण राज्य का दर्जा दिया गया तथा कुछ विशेष अधिकार भी प्रदान किए गए, जिसके फलस्वरूप मिजोरम नेशनल फ्रण्ट ने अलगाववादी संघर्ष को त्याग दिया और लालडेंगा को मिजोरम का मुख्यमन्त्री बनाया गया।

गोवा

- पुर्तगाल से दमन व दीव तथा गोवा प्राप्त कर इन्हें संघ राज्य घोषित किया गया। 56वें संविधान संशोधन अधिनियम, 1987 में अनुच्छेद 371(I) शामिल किया गया।
- अनुच्छेद 371 (I) में गोवा के लिए विशेष उपबन्ध किए गए हैं, इसके अन्तर्गत राज्य में विधानसभा का गठन किया जाएगा।
- इस अनुच्छेद में यह उपबन्ध किया गया है कि गोवा विधानसभा में 30 से कम सदस्य नहीं होंगे। वर्तमान में यहाँ विधानसभा सदस्यों की संख्या 40 है।

हैदराबाद-कर्नाटक

- अनुच्छेद 371 (J) के अन्तर्गत राष्ट्रपति इस बात के लिए अधिकृत है कि वह कर्नाटक के राज्यपाल के लिए विशेष दायित्व निश्चित करे।
- हैदराबाद व कर्नाटक क्षेत्रों के लिए अलग विकास बोर्ड की स्थापना की जाए। इसमें प्रावधान है कि बोर्ड के संचालन से सम्बन्धित प्रतिवेदन प्रत्येक वर्ष राज्य विधानसभा के समक्ष रखा जाए।
- इन क्षेत्रों में विकासात्मक खर्चों के लिए धन का न्यायपूर्ण आवण्टन।
- हैदराबाद और कर्नाटक क्षेत्रों के विद्यार्थियों हेतु क्षेत्र की शैक्षणिक तथा व्यावसायिक शिक्षण संस्थाओं में सीटों का आरक्षण। हैदराबाद और कर्नाटक क्षेत्रों के लोगों हेतु राज्य सरकार के पदों में आरक्षण।
- अनुच्छेद 371 (J) भारतीय संविधान में 98वें संविधान संशोधन अधिनियम, 2012 द्वारा समाहित किया गया, जोकि कर्नाटक व हैदराबाद क्षेत्रों के लिए विशेष प्रावधान प्रदान करता है। विशेष प्रावधान का लक्ष्य क्षेत्र की विकासात्मक आवश्यकताओं को पूरा करने के लिए न्यायपूर्ण विधि आवण्टन की संस्थागत प्रणाली की व्यवस्था करना है। कर्नाटक व हैदराबाद क्षेत्रों के अन्तर्गत उत्तरी कर्नाटक के छः पिछड़े जिले गुलबर्गा, बीदर, रायचूर, कोज्यल, यादगीर तथा बेल्लारी आते हैं।

अरुणाचल प्रदेश

- वर्ष 1972 में राज्य पुनर्गठन के द्वारा पूर्वोत्तर सीमान्त एजेन्सी (North-East Frontier Agency) का नाम अरुणाचल प्रदेश के रूप में परिवर्तित कर इसे संघ राज्यक्षेत्र का दर्जा प्रदान किया गया।
- अनुच्छेद 371 (H) में यह उपबन्ध किया गया है कि अरुणाचल प्रदेश का राज्यपाल राज्य में कानून व्यवस्था की स्थापना हेतु विशेष दायित्वों का निर्वहन राज्य के मन्त्रिपरिषद् से परामर्श करके करेगा। अरुणाचल प्रदेश विधानसभा में कम-से-कम 30 सदस्य होंगे। वर्तमान में विधानसभा सदस्यों की संख्या 60 है।
- अनुच्छेद 170 विधानसभाओं की संरचना के सम्बन्ध में प्रावधान करता है कि इसमें सदस्यों की संख्या 60 से कम नहीं होनी चाहिए, किन्तु इसमें कुछ विशेष राज्यों को छूट प्राप्त है।

अफस्पा

- **सशस्त्र बल (विशेष शक्तियाँ) अधिनियम, 1958 अफस्पा** (Armed Forces Special Power Act, 1958-AFSPA) सशस्त्र बलों को 'अशान्त क्षेत्रों' को नियन्त्रित करने के लिए विशेष अधिकार देता है।
- यह अधिनियम ब्रिटिश भारत में वर्ष 1942 के भारत छोड़ो आन्दोलन को दबाने के लिए बनाए गए कानून का ही प्रतिरूप है।
- अशान्त क्षेत्र उसे कहा जाता है, जिसे अफस्पा की **धारा-3** के अन्तर्गत अधिसूचना द्वारा घोषित किया गया हो।
- यह विभिन्न धर्मों, नस्लीय, भाषा अथवा क्षेत्रीय समूहों, जातियों व समुदायों के बीच मतभेद तथा विवादों के कारण किसी क्षेत्र को अशान्त घोषित कर सकता है।
- किसी क्षेत्र को अशान्त घोषित करने का अधिकार केन्द्र सरकार, राज्यों के राज्यपाल को है। वह किसी सम्पूर्ण राज्य को अथवा उसके किसी भाग को अशान्त क्षेत्र घोषित कर सकता है।
- अफस्पा के अन्तर्गत सशस्त्र बलों को **निम्न अधिकार** प्रदान किए गए हैं
  - बिना किसी पूर्व सूचना के प्रभावी क्षेत्र में प्रवेश करने, तलाशी लेने एवं गिरफ्तार करने का अधिकार, कानून व्यवस्था बनाए रखने हेतु आवश्यकतानुसार गोली चलाने का अधिकार, इनके द्वारा विद्रोही अभियान के विरुद्ध सशस्त्र बलों द्वारा की गई किसी कार्रवाई अथवा किसी भी प्रकार के मानवाधिकार उल्लंघन की स्थिति में केन्द्र सरकार की अनुमति के बिना कोई भी कानूनी कार्रवाई उन पर नहीं की जा सकती, वर्तमान में अफस्पा (मई, 2024) नागालैण्ड, असम, मणिपुर, अरुणाचल प्रदेश, जम्मू-कश्मीर के कुछ भागों में लागू है।

स्थायी शान्ति व्यवस्था के लिए सरकार के प्रयास

- सरकार आतंकवाद का मुकाबला करने के लिए सशस्त्र कार्रवाई से आगे जाने के लिए प्रतिबद्ध है और उसने सम्पूर्ण क्षेत्र में स्थायी शान्ति का वातावरण बनाने के लिए कार्य किया है।
- ये शान्ति समझौते सरकार की उपलब्धियों के विरासत हैं। इस पहलू को रेखांकित करते हुए, श्री अनुराग ठाकुर ने सरकार द्वारा हस्ताक्षरित शान्ति समझौतों को सूचीबद्ध किया है। ये निम्नलिखित हैं
  - **बोडो समझौते** पर जनवरी, 2020 में हस्ताक्षर किए गए
  - **ब्रू-रियांग समझौता** जनवरी, 2020 में
  - **एनएलएफटी-त्रिपुरा समझौता**, अगस्त 2019 में,
  - **कार्बी आंगलोंग समझौता** सितम्बर, 2021 में
  - **असम-मेघालय अन्तर्राज्यीय सीमा समझौता** मार्च, 2022 में।

ऐसा लोकतन्त्र, जहाँ जनता अपना कार्य कराने के लिए प्रतिनिधि निर्वाचित करके भेजती है, इसे प्रतिनिधिमूलक लोकतन्त्र कहते हैं। भारत में लोकतान्त्रिक सरकार जनता के प्रतिनिधियों द्वारा संचालित होती है, जिनका निर्वाचन जनता द्वारा किया जाता है।

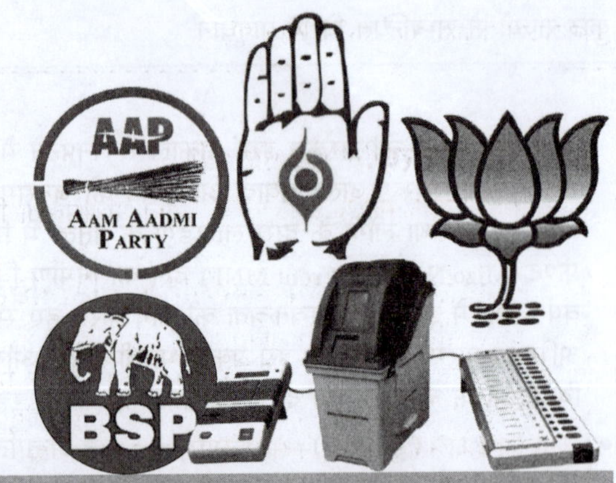

अध्याय अड़तीस

निर्वाचन प्रणाली एवं दलीय व्यवस्था

निर्वाचन सम्बन्धी संवैधानिक प्रावधान

- भारतीय संविधान के भाग-XV में अनुच्छेद 324 से 329 तक निर्वाचन से सम्बन्धित प्रावधानों का वर्णन किया गया है।
- भारतीय संविधान के अनुच्छेद 324 के अन्तर्गत एक निर्वाचन आयोग की व्यवस्था की गई है, जो संसद, राष्ट्रपति, उपराष्ट्रपति व राज्य विधानमण्डल के लिए किए जाने वाले चुनावों का संचालन, निर्देशन व नियन्त्रण करता है।
- यह एक अखिल भारतीय संस्था है, क्योंकि यह केन्द्र व राज्य सरकारों, दोनों के लिए समान रूप से कार्य करती है।
- अनुच्छेद 325 के अन्तर्गत संसद के किसी भी सदन या राज्य विधानमण्डल के किसी सदन के चुनाव के लिए एक मतदाता सूची होगी तथा किसी भी व्यक्ति को उसके धर्म, मूलवंश, जाति या लिंग के आधार पर ऐसे किसी निर्वाचन के लिए मतदाता सूची में शामिल होने के लिए अयोग्य नहीं ठहराया जाएगा।
- संविधान के अनुच्छेद 326 में यह प्रावधान किया गया है कि लोकसभा तथा राज्य विधानसभाओं के सदस्यों का चुनाव सार्वभौम वयस्क मताधिकार के आधार पर होगा।
- अनुच्छेद 327 के अन्तर्गत विधानमण्डलों के चुनाव के सम्बन्ध में प्रावधान करने हेतु संसद को शक्ति प्रदान करता है अर्थात् संसद समय-समय पर कानून द्वारा किसी भी सदन के चुनाव से सम्बन्धित या उसके सम्बन्ध में सभी मामलों के सम्बन्ध में प्रावधान कर सकती है।
- इसमें संसद या सदन या राज्य के विधानमण्डल के किसी भी सदन में मतदाता सूची तैयार करना, निर्वाचित क्षेत्रों का परिसीमन तथा ऐसे सदन या सदनों के उचित गठन सुनिश्चित करने हेतु आवश्यक अन्य सभी मामले शामिल हैं।

भारत में निर्वाचन प्रणाली के प्रकार

- भारत में निर्वाचन के सम्बन्ध में मुख्यत: दो प्रकार की पद्धतियाँ अपनाई गई हैं
  - लोकसभा एवं राज्यों में विधानसभा चुनाव हेतु बहुलवादी व्यवस्था अथवा फर्स्ट पास्ट द पोस्ट सिस्टम (First Past the Post System) की प्रणाली अपनाई गई है।
  - राष्ट्रपति, उपराष्ट्रपति, राज्यसभा एवं राज्य विधानपरिषद् के निर्वाचन हेतु एकल-संक्रमणीय आनुपातिक प्रतिनिधित्व प्रणाली (Proportional Representation with Single Transferable Voting System) अपनाई गई है।

बहुलवादी प्रणाली (फर्स्ट पास्ट द पोस्ट सिस्टम)

- भारत में जिन पदों पर प्रत्यक्ष निर्वाचन होता है, लगभग सभी जगह इस प्रणाली का प्रयोग किया जाता है।
- भारत में लोकसभा व राज्य विधानसभाओं के चुनाव हेतु इसी प्रणाली को अपनाया गया है।
- इस व्यवस्था के अन्तर्गत सम्पूर्ण देश को जनसंख्या के आधार पर चुनाव क्षेत्रों में बाँट दिया जाता है, जिसमें मतदाता द्वारा किसी एक उम्मीदवार का चयन किया जाता है।
- जिस उम्मीदवार को सबसे अधिक मत प्राप्त होते हैं, भले ही वे डाले गए कुल मतों के आधे से कम ही क्यों न हों, विजयी घोषित किया जाता है।
- इस पद्धति में सरकार के गठन का अवसर उस दल या दल-समूह को प्रदान किया जाता है, जिसे बहुमत के आधार पर जनादेश (Mandate) मिला हो।
- इस प्रणाली की प्रमुख त्रुटि यह है कि इसमें केवल तुलनात्मक बहुमत का ध्यान रखा जाता है। चूंकि अधिकांश मुकाबले बहुकोणीय (कई प्रत्याशियों के बीच) होते हैं। अत: कई बार किसी चुनाव क्षेत्र में पड़े मतों का 30-40% मत पाने वाला प्रत्याशी भी विजेता घोषित कर दिया जाता है तथा कोई दल जिसे अल्पसंख्या में मत प्राप्त हुए हैं, वो भी अधिकांश सीटें जीत सकता है।
- इस व्यवस्था में कुछ सामाजिक समूहों; जैसे-अल्पमतों का समुचित प्रतिनिधित्व नहीं हो पाता। इन सभी सीमाओं के पश्चात् यह व्यवस्था ब्रिटेन एवं भारत सहित अनेक देशों में लोकप्रिय है।

एकल हस्तान्तरणीय मत प्रणाली

मतदाता वैकल्पिक मतीय प्रणाली की भाँति प्राथमिकता निर्धारित करते हैं।

एकल संक्रमणीय आनुपातिक प्रतिनिधित्व प्रणाली

- एकल संक्रमणीय मत पद्धति (Single Transferable Vote System) को भारत में **राष्ट्रपति, उपराष्ट्रपति, राज्यसभा व राज्य विधानपरिषद्** (State Legislative Council) के लिए चुनाव हेतु प्रयोग किया जाता है। यह निर्वाचन एक निर्वाचक मण्डल द्वारा होता है।
- इस प्रणाली में सदस्यों के मत का मूल्य एक विधि द्वारा निर्धारित कर दिया जाता है। इस प्रणाली में प्रत्येक मतदाता को एक ही बैलेट पत्र पर उतनी वरीयताएँ निर्धारित करने की स्वैच्छिक छूट दी जाती है, जितनी कि प्रत्याशियों की संख्या हो।
- इस प्रक्रिया में उन प्रत्याशियों के दूसरे व उत्तरवर्ती वरीयता मतों को शेष प्रत्याशियों में वितरित कर दिया जाता है, जिन्होंने न्यूनतम प्रथम वरीयता के मत पाए हों।
- यह प्रक्रिया तब तक जारी रहती है, जब तक कि आवश्यक संख्या में प्रत्याशी न चुन लिए जाएँ। **ऑस्ट्रेलिया** में इसे संघीय स्तर पर प्रतिनिधि सभा के चुनावों में प्रयोग किया जाता है।

आनुपातिक प्रतिनिधित्व प्रणाली

- आनुपातिक प्रतिनिधित्व (Proportional Representation) शब्द का प्रयोग चुनाव की उस व्यवस्था के सिद्धान्त को दर्शाता है, जिसके अनुरूप संसद या राज्य विधायिकाओं में राजनीतिक दलों को उनके प्राप्त मतों के अनुपात में सीटें प्राप्त होती हैं।
- इस व्यवस्था में सभी राजनीतिक दल या हित समूह अपने मतदाताओं के अनुपात में प्रतिनिधित्व प्राप्त करते हैं।
- एकल हस्तान्तरणीय मत (संक्रमणीय) प्रणाली के अन्तर्गत वह उम्मीदवार विजयी घोषित होता है, जो एक निश्चित कोटा (निर्धारित सीटों व मतों का आकलन) प्राप्त कर लेता है।
- यह निम्नलिखित सूत्र के आधार पर निर्धारित किया हुआ न्यूनतम मत है, जो क्षेत्र विशेष के लिए निर्धारित संख्या में उम्मीदवारों के निर्वाचन के लिए आवश्यक है। कोटे को निम्न प्रकार से व्यक्त किया जाता है

$$\text{कोटा} = \frac{\text{कुल डाले गए मतों की संख्या} + 1}{\text{कुल सीटें जिन्हें भरा जाना है} + 1} + 1$$

- इस प्रणाली में बहुसदस्यीय चुनाव क्षेत्र सम्मिलित होते हैं। एक क्षेत्र में जितनी सीटें होती हैं, राजनीतिक दल उतने ही उम्मीदवार चुनाव में खड़े कर सकता है।

नोट *आनुपातिक प्रतिनिधित्व प्रणाली के एकल संक्रमणीय मत प्रणाली और दलीय सूची प्रणाली दोनों भाग हैं।*

दलीय सूची प्रणाली

- इस प्रणाली में सम्पूर्ण देश को एक चुनाव क्षेत्र की भाँति देखा जाता है अर्थात् इसे कई बहुसदस्यीय क्षेत्रों में विभाजित कर दिया जाता है।
- राजनीतिक दल प्राथमिकता के आधार पर अपने उम्मीदवारों के घटते क्रम के आधार पर सूची तैयार करते हैं तथा इस सूची को मतदाताओं के सम्मुख प्रस्तुत करते हैं।
- मतदाता इस प्रक्रिया में दलीय सूची हेतु मत देते हैं, न कि उम्मीदवार के लिए। दलों को चुनाव में प्राप्त मतों के अनुपात में सीटें दे दी जाती हैं। इन सीटों को दल अपनी निर्धारित सूची से वरीयता के आधार पर भरते हैं।
- छोटे दलों को बाहर करने हेतु कुल मतों का एक न्यूनतम प्रतिशत तय कर दिया जाता है।

बहुमतीय प्रणाली

- बहुमतीय प्रणाली (Plurality Voting System) में एक व्यक्ति एकल चुनाव क्षेत्र से तभी विजयी घोषित किया जाता है, जब उसे स्पष्ट बहुमत अर्थात् 50% से अधिक मत प्राप्त हों।
- यह दो प्रकार से प्राप्त किया जा सकता है- द्वितीय मत प्रणाली तथा वैकल्पिक मत प्रणाली। द्वितीय मत प्रणाली (Second Ballot System) इस प्रणाली में एक निर्वाचन क्षेत्र से एक ही उम्मीदवार निर्वाचित होता है, जैसा कि बहुलवादी व्यवस्था में होता है।
- प्रथम मत से चुनाव जीतने के लिए उम्मीदवार को कुल डाले गए मतों का स्पष्ट बहुमत प्राप्त होना चाहिए। यदि प्रथम मतों की गणना में किसी उम्मीदवार को स्पष्ट बहुमत न मिले, तो सबसे अधिक मत प्राप्त करने वाले दो उम्मीदवारों में पुन: मतदान कराया जाता है। द्वितीय मत प्रणाली की निर्वाचन सम्बन्धी प्रक्रिया फ्रांस में प्रचलित है।
- वैकल्पिक मत प्रणाली (Alternative Voting System) इस प्रणाली में एक सदस्यीय चुनाव क्षेत्र होते हैं और मत की प्राथमिकताओं को निर्धारित किया जाता है।
- मतदाता अपनी प्राथमिकताओं का क्रम प्रथम या द्वितीय या इसी क्रम से निर्धारित करते हैं।
- विजयी उम्मीदवार को कुल डाले गए मतों का कम-से-कम 50% मत प्राप्त होना आवश्यक है।
- यदि किसी भी उम्मीदवार को पहली प्राथमिकता के 50% मत प्राप्त नहीं होते हैं, तो न्यूनतम मत प्राप्त उम्मीदवार को हटाकर उसकी द्वितीय प्राथमिकता के मत अन्य सम्बन्धित उम्मीदवारों में बाँट दिए जाते हैं। यह क्रम तब तक चलता रहता है, जब तक कोई उम्मीदवार कुल डाले गए मतों का बहुमत प्राप्त न कर ले।
- यह व्यवस्था भारत में राष्ट्रपति व उप-राष्ट्रपति के निर्वाचन हेतु तथा ऑस्ट्रेलिया एवं कुछ अन्य देशों में अपनाई जाती है।

चुनाव के प्रकार

- आम चुनाव (General Election) संसद व राज्य विधानसभाओं के लिए प्रत्येक 5 वर्ष की निर्धारित अवधि के पश्चात् होने वाले चुनावों को आम चुनाव कहा जाता है।
- मध्यावधि चुनाव (Mid-Term Election) संसद तथा राज्य विधानसभाओं के भंग होने के फलस्वरूप निर्धारित अवधि से पूर्व होने वाले चुनावों को मध्यावधि चुनाव कहा जाता है।
- उपचुनाव (By Election) संसद तथा राज्य विधानमण्डल किसी भी सदस्य की मृत्यु, त्याग-पत्र या अयोग्य घोषित होने के कारण रिक्त होने वाली सीट को भरने के लिए कराए गए चुनाव को उपचुनाव कहते हैं।
- स्नैप पोल (Snap Poll) संसद तथा राज्य विधानसभा को एकाएक भंग करके कराए गए चुनावों को स्नैप पोल चुनाव कहते हैं।

चुनाव से सम्बन्धित अधिकारी

- **मुख्य निर्वाचन अधिकारी** किसी राज्य/संघीय क्षेत्र का मुख्य चुनाव अधिकारी उस राज्य तथा संघीय क्षेत्र में चुनाव कार्यों का पर्यवेक्षण करने को अधिकृत है, जिसका निर्वाचन आयोग अधीक्षण, निर्देशन तथा नियन्त्रण करता है।
  निर्वाचन आयोग राज्य सरकार/संघीय क्षेत्र की सरकार के किसी अधिकारी को राज्य सरकार/संघीय क्षेत्र के परामर्श से मुख्य चुनाव अधिकारी नामित करता है।
- **जिला निर्वाचन अधिकारी** मुख्य निर्वाचन अधिकारी के अधीक्षण, निदेशन तथा नियन्त्रण में जिला निर्वाचन अधिकारी जिले में चुनाव कार्य का पर्यवेक्षण करता है। भारत का निर्वाचन आयोग राज्य सरकार के किसी अधिकारी को राज्य सरकार की सलाह पर जिला निर्वाचन अधिकारी नामित या पद नामित करता है।
- **चुनाव अधिकारी** किसी संसदीय या विधानसभा क्षेत्र के चुनाव कार्य के संचालन के लिए चुनाव अधिकारी उत्तरदायी होता है। भारत का निर्वाचन आयोग राज्य सरकार या स्थानीय प्राधिकार के किसी पदाधिकारी को राज्य सरकार/संघीय क्षेत्र प्रशासन के परामर्श से प्रत्येक विधानसभा तथा संसदीय चुनाव क्षेत्र में एक चुनाव पदाधिकारी को नामित करता है।
- **चुनाव निबन्धन पदाधिकारी** संसदीय चुनाव क्षेत्र में मतदाता सूची आदि को तैयार करने हेतु चुनाव पंजीकरण अधिकारी उत्तरदायी होता है। भारत का निर्वाचन आयोग राज्य/संघीय शासन की सलाह से सरकार या स्थानीय प्राधिकार में किसी अधिकारी को चुनाव पंजीकरण अधिकारी नियुक्त करता है।
- **पीठासीन अधिकारी (प्रिजाइडिंग ऑफिसर)** मतदान अधिकारियों की सहायता से पीठासीन अधिकारी मतदान केन्द्र पर मतदान कार्य सम्पन्न कराता है।
  जिला निर्वाचन अधिकारी पीठासीन अधिकारियों एवं मतदान अधिकारियों की नियुक्ति करता है। संघीय क्षेत्रों के विषय में चुनाव अधिकारी ऐसी नियुक्तियाँ करता है।

भारत की निर्वाचन-प्रक्रिया

- आधुनिक लोकतन्त्र में प्रत्यक्ष निर्वाचन के अन्तर्गत गुप्त मतदान की प्रक्रिया को अपनाया जाता है। सम्पूर्ण निर्वाचन प्रक्रिया अनेक चरणों में सम्पन्न होती है।
- इसमें चुनाव कार्यक्रम, प्रत्याशियों का चयन, नामांकन, शपथ ग्रहण, चुनाव प्रचार और आचार संहिता चुनाव चिह्न, चुनाव अभियान, मतों की गणना तथा परिणामों की घोषणा शामिल हैं, जिनका विवरण निम्नलिखित है

चुनाव कार्यक्रम

- लोकसभा तथा प्रत्येक विधानसभा के प्रत्येक 5 वर्ष पर चुनाव होते हैं, जब 5 वर्ष का कार्यकाल पूरा हो जाता है अथवा विधायिका को भंग कर दिया जाता है और नए चुनाव की घोषणा होती है, तब निर्वाचन आयोग चुनाव करने हेतु तन्त्र का उपयोग करता है।
- चुनाव प्रक्रिया का प्रारम्भ निर्वाचन आयोग की सिफारिश पर राष्ट्रपति अथवा राज्यपाल (यथास्थिति) द्वारा जनप्रतिनिधित्व अधिनियम, 1951 की धारा 14 के अन्तर्गत जारी अधिसूचना से होता है। इसके पश्चात् निर्वाचन आयोग तिथियों की घोषणा करता है।
- सामान्यत: निर्वाचन आयोग चुनाव प्रक्रिया के आरम्भ के कुछ समय पूर्व एक संवाददाता सम्मेलन में नए चुनाव की घोषणा करता है।
- घोषणा के उपरान्त उम्मीदवारों एवं राजनीतिक दलों पर आचार संहिता तत्काल प्रभावी हो जाता है।

प्रत्याशियों का चयन

- प्रतिनिधि सरकारों के कार्य संचालन में राजनीतिक दलों की भूमिका महत्त्वपूर्ण है। राजनीतिक दल चुनावों में अपने प्रत्याशी को खड़ा करते हैं तथा चुनाव अभियानों की व्यवस्था करते हैं।
- स्वतन्त्र रूप से भी व्यक्ति को प्रत्याशी बनने का अधिकार है, किन्तु उन्हें किसी राजनीतिक दल का समर्थन नहीं मिलता है, तो स्वयं ही चुनाव अभियानों का संचालन करना पड़ता है।

नामांकन

राजनीतिक दल द्वारा चुने गए प्रत्याशी **निर्वाचन आयोग** द्वारा नियुक्त निर्वाचन कार्यालयों में **नामांकन पत्र** जमा करते हैं। नामांकन पत्रों की जाँच के बाद निर्धारित अर्हता नहीं रखने वाले प्रत्याशी का नामांकन रद्द हो जाता है।

शपथ ग्रहण

किसी भी उम्मीदवार को चुनाव आयोग द्वारा अधिकृत प्राधिकारी के समक्ष शपथ लेनी पड़ती है। उम्मीदवार से यह अपेक्षा की जाती है कि वह नामांकन पत्र दाखिल करने के तुरन्त पश्चात् शपथ-पत्र प्रस्तुत करेगा या नामांकन पत्र जाँच की तिथि से 1 दिन पूर्व तक अवश्य जमा करा देगा।

चुनाव प्रचार और आचार-संहिता

चुनाव प्रचार के अन्तर्गत सभी राजनीतिक दल अपने उम्मीदवारों के पक्ष में मतदान हेतु लोगों को प्रेरित करते हैं। चुनाव प्रचार उम्मीदवारों की सूची प्रकाशन से मतदान समाप्त होने के 48 घण्टे पूर्व तक चलता है।

आदर्श आचार-संहिता

- चुनावों से पूर्व अधिसूचना जारी की जाती है। अधिसूचना जारी होने के उपरान्त आदर्श आचार-संहिता लागू हो जाती है और चुनाव के परिणाम तक यह जारी रहती है।
- चुनाव प्रक्रिया की समाप्ति के बाद निर्वाचन आयोग द्वारा ही आदर्श आचार संहिता को समाप्त करने की घोषणा की जाती है। इसके उल्लंघन पर प्रत्याशी या अन्य लोगों पर आपराधिक मामले दर्ज किए जाते हैं।

आदर्श आचार-संहिता की विशेषताएँ

- चुनावों में अपनी बातों और नीतियों को मतदाताओं तक पहुँचाने हेतु विभिन्न राजनीतिक दलों और सम्बन्धित प्रत्याशियों द्वारा चुनावी सभाओं, भाषणों, नारेबाजी और पोस्टरों का प्रयोग किया जाता है।
- इसके अन्तर्गत निम्न **मुख्य मुद्दों** को शामिल किया गया है
  - वर्तमान में प्रचलित आदर्श आचार संहिता में राजनीतिक दलों व उसके प्रत्याशियों से सम्बन्धित आचरण के लिए दिशा-निर्देश दिए गए हैं।
  - आदर्श आचार-संहिता के लागू होते ही सम्बन्धित राज्य सरकार व प्रशासन पर अनेक प्रकार की पाबन्दियाँ लग जाती हैं और सरकारी कर्मचारी चुनाव प्रक्रिया के सम्पन्न होने तक निर्वाचन आयोग के क्षेत्राधिकार के अन्तर्गत आते हैं।
  - मन्त्री और सरकारी पदों पर कार्यरत् अधिकारियों को सरकारी दौरे में चुनाव प्रचार करने की आज्ञा नहीं होती और साथ ही सरकारी खर्चे का प्रयोग कर विज्ञापन जारी करना पूर्णत: निषेध होता है।
  - चुनाव प्रचार अभियान के दौरान किसी भी विपक्षी उम्मीदवार की निजी जिन्दगी का चित्रण और साम्प्रदायिक भावनाओं को भड़काने वाली कार्यविधि पर पूर्णत: रोक लगा दी जाती है। आचार-संहिता के समय किसी भी राजनीतिक दल या प्रत्याशी द्वारा रैली या जुलूस और बैठकों के लिए अग्रिम सूचना निकटतम पुलिस थाने में देना आवश्यक होता है।

मतपत्र

- मतपत्रों पर उम्मीदवारों के नाम तथा उनके आवण्टित चुनाव चिह्न छापे जाते हैं। वर्ष 1998 से निर्वाचन आयोग मतपत्रों के स्थान पर अधिकाधिक EVM का उपयोग कर रहा है।
- वर्ष 2003 से सभी राज्यों में EVM का उपयोग किया गया।

चुनाव चिह्न

- नामांकन की प्रक्रिया पूर्ण होने के बाद निर्वाचन आयोग द्वारा प्रत्याशियों को उनके दल का चुनाव चिह्न का आवण्टन किया जाता है।
- राजनीतिक दलों के चुनाव चिह्न स्थायी हैं, किन्तु स्वतन्त्र प्रत्याशियों को निर्वाचन आयोग द्वारा नए चुनाव चिह्न आवण्टित किए जाते हैं।

मतों की गणना तथा परिणामों की घोषणा

- मतगणना तथा मतों की गिनती की तिथि निर्वाचन आयोग द्वारा निधारित की जाती है। मतों की गिनती अनेक चरणों में सम्पन्न होती है।
- मतों की गिनती पूर्ण होने के बाद सर्वाधिक मत लाने वाले प्रत्याशी को विजयी घोषित किया जाता है। विजयी प्रत्याशी को निर्वाचन पदाधिकारी द्वारा प्रमाण-पत्र प्रदान किया जाता है।

चुनाव सुधार

सरकार द्वारा समय-समय पर चुनाव प्रक्रिया में सुधार हेतु कई कदम उठाए गए हैं। इसके लिए संसद द्वारा कई नियम बनाए गए हैं एवं चुनाव सुधार (Electoral Reform) हेतु सुझाव देने से सम्बन्धित समय-समय पर विभिन्न समितियों व आयोगों का भी गठन किया जाता रहा है।

चुनाव सुधारों से जुड़ी विभिन्न समितियाँ तथा आयोग

समिति	विषय
के. सन्थानम समिति (1962)	न्यूनतम शैक्षणिक योग्यता चुनाव पर्यवेक्षक की नियुक्ति आदि
संयुक्त संसदीय समिति (1971-72)	चुनाव कानून में संशोधन
तारकुण्डे (जे. पी.) समिति (1974) गैर-सरकारी	चुनाव सुधार
दिनेश गोस्वामी समिति (1990)	चुनाव सुधार
वोहरा समिति (1993)	अपराध और राजनीति के बीच साँठगाँठ की जाँच के लिए
इन्द्रजीत गुप्ता समिति (1998)	सरकार द्वारा चुनाव खर्च वहन करने पर गठित समिति
निर्वाचन आयोग (1998)	चुनाव सुधार
विधि आयोग की 170वीं रिपोर्ट (1999)	चुनाव कानूनों में सुधार
राष्ट्रीय आयोग (2000-2002) (एम. एन. वैंकटचेलैया-आयोग के अध्यक्ष)	संविधान के कामकाज की समीक्षा
चुनाव आयोग की रिपोर्ट (2004)	चुनाव सुधार
दूसरे प्रशासनिक सुधार आयोग की रिपोर्ट (2007)	शासन में नैतिकता के प्रश्न पर
लिंगदोह समिति (2007)	छात्रसंघ चुनाव
तनखा समिति/कोर समिति (2010)	चुनाव कानूनों एवं चुनाव सुधारों से जुड़े तमाम मामलों की जाँच
जे. एस. वर्मा समिति (2013)	आपराधिक कानून में संशोधन पर गठित समिति
20वें विधि आयोग की रिपोर्ट (2015)	चुनाव सुधार

प्रमुख समितियों व आयोगों की अनुशंसाओं के आधार पर चुनाव प्रक्रिया में किए गए सुधार

विभिन्न समिति एवं आयोगों के आधार पर चुनाव प्रणाली व प्रक्रिया में कई सुधार किए गए, जो निम्नलिखित हैं

- **मतदान की आयु कम करना** मूलत: संविधान में मतदान हेतु आयु 21 वर्ष थी, जिसे 61वें संविधान संशोधन अधिनियम, 1988 के द्वारा लोकसभा तथा राज्य विधानसभा के चुनावों में मतदान करने हेतु 21 वर्ष से कम कर 18 वर्ष किया गया।
- **प्रस्तावकों की संख्या में वृद्धि** राज्यसभा तथा राज्य विधानपरिषदों के चुनाव हेतु नामांकन पत्रों में प्रस्तावक के रूप में हस्ताक्षर करने हेतु आवश्यक मतदाताओं की संख्या को निर्वाचन क्षेत्र के मतदाताओं के 10% या ऐसे 10 निर्वाचक, जो कम हो, कर दिया गया।
- **इलेक्ट्रॉनिक वोटिंग मशीन (ईवीएम)** मतदान प्रक्रिया सम्पन्न करने की इलेक्ट्रॉनिक युक्ति है। वर्ष 1998 में पहली बार दिल्ली, मध्य प्रदेश तथा राजस्थान राज्यों के चुनावों में इसका प्रयोग किया गया।

> भारत में दिनेश गोस्वामी समिति (1990) की सिफारिश पर इलेक्ट्रॉनिक वोटिंग मशीन (EVM) सर्वप्रथम सम्पूर्ण राज्य के स्तर पर गोवा में (1999 के विधानसभा चुनाव में) अपनाई गई। तत्पश्चात् 12वीं लोकसभा के चुनावों में इलेक्ट्रॉनिक वोटिंग मशीन का ही प्रयोग किया गया। तत्कालीन मुख्य चुनाव आयुक्त नवीन चावला ने इसे इलेक्शन केलकुलस की संज्ञा दी है।
>
> इलेक्ट्रॉनिक वोटिंग मशीन के निम्नलिखित लाभ हैं
>
> - फर्जी मतदान पर रोक
> - बूथ कैपचरिंग में कमी
> - समय की बचत
> - कागजी कार्यवाही से मुक्ति
> - निरस्त मतों की संख्या की समाप्ति
> - शीघ्र मतगणना सम्भव हुई
> - चुनाव परिणामों की जाँच सम्भव हो पाई है
> - भारतीय राजनीति का आधुनिकीकरण व तकनीकीकरण
>
> **इलेक्ट्रॉनिक वोटिंग मशीन सम्बन्धी समस्याएँ** इसके अनेक लाभों के साथ-साथ इसके प्रयोग में भी अनेक समस्याएँ आ रही हैं
>
> - तकनीकी कमियाँ
> - प्रयोग करने में कठिनाई
> - अशिक्षा
> - मौसम सम्बन्धी समस्याएँ

- **मतदाता फोटो पहचान-पत्र** वर्ष 1993 में चुनाव आयोग ने चुनावों में फर्जी मतदाता तथा किसी के बदले मत डालने की प्रथा पर नियन्त्रण हेतु फोटो पहचान-पत्र जारी करने का निर्णय लिया।
- **शराब बिक्री पर प्रतिबन्ध** मतदान क्षेत्र के निश्चित क्षेत्र में 48 घण्टे के दौरान किसी भी दुकान, भोजनालय या किसी अन्य स्थान पर, चाहे वह निजी हो या सार्वजनिक, कोई भी नशीले पदार्थ या शराब को बेचा नहीं जाएगा।
- **सम्पत्ति तथा देनदायों की घोषणा** चुनाव लड़ने वाले सदस्यों को अपने आधिकारिक रिकॉर्ड, सम्पत्ति तथा देनदारियों और शैक्षिक योग्यता की घोषणा करते हुए एक हलफनामा दाखिल करना आवश्यक है। निर्वाचन होने के पश्चात् सांसदों को लोकसभा के अध्यक्ष के समक्ष तथा राज्यसभा के सभापति के पास सम्पत्ति की देनदारियों की घोषणा दाखिल करनी होती है। ये घोषणाएँ सांसदों को संसद में अपना स्थान ग्रहण करने के 90 दिनों के अन्दर करनी होती हैं।

- **आपराधिक इतिहास की घोषणा** उम्मीदवारों को यह जानकारी भी प्रस्तुत करनी होती है कि क्या वह किसी लम्बित मामले में 2 वर्ष या उससे अधिक के कारावास से दण्डनीय किसी अपराध का आरोपी है या किसी अपराध हेतु दोषी ठहराया गया है।
- **राजनीतिक दलों के चन्दा लेने की स्वतन्त्रता** वर्ष 2003 में राजनीतिक दलों को किसी व्यक्ति या सरकारी कम्पनी को छोड़कर अन्य किसी कम्पनी से कोई भी राशि स्वीकार करने की स्वतन्त्रता थी, 'अब आयकर में राहत का दावा करने हेतु उन्हें ₹ 20,000 से ज्यादा के प्रत्येक चन्दे की जानकारी चुनाव आयोग को देनी होगी। वर्ष 2017 में वित्तमन्त्री ने घोषणा की कि राजनैतिक पार्टियाँ केवल ₹ 2000 तक नकद चन्दा ले सकती हैं।
- **इलेक्ट्रॉनिक मीडिया पर समय का आवण्टन** वर्ष 2003 के उपबन्धों के अनुरूप किसी मुद्दे को दिखाने या प्रचारित करने तथा जनता को सम्बोधित करने हेतु चुनाव आयोग राजनीतिक दलों को केबल टेलीविजन नेटवर्क तथा अन्य इलेक्ट्रॉनिक मीडिया पर समान रूप से समय आवण्टित करेगा।
- **इलेक्टॉरल बॉण्ड** चुनावी फण्डिंग में पारदर्शिता, 2018 में सरकार ने इलेक्टॉरल बॉण्ड योजना की शुरुआत की थी, जिससे चुनाव में आने वाली फण्डिंग की पारदर्शिता सुनिश्चित की जा सके। चुनावी बॉण्ड बिना किसी अधिकतम सीमा के ₹ 1000, ₹ 10000, 1 लाख, 10 लाख, 1 करोड़ के गुणकों में जारी किए जाते हैं। एस.बी.आई. इलेक्टॉरल बॉण्ड जारी करने तथा भुनाने हेतु अधिकृत बैंक है।

  इलेक्टॉरल बॉण्ड किसी भी भारतीय नागरिक तथा किसी ऐसे व्यक्ति या संस्थान द्वारा खरीदे जा सकते हैं, जो भारत में निगमित तथा स्थापित हो। फरवरी, 2024 में उच्चतम न्यायालय के मुख्य न्यायाधीश डी.वाई चन्द्रचूड़ की अध्यक्षता वाली पाँच जजों की बेंच ने इलेक्टॉरल बॉण्ड योजना को सूचना के अधिकार और अनुच्छेद 19(1) (ए) का उल्लंघन मानते हुए रद्द कर दिया।

पोस्टल बैलेट के द्वारा मतदान

लोकतन्त्र में प्रत्येक नागरिक का दायित्व है कि वह चुनाव में मतदान कर लोकतन्त्र में अपनी सहभागिता सुनिश्चित करे यह सुनिश्चित करने हेतु पोस्टल बैलेट की सुविधा शुरू की गई। वर्तमान में केवल निम्न मतदाताओं को पोस्टल बैलेट से मतदान करने की अनुमति है; जैसे

- सेवा मतदाता (सशस्त्र बल, किसी राज्य का सशस्त्र पुलिस बल तथा विदेश में तैनात सरकारी अधिकारी)
- मतदाता चुनाव ड्यूटी पर निवारक नजरबन्दी के अन्तर्गत मतदाता
- 80 वर्ष से अधिक आयु तथा निर्दिष्ट विकलांग मतदाता।

- **ई. पौस्टल बैलेट** वर्ष 2019 में सम्पन्न आम चुनाव में भारत में इलेक्ट्रॉनिक रूप से प्रेषित ETPBS प्रयोग हुआ। ETPBS (Electronically Transmitted Postal Ballet System) में सुरक्षा के दो चरण OTP तथा पिन का प्रयोग कर मतदाता की गोपनीयता की सुरक्षा की गई है।
- **एक्जिट व ओपिनियन पोल** (Exit Poll) का तात्पर्य चुनावों के तुरन्त बाद मतदाताओं के दिए गए मतों के आधार पर जारी सर्वेक्षण से होता है, वहीं ओपिनियन पोल इस तथ्य पर आधारित होता है कि चुनावों में मतदाता किसे वोट देने वाले हैं। ओपिनियन पोल के सन्दर्भ में निवार्चन आयोग दिशा-निर्देश जारी करता है। मतदान से 48 घण्टे पूर्व तक किसी ओपिनियन पोल पर प्रतिबन्ध है।

NERPAP

इसका पूरा नाम **राष्ट्रीय मतदाता सूची शुद्धिकरण और प्रमाणीकरण कार्यक्रम** (National Electoral Roll Purification and Authentication Programme) है, जिसका मुख्य उद्देश्य त्रुटिरहित तथा प्रमाणीकरण के साथ मतदाता सूची को तैयार करना है, जिसके लिए मतदाता सूची के मतदाताओं को आधार कार्ड से जोड़ा जाएगा, इसके लिए मतदाता निर्वाचन आयोग के **राष्ट्रीय मतदाता सेवा केन्द्र** (National Voter's Service Portal, NVSP) पर एस.एम.एस., ई-मेल, मोबाइल के माध्यम से निर्वाचन आयोग को अपनी आधार संख्या उपलब्ध करा सकते हैं।

- **नोटा** का अर्थ होता है-NOTA-None Of The Above; यदि मतदाता किसी राजनीतिक दल के उम्मीदवार, जो सम्बन्धित चुनाव क्षेत्र से प्रत्याशी के रूप में चुनाव में भाग ले रहा है, से सन्तुष्ट नहीं है, तो निर्वाचन आयोग की व्यवस्थानुसार वह नोटा विकल्प का प्रयोग कर सकता है। इस प्रकार नोटा मतदाता की स्वतन्त्रता को बढ़ाता है।
- वर्ष 2009 में निर्वाचन आयोग ने उच्चतम न्यायालय को नोटा का विकल्प उपलब्ध कराने सम्बन्धी अपने निर्णय से अवगत कराया था।
- भारतीय निर्वाचन आयोग द्वारा दिसम्बर, 2013 के विधानसभा चुनावों में इलेक्ट्रॉनिक वोटिंग मशीन (Electronic Voting Machine) में नोटा का विकल्प उपलब्ध कराने के निर्देश दिए गए थे।
- नागरिक अधिकार संगठन पीपल्स यूनियन फॉर सिविल लिबर्टीज ने भी नोटा के समर्थन में एक जनहित याचिका दायर की जिस पर वर्ष 2013 में न्यायालय ने मतदाताओं को नोटा का विकल्प देने का निर्णय लिया था। ईवीएम मशीन में NOTA का विकल्प गुलाबी रंग के बटन से प्रदर्शित होता है।

निर्वाचन विधि (संशोधन) अधिनियम, 2021

- इस अधिनियम के अन्तर्गत जन प्रतिनिधित्व अधिनियम, 1950 तथा जनप्रतिनिधित्व अधिनियम, 1951 में संशोधन किया गया।
- इस संशोधन अधिनियम का प्रमुख उद्देश्य मतदाता के आधार को वोटर आईडी (मतदाता पहचान पत्र) से जोड़ना है, जिससे कि दोहरे नामांकन के खतरे एवं फर्जी मतदान को रोका जा सके। इस अधिनियम के अन्तर्गत पत्नी शब्द के स्थान पर जीवन-साथी (Spouse) को प्रतिस्थापित किया गया है।
- इसके अन्तर्गत प्रिण्टर की तरह का एक उपकरण इलेक्ट्रॉनिक वोटिंग मशीन से जुड़ा होता है। जब वोट डाली जाती है, तब इसकी एक पावती रसीद निकलती है। इस पावती पर क्रम संख्या, नाम तथा उम्मीदवार का चुनाव चिह्न दर्शाया जाता है।
- यह उपकरण वोट डाले जाने की पुष्टि करता है तथा इससे मतदाता ब्यौरों की पुष्टि कर सकता है। रसीद एक बार दिखने के बाद EVM से जुड़े कण्टेनर में चली जाती है। दुर्लभतम मामलों में केवल चुनाव अधिकारी को ही इस तक पहुँच हो सकती है।
- यह प्रणाली पहली बार प्राप्त रसीद के आधार पर मतदाता को अपने वोट को चुनौती देने की अनुमति देती है। नए नियम के अनुसार, मतदान केन्द्र के पीठासीन अधिकारी को मतदाता की अस्वीकृति दर्ज करनी होगी तथा इस अस्वीकृति को गिनती के समय ध्यान में रखना होगा।

चुनाव सम्बन्धी कानून

- जनप्रतिनिधित्व कानून, 1951
- परिसीमन आयोग अधिनियम, 1952
- राष्ट्रपति एवं उपराष्ट्रपति चुनाव अधिनियम, 1952
- मतदाता पंजीकरण अधिनियम, 1960
- निर्वाचन नियम संहिता, 1961
- केन्द्रशासित प्रदेश अधिनियम, 1963
- चुनाव चिह्न आदेश, 1968
- चुनाव और अन्य सम्बन्धित कानून (संशोधन) अधिनियम, 2003
- चुनाव कानून (संशोधन) अधिनियम, 2021

जन प्रतिनिधित्व अधिनियम, 1950

यह अधिनियम लोकसभा के साथ-साथ राज्यों की विधानसभाओं तथा विधानपरिषदों में सीटों के आवण्टन के उद्देश्य से लाया गया। यह अधिनियम राष्ट्रपति को यह शक्ति प्रदान करता है कि वह चुनाव आयोग से परामर्श करके लोकसभा तथा राज्यों की विधानसभाओं एवं विधानपरिषदों की सीटें भरने के लिए विभिन्न चुनाव क्षेत्रों की संख्या को सीमित कर सके। यह अधिनियम चुनाव के सम्बन्ध में निम्नलिखित प्रावधान करता है

- लोकसभा राज्यों की विधानसभाओं एवं विधानपरिषदों में सीटों का आवण्टन
- संसदीय, विधानसभा एवं विधानपरिषद् निर्वाचन क्षेत्रों का परिसीमन
- निर्वाचन अधिकारी; जैसे-मुख्य निर्वाचन अधिकारी, जिला निर्वाचन अधिकारी, निर्वाचन निबन्धन अधिकारी।
- संसदीय, विधानसभा एवं विधानपरिषद् क्षेत्रों के लिए मतदाता सूची
- राज्यसभा में संघीय क्षेत्रों के प्रतिनिधियों द्वारा भरी जाने वाली सीटों के बारे में प्रक्रिया का निर्धारण।
- राज्य विधानपरिषद् के चुनाव के उद्देश्य से स्थानीय प्राधिकारी
- दीवानी न्यायालयों को छोड़ देना।

जन प्रतिनिधित्व अधिनियम, 1951

- यह अधिनियम निम्न चुनावी विषयों से सम्बन्धित है
- संसद व राज्य विधायिकाओं के लिए अर्हताएँ एवं अयोग्यताएँ
- आम चुनावों की अधिसूचना
- राजनीतिक दलों का निबेधन
- मान्यता प्राप्त दलों के उम्मीदवारों के लिए कुछ सामग्री की निःशुल्क आपूर्ति
- चुनाव सम्बन्धी विवाद
- भ्रष्ट आचरण एवं चुनावी अपराध
- सदस्यों की अयोग्यता सम्बन्धी जाँच से सम्बन्धित निर्वाचन आयोग की शक्तियाँ
- उपचुनाव तथा रिक्तियाँ भरने की समय सीमा
- चुनाव से जुड़े अन्य प्रावधान
- दीवानी न्यायालयों को छोड़कर

दलीय व्यवस्था

- राजनीतिक दल ऐसे स्वैच्छिक संगठन अथवा लोगों के संगठित समूह होते हैं, जो समान दृष्टिकोण रखते हैं तथा जो संविधान के प्रावधानों के अनुरूप राष्ट्र को आगे बढ़ाने के लिए राजनीतिक शक्ति प्राप्त करने की कोशिश करते हैं।
- सामान्यतया देश में दलों की संख्या और उनसे सम्बद्ध सदस्यता के आधार पर दलीय प्रणालियों के वर्गीकरण का प्रचलन है। किसी दल की प्रकृति उसकी विचारधारा अथवा कार्यक्रम की प्राथमिकताओं तथा संगठनात्मक संरचनाओं से निर्धारित होती है।

भारत में दलीय व्यवस्था

- विशिष्ट प्रतिनिध्यात्मक लोकतन्त्रों के समान भारत में भी राजनीतिक दल राजनीतिक प्रक्रिया के प्रस्थापित अंग हैं।
- यद्यपि भारत में पश्चिमी लोकतन्त्र के समान राजनीतिक दलों का गठन प्रतिनिध्यात्मक चुनावी प्रणाली के परिणामस्वरूप नहीं हुआ, बल्कि 19वीं शताब्दी में ब्रिटिश औपनिवेशिक शासन की चुनौतियों की प्रतिक्रिया के रूप में हुआ।
- इस काल में एक ओर, जहाँ दलीय प्रणाली राष्ट्रीय स्वतन्त्रता तथा राष्ट्रीय अखण्डता का प्रतीक थी, वहीं दूसरी ओर नए भारत के लिए एक परिदृश्य भी थी।

स्वतन्त्रता से पूर्व के राजनीतिक दल

- भारत में दल प्रणाली का आरम्भ 1885 ई. में एक राजनीतिक मंच के रूप में कांग्रेस पार्टी की स्थापना के साथ हुआ।
- प्रारम्भ में कांग्रेस एक ऐसा मंच था, जिसके माध्यम से उभरते मध्यम वर्ग की शिकायतों को उजागर किया जाता था।
- शीघ्र ही इस दल ने राष्ट्रीय आन्दोलन के रूप में परिणत होकर औपनिवेशिक प्रशासन में सुधार की माँग की।
- इस प्रक्रिया में कांग्रेस ने विभिन्न सामाजिक, सामुदायिक और आर्थिक हितों को समाहित कर लिया और निःसंदेह राष्ट्रीय स्वतन्त्रता को प्राथमिकता प्रदान की।
- इस काल में ब्रिटिश शासन की नीति के परिणामस्वरूप भारत में साम्प्रदायिक एवं जातिगत दलों का भी निर्माण हुआ; जैसे-हिन्दू महासभा, मुस्लिम लीग, अकाली दल तथा द्रविड़ मुनेत्र कड़गम। इसके अतिरिक्त ऐसे दलों का भी गठन हुआ, जो भावी भारत के अनुरूप वैचारिक दृष्टि पर आधारित थे, इनमें सर्वाधिक महत्त्वपूर्ण साम्यवादी दल का गठन था।

स्वतन्त्र भारत में दलीय प्रणाली

- स्वतन्त्रता उपरान्त संविधान के निर्माताओं द्वारा भारत के लिए संसदीय शासन प्रणाली (Parliamentary System of Government) को अंगीकार भी किया गया। स्पष्टतः इस प्रणाली की कार्यात्मकता के लिए राजनीतिक दल एक अनिवार्य साधन था।
- एक वैधानिक प्रावधान के अन्तर्गत चुनाव आयोग को सीमित रूप में दलों के विनियमन का अधिकार सौंपा गया, जिसके अन्तर्गत दलों का पंजीकरण एवं चुनाव चिह्नों के आवण्टन का अधिकार भी उन्हें प्राप्त है।
- दल-बदल के सन्दर्भ में संविधान की 10वीं अनुसूची में दलों का उल्लेख किया गया है। अतः भारत में दलीय प्रणाली, चुनाव आयोग द्वारा पंजीकरण तथा दल-बदल प्रावधानों के अत्यधिक सीमित प्रयोजनों को छोड़कर मूल रूप से, अपरिभाषित तथा अविनियमित है।
- स्वतन्त्र भारत में दलीय प्रणाली को विभिन्न लक्षणों और अवस्थाओं के आधारों पर निम्न रूप में वर्गीकृत किया जा सकता है

एक दलीय प्रणाली

- स्वतन्त्रता प्राप्ति के पश्चात् प्रथम आम चुनाव के समय देश में अनेक राजनीतिक दल विद्यमान थे, लेकिन इसके पश्चात् भी वर्ष 1977 तक भारत में कांग्रेस की प्रधानता बनी रही।
- वह केन्द्र तथा सभी राज्यों में सत्तारूढ़ थी, लेकिन वर्ष 1967 के आम चुनाव के बाद कांग्रेस की आठ राज्यों में पराजय ने उसकी स्थिति को कमजोर किया।

द्वि-दलीय प्रणाली

- वर्ष 1977 के चुनावों के दलीय संस्थाकरण ने द्वि-दलीय प्रणाली की सम्भावनाओं का मार्ग प्रशस्त किया। इस चुनाव में सीटों में बढ़ोतरी के बावजूद प्रत्याशियों की संख्या में व्यापक गिरावट देखी गई।
- इस चुनाव में निर्दलीय उम्मीदवारों की संख्या सर्वाधिक थी तथापि विजयी निर्दलीय उम्मीदवारों की संख्या निम्नतम रही। अन्तत: 78.8% मत केवल दो दलों, कांग्रेस तथा जनता पार्टी में ही विभाजित थे।

बहुदलीय प्रणाली और संयुक्त सरकारों (गठबन्धन) का युग

- दिसम्बर, 1989 में संसदीय आम चुनाव केन्द्र में बहुदलीय प्रणाली की दिशा में एक महत्त्वपूर्ण पहल थी। राज्य स्तर पर इस प्रणाली के संघटक तत्त्व वर्ष 1967 में ही स्पष्ट हो गए थे, जब लगभग आधे राज्यों में गैर-कांग्रेसी सरकारें गठित हुई थीं।
- वर्ष 1991, 1996, 1998, 1999 के चुनावों ने बहुदलीय प्रणाली को और अधिक सशक्त कर दिया, जब सरकार का गठन (केन्द्र) दो या अधिक दलों के द्वारा किया गया और कांग्रेस के प्रधान नेतृत्व का ह्रास हुआ तथा बहुदलीय व मिली-जुली सरकार के युग का प्रारम्भ हुआ।
- उपरोक्त विश्लेषण से यह स्पष्ट होता है कि भारत में एक विशेष सामाजिक ढाँचे के सन्दर्भ में, राजनीतिक विकास व संस्थात्मक संरचना दोनों ही स्तरों पर बहुदलीय व्यवस्था विकसित हुई है।

मान्यता प्राप्त दल

- निर्वाचन प्रतीक (आरक्षण और आवंटन) आदेश-1968 के अनुसार किसी दल को मान्यता प्राप्त राजनीतिक दल तभी माना जा सकता है, जब वह अनुभाग (A) और अनुभाग (B) में वर्णित शर्तों को पूरा करता है, जो निम्नवत् है
- अनुभाग (A) दल निरन्तर पाँच वर्षों से राजनीतिक गतिविधियों में संलग्न हो तथा आम चुनाव के दौरान उस दल से लोकसभा में प्रति 25 में से एक सदस्य निर्वाचित हुआ हो अथवा राज्य के चुनाव के दौरान प्रति तीस सदस्यों में कम-से-कम वह एक सदस्य निर्वाचित कराने में सफल रहा हो।
- अनुभाग (B) जब एक दल विशेष से संलग्न उन सभी उम्मीदवारों के (जिन्होंने आम चुनाव में भाग लिया हो) प्राप्त मतों की संख्या कुल मिलाकर लोकसभा अथवा राज्य विधानसभा में कुल वैध मतों की संख्या का चार प्रतिशत से कम न हो।

नोट *अनुभाग (A) और अनुभाग (B) में अन्तर्निहित शर्तों को पूरा करने वाला दल राजनीतिक दल के रूप में मान्यता प्राप्त कर लेता है।*

नेतृत्व प्रधान दल

- वर्ष 1980 के चुनावों के आधार पर भारतीय दल प्रणाली में एक बार पुन: एकल दलीय प्रणाली की प्रधानता स्थापित हुई। यद्यपि यह न तो नेहरू युगीन और न ही पूर्व आपातकालीन के उत्तरोत्तर काल की दल प्रणाली थी।
- इस दल की प्रधानता की पहचान उसके नेतृत्वकर्ता (इन्दिरा गाँधी) से हुई, जो अब निर्विवाद नेतृत्वकर्ता के रूप में स्थापित हो चुकी थी।

राष्ट्रीय और राज्य स्तरीय दलों को मान्यता

निर्वाचन आयोग, निर्वाचन के प्रयोजनों हेतु राजनीतिक दलों को पंजीकृत करता है और उनकी चुनाव निष्पादनता के आधार पर उन्हें राष्ट्रीय या राज्य स्तरीय दलों के रूप में मान्यता प्रदान करता है। अन्य दलों को केवल पंजीकृत गैर-मान्यता प्राप्त दल घोषित किया जाता है।

राष्ट्रीय दलों के रूप में मान्यता की शर्तें

- वर्तमान में एक दल को राष्ट्रीय दल के रूप में तब मान्यता प्रदान की जाती है, जब वह निम्नलिखित शर्तों को पूरा करता हो
  - यदि वह लोकसभा अथवा विधानसभा के आम चुनावों में चार अथवा अधिक राज्यों में वैध मतों का 6% मत प्राप्त करता है तथा इसके साथ वह किसी राज्य या राज्यों से लोकसभा में चार सीटें प्राप्त करता है।
  - कोई दल राष्ट्रीय दल की मान्यता प्राप्त करता है यदि वह लोकसभा में 2% स्थान जीतता है तथा ये सदस्य तीन विभिन्न राज्यों से चुने जाते हैं।
  - यदि किसी दल को कम-से-कम चार राज्यों में राज्य स्तरीय दल के रूप में मान्यता प्राप्त हो।
  - वर्तमान में (नवम्बर, 2024) भारत में छह मान्यता प्राप्त राष्ट्रीय राजनीतिक दल हैं।

राज्य स्तरीय दलों की मान्यता की शर्तें

- एक दल को राज्य स्तरीय दल के रूप में तब मान्यता दी जाती है, जब वह निम्न शर्तों को पूरा करता हो
  - यदि उस दल ने राज्य की विधानसभा के आम चुनाव में उस राज्य में हुए कुल वैध मतों का 6% प्राप्त किया हो तथा इसके अतिरिक्त उसने सम्बन्धित राज्य में 2 सीटें प्राप्त की हों।
  - यह उस राज्य की लोकसभा के लिए हुए आम चुनाव में उस राज्य से हुए कुल वैध मतों का 6% प्राप्त करता हो तथा इसके अतिरिक्त उसने सम्बन्धित राज्य में लोकसभा की कम-से-कम 1 सीट जीती हो।
  - यदि उस दल ने राज्य की विधानसभा के कुल स्थानों का 3% या 3 सीटें जो भी अधिक हों, प्राप्त की हों।
  - यदि प्रत्येक 25 सीटों में से उस दल ने लोकसभा की कम-से-कम 1 सीट जीती हो या लोकसभा के चुनाव में उस सम्बन्धित राज्य में उसे विभाजन से कम-से-कम इतनी ही सीटें प्राप्त हों।
  - यदि वह राज्य में लोकसभा के लिए हुए आम चुनाव में अथवा विधानसभा चुनाव में कुल वैध मतों का 8% प्राप्त कर लेता है। यह शर्त वर्ष 2011 में जोड़ी गई है।

मान्यता प्राप्त राष्ट्रीय दल एवं उनके चुनाव चिह्न

क्र.सं	दल का नाम	चुनाव चिह्न
1.	भारतीय जनता पार्टी (भाजपा)	कमल
2.	भारतीय राष्ट्रीय कांग्रेस	हाथ का पंजा
3.	बहुजन समाज पार्टी (बसपा)	हाथी
4.	भारतीय कम्युनिस्ट पार्टी (मार्क्सवादी)	हथौड़ा, हँसिया एवं तारा
5.	नेशनल पीपुल्स पार्टी	पुस्तक
6.	आम आदमी पार्टी	झाड़ू

भारत में अन्य दलों का वर्गीकरण

राज्य दल	स्थानीय एवं साम्यवादी दल
शिरोमणि अकाली दल	झारखण्ड मुक्ति मोर्चा
डीएमके एवं एआईएडीएमके	मिज़ो राष्ट्रीय फ्रण्ट
शिवसेना	गोरखा लीग
तेलुगू देशम पार्टी	मणिपुर पीपुल्स पार्टी
राज्य दल	**स्थानीय एवं साम्यवादी दल**
रिपब्लिकन पार्टी ऑफ इण्डिया	अरुणाचल कांग्रेस
असम गणपरिषद्	अपना दल
जनता दल (सेक्यूलर)	–
जनता दल (यूनाइटेड)	–
तदर्थ स्तरीय दल	**लघु दल**
केरल कांग्रेस	हिन्दू महासभा
बंगाल कांग्रेस	जनता पार्टी
लोक जन शक्ति पार्टी (रामविलास)	प्रजा समाजवादी पार्टी
राष्ट्रीय लोक दल	–

नोट *वर्ष 1964 में भारतीय साम्यवादी दल का विभाजन दो दलों सीपीआई और सीपीएम में हुआ था।*

दल-बदल विरोधी कानून

- वर्ष 1985 में 52वें संविधान संशोधन अधिनियम द्वारा सांसदों और विधायकों द्वारा एक राजनीतिक दल से दूसरे दल में दल परिवर्तन के आधार पर अयोग्यता के बारे में प्रावधान किया गया है।
- इस हेतु संविधान में 10वीं अनुसूची जोड़ी गई है। 91वें संविधान संशोधन अधिनियम, 2003 द्वारा 10 वीं अनुसूची में पुन: परिवर्तन किया गया।
- इसने एक उपबन्ध को समाप्त कर दिया अर्थात् अब विभाजन के मामले (एक निश्चित आधार पर) में दल-बदल के आधार पर अयोग्यता नहीं मानी जाएगी।

अधिनियम के प्रावधान

10वीं अनुसूची में दल परिवर्तन के आधार पर सांसदों और विधायकों के निरर्हता सम्बन्धी प्रावधान निम्न हैं

राजनीतिक दलों के सदस्यों हेतु निरर्हता

किसी राजनीतिक दल का सदस्य, जो किसी सदन का सदस्य है, उस सदन की सदस्यता के अयोग्य माना जाएगा

- यदि वह स्वेच्छा से उस राजनीतिक दल की सदस्यता छोड़ देता है या
- यदि वह सदन में अपने राजनीतिक दल के निर्देशों के विपरीत मतदान करता है या मतदान में अनुपस्थित रहता है तथा राजनीतिक दल से उसने 15 दिनों के अन्दर क्षमादान न पाया हो।
- अत: स्पष्ट है कि जो सदस्य जिस दल के टिकट पर निर्वाचित हुआ हो, उसे उस दल का सदस्य बने रहना चाहिए तथा दल के निर्देशों का पालन करना चाहिए।

निर्दलीय सदस्य

कोई निर्दलीय सदस्य किसी सदन की सदस्यता के लिए अयोग्य हो जाएगा, यदि वह उस चुनाव के बाद किसी राजनीतिक दल की सदस्यता धारण कर लेता है।

नाम निर्देशित सदस्य

किसी सदन का नाम निर्देशित सदस्य सदन की सदस्यता के अयोग्य हो जाएगा। यदि वह उस सदन में अपना स्थान ग्रहण करने के छ: माह बाद किसी राजनीतिक दल की सदस्यता ग्रहण कर लेता है।

निर्धारण प्राधिकारी

- दल परिवर्तन से उत्पन्न निरर्हता सम्बन्धी प्रश्नों का निर्णय सदन का अध्यक्ष करता है।
- पहले अध्यक्ष का निर्णय अन्तिम होता था तथा इस पर किसी न्यायालय में प्रश्न नहीं उठाया जा सकता था, किन्तु वर्ष 1993 में किहोतो-होलोटन मामले में सर्वोच्च न्यायालय ने निर्णय दिया कि जब अध्यक्ष 10वीं अनुसूची के आधार पर निरर्हता सम्बन्धी किसी प्रश्न पर निर्णय देता है, तब वह एक निरर्हता की भाँति कार्य करता है।
- अत: किसी अन्य अधिकरण की भाँति उसके निर्णय की भी दुर्भावना आदि के आधार पर न्यायिक समीक्षा की जा सकती है, न्यायालय ने अध्यक्ष के (न्याय) निर्णय करने के अधिकार के विवाद को इस आधार पर खारिज कर दिया कि वह स्वयं में राजनीतिक रूप से किसी पक्ष की ओर झुका है।

नियम बनाने की शक्ति

- किसी सदन के अध्यक्ष को 10वीं अनुसूची के उपबन्धों को प्रभावी करने के लिए नियम बनाने की शक्ति प्राप्त है।
- ऐसे नियम सदन के समक्ष 30 दिन के लिए रखना आवश्यक है, ताकि सदन इन नियमों में सुधार कर स्वीकृति या अस्वीकृति दे सके।

दल परिवर्तन के अपवाद

- दल परिवर्तन के आधार पर अयोग्यता निम्न मामलों में लागू नहीं होगी।
- यदि कोई सदस्य दल में टूट के कारण अपने दल से बाहर हो गया हो।
- दल में टूट तब मानी जाती है, जब 2/3 सदस्य सदन में एक नए दल का गठन कर लेते हैं, कोई सदस्य पीठासीन अधिकारी (Presiding Officer) निर्वाचित हो जाने पर अपने दल की सदस्यता से स्वैच्छिक रूप से बाहर चला जाता है और कार्यकाल की समाप्ति के पश्चात् अपने दल की सदस्यता पुन: ग्रहण कर लेता है। यह छूट पद की मर्यादा और निष्पक्षता के लिए दी गई है।

दबाव समूह

- दबाव समूह का उद्भव यू.एस.ए. से हुआ है। दबाव समूह उन लोगों का समूह होता है, जोकि सक्रिय रूप से संगठित होते हैं तथा अपने हितों को बढ़ावा देते हैं और उनकी प्रतिरक्षा करते हैं।
- इन दबाव समूहों को हितैषी समूह या हितार्थ समूह भी कहा जाता है। ये राजनैतिक दलों से भिन्न होते हैं।
- दबाव समूह को ऐसी स्वैच्छिक संस्थाओं के रूप में परिभाषित किया जा सकता है, जो सत्ता संघर्ष में सम्मिलित हुए बिना समाज में किसी विशेष हित की रक्षा हेतु अथवा किसी उद्देश्य या राजनीतिक स्थिति को प्रोन्नत करने के लिए बनती हैं।
- साधारणतः दबाव समूह का प्रयोग ऐसे समूहों के लिए किया जाता है, जो किसी सामूहिक हित अथवा किसी एक व्यवसाय से सम्बन्धित लोगों की रक्षा अथवा प्रगति के लिए संगठित किए जाते हैं।

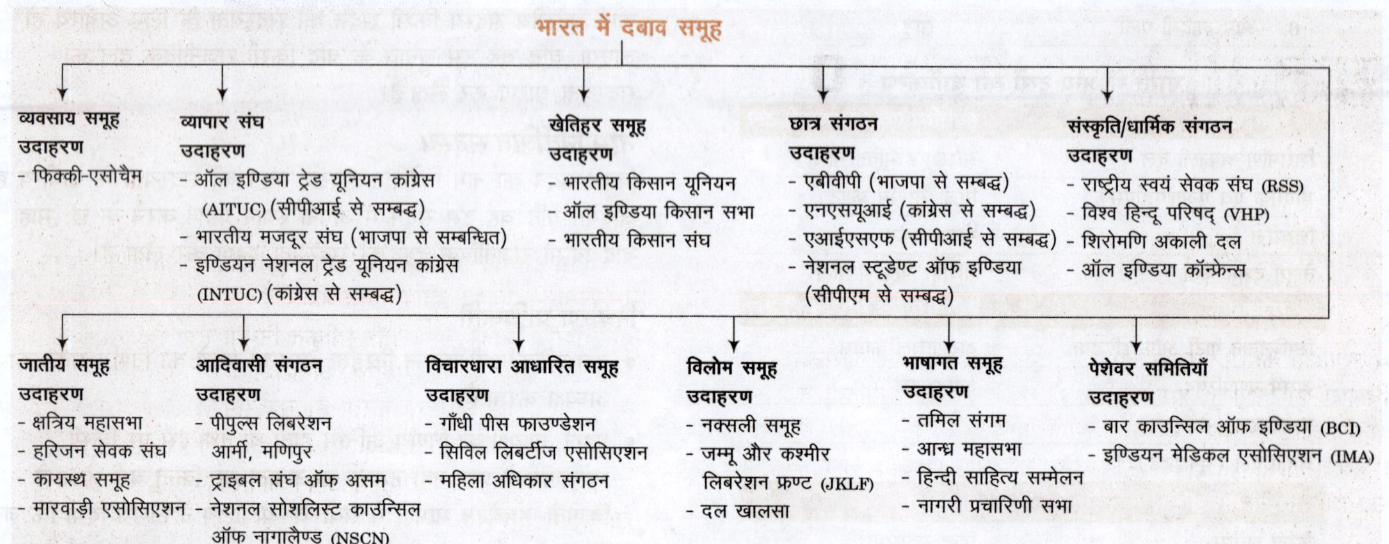

दबाव समूह की कार्यप्रणाली

- भारत में विभिन्न समूह, दबाव समूह के संघीय और संसदीय ढाँचे के अन्तर्गत कार्य करते हैं।
- हित समूह विधायी एवं दलीय स्तर पर अधिकारियों से भी अनौपचारिक रूप में सम्पर्क रखते हैं।
- उनके द्वारा अपनाए जाने वाले तरीकों में ज्ञापन देना, आधिकारिक प्रतिनिधिमण्डल (शिष्टमण्डल) भेजना, अधिकारियों के साथ सामाजिक समारोह आयोजित करना, सांसदों एवं विधायकों के साथ सक्रिय भागीदारी रखना शामिल हैं।
- कभी-कभी हित समूह का दबाव राजनीतिक दलों के माध्यम से बनाया जाता है।
- सरकार के ध्यानाकर्षण हेतु कुछ समूह जनप्रदर्शन, हड़तालें और नागरिक अवज्ञा जैसे कृत्यों को भी करते हैं।
- दबाव समूहों की महत्त्वपूर्ण कार्यविधि जनसंचार माध्यम का प्रयोग है। इलेक्ट्रॉनिक तथा प्रेस मीडिया का प्रयोग दबाव समूहों की एक अत्यन्त महत्त्वपूर्ण कार्यविधि है।

दबाव समूहों की भूमिका

- दबाव समूह भारत में जनसाधारण तथा अभिजातवादी वर्गों (Elitist Class) के मध्य एक कड़ी और संचार के साधन का रूप है।
- हित समूह सामाजिक एकता के प्रतीक हैं। वे व्यक्तियों के सामान्य हितों की अभिव्यक्ति के लिए न केवल जनसाधारण और निर्णय लेने वालों के मध्य अन्तर को कम कर सकते हैं, अपितु पूरे समाज में परम्परागत विभाजनों को भी कम करने में सक्षम हैं।
- दबाव समूह भारतीय राजनीतिक व्यवस्था में एक महत्त्वपूर्ण स्थान रखते हैं। वे विभिन्न राजनीतिक ढाँचों की क्रियात्मक गतिविधियों में एक महत्त्वपूर्ण भूमिका निभाते हैं।

"

राजनीतिक सिद्धान्त उन विचारों तथा नीतियों के व्यवस्थित रूप को प्रतिबिम्बित करता है, जिनसे हमारे सामाजिक जीवन, सरकार और संविधान ने आकार प्राप्त किया है।

अध्याय उनतालीस

राजनीतिक अवधारणाएँ एवं सिद्धान्त

राजनीति की प्रमुख अवधारणाएँ

यह स्वतन्त्रता, समानता, न्याय, लोकतन्त्र तथा धर्मनिरपेक्षता जैसी अवधारणाओं का अर्थ स्पष्ट करता है, साथ ही कानून का शासन या अधिकारों का विभाजन तथा न्यायिक पुनरावलोकन जैसी नीतियों की सार्थकता की जाँच करता है। यह इस कार्य को विभिन्न विचारों के द्वारा इन अवधारणाओं के बचाव में विकसित युक्तियों की जाँच के माध्यम से करता है। राजनीति की प्रमुख अवधारणाएँ निम्नवत् हैं

कानून

- कानून (Law), समाज तथा उसके नागरिकों को नियन्त्रित करने हेतु सरकार द्वारा बनाए गए नियमों (Rules) तथा विनियमों (Regulations) का एक समूह है। कानून नागरिकों के अधिकारों तथा समानता की रक्षा हेतु बनाए जाते हैं।
- ऑस्टिन के अनुसार, "कानून किसी भी समाज में समस्त व्यक्तियों को किसी सम्प्रभु के आदेश होते हैं, जिनके पीछे राज्य की भौतिक शक्ति और उस पर आधारित दण्ड विधान प्रभावी होते हैं।"

कानून के स्रोत

मार्क्सवादी दृष्टिकोण कानून की सार्वभौमिक व्यवस्था को अस्वीकारता है। संविधान (Constitution), संविधियाँ (Statutes), परम्पराएँ (Traditions) सन्धियाँ (Treaties) तथा कानूनी प्रावधान (Legal Provisions) आदि कानून के विविध स्रोत होते हैं। इसके अतिरिक्त कार्यपालिका के आदेश तथा न्यायपालिका के निर्णय भी कानून के स्रोत हैं।

- कानून मुख्यत: निजी तथा सार्वजनिक दो प्रकार के होते हैं। निजी कानून के अन्तर्गत परिवार कानून, सम्पत्ति कानून तथा उत्तराधिकार कानून सम्मिलित होते हैं। इनके सम्बन्ध में न्यायपालिका की भूमिका प्रासंगिक कानूनों को मान्यता देने तथा आवश्यकतानुरूप परिवर्तित करने तक है। यह उन अधिकारों, वस्तुओं तथा सेवाओं का उल्लेख करता है, जो व्यक्ति को राज्य के अस्तित्व पर ध्यान दिए बिना उपलब्ध कराए जाते हैं।
- सार्वजनिक कानून नागरिकों तथा राज्य के अधिकारों से सम्बन्धित हैं। सार्वजनिक कानून के अन्तर्गत अनेक कानून सम्मिलित हैं; जैसे-अन्तर्राष्ट्रीय कानून, नागरिक कानून संवैधानिक/सांविधिक कानून तथा प्रशासनिक कानून, जोकि निम्न प्रकार हैं
  - अन्तर्राष्ट्रीय कानून सामान्यत: स्वीकृत नियमों तथा विनियमों का एक ऐसा समूह है, जो राष्ट्रीय, अन्तर्राष्ट्रीय संगठनों तथा व्यक्तियों के आचरण को नियन्त्रित करता है। यह समस्त राष्ट्रों तथा व्यक्तियों के लिए समान होता है।
  - नागरिक कानून प्रत्येक राष्ट्र में अपने नागरिकों हेतु भिन्न होते हैं। सांविधानिक कानून किसी देश की विधायिका द्वारा निर्मित तथा लिखित रूप से उपलब्ध कानून हैं।
  - प्रशासनिक कानून शासन से सम्बन्धित कानून हैं। ये अधिकारियों के पद, दायित्व तथा उनके क्रियान्वयन के नियमों का नियमन करते हैं।

स्वतन्त्रता

- सामान्य शब्दों में, व्यक्ति पर बाहरी प्रतिबन्धों का अभाव ही स्वतन्त्रता है। स्वतन्त्रता एक व्यापक अवधारणा है, इसमें व्यक्ति की स्वतन्त्रता में देश की स्वतन्त्रता भी निहित है। सीले के अनुसार, "स्वतन्त्रता अति शासन का विपरीत रूप है।"

जी.डी.एच. कोल के अनुसार, "बिना किसी रुकावट के अपने व्यक्तित्व को प्रकट करने का अधिकार ही स्वतन्त्रता है।" वर्तमान में स्वतन्त्रता के आदर्श का स्रोत 20वीं शताब्दी के महानतम व्यक्ति नेल्सन मण्डेला की आत्मकथा का शीर्षक **लांग वॉक टू फ्रीडम** तथा **आंग सान सू की** की पुस्तक **फ्रीडम फ्रॉम फीयर** से प्राप्त होता है।

- ब्रिटेन के राजनीतिक विद्वान जॉन स्टुअर्ट मिल ने अपनी पुस्तक ऑन लिबर्टी में अभिव्यक्ति की स्वतन्त्रता का उल्लेख किया है।
- स्वतन्त्रता का प्रयोग मुख्यत: नकारात्मक तथा सकारात्मक क्षेत्रों में किया जाता है।
- स्वतन्त्रता के दो आयाम होते हैं- बाहरी प्रतिबन्ध के अभाव के रूप में स्वतन्त्रता और स्वयं को अभिव्यक्त करने के अवसरों के विस्तार के रूप में स्वतन्त्रता। राजनीतिक सिद्धान्त में इन्हें नकारात्मक और सकारात्मक स्वतन्त्रता कहते हैं।

ह्रास सिद्धान्त

- **जॉन स्टुअर्ट मिल** ने राजनीतिक सिद्धान्त के रूप में ह्रास सिद्धान्त (Loss Theory) का प्रतिपादन किया है।
- इस सिद्धान्त का वर्णन जॉन स्टुअर्ट मिल ने अपनी पुस्तक **ऑन लिबर्टी** में प्रभावी तरीके से किया है।
- इस सिद्धान्त में यह कहा गया है कि किसी के कार्य करने की स्वतन्त्रता में व्यक्तिगत या सामूहिक रूप से हस्तक्षेप करने का एकमात्र लक्ष्य आत्मरक्षा है। सभ्य समाज के किसी सदस्य की इच्छा के विरुद्ध शक्ति के औचित्यपूर्ण प्रयोग का एकमात्र उद्देश्य किसी अन्य को हानि से बचाना है।

समानता

- समानता की अवधारणा एक राजनीतिक आदर्श के रूप में उन विशिष्टताओं पर बल देती है, जिसमें सभी मनुष्य रंग, लिंग, वंश या राष्ट्रीयता के अन्तर के पश्चात् भी साझेदार हैं।
- भारतीय संविधान जाति, धर्म, वर्ग, लिंग अथवा नस्लीय आधार पर किसी भी प्रकार के भेदभाव का निषेध करता है।

राजनीतिक, नागरिक अथवा कानून एवं आर्थिक समानता में सम्बन्ध

- किसी व्यक्ति का नागरिक मामलों में भाग लेने का अधिकार भाषण व अभिव्यक्ति की स्वतन्त्रता के बिना व्यर्थ है।
- आर्थिक समानता के बिना राजनीतिक समानता निरर्थक है। आर्थिक समानता के ऐसे प्रभाव से शक्ति व संरक्षण प्रकट होते हैं, जिनका प्रयोग करके दूसरों की राजनीतिक समानता को नष्ट किया जा सकता है।
- आर्थिक समानता की अनुपस्थिति में कानूनी समानता भी खतरे में पड़ जाती है। उदाहरणस्वरूप कोई गरीब व्यक्ति किसी अच्छे वकील की सहायता नहीं ले पाता अथवा वर्षों तक चलने वाली कोई कानूनी लड़ाई नहीं लड़ सकता।

न्याय

- न्याय (Justice) का उद्देश्य परस्पर व्यक्तियों में समानता, स्वतन्त्रता तथा सहयोग के सिद्धान्तों में सामंजस्य स्थापित करना है। प्लेटो की पुस्तक द रिपब्लिक के अनुसार, न्याय सामाजिक व्यवस्था से जुड़ा है।
- प्राय: सभी विषयों में न्याय की अवधारणा को समता और निष्पक्षता के समतुल्य माना जाता है। मौलिक रूप से ये दोनों विचार समानता में निहित हैं।
- हमारा संविधान कानून के समक्ष समानता को न्याय व्यवस्था का मौलिक आधार मानता है। न्याय की सांख्यिक अवधारणा के अन्तर्गत जेरेमी बेन्थम के अनुसार, प्रत्येक व्यक्ति को एक मानना चाहिए। किसी को भी एक से अधिक नहीं। न्याय की ज्यामितीय अवधारणा के अन्तर्गत "समान लोगों को समान तथा असमान लोगों का असमान भाग निहित हैं।"

डॉ. भीमराव अम्बेडकर के अनुसार, "न्यायपूर्ण समाज वह है, जिसमें परस्पर सम्मान की बढ़ती हुई भावना तथा अपमान की घटती हुई भावना मिलकर एक करुणा भरे समाज का निर्माण करें।"

अधिकार

- अधिकार (Rights) बेहतर जीवन हेतु अनिवार्य शर्तें हैं, वे लोगों के सम्पूर्ण विकास एवं व्यक्तित्व के विकास में सहायता प्रदान करते हैं।
- हेरॉल्ड लास्की के अनुसार, "अधिकार सामाजिक जीवन की वे परिस्थितियाँ होती हैं, जिनके बिना कोई भी व्यक्ति अपना सर्वोत्तम विकास नहीं कर पाता।"
- 17वीं-18वीं शताब्दी में राजनीतिक सिद्धान्तकारों ने मानव हेतु तीन प्रकार के प्राकृतिक अधिकार चिह्नित किए-जीवन का अधिकार, व्यक्तिगत स्वतन्त्रता का अधिकार और सम्पत्ति का अधिकार।
- अधिकांश लोकतान्त्रिक व्यवस्थाएँ राजनीतिक अधिकारों के घोषणा-पत्र के साथ अपनी शुरुआत करती हैं। राजनीतिक अधिकार नागरिकों को कानून के समक्ष बराबरी और राजनीतिक प्रक्रिया में भागीदारी का अधिकार (वोट देने, प्रतिनिधि चुनने, चुनाव लड़ने का अधिकार आदि) देते हैं।
- राजनीतिक अधिकार नागरिक स्वतन्त्रताओं से जुड़े हुए हैं। नागरिक स्वतन्त्रता का अर्थ है-स्वतन्त्र और निष्पक्ष न्यायिक जाँच का अधिकार, विचारों की स्वतन्त्र अभिव्यक्ति व प्रतिवाद करने या असहमति का अधिकार।

नागरिकता, समानता और अधिकार

- नागरिकता केवल एक कानूनी अवधारणा नहीं है, बल्कि इसका समानता और अधिकारों के व्यापक उद्देश्यों से भी घनिष्ठ सम्बन्ध है। इस सम्बन्ध का सर्वसम्मत सूत्रीकरण ब्रिटिश समाजशास्त्री **टी.एच. मार्शल** (1893-1981) ने किया।
- मार्शल ने अपनी पुस्तक **नागरिकता और सामाजिक वर्ग** (1950) में नागरिकता को किसी समुदाय के पूर्ण सदस्यों को प्रदत्त प्रतिष्ठा के रूप में परिभाषित किया है। इस प्रतिष्ठा को ग्रहण करने वाले प्रतिष्ठा में अन्तर्भूत अधिकारों और कर्त्तव्यों के मामलों में बराबर होते हैं।
- मार्शल द्वारा प्रदत्त नागरिकता की धारणा में मूल संकल्पना **समानता** की है। मार्शल नागरिकता में तीन प्रकार के अधिकारों को शामिल मानते हैं-**नागरिक, राजनीतिक** और **सामाजिक अधिकार**।

राष्ट्रवाद

- विगत दो शताब्दियों के मध्य राष्ट्रवाद (Nationalism) एक ऐसे सम्मोहक राजनीतिक सिद्धान्त के रूप में उभरा है, जिसने इतिहास रचने में योगदान किया है।
- इसने उत्कृष्ट निष्ठाओं के साथ-साथ गहरे विद्वेषों को भी प्रेरित किया है। इसने अत्याचारी शासन से मुक्ति दिलाने में मदद की, साथ ही यह विरोध, कटुता और युद्धों का कारण भी रहा है।
- राष्ट्रवाद अनेक चरणों से गुजर चुका है। उदाहरणस्वरूप 19वीं शताब्दी के यूरोप में इसने अनेक छोटी-छोटी रियासतों के एकीकरण से वृहत्तर राष्ट्र-राज्यों की स्थापना का मार्ग प्रशस्त किया। वर्तमान के जर्मनी और इटली का गठन एकीकरण और सुदृढ़ीकरण इसी प्रक्रिया के अन्तर्गत हुआ था।

राष्ट्र और राष्ट्रवाद

- राष्ट्र बहुत हद तक एक काल्पनिक समुदाय होता है, जो अपने सदस्यों के सामूहिक विश्वास, आकांक्षाओं और कल्पनाओं के सहारे एक सूत्र में बँधा होता है। यह कुछ विशेष मान्यताओं पर आधारित होता है, जिन्हें लोग उस समग्र समुदाय के लिए गढ़ते हैं, जिससे वे अपनी पहचान बनाए रखते हैं।
- राष्ट्र के निर्माण में साझे विश्वास, इतिहास, भूक्षेत्र, साझे राजनीतिक आदर्श, साझी राजनीतिक पहचान आदि तत्त्व शामिल होते हैं।
- रबीन्द्रनाथ टैगोर औपनिवेशिक शासन के विरोधी थे और भारत की स्वाधीनता के अधिकार का दावा करते थे। उनके अनुसार, "राष्ट्रवाद

हमारी अन्तिम आध्यात्मिक मंजिल नहीं हो सकता। मेरी शरणस्थली तो मानवता है। मैं हीरों की कीमत पर शीशा नहीं खरीदूँगा और जब तक मैं जीवित हूँ, देशभक्ति को मानवता पर कदापि विजयी नहीं होने दूँगा।''

धर्मनिरपेक्षता

- धर्मनिरपेक्षता (Secularism) को सर्वप्रथम और सर्वप्रमुख रूप से ऐसा सिद्धान्त समझा जाना चाहिए, जो अन्तर-धार्मिक वर्चस्व और अन्त:धार्मिक वर्चस्व अर्थात् धर्म के अन्दर छुपे वर्चस्व का विरोध करता है।
- धर्मनिरपेक्षता की साधारण धारणा के अनुसार, यह ऐसा नियामक सिद्धान्त है, जो धर्मनिरपेक्ष समाज अर्थात् अन्तर-धार्मिक तथा अन्त:धार्मिक, दोनों प्रकार के वर्चस्वों से रहित समाज का निर्माण करता है। सकारात्मक रूप से देखा जाए, तो यह धर्मों के अन्दर आजादी तथा विभिन्न धर्मों के मध्य और उनके अन्दर समानता को बढ़ावा देता है।

धर्मनिरपेक्ष राज्य

- पन्थनिरपेक्ष/धर्मनिरपेक्ष राज्य से अभिप्राय है, ऐसा राज्य जिसका अपना कोई पन्थ/धर्म नहीं होता।
- वह सभी नागरिकों को पन्थ, जाति, प्रजाति के आधार पर भेदभाव किए बिना सुरक्षा प्रदान करता है। भारतीय संविधान भी इस बिन्दु पर बल देता है।

धर्मनिरपेक्षता का यूरोपीय मॉडल

- सभी धर्मनिरपेक्ष राज्यों में एक बात सामान्य है कि वे न तो धर्मतान्त्रिक (Religious Facilitator) हैं और न किसी विशेष धर्म की स्थापना ही करते हैं। सर्वाधिक प्रचलित संकल्पना में, जो मुख्यत: अमेरिकी मॉडल द्वारा प्रेरित है, धर्म और राज-सत्ता के सम्बन्ध विच्छेद को पारस्परिक निषेध के रूप में समझा जाता है।
- राज्य सत्ता धर्म के मामलों में हस्तक्षेप नहीं करेगा और इसी प्रकार धर्म राज्यसत्ता के मामलों में हस्तक्षेप नहीं करेगा, दोनों के अपने अलग-अलग क्षेत्र और अलग-अलग सीमाएँ हैं।
  - उदाहरणस्वरूप यदि कोई धार्मिक संस्था महिलाओं के पुरोहित होने को वर्जित करती है, तो राज्य सत्ता इस मामले में कुछ नहीं कर सकती।
  - यदि कोई धार्मिक समुदाय अपने भिन्न मतावलम्बियों का बहिष्कार करता है, तो राज्य इस मामले में मूक दर्शक ही बना रह सकता है।
- इस प्रकार धर्म एक निजी मामला है। वह राज्य सत्ता की नीति या कानून का विषय नहीं हो सकता। यह संकल्पना स्वतन्त्रता और समानता की व्यक्तिवादी ढंग से व्याख्या करती है। स्वतन्त्रता का अर्थ है- व्यक्तियों की स्वतन्त्रता। जबकि समानता का तात्पर्य है- व्यक्तियों के बीच समानता।
- इसमें यह सम्भव नहीं है कि किसी समुदाय को अपनी पसन्द का आचरण करने की स्वतन्त्रता रहे। समुदाय आधारित अधिकारों अथवा अल्पसंख्यक अधिकारों की कोई सम्भावना नहीं है। इस प्रकार की धर्मनिरपेक्षता में राज्य समर्थित धार्मिक सुधार के लिए कोई स्थान नहीं है।

धर्मनिरपेक्षता का भारतीय मॉडल

- भारतीय धर्मनिरपेक्षता पश्चिमी धर्मनिरपेक्षता से बुनियादी रूप से भिन्न है। भारतीय धर्मनिरपेक्षता केवल धर्म और राज्य के बीच सम्बन्ध विच्छेद पर बल नहीं देती है। अन्तर-धार्मिक समानता (Inter Religious Equality) भारतीय संकल्पना के लिए अत्यन्त महत्त्वपूर्ण है।
- इस प्रकार भारतीय धर्मनिरपेक्षता ने अन्त:धार्मिक और अन्तर-धार्मिक वर्चस्व पर एकसाथ ध्यान केन्द्रित किया है।
- भारतीय धर्मनिरपेक्षता का मॉडल निम्न रूपों में पश्चिमी धर्मनिरपेक्षता से भिन्न है
  - इसकी पहली महत्त्वपूर्ण भिन्नता यह है कि इसने हिन्दुओं के अन्दर दलितों और महिलाओं के उत्पीड़न, भारतीय मुसलमानों अथवा ईसाइयों के अन्तर्गत महिलाओं के प्रति भेदभाव तथा बहुसंख्यक समुदाय द्वारा अल्पसंख्यक धार्मिक समुदायों के अधिकारों पर उत्पन्न किए जा सकने वाले खतरों का समान रूप से विरोध किया।
  - इसी से जुड़ी दूसरी भिन्नता यह है कि भारतीय धर्मनिरपेक्षता का सम्बन्ध व्यक्तियों की धार्मिक आजादी से ही नहीं, बल्कि अल्पसंख्यक समुदायों की धार्मिक आजादी से भी है।
  - इसके अन्तर्गत प्रत्येक व्यक्ति को अपनी पसन्द का धर्म मानने का अधिकार है। उसी प्रकार धार्मिक अल्पसंख्यकों को भी अपनी स्वयं की संस्कृति और शैक्षिक संस्थाएँ बनाए रखने का अधिकार है।
  - एक तीसरी भिन्नता यह है कि धर्मनिरपेक्ष राज्य को अन्तर-धार्मिक वर्चस्व के विषय पर भी समान रूप से चिन्तित रहना है।

प्रमुख राजनीतिक सिद्धान्त

प्रमुख राजनीति सिद्धान्तों के अन्तर्गत उदारवाद, समाजवाद, मार्क्सवाद, फासीवाद, गाँधीवाद, मानववाद आदि का अध्ययन किया जाता है।

उदारवाद

- उदारवाद (Liberalism) व्यक्तिगत स्वतन्त्रता, सहमति और समानता स्थापित करने वाली राजनीतिक तथा दार्शनिक विचारधारा है। उदारवाद का जन्म इंगलैण्ड की गौरवपूर्ण क्रान्ति तथा फ्रांस की क्रान्तियों से माना जाता है।
- उदारवादियों का तर्क था कि प्रत्येक व्यक्ति स्वयं निर्णय लेने वाला एक विवेकशील नागरिक है। बेहतर समाज वह है, जो नागरिकों के हितों का अधिकतम संवर्धन करता है।

जॉन स्टुअर्ट मिल तथा **थॉमस हिल ग्रीन** जैसे विचारकों ने 19वीं शताब्दी के उत्तरार्द्ध में उदारवादी सिद्धान्त में सुधार किए। उनका यह विश्वास था कि व्यक्तियों के हित सामाजिक हितों से जुड़े हुए हैं।

- ब्रिटेन के मिल और ग्रीन ने तथा भारत के महादेव गोविन्द रानाडे ने यह अनुभव किया कि प्रत्येक व्यक्ति का अधिकार है कि उसे समान अवसर प्राप्त हों।
- उदारवादियों की यह मान्यता रही है कि वितरण की समस्याओं के निराकरण की यह माँग है कि राज्य समाज के आर्थिक जीवन में सक्रिय हस्तक्षेप करें और समाज में सफाई व स्वास्थ्य के मानकों को लागू करें।
- महादेव गोविन्द रानाडे इस विचार के समर्थक थे कि सभी को अवसर की समानता तथा पूर्ण रोजगार उपलब्ध कराते हुए राज्य को समाज में सम्पत्ति का पुनर्वितरण अवश्य करना चाहिए।
- लोक कल्याणकारी राज्य की अवधारणा ऐसे ही चिन्तन का परिणाम है। 1930 के दशक में अमेरिकी राष्ट्रपति रूजवेल्ट ने इन्हीं आधारों पर अपना न्यू डील कार्यक्रम (New Deal Programme) प्रस्तुत किया।

समाजवाद

- समाजवाद (Socialism) की कोई एक सर्वमान्य परिभाषा नहीं है, अनेक विद्वानों ने इसे परिभाषित किया है। एक विचारधारा के रूप में समाजवाद अनेक सिद्धान्तों को समाहित किए हुए है; जैसे— अराजकतावाद, श्रमिक संघवाद तथा लोकतान्त्रिक समाजवाद।
- राजनीतिक संगठन के सन्दर्भ में समाजवाद के अनेक प्रकार विद्यमान हैं, उनमें से कुछ अधिनायकवादी रहे हैं, जबकि कुछ लोकतान्त्रिक। आर्थिक संगठन के सन्दर्भ में भी समाजवाद के अनेक प्रकार प्रचलित हैं। कुछ अर्थव्यवस्थाएँ अत्यधिक केन्द्रीकृत रही हैं, जबकि अन्य पूर्णत: विकेन्द्रीकृत हैं। समाजवाद की ये सभी व्यवस्थाएँ समानता की पक्षधर हैं, यद्यपि समानता के अर्थ के विषय में व्यापक मतभेद हैं।
- आधुनिक काल में समाजवाद पूँजीवाद के उदय और विकास के विरुद्ध प्रतिक्रियास्वरूप प्रकट हुआ। अहस्तक्षेप के सिद्धान्त ने समाज में गम्भीर संकट उत्पन्न किए। 19वीं शताब्दी के अन्त तक इस सिद्धान्त की विसंगतियाँ स्पष्ट होने लगी थीं तथा आर्थिक शक्ति कुछ हाथों में सिमट गई थी। अधिकांश लोग भयानक गरीबी की स्थिति में थे।

मार्क्सवाद

- 16वीं शताब्दी के अन्त तक इंग्लैण्ड में औद्योगिक व्यवस्था पूर्ण रूप से स्थापित हो चुकी थी। मशीन निर्मित वस्तुओं की तुलना में हस्तशिल्पियों का संघर्ष निष्फल हो गया, इसलिए उन्हें विवश होकर अपना कार्य छोड़कर श्रमिक के रूप में कारखानों में कार्य करना पड़ा।
- सेण्ट साइमन, रॉबर्ट ओवेन जैसे प्रारम्भिक समाजवादी इन स्थितियों से बहुत संत्रस्त (चिन्तित) थे। मार्क्स उन चिन्तकों में से एक था, जिसने प्रारम्भिक औद्योगिकीकरण की उथल-पुथल को भली-भाँति समझा था।
- यह बात कम्युनिस्ट मेनिफेस्टो से भली-भाँति प्रकट होती है, जो उन्होंने फ्रेडरिक एंगिल्स के साथ मिलकर लिखा था। मानवीय आधार पर समाज को रूपान्तरित करने के लिए मार्क्स उत्सुक था, उसकी तलाश अनिवार्यत: एक मानवोचित सामाजिक व्यवस्था की स्थापना से सम्बन्धित थी।
- मार्क्सवाद के प्रमुख सिद्धान्त द्वन्द्वात्मक भौतिकवाद तथा ऐतिहासिक भौतिकवाद है। द्वन्द्वात्मक भौतिकवाद मूलत: हीगल का सिद्धान्त था।
- कार्ल मार्क्स, हीगल के इस विचार से सहमत थे कि इतिहास द्वन्द्वात्मक सम्बन्धों का क्रियान्वयन है। हीगल के द्वन्द्वात्मक सिद्धान्त का सम्बन्ध केवल विचारों तक ही सीमित था, जबकि मार्क्स ने द्वन्द्वात्मक प्रक्रिया में आर्थिक कारकों को भी महत्त्व दिया।
- ऐतिहासिक भौतिकवाद सामाजिक सन्दर्भ में द्वन्द्वात्मकता, भौतिकवाद का क्रियात्मक रूप है। मार्क्स का यह मानना है कि इतिहास उत्पादनकारी शक्तियों के आत्मविकास का अभिलेख है।

महत्त्वपूर्ण तथ्य

पूँजीवादी समाज में लोग दो प्रतिद्वन्द्वी वर्गों में बँट जाते हैं- **बुर्जुआ वर्ग**, जिसके पास सम्पत्ति होती है तथा **सर्वहारा वर्ग**, जो बहुसंख्यक होने के बाद भी बुर्जुआ वर्ग से शोषित होते हैं।

फासीवाद

- साम्यवाद के विपरीत, फासीवादी (Fascism) एक सुगठित सिद्धान्त न होकर एक दृष्टिकोण अधिक था। जनसाधारण के प्रति अपना प्रभाव बढ़ाने के लिए फासीवाद सभी के लिए सब कुछ होना था।
- फासीवाद प्रथम विश्व युद्ध के परिणामस्वरूप प्रकट शक्तियों व उनकी कार्यप्रणाली के विरुद्ध प्रतिक्रिया का परिचायक था। एडोल्फ हिटलर (1889-1945) (जर्मनी) व बेनटो मुसोलिनी (1883-1945) (इटली) दोनों ने क्रमश: अपने-अपने देश में एक नया शासन तथा व्यवस्था को पुनर्स्थापित करने का प्रयास किया।
- फासीवाद एक ऐसा सिद्धान्त है, जो इस मान्यता पर आधारित है कि राज्य किसी नैतिक कानून के अधीन नहीं है, बल्कि राज्य स्वयं नैतिकता का सर्वोच्च संरक्षक है।
- फासीवादियों का यह तर्क था कि राज्य ही राष्ट्र है तथा राज्य ही समाज है, यह सर्वोच्च समुदाय है। "मुसोलिनी सदैव सही है" यह इस अति फासीवादी दल का मूल मन्त्र भी था। उसका उद्घोष था "विश्वास, आज्ञापालन, संघर्ष"। फासीवाद ने धर्म की रक्षा व संरक्षण के प्रयास किए। फासीवाद ने बहुमत आधारित शासन, लोकतन्त्र को अस्वीकार किया। उसने इस बात से स्पष्ट इनकार किया कि केवल संख्या के आधार पर ही समय-समय पर विचार-विमर्श के द्वारा कोई सरकार चलाई जा सकती है।

गाँधीवाद

- गाँधीवाद विचारों का एक निकाय है, जो महात्मा गाँधी की प्रेरणा, दृष्टि तथा जीवन कार्य का वर्णन करता है। यह विशेषत: अहिंसक प्रतिरोध के विचार में उनके योगदान से जुड़ा हुआ है, जिसे कभी-कभी नागरिक प्रतिरोध भी कहा जाता है।
- महात्मा गाँधी राष्ट्रीय आन्दोलन के सर्वोच्च नेता थे। गाँधीजी ने पश्चिमी सभ्यता की आलोचना की। उनके अनुसार, पश्चिमी सभ्यता ऐसे सुविचारित तार्किक स्वार्थों पर आधारित थी, जो मानव सम्बन्धों को पूर्णत: अव्यवस्थित करने में सक्षम थी।
- गाँधीवाद की विभिन्न विचारधाराएँ हैं—सत्य तथा अहिंसा। इनके विचारों के दो महत्त्वपूर्ण स्तम्भ हैं। उनका मानना था कि व्यक्ति के प्रति सभी प्रकार के अन्याय के अन्त का समाधान सत्याग्रह है। गाँधीजी ने शक्ति के विकेन्द्रीकरण के विचार पर बल देते हुए स्थानीय स्वशासन का समर्थन किया। मार्क्स के समान गाँधी जी ने भी श्रम पर बल दिया, उनके अनुसार, श्रम वास्तविक सम्पत्ति है, जो धन को बढ़ाती है।
- गाँधी जी के अनुसार, अमीर लोगों को आम लोगों हेतु ट्रस्टी (न्यासी) के समान कार्य करना चाहिए। गाँधी जी पश्चिम औद्योगीकरण के आलोचक थे, उन्होंने स्वदेशी उत्पादन हेतु लघु एवं कुटीर उद्योगों के विकास पर भी बल दिया।

मानववाद

- मानववाद की अवधारणा का प्राथमिक रूप से उस विचारधारा से सम्बन्ध है, जिसकी दृष्टि व्यक्ति की स्वायत्तता पर केन्द्रित है।
- मानववाद शब्द पहली बार सम्भवत: फ्रांसीसी विचारक मोर्टन के लेखन में आया है, जहाँ उसने अपने चिन्तन को धर्मशास्त्रियों के चिन्तन के विपरीत प्रस्तुत किया। मानववाद, यूरोप में पुनर्जागरण एवं ज्ञानोदय का परिणाम था और इसकी पूर्ण अभिव्यक्ति अमेरिकी और फ्रांसीसी क्रान्ति के दौरान हुई।
- ऑक्सफोर्ड डिक्शनरी ने मानववाद को इस प्रकार परिभाषित किया है "एक दृष्टिकोण अथवा वैचारिक व्यवस्था जिसका सम्बन्ध मानव से है, न कि दैवीय अथवा अलौकिक पदार्थों से।
- गाँधी, रसल और टॉलस्टाय 20वीं शताब्दी के महान मानववादी थे। मानववाद सम्बन्धी प्रमुख अवधारणाएँ भौतिकवाद, व्यक्तिवाद तथा लोकतन्त्रवाद हैं।

"

किसी देश की विदेश नीति दूसरे देशों के साथ आर्थिक, राजनीतिक, सामाजिक तथा सैन्य विषयों पर पालन की जाने वाली नीतियों का समुच्चय होती है। भारत की विदेश नीति, भारत के राष्ट्रीय हितों को बढ़ावा देने के लिए विश्व के अन्य राज्यों के साथ भारत के सम्बन्धों का नियमन करती है।

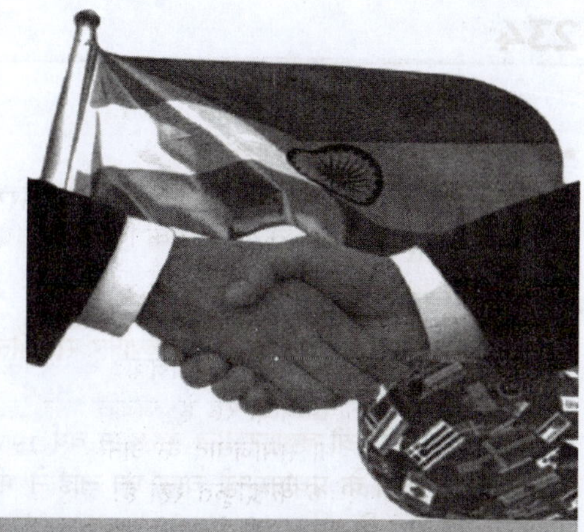

अध्याय चालीस

विदेश नीति एवं सिद्धान्त

भारत की विदेश नीति

- अपने राष्ट्रीय हितों की रक्षा करने हेतु तथा अन्तर्राष्ट्रीय सम्बन्धों वातावरण में अपने लक्ष्यों को प्राप्त करने हेतु राज्य द्वारा चुनी गई स्वहितकारी रणनीतियों का समूह विदेश नीति कहलाता है। किसी देश की विदेश नीति के प्रतिपादन में केवल एक तत्त्व (राष्ट्रीय हित) मात्र निर्धारक नहीं होता।
- वास्तव में, विदेश नीति विभिन्न उद्देश्यों की पूर्ति करती है; जैसे-राष्ट्रीय हितों की रक्षा और बढ़ावा तथा भूमण्डलीय विषयों; जैसे- शान्ति, निरस्त्रीकरण, विकास, न्याय, उपनिवेशवाद उन्मूलन आदि में सहभागिता।

भारत की विदेश नीति के मूलभूत सिद्धान्त

भारत के राष्ट्रीय हितों की रक्षा करने, क्षेत्रीय अखण्डता बनाए रखने एवं आर्थिक विकास का लक्ष्य प्राप्त करने हेतु भारत की विदेश नीति के निम्नलिखित मूलभूत सिद्धान्त/उद्देश्य निर्धारित किए गए हैं

- नीति निर्माण में स्वतन्त्रता को बनाए रखना।
- अन्तर्राष्ट्रीय शान्ति।
- संयुक्त राष्ट्र को समर्थन।
- उपनिवेशवाद, साम्राज्यवाद और प्रजाति भेद का विरोध।
- विकासशील देशों के बीच सहयोग।

भारत और उसके पड़ोसी देश

- गुटनिरपेक्षता, विश्व शान्ति, शान्तिपूर्ण सह-अस्तित्व, निरस्त्रीकरण, अन्तर्राष्ट्रीय सहयोग तथा साम्राज्यवाद, उपनिवेशवाद और रंगभेद के विभिन्न अन्यायपूर्ण रूपों के विरुद्ध संघर्ष, भारत की विदेश नीति के मूल सिद्धान्त रहे हैं।
- इन सिद्धान्तों को भारत के प्रबुद्ध राष्ट्रीय हितों के अतिरिक्त मूल्यों के प्रति वचनबद्धता और प्राथमिकता दोनों ही सबसे पहले पड़ोसियों से सम्बन्ध बनाए रखने के लिए आवश्यक मानते हैं।
- अपनी शान्तिपूर्ण सह-अस्तित्व की नीति के अनुसार भारत अपने पड़ोसी देशों के साथ निरन्तर शान्तिपूर्ण, मधुर एवं मैत्रीपूर्ण सम्बन्ध का इच्छुक रहा है।
- पड़ोसी होने के नाते, ऐतिहासिक तथ्यों, गलत व्याख्याओं, बाह्य हस्तक्षेपों और अन्तर्राष्ट्रीय राजनीति में अनेक घटनाओं के कारण समस्याएँ भी रही हैं, इसलिए भारत के सभी पड़ोसियों के साथ सम्बन्ध एक जैसे नहीं रहे हैं। इनमें उतार-चढ़ाव, अन्तर, समायोजन और परिवर्तन आते रहे हैं और यह प्रक्रिया निरन्तर जारी है।
- भारत के कुछ पड़ोसी देशों के साथ सम्बन्धों का संक्षिप्त विवरण इस प्रकार है

भारत-चीन सम्बन्ध

- भारत के पड़ोसियों में चीन एक विशाल देश और बड़ी शक्ति है। भारत और चीन की न केवल 4,000 किमी से अधिक संयुक्त सीमा है, अपितु दोनों प्राचीन सभ्यताएँ हैं और दोनों के हजारों वर्षों से आपस में सम्बन्ध रहे हैं।
- 18वीं और 19वीं शताब्दी के उत्तरार्द्ध में दोनों देशों में राष्ट्रीय आन्दोलनों ने औपनिवेशिक दमन के विरुद्ध नए सम्बन्धों को सृजित किया।

वर्ष 1947 के बाद भारत-चीन सम्बन्ध

- 1 अक्टूबर, 1949 को जनवादी गणतन्त्र चीन अर्थात् साम्यवादी चीन के निर्माण की घोषणा की गई। 30 दिसम्बर, 1949 को चीन को मान्यता देने वाले देशों में भारत प्रथम था। भारत ने संयुक्त राष्ट्र में चीन के प्रतिनिधित्व के दावे का अनेक गैर-साम्यवादी देशों, विशेषत: अमेरिका की नाराजगी के पश्चात् भी समर्थन किया।
- इस प्रकार भारत और चीन ने मैत्रीपूर्ण सम्बन्धों से शुरुआत की। दोनों के बीच राजनयिक सम्बन्ध 1 अप्रैल, 1950 को स्थापित हुए

पंचशील समझौता

वर्ष 1954 में चीनी प्रधानमन्त्री चाऊ एन लाई ने भारत का दौरा किया। दोनों प्रधानमन्त्रियों ने 29 अप्रैल, 1954 को शान्तिपूर्ण सह-अस्तित्व के एक समझौते (पाँच सिद्धान्तों, जिन्हें पंचशील के नाम से जाना गया) पर हस्ताक्षर किए, ये सिद्धान्त निम्न थे

- प्रत्येक देश द्वारा एक-दूसरे की सम्प्रभुता और अखण्डता का सम्मान करना।

- एक-दूसरे पर आक्रमण न करना।
- एक-दूसरे के आन्तरिक मामलों में हस्तक्षेप न करना।
- समानता और आपसी हित
- शान्तिपूर्ण सह-अस्तित्व बनाए रखना।
- भारत और चीन के मध्य एक अन्य व्यापार समझौता 14 अक्टूबर, 1954 को हस्ताक्षरित किया गया।
- भारत के प्रधानमन्त्री जवाहरलाल नेहरू ने वर्ष 1954 में चीन का दौरा किया और चीन के प्रधानमन्त्री चाऊ एन लाई ने भी पुन: वर्ष 1956 में भारत का दौरा किया।
- दोनों देशों के मध्य मैत्री वर्ष 1955 में अफ्रीकी-एशियाई देशों के बाण्डुंग सम्मेलन में शिखर पर पहुँची। इसके पश्चात् भारत ने चीन को पूर्ण नैतिक और राजनैतिक समर्थन दिया। चीन ने भी पुर्तगाल अधिकृत गोवा पर भारत के दावे का समर्थन किया।

भारत-चीन विवाद

वर्ष 1957 के पश्चात् इन देशों के सम्बन्धों में कटुता आना प्रारम्भ हुई। यह मूलत: दो कारणों से हुआ, एक भारतीय भू-भाग पर चीन का दावा और दूसरा तिब्बत के कारण, जो निम्न प्रकार हैं

तिब्बत

- वर्ष 1950 में चीन ने तिब्बत पर पूर्ण रूप से आक्रमण आरम्भ कर दिया। भारत ने इस सशस्त्र कार्रवाई के प्रति विरोध जताया, जबकि चीन ने भारत को साम्राज्यवादी शक्तियों से प्रभावित बताया।
- यद्यपि भारत ने स्पष्ट किया कि वह चीन के अधिराज्य को स्वीकार करता है और चीन के आन्तरिक मामलों में हस्तक्षेप करने का कोई विचार नहीं रखता है।
- उल्लेखनीय है कि तिब्बत, चीन का प्रदेश है, जो भारत की उत्तरी सीमा पर स्थित है। पहले तिब्बत एक स्वतन्त्र राज्य था तथा लोगों द्वारा दलाई लामा को स्वायत्त तिब्बत का वैध शासक माना जाता था।
- चीन द्वारा तिब्बत पर आक्रमण करने के पश्चात् दलाई लामा ने तिब्बत से प्रवासित होकर भारत से वर्ष 1959 में शरण माँगी। दलाई लामा को हजारों तिब्बतियों के साथ भारत में राजनीतिक शरण दी गई, परन्तु भारतीय भूमि पर चीन के विरुद्ध कोई गतिविधि न चलाने की बात कही गई।
- चीन ने भारत की तिब्बत के प्रति सहानुभूति को पसन्द नहीं किया और दलाई लामा को शरण देना शत्रुतापूर्ण कार्य बताया।

सीमा विवाद

- तिब्बत की घटनाओं के अनुरूप ही चीन ने भारत के कुछ क्षेत्रों पर भी अपना अधिकार बताया, जबकि भारत का दावा था कि चीन के साथ सीमा-रेखा का मामला अंग्रेजी शासन के समय ही सुलझाया जा चुका था।
- चीन ने वर्ष 1957-1959 के मध्य भारतीय भू-भाग वाले दो क्षेत्रों लद्दाख के अक्साई-चिन और अरुणाचल प्रदेश के नेफा या उत्तर-पूर्वी सीमान्त क्षेत्र के 12,800 वर्ग किलोमीटर क्षेत्र पर अपना औपचारिक दावा प्रस्तुत किया।
- 8 सितम्बर, 1962 को चीन ने नेफा क्षेत्र पर आक्रमण कर दिया। चीनी सैनिकों ने 20 अक्टूबर, 1962 को सम्पूर्ण भारत-चीन सीमा पर तैनात भारतीय सैनिकों पर आक्रमण किया।
- 21 नवम्बर, 1962 को चीन ने एकपक्षीय युद्ध विराम घोषित किया और पूर्व की स्थिति को बहाल करने से मना कर दिया।
- वर्ष 1965 में भारत-पाकिस्तान संघर्ष के दौरान चीन ने पाकिस्तान की सहायता की तथा 1970 के दशक के मध्य तक चीन का भारत के प्रति आक्रामक व्यवहार रहा।
- वर्ष 1971 के भारत-पाकिस्तान संघर्ष के दौरान चीन ने पुन: भारत की पाकिस्तान के आन्तरिक मामलों में दखल देने के लिए निन्दा की।
- वर्ष 1975 में सिक्किम के भारत विलय के अवसर पर चीन ने इसे अवैध अधिकार बताया। चीन ने वर्ष 1974 में भारत के परमाणु परीक्षण पर भी नाराजगी जताई, जबकि भारत ने घोषित कर दिया था कि उसका परमाणु कार्यक्रम शान्तिपूर्ण उद्देश्यों के लिए ही है।

सामान्य स्थिति की ओर

- वर्ष 1977 में भारत में पहली बार गैर-कांग्रेसी पार्टी अर्थात् जनता पार्टी सत्ता में आई। जनता सरकार ने पड़ोसी देशों के साथ सम्बन्ध सुधारने की नीति को अपनाया। वर्ष 1978 में भारत और चीन ने आपस में व्यापार सम्बन्ध प्रारम्भ किए।
- वर्ष 1988 में प्रधानमन्त्री राजीव गाँधी की चीनी यात्रा से उच्च स्तरीय राजनीतिक वार्ता का पुन: प्रारम्भ हुआ। दोनों ने सीमा विवाद पर बातचीत के लिए संयुक्त कार्य दल बनाने का निर्णय लिया।
- इसके पश्चात् दोनों देशों के शीर्ष नेताओं ने एक-दूसरे के देशों का दौरा किया और आपसी सम्बन्धों को मजबूत बनाने का प्रयास किया। नई ऐतिहासिक एवं वस्तुपरक स्थिति में भारत और चीन सम्बन्धों ने नए युग में प्रवेश किया है।

> भारत के पूर्व राष्ट्रपति **के.आर. नारायणन** के शब्दों में, "हमारे पास विचारों और वस्तुओं के आदान-प्रदान के अवसर हैं, हमारे पास तकनीकी सामग्री को अपनी प्राचीन सांस्कृतिक मैत्री में ढालने का सही अवसर है।"

- चीन के प्रधानमन्त्री झू रोंगजी (Zhu Rongji) के शब्दों में, "विश्व के दो सबसे बड़े विकासशील देश होने के नाते भारत और चीन के कन्धों पर एशिया में शान्ति स्थापित करने और खुशहाली बनाए रखने का दायित्व है।"
- इसी भावना से भारत और चीन पारस्परिक सम्बन्धों के विभिन्न क्षेत्रों; जैसे-व्यापार, सांस्कृतिक आदान-प्रदान, सुरक्षा, विदेशी वार्ताएँ, विज्ञान और तकनीकी सहयोग तथा सीमा-विवाद सुलझाने की दिशा में आगे बढ़ रहे हैं।

भारत-पाकिस्तान सम्बन्ध

- भारत और पाकिस्तान दोनों एक ही भूमि के भाग हैं, जिनकी साझी ऐतिहासिक विरासत है।
- अपने पड़ोसी देशों से समन्वय की भावना रखने की नीति ने पाकिस्तान के प्रति भारत के सम्बन्धों को सदैव प्रभावित किया है।
- ऐतिहासिक, भौगोलिक, सांस्कृतिक और आर्थिक दृष्टि से भारत और पाकिस्तान में अनेक समानताएँ हैं, जो उन्हें निकट लाती हैं।
- भारत निरन्तर पाकिस्तान के साथ शान्ति, मधुर व मैत्रीपूर्ण सम्बन्ध बनाना चाहता है और कभी-कभी कुछ पाकिस्तानी नेताओं ने भी ऐसे सम्बन्धों के लिए इच्छा एवं प्रयास किए, परन्तु ऐतिहासिक भौगोलिक व वैचारिक मतभेद के कारण दोनों के मध्य अच्छे सम्बन्ध स्थापित नहीं हो पाए हैं।

भारत पाक–विभाजन और भारत–पाक सम्बन्ध

विभाजन के पश्चात् दोनों देशों के मध्य सैनिक परिसम्पत्तियों का हस्तान्तरण, सिन्धु नदी के पानी के बँटवारे, अविभाजित भारत की शेष नकद का बँटवारा इत्यादि मुद्दे तनाव का कारण बने।

कश्मीर समस्या

- भारत और पाकिस्तान के मध्य मैत्रीपूर्ण सम्बन्ध स्थापित करने के विभिन्न प्रयास अन्ततः कश्मीर विवाद के कारण असफल रहे।
- विभाजन के पश्चात् पाकिस्तानी नेताओं का मत था कि जम्मू-कश्मीर की जनसंख्या का 77% मुस्लिम होने के कारण जम्मू-कश्मीर पाकिस्तान को मिल जाना चाहिए, यद्यपि वहाँ का तत्कालीन शासक हरि सिंह पाकिस्तान में शामिल नहीं होना चाहता था। इसके पश्चात् 3 सितम्बर, 1947 को पाकिस्तान की ओर से सीमा पर आक्रमण और कबायली घुसपैठ शुरू हो गई।
- हरि सिंह के द्वारा सहायता माँगने पर भारत की सैनिक टुकड़ियों ने पाकिस्तानी घुसपैठियों को आगे बढ़ने से रोका, परन्तु 14 माह तक लड़ाई जारी रही।
- अगस्त, 1948 में संयुक्त राष्ट्र के हस्तक्षेप से भारत तथा पाकिस्तान के मध्य युद्ध समाप्त हो गया। जनवरी, 1949 में दोनों देशों ने युद्ध विराम रेखा पर औपचारिक रूप से सहमति प्रकट की।
- इसके पश्चात् पाकिस्तान ने पश्चिम के देशों को अपनी ओर आकर्षित करने के प्रयास किए। पाकिस्तान तटस्थ मार्ग छोड़कर अमेरिका के साथ सैन्य राजनीतिक संगठन में शामिल हो गया।

> **सिन्धु-जल समझौता**
>
> **विश्व बैंक** की सहायता से सिन्धु नदी जल में भागीदारी को लेकर चले आ रहे एक लम्बे विवाद को सुलझाने के लिए भारत के तत्कालीन प्रधानमन्त्री **जवाहरलाल नेहरू** और पाकिस्तान के तत्कालीन राष्ट्रपति अयूब खान ने सिन्धु नदी जलसन्धि पर वर्ष 1960 में हस्ताक्षर किए, जिसे दोनों देशों के मध्य सम्बन्ध सुधारने की दिशा में एक स्मरणीय घटना कहा गया।

वर्ष 1965 का युद्ध और ताशकन्द समझौता

- अगस्त, 1965 में पाकिस्तान ने कश्मीर विवाद को अन्तर्राष्ट्रीय विषय बनाए रखने के उद्देश्य से अपनी सेनाओं को नागरिकों के वेश में युद्ध विराम के बाद भी भारत की सीमा के अन्दर आक्रमण के उद्देश्य से भेजा।
- इसके परिणामस्वरूप, दोनों देशों के मध्य युद्ध प्रारम्भ हो गया। संयुक्त राष्ट्र सुरक्षा परिषद् (United Nations Security Council) ने 20 सितम्बर, 1965 को एक प्रस्ताव पारित करके दोनों देशों को युद्ध विराम लागू करने को कहा।
- युद्ध के पश्चात् ताशकन्द नामक स्थान पर सोवियत प्रधानमन्त्री अलैक्सी के प्रयासों से 3-10 जनवरी, 1966 तक दोनों देशों के मध्य शान्ति स्थापना के लिए वार्ता हुई, जिसमें भारत के तत्कालीन प्रधानमन्त्री लाल बहादुर शास्त्री और पाकिस्तान के तत्कालीन राष्ट्रपति अयूब खान ने भाग लिया।
- इस वार्ता की उपलब्धि नौ सूत्री ताशकन्द घोषणा (Tashkent Declaration) थी, जिसमें दोनों देशों द्वारा सामान्य और शान्तिपूर्ण सम्बन्ध पुनर्स्थापित करने तथा लोगों के मध्य मैत्रीपूर्ण सम्बन्ध बढ़ाने का संकल्प था।

शिमला समझौता

- यह समझौता भारत-पाकिस्तान के तीसरे युद्ध की परिणिति था। तत्कालीन पूर्वी पाकिस्तान (वर्तमान में बांग्लादेश) से लोगों का भारत में शरणार्थी के रूप में प्रवेश करने और पाकिस्तानी सेना द्वारा बर्बरता किए जाने से भारत ने 4 दिसम्बर, 1971 को बाध्य होकर हस्तक्षेप किया, परिणामस्वरूप पाकिस्तान ने भारत पर आक्रमण कर दिया।
- इसके पश्चात् 16 दिसम्बर, 1971 को पाकिस्तान ने बिना किसी शर्त के भारत के समक्ष समर्पण कर दिया, इसके परिणामस्वरूप पाकिस्तान का विभाजन हो गया और बांग्लादेश (पूर्वी पाकिस्तान) का एक सम्प्रभु राज्य के रूप में उद्‌गम हुआ।
- भारत के साथ अपने सम्बन्धों को सुधारने के लिए पाकिस्तान के राष्ट्रपति जुल्फिकार अली भुट्टो ने दोनों देशों के राज्याध्यक्षों के समक्ष एक वार्ता की इच्छा व्यक्त की, इसके पश्चात् वर्ष 1972 में शिमला में एक समझौता हुआ, जिसे शिमला समझौते (Shimla Agreement) के नाम से जाना जाता है।
- इस समझौते के अन्तर्गत दोनों देशों में स्थायी शान्ति एवं मैत्रीपूर्ण सम्बन्ध बनाए रखने का प्रयास, एक-दूसरे की स्वतन्त्रता, सम्प्रभुता, प्रादेशिक अखण्डता की रक्षा करने की बात कही गई।
- शिमला समझौते के पश्चात् कुछ समय तक दोनों देशों ने सभी विवादों को सहयोगपूर्ण वातावरण से निपटाया, परन्तु पाकिस्तान के कट्टरपन्थियों को कश्मीर सम्बन्धी समझौते की अन्तर्निहित भावनाओं से सन्तुष्टि नहीं मिल सकी।

> **गुजरात सिद्धान्त**
>
> - भारत-पाकिस्तान के सम्बन्धों को सुधारने के लिए वर्ष 1997 में तत्कालीन विदेश मन्त्री इन्द्र कुमार गुजराल ने पहल की।
> - उन्होंने अपने पड़ोसियों के साथ मैत्रीपूर्ण सम्बन्ध बनाने के लिए एक महत्त्वपूर्ण नीति की घोषणा की, इसे गुजराल सिद्धान्त (Gujral Doctrine) कहा गया।
> - उनका मत था कि एक बड़े पड़ोसी होने के कारण वे विशाल हृदय से शान्तिपूर्ण वातावरण स्थापित करने के लिए तत्पर हैं। मार्च, 1977 में उन्होंने कहा कि "मैं भारत की सम्प्रभुता और पन्थनिरपेक्षता, जोकि वार्ता रहित विषय है, किसी भी क्षेत्र में सुविधाएँ देने के लिए तैयार हूँ।"
> - गुजराल द्वारा की गई पहल को आगे बढ़ाने का श्रेय प्रधानमन्त्री अटल बिहारी वायपेयी को जाता है, जिन्होंने फरवरी, 1999 में बस द्वारा लाहौर की यात्रा की, परन्तु पाकिस्तान की आन्तरिक परिस्थितियों के कारण मधुर सम्बन्धों की स्थापना न हो सकी।
> - इसके पश्चात् जनरल परवेज मुशर्रफ ने अटल बिहारी वाजपेयी के साथ आगरा में शिखर सम्मेलन में भाग लेने हेतु भारत का दौरा किया। यद्यपि यह शिखर सम्मेलन सफल नहीं हो सका, क्योंकि पाकिस्तान के लिए कश्मीर बातचीत का सबसे महत्त्वपूर्ण विषय था।

भारत-नेपाल सम्बन्ध

- नेपाल, भारत के उत्तर में स्थित है। भारत और नेपाल की सीमाएँ उत्तर प्रदेश के उत्तरी भाग तथा हिमालय के दक्षिणी ढाल पर मिलती हैं। नेपाल के साथ भारत के सम्बन्ध परम्परागत एवं मैत्रीपूर्ण हैं।

- विश्व के अन्य किन्हीं दो देशों के मध्य इतने विस्तृत और घनिष्ठ सम्बन्ध नहीं हैं, जितने भारत और नेपाल के मध्य हैं।
- इन दो दक्षिण एशियाई पड़ोसियों की 1700 किलोमीटर पूर्णतया खुली, भौगोलिक रूप से स्पर्श करती, सरलता से पहुँचने वाली सीमा है।

नेपाल और भारत के लोगों के मध्य निकट धार्मिक और भाषायी सम्बन्ध हैं, वे समान सांस्कृतिक उत्सव मनाते हैं तथा उनके रीति-रिवाज और संस्कार विधियाँ समान हैं और वे समान श्रेणीबद्ध सामाजिक ढाँचे में जीवन व्यतीत करते हैं।

भारत–नेपाल मैत्रीपूर्ण सम्बन्ध

- जब भारत स्वतन्त्र हुआ, तो संयुक्त सांस्कृतिक मूल्यों के अतिरिक्त भारत और नेपाल के मध्य संयुक्त सुरक्षा के प्रति चिन्ताएँ भी उभरीं।
- दोनों देशों ने जुलाई, 1950 में परस्पर मैत्रीपूर्ण सम्बन्धों की सन्धि पर हस्ताक्षर किए, इसके पश्चात् दोनों के मध्य सम्बन्ध इसी सन्धि के आधार पर चले आ रहे हैं।

भारत-बांग्लादेश सम्बन्ध

- वर्ष 1947-1971 तक बांग्लादेश पाकिस्तान का (पूर्वी पाकिस्तान) अंग था। शेख मुजीबुर्रहमान के नेतृत्व में पूर्वी पाकिस्तान की जनता द्वारा किए गए स्वतन्त्रता संग्राम के फलस्वरूप बांग्लादेश का एक स्वतन्त्र राष्ट्र के रूप में वर्ष 1971 में उदय हुआ।
- बांग्लादेश के निर्माण में भारत की महत्त्वपूर्ण भूमिका थी और यह उसे एक सम्प्रभु राष्ट्र के रूप में मान्यता देने वाला पहला देश था।
- भारतीय उपमहाद्वीप में बांग्लादेश की स्थिति इसे सामरिक नीति की दृष्टि से महत्त्वपूर्ण बना देती है।
- यह पश्चिमी, उत्तरी और पूर्वी दिशाओं में तीन ओर से भारत से घिरा हुआ है। इसके दक्षिण-पूर्व की ओर म्यांमार की सीमा है तथा दक्षिण में बंगाल की खाड़ी है।
- बांग्लादेश के स्वतन्त्रता-संघर्ष में महत्त्वपूर्ण भूमिका निभाने के परिप्रेक्ष्य में तथा बांग्लादेश की भौगोलिक स्थिति के कारण भारत की इसके साथ सम्बन्धों में विशेष रुचि है। इन सम्बन्धों के विकास में कुछ बाध्यकारी कारकों की भी महत्त्वपूर्ण भूमिका रही है, इनमें चीन और इस्लामी शक्तियाँ महत्त्वपूर्ण रही हैं।

वर्ष 1990 के पश्चात् भारत–बांग्लादेश सम्बन्ध

- वर्ष 1990 में बांग्लादेश में लोकतन्त्र की वापसी से भारत के साथ सम्बन्ध सुधारने की दिशा में प्रयास शुरू हुआ।
- 26 जून, 1992 को तीन बीघा (Teen Bigha) का भाग औपचारिक रूप से बांग्लादेश को दे दिया गया।
- भारत और बांग्लादेश के मध्य जल संसाधनों की भागीदारी को लेकर एक व्यापक योजना बनाने की सहमति हुई। वर्ष 1994 की वार्ताओं से चकमा शरणार्थियों की त्रिपुरा से बांग्लादेश की चटगाँव की पहाड़ियों में वापसी हुई।
- शेख हसीना वाजेद (मुजीबुर्रहमान की पुत्री) ने प्रधानमन्त्री के रूप में भारत से सम्बन्ध सुधारने के बेहतर प्रयास किए।
- इस सन्दर्भ में उसने दिसम्बर, 1996 में भारत की यात्रा की और अगले 30 वर्षों के लिए गंगा के जल के बँटवारे पर हुए एक समझौते पर हस्ताक्षर किए।
- भारत और बंग्लादेश के सम्बन्धों में वर्ष 2015 का भारत-बांग्लादेश भूमि सीमा समझौता (LBA) एक मील का पत्थर साबित हुआ। यह मामला काफी लम्बे समय से चल रहा था।
- इस समझौते के तहत 111 सीमावर्ती एन्क्लेव बांग्लादेश को मिले तथा 51 एन्क्लेव भारत को प्राप्त हुए।
- इस समझौते के तहत भारत को 7,110 एकड़ भूमि तथा बांग्लादेश को 17,158 एकड़ भूमि प्राप्त हुई।
- इस प्रकार दोनों देशों में उच्च स्तरीय सम्पर्क रहे हैं। आपसी मतभेदों को पारस्परिक समझ द्वारा सुलझाने की कोशिश की जाती रही है। जब कभी भी बांग्लादेश पर प्राकृतिक विपदा या आपदा आई है, भारत ने हमेशा सहयोग का हाथ बढ़ाया है। भारत बांग्लादेश के साथ अच्छे सम्बन्ध बनाने के प्रति सदैव दृढ़ संकल्पित रहा है।

भारत-श्रीलंका सम्बन्ध

- हिन्द महासागर के मध्य स्थित छोटा-सा द्वीप श्रीलंका एक ऐसा अन्य पड़ोसी देश है, जिसके भारत के साथ भौगोलिक निकटता के अतिरिक्त 4000 वर्षों से सांस्कृतिक एवं परम्परागत सम्बन्ध हैं।

श्रीलंका मुख्यत: एक बौद्ध **धर्मावलम्बी देश** है। भारत में बौद्ध धर्म से सम्बन्धित अनेक तीर्थ स्थान हैं; जैसे—साँची, सारनाथ और बोधगया। इस दृष्टि से श्रीलंका से सहस्रों लोग तीर्थयात्रा के लिए भारत में आते हैं।

- दो मुख्य जातीय समूह सिंहली और तमिलों सहित श्रीलंका की समस्त जनसंख्या किसी-न-किसी समय भारत से ही गई थी। सिंहली, जो कुल जनसंख्या का 74% है, अपने पूर्वजों का मूल, पूर्वी भारत के आर्यों में मानते हैं।
- तमिल, जो जनसंख्या का लगभग 18% है, सभी हिन्दू हैं और स्वयं को तमिलनाडु के द्रविड़ मूल से सम्बद्ध मानते हैं। ये ब्रिटिश काल में श्रीलंका में कॉफी, चाय और रबड़ की बागवानी के लिए आवश्यक मजदूरी करने गए मजदूरों के वंशज हैं।
- श्रीलंका 17वीं शताब्दी से ही पहले पुर्तगाल, तत्पश्चात् डच और अन्त में ब्रिटेन का एक उपनिवेश रहा है। इसे 4 फरवरी, 1948 को स्वतन्त्रता प्राप्त हुई।
- सामरिक नीति की दृष्टि से श्रीलंका का अधिक महत्त्व है। पश्चिमी एशिया से ऑस्ट्रेलिया, न्यूजीलैण्ड और पूर्वी एशिया के मध्य हवाई मार्ग को जोड़ने वाला एक मुख्य मार्ग है।
- हवाई और समुद्री व्यापार मार्गों के मुख्य मार्ग पर इसकी स्थिति और भारत से इसकी भौगोलिक निकटता, इसे विश्व शक्तियों के लिए महत्त्वपूर्ण बना देती है। इसलिए भारत की श्रीलंका में रुचि आर्थिक और सामरिक, दोनों दृष्टियों से है।
- यद्यपि दक्षिण एशियाई क्षेत्र का भाग श्रीलंका भौगोलिक दृष्टि से केवल भारत के निकट है, इसलिए अन्य देशों के साथ आपसी सम्बन्धों के कारण यह अधिक प्रभावित नहीं होता।
- उपरोक्त कारणों से भारत-श्रीलंका सम्बन्ध सामान्यत: मैत्रीपूर्ण रहे हैं।

वर्ष 1991 के पश्चात् भारत–श्रीलंका सम्बन्ध

- वर्ष 1991 में लोकसभा चुनाव प्रचार के दौरान लिबरेशन टाइगर्स के आतंकवादियों ने भारत के पूर्व प्रधानमन्त्री राजीव गाँधी की हत्या कर दी। इसके पश्चात् भारत ने लिट्टे (लिबरेशन टाइगर्स ऑफ तमिल ईलम) को आतंकवादी संगठन घोषित कर उस पर प्रतिबन्ध लगा दिया।
- भारत के अतिरिक्त श्रीलंका तथा यूएसए ने लिट्टे को प्रतिबन्धित किया है।
- भारत में राजीव गाँधी व श्रीलंका के राष्ट्रपति पद के उम्मीदवार दिशानायक की हत्या के पश्चात् वर्ष 1991 से जातीय हिंसा और आतंकवाद से निपटने के लिए दोनों देशों के मध्य बेहतर समझ बनने लगी। श्रीलंका के लिए इस भारतीय नीति में तिहरी प्रतिबद्धता थी
  - श्रीलंका की अखण्डता, सम्प्रभुता और एकता के प्रति।
  - श्रीलंका में स्थायी शान्ति बहाल करने के प्रति।
  - स्थायी शान्ति प्राप्त करने को शान्तिपूर्ण राजनीतिक प्रक्रिया के एकमात्र दल के प्रति।
- इस प्रकार विगत समय से दोनों देश आपसी हितों के क्षेत्र में विशेषत: आर्थिक क्षेत्र में, पारस्परिक सम्बन्धों को प्रगाढ़ बनाने की दिशा में बेहतर प्रयास कर रहे हैं।
- संयुक्त वक्तव्यों में भारत और श्रीलंका ने स्वीकार किया है कि आतंकवाद अन्तर्राष्ट्रीय शान्ति और सुरक्षा के लिए खतरा है।
- दोनों देश ऐतिहासिक सम्बन्धों की विरासत, संयुक्त संस्कृति, लोकतन्त्र में विश्वास और गुटनिरपेक्षता के प्रति सामान्य सोच पर आधारित मैत्रीपूर्ण सहयोग के सम्बन्धों को लक्ष्य बनाए रखने का प्रयास कर रहे हैं।
- उल्लेखनीय है कि अन्तर्राष्ट्रीय मध्यस्थ के रूप में नार्वे और आइसलैण्ड जैसे स्कैण्डिनेवियाई देश युद्धरत दोनों पक्षों को पुन: आपस में बातचीत करने के लिए तैयार कर रहे थे, अन्तत: वर्ष 2009 में लिट्टे को समाप्त कर दिया गया, जिससे सशस्त्र संघर्ष समाप्त हो गया।
- 'एशिया की धुरी' विदेश नीति की रणनीति यूएसए की है।

गुटनिरपेक्ष आन्दोलन

- भारत की विदेश नीति के मूल सिद्धान्तों में से एक मुख्य गुटनिरपेक्षता है। विदेश नीति के एक तत्त्व के रूप में गुटनिरपेक्षता का अर्थ है- शक्ति गुटों से स्वतन्त्रता, निरस्त्रीकरण, साम्राज्यवाद, उपनिवेशवाद तथा रंगभेद आदि के विरुद्ध संघर्ष।
- गुटनिरपेक्ष आन्दोलन की स्थापना तृतीय विश्व के देशों के विचारों को महत्त्व देने के लिए एकता आन्दोलन के रूप में की गई थी।
- इसके प्रस्ताव का उद्देश्य शीत युद्ध प्रतिद्वन्द्विता में दोनों गुटों से समान दूरी रखना और विश्व शान्ति एवं सहयोग को बढ़ावा देने के सिद्धान्तों को प्रस्तुत करना था।

गुटनिरपेक्ष आन्दोलन में भारत की निर्णायक भूमिका

- गुटनिरपेक्ष आन्दोलन की स्थापना में भारत ने न केवल सक्रिय भूमिका निभाई, अपितु वह आन्दोलन का प्रवर्तक भी था।
- विश्वव्यापी राजनीति में, विदेश नीति के आधारभूत सिद्धान्त के रूप में और नवोदित राष्ट्रों के राष्ट्रीय हितों को बढ़ावा देने की दृष्टि से गुटनिरपेक्षता एक ऐसा प्रयास था, जिसे भारतीय नेताओं ने स्वतन्त्रता संघर्ष के दौरान प्रारम्भ किया था।
- इस प्रकार गुटनिरपेक्ष आन्दोलन भारत द्वारा एक स्वतन्त्र विदेश नीति निर्माण की पहल के रूप में विकसित हुआ।
- यह स्वतन्त्र विदेशी नीति की एक ठोस, नैतिक और सशक्त राजनीतिक नींव पर आधारित था। इसके अतिरिक्त अपनी स्वतन्त्रता के प्रारम्भिक वर्षों में भारत ने कुछ जटिल अन्तर्राष्ट्रीय मुद्दों के शान्तिपूर्ण समाधान में सक्रिय भूमिका निभाई और संयुक्त राष्ट्र में निरस्त्रीकरण के लिए निरन्तर समर्थन के प्रयास में संलग्न रहा।
- स्थापना के समय से ही भारत गुटनिरपेक्ष आन्दोलन के सबसे अधिक सक्रिय सदस्यों में से एक रहा, जिसने इस आन्दोलन के विभिन्न कार्यक्रमों एवं विकास में निर्णायक भूमिका निभाई।

लुक/एक्ट ईस्ट नीति

- भारत के सन्दर्भ में लुक ईस्ट नीति (Look East Policy) की शुरुआत वर्ष 1991-92 के दौरान तत्कालीन प्रधानमन्त्री पी. वी. नरसिम्हा राव द्वारा की गई थी। वर्ष 2014 में तत्कालीन मोदी सरकार द्वारा इसे उत्क्रमित कर एक्ट ईस्ट नीति (Act East Policy) के रूप में परिणत कर दिया गया।
- इस नीति के द्वारा पूर्वी एशिया के देशों; जैसे–आसियान, चीन, जापान और दक्षिण कोरिया आदि से भारत के आर्थिक सम्बन्धों में बढ़ोतरी हुई है।
- एक्ट ईस्ट नीति की मुख्य विशेषताएँ निम्नलिखित हैं
  - भारत की एक्ट ईस्ट नीति एशिया प्रशान्त में निस्तारित पड़ोस पर केन्द्रित है। प्रारम्भ में एक आर्थिक पद्धति के रूप में स्वीकार की गई इस नीति ने राजनीतिक, सामरिक तथा सांस्कृतिक आयाम ग्रहण कर लिए हैं, जिसमें संवाद एवं सहयोग के लिए संस्थागत प्रक्रिया की स्थापना भी शामिल है।
  - यदि सभ्यता के दृष्टिकोण से विचार करें, तो बौद्ध तथा हिन्दू सम्बन्धों द्वारा लोगों के बीच नए सम्पर्क और सम्पर्कता बढ़ाने की दिशा में मजबूती प्रदान की जा रही है।
  - भारत की आसियान के साथ आर्थिक संलग्नता को बढ़ाया गया है। क्षेत्रीय एकता तथा परियोजनाओं को लागू करने को प्राथमिकता प्रदान की गई है।
  - हमारी एक्ट ईस्ट नीति से उत्तर-पूर्व को प्राथमिकता प्राप्त है। यह नीति उत्तर-पूर्वी भारत, अरुणाचल प्रदेश का आसियान क्षेत्र के साथ एक सीमा साझा (अन्तरापृष्ठ) करती है।
- एक्ट ईस्ट नीति का उद्देश्य आर्थिक सहयोग सांस्कृतिक सम्बन्ध के साथ ही एशिया-प्रशान्त क्षेत्र के देशों के साथ सामरिक सम्बन्ध बढ़ाना है। इसके लिए द्विपक्षीय, क्षेत्रीय तथा बहुपार्श्विक स्तरों पर सतत आबन्धों की आवश्यकता है।
  - भारत की आसियान के साथ संलग्नता को बढ़ाया गया है। आसियान-भारत के बीच एग्रीमेण्ट ऑन ट्रेड इन सर्विस एण्ड इन्वेस्टमेण्ट भारत तथा आसियान देशों के बीच 1 जुलाई, 2015 से लागू है।

बाण्डुंग सम्मेलन

- **जवाहरलाल नेहरू** ने गुटनिरपेक्षता का बीजारोपण स्वतन्त्रता पूर्व ही कर दिया था, जब उन्होंने 7 दिसम्बर, 1946 को अन्तरिम सरकार के गठन के पश्चात् इसकी चर्चा की थी।
- गुटनिरपेक्ष आन्दोलन के प्रमुख नेताओं में पं.जवाहरलाल नेहरू के अतिरिक्त युगोस्लाविया के राष्ट्रपति जोसेफ ब्रॉज टीटो, मिस्र के राष्ट्रपति गमाल अहमद नासिर व घाना के राष्ट्रपति **क्वामे एन्क्रूमाह** तथा इण्डोनेशिया के राष्ट्रपति **सुकर्णो** शामिल थे।
- इन नेताओं की पहल पर अप्रैल, 1955 में **बाण्डुंग** (इण्डोनेशिया) में अफ्रीकी-एशियाई देशों के सम्मेलन का आयोजन किया गया।
- 23 एशियाई और 6 अफ्रीकी देशों की हिस्सेदारी ने उन नवोदित देशों के लोगों का प्रतिनिधित्व किया, जिनकी स्थापना एक ओर लोकतन्त्र एवं स्वतन्त्र तथा दूसरी ओर द्वितीय विश्व युद्ध के उपरान्त उपनिवेशवाद एवं दमन के मध्य नए सन्तुलन का परिणाम थी।
- विश्व शान्ति एवं सहयोग की उद्घोषणा बाण्डुंग सम्मेलन की एक महत्त्वपूर्ण उपलब्धि थी।
- इस उद्घोषणा ने पंचशील के सिद्धान्तों को मूर्तरूप दिया, जिनकी चर्चा सर्वप्रथम अप्रैल, 1954 में भारत और चीन के मध्य की गई थी।
- इस सम्मेलन की अन्तिम विज्ञप्ति ने स्वयं को क्षेत्रीय समस्याओं तक ही सीमित नहीं रखा, बल्कि निरस्त्रीकरण और विश्व शान्ति सुरक्षा के लिए ठोस कदम भी उठाए।
- बाण्डुंग सम्मेलन के पश्चात् जुलाई, 1956 में **नेहरू, टीटो** और **नासिर** के मध्य एक त्रिपक्षीय बैठक ब्रायोनी में हुई।
- इस बैठक में बाण्डुंग सिद्धान्तों की पुष्टि करते हुए तीनों नेताओं ने अपने संयुक्त वक्तव्य में विश्व को ऐसे विरोधी शक्ति गुटों में बाँटने को अस्वीकार कर दिया, जिसका परिणाम निरन्तर संघर्ष को बढ़ावा देना था।

भारत की परमाणु नीति

- भारत ने वर्ष 1974 में परमाणु परीक्षण किया था, जो तीव्रगति से आधुनिक भारत के निर्माण का परिणाम था।
- जवाहरलाल नेहरू की औद्योगीकरण की नीति का एक महत्त्वपूर्ण घटक परमाणु कार्यक्रम था।
- भारत में परमाणु विद्युत उत्पादन की योजना 1950 के दशक में होमी जहाँगीर भाभा के निर्देशन में आरम्भ की गई। भारत शान्तिपूर्ण उद्देश्यों में उपयोग हेतु परमाणु ऊर्जा के निर्माण हेतु अग्रसर था।
- यद्यपि नेहरू परमाणु हथियारों के विरुद्ध थे और उन्होंने परमाणु निःशस्त्रीकरण के लिए विश्व की महाशक्तियों पर बल दिया। भारत ने परमाणु अप्रसार के लक्ष्य को ध्यान में रखकर की गई सन्धियों का विरोध किया, क्योंकि ये सन्धियाँ उन्हीं देशों पर लागू की जा रही थीं, जो परमाणु शक्ति से सम्पन्न नहीं थे।

भारत ने वर्ष 1995 में परमाणु अप्रसार सन्धि को अनियतकाल तक बढ़ाने के कारण इसका विरोध किया और **व्यापक परमाणु परीक्षण प्रतिबन्ध सन्धि** (Comprehensive Test Ban Treaty, CTBT) पर भी हस्ताक्षर करने से इनकार कर दिया।

- भारत ने वर्ष 1998 में (दूसरा) परमाणु परीक्षण किया और यह जताया कि उसके पास सैन्य उद्देश्यों के लिए परमाणु शक्ति को उपयोग में लेने की क्षमता है।

निःशस्त्रीकरण

- निःशस्त्रीकरण (Disarmament) व्यक्तियों और राष्ट्रों दोनों को प्रभावित करने वाली महत्त्वपूर्ण भूमण्डलीय समस्याओं में से एक है। हथियारों की इस गति ने खतरनाक रूप धारण कर लिया है और समुद्रों एवं पृथ्वी पर हथियारों के भण्डार से यह खतरा बाह्य अन्तरिक्ष में भी बढ़ रहा है। इसलिए निःशस्त्रीकरण का प्रश्न अन्तर्राष्ट्रीय सम्बन्धों में केन्द्र बिन्दु बन चुका है।
- द्वितीय विश्व युद्ध के कारण हथियारों का युग आरम्भ हुआ। उसी दौरान प्रारम्भ हुए शीत युद्ध ने सम्पूर्ण विश्व को दो गुटों में विभक्त कर दिया। द्वितीय विश्व युद्ध के साथ जुड़े विध्वंस के अतिरिक्त सर्वाधिक विध्वंसकारी शक्ति वाले परमाणु युग का भी सूत्रपात हुआ।

निःशस्त्रीकरण और भारत

- भारत ने वर्ष 1948 में ही परमाणु ऊर्जा के केवल सीमित शान्तिपूर्ण उपयोग एवं राष्ट्रीय हथियारों में परमाणु हथियारों की समाप्ति की ओर ध्यानाकर्षित किया था। परमाणु परीक्षणों पर रोक लगाने की दिशा में प्रयास करने वाला प्रथम देश भारत था, जिसने संयुक्त राष्ट्र महासभा में परीक्षणों पर पूर्ण रोक लगाने हेतु औपचारिक प्रस्ताव रखा था।
- वर्ष 1961 में भारत तथा अन्य गुटनिरपेक्ष देशों ने संयुक्त राष्ट्र महासभा में परमाणु और ऊष्मीय नाभिकीय हथियारों के प्रयोग सम्बन्धी एक प्रस्ताव रखा था, जिसमें उन देशों ने इस प्रकार के हथियारों के प्रयोग पर पूर्णतः रोक लगाने की सिफारिश की थी।
- वर्ष 1964 में भारत ने यह सुझाव दिया था कि सभी प्रकार के परमाणु हथियारों के उत्पादन पर एकसाथ एक ही समय में रोक लगाई जानी चाहिए।
- दिसम्बर, 1978 में संयुक्त राष्ट्र महासभा के निःशस्त्रीकरण के प्रमुख विशेष अधिवेशन में भारत ने एक प्रस्ताव रखा, जिसमें परमाणु हथियारों के प्रयोग को ना कहा जाए और माँग की कि जब तक परमाणु निःशस्त्रीकरण नहीं होता, तब तक परमाणु हथियारों के प्रयोग अथवा प्रयोग करने की धमकी पर प्रतिबन्ध लगाया जाना चाहिए, तदुपरान्त यह प्रस्ताव वर्ष 1978 में महासभा द्वारा स्वीकृत कर लिया गया।
- मार्च, 1983 में दिल्ली में हुए सातवें नाम (Non-Aligned Movement, NAM) अधिवेशन में परमाणु युद्ध के खतरे से निपटने और शान्ति के लिए संघर्ष की आवश्यकता पर बल दिया गया।

परिशिष्ट को पढ़ने के लिए QR कोड स्कैन करें

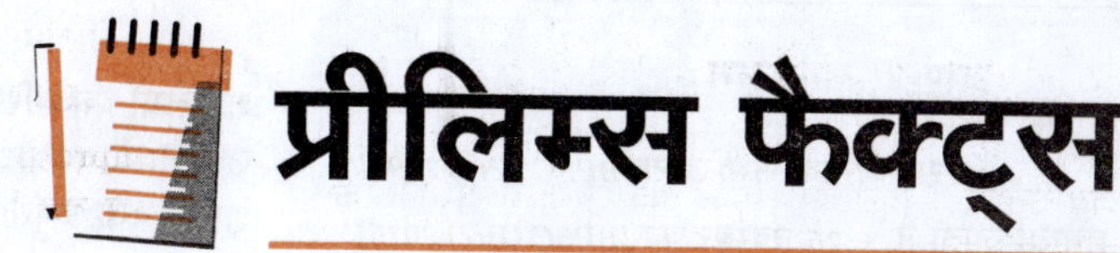

1. भारत का संवैधानिक विकास

- किस अधिनियम ने प्रान्तों में द्वैध-शासन प्रणाली की स्थापना की?
  - 1919 का भारत सरकार अधिनियम [MPPSC (Pre) 2023]
- 'बोर्ड ऑफ कण्ट्रोल' की स्थापना किस अधिनियम के अन्तर्गत की गई?
  - पिट्स इण्डिया एक्ट, 1784 [UPPSC (Mains) 2015]
- किस अधिनियम के द्वारा ब्रिटिश संसद ने चाय और चीन के साथ व्यापार को छोड़कर ईस्ट इण्डिया कम्पनी ने भारत के साथ व्यापारिक एकाधिकार को समाप्त कर दिया था?
  - 1813 का चार्टर अधिनियम [UPPSC (Mains) 2013]
- किस अधिनियम के अन्तर्गत इंग्लिश मिशनरियों को भारत में कार्य करने की अनुमति प्रदान की गई?
  - चार्टर अधिनियम, 1813 [UPPSC (Pre) 2003]
- ब्रिटिश इण्डिया के किस अधिनियम ने सामूहिक कार्यचालन (चार्टर) के स्थान पर 'विभागीय' या 'विभागीय पद्धति' द्वारा वायसराय की कार्यकारी परिषद् पर उनके प्राधिकार को और अधिक बल प्रदान किया?
  - भारतीय परिषद् अधिनियम, 1861 [UPPSC (Pre) 2021]
- ब्रिटिश भारत में साम्प्रदायिक प्रतिनिधित्व की व्यवस्था किस अधिनियम के द्वारा की गई थी? *- मार्ले-मिण्टो सुधार, 1909* [MPPSC (Pre) 2019]
- भारतीय इतिहास के सन्दर्भ में द्वैध शासन (डायआर्की) सिद्धान्त किसे निर्दिष्ट करता है?
  - प्रान्तों में प्रत्यायोजित विषयों का दो प्रवर्गों में विभाजन [UPSC (Pre) 2017]
- केन्द्र में कौन-सा एक्ट द्विसदनीय विधायिका लाया?
  - 1919 का एक्ट [MPPSC (Pre) 2013]
- केन्द्रीय विधानसभा का कौन-सा निर्वाचन भारत शासन अधिनियम, 1919 के अन्तर्गत हुआ?
  - वर्ष 1926 तथा 1945 का निर्वाचन [RAS/RTS (Pre) 2018]
- भारत सरकार अधिनियम, 1919 में प्रान्तीय सरकार के कार्य आरक्षित और अनारक्षित विषयों के अन्तर्गत बाँटे गए थे, इनमें आरक्षित विषय थे
  - न्याय, भू-राजस्व, वित्त, पुलिस आदि [UPSC (Pre) 2020]
- किस अधिनियम द्वारा संवैधानिक निरंकुशता का सिद्धान्त प्रस्तुत किया गया? *- भारत सरकार अधिनियम, 1935* [MPPSC (Pre) 2017]
- भारत शासन अधिनियम, 1935 के अन्तर्गत प्रस्तावित संघीय प्रणाली थी
  - अखिल भारतीय संघ [MPPSC (Pre) 2022]
- 1935 के अधिनियम द्वारा स्थापित संघ द्वारा अवशिष्ट शक्तियाँ किसको प्रदान की गई थीं?
  - गवर्नर जनरल को [UPSC (Pre) 2018, UPPSC (Pre) 2000]
- किस अधिनियम के द्वारा केन्द्र में द्वैध-शासन प्रणाली को स्थापित किया गया? *- भारत शासन अधिनियम, 1935* [UPPSC (Pre) 2014]
- किस अधिनियम के सन्दर्भ में जवाहरलाल नेहरू ने कहा था कि ''हमें ऐसी कार दी गई थी, जिसमें केवल ब्रेक थे, किन्तु इंजन नहीं था?''
  - 1935 का अधिनियम [BPSC (Pre) 2020]
- भारत का संघीय न्यायालय किस वर्ष में स्थापित किया गया था?
  - वर्ष 1937 [UPPSC (Mains) 2015]
- भारत शासन अधिनियम, 1935 में स्वीकार किया हुआ महत्त्वपूर्ण और स्थायी अवयव नहीं था
  - देश के लिए लिखित संविधान [UPPSC (Mains) 2010]
- रेग्युलेटिंग एक्ट 1773, चार्टर एक्ट 1833, गवर्नमेण्ट ऑफ इण्डिया एक्ट 1919 और प्रोटेक्शन ऑफ सिविल राइट्स एक्ट 1955 में से कौन ब्रिटिश शासनकाल में संविधान के विकास में ऐतिहासिक नहीं था? *- प्रोटेक्शन ऑफ सिविल राइट्स एक्ट, 1955* [BPSC (Pre) 2020]
- पैथिक लॉरेन्स, जॉन साइमन, ए.वी. अलेक्जेण्डर और सर स्टैफर्ड क्रिप्स में से कौन कैबिनेट मिशन का सदस्य नहीं था?
  - जॉन साइमन [UKPSC (Pre) 2022]
- प्रथम अन्तरिम राष्ट्रीय सरकार की घोषणा की गई थी
  - 24 अगस्त, 1946 को [UPPSC (Pre) 2022]

2. संविधान का निर्माण

- भारत के लिए संविधान की रचना हेतु संविधान सभा का विचार सर्वप्रथम किसने प्रस्तुत किया था? *- स्वराज पार्टी ने वर्ष 1934 में* [UPSC (Pre) 1996]
- किसने कहा था ''संविधान सभा अकेले ही देश के लिए एक स्वदेशी संविधान का निर्माण कर सकती है तथा सही मायने में और पूरी तरह से लोगों की इच्छा का प्रतिनिधित्व कर सकती है।''
  - महात्मा गाँधी [MPPSC (Pre) 2023]
- नेहरू जी ने संविधान सभा में 'उद्देश्य प्रस्ताव' कब प्रस्तुत किया था?
  - 13 दिसम्बर, 1946 [MPPSC (Pre) 2023]
- राष्ट्रमण्डल में भारत की सदस्यता का अनुमोदन किस वर्ष किया गया?
  - वर्ष 1949 [HPSC (Pre) 2023]
- संविधान सभा में अम्बेडकर का प्रथम अभिभाषण कब दिया गया?
  - 9 दिसम्बर, 1949 [HPSC (Pre) 2023]
- भारतीय संविधान सभा के उद्घाटन के अधिवेशन की अध्यक्षता किसके द्वारा की गई थी? *- डॉ. सच्चिदानन्द सिन्हा द्वारा* [UPPSC (Mains) 2013]
- संविधान सभा में 'उद्देश्य प्रस्ताव' किसके द्वारा प्रस्तुत किया गया था?
  - पण्डित जवाहरलाल नेहरू द्वारा [UPPSC (Mains) 2007]
- भारतीय संविधान का प्रथम प्रारूप तैयार किया गया था
  - बी.एन. राव द्वारा [UP (Lower) 2009]
- भारतीय संविधान सभा में कुल कितनी महिला सदस्या थीं?
  - 15 महिला सदस्य [UPPSC (Pre) 2014]
- मौलिक अधिकारों की उप-समिति किससे सम्बन्धित है?
  - जे.बी. कृपलानी से (HPSC (Pre) 2023)
- मौलिक अधिकारों की सलाहकार समिति के अध्यक्ष कौन थे
  - सरदार वल्लभभाई पटेल (HPSC (Pre) 2023)
- संविधान को 26 जनवरी के दिन लागू करने का निर्णय इसलिए लिया गया, क्योंकि *- कांग्रेस ने इस तिथि को वर्ष 1930 में स्वतन्त्रता दिवस के रूप में मनाया था* [BPSC (Pre) 2011]
- भारतीय संविधान के निर्माण के समय साविधानिक सलाहकार कौन थे?
  - बी.एन. राव [JPSC (Pre) 2003, UPPSC (Pre) 2014]

- भारतीय संविधान को अपनाया गया था
  – संवैधानिक सभा द्वारा [BPSC (Pre) 1994]
- भारतीय संविधान दिवस मनाया जाता है ***– 26 नवम्बर को [BPSC (Pre) 2016]***
- यह किसने कहा है कि ''मुझे इस आरोप के सम्बन्ध में कोई क्षमा नहीं माँगनी है कि संविधान के प्रारूप में गवर्नमेण्ट ऑफ इण्डिया एक्ट, 1935 के एक बड़े भाग को पुनः उत्पादित कर दिया गया है?''
  – डॉ.बी.आर. अम्बेडकर [UPPSC (Mains) 2015]
- डॉ. राजेन्द्र प्रसाद के कार्यभार सम्भालने से पहले संविधान के अस्थायी सभापति कौन थे? ***– डॉ. सच्चिदानन्द सिन्हा [UPSC (Pre) 2024]***
- भारत का संविधान कब लागू हुआ?
  – 26 जनवरी, 1950 [CGPSC (Pre) 2024]

3. भारतीय संविधान की विशेषताएँ

- भारतीय संविधान के विषय में यह कथन किसका है कि ''भारतीय संविधान अधिक कठोर तथा अधिक लचीले के मध्य एक अच्छा सन्तुलन स्थापित करता है?'' ***– के.सी. व्हेयर [UPPSC (Mains) 2005]***
- भारतीय संविधान की प्रकृति कैसी है?
  – प्रकृति में संघीय, किन्तु भावना में एकात्मक [BPSC (Pre) 2018]
- संसदीय स्वरूप के शासन का प्रमुख लाभ यह है कि यह
  – कार्यपालिका, विधानमण्डल के प्रति उत्तरदायी बनी रहती है [UPSC (Pre) 2017]
- सरकार को जनता के प्रति सामूहिक उत्तरदायित्व को सुनिश्चित करने के लिए संसदीय लोकतन्त्र की एक क्रियाविधि किस सिद्धान्त के अन्तर्गत सम्मिलित की जाती है?
  – सरकार के अन्तर्निहित सिद्धान्त के अन्तर्गत [UPSC (Pre) 2017]
- भारत एक गणतन्त्र है, जिसमें अन्तर्निहित है
  – राज्य का अध्यक्ष निर्वाचित होता है [UPPSC (Mains) 2017]
- लिखित संविधान की अवधारणा ने सर्वप्रथम कहाँ जन्म लिया?
  – संयुक्त राज्य अमेरिका में [MPPSC (Pre) 2006]
- भारतीय संविधान में उद्देशिका विचार लिया गया है
  – यू.एस.ए. के संविधान से [UPPSC (Pre) 2015]
- संसदीय शासन प्रणाली सर्वप्रथम किस देश में विकसित हुई?
  – ब्रिटेन [MPPSC (Pre) 2006, UPPSC (Pre) 2018]
- भारतीय संविधान में 'राज्यों के संघ' की संकल्पना को प्राप्त किया गया है
  – ब्रिटिश नॉर्थ अमेरिका अधिनियम (कनाडा) द्वारा [UPPSC (Pre) 2017]
- परिभाषा से संवैधानिक सरकार का अर्थ है
  – सीमित सरकार [UPSC (Pre) 2020]
- भारतीय राजव्यवस्था में कौन–सी अनिवार्य विशेषता है, जो यह दर्शाती है कि उसका स्वरूप संघीय है?
  – न्यायपालिका की स्वतन्त्रता सुरक्षित है [UPSC (Pre) 2021]
- त्वरित निर्णय, लचीलापन, बड़े देशों के लिए आदर्श और कानून की एकरूपता में से कौन–सी विशेषता केन्द्रीय शासन व्यवस्था के लिए सही नहीं है? ***– बड़े देशों के लिए आदर्श [BPSC (Pre) 2019]***
- एक संविधान संगत सरकार, लोकतान्त्रिक सरकार, विधि का शासन व सत्तावादी सरकार में से कौन–सी विशेषता भारतीय राजतन्त्र की नहीं है?
  – सत्तावादी सरकार [UPPSC (Mains) 2011]
- शक्तियों का परिसीमन, विधि के समक्ष समता, सरकार के प्रति जन–उत्तरदायित्व और स्वतन्त्रता एवं नागरिक अधिकार में किन्हें 'विधि के शासन' के प्रमुख लक्षणों के रूप में सही माना जाएगा?
  – शक्तियों का परिसीमन, विधि के समक्ष समता और स्वतन्त्रता एवं नागरिक अधिकार [UPPSC (Pre) 2018]
- संवैधानिक सरकार का आशय क्या है?
  –कोई सरकार, जो संविधान की सीमाओं से परिबद्ध हो [UPSC (Pre) 2021]
- भारतीय राजव्यवस्था में सर्वोच्च न्यायालय, संविधान, संसद और धर्म में से सर्वोच्च कौन है? ***– संविधान [BPSC (Pre) 2001, UPPSC (Mains) 2018]***
- भारतीय संविधान में मौलिक कर्त्तव्यों का विचार लिया गया है
  – रूस (पूर्व सोवियत संघ के) के संविधान से [UP UDA/LDA (Pre) 2014]
- भारतीय संविधान में अवशिष्ट शक्तियों का सिद्धान्त किस देश के संविधान से लिया गया है? ***– कनाडा के संविधान से [MPPSC (Pre) 2013]***
- संविधान में संसद के विशेषाधिकार सम्बन्धी प्रावधान किस देश के संविधान से प्रेरित हैं? ***– ब्रिटेन के संविधान से [MPPSC (Pre) 2013]***
- क्या भारतीय संविधान का दर्शन नहीं है?
  – साम्यवादी राज्य [UKPSC (Pre) 2024]

4. संविधान की उद्देशिका/प्रस्तावना

- भारत के संविधान के निर्माताओं का मत किसमें प्रतिबिम्बित होता है?
  – उद्देशिका [UPSC (Pre) 2017]
- भारतीय संविधान के उद्देश्य को प्रतिबिम्बित करता है
  – संविधान की प्रस्तावना [UPPSC (Pre) 2013]
- भारतीय संविधान का कौन–सा भाग संविधान की आत्मा कहलाता है?
  – संविधान की उद्देशिका (आमुख) [MPPSC (Pre) 2018, UPPSC (Mains) 2015]
- 26 जनवरी, 1949 को अंगीकृत भारतीय संविधान की प्रस्तावना में समाजवादी, पन्थनिरपेक्ष, अखण्डता और गणराज्य में से कौन–से शब्द सम्मिलित नहीं थे?
  – समाजवादी, पन्थनिरपेक्ष और अखण्डता [UPPSC (Pre) 2009]
- संविधान के निर्माताओं का मस्तिष्क किसमें परिलक्षित होता है?
  – प्रस्तावना/उद्देशिका [UKPSC (Pre) 2024]
- 26 नवम्बर, 1949 को अंगीकृत भारतीय संविधान की प्रस्तावना, में गणतन्त्र, विश्वसनीय, समाजवादी तथा गैर–धार्मिक में से कौन–से शब्द सम्मिलित नहीं थे?
  – विश्वसनीय, समाजवादी तथा गैर–धार्मिक [UKPSC (Pre) 2024]
- कौन–से शब्द 42वें संवैधानिक संशोधन द्वारा प्रस्तावना में जोड़े गए हैं?
  – समाजवादी, पन्थनिरपेक्षता व अखण्डता [UPPSC (Mains) 2010]
- भारत के संविधान की प्रस्तावना में कितने प्रकार के न्याय, स्वतन्त्रता, समानता एवं भ्रातृत्व का उसी क्रम में उल्लेख किया गया है?
  – 3 प्रकार के न्याय, 5 प्रकार की स्वतन्त्रता, 2 प्रकार की समानता एवं 1 प्रकार का भ्रातृत्व [UPPSC (Pre) 2018]
- भारतीय संविधान के उद्देश्यों में से एक के रूप में 'आर्थिक न्याय' का किसमें उपबन्ध किया गया है?
  – उद्देशिका और राज्य के नीति–निदेशक तत्त्व [UPSC (Pre) 2013]
- संविधान की प्रस्तावना का विधिक स्वरूप क्या है?
  – यह लागू नहीं किया जा सकता [UPPSC (Pre) 2019]

- भारतीय संविधान की प्रस्तावना में जिन आदर्शों एवं उद्देश्यों की रूपरेखा दी गई है, उनकी आगे व्याख्या की गई है
  – मूल अधिकारों, राज्य के नीति-निदेशक तत्त्वों एवं मौलिक कर्त्तव्यों में [UPPSC (Mains) 2004]
- विचार की स्वतन्त्रता, आर्थिक स्वतन्त्रता, अभिव्यक्ति की स्वतन्त्रता और विश्वास की स्वतन्त्रता में से कौन-सा भारत के संविधान की उद्देशिका में सन्निविष्ट नहीं है?
  – आर्थिक स्वतन्त्रता [UPPSC (Mains) 2008, UPPSC (Pre) 2017]
- किस वाद के फैसले में सर्वोच्च न्यायालय ने सर्वप्रथम घोषित किया कि उद्देशिका संविधान का भाग नहीं है?
  – बेरुबाडी यूनियन वाद (1960) [UPPSC (Mains) 2017]
- किस वाद में उच्चतम न्यायालय ने धारणा प्रस्तुत की कि उद्देशिका संविधान का भाग है?
  – बोम्मई बनाम यूनियन ऑफ इण्डिया [UPPSC (Pre) 2012]
- किस विवाद में सर्वोच्च न्यायालय ने प्रस्तावना को भारतीय संविधान की मौलिक संरचना का भाग स्वीकार किया?
  – केशवानन्द भारती विवाद [UPPSC (Pre) 2014]
- भारत के संविधान की उद्देशिका
  – संविधान का भाग है, किन्तु उसके अन्य भागों से स्वतन्त्र होकर उसका कोई विधिक प्रभाव नहीं है [UPSC (Pre) 2020]
- किसने भारतीय संविधान की प्रस्तावना को ''हमारे सम्प्रभु, प्रजातान्त्रिक गणतन्त्र की जन्मकुण्डली'' कहा? ***– के.एम. मुंशी [CGPSC (Pre) 2013]***

5. संघ एवं उसका राज्यक्षेत्र

- एक नया राज्य बनाने में संवैधानिक संशोधन के लिए कैसा बहुमत चाहिए?
  – साधारण (बहुमत) [CGPSC (Pre) 2014, BPSC (Pre) 2016]
- नए राज्यों के निर्माण के बारे में सही नहीं है
  – इस प्रकार की विधि को अनुच्छेद 368 के प्रयोजनों के लिए संविधान का संशोधन समझा जाएगा [UPPSC (Mains) 2011, BPSC (Pre) 2016]
- भारतीय संविधान के अन्तर्गत किसे राज्यों की सीमाओं को परिवर्तित करने की शक्ति प्राप्त है?
  – संसद को [UPPSC (Mains) 2015]
- किसी राज्य का क्षेत्र बढ़ाकर, किसी राज्य का क्षेत्र घटाकर, किसी राज्य का नाम परिवर्तन कर और एक राज्य संघ राज्यक्षेत्र शामिल कर सकने में से कौन एक नए राज्यों के निर्माण के लिए संवैधानिक उपबन्ध नहीं है?
  – एक राज्य संघ राज्यक्षेत्र शामिल कर सकेगा [UPPSC (Mains) 2013]
- नए राज्यों का गठन, राज्यों के क्षेत्रों में परिवर्तन, राज्यों की सीमाओं में परिवर्तन और नए राज्यों का प्रवेश में से कौन-सा संविधान के अनुच्छेद 3 के अन्तर्गत संसद के एक कानून द्वारा सम्भव नहीं है?
  – नए राज्यों का प्रवेश [UPPSC (Pre) 2012]
- कौन-सी एक भारतीय संघ-राज्य पद्धति की विशेषता नहीं है?
  – यह संघबद्ध होने वाली इकाइयों के बीच एक सहमति का परिणाम है [UPPSC (Pre) 2017]
- हैदराबाद, जम्मू-कश्मीर, गोवा व पंजाब में से 'ऑपरेशन पोलो' कहाँ चलाया गया था?
  – हैदराबाद [MPPSC (Pre) 2010]
- भारत में भाषा के आधार पर बना पहला राज्य कौन-सा था?
  – आन्ध्र प्रदेश [UPPSC (Pre) 2018]
- जम्मू-कश्मीर, जूनागढ़ व हैदराबाद में से किस देशी राज्य का भारत में विलय जनमत संग्रह के आधार पर हुआ था?
  – जूनागढ़ [UPPSC (Pre) 2010]
- आजादी के बाद भाषा के आधार पर भारत के राज्यों का पुनर्गठन किस वर्ष हुआ?
  – वर्ष 1956 में [BPSC (Pre) 2018]
- महाराष्ट्र, राजस्थान व हरियाणा राज्यों के निर्माण का सही अवरोही क्रम (Decending Order) क्या है?
  – हरियाणा, महाराष्ट्र और राजस्थान [UPPSC (Mains) 2013]
- किस वर्ष झारखण्ड राज्य अस्तित्व में आया?
  – वर्ष 2000 में [UPPSC (Mains) 2014, BPSC (Pre) 2017,18]
- छत्तीसगढ़ राज्य स्वरूप में आया ***– 1 नवम्बर, 2000 को [CGPSC (Pre) 2011]***
- छत्तीसगढ़ का राज्यक्षेत्र किस अधिनियम का परिणाम है?
  – मध्य प्रदेश पुनर्गठन अधिनियम [CGPSC (Pre) 2020]
- उत्तराखण्ड राज्य की स्थापना कब हुई?
  – वर्ष 2000 में [UPPSC (Mains) 2014]
- उत्तरांचल (नाम परिवर्तन) अधिनियम किस वर्ष में अस्तित्व में आया?
  – वर्ष 2006 में [UKPSC (Pre) 2022]
- बिहार, सिक्किम, हिमाचल प्रदेश और जम्मू-कश्मीर में से किस राज्य को केन्द्र सरकार द्वारा विशेष श्रेणी का दर्जा कभी प्रदान नहीं किया गया?
  – बिहार [BPSC (Pre) 2019]

6. नागरिकता

- भारतीय राजनीतिक व्यवस्था में कौन सर्वोच्च है?
  – संविधान [BPSC (Pre) 2001, UPPSC (Mains) 2013]
- भारतीय संविधान कैसी नागरिकता प्रदान करता है?
  – एकल नागरिकता [UPPSC (Pre) 1994, 2015]
- नागरिकता की विशेषताओं-राज्य तथा राष्ट्र की दोहरी नागरिकता, राज्य की एकल नागरिकता, सम्पूर्ण भारत की एकल नागरिकता और भारत व अन्य देश की दोहरी नागरिकता, इनमें से भारत के सन्दर्भ में कौन-सी सही है? ***– सम्पूर्ण भारत की एकल नागरिकता [UPPSC (Pre) 2015]***
- नागरिकता अधिनियम, 1955 के अन्तर्गत पंजीकरण द्वारा भारतीय नागरिकता प्राप्त करने के लिए भारतीय मूल के व्यक्ति को भारत में कितने वर्ष बिताने होंगे?
  – 7 वर्ष [CGPSC (Pre) 2017]
- नागरिकता पंजीकरण प्रणाली के अन्तर्गत कितने दिनों के अन्दर जन्म तथा मृत्यु की घटना को भारत में रजिस्ट्रेशन कराना कानूनी रूप से अनिवार्य होता है?
  – 21 दिन [UPPSC (Pre) 2019]
- एक व्यक्ति अपनी नागरिकता खो देगा, यदि वह
  – नागरिकता का स्वेच्छा से परित्याग कर दे, सरकार उसकी नागरिकता वापस ले ले, स्वेच्छा से अन्य देश की नागरिकता ले ले। [CGPSC (Pre) 2013, UPPSC (Mains) 2017]
- नागरिकता संशोधन अधिनियम, 2005 के अन्तर्गत कौन भारतीय कार्ड धारक प्रवासी नागरिक के रूप में पंजीकृत होने के लिए अर्ह नहीं है?
  – वे भारतीय, जो विभाजन के उपरान्त पाकिस्तान प्रवासी हो गए [UPPSC (Mains) 2016]
- नागरिकता (संशोधन) कानून कब पारित हुआ?
  – 11 दिसम्बर, 2019 [BPSC (Pre) 2020]

7. मौलिक अधिकार

- किसने कहा था कि ''एक मौलिक अधिकार को उस क्षण की किसी विशेष कठिनाई के दृष्टिकोण से नहीं देखा जाना चाहिए, बल्कि एक ऐसी चीज के रूप में जिसे आप संविधान में स्थायी बनाना चाहते हैं।'' ***– जवाहरलाल नेहरू [MPPSC (Pre) 2023]***
- वर्ष 1973 में किस वाद में सर्वोच्च न्यायालय द्वारा बुनियादी ढाँचे का सिद्धान्त प्रस्तुत किया? ***– केशवानन्द भारती [HPSC (Pre) 2023]***
- मानव अधिकारों की अवधारणा का प्रमुख बल है ***– मानव होने के नाते मानव गरिमा पर [UPPSC (Mains) 2014]***
- मौलिक अधिकार किसके विरुद्ध नागरिकों के दावे हैं? ***– राज्य के विरुद्ध [UPSC (Pre) 2017]***
- किस व्यक्ति ने मौलिक अधिकारों को हमारे लोगों के लिए एक प्रतिज्ञा तथा सभ्य विश्व के साथ किया गया समझौता कहा था? ***– डॉ. एस राधाकृष्णन [UPPSC (Pre) 2021]***
- भारत में रहने वाले ब्रिटिश नागरिकों को व्यापार एवं व्यवसाय की स्वतन्त्रता, विधि के समक्ष समानता, प्राण एवं दैहिक स्वतन्त्रता तथा धार्मिक स्वतन्त्रता (विश्वास) में से कौन-सा अधिकार प्राप्त नहीं है? ***– व्यापार एवं व्यवसाय की स्वतन्त्रता [UPSC (Pre) 2019]***
- भारतीयों को कुल कितने मौलिक अधिकार प्राप्त हैं? ***– छः [BPSC (Pre) 2001, HPSC (Pre) 2012]***
- भारत में सम्पत्ति के अधिकार की क्या स्थिति है? ***– यह विधिक अधिकार है, जो किसी भी व्यक्ति को प्राप्त है [MPPSC (Pre) 2025, HPSC (Pre) 2012, UKPSC (Pre) 2022]***
- समानता का अधिकार, विरोध का अधिकार, शोषण के विरुद्ध अधिकार व धर्म की स्वतन्त्रता का अधिकार में से कौन भारत के संविधान द्वारा प्रदत्त छः मौलिक अधिकारों में से नहीं है? ***– विरोध का अधिकार [UPPSC (Mains) 2015]***
- भारतीय संविधान में समानता का अधिकार पाँच अनुच्छेदों द्वारा प्रदान किया गया है, ये हैं ***– अनुच्छेद–14 से 18 [UPSC (Pre) 2002, UPPSC (Mains) 2015]***
- समाज में समानता होने का एक निहितार्थ यह है कि उसमें ***– विशेषाधिकारों का अभाव है [UPSC (Pre) 2017]***
- 'विधि का नियम' या 'कानून का अधिराज्य' का अर्थ क्या है? ***– सभी के लिए एक कानून और सभी के लिए एक न्यायतन्त्र [BPSC (Pre) 2020]***
- कानून को लागू करने के मामले में कोई विधान, जो किसी कार्यपालक अथवा प्रशासनिक प्राधिकारी को अनिर्देशित एवं अनियन्त्रित विवेकाधिकार देता है, भारत के संविधान के किस अनुच्छेद का उल्लंघन करता है? ***– अनुच्छेद 14 [UPSC (Pre) 2021]***
- संविधान के किन अनुच्छेदों के अनुसार, ओबीसी (अन्य पिछड़ा वर्ग) के लिए आरक्षण के प्रावधान किए गए हैं? ***– अनुच्छेद 15 (4) तथा 16 (4) [UKPSC (Pre) 2016]***
- भारतीय संविधान का कौन-सा अनुच्छेद अस्पृश्यता को समाप्त करता है? ***– अनुच्छेद 17 [MPPSC (Pre) 2022]***
- भारतीय संविधान में 'स्वतन्त्रता का अधिकार' चार अनुच्छेदों द्वारा प्रदान किया गया है, ये हैं ***– अनुच्छेद 19 से 22 तक [UPPSC (Mains) 2016]***
- भारतीय संविधान के किस अनुच्छेद में विधि की सम्यक् प्रक्रिया के सिद्धान्त को शामिल किया गया है? ***– अनुच्छेद 21 [UPPSC (Mains) 2014]***
- संविधान का कौन-सा अनुच्छेद दोषसिद्धि के सम्बन्ध में अभियुक्तों को दोहरे दण्ड एवं स्व-अभिशंसन से संरक्षण प्रदान करता है? ***– अनुच्छेद 20 [UKPSC (Pre) 2010]***
- उच्चतम न्यायालय के किस मामले के निर्णय के कारण संविधान के अनुच्छेद 21 के कार्य क्षेत्र का विस्तार कर शिक्षा के अधिकार को उसमें शामिल किया गया था? ***– उन्नीकृष्णन बनाम आन्ध्र प्रदेश [MPPSC (Pre) 2019]***
- बन्दी बनाए गए व्यक्ति के मौलिक अधिकारों की रक्षा किस अनुच्छेद में प्रदत्त है? ***– अनुच्छेद 22 [UPPSC (Mains) 2013]***
- प्रिवेण्टिव डिटेन्शन के अन्तर्गत एक व्यक्ति को बिना मुकदमा चलाए बन्दी बनाकर रखा जा सकता है? ***– तीन माह तक [UPPSC (Mains) 2009]***
- किस वाद ने भारतीय संविधान की मूल संरचना के सिद्धान्त की रूपरेखा प्रतिपादित की? ***– केशवानन्द भारती बनाम केरल राज्य [MPPSC (Pre) 2025, UPPSC (Pre) 2015]***
- 44वें संशोधन अधिनियम, 1978 द्वारा सम्पत्ति के अधिकार को संविधान के भाग-XII में किस अनुच्छेद के अन्तर्गत विधिक अधिकार बना दिया गया? ***– अनुच्छेद 300 (A) [CGPSC (Pre) 2020]***
- अनुच्छेद 14, 21, 25 व अनुच्छेद 29 में प्रदत्त अधिकारों में से कौन-से मौलिक अधिकार केवल भारत के नागरिकों को प्राप्त हैं? ***– अनुच्छेद 29, अल्पसंख्यकों के सांस्कृतिक एवं शैक्षणिक अधिकारों की रक्षा [HPSC (Pre) 2021]***

8. राज्य के नीति-निदेशक तत्त्व

- भारतीय संविधान में राज्य के नीति-निदेशक तत्त्वों का विचार लिया गया है ***– आयरलैण्ड के संविधान से [UPPSC (Mains) 2008, JPSC (Pre) 2010]***
- राज्य के नीति-निदेशक तत्त्वों को भारतीय संविधान में शामिल किए जाने के उद्देश्य हैं ***– सामाजिक और आर्थिक प्रजातन्त्र को स्थापित करना [UPSC (Pre) 2022]***
- राज्य के नीति-निदेशक तत्त्व देश के सामाजिक-आर्थिक लोकतन्त्र की व्याख्या करते हैं। इन तत्त्वों में अन्तर्विष्ट उपबन्ध किसके द्वारा प्रवर्तनीय (एनफोर्सिबल) नहीं हैं? ***– न्यायालय द्वारा [UPSC (Pre) 2015]***
- भारत के संविधान के उद्देश्यों में से एक के रूप में 'आर्थिक न्याय' का किसमें उपबन्ध किया गया है? ***– उद्देशिका और राज्य के नीति-निदेशक तत्त्वों में [UPSC (Pre) 2013]***
- भारतीय संविधान के अन्तर्गत धन का केन्द्रीकरण किसका उल्लंघन करता है? ***– राज्य के नीति-निदेशक तत्त्वों का [UPSC (Pre) 2021]***
- समान कार्य के लिए समान वेतन भारत के संविधान में सुनिश्चित किया गया, एक ***– राज्य के नीति-निदेशक सिद्धान्तों का अंग है [UP (Lower) 2004]***
- भारतीय संविधान के किस अनुच्छेद में यह उल्लेखित है कि राज्य के नीति-निदेशक तत्त्वों को किसी भी न्यायालय द्वारा लागू नहीं किया जा सकता है? ***– अनुच्छेद 37 [JPSC (Pre) 2024]***
- कौन-सा अनुच्छेद पंचायत के गठन के लिए राज्य सरकारों को निर्देश देता है? ***– अनुच्छेद 40 [BPSC (Pre) 2018]***
- संविधान के किस अनुच्छेद के अन्तर्गत समान न्याय एवं निःशुल्क विधिक सहायता का प्रावधान है? ***– अनुच्छेद 39 [UPPSC (Pre) 2020]***

- संविधान के किस अनुच्छेद के अन्तर्गत समान नागरिक संहिता का उल्लेख है? *- अनुच्छेद 44 [UPPSC (Pre) 2020, JPSC (Pre) 2024]*
- संविधान के किस अनुच्छेद के अन्तर्गत अनुसूचित जातियों तथा अनुसूचित जनजातियों के शैक्षणिक तथा आर्थिक हितों की अभिवृद्धि की बात कही है? *- अनुच्छेद 46 [UPPSC (Pre) 2021]*
- भारत के संविधान के अन्तर्गत किस में पर्यावरण संरक्षण एवं संवर्द्धन तथा वन व वन्य जीवन की रक्षा के प्रावधान पाए जाते हैं? *- राज्य के नीति-निदेशक तत्त्व और मूल कर्त्तव्यों में [UPPSC (Pre) 2019]*
- संविधान के किस अनुच्छेद के अन्तर्गत न्यायपालिका व कार्यपालिका का पृथक्करण का प्रावधान है? *- अनुच्छेद 50 [BPSC (Pre) 2020]*
- भारत के संविधान में अन्तर्राष्ट्रीय शान्ति और सुरक्षा की अभिवृद्धि का उल्लेख कहाँ है? *- राज्य के नीति-निदेशक तत्त्वों में [UPSC (Pre) 2014]*
- राज्य के नीति-निदेशक सिद्धान्तों का कौन-सा अनुच्छेद अन्तर्राष्ट्रीय शान्ति और सुरक्षा के संवर्द्धन से सम्बन्धित है? *- अनुच्छेद 51 [UPSC (Pre) 2002]*
- भारतीय संविधान का कौन-सा अनुच्छेद भारत की विदेश नीति से सम्बन्धित है? *- अनुच्छेद 51 [UPSC (Pre) 2016]*

9. मौलिक कर्त्तव्य

- भारतीय संविधान के किस अनुच्छेद में 42वें संविधान संशोधन विधेयक द्वारा 'मूल कर्त्तव्यों' को सम्मिलित किया गया है? *- अनुच्छेद 51 (A) में [UPPSC (Pre) 2015]*
- भारतीय संविधान में कितने मौलिक कर्त्तव्य हैं? *- ग्यारह [UPPSC (Mains) 2014]*
- भारतीय संविधान के अनुच्छेद 51 (क) के उपबन्धों के अन्तर्गत प्रयुक्त 'पालन एवं सम्मान' शब्द किससे सम्बन्धित हैं? *- संविधान [MPPSC (Pre) 2022]*
- भारत की प्रभुता, एकता और अखण्डता की रक्षा करने तथा उसे अक्षुण्ण रखने के मूल कर्त्तव्य को किस स्थान पर रखा गया है? *- तीसरे [RAS/RTS (Pre) 2014]*
- भारत के प्रत्येक नागरिक का कर्त्तव्य होगा, 'प्राकृतिक पर्यावरण का संरक्षण एवं सुधार' शामिल है *- अनुच्छेद 51 (क) [UPPSC (Pre) 1998]*
- ''भारत की प्रभुता, एकता और अखण्डता की रक्षा करें और उसे अक्षुण्ण रखें।'' इस उपबन्ध का उल्लेख किसमें किया गया है? *- मूल कर्त्तव्य [UPSC (Pre) 2015]*
- ग्राम पंचायत, राष्ट्रीय ध्वज, अनुसूचित जाति, अनुसूचित जनजाति व वन्य प्राणी में से किस एक का संरक्षण भारतीय नागरिक का मूल कर्त्तव्य है? *- वन्य प्राणी [UP (Lower) 2008]*
- राष्ट्रगान का सम्मान करना, राष्ट्रीय सम्पत्ति का बचाव करना, राष्ट्रीय महत्त्व के स्थानों और स्मारकों की रक्षा करना व प्राकृतिक वातावरण का संरक्षण और सुधार करना, में से कौन-सा एक मौलिक कर्त्तव्य नहीं है? *- राष्ट्रीय महत्व के स्थानों और स्मारकों की रक्षा करना [UPPSC (Mains) 2007]*
- भारतीय संविधान के अन्तर्गत लोक चुनावों में मतदान करना, वैज्ञानिक प्रवृत्ति विकसित करना, सार्वजनिक सम्पत्ति की सुरक्षा करना और संविधान के प्रति निष्ठावान रहना तथा उसके आदर्शों का सम्मान करना, में से कौन-सा मूल कर्त्तव्य नहीं है? *- लोक चुनावों में मतदान करना [UPSC (Pre) 2011]*
- भारत के सन्दर्भ में अधिकार और कर्त्तव्यों के मध्य सही सम्बन्ध को व्यक्त करता है *- अधिकार, कर्त्तव्यों के साथ सह-सम्बन्धित हैं [UPSC (Pre) 2017]*

11. संविधान संशोधन

- भारत के संविधान की कौन-सी अनुसूची संवैधानिक संशोधन द्वारा संविधान में जोड़ी गई? *- नौवीं अनुसूची [RPSC (Pre) 2024]*
- संविधान में संशोधन के लिए कम-से-कम आधे राज्यों के विधानमण्डलों द्वारा अनुसमर्थन की आवश्यकता होगी *- यदि ऐसा संशोधन अनुच्छेद-53 में कोई परिवर्तन करना चाहता है। [MPPSC (Pre) 2024]*
- अनुच्छेद 368 के अन्तर्गत संसद संविधान के किस भाग में संशोधन कर सकती है? *- किसी भी भाग में [UPPSC (Pre) 2015]*
- जब कोई संविधान संशोधन विधेयक भारत के राष्ट्रपति के समक्ष प्रस्तुत किया जाता है, तो भारत का राष्ट्रपति *- अनुमति देने हेतु बाध्य है [UPSC (Pre) 2022]*
- प्रथम संविधान संशोधन 1951, द्वितीय संविधान संशोधन 1952, तृतीय संविधान संशोधन 1954 और चतुर्थ संविधान संशोधन 1945 में से कौन-सा संविधान संशोधन पहला संवैधानिक संशोधन था, जिसे संविधान के अनुच्छेद 368(2) के परन्तुक की अपेक्षाओं के अनुरूप राज्य विधानमण्डलों द्वारा अनुसमर्थित किया गया? *- तृतीय संविधान संशोधन, 1954 [MPPSC (Pre) 2022]*
- भारत के उच्चतम न्यायालय के न्यायाधीश की आयु ऐसे प्राधिकारी द्वारा और ऐसी रीति से अवधारित की जाएगी, जिसका संसद विधि द्वारा उपबन्ध करे व अन्त: स्थापित करे, यह प्रावधान किस संशोधन के द्वारा किया गया? *- 15वाँ संविधान संशोधन अधिनियम, 1936 [RAS/RTS (Pre) 2018]*
- भारतीय संविधान का 91वाँ संशोधन प्रदान करता है *- मन्त्रिपरिषद की सीमित संख्या [MPPSC (Pre) 2023]*
- किस संविधान संशोधन द्वारा संविधान संशोधन करने के विधेयक को वीटो करने की राष्ट्रपति की शक्ति 'सहमति देनी होगी' शब्द से स्थानापन्न करके छीन ली गई है? *- 24वाँ संविधान संशोधन अधिनियम, 1971[RAS/RTS (Pre) 2015]*
- भारतीय रियासतों के शासकों के विशेष अधिकारों तथा प्रिवीपर्सों की समाप्ति किस वर्ष की गई? *- वर्ष 1971 (26वें संशोधन द्वारा) [MPPSC (Pre) 2020]*
- 42वें, 44वें 46वें और 50वें संशोधनों में से किस संविधान संशोधन अधिनियम को लघु संविधान कहा गया है? *- 42वें संविधान संशोधन अधिनियम, 1976 को [BPSC (Pre) 2005]*
- किस संवैधानिक संशोधन अधिनियम ने मौलिक अधिकारों की सूची से सम्पत्ति के अधिकार को हटाया? *- 44वें संवैधानिक संशोधन अधिनियम, 1978 ने [UPPSC (Mains) 2013, MPPSC (Pre) 2020]*
- भारतीय संविधान के प्राधिकृत हिन्दी पाठ को किस संविधान संशोधन के द्वारा प्रकाशित करने के लिए अधिकृत किया गया? *- 58वें संशोधन अधिनियम, 1987 [UP RO/ARO (Pre) 2016]*
- संविधान 61वें सशोधन अधिनियम, 44 वें संशोधन, 42वें संशोधन और 24वें संशोधन में से कौन-सा संविधान संशोधन मतदाता आयु घटाने से सम्बन्धित है? *- 61वें संविधान संशोधन [UPPSC (Mains) 2008, 2014]*
- किस संविधान संशोधन के अन्तर्गत दिल्ली नेशनल कैपिटल क्षेत्र बना? *- 69वें संविधान संशोधन [UPPSC (Mains) 2009, UPPSC (Pre) 2022]*

- 73वें संविधान संशोधन कानून की वैधानिक शुरुआत किस संविधान संशोधन बिल से हुई? *– 64वें संविधान संशोधन बिल [BPSC (Pre) 2020]*
- किस संशोधन अधिनियम के अन्तर्गत अनुच्छेद-16 में 4A जोड़कर अनुसूचित जाति एवं अनुसूचित जनजाति के लिए पदोन्नति में आरक्षण सुनिश्चित किया गया? *– 77वें संशोधन अधिनियम, 1995 [JPSC (Pre) 2024]*
- शिक्षा के अधिकार (6-14 वर्ष) को मौलिक अधिकारों में किस संविधान संशोधन के द्वारा सम्मिलित किया गया? *– 86वें संविधान संशोधन अधिनियम, 2002 के द्वारा [MPPSC (Pre) 2025, UPPSC (Pre) 2022]*
- अनुसूचित जाति और अनुसूचित जनजाति को संयुक्त राष्ट्रीय आयोग के किस संशोधन के अन्तर्गत दो अलग निकायों में बाँटा गया है? *– 89वें संविधान संशोधन अधिनियम, 2003 के [JPSC (Pre) 2016]*
- संविधान के किस संशोधन के द्वारा केन्द्रीय मन्त्रियों की संख्या लोकसभा के कुल सदस्यों के 15% पर सीमित कर दी गई है? *– 91वें संविधान संशोधन अधिनियम, 2003 [UPPSC (Pre) 2015, HPPSC (Pre) 2024]*
- संविधान के किस संशोधन के अन्तर्गत अन्य पिछड़ा वर्ग को शिक्षण संस्थाओं में प्रवेश हेतु 27% का आरक्षण दिया गया है? *– 93वें संविधान संशोधन अधिनियम, 2006 [UKPSC (Pre) 2012]*
- राष्ट्रीय न्यायिक नियुक्ति आयोग से सम्बन्धित किस संविधान संशोधन अधिनियम को सर्वोच्च न्यायालय की संविधान पीठ ने असंवैधानिक घोषित कर दिया था? *– 99वें संविधान संशोधन अधिनियम [RAS/RTS (Pre) 2021]*
- कौन-सा संविधान संशोधन वस्तु एवं सेवा कर (GST) नियमों के कार्यान्वयन के लिए आवश्यक प्रावधान करता है? *– 101वाँ संशोधन अधिनियम [UPPSC (Pre) 2021]*
- 103वाँ संविधान संशोधन, 2014 किस अनुच्छेद में संशोधन करता है? *– अनुच्छेद 15 [UP RO/ARO (Pre) 2016]*
- राष्ट्रपति रामनाथ कोविन्द ने किस संविधान संशोधन अधिनियम को 18 अगस्त, 2021 को स्वीकृति दी? *– 105वाँ संविधान संशोधन [RAS/RTS (Pre) 2021]*

14. केन्द्र-राज्य सम्बन्ध

- भारतीय संविधान के किस भाग में केन्द्र-राज्य विधायी सम्बन्ध दिए गए हैं? *– भाग-XI में [UPPSC (Mains) 2004, UKPSC (Pre) 2024]*
- भारतीय संविधान की सातवीं अनुसूची की किस सूची एवं प्रविष्टि का सम्बन्ध राज्य के विधानमण्डल के निर्वाचन से है? *– सूची II, प्रविष्टि 37 [MPPSC (Pre) 2021]*
- भारतीय संविधान के किस संशोधन में वनों को राज्य सूची से समवर्ती सूची में स्थानान्तरित कर दिया गया? *– 42वाँ संविधान संशोधन [CGPSC (Pre) 2021]*
- विवाह, विवाह-विच्छेद और गोद लेना संविधान की सातवीं सूची में किसके अन्तर्गत सम्मिलित किए गए हैं? *– समवर्ती सूची में [UPPSC (Mains) 2006]*
- अन्तरिक्ष एवं अनुसन्धान केन्द्र सूची, राज्य सूची, समवर्ती सूची और अवशिष्ट विषयों में से किसके अन्तर्गत आते हैं? *– अवशिष्ट विषय [UPPSC (Mains) 2004]*
- केन्द्र सरकार तथा राज्यों के मध्य आर्थिक सम्बन्धों की विवेचना की गई है *– अनुच्छेद 268-281 के अन्तर्गत [UPPSC (Pre) 2014]*
- संविधान के किस प्रावधान में कहा गया है कि विधि के प्राधिकार के बिना न तो कोई कर लगाया जा सकता है और न ही एकत्रित किया जा सकता है? *– अनुच्छेद 265 [UPPSC (Mains) 2007]*
- भारत के संविधान के किस अनुच्छेद में करों को केन्द्र द्वारा लगाया जाता है तथा एकत्रित किया जाता है, लेकिन केन्द्र और राज्यों के बीच वितरित किया जाता है? *– अनुच्छेद 270 [JPSC (Pre) 2017]*
- भारत में कर निर्दिष्टीकरण के संवैधानिक प्रावधानों के अन्तर्गत आय कर, भू-राजस्व, निगम कर और जी.एस.टी में से कौन-सा कर है, जो पूरी तरह से राज्यों द्वारा लगाया और वसूला जाता है? *– भू-राजस्व [JPSC (Pre) 2021]*
- सरकारिया आयोग, राजमन्नार समिति, इन्द्रजीत गुप्ता समिति और पुंछी आयोग में से कौन भारत में संघ-राज्य सम्बन्ध से सम्बन्धित नहीं है? *– इन्द्रजीत गुप्ता समिति [UPPSC (Pre) 2015]*

16. आपात उपबन्ध

- भारतीय संविधान के अन्तर्गत कितने प्रकार के आपातकाल की सोच है? *– तीन [UPPSC (Mains) 2009, 2014]*
- भारत के राष्ट्रपति किसकी सलाह पर अनुच्छेद 352 के तहत आपातकाल की घोषणा कर सकते हैं? *– संघ के मन्त्रिमण्डल [MPPSC (Pre) 2024]*
- भारतीय संविधान के अनुच्छेद 352 के अनुसार राष्ट्रीय आपात की घोषणा, संवैधानिक मशीनरी की विफलता, बाह्य आक्रमण, आन्तरिक अशान्ति, युद्ध बाह्य आक्रमण व सशस्त्र विद्रोह में से किन परिस्थितियों में की जा सकती है? *– युद्ध, बाह्य आक्रमण व सशस्त्र विद्रोह [BPSC (Pre) 2011, UPPSC (Pre) 2016]*
- राष्ट्रीय आपात की उद्घोषणा के लिए 'आन्तरिक अशान्ति या गड़बड़ी' शब्दों को कब से निरस्त कर दिया गया? *– 44वें संविधान संशोधन, 1978 [UPPSC (Pre) 2009]*
- संसद द्वारा संकटकाल की घोषणा का अनुमोदन कितनी अवधि के अन्तराल में होना आवश्यक है? *– 1 माह [UPPSC (Pre) 2006]*
- किस अनुच्छेद के अनुसार भारत के राष्ट्रपति द्वारा राष्ट्रीय आपातकाल की घोषणा की जा सकती है? *– अनुच्छेद 352 [BPSC (Pre) 2011]*
- मौलिक अधिकारों से जुड़े कौन-से अनुच्छेद भारतीय संविधान के अनुच्छेद 359 के अन्तर्गत आपात स्थिति लागू करने के दौरान निलम्बित नहीं हो सकते? *– अनुच्छेद 20 और 21 [UPPSC (Mains) 2009]*
- संघ एवं राज्यों के बीच करों के विभाजन सम्बन्धी प्रावधानों को किस परिस्थिति में निलम्बित किया जा सकता है? *– राष्ट्रीय आपात के समय [CGPSC (Pre) 2011]*
- भारत में राष्ट्रीय आपातकाल की घोषणा करने का आधार नहीं है *– आन्तरिक शक्ति को खतरा [UPPSC (Mains) 2016]*
- संघ का यह कर्त्तव्य होगा कि वह बाह्य आक्रमण तथा आन्तरिक गड़बड़ी से प्रत्येक राज्य की रक्षा करे-ऐसा प्रावधान भारतीय संविधान के किस अनुच्छेद में है? *– अनुच्छेद 355 [UPSC (Pre) 2003]*
- भारतीय संविधान के किस अनुच्छेद के अन्तर्गत किसी राज्य में राष्ट्रपति शासन लागू किया जा सकता है? *– अनुच्छेद 356 [UK UDA/LDA (Pre) 2007]*
- यदि भारत का राष्ट्रपति संविधान के अनुच्छेद 356 के अधीन यथा उपबन्धित अपनी शक्तियों का किसी विशेष राज्य के सम्बन्ध में प्रयोग करता है, तो *– उस राज्य के विधानमण्डल की शक्तियाँ संसद द्वारा या उसके प्राधिकार के अधीन प्रयोज्य होंगी [UPSC (Pre) 2018]*

- भारतीय संविधान के अनुच्छेद 356 के अन्तर्गत राष्ट्रपति शासन सर्वप्रथम कहाँ लागू किया गया था? *- पेप्सू/PEPSU में [UPPSC (Mains) 2010]*
- किसी राज्य में राष्ट्रपति शासन की उद्घोषणा के परिणामस्वरूप राज्य विधानसभा का विघटन, राज्य के मन्त्रिपरिषद् का हटाया जाना, स्थानीय निकायों का विघटन में से कौन-से परिणामों का होना आवश्यक नहीं है? *- राज्य विधानसभा का विघटन और स्थानीय निकायों का विघटन [UPSC (Pre) 2017]*
- भारत के संविधान के अनुच्छेद 360 के अधीन वित्तीय आपात की उद्घोषणा कितने मास की समाप्ति पर प्रवर्तन में नहीं रहेगी। यदि उस अवधि की समाप्ति से पहले संसद के दोनों सदनों के संकल्पों द्वारा उसका अनुमोदन नहीं कर दिया जाता? *- दो मास [UPSC (Pre) 2017]*

17. राष्ट्रपति

- संघीय कार्यपालिका, संसद, उच्चतम न्यायालय, उच्च न्यायालय एवं कैग में से कौन संविधान के भाग-V में वर्णित है? *- संघीय कार्यपालिका [HPSC (Pre) 2012]*
- भारतीय संविधान के अनुसार कौन राज्य का प्रमुख होता है? *- राष्ट्रपति [UPPSC (Pre) 2024]*
- राष्ट्रपति के निर्वाचन हेतु निर्वाचक गण के सदस्य होते हैं *- संसद के दोनों सदनों के निर्वाचित सदस्य, सभी राज्यों की विधानसभाओं के निर्वाचित सदस्य व दिल्ली और पुदुचेरी विधानसभाओं के निर्वाचित सदस्य [UPPSC (Mains) 2012]*
- भारत के राष्ट्रपति के निर्वाचन के सन्दर्भ में, प्रत्येक एम.एल.ए की वोट का मूल्य अलग-अलग राज्य में किस प्रकार होता है? *- प्रत्येक राज्य में अलग-अलग [UPPSC (Pre) 2018]*
- भारत में राष्ट्रपति चुनाव के निर्वाचक मण्डल में एक निर्वाचित संसद सदस्य के मत का मूल्य होता है *- $\frac{\text{सभी निर्वाचित विधानसभा सदस्यों के मतों का कुल मान}}{\text{निर्वाचित संसद सदस्यों की कुल संख्या}}$ [UPSC (Pre) 2003]*
- भारत के राष्ट्रपति को क्षमादान की शक्ति किस अनुच्छेद से प्राप्त होती है? *- अनुच्छेद-72 [MPPSC (Pre) 2023]*
- भारत के राष्ट्रपति को महाभियोग द्वारा हटाने की प्रक्रिया किस अनुच्छेद में वर्णित है? *- अनुच्छेद 61 [UPPSC (Pre) 2015, MPPSC (Pre) 2024]*
- राष्ट्रपति पर महाभियोग का आरोप संसद के किस सदन द्वारा लगाया जा सकता है? *- संसद के किसी भी सदन द्वारा [JPSC (Pre) 2003]*
- भारत के राष्ट्रपति पर महाभियोग चलाने के लिए कम-से-कम कितने दिन पूर्व सूचना देना आवश्यक है? *- 14 दिन [UPPSC (Pre) 2014]*
- संविधान के अन्तर्गत, संसद का सत्र आहूत करने, सत्रावसान करने, बैठक स्थगित करने तथा अध्यादेश जारी करने में से राष्ट्रपति की विधायी शक्ति कौन-सी नहीं है? *- संसद की बैठक स्थगित करना [CGPSC (Pre) 2018]*
- भारतीय संविधान के किस अनुच्छेद में राष्ट्रपति के महाभियोग से सम्बन्धित प्रावधान प्रदान किए गए हैं? *- अनुच्छेद 61 [MPPSC (Pre) 2023]*
- भारतीय संविधान के किस अनुच्छेद के अनुसार भारत का राष्ट्रपति (मुख्य न्यायाधीश के परामर्श से) किसी उच्च न्यायालय के न्यायाधीश को एक न्यायालय से दूसरे न्यायालय में स्थानान्तरित करता है? *- अनुच्छेद 222 [MPPSC (Pre) 2023]*
- लोकसभा के साधारण निर्वाचन के पश्चात् प्रथम सत्र और प्रत्येक वर्ष के प्रथम सत्र के आरम्भ में संसद के दोनों सदनों की संयुक्त बैठक को कौन सम्बोधित करता है? *- राष्ट्रपति [UPPSC (Pre) 2021]*
- अनुच्छेद 108 के अन्तर्गत लोकसभा और राज्यसभा की संयुक्त बैठक आहूत की जाती है *- राष्ट्रपति द्वारा [UPPSC (Mains) 2015]*
- भारतीय संविधान के किस संशोधन द्वारा राष्ट्रपति को कोई भी मामला मन्त्रिपरिषद् द्वारा पुनर्विचार किए जाने के लिए वापस भेजने का अधिकार दिया गया है? *- 44वें संविधान संशोधन अधिनियम, 1978 द्वारा [UPSC (Pre) 2002]*
- भारतीय संविधान का कौन-सा अनुच्छेद राष्ट्रपति को उच्चतम न्यायालय से परामर्श करने की शक्ति प्रदान करता है? *- अनुच्छेद 143 [UPPSC (Mains) 2012]*
- राष्ट्रपति की क्षमा प्रदान करने की शक्ति में क्षमा, लघुकरण, परिहार, विराम, प्रविलम्बन, रोक एवं निरन्तरता में से क्या सम्मिलित नहीं है? *- रोक और निरन्तरता [CGPSC (Pre) 2016]*
- भारत के राष्ट्रपतियों में किसे दार्शनिक राजा अथवा दार्शनिक शासक के रूप में जाना जाता है? *- डॉ. एस. राधाकृष्णन [UPPSC (Mains) 2014]*
- भारत के राष्ट्रपतियों वी.वी. गिरि, नीलम संजीव रेड्डी, के.आर. नारायणन और जाकिर हुसैन में से कौन ट्रेड यूनियन आन्दोलन से सम्बन्धित है? *- वी.वी. गिरि [UPPSC (Pre) 2012]*

18. उपराष्ट्रपति

- भारत के उपराष्ट्रपति का निर्वाचन एक निर्वाचक गण द्वारा किया जाता है, जिसके सदस्य होते हैं *- संसद के दोनों सदनों के सभी सदस्य [UPPSC (Mains) 2012]*
- राज्यसभा का पदेन अध्यक्ष कौन होता है? *- उपराष्ट्रपति [BPSC (Pre) 2017]*
- उपराष्ट्रपति को उसके पद से किसके प्रस्ताव के द्वारा हटाया जा सकता है? *- राज्य परिषद् के (राज्यसभा) [UPPSC (Mains) 2013]*
- भारत में उपराष्ट्रपति के निर्वाचन से सम्बन्धित विवाद कौन तय करता/करते है/हैं? *- सर्वोच्च न्यायालय [CGPSC (Pre) 2013]*
- मोहम्मद हामिद अंसारी का भारत के उपराष्ट्रपति के रूप में क्रमांक था *- 12वाँ [BPSC (Pre) 2008]*
- कौन राष्ट्रपति का पद-त्याग, अपदस्थीकरण अथवा मृत्यु के चलते राष्ट्रपति के रूप में कार्य करता है? *- भारत का उपराष्ट्रपति [UP UDA/LDA (Pre) 2010]*

19. प्रधानमन्त्री

- भारत का प्रधानमन्त्री-निर्वाचित, चयनित, मनोनीत व नियुक्त में से क्या होता है? *- नियुक्त [CGPSC (Pre) 2013]*
- भारतीय संविधान के अनुच्छेद 78 में किसके दायित्वों का प्रावधान है? *- प्रधानमन्त्री के [UPPSC (Pre) 2014]*
- भारत का प्रधानमन्त्री, मन्त्रिमण्डल, राष्ट्रपति, लोकसभा व राज्यसभा में से किसके प्रति जवाबदेह है? *- लोकसभा [BPSC (Pre) 2017]*
- एच.डी. देवगौडा, पी.वी. नरसिम्हा राव, चन्द्रशेखर व मोरारजी देसाई में से कौन भारत के प्रधानमन्त्री बनने से पूर्व किसी भी राज्य के मुख्यमन्त्री नहीं रहे थे? *- चन्द्रशेखर [UPPSC (Mains) 2011]*

- देवगौडा, आई.के. गुजराल, चन्द्रशेखर व डॉ. मनमोहन सिंह में से कौन अपने प्रधानमन्त्री काल में लोकसभा के सदस्य थे?
  – चन्द्रशेखर [UPPSC (Pre) 2015]
- प्रधानमन्त्री कार्यालय (PMO) किस वर्ष अस्तित्व में आया?
  – वर्ष 1977 में [UPPSC (Pre) 2019]
- किस सदन के सदस्यों द्वारा बहुमत से अविश्वास प्रस्ताव पारित होने पर मन्त्रिपरिषद् को त्याग-पत्र देना आवश्यक है?
  – लोकसभा के [UPPSC (Pre) 2012]
- अपना त्याग-पत्र देने के बाद भारत में एक मन्त्री को अपने त्याग-पत्र के विषय में लोकसभा में व्यक्तिगत वक्तव्य देने के लिए किसकी अनुमति की आवश्यकता होती है? ***– स्पीकर (लोकसभा अध्यक्ष) [CGPSC (Pre) 2015]***
- भारत की स्वतन्त्रता के पश्चात् प्रथम मन्त्रिमण्डल का कानून मन्त्री कौन था?
  – बी.आर. अम्बेडकर [JPSC (Pre) 2013]
- वी.पी. सिंह, आर. वेंकटरमण, वाई.बी. चह्वाण और प्रणब मुखर्जी में से कौन भारत के संघीय वित्त मन्त्री रहे हैं? ***– सभी [UPSC (Pre) 2007]***
- केन्द्र सरकार में भारत का महान्यायवादी, मन्त्रिपरिषद् सचिव, गृह सचिव और वित्त सचिव में से उच्चतम नागरिक सेवा अधिकारी कौन है?
  – मन्त्रिमण्डल सचिव [BPSC (Pre) 2017]
- 15 अगस्त, 1947 को केन्द्र में मन्त्रालयों की संख्या कितनी थी?
  – 18 [UPSC (Pre) 2009]
- मन्त्रिमण्डल सचिवालय का/के कार्य है/हैं
  – मन्त्रिमण्डल बैठकों के लिए कार्यसूची तैयार करना, मन्त्रिमण्डल समितियों के लिए सचिवालयी सहायता [CGPSC (Pre) 2013]
- भारत का महान्यायवादी किसके द्वारा नियुक्त किया जाता है?
  – भारत के राष्ट्रपति द्वारा [BPSC (Pre) 2018]
- भारत का मुख्य न्यायाधीश, भारत का महानियन्त्रक, भारत का महान्यायवादी और विधि सचिव में से कौन भारत के प्रथम विधि अधिकारी के रूप में जाना जाता है? ***– भारत का महान्यायवादी [UPPSC (Pre) 2006]***
- भारत के अटॉर्नी जनरल विधि सलाहकार हैं
  – भारत सरकार के [UPPSC (Mains) 2008]
- महाधिवक्ता, महान्यायवादी, अतिरिक्त महाधिवक्ता में से किसको अपने कर्त्तव्यों के पालन में भारत के राज्यक्षेत्र में सभी न्यायालयों में सुनवाई का अधिकार है?
  – महान्यायवादी को [UPPSC (Pre) 2015]

20. संसद

- भारतीय संसद में कौन शामिल हैं? ***– लोकसभा, राज्यसभा एवं राष्ट्रपति [UPPSC (Pre) 2014, MPPSC (Pre) 2022]***
- भारतीय संविधान के अनुच्छेद 87 के अन्तर्गत भारत का राष्ट्रपति अभिभाषण देता है
  – एक साथ समवेत संसद के दोनों सदनों में [RAS/RTS (Pre) 2016]
- स्वतन्त्र भारत में सर्वप्रथम संसदीय सचिव का पद किस वर्ष सृजित किया गया? ***– वर्ष 1952 [MPPSC (Pre) 2018]***
- राज्यसभा का सर्वप्रथम गठन किस वर्ष हुआ?
  – वर्ष 1952 में [UPPSC (Pre) 2017]
- राज्यसभा में कितने सदस्य होते हैं?
  – 250 सदस्य, इनमें से 12 सदस्य भारत के राष्ट्रपति द्वारा मनोनीत किए जाते हैं [MPPSC (Pre) 2010, BPSC (Pre) 2011]
- भारतीय लोकसभा के प्रथम अध्यक्ष थे
  – श्री गणेश वासुदेव मावलंकर [MPPSC (Pre) 2023]
- राज्यसभा का पदेन सभापति (अध्यक्ष) कौन होता है?
  – उपराष्ट्रपति [UPPSC (Pre) 2011]
- किस संकल्प के द्वारा भारत की संसद राज्य सूची के किसी भी विषय पर विधिक शक्ति प्राप्त कर सकती है?
  – राज्यसभा द्वारा अपने उपस्थित एवं मत देने वाले सदस्यों के कम-से-कम दो-तिहाई बहुमत से पारित कर लिया जाए [UPSC (Pre) 2016]
- भारतीय संविधान का कौन-सा अनुच्छेद संसद को राज्य सूची के विषय पर कानून बनाने के लिए शक्ति प्रदान करता है?
  – अनुच्छेद 249 [UPPSC (Mains) 2017]
- लोकसभा में सदस्यों की जो अधिकतम संख्या निर्धारित की गई है, वह है
  – 550 [CGPSC (Pre) 2015]
- भारतीय संविधान के अनुच्छेद 82 के अनुसार, लोकसभा की सीटों का राज्यों के मध्य आवण्टन किस जनगणना के आधार पर है?
  – वर्ष 1971 [MPPSC (Pre) 2018]
- लोकसभा का सदस्य चुने जाने के लिए एक व्यक्ति को किस आयु से कम का नहीं होना चाहिए? ***– 25 वर्ष [BPSC (Pre) 2018]***
- भारत संविधान के किस अनुच्छेद के अन्तर्गत लोकसभा में अनुसूचित जातियों के आरक्षण का प्रावधान किया गया था?
  – अनुच्छेद 330 [BPSC (Pre) 2018]
- लोकसभा में अनुसूचित जाति के लिए आरक्षित स्थानों की संख्या कितनी है? ***– 84 [MPPSC (Pre) 2018]***
- लोकसभा का पहला आम चुनाव कब हुआ था?
  – वर्ष 1952 में [UKPSC (Pre) 2005, MPPSC (Pre) 2015]
- किस लोकसभा ने अपना पाँच वर्ष का कार्यकाल पूरा नहीं किया?
  –तेरहवीं लोकसभा ने [UPSC (Pre) 2024]
- किसी सदस्य की सीट को रिक्त घोषित किया जा सकता है, यदि वह सदन से लगातार .... की अवधि के लिए अनुपस्थित रहता है।
  – 2 माह (60 दिन) [BPSC (Pre) 2017]
- यदि राष्ट्रपति ने संसद के संयुक्त सत्र के लिए अधिसूचना जारी कर दी और इस बीच लोकसभा विघटित हो जाए, तो क्या होगा?
  – संयुक्त सत्र यथासमय आहूत होगा [CGPSC (Pre) 2018]
- भारत की संचित निधि से निधि निकालने के लिए किसका अनुमोदन अनिवार्य है? ***– भारत की संसद [UPSC (Pre) 2011]***
- भारत के संविधान के अनुच्छेद 368 के अनुसार संसद किनके द्वारा संविधान के किसी उपबन्ध में संशोधन कर सकेगी?
  – परिवर्धन, परिवर्तन एवं निरसन [UPPSC (Pre) 2024]
- भारतीय संसद, लोक लेखा समिति, प्राक्कलन समिति, लोक उपक्रम समिति व याचिका समिति में से सबसे बड़ी समिति कौन-सी है?
  – प्राक्कलन समिति [UPPSC (Pre) 2020]
- संसद की स्थायी समिति के सदस्यों को लोकसभा एवं राज्यसभा से किस अनुपात में लिया जाता है?
  – क्रमश: दो और एक के अनुपात में [UPPSC (Mains) 2013]
- लोक लेखा समिति का मुख्य कार्य क्या है?
  – नियन्त्रक महालेखा परीक्षक (कैग) के वार्षिक प्रतिवेदनों की जाँच करना [UKPSC (Pre) 2024]

- लोक लेखा समिति, आकलन समिति, अनुसूचित जातियों एवं अनुसूचित जनजातियों की कल्याण समिति, सार्वजनिक उपक्रम समिति में से कौन संसद की स्थायी समिति नहीं है?
  - अनुसूचित जातियों एवं अनुसूचित जनजातियों की कल्याण समिति [UPPSC (Pre) 2024, RAS/RTS (Pre) 2018]
- कार्यकारी विधान पर समिति, अधीनस्थ विधान पर समिति, प्रशासकीय विधान पर समिति, प्रत्यायोजित विधान पर समिति में से कौन-सी संसदीय समिति कार्यपालिका को नियम-विनियम बनाने के लिए प्रत्यायोजित करने से सम्बन्धित है?
  - अधीनस्थ विधान पर समिति [BPSC (Pre) 2022]

21. राज्यपाल (राज्य की कार्यपालिका का प्रमुख)

- राज्य सरकारों का संवैधानिक प्रमुख कौन होता है?
  - राज्यपाल [BPSC (Pre) 2011]
- किसी राज्य का राज्यपाल किसके द्वारा नियुक्त किया जाता है?
  - राष्ट्रपति द्वारा [BPSC (Pre) 2018]
- जब एक ही व्यक्ति को दो या दो से अधिक राज्यों का राज्यपाल नियुक्त किया जाता है, तो उस राज्यपाल के सन्देय उपलब्धियाँ और भत्ते होंगे
  - इसे उन राज्यों के बीच ऐसे अनुपात में आवण्टित किया जाएगा, जैसा राष्ट्रपति आदेश द्वारा अवधारित करें। [UPPSC (Mains) 2016]
- मुख्यमन्त्री, राज्य लोकसेवा आयोग के सदस्य, उच्च न्यायालय के न्यायाधीश और महाधिवक्ता में से किसकी नियुक्ति राज्य का राज्यपाल नहीं करता है? *- उच्च न्यायालय के न्यायाधीश* [UKPSC (Pre) 2012]
- किसी राज्य का राज्यपाल संविधान के किस अनुच्छेद के अन्तर्गत विधानमण्डल के अवकाश के दौरान अध्यादेश जारी कर सकता है?
  - अनुच्छेद 213 [UPPSC (Mains) 2017]
- किस आयोग ने यह सुझाव दिया था कि राज्यपाल को उस राज्य के बाहर का एक प्रतिष्ठित व्यक्ति होना चाहिए और उसे एक ऐसा तटस्थ व्यक्ति होना चाहिए, जिसके गहन राजनीतिक जुड़ाव न हों या उसने हाल ही के वर्षों में राजनीति में भाग नहीं लिया हो?
  - सरकारिया आयोग (1983) [UPSC (Pre) 2019]

22. मुख्यमन्त्री एवं मन्त्रिपरिषद्

- राज्य विधानपरिषद् का प्रावधान भारतीय संविधान के किस अनुच्छेद में किया गया है?
  - अनुच्छेद 171[MPPSC (Pre) 2004]
- राज्य की संचित निधि का संचालन होता है
  - राज्य के विधानमण्डल द्वारा [UP (Lower) 2004]
- भारतीय संविधान के किस अनुच्छेद के अनुसार, राज्य के राज्यपाल द्वारा मुख्यमन्त्री को नियुक्त किया जाता है?
  - अनुच्छेद 164 [UKPSC (Pre) 2018]
- राज्यों में मुख्यमन्त्री सहित मन्त्रिपरिषद् में मन्त्रियों की न्यूनतम संख्या क्या हो सकती है?
  - 12 [UPPSC (Pre) 2020]
- बिना विधानसभा का सदस्य निर्वाचित हुए कोई मन्त्री कितने समय तक पद पर बना रह सकता है?
  - छह माह [CGPSC (Pre) 2003, MPPSC (Pre) 2003]
- राज्य सरकार के मन्त्रियों के वेतन एवं भत्तों का निर्धारण किया जाता है
  - राज्य विधानसभा द्वारा [UPPSC (Pre) 2008]
- संविधान का कौन-सा अनुच्छेद मुख्यमन्त्री के दायित्वों को परिभाषित करता है?
  - अनुच्छेद 167 [UP (Lower) 2013]
- भारत के किस राज्य में सर्वप्रथम महिला मुख्यमन्त्री सुचेता कृपलानी थीं?
  - उत्तर प्रदेश [RAS/RTS (Pre) 2003]

23. राज्य की विधायिका (विधानमण्डल)

- भारतीय संविधान के किस अनुच्छेद के अन्तर्गत विधानसभा को विधानपरिषद् का सृजन करने का प्रस्ताव पास करने की अनुमति मिलती है?
  - अनुच्छेद 169 [UPPSC (Pre) 2011]
- विधानपरिषद् में मनोनीत सदस्यों की संख्या कितनी है?
  - कुल सदस्य संख्या की 1/6 [UPPSC (Mains) 2017]
- राज्य विधानपरिषद् के कितने सदस्य प्रति दूसरे वर्ष सेवानिवृत्त हो जाते हैं?
  - एक-तिहाई [CGPSC (Pre) 2015]
- राज्य विधानपरिषद् के सदस्य का कार्यकाल कितना होता है?
  - 6 वर्ष [CGPSC (Pre) 2015]
- बिहार, महाराष्ट्र, राजस्थान और कर्नाटक में से किस राज्य में विधानपरिषद् नहीं है?
  - राजस्थान में [UP (Lower) 2013]
- राज्य विधानपरिषद् को भंग नहीं किया जा सकता, परन्तु .... किया जा सकता है।
  - समाप्त [UPPSC (Mains) 2007]
- सिक्किम, जम्मू-कश्मीर, हरियाणा और उत्तरांचल (उत्तराखण्ड) में से कौन-सा राज्य अनुच्छेद 170 के उस प्रावधान का अपवाद है, जिसमें कहा गया है कि एक राज्य की विधानसभा के गठन में 60 से कम सदस्य नहीं होंगे?
  - सिक्किम [UPPSC (Mains) 2015]
- विधानसभा के सदस्य के लिए न्यूनतम आयु क्या विहित की गई है?
  - 25 वर्ष [MPPSC (Pre) 1997]
- अरुणाचल प्रदेश, हिमाचल प्रदेश, मणिपुर और मेघालय भारतीय राज्यों में से किसकी राज्य विधानसभाओं में सदस्यों की संख्या अधिक है?
  - हिमाचल प्रदेश [BPSC (Pre) 2019]
- राज्यपाल, विधानसभा अध्यक्ष, मुख्यमन्त्री, विधि मन्त्री में से किसके द्वारा राज्य की विधानसभा के सत्रावसान का आदेश दिया जाता है?
  - राज्यपाल [MPPSC (Pre) 2002]
- भारत के किसी राज्य की विधानसभा के सन्दर्भ में जब किसी विशिष्ट विषय पर राज्य विधानमण्डल के पास कोई नियम नहीं होता, तो उस विषय पर वह किसके नियम का पालन करता है?
  - लोकसभा के नियम का [UPSC (Pre) 2019]
- राज्य का विधानमण्डल, संसद और राष्ट्रपति में से कौन एक राज्य की आकस्मिक निधि की स्थापना के लिए उत्तरदायी है?
  - सम्बन्धित राज्य का विधानमण्डल [UPPSC (Mains) 2014]
- यदि बजट विधानसभा में पुनःस्थापित होने के पूर्व खुल जाए तो क्या होगा? *- वित्त मन्त्री को त्याग-पत्र देना होगा* [CGPSC (Pre) 2016]
- राज्य विधानसभा में कोई भी धन विधेयक पुनःस्थापित नहीं किया जा सकता, बिना *- राज्य के राज्यपाल की संस्तुति के* [UPPSC (Pre) 2012]

24. सर्वोच्च न्यायालय

- भारत में उच्चतम न्यायालय का उद्घाटन किस तिथि में हुआ था?
  – 28 जनवरी, 1950 [MPPSC (Pre) 2013]
- भारतीय सर्वोच्च न्यायालय में न्यायाधीशों की नियुक्ति कौन करता है?
  – राष्ट्रपति [BPSC (Pre) 2017]
- सर्वोच्च न्यायालय के उस मण्डल में जो सर्वोच्च न्यायालय में जजों की नियुक्ति की अनुशंसा से सम्बन्धित है, में सर्वोच्च न्यायालय के मुख्य न्यायाधीश के अतिरिक्त कुछ अन्य वरिष्ठ न्यायाधीश होते हैं, ऐसे अन्य न्यायाधीश, जो इस मण्डल के सदस्य होते हैं, की संख्या
  – 4 [UPPSC (Pre) 2010]
- भारत के सर्वोच्च न्यायालय के कार्यवाहक मुख्य न्यायाधीश की नियुक्ति कौन करता है?
  – राष्ट्रपति [UPPSC (Pre) 2000]
- सर्वोच्च न्यायालय का न्यायाधीश अपने पद से त्याग-पत्र किसको लिखकर दे सकता है?
  – राष्ट्रपति को [BPSC (Pre) 2018, UPPSC (Pre) 2014]
- सर्वोच्च न्यायालय के न्यायाधीश भारत के राष्ट्रपति द्वारा हटाए जा सकते हैं
  – संसद में महाभियोग प्रस्ताव पारित होने पर [CGPSC (Pre) 2003]
- सर्वोच्च न्यायालय के न्यायाधीशों की सेवा निवृत्ति की उम्र क्या है?
  – 65 वर्ष [BPSC (Pre) 2017]
- उच्चतम न्यायालय में संविधान के निर्वचन से सम्बन्धित मामले की सुनवाई करने के लिए न्यायाधीशों की संख्या कम-से-कम कितनी होनी चाहिए?
  – पाँच [UPPSC (Pre) 2012]
- केन्द्र और राज्यों के बीच होने वाले विवादों का निर्णय करने की शक्ति भारत के उच्चतम न्यायालय में किसके अन्तर्गत आती है?
  – मूल अधिकारिता के अन्तर्गत [UPSC (Pre) 1996, 2014]
- किस कानून के अन्तर्गत यह विदित है कि भारत के उच्चतम न्यायालय की समस्त कार्यवाही अंग्रेजी भाषा में होगी?
  – भारत के संविधान का अनुच्छेद 348 [UPPSC (Mains) 2013]
- उच्चतम न्यायालय एवं उच्च न्यायालयों के न्यायाधीश की नियुक्ति के प्रावधानों को भारतीय संविधान द्वारा किस कमेटी की प्रकाशित अनुशंसा पर समाविष्ट किया गया?
  – सप्रू (सर तेज बहादुर सप्रू) [MPPSC (Pre) 2025]
- भारत का उच्चतम न्यायालय भारत के राष्ट्रपति को विधि अथवा तथ्यों के विषय पर सलाह देता है
  – यदि वह ऐसी कोई सलाह माँगता है [UPSC (Pre) 2010]]
- जनहित याचिका की अवधारणा की शुरुआत किस देश में हुई?
  – संयुक्त राज्य अमेरिका [RAS/RTS (Pre) 2018]
- भारत में सुधारात्मक याचिका उच्चतम न्यायालय में किस अनुच्छेद के अन्तर्गत दर्ज की जा सकती है? *– अनुच्छेद 142 [UPPSC (Mains) 2014]*

25. उच्च न्यायालय एवं अधीनस्थ न्यायालय

- उच्च न्यायालय के न्यायाधीश की नियुक्ति किसके द्वारा की जाती है?
  – भारत के राष्ट्रपति द्वारा [UPPSC (Pre) 2014]
- कार्यकारी न्यायाधीशों की नियुक्ति उच्चतम न्यायालय, जिला न्यायालय और उच्च न्यायालय में से कहाँ की जाती है?
  – उच्च न्यायालय में [UP RO/ARO (Pre) 2016]
- उच्च न्यायालयों के सेवानिवृत्त न्यायाधीश की पेंशन कहाँ से दी जाती है?
  – भारत की संचित निधि से [UPPSC (Mains) 2013]
- अरुणाचल प्रदेश, मेघालय, मिजोरम और त्रिपुरा राज्यों में से किन राज्यों में मार्च, 2013 में उच्च न्यायालय स्थापित किए गए?
  – मेघालय और त्रिपुरा [UPPSC (Pre) 2013]
- परामर्श सम्बन्धी क्षेत्राधिकार, प्रारम्भिक क्षेत्राधिकार, निरीक्षण का क्षेत्राधिकार और अपीलीय क्षेत्राधिकार में से कौन-सा राज्य के उच्च न्यायालय का मुख्य क्षेत्राधिकार नहीं है?
  – परामर्श सम्बन्धी क्षेत्राधिकार [UPPSC (Mains) 2017

28. भारत में स्थानीय स्वशासन

- लोकपाल, पंचायती राज पद्धति, अन्तरराज्य परिषद्, क्षेत्रीय राजनीति में से कौन तृण-मूल लोकतन्त्र से सम्बन्धित है?
  – पंचायती राज पद्धति [UPPSC (Mains) 2013
- स्थानीय स्वशासन की सर्वोत्तम व्याख्या यह कही जा सकती है कि यह एक प्रयोग है *– लोकतान्त्रिक विकेन्द्रीकरण का [UPSC (Pre) 2017*
- पंचायती राज व्यवस्था का मूल उद्देश्य क्या सुनिश्चित करना है?
  – विकास में जन-भागीदारी व लोकतान्त्रिक विकेन्द्रीकरण [UPSC (Pre) 2015
- भारत में त्रि-स्तरीय पंचायती राजव्यवस्था की सिफारिश किसने की थी?
  – बलवन्त राय मेहता समिति [UPSC (Pre) 2005, MPPSC (Pre) 2014
- बी. आर. मेहता समिति, अशोक मेहता समिति, जी. वी. के. राव समिति और सरकारिया आयोग में से किस समिति/आयोग ने न्याय पंचायतों के गठन की सिफारिश की थी? *– अशोक मेहता समिति [UKPSC (Pre) 201*
- पंचायती राज को संवैधानिक स्थिति प्रदान करने की संस्तुति किस कमेटी द्वारा की गई थी? *– एल.एम.सिंघवी कमे [MPPSC (Pre) 2009, HPSC (Pre) 2021, UPPSC (Mains) 200*
- पी.वी. एन. राव समिति, एल.एम. सिंघवी समिति, अशोक मेहता समिति, बलवन्त राय मेहता समिति में से कौन-सी एक समिति पंचायती राज संस्था से सम्बन्धित नहीं है? *– पी.वी.एन. राव समिति [UPPSC (Pre) 201*
- भारतीय संविधान का अनुच्छेद 40 राज्य को किसके सम्बन्ध में सार्थक कदमों हेतु परामर्श देता है?
  – ग्राम पंचायतों के संगठन के सम्बन्ध में [UPPSC (Pre) 201
- ग्रामीण स्थानीय शासन का 'पंचायती राज' नामांकन जवाहरलाल नेहरू, डॉ राजेन्द्र प्रसाद, सरदार पटेल और एम. के. गाँधी में से किस नेता के सुझाव का परिणाम था? *– एम. के गाँधी [UP RO/ARO (Pre) 201*
- 73वें संविधान संशोधन कानून की वैधानिकता शुरुआत किस संविधान संशोधन बिल से हुई? *– 64वाँ संविधान संशोधन बिल [BPSC (Pre) 20*
- भारतीय संघात्मक व्यवस्था में तृतीय तल कब जोड़ा गया?
  – वर्ष 1993 [BPSC (Pre) 1999, UPPSC (Pre) 20
- जन-स्वास्थ्य, स्वच्छता का प्रबन्ध, जन-उपयोगी सेवाएँ और लोक-व्यवस्था अनुरक्षण में से कौन-सा कार्य स्थानीय स्वशासन से सम्बन्धित नहीं है? *– लोक-व्यवस्था का अनुरक्षण [UKPSC (Pre) 20*
- पंचायती चुनावों में अनुसूचित जातियों के लिए पदों का आरक्षण उत्तर प्रदेश, असम, अरुणाचल प्रदेश और हरियाणा में से किस राज्य में लागू नहीं होगा?
  – अरुणाचल प्रदेश [UPPSC (Pre) 20
- ग्राम सभा का अभिप्राय है *– ग्राम स्तर के पंचायत क्षे निर्वाचक नामावली में पंजीकृत लोग [UP (Lower) 20*

- राजस्थान–तेलंगाना–महाराष्ट्र, आन्ध्र प्रदेश–झारखण्ड–ओडिशा, असम–मेघालय–तमिलनाडु, हिमाचल प्रदेश–गुजरात–छत्तीसगढ़ राज्यों के किस समूह पर पेसा अधिनियम, 1996 प्रवर्तनीय नहीं है?
  – असम–मेघालय–तमिलनाडु [RAS/RTS (Pre) 2016]
- पंचायत समिति के सदस्य कैसे चुने जाते हैं?
  – जनता द्वारा प्रत्यक्ष रूप से चुने जाते हैं [JPSC (Pre) 2011]
- संविधान का कौन–सा भाग नगरपालिकाओं से सम्बन्धित है?
  – भाग–IXA [UP (Lower) 2015]
- यदि पंचायत और छावनी बोर्ड के मध्य विवाद हो, तो अन्तिम निर्णय कौन लेगा? ***– राज्य सरकार केन्द्र सरकार के अनुमोदन के अधीन [CGPSC (Pre) 2016]***
- किसी राज्य में नगरपालिका का सीमा क्षेत्र अधिसूचित करने के लिए सक्षम है
  – सम्बन्धित राज्य का राज्यपाल [UP (Lower) 2015]
- राज्य वित्त आयोग का गठन भारतीय संविधान के किस अनुच्छेद के अन्तर्गत किया जाता है?
  – अनुच्छेद 243 (I) के अनुसार [UP UDA/LDA (Pre) 2023]

29. केन्द्रशासित प्रदेश और उसका प्रशासन

- गोवा, लक्षद्वीप, दादरा एवं नगर हवेली, चण्डीगढ़ में से कौन–सा केन्द्रशासित प्रदेश (संघ राज्य क्षेत्र) नहीं है? ***– गोवा [MPPSC (Pre) 2010]***
- दमन एवं दीव, पुदुचेरी, दिल्ली और चण्डीगढ़ में से भारत का सबसे बड़ा संघ राज्य है ***– दिल्ली [UPPSC (Pre) 2014]***
- दिल्ली एक राज्य, एक केन्द्रशासित प्रदेश, एक स्वायत्तशासी परिषद् में से क्या है? ***– एक केन्द्रशासित प्रदेश [BPSC (Pre) 1997, UPPSC (Pre) 2014]***
- किस संविधान संशोधन द्वारा दिल्ली को राष्ट्रीय राजधानी क्षेत्र का दर्जा दिया गया? ***– 69वाँ संविधान संशोधन अधिनियम, 1991 [UPPSC (Pre) 2014]***
- केन्द्रशासित प्रदेश लक्षद्वीप किस उच्च न्यायालय के क्षेत्राधिकार में आता है?
  – केरल उच्च न्यायालय [MPPSC (Pre) 2014]
- केन्द्रशासित प्रदेश के लिए राष्ट्रपति द्वारा किसी प्रावधान के निर्माण का अधिकार भारतीय संविधान के किस अनुच्छेद से प्राप्त है?
  – अनुच्छेद 240 [RAS/RTS (Pre) 2018]
- किस केन्द्रशासित प्रदेश के पास उच्च न्यायालय मौजूद है?
  – दिल्ली [CGPSC (Pre) 2011]

30. अनुसूचित क्षेत्र एवं जनजातीय क्षेत्र

- भारत के संविधान की किस अनुसूची में विभिन्न राज्यों में अनुसूचित क्षेत्रों के प्रशासन एवं नियन्त्रण के लिए विशेष उपबन्ध हैं?
  – 5वीं अनुसूची [UPSC (Pre) 2008]
- भारत के संविधान में पाँचवीं अनुसूची और छठी अनुसूची के उपबन्ध किस लिए किए गए हैं? ***– अनुसूचित जनजातियों के हितों के संरक्षण के लिए [UPSC (Pre) 2015]***
- किसी जाति तथा जनजाति को अनुसूचित जाति तथा अनुसूचित जनजाति घोषित करने हेतु, शक्ति सम्पन्न सांविधानिक प्राधिकारी है
  – भारत का राष्ट्रपति [UPPSC (Pre) 2016]
- अनुसूचित जनजाति का दर्जा ***– धर्मनिष्ठ से तटस्थ है [RAS/RTS (Pre) 2010]***
- भारतीय संविधान की छठी अनुसूची किन राज्यों के जनजातीय क्षेत्रों के प्रशासन से सम्बन्धित है?
  – मेघालय, त्रिपुरा, मिजोरम तथा असम [UPPSC (Mains) 2016]
- भारत के संविधान की किस अनुसूची के अधीन जनजातीय भूमि को खनन के लिए निजी पक्षकारों को अन्तरण, अकृत और शून्य घोषित किया जा सकता है?
  – पाँचवीं अनुसूची [UPSC (Pre) 2019]
- पंचायतों के प्रावधान (अनुसूचित क्षेत्रों में विस्तार) अधिनियम, 1996 के अन्तर्गत पाँचवीं अनुसूची वाले कितने राज्य शामिल हैं?
  – 10 [JPSC (Pre) 2008]
- असम, नागालैण्ड, त्रिपुरा तथा मिजोरम में से कौन–सा राज्य अनुसूचित क्षेत्र (छठी अनुसूची) में शामिल नहीं है? ***– नागालैण्ड [MPPSC (Pre) 2014]***
- भारत के संविधान की किस अनुसूची के अन्तर्गत खनन के लिए जनजातीय भूमि का निजी दलों को हस्तान्तरित करने को शून्य और रिक्त घोषित किया जाता है? ***– पाँचवीं अनुसूची [CGPSC (Pre) 2013]***

31. प्रमुख संवैधानिक निकाय

- वित्त आयोग अध्यक्ष व सदस्यों की नियुक्ति किसके द्वारा होती है?
  – भारत के राष्ट्रपति [UPPSC (Pre) 2021]
- भारत में प्रति पाँच वर्ष बाद वित्त आयोग की नियुक्ति की जाती है
  – केन्द्रीय अनुदान और संघ के राजस्व में राज्यों के अंश निर्धारित करने के लिए [MPPSC (Pre) 2014]
- भारत के वित्त आयोग का प्राथमिक कर्त्तव्य है
  – संघ और राज्यों के मध्य कर राजस्व के वितरण हेतु सिफारिश देना [UPPSC (Pre) 2021]
- राष्ट्रपति, लोकसभा का अध्यक्ष, प्रधानमन्त्री और संघीय वित्त मन्त्री में से कौन वित्त आयोग द्वारा की गई प्रत्येक संस्तुति को संसद के प्रत्येक सदन के समक्ष रखवाएगा? ***– भारत का राष्ट्रपति [UPSC (Pre) 2010]***
- भारत के प्रथम वित्त आयोग के अध्यक्ष कौन थे?
  – के.सी.नियोगी [UPPSC (Pre) 2021]
- किस वर्ष में एकाउण्टिंग को ऑडिटिंग (लेखा परीक्षा) से अलग किया गया तथा नियन्त्रक एवं महालेखा परीक्षा का कार्य केवल सरकारी लेखों तक सीमित रह गया? ***– वर्ष 1976 [UPPSC (Pre) 2019]***
- भारत के नियन्त्रक एवं महालेखा परीक्षक को उसके पद से हटाए जाने की प्रक्रिया किसके समान है?
  – उच्चतम न्यायालय का न्यायाधीश [RAS/RTS (Pre) 2018]
- किस अनुच्छेद के अन्तर्गत वित्त आयोग के गठन का प्रावधान किया गया है?
  – अनुच्छेद 280 [BPSC (Pre) 2018]
- भारत के नियन्त्रक एवं महालेखा परीक्षक के संघ के लेखा सम्बन्धी प्रतिवेदनों को सर्वप्रथम किसे प्रस्तुत किया जाता है?
  – भारत के राष्ट्रपति को [MPPSC (Pre) 2022]
- भारत के नियन्त्रक और महालेखा परीक्षक के वेतन एवं सेवा शर्तें कहाँ पर विनिर्दिष्ट हैं? ***– द्वितीय अनुसूची, भारत का संविधान [MPPSC (Pre) 2023]***
- अनुसूचित जातियों और अनुसूचित जनजातियों के लिए एक राष्ट्रीय आयोग गठित करने का प्रावधान संविधान के किस अनुच्छेद के अन्तर्गत किया गया है? ***– अनुच्छेद 338 और 338(A) [BPSC (Pre) 2013, MPPSC (Pre) 2022]***
- भारतीय संविधान के किस अनुच्छेद के अन्तर्गत राष्ट्रीय अनुसूचित जाति आयोग का गठन किया गया है? ***– अनुच्छेद–338 [MPPSC (Pre) 2025, 2023]***

32. गैर-संवैधानिक निकाय

- योजना आयोग के स्थान पर नीति आयोग का गठन हुआ *– 1 जनवरी, 2015 को* [CGPSC (Pre) 2015, BPSC (Pre) 2018]
- भारत में नीति आयोग की स्थापना जनवरी, 2015 में की गई *– संघीय मन्त्रिपरिषद् द्वारा पारित एक विशिष्ट प्रस्ताव से* [UP RO/ARO (Pre) 2016]
- क्रियान्वयन हेतु राज्यों के संसाधनों एवं प्रयासों को गतिशील करना, सभी महत्त्वपूर्ण क्षेत्रों में सामान्य नीतियों का विकास करना और देश के सभी क्षेत्रों में सन्तुलित विकास को सुनिश्चित करने में से कौन-सा राष्ट्रीय विकास परिषद् का प्रमुख कार्य है? *– उपरोक्त सभी* [CGPSC (Pre) 2019]
- भारत के मानवाधिकार आयोग के प्रथम अध्यक्ष थे *– न्यायमूर्ति रंगनाथ मिश्र* [UKPSC (Pre) 2022]
- सशस्त्र बलों के सदस्यों द्वारा मानवाधिकारों के अतिक्रमण की शिकायतों के बारे में आयोग स्वप्रेरणा से या किसी अर्जी की प्राप्ति पर, स्वयं जाँच करना, जाँच करने हेतु सम्बन्धित पुलिस अधिकारियों को निर्देशित करने और केन्द्रीय सरकार से रिपोर्ट माँगने में से क्या कर सकता है? *– केन्द्रीय सरकार से रिपोर्ट माँग सकेगा* [MPPSC (Pre) 2018]
- मानव अधिकार संरक्षण अधिनियम, 1993 की धारा 2, धारा 3, धारा 2(h) और धारा 2(m) में से किस धारा में लोक सेवक की परिभाषा दी गई है? *– धारा 2 (m) में* [MPPSC (Pre) 2016]
- राज्य मानवाधिकार आयोग के अध्यक्ष और सदस्यों की नियुक्ति किसके द्वारा की जाती है? *– राज्यपाल द्वारा* [MPPSC (Pre) 2015, 2020]
- 'यूनिवर्सल डिक्लेरेशन ऑफ ह्यूमन राइट्स' में कुल कितने अनुच्छेद हैं? *– 30* [MPPSC (Pre) 2013]
- स्वतन्त्रता और समानता, जीवन तथा स्वतन्त्रता का अधिकार, शिक्षा का अधिकार और निजता का अधिकार में से कौन-सा एक संयुक्त राष्ट्र द्वारा सूचीबद्ध मानवाधिकारों में से नहीं है? *– निजता का अधिकार* [JPSC (Mains) 2016]
- राज्य मानवाधिकार आयोग अपना वार्षिक प्रतिवेदन किसके समक्ष प्रस्तुत करता है? *– राज्यपाल* [MPPSC (Pre) 2018]
- संविधान समीक्षा आयोग जिसे फरवरी, 2000 में गठित किया गया, के अध्यक्ष थे? *– एम. एन. वेंकटचेलैया* [BPSC (Pre) 2001, UPPSC (Mains) 2002]
- केन्द्रीय सूचना आयोग की स्थापना किस वर्ष हुई थी? *– वर्ष 2005 में* [UPPSC (Pre) 2022]
- भारतीय संविधान का कौन-सा अनुच्छेद केन्द्रीय सतर्कता आयोग का वर्णन करता है? *– कोई भी अनुच्छेद नहीं* [UPPSC (Pre) 2020]
- केन्द्रीय सूचना आयोग, राज्य सूचना आयोग, केन्द्रीय सूचना आयोग या राज्य सूचना आयोग और उच्च न्यायालय या केन्द्रीय सूचना आयोग या राज्य सूचना आयोग में से कौन सूचना का अधिकार अधिनियम की धारा 20 के अन्तर्गत जुर्माना लगा सकता है? *– केन्द्रीय सूचना आयोग या राज्य सूचना आयोग* [MPPSC (Pre) 2022]
- रिसर्च एवं एनालिसिस विंग (RAW) गृह मन्त्रालय, मन्त्रिमण्डल सचिवालय, प्रधानमन्त्री कार्यालय और विदेश मन्त्रालय में से किसका भाग है? *– मन्त्रिमण्डल सचिवालय का* [JPSC (Mains) 2016]

33. भारत में लोक सेवाएँ

- संघ तथा राज्यों के लिए लोक सेवा आयोग का प्रावधान संविधान के किस अनुच्छेद में है? *– अनुच्छेद 315* [MPPSC (Pre) 2023]
- संघ लोक सेवा आयोग कैसा संगठन है? *– संवैधानिक संगठन* [UPPSC (Mains) 2014]
- संघ लोक सेवा आयोग राज्य की आवश्यकताओं की पूर्ति के लिए सहमत हो सकता है *– राज्यपाल की माँग और राष्ट्रपति की संस्तुति पर* [JPSC (Pre) 2021]
- भारतीय संविधान का कौन-सा अनुच्छेद 'प्रसाद का सिद्धान्त' उल्लिखित करता है? *– अनुच्छेद 310* [CGPSC (Pre) 2016]
- सिविल सेवाओं में सुधार हेतु 'पीसी होता समिति' का गठन किस वर्ष किया गया था? *– वर्ष 2004* [UPPSC (Pre) 2021]
- राज्य लोक सेवा आयोग के सदस्यों एवं अध्यक्ष की नियुक्ति किसके द्वारा की जाती है? *– राज्यपाल* [MPPSC (Pre) 2005, 2022]
- दो या दो से अधिक राज्यों के लिए एक संयुक्त राज्य लोक सेवा आयोग की स्थापना की जा सकती है *– यदि सम्बन्धित राज्य इस सम्बन्ध में करार कर करते हैं, तो संसद विधि द्वारा संयुक्त राज्य लोक सेवा आयोग का प्रावधान करती है* [MPPSC (Pre) 2021, UPPSC (Pre) 2022]
- दो या दो से अधिक राज्यों के लिए संयुक्त लोक सेवा आयोग अध्यक्ष की नियुक्ति कौन करता है? *– भारत के राष्ट्रपति* [RAS/RTS (Pre) 2016]
- किस तिथि को भारत में 'लोक सेवा दिवस' मनाया जाता है? *– 21 अप्रैल* [UKPSC (Pre) 2022]
- किसी राज्य लोक सेवा आयोग के कार्यों को किसके अनुमोदन से संघ लोक सेवा आयोग को सौंपा जा सकता है? *– भारत के राष्ट्रपति* [UP RO/ARO (Mains) 2014]
- सिविल सेवा के लिए भर्ती की पद्धति, सिविल सेवाओं की नियुक्ति में अनुसरण किए जाने वाले सिद्धान्त, सिविल सेवाओं में प्रोन्नति एवं एक सेवा से दूसरी सेवा में अन्तरण के लिए अनुसरण किए जाने वाले सिद्धान्त और सिविल सेवाओं के स्थानान्तरण में से किस मामले में राज्य लोक सेवा आयोग से परामर्श नहीं लिया जाता है? *– सिविल सेवाओं के स्थानान्तरण पर* [RAS/RTS (Pre) 2013]
- भारत के सन्दर्भ में नौकरशाही का उपयुक्त चरित्र-चित्रण क्या है? *– लोक नीति को कार्यान्वित करने वाला अभिकरण* [UPSC (Pre) 2020]

34. राजभाषा

- भारतीय संविधान के किस अनुच्छेद में यह व्यवस्था की गई है कि प्रत्येक राज्य शिक्षा के प्राथमिक स्तर पर मातृभाषा में शिक्षा की पर्याप्त सुविधाओं की व्यवस्था करने का प्रयास करेगा? *– अनुच्छेद 350 (क)* [UPSC (Pre) 2010, UPPSC (Pre) 2002, 2003]
- किस संविधान संशोधन अधिनियम के अन्तर्गत भारत के संविधान की आठवीं अनुसूची में चार भाषाएँ जोड़ी गईं, जिससे उनकी संख्या बढ़कर 22 हो गई? *– 92वें संविधान संशोधन अधिनियम* [UPSC (Pre) 2007]
- उर्दू, नेपाली, कोंकणी और भोजपुरी में से कौन-सी भाषा संविधान की आठवीं सूची में नहीं है? *– भोजपुरी* [MPPSC (Pre) 2005]
- संस्कृत, सिन्धी, पंजाबी और कोंकणी में से कौन-सी भाषा संविधान की आठवीं अनुसूची में संवैधानिक संशोधन द्वारा जोड़ी गई? *– सिन्धी और कोंकणी* [UPPSC (Pre) 199

- राजभाषा आयोग किस वर्ष समाप्त कर दिया गया?
- वर्ष 1976 [UPPSC (Pre) 2001]
- अंग्रेजी, हिन्दी, संस्कृत और उर्दू में से कौन-सी भाषा संविधान की आठवीं अनुसूची में शामिल नहीं है?
- अंग्रेजी [CGPSC (Pre) 2018]
- बिहार, छत्तीसगढ़, उत्तर प्रदेश और उत्तराखण्ड में से किस राज्य ने संस्कृत भाषा को राज्य की द्वितीय राजभाषा का दर्जा प्रदान किया है?
- उत्तराखण्ड ने [UPPSC (Pre) 2011]
- गुजराती, कन्नड़ और तेलुगू भाषाओं में से किनको सरकार ने श्रेष्ठ (क्लासिकी) भाषाएँ घोषित किया है?
- कन्नड़ और तेलुगू (2008 में) [UPSC (Pre) 2014]

36. कुछ वर्गों के सम्बन्ध में विशेष प्रावधान

- भारतीय संविधान के किस अनुच्छेद के अन्तर्गत लोकसभा में अनुसूचित जनजातियों के लिए व्यवस्था की गई है?
- अनुच्छेद 330 [UPPSC (Pre) 2010]
- लोकसभा में एंग्लो-इण्डियन समुदाय के प्रतिनिधित्व के लिए प्रावधान संविधान के किस अनुच्छेद के अन्तर्गत किया गया था?
- अनुच्छेद 331 [UPPSC (Mains) 2017]
- भारतीय संविधान के किस अनुच्छेद में अनुसूचित जनजातियों के लिए राज्य की विधानसभा सीटों में आरक्षण का प्रावधान है?
- अनुच्छेद 332 [MPPSC (Pre) 2025]
- संविधान का कौन-सा अनुच्छेद राज्य विधानसभा में आंग्ल-भारतीयों के प्रतिनिधित्व से सम्बन्धित था? *- अनुच्छेद 333* [JPSC (Pre) 2021]
- अनुसूचित जाति और अनुसूचित जनजाति (अत्याचार निवारण) अधिनियम, 1989 कब लागू हुआ? *- 30 जनवरी, 1990* [MPPSC (Pre) 2019]
- अनुसूचित जाति और अनुसूचित जनजाति (अत्याचार निवारण) अधिनियम, 1989 के अन्तर्गत किसी निर्णय, दण्डादेश या आदेश के विरुद्ध उच्च न्यायालय में अपील होती है
- तथ्यों व विधि के सम्बन्ध में [MPPSC (Pre) 2019]
- अनुसूचित जाति और अनुसूचित जनजाति (अत्याचार निवारण) अधिनियम, 1989 की किस धारा के अन्तर्गत 'आर्थिक बहिष्कार' को परिभाषित किया गया है? *- धारा 2 (ख,ग)* [MPPSC (Pre) 2018]
- भारतीय संविधान के किस अनुच्छेद के अन्तर्गत शिक्षण संस्थाओं में, जिसमें गैर-सरकारी व गैर-अनुदान प्राप्त भी सम्मिलित है, अन्य पिछड़े अनुसूचित जाति व अनुसूचित जनजाति हेतु आरक्षण की सुविधा प्रदान की गई?
- अनुच्छेद 15(5) [UKPSC (Pre) 2012]
- अनुसूचित जाति और अनुसूचित जनजाति (अत्याचार निवारण) अधिनियम के अधीन अपराधों का विचारण करने के लिए सेशन न्यायालय को विशेष न्यायालय के रूप में विनिर्दिष्ट करने का प्रयोजन है
- शीघ्र विचारण, समयबद्ध विचारण व पीड़ितों के लिए विशेष सुरक्षा [MPPSC (Pre) 2013]
- भारतीय संविधान के किस अनुच्छेद में अनुसूचित जनजातियों के लिए राष्ट्रीय आयोग का प्रावधान है? *- अनुच्छेद 338A* [UPPSC (Pre) 2006]
- अनुसूचित जातियों और अनुसूचित जनजातियों के लिए एक राष्ट्रीय आयोग गठित करने का प्रावधान संविधान के किस अनुच्छेद के अन्तर्गत किया गया है? *- अनुच्छेद 338 तथा 338A* [UPPSC (Pre) 2013]
- किसी जाति तथा जनजाति को अनुसूचित जाति तथा अनुसूचित जनजाति घोषित करने हेतु शक्ति सम्पन्न सांविधानिक प्राधिकारी हैं
- भारत का राष्ट्रपति [UPPSC (Pre) 2016]
- संविधान के किस अनुच्छेद के अन्तर्गत राष्ट्रपति राज्य विशेष के लिए अनुसूचित जनजाति समुदायों के लिए लोक अधिसूचना जारी करते हैं?
- अनुच्छेद 342 [MPPSC (Pre) 2025]

37. कुछ राज्यों से सम्बन्धित विशेष प्रावधान

- भारतीय संविधान का अनुच्छेद 370 है
- एक अस्थायी और संक्रमणकालीन उपबन्ध [CGPSC (Pre) 2015]
- नवसृजित केन्द्रशासित प्रदेश दादरा एवं नगर हवेली और दमन एवं दीव की राजधानी कहाँ है?
- दमन [MPPSC (Pre) 2021]
- भारतीय संविधान के अनुच्छेद 371 के अन्तर्गत किन राज्यों के लिए विशेष प्रावधान किए गए हैं? *- महाराष्ट्र और गुजरात* [UPPSC (Mains) 2011]
- भारतीय संविधान के अनुच्छेद 371 (ख) के अन्तर्गत महाराष्ट्र, गुजरात, असम, नागालैण्ड और मणिपुर राज्यों में से किसके लिए विशेष उपबन्ध प्रावधानित हैं? *- असम* [UPPSC (Mains) 2010]
- भारतीय संविधान के अनुच्छेद 371 (J) के अन्तर्गत देश में नागालैण्ड, हैदराबाद, कर्नाटक, महाराष्ट्र, गुजरात और लद्दाख में से किस क्षेत्र को विशेष स्थिति प्रदान की गई है?
- हैदराबाद और कर्नाटक [UPPSC (Pre) 2020]

38. निर्वाचन प्रणाली एवं दलीय व्यवस्था

- आनुपातिक प्रतिनिधित्व की व्यवस्था, बहुमत के शासन, सरकार में स्थिरता, सामान्य राजनीतिक सोच और अल्पसंख्यकों के प्रतिनिधित्व में से किसको निर्वाचन की प्रणाली के रूप में सुनिश्चित करती है?
- अल्पसंख्यकों के प्रतिनिधित्व को [UPPSC (Pre) 2013]
- भारत के संविधान का कौन-सा अनुच्छेद एक निर्वाचन आयोग का प्रावधान करता है? *- अनुच्छेद 324* [MPPSC (Pre) 2015]
- लोकसभा, राज्यसभा, राष्ट्रपति व स्थानीय निकायों के चुनावों में से कौन-सा चुनाव निर्वाचन आयोग द्वारा सम्पादित नहीं किया जाता है?
- स्थानीय निकायों का [UKPSC (Pre) 2007]
- लोकसभा एवं विधानसभा में सीटों के आरक्षण के सम्बन्ध में किसी निर्वाचन क्षेत्र को आरक्षित करने का निर्णय किसके द्वारा लिया जाता है?
- परिसीमन आयोग [CGPSC (Pre) 2020]
- भारत के मुख्य चुनाव आयुक्त को किसके द्वारा नियुक्त किया जाता है?
- राष्ट्रपति द्वारा [UKPSC (Pre) 2010]
- भारत का निर्वाचन आयुक्त कितनी अवधि के लिए पद पर होता है?
- 6 वर्ष या 65 वर्ष की आयु तक के लिए, जो भी पहले हो, [UPPSC (Pre) 2012, UKPSC (Pre) 2012]
- निर्वाचन आयोग को 'तीन सदस्यीय आयोग' किस वर्ष से बनाया गया?
- वर्ष 1989 [UPSC (Pre) 2017]
- भारत में मताधिकार और निर्वाचित होने का अधिकार है
- विधिक अधिकार [UPPSC (Pre) 2021]
- कौन-से संविधान संशोधन अधिनियम द्वारा मतदान की आयु को 21 वर्ष से घटाकर 18 वर्ष किया गया था? *- 61वाँ* [UPPSC (Pre) 2021]
- भारत में राजनीतिक दल को मान्यता कौन प्रदान करता है?
- भारत का निर्वाचन आयोग [UKPSC (Pre) 2016]
- भारत निर्वाचन आयोग द्वारा वोटर वेरिफाइएबल पेपर ऑडिट ट्रेल (VVPAT) प्रणाली का प्रयोग पहली बार कहाँ किया गया था?
- नोकसेन विधानसभा निर्वाचन क्षेत्र (नागालैण्ड) [UPSC (Pre) 2019]

- आइसलैण्ड, भारत, न्यूजीलैण्ड और अमेरिका में से किसने सर्वप्रथम महिलाओं को मताधिकार प्रदान किया? *– न्यूजीलैण्ड [UPSC (Pre) 2003]*
- भारत में एक राजनीतिक दल का विलय दूसरे राजनीतिक दल में किस स्थिति में मान्य होता है? *– जब विधान दल के कम-से-कम दो-तिहाई सदस्य ऐसे विलय के लिए सहमत हो गए हों [CGPSC (Pre) 2020]*
- दलीय व्यवस्था, सामाजिक व्यवस्था, आर्थिक व्यवस्था, राजनीतिक व्यवस्था और अन्तर्राष्ट्रीय व्यवस्था में से कौन एक व्यापक व्यवस्था का अंग है? *– राजनीतिक व्यवस्था [MPPSC (Pre) 2016]*
- माइरन वीनर, रजनी कोठारी, ऑस्टिन और भीखू-पारीख में से किस विद्वान ने स्वतन्त्रता के प्रारम्भिक वर्षों की भारत की दलीय व्यवस्था को एक दलीय प्रमुख वाली व्यवस्था के रूप में वर्णित किया? *– रजनी कोठारी [UKPSC (Pre) 2016]*
- राजनीतिक दलों को संवैधानिक मान्यता प्रथम बार मिली *– वर्ष 1985 में [UPPSC (Mains) 2010]*
- किसी राजनीतिक दल को क्षेत्रीय दल के रूप में मान्यता दी जाती है, *– यदि वह राज्य में या तो लोकसभा अथवा विधानसभा चुनाव में 8% वोट प्राप्त करता है [UPPSC (Pre) 2014]*
- कौन-सा अधिनियम राजनीतिक दलों के पंजीकरण का प्रावधान करता है? *– लोक प्रतिनिधित्व अधिनियम, 1951 [BPSC (Pre) 2007]*
- कृषि और औद्योगिक क्षेत्र के मजदूर, व्यापारी, शिक्षित वर्ग और युवा वर्ग में से कौन-सा वर्ग भारत में कम्युनिस्ट पार्टी के सामाजिक आधार में सम्मिलित नहीं है? *– व्यापारी [MPPSC (Pre) 2013]*
- शिवसेना, कांग्रेस पार्टी, बी.जे.पी और बी.एस.पी. में से वर्ष 1999 में किसके विघटन से राष्ट्रवादी कांग्रेस पार्टी का गठन हुआ? *– कांग्रेस पार्टी [JPSC (Pre) 2015]*
- भारतीय साम्यवादी दल का विभाजन दो दलों सी.पी.आई और सी.पी. आई.एम में किस वर्ष में हुआ था? *– वर्ष 1964 में [MPPSC (Pre) 2014]*
- लोकसभा के सदस्य, पंचायत के सदस्य, मन्त्रिमण्डल के सदस्य और मजदूर संघ के सदस्य में से किसे दबाव समूह माना जा सकता है? *– मजदूर संघ के सदस्य [MPPSC (Pre) 2017]*

40. विदेश नीति एवं सिद्धान्त

- भारतीय विदेश नीति, जो तटस्थता पर आधारित थी, को जवाहरलाल नेहरू, इन्दिरा गाँधी, लाल बहादुर शास्त्री और मोरारजी देसाई में से किसने प्रारम्भ किया था? *– जवाहरलाल नेहरू [UPPSC (Mains) 2014]*
- भारत, जापान, चीन और यू.एस.ए में से किसकी 'एशिया की धुरी' विदेश नीति की रणनीति है? *– यू. एस. ए की [UPPSC (Pre) 2015]*
- जवाहरलाल नेहरू, आई.के. गुजराल, ए.बी. वाजपेयी और मनमोहन सिंह में से प्रथम भारतीय प्रधानमन्त्री कौन थे, जिन्होंने अफगानिस्तान की यात्रा की थी? *– जवाहरलाल नेहरू [UPPSC (Pre) 2005]*
- मनमोहन सिंह, अटल बिहारी वाजपेयी, नरेन्द्र मोदी और इन्द्र कुमार गुजराल में से भारत के किस प्रधानमन्त्री द्वारा दक्षिण एशियाई क्षेत्र के लिए भारत का छः सूत्री प्रस्ताव प्रस्तुत किया था? *– अटल बिहारी वाजपेयी [UP RO/ARO (Pre) 2001]*
- शिमला समझौता, भारत-सोवियत सन्धि, फरक्का समझौता और ताशकन्द समझौता का सही कालानुक्रम है *– ताशकन्द समझौता, भारत-सोवियत सन्धि, शिमला समझौता और फरक्का समझौता [UPPSC (Mains) 2002]*
- भारत द्वारा पहले प्रयोग नहीं (No First use) की प्रमुख नाभिकीय नीति अपनाते समय भारत के प्रधानमन्त्री कौन थे? *– अटल बिहारी वाजपेयी [UKPSC (Pre) 2022]*
- किसने यह सुझाव दिया था कि भारत की स्वतन्त्रता के बाद भारतीय राष्ट्रीय कांग्रेस को एक राजनीतिक दल के रूप में भंग कर दिया जाना चाहिए? *– महात्मा गाँधी [UPPSC (Mains) 2011]*

प्रीलिम्स अभ्यास

1. भारत का संवैधानिक विकास

1. 'चार्टर एक्ट 1813' के सम्बन्ध में निम्नलिखित कथनों पर विचार कीजिए **IAS (Pre) 2019**

1. इसने भारत में ईस्ट इण्डिया कम्पनी के व्यापार एकाधिपत्य को चाय के व्यापार और चीन के साथ व्यापार को छोड़कर समाप्त कर दिया।
2. इसने कम्पनी द्वारा अधिकार में लिए गए भारतीय राज्यक्षेत्रों पर ब्रिटिश शासन (क्राउन) की सम्प्रभुता को सुदृढ़ कर दिया।
3. भारत का राजस्व अब ब्रिटिश संसद के नियन्त्रण में आ गया था।

उपरोक्त कथनों में से कौन-से कथन सही हैं?

(a) 1 और 2 (b) 2 और 3
(c) 1 और 3 (d) 1, 2 और 3

2. निम्नलिखित में से ब्रिटिश इण्डिया के किस अधिनियम ने सामूहिक कार्यचालन के स्थान पर 'विभाग' या 'विभागीय पद्धति' द्वारा वायसराय की कार्यकारी परिषद् पर उनके प्राधिकार को और अधिक बल प्रदान किया? **UPPSC (Pre) 2021**

(a) भारतीय परिषद् अधिनियम, 1861
(b) भारत सरकार अधिनियम, 1858
(c) भारतीय परिषद् अधिनियम, 1892
(d) भारतीय परिषद् अधिनियम, 1909

3. निम्नलिखित में से किस एक एक्ट द्वारा बंगाल के गवर्नर-जनरल को भारत का गवर्नर-जनरल अभिहित किया गया? **UPPSC (Pre) 2023**

(a) रेग्युलेटिंग एक्ट
(b) पिट्स इण्डिया एक्ट
(c) 1793 का चार्टर एक्ट
(d) 1833 का चार्टर एक्ट

4. निम्नलिखित में से किस अधिनियम द्वारा 120 सदस्यों वाले 'चैम्बर ऑफ प्रिन्सेज' की व्यवस्था की गई थी? **UPSC (Pre) 2023**

(a) 1853 का चार्टर एक्ट
(b) 1919 का अधिनियम
(c) 1909 का अधिनियम
(d) 1793 का अधिनियम

5. 1919 के भारत शासन अधिनियम की निम्नलिखत में से कौन-सी प्रमुख विशेषता/विशेषताएँ है/हैं? **IAS (Pre) 2012**

1. प्रान्तों की कार्यकारिणी सरकार में द्वैध-शासन की व्यवस्था
2. मुसलमानों के लिए पृथक् साम्प्रदायिक निर्वाचक मण्डलों की व्यवस्था
3. केन्द्र द्वारा प्रान्तों को विधायिनी शक्ति का हस्तान्तरण

कूट

(a) केवल 1
(b) 2 और 3
(c) 1 और 3
(d) 1, 2 और 3

6. भारत सरकार अधिनियम, 1919 में प्रान्तीय सरकार के कार्य 'आरक्षित (रिजर्व्ड)' और 'अन्तरित (ट्रान्सफर्ड)' विषयों के अन्तर्गत बाँटे गए थे। निम्नलिखित में कौन-से 'आरक्षित' विषय माने गए थे? **IAS (Pre) 2022**

1. न्याय प्रशासन
2. स्थानीय स्वशासन
3. भू-राजस्व
4. पुलिस

कूट

(a) 1, 2 और 3
(b) 2, 3 और 4
(c) 1, 3 और 4
(d) 1, 2 और 4

7. नीचे दो कथन गए हैं **HPPSC (Pre) 2024**

कथन I कोई बिल धन बिल है या नहीं, इसका अन्तिम निर्णय वित्त मन्त्री करता है।

कथन II ब्रिटिश काल में भारतीय अधिनियम, 1935 के द्वारा भारत में 'द्वैध-शासन' प्रारम्भ किया गया।

कूट

(a) कथन I और कथन II दोनों सही हैं
(b) कथन I और कथन II दोनों गलत हैं
(c) कथन I सही और कथन II गलत है
(d) कथन I गलत और कथन II सही है

8. निम्नलिखित में से कौन भारत सरकार अधिनियम, 1935 की एक विशेषताओं में नहीं है? **BPSC (Pre) 2024**

(a) गवर्नर जनरल के कार्यकारिणी परिषद् का पुनर्गठन
(b) प्रान्तीय स्वायत्तता
(c) 1935 के अधिनियम का मूल्यांकन
(d) भारत के संघ का प्रस्ताव

2. संविधान का निर्माण

9. **कथन I** संविधान सभा की पहली बैठक 9 दिसम्बर, 1946 को नई दिल्ली में हुई थी।

कथन II जवाहरलाल नेहरू को संविधान सभा में आमंत्रित नहीं किया गया था। **MPPSC (Pre) 2025**

निम्नलिखित में से कौन-सा विकल्प सही है?

(a) कथन I और II दोनों सही हैं।
(b) कथन I और II दोनों ग़लत हैं।
(c) कथन I सही है, लेकिन कथन II ग़लत है।
(d) कथन I ग़लत है, लेकिन कथन II सही है।

10. भारत की संविधान सभा के सम्बन्ध में निम्नांकित कथनों पर विचार कीजिए **JPSC (Pre) 2024**

1. संविधान सभा का अन्तिम अधिवेशन 24 जनवरी, 1950 को हुआ।
2. इस अन्तिम अधिवेशन में डॉ. राजेन्द्र प्रसाद भारत के राष्ट्रपति पद पर विधिवत् निर्वाचित घोषित किए गए।

कूट

(a) न तो 1 और न ही 2 सही है
(b) 1 और 2 दोनों सही हैं
(c) केवल 2 सही है
(d) केवल 1 सही है

11. निम्नलिखित घटनाओं पर विचार कीजिए तथा इन्हें सही कालानुक्रम में व्यवस्थित कीजिए, सबसे पहले से लेकर आखिरी गतिविधि तक **UPPSC (Pre) 2023**

1. प्रारूप समिति की नियुक्ति
2. भारतीय संविधान को अंगीकृत और अधिनियमित किया
3. भारतीय संविधान के प्रवृत्त होने की तिथि
4. संविधान सभा की प्रथम बैठक

नीचे दिए गए कूट से सही उत्तर का चयन कीजिए

(a) 1, 2, 4, 3
(b) 4, 1, 2, 3
(c) 4, 1, 3, 2
(d) 3, 2, 1, 4

12. संविधान दिवस के बारे में, निम्नलिखित कथनों पर विचार कीजिए **UPPSC (Pre) 2023**

कथन I नागरिकों के बीच सांविधानिक मूल्यों को संवर्द्धित करने के लिए संविधान दिवस प्रतिवर्ष 26 नवम्बर को मनाया जाता है।

कथन II 26 नवम्बर, 1949 को भारत की संविधान सभा ने भारत के संविधान का प्रारूप तैयार करने के लिए डॉ. बी. आर. अम्बेडकर की अध्यक्षता में एक प्रारूपण समिति बनाई।

उपरोक्त कथनों के बारे में निम्नलिखित में से कौन-सा एक सही है?

(a) कथन I और कथन II दोनों सही हैं तथा कथन II, कथन I की सही व्याख्या है
(b) कथन I और कथन II दोनों सही हैं, परन्तु कथन II, कथन I की सही व्याख्या नहीं है
(c) कथन I सही है, किन्तु कथन II गलत है
(d) कथन I गलत है, किन्तु कथन II सही है

13. सूची I को सूची II से सुमेलित कीजिए और सूचियों के नीचे दिए गए कूटों का प्रयोग करते हुए सही उत्तर चुनिए **IAS (Pre) 2004**

	सूची I		सूची II
A.	संविधान सभा के पहले उपाध्यक्ष	1.	एच. सी. मुखर्जी
B.	प्रारूप समिति के मूलत: एकमात्र कांग्रेसी सदस्य	2.	के. एम. मुंशी
C.	राजस्थान की रियासतों का प्रतिनिधित्व करने वाले संविधान सभा के सदस्य	3.	टी. टी. कृष्णमाचारी
D.	संघ-संविधान समिति के अध्यक्ष	4.	जवाहरलाल नेहरू

कूट

	A	B	C	D
(a)	1	4	2	3
(b)	4	3		2
(c)	1	2	3	4
(d)	3	4	1	2

14. निम्नलिखित कथनों पर विचार कीजिए **UPPSC (Pre) 2004**

1. भारत की संविधान सभा ने राष्ट्रीय ध्वज का प्रारूप 22 जुलाई, 1947 को अपनाया था।
2. राष्ट्रीय ध्वज के बीच चक्र में 21 तीलियाँ होती हैं।
3. राष्ट्रीय ध्वज की चौड़ाई-लम्बाई का अनुपात 3 : 4 है।

उपरोक्त कथनों में से कौन-सा/से कथन सही है/हैं?

(a) 1 और 2
(b) केवल 1
(c) 2 और 3
(d) केवल 2

3. भारतीय संविधान की विशेषताएँ

15. नीचे दो कथन दिए गए हैं, जिनमें से एक कथन (A) तथा दूसरा कारण (R) है। कूट का चयन कर सही उत्तर दीजिए

कथन (A) भारत का संविधान सबसे अधिक विस्तृत हो गया है।

कारण (R) मौलिक अधिकारों का अध्याय अमेरिकी संविधान से लिया गया है। **UPPSC (Pre) 2017**

कूट

(a) A और R दोनों सही हैं तथा R, A की सही व्याख्या है
(b) A और R दोनों सही हैं, परन्तु R, A की सही व्याख्या नहीं है
(c) A सही है, किन्तु R गलत है
(d) A गलत है, किन्तु R सही है

16. संसदीय व्यवस्था वाली सरकार वह होती है, जिसमें **IAS (Pre) 2020**

(a) संसद के सभी राजनीतिक दलों का सरकार में प्रतिनिधित्व होता है
(b) सरकार संसद के प्रति उत्तरदायी होती है और उसके द्वारा हटाई जा सकती है
(c) सरकार लोगों के द्वारा निर्वाचित होती है और उनके द्वारा हटाई जा सकती है
(d) सरकार संसद के द्वारा चुनी जाती है, किन्तु निर्धारित समयावधि के पूर्ण होने के पूर्व हटाई नहीं जा सकती

17. भारतीय संघीय व्यवस्था में कौन-से एकात्मक तत्त्व पाए जाते हैं? **CGPSC (Pre) 2018**

1. लिखित संविधान
2. कठोर संविधान
3. राज्यपाल की सर्वोच्चता
4. राज्यपाल की नियुक्ति
5. शक्तियों का विकेन्द्रीकरण
6. राज्य विधेयकों पर राष्ट्रपति की स्वीकृति
7. संवैधानिक संकट
8. एक सर्वोच्च न्यायालय

कूट

(a) 1, 3 और 7 (b) 2, 5 और 8
(c) 1, 2 और 5 (d) 4, 6 और 7

18. राजव्यवस्था के सन्दर्भ में निम्नलिखित में से किस एक को आप स्वतन्त्रता की सर्वाधिक उपयुक्त व्याख्या के रूप में स्वीकार करेंगे? **IAS (Pre) 2019**

(a) राजनीतिक शासकों की तानाशाही के विरुद्ध संरक्षण
(b) नियन्त्रण का अभाव
(c) इच्छानुसार कुछ भी करने का अवसर
(d) स्वयं को विकसित करने का अवसर

19. निम्न में से क्या भारतीय संविधान का दर्शन नहीं है? **UKPSC (Pre) 2024**

(a) साम्यवादी राज्य (b) कल्याणकारी राज्य
(c) समाजवादी राज्य (d) राजनीतिक समानता

4. संविधान की उद्देशिका/प्रस्तावना

20. भारत के संविधान के निर्माताओं का मस्तिष्क निम्नलिखित में से किसमें परिलक्षित होता है? **UKPSC (Pre) 2024**

(a) प्रस्तावना
(b) मौलिक अधिकार
(c) राज्य के नीति-निदेशक सिद्धान्त
(d) मौलिक कर्त्तव्य

21. 26 नवम्बर, 1949 को अंगीकृत भारतीय संविधान की प्रस्तावना में निम्न में से कौन-से शब्द सम्मिलित नहीं थे? **UKPSC (Pre) 2024**

1. गणतन्त्र 2. विश्वसनीय
3. समाजवादी 4. गैर-धार्मिक

कूट

(a) 1, 2 और 3 (b) 2, 3 और 4
(c) 1, 2 और 4 (d) 3 और 4

22. निम्नलिखित शब्दों में से कौन-से शब्द 42वें संवैधानिक संशोधन द्वारा प्रस्तावना में जोड़े गए हैं? **BPSC (Pre) 2024**

(a) प्रजातान्त्रिक एवं समाजवादी
(b) गणराज्य एवं धर्मनिरपेक्ष
(c) समाजवादी एवं प्रभुसत्तासम्पन्न
(d) धर्मनिरपेक्ष एवं समाजवादी

23. निम्न में से कौन-सा कथन सही नहीं है? **HPSC (Pre) 2021**

(a) भारतीय संविधान का उद्देश्य प्रस्ताव जवाहरलाल नेहरू द्वारा रखा गया था
(b) भारतीय संविधान का उद्देश्य प्रस्ताव डॉ. भीमराव अम्बेडकर द्वारा रखा गया था
(c) एच.सी. मुखर्जी को संविधान सभा के उपाध्यक्ष के रूप में निर्वाचित किया गया था
(d) डॉ. सच्चिदानन्द को संविधान सभा के अन्तरिम अध्यक्ष के रूप में निर्वाचित किया गया था

24. भारत के संविधान के उद्देश्यों में से एक के रूप में 'आर्थिक न्याय' का किसमें उपबन्ध किया गया है? **IAS (Pre) 2013**

(a) प्रस्तावना और मूल अधिकार
(b) प्रस्तावना और राज्य के नीति-निदेशक तत्त्व
(c) मूल अधिकार और राज्य के नीति-निदेशक तत्त्व
(d) उपरोक्त में से कोई नहीं

5. संघ एवं उसका राज्यक्षेत्र

25. संघ और उसके अधिकार क्षेत्र के सम्बन्ध में निम्नलिखित कथनों पर विचार करें **CGPSC (Pre) 2024**

1. भारत 28 राज्यों और 8 संघशासित प्रदेशों से बना है।
2. भारत राज्यों का एक संघ है, जो एक सम्पूर्ण प्रभुता सम्पन्न, समाजवादी, पन्थनिरपेक्ष, संसदीय व्यवस्था की सरकार वाला लोकतान्त्रिक गणराज्य है।

उपरोक्त में से कौन-सा/से कथन सत्य है/हैं?
(a) केवल 1 (b) केवल 2
(c) 1 और 2 दोनों (d) न तो 1 और न ही 2

26. एक नया राज्य बनाने में संवैधानिक संशोधन के लिए कैसा बहुमत चाहिए? **CGPSC (Pre) 2014, BPSC (Pre) 2016**
(a) साधारण
(b) दो-तिहाई
(c) तीन-चौथाई
(d) दो-तिहाई एवं आधे राज्यों का अनुसमर्थन

27. निम्नलिखित में से कौन-सा कथन नए राज्यों के निर्माण के बारे में सही नहीं है? **UPPSC (Pre) 2016, BPSC (Pre) 2016**
(a) संसद विधि द्वारा एक नए राज्य का निर्माण कर सकती है
(b) इस प्रकार की विधि में संविधान की पहली अनुसूची और चौथी अनुसूची के संशोधन का प्रावधान होगा
(c) इस प्रकार की विधि को अनुच्छेद-368 के प्रयोजनों के लिए संविधान का संशोधन समझा जाएगा
(d) इस प्रयोजन के लिए विधेयक संसद में तब तक पुनः स्थापित नहीं किया जा सकता, जब तक इसे उस राज्य के विधानमण्डल को निर्दिष्ट नहीं कर दिया गया हो, जिसके क्षेत्र, सीमाओं या नाम पर इसका प्रभाव पड़ता है

28. निम्नलिखित में से कौन-सी एक भारतीय संघ-राज्य पद्धति की विशेषता नहीं है? **IAS (Pre) 2017**
(a) भारत में स्वतन्त्र न्यायपालिका है
(b) केन्द्र और राज्यों के बीच शक्तियों का स्पष्ट विभाजन किया गया है
(c) संघबद्ध होने वाली इकाइयों को राज्यसभा में असमान प्रतिनिधित्व दिया गया है
(d) यह संघबद्ध होने वाली इकाइयों के बीच एक सहमति का परिणाम है

29. नीचे दिए गए राज्यों को भारत संघ के सम्पूर्ण राज्य का दर्जा प्राप्त होने का सही क्रम कौन-सा है? **IAS (Pre) 2007, HPSC (Pre) 2021**
(a) सिक्किम-अरुणाचल प्रदेश-नागालैण्ड-हरियाणा
(b) नागालैण्ड-हरियाणा-सिक्किम-अरुणाचल प्रदेश
(c) सिक्किम-हरियाणा-नागालैण्ड-अरुणाचल प्रदेश
(d) नागालैण्ड-अरुणाचल प्रदेश-सिक्किम-हरियाणा

6. नागरिकता

30. नागरिकता का अर्थ है

1. नागरिकों के पूर्ण सिविल एवं राजनीतिक अधिकार
2. लोकसभा (संघ की) और प्रत्येक राज्य की विधानसभा के निर्वाचन के लिए मताधिकार
3. संसद और विधानसभाओं का सदस्य बनने का अधिकार

उपरोक्त कथनों में से कौन-से कथन सही हैं?
(a) 1 और 2 (b) 1 और 3
(c) 2 और 3 (d) ये सभी

31. भारत के सन्दर्भ में निम्नलिखित कथनों पर विचार कीजिए **IAS (Pre) 2021**

1. भारत में केवल एक ही नागरिकता और एक ही अधिवास है।
2. जो व्यक्ति जन्म से नागरिक हो, केवल वही राष्ट्राध्यक्ष बन सकता है।
3. जिस विदेशी को एक बार नागरिकता दे दी गई है, किसी भी परिस्थिति में उसे इससे वंचित नहीं किया जा सकता।

उपरोक्त कथनों में से कौन-सा/से कथन सही है/हैं?
(a) केवल 1 (b) केवल 2
(c) 1 और 3 (d) 2 और 3

32. नागरिकता अधिनियम, 1955 के अन्तर्गत पंजीकरण द्वारा भारतीय नागरिकता प्राप्त करने के लिए भारतीय मूल के व्यक्ति को भारत में कितने वर्ष बिताने होंगे? **CGPSC (Pre) 2017**
(a) 6 वर्ष (b) 3 वर्ष
(c) 7 वर्ष (d) 9 वर्ष

33. निम्न कथनों पर विचार कीजिए **IAS (Pre) 2005**

1. नागालैण्ड, असम, मणिपुर, आन्ध्र प्रदेश, सिक्किम, मिजोरम, अरुणाचल प्रदेश तथा गोवा की प्रादेशिक माँगों को देखते हुए भारत के संविधान में अनुच्छेद 371 (A) से लेकर 371 (I) अन्तर्विष्ट (Considered) किए गए।
2. भारत तथा संयुक्त राज्य अमेरिका के संविधानों में दो राजतन्त्र (संघ और राज्य) हैं, किन्तु नागरिकता इकहरी है।
3. कोई व्यक्ति जो देशीकरण द्वारा भारत का नागरिक है, कभी-भी अपनी नागरिकता से वंचित नहीं किया जा सकता है।

उपरोक्त में से कौन-सा/से कथन सही है/हैं?
(a) 1, 2 और 3 (b) 1 और 3
(c) केवल 3 (d) केवल 1

34. नागरिक पंजीकरण प्रणाली के अन्तर्गत कितने दिनों के अन्दर जन्म तथा मृत्यु की घटना को भारत में रजिस्ट्रेशन कराना कानूनी रूप से अनिवार्य होता है? **UPPSC (Pre) 2019**
(a) 15 दिन (b) 21 दिन
(c) 26 दिन (d) 30 दिन

35. नागरिकता (संशोधन) अधिनियम, 2019 का उद्देश्य क्या है? **BPSC (Pre) 2022**
(a) बांग्लादेशी अवैध अप्रवासियों की पहचान करना
(b) वास्तविक भारतीय नागरिकों की पहचान करना
(c) विदेशियों द्वारा सीमा घुसपैठ की जाँच करना
(d) अफगानिस्तान, बांग्लादेश और पाकिस्तान में उत्पीड़ित अल्पसंख्यक समूहों को नागरिकता प्रदान करना

7. मौलिक अधिकार

36. निम्नलिखित कथनों में से कौन-सा कथन सही है? **IAS (Pre) 2017**
(a) अधिकार नागरिकों के विरुद्ध राज्य के दावे हैं
(b) अधिकार वे विशेषाधिकार हैं, जो किसी राज्य के संविधान में समाविष्ट हैं
(c) अधिकार राज्य के विरुद्ध नागरिकों के दावे हैं
(d) अधिकार अधिकांश लोगों के विरुद्ध कुछ नागरिकों के विशेषाधिकार हैं

37. 'विधि का नियम' या 'कानून का अधिराज्य' का अर्थ क्या है? **BPSC (Pre) 2020**
(a) सभी के लिए एक कानून और सभी के लिए एक न्यायतन्त्र
(b) सभी के लिए एक कानून और सभी के लिए एक राज्य
(c) सभी के लिए एक राज्य और सभी के लिए एक न्यायतन्त्र
(d) एक के लिए सभी कानून और सभी के लिए एक न्यायतन्त्र

38. वर्तमान समय में भारतीय संविधान में सम्पत्ति के अधिकार को निम्नलिखित में से किस रूप में स्वीकार किया गया है? **MPPSC (Pre) 2025**
(a) मूल अधिकार
(b) राज्य की नीति के निदेशक तत्त्व
(c) मानवाधिकार
(d) कानूनी अधिकार

39. अनुच्छेद-19(2) के अन्तर्गत 'भाषण और अभिव्यक्ति की स्वतन्त्रता' के प्रयोग पर तर्कसंगत प्रतिबन्ध निम्नलिखित में से किन परिस्थिति में उचित ठहराया जा सकता है? **JPSC (Pre) 2024**

1. राज्य की सुरक्षा
2. मानहानि
3. राजद्रोह
4. सार्वजनिक व्यवस्था

नीचे दिए गए कूट से सही उत्तर का चयन कीजिए
(a) 1 और 2 (b) 2 और 3
(c) 1, 2 और 4 (d) ये सभी

40. निम्नलिखित में से कौन-सा युग्म सही सुमेलित नहीं है? **JPSC (Pre) 2021**
(a) अनुच्छेद 22(1) – गिरफ्तार किए गए व्यक्ति को गिरफ्तारी के कारणों को यथासम्भव शीघ्रातिशीघ्र बताए बिना अभिरक्षा में नहीं रखा जाएगा।
(b) अनुच्छेद 22(3) – स्वयं की पसन्द के अधिवक्ता द्वारा प्रतिरक्षा का अधिकार।
(c) अनुच्छेद 22(4) – निवारक निरोध का उपबन्ध करने वाली कोई विधि तीन माह से अधिक निरुद्ध किया जाना प्राधिकृत नहीं करेगी।
(d) अनुच्छेद 22(2) – संसद विधि द्वारा उन परिस्थितियों का निर्धारण कर सकेगी, जिसके अन्तर्गत तीन माह से अधिक निरुद्ध किया जा सकेगा।

41. भारत के सन्दर्भ में निम्नलिखित कथनों पर विचार कीजिए **IAS (Pre) 2021**
1. जब एक कैदी पर्याप्त आधार प्रस्तुत करता है, तो ऐसे कैदी की पैरोल को मना नहीं किया जा सकता, क्योंकि वह उसके अधिकार का मामला बन जाता है।
2. कैदी को पैरोल पर छोड़ने के लिए राज्य सरकारों के अपने नियम हैं।

उपरोक्त कथनों में से कौन-सा/से कथन सही है/हैं?
(a) केवल 1
(b) केवल 2
(c) 1 और 2 दोनों
(d) न तो 1 और न ही 2

42. किस संविधान संशोधन के द्वारा 6 से 14 वर्ष तक के बच्चों के लिए नि:शुल्क एवं अनिवार्य शिक्षा के अधिकार को मौलिक (मूल) अधिकार बनाया गया? **MPPSC (Pre) 2025**
(a) 68वें संविधान संशोधन द्वारा
(b) 85वें संविधान संशोधन द्वारा
(c) 86वें संविधान संशोधन द्वारा
(d) 87वें संविधान संशोधन द्वारा

43. निम्नलिखित कथनों पर विचार कीजिए **HPSC (Pre) 2021**
1. मतदान का अधिकार कानूनी अधिकार है, परन्तु मौलिक अधिकार नहीं है।
2. सम्पत्ति का अधिकार मौलिक अधिकार नहीं है।
3. अनुच्छेद 300 (A) भारत के संविधान में 44वें संविधान संशोधन द्वारा समाहित किया गया।
4. अनुच्छेद 301 सम्पत्ति के अधिकार से सम्बन्धित है।

उपरोक्त कथनों में से कौन-से कथन सही हैं?
(a) 2, 3 और 4
(b) 1, 2 और 3
(c) 1, 2 और 4
(d) 1, 3 और 4

44. निम्नलिखित कथनों पर विचार कीजिए **UPPSC (Pre) 2023**
1. भारत के संविधान के अनुसार, केन्द्र सरकार का यह एक दायित्व है कि वह राज्यों को आन्तरिक विक्षोभों से बचाए।
2. भारत का संविधान राज्यों को, निवारक निरोध में रखे जा रहे किसी व्यक्ति को विधिक काउंसेल उपलब्ध कराने से छूट प्रदान करता है।
3. आतंकवाद निवारण अधिनियम, 2002 के अनुसार, पुलिस के समक्ष अभियुक्त की संस्वीकृति को साक्ष्य के रूप में प्रयुक्त नहीं किया जा सकता।

उपरोक्त में से कितने कथन सही हैं?
(a) केवल एक (b) केवल दो
(c) सभी तीन (d) इनमें से कोई नहीं

45. भारतीय संविधान में शोषण के विरुद्ध अधिकार के अन्तर्गत निम्नलिखित में से किसकी परिकल्पना की गई है? **UPPSC (Pre) 2024**
1. अस्पृश्यता का अन्त
2. मानव देह व्यापार और बलात् श्रम का निषेध
3. कारखानों और खदानों में बच्चों की मजदूरी का निषेध
4. अल्पसंख्यकों के हितों की सुरक्षा

नीचे दिए गए कूट से सही उत्तर चुनिए
(a) 2 और 3 (b) 3 और 4
(c) 1 और 2 (d) 1 और 4

8. राज्य के नीति-निदेशक तत्त्व

46. भारत के संविधान के सन्दर्भ में राज्य के नीति-निदेशक तत्त्वों पर विचार कीजिए **IAS (Pre) 2017**
1. विधायिका के कृत्यों पर निर्बन्धन करते हैं।
2. कार्यपालिका के कृत्यों पर निर्बन्धन करते हैं।

उपरोक्त कथनों में से कौन-सा/से कथन सही है/हैं?
(a) केवल 1 (b) केवल 2
(c) 1 और 2 दोनों (d) न तो 1 और न ही 2

47. भारतीय संविधान के भाग-IV में दिए गए नीति-निदेशक तत्त्वों में निम्न में से कौन-से सूचीबद्ध हैं? **BPSC (Pre) 2017**
1. समान कार्य के लिए समान वेतन
2. समान नागरिक संहिता
3. छोटे परिवार का मानदण्ड
4. प्राथमिक स्तर पर मातृभाषा में शिक्षा

कूट
(a) 1, 2 और 3 (b) 1 और 2
(c) 2 और 3 (d) 1, 2 और 4

48. राज्य के नीति-निदेशक सिद्धान्तों के बारे में निम्न में से कौन-सा कथन सही नहीं है? **UKPSC (Pre) 2024**
(a) राज्य का यह कर्त्तव्य है कि कानून निर्माण में इन सिद्धान्तों को लागू करे।
(b) ये देश के सुशासन में मौलिक हैं।
(c) ये राज्य पर एक कानूनी कर्त्तव्य लागू करते हैं।
(d) ये विधायिका और कार्यपालिका के लिए केवल निर्देश हैं।

49. भारतीय संविधान के किस अनुच्छेद में यह उल्लेखित है कि राज्य के नीति-निदेशक तत्त्वों को किसी भी न्यायालय द्वारा लागू नहीं किया जा सकता? **JPSC (Pre) 2024**
(a) अनुच्छेद-39 (b) अनुच्छेद-38
(c) अनुच्छेद-36 (d) अनुच्छेद-37

50. निम्नलिखित युग्मों पर विचार कीजिए **HPSC (Pre) 2024**
1. कमजोर वर्गों का शैक्षिक एवं आर्थिक हित : संविधान का अनुच्छेद 45
2. अनुसूचित जाति और अनुसूचित जनजाति के शैक्षिक और आर्थिक हित : संविधान का अनुच्छेद 46
3. कृषि एवं पशुपालन संगठन : संविधान का अनुच्छेद 47

उपरोक्त युग्मों में से कितने युग्म सही हैं?
(a) केवल एक युग्म
(b) केवल दो युग्म
(c) सभी तीनों युग्म
(d) उपरोक्त में से कोई भी युग्म नहीं

51. मौलिक अधिकार एवं नीति-निदेशक तत्त्वों में आधारभूत अन्तर क्या है? **HPSC (Pre) 2012**
(a) मौलिक अधिकार सकारात्मक हैं, जबकि नीति-निदेशक सिद्धान्त नकारात्मक हैं
(b) निदेशक सिद्धान्त साधन हैं, तो मौलिक अधिकार साध्य हैं
(c) मौलिक अधिकार वाद योग्य हैं, जबकि नीति-निदेशक सिद्धान्त वाद योग्य नहीं हैं
(d) उपरोक्त में से कोई नहीं

9. मौलिक कर्त्तव्य

52. निम्न में से कौन भारतीय संविधान के अन्तर्गत मौलिक कर्त्तव्यों में सम्मिलित नहीं है? **UPPSC (Pre) 2015**

(a) देश की रक्षा करना एवं राष्ट्र की सेवा करना
(b) हमारी सामासिक संस्कृति की गौरवशाली परम्परा का महत्त्व समझना और उसका परिरक्षण करना
(c) ग्राम पंचायतों के गठन में सहायता करना
(d) सार्वजनिक सम्पत्ति को सुरक्षित रखना एवं हिंसा से दूर रहना

53. निम्न कथनों में से कौन-सा/से भारतीय नागरिक के मौलिक कर्त्तव्यों के विषय में सही है/हैं? **IAS (Pre) 2017**

1. इन कर्त्तव्यों को प्रवर्तित करने के लिए एक विधायी प्रक्रिया दी गई है।
2. ये विधिक कर्त्तव्यों के साथ परस्पर सम्बन्धित हैं।

कूट

(a) केवल 1 (b) केवल 2
(c) 1 और 2 दोनों (d) न तो 1 और न ही 2

54. भारत के संविधान के अनुच्छेद 51(A) के उपबन्धों के अन्तर्गत प्रयुक्त 'पालन एवं आदर' शब्द किससे सम्बन्धित हैं? **MPPSC (Pre) 2021**

(a) संविधान
(b) भारत की प्रभुता, एकता और अखण्डता से
(c) सामासिक संस्कृति की गौरवशाली परम्परा से
(d) प्राकृतिक पर्यावरण से

55. सूची I को सूची II से सुमेलित कीजिए तथा सूची के नीचे दिए गए कूट से सही उत्तर का चयन कीजिए **UPPSC (Pre) 2019**

सूची I (विषय)	सूची II (भारतीय संविधान के सम्बन्धित अनुच्छेद)
A. अन्तर्राष्ट्रीय विधि के प्रति आदर बढ़ाना	1. अनुच्छेद 51 (A) (h)
B. प्राणियों के प्रति दया भाव रखना	2. अनुच्छेद 51 (c)
C. ज्ञानार्जन और सुधार की भावना का विकास	3. अनुच्छेद 50
D. राज्य की लोकसेवाओं में न्यायपालिका को कार्यपालिका से पृथक् करना	4. अनुच्छेद 51(A) (g)

कूट

	A	B	C	D		A	B	C	D
(a)	1	2	3	4	(b)	2	4	1	3
(c)	4	3	2	1	(d)	3	1	4	2

56. दिए गए कथनों पर विचार करते हुए कूट की सहायता से सही उत्तर का चयन कीजिए

1. अनुच्छेद 51A (a) में राष्ट्रीय ध्वज के सम्मान की बात की गई, इससे सम्बन्धित निर्देश भारतीय ध्वज संहिता 2002 में शामिल हैं।
2. मौलिक कर्त्तव्य व्यक्ति में सामाजिक दायित्व की भावना का संचार करते हैं, अन्ततः जिससे राष्ट्रीय भावना में वृद्धि होती है।
3. पर्यावरण की सुरक्षा से सम्बन्धित अनुच्छेद 51(A)(c) का न्यायालयों द्वारा विशेष रूप से संज्ञान लिया गया है।
4. मौलिक कर्त्तव्यों में प्राकृतिक पर्यावरण की बात कही गई है, जबकि राज्य के नीति-निदेशक तत्त्वों में भी पर्यावरण की बात कही गई है।

कूट

(a) 1 और 3 (b) 2, 3 और 4
(c) 3 और 4 (d) ये सभी

10. संविधान की मूल संरचना की संकल्पना

57. मूल संरचना के उद्‌भव के सन्दर्भ में निम्न कथनों पर विचार कीजिए

1. भारतीय संविधान में मूल संरचना वास्तव में, एक न्यायिक सिद्धान्त है जो संसद की संशोधन शक्ति से सम्बन्धित मामलों पर उच्चतम न्यायालय के कई निर्णयों के माध्यम से विकसित हुआ है।
2. अनुच्छेद 368 के अन्तर्गत संसद द्वारा संविधान में संशोधन करने की शक्ति के दायरे को लेकर बहस वर्ष 1951 में शुरू की गई थी।

उपरोक्त कथनों में से कौन-सा/से कथन सही है/हैं?

(a) केवल 1 (b) केवल 2
(c) 1 और 2 दोनों (d) न तो 1 और न ही 2

58. भारतीय संविधान के सन्दर्भ में 'आधारभूत ढाँचा' सिद्धान्त का प्रतिपादन सर्वप्रथम निम्नलिखित में से किस मामले में किया गया था? **MPPSC (Pre) 2025**

(a) शंकरी प्रसाद बनाम भारत संघ
(b) चम्पकम दोराईराजन बनाम मद्रास राज्य
(c) गोलकनाथ बनाम पंजाब राज्य
(d) केशवानन्द भारती बनाम केरल राज्य

59. निम्नलिखित कथनों में से गलत कथन का चयन कीजिए

(a) उच्चतम न्यायालय ने सज्जन सिंह बनाम राजस्थान राज्य (1964) मामले में संसद के संविधान के किसी भी भाग में संशोधन करने के अधिकार को समाप्त कर दिया।
(b) गोलकनाथ मामले (1967) में सर्वोच्च न्यायालय ने माना कि संसद के पास संविधान के भाग III में संशोधन करने का कोई अधिकार नहीं है, क्योंकि मौलिक अधिकार अपरिवर्तनीय हैं।
(c) 24वें संविधान संशोधन अधिनियम ने संसद को मौलिक अधिकारों सहित संविधान में परिवर्तन करने का पूर्ण अधिकार दिया।
(d) 24वें संविधान सशोधन अधिनियम ने राष्ट्रपति के लिए यह भी अनिवार्य कर दिया कि वह उनके पास भेजे गए सभी संविधान संशोधन विधेयकों पर अपनी सहमति दे।

60. निम्नलिखित में से कौन-से कथन सही हैं?

1. न्यायपालिका द्वारा प्रतिपादित मूल संरचना के नए सिद्धान्त की प्रतिक्रिया के रूप में संसद ने वर्ष 1976 में 42वाँ संविधान संशोधन अधिनियम पारित किया।
2. 42वाँ संविधान संशोधन अधिनियम ने अनुच्छेद 368 में संशोधन किया और यह घोषित किया कि संसद की संविधान संशोधन की शक्ति पर कोई सीमा नहीं है।
3. मिनर्वा मिल्स केस मामले में उच्चतम न्यायालय ने वर्ष 1976 के 42वें संविधान संशोधन अधिनियम के उपरोक्त प्रावधानों को अमान्य कर दिया।
4. वामनराव के मामले में सर्वोच्च न्यायालय ने मूल संरचना के सिद्धान्त का पालन किया।

कूट

(a) 1, 3 और 4 (b) 2 और 3
(c) 2, 3 और 4 (d) 1, 2, 3 और 4

11. संविधान संशोधन

61. निम्नलिखित कथनों पर विचार कीजिए **IAS (Pre) 2022**

1. किसी संविधान संशोधन विधेयक को प्रस्तुत करने से पूर्व भारत के राष्ट्रपति से सिफारिश की अपेक्षा होती है।
2. जब कोई संविधान संशोधन विधेयक भारत के राष्ट्रपति के समक्ष प्रस्तुत किया जाता है, तो भारत के राष्ट्रपति के लिए यह बाध्यकर है कि वे अपनी अनुमति दें।
3. संविधान संशोधन विधेयक लोकसभा और राज्यसभा दोनों के द्वारा विशेष बहुमत से पारित होना ही चाहिए और इसके लिए संयुक्त बैठक का कोई उपबन्ध नहीं है।

उपरोक्त कथनों में से कौन-से कथन सही हैं?

(a) 1 और 2 (b) 2 और 3
(c) 1 और 3 (d) 1, 2 और 3

62. निम्नलिखित में से कौन-सा संविधान संशोधन पहला संवैधानिक संशोधन था, जिसे संविधान के अनुच्छेद 368 (2) के परन्तुक की अपेक्षाओं के अनुरूप राज्य विधानमण्डलों द्वारा अनुसमर्थित किया गया? **MPPSC (Pre) 2022**

(a) प्रथम संविधान संशोधन, 1951
(b) द्वितीय संविधान संशोधन, 1952
(c) तृतीय संविधान संशोधन, 1954
(d) चतुर्थ संविधान संशोधन, 1954

63. निम्नलिखित कथनों पर विचार कीजिए **HPSC (Pre) 2024**

1. भारतीय संघ में एक नया राज्य बनाने के लिए संसद, सामान्य बहुमत के साथ संविधान के प्रावधानों में संशोधन कर सकती है।
2. राज्य नीति-निदेशक सिद्धान्तों के प्रावधानों में संशोधन करने के लिए संसद को विशिष्ट बहुमत की आवश्यकता होती है।
3. संविधान के अनुच्छेद-368 में संशोधन करने के लिए संसद को आधे राज्यों की विधायिकाओं की सहमति के साथ विशिष्ट बहुमत की आवश्यकता होती है?

उपरोक्त कथनों में से कितने कथन सही हैं?

(a) केवल एक कथन सही है
(b) केवल दो कथन सही हैं
(c) सभी तीनों कथन सही हैं
(d) उपरोक्त में से कोई भी कथन सही नहीं है

64. संविधान में संशोधन के लिए कम-से-कम आधे राज्यों के विधानमण्डलों द्वारा अनुसमर्थन की आवश्यकता होगी **MPPSC (Pre) 2024**

(a) यदि ऐसा संशोधन अनुच्छेद 53 में कोई परिवर्तन करना चाहता है
(b) यदि ऐसा संशोधन अनुच्छेद 239-क में कोई परिवर्तन करना चाहता है
(c) यदि ऐसा संशोधन अनुच्छेद 243-क में कोई परिवर्तन करना चाहता है
(d) यदि ऐसा संशोधन अनुच्छेद 279-क में कोई परिवर्तन करना चाहता है

65. संविधान (71वें संशोधन) अधिनियम, 1992 के द्वारा निम्न में से किस भाषा को शामिल करने के लिए संविधान की आठवीं अनुसूची में संशोधन किया गया है? **IAS (Pre) 2024**

1. कोंकणी 2. मणिपुरी
3. नेपाली 4. मैथिली

नीचे दिए गए कूट का प्रयोग कर सही उत्तर चुनिए

(a) 1, 2 और 3 (b) 1, 2 और 4
(c) 1, 3 और 4 (d) 2, 3 और 4

66. दल-बदल विरोधी कानून के सन्दर्भ में निम्न कथनों पर विचार कीजिए **HPSC (Pre) 2021**

1. दल-बदल विरोधी कानून इन्दिरा गाँधी शासन के दौरान वर्ष 1984 में अधिनियमित किया गया।
2. इसे संविधान की 10वीं अनुसूची में स्थान दिया गया है।
3. दल-बदल विरोधी कानून को वर्ष 2003 में 93वें संशोधन से और पुष्ट किया गया।
4. कानून, विधायी सदन से सम्बन्धित चेयरमैन या स्पीकर को दल-बदल की स्थिति में अयोग्यता पर निर्णय करने का अधिकार देता है।

उपरोक्त कथनों में से कौन-से कथन सही हैं?

(a) 1, 2 और 4 (b) 2 और 3
(c) 1, 2, 3 और 4 (d) 2 और 4

67. निम्नलिखित कथनों पर विचार कीजिए **IAS (Pre) 2019**

1. भारत के संविधान के 44वें संशोधन द्वारा लाए गए एक अनुच्छेद ने प्रधानमन्त्री के निर्वाचन को न्यायिक पुनर्विलोकन के परे कर दिया।
2. भारत के संविधान के 99वें संशोधन को भारत के सर्वोच्च न्यायालय ने अभिखण्डित कर दिया, क्योंकि यह न्यायपालिका की स्वतन्त्रता का अतिक्रमण करता था।

उपरोक्त में से कौन-सा/से कथन सही है/हैं?

(a) केवल 1 (b) केवल 2
(c) 1 और 2 दोनों (d) न तो 1 और न ही 2

68. निम्नलिखित कथनों पर विचार कीजिए **HPPSC (Pre) 2024**

1. संवैधानिक संशोधन बिल संसद के किसी भी सदन में पेश किया जा सकता है।
2. संविधान के संशोधन का राज्य व केन्द्र को समान अधिकार प्राप्त है।
3. संविधान की सातवीं अनुसूची में परिवर्तन हेतु आधे से अधिक राज्य विधानपरिषदों की स्वीकृति जरूरी है।
4. संविधान के मूल ढाँचे में भी संशोधन किया जा सकता है।

नीचे दिए गए विकल्पों में से सही उत्तर का चुनाव कीजिए

(a) 1 और 3 (b) 2 और 3 (c) 4 और 1 (d) 2 और 4

12. संसदीय प्रणाली की अवधारणा / व्यवस्था

69. संसदीय शासन प्रणाली विधायिका और प्रशासन के बीच मजबूत समीकरण का परिणाम है, यह अवधारणा किस देश से उत्पन्न हुई?

(a) फ्रांस (b) जर्मनी
(c) सोवियत संघ (तत्कालीन रूस)
(d) यूनाइटेड किंगडम

70. निम्नलिखित कथनों में से कौन-सा कथन गलत है?

(a) प्रधानमन्त्री वास्तविक कार्यकारी होता है, जबकि राष्ट्रपति नाममात्र कार्यकारी के रूप में कार्य करता है।
(b) भारतीय संविधान का अनुच्छेद 72 एवं 73 केन्द्र में संसदीय शासन व्यवस्था तथा अनुच्छेद 157 एवं 158 राज्य में संसदीय शासन व्यवस्था का उपबन्ध है।
(c) सामान्यत: मन्त्रिपरिषद् के सदस्य एक ही राजनीतिक दल से आते हैं, इसलिए मन्त्रिपरिषद् के सदस्य समान राजनीतिक दर्शन साझा करते हैं।
(d) कार्यपालिका के सदस्यों को कार्यवाही, कार्यकारी बैठकों, नीति निर्धारण इत्यादि जैसे मामलों में गोपनीयता के सिद्धान्त का पालन करना पड़ता है।

71. सामूहिक उत्तरदायित्व के सन्दर्भ में सही कथन का चयन कीजिए

1. संसदीय प्रणाली में मन्त्रिपरिषद् सामूहिक रूप से संसद के प्रति उत्तरदायी होती है।
2. भारत में सरकार तब तक अस्तित्व में रहती है, जब तक उसे लोकसभा में बहुमत प्राप्त होता है।

कूट

(a) केवल 1 (b) केवल 2
(c) 1 और 2 दोनों (d) न तो 1 और न ही 2

72. दिए गए कथनों में से गलत कथन का चयन कीजिए

(a) भारत जैसा देश जहाँ विविधता का स्तर उच्च है, समाज के विभिन्न वर्गों को राजनीतिक स्थान प्रदान करने व समायोजन को सक्षम बनाता है।
(b) कार्यपालिका, विधायिका का एक अंग है, चूँकि सरकार को निचले सदन में बहुमत का समर्थन प्राप्त होता है, इससे सरकार के लिए संसद में कानून पारित करना और उन्हें लागू करना आसान हो जाता है।
(c) संसद के सदस्य सरकार पर दबाव बनाने के लिए सर्वोच्च न्यायालय के माध्यम से प्रश्न पूछ सकते हैं, प्रस्ताव पेश कर सकते हैं एवं सार्वजनिक महत्त्व के मामलों पर चर्चा कर सकते हैं।
(d) संसद का निचला सदन (लोकसभा) अविश्वास प्रस्ताव पेश कर सकता है और उसे पारित कर सकता है।

73. संसदीय प्रणाली को अपनाने के सन्दर्भ में कौन-से कथन सही हैं?

1. संविधान निर्माता कुछ सीमा तक संसदीय प्रणाली से परिचित थे, क्योंकि यह ब्रिटिश शासन के दौरान भारत में लागू थी।
2. अमेरिकी प्रणाली अधिक स्थिरता प्रदान करती है, जबकि ब्रिटिश प्रणाली अधिक उत्तरदायित्व लेकिन कम स्थिरता प्रदान करती है।

3. संविधान के निर्माता विधायिका तथा कार्यपालिका के मध्य टकराव की स्थिति से बचाव चाहते थे, जो अमेरिकी प्रणाली में सामान्य था।
4. संसदीय प्रणाली लोगों के मध्य एक राष्ट्रीय भावना को बढ़ावा देती है एवं एक अखण्ड भारत का निर्माण करती है।

कूट
(a) 1, 3 और 4 (b) 1, 2 और 3
(c) 2, 3 और 4 (d) ये सभी

13. संघवाद एवं संघीय व्यवस्था

74. संवैधानिक विकास के क्रम में भारतीय शासन अधिनियम, 1935 के द्वारा सर्वप्रथम भारत में संघात्मक व्यवस्था की स्थापना की व्यवस्था थी, परन्तु किसके असहयोगात्मक व्यवहार के कारण यह व्यवस्था लागू नहीं हो सकी?
(a) देशी रियासतों के कारण
(b) ब्रिटिश शासकों के कारण
(c) क्रान्तिकारियों के कारण
(d) राजनेताओं के कारण

75. स्वतन्त्र एवं निष्पक्ष न्यायपालिका के सन्दर्भ में कौन-सा/से कथन सही नहीं हैं?
1. संविधान में न्यायाधीशों के कार्यकाल की सुरक्षा निश्चित सेवा शर्तें इत्यादि जैसे कई उपाय शामिल हैं, ताकि न्यायपालिका को सरकार से स्वतन्त्र बनाया जा सके।
2. सर्वोच्च न्यायालय सबसे ऊपर है, राज्य स्तर पर उच्च न्यायालय है तथा जिला एवं अन्य अधीनस्थ न्यायालय नीचे हैं, जो उच्च न्यायालय की निगरानी में हैं।

कूट
(a) केवल 1 (b) केवल 2
(c) 1 और 2 दोनों (d) न तो 1 और न ही 2

76. निम्नलिखित कथनों में से कौन-सा/से कथन सही हैं?
1. संविधान में द्विसदनीय विधानमण्डल का प्रावधान है, जिसमें एक उच्च सदन (राज्यसभा) तथा एक निचला सदन (लोकसभा) शामिल हैं।
2. राज्यसभा भले ही कम शक्तिशाली सदन हो, परन्तु केन्द्र के अनुचित हस्तक्षेप के खिलाफ राज्यों के हितों की रक्षा करके संघीय सन्तुलन को बनाए रखती है।

कूट
(a) केवल 1
(b) केवल 2
(c) 1 और 2 दोनों
(d) न तो 1 और न ही 2

77. भारतीय संघीय व्यवस्था के सम्बन्ध में कौन-सा/से कथन सही है/हैं?
1. भारतीय संविधान में संघ एवं राज्यों के बीच शक्तियों के विभाजन का झुकाव संघ की ओर अधिक है।
2. सामान्यतया संघीय प्रणाली में अवशिष्ट विषयों पर राज्यों का अधिकार होता है, जैसा कि संयुक्त राज्य अमेरिका में, परन्तु भारत में अवशिष्ट शक्तियाँ संघ को प्राप्त हैं।

कूट
(a) केवल 1
(b) केवल 2
(c) 1 और 2 दोनों
(d) न तो 1 और न ही 2

78. नीचे दो कथन दिए गए हैं, जिनमें से एक कथन (A) और दूसरा कारण (R) है। नीचे दिए कूट से सही उत्तर चुनिए

कथन (A) भारतीय संविधान के अनुसार, राज्यों के राज्यपाल की नियुक्ति राष्ट्रपति द्वारा की जाती है।

कारण (R) राज्यपाल, राज्यों में केन्द्र के प्रतिनिधि के रूप मे कार्य करते हैं तथा उसके माध्यम से केन्द्रीय सरकार राज्यों पर नियन्त्रण रखती है।

कूट
(a) A और R दोनों सही है तथा R, A की सही व्याख्या करता है
(b) A और R दोनों सही हैं, परन्तु R, A की सही व्याख्या नहीं करता है
(c) A सही है, किन्तु R गलत हैं
(d) A गलत है, किन्तु R सही है

14. केन्द्र-राज्य सम्बन्ध

79. भारतीय संविधान का निम्न में से कौन-सा भाग केन्द्र और राज्य के मध्य सम्बन्धों से सम्बन्धित है? **UKPSC (Pre) 2024**
(a) भाग-3
(b) भाग-4
(c) भाग-6
(d) भाग-11

80. भारत के संविधान के अनुसार निम्नलिखित में से कौन-सा कथन सही है? **UPPSC (Pre) 2024**
(a) अन्तर्राज्यीय व्यापार और वाणिज्य राज्य सूची के अधीन एक राज्य विषय है
(b) अन्तर्राज्यीय प्रवासन राज्य सूची के अधीन एक राज्य विषय है
(c) अन्तर्राज्यीय संगरोध संघ सूची के अधीन एक संघ विषय है
(d) निगम कर राज्य सूची के अधीन एक राज्य विषय है

81. निम्नलिखित कथनों पर विचार कीजिए **HPPSC (Pre) 2024**
1. अवशिष्ट विषय वह विषय है, जो संविधान की 7वीं अनुसूची की तीन सूचियों में सम्मिलित नहीं है।
2. अनुच्छेद 248 के अनुसार, संघीय संसद और राज्य विधायिकाएँ दोनों अवशिष्ट विषयों पर कानून बना सकती हैं।
3. अन्तरिक्ष प्रौद्योगिकी, अवशिष्ट विषय का एक उदाहरण है।

उपरोक्त कथनों में से कितने कथन सही हैं?
(a) केवल एक कथन सही है
(b) केवल दो कथन सही हैं
(c) सभी तीनों कथन सही हैं
(d) इनमें से कोई भी

82. भारत में निम्नलिखित में से किसे शिशुओं और अवयस्कों के साथ-साथ आर्थिक और सामाजिक योजनाओं के लिए विधि-निर्माण की शक्तियाँ प्रदत्त हैं? **UPPSC (Pre) 2019**
(a) केन्द्रीय सरकार (b) राज्य सरकार
(c) 'a' और 'b' दोनों (d) स्थानीय सरकारों को

83. सूची और अन्तर्वस्तुओं के निम्नलिखित युग्मों में से कौन-सा/से युग्म सही सुमेलित है/हैं? **IAS (Pre) 2019**

	सूची		वस्तुओं से सम्बन्ध
1.	राज्य सूची	—	लोक स्वास्थ्य और स्वच्छता
2.	संघ सूची	—	नागरिकता देशीयकरण और अन्य देशीय
3.	समवर्ती सूची	—	विधिक, चिकित्सीय और अन्य व्यवसाय

कूट
(a) केवल 1 (b) केवल 3
(c) 2 और 3 (d) 1, 2 और 3

84. नीचे दो कथन दिए गए हैं, इनमें से एक कथन (A) तथा दूसरा कारण (R) है **UP RO/ARO (Pre) 2016**

कथन (A) राज्य की कार्यपालिका शक्ति का प्रयोग, संसद के कानूनों तथा राज्यों में लागू कानूनों का अनुपालन सुनिश्चित करने हेतु होता है।

कारण (R) अपनी कार्यपालिका शक्तियों का प्रयोग करके भारत सरकार राज्यों को आवश्यक निर्देश दे सकती है।

कूट
(a) A और R दोनों सही हैं तथा R, A की सही व्याख्या है
(b) A और R दोनों सही हैं, परन्तु R, A की सही व्याख्या नहीं है
(c) A सही है, किन्तु R गलत है
(d) A गलत है, किन्तु R सही है

85. विक्रय-कर, जिसका भुगतान आप कोई टूथपेस्ट खरीदते समय करते हैं, निम्नलिखित में से किस प्रकार का कर है? IAS (Pre) 2014
(a) केन्द्र सरकार द्वारा आरोपित कर
(b) केन्द्र सरकार द्वारा आरोपित, किन्तु केन्द्र सरकार द्वारा संग्रहित कर
(c) राज्य सरकार द्वारा आरोपित,
(d) राज्य सरकार द्वारा आरोपित एवं संग्रहित कर

15. अन्तर्राज्यीय सम्बन्ध

86. संविधान के निम्न में से किस अनुच्छेद के अन्तर्गत अन्तर्राज्यीय परिषद् की स्थापना की गई है? UKPSC (Pre) 2024
(a) अनुच्छेद 360 (b) अनुच्छेद 263
(c) अनुच्छेद 365 (d) अनुच्छेद 368

87. निम्नांकित में से किस आयोग ने अन्तर्राज्यीय परिषद् के स्थान पर अन्तर-सरकार परिषद् स्थापित करने की अनुशंसा की थी? RAS/RTS (Pre) 2023
(a) राजमन्नार आयोग
(b) पुंछी आयोग
(c) प्रशासनिक सुधार आयोग, 1969
(d) सरकारिया आयोग

88. भारत में क्षेत्रीय परिषदों के सन्दर्भ में निम्न में से कौन-सा कथन सही है/हैं? CGPSC (Pre) 2019
1. परिषद् भारतीय संघ व्यवस्था के उपसंघीय सूत्र के रूप में कार्य करती है।
2. परिषद् भारतीय संघ व्यवस्था में, राज्यों के मध्य सहयोग एवं एकीकरण का मार्ग प्रशस्त करती है।

कूट
(a) केवल 1 (b) केवल 2
(c) 1 और 2 दोनों (d) न तो 1 और न ही 2

89. निम्नांकित में से कौन-सा एक क्षेत्रीय परिषदों का लक्षण नहीं है?
(a) यह एक संवैधानिक संस्था है UPPSC (Pre) 2017
(b) पाँच क्षेत्रीय परिषदों की स्थापना राज्यों के पुनर्गठन अधिनियम, 1956 के अन्तर्गत की गई है
(c) यद्यपि चण्डीगढ़ राज्य नहीं है, फिर भी एक क्षेत्रीय परिषद् में शामिल किया गया है
(d) यह एक परामर्शदात्री संस्था है

90. पूर्वोत्तर परिषद् (NEC) की स्थापना पूर्वोत्तर परिषद् अधिनियम, 1971 द्वारा की गई थी। वर्ष 2002 में NEC अधिनियम में संशोधन के बाद परिषद् में निम्नलिखित में से किन-किन सदस्यों को शामिल किया गया है? UPPSC (Pre) 2024
1. संघटक राज्य का राज्यपाल
2. संघटक राज्य का मुख्यमन्त्री
3. भारत के राष्ट्रपति द्वारा नाम निर्दिष्ट तीन सदस्य
4. भारत का गृहमन्त्री

नीचे दिए गए कूट का प्रयोग कर सही उत्तर चुनिए
(a) 1, 2 और 3 (b) 1, 3 और 4
(c) 2 और 4 (d) 1, 2, 3 और 4

16. आपात उपबन्ध

91. भारत के राष्ट्रपति किसकी सलाह पर अनुच्छेद 352 के तहत आपातकाल की घोषणा कर सकते हैं? MPPSC (Pre) 2024
(a) सभी राज्यों के मुख्यमन्त्री (b) प्रधानमन्त्री
(c) संघ के मन्त्रिमण्डल (d) मन्त्रिपरिषद्

92. अनुच्छेद 352 के अनुसार, राष्ट्रीय आपातकाल के विषय में क्या सही है? CGPSC (Pre) 2007
1. यह राष्ट्रपति के द्वारा उद्घोषित किया जाता है।
2. दो माह के अन्दर इस पर संसद की स्वीकृति मिल जानी चाहिए।
3. एक माह के अन्दर इस पर संसद की स्वीकृति मिल जानी चाहिए।
4. संसद के साधारण बहुमत से इस पर स्वीकृति मिलनी चाहिए।
5. संसद के 2/3 बहुमत से इस पर स्वीकृति मिलनी चाहिए।
6. संसद के साधारण बहुमत से इसे वापस लिया जा सकता है।
7. संसद के 2/3 बहुमत से इसे वापस लिया जा सकता है।
8. इस पर संसद के संयुक्त अधिवेशन में स्वीकृति की जा सकती है।

कूट
(a) 1, 2, 4 और 8 (b) 1, 3, 6 और 8
(c) 1, 3, 5 और 6 (d) 1, 4, 7 और 8

93. यदि भारत का राष्ट्रपति संविधान के अनुच्छेद 356 के अधीन यथा उपबन्धित अपनी शक्तियों का किसी विशेष राज्य के सम्बन्ध में प्रयोग करता है, तो IAS (Pre) 2018
(a) उस राज्य की विधानसभा स्वत: भंग हो जाती है
(b) उस राज्य के विधानमण्डल की शक्तियाँ संसद द्वारा या उसके प्राधिकार के अधीन प्रयोज्य होंगी
(c) उस राज्य में अनुच्छेद 19 निलम्बित हो जाता है
(d) राष्ट्रपति उस राज्य से सम्बन्धित विधियाँ बना सकता है

94. संविधान के अनुच्छेद 356 से सम्बन्धित निम्नांकित कथनों पर विचार कीजिए RAS/RTS (Pre) 2013
1. राज्यों में संवैधानिक तन्त्र की विफलता एक वस्तुनिष्ठ यथार्थ है।
2. इस अनुच्छेद के अन्तर्गत की गई उद्घोषणा का उच्चतम न्यायालय द्वारा न्यायिक पुनरावलोकन किया जा सकता है।
3. इस उद्घोषणा के साथ ही राज्य विधानसभा भंग की जा सकती है।
4. इस उद्घोषणा का दो माह के अन्दर संसद के प्रत्येक सदन से अनुमोदन किया जाना चाहिए।

उपरोक्त कथनों में से कौन-से कथन सही हैं?
(a) 1, 2 और 4 (b) 1, 2 और 3
(c) 3 और 4 (d) 2, 3 और 4

95. भारत के संविधान के अनुच्छेद 360 के अधीन वित्तीय आपात से सम्बन्धित निम्नलिखित कथनों पर विचार कीजिए IAS (Pre) 2007
1. वित्तीय आपात की उद्घोषणा 2 माह की समाप्ति पर प्रवर्तन मेंनहीं रहेगी, यदि उस अवधि की समाप्ति से पहले संसद के दोनों सदनों के संकल्पों द्वारा उसका अनुमोदन नहीं कर दिया जाता।
2. यदि वित्तीय आपात प्रवर्तन में हो, तो भारत का राष्ट्रपति संघ के कार्यकलाप के सम्बन्ध में सेवा करने वाले सभी या किसी वर्ग के व्यक्तियों के, परन्तु जिनके अन्तर्गत उच्चतम न्यायालय और उच्च न्यायालयों के न्यायाधीश नहीं आते, वेतनों और भत्तों में कमी करने के लिए निर्देश देने में सक्षम हैं।

उपरोक्त कथनों में से कौन-सा/से कथन सही है/हैं?
(a) केवल 1 (b) केवल 2
(c) 1 और 2 दोनों (d) न तो 1 और न ही 2

17. राष्ट्रपति

96. निम्नलिखित कथनों पर विचार कीजिए HPSC (Pre) 2024
1. भारत के राष्ट्रपति का चुनाव एकल अहस्तान्तरणीय मत से समानुपातिक प्रतिनिधित्व की प्रणाली के अनुसार होता है।
2. उत्तर प्रदेश के प्रत्येक सांसद के मत का मान गोवा के सांसद के मत के मान से अधिक होता है।
3. राष्ट्रपति के चुनाव में मतदाता नोटा (NOTA) के प्रावधान का उपयोग नहीं कर सकता।
4. दलबदल-विरोधी कानून के प्रावधान राष्ट्रपति के चुनाव में लागू नहीं होते हैं।

उपरोक्त कथनों में से कितने कथन सही हैं?
(a) 1 और 2
(b) 2 और 3
(c) 3 और 4
(d) 1, 2 और 4

97. भारत के राष्ट्रपति के निर्वाचन के सन्दर्भ में निम्नलिखित कथनों पर विचार कीजिए **IAS (Pre) 2018**

1. प्रत्येक एमएलए की वोट का मूल्य अलग-अलग राज्यों में अलग-अलग होता है।
2. लोकसभा के सदस्यों की वोट का मूल्य राज्यसभा के सदस्यों की वोट के मूल्य से अधिक होता है।

उपरोक्त कथनों में से कौन-सा/से कथन सही है/हैं?
(a) केवल 1 (b) केवल 2
(c) 1 और 2 दोनों (d) न तो 1 और न ही 2

98. भारत के राष्ट्रपति के विशेष अभिभाषण के सन्दर्भ में निम्नांकित में से कौन-सा/से कथन सही है/हैं? **UPPSC (Pre) 2021**

1. राष्ट्रपति, लोकसभा के साधारण निर्वाचन के पश्चात् प्रथम सत्र और प्रत्येक वर्ष के प्रथम सत्र के आरम्भ में संसद के दोनों सदनों की संयुक्त बैठक को सम्बोधित करता है।
2. राष्ट्रपति अपने अभिभाषण में संसद को उसके आह्वान के कारणों के विषय में सूचित करता है।

कूट
(a) केवल 1 (b) केवल 2
(c) 1 और 2 दोनों (d) न तो 1 और न ही 2

99. भारतीय संविधान के अनुसार, भारत के राष्ट्रपति का यह कर्त्तव्य है कि वह निम्नलिखित में से किसको/किनको संसद के पटल पर रखवाएगा? **IAS (Pre) 2012**

1. संघ वित्त आयोग की सिफारिशों को
2. लोक लेखा समिति के प्रतिवेदन को
3. नियन्त्रक महालेखा परीक्षक के प्रतिवेदन को
4. राष्ट्रीय अनुसूचित जाति आयोग के प्रतिवेदन को

कूट
(a) केवल 1 (b) 2 और 4
(c) 1, 3 और 4 (d) 1, 2, 3 और 4

100. भारत के संविधान के अनुसार, निम्नलिखित में कौन-से कथन सही नहीं हैं? **UPPSC (Pre) 2023**

1. यदि भारत के राष्ट्रपति का निर्वाचन भारत के उच्चतम न्यायालय द्वारा शून्य घोषित कर दिया जाता है, तो ऐसे विनिश्चय की तिथि से पूर्व राष्ट्रपति के पद के कर्त्तव्यों के निष्पादन में राष्ट्रपति के द्वारा किए गए सभी कृत्य अविधिमान्य हो जाते हैं।
2. भारत के राष्ट्रपति के पद के लिए निर्वाचन इस आधार पर मुल्तवी किया जा सकता है कि कुछ विधानसभाएँ विघटित हो गई हैं और उनके निर्वाचन अभी होने शेष हैं।
3. कोई विधेयक भारत के राष्ट्रपति को प्रस्तुत किए जाने पर, संविधान द्वारा विहित की गई समय-सीमा के अन्दर राष्ट्रपति को अपनी अनुमति देनी होती है।

उपरोक्त में से कितने कथन सही हैं?
(a) केवल एक (b) केवल दो
(c) सभी तीन (d) इनमें से कोई नहीं

101. यदि भारत का राष्ट्रपति संविधान के अनुच्छेद 356 के अधीन यथा उपबन्धित अपनी शक्तियों का किसी विशेष राज्य के सम्बन्ध में प्रयोग करता है, तो **IAS (Pre) 2018**

(a) उस राज्य की विधानसभा स्वत: भंग हो जाती है
(b) उस राज्य के विधानमण्डल की शक्तियाँ संसद द्वारा या उसके प्राधिकार के अधीन प्रयोज्य होंगी
(c) उस राज्य में अनुच्छेद 19 निलम्बित हो जाता है
(d) राष्ट्रपति उस राज्य से सम्बन्धित विधियाँ बना सकता है

102. किसी राज्य में राष्ट्रपति शासन की उद्घोषणा के लिए निम्नलिखित में से कौन-से परिणामों का होना आवश्यक नहीं है? **IAS (Pre) 2017**

1. राज्य विधानसभा का विघटन
2. राज्य की मन्त्रिपरिषद् का हटाया जाना
3. स्थानीय निकायों का विघटन

(a) 1 और 2
(b) 1 और 3
(c) 2 और 3
(d) 1, 2 और 3

103. भारत के राष्ट्रपति की क्षमा प्रदान करने की शक्ति के बारे में, निम्नलिखित कथनों पर विचार कीजिए: **IAS (Pre) 2024**

I. राष्ट्रपति द्वारा इस शक्ति का प्रयोग सीमित न्यायिक पुनर्विलोकन के अधीन लाया जा सकता है।
II. राष्ट्रपति इस शक्ति का प्रयोग केन्द्र सरकार की सलाह के बगैर कर सकता है।

उपर्युक्त कथनों में से कौन-सा/कौन-से सही है/हैं?
(a) केवल I
(b) केवल II
(c) I और II दोनों
(d) न तो I और न ही II

104. भारत की संसद के सन्दर्भ में निम्नलिखित कथनों पर विचार कीजिए **UPPSC (Pre) 2024**

1. भारत के राष्ट्रपति द्वारा किसी सदन के सत्रावसान के लिए मन्त्रिपरिषद् के परामर्श की आवश्यकता नहीं है।
2. सदन का सत्रावसान सामान्यत: सदन के अनिश्चित काल के लिए स्थगित होने के पश्चात् किया जाता है, किन्तु भारत के राष्ट्रपति द्वारा उस सदन का सत्रावसान करने पर कोई वर्जन नहीं है, जो सत्र में है।
3. लोकसभा का विघटन भारत के राष्ट्रपति द्वारा असाधारण परिस्थितियों को छोड़कर मन्त्रिपरिषद् के परामर्श से किया जाता है।

उपरोक्त कथनों में से कौन-सा/से कथन सही है/हैं?
(a) केवल 1
(b) 1 और 2
(c) 2 और 3
( ) केवल 3

105. निम्नलिखित युग्मों पर विचार कीजिए **HPSC (Pre) 2024**

1. भारत के उपराष्ट्रपति : संविधान का अनुच्छेद 62
2. उपराष्ट्रपति का चुनाव : संविधान का अनुच्छेद 65
3. राष्ट्रपति का पदभार काल : संविधान का अनुच्छेद 59

उपरोक्त युग्मों में से कितने युग्म सही हैं?
(a) केवल एक युग्म
(b) केवल दो युग्म
(c) सभी तीनों युग्म
(d) उपरोक्त में से कोई भी युग्म नहीं

18. उपराष्ट्रपति

106. भारत के उपराष्ट्रपति के सम्बन्ध में निम्नलिखित कथनों पर विचार करें **CGPSC (Pre) 2024**

1. वह राज्यसभा का पदेन अध्यक्ष है।
2. वह संसद के दोनों सदनों के सदस्यों से बने एक निर्वाचक मण्डल के सदस्यों द्वारा चुना जाता है।

उपरोक्त में से कौन-सा/से कथन सत्य है/हैं?
(a) केवल 1
(b) केवल 2
(c) 1 और 2 दोनों
(d) उपरोक्त में से कोई नहीं

107. नीचे दो वक्तव्य दिए गए हैं। एक को कथन (A) कहा गया है, जबकि दूसरे को कारण (R) कहा गया है **UPPSC (Pre) 2010**

कथन (A) कोई व्यक्ति उपराष्ट्रपति निर्वाचित होने का पात्र तभी होगा, जब वह राज्यसभा का सदस्य होने के लिए अर्हित है।

कारण (R) उपराष्ट्रपति राज्यसभा का पदेन सभापति होता है।

कूट

(a) A और R दोनों सही हैं तथा R, A का सही स्पष्टीकरण है

(b) A और R दोनों सही हैं, परन्तु R, A का सही स्पष्टीकरण नहीं है

(c) A सही है, किन्तु R गलत है

(d) A गलत है, किन्तु R सही है

108. भारत का उपराष्ट्रपति UPPSC (Pre) 2013

1. भारत का द्वितीय उच्चतम प्रतिष्ठित पदधारी है।
2. इसके पास पद के सम्बन्ध में कोई औपचारिक दायित्व नहीं है।
3. राष्ट्रपति की अनुपस्थिति में उसके कार्यों का निर्वहन करता है।
4. राष्ट्रपति के पदत्याग, अपदस्थीकरण अथवा मृत्यु के कारण राष्ट्रपति के रूप में कार्य करता है।

उपरोक्त कथनों में से कौन-से कथन सही हैं?

(a) 1 और 2 (b) 1, 2 और 3

(c) 1, 3 और 4 (d) ये सभी

109. निम्नलिखित में से किस-किस ने भारत के उपराष्ट्रपति का पद सम्भाला है? IAS (Pre) 2008

1. न्यायमूर्ति मुहम्मद हिदायतुल्ला
2. फखरुद्दीन अली अहमद
3. नीलम संजीव रेड्डी
4. डॉ. शंकर दयाल शर्मा

कूट

(a) 3 और 4 (b) 1 और 4

(c) 2 और 3 (d) ये सभी

110. नीचे दिए गए युग्म में से सही युग्म बताइए, जिसके दोनों महानुभाव उपराष्ट्रपति बनने से पूर्व राजदूत अथवा उच्चायुक्त के पद पर रहे IAS (Pre) 1994

(a) डॉ. एस. राधाकृष्णन – जी. एस. पाठक

(b) डॉ. एस. राधाकृष्णन – वी. वी. गिरि

(c) डॉ. जाकिर हुसैन – के. आर. नारायणन

(d) बी. डी. जत्ती – के. आर. नारायणन

19. प्रधानमन्त्री

111. भारत के प्रधानमन्त्री की नियुक्ति के समय IAS (Pre) 2012

(a) जरूरी नहीं है कि वह संसद के दोनों सदनों में से एक का आवश्यक रूप से सदस्य हो, परन्तु छः माह के अन्दर आवश्यक रूप से दोनों में से एक सदन का सदस्य हो जाना चाहिए

(b) जरूरी नहीं है कि वह संसद के दोनों सदनों में से एक का आवश्यक रूप से सदस्य हो, परन्तु उसे छः माह के अन्दर लोकसभा का सदस्य हो जाना चाहिए

(c) संसद के दोनों सदनों में से एक का आवश्यक रूप से सदस्य होना चाहिए

(d) आवश्यक रूप से लोकसभा का सदस्य होना चाहिए

112. भारत के प्रधानमन्त्री के विषय में निम्नलिखित कथनों में से कौन-सा सही है? MPPSC (Pre) 2006, IAS (Mains) 2013

(a) प्रधानमन्त्री मन्त्रिपरिषद् का नाममात्र का नेता है

(b) वह संसद के प्रति उत्तरदायी नहीं है

(c) वह अपने मन्त्रियों में से किसी को बर्खास्त नहीं कर सकता

(d) प्रधानमन्त्री मन्त्रिपरिषद् का वास्तविक नेता है

113. भारत के प्रधानमन्त्री के सन्दर्भ में कौन-सा कथन सही है? IAS (Pre) 1996

(a) संसद के दोनों सदनों के सदस्यों में से अपने मन्त्रियों का चयन करने के लिए स्वतन्त्र है

(b) इस विषय में भारत के राष्ट्रपति के साथ उचित परामर्श करके अपने मन्त्रिमण्डल के सहयोगियों का चयन कर सकता है

(c) अपने मन्त्रिमण्डल के मन्त्री के रूप में कार्य करने के लिए व्यक्तियों का चयन करने में पूर्णतः स्वविवेक का प्रयोग करता है

(d) अपने मन्त्रिमण्डल के सहयोगियों का चयन करने में सीमित शक्तियाँ रखता है, क्योंकि स्वविवेक प्रयोग की शक्तियाँ भारत के राष्ट्रपति में निहित हैं

114. निम्नलिखित कथनों पर विचार कीजिए IAS (Pre) 2013

1. केन्द्र में मन्त्रिपरिषद् संसद के प्रति सामूहिक रूप से उत्तरदायी होगी।
2. संघीय मन्त्री भारत के राष्ट्रपति के प्रसादपर्यन्त पद धारण करेंगे।
3. विधि निर्माण हेतु प्रस्ताव के बारे में प्रधानमन्त्री राष्ट्रपति को सूचित करेंगे।

उपरोक्त कथनों में से कौन-सा/से कथन सही है/हैं?

(a) केवल 1 (b) 2 और 3

(c) 1 और 3 (d) ये सभी

115. निम्नलिखित कथनों में से उस एक को चुनिए, जो मन्त्रिमण्डल स्वरूप की सरकार के अन्तर्निहित सिद्धान्त को अभिव्यक्त करता है IAS (Pre) 2017

(a) ऐसी सरकार के विरुद्ध आलोचना को कम-से-कम करने की व्यवस्था, जिसके उत्तरदायित्व जटिल हैं तथा उन्हें सभी के सन्तोष के लिए निष्पादित करना कठिन है

(b) ऐसी सरकार के कामकाज में तेजी लाने की क्रियाविधि, जिसके उत्तरदायित्व दिन-प्रतिदिन बढ़ते जा रहे हैं

(c) सरकार के जनता के प्रति सामूहिक उत्तरदायित्व को सुनिश्चित करने के लिए संसदीय लोकतन्त्र की एक क्रियाविधि

(d) उस शासनाध्यक्ष के हाथों को मजबूत करने का एक साधन, जिसका जनता पर नियन्त्रण ह्रासोन्मुख दशा में है

116. निम्नलिखित कथनों पर विचार कीजिए IAS (Pre) 2022

1. भारत का संविधान मन्त्रियों को चार श्रेणियों अर्थात् कैबिनेट मन्त्री, स्वतन्त्र प्रभार वाले राज्यमन्त्री, राज्यमन्त्री और उपमन्त्री में वर्गीकृत करता है।
2. संघ सरकार में मन्त्रियों की कुल संख्या, प्रधानमन्त्री को मिलाकर, लोकसभा के कुल सदस्यों के 15% से अधिक नहीं होनी चाहिए।

उपरोक्त कथनों में से कौन-सा/से कथन सही है/हैं?

(a) केवल 1 (b) केवल 2

(c) 1 और 2 (d) न तो 1 और न ही 2

117. निम्नलिखित कथनों पर विचार कीजिए IAS (Pre) 2014

1. राष्ट्रपति, भारत सरकार के कार्य अधिक सुविधापूर्वक किए जाने के लिए और मन्त्रियों में उक्त कार्य के आवण्टन के लिए नियम बनाएगा।
2. भारत सरकार की समस्त कार्यपालक की कार्यवाहियाँ प्रधानमन्त्री के नाम से ही हुई कही जाएँगी।

उपरोक्त कथनों में से कौन-सा/से कथन सही है/हैं?

(a) केवल 1 (b) केवल 2

(c) 1 और 2 (d) न तो 1 और न ही 2

118. भारत के महान्यायवादी के सन्दर्भ में, निम्नलिखित कथनों में से कौन-सा/से सही है/हैं? UPSC (Pre) 2023

1. महान्यायवादी के पद पर ऐसे व्यक्ति की नियुक्ति होगी, जोकि उच्चतम न्यायालय का न्यायाधीश नियुक्त होने के लिए अर्हित हो।
2. महान्यायवादी को उनके पद से ऐसी प्रक्रिया से हटाया जा सकता है जैसे कि उच्चतम न्यायालय के न्यायाधीशों को।

कूट

(a) केवल 1 (b) केवल 2

(c) 1 और 2 दोनों (d) न तो 1 और न ही 2

20. संसद

119. भारतीय संविधान के अनुच्छेद 87 के अन्तर्गत भारत का राष्ट्रपति अभिभाषण देता है RAS/RTS (Pre) 2016, 2018

(a) संसद के दोनों सदनों की संयुक्त बैठक में

(b) संसद के दोनों सदनों के संयुक्त अधिवेशन में

(c) संसद के दोनों सदनों के संयुक्त सत्र में

(d) एक साथ समवेत संसद के दोनों सदनों में

120. राज्यसभा के सम्बन्ध में त्रुटिपूर्ण कथन को पहचानिए
RAS/RTS (Pre) 2023
(a) डॉ. एस. राधाकृष्णन राज्यसभा के एकमात्र सभापति थे, जो लगातार दो कार्यकाल तक इस पद पर रहे
(b) प्रथम संविधान संशोधन के लिए राज्यसभा का अनुसमर्थन नहीं लिया गया था
(c) वर्तमान में संघ राज्य-क्षेत्रों से 8 सदस्य राज्यसभा में निर्वाचित होते हैं
(d) तीन अवसरों पर राज्यसभा और लोकसभा की संयुक्त बैठक आयोजित हुई है

121. भारतीय संविधान के किस अनुच्छेद के अन्तर्गत राज्यसभा, संसद को 2/3 बहुमत से राज्य के किसी विषय पर कानून बनाने के लिए अधिकृत कर सकती है?
JKPSC (Pre) 2024
(a) अनुच्छेद-249 (b) अनुच्छेद-243
(c) अनुच्छेद-259 (d) अनुच्छेद-250

122. निम्नलिखित कथनों पर विचार कीजिए
HPSC (Pre) 2024
1. संसद राज्य सूची में शामिल मुद्दों पर कानून बना सकती है, यदि दो या दो से अधिक राज्य विधायिकाएँ इस कानून को अधिनियमित करने हेतु संसद को अनुरोध करके प्रस्ताव पारित करती हैं।
2. अधिनियमित कानून सभी राज्यों पर समान रूप से लागू होगा, चाहे उन्होंने इस प्रस्ताव को पारित किया है या नहीं।
3. इस प्रकार के कानून को केवल संसद द्वारा संशोधित या निरसित किया जा सकता है।

उपरोक्त कथनों में से कितने कथन सही हैं?
(a) केवल एक कथन सही है
(b) केवल दो कथन सही हैं
(c) सभी तीनों कथन सही है
(d) उपरोक्त में से कोई भी कथन सही नहीं है

123. लोकसभा के निर्वाचन के लिए नामांकन-पत्र
IAS (Pre) 2017
(a) भारत में निवास करने वाले किसी भी व्यक्ति द्वारा दाखिल किया जा सकता है
(b) जिस निर्वाचन क्षेत्र में निर्वाचन लड़ा जाना है, वहाँ के किसी भी निवासी द्वारा दाखिल किया जा सकता है
(c) भारत के किसी नागरिक द्वारा जिसका नाम किसी निर्वाचन क्षेत्र की मतदाता सूची में है, दाखिल किया जा सकता है
(d) भारत के किसी भी नागरिक द्वारा दाखिल किया जा सकता है

124. निम्नलिखित कथनों पर विचार कीजिए
IAS (Pre) 2020
1. भारत का राष्ट्रपति ऐसे स्थान पर जिसे वह ठीक समझे, संसद का सत्र आहूत (आह्वान) कर सकता है।
2. भारत का संविधान 1 वर्ष में संसद के तीन सत्रों का प्रावधान करता है, किन्तु सभी तीन सत्रों का चलाया जाना अनिवार्य नहीं है।
3. 1 वर्ष में दिनों की कोई न्यूनतम संख्या निर्धारित नहीं है, जब संसद का चलना आवश्यक हो।

उपरोक्त कथनों में कौन-सा/से कथन सही है/हैं?
(a) केवल 1 (b) केवल 2
(c) 1 और 3 (d) 2 और 3

125. निम्नलिखित कथनों पर विचार कीजिए:
IAS (Pre) 2025
I. लोकसभा का विघटन होने पर विघटन के पश्चात् होने वाले लोकसभा के पहले अधिवेशन के ठीक पहले तक अध्यक्ष अपने पद को रिक्त नहीं करेगा।
II. भारत के संविधान के उपबन्धों के अनुसार, लोकसभा का कोई सदस्य अध्यक्ष के रूप में निर्वाचित होने पर अपने राजनीतिक दल से तुरंत त्यागपत्र दे देगा।
III. लोकसभा के अध्यक्ष को लोकसभा के तत्कालीन समस्त सदस्यों के बहुमत से पारित संकल्प द्वारा अपने पद से हटाया जा सकेगा, किन्तु कोई संकल्प तब तक प्रस्तावित नहीं किया जाएगा जब तक कि उस संकल्प को प्रस्तावित करने के आशय की कम-से-कम चौदह दिन की सूचना न दे दी गई हो।

उपर्युक्त कथनों में से कौन-से सही हैं?
(a) केवल I और II
(b) केवल II और III
(c) केवल I और III
(d) I, II और III

126. भारतीय संसद के सन्दर्भ में निम्नलिखित कथनों पर विचार कीजिए
UPSC (Pre) 2024
1. लोकसभा में लम्बित कोई विधेयक उसके विघटन हो जाने पर व्यपगत हो जाता है।
2. लोकसभा द्वारा पारित और राज्यसभा में लम्बित कोई विधेयक लोकसभा के विघटन हो जाने पर व्यपगत हो जाता है।
3. कोई विधेयक, जिसके सम्बन्ध में भारत के राष्ट्रपति ने सदनों की संयुक्त बैठक आहूत करने के अपने आशय की सूचना दे दी है, लोकसभा का विघटन हो जाने पर व्यपगत हो जाता है।

उपरोक्त कथनों में से कौन-सा/से कथन सही है/हैं?
(a) केवल 1
(b) 1 और 2
(c) 2 और 3
(d) केवल 3

127. निम्नलिखित कथनों पर विचार कीजिए
HPPSC (Pre) 2024
1. भारत के संविधान में अविश्वास प्रस्ताव का उल्लेख नहीं है।
2. अविश्वास प्रस्ताव संसद के किसी भी सदन में प्रस्तुत किया जा सकता है।
3. धन विधेयक संसद के किसी भी सदन में प्रस्तुत किया जा सकता है।
4. राष्ट्रपति धन विधेयक को लोकसभा के पुनर्विचार हेतु नहीं लौटा सकता।

नीचे दिए गए विकल्पों में से सही उत्तर का चुनाव कीजिए
(a) 1 और 2 (b) 3 और 4
(c) 1 और 4 (d) 2 और 3

128. भारत के सन्दर्भ में, निम्नलिखित युग्मों पर विचार कीजिए
UPPSC (Pre) 2023

	कृत्य		**यह कृत्य जिस अधिनियम के अधीन आता है**
1.	अनधिकृत रूप से पुलिस या सेना की वर्दी को पहनना	—	शासकीय गुप्त बात अधिनियम, 1923
2.	किसी पुलिस अधिकारी या सैनिक अधिकारी के ड्यूटी में तैनात होने के दौरान जान-बूझकर उन्हें गुमराह करना या अन्यथा उनके साथ हस्तक्षेप करना	—	भारतीय साक्ष्य अधिनियम, 1872
3.	बन्दूक/तोप से अनुष्ठानपरक गोली/ गोला दागना, जिससे अन्य लोगों की वैयक्तिक सुरक्षा के लिए जोखिम हो सकता है	—	आयुध (संशोधन) अधिनियम, 2019

उपरोक्त में से कितने युग्म सही सुमेलित हैं?
(a) केवल एक (b) केवल दो
(c) सभी तीन (d) इनमें से कोई नहीं

129. निम्नलिखित युग्मों पर विचार कीजिए
HPSC (Pre) 2024
1. भारत की संचित निधि—निधि से भुगतान संसदीय विनियोजन के बिना किया जा सकता है।
2. भारत की आकस्मिक निधि—भारत के राष्ट्रपति की ओर से वित्त विभाग के सचिव द्वारा नियोजित होती है।
3. भारत का लोक खाता-इस खाते से राशि निकालने के लिए एक्जीक्यूटिव को संसदीय स्वीकृति की आवश्यकता होती हैं।

उपरोक्त में से कितने युग्म सही हैं?
(a) केवल एक
(b) केवल दो युग्म
(c) सभी तीनों युग्म
(d) उपरोक्त में से कोई भी युग्म नहीं

130. लोकसभा में आचार समिति के सम्बन्ध में निम्न कथनों में से कौन-से कथन सही हैं?
UPSC (Pre) 2024

1. प्रारम्भ में यह एक तदर्थ समिति थी।
2. केवल कोई लोकसभा का सदस्य ही किसी लोकसभा सदस्य के अनैतिक आचरण से सम्बन्धित शिकायत कर सकता है।
3. यह समिति किसी ऐसे मामले पर विचार नहीं कर सकती, जो न्यायाधीन है।

नीचे दिए गए कूट का प्रयोग कर सही उत्तर चुनिए
(a) 1 और 2 (b) 2 और 3
(c) 1 और 3 (d) 1, 2 और 3

21. राज्यपाल (राज्य की कार्यपालिका का प्रमुख)

131. निम्नलिखित कथनों में से कौन-सा एक कथन सही है?
IAS (Pre) 2013

(a) भारत में एक ही व्यक्ति को एक ही समय में दो या अधिक राज्यों में राज्यपाल नियुक्त नहीं किया जा सकता है
(b) भारत में राज्यों के उच्च न्यायालय के न्यायाधीश राज्य के राज्यपाल द्वारा नियुक्त किए जाते हैं, ठीक वैसे ही जैसे उच्चतम न्यायालय के न्यायाधीश राष्ट्रपति द्वारा नियुक्त किए जाते हैं
(c) भारत के संविधान में राज्यपाल को उसके पद से हटाने हेतु कोई भी प्रक्रिया अधिकथित नहीं है
(d) विधायी व्यवस्था वाले संघ राज्य क्षेत्र में मुख्यमन्त्री की नियुक्ति उपराज्यपाल द्वारा बहुमत के समर्थन के आधार पर की जाती है

132. निम्नलिखित कथनों पर विचार कीजिए
IAS (Pre) 2018

1. किसी राज्य के राज्यपाल के विरुद्ध उसकी पदावधि के दौरान किसी न्यायालय में कोई दाण्डिक कार्यवाही संस्थित नहीं की जाएगी।
2. किसी राज्य के राज्यपाल की परिलब्धियाँ और भत्ते उसकी पदावधि के दौरान कम नहीं किए जाएँगे।

उपरोक्त कथनों में से कौन-सा/से कथन सही है/हैं?
(a) केवल 1
(b) केवल 2
(c) 1 और 2
(d) न तो 1 और न ही 2

133. भारतीय संविधान के किस अनुच्छेद के अन्तर्गत राज्यपाल को विधानमण्डल के विश्रान्तिकाल में अध्यादेश प्रख्यापित करने की शक्ति प्राप्त है?
MPPSC (Pre) 2018
(a) अनुच्छेद 155 (b) अनुच्छेद 156
(c) अनुच्छेद 212 (d) अनुच्छेद 213

134. निम्नलिखित कथनों पर विचार कीजिए तथा नीचे दिए गए कूट की सहायता से सही उत्तर चुनिए
UPPSC (Pre) 2017

1. राज्यपाल को उच्च न्यायालय के न्यायाधीश की नियुक्ति का अधिकार नहीं है।
2. यह विधानमण्डल का भाग नहीं है।
3. इसे विधानपरिषद् में कुछ सदस्यों को मनोनीत करने का अधिकार है।
4. राज्यपाल के पास कोई न्यायिक शक्ति नहीं होती है।

उपरोक्त कथनों में से कौन-से कथन सही हैं?
(a) 1 और 2 (b) 1 और 3
(c) 2 और 4 (d) ये सभी

135. निम्नलिखित में से कौन-सी विवेकाधीन शक्तियाँ किसी राज्य के राज्यपाल को दी गई हैं?
IAS (Pre) 2014

1. भारत के राष्ट्रपति को राष्ट्रपति शासन अधिरोपित करने के लिए रिपोर्ट भेजना।
2. मन्त्रियों की नियुक्ति करना।
3. राज्य विधानमण्डल द्वारा पारित कतिपय विधेयकों को भारत के राष्ट्रपति के विचार के लिए आरक्षित करना।
4. राज्य सरकार के कार्य संचालन के लिए नियम बनाना।

कूट
(a) 1 और 2 (b) 1 और 3
(c) 2, 3 और 4 (d) 1, 2, 3 और 4

22. मुख्यमन्त्री एवं मन्त्रिपरिषद्

136. निम्नलिखित कथनों पर विचार कीजिए

1. यदि किसी राजनीतिक दल को बहुमत न प्राप्त हो, तो राज्यपाल, मुख्यमन्त्री की नियुक्ति में अपने विवेकाधिकार का उपयोग कर सकता है।
2. भारतीय संविधान में कोई ऐसा प्रावधान नहीं है कि कोई भी व्यक्ति मुख्यमन्त्री नियुक्त होने से पूर्व बहुमत सिद्ध करे।

उपरोक्त में से कौन-सा/से कथन सत्य है/हैं?
(a) केवल 1 (b) केवल 2
(c) 1 और 2 दोनों (d) न तो 1 और न ही 2

137. मुख्यमन्त्री के सन्दर्भ में निम्न कथनों पर विचार कीजिए

1. उसके त्याग-पत्र दे देने से सम्पूर्ण मन्त्रिपरिषद् बर्खास्त हो जाती है।
2. उसके त्याग-पत्र या मृत्यु के कारण मन्त्रिपरिषद् स्वत: विघटित हो जाती है।
3. यदि किसी मन्त्री का पद रिक्त होता है, तो यह मुख्यमन्त्री की इच्छा पर निर्भर होता है कि वह उसे भरे अथवा नहीं।

उपरोक्त कथनों में से कौन-सा/से कथन सत्य है/हैं?
(a) 1 और 2 (b) 2 और 3
(c) केवल 3 (d) ये सभी

138. निम्नलिखित कथनों पर विचार कीजिए
IAS (Pre) 2020

1. भारत के संविधान के अनुसार, कोई भी ऐसा व्यक्ति जो मतदान के लिए योग्य है, किसी राज्य में 6 माह के लिए मन्त्री बनाया जा सकता है, तब भी जबकि वह उस राज्य के विधानमण्डल का सदस्य नहीं है।
2. लोक प्रतिनिधित्व अधिनियम, 1951 के अनुसार, कोई भी ऐसा व्यक्ति जो दाण्डिक अपराध के अन्तर्गत दोषी पाया गया है और जिसे पाँच वर्ष के लिए कारावास का दण्ड दिया गया है, चुनाव लड़ने के लिए स्थायी रूप से निरर्हित हो जाता है, भले ही वह कारावास से मुक्त हो चुका हो।

उपरोक्त कथनों में से कौन-सा/से कथन सही है/हैं?
(a) केवल 1 (b) केवल 2
(c) 1 और 2 दोनों (d) न तो 1 और न ही 2

139. निम्नलिखित कथनों पर विचार कीजिए
MPPSC (Pre) 2024

1. कानूनी मामलों पर राज्य सरकार को सलाह देना महाधिवक्ता का कर्त्तव्य होगा।
2. महाधिवक्ता मन्त्रिमण्डल के प्रसादपर्यन्त पद पर बने रहेंगे।

उपरोक्त में से कौन-सा/से कथन सत्य है/हैं?
(a) केवल 1 (b) केवल 2
(c) 1 और 2 दोनों (d) न तो 1 और न ही 2

140. निम्न में से किस अधिकारी को राज्यपाल पदच्युत कर सकता है
HPPSC (Pre) 2020
(a) राज्य महाधिवक्ता
(b) राज्य चुनाव आयुक्त
(c) सदस्य, राज्य लोक सेवा आयोग
(d) सदस्य, राज्य मानवाधिकार

23. राज्य की विधायिका (विधानमण्डल)

141. भारत के एक राज्य में विधानपरिषद् के गठन के सन्दर्भ में, निम्न में से कौन-सा/से कथन सही है/हैं?
UPPSC (Pre) 2023

1. एक विधानपरिषद् में उस राज्य की विधानसभा की कुल सदस्य संख्या के एक-तिहाई से अधिक सदस्य नहीं हो सकते हैं।
2. एक राज्य की विधानपरिषद् में कम-से-कम चालीस सदस्य अवश्य ही होने चाहिए।

नीचे दिए गए कूट के सही उत्तर का चयन कीजिए
(a) केवल 1
(b) केवल 2
(c) 1 और 2 दोनों
(d) न तो 1 और न ही 2

142. भारत के किसी राज्य की विधानसभा के सन्दर्भ में निम्नलिखित कथनों पर विचार कीजिए
IAS (Pre) 2019

1. वर्ष के प्रथम सत्र के प्रारम्भ में राज्यपाल सदन के सदस्यों के लिए रूढ़िगत सम्बोधन करता है।
2. जब किसी विशिष्ट विषय पर राज्य विधानमण्डल के पास कोई नियम नहीं होता, तो उस विषय पर वह लोकसभा के नियम का पालन करता है।

उपरोक्त कथनों में से कौन-सा/से कथन सही है/हैं?
(a) केवल 1 (b) केवल 2
(c) 1 और 2 दोनों (d) न तो 1 और न ही 2

143. राज्य में दूसरे सदन की स्थापना या उसे अस्वीकार करने से सम्बन्धित कौन-सी सही विधि है? **BPSC (Pre) 1995, RPSC (Pre) 2016**
(a) लोकसभा द्वारा साधारण बहुमत से पारित प्रस्ताव
(b) सम्बन्धित राज्य की विधानसभा द्वारा पूर्ण बहुमत से पारित प्रस्ताव
(c) सम्बन्धित राज्य की विधानसभा द्वारा बहुमत से पारित प्रस्ताव और संसद से पारित विधि द्वारा
(d) लोकसभा द्वारा पूर्ण बहुमत से पारित प्रस्ताव

144. निम्नलिखित कथनों पर विचार कीजिए
IAS (Pre) 2018

1. विधानसभा का अध्यक्ष, यदि विधानसभा का सदस्य नहीं रहता है, तो अपना पद रिक्त कर देगा।
2. जब किसी विधानसभा का विघटन किया जाता है, तो अध्यक्ष अपने पद को तुरन्त रिक्त कर देगा।

उपरोक्त कथनों में से कौन-सा/से कथन सही है/हैं?
(a) केवल 1
(b) केवल 2
(c) 1 और 2 दोनों
(d) न तो 1 और न ही 2

145. राज्य विधानसभा में कोई भी धन विधेयक पुन:स्थापित नहीं किया जा सकता, बिना
UPPSC (Pre) 2012
(a) संसद की संस्तुति के
(b) राज्य के राज्यपाल की संस्तुति के
(c) भारत के राष्ट्रपति की संस्तुति के
(d) मन्त्रियों की विशेष समिति की संस्तुति के

146. निम्नलिखित कथनों पर विचार कीजिए

1. विधानपरिषद् में मन्त्रिपरिषद् के विरुद्ध अविश्वास प्रस्ताव पारित कर उसे पदच्युत नहीं किया जा सकता।
2. विधानपरिषद् के सदस्य राष्ट्रपति के निर्वाचन हेतु गठित निर्वाचक मण्डल के सदस्य होते हैं।
3. विधानसभा के सभी निर्वाचित एवं मनोनीत सदस्य राष्ट्रपति के निर्वाचक मण्डल के सदस्य होते हैं।
4. विधानपरिषद् के सदस्यों का निर्वाचन अप्रत्यक्ष रूप से आनुपातिक प्रतिनिधित्व पद्धति के अनुसार एकल संक्रमणीय मत प्रणाली के आधार पर होता है।

उपरोक्त कथनों में से कौन-सा/से कथन सही है/हैं?
(a) 1 और 2 (b) 2, 3 और 4
(c) 1 और 4 (d) 1, 2 और 4

24. सर्वोच्च न्यायालय

147. भारतीय न्यायपालिका के सन्दर्भ में निम्नलिखित कथनों पर विचार कीजिए
IAS (Pre) 2021

1. भारत के राष्ट्रपति की पूर्वानुमति से भारत के मुख्य न्यायमूर्ति द्वारा उच्चतम न्यायालय से सेवानिवृत्त किसी न्यायाधीश को उच्चतम न्यायालय के न्यायाधीश के पद पर बैठने और कार्य करने हेतु बुलाया जा सकता है।
2. भारत में किसी भी उच्च न्यायालय को अपने निर्णय के पुनर्विलोकन की शक्ति प्राप्त है, जैसा कि उच्चतम न्यायालय के पास है।

उपरोक्त कथनों में से कौन-सा/से कथन सही है/हैं?
(a) केवल 1 (b) केवल 2
(c) 1 और 2 (d) न तो 1 और न ही 2

148. उच्चतम न्यायालय एवं उच्च न्यायालयों के न्यायाधीशों की नियुक्ति के प्रावधानों को भारतीय संविधान में ······· कमेटी (1945) की प्रकाशित अनुशंसाओं को ध्यान में रखते हुए समाविष्ट किया गया था। **MPPSC (Pre) 2025**
(a) हरेन्द्र कुमार
(b) सेन (उषा नाथ सेन)
(c) वरदाचारी (एस. वरदाचारी)
(d) सप्रू (सर तेज बहादुर सप्रू)

149. निम्नलिखित में से कौन-से सर्वोच्च न्यायालय के प्रारम्भिक अधिकार क्षेत्र में आते हैं?
HPPSC (Pre) 2024

1. भारत सरकार और एक या एक से अधिक राज्यों के मध्य विवाद
2. संसद के किसी भी सदन से सम्बन्धित चुनाव के विवाद
3. भारत सरकार और केन्द्रशासित प्रदेश के मध्य विवाद
4. दो या दो से अधिक राज्यों के मध्य विवाद

नीचे दिए गए विकल्पों में से सही उत्तर का चुनाव कीजिए
(a) 1 और 2 (b) 2 और 3
(c) 1 और 4 (d) 3 और 4

150. निम्नलिखित युग्मों पर विचार कीजिए
HPPSC (Pre) 2024

1. सर्वोच्च न्यायालय के क्षेत्राधिकार का विस्तार : संविधान का अनुच्छेद 138 A
2. सर्वोच्च न्यायालय को कुछ रिट जारी करने की शक्तियाँ प्रदान करना : संविधान का अनुच्छेद 139A
3. सर्वोच्च न्यायालय की सहायता में कार्य करने के लिए नागरिक और न्यायिक प्राधिकरण : संविधान का अनुच्छेद 144A

उपरोक्त युग्मों में से कितने युग्म सही हैं?
(a) केवल एक युग्म
(b) केवल दो युग्म
(c) सभी तीनों युग्म
(d) उपरोक्त में से कोई भी युग्म नहीं

151. भारत के संविधान के सन्दर्भ में, सामान्य विधियों में अन्तर्विष्ट प्रतिषेध अथवा निर्बन्धन एवं उपबन्ध, अनुच्छेद 142 के अधीन संवैधानिक शक्तियों पर प्रतिषेध अथवा निर्बन्धन के रूप में कार्य नहीं कर सकते। निम्नलिखित में से कौन-सा इसका सही अर्थ हो सकता है? **IAS (Pre) 2019**
(a) भारत के निर्वाचन आयोग द्वारा अपने कर्त्तव्यों का निर्वहन करते समय लिए गए निर्णय को किसी भी न्यायालय में चुनौती नहीं दी जा सकती।
(b) भारत का सर्वोच्च न्यायालय अपनी शक्तियों के प्रयोग में संसद द्वारा निर्मित विधियों से बाध्य नहीं होता।
(c) देश में गम्भीर वित्तीय संकट की स्थिति में देश का राष्ट्रपति मन्त्रिमण्डल के परामर्श के बिना आपात घोषित कर सकता है
(d) कुछ मामलों में राज्य विधानमण्डल, विधानमण्डल की सहमति के बिना विधि निर्माण नहीं कर सकते हैं

152. निम्नलिखित कथनों पर विचार कीजिए
IAS (Pre) 2005

1. संसद भारत के उच्चतम न्यायालय की अधिकारिता को विस्तारित नहीं कर सकती, क्योंकि उसकी अधिकारिता वही है, जो संविधान ने प्रदान की है।
2. उच्चतम न्यायालय और उच्च न्यायालयों के अधिकारी और सेवक सम्बद्ध मुख्य न्यायमूर्ति द्वारा नियुक्त किए जाते हैं और न्यायालयों का प्रशासनिक व्यय भारत की संचित निधि पर भारित होता है।

उपरोक्त कथनों में से कौन-सा/से कथन सही है/हैं?

(a) केवल 1 (b) केवल 2
(c) 1 और 2 (d) न तो 1 और न ही 2

153. नीचे उच्चतम न्यायालय को मौलिक अधिकारों के हनन रोकने के लिए रिट जारी करने की शक्ति के सम्बन्ध में दो कथन दिए गए हैं
UPPSC (Pre) 2023

1. उच्चतम न्यायालय को यह शक्ति प्रदत्त है कि वह बन्दी प्रत्यक्षीकरण, परमादेश, प्रतिषेध, अधिकार पृच्छा और उत्प्रेषण रिट, जो भी मूल अधिकारों को लागू करने की लिए समुचित हो, उस रिट का प्रयोग कर सकता है।
2. संसद को अधिकार है कि वह कानून बनाकर किसी अन्य न्यायालय को अपनी आधिकारिक स्थानीय सीमाओं के भीतर उच्चतम न्यायालय की दी गई इन शक्तियों का प्रयोग कर सकती है।

उपरोक्त कथनों में से कौन-सा/से सही है/हैं?

(a) केवल 1
(b) केवल 2
(c) 1 और 2 दोनों
(d) न तो 1 और न ही 2

154. निम्नलिखित कथनों पर विचार कीजिए
HPSC (Pre) 2024

1. याचिका, मैंडमस लोक प्राधिकारियों और किसी निजी व्यक्ति दोनों के विरुद्ध जारी की जा सकती है।
2. मैंडमस संविदात्मक दायित्व को लागू करने के लिए जारी किया जा सकता है।
3. राज्य के गवर्नर के विरुद्ध मैंडमस जारी नहीं किया जा सकता।
4. मैंडमस अवैध रूप से एकत्र किए गए कर को वापस करने के लिए राज्य के विरुद्ध जारी किया जा सकता है।

उपरोक्त कथनों में से कितने कथन सही हैं?

(a) केवल एक कथन (b) केवल दो कथन
(c) केवल तीन कथन (d) ये सभी कथन

155. सूची I का सूची II से मिलान कीजिए
HPPSC (Pre) 2024

	सूची I	सूची II
A.	बन्दी प्रत्यक्षीकरण	1. वरिष्ठ न्यायालय द्वारा निम्न न्यायालय के रिकॉर्ड को जाँचना
B.	परमादेश	2. किसी सत्ता के अधीन शक्ति का प्रयोग
C.	उत्प्रेक्षण आदेश	3. अधिकारी की कार्यवाही पर रोक
D.	अधिकार पृच्छा आदेश	4. व्यक्तिगत रूप में उपस्थित

नीचे दिए गए विकल्पों में से सही उत्तर का चुनाव कीजिए

	A	B	C	D		A	B	C	D
(a)	1	2	4	3	(b)	3	1	2	4
(c)	4	3	1	2	(d)	2	4	1	3

156. निम्नलिखित कथनों पर विचार कीजिए
HPPSC (Pre) 2024

1. जनहित याचिका, जनहित के प्रवर्तन के लिए न्यायालय में विधिक कार्य है।
2. पीआईएल लोकस स्टैण्डी सिद्धान्त को प्रतिबलित करता है।
3. नागरिक और संगठन दोनों पीआईएल दाखिल कर सकते हैं।
4. भारत के संविधान के अनुच्छेद 32 के अधीन उच्चतम न्यायालय और अनुच्छेद 226 के अधीन उच्च न्यायालय पीआईएल सुन सकते हैं।

उपरोक्त कथनों में से कौन-से/सा कथन सही है/हैं?

(a) 1 और 2 (b) 2 और 3
(c) 3 और 4 (d) 1, 3 और 4

25. उच्च न्यायालय एवं अधीनस्थ न्यायालय

157. उच्च न्यायालय में न्यायाधीशों की संख्या निर्धारित करने का अधिकार निम्नलिखित में से किसके पास है?
BPSC (Pre) 2023

(a) राष्ट्रपति (b) राज्य के मुख्यमन्त्री
(c) प्रधानमन्त्री (d) संसद

158. निम्न में से कौन-सा कथन उच्च न्यायालय के न्यायाधीश के बारे में सही नहीं है?
UPPSC (Pre) 2014

(a) उच्च न्यायालय के न्यायाधीश की नियुक्ति भारत के राष्ट्रपति द्वारा की जाती है
(b) वह अपने पद पर राष्ट्रपति की इच्छापर्यन्त रहता है
(c) उसे किसी अन्य उच्च न्यायालय में स्थानान्तरित किया जा सकता है
(d) उसे प्रमाणित अभद्र व्यवहार या असमर्थता के आधार पर हटाया जा सकता है

159. निम्नलिखित कथनों पर विचार कीजिए
IAS (Pre) 2007

1. भारत में उच्च न्यायालय के न्यायाधीश को हटाने के लिए रीति, सर्वोच्च न्यायालय के न्यायाधीश को हटाने की रीति के समान है।
2. उच्च न्यायालय का कोई स्थायी न्यायाधीश अपने पद से सेवानिवृत्ति के पश्चात् भारत में किसी भी न्यायालय या किसी प्राधिकारी के समक्ष अभिवचन (Plead) नहीं कर सकता।

उपरोक्त कथनों में से कौन-सा/से कथन सही है/हैं?

(a) केवल 1
(b) केवल 2
(c) 1 और 2 दोनों
(d) न तो 1 और न ही 2

160. निम्नलिखित कथनों पर विचार कीजिए
IAS (Pre) 2006

1. कोई व्यक्ति, जिसने किसी उच्च न्यायालय के स्थायी न्यायाधीश के रूप में पद धारण किया है। उच्चतम न्यायालय के अतिरिक्त भारत में किसी न्यायालय या किसी प्राधिकारी के समक्ष अभिवचन या कार्य नहीं कर सकता।
2. कोई व्यक्ति, भारत के किसी उच्च न्यायालय के न्यायाधीश के रूप में नियुक्ति के लिए अर्हित नहीं है, यदि उसने भारत के राज्य क्षेत्र में कम-से-कम पाँच वर्ष तक न्यायिक पद धारण नहीं किया।

उपरोक्त कथनों में से कौन-सा/से कथन सही है/हैं?

(a) केवल 1
(b) केवल 2
(c) 1 और 2 दोनों
(d) न तो 1 और न ही 2

161. नीचे दो वक्तव्य दिए गए हैं। एक को कथन (A) और दूसरे को कारण (R) कहा गया है।
CGPSC (Pre) 2021

कथन (A) जिला न्यायाधीश जिले का सबसे बड़ा न्यायिक अधिकारी होता है।

कारण (R) जिला न्यायाधीश के पास न्यायिक एवं प्रशासनिक दोनों प्रकार की शक्तियाँ होती हैं। इनके पास जिले के अन्य सभी अधीनस्थ न्यायालयों के ऊपर पर्यवेक्षी शक्ति भी होती है।

कूट

(a) A और R दोनों सही हैं तथा R, A का सही स्पष्टीकरण है
(b) A और R दोनों सही हैं, परन्तु R, A का सही स्पष्टीकरण नहीं है
(c) A सही है, किन्तु R गलत है
(d) A गलत है, किन्तु R सही है

26. लोक अदालत एवं अन्य न्यायालय

162. निम्नलिखित में से कौन-सी सत्ता (अधिकारिकी) 'लोक अदालतों' का आयोजन नहीं कर सकती?
IAS (Pre) 2019

(a) पंचायत समितियाँ
(b) तालुक विधिक सेवा समिति
(c) जिला प्राधिकारी
(d) उच्च न्यायालय विधिक सेवा समिति

163. लोक अदालत के सन्दर्भ में निम्न कथनों पर विचार कीजिए

1. प्रथम राज्य स्तरीय ई-लोक अदालत का आयोजन सरगुजा (छत्तीसगढ़) में किया गया था।
2. इसके निर्णयों के विरुद्ध अपील नहीं की जा सकती।
3. लोक अदालत की अध्यक्षता केवल सेवानिवृत्त न्यायाधीश ही करता है।

उपरोक्त में से कौन-सा/से कथन सत्य है/हैं?
(a) 1 और 2
(b) 2 और 3
(c) 1 और 3
(d) उपरोक्त में से कोई नहीं

164. निम्न कथनों पर विचार कीजिए

1. प्रथम मोबाइल अदालत की शुरुआत वर्ष 2008 में हरियाणा के मेवात से प्रारम्भ हुई थी।
2. मोबाइल अदालत की स्थापना का श्रेय डॉ. ए. पी. जे. अब्दुल कलाम को जाता है।
3. मोबाइल अदालत को 'पहियों द्वारा न्याय' की संज्ञा प्रदान की गई है।

उपरोक्त में से कौन-सा/से कथन सत्य है/हैं?
(a) 1 और 2 (b) केवल 2
(c) केवल 3 (d) 2 और 3

165. राष्ट्रीय हरित न्यायाधिकरण अधिनियम, 2010 भारतीय संविधान के निम्नलिखित में से कौन-सा/से प्रावधान के अनुरूप में अधिनियमित हुआ था/हुए थे?

1. स्वस्थ पर्यावरण के अधिकार के आनुरूप्य, जो अनुच्छेद-21 के अन्तर्गत जीवन के अधिकार का अंग माना जाता है।
2. अनुच्छेद-275 (1) के अन्तर्गत, अनुसूचित जनजातियों के कल्याण हेतु अनुसूचित क्षेत्रों के प्रशासन का स्तर बढ़ने के लिए प्रावधानित अनुदान के आनुरूप्य।
3. अनुच्छेद-243 (A) के अन्तर्गत उल्लिखित ग्राम सभा की शक्तियों और कार्यों के आनुरूप्य।

कूट
(a) केवल 1 (b) 2 और 3
(c) 1 और 3 (d) इनमें से कोई नहीं

166. निम्न कथनों पर विचार कीजिए

1. किशोर न्याय बोर्ड के फैसलों के विरुद्ध उच्च न्यायालय में अपील की जा सकती है।
2. कोर्ट मार्शल के विरुद्ध सर्वोच्च न्यायालय या उच्च न्यायालय में अपील की अधिकारिता नहीं है।
3. भारतीय दण्ड संहिता (IPC) तथा दण्ड प्रक्रिया संहिता के प्रावधान सैन्य कर्मियों पर लागू नहीं होते हैं।

उपरोक्त में से कौन-सा/से कथन सत्य है/हैं?
(a) 1 और 2 (b) केवल 1
(c) 2 और 3 (d) ये सभी

27. विभिन्न अधिकरण एवं प्राधिकरण

167. अधिकरण के सम्बन्ध में निम्न कथनों पर विचार कीजिए

1. इसे 44वें संविधान संशोधन अधिनियम, 1978 द्वारा संविधान में जोड़ा गया।
2. इसे भाग XIV-A के तहत संविधान में जोड़ा गया।
3. इसे अनुच्छेद 323 क और 323 ख के अन्तर्गत संविधान में जोड़ा गया।

उपरोक्त में से कौन-से कथन सही है/हैं?
(a) 1 और 2 (b) 2 और 3
(c) 1 और 3 (d) ये सभी

168. केन्द्रीय प्रशासनिक अधिकरण (कैट) के सम्बन्ध में निम्न कथनों पर विचार कीजिए।

1. यह एक बहुसदस्यीय निकाय है।
2. इसमें अध्यक्ष के अतिरिक्त एक उपाध्यक्ष भी होता है।
3. कैट के सदस्यों का स्तर उच्चतम न्यायालय के न्यायाधीशों के समकक्ष रखा गया है।

उपरोक्त में से कौन-से कथन सही नहीं है/हैं?
(a) 1 और 2 (b) 1 और 3
(c) 2 और 3 (d) इनमें से कोई नहीं

169. निम्नलिखित कथनों पर विचार कीजिए

1. कैट की स्थापना नवम्बर, 1985 में की गई थी।
2. कैट में वर्तमान में 1 अध्यक्ष तथा 70 अन्य सदस्य हैं।
3. कैट के अध्यक्ष तथा सदस्यों की नियुक्ति संसद द्वारा की जाती है।
4. कैट के अध्यक्ष तथा सदस्यों की नियुक्ति हेतु न्यूनतम आयु सीमा 50 वर्ष होनी चाहिए।

उपरोक्त में से कौन-से कथन सही है/हैं?
(a) 1 और 2 (b) 3 और 4
(c) 1 और 3 (d) 1 और 4

170. निम्नलिखित कथनों में से कौन-सा कथन सही है?
(a) कैट के अध्यक्ष तथा सदस्यों का कार्यकाल 3 वर्ष अथवा 62 वर्ष की आयु तक, जो भी पहले हो, होता है
(b) कैट के अध्यक्ष तथा सदस्यों का कार्यकाल 5 वर्ष अथवा 60 वर्ष की आयु तक, जो भी पहले हो, होता है
(c) कैट के अध्यक्ष का कार्यकाल 4 वर्ष अथवा 70 वर्ष की आयु तक तथा सदस्यों का कार्यकाल 4 वर्ष अथवा 67 वर्ष की आयु तक, जो भी पहले हो, होता है
(d) कैट के अध्यक्ष तथा सदस्यों का कार्यकाल 5 वर्ष अथवा 70 वर्ष की आयु तक, जो भी पहले हो, होता है

28. भारत में स्थानीय स्वशासन

171. भारत में पंचायती राज संस्था के कामकाज की जाँच के लिए निम्नलिखित में से कौन-सी समितियाँ नियुक्त की गई थीं? JPSC (Pre) 2024

1. एल. एम. सिंघवी समिति
2. जी. वी. के. राव समिति
4. अशोक मेहता समिति
5. बलवन्त राय मेहता समिति

उपरोक्त कथनों में से कौन-से कथन सही हैं?
(a) 1, 2 और 3 (b) 3 और 4
(c) 2, 3 और 4 (d) ये सभी

172. पंचायती राज पर अशोक मेहता समिति प्रतिवेदन (1977) की प्रमुख सिफारिशों के सन्दर्भ में, निम्नलिखित कथनों में से कौन-सा/से सही है/हैं? UPPSC (Pre) 2023

1. पंचायती राज की त्रिस्तरीय व्यवस्था के स्थान पर द्वि-स्तरीय व्यवस्था होनी चाहिए।
2. राज्य स्तर के नीचे पर्यवेक्षण हेतु खण्ड को विकेन्द्रीकरण का प्रथम बिन्दु माना जाना चाहिए।

कूट
(a) केवल 1
(b) केवल 2
(c) 1 और 2 दोनों
(d) न तो 1 और न ही 2

173. **अभिकथन** (A) 73वाँ संविधान संशोधन भारत के स्थानीय शासन के इतिहास में एक आधार स्तम्भ के रूप में माना जाता है।
कारण (R) 73वें संविधान संशोधन ने पंचायतों को अति अपेक्षित संवैधानिक दर्जा प्रदान किया। UPPSC (Pre) 2022

कूट
(a) A और R दोनों सही हैं तथा R, A की सही व्याख्या है
(b) A और R दोनों सही हैं, परन्तु R, A की सही व्याख्या नहीं है
(c) A सही है, किन्तु R गलत है
(d) A गलत है, किन्तु R सही है

174. निम्न कथनों में से कौन-से कथन सही हैं? **CGPSC (Pre) 2019**

1. एक ग्राम पंचायत में एकाधिक ग्राम हो सकते हैं।
2. ग्राम सभा की बैठक प्रत्येक ग्राम में होती है।
3. ग्राम सभा की बैठक पंचायत के मुख्यालय में होती है।
4. ग्राम पंचायत की बैठक प्रत्येक ग्राम में होती है।
5. ग्राम पंचायत की बैठक ग्राम पंचायत के मुख्यालय में होती है।

कूट
(a) 1, 3 और 4 (b) 2, 4 और 5
(c) 2, 3 और 4 (d) 1, 2 और 5

175. नगर पंचायत की वार्ड समिति के विषय में कौन-सा/से कथन सही हैं/है? **CGPSC (Pre) 2018**

1. नगर पंचायत के कुछ वार्डों को मिलाकर वार्ड समिति बनाई जाती है।
2. इसमें वार्ड से निर्वाचित पार्षद सदस्य होते हैं।
3. वार्ड में रहने वाले दो व्यक्ति समिति में मनोनीत किए जाते हैं।
4. वार्ड समिति का अध्यक्ष नगर पंचायत अध्यक्ष द्वारा नामित किया जाता है।

कूट
(a) केवल 1 (b) 1 और 2
(c) 1, 2 और 3 (d) 1, 2, 3 और 4

176. किस समिति की रिपोर्ट ने भारत के अनुसूचित क्षेत्रों में रहने वाले लोगों के लिए आदिवासी स्व-शासन सुनिश्चित करने के सन्दर्भ में पंचायत (अनुसूचित क्षेत्रों तक विस्तार) अधिनियम (PESA), 1996 के लिए मार्ग प्रशस्त किया? **JPSC (Pre) 2024**

(a) अशोक मेहता समिति
(b) जी. वी. के. राव समिति
(c) भूरिया समिति
(d) बलवन्त राय मेहता समिति

177. भारतीय संविधान के 74वें संविधान संशोधन के सम्बन्ध में निम्नलिखित में से कौन-से कथन सही हैं? **UPPSC (Pre) 2019**

1. यह संविधान में एक नई अनुसूची जोड़ने का उपबन्ध करता है।
2. यह नगरपालिकाओं की कार्यप्रणाली की पुनर्संरचना करता है।
3. यह नगरपालिकाओं में महिलाओं के लिए आरक्षण का उपबन्ध करता है।
4. यह केवल कुछ निर्दिष्ट राज्यों में ही प्रयोज्य है।

कूट
(a) 1, 2 और 3 (b) 1, 2 और 4
(c) 1, 3 और 4 (d) 2, 3 और 4

178. भारत के संविधान के सम्बन्ध में निम्नलिखित कथनों में से कौन-से सही हैं? **UPSC (Pre) 2024**

1. नगरपालिकाओं की शक्तियाँ संविधान के भाग 9-क में दी गई हैं।
2. आपात उपबन्ध संविधान के भाग 18 में दिए गए हैं।
3. संविधान के संशोधन से सम्बन्धित उपबन्ध संविधान के भाग 20 में दिए गए हैं।

नीचे दिए गए कूट का प्रयोग कर सही उत्तर चुनिए
(a) 1 और 2 (b) 2 और 3
(c) 1 और 3 (d) 1, 2 और 3

29. केन्द्रशासित प्रदेश और उसका प्रशासन

179. निम्नलिखित कथनों में से कौन-सा/से कथन सही है/हैं?

1. संघ शासित क्षेत्रों का प्रशासन संसद द्वारा नियुक्त प्रशासक द्वारा किया जाता है।
2. संसद इन प्रशासकों की नियुक्ति राष्ट्रपति के परामर्श पर करती है।

कूट
(a) केवल 1 (b) केवल 2
(c) 1 और 2 दोनों (d) न तो 1 और न ही 2

180. दिल्ली मन्त्रिपरिषद् में मुख्यमन्त्री सहित मन्त्रियों की अधिकतम संख्या कितनी हो सकती है?
(a) विधानसभा में कुल सदस्य संख्या का 15%
(b) विधानसभा में कुल सदस्य संख्या का 12%
(c) विधानसभा में कुल सदस्य संख्या का 10%
(d) उपरोक्त में से कोई नहीं

181. भारत के संविधान के अनुच्छेद 240 के अन्तर्गत कुछ संघ-राज्य क्षेत्रों के लिए विनियम बनाने की राष्ट्रपति की शक्ति के सन्दर्भ में निम्न में से कौन-सा युग्म सही सुमेलित नहीं है? **RAS/RTS (Pre) 2018**
(a) 240 (1) (क) — अण्डमान और निकोबार द्वीप
(b) 240 (1) (ख) — लक्षद्वीप
(c) 240 (1) (ग) — पुदुचेरी
(d) 240 (1) (घ) — दमन एवं दीव

182. निम्नलिखित कथनों में से कौन-सा एक गलत है?
(a) दीव, खम्भात की खाड़ी में एक टापू है
(b) दमन और दीव को भारतीय संविधान के 56वें संशोधन द्वारा गोवा से अलग किया गया
(c) दादरा और नगर हवेली वर्ष 1954 तक फ्रांसीसी औपनिवेशिक शासन के अन्तर्गत थे
(d) उपरोक्त में से कोई नहीं

183. निम्नलिखित कथनों पर विचार कीजिए

1. दिल्ली विधानसभा के सत्र में नहीं रहने के दौरान उप-राज्यपाल अध्यादेश जारी कर सकता है।
2. प्रत्येक अध्यादेश को विधानसभा के पुन: समवेत होने के 6 माह के भीतर अनुमोदन आवश्यक है।

उपरोक्त कथनों में से कौन-सा/से कथन सत्य है/हैं?
(a) केवल 1 (b) केवल 2
(c) 1 और 2 दोनों (d) न तो 1 और न ही 2

184. सूची I को सूची II से सुमेलित कीजिए तथा कूट की सहायता से सही विकल्प का चयन कीजिए

सूची I (अनुच्छेद)	सूची II (विषय)
A. अनुच्छेद 239	1. संघ-राज्य क्षेत्रों का प्रशासन
B. अनुच्छेद 241	2. संघ-राज्य क्षेत्रों के लिए उच्च न्यायालय
C. अनुच्छेद 239 AA	3. दिल्ली के सम्बन्ध में विशेष उपबन्ध
D. अनुच्छेद 239 AB	4. संवैधानिक तन्त्र के विषय होने की दशा में उपबन्ध

कूट

	A	B	C	D		A	B	C	D
(a)	1	2	3	4	(b)	2	3	4	1
(c)	3	4	1	2	(d)	4	1	2	3

30. अनुसूचित क्षेत्र एवं जनजातीय क्षेत्र

185. भारत में 'अनुसूचित क्षेत्र' के सन्दर्भ में, निम्नलिखित कथनों पर विचार कीजिए **UPPSC (Pre) 2023**

1. किसी राज्य के भीतर, किसी क्षेत्र की अनुसूचित क्षेत्र के रूप में अधिसूचना राष्ट्रपति के एक आदेश के माध्यम से होती है।
2. अनुसूचित क्षेत्र के रूप में बनने वाली सबसे बड़ी प्रशासकीय इकाई जिला होता है और सबसे छोटी इकाई ब्लॉक में गाँवों का समूह होता है।
3. सम्बन्धित राज्यों के मुख्यमन्त्रियों से अपेक्षित है कि वे राज्यों के अनुसूचित क्षेत्रों के प्रशासन के विषय में केन्द्रीय गृह मन्त्रालय को वार्षिक प्रतिवेदन दें।

उपरोक्त में से कितने कथन सही हैं?
(a) केवल एक (b) केवल दो
(c) सभी तीन (d) इनमें से कोई नहीं

186. यदि किसी विशिष्ट क्षेत्र को भारत के संविधान की पाँचवीं अनुसूची के अधीन लाया जाए, तो निम्नलिखित कथनों में कौन-सा एक, इसके परिणाम को सर्वोत्तम रूप से प्रतिबिम्बित करता है? **RAS/RTS (Pre) 2018**

(a) इससे जनजातीय लोगों की जमीनें गैर-जनजातीय लोगों को अन्तरित करने पर रोक लगेगी
(b) इससे उस क्षेत्र में एक स्थानीय स्वशासी निकाय का सृजन होगा
(c) इससे वह क्षेत्र संघ राज्य क्षेत्र में बदल जाएगा
(d) जिस राज्य के पास क्षेत्र होंगे, उसे विशेष कोटि का राज्य घोषित किया जाएगा

187. निम्नलिखित में से किस संविधान संशोधन द्वारा अनुच्छेद 244(1) जोड़कर संसद को शक्ति प्रदान की गई कि वह असम के कुछ जनजातीय क्षेत्रों को मिलाकर एक स्वायत्त राज्य की स्थापना कर सकती है? **MPPSC (Pre) 2016**

(a) 69वें (2005)
(b) 89वें (2002)
(c) 22वें (1969)
(d) 23वें (1969)

188. भारत में विशिष्टत: असुरक्षित जनजातीय समूहों [पर्टिकुलर्ली वल्नरेबल ट्राइबल ग्रुप्स (PVTGs)] के बारे में, निम्नलिखित कथनों पर विचार कीजिए

1. PVTGs देश के 18 राज्यों तथा एक संघ राज्य क्षेत्र में निवास करते हैं।
2. स्थिर या कम होती जनसंख्या, PVTGs स्थिति के निर्धारण के मानदण्डों में से एक है।
3. देश में अब तक 95 PVTGs आधिकारिक रूप से अधिसूचित हैं।
4. PVTGs की सूची में ईरूलार और कोण्डा रेड्डी जनजातियाँ शामिल की गई हैं।

उपरोक्त कथनों में से कौन-से कथन सही हैं?

(a) 1, 2 और 3
(b) 2, 3 और 4
(c) 1, 2 और 4
(d) 1, 3 और 4

189. अनुसूचित जाति एवं अनुसूचित जनजाति के कल्याण विषयक भारत की संसद की विभागीय समिति

1. इस तथ्य का परीक्षण करेगी कि क्या संघ सरकार ने अपने नियन्त्रण वाली सेवाओं एवं पदों पर अनुसूचित जातियों तथा अनुसूचित जनजातियों का वांछनीय प्रतिनिधित्व सुनिश्चित किया है।
2. संघ राज्यक्षेत्रों में अनुसूचित जातियों तथा अनुसूचित जनजातियों हेतु चलाए जा रहे कल्याणकारी कार्यक्रमों के कार्य-संचालन पर प्रतिवेदन प्रस्तुत करेगी।

उपरोक्त कथनों में से कौन-सा/से कथन सही है/हैं?

(a) केवल 1
(b) केवल 2
(c) 1 और 2 दोनों
(d) न तो 1 और न ही 2

31. प्रमुख संवैधानिक निकाय

190. निम्नलिखित में से कौन-सा कथन सही नहीं है? **MPPSC (Pre) 2024**

(a) मुख्य चुनाव आयुक्त और अन्य चुनाव आयुक्तों के बीच मतभेद की स्थिति में मामले का निर्णय विधि आयोग द्वारा किया जाता है
(b) चुनाव आयुक्त को मुख्य चुनाव आयुक्त की सिफारिश के अतिरिक्त उनके पद से हटाया नहीं जा सकता है
(c) मुख्य चुनाव आयुक्त और अन्य चुनाव आयुक्तों को समान शक्तियाँ प्राप्त हैं
(d) चुनाव आयुक्त का कार्यकाल उनके पद ग्रहण करने की तिथि से 6 वर्ष या उनके 65 वर्ष की आयु प्राप्त करने तक, जो भी पहले हो, होता है।

191. नीचे दो कथन दिए गए हैं, जिसमें एक अभिकथन (A) तथा दूसरा कारण (R) है। **UPPSC (Pre) 2021**

अभिकथन (A) वित्त आयोग के अध्यक्ष व सदस्यों की योग्यताओं का निर्धारण भारत का राष्ट्रपति करता है।

कारण (R) अध्यक्ष व सदस्यों की नियुक्ति भारत के राष्ट्रपति द्वारा होती है।

कूट

(a) A और R दोनों सही हैं तथा R, A की सही व्याख्या करता है
(b) A और R दोनों सही हैं, परन्तु R, A की सही व्याख्या नहीं करता है
(c) A सही है, किन्तु R गलत है
(d) A गलत है, किन्तु R सही है

192. भारत के वित्त आयोग का प्राथमिक कर्त्तव्य है **UPPSC (Pre) 2021**

(a) संघ और राज्यों के मध्य कर राजस्व के वितरण हेतु सिफारिशें देना
(b) संघीय वार्षिक बजट तैयार करना
(c) राष्ट्रपति को वित्तीय मामलों पर परामर्श देना
(d) संघ व राज्य सरकारों के विभिन्न मन्त्रालयों/विभागों के लिए निधियों का विनिधान करना

193. निम्नलिखित में से कौन-सा/से कथन नियन्त्रक एवं महालेखा परीक्षक के बारे में सही नहीं है/हैं? **JPSC (Pre) 2024**

1. उनके कार्यालय के प्रशासनिक खर्च संसद के मत के अधीन हैं
2. अपने पद को छोड़ने के बाद वह भारत सरकार या राज्य के अधीन अन्य कोई पद पाने के योग्य नहीं है।
3. संसद के दोनों सदनों में अक्षमता या दुर्व्यवहार साबित होने के आधार पर ही नियन्त्रक एवं महालेखा परीक्षक को उसके पद से हटाया जा सकता है।

कूट

(a) केवल 1
(b) केवल 2
(c) 2 और 3
(d) केवल 3

194. निम्नलिखित सूची P (CAG) को सूची R (अनुच्छेद) के साथ सही सुमेलित कीजिए **RPSC (Pre) 2023**

सूची P (CAG)	सूची R (अनुच्छेद)
A. CAG की नियुक्ति	1. अनुच्छेद 148
B. CAG के कर्त्तव्य और शक्तियाँ	2. अनुच्छेद 151
C. संघ के खातों का प्रपत्र	3. अनुच्छेद 149
D. ऑडिट रिपोर्ट	4. अनुच्छेद 150

कूट

	A	B	C	D		A	B	C	D
(a)	1	3	4	2	(b)	2	3	1	4
(c)	3	1	4	2	(d)	2	3	4	1

195. सूची I को सूची II से सुमेलित कीजिए और सूचियों के नीचे दिए गए कूट से सही उत्तर को चुनिए **UPPSC (Pre) 2023**

सूची I	सूची II
A. अनुच्छेद - 324	1. राष्ट्रीय अनुसूचित जाति आयोग
B. अनुच्छेद - 315	2. वित्त आयोग
C. अनुच्छेद - 280	3. लोक सेवा आयोग
D. अनुच्छेद - 338	4. निर्वाचन आयोग

कूट

	A	B	C	D
(a)	3	2	1	4
(b)	1	3	4	2
(c)	3	2	4	1
(d)	4	3	2	1

196. भारतीय संविधान के अनुच्छेद 338 के अन्तर्गत निम्नलिखित में से किस आयोग के गठन की बात कही गई है? **MPPSC (Pre) 2025**

(a) राष्ट्रीय महिला आयोग
(b) राष्ट्रीय अल्पसंख्यक आयोग
(c) राष्ट्रीय मानवाधिकार आयोग
(d) राष्ट्रीय अनुसूचित जाति आयोग

32. गैर-संवैधानिक निकाय

197. मौलिक अधिकारों के अतिरिक्त, भारत के संविधान का निम्नलिखित में से कौन-सा/से भाग मानवाधिकारों की सार्वभौम घोषणा 1948 (Universal Declaration of Human Rights 1948) के सिद्धान्तों एवं प्रावधानों को प्रतिबिम्बित करता/करते है/हैं? **IAS (Pre) 2020**

1. उद्देशिका
2. राज्य के नीति-निदेशक तत्त्व
3. मूल कर्त्तव्य

कूट

(a) 1 और 2 (b) केवल 2
(c) 1 और 3 (d) 1, 2 और 3

198. मानवाधिकार न्यायालयों में मामलों के संचालन के प्रयोजनार्थ राज्य सरकार एक अधिवक्ता को विशिष्ट लोक अभियोजक के रूप में विनिर्दिष्ट कर सकती है, जो कम-से-कम ..... वर्षों तक अभ्यास में रहा है। **MPPSC (Pre) 2019**

(a) पाँच (b) छः
(c) दस (d) सात

199. सूचना का अधिकार अधिनियम की धारा 20 के अन्तर्गत निम्नलिखित में से कौन जुर्माना लगा सकता है? **MPPSC (Pre) 2022**

(a) केवल केन्द्रीय सूचना आयोग
(b) केवल राज्य सूचना आयोग
(c) केन्द्रीय सूचना आयोग या राज्य सूचना आयोग
(d) उच्च न्यायालय या केन्द्रीय सूचना आयोग या राज्य सूचना आयोग

200. निम्नलिखित में से कौन-सा कथन सूचना के अधिकार कानून के सम्बन्ध में सही है? **HPPSC (Pre) 2024**

1. यह अधिनियम 12 अक्टूबर, 2005 को लागू हुआ।
2. इसने शासकीय गोपनीयता अधिनियम, 1923 को निरस्त कर दिया।
3. इसने सूचना की स्वतन्त्रता अधिनियम, 2002 को बदल दिया।
4. यह अनुच्छेद-19 में प्राप्त भाषण व अभिव्यक्ति की आजादी को सुरक्षा प्रदान नहीं करता है।

नीचे दिए गए विकल्पों में से सही उत्तर का चुनाव कीजिए

(a) 2, 3 और 4 (b) 1, 2 और 3
(c) 3, 4 और 1 (d) 1 और 2

201. निम्नलिखित में से कौन-सा कथन राष्ट्रीय विकास परिषद् के सम्बन्ध में सही नहीं है? **UKPSC (Pre) 2022**

(a) इसके अन्तर्गत सभी राज्यों के मुख्यमन्त्री होते हैं
(b) यह एक गैर-संवैधानिक निकाय है
(c) यह एक वैधानिक निकाय है
(d) प्रत्येक वर्ष में कम-से-कम दो बार इसकी बैठक होनी चाहिए

202. निम्नलिखित में से किस आयोग/समिति ने स्थानीय संस्था लोकपाल (ऑम्बुड्समैन) बनाने का सुझाव दिया है? **UKPSC (Pre) 2014**

(a) प्रथम प्रशासनिक सुधार आयोग
(b) द्वितीय प्रशासनिक सुधार आयोग
(c) बलवन्त राय मेहता समिति
(d) अशोक मेहता समिति

203. सूची I का सूची II से मिलान कीजिए **HPPSC (Pre) 2024**

सूची I (आयोग)	सूची II (स्थापना वर्ष)
A. राष्ट्रीय महिला आयोग	1. 1953
B. राष्ट्रीय मानवाधिकार आयोग	2. 1992
C. काका कालेलकर आयोग	3. 2005
D. राष्ट्रीय बाल अधिकार सुरक्षा आयोग	4. 1993

कूट

	A	B	C	D
(a)	2	4	1	3
(b)	1	2	3	4
(c)	3	2	4	1
(d)	4	3	1	2

33. भारत में लोक सेवाएँ

204. भारत में पहली बार लोक सेवा आयोग की स्थापना जिस अधिनियम से हुई, वह कौन-सा था? **UPPSC (Pre) 2008**

(a) इण्डियन काउन्सिल एक्ट, 1892
(b) काउन्सिल एक्ट, 1909
(c) गवर्नमेण्ट ऑफ इण्डिया एक्ट, 1919
(d) गवर्नमेण्ट ऑफ इण्डिया एक्ट, 1935

205. संविधान के किस अनुच्छेद के अन्तर्गत लोक सेवा आयोग के सदस्य को हटाया जा सकता है? **CGPSC (Pre) 2011**

(a) अनुच्छेद 315 (b) अनुच्छेद 316
(c) अनुच्छेद 317 (d) अनुच्छेद 318

206. सूची I को सूची II से सुमेलित कीजिए और सूचियों के नीचे दिए गए कूट से सही उत्तर चुनिए। **UPPSC (Pre) 2020**

सूची I (संस्थान)	सूची II (अनुच्छेद)
A. अन्तर्राज्यीय परिषद्	1. अनुच्छेद 263
B. वित्त आयोग	2. अनुच्छेद 280
C. प्रशासनिक न्यायाधिकरण	3. अनुच्छेद 323(क)
D. संघ लोक सेवा आयोग	4. अनुच्छेद 315

कूट

	A	B	C	D
(a)	3	2	4	1
(b)	4	1	3	2
(c)	1	2	3	4
(d)	3	4	2	1

207. निम्न में से कौन-से पदाधिकारियों को हटाने में संसद की कोई भूमिका नहीं होती है? **UPPSC (Pre) 2020**

1. उच्च न्यायालय के न्यायाधीशों
2. उच्चतम न्यायालय के न्यायाधीशों
3. अध्यक्ष संघ लोक सेवा आयोग
4. भारत के नियन्त्रक एवं महालेखा परीक्षक

कूट

(a) 1 और 2 (b) 3 और 4
(c) 1, 2 और 3 (d) केवल 3

208. दो या दो से अधिक राज्यों के लिए संयुक्त लोक सेवा आयोग अध्यक्ष की नियुक्ति कौन करता है? **RAS/RTS (Pre) 2016**

(a) सबसे बड़े राज्य के राज्यपाल
(b) भारत के राष्ट्रपति
(c) सभी सम्बन्धित राज्यों के राज्यपालों की समिति द्वारा
(d) सम्बन्धित राज्यपालों की सिफारिश पर भारत के राष्ट्रपति के द्वारा

209. भारत के सन्दर्भ में नौकरशाही का निम्नलिखित में से कौन-सा उपयुक्त चरित्र-चित्रण है? **IAS (Pre) 2020**

(a) संसदीय लोकतन्त्र की व्याप्ति को विस्तार देने वाला अभिकरण
(b) संघीय ढाँचे को सुदृढ़ करने वाला अभिकरण
(c) राजनीतिक स्थायित्व और आर्थिक वृद्धि को सुलभ बनाने वाला अभिकरण
(d) लोक नीति को कार्यान्वित करने वाला अभिकरण

34. राजभाषा

210. भारत के सरकारी भाषा सम्बन्धी प्रावधान का संशोधन हो सकता है **UPPSC (Pre) 2018**

(a) सामान्य बहुमत से
(b) कम-से-कम 2/3 बहुमत से
(c) कम-से-कम 3/4 बहुमत से
(d) संशोधित नहीं किया जा सकता

211. मैथिली भाषा को भारतीय संविधान की आठवीं अनुसूची में किस वर्ष सम्मिलित किया गया? **BPSC(Pre) 2014, IAS (Pre) 2012**

(a) वर्ष 2001 (b) वर्ष 2002
(c) वर्ष 2003 (d) वर्ष 2004

212. निम्नलिखित में से किस राज्य ने संस्कृत भाषा को राज्य की द्वितीय राजभाषा का दर्जा प्रदान किया है? **UPPSC (Pre) 201**

(a) बिहार ने (b) छत्तीसगढ़ ने
(c) उत्तर प्रदेश ने (d) उत्तराखण्ड ने

213. निम्नलिखित भाषाओं पर विचार कीजिए **IAS (Pre) 2014**

1. गुजराती 2. कन्नड़ 3. तेलुगू

उपरोक्त में से किसको/किनको सरकार ने श्रेष्ठ (क्लासिकी) भाषा/भाषाएँ घोषित किया है/हैं?

(a) 1 और 2 (b) केवल 3
(c) 2 और 3 (d) 1, 2 और 3

214. निम्नलिखित भारतीय भाषाओं को मातृभाषा के रूप में प्रयोग करने वालों का कौन-सा सही अवरोही क्रम है? **UPPSC (Pre) 2001**

1. बंगाली 2. मराठी
3. तमिल 4. तेलुगू

कूट

(a) 1, 4, 3, 2 (b) 1, 2, 4, 3
(c) 1, 4, 2, 3 (d) 4, 2, 1, 3

215. सूची I को सूची II से सुमेलित कीजिए तथा कूट की सहायता से सही विकल्प का चयन कीजिए

सूची I (अनुच्छेद)	सूची II (प्रमुख प्रावधान)
A. अनुच्छेद 343	1. प्राथमिक स्तर पर मातृभाषा में शिक्षा की सुविधाएँ
B. अनुच्छेद 345	2. भाषाई अल्पसंख्यक वर्गों हेतु विशेष अधिकारी
C. अनुच्छेद 350A	3. संघ की राजभाषा
D. अनुच्छेद 350B	4. राज्य की राजभाषा

कूट

	A	B	C	D
(a)	1	2	3	4
(b)	2	3	4	1
(c)	3	4	1	2
(d)	4	1	2	3

35. सहकारी समितियाँ

216. निम्नलिखित कथनों पर विचार कीजिए

1. 96वाँ संविधान संशोधन अधिनियम के द्वारा सहकारी समितियों को संवैधानिक दर्जा प्रदान किया गया।
2. संविधान में एक नया भाग-IX (B) तथा अनुच्छेद 243 (ZH) -243(ZT) जोड़कर सहकारी समितियों के बारे में प्रावधान किया गया है।

उपरोक्त कथन/कथनों में से कौन-सा/से कथन सत्य है/हैं?

(a) केवल 1
(b) केवल 2
(c) 1 और 2 दोनों
(d) न तो 1 और न ही 2

217. सूची I को सूची II से सुमेलित कीजिए तथा कूट की सहायता से सही विकल्प का चयन कीजिए

सूची I (अनुच्छेद)	सूची II (विषय)
A. 243 ZI	1. सहकारी समितियों का संस्थापन
B. 243 ZK	2. निदेशक बोर्ड के सदस्यों का निर्वाचन
C. 243 ZL	3. निदेशक बोर्ड का विघटन और निलम्बन
D. 243 ZM	4. सहकारी समिति का लेखा परीक्षण

कूट

	A	B	C	D		A	B	C	D
(a)	1	2	3	4	(b)	2	3	4	1
(c)	3	4	1	2	(d)	4	1	2	3

218. भारतीय संविधान के अनुच्छेद 243 (ZJ) के अनुसार सहकारी समिति के निदेशकों की अधिकतम संख्या हो सकती है **UPPSC (Pre) 2016**

(a) 21 (b) 15 (c) 11 (d) 7

219. सूची I को सूची II से सुमेलित कीजिए तथा कूट के आधार पर सही उत्तर का चयन कीजिए

सूची I (अनुच्छेद)	सूची II (विषय)
A. 243 (ZI)	1. सहकारी समितियों का संस्थापन
B. 243 (ZK)	2. निदेशक बोर्ड के सदस्यों का निर्वाचन
C. 243 (ZN)	3. सहकारी समिति की सामान्य सभा की बैठक
D. 243 (ZQ)	4. अपराध और जुर्माना

कूट

	A	B	C	D		A	B	C	D
(a)	1	2	3	4	(b)	2	3	4	1
(c)	3	4	1	2	(d)	4	1	2	3

220. निम्नलिखित कथनों पर विचार कीजिए

1. अनुच्छेद 243 (ZQ) के अनुसार, राज्य विधानमण्डल सहकारी समितियों के अपराधों के लिए कानून बना सकता है और ऐसे अपराधों के लिए सजा तय कर सकता है।
2. अनुच्छेद 243 (ZR) के अनुसार, प्रत्येक सहकारी समिति को वित्तीय वर्ष की समाप्ति के 6 माह के अन्दर सरकार द्वारा नामित अधिकारी के पास रिटर्न दाखिल करना होगा।

उपरोक्त कथनों में से कौन-सा/से कथन सही है/हैं?

(a) केवल 1 (b) केवल 2
(c) 1 और 2 दोनों (d) न तो 1 और न ही 2

36. कुछ वर्गों के सम्बन्ध में विशेष प्रावधान

221. भारतीय संविधान के किस अनुच्छेद में अनुसूचित जनजातियों के लिए राज्य की विधानसभा में सीटों के आरक्षण का प्रावधान है? **MPPSC (Pre) 2025**

(a) अनुच्छेद 339
(b) अनुच्छेद 332
(c) अनुच्छेद 334
(d) अनुच्छेद 243D

222. भारतीय संविधान के किस अनुच्छेद के अन्तर्गत राष्ट्रपति राज्य विशेष के लिए अनुसूचित जनजाति समुदायों के लिए लोक अधिसूचना जारी करते हैं? **MPPSC (Pre) 2025**

(a) अनुच्छेद 340 (b) अनुच्छेद 349
(c) अनुच्छेद 342 (d) अनुच्छेद 338

223. अनुसूचित जाति और अनुसूचित जनजाति (अत्याचार निवारण) अधिनियम के अधीन अपराधों का विचारण करने के लिए सेशन न्यायालय को विशेष न्यायालय के रूप में विनिर्दिष्ट करने का प्रयोजन है **MPPSC (Pre) 2013**

(a) शीघ्र विचारण
(b) समयबद्ध विचारण
(c) पीड़ितों के लिए विशेष सुरक्षा
(d) ये सभी

224. निम्नलिखित में कौन-सा कथन असत्य है? **MPPSC (Pre) 2019**

(a) अनुसूचित जाति और अनुसूचित जनजाति (अत्याचार निवारण) अधिनियम के अन्तर्गत अपराध ऐसे व्यक्ति द्वारा किया जाता है, जो अनुसूचित जाति या अनुसूचित जनजाति का सदस्य नहीं है
(b) अनुसूचित जाति और अनुसूचित जनजाति (अत्याचार निवारण) अधिनियम की धारा 14 (1) में स्थापित अनन्य विशेष न्यायालय धारा 2 (घ) में परिभाषित है
(c) पीड़ित अनुसूचित जाति और अनुसूचित जनजाति (अत्याचार निवारण) अधिनियम की धारा 2 (ड, ग) में परिभाषित है
(d) आश्रित अनुसूचित जाति एवं अनुसूचित जनजाति (अत्याचार निवारण) अधिनियम की धारा 2 (ख, घ) में परिभाषित है

225. निम्नलिखित में से कौन-सा/से संवैधानिक निकाय है/हैं? **CGPSC (Pre) 2021**

1. राष्ट्रीय मानवाधिकार आयोग
2. राष्ट्रीय अनुसूचित जनजाति आयोग
3. राष्ट्रीय जाँच एजेन्सी
4. राष्ट्रीय आपदा प्रबन्धन प्राधिकरण

कूट
(a) केवल 2 (b) केवल 3
(c) 1, 2 और 3 (d) 1, 2 और 4

37. कुछ राज्यों से सम्बन्धित विशेष प्रावधान

226. निम्न घटनाओं को कालानुक्रम में व्यवस्थित कीजिए और नीचे दिए गए कूटों में से सही उत्तर चुनिए **UPPSC (Pre) 2019**
1. महाराजा हरिसिंह ने विलय-पत्र पर हस्ताक्षर किए।
2. भारत का संविधान लागू हुआ।
3. जम्मू-कश्मीर की प्रभुसत्ता सम्पन्न संविधान सभा ने भारत में विलय को अनुमोदित किया।
4. जम्मू-कश्मीर राज्य का नया संविधान लागू हुआ।

कूट
(a) 1, 3, 4 और 2 (b) 3, 4, 1 और 2
(c) 1, 2, 3 और 4 (d) 4, 3, 2 और 1

227. भारतीय संविधान के अनुच्छेद 371 (ख) में निम्न राज्य/राज्यों में से किसके लिए विशेष उपबन्ध प्रावधानित हैं? **UKPSC (Pre) 2022**
(a) महाराष्ट्र और गुजरात (b) असम
(c) नागालैण्ड (d) मणिपुर

228. भारतीय संविधान के अनुच्छेद 371 (J) के अन्तर्गत देश के किस क्षेत्र को विशेष स्थिति प्रदान की गई है? **UPPSC (Pre) 2020**
(a) नागालैण्ड
(b) हैदराबाद और कर्नाटक
(c) महाराष्ट्र और गुजरात
(d) लद्दाख

229. भारतीय संविधान में किस अनुच्छेद के अन्तर्गत नागालैण्ड राज्य के लिए विशेष उपबन्ध किए गए हैं?
(a) अनुच्छेद 371(A) (b) अनुच्छेद 371(C)
(c) अनुच्छेद 371(E) (d) अनुच्छेद 371(H)

230. भारतीय संविधान का अनुच्छेद 371 (E) संसद को किस राज्य में केन्द्रीय विश्वविद्यालय की स्थापना का अधिकार देता है?
(a) महाराष्ट्र (b) गुजरात
(c) कर्नाटक (d) आन्ध्र प्रदेश

38. निर्वाचन प्रणाली एवं दलीय व्यवस्था

231. निम्न कथनों पर विचार कीजिए
1. भारतीय संविधान के भाग XVI में निर्वाचन आयोग का प्रावधान मिलता है।
2. लोकसभा तथा राज्यों में विधानसभा चुनाव हेतु फर्स्ट पास्ट द पोस्ट सिस्टम की प्रणाली अपनाई गई है।

उपरोक्त कथनों में से कौन-सा/से सही है/हैं?
(a) केवल 1
(b) केवल 2
(c) 1 और 2 दोनों
(d) न तो 1 और न ही 2

232. निम्नलिखित कथनों पर विचार कीजिए **MPPSC (Pre) 2022**
1. भारत निर्वाचन आयोग के मुख्य निर्वाचन आयुक्त को उच्चतम न्यायालय के न्यायाधीश के वेतन के बराबर वेतन का संदाय किया जाता है।
2. भारत के मुख्य निर्वाचन आयुक्त का कार्यकाल पदभार ग्रहण करने की दिनांक से 6 वर्ष की अवधि या 65 वर्ष की आयु, जो भी पहले आता है, तक होगा।
3. कोई निर्वाचन आयुक्त किसी भी समय मुख्य निर्वाचन आयुक्त को सम्बोधित स्वहस्ताक्षरित लेख द्वारा अपना पद त्याग कर सकेगा।

उपरोक्त कथनों में से कौन-सा/से कथन सत्य है/हैं?
(a) 1 और 3 (b) 1 और 2
(c) 1, 2 और 3 (d) केवल 3

233. निम्नलिखित कथनों पर विचार कीजिए **IAS (Pre) 2004, 2020**
1. भारत के संविधान के अनुसार, कोई भी ऐसा व्यक्ति जो मतदान के लिए योग्य है, किसी राज्य में छः माह के लिए मन्त्री बनाया जा सकता है, जबकि वह उस राज्य के विधानमण्डल का सदस्य नहीं है।
2. लोक प्रतिनिधित्व अधिनियम, 1951 के अनुसार, कोई भी ऐसा व्यक्ति जो दाण्डिक अपराध के अन्तर्गत दोषी पाया गया है और जिसे 5 वर्ष के लिए कारावास का दण्ड दिया गया है, चुनाव लड़ने के लिए स्थायी तौर पर निरर्हत हो जाता है; भले ही वह कारावास से मुक्त हो चुका हो।

उपरोक्त कथनों में से कौन-सा/से कथन सही है/हैं?
(a) केवल 1
(b) केवल 2
(c) 1 और 2 दोनों
(d) न तो 1 और न ही 2

234. नीचे दो वक्तव्य दिए गए हैं **UPPSC (Pre) 2017**

कथन (A) राजनीतिक दल लोकतन्त्र के जीवन-रक्त हैं।

कारण (R) लोग खराब शासन के लिए सामान्यत: राजनीतिक दलों को कोसते हैं।

कूट
(a) A और R दोनों सही हैं तथा R, A की सही व्याख्या करता है
(b) A और R दोनों सही हैं, परन्तु R, A की सही व्याख्या नहीं करता है
(c) A सही है, किन्तु R गलत है
(d) A गलत है, किन्तु R सही है

235. नीचे दो कथन दिए गए हैं **UPPSC (Pre) 2017**

कथन (A) चुनाव की घोषणा होते ही राजनीतिक दलों को आदर्श आचार-संहिता का पालन करना होता है।

कारण (R) आदर्श आचार-संहिता को संसद ने अधिनियमित किया था।

कूट
(a) A और R दोनों सही हैं तथा R, A की सही व्याख्या करता है
(b) A और R दोनों सही हैं, परन्तु R, A की सही व्याख्या नहीं करता है
(c) A सही है, किन्तु R गलत है
(d) A गलत है, किन्तु R सही है

236. भारत में एक राजनीतिक दल का विलय दूसरे राजनीतिक दल में निम्नांकित में से किस स्थिति में मान्य होता है? **CGPSC (Pre) 2020**
(a) जब विधान दल के कम-से-कम एक-तिहाई सदस्य ऐसे विलय के लिए सहमत हो गए हों
(b) जब विधान दल के कम-से-कम आधे सदस्य ऐसे विलय के लिए सहमत हो गए हों
(c) जब विधान दल के कम-से-कम दो-तिहाई सदस्य ऐसे विलय के लिए सहमत हो गए हों
(d) जब विधान दल के कम-से-कम तीन-चौथाई सदस्य ऐसे विलय के लिए सहमत हो गए हों

39. राजनीतिक अवधारणाएँ एवं सिद्धान्त

237. निम्न कथन (A) व कारण (R) को पढ़िए और नीचे दिए गए कूट की सहायता से सही उत्तर का चयन कीजिए

कथन (A) समानता की अवधारणा एक राजनीतिक आदर्श के रूप में उन विशिष्टताओं पर बल देती है, जिसमें सभी मनुष्य रंग, लिंग, वंश या राष्ट्रीयता के अन्तर के बाद भी साझेदार होते हैं।

कारण (R) समानता का दावा है कि समान मानवता के कारण सभी मनुष्य समान महत्त्व और सम्मान पाने योग्य हैं। साझी मानवता की यह धारणा ही 'सार्वभौम मानवाधिकार' या 'मानवता के प्रति अपराध' जैसी धारणाओं के पीछे रहती है।

कूट
(a) A और R दोनों सही हैं तथा R, A की सही व्याख्या है
(b) A और R दोनों सही हैं, परन्तु R, A का सही स्पष्टीकरण नहीं है
(c) A सही है, किन्तु R गलत है
(d) A गलत है, किन्तु R सही है

238. धर्मनिरपेक्षता के सन्दर्भ में भारतीय राजनीतिक सिद्धान्त की मान्यताओं पर विचार कीजिए

1. भारत में धर्म और राज्य दोनों एक-दूसरे के आन्तरिक मामलों से पृथक् हैं।
2. नागरिकों को अधिकार प्रदान करने के दौरान धर्म को आधार नहीं बनाया गया है।
3. भारत में धर्म और राज्य के अलगाव का अर्थ राज्य की धर्म से सिद्धान्तगत दूरी है।

उपरोक्त कथनों में कौन-सा/से कथन सही है/हैं?
(a) 1 और 2 (b) केवल 2
(c) 1, 2 और 3 (d) 2 और 3

239. वैज्ञानिक समाजवाद का श्रेय दिया जाता है
MPPSC (Pre) 2016
(a) कार्ल मार्क्स को
(b) एडम स्मिथ को
(c) जे.एम. कीन्स को
(d) थॉमस मन को

240. निम्न कथनों पर विचार कीजिए

1. मानववाद शब्द का सर्वप्रथम प्रयोग जर्मन विचारक डोर्टन के लेखन में हुआ है।
2. मानववाद, यूरोप में पुनर्जागरण का परिणाम था और इसकी पूर्ण अभिव्यक्ति अमेरिकी और फ्रांसीसी क्रान्ति के दौरान हुई।

उपरोक्त कथनों में से कौन-सा/से सही है/हैं?
(a) केवल 1 (b) केवल 2
(c) 1 और 2 दोनों (d) न तो 1 और न ही 2

241. **अभिकथन** (A) मार्क्सवादियों का मानना है कि शिक्षा सभी नागरिकों के लिए अनिवार्य होनी चाहिए।
कारण (R) शिक्षा को पूर्ण रोजगार सृजित करना चाहिए।
उपरोक्त कथनों के सन्दर्भ में, निम्नलिखित में से कौन-सा सही है?
(a) A सत्य है, लेकिन R असत्य है
(b) A असत्य है, लेकिन R सही है
(c) A और R दोनों असत्य हैं
(d) A और R दोनों सत्य हैं

40. विदेश नीति एवं सिद्धान्त

242. निम्न कथनों पर विचार कीजिए

1. पंचशील समझौता वर्ष 1955 में भारत और चीन के मध्य हुआ था।
2. पंचशील समझौते के समय चीन के प्रधानमन्त्री पान चाओ थे।
3. 30 दिसम्बर, 1949 को चीन को मान्यता देने वाले देशों में प्रथम था।

उपरोक्त कथनों में से कौन-सा/से सही है/हैं?
(a) केवल 1 (b) 1 और 3
(c) केवल 3 (d) ये सभी

243. निम्नलिखित में से कौन-सा एक 'पंचशील' का सिद्धान्त नहीं है?
IAS (Pre) 1997
(a) गुटनिरपेक्षता
(b) शान्तिपूर्ण सह-अस्तित्व
(c) एक-दूसरे की भू-भागीय अखण्डता और प्रभुता का पारस्परिक सम्मान
(d) एक-दूसरे के आन्तरिक मामलों में अहस्तक्षेप

244. भारत की 'पूरब की ओर देखो' नीति के सन्दर्भ में निम्नलिखित कथनों पर विचार कीजिए
IAS (Pre) 2011

1. भारत पूर्वी एशिया के मामलों में स्वयं को एक महत्त्वपूर्ण क्षेत्रीय शक्ति के रूप में स्थापित करना चाहता है।
2. भारत शीत युद्ध की समाप्ति के बाद व्याप्त निर्वात की पूर्ति करना चाहता है।
3. भारत दक्षिण-पूर्वी तथा पूर्वी एशिया के अपने पड़ोसियों के साथ ऐतिहासिक एवं सांस्कृतिक सम्बन्धों को पुनः जीवित करना चाहता है।

उपरोक्त कथनों में से कौन-सा/से कथन सही है/हैं?
(a) केवल 1 (b) 1 और 3
(c) केवल 2 (d) उपरोक्त सभी

245. भारत की परमाणु नीति के सम्बन्ध में कौन-सा कथन सही नहीं है?
(a) भारत किसी देश के विरुद्ध परमाणविक हथियारों का पहले उपयोग नहीं करेगा
(b) भारत भेदभावहीन परमाणु निःशस्त्रीकरण के विरुद्ध है
(c) भारत गैर-परमाणविक देशों के विरुद्ध परमाणु अस्त्रों का उपयोग नहीं करेगा
(d) परमाणविक प्रत्युत्तर आक्रमण हेतु भारत का केवल राजनीतिक नेतृत्व ही अधिकृत होगा

246. परमाणु अप्रसार सन्धि के सम्बन्ध में निम्न कथनों पर विचार कीजिए

1. वर्ष 1978 में अमेरिका सोवियत संघ तथा ब्रिटेन के साथ 50 अन्य देशों ने इस सन्धि पर हस्ताक्षर किए थे।
2. भारत ने इस सन्धि पर वर्ष 1998 में हस्ताक्षर किया था।

उपरोक्त कथनों में से कौन-सा/से सही है/हैं?
(a) केवल 1
(b) केवल 2
(c) 1 और 2 दोनों
(d) न तो 1 और न ही 2

उत्तरमाला

1. (a)	2. (a)	3. (d)	4. (b)	5. (c)	6. (c)	7. (b)	8. (c)	9. (c)	10. (b)
11. (b)	12. (c)	13. (c)	14. (b)	15. (b)	16. (b)	17. (d)	18. (d)	19. (a)	20. (a)
21. (b)	22. (d)	23. (b)	24. (b)	25. (c)	26. (a)	27. (c)	28. (d)	29. (b)	30. (b)
31. (a)	32. (c)	33. (d)	34. (b)	35. (d)	36. (c)	37. (b)	38. (d)	39. (c)	40. (d)
41. (b)	42. (c)	43. (b)	44. (c)	45. (a)	46. (d)	47. (b)	48. (c)	49. (d)	50. (a)
51. (c)	52. (c)	53. (d)	54. (a)	55. (b)	56. (d)	57. (c)	58. (d)	59. (a)	60. (d)
61. (b)	62. (c)	63. (c)	64. (a)	65. (a)	66. (d)	67. (b)	68. (a)	69. (d)	70. (b)
71. (c)	72. (c)	73. (d)	74. (a)	75. (d)	76. (c)	77. (c)	78. (b)	79. (d)	80. (c)
81. (b)	82. (c)	83. (d)	84. (b)	85. (d)	86. (b)	87. (d)	88. (c)	89. (a)	90. (a)
91. (c)	92. (c)	93. (b)	94. (a)	95. (a)	96. (c)	97. (a)	98. (c)	99. (c)	100. (d)
101. (b)	102. (b)	103. (a)	104. (c)	105. (a)	106. (c)	107. (a)	108. (b)	109. (b)	110. (b)
111. (a)	112. (d)	113. (a)	114. (b)	115. (c)	116. (b)	117. (a)	118. (a)	119. (d)	120. (a)
121. (a)	122. (b)	123. (c)	124. (c)	125. (c)	126. (b)	127. (c)	128. (b)	129. (a)	130. (c)
131. (c)	132. (c)	133. (d)	134. (b)	135. (b)	136. (c)	137. (d)	138. (d)	139. (a)	140. (a)
141. (c)	142. (c)	143. (c)	144. (a)	145. (b)	146. (c)	147. (c)	148. (d)	149. (c)	150. (d)
151. (b)	152. (d)	153. (b)	154. (b)	155. (c)	156. (d)	157. (a)	158. (b)	159. (a)	160. (d)
161. (a)	162. (a)	163. (c)	164. (d)	165. (a)	166. (d)	167. (b)	168. (c)	169. (d)	170. (c)
171. (d)	172. (a)	173. (a)	174. (d)	175. (c)	176. (c)	177. (c)	178. (d)	179. (d)	180. (c)
181. (c)	182. (c)	183. (a)	184. (a)	185. (b)	186. (a)	187. (c)	188. (c)	189. (a)	190. (a)
191. (d)	192. (a)	193. (a)	194. (a)	195. (d)	196. (d)	197. (a)	198. (d)	199. (c)	200. (b)
201. (c)	202. (a)	203. (a)	204. (c)	205. (c)	206. (c)	207. (d)	208. (b)	209. (d)	210. (b)
211. (c)	212. (d)	213. (c)	214. (b)	215. (c)	216. (b)	217. (a)	218. (a)	219. (a)	220. (a)
221. (b)	222. (c)	223. (d)	224. (b)	225. (a)	226. (c)	227. (b)	228. (b)	229. (a)	230. (d)
231. (c)	232. (b)	233. (d)	234. (a)	235. (c)	236. (c)	237. (a)	238. (a)	239. (a)	240. (b)
241. (d)	242. (c)	243. (a)	244. (d)	245. (b)	246. (d)				

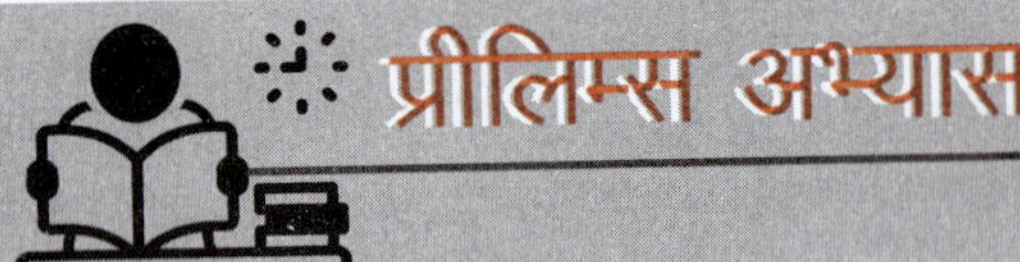

अधिक प्रैक्टिस के लिए
दिया गया QR कोड स्कैन करें

UPSC मुख्य परीक्षा के प्रश्न
(2024-2015)

भारतीय संविधान, ऐतिहासिक आधार, विकास विशेषताएँ, संशोधन महत्त्वपूर्ण प्रावधान, बुनियादी संरचना सिद्धान्त तथा अन्य देशों के साथ भारतीय संवैधानिक योजना की तुलना

1. निजता का अधिकार, प्राण तथा दैहिक स्वतन्त्रता के आन्तरिक भाग के रूप में, संविधान के अनुच्छेद 21 के अन्तर्गत स्वाभाविक रूप से संरक्षित है। व्याख्या कीजिए। इस सन्दर्भ में एक गर्भस्थ शिशु के पितृत्व को सिद्ध करने के लिए डी.एन.ए. परीक्षण से सम्बन्धित विधि की चर्चा कीजिए।
UPSC 2024 (250 शब्द; 15 अंक)

2. भारत की एक धर्मनिरपेक्ष राज्य के रूप में विवेचना कीजिए और अमेरिकी संविधान के धर्मनिरपेक्ष सिद्धान्तों के साथ तुलना कीजिए।
UPSC 2024 (250 शब्द; 15 अंक)

3. "भारत के सम्पूर्ण क्षेत्र में निवास करने और विचरण करने का अधिकार स्वतन्त्र रूप से सभी भारतीय नागरिकों को उपलब्ध है, किन्तु ये अधिकार असीम नहीं हैं।' टिप्पणी कीजिए। *UPSC 2022 (150 शब्द; 10 अंक)*

4. 'संवैधानिक नैतिकता' की जड़ संविधान में ही निहित है और इसके तात्विक फलकों पर आधारित है। 'संवैधानिक नैतिकता' के सिद्धान्त की प्रासंगिक न्यायिक निर्णयों की सहायता से विवेचना कीजिए।
UPSC 2021 (150 शब्द; 10 अंक)

5. "सूचना के अधिकार अधिनियम में किए गए हालिया संशोधन सूचना आयोग की स्वायत्तता और स्वतन्त्रता पर गम्भीर प्रभाव डालेंगे"। विवेचना कीजिए। *UPSC 2020 (150 शब्द; 10 अंक)*

6. राष्ट्र की एकता और अखण्डता बनाए रखने के लिए भारतीय संविधान केन्द्रीयकरण करने की प्रवृत्ति प्रदर्शित करता है। महामारी अधिनियम, 1897, आपदा प्रबन्धन अधिनियम, 2005 तथा हाल में पारित किए गए कृषि क्षेत्र के अधिनियमों के परिप्रेक्ष्य में सुस्पष्ट कीजिए।
UPSC 2020 (250 शब्द; 15 अंक)

7. क्या आपके विचार में भारत का संविधान शक्तियों के कठोर पृथक्करण के सिद्धान्त को स्वीकार नहीं करता है, बल्कि यह 'नियन्त्रण एवं सन्तुलन' के सिद्धान्त पर आधारित है? व्याख्या कीजिए।
UPSC 2019 (150 शब्द; 10 अंक)

8. "संविधान का संशोधन करने की संसद की शक्ति एक परिसीमित शक्ति है और इसे आत्यन्तिक शक्ति के रूप में विस्तृत नहीं किया जा सकता है।" इस कथन के आलोक में व्याख्या कीजिए कि क्या संसद संविधान के अनुच्छेद 368 के अन्तर्गत अपनी संशोधन की शक्ति का विशदीकरण करके संविधान के मूल ढाँचे को नष्ट कर सकती है?
UPSC 2019 (250 शब्द; 15 अंक)

9. संविधान (एक सौ एक संशोधन) अधिनियम, 2016 के प्रमुख अभिलक्षणों को समझाइए। क्या आप समझते हैं कि यह "करों के सोपानिक प्रभाव को समाप्त करने में और माल तथा सेवाओं के लिए साझा राष्ट्रीय बाजार उपलब्ध कराने में" अधिक प्रभावकारी है?
UPSC 2017 (250 शब्द; 15 अंक)

10. 'उद्देशिका (प्रस्तावना)' में शब्द 'गणराज्य' के साथ जुड़े प्रत्येक विशेषण पर चर्चा कीजिए। क्या वर्तमान परिस्थितियों में वे प्रतिरक्षणीय हैं?
UPSC 2016 (200 शब्द; 12½ अंक)

11. चर्चा कीजिए कि वे कौन-से सम्भावित कारक हैं, जो भारत को राज्य के नीति-निदेशक तत्त्व में प्रदत्त के अनुसार अपने नागरिकों के लिए समान सिविल संहिता को अभिनियमित करने से रोकते हैं।
UPSC 2015 (200 शब्द; 12½ अंक)

संघ और राज्यों के कार्य और उत्तरदायित्व, संघीय ढाँचे से सम्बन्धित मुद्दे और चुनौतियाँ, शक्तियों का हस्तान्तरण और स्थानीय स्तर तक वित्त और उसमें चुनौतियाँ

1. स्थानीय स्तर पर सुशासन प्रदान करने में स्थानीय निकायों की भूमिका का विश्लेषण कीजिए और ग्रामीण स्थानीय निकायों को शहरी स्थानीय निकायों में विलय करने के लाभ और नुकसान को स्पष्ट कीजिए।
UPSC 2024 (150 शब्द; 10 अंक)

2. केन्द्र सरकार ने केन्द्र-राज्य सम्बन्धों के क्षेत्र में हाल ही में क्या बदलाव किए हैं? संघवाद को मजबूत करने के लिए तथा केन्द्र और राज्यों के बीच विश्वास पैदा करने के लिए उपाय सुझाइए।
UPSC 2024 (250 शब्द; 15 अंक)

3. भारत के 14वें वित्त आयोग की संस्तुतियों ने राज्यों को अपनी राजकोषीय स्थिति सुधारने में कैसे सक्षम किया है? *UPSC 2021 (150 शब्द; 10 अंक)*

4. एक राज्य-विशेष के अन्दर प्रथम सूचना रिपोर्ट दायर करने तथा जाँच करने के केन्द्रीय अन्वेषण ब्यूरो (सी. बी. आई.) के क्षेत्राधिकार पर कई राज्य प्रश्न उठा रहे हैं। हालाँकि, सी. बी. आई. जाँच के लिए राज्यों द्वारा दी गई सहमति को रोके रखने की शक्ति आत्यन्तिक नहीं है। भारत के संघीय ढाँचे की विशेष सन्दर्भ में विवेचना कीजिए। *UPSC 2021 (250 शब्द; 15 अंक)*

5. आपके विचार में सहयोग, स्पर्द्धा एवं संघर्ष ने किस प्रकार से भारत में महासंघ को किस सीमा तक आकार दिया है? अपने उत्तर को प्रमाणित करने के लिए कुछ हालिया उदाहरण उद्धत कीजिए।
UPSC 2020 (150 शब्द; 10 अंक)

6. भारत में स्थानीय निकायों की सुदृढ़ता एवं सम्पोषिता 'प्रकार्य, कार्यकर्ता व कोष' की अपनी रचनात्मक प्रावस्था से 'प्रकार्यात्मकता' की समकालिक अवस्था की ओर स्थानान्तरित हुई है। हाल के समय में प्रकार्यात्मकता की दृष्टि से स्थानीय निकायों द्वारा सामना की जा रही अहम् चुनौतियों को आलोकित कीजिए। *UPSC 2020 (250 शब्द; 15 अंक)*

7. "स्थानीय स्वशासन की संस्थाओं में महिलाओं के लिए सीटों के आरक्षण का भारत के राजनीतिक प्रक्रम के पितृसत्तात्मक अभिलक्षण पर एक सीमित प्रभाव पड़ा है।" टिप्पणी कीजिए। *UPSC 2019 (250 शब्द; 15 अंक)*

8. भारत में स्थानीय शासन के एक भाग के रूप में पंचायत प्रणाली के महत्त्व का आकलन कीजिए। विकास परियोजनाओं के वित्तीयन के लिए पंचायतें सरकारी अनुदानों के अतिरिक्त और किन स्रोतों को खोज सकती हैं?
UPSC 2018 (250 शब्द; 15 अंक)

9. ''भारत में स्थानीय स्वशासन पद्धति, शासन के लिए प्रभावी साधन सिद्ध नहीं हुई है।'' इस कथन का समालोचनात्मक परीक्षण तथा स्थिति में सुधार के लिए अपने विचार प्रस्तुत कीजिए। *UPSC 2017 (150 शब्द; 10 अंक)*

10. क्या भारत सरकार अधिनियम, 1935 ने एक परिसंघीय संविधान निर्धारित कर दिया था? चर्चा कीजिए। *UPSC 2016 (200 शब्द; 12½ अंक)*

11. भारतीय संविधान का अनुच्छेद 370, जिसके साथ हाशिया नोट ''जम्मू-कश्मीर राज्य के सम्बन्ध में अस्थायी उपबन्ध'' लगा हुआ है, किस सीमा तक अस्थायी है? भारतीय राजव्यवस्था के सन्दर्भ में इस उपबन्ध की भावी सम्भावनाओं पर चर्चा कीजिए। *UPSC 2016 (200 शब्द; 12½ अंक)*

12. 69वें संविधान संशोधन अधिनियम के उन अत्यावश्यक तत्त्वों और विषमताओं, यदि कोई हों, पर चर्चा कीजिए, जिन्होंने दिल्ली के प्रशासन में निर्वाचित प्रतिनिधियों और उप-राज्यपाल के बीच हाल में समाचारों में आए मतभेदों को उत्पन्न कर दिया है। क्या आपके विचार में इससे भारतीय परिसंघीय राजनीति के प्रकार्य में एक नई प्रवृत्ति का उदय होगा? *UPSC 2016 (200 शब्द; 12½ अंक)*

13. खाप पंचायतें संविधानेत्तर प्राधिकरणों के तौर पर प्रकार्य करने, अकसर मानवाधिकार उल्लंघनों की कोटि में आने वाले निर्णयों को देने के कारण खबरों में बनी रही है। इस सम्बन्ध में स्थिति को सही करने के लिए विधानमण्डल, कार्यपालिका और न्यायपालिका द्वारा की गई कार्रवाइयों पर समालोचनात्मक चर्चा कीजिए। *UPSC 2015 (200 शब्द; 12½ अंक)*

14. हाल के वर्षों में सहकारी परिसंघवाद की संकल्पना पर अधिकाधिक बल दिया जाता रहा है। विद्यमान संरचना में असुविधाओं और सहकारी परिसंघवाद किस सीमा तक इन असुविधाओं का हल निकाल लेगा, इस पर प्रकाश डालिए। *UPSC 2015 (200 शब्द; 12½ अंक)*

15. सुशिक्षित और व्यवस्थित स्थानीय स्तर शासन-व्यवस्था की अनुपस्थिति में 'पंचायतें' और 'समितियाँ' मुख्यत: राजनीतिक संस्थाएँ बनी रही हैं न कि शासन के प्रभावी उपकरण। समालोचनापूर्वक चर्चा कीजिए। *UPSC 2015 (200 शब्द; 12½ अंक)*

विभिन्न अंगों के बीच शक्तियों का पृथक्करण, विवाद निवारण तन्त्र और संस्थाएँ

1. लोक अदालत तथा मध्यस्थता अधिकरण की व्याख्या कीजिए तथा उनमें अन्तर स्पष्ट कीजिए। क्या वे दीवानी तथा आपराधिक दोनों प्रकृति के मामलों पर विचार करते हैं? *UPSC 2024 (150 शब्द; 10 अंक)*

2. आपकी राय में, भारत में शक्ति के विकेन्द्रीकरण ने जमीनी-स्तर पर शासन-परिदृश्य को किस सीमा तक परिवर्तित किया है? *UPSC 2022 (150 शब्द; 10 अंक)*

3. न्यायिक विधायन, भारतीय संविधान में परिकल्पित शक्ति पृथक्करण सिद्धान्त का प्रतिपक्षी है। इस सन्दर्भ में कार्यपालक अधिकरणों को दिशा-निर्देश देने की प्रार्थना करने सम्बन्धी, बड़ी संख्या में दायर होने वाली, लोकहित याचिकाओं का न्याय औचित्य सिद्ध कीजिए। *UPSC 2020 (250 शब्द; 15 अंक)*

अन्य देशों की संसद और राज्य विधानसभाओं के साथ भारतीय संवैधानिक योजना की तुलना

1. भारत और फ्रांस के राष्ट्रपति के निर्वाचित होने की प्रक्रिया का आलोचनात्मक परीक्षण कीजिए। *UPSC 2022 (250 शब्द; 15 अंक)*

2. संयुक्त राज्य अमेरिका और भारत के संविधानों में, समता के अधिकार की धारणा की विशिष्ट विशेषताओं का विश्लेषण कीजिए। *UPSC 2021 (250 शब्द; 15 अंक)*

3. हाल के समय में भारत और यू. के. की न्यायिक व्यवस्थाएँ अभिसरणीय एवं अपसरणीय होती प्रतीत हो रही हैं। दोनों राष्ट्रों की न्यायिक कार्यप्रणालियों के आलोक में अभिसरण तथा अपसरण के मुख्य बिन्दुओं को आलोकित कीजिए। *UPSC 2020 (150 शब्द; 10 अंक)*

4. धर्मनिरपेक्षता को भारत के संविधान के उपागम से फ्रांस क्या सीख सकता है? *UPSC 2019 (150 शब्द; 10 अंक)*

5. भारत एवं यू. एस. ए. दो विशाल लोकतन्त्र देश हैं। उन आधारभूत सिद्धान्तों का परीक्षण कीजिए, जिन पर वे दो राजनीतिक तन्त्र आधारित हैं। *UPSC 2018 (250 शब्द; 15 अंक)*

संसद और राज्य विधानसभाओं के साथ भारतीय संवैधानिक योजना की तुलना: संरचना, कार्य, व्यापार का संचालन, शक्तियाँ एवं विशेषाधिकार और इनसे उत्पन्न होने वाले मुद्दे

1. विभिन्न समितियों द्वारा सुझाए गए एवं 'एक राष्ट्र-एक चुनाव' के विशिष्ट सन्दर्भ में, चुनाव सुधारों की आवश्यकता का परीक्षण करें। *UPSC 2024 (150 शब्द; 10 अंक)*

2. राज्यसभा के सभापति के रूप में भारत के उपराष्ट्रपति की भूमिका की विवेचना कीजिए। *UPSC 2022 (150 शब्द; 10 अंक)*

3. राज्यपाल द्वारा विधायी शक्तियों के प्रयोग की आवश्यक शर्तों का विवेचन कीजिए। विधायिका के समक्ष रखे बिना राज्यपाल द्वारा अध्यादेशों के पुन:प्रख्यापन की वैधता की विवेचना कीजिए। *UPSC 2022 (250 शब्द; 15 अंक)*

4. उन संवैधानिक प्रावधानों को समझाइए, जिनके अन्तर्गत विधानपरिषदें स्थापित होती हैं। उपयुक्त उदाहरणों के साथ विधानपरिषदों के कार्य और वर्तमान स्थिति का मूल्यांकन कीजिए। *UPSC 2021 (250 शब्द; 15 अंक)*

5. क्या विभागों से सम्बन्धित संसदीय स्थायी समितियाँ प्रशासन को अपने पैर की अँगुलियों पर रखती हैं और संसदीय नियन्त्रण के लिए सम्मान-प्रदर्शन हेतु प्रेरित करती हैं? उपयुक्त उदाहरणों के साथ ऐसी समितियों के कार्यों का मूल्यांकन कीजिए। *UPSC 2021 (250 शब्द; 15 अंक)*

6. विगत कुछ दशकों में राज्यसभा एक 'उपयोगहीन स्टैपनी टायर' से सर्वाधिक उपयोगी सहायक अंग में रूपान्तरित हुई है। उन कारकों तथा क्षेत्रों को आलोकित कीजिए, जहाँ यह रूपान्तरण दृष्टिगत हो सकता है। *UPSC 2020 (250 शब्द; 15 अंक)*

7. 'एकदा स्पीकर, सदैव स्पीकर'! क्या आपके विचार में लोकसभा अध्यक्ष पद की निष्पक्षता के लिए इस कार्यप्रणाली को स्वीकारना चाहिए? भारत में संसदीय प्रयोजन की सुदृढ़ कार्यशैली के लिए इसके क्या परिणाम हो सकते हैं? *UPSC 2020 (150 शब्द; 10 अंक)*

8. राष्ट्रीय विधि निर्माता के रूप में अकेले एक संसद-सदस्य की भूमिका अवनति की ओर है, जिसके फलस्वरूप वाद-विवादों की गुणता और उनके परिणामों पर प्रतिकूल प्रभाव पड़ा है। चर्चा कीजिए। *UPSC 2019 (250 शब्द; 15 अंक)*

9. आप यह क्यों सोचते हैं कि समितियाँ संसदीय कार्यों के लिए उपयोगी मानी जाती हैं? इस सन्दर्भ में प्राक्कलन समिति की भूमिका की विवेचना कीजिए। *UPSC 2018 (150 शब्द; 10 अंक)*

10. भारतीय संविधान में संसद के दोनों सदनों का संयुक्त सत्र बुलाने का प्रावधान है। उन अवसरों को गिनाइए जब सामान्यत: यह होता है तथा उन अवसरों को भी जब यह नहीं किया जा सकता और इसके कारण भी बताइए। *UPSC 2017 (250 शब्द; 15 अंक)*

11. ''लोकसभा और राज्य विधानसभाओं के एक ही समय में चुनाव, चुनाव-प्रचार की अवधि और व्यय को तो सीमित कर देंगे, परन्तु ऐसा करने से लोगों के प्रति सरकार की जवाबदेही कम हो जाएगी।'' चर्चा कीजिए। *UPSC 2017 (150 शब्द; 10 अंक)*

12. अध्यादेशों का आश्रय लेने से हमेशा ही शक्तियों के पृथक्करण सिद्धान्त की भावना के उल्लंघन पर चिन्ता जागृत की है। अध्यादेशों को लागू करने की शक्ति के तर्काधार को नोट करते हुए विश्लेषण कीजिए कि क्या इस मुद्दे पर उच्चतम न्यायालय के विनिश्चयों ने इस शक्ति का आश्रय लेने को और सुगम बना दिया है। क्या अध्यादेशों को लागू करने की शक्ति का निरसन कर दिया जाना चाहिए? *UPSC 2015 (200 शब्द; 12½ अंक)*

13. राष्ट्रपति द्वारा हाल में प्रख्यापित अध्यादेश के द्वारा माध्यस्थम और सुलह अधिनियम, 1996 में क्या प्रमुख परिवर्तन किए गए हैं? यह भारत के विवाद समाधान यान्त्रिकत्व को किस सीमा तक सुधारेगा? चर्चा कीजिए। *UPSC 2015 (200 शब्द; 12½ अंक)*

14. विदेशी अभिदाय (विनियमन) अधिनियम (एफ. सी. आर. ए.), 1976 के अधीन गैर-सरकारी संगठनों के विदेशी वित्तीयन के नियन्त्रक नियमों में हाल के परिवर्तनों का समालोचनात्मक परीक्षण कीजिए। *UPSC 2015 (200 शब्द; 12½ अंक)*

सरकार के कार्यपालिका और न्यायपालिका मन्त्रालयों एवं विभागों की संरचना, संगठन और कार्यप्रणाली, दबाव समूह तथा औपचारिक/अनौपचारिक संघ और राजनीति में उनकी भूमिका

1. ''कैबिनेट प्रणाली के विकास के परिणामस्वरूप व्यावहारिक रूप से संसदीय सर्वोच्चता हाशिए पर चली गई है।'' स्पष्ट कीजिए। *UPSC 2024 (150 शब्द; 10 अंक)*

2. भारत में जनहित याचिकाओं के बढ़ने के कारण स्पष्ट कीजिए। इसके परिणामस्वरूप, क्या भारत का उच्चतम न्यायालय दुनिया की सबसे शक्तिशाली न्यायपालिका के रूप में उभरा है? *UPSC 2024 (250 शब्द; 15 अंक)*

3. ''भारत में आधुनिक कानून की सर्वाधिक महत्त्वपूर्ण उपलब्धि सर्वोच्च न्यायालय द्वारा पर्यावरणीय समस्याओं का संविधानीकरण है।'' सुसंगत वाद विधियों की सहायता से इस कथन की विवेचना कीजिए। *UPSC 2022 (150 शब्द; 10 अंक)*

4. आपकी दृष्टि में, भारत में कार्यपालिका की जवाबदेही को निश्चित करने में संसद कहाँ तक समर्थ है? *UPSC 2021 (150 शब्द; 10 अंक)*

5. ''भारत में सार्वजनिक नीति बनाने में दबाव समूह महत्त्वपूर्ण भूमिका निभाते हैं।'' समझाइए कि व्यवसाय संघ, सार्वजनिक नीतियों में किस प्रकार योगदान करते हैं? *UPSC 2021 (150 शब्द; 10 अंक)*

6. विविधता, समता और समावेशिता सुनिश्चित करने के लिए उच्चतर न्यायपालिका में महिलाओं के प्रतिनिधित्व को बढ़ाने की वांछनीयता पर चर्चा कीजिए। *UPSC 2021 (150 शब्द; 10 अंक)*

7. भारत में नीति-निर्माताओं को प्रभावित करने के लिए किसान संगठनों द्वारा क्या-क्या तरीके अपनाए जाते हैं और वे तरीके कितने प्रभावी हैं? *UPSC 2019 (150 शब्द; 10 अंक)*

8. न्यायालयों के द्वारा विधायी शक्तियों के वितरण से सम्बन्धित मुद्दों को सुलझाने से, 'परिसंघीय सर्वोच्चता का सिद्धान्त' और 'समरस अर्थान्वयन' उभर कर आए हैं। स्पष्ट कीजिए। *UPSC 2019 (150 शब्द; 10 अंक)*

9. किन परिस्थितियों में भारत के राष्ट्रपति के द्वारा वित्तीय आपातकाल की उद्घोषणा की जा सकती है? ऐसी उद्घोषणा के लागू रहने तक, इसके अनुसरण के क्या-क्या परिणाम होते हैं? *UPSC 2018 (150 शब्द; 10 अंक)*

10. क्या उच्चतम न्यायालय का निर्णय (जुलाई, 2018) दिल्ली के उप-राज्यपाल और निर्वाचित सरकार के बीच राजनैतिक समस्याओं को निपटा सकता है? परीक्षण कीजिए। *UPSC 2018 (250 शब्द; 15 अंक)*

11. निजता के अधिकार पर उच्चतम न्यायालय के नवीनतम निर्णय के आलोक में, मौलिक अधिकारों के विस्तार का परीक्षण कीजिए। *UPSC 2017 (250 शब्द; 15 अंक)*

12. भारतीय राजनीतिक प्रक्रम को दबाव समूह किस प्रकार प्रभावित करते हैं? क्या आप इस मत से सहमत हैं कि हाल के वर्षों में अनौपचारिक दबाव समूह, औपचारिक दबाव समूहों की तुलना में अधिक शक्तिशाली रूप में उभरे हैं? *UPSC 2017 (150 शब्द; 10 अंक)*

13. भारत में उच्चतर न्यायपालिका में न्यायाधीशों की नियुक्ति के सन्दर्भ में 'राष्ट्रीय न्यायिक नियुक्ति आयोग अधिनियम, 2014' पर सर्वोच्च न्यायालय के निर्णय का समालोचनात्मक परीक्षण कीजिए। *UPSC 2017 (150 शब्द; 10 अंक)*

14. कोहिलो केस में क्या अभिनिर्धारित किया गया था? इस सन्दर्भ में, क्या आप कह सकते हैं कि न्यायिक पुनर्विलोकन संविधान के बुनियादी अभिलक्षणों में प्रमुख महत्त्व का है? *UPSC 2016 (200 शब्द; 12½ अंक)*

15. क्या स्वच्छ पर्यावरण के अधिकार में दीवाली के दौरान पटाखे जलाने के विधिक विनियम भी शामिल हैं? इस पर भारतीय संविधान के अनुच्छेद 21 के और शीर्ष न्यायालय के निर्णय/निर्णयों के सम्बन्ध में चर्चा कीजिए। *UPSC 2015 (200 शब्द; 12½ अंक)*

लोक प्रतिनिधित्व अधिनियम की मुख्य विशेषताएँ

1. लोक प्रतिनिधित्व अधिनियम, 1951 के अन्तर्गत संसद अथवा राज्य विधायिका के सदस्यों के चुनाव से उभरे विवादों के निर्णय की प्रक्रिया का विवेचन कीजिए। किन आधारों पर किसी निर्वाचित घोषित प्रत्याशी के निर्वाचन को शून्य घोषित किया जा सकता है? इस निर्णय के विरुद्ध पीड़ित पक्ष को कौन-सा उपचार उपलब्ध है? वाद विधियों का सन्दर्भ दीजिए। *UPSC 2022 (250 शब्द; 15 अंक)*

2. ''भारत में राष्ट्रीय राजनैतिक दल केन्द्रीयकरण के पक्ष में है, जबकि क्षेत्रीय दल राज्य-स्वायत्तता के पक्ष में।'' टिप्पणी कीजिए। *UPSC 2022 (250 शब्द; 15 अंक)*

3. ''लोक प्रतिनिधित्व अधिनियम के अन्तर्गत भ्रष्ट आचरण के दोषी व्यक्तियों को अयोग्य ठहराने की प्रक्रिया के सरलीकरण की आवश्यकता है''। टिप्पणी कीजिए। *UPSC 2020 (150 शब्द; 10 अंक)*

4. किन आधारों पर किसी लोक प्रतिनिधि को, लोक प्रतिनिधित्व अधिनियम, 1951 के अधीन निरर्हित किया जा सकता है? उन उपचारों का भी उल्लेख कीजिए, जो ऐसे निरर्हित व्यक्ति को अपनी निरर्हता के विरुद्ध उपलब्ध हैं। *UPSC 2019 (250 शब्द; 15 अंक)*

5. ''भारतीय राजनीतिक पार्टी प्रणाली परिवर्तन के ऐसे दौर से गुजर रही है, जो अन्तर्विरोधों और विरोधाभासों से भरा प्रतीत होता है।'' चर्चा कीजिए। *UPSC 2016 (200 शब्द; 12½ अंक)*

विभिन्न संवैधानिक पदों पर नियुक्ति, विभिन्न संवैधानिक निकायों की शक्तियाँ, कार्य और जिम्मेदारियाँ

1. ''नियन्त्रक एवं महालेखा परीक्षक का कर्त्तव्य केवल व्यय की वैधता सुनिश्चित करना ही नहीं बल्कि उसका औचित्य भी सुनिश्चित करना है।'' टिप्पणी कीजिए। *UPSC 2024 (150 शब्द; 10 अंक)*

2. राष्ट्रीय पिछड़ा वर्ग आयोग के सांविधिक निकाय से संवैधानिक निकाय में रूपान्तरण को ध्यान में रखते हुए इसकी भूमिका की विवेचना कीजिए। *UPSC 2022 (150 शब्द; 10 अंक)*

3. आदर्श आचार-संहिता के उद्भव के आलोक में, भारत के निर्वाचन आयोग की भूमिका का विवेचन कीजिए। *UPSC 2022 (250 शब्द; 15 अंक)*
4. "महान्यायवादी भारत की सरकार का मुख्य विधि सलाहकार और वकील होता है।" चर्चा कीजिए। *UPSC 2019 (250 शब्द; 15 अंक)*
5. क्या राष्ट्रीय अनुसूचित जाति आयोग (एन. सी. एस. सी.) धार्मिक अल्पसंख्यक संस्थानों में अनुसूचित जातियों के लिए संवैधानिक आरक्षण के क्रियान्वयन का प्रवर्तन करा सकता है? परीक्षण कीजिए। *UPSC 2018 (150 शब्द; 10 अंक)*
6. इलेक्ट्रॉनिक वोटिंग मशीनों (ई. वी. एम.) के उपयोग सम्बन्धी हाल के विवाद के आलोक में, भारत में चुनावों की विश्वास्यता सुनिश्चित करने के लिए भारत के निर्वाचन आयोग के समक्ष क्या-क्या चुनौतियाँ हैं? *UPSC 2018 (150 शब्द; 10 अंक)*
7. "नियन्त्रक और महालेखापरीक्षक (सी. ए. जी.) को एक अत्यावश्यक भूमिका निभानी होती है।" व्याख्या कीजिए कि यह किस प्रकार उसकी नियुक्ति की विधि, शर्तों और साथ ही साथ उन अधिकारों के विस्तार से परिलक्षित होती है, जिनका प्रयोग वह कर सकता है? *UPSC 2018 (150 शब्द; 10 अंक)*
8. भारत के वित्तीय आयोग का गठन किस प्रकार किया जाता है? हाल में गठित वित्तीय आयोग के विचारार्थ विषय (टर्म्स ऑफ रेफरेन्स) के बारे में आप क्या जानते हैं? विवेचना कीजिए। *UPSC 2018 (250 शब्द; 15 अंक)*
9. भारत में लोकतन्त्र की गुणता को बढ़ाने के लिए भारत के चुनाव आयोग ने वर्ष 2016 में चुनावी सुधारों का प्रस्ताव दिया है। सुझाए गए सुधार क्या हैं और लोकतन्त्र को सफल बनाने में वे किस सीमा तक महत्त्वपूर्ण हैं? *UPSC 2017 (250 शब्द; 15 अंक)*
10. संघ और राज्यों के लेखाओं के सम्बन्ध में नियन्त्रक और महालेखापरीक्षक की शक्तियों का प्रयोग भारतीय संविधान के अनुच्छेद 149 से व्युत्पन्न है। चर्चा कीजिए कि क्या सरकार की नीति कार्यान्वयन की लेखापरीक्षा करना अपने स्वयं (नियन्त्रक और महालेखापरीक्षक) की अधिकारिता का अतिक्रमण करना होगा या नहीं। *UPSC 2016 (200 शब्द; 12½ अंक)*

वैधानिक, नियामक और विभिन्न अर्द्ध-न्यायिक निकाय

1. यद्यपि मानवाधिकार आयोगों ने भारत में मानव अधिकारों के संरक्षण में काफी हद तक योगदान दिया है, फिर भी वे ताकतवर और प्रभावशालियों के विरुद्ध अधिकार जताने में असफल रहे हैं। इनकी संरचनात्मक और व्यावहारिक सीमाओं का विश्लेषण करते हुए सुधारात्मक उपायों के सुझाव दीजिए। *UPSC 2021 (250 शब्द; 15 अंक)*
2. एक आयोग के सांविधानिकीकरण के लिए कौन-कौन से चरण आवश्यक हैं? क्या आपके विचार में राष्ट्रीय महिला आयोग को सांविधानिकता प्रदान करना भारत में लैंगिक न्याय एवं सशक्तीकरण और अधिक सुनिश्चित करेगा? कारण बताइए। *UPSC 2020 (250 शब्द; 15 अंक)*
3. "केन्द्रीय प्रशासनिक अधिकरण जिसकी स्थापना केन्द्रीय सरकार के कर्मचारियों द्वारा या उनके विरुद्ध शिकायतों एवं परिवादों के निवारण हेतु की गई थी, आजकल एक स्वतन्त्र न्यायिक प्राधिकरण के रूप में अपनी शक्तियों का प्रयोग कर रहा है।" व्याख्या कीजिए। *UPSC 2019 (150 शब्द; 10 अंक)*
4. आप इस मत से कहाँ तक सहमत हैं कि अधिकरण सामान्य न्यायालयों की अधिकारिता को कम करते हैं? उपर्युक्त को दृष्टिगत रखते हुए भारत में अधिकरणों की संवैधानिक वैधता तथा सक्षमता की विवेचना कीजिए। *UPSC 2018 (250 शब्द; 15 अंक)*
5. समाज के कमजोर वर्गों के लिए विभिन्न आयोगों की बहुलता, अतिव्यापी अधिकारिता और प्रकार्यों के दोहरेपन की समस्याओं की ओर ले जाती है। क्या यह अच्छा होगा कि सभी आयोगों को एक व्यापक मानव अधिकार आयोग के छत्र में विलय कर दिया जाए? अपने उत्तर के पक्ष में तर्क दीजिए। *UPSC 2018 (250 शब्द; 15 अंक)*
6. अर्द्ध-न्यायिक (न्यायिकवत्) निकाय से क्या तात्पर्य है? ठोस उदाहरणों की सहायता से स्पष्ट कीजिए। *UPSC 2016 (200 शब्द; 12½ अंक)*

सरकार की नीतियाँ एवं विभिन्न क्षेत्रों में विकास के लिए हस्तक्षेप और उनके डिजाइन तथा कार्यान्वयन से उत्पन्न होने वाले मुद्दे

1. नागरिक-केन्द्रित प्रशासन को सुनिश्चित करने के लिए नागरिक अधिकार-पत्र एक ऐतिहासिक पहल रही है, किन्तु इसे अभी भी अपनी पूर्ण क्षमता तक पहुँचना बाकी है। इसके वादे की प्राप्ति में बाधा डालने वाले कारकों की पहचान कीजिए और उन्हें दूर करने के उपाय सुझाइए। *UPSC 2024 (250 शब्द; 15 अंक)*
2. गति-शक्ति योजना को संयोजकता के लक्ष्य को प्राप्त करने के लिए सरकार और निजी क्षेत्र के मध्य सतर्क समन्वय की आवश्यकता है। विवेचना कीजिए। *UPSC 2022 (150 शब्द; 10 अंक)*
3. 'विकास योजना के नव-उदारी प्रतिमान के सन्दर्भ में, आशा की जाती है कि बहु-स्तरी योजनाकरण संक्रियाओं को लागत प्रभावी बना देगा और अनेक क्रियान्वयन रुकावटों को हटा देगा।' चर्चा कीजिए। *UPSC 2019 (250 शब्द; 15 अंक)*
4. सूचना और सम्प्रेषण प्रौद्योगिकी (आई.सी.टी.) आधारित परियोजनाओं/कार्यक्रमों का कार्यान्वयन सामान्यत: कुछ विशेष महत्त्वपूर्ण कारकों की दृष्टि से उचित नहीं रहता है। इन कारकों की पहचान कीजिए और इनके प्रभावी कार्यान्वयन के उपाय सुझाइए। *UPSC 2019 (150 शब्द; 10 अंक)*
5. "विभिन्न प्रतियोगी क्षेत्रों और साझेदारों के मध्य नीतिगत विरोधाभासों के परिणामस्वरूप पर्यावरण के 'संरक्षण तथा उसके निम्नीकरण की रोकथाम' अपर्याप्त रही है।" सुसंगत उदाहरणों सहित टिप्पणी कीजिए। *UPSC 2018 (150 शब्द; 10 अंक)*
6. राष्ट्रीय बाल नीति के मुख्य प्रावधानों का परीक्षण कीजिए तथा इसके क्रियान्वयन की प्रस्थिति पर प्रकाश डालिए। *UPSC 2016 (200 शब्द; 12½ अंक)*
7. "यदि संसद में पटल रखे गए व्हिसलब्लोअर्स अधिनियम, 2011 के संशोधन बिल को पारित कर दिया जाता है, तो हो सकता है कि सुरक्षा प्रदान करने के लिए कोई बचे ही नहीं।" समालोचनापूर्वक मूल्यांकन कीजिए। *UPSC 2015 (200 शब्द; 12½ अंक)*

विकास प्रक्रियाएँ और विकास उद्योग गैर-सरकारी संगठनों, स्वयं सहायता समूहों, विभिन्न समूहों और संघों, दाताओं, दान, संस्थागत और अन्य हितधारकों की भूमिका

1. कतिपय अत्यावश्यक सार्वजनिक मुद्दों से सम्बन्धित होने के कारण, सार्वजनिक चैरिटेबिल ट्रस्टों में भारत के विकास को अधिक समावेशी बनाने का सामर्थ्य है। टिप्पणी कीजिए। *UPSC 2024 (150 शब्द; 10 अंक)*
2. क्या आप इस मत से सहमत हैं कि विकास हेतु दाता अभिकरणों पर बढ़ती निर्भरता विकास प्रक्रिया में सामुदायिक भागीदारी के महत्त्व को घटाती है? अपने उत्तर के औचित्य को सिद्ध कीजिए। *UPSC 2022 (250 शब्द; 15 अंक)*

3. ''सूक्ष्म-वित्त एक गरीबी-रोधी टीका है, जो भारत में ग्रामीण दरिद्र की परिसम्पत्ति निर्माण और आयसुरक्षा के लिए लक्षित है''। स्वयं सहायता समूहों की भूमिका का मूल्यांकन ग्रामीण भारत में महिलाओं के सशक्तीकरण के साथ-साथ उपरोक्त दोहरे उद्देश्यों के लिए कीजिए।
UPSC 2020 (250 शब्द; 15 अंक)

4. ''वर्तमान समय में स्वयं-सहायता समूहों का उद्भव राज्य के विकासात्मक गतिविधियों से धीरे परन्तु निरन्तर पीछे हटने का संकेत है।'' विकासात्मक गतिविधियों में स्वयं-सहायता समूहों की भूमिका का एवं भारत सरकार द्वारा स्वयं-सहायता समूहों को प्रोत्साहित करने के लिए किए गए उपायों का परीक्षण कीजिए।
UPSC 2017 (250 शब्द; 15 अंक)

5. आत्मनिर्भर समूह (एस. एच. जी.) बैंक अनुबन्धन कार्यक्रम (एस. बी. एल. पी), जोकि भारत का स्वयं का नवाचार है, निर्धनता न्यूनीकरण और महिला सशक्तीकरण कार्यक्रमों में एक सर्वाधिक प्रभावी कार्यक्रम सिद्ध हुआ है। सविस्तार स्पष्ट कीजिए।
UPSC 2015 (200 शब्द; 12½ अंक)

6. पर्यावरण की सुरक्षा से सम्बन्धित विकास कार्यों के लिए भारत में गैर-सरकारी संगठनों की भूमिका को किस प्रकार मजबूत बनाया जा सकता है? मुख्य बाध्यताओं पर प्रकाश डालते हुए चर्चा कीजिए।
UPSC 2015 (200 शब्द; 12½ अंक)

केन्द्र और राज्यों द्वारा आबादी के कमजोर वर्गों के लिए कल्याणकारी योजनाएँ और इन योजनाओं का प्रदर्शन, इन कमजोर वर्गों की सुरक्षा और बेहतरी के लिए गठित तन्त्र, कानून, संस्थाएँ और निकाय

1. प्रत्यक्ष लाभ अन्तरण योजना के माध्यम से सरकारी प्रदेय व्यवस्था में सुधार एक प्रगतिशील कदम है, किन्तु इसकी अपनी सीमाएँ भी हैं। टिप्पणी कीजिए।
UPSC 2022 (150 शब्द; 10 अंक)

2. कल्याणकारी योजनाओं के अतिरिक्त भारत को समाज के वंचित वर्गों एवं गरीबों की सेवा के लिए मुद्रास्फीति और बेरोजगारी के कुशल प्रबन्धन की आवश्यकता है। चर्चा कीजिए।
UPSC 2022 (250 शब्द; 15 अंक)

3. क्या ग्रामीण क्षेत्रों में विशेष रूप से, डिजिटल निरक्षरता ने सूचना एवं संचार प्रौद्योगिकी (आई. सी. टी.) की अल्प-उपलब्धता के साथ मिलकर सामाजिक-आर्थिक विकास में बाधा उत्पन्न की है? औचित्य सहित परीक्षण कीजिए।
UPSC 2021 (250 शब्द; 15 अंक)

4. ''यद्यपि स्वातन्त्र्योत्तर भारत में महिलाओं ने विभिन्न क्षेत्रों में उत्कृष्टता हासिल की है, इसके बावजूद महिलाओं और नारीवादी आन्दोलन के प्रति सामाजिक दृष्टिकोण पितृसत्तात्मक रहा है।'' महिला शिक्षा और महिला सशक्तीकरण की योजनाओं के अतिरिक्त कौन-से हस्तक्षेप इस परिवेश के परिवर्तन में सहायक हो सकते हैं?
UPSC 2021 (250 शब्द; 15 अंक)

5. सुभेद्य वर्गों के लिए क्रियान्वित की जाने वाली कल्याण योजनाओं का निष्पादन उनके बारे में जागरूकता न होने और नीति प्रक्रम की सभी अवस्थाओं पर उनके सक्रिय तौर पर सम्मिलित न होने के कारण इतना प्रभावी नहीं होता है। चर्चा कीजिए।
UPSC 2019 (250 शब्द; 15 अंक)

6. ''जल, सफाई एवं स्वच्छता की आवश्यकता को लक्षित करने वाली नीतियों के प्रभावी क्रियान्वयन को सुनिश्चित करने के लिए लाभार्थी वर्गों की पहचान को प्रत्याशित परिणामों के साथ जोड़ना होगा।'' 'वाश' योजना के सन्दर्भ में इस कथन का परीक्षण कीजिए।
UPSC 2017 (150 शब्द; 10 अंक)

7. ''वांछित उद्देश्यों की प्राप्ति के लिए यह सुनिश्चित करना आवश्यक है कि विनियामक संस्थाएँ स्वतन्त्र और स्वायत्त बनी रहें।'' पिछले कुछ समय में हुए अनुभवों के प्रकाश में चर्चा कीजिए।
UPSC 2015 (200 शब्द; 12½ अंक)

स्वास्थ्य, शिक्षा, मानव संसाधन से सम्बन्धित सामाजिक क्षेत्र/सेवाओं के विकास और प्रबन्धन से सम्बन्धित मुद्दे

1. लोक स्वास्थ्य देखभाल प्रणाली जैसे महत्त्वपूर्ण क्षेत्र में भारतीय राज्य को उस व्यवस्था के बाजारीकरण के दुष्प्रभावों को रोकने के लिए व्यापक भूमिका निभानी चाहिए। कुछ ऐसे उपाय सुझाइए जिनके माध्यम से राज्य, लोक स्वास्थ्य देखभाल प्रणाली की पहुँच का विस्तार तृणमूल स्तर तक कर सके।
UPSC 2024 (250 शब्द; 15 अंक)

2. स्कूली शिक्षा के महत्त्व के बारे में जागरूकता उत्पन्न किए बिना, बच्चों की शिक्षा में प्रेरणा-आधारित पद्धति के संवर्द्धन में निःशुल्क और अनिवार्य बाल शिक्षा का अधिकार अधिनियम, 2009 अपर्याप्त है। विश्लेषण कीजिए।
UPSC 2022 (250 शब्द; 15 अंक)

3. ''एक कल्याणकारी राज्य की नैतिक अनिवार्यता के अतिरिक्त, प्राथमिक स्वास्थ्य संरचना धारणीय विकास की एक आवश्यक पूर्व शर्त है।'' विश्लेषण कीजिए।
UPSC 2021 (150 शब्द; 10 अंक)

4. ''व्यावसायिक शिक्षा और कौशल प्रशिक्षण को सार्थक बनाने के लिए सीखते हुए कमाना (अर्न व्हाइल यू लर्न) की योजना को सशक्त करने की आवश्यकता है।'' टिप्पणी कीजिए।
UPSC 2021 (150 शब्द; 10 अंक)

5. राष्ट्रीय शिक्षा नीति, 2020 धारणीय विकास लक्ष्य- 4 (2030) के साथ अनुरूपता में है। उसका ध्येय भारत में शिक्षा प्रणाली की पुनःसंरचना और पुनःस्थापना है। इस कथन का समालोचनात्मक निरीक्षण कीजिए।
UPSC 2020 (250 शब्द; 15 अंक)

6. सामाजिक विकास की सम्भावनाओं को बढ़ाने के क्रम में, विशेषकर जराचिकित्सा एवं मातृ स्वास्थ्य देखभाल के क्षेत्र में सुदृढ़ और पर्याप्त स्वास्थ्य देखभाल सम्बन्धी नीतियों की आवश्यकता है। विवेचना कीजिए।
UPSC 2020 (150 शब्द; 10 अंक)

7. विभिन्न सेवा क्षेत्रकों के बीच सहयोग की आवश्यकता विकास प्रवचन का एक अन्तर्निहित घटक रहा है। साझेदारी क्षेत्रकों के बीच पुल बनाती है। यह 'सहयोग' और 'टीम भावना' की संस्कृति को भी गति प्रदान कर देती है। उपरोक्त कथनों के प्रकाश में भारत के विकास प्रक्रम का परीक्षण कीजिए।
UPSC 2019 (250 शब्द; 15 अंक)

8. उच्च संवृद्धि के लगातार अनुभव के बावजूद, भारत के मानव विकास के निम्नतम संकेतक चल रहे हैं। उन मुद्दों का परीक्षण कीजिए, जो सन्तुलित और समावेशी विकास को पकड़ में आने नहीं दे रहे हैं।
UPSC 2019 (150 शब्द; 10 अंक)

9. भारत में 'सभी के लिए स्वास्थ्य' को प्राप्त करने के लिए समुचित स्थानीय सामुदायिक स्तरीय स्वास्थ्य देखभाल का मध्यक्षेप एक पूर्वापेक्षा है। व्याख्या कीजिए।
UPSC 2018 (150 शब्द; 10 अंक)

10. महिलाएँ जिन समस्याओं का सार्वजनिक एवं निजी दोनों स्थलों पर सामना कर रहीं हैं, क्या राष्ट्रीय महिला आयोग उनका समाधान निकालने की रणनीति बनाने में सफल रहा है? अपने उत्तर के समर्थन में तर्क प्रस्तुत कीजिए।
UPSC 2017 (250 शब्द; 15 अंक)

11. क्या निःशक्त व्यक्तियों के अधिकार अधिनियम, 2016 समाज में अभीष्ट लाभार्थियों के सशक्तीकरण और समावेशन की प्रभावी क्रियाविधि को सुनिश्चित करता है? चर्चा कीजिए।
UPSC 2017 (150 शब्द; 10 अंक)

12. ''भारत में जनांकिकीय लाभांश तब तक सैद्धान्तिक ही बना रहेगा, जब तक कि हमारी जनशक्ति अधिक शिक्षित, जागरूक, कुशल और सृजनशील नहीं हो जाती।'' सरकार ने हमारी जनसंख्या को अधिक उत्पादनशील और रोजगार-योग्य बनने की क्षमता में वृद्धि के लिए कौन-से उपाय किए हैं?
UPSC 2016 (200 शब्द; 12½ अंक)

13. प्रोफेसर अमर्त्य सेन ने प्राथमिक शिक्षा तथा प्राथमिक स्वास्थ्य देखभाल के क्षेत्रों में महत्त्वपूर्ण सुधारों की वकालत की है। उनकी स्थिति और कार्य-निष्पादन में सुधार हेतु आपके क्या सुझाव हैं?
UPSC 2016 (200 शब्द; 12½ अंक)

14. सार्विक स्वास्थ्य संरक्षण प्रदान करने में सार्वजनिक स्वास्थ्य प्रणाली की अपनी परिसीमाएँ हैं। क्या आपके विचार में खाई को पाटने में निजी क्षेत्रक सहायक हो सकता है? आप अन्य कौन-से व्यवहार्य विकल्प सुझाएँगे?
UPSC 2015 (200 शब्द; 12½ अंक)

15. भारत में उच्च शिक्षा की गुणता को अन्तर्राष्ट्रीय स्तर पर प्रतियोगी बनाने के लिए उसमें भारी सुधारों की आवश्यकता है। क्या आपके विचार में विदेशी शैक्षिक संस्थाओं का प्रवेश देश में उच्च और तकनीकी शिक्षा की गुणता की प्रोन्नति में सहायक होगा? चर्चा कीजिए।
UPSC 2015 (200 शब्द; 12½ अंक)

गरीबी और भुखमरी से सम्बन्धित मुद्दे

1. निर्धनता और कुपोषण एक विषाक्त चक्र का निर्माण करते हैं जो मानव पूँजी निर्माण पर प्रतिकूल प्रभाव डाल रहा है। इस चक्र को तोड़ने के लिए क्या कदम उठाए जा सकते हैं?
UPSC 2024 (150 शब्द; 10 अंक)

2. क्या लैंगिक असमानता, गरीबी और कुपोषण के दुश्चक्र को तथा महिलाओं के स्वयं सहायता समूहों को सूक्ष्म वित्त (माइक्रोफाइनेन्स) प्रदान करके तोड़ा जा सकता है? सोदाहरण स्पष्ट कीजिए।
UPSC 2021 (150 शब्द; 10 अंक)

3. ''केवल आय पर आधारित गरीबी के निर्धारण में गरीबी का आपतन और तीव्रता अधिक महत्त्वपूर्ण है।'' इस सन्दर्भ में संयुक्त राष्ट्र बहुआयामी गरीबी सूचकांक की नवीनतम रिपोर्ट का विश्लेषण कीजिए।
UPSC 2022 (250 शब्द; 15 अंक)

4. भारत में निर्धनता और भूख के बीच सम्बन्ध में एक बढ़ता हुआ अन्तर है। सरकार द्वारा सामाजिक व्यय को संकुचित किए जाना, निर्धनों को अपने खाद्य बजट को निचोड़ते हुए खाद्येतर अत्यावश्यक मदों पर अधिक व्यय करने के लिए विवश कर रहा है। स्पष्ट कीजिए।
UPSC 2019 (150 शब्द; 10 अंक)

5. आप इस मत से कहाँ तक सहमत हैं कि भूख के मुख्य कारण के रूप में खाद्य की उपलब्धता में कमी पर फोकस, भारत में अप्रभावी मानव विकास नीतियों से ध्यान हटा देता है?
UPSC 2018 (250 शब्द; 15 अंक)

6. ''भारत में निर्धनता न्यूनीकरण कार्यक्रम तब तक केवल दर्शनीय वस्तु बने रहेंगे, जब तक कि उन्हें राजनैतिक इच्छाशक्ति का सहारा नहीं मिलता है।'' भारत में प्रमुख निर्धनता न्यूनीकरण कार्यक्रमों के निष्पादन के सन्दर्भ में चर्चा कीजिए।
UPSC 2017 (250 शब्द; 15 अंक)

7. अब तक भी भूख और गरीबी भारत में सुशासन के समक्ष सबसे बड़ी चुनौतियाँ हैं। मूल्यांकन कीजिए कि इन भारी समस्याओं से निपटने में क्रमिक सरकारों ने किस सीमा तक प्रगति की है। सुधार के लिए उपाय सुझाइए।
UPSC 2017 (150 शब्द; 10 अंक)

8. यद्यपि भारत में निर्धनता के अनेक विभिन्न प्राक्कलन किए गए हैं, तथापि सभी समय गुजरने के साथ निर्धनता स्तरों में कमी आने का संकेत देते हैं। क्या आप सहमत हैं? शहरी और ग्रामीण निर्धनता संकेतकों का उल्लेख के साथ समालोचनात्मक परीक्षण कीजिए।
UPSC 2015 (200 शब्द; 12½ अंक)

शासन, पारदर्शिता और जवाबदेही के महत्त्वपूर्ण पहलू, ई-गवर्नेंस-अनुप्रयोग, मॉडल, सफलताएँ, सीमाएँ और क्षमता, नागरिक चार्टर, पारदर्शिता, जवाबदेही और संस्थागत तथा अन्य उपाय

1. अभी हाल में पारित तथा लागू किए गए, लोक परीक्षा (अनुचित साधनों की रोकथाम) अधिनियम, 2024 के लक्ष्य तथा उद्देश्य क्या हैं? क्या विश्वविद्यालय/राज्य शिक्षा परिषद् की परीक्षाएँ भी इस अधिनियम के अन्तर्गत आती हैं?
UPSC 2024 (250 शब्द; 15 अंक)

2. ई-गवर्नेन्स सेवा प्रदायगी की प्रक्रिया में डिजिटल प्रौद्योगिकी का नैत्यिक कार्यों में अनुप्रयोग मात्र ही नहीं है। इसमें पारदर्शिता और जवाबदेयता को सुनिश्चित करने के लिए विविध प्रकार की अन्तर्क्रियाएँ भी हैं। इस सन्दर्भ में ई-गवर्नेन्स के 'इण्टरैक्टिव सर्विस मॉडल' का मूल्यांकन कीजिए।
UPSC 2024 (250 शब्द; 15 अंक)

3. दिव्यांगता के सन्दर्भ में सरकारी पदाधिकारियों और नागरिकों की गहन संवेदनशीलता के बिना दिव्यांगजन अधिकार अधिनियम, 2016 केवल विधिक दस्तावेज बनकर रह जाता है। टिप्पणी कीजिए।
UPSC 2022 (150 शब्द; 10 अंक)

4. क्या नागरिक समाज और गैर-सरकारी संगठन, आम नागरिक को लाभ प्रदान करने के लिए लोक सेवा प्रदायगी का वैकल्पिक प्रतिमान प्रस्तुत कर सकते हैं? इस वैकल्पिक प्रतिमान की चुनौतियों की विवेचना कीजिए।
UPSC 2021 (250 शब्द; 15 अंक)

5. ''चौथी औद्योगिक क्रान्ति (डिजिटल क्रान्ति) के प्रादुर्भाव ने ई-गवर्नेन्स को सरकार का अविभाज्य अंग बनाने में पहल की है''। विवेचना कीजिए।
UPSC 2020 (150 शब्द; 10 अंक)

6. ई-शासन केवल नवीन प्रौद्योगिकी की शक्ति के उपयोग के बारे में नहीं है, अपितु इससे अधिक सूचना के 'उपयोग मूल्य' के क्रान्तिक महत्त्व के बारे में है। स्पष्ट कीजिए।
UPSC 2018 (150 शब्द; 10 अंक)

7. नागरिक चार्टर संगठनात्मक पारदर्शिता एवं उत्तरदायित्व का एक आदर्श उपकरण है, परन्तु इसकी अपनी परिसीमाएँ हैं। परिसीमाओं की पहचान कीजिए तथा नागरिक चार्टर की अधिक प्रभाविता के लिए उपायों का सुझाव दीजिए।
UPSC 2018 (250 शब्द; 15 अंक

8. प्रारम्भिक रूप से भारत में लोक सेवाएँ तटस्थता और प्रभावशीलता के लक्ष्यों को प्राप्त करने के लिए अभिकल्पित की गई थीं, जिनका वर्तमान सन्दर्भ में अभाव दिखाई देता है। क्या आप इस मत से सहमत हैं कि लोक सेवाओं में कड़े सुधारों की आवश्यकता है? टिप्पणी कीजिए।
UPSC 2017 (250 शब्द; 15 अंक

9. जनता के प्रति सरकार की जवाबदेही स्थापित करने में लोक लेखा-समिति की भूमिका की विवेचना कीजिए।
UPSC 2017 (150 शब्द; 10 अंक

10. ''पारम्परिक अधिकारीतन्त्रीय संरचना और संस्कृति ने भारत में सामाजिक-आर्थिक विकास की प्रक्रिया में बाधा डाली है।'' टिप्पणी कीजिए।
UPSC 2016 (200 शब्द; 12½ अंक

11. क्या भारतीय सरकारी तन्त्र ने वर्ष 1991 में शुरू हुए उदारीकरण, निजीकरण और वैश्वीकरण की माँगों के प्रति पर्याप्त रूप से अनुक्रिया की है? इस महत्त्वपूर्ण परिवर्तन के प्रति अनुक्रियाशील होने के लिए सरकार क्या कर सकती है?
UPSC 2016 (200 शब्द; 12½ अंक

12. 'ट्रान्सपेरेन्सी इण्टरनेशनल' के ईमानदारी सूचकांक में, भारत काफी नीचे के पायदान पर है। संक्षेप में उन विधिक, राजनीतिक, आर्थिक, सामाजिक तथा सांस्कृतिक कारकों पर चर्चा कीजिए, जिनके कारण भारत में सार्वजनिक नैतिकता का ह्रास हुआ है। *UPSC 2016 (200 शब्द; 12½ अंक)*

13. "विभिन्न स्तरों पर सरकारी तन्त्र की प्रभाविता तथा शासकीय तन्त्र में जन-सहभागिता अन्योन्याश्रित होती है।" भारत के सन्दर्भ में इनके बीच सम्बन्ध पर चर्चा कीजिए। *UPSC 2016 (200 शब्द; 12½ अंक)*

14. सत्यम् कलंकपूर्ण कार्य (2009) के प्रकाश में कॉर्पोरेट शासन में पारदर्शिता, जवाबदेही को सुनिश्चित करने के लिए लाए गए परिवर्तनों पर चर्चा कीजिए। *UPSC 2015 (200 शब्द; 12½ अंक)*

15. "भारतीय शासकीय तन्त्र में, गैर-राजकीय कर्ताओं की भूमिका सीमित ही रही है।" इस कथन का समालोचनात्मक परीक्षण कीजिए। *UPSC 2016 (200 शब्द; 12½ अंक)*

लोकतन्त्र में सिविल सेवाओं की भूमिका

1. प्रजातान्त्रिक शासन का सिद्धान्त यह अनिवार्य करता है कि लोक सेवकों की सत्यनिष्ठा और प्रतिबद्धता के प्रति लोक धारणा पूर्णत: सकारात्मक बनी रहे। विवेचना कीजिए। *UPSC 2024 (150 शब्द; 10 अंक)*

2. "आर्थिक प्रदर्शन के लिए संस्थागत गुणवत्ता एक निर्णायक चालक है"। इस सन्दर्भ में लोकतन्त्र को सुदृढ़ करने के लिए सिविल सेवा में सुधारों के सुझाव दीजिए। *UPSC 2020 (150 शब्द; 10 अंक)*

भारत और उसके पड़ोसी-सम्बन्ध

1. 'पश्चिम भारत को, चीन की आपूर्ति शृंखला पर निर्भरता कम करने के लिए एक विकल्प के रूप में और चीन के राजनीतिक और आर्थिक प्रभुत्व का मुकाबला करने के लिए एक रणनीतिक सहयोगी के रूप में बढ़ावा दे रहा है।' उदाहरणों के साथ इस कथन की व्याख्या कीजिए। *UPSC 2024 (150 शब्द; 10 अंक)*

2. वैश्विक व्यापार और ऊर्जा प्रवाह पर ध्यान केन्द्रित करते हुए भारत के लिए मालदीव के भू-राजनीतिक और भू-रणनीतिक महत्त्व पर चर्चा कीजिए। आगे यह भी चर्चा करें कि यह सम्बन्ध अन्तर्राष्ट्रीय प्रतिस्पर्द्धा के बीच भारत की समुद्री सुरक्षा और क्षेत्रीय स्थिरता को कैसे प्रभावित करता है? *UPSC 2024 (250 शब्द; 15 अंक)*

3. 'भारत श्रीलंका का बरसों पुराना मित्र है।' पूर्ववर्ती कथन के आलोक में श्रीलंका के वर्तमान संकट में भारत की भूमिका की विवेचना कीजिए। *UPSC 2022 (150 शब्द; 10 अंक)*

4. भारत की ऊर्जा सुरक्षा का प्रश्न भारत की आर्थिक प्रगति का सर्वाधिक महत्त्वपूर्ण भाग है। पश्चिम एशियाई देशों के साथ भारत के ऊर्जा नीति सहयोग का विश्लेषण कीजिए। *UPSC 2017 (250 शब्द; 15 अंक)*

5. "चीन अपने आर्थिक सम्बन्धों एवं सकारात्मक व्यापार अधिशेष को, एशिया में सम्भाव्य सैनिक शक्ति हैसियत को विकसित करने के लिए, उपकरणों के रूप में इस्तेमाल कर रहा है।" इस कथन के प्रकाश में, उसके पड़ोसी के रूप में भारत पर इसके प्रभाव की चर्चा कीजिए। *UPSC 2017 (150 शब्द; 10 अंक)*

6. परियोजना 'मौसम' को भारत सरकार की अपने पड़ोसियों के साथ सम्बन्धों को सुदृढ़ करने की एक अद्वितीय विदेश नीति पहल माना जाता है। क्या इस परियोजना का एक रणनीतिक आयाम है? चर्चा कीजिए। *UPSC 2015 (200 शब्द; 12½ अंक)*

7. आतंकवादी गतिविधियों और परस्पर अविश्वास ने भारत-पाकिस्तान सम्बन्धों को धूमिल बना दिया है। खेलों और सांस्कृतिक आदान-प्रदान जैसी मृदु शक्ति किस सीमा तक दोनों देशों के बीच सद्भाव उत्पन्न करने में सहायक हो सकती है? उपयुक्त उदाहरणों के साथ चर्चा कीजिए। *UPSC 2015 (200 शब्द; 12½ अंक)*

भारत से जुड़े या भारत के हितों को प्रभावित करने वाले द्विपक्षीय, क्षेत्रीय और वैश्विक समूह तथा समझौते

1. मध्य एशियाई गणराज्यों (C.A.R.s) के साथ भारत के विकसित होते राजनीतिक, आर्थिक और रणनीतिक सम्बन्धों का आलोचनात्मक विश्लेषण कीजिए तथा क्षेत्रीय और वैश्विक भू-राजनीति में उनके बढ़ते महत्त्व पर प्रकाश डालिए। *UPSC 2024 (150 शब्द; 10 अंक)*

2. 'आतंकवाद वैश्विक शान्ति और सुरक्षा के लिए एक बड़ा खतरा बन गया है।' अन्तर्राष्ट्रीय स्तर पर इस खतरे को सम्बोधित करने और कम करने में संयुक्त राष्ट्र सुरक्षा परिषद् की आतंकवाद निरोधी समिति (सी.टी.सी.) और इससे सम्बन्धित निकायों की प्रभावशीलता का मूल्यांकन कीजिए। *UPSC 2024 (250 शब्द; 15 अंक)*

3. आपके विचार में क्या बिमस्टेक (BIMSTEC) सार्क (SAARC) की तरह एक समानान्तर संगठन है? इन दोनों के बीच क्या समानताएँ और असमानताएँ हैं? इस नए संगठन के बनाए जाने से भारतीय विदेश नीति के उद्देश्य कैसे प्राप्त हुए हैं? स्पष्ट कीजिए। *UPSC 2022 (150 शब्द; 10 अंक)*

4. I2U2 (भारत, इजरायल, संयुक्त अरब अमीरात और संयुक्त राज्य अमेरिका) समूहन वैश्विक राजनीति में भारत की स्थिति को किस प्रकार रूपान्तरित करेगा? *UPSC 2022 (250 शब्द; 15 अंक)*

5. 'चतुर्भुजीय सुरक्षा संवाद (क्वाड)' वर्तमान समय में स्वयं को सैनिक गठबन्धन से एक व्यापारिक गुट में रूपान्तरित कर रहा है विवेचना कीजिए। *UPSC 2020 (250 शब्द; 15 अंक)*

6. भारत-प्रशान्त महासागर क्षेत्र में चीन की महत्त्वाकांक्षाओं का मुकाबला करना नई त्रि-राष्ट्र साझेदारी AUKUS का उद्देश्य है। क्या यह इस क्षेत्र में मौजूदा साझेदारी का स्थान लेने जा रहा है? वर्तमान परिदृश्य में AUKUS की शक्ति और प्रभाव की विवेचना कीजिए। *UPSC 2021 (250 शब्द; 15 अंक)*

7. "संयुक्त राज्य अमेरिका, चीन के रूप में एक ऐसे अस्तित्व के खतरे का सामना कर रहा है, जो तत्कालीन सोवियत संघ की तुलना में कहीं अधिक चुनौतिपूर्ण है।" विवेचना कीजिए। *UPSC 2021 (150 शब्द; 10 अंक)*

8. भारत-रूस रक्षा समझौतों की तुलना में भारत-अमेरिका रक्षा समझौतों की क्या महत्ता है? हिन्द-प्रशान्त महासागरीय क्षेत्र के स्थायित्व के सन्दर्भ में विवेचना कीजिए। *UPSC 2020 (250 शब्द; 15 अंक)*

9. 'भारत और यूनाइटेड स्टेट्स के बीच सम्बन्धों में खटास के प्रवेश का कारण वाशिंगटन का अपनी वैश्विक रणनीति में अभी तक भी भारत के लिए किसी ऐसे स्थान की खोज करने में विफलता है, जो भारत के आत्म-समादर और महत्त्वाकांक्षा को सन्तुष्ट कर सके।' उपयुक्त उदाहरणों के साथ स्पष्ट कीजिए। *UPSC 2019 (250 शब्द; 15 अंक)*

10. "भारत के इजरायल के साथ सम्बन्धों ने हाल में एक ऐसी गहराई एवं विविधता प्राप्त कर ली है, जिसकी पुनर्वापसी नहीं की जा सकती है।" विवेचना कीजिए। *UPSC 2018 (150 शब्द; 10 अंक)*

11. मध्य एशिया, जो भारत के लिए एक हित क्षेत्र है, में अनेक बाह्य शक्तियों ने स्वयं को संस्थापित कर लिया है। इस सन्दर्भ में, भारत द्वारा अशगाबात करार, 2018 में शामिल होने के निहितार्थों पर चर्चा कीजिए। *UPSC 2018 (150 शब्द; 10 अंक)*

12. इस समय जारी अमेरिका-ईरान नाभिकीय समझौता विवाद भारत के राष्ट्रीय हितों को किस प्रकार प्रभावित करेगा? भारत को इस स्थिति के प्रति क्या व्यवहार अपनाना चाहिए? *UPSC 2018 (250 शब्द; 15 अंक)*

13. ''भारत में बढ़ते हुए सीमापारीय आतंकी हमले और अनेक सदस्य-राज्यों के आन्तरिक मामलों में पाकिस्तान द्वारा बढ़ता हुआ हस्तक्षेप सार्क (दक्षिण एशियाई क्षेत्रीय सहयोग संगठन) के भविष्य के लिए सहायक नहीं है।'' उपयुक्त उदाहरणों के साथ स्पष्ट कीजिए। *UPSC 2016 (200 शब्द; 12½ अंक)*

भारत के हितों, भारतीय डायस्पोरा पर विकसित और विकासशील देशों की नीतियों और राजनीति का प्रभाव

1. ''यदि विगत कुछ दशक एशिया के विकास की कहानी के रहे, तो परवर्ती कुछ दशक अफ्रीका के हो सकते हैं।'' इस कथन के आलोक में, हाल के वर्षों में अफ्रीका में भारत के प्रभाव का परीक्षण कीजिए। *UPSC 2021 (150 शब्द; 10 अंक)*

2. 'अमेरिका एवं यूरोपीय देशों की राजनीति और अर्थव्यवस्था में भारतीय प्रवासियों को एक निर्णायक भूमिका निभानी है'। उदाहरणों सहित टिप्पणी कीजिए। *UPSC 2020 (150 शब्द; 10 अंक)*

3. 'उभरती हुई वैश्विक व्यवस्था में, भारत द्वारा प्राप्त नव-भूमिका के कारण, उत्पीड़ित एवं उपेक्षित राष्ट्रों के मुखिया के रूप में दीर्घकाल से सम्पोषित भारत की पहचान लुप्त हो गई है।' विस्तार से समझाइए। *UPSC 2019 (250 शब्द; 15 अंक)*

4. 'भारत और जापान के लिए समय आ गया है कि एक ऐसे मजबूत समसामयिक सम्बन्ध का निर्माण करें, जिसका वैश्विक एवं रणनीतिक साझेदारी को आवेष्टित करते हुए एशिया एवं सम्पूर्ण विश्व के लिए बड़ा महत्त्व होगा।' टिप्पणी कीजिए। *UPSC 2019 (150 शब्द; 10 अंक)*

5. दक्षिण-पूर्व एशियाई देशों की अर्थव्यवस्था एवं समाज में भारतीय प्रवासियों को एक महत्त्वपूर्ण भूमिका निभानी है। इस सन्दर्भ में, दक्षिण-पूर्व एशिया में भारतीय प्रवासियों की भूमिका का मूल्यनिरूपण कीजिए। *UPSC 2017 (250 शब्द; 15 अंक)*

6. शीतयुद्धोत्तर अन्तर्राष्ट्रीय परिदृश्य के सन्दर्भ में, भारत की पूर्वोन्मुखी नीति के आर्थिक और सामरिक आयामों का मूल्यांकन कीजिए। *UPSC 2016 (200 शब्द; 12½ अंक)*

7. अफ्रीका में भारत की बढ़ती हुई रुचि के सकारात्मक और नकारात्मक पक्ष हैं। समालोचनापूर्वक परीक्षण कीजिए। *UPSC 2015 (200 शब्द; 12½ अंक)*

महत्त्वपूर्ण अन्तर्राष्ट्रीय संस्थान, एजेन्सियाँ और मंच, उनकी संरचना, जनादेश

1. 'स्वच्छ ऊर्जा आज की जरूरत है।' भू-राजनीति के सन्दर्भ में, विभिन्न अन्तर्राष्ट्रीय मंचों में जलवायु परिवर्तन की दिशा में भारत की बदलती नीति का संक्षिप्त वर्णन कीजिए। *UPSC 2022 (250 शब्द; 15 अंक)*

2. कोविड-19 महामारी के दौरान वैश्विक स्वास्थ्य सुरक्षा प्रदान करने में विश्व स्वास्थ्य संगठन (डब्लू.एच.ओ.) की भूमिका का समालोचनात्मक परीक्षण कीजिए। *UPSC 2022 (150 शब्द; 10 अंक)*

3. एस. सी. ओ. के लक्ष्यों और उद्देश्यों का विश्लेषणात्मक परीक्षण कीजिए। भारत के लिए इसका क्या महत्त्व है? *UPSC 2021 (250 शब्द; 15 अंक)*

4. 'आवश्यकता से कम नगदी, अत्यधिक राजनीति ने यूनेस्को को जीवन-रक्षण की स्थिति में पहुँचा दिया है।' अमेरिका द्वारा सदस्यता परित्याग करने और सांस्कृतिक संस्था पर 'इजराइल, विरोधी पूर्वाग्रह' होने का दोषारोपण करने के प्रकाश में इस कथन की विवेचना कीजिए। *UPSC 2019 (150 शब्द; 10 अंक)*

5. यदि 'व्यापार युद्ध' के वर्तमान परिदृश्य में विश्व व्यापार संगठन (डब्ल्लू. टी. ओ.) को जिन्दा बने रहना है, तो उसके सुधार के कौन-कौन से प्रमुख क्षेत्र हैं, विशेष रूप से भारत के हित को ध्यान में रखते हुए? *UPSC 2018 (250 शब्द; 15 अंक)*

6. संयुक्त राष्ट्र आर्थिक व सामाजिक परिषद् (इकोसॉक) के प्रमुख प्रकार्य क्या हैं? इसके साथ संलग्न विभिन्न प्रकार्यात्मक आयोगों को स्पष्ट कीजिए। *UPSC 2017 (150 शब्द; 10 अंक)*

7. यूनेस्को (संयुक्त राष्ट्र शैक्षिक, वैज्ञानिक तथा सांस्कृतिक संगठन) के मैक्ब्राइड आयोग के लक्ष्य और उद्देश्य क्या-क्या हैं? इनमें भारत की क्या स्थिति है? *UPSC 2016 (200 शब्द; 12½ अंक)*

8. ''विश्व व्यापार संगठन (डब्ल्यू.टी.ओ.) के अधिक व्यापक लक्ष्य और उद्देश्य वैश्वीकरण के युग में अन्तर्राष्ट्रीय व्यापार का प्रबन्धन और प्रोन्नति करना है, परन्तु (सन्धि) वार्ताओं की दोहा परिधि मृतोन्मुखी प्रतीत होती है, जिसका कारण विकसित और विकासशील देशों के बीच मतभेद है।'' भारतीय परिप्रेक्ष्य में, इस पर चर्चा कीजिए। *UPSC 2016 (200 शब्द; 12½ अंक)*

9. संयुक्त राष्ट्र सुरक्षा परिषद् में स्थायी सीट की खोज में भारत के समक्ष आने वाली बाधाओं पर चर्चा कीजिए। *UPSC 2015 (200 शब्द; 12½ अंक)*